中国国家图书馆藏

黄河历史文献

国家图书馆 编
翁莹芳 白鸿叶 著

国家传统文化典籍整理工程之长江、黄河、长城、大运河古籍文献整理与研究

學苑出版社

图书在版编目（CIP）数据

中国国家图书馆藏黄河历史文献 / 翁莹芳，白鸿叶著. -- 北京 : 学苑出版社，2022.5
ISBN 978-7-5077-6419-2

Ⅰ. ①中… Ⅱ. ①翁… ②白… Ⅲ. ①黄河-历史-文献-汇编-中国-古代 Ⅳ. ①K928.42

中国版本图书馆 CIP 数据核字 (2022) 第 082378 号

责任编辑：战葆红
出版发行：学苑出版社
社　　址：北京市丰台区南方庄 2 号院 1 号楼
邮政编码：100079
网　　址：www.book001.com
电子信箱：xueyuanpress@163.com
联系电话：010-67601101（销售部） 67603091（总编室）
印 刷 厂：河北赛文印刷有限公司
开本尺寸：787×1092　1/8
印　　张：79
字　　数：600 千字
版　　次：2022 年 7 月第 1 版
印　　次：2022 年 7 月第 1 次印刷
定　　价：2500.00 元

总序

书籍是文明得以积累习得和历久不绝的有形物质。中华民族引以为豪的四大发明，就有两项与书籍密切相关，造纸术和印刷术的领先，让中国的文化生产和积累在很长一段时间居于世界前列。世界四大文明中，唯有中华文明五千年来一脉相承从未中断，一个重要的原因就是中华民族有用文字记载历史，通过不断整理著述传承文化的优良传统。

这些祖先留给我们的书籍，浩如烟海。据初步统计，目前仅全国3000余家收藏机构收藏的汉文古籍就超过20万种，逾3000万册件。这些文献典籍镌刻着五千年来中华民族的精神追求、精神特质和精神脉络，形成中华民族历经磨难而绵延发展的精神密码。它们维系着中华文明的薪火相传，跨越时空、超越国度，富有永恒的魅力和持久的价值。

中国的大多数朝代都较为重视对这些传统文化典籍的保存和整理，特别是在政治清明、经济繁荣和文化发展的时期，都曾由官方组织对国家藏书进行大规模整理，编纂大型典籍。所谓“盛世修典”，征诸史书，历历可见。如唐代玄宗朝编纂《大唐开元礼》《初学记》和《唐六典》；北宋太宗、真宗朝编纂《太平御览》《太平广记》《文苑英华》和《册府元龟》；明成祖朝编纂《永乐大典》；清康熙朝编纂《古今图书集成》，乾隆朝编纂《四库全书》等。这些典籍的编纂和整理，对继承和弘扬中华民族优秀文明成果，推动文化的繁荣发展起到了积极作用。

中华人民共和国成立后，特别是改革开放以来，党和政府对古籍整理事业给予高度重视，古籍整理和出版工作成绩斐然。据统计，仅1949—2003年间整理出版的古籍就有约15000余种，其中“二十四史”与《清史稿》点校本、《资治通鉴》等史学巨著，《全唐诗》《全宋词》《全清词》等文学总集，《中华大藏经》等宗教经典，《大中华文库》（汉英对照）等外译工程，都可称为新中国文化事业的盛事。这些文献典籍的整理成果，不仅成为人们了解、学习和认同中华优秀传统文化的重要载体，也使中华优秀传统文化得以为今天所用，为现实服务，在怡情养志、涵育文明方面焕发出新的生命力。

国家图书馆是国家古籍保护中心，馆藏宏富，撷英集萃，近4000万册件馆藏文献中，古籍收藏逾160万册件。自1909年京师图书馆初创，百余年来，历代国图人始终秉承“传承文明，服务社会”的宗旨，不遗余力地多方搜采、细致整理、精心保护文献典籍。近年来，在党和政府的大力支持下，国家图书馆组织实施了“中华再造善本工程”“中华古籍保护计划”“民国时期文献保护计划”等多个大型典籍整理出版项目，在中华优秀传统文化的保存保护、挖掘阐发、传播推广和展示利用方面积累了海量数据和丰富经验。

根据习近平总书记关于系统梳理传统文化资源，让书写在古籍里的文字活起来，推动中华优秀传统文化创造性转化、创新性发展的要求，国家图书馆依托文献收藏优势和文献整理专业能力，从坚定中华优秀传统文化自信、坚守中国特色社会主义文化立场、坚持社会主义核心价值观引领的高度，于 2016 年 7 月策划启动“国家传统文化典籍整理工程”，得到文化和旅游部、财政部的大力支持。

“国家传统文化典籍整理工程”将联合全国各级各类图书馆、博物馆等文献收藏机构和高校、科研院所等研究机构，根据已有文献积累及其整理情况，选择国家内政外交重大关切或与百姓民生联系紧密的选题，对有关领域文献典籍进行全面调查收集和系统梳理。在此基础上，编制专题典籍联合目录、整理出版典籍丛书、组织开展典籍整理研究，以期为研究人员利用文献典籍，开展学术研究提供便利，同时也为中华优秀传统文化的传承和发展奠定丰厚的文献基础，为解决现实问题提供历史借鉴。

在选题参与单位和专家学者黾勉从事、不辞劳苦的努力下，项目成果将陆续出版。借此机会，对参与单位的大力支持和专家学者的无私指导表示感谢！由于项目选题涉及领域广泛，在文献的搜集整理过程中，难免有疏漏、不妥之处，敬请方家批评指正，也欢迎广大读者提出宝贵意见。我们真心希望，能够有更多机构参与到这一工程中来，与我们携手，让经过数千年岁月洗礼的中华优秀传统文化在典籍保护与整理工作中绵延不坠、发扬光大。

饶权

2018 年秋于北京

前言

黄河是中华民族的母亲河，它哺育了中华民族，孕育了中华文明。在5000多年的中华文明史中，黄河流域在其中3000多年里都是全国的政治、经济、文化中心，孕育了河湟文化、河洛文化、关中文化、齐鲁文化等。这里分布着郑州、西安、洛阳、开封等古都，创造出“四大发明”，出现了《诗经》《老子》《史记》等经典。

黄河滋养了一方土地，也曾给沿岸百姓带来过严重灾难。黄河“善淤、善决、善徙”，历史上有“三年两决口，百年一改道”之说。自春秋战国以来，黄河灾害频仍，决堤泛滥不断，据统计一共改道1590多次。例如清咸丰五年（1855），黄河在河南铜瓦厢决口改道，淹没30多个村庄，波及河南、山东、河北等地10州40余县，受灾面积3万余平方千米，灾民约700万人。

基于黄河在中华文明中的重要性，古代人民从未停止过对黄河的认知和研究。在数千年里，历代王朝积累了浩如烟海的黄河相关文献。从《尚书·禹贡》中的“禹河故道”，到历代官修史书、个人著述中的治黄工程总结，这些文献涉及黄河区位、保护、治理、开发等方方面面；不仅有专书、舆图、谕旨、奏议、传记、诗词、图说，也有散见于正史、典志、实录、地方志、文集、笔记、类书、丛书中的散篇。这些文献曾在历史的长河中发挥过巨大作用，如今在许多公藏机构得以妥善保存。

国家图书馆（以下简称国图）作为国家总书库，收藏有大量黄河相关历史文献。目前发现有关黄河最早记载——内容为“□行东至河”的一片甲骨，就藏于国图。这片甲骨出土于河南省安阳市殷墟，大约出自商武丁时期（公元前1250年—前1192年）。国图收藏的黄河相关历史文献可以概括为两大类：一类是特藏，包括舆图、金石拓片等；一类是古籍（书籍），包括善本、普通古籍、地方志、民族语文文献等。这些文献类型有时并不单一，例如古籍中有舆图，图说类文献既是舆图也是古籍，石刻舆图拓片既是舆图也是拓片。

所谓鉴古知今，充分利用这些历史文献，对于当前乃至以后的黄河研究仍然具有重要意义。早在民国年间，汪胡桢等辑印的《中国水利珍本丛书》就影印收录了35册水利古籍。近几十年间，黄河相关历史文献主要出现在三类整理影印项目中：一是水利著作整理影印，例如1996年台湾文海出版社出版的《中国水利要籍丛编》、2004年线装书局出版的《中华山水志丛刊·水志卷》、2006年广陵书社出版的《中国水利志丛刊》等；二是黄河专著整理影印，例如2004年湖北人民出版社出版的《再续行水金鉴·黄河卷》、2015年中国水利水电出版社出版的《中国水利史典·黄河卷》等；三是与黄河密切相关的其他水系如大运河等专著整理影印，例如2014年国家图书馆出版社出版的《中国大运河历史文献集成》、2019年学苑出版社出版的《中国大运河历史文献集成·续编》等。除此之外，单件古籍的出版影印也不在少数，例如2007年天津古籍出版社影印出版了清代张鹏翮的《治河全书》、2017年中国水利史典编委会重新整理了《河防一览》并连贯展现了《河防一览图》等。不过，这些项目都没有对黄河相关历史文献进行全面的整理和汇总，文献类型也比较单一，仅限于书籍。在此背景下，本书以国图藏品为基础，拟对黄河相关历史文献进行全面、综合的整理和辑录。在国图藏黄河相关历史文献中，舆图和古籍的数量最多，因此这两者也是本书的重点所在。

一、黄河相关舆图

流传至今的黄河相关舆图，从制作方式来看，早期以刻石、拓片为主，在元、明、清时期以绘本和刻本为主，到了民国时期则以铅印本、石印本、油印本、晒蓝本等为主；从装帧形式来看，有卷轴装、经折装、册页装等，其中有不少大长卷，例如明代的《河防一览图》长达20米，是我国现存最长的一幅黄河、运河工程图。国图所藏1949年前出版或制作的黄河相关舆图约有400种，在绘制年代、河段区域、内容类型等方面均有鲜明的特征。

（一）绘制的年代

黄河作为地理要素在舆图上出现的年代很早。我国现存最早的石刻舆图之一刻于齐阜昌七年（1136）的《禹迹图》上关于黄河的刻画就已经相当准确、清晰。但是，现存最早的专门的黄河图出现在元代。

1. 元代

元代，我国现存最早的治河工程图说问世，即王喜的《治河图略》。至正四年（1344）五月，黄河在河南开封一带白茅堤、金堤决口，灾区百姓死者过半，朝廷因此下令访求治河方案。王喜曾任河工，极有可能在此时撰成《治河图略》一书。此书前半部分列禹、汉、宋、元时期的黄河图及治河、河源之图共12幅，其中有目前已知最早的黄河河工图。每图均附图说，略载古今黄河水害与水利关系，陈述治理方案。不过，国图收藏此书的最早版本是清嘉庆年间的刻本。

2. 明代

明代最著名的黄河舆图当属治河名臣潘季驯编绘的《河防一览图》。此图以黄河为主，并行绘出黄河与运河，所绘黄河起自发源地星宿海、直至江苏云梯关入海，黄河两岸堤、坝、闸等防护工程标注醒目、标记详细。《河防一览图》是我国现存最长、最具代表性的一幅古代黄河、运河工程图，对其后河渠图的绘制产生了深远影响，在黄河、运河水利史和古代地图史上占有重要地位。比《河防一览图》更早的明代黄河舆图是刘天和编绘的《黄河图说》。地图绘出自陕西潼关至淮安府以东入海口之黄河河段，突出反映了嘉靖十四年（1535）黄河分三道入淮出海的情形。图上图说详细记录了洪武二十四年（1391）至嘉靖十三年（1534）黄河五次流入运河的情况，总结了黄河河道变化无常的六大原因，并提出治黄意见等。此外，郑若曾撰《黄河图议》、吴山辑《治河通考》、南明时期郑大郁编订的《河防考》中均有黄河图。

3. 清代

清代是黄河舆图绘制的井喷期，可谓数量众多、类型多样。国图藏黄河相关舆图绝大部分出自这个时期，总数接近400种。长卷彩绘本舆图通常绘制精细，兼具实用价值和艺术价值。例如清中期的《黄河水道全图》，细致描绘了自星宿海至云梯关入海的黄河，图幅近6米长；清中期《六省黄河工程埽坝情形图》描绘了起自上源阿尔坦河，流经甘肃、陕西、山西、河南、山东、江南六省入海的黄河，并且详细标出了黄河下游沿岸埽坝工程，图幅近7米长。随奏折河图则是清中后期黄河彩绘舆图的重点之一。这些河图通常随治河大臣或地方官员的奏议一同向上呈报，制式相对统一，绘制精细，贴有贴签，反映实时河事。例如道光年间《委勘中河厅中牟下汛河势工程实在情形图》《中牟大工双合龙安澜图》《中牟县境内被水大概情形图》等。

4. 民国时期

民国时期的舆图注重实测和科学，大多运用现代技术绘制而成，和之前的传统地图已相去甚远。舆图的绘制主体也发生较大变化，黄河水利委员会、经济委员会、建设厅、水利局等机构成为绘图主体，例如黄河水利委员会印制了《实测一万分一图》《实测五万分一图》、河北省建设厅测量处编制了《实测黄河两岸五万分一地形图》等。

（二）绘制的河段区域

黄河源出青藏高原的巴颜喀拉山脉后，呈“几”字形流经青海、四川、甘肃、宁夏、内蒙古、陕西、山西、河南、山东等9个省区，最终流入渤海，干流全长约5464千米，流域面积约75.2万平方千米。国图藏黄河相关舆图除黄河全图、黄河源图外，基本为中下游地图，主要涉及河南、江苏、山东三省。

1. 黄河全图

黄河全图指记录黄河自源头至入海口处全程的舆图。除历代河徙图外，国图相关藏品中仅有明、清两代的黄河全图。明代黄河全图均与治河专著相关，包括潘季驯《河防一览》系列著述中的《两河全图》、郑若曾撰《黄河图议》中的《黄河图》、郑大郁编订《河防考》中的《黄河图考》。长卷《河防一览图》事实上也属于《两河全图》系列。清代黄河全图较多，除书籍中的舆图外，尚有作品近10种，包括张鹏翮组织编绘的《黄河全图》，传统彩绘长卷《黄河图》《黄河发源归海全图》《黄河水道全图》《六省黄河工程埽坝情形图》等，以及传统与现代制图方式相结合的舆图《中国黄河经纬度里之图》。

2. 黄河源图

中国在唐代就已经对黄河源头有了一定认识。元、清两代，朝廷数次派员探查黄河源头，每次勘察完成后，均有相关河源图面世。例如，清乾隆四十七年（1782），为河南青龙冈堵口事，皇帝命乾清门侍卫阿弥达恭祭河源。阿弥达勘察完毕后，认定阿勒坦郭勒即河源，返回后绘制了《黄河源图》。国图藏乾隆六十年（1795）刻本《黄河源图》中，地图绘出星宿海西南阿勒坦郭勒及噶达素齐老山上的天池，即黄河之源。

3. 黄河中下游图

国图藏黄河中下游相关舆图主要涉及河南、江苏、山东三省。其中，河南省内黄河图有160余种，时间从清咸丰初年到民国时期；江苏省内黄河图有50余种，时间从清乾隆年间到民国时期；山东省内黄河图有110余种，时间从清光绪年间到民国时期。这些黄河图的内容大多涉及河势水情、堤防工程、水患情况及治理等，例如《河南黄河堤工图》《勘查豫省中河漫口黄水经过州县入淮归湖情形图》《桃北厅属萧家庄漫口拟请坝基引河情形图》《利津县被淹村庄图》等，但各省内容也略有侧重。江苏省境内黄河图年代相对较早，山东省境内图则年代相对较晚，这是因为黄河入海口在清咸丰十年（1860）发生了大变迁。南宋之后的黄河南流夺淮入海，以江苏安东县、清河县一带为入海口。清咸丰十年（1860），黄河在河南铜瓦厢一带决口后，开始以山东利津一带为入海口。江苏省境内黄河图较多绘出了黄河夺淮穿运的情形，山东省境内图则反映了张秋附近黄河穿运的情形。

此外，黄河中下游段的跨省舆图也有不少。例如，明嘉靖时期刘天和《黄河图说》描绘了自陕西潼关至江苏淮安府之黄河，清同治年间查筠绘《清代黄河河工图》记录了自陕西潼关至山东利津段黄河，清光绪年间《河南省至山东省黄河及山脉大道详细图》绘出河南武陟县黄沁交汇处至山东境内的黄河河道，民国时期《山东及江苏黄河水灾图》绘出自山东董庄至江苏东海段黄河。

（三）绘制的内容

国图藏黄河相关舆图主要包括河道图、河徙图、河患图、河防工程图、河工技术图等。

1. 河道图

河道图是以记录黄河河道为主的舆图。大体分为两类，一类是以黄河为局部的舆图，一类是以黄河为全部的舆图。在黄河作为局部出现的河道图中，黄河与大运河、淮河、长江等其他河流水系同时展现。例如《江淮河及南北运道全图》《长江黄河淮运形势全图》重点描绘了长江、黄河、淮河及运河水系情况，反映了黄河、淮河、长江下游与运河之间的关联；《淮黄交汇入海图》详细绘出黄河、淮河交汇入海的情形。以黄河为全部的河道图又可分为两种，一种是黄河全图，一种是黄河局部图，后者主要是黄河中下游图。

2. 河徙图

河徙图是记录黄河河道迁徙的舆图，多以历代河图的形式汇集成册。国图藏有不同年代的彩绘本《历代黄河移徙图》4 种，每种图一般收录现时总图一幅及从大禹时期至绘制时期的历代河图若干幅，再现历代黄河河道变迁情形。清代刘鹗的《历代黄河变迁图考》分禹贡全河图考、禹河龙门至于孟津图考、禹河孟津至于大陆图考、禹贡九河逆河图考、周至西汉河道图考、东汉以后河道图考、唐至宋初河道图考、宋二股河图考、南河故道图考、现今河道图考等 10 幅，主述历代史籍中有关黄河流向、徙道之记载，以考证黄河历代迁徙情况。国图还藏有 1940 年 12 月（日本昭和十五年十二月）香川正治编纂、小林德监修的《黄河河道变迁图》彩绘本及印本各一种。

3. 河患图

河患图是记录黄河河道漫溢、决口等灾后实况的舆图。本书收录的清代《光绪十三年陈州合属被水图》《陈州府淮宁县呈黄水冲淹集村并大溜经过地方舆图》《中牟县境内被水大概情形图》《开封府附近黄河漫溢情形图》《武定府利津县呈送秋禾被水村庄处所区图》等均描绘了各辖境内黄河泛滥淹没村镇的情形。从现存舆图来看，河患图以河南省境内最多，其次为山东。

4. 河防工程图

河防工程图是描绘黄河堤防工程的舆图，涉及堤、坝、埽、堡等工程。本书收录清代河防工程图数量最多，且多为随奏折河图，有题名和贴签，同奏议一起向上递送，用于汇报某次具体治河工程。从目前国图藏相关舆图来看，有明确年代的舆图均出自清代，以道光二十二年至二十三年（1842—1843）、光绪十九年至二十三年（1893—1987）、光绪二十八年至三十年（1902—1904）以及宣统元年（1909）为主。例如，《丰汛六堡漫工添建坝基并挑浚引河情形图》、清道光二十二年《桃北厅属萧家庄漫口拟定坝基引河情形图》《中牟下汛九堡拟估引河情形图》、清光绪年间《下南河厅经管祥陈三汛堤工事宜图》《下北河厅属光绪二十八年分岁修埽砖土石各工河图》等均为河防工程图。

5. 河工技术图

河工技术图指记载河工器具、工程技术等的舆图，一般以图说形式汇集成册。这类典籍出现的年代较晚，从国图收藏情况来看，最早出现在清乾隆时期。《河工器具图》《河工器具图说》《疏河钯障图说》《河工图说》以及光绪年间的《河口合龙图谱》、民国年间的《河工合龙做法图式》等都属于河工技术图。以《河工器具图说》为例，全书详述治河工程器具的名义、沿革、构造、使用，总计收录河工器具 289 种，是中国古代最系统、最完善的一部介绍清代河工器具的图集。

国图藏黄河相关舆图内容丰富、类型多样，在上述内容类型之外还有不少舆图，例如军事防务图、经济地图等。清同治四年（1865）《大河南北两岸舆地图》系清代河南地方军事机关派员勘查呈报之黄河两岸应添设炮位及防务图。20 世纪 30 年代的《黄河沿岸物产集散图》则详细标注了当时前黄河沿岸各省面积、人口，各州县物产统计数量及其输出、输入情况。

二、黄河相关古籍

从专指性来看，黄河相关古籍可以分为两类，一类是专述黄河的古籍，一类是涉及黄河的古籍。前者主要涉及源流考证、治河理论、治河实践、河工技术、案牍汇编等；后者主要包括历代正史、地方志、综合性水利著作及运河、淮河相关水利著作。西汉《史记》卷二十九为《河渠书》，此后历朝正史沿袭《史记》体例，均有水利相关内容，而且大部分篇幅涉及黄河流域。黄河流域各省府、州、县地方志中也均有黄河相关记载。但是总体而言，史书、地方志并非以水系、水利为主，因此本书不予收录。以下主要从编撰年代和内容类型两方面来介绍国图藏约 180 种黄河相关古籍。

（一）编撰年代

春秋、战国时期，《尚书 · 禹贡》《管子 · 度地》《周礼 · 考工记》等文献中已经出现了有关黄河的记载。《汉书 · 沟洫志》记载的西汉末年贾让“治河三策”，是我国历史上首次系统地提出综合治理黄河的理论。北魏时期，郦道元撰成四十卷《水经注》，详细记载了 1000 多条大小河流有关的历史遗迹、人物掌故、神话传说等。这是中国古代最全面、最系统的综合性地理著作，其中卷一至五讲述黄河，记载了黄河河道历史变迁等内容。此后，黄河在文献中的记载越来越多，但是基本作为全国水系的一部分出现在综合性水利著作中。直到唐贞元十四年（798），贾耽完成了十卷本《吐蕃黄河录》，有关黄河的专著才真正问世。这是已知中国古代第一部以黄河命名的专著，记载了黄河上游吐蕃（今青海与甘肃部分地区）境内“诸山诸水”的“首尾源流”。7 世纪中叶以后，黄河下游河患增多，探索治黄方案的专著也相应增加。例如，北宋庆历八年（1048），沈立搜集治河史料，撰成《河防通议》一书；宋大中祥符八年（1015），著作郎李垂上《导河形胜书》3 篇并图，欲复九河故道。

遗憾的是，元代以前的黄河专著均未能传世。

1. 元代

国图藏元代黄河相关古籍 3 种，包括潘昂霄的《河源志》、赡思（清朝改译为沙克什）的《河防通议》以及欧阳玄的《至正河防记》。至元十七年（1280），世祖忽必烈派遣元帅都实考察黄河源。这是中国历史上第一次大规模考察河源。都实一行历时 4 个月到达河源地区，同年冬回到大都（今北京）。潘昂霄根据都实之弟阔阔出的转述，写成《河源志》一文。此文对黄河源头一带的地形、水系、动植物、人口分布等记录较详，被视为第一部黄河源头风土志。至治元年（1321），沙克什将北宋沈立所著《河防通议》和南宋周俊所著《河事集》以及金代都水监编著的另一种《河防通议》加以整理改编，整合成《重订河防通议》。这是中国古代第一部全面讲述河防工程的专著。

元代尽管历史不到100年，但是流传下来的黄河专著以及治水相关论述已经超过前朝。不过，从国图收藏的版本来看，这些论著的初刻本均已不存，目前能看到的基本是清代或民国年间的重刻版本。

2. 明代

国图藏明代黄河相关古籍10余种，其中最出名的当属潘季驯《河防一览》系列著述。从嘉靖四十四年（1565）开始，到万历二十年（1592）止，潘季驯奉三朝简命，先后四次出任总理河道都御史，主持治理黄河、运河工程，前后持续27年，为明代治河诸臣在官最长者。其十四卷本《河防一览》比较全面地继承了前人治河的主要成果，同时系统记录了潘氏治河的实践经验、基本思路和主要措施。此书是“束水攻沙论”的主要代表作，也是16世纪中国河工水平、水利科学技术和治理水平的重要标志，在问世后的300多年中对治河方针和河工实践一直起着指导性作用。明代其他著述有刘天和著《问水集》，郑若曾撰《黄河图议》，曹胤儒辑《河渠考略》，张复撰《黄河考》，李国祥著《河工诸议》，吴山辑《治河通考》，郑大郁编订《河防考》，周堪赓著《治河奏疏》等。

明代治河著述的内容特点有二：一是黄、运两河密不可分，因为永乐年间明朝迁都北上，运河的漕运作用凸显，朝廷一方面要引水济运，一方面要治黄保漕；二是河图前必有《皇陵图》和《祖陵图》，因为明朝治黄要保证其凤阳的皇陵和泗州的祖陵不受水患侵害。

3. 清代

同舆图一样，国图藏清代黄河相关古籍的数量也是历朝最多的。清代最成功的治河者是康熙年间的靳辅。他在幕僚陈潢的协助下，继承了明代潘季驯“束水攻沙”的思想，采取浚淤、开河、分洪、堵口、筑堤、疏通海口等一系列措施，取得了清朝260多年中治黄通运的最大成就。与靳辅相关的治河著作有《治河奏绩书》《治河汇览》《靳文襄公治河方略》等，与陈潢相关的著作有《天一遗书》《河防述言》《河防摘要》等。其中《靳文襄公治河方略》是继明代《河防一览》后又一部重要的治黄著作。

清代黄河相关古籍特点有二：一是源于治河实践的著作丰富，几乎所有治河名人都有相关著作流传于世；二是内容来源多样，包括史料辑录、案牍汇编、经验总结、善本杂抄、个人诗咏等。

4. 民国时期

民国时期黄河文献的特点是，科学著作、考察报告以及外国人士著作大大增加。民国时期必须提及的机构是国民政府黄河水利委员会，这是南京政府于1933年设立的流域性专业治黄机构，负责黄河及其支流的一切兴利防患事宜，为民国时期的黄河治理做出了重要贡献。民国时期著名的水利学家有李仪祉、张含英等。国图藏有李仪祉著《黄河之根本治法商榷》，此文对治黄工作有深远影响。国图收藏的外国传教士著黄河文献有李佳白（Gilbert Reid）著《河工策》，书中详细介绍西方治理河流泛滥之法，提出切实可行的决口后赈灾和救济办法。

（二）内容类型

概括黄河相关古籍的内容类型并非易事，因为许多著作包罗万象，并不限于某一方面，例如潘季驯的《河防一览》就包含了河源河决考、治河理论与实践、河工技术、谕旨奏疏等各个方面。下文仅将国图藏相关古籍做一大致分类。

1. 治河实践著作

治河实践著作指以治理黄河的现实经验为依据编纂而成的著作，记录了黄河治理的实际情况。明代潘季驯《河防一览》系列著作、清代靳辅《靳文襄公治河方略》系列著作、清代张鹏翮《张公奏议》系列著作是治河实践著作的典型代表。潘季驯及其《河防一览》在上文已有论述。靳辅是清代康熙年间治河名臣，他继承潘季驯的治河主张，取得了治河通运的显著成效。崔应阶重编《靳文襄公治河方略》着重阐述17世纪苏北地区黄、淮、运河的决口泛滥和治理经过，详细叙述了疏浚河道、修险工、塞决口、筑堤防、建闸坝、整治运河等的治理原则和方法措施。张鹏翮是靳辅之后最杰出的治河专家，对清代水利事业的发展也做出了较大贡献。其《张公奏议》一书尽管以奏议为主，仍然全面记载了其任上的各种治河事宜。此外，清代刘永锡《河工蠡测》、刘鹗《治河五说》、崔维雅《治河刍议》等均是根据自身治河实践编纂而成的著作。

2. 治河理论著作

治河理论著作是指根据史书、典籍中的黄河治理相关资料编纂而成的著作。换言之，著者在整理他人治河资料的基础上阐述自己的治河思想。相关著作有明代曹胤儒辑《河渠考略》，清代陈法著《河干问答》、傅咸如著《治河策》、凌鸣喈辑《疏河心境》、薛凤祚著《两河清汇易览》、宗源瀚著《筹河论》等。以成书于乾隆十年（1745）的《河干问答》为例，此书在深刻论述黄河夺淮之害的基础上，提出黄淮分流、黄河改道山东大清河入海等主张，反对潘季驯、靳辅等人的“黄淮合流”“筑堤束水”和“蓄清刷黄”说，并首先提出“沙见清水而沉”的论点，对黄河高浓度含沙水流特性有独创性认识。这是清代治河中非主流派的著名代表作。

3. 辑录性治河著作

辑录性治河著作指单纯汇集、摘录某些治河著作的作品。国图藏此类作品以清代抄本居多，且数量不少。例如，清抄本《治河论丛》杂抄明代潘季驯、清代靳辅等人的治河论说，收录潘季驯《河防险要》、清代高凤翰《两河指掌》以及《黄河全图》《黄河考》等著作；清抄本《治河纂要》卷一辑录《夏书·禹贡》《河源考》《九河考》等河源相关论述，卷二辑录历代河防相关论述；清抄本《导河书》抄录了陈和叔《导河书》、丁萼亭《治河要语》、嵇曾筠《石工说议定物料价值并办料》等。此外，清抄本《河工摘录》《治河择要》等均属于此类作品。

4. 案牍汇编类著作

案牍汇编类著作即把黄河治理相关的皇帝谕旨、大臣奏疏等案牍材料加以整理后汇编而成的著作，例如明代潘季驯《总理河漕奏疏》、周堪赓《河渎奏疏》，清代嵇曾筠《防河奏议》、许振祎《督河奏疏》、白钟山《豫东宣防录》、兰第锡编《黄河工程文册》，清道光年间《祥工奏稿》《河工奏稿》《河工文牍》等，山东河防总局录送《山东河工保案》等。这些案牍是直接反映治河过程的一手文献，对于还原历史、了解当时的实际情形而言是十分珍贵的原始资料。

5. 河源考证著作

河源考证著作指考察黄河源头的著作。上文提及，元代、清代朝廷都曾派员探查黄河源。在都实和阿弥达之间，康熙皇帝也曾派出侍卫拉锡和舒兰探查黄河源头。二人探明黄河源自扎陵（湖），流入鄂陵（湖），对黄河源头的认识较元代有所进步。元代潘昂霄撰《河源志》，清代舒兰撰《河源记》、纪昀等撰《钦定河源纪略》、吴省兰撰《河源图说》《河源纪略承修稿》等，均属于河源考证著作。

6. 河工则例章程类著作

河工则例章程类著作指与河工相关的则例、章程等，例如《题定河工则例》《题定河工杨木桩规则例》《河东河工物料价值》《钦定河工实价则例章程》《黄运两河修筑章程》等。清雍正十二年（1734）《题定河工则例》分七卷记录淮扬道属各厅下各项料物漕规并镶埽则例。清乾隆九年（1744）《题定河工杨木椿规则例》主要记录淮扬各厅购买杨椿木的各项则例。清嘉庆十三年（1808）工部编《钦定河工实价则例章程》按厅属分卷，专述清嘉庆时期江南河工物料，主要记录报销岁修工程等，对江南黄运两河修筑、河厅设置、物料价格变化做了较为详细的介绍，是了解清代江南河工的重要资料。

7. 综合性水利著作

综合性水利著作大致可以分为三大类，一类从《水经》延伸而出，一类从《尚书·禹贡》延伸而出，一类为独立著作。在这些文献中，黄河都是不可或缺的部分。解读《尚书·禹贡》最出名的著作当属清代胡渭的《禹贡锥指》，书中提出黄河五次大改道说，为研究黄河变迁提供了历史证据。与《禹贡》中“九河”相关的著作有徐寿基《九河指地》、王实坚《九河臆说》、孙彤《二渠九河考》等。比较重要的独立著作有清代傅洪泽的《行水金鉴》、齐召南的《水道提纲》和胡宣庆的《水道源流》。

8. 黄、运、淮水利专著

从元朝开始，中国的政治中心开始北移，内河漕运作用凸显。由于黄、运两河交汇，两河的治理也难以分割。清代张伯行的《居济一得》是一部讲述清代山东段运河治理的水利专书，但是书中对山东段黄河的地理地貌、水利设施建设、水源补给、河道管理和治理等也做了介绍。类似的书还有叶方恒《山东全河备考》、陆耀《山东运河备览》等。黄河与淮河的渊源也由来已久。从南宋建炎二年（1128）开始，长达700多年的夺淮入海史让黄、淮两河的治理紧密相连。清代郭起元《淮水考》、丁显《淮北水利说》、武同举《淮系年表全编》等都论及了黄河。

三、国图藏黄河历史文献特点

国图藏黄河相关历史文献尽管数量众多，却也未能实现应收尽收，例如明代车玺《治河总考》、黄克缵《古今疏治黄河全书》，清代孙承泽《河纪》、袁青绶《南河编年纪要》等文献未有收藏。但是现有的相关文献具备以下几个特点，已经足以构成专题性研究的基础。

（一）一种文献有多种版本，可做版本比较、文献流传研究

以《河防一览》为例，国图收藏的重要版本有4种：1. 明万历十八年（1590）刻本，8册；2. 明或清代递修本，据明万历十八年吴兴潘季驯刻版递修，10册；3. 清乾隆五年（1740）刻本，据明万历年间刻版重修，16册；4. 清乾隆十三年（1748）刻本，10册。在刻本以外，手绘舆图中也有“一种文献有不同摹绘本”的情况。例如，国图收藏有3套清嘉庆年间的彩绘本《江南省黄运图》（24幅），每套图的题名和内容大体相同，略有差异。黄河相关历史文献版本的比较与研究有助于了解这些文献的流传情况，反映了黄河文化流传的深度。

（二）一种文献有多种关联文献，可做文献补充、考证研究

仍以《河防一览》为例，与其关联的其他文献有明万历九年（1581）《宸断两河大工录》，这部作品可谓《河防一览》前身，明万历四十七年（1619）《河防一览榷》是对《河防一览》的精简，清康熙三十九年（1700）陈于豫撰《河防一览纂要》是对《河防一览》的继承和辑要，潘季驯《总理河漕奏疏》一书的内容则与《河防一览》奏议部分有交集。除全本外，清代薛凤祚著《两河清汇易览》辑录了《河防一览》中的《河议辨惑》篇，清代砚北主人辑《防河要览》、清光绪年间《古今治河策要》、清抄本《治河论丛》《治河杂抄》等书中均有潘季驯相关论

述辑录。黄河历史文献相关文献的研究有助于了解文献的传播情况，反映了黄河文化流传的广度。

（三）图文齐备，可以相互参考、补充

以拓本《河防一览图》为例，此图内容丰富，但图中并无太多背景信息。与此相关的《河防一览》书籍恰能弥补相关缺失。且《河防一览图》与《河防一览》书中的《两河全图》属同一舆图不同时期版本。《河防一览图》的流传路线与《河防一览》书的流传路线相互交织，呈网状展现文献的流传与传播。另有清光绪十六年（1890）绘成的《御览三省黄河全图》，其测绘者之一刘鹗同期著有《三省黄河图说》，两者可以相互参考。清代朱鋐辑《历代黄河指掌图说》包含自上古至清代的29幅黄河图说，然而有说无图。国图恰好藏有清代多种《历代黄河移徙图》，可作参考之用。图文互补可以使文献内容得到最大程度的挖掘。

（四）相关文献总量大，可作横向、纵向等整体性研究

国图藏黄河相关历史文献近600种，且相关文献的采访工作一直未曾间断。20世纪30年代《国立北平图书馆馆务报告》记载，国立北平图书馆在1931—1932年度访得纸本及绢本彩绘黄河图各一长卷，黄、运河工程图说27种；1932—1933年度访得明绘本《黄河图》《河道工程图》；1933—1934年度访得《兰州黄河浮桥图》等；1934—1935年度访得古本《黄淮河图》、光绪时期黄河工程图等。近年来，黄河相关文献的采访更是有量的突破，例如2013—2016年，国图陆续购入“民国时期黄河水利委员会档案”总计449种1.4904万册／件，内容包括电报、卷宗、信函、公文、工作报告、会议记录等。整体性、脉络性的文献整理和研究必须在大总量的文献基础上展开，国图藏黄河历史文献已经可以搭建相应基础。

四、国图黄河历史文献相关服务

国图自建馆以来关于黄河历史文献的相关工作，主要体现在文献采访和参考咨询服务两方面。黄河文献的采访工作在上文已有论及。在参考咨询服务方面，提供的主要服务之一是编纂目录。例如，1931—1932年度《国立北平图书馆馆务报告》记载，“国内外来函咨询及委托代编专门问题之书目频繁，其中之一就有关于黄河的书目”。民国年间，国立北平图书馆还编成《已撰黄河书籍提要》一册，内有黄河书籍提要80篇。1954年，当时的北京图书馆编辑完成了有关黄河、运河的资料目录，1955年编辑了《根治黄河论文简目》，并且开辟了研究黄河水文历史资料的研究室。

书籍是文化和文明的载体，黄河历史文献是古代先贤治河智慧的结晶和治河理论的总结，是研究各个历史阶段黄河变迁、决溢灾害、治河人物、黄河河政和河工技术等赖以借资的重要资料。所谓鉴古知今，整理、研究以及充分利用这些历史文献，对于当前乃至以后的黄河保护、治理、开发、利用和研究具有重要意义。

翁莹芳　白鸿叶

2022年5月

凡 例

一、文献类型、内容、年代

本书所收文献均为国家图书馆古籍馆藏品，涉及舆图和古籍（书籍）两种文献类型。每种文献的内容全部或局部与黄河相关。所有文献实际出版时间（印刷类文献）或制作时间（手稿类、绘本类文献）的下限是 1949 年。

二、排序

（一）全书排序

全书先舆图，后古籍。在无其他依据或无特别说明的情况下，文献按照出版或制作时间的先后排序。内容相同或相近的文献可以不受年代限制，视情况集中排列。若有古籍同舆图的内容、著者等密切关联，则将该古籍提前至舆图部分，排列于相关舆图之后。据此，全书以《河防一览图》开篇，《明治河图》《宸断两河大工录》《河防一览》等相关文献紧随其后。排序中发现，明、清两代治河名臣潘季驯、靳辅、张鹏翮三人的治黄相关文献年代较早且数量不少，因此在遵循排序总原则的前提下，将其单独列出，分别题为明潘季驯治黄文献、清靳辅治黄文献、清张鹏翮治黄文献。

（二）舆图排序

舆图部分先全图，后局部图。局部图按照从黄河源头至入海口处的顺序排列，一般以图中所绘黄河的上游起始地为排序依据。先多省图、后单省图。省内舆图按府、州、县、乡镇、村等排序。此部分包括黄河全图、河源图、黄河中下游图、河南黄河图、江南黄河图、江南山东黄河图、山东黄河图。其中，黄河全图部分，依据内容相近舆图可集中排列的原则，集中了河徙图、河工器具图，但不再单独给出概括性题名。河源图部分，初拟题名为“黄河上游图”，但因所有文献均只涉及青海省内的河源，最终得现名。黄河中下游图涉及绥远、陕西、山西、河南、江南、山东、直隶诸省；其中涉及河南、江南、山东三省的舆图最多，因此单独列出。河南省黄河图大致排序为：全省、陕州、河南府、怀庆府、卫辉府、郑州、开封府、归德府、陈州府、汝宁府、光州。江南府黄河图大致排序为：全省、徐州府、萧县（安徽）、淮安府、扬州府。山东省黄河图大致排序为：曹州府、大名府（原部分属直隶，现属山东）、兖州府、济宁直隶州、泰安府、济南府、武定府。

（三）古籍排序

成书于清代以前的古籍按照已知最早的出版或制作时间排序；成书于清代、民国时期的古籍按照本书所收录版本的实际出版或制作时间排序。

三、条目

（一）原则

一种文献对应一条目录。若一种文献有多个版本，则残本不予著录。有多种版本的手稿类、绘本类文献，每种版本独立成一条目，仅《南河图说》一条例外；各个版本不作互相参见，一般只在后编辑的条目中进行相关说明。

（二）图片

每条目录附图1—3幅，或为全图，或为局部图，或为书页，仅作展示之用，不另行标注是否为全图。

（三）信息项

每条目录的基本信息以国家图书馆馆藏目录信息为基础。完整信息包括7项：题名、编著者、载体形态项、版本一、出版项、版本二、内容提要。若某项信息系后人代拟或推测而来，外加方括号“[　]”；若某项信息不详，则阙如。

（1）题名：照录国图文献数据所用题名，一般为封面（书衣）题名。一种文献若有多个题名，则在内容提要项著录其他题名（包括题名页题名、内页题名等）。题名若有特殊情况，在内容提要项进行说明。非文献原有题名，即代拟题名，外加方括号“[　]”;题名中部分文字加“[　]”，表示该文字非原题名所有，系后人增补。

（2）编著者：包括朝代、编著者姓名、编著方式三项。

（3）载体形态项：舆图文献包括数量、尺寸两项。尺寸表示为“纵 × 横”，单位均为厘米；若文献数量多于1件且每件尺寸不同，则标注为“图廓不等”。古籍文献仅包括数量一项；若有古籍未能单独成册，而存在于与其他文献的合辑中，则该文献不著数量项。文献入藏国图时，类别偶有混淆，故偶有舆图文献无尺寸或古籍文献有尺寸的情况。

（4）版本一：著录版本形制，如（彩）绘本、石印本、拓本等。

（5）出版项：完整出版项包括出版地、出版者、出版时间三项，但出版地、出版者两项缺失较多。出版时间表示为“历史朝代纪年（公元纪年）”，例如“清乾隆五年（1740）”；推测或不确定的出版时间，外加方括号“[　]”。

（6）版本二：主要记录文献有多种版本的情况，一般以著录5种为上限。

（7）内容提要：首先参考国家图书馆藏文献机读数据的内容附注项，其次参考《中国历代文献精粹大典 · 科技卷 · 水利》（学苑出版社，1990年）、《中华古文献大辞典 · 地理卷》（吉林文史出版社，1991年）、《四库大辞典》（吉林大学出版社，1996年）、《中国大运河历史文献集成》（国家图书馆出版社，2014年）等书籍，最后由编者撰写。

四、地名

历史文献中存在较多历史地名，与今名不同，或统属关系有变。内容提要除对相关地名进行解释性说明以外，一般仍使用历史地名。同一地名的用字在不同文献中可能不同，一般照录当前文献中的用字；若照录可能引起歧义，则在该字后加圆括号标出正确用字。

目 录

明潘季驯治黄文献

河防一览图 /3
明治河图 /4
宸断两河大工录：十卷 /5
河防一览：十四卷 /6
河防一览榷：十二卷 /7
河防一览纂要：五卷 /8
总理河漕奏疏初二任：三卷；三任：五卷；四任：六卷 /9

清靳辅治黄文献

靳文襄公治河方略：十卷；卷首一卷 /13
治河汇览：八卷 /14
河防述言：十二卷 /15
历代河防统纂：二十八卷 /16
天一遗书 /17
看河纪程：三卷 /18

清张鹏翮治黄文献

黄河全图 /21
[黄河运河全图] /22
张公奏议：二十四卷 /23
[治河奏牍]：二十四卷 /24
河防志：十二卷 /25
河防志：□卷 /26

黄河全图

黄河全图 /28
黄河发源归海全图 /30
黄河发源归海全图 /31
黄河图 /32
黄河图 /33
江淮河及南北运道全图 /34
黄河水道全图 /35
六省黄河工程埽坝情形图 /36
中国黄河经纬度里之图 /37
历代黄河移徙图 /38
历代黄河移徙图 /39
历代黄河图 /40
历代黄河移徙图 /41
河漕备考：四卷；历代黄河指掌图说：一卷 /42
历代治河考 /43
历代黄河变迁图考：四卷 /44
黄河河道变迁图 /45
黄河河道变迁图 /46
[河工图说] /47
木龙书：一卷；成规：一卷；题咏：一卷 /48
河工器具图 /49
河工器具图说：四卷 /50
疏河钯障图说 /51
[堵合黄河漫口]河工合龙做法图式 /52
河口合龙图谱 /53
黄河河工图谱 /54
黄河流域全图 /55
黄河流域全图 /56
黄河形势及变迁图 /57
[中华民国黄河流域图] /58
黄河水利委员会实测五万分一图 /59
黄河水利委员会实测一万分一图 /60
实测黄河水利流域图 /61
实测黄河水利流域图 /62
黄河水利计划图 /63
黄河纵断面图 /64
[黄河流域]年平均雨量[图] /65

河源图

黄河源图 /69
河源图说 /70
钦定河源纪略：三十五卷；首一卷 /71
河源纪略承修稿：六卷 /72
河源志：一卷 /73
河源记 /74

黄河中下游图

水经注黄河经过郡县图 /77
黄河图说 /78
黄河图说 /79
问水集：六卷 /80
黄河图 /81
清代黄河河工图 /82
大河南北两岸舆地[图]/83
咸丰以后铜瓦厢决口之黄河图 /84
河南山东黄河全图 /85
委查现在河势情形草图 /86
黄河水路图说 /87
[仪封黄河图]/88
黄河沿岸物产集散图 /89
黄河长江中下游各省分县精图 /90
黄河平剖面图 /91
山西河防全图 /92
黄河发源各厅工程情形全图 /93
祥符漫水经由豫皖各州县入淮达洪泽湖情形图 /94
黄河南溢经过豫皖苏三省图 /95
长江黄河淮运形势全图 /96
黄河旧道图说 /97
豫东两省黄河故道堤工道里图 /98
黄水穿运及大清河一带现在情形图说 /99
[黄淮两河沿河地方道里图]/100
下北厅属铜瓦厢漫溢由张秋穿运入大清河至铁门关归海图 /101
黄河图 /102
铜瓦厢金门以下黄河串运入海情形图 /103
河南省至山东省黄河及山脉大道详细图 /104
长芦直豫二省运河总分图 /105
御览三省黄河全图 /106
三省黄河图说 /107
绘呈直隶南北两岸堤埝黄河大概形势图 /108
冀鲁豫黄河沿岸各县水灾情形总图 /109
豫冀鲁三省黄河图 /110
豫冀鲁三省黄河图 /111
华北各省水道图 /112

河南黄河图

[河南黄河八厅图]/115
[河南黄河图]/116
[河南黄河图]/117
河南黄河堤工图 /118
河南黄河图 /119
豫省黄河南北上游七厅现在河势工程情形全图 /120
七厅河图指掌 /121
豫河南北两岸八厅经管堤工坝垛埽段情形全图 /122
[河南黄河河道工程图]/123
河南省各县黄河河势情形图 /124
河南各县黄河图 /125
河南黄河全图 /126
河南黄河图 /127
黄工南岸三汛巡防分局弁兵分段梭巡堤图 /128
豫省归淮河道情形图说 /129
河南黄河两岸堤工形势图 /130
河南全省黄河形势图 /131
[河南省黄河图]/132
阌乡县黄涧河工图说 /133
灵宝县陕州两处河势情形图 /134
陕州黄河水势情形图 /135
三门口附近地形图 /136
河南府陕州一带现在河势情形图 /137
灵宝陕州渑池新安孟津巩县汜水黄河情形总图 /138
灵宝陕州渑池新安孟津巩县汜水黄河情形总图 /139
陕州至荥泽黄河水势情形图 /140
陕州至荥泽黄河水势情形图 /141
渑池县黄河水势情形图 /142
新安县黄河水势情形图 /143
铁谢寨以西全河大势图 /144
勘修孟县河工坝埽图说 /145
会办孟县黄河民工土石坝垛各工报销河图 /146
武陟县拦黄堰民工图 /147
武陟县黄河赵庄等处民工新建坝垛图 /148
怀庆府武陟县查勘黄水漫滩被淹维壹等里各村庄情形图 /149
卫粮厅光绪二十八年分做过岁修埽工砖土石各工河图 /150
卫粮厅光绪三十三年分做过岁修埽砖土石各工河图 /151

卫粮厅宣统元年分做过岁修埽砖土石各工河图 /152
卫粮厅属阳武阳封封丘三汛现在河势情形图 /153
[梁庄东古城堤图] /154
黄沁厅属光绪二十八年分岁修埽砖土石各工河图 /155
河南黄沁厅属宣统元年分做过岁修埽砖土石各工河图 /156
黄沁厅属唐郭汛拦黄埝现在河势情形图 /157
荥泽县民埝河图 /158
荥泽县广武坝民堰工程全图 /159
开封府荥泽县黄河南侵情形图 /160
郑州附近漫口图 /161
郑工并沁河漫口工程各案：三卷 /162
上南厅属荥郑二汛堤埝埽坝石垛工程实在情形事宜河图 /163
上南河厅属宣统元年分岁修埽土石工程河图 /164
上南河厅属堤坝埽工事宜河图 /165
上南河厅属荥郑中各汛现在河势情形图 /166
上南河厅属荥郑中各汛现在河势情形图 /167
黄河埽工全图 /168
郑中河厅属现在河势情形图 /169
郑中河厅属现在河势情形图 /170
郑中河厅属宣统元年分岁修埽土石工程河图 /171
开封府附近黄河漫溢情形图 /172
中河厅属中牟下汛壬辰年现在河势情形图 /173
中河厅属中牟下汛光绪十九年分现在河势情形图 /174
中河厅中牟下汛堤工里数埽坝各工一切事宜图 /175
中河厅属中牟下汛经管堤工埽坝现在河势图 /176
中牟下汛堤南拟估遥堤情形草图 /177
中牟下汛九堡工拟估引河情形图 /178
中牟下汛九堡拟估引河情形图 /179
中牟下汛九堡拟估引河情形图 /180
中牟下汛九堡拟估引河沟工沟线情形图 /181
中河厅中牟下汛九堡漫工拟估引河段落及沟工沟线情形草图 /182
中河九堡漫口筑坝挑河图 /183
中牟九堡补筑坝工现在情形图 /184
[道光二十三年黄河漫溢所经地方图] /185
查勘中河厅中牟下汛九堡漫水经过州县情形图 /186
中牟县境内被水大概情形图 /187
中河厅中牟下汛九堡漫工河势情形图 /188
中河厅属中牟下汛九堡漫工现在河势情形图 /189
中河厅中牟下汛现在河势情形图 /190
中河厅中牟下汛九堡漫溢情形图 /191
中河厅中牟下汛九堡漫溢情形图 /192
中河厅中牟下汛九堡漫溢情形图 /193
中河厅中牟下汛九堡漫溢情形图 /194
东坝基进占图 /195
西坝基进占图 /196
牟工西坝复估各项土工图 /197
中河厅中牟下汛九堡拟估东西坝基并挑水坝情形图 /198
中河厅中牟下汛九堡拟估东西坝基并挑水坝情形图 /199
中河厅中牟下汛九堡拟估东西坝基并挑水坝情形图 /200
中河厅中牟下汛九堡拟估二坝情形图 /201
中河厅中牟下汛九堡拟估二坝情形图 /202
中河厅中牟下汛九堡拟估东西坝基并挑水坝情形图 /203
中河厅中牟下汛九堡漫工原估东西坝基并挑水坝基情形图 /204
中河厅中牟下汛九堡拟估东西坝基并挑水引坝情形图 /205
中河厅中牟下汛九堡拟估东西坝基并挑水引坝情形图 /206
中河厅属牟工东圈埝拟估帮宽并添筑戗坝现在河势图 /207
中牟大工双合龙安澜图 /208
委勘中河厅中牟下汛河势工程实在情形图 /209
中河厅堤埽工程河道归海现在情形图 /210
中河厅奉委较量水面高矮内地丈尺情形草图 /211
查较孙平庄工拟改黄河头情形草图 /212
中河厅光绪二十八年分岁修埽土石各工河图 /213
中河厅宣统元年分做过岁修埽土石各工河图 /214
中河厅宣统二年分岁修埽土石各工河图 /215
中河厅中牟下汛头堡至九堡现在河势情形图 /216
中河厅属中牟下汛经管堤工里数埽坝各工一切事宜河图 /217
中河厅属中牟下汛经管堤工里数埽坝各工一切事宜河图 /218
祥工省城入奏情形原稿河图 /219
勘验黄河大堤并护城堤及各埠口情形图说 /220
黄惠河平面图 /221
下南厅祥工大坝对岸启放沟工溜势情形图 /222
祥工拟估引河沟工沟线情形图 /223
下南厅祥符上汛三十一堡拟估坝基挑水坝情形图 /224
拟估挑新引河头兜水坝拦河土埝情形图 /225
[开封府下南厅祥符上汛三十二堡漫工图] /226
下南厅属祥符上汛三十二堡漫工现在情形图 /227
下南厅属祥符上汛现在河势情形图 /228
河南省祥符县所属黄河以南地势图 /229
下南河厅经管祥陈三汛堤工事宜图 /230
下南河厅经管祥陈三汛堤工事宜图 /231
下南河厅经管祥陈三汛堤工事宜图 /232
下南河厅经管祥陈三汛堤工事宜图 /233
下南河厅经管祥陈三汛堤工事宜图 /234
下南河厅经管祥陈三汛堤工事宜图 /235

祥符上下汛堤工图 /236
下南河厅属光绪二十八年分岁修埽土石各工河图 /237
下南河厅属宣统元年分岁修埽土石各工河图 /238
祥河厅光绪二十八年分做过岁修埽砖土石各工河图 /239
祥河厅宣统元年分做过岁埽砖石各工河图 /240
朱仙镇贾鲁河南岸决口形势图说 /241
[下北河厅属各汛堤坝情形图]/242
下北河厅属光绪二十八年分岁修埽砖土石各工河图 /243
下北河厅光绪三十三年分岁修砖土石各工河图 /244
下北河厅属宣统元年分岁修埽砖土石各工河图 /245
下北河厅兰阳汛东坝头现在河势工程情形图 /246
豫省南岸新堤各挑水坝工情形图 /247
南岸四厅五州县所属干河河道堤工情形图 /248
自兰仪县起至虞城县山东江南各交界旧河故道滩地总图 /249
光绪庚子年春季兰仪县黄河实在情形图 /250
下南河同知黄家驹承办光绪三十年分兰仪县境针庄旧黄河身内估筑拦黄土埝工程河图 /251
兰仪工实在情形图 /252
兰仪河势现在浅深情形图 /253
兰仪干河口拟建筑横堤闸坝图说 /254
兰封县黄河形势图 /255
铜瓦厢附近黄河形势图 /256
兰封小新堤上游挑水坝设计图 /257
兰封小新堤护岸工程设计图 /258
[开归陈汝四郡河图]/259
仪睢厅属仪睢二汛现在河势情形图 /260
睢州下汛漫工情形图 /261
估挑引河并另筑大堤情形图 /262
宁陵县河图 /263
陈州归德府各州县被水图 /264
归陈二府黄水经由归宿大概情形图 /265
光绪十三年陈州合属被水图 /266
勘查豫省中河漫口黄水经过州县入淮归湖情形图 /267
勘查豫省中河漫口黄水经过州县入淮归湖情形图 /268
陈州府淮宁县呈黄水冲淹集村并大溜经过地方舆图 /269
陈州府淮宁县大沙河图 /270
实测黄河两岸五万分一地形图 /271
长垣县黄河流域图 /272
绘呈直境阎潭一带堤埝河势图说 /273
息县城南淮河北漫形势图 /274
滑县民堤图说 /275
滑县河图 /276

江南黄河图

江南省黄运湖堤埽闸坝工程情形总图 /279
江南省黄运河湖堤埽闸坝工程情形总图 /280
[江南省黄运图]/281
[江南省黄运图]/282
黄运湖河全图说 /283
南河图说 /284
淮扬十一厅事宜图说 /285
江南各厅全河图说：卷二 /286
绘造江南清黄河道各工事宜全图 /287
黄河夺淮穿运入海及湖河堤坝形式图 /288
运河来水归江全图 /289
黄淮河河工情形图 /290
自花庄至孙民房丈尺情形草图 /291
淮黄交汇入海图 /292
八省运河泉源水利情形图 /293
淮泗交汇图 /294
[江苏黄淮运河水利图说]/295
江苏省黄水泛滥灾区图 /296
铜沛营大坝汛查估房亭河间段挑展情形图 /297
砀山境内南北两岸土坝全图 /298
堵筑丰汛六堡漫工现在办理情形图 /299
丰汛六堡漫工添建坝基并挑浚引河情形图 /300
丰汛六堡漫工添建坝基并挑浚引河情形图 /301
丰汛六堡漫工添建坝基并展挑引河头情形图 /302
会勘丰汛六堡漫工展宽引河并宣泄漫水情形图 /303
会勘丰汛六堡漫工展宽引河并宣泄漫水情形图 /304
丰汛大坝淤滩并唐家湾引河情形图 /305
丰北厅旧口门图说 /306
嘉庆十六年堵闭萧南李家楼因见冰凌误挑新引河情形图 /307
[天然闸附近图]/308
徐城至郭家堂新引河南北两岸里数图 /309
旧黄河图 /310
[洪泽湖口北部黄河堤工图]/311
外河厅属老坝工拦黄土坝上下淤滩图 /312
外南厅属河滩筑堰阻遏河流情形图 /313
外南汛顺清河一带情形图 /314
道光拾年分咨取河图 /315
桃北厅属萧庄黄河漫口与旧道入海里数并五州县被灾轻重情形图 /316
专委查探桃北漫口以下河道水势实在情形图 /317
江南萧工以下黄水归海现在情形图 /318

桃北厅属崔镇汛萧家庄黄水漫口情形图 /319
桃北厅属萧家庄漫口拟定坝基引河情形图 /320
桃北厅属萧家庄漫口拟请坝基引河情形图 /321
桃北萧家庄漫口以下间段估挑引河形势图 /322
中河厅属补还纤堤并做草闸挑河筑坝情形图 /323
[黄运河口古今图说] /324
黄运河口古今图说 /325
黄运交汇图 /326
估挑二套引河图 /327
二套引河并正河归海尾闾情形图 /328
外河减坝至海口一带河道堤堰水势情形图 /329
山盱厅属智字滚溜损深塘情形图 /330
山盱厅属仁字引河石坝溜损石墙深塘情形图 /331
山盱厅属林家西滚坝溜损石墙深塘情形图 /332

江南山东黄河图

江南山东两省湖河分泄漫水归海去路情形全图 /335
山东及江苏黄河水灾图 /336
[单砀境内黄河南北两岸堤坝全图] /337
单砀两境黄河现在水势情形图 /338

山东黄河图

山东郡县图考 /341
山东黄河图 /342
山东黄河全图 /343
山东黄河全图 /344
山东黄河全图 /345
山东黄河全图 /346
山东省黄河全图 /347
黄河图 /348
黄河图 /349
黄河图 /350
[山东黄河河道工程图] /351
山东黄河大堤全图 /352
民埝全图 /353
山东黄河南岸自东平州起至利津海口止十三州县滨河村庄新旧迁民总图说 /354
山东黄河南岸十三州县迁民图说 /355
山东境内全河形势详细图说 /356
[山东黄河长堤暨小清河图] /357
山左河道图 /358
[山东黄河图] /359
上游黄河堤埝全图 /360
上游黄河堤堰形势全图 /361
上游黄河堤堰形势图说 /362
黄河官堤民埝图 /363
上游南北两岸文武衔名抢险图说 /364
黄河上游南北两岸大堤民埝村庄里数并阎潭河全图 /365
上游南北两岸各处埽坝形势险要旧全河图 /366
上游黄河两岸金堤临黄险工村庄里分贴说全图 /367
绘呈上游南岸下段大堤河势情形极次险工图说 /368
山东上游黄河河势堤工图 /369
贾庄河防营防守上游南岸上段险工处所河势图说 /370
贾庄河防营防守上游南岸上段一带堤埝埽坝河溜形势图说 /371
[山东濮郓范寿各县黄河堤埝图] /372
上游北岸金堤濮范寿阳一带形势图说 /373
寿阳南岸贵字河防营承防堤埝埽坝堡房牌坊起止里数以及黄河形势绘图贴说 /374
上游金堤临黄民埝河形图说 /375
光绪二十一年中游南北两岸抢护险工处所文职衔名绘呈图说 /376
光绪二十二年中游南北两岸抢护险工处所武职衔名绘呈图说 /377
光绪二十三年中游南北两岸抢护险工处所武职员弁衔名绘呈图说 /378
中游南北两岸堤埝河图贴说 /379
[中游黄河南北两岸大堤民埝全图] /380
山东中游河工详细图说 /381
绘呈下游黄河堤埝险工埽坝图说 /382
[黄河下游堤工图] /383
黄河下游工程图说 /384
黄河穿运图 /385
山东黄水穿运并节次堵口筑堤现在情形图说 /386
黄运抬串图 /387
黄运河南北运口河形旧图 /388
黄运河南北运口河形新图 /389
[黄运河南北运口河形图] /390
山东黄运诸河大略情形图 /391
山东黄河总分段工防图 /392
山东黄河实地调查平面图 /393
黄河平面图：平地部 /394
黄水入曹属分流各处以及新筑郓巨菏三县民堰全图 /395
上游南岸第一营黄河大堤形势图 /396
上游南岸第一营防守黄河大堤形势贴说图 /397
东明漫水下注东境酌议堵口筑堤图说 /398
直隶东明黄工上中下三汛暨开长北岸民埝全图 /399

[濮州河埝河堤丈尺全图] /400
临濮集黄河决口航摄图 /401
黄河董庄决口泛滥区域形势图 /402
黄河决口泛滥区域图 /403
郓城县黄河全图 /404
郓城县民埝全图 /405
现查黄溜情形图 /406
单县黄河图 /407
单县黄河图 /408
上游南岸寿张县高家大庙堤工图说 /409
上游南岸寿张县境高家大庙堵筑形势图 /410
寿张县管辖河道黄溜股数现在水势情形图 /411
寿张县河堤图 /412
寿张县黄运河堤埝沟洫图 /413
寿张县黄运河堤民埝图 /414
青龙冈漫水汇归三湖经由谷亭旧运河情形图 /415
泰安府东阿县河道堤埝情形图 /416
泰安府平阴县黄河堤埝图 /417
泰安府平阴县黄河堤埝图 /418
泰安府平阴县城河图 /419
挑办旧大清河及回空船只冻阻情形图 /420
东平州拟议挑筑河道情形图 /421
大清河暨赵王赵牛等河上游各县并本境水势沿河村庄里数全图 /422
齐河县管辖黄河图 /423
长清县所辖大清玉符并南北沙河两岸堤埝里数各数目全图 /424
长清县所辖大清玉符两河南北两岸堤埝里数防守窝铺各数目全图 /425
章丘县黄河大堤缕堤决口情形图 /426
下游南岸第一营防守堤埝河图贴说 /427
河成前营承防惠滨北岸河图贴说 /428
[武定府属惠青滨蒲利等州县黄河情形图] /429
河成后营防守惠民北岸上段河形地势图说 /430
河成后营承防惠民北岸齐东南岸民埝图说 /431
下游北岸第二营河形堤势图说 /432
青城县黄河大堤民埝图 /433
下游南岸第二营防守黄河大堤形势图说 /434
下游北岸第三营防守险工埽坝形势图说 /435
查看黄河形势拟仍由铁门关以下旧河入海图说 /436
利津县境吕家洼漫工水深丈尺暨村庄滩地被水轻重情形图说 /437
[利津县下段南岸宁海漫口水势图] /438
利津县薄庄漫水入海道路里数形势图说 /439
武定府利津县村庄距城里数四至八到河海地舆图 /440
武定府利津县呈送城河海口界址图 /441
武定府利津县呈送城河海口界址图 /442
武定府利津县城河图 /443
武定府利津县呈送秋禾被水村庄处所区图 /444
利津县被淹村庄图 /445
下游南岸第四营阎家堤埝险工图 /446
利津黄河入海图 /447
山东利津县宫家堤黄河决口图说 /448
山东利津县宫家堤黄河决口图说 /449
利津县黄河决口后分溜情形并筹办法图说 /450
利津县黄河决口后分溜情形并筹办法图说 /451

黄河古籍

水经注：四十卷 /455
水经注图说残稿：四卷 /456
水经注图：一卷；附录一卷 /457
水经注图：四十卷；补一卷 /458
河防通议：二卷 /459
治河图略：一卷 /460
河防记：一卷 /461
黄河图议：一卷 /462
河渠考略：一卷 /463
黄河考：一卷 /464
河工诸议：三卷；附一卷；新议一卷 /465
治河通考：十卷 /466
河防考：四卷 /467
河渎奏疏 /468
治河奏疏：二卷 /469
圣祖合天弘运文武睿哲恭俭宽裕孝敬诚信功德大成仁皇帝治河方略 /470
防河奏议：十卷 /471
豫东宣防录：六卷 /472
续豫东宣防录：一卷 /473
南河成案：五十四卷；卷首二卷 /474
南河成案续编：一百零六卷；卷首一卷 /475
黄河工程文册 /476
各省原奏簿 /477
祥工奏稿 /478
[道光]查办盐务河工海塘奏稿 /479
[河工]奏稿 /480
[河工奏稿] /481
[河工文牍] /482
山东河工保案 /483
督河奏疏：十六卷 /484

许振祎督河奏稿 /485
奏定东河新设河防局章程 /486
[筹办河工案] /487
禀复道宪洪查勘四女寺减河工程并说贴估册各稿 /488
北河续纪：七卷；附余二卷 /489
居济一得：八卷 /490
巡河杂咏：一卷；巡河续咏：一卷 /491
河纪：二卷 /492
行水金鉴：一百七十五卷；卷首图一卷 /493
续行水金鉴：一百五十六卷；卷首一卷 /494
题定河工则例；题定河工杨木椿规则例 /495
河东河工物料价值 /496
钦定河工实价则例章程：五卷；首一卷 /497
黄运两河修筑章程 /498
古河考 /499
二渠九河考：一卷；图一卷 /500
九河故道考：一卷 /501
九河指地：三卷 /502
九河臆说：一卷 /503
禹贡锥指：二十卷；略例图一卷 /504
禹贡锥指节要：一卷 /505
禹贡锥指正误：一卷 /506
河工蠡测 /507
水道提纲：二十八卷 /508
黄河编 /509
河工纪要：十二卷 /510
黄河初学须知 /511
河上金针 /512
黄河工总论：四卷 /513
历代河防类要：六卷 /514
河干问答：一卷 /515
丁萼亭治河要语：一卷 /516
汪氏黄河考：一卷 /517
治河策：一卷 /518
疏河心镜：一卷 /519
河套图考 /520
绥远河套治要 /521
江北运程：四十卷；卷首一卷 /522
河防纪略：四卷 /523
汉书地理志水道图说：七卷 /524
汉书地理志水道图说补正 /525
河防刍议：一卷 /526
五省沟洫图说 /527
栗恭勤公砖坝成案 /528
河工简要：四卷 /529
河工策要：四卷 /530
古今治河要策：四卷 /531
防河要览：四卷 /532
水道源流：五卷 /533
黄河说 /534
淮水考 /535
淮北水利说 /536
淮系年表全编：四卷 /537
河工策：一卷 /538
治河议 /539
河神事迹四种 /540
封河神大王将军传 /541
[历代河神传] /542
治河管见：一卷 /543
河务初模 /544
治河五说：一卷；续说：一卷 /545
请复河运刍言 /546
山东省河务行政沿习利弊报告书 /547
山东河务行政沿习利弊报告书 /548
上山东省公署履勘黄河三游工程情形暨整顿办法报告 /549
山东黄河情形节略 /550
泺口黄河桥古为鹊山淤湖说 /551
河防刍议：六卷 /552
两河清汇易览：八卷 /553
两河备览：二卷 /554
河防辑要：四卷 /555
河防献曝 /556
河防议辑 /557
河防摘要：二卷 /558
河防要诀 /559
河工择要 /560
河工备考 /561
河工书 /562
[河工书] /563
河工摘录：十八卷 /564
河工见闻录 /565
河工备览 /566
治河择要 /567
[治河论丛] /568

治河纂要：二卷 /569
治河要略：五卷；首图一卷 /570
治河刍议：一卷 /571
续河渠志：一卷 /572
河渠汇览：十六卷 /573
河议本末：一卷 /574
[河壖杂志] /575
河上语 /576
导河书 /577
国朝河臣集略 /578
古微堂外集：筹河篇 /579
中衢一勺 /580
河运须知 /581
宗太守筹河论：三卷 /582
[光绪]新修清水河厅志：二十卷 /583
[光绪]新修清水河厅志：十八卷 /584
清季黄运两河工程备览 /585
黄河工程秘录 /586
黄河考：一卷 /587
河务所闻集：七种 /588
濮阳河上记：四编 /589
豫河志：二十八卷 /590
豫河续志：二十卷；河南黄泌两河详图：一卷；豫河变迁考：一卷 /591
豫河三志：十二卷；首一卷；卷末一卷 /592
历代治黄史：六卷；卷首图一卷 /593
筹治黄河商榷书 /594
治河说略：十卷 /595
治导黄河试验报告书 /596
河徙及其影响 /597
黄河河流志略 /598
水利图志黄河篇：一卷 /599
黄河概况及治本探讨：八卷 /600
治水述要：十卷 /601
河防杂著：四种 /602
[治河杂抄] /603
黄河 /604
黄河之根本治法商榷 /605
振兴黄河上游航业意见书 /606
黄河堵口复堤工程计划概要 /607

明潘季驯治黄文献

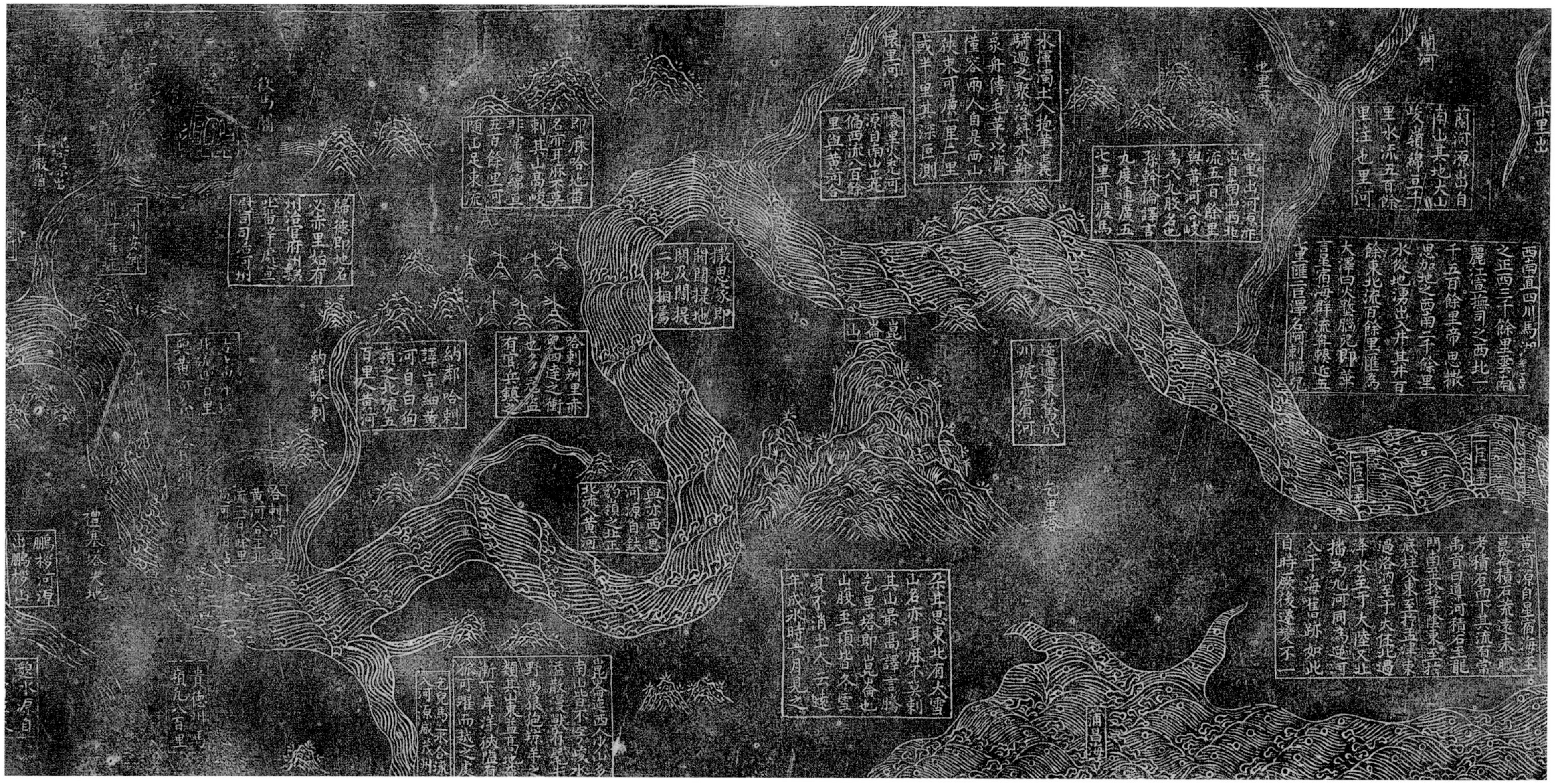

河防一览图

(明) 潘季驯编绘

1幅；43厘米×2010厘米

拓本

明万历十九年 (1591) 立石

此图以黄河为主，并行绘出黄河与运河，图前附“祖陵图说”“皇陵图说”“全河图说”。所绘黄河起自发源地星宿海，直至江苏云梯关入海；所绘运河北起北京，中与淮河、黄河交汇，直至浙江杭州。图中府、州、县等用不同符号表示，名胜古迹形象逼真，黄、运两河的主要支流在图上也有反映。黄河两岸堤、坝、闸等防护工程标注醒目，筑堤时间和堤长等也有记载，河流险要处标注决溢的具体时间和地点。图上有“万历十九年□月□日总理河道兼理军务都察院右都御史潘季驯谨识”字样。潘季驯是明代治河名臣，从嘉靖四十四年（1565）到万历二十年（1592），奉三朝简命，先后四次出任总理河道都御史，主持治理黄河与运河。他一改明代前期“下游分流杀势，多开支河”的治河方略，重点针对黄河多沙的特点，提出“束水攻沙”“蓄清刷黄”的理论，并相应规划了一套包括缕堤、遥堤、格堤等在内的黄河防洪工程体系，以及“四防二守”的防汛抢险修守制度，以期达到“以水治水”“以沙治沙”，综合解决黄、淮、运问题，这也成为清代奉行的治河方略，一定程度上也发挥了显著功效。《河防一览图》是我国现存篇幅最大、最具代表性的一幅古代黄河和运河工程图，对其后河渠图的绘制产生了深远影响，在黄运河水利史和古代地图史上占有重要地位。该图曾被清代皇室及多位知名收藏家收藏鉴赏，具有重大的文物价值和艺术价值。《河防一览图》有数个版本，此版本据明万历十九年（1591）立石拓印。立石原在山东济宁河道总督衙门院内，现已无存。此图与潘季驯《河防一览》书中的《两河全图》大体相同。

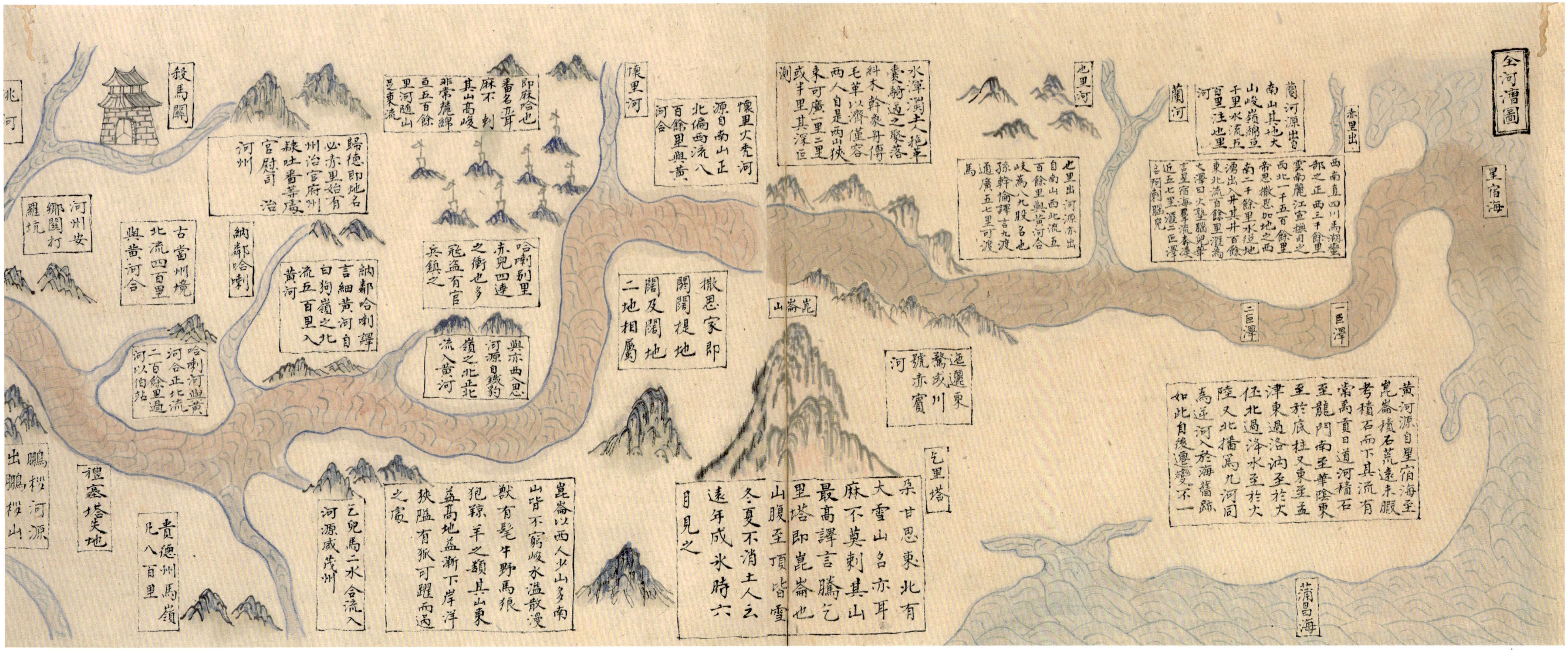

明治河图

1 册；25 厘米 ×27 厘米

彩绘本

[清康熙中期]

根据明潘季驯《河防一览》书中的《两河全图》摹绘而成。图首有题名《全河漕图》。

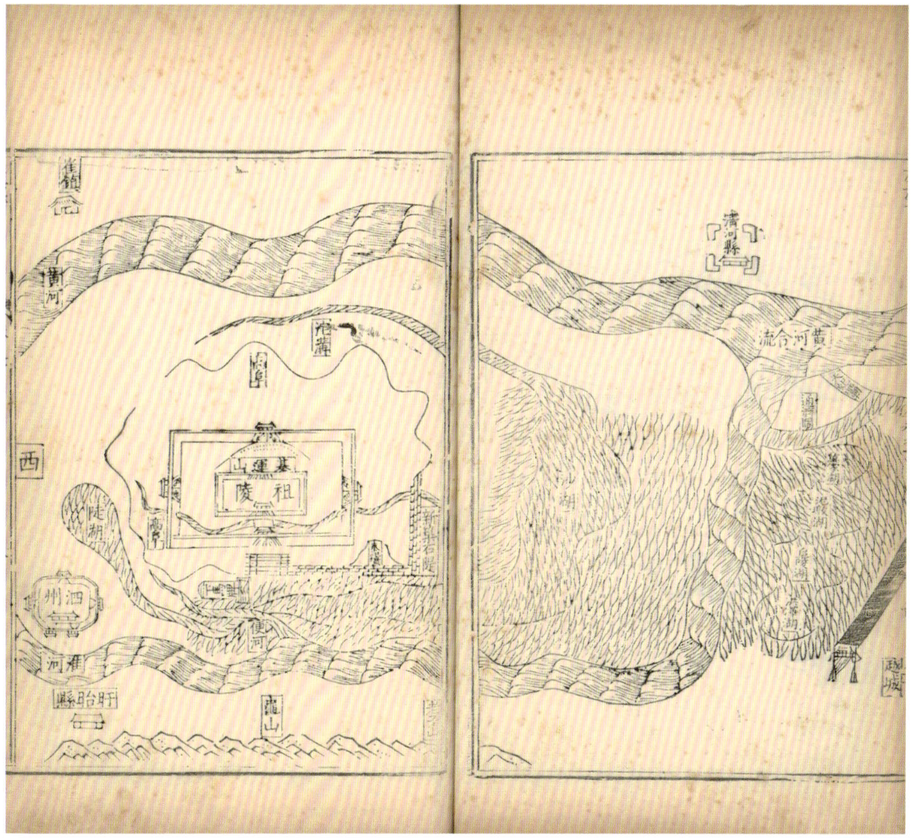

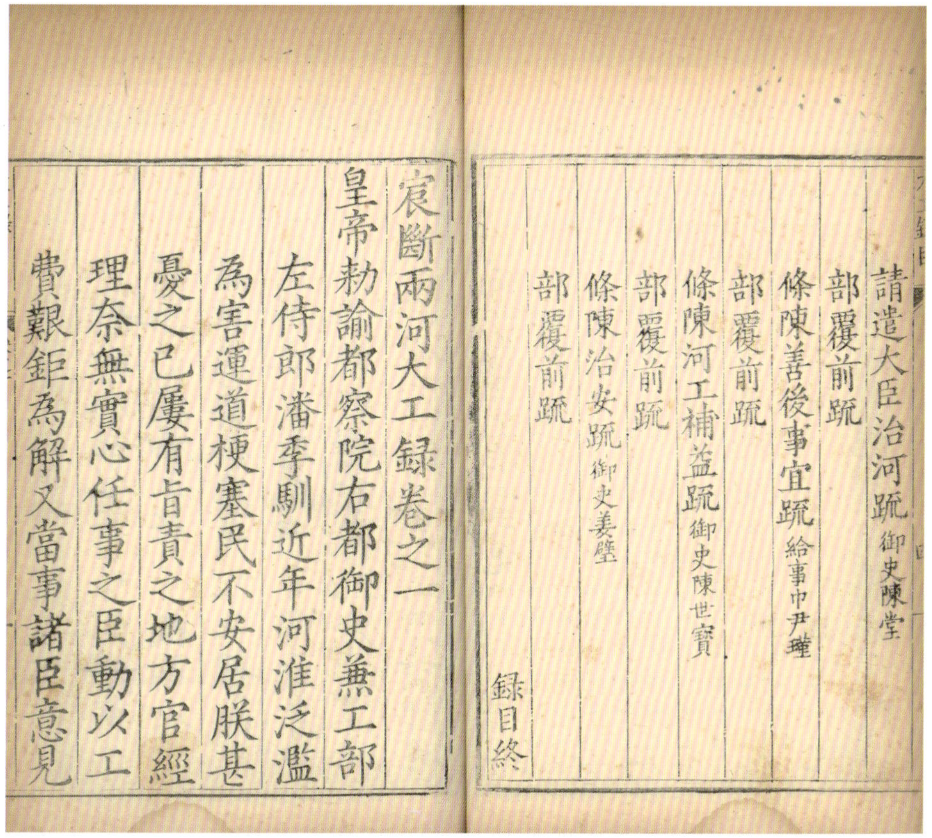

宸断两河大工录：十卷

（明）潘季驯等著，（明）佘毅中、（明）张誉等辑

8 册

刻本

明万历九年（1581）

明万历六年（1578）二月，潘季驯以都察院右都御史兼工部左侍郎总理河道，随后奏上全面治理黄河、淮河的“两河经略疏”。同年九月，整黄治淮工程开启，直至次年冬季竣工。万历八年（1580）二月，潘季驯等奏报“河工告成”。此后，黄河下游得以数年无恙。潘季驯下属佘毅中、张誉等人汇集潘氏治河奏章及诸人赠言等，辑成本书，又名《宸断大工录》。此书卷一包括敕谕二道、祖陵图说、皇陵图说、两河全图、进图说、进图疏；卷二至六为各种奏疏；卷七为治河节解；卷八为修守事宜、河防要害；卷九包括武安王庙记、黄河说、顺治亭记等亭记、碑记、序、论等；卷十为附录。《两河全图》所绘黄河河段起自孟津，止于安东县云梯关入海处。

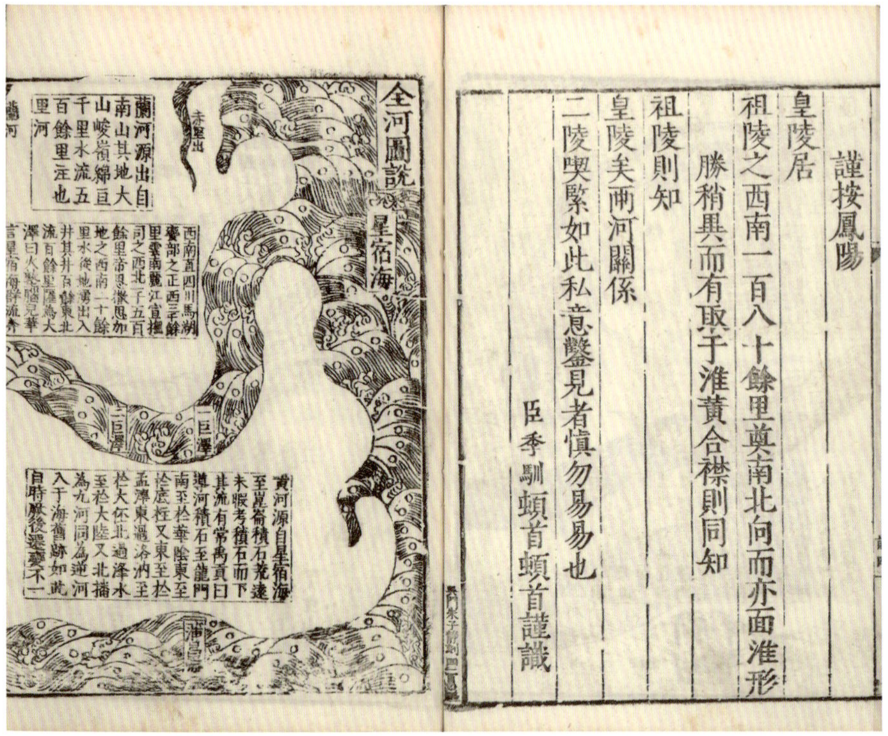

謹按鳳陽
皇陵居
祖陵之西南一百八十餘里奠南北向而亦面淮形勝稍異而有取于淮黃合襟則同知
祖陵則知
皇陵矣兩河關係
二陵關繫如此私意鑿見者慎勿易易也
臣季馴頓首頓首謹識

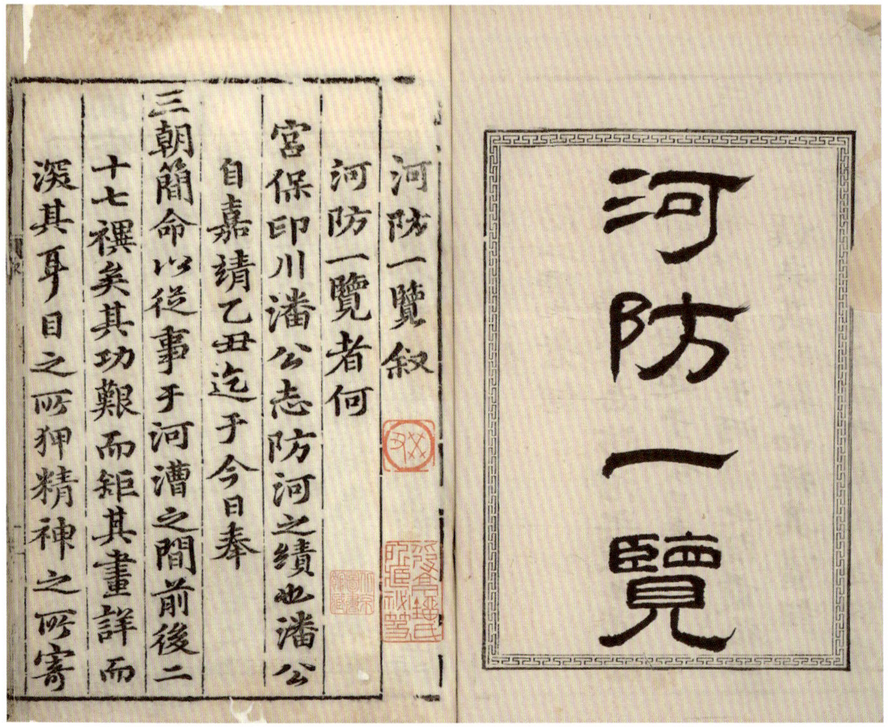

河防一覽

河防一覽敘
河防一覽者何
宮保印川潘公志防河之績也潘公
自嘉靖乙丑迄于今日奉
三朝簡命以從事于河漕之間前後二
十七祼矣其功艱而鉅其畫詳而
溪其事目之所抑精神之所寓

河防一览：十四卷

（明）潘季驯著，（明）王完命、（明）曹时聘校订，（明）陈冒言编次

8 册

刻本

明万历十八年（1590）

是书版本众多，早期版本如下。版本一：明万历十八年（1590）刻本，8 册。版本二：递修本，年代不详，据明万历十八年吴兴潘季驯刻版递修，10 册。版本三：清乾隆五年（1740）刻本，据明万历年间刻版重修，16 册。版本四：清乾隆十三年（1748）刻本，10 册。

潘季驯将《宸断大工录》整理、增删之后，编成《河防一览》，记录其治理黄河、淮河、运河的基本思想和主要措施。此书卷一包括敕谕和祖陵图说、皇陵图说、全河图说，反映了当时治河的历史背景，黄、淮、运三河的总体形势和工程总体布置；卷二《河议辩惑》以问答形式阐述了潘氏“以河治河，以水攻沙”的治河主张；卷三《河防险要》全面指出黄河、淮河、运河的要害部位、主要问题及应采措施；卷四《修守事宜》系统规定了堤、闸、坝等工程的修筑技术以及堤防岁修、防守制度；卷五《河源河决考》是前人研究黄河源头、黄河河道演变以及黄河历史决口相关资料的收集和整理；卷六汇集了宋、元、明代有关治河的议论；卷七至十二为潘氏治河奏疏精选；卷十三、十四为潘氏引证的古人及同时代人的著述、奏疏、奏议、明记、碑文等。《全河图说》先绘黄河，再绘运河，后附图说，所绘黄河源出星宿海，至云梯关入海。潘季驯的治河理论是继西汉贾让“治河三策”之后最有代表性的治河理论之一。此书是“束水攻沙论”的主要代表作，也是 16 世纪中国河工水平、水利科学技术和治理水平的重要标志，在问世后 300 多年中对治河方针和河工实践一直起着指导性作用。

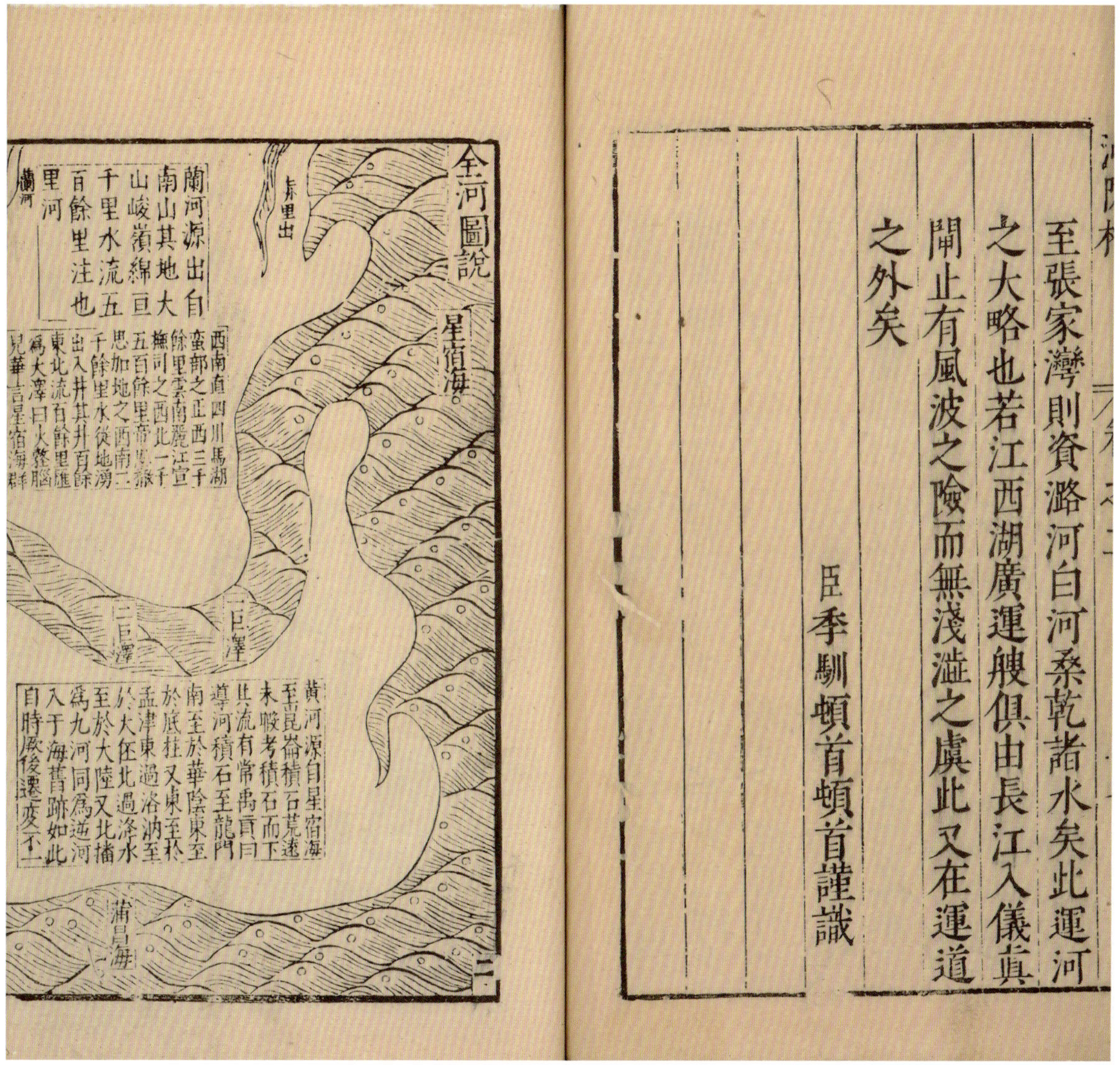

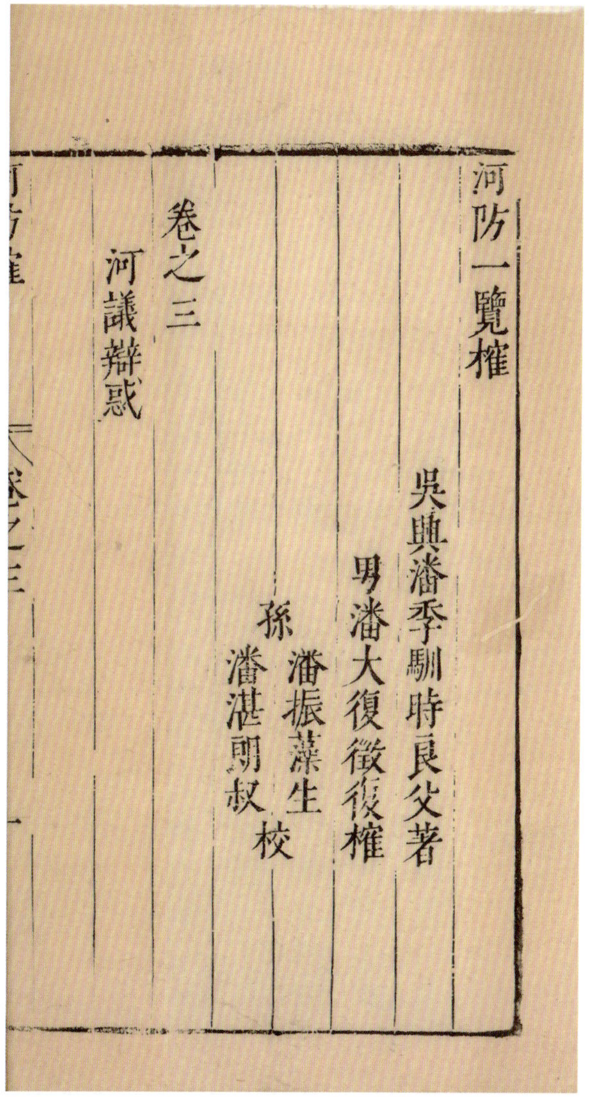

河防一览権：十二卷

（明）潘季驯著，（明）潘大复権，（明）潘振、（明）潘湛校

6 册

刻本

明万历四十七年（1619）

版本一：十二卷，明刻本，6册。版本二：十二卷，卷首一卷，清康熙三十六年（1697）刻本，据明万历四十七年（1619）版重修，有6册、12册版。

潘季驯之子潘大复将十四卷本《河防一览》删减为十二卷本《河防一览権》，简称《河防権》。其序中称，原《河防一览》集多家之言，读之繁杂冗余，因此删减，使之便于观览。此书卷一为敕谕、史书纪绩、河源河决考，卷二为图说一通，卷三为辨惑，卷四为险要、事宜，卷五为稽证，卷六至十二均为疏。其中卷二为《全河图说》，仍是先绘黄河，再绘运河，后附图说，所绘黄河源出星宿海，至云梯关入海。国图此藏本封面贴签题《潘宫保治河全书》，题名页题《治河全书》，有“报功祠藏板”字样。

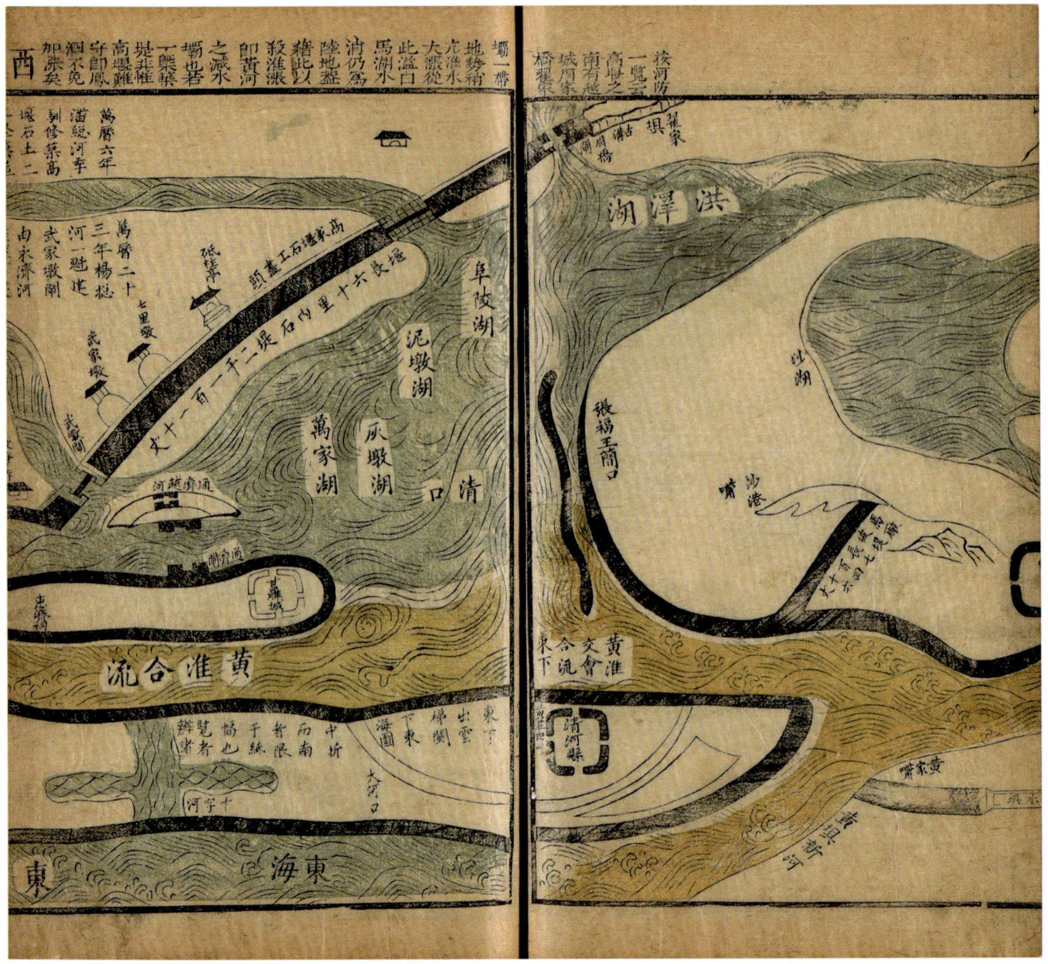

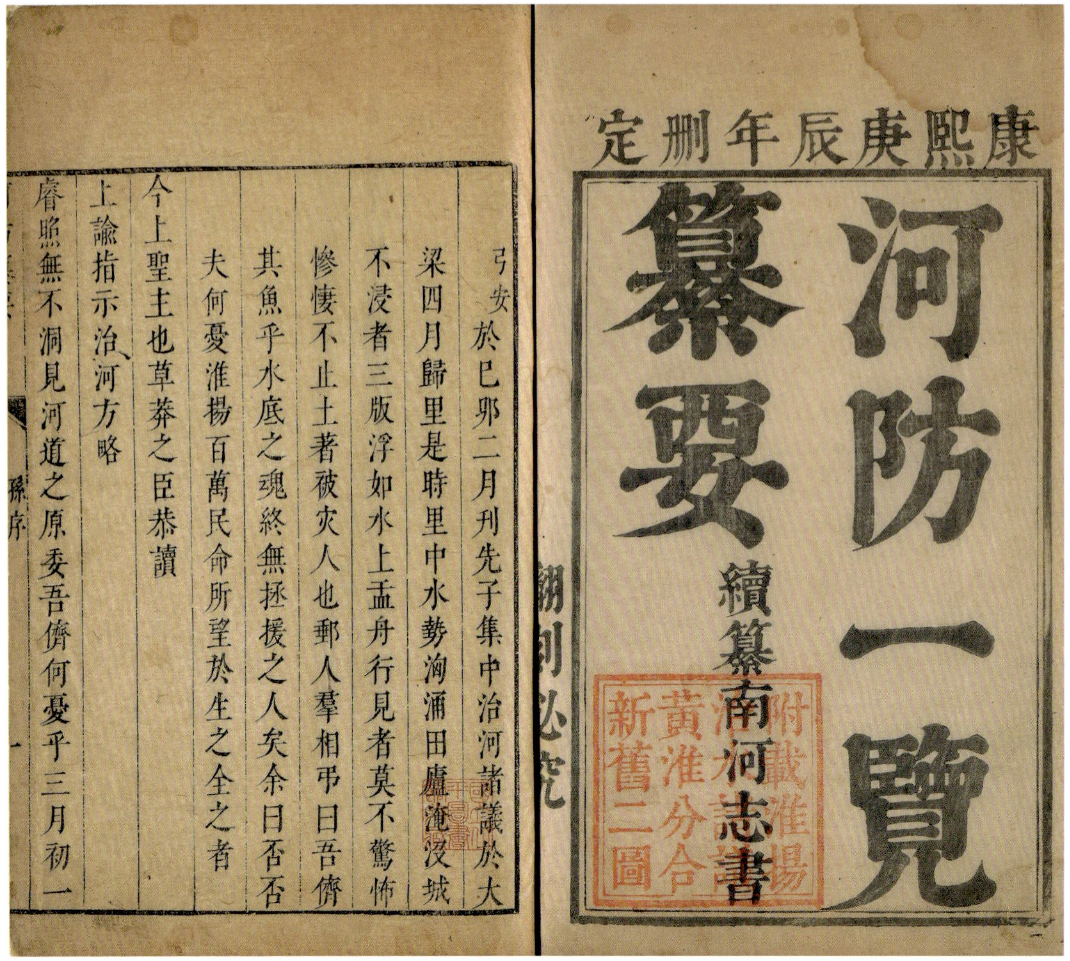

河防一览纂要：五卷

(清) 陈于豫撰，(清) 孙弓安刻绘

6 册

刻本，四色套印本

清康熙三十九年（1700）

版本一：五卷，清康熙三十九年（1700）孙弓安四色套印本，6 册。版本二：六卷，清康熙三十九年（1700）高邮孙弢刻本，8 册，卷六系《南河老书纂要》，附清孙宗彝文集卷之十等系抄配。

此书是对明朝潘季驯《河防一览》一书的继承和辑要。卷首有《黄淮合流故道入海图》《淮黄不循故道海口淤垫图》，两图连成一幅，黑、黄、蓝、绿四色套印，是现存仅见的四色套印地图。两图均参照潘季驯《河防一览图》的绘法，且相互对照，反映了明万历年间到清康熙初年黄河的变迁过程。内页题“续纂南河志书”。

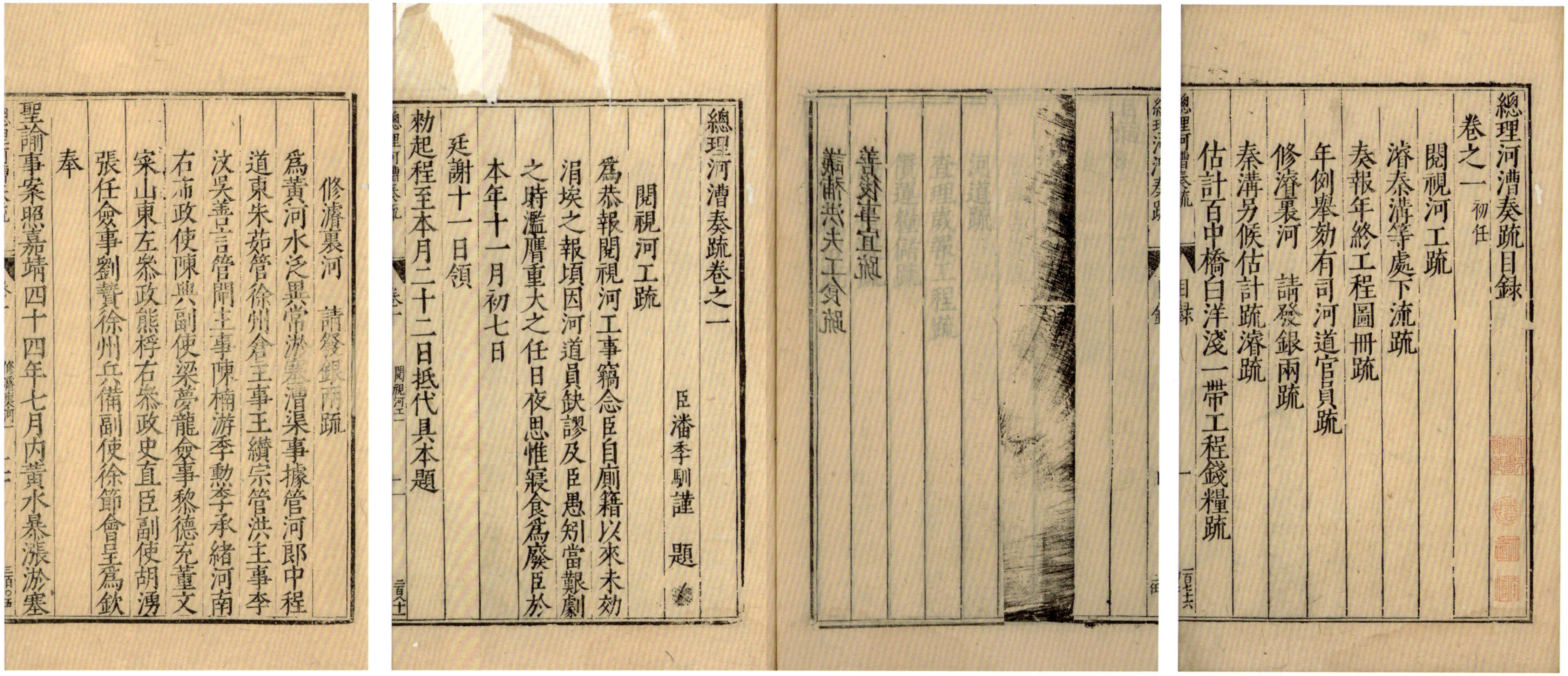

总理河漕奏疏初二任：三卷；三任：五卷；四任：六卷

（明）潘季驯撰

14 册

刻本

[明万历二十年至明末（1592—1644）]

版本一：明万历二十年至明末（1592—1644）刻本，14 册。版本二：清晒蓝本，14 册。

是书汇集了潘季驯主要的治河奏章，集中体现了他的治河思想，尤其详细记载了当时一些河道工程与水利科技。这是潘季驯嘉靖、隆庆、万历年间四次任上治理黄、淮、运等河工程事宜的总结，涉及明代河工、漕运、营田、水利等，记载全面，具有重要的史料价值。

清靳辅治黄文献

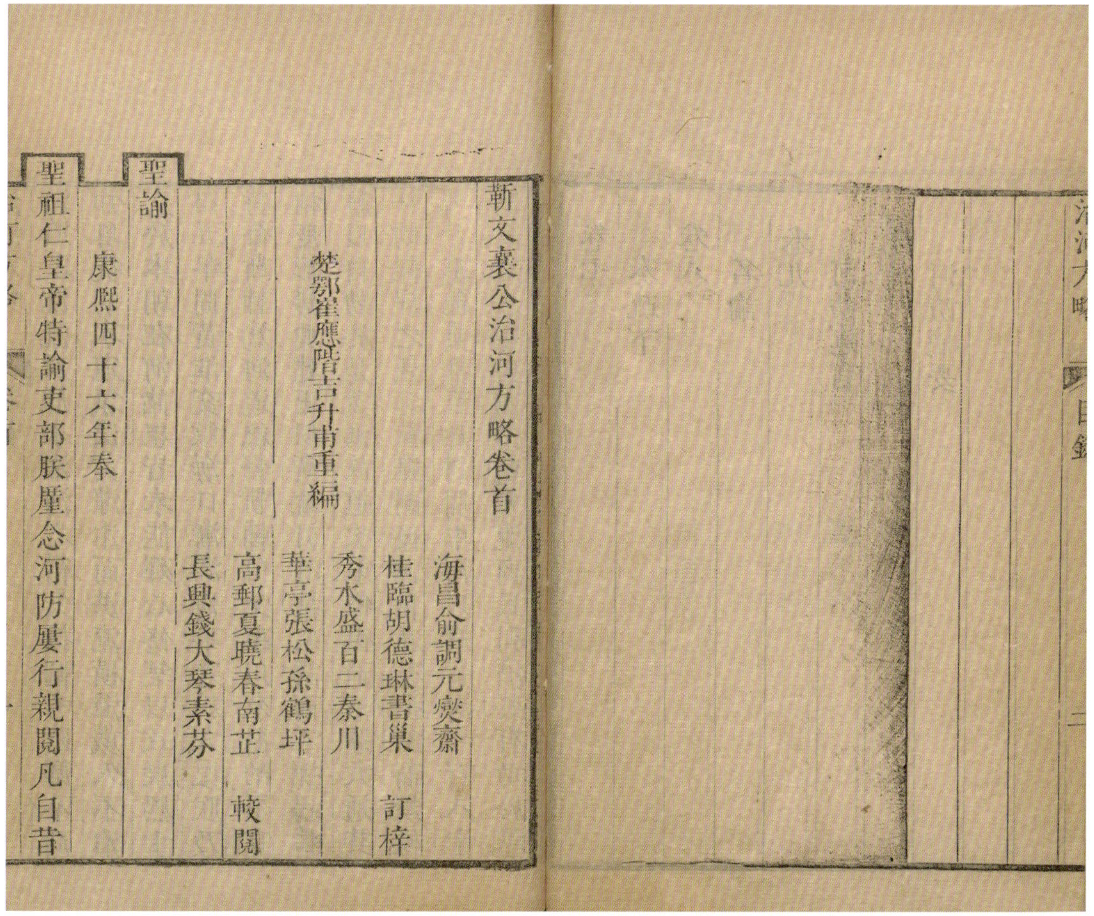

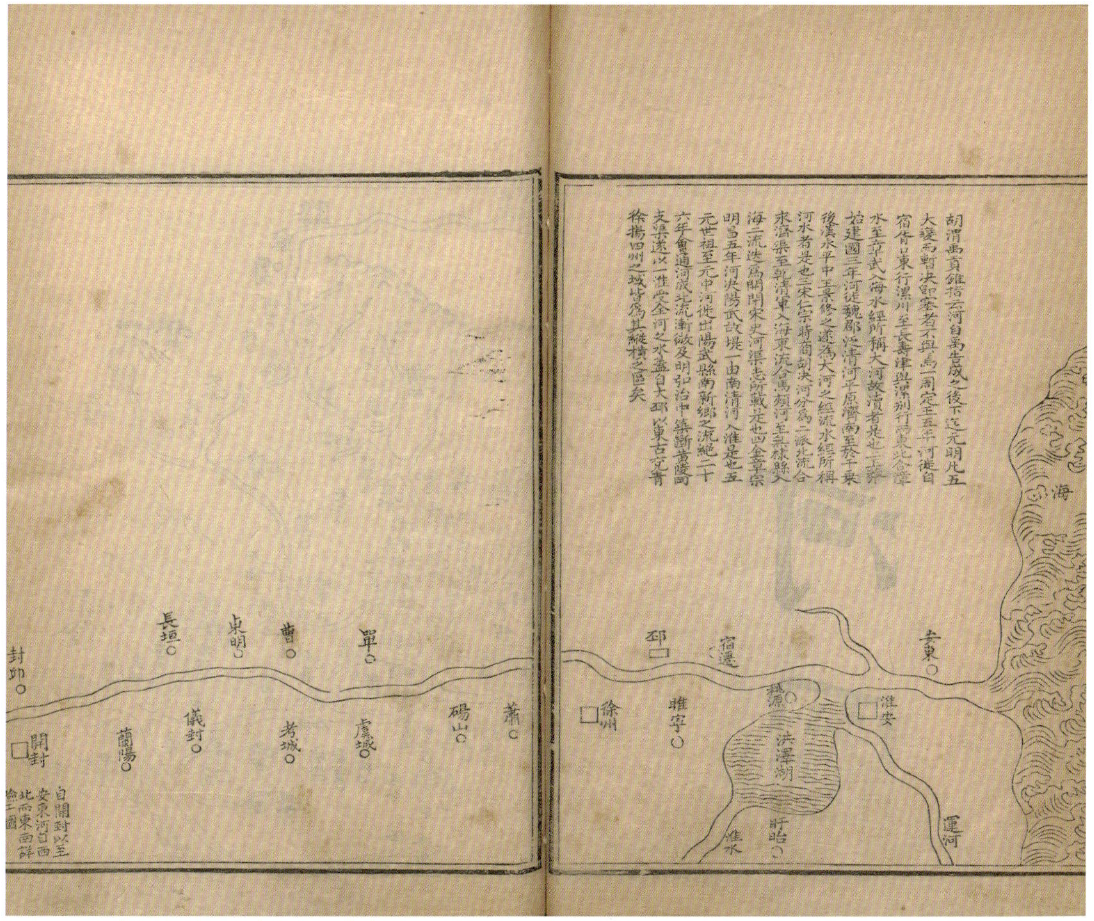

靳文襄公治河方略：十卷；卷首一卷

（清）靳辅著，（清）崔应阶重编

10 册

刻本

清乾隆三十二年（1767）

版本一：清乾隆三十二年（1767）听泉斋藏板刻本，有 8 册、10 册版。版本二：清嘉庆四年（1799）安澜堂藏板刻本，有 8 册、11 册版。

清代靳辅结合自身治河实践，记录、总结治黄通运理论和经验，辑印为《治河书》（《四库全书总目提要》称《治河奏绩书》）。此书当时未见刊本。清乾隆三十二年（1767），崔应阶删补重编靳氏家藏八卷本《治河书》，大致保留了原书内容，改名为《靳文襄公治河方略》（通称《治河方略》）后刊印。是书首列谕旨及进书表章，后接《黄河图》（所绘黄河自巴颜喀拉山阿尔坦河至江苏安东入海）、《黄河旧险工图》（所绘黄河自河南虞城至江苏安东沈家垣入海）、《黄河新险工图》（所绘黄河自潼关至安东云梯关入海）及《众水归淮图》《运河图》《淮南诸湖图》《五水济运图》7 幅，正文含治纪三卷、川渎考、诸泉考、诸湖考、漕运考、河决考、河道考、奏疏二卷及名论九目，最后附陈潢著《河防述言》《河防摘要》。全书着重阐述了 17 世纪苏北地区黄、淮、运河的决口泛滥和治理经过，详细叙述了疏浚河道、修险工、塞决口、筑堤防、建闸坝、整治运河等的治理原则和方法措施，对黄河及其主要支流以及南河诸湖、南北运河、当时河道情况等做了翔实考证，对修坝、抢险、厢埽、堵塞支河、堵漏等方法作了具体介绍，还对以往的治河名论加以评述。靳辅是清代康熙年间治河名臣，他在河道总督任上继承了潘季驯坚筑堤防、治水治沙、维持河道的治河主张，制定了确保运道为主的治河方针，并接受幕僚陈潢综合治理的建议，提出黄、淮、运全面施工治理的方案，采取浚淤、开河、分洪、堵口、筑堤、疏通海口等一系列措施，取得了治河通运的显著成效。

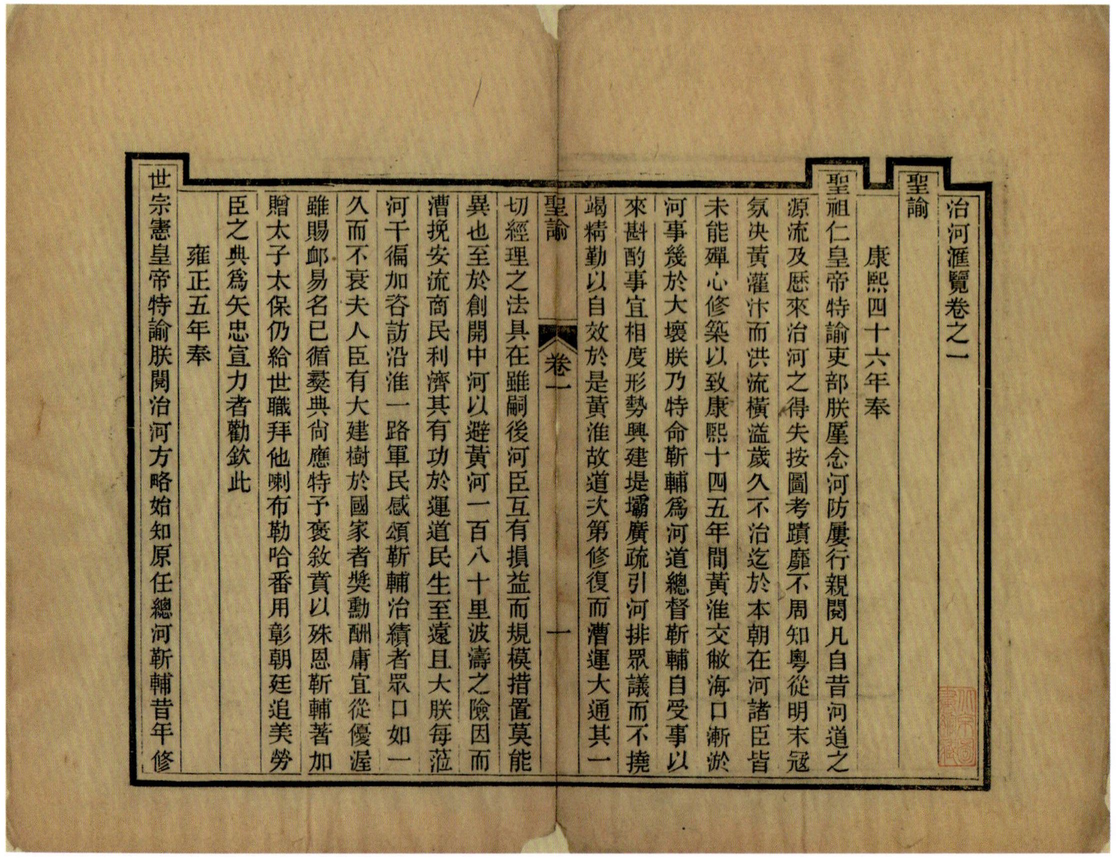
治河滙覽卷之一

聖諭

康熙四十六年奉

聖祖仁皇帝特諭吏部朕㢡念河防屢行親閱凡自昔河道之源流及歷來治河之得失按圖考蹟靡不周知粵從明末寇氛決黃灌汴而洪流橫溢歲久不治迄於本朝在河諸臣皆未能殫心修築以致康熙十四五年間黃淮交敝海口漸淤河事幾於大壞朕乃特命靳輔爲河道總督靳輔自受事以來斟酌事宜相度形勢興建堤壩廣疏引河排衆議而不撓竭精勤以自效於是黃淮故道次第修復而漕運大通其一

聖諭　卷一　一

切經理之法具在雖嗣後河臣互有損益而規模措置莫能異也至於創開中河以避黃河一百八十里波濤之險因而漕挽安流商民利濟其有功於運道民生至遠且大朕每莅河干徧加咨訪沿淮一路軍民感頌靳輔治績者衆口如一久而不衰夫人臣有大建樹於國家者奬勤酬庸宜從優渥雖賜卹易名已循彝典尙應特予褒敘賁以殊恩靳輔著加贈太子太保仍給世職拜他喇布勒哈番用彰朝廷追美勞臣之典爲矢忠宣力者勸欽此

雍正五年奉

世宗憲皇帝特諭朕閱治河方略始知原任總河靳輔昔年修

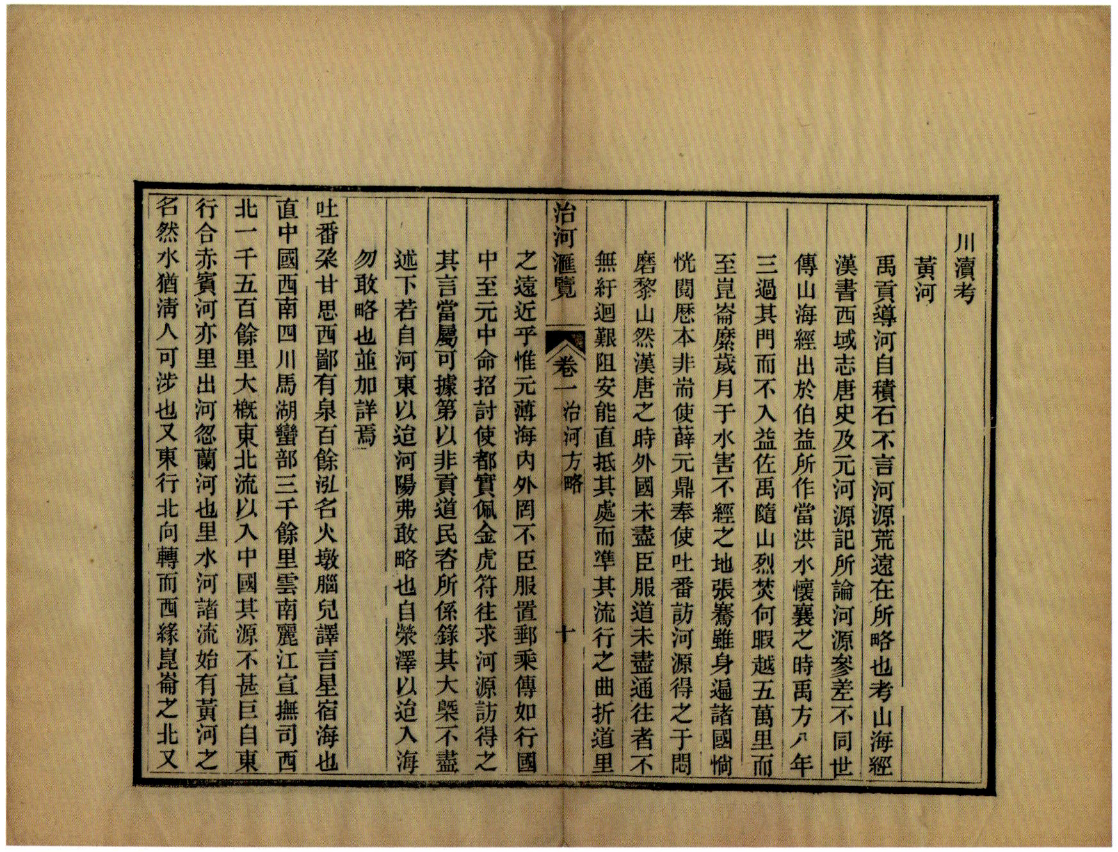
川瀆考

黃河

禹貢導河自積石不言河源荒遠在所略也考山海經漢書西域志唐史及元河源記所論河源參差不同世傳山海經出於伯益所作當洪水懷襄之時禹方𡰥年三過其門而不入益佐禹隨山烈焚何暇越五萬里而至崑崙磨歲月于水害不經之地張騫雖身遍諸國惝恍閱歷本非尙使薛元鼎奉使吐番訪河源得之于悶磨黎山然漢唐之時外國未盡臣服道未盡通往者不無紆迴艱阻安能直抵其處而準其流行之曲折道里

治河滙覽　卷一治河方略　十

之遠近乎惟元薄海內外罔不臣服置郵乘傳如行國中至元中命招討使都實佩金虎符往求河源訪得之其言當屬可據第以非貢道民各所係錄其大槩不盡述下若自河東以迨河陽弗敢略也自滎澤以迨入海勿敢略也並加詳焉

吐番朶甘思西鄙有泉百餘泓名火墩腦兒譯言星宿海也直中國西南四川馬湖蠻部三千餘里雲南麗江宣撫司西北一千五百餘里大槪東北流以入中國其源不甚巨自東行合赤賓河亦里出河忽蘭河也里水河諸流始有黃河之名然水猶清人可涉也又東行北向轉而西絫崑崙之北又

治河汇览：八卷

（清）靳辅撰

8 册

刻本

清光绪十一年（1885）

此系光绪年间辑汇刻印的靳辅治水相关论述。书中卷一至五出自《治河方略》，卷一为圣谕和川渎考，卷二为奏疏，卷三为《治纪》，卷四为陈潢原论、张霭生编纂的《河防述言》，卷五为名论，包括贾让《治河三策》、欧阳玄《至正河防记》、徐有贞《沙湾治河三策》等，卷六至七讲述河工，卷六为《安澜纪要》，卷七为《回澜纪要》，卷八为河防文编，包括张鹏翮《河防志略》、丁恺曾《治河要语》、张伯行《治河杂论》、胡渭《禹贡锥指论河》等篇。国图此藏本卷末缺页。

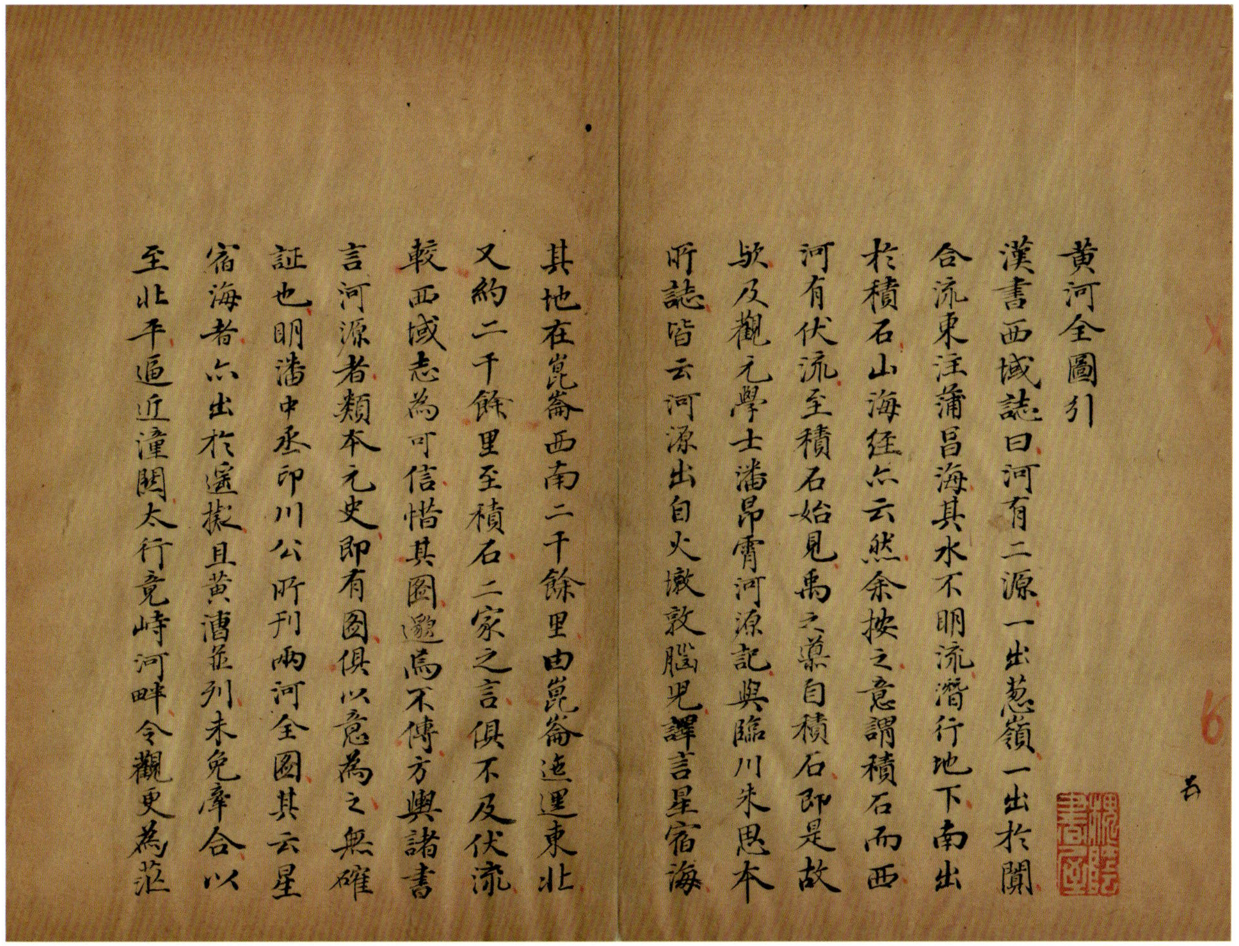
黄河全圖引
漢書西域誌曰河有二源一出葱嶺一出于闐
合流東注蒲昌海其水不明流潛行地下南出
於積石山海經亦云然余按之意謂積石而西
河有伏流至積石始見禹之導自積石即是故
坎及觀元學士潘昂霄河源記與臨川朱思本
所誌皆云河源出自火敦腦兒譯言星宿海
其地在崑崙西南二千餘里由崑崙迤邐東北
又約二千餘里至積石二家之言俱不及伏流
較西域志為可信惜其圖邈焉不傳方輿諸書
言河源者類本元史即有圖俱以意為之無確
証也明潘中丞印川公所刊兩河全圖其云星
宿海者亦出於遙揣且黃漕並列未免牽合以
至北平逼近潼關太行竟峙河畔令觀更為茫

河防述言：十二卷

（清）陈潢原论，（清）张霭生编述

10 册

抄本

[清康熙四十四年至清末（1705—1911）]

此系张霭生追述其友陈潢之论，记录陈潢在黄河、运河、淮河综合治理领域的看法，成书于清康熙四十四年（1705）。全书首冠《黄河全图引》，次为《黄河全图》，详细绘制源头至入海口处的黄河，标注了沿岸山形地貌、支流湖泊、州城府县等；正文以问答形式探讨河性、审势、估计、任人、源流、堤防、疏浚、工料、因革、善守、杂志、辨惑等 12 个治河问题；后附《靳大司马奏请推恩分恤疏稿》，详述陈潢一生治河经历。陈潢（也作陈璜）是清代康熙年间治河名臣，作为幕僚辅佐靳辅治河，主张黄、淮、运并重，因河性而利导，且继承明代潘季驯“束水刷沙”法，尤其重视减水坝，创造了开引河法、放淤法、测水法。此书对明清治河思想及主要成果多有继承和阐述，推崇潘季驯“以堤束水，以水刷沙”之说，详细介绍做堤法，是对清代有重要影响的一部治河著作。

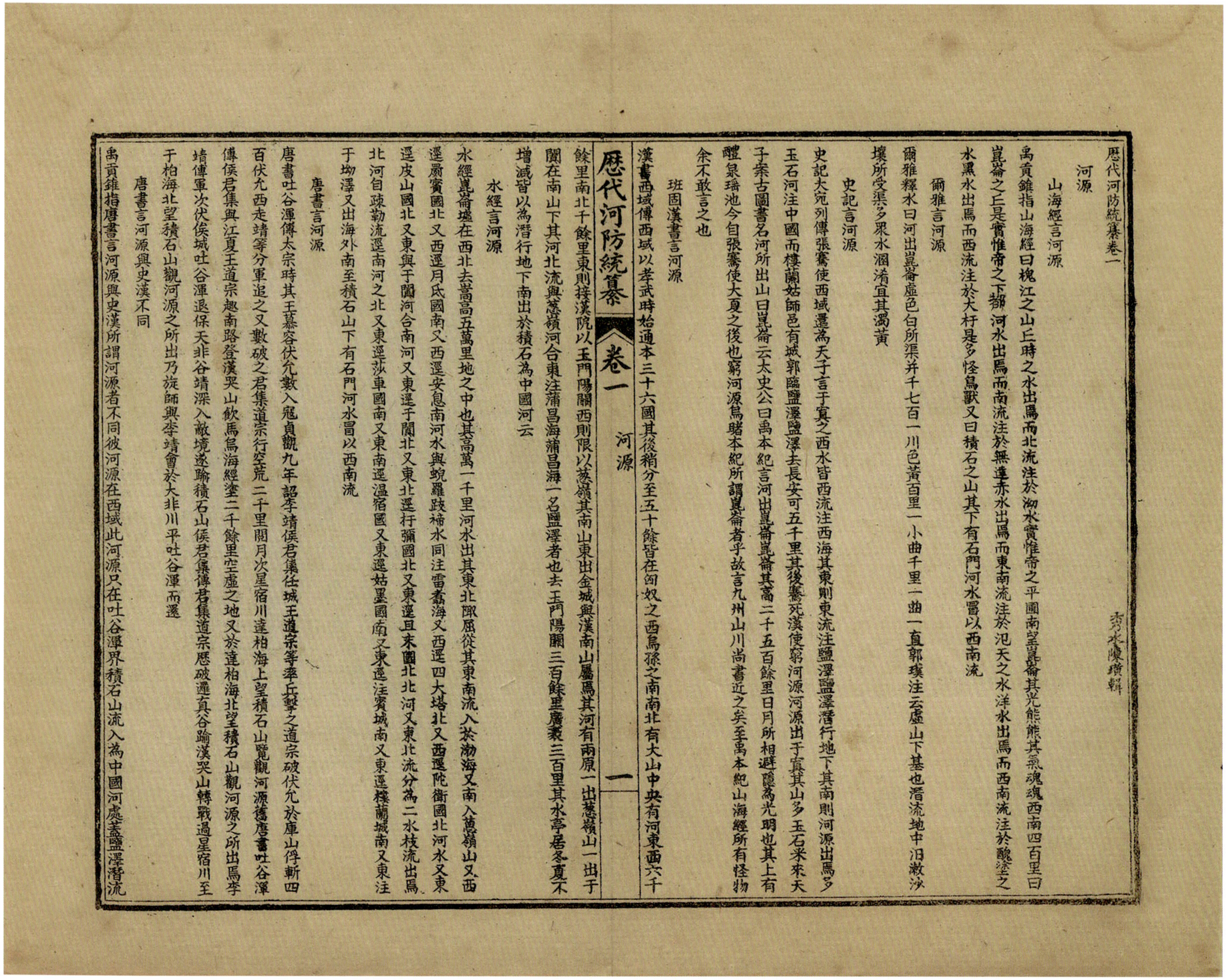

历代河防统纂：二十八卷

（清）陈璜辑

4册

石印本

海山楼主人，清光绪十四年（1888）

著者在襄助靳辅治河之余，采辑列朝言河诸书，上述国史之文，下搜诸家之集，综核源流之异同，参考政治之得失，以成是书。全书分六门，讨论了黄河河源、河道、河患、河政、河议、杂志，上自姚姒，下迄天崇，尽收稗官野史，四千年事包罗略尽。以“河源”为例，书中收录“山海经言河源”“尔雅言河源”“史记言河源”“班固汉书言河源”“水经言河源”“唐书言河源”等，可见辑录资料之详尽。此书系“鸿宝斋石印”。

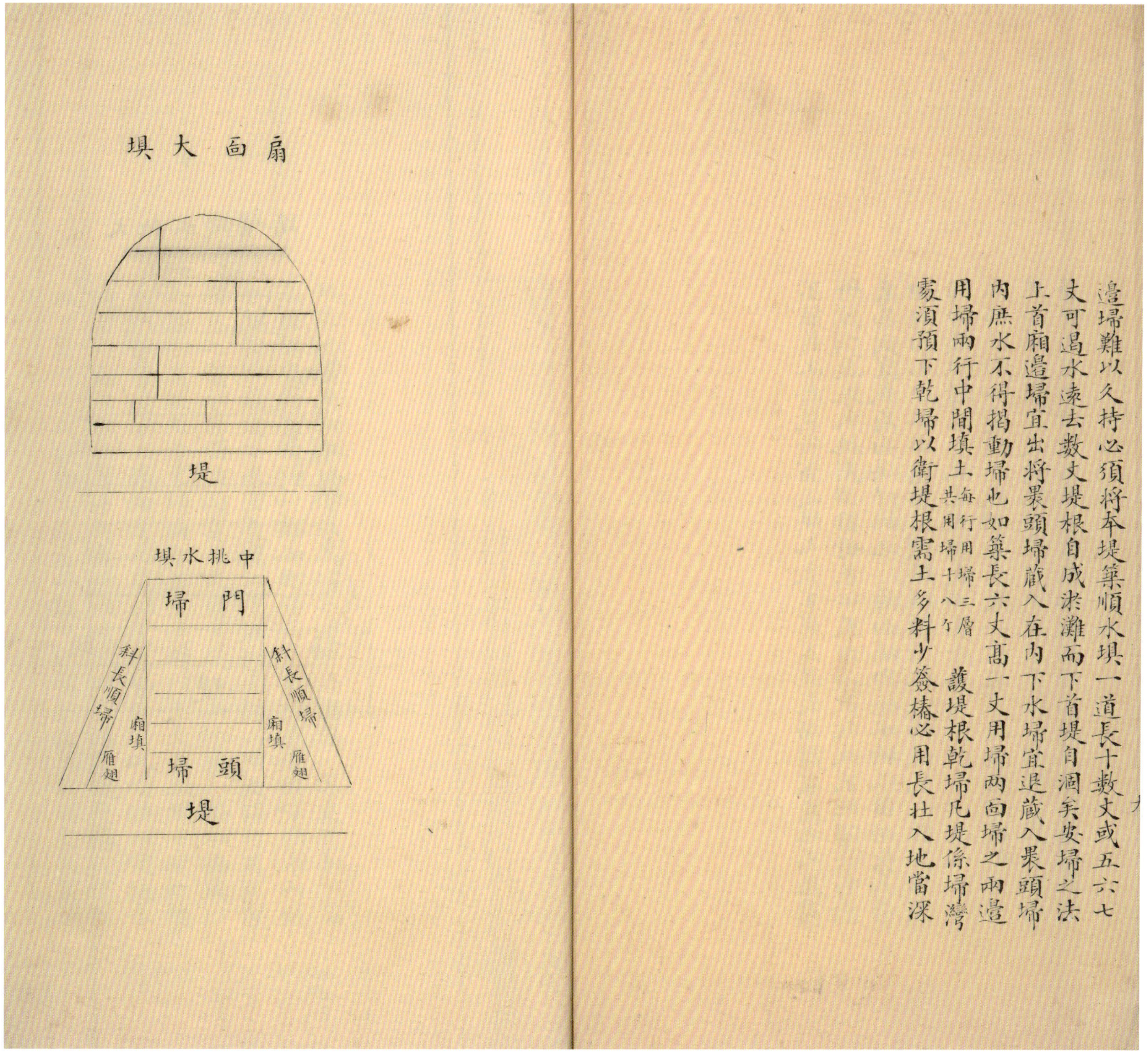

天一遗书

（清）陈潢撰，（清）杨象济抄

2 册

抄本

清咸丰四年（1854）

书中包括防守堤坝工程善后事宜、各类坝图及做法、堵合漫口说、造减坝事宜、造闸规式、石坝则例、木龙格式、题定各项漕规、黄运两河纪略、约言六条、黄河全图引等内容。陈潢著作本多，然较多散佚，后人购得其家中遗留文稿，整理后题为《天一遗书》。杨象济抄此书以寄友人蒋寅昉，故有此本。

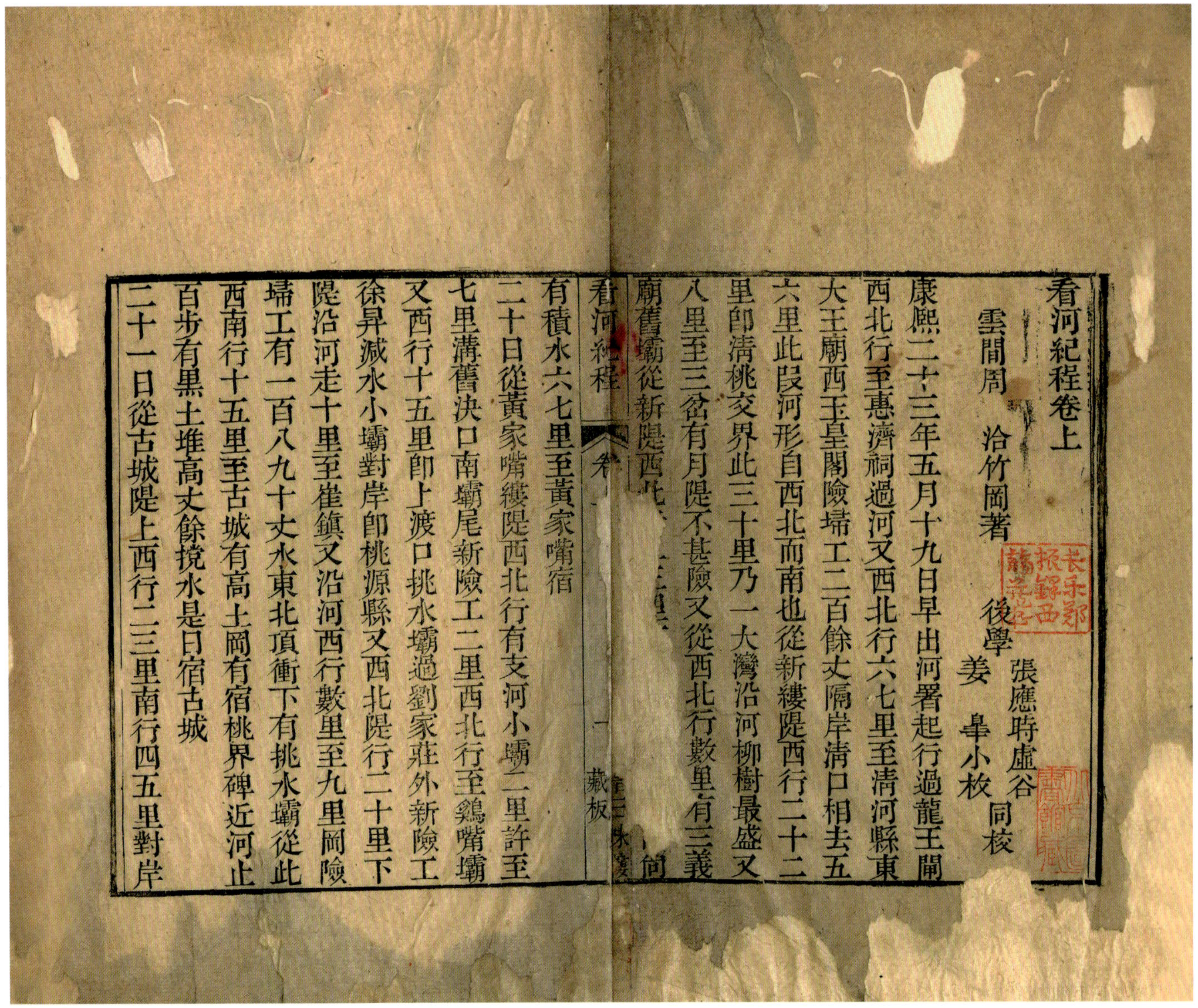

看河纪程：三卷

（清）周洽著，（清）张应时、（清）姜皋等校

1 册

刻本

[清嘉庆十年至道光五年（1805—1825）]

靳辅治河期间，曾多次应康熙皇帝的要求绘呈河图。康熙二十二年（1683），皇帝命靳辅绘制更为精准的黄、运河图。周洽时任靳辅幕僚，擅长绘画，因此奉旨绘制黄、运两河图。为此，他在康熙二十三年（1684）五月十九日至九月十七日间从位于淮安清江浦的江南河道总督衙门出发，徒步考察两河，途径江苏、山东、直隶、河南、陕西等地，行程 1 万余里，记录河势迂直缓急、堤闸要害之处等，逐一考订途经古迹、水源等，撰成此书。周洽实地考察结束后，与李含渼等山水画家一起绘制黄、运河图。两河分开绘制，单独成图，最终有稿本和定本两套四幅。定本黄、运河图于康熙二十六年（1687）九月由靳辅进呈朝廷，属内务府造办处舆图房舆图，后归故宫博物院收藏，现存于中国第一历史档案馆；稿本黄、运河图存于河道总督衙署，于 1929—1932 年间由北平图书馆舆图部购得，在 1948 年底运往台湾，现存台北故宫博物院。此书题名页有“书三味楼藏板”字样。国图此藏本为“西谛藏书”。

清張鵬翮治黃文獻

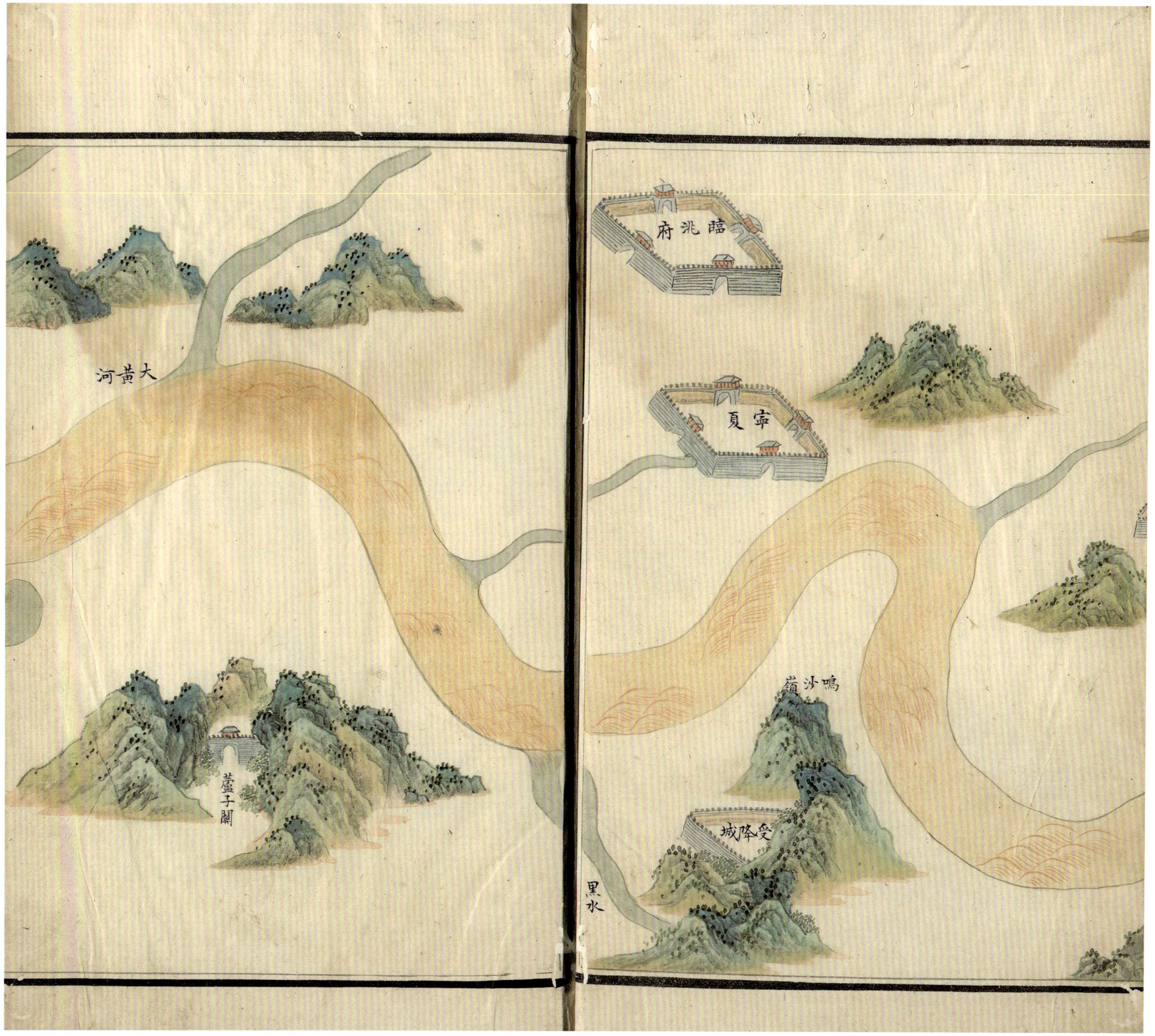

黄河全图

[（清）张鹏翮编]

1 册；28 厘米 ×17 厘米

彩绘本

[清康熙三十九年至康熙末年（1700—1722）]

本图绘出黄河自星宿海至江苏安东县入海之全程，同时绘出沿途州县、山脉、汇入河流、界址等，文字标注府州县、山峰、河流等名称，详细说明沿途汇入河流情况等；图后附《黄河图总说》，分段列出黄河历年修防事宜。此图反映了张鹏翮于清康熙三十九年至四十七年间（1700—1708）遵皇帝旨授方略治理黄河的情况，在张鹏翮《张公奏议》《治河奏牍》《治河全书》等书中均有收录。张鹏翮是清代名臣、治河专家，曾任河道总督，主持治理黄河十年，采用逢弯取直、助黄刷沙的办法整治黄河，是靳辅之后最杰出的治河专家，对清代水利事业的发展作出了较大贡献。

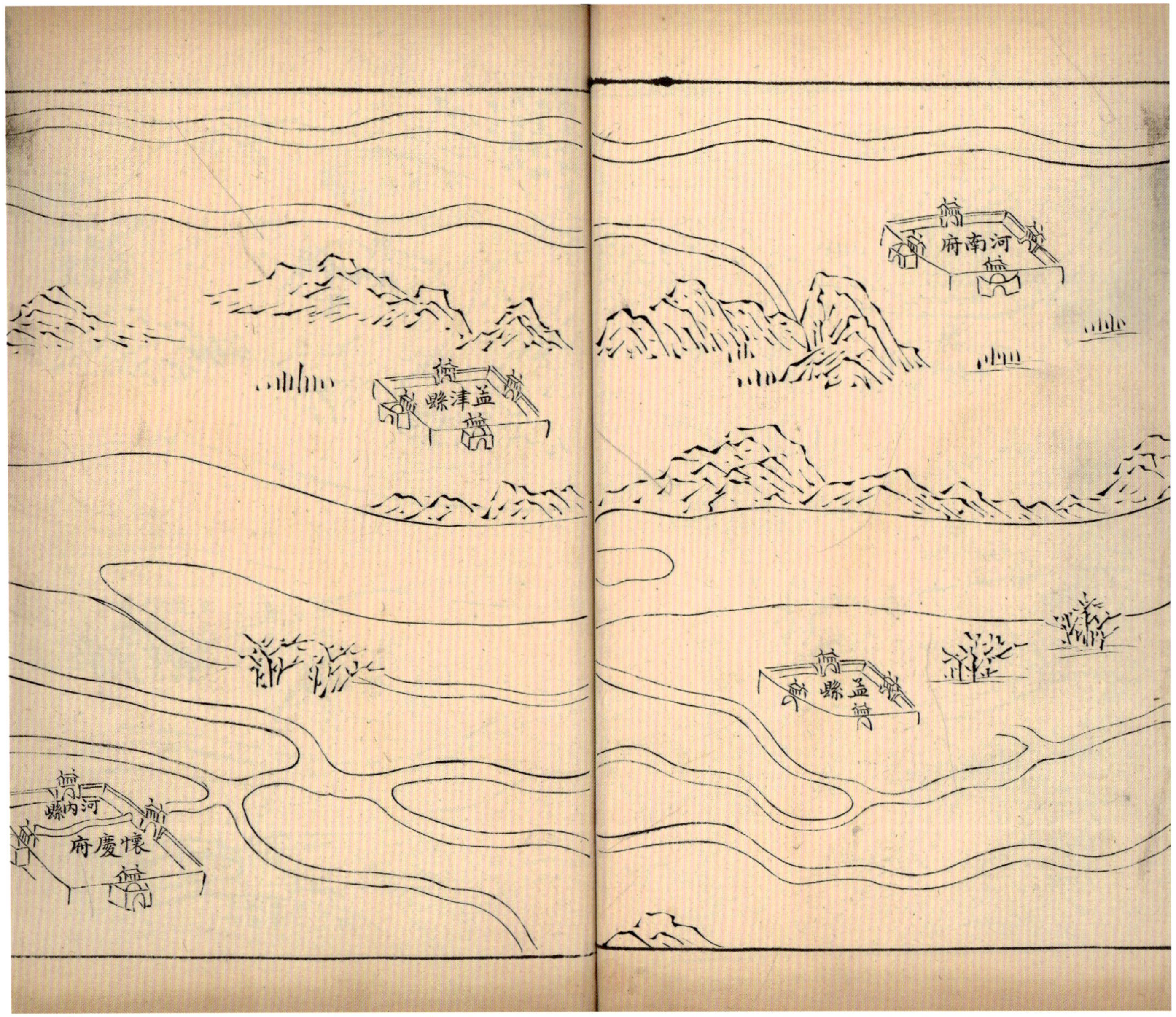

[黄河运河全图]

（清）张鹏翮辑

4 册；26 厘米 ×17 厘米

刻本

[清嘉庆年间（1796—1820）]

此书第一册记录黄河，首为《黄河图说》，后为黄河全图；第二册记录运河，首为《运河全图说》，后为运河图；第三、四册记录淮河，第四册末附“高家堰事宜”。全书与国图藏清嘉庆五年（1800）《张公奏议》卷三、九、十二、十三的内容基本相同。

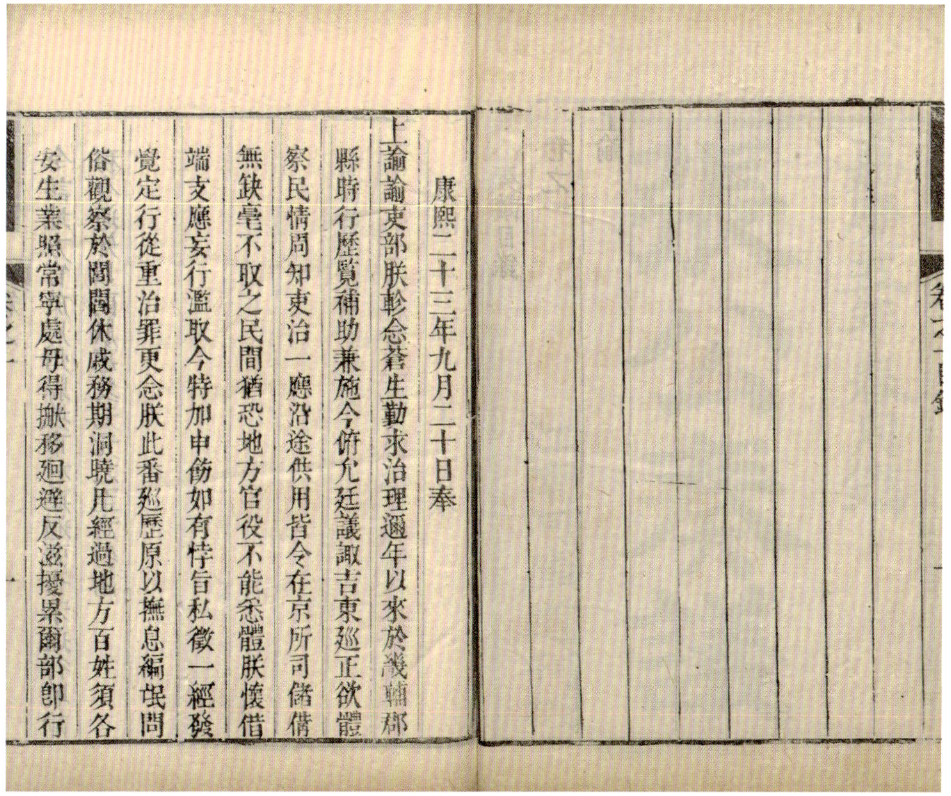

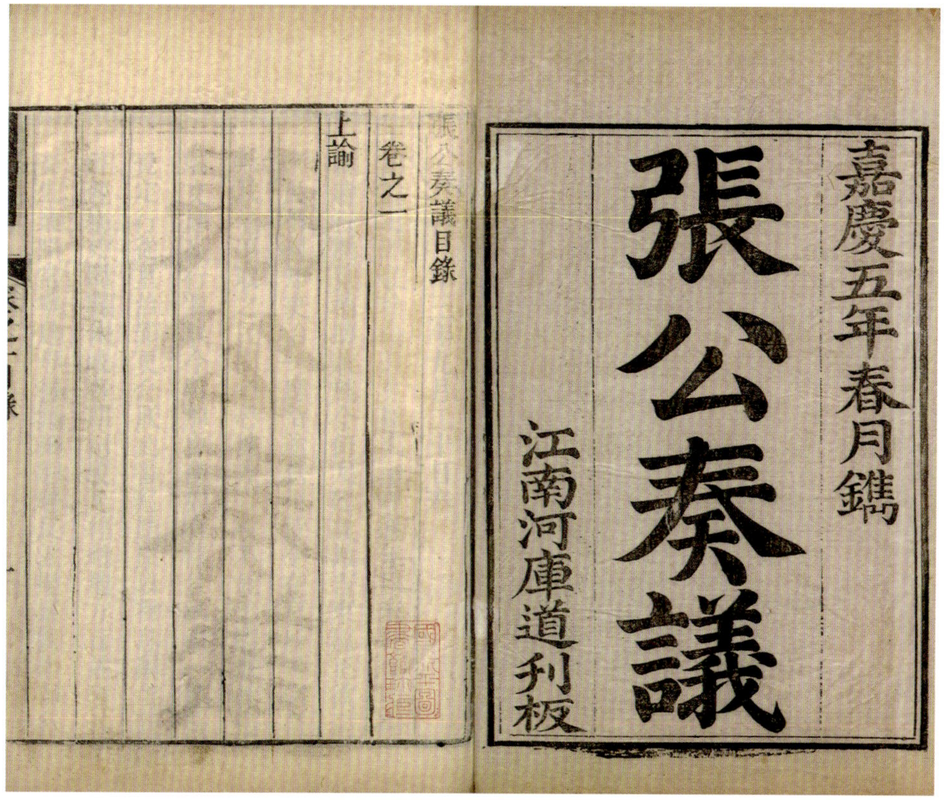

张公奏议：二十四卷

（清）张鹏翮撰

24 册

刻本

江南河库道，清嘉庆五年（1800）

是书主要记载张鹏翮担任河道总督时期的奏疏及治河事宜。卷一、二为清康熙二十三年至康熙四十二年间（1684—1703）治河上谕；卷三为《运河全图》及《运河图总说》（运河全图说）；卷四至卷八为运河所涉各县泉图等事宜；卷九为《黄河全图》及《黄河图总说》；卷十为河南黄河图说及山东曹单二县黄河事宜；卷十一包括徐属黄河事宜、邳睢灵黄河事宜、宿迁黄河事宜、归仁堤事宜、桃源县黄河事宜，及清河山阳安东三县黄河事宜；卷十二、十三为高家堰事宜、《淮河全图》及《淮河图说》等；卷十四至卷二十四系历任河道总督靳辅、王新命、张鹏翮等人有关治河的奏议，以张鹏翮为最多。题名据书名页题。

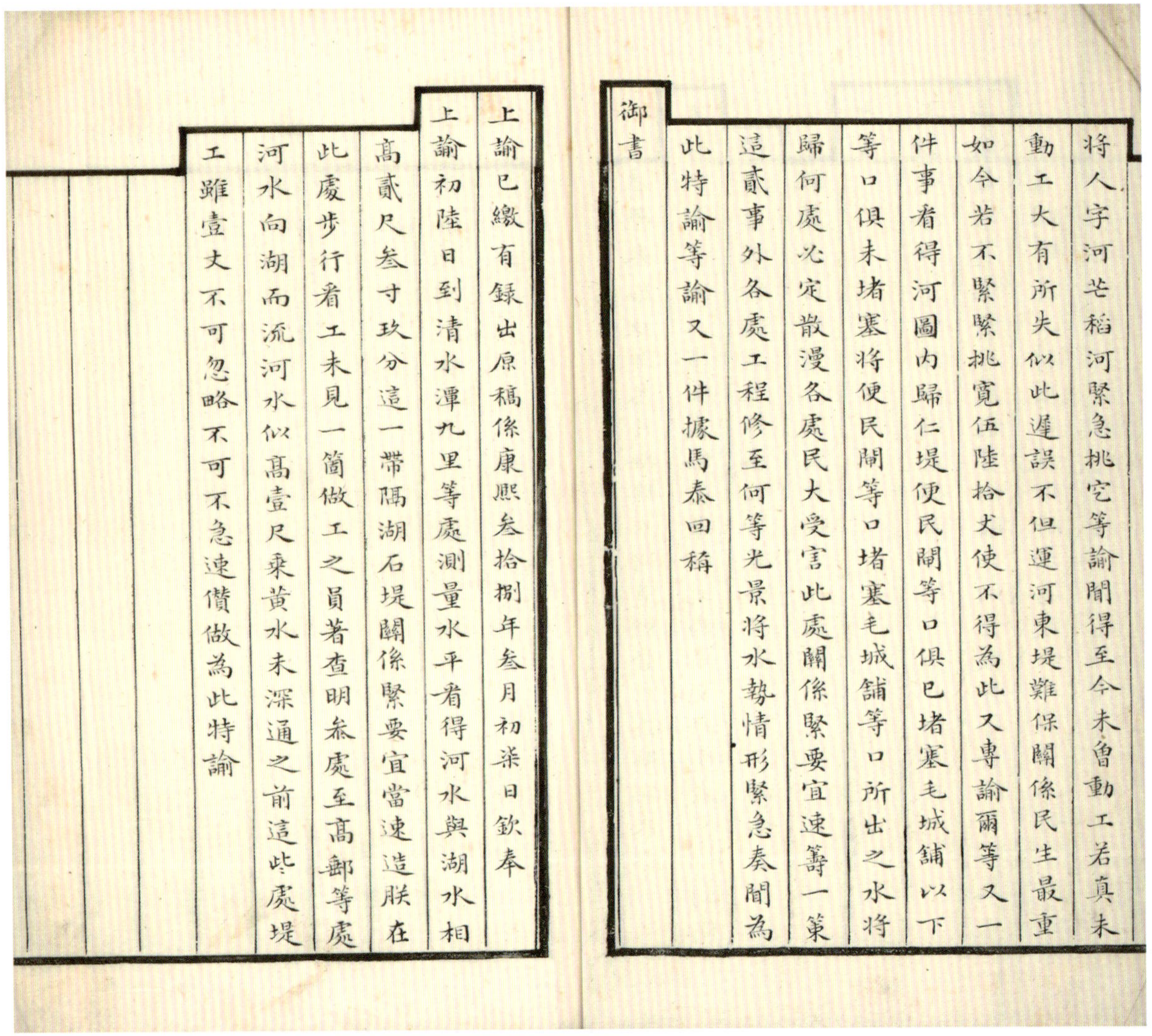

上諭已繳有録出原稿係康熙叁拾捌年叁月初柒日欽奉
上諭初陸日到清水潭九里等處測量水平看得河水與湖水相
高貳尺叁寸玖分這一帶隔湖石堤關係緊要宜當速造朕在
此處步行看工未見一箇做工之員著查明參處至高郵等處
河水向湖而流河水似高壹尺乘黄水未深通之前這些處堤
工雖壹丈不可忽略不可不急速償做為此特諭

將人字河芒稲河緊急挑挖等諭聞得至今未曾動工若真未
動工大有所失似此遲誤不但運河東堤難保關係民生最重
如今若不緊緊挑寬伍陸拾丈使不得為此又專諭爾等又一
件事看得河圖內歸仁堤便民閘等口俱已堵塞毛城舖以下
等口俱未堵塞將便民閘等口堵塞毛城舖等口所出之水將
歸何處必定散漫各處民大受害此處關係緊要宜速籌一策
速議事外各處工程修至何等光景將水勢情形緊急奏聞為
此特諭等諭又一件據馬泰回稱
御書

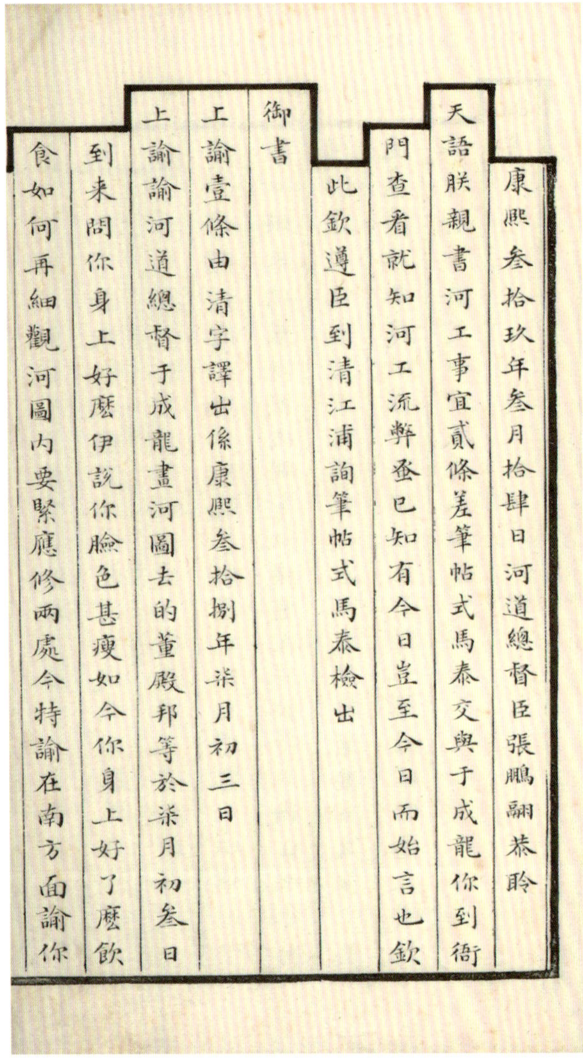

康熙叁拾玖年叁月拾肆日河道總督臣張鵬翮恭聆
天語朕親書河工事宜貳條差筆帖式馬泰交與于成龍你到衙
門查看就知河工流弊蚤已知有今日豈至今日而始言也欽
此欽遵臣到清江浦詢筆帖式馬泰檢出
御書
上諭壹條由清字譯出係康熙叁拾捌年柒月初三日
上諭諭河道總督于成龍畫河圖去的董殿邦等於柒月初叁日
到來問你身上好麽伊說你臉色甚瘦如今你身上好了麽欽
食如何再細觀河圖內要緊應修兩處今特諭在南方面諭你

[治河奏牍]：二十四卷

（清）张鹏翮撰

22 册

刻本

[清康熙四十七年至清末（1708—1911）]

是书目录、内容与国图藏《张公奏议》大体一致，略有不同。国图藏本缺第一、三册，即缺卷首和卷一、卷三，故题名、出版等信息缺失，封面有手书“水经”二字。

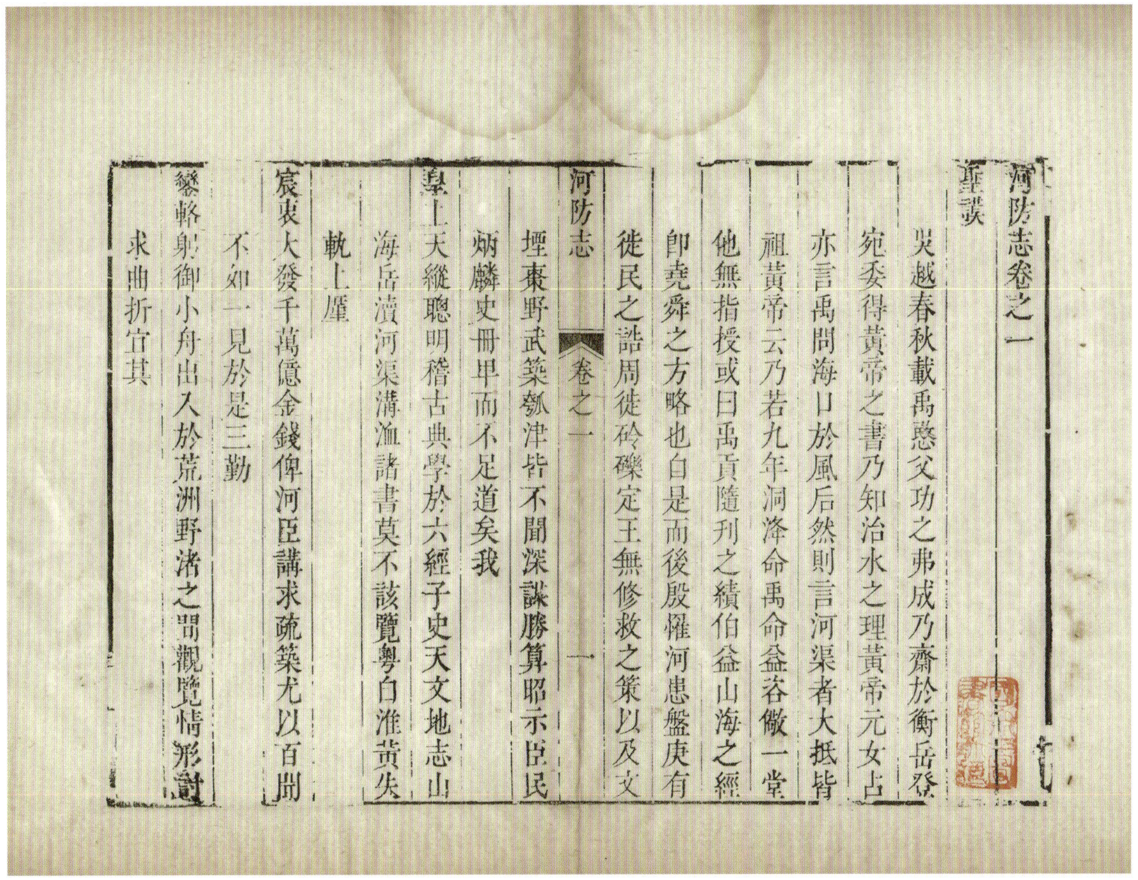
河防志卷之一
聖謨
吳越春秋載禹愍父功之弗成乃齋於衡岳登
宛委得黃帝之書乃知治水之理黃帝元女占
亦言禹問海口於風后然則言河渠者大抵皆
祖黃帝云乃若九年洞洚命禹命益咨儆一堂
他無指授或曰禹貢隨刊之績伯益山海之經
即堯舜之方略也自是而後殷罹河患盤庚有
徙民之誥周徙砼礫定王無修救之策以及文
河防志 卷之一 一
堙東野武築瓠津皆不聞深謀勝算昭示臣民
炳麟史冊卑而不足道矣我
皇上天縱聰明稽古典學於六經子史天文地志山
海岳瀆河渠溝洫諸書莫不該覽粵自淮黃失
軌上厪
宸衷大發千萬億金錢俾河臣講求疏築尤以百聞
不如一見於是三勤
鑾輅躬御小舟出入於荒洲野渚之間觀覽情形討
求曲折宜其

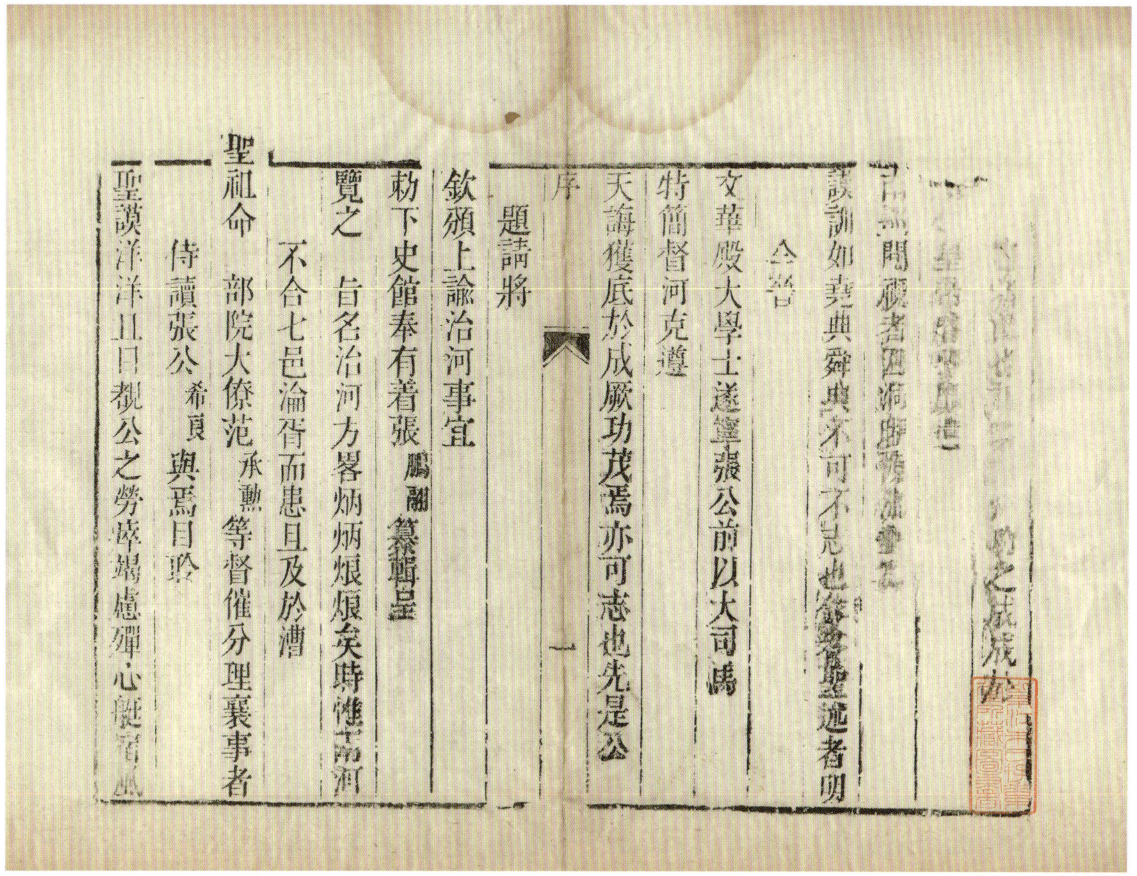
謨訓如堯典舜典不可不見也……述者明
合旨
文華殿大學士遂寧張公前以大司馬
特簡督河克遵
天誨獲底於成厥功茂焉亦可志也先是公
序 一
題請將
欽頒上諭治河事宜
勅下史館奉有着張鵬翮纂輯呈
覽之 旨名治河方略炳炳烺烺矣時惟十兩河
不合七邑淪胥而患且及於漕
聖祖命 部院大僚范承勳等督催分理襄事者
侍讀張公希良與焉目睽
聖謨洋洋且日覩公之勞瘁竭慮殫心擬著為

河防志：十二卷

（清）张希良纂

12 册

刻本

[清雍正年间（1723—1735）]

此书是张希良协助张鹏翮治河的经验总结，于清康熙朝成书、雍正朝增补。书中卷一辑录康熙二十三年至四十一年间（1684—1702）有关河道治理的诏令；卷二对黄河源流及堤岸沿革、淮河源流、漕河沿革、各河闸坝等进行考订；卷三至五对黄淮交汇、黄河两岸石工等重要水利工程进行说明；卷六至九为奏章，涉及治河方略、河官选拔与调用、河工进展等内容；卷十和十一主要介绍汉、宋、明代关于治河的重要理论及历代河臣传；卷十二介绍传说中各个水神的起源、演变及祭祀等。全书不仅介绍了张鹏翮的治水经验，也对中国历代河防理论与重要水利工程进行了比较系统的归纳。

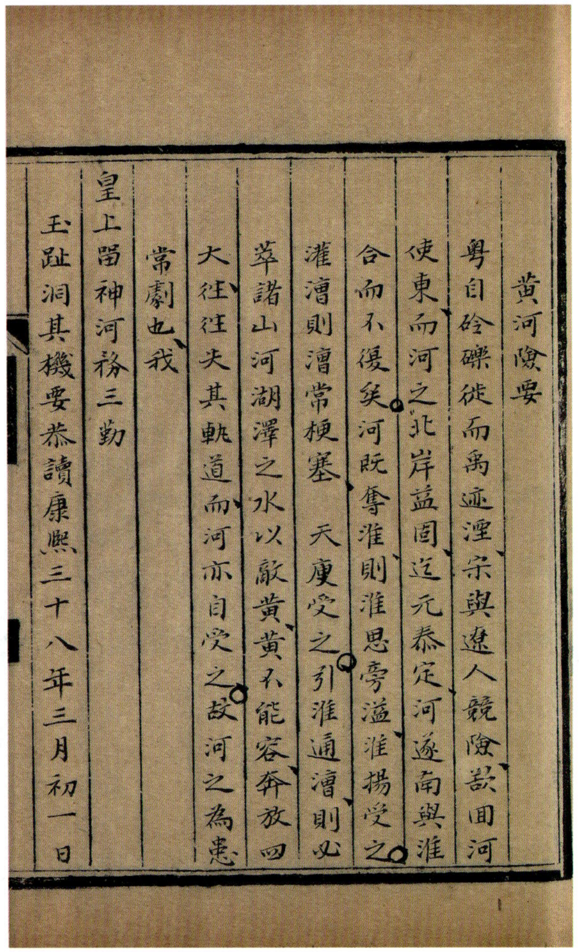

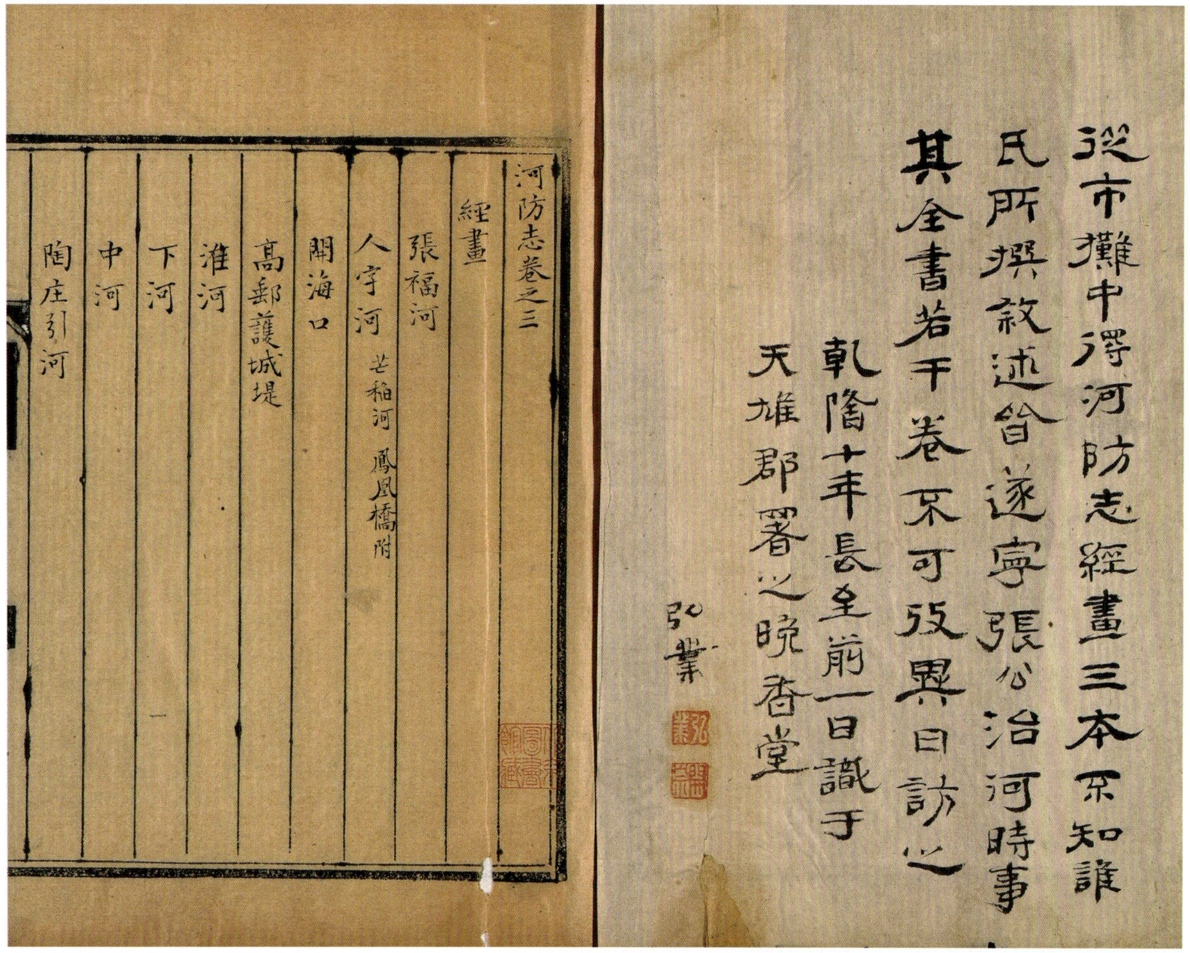

河防志：□卷

3 册

抄本

[清雍正元年至乾隆十年（1723—1745）]

书前有清乾隆十年（1745）弘业题记，从中可知弘业从市摊中获得《河防志》经画 3 本，撰者不详，所述皆遂宁张公（张鹏翮）治河时事。此 3 册分别为经画上、下及续编，与清代张希良纂《河防志》卷三内容大致相同，但编排略有不同。

黄河全图

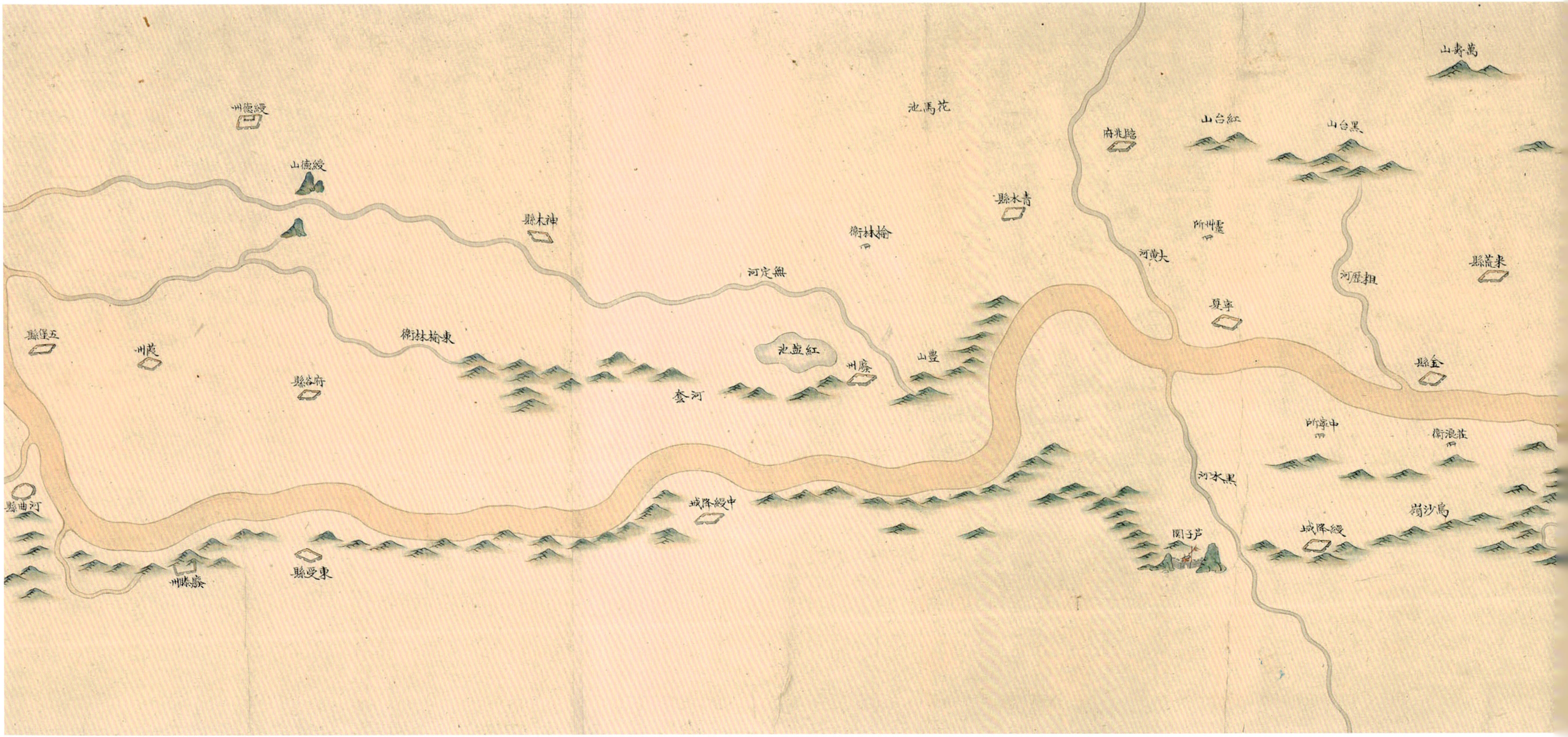

綏德州
綏德山
神木縣
花馬池
青水縣
興定河
紅盐池
河套
五堡縣
府谷縣
河曲縣
東受縣
萬壽山
紅台山
黑台山
大黃河
黑水河
烏沙嶺

黄河全图

1 幅；29 厘米 ×635 厘米

彩绘本

[清道光五年（1825）前]

此图绘出黄河自星宿海至苏北入海口之全程，详细标绘了黄河下游河段险工及堤坝工程。图中开封府兰阳县尚未改名为兰仪县，故此图当绘于清道光五年（1825）之前。

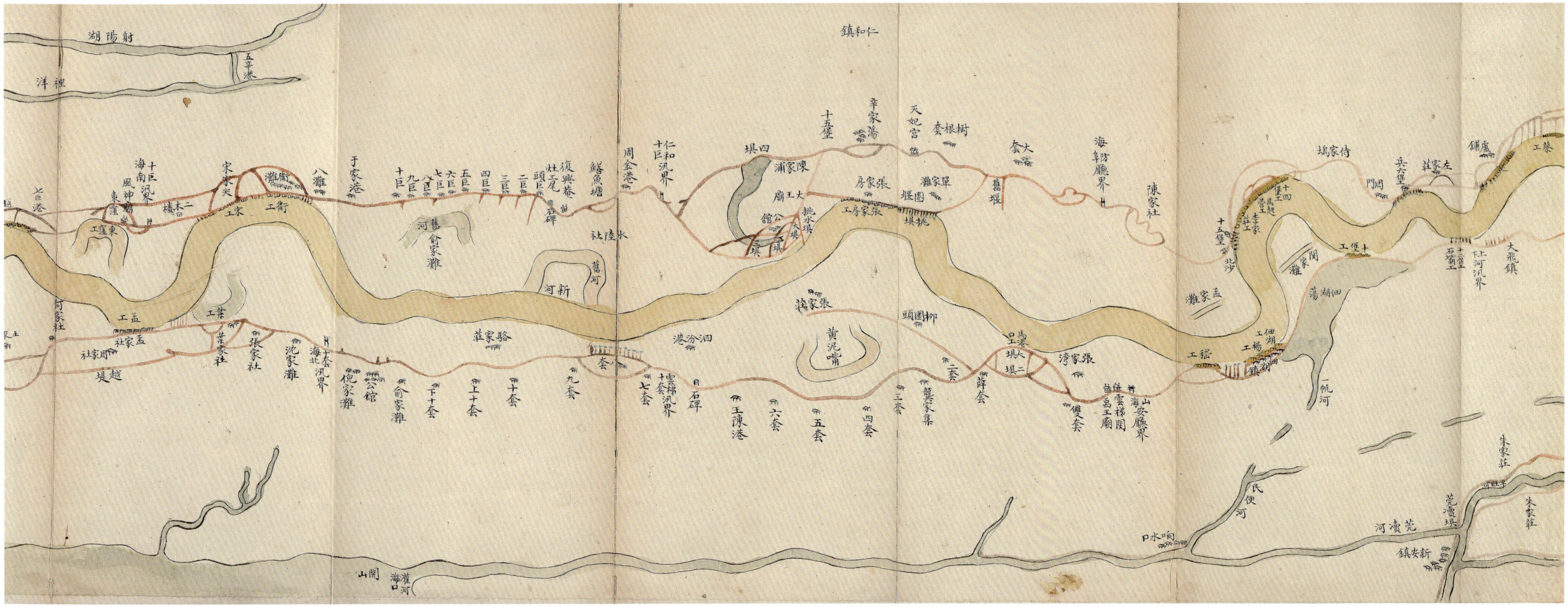

黄河发源归海全图

1幅；22厘米 ×502厘米

彩绘本

[清道光五年（1825）前]

此图绘出黄河自星宿海至江苏云梯关入海口之全程，详细标绘出黄河下游河工堤坝位置。图中开封府兰阳县尚未改名为兰仪县，故此图当绘于清道光五年（1825）前。

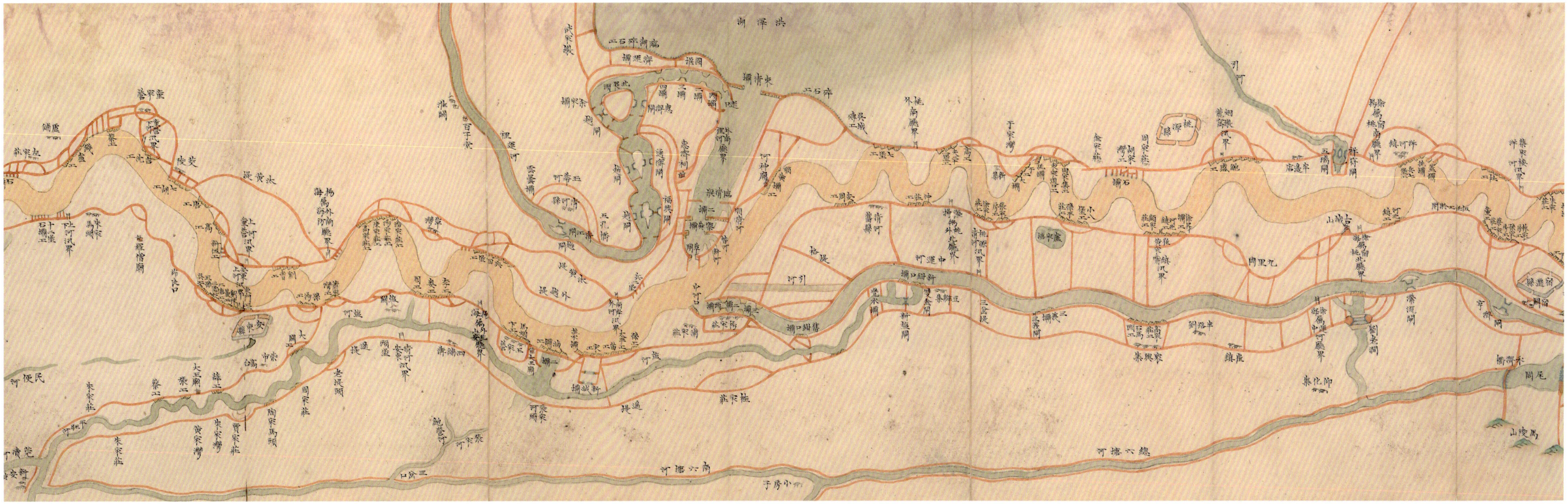

黄河发源归海全图

1 幅；22 厘米 ×502 厘米

彩绘本

[清道光五年（1825）前]

此图绘出黄河自星宿海至江苏云梯关入海口之全程，并详细标绘出河南武陟县以下河工堤坝位置。图中开封府兰阳县尚未改名为兰仪县，故此图当绘于清道光五年（1825）前。此图与国图藏同名图内容一致。

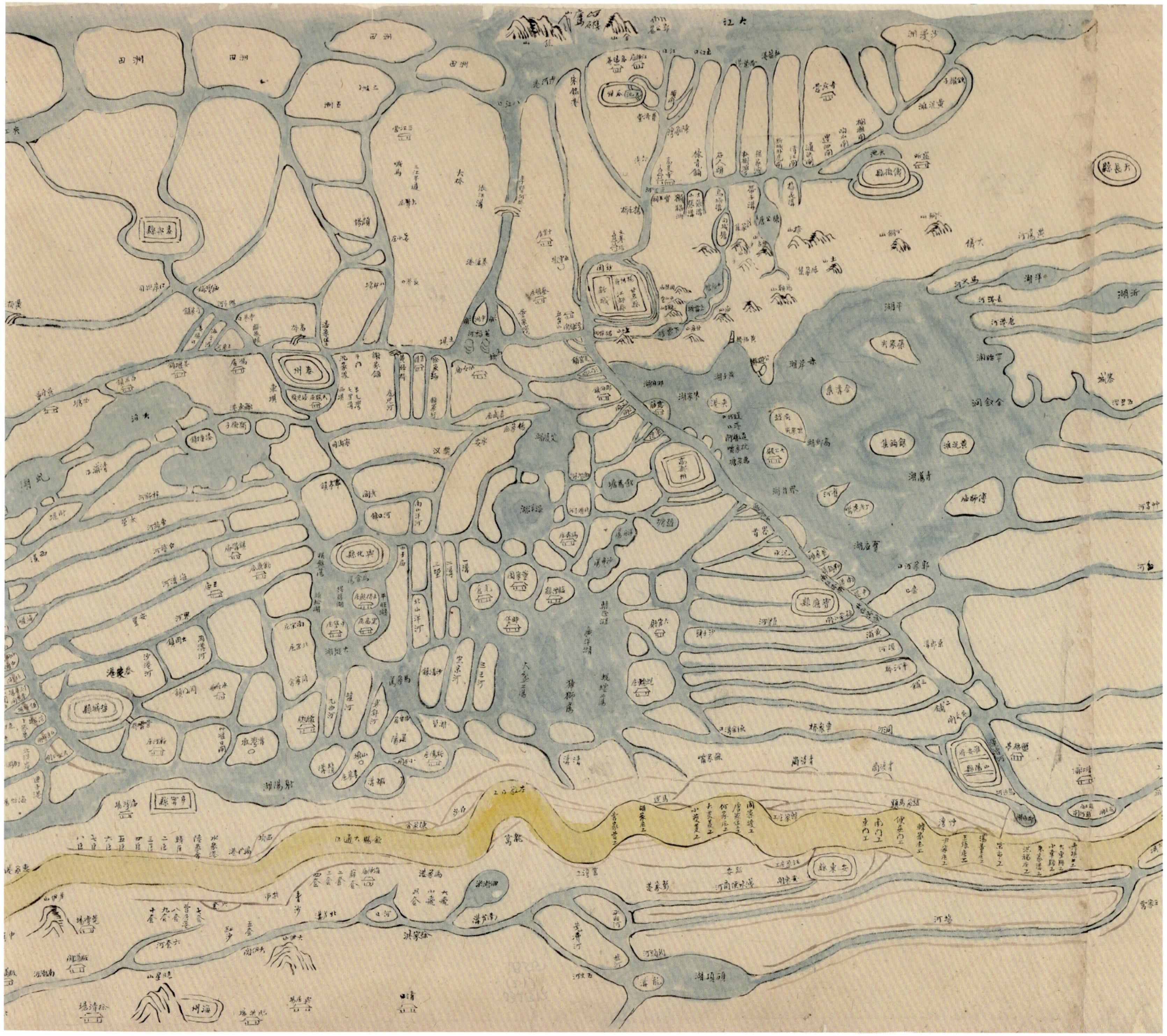

黄河图

1 幅；49 厘米 × 726 厘米

彩绘本

［清道光五年（1825）前］

此图绘出黄河自河源至苏北入海口之全程，详细反映两岸支流、水系形势。图中开封府兰阳县尚未改名为兰仪县，故当绘于清道光五年（1825）以前。此图绘制较为粗糙，且缺角。

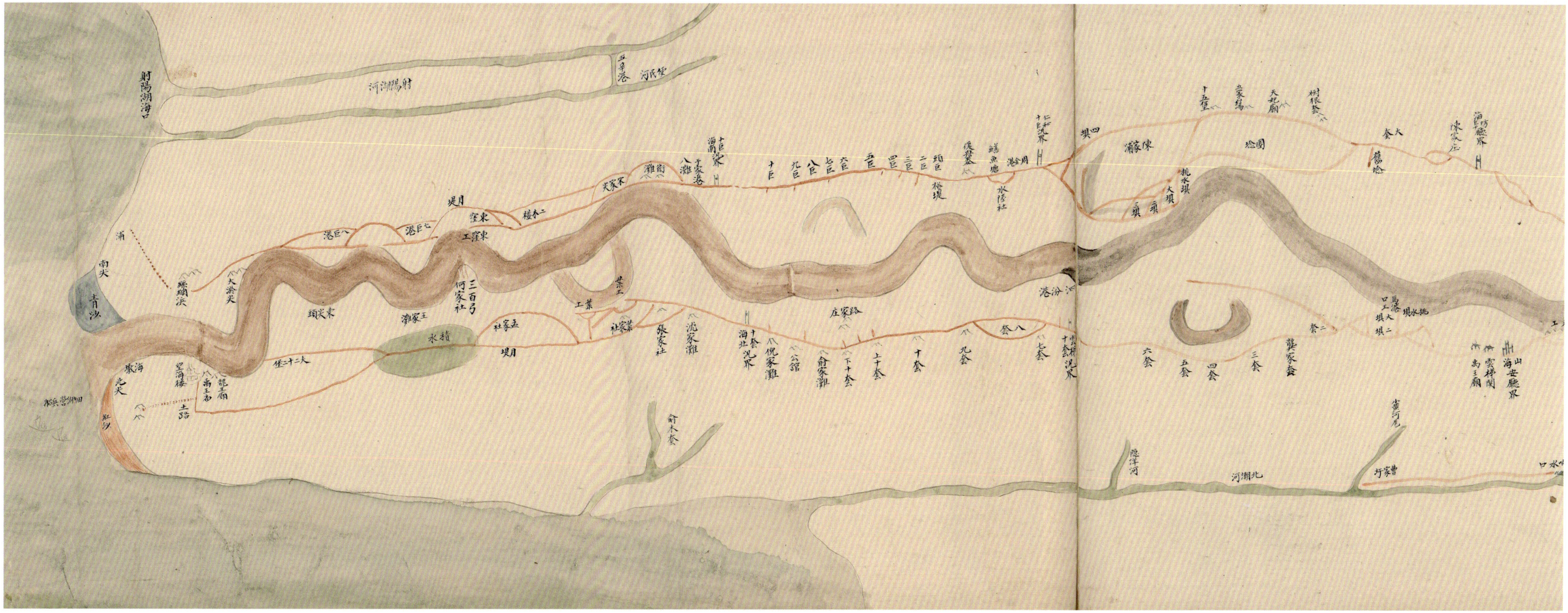

黄河图

1幅；23厘米×852厘米

彩绘本

[清道光五年（1825）后]

此图绘出黄河自巴颜喀拉山阿尔坦河至苏北安东县入海口之全程，详细标注两岸堤坝工程。图中开封府兰阳县已改名为兰仪县，故此图当绘于清道光五年（1825）以后。

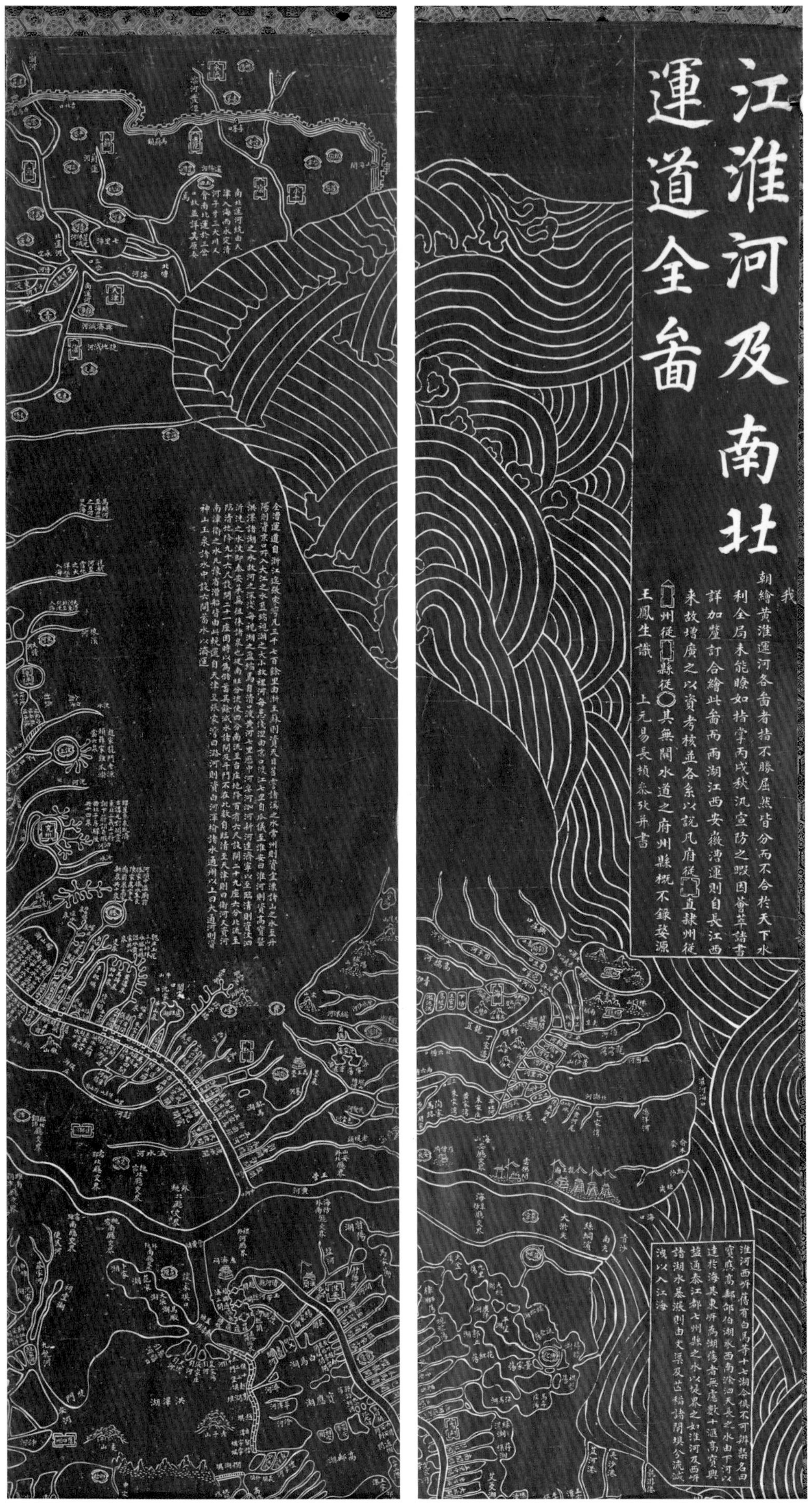

江淮河及南北运道全图

（清）王凤生绘

1 幅分切 6 条；合成 156.5 厘米 ×194 厘米

拓本

清道光六年（1826）

此图反映了长江、黄河、淮河及运河水系情况，尤其突出表示了黄、淮、长江下游与运河之关系。图上地名标注详细，有图说说明各条主要河流的支流汇入情况及河流入海情形。此图绘出黄河自发源地星宿海至入海口之全程，黄河两岸闸坝及汇入河流等标绘详细。

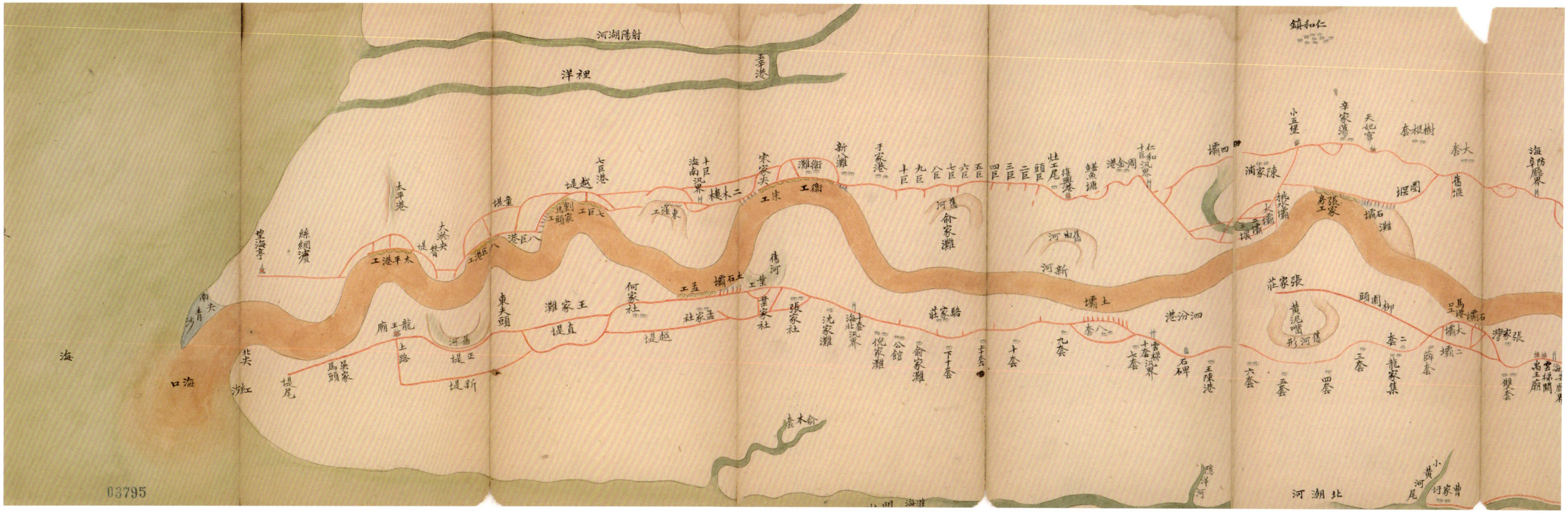

黄河水道全图

1幅；23厘米 ×580厘米

彩绘本

[约清道光三十年（1850）]

此图绘出黄河自星宿海至云梯关入海口之全程，详细标示两岸各厅工程位置。题名签下署“庚戌夏日，星白题签”，故此图可能绘于清道光三十年（1850）。

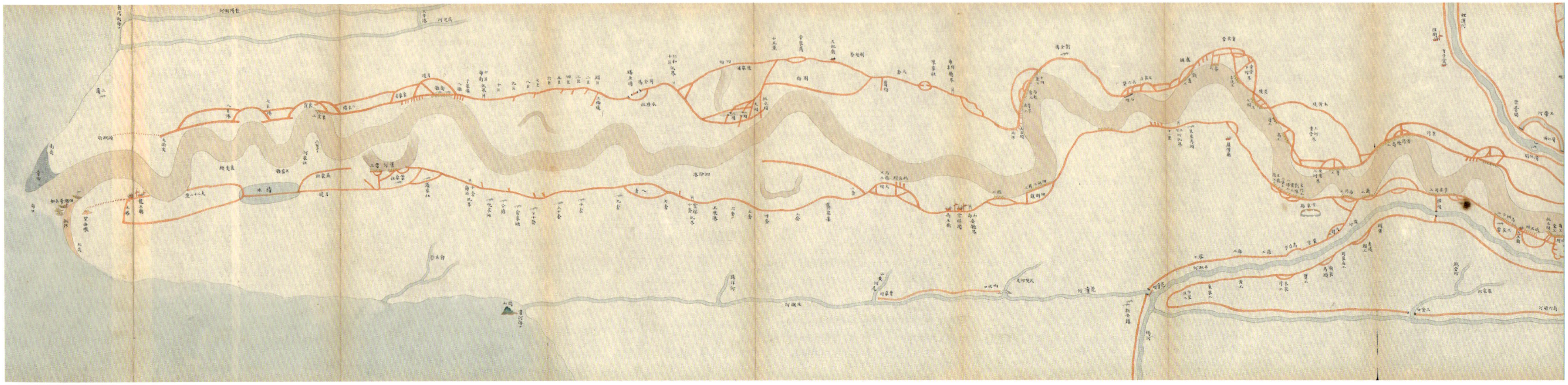

六省黄河工程埽坝情形图

1 幅；23.5 厘米 ×680 厘米

彩绘本

[清道光五年至咸丰五年间（1825—1855）]

此图所绘黄河起自上源巴颜喀拉山流出的阿尔坦河，河水汇至星宿海，流经甘肃、陕西、山西、河南、山东、江南六省后入海。详细标出黄河两岸水系、下游沿岸埽坝工程等；图说内容详细，涉及河源、两岸水系等。图中开封府兰阳县已改名为兰仪县，而铜瓦厢决口尚未发生，故此图当绘于清道光五年至咸丰五年间（1825—1855）。

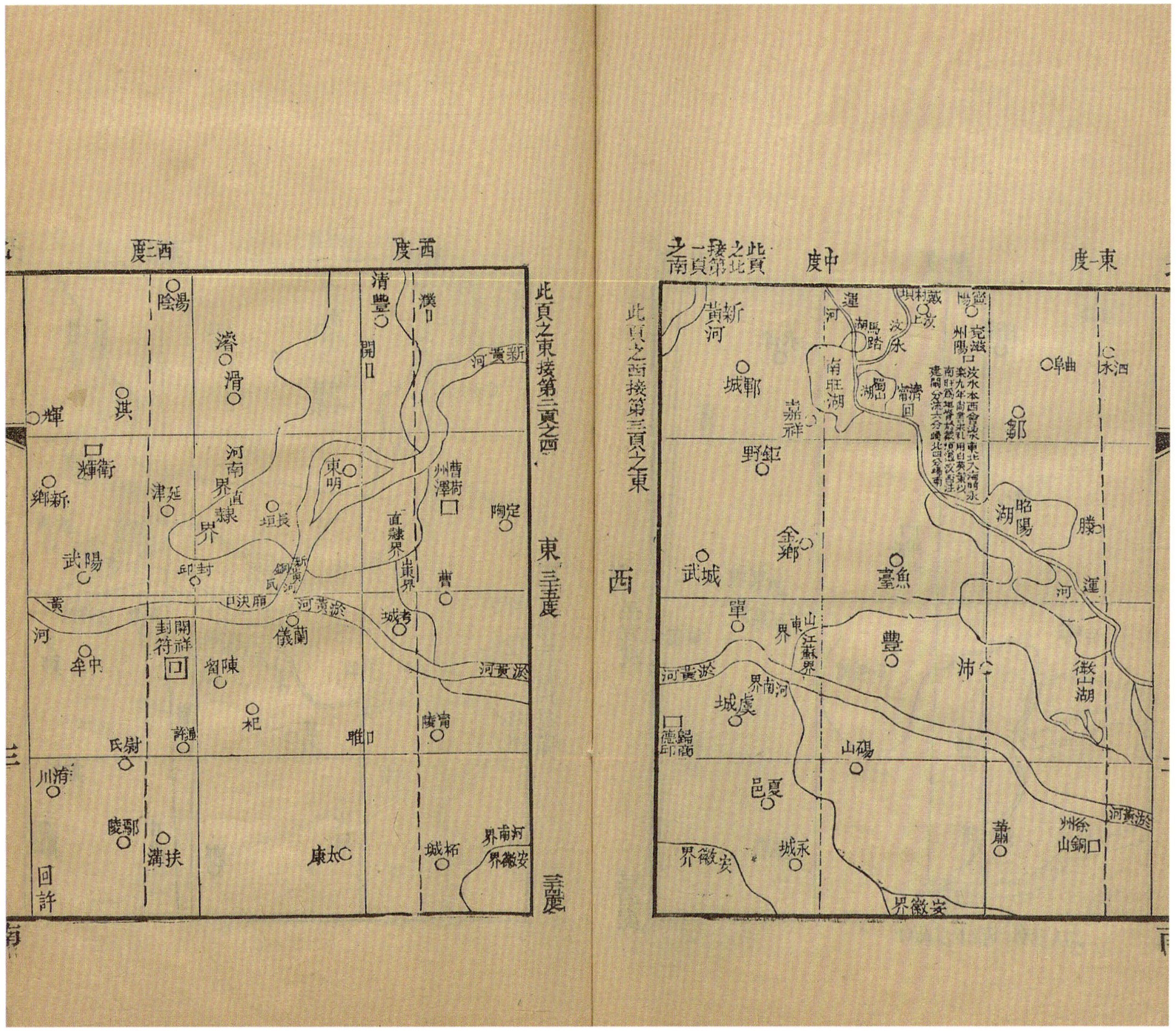

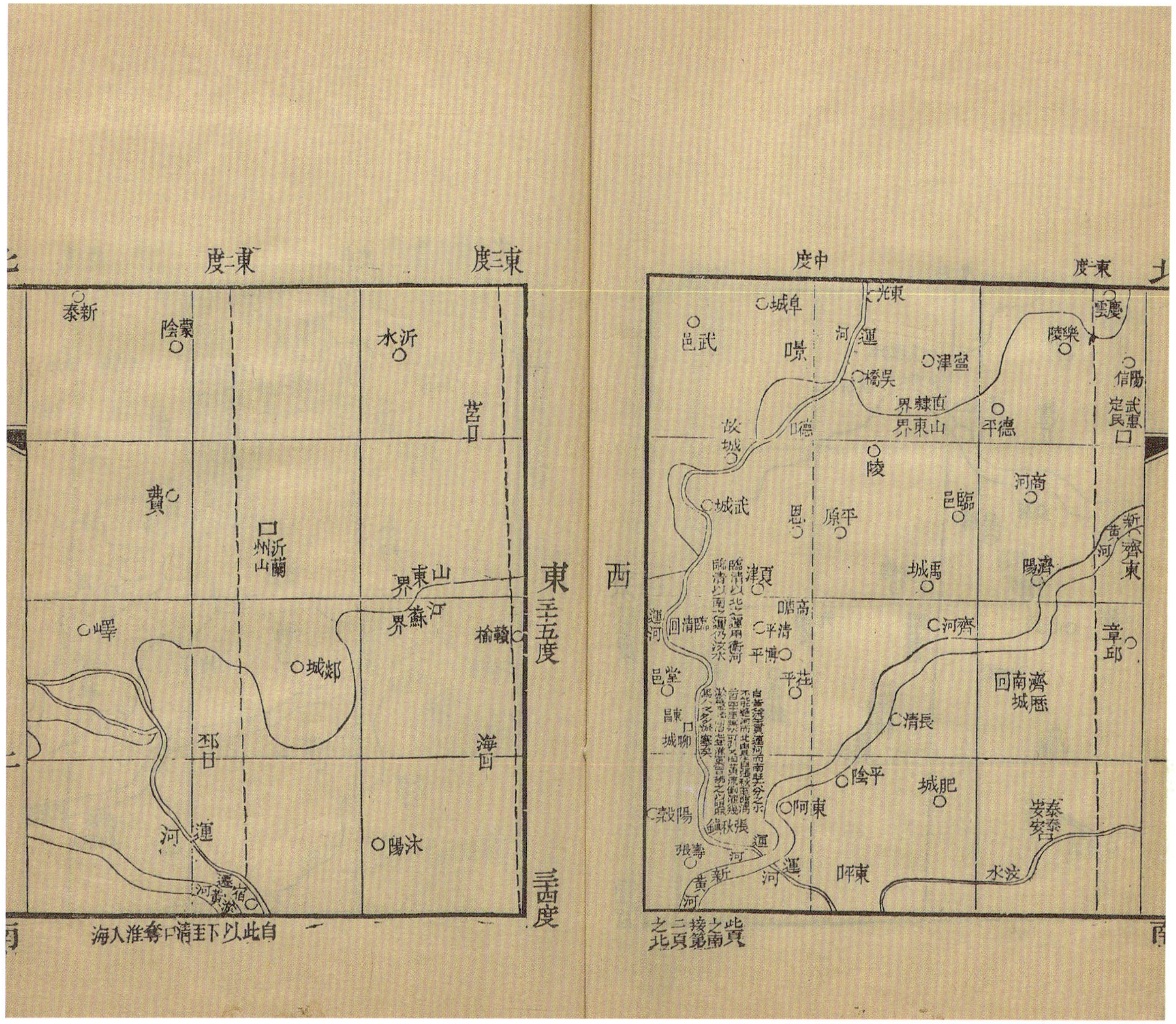

中国黄河经纬度里之图

（清）梅启照撰

1 册

刻本

东河节署，清光绪八年（1882）

此书前为图说，后为黄河图，描绘了黄河自青海至山东利津牡蛎嘴口入海之全程。黄河图中标注了主要地名、河流等，水系绘制详细清晰，并有河流相关文字说明。图上标有经纬度，并有计里画方，每方百里。梅启照是中国近代洋务派著名人物，清末中兴名臣，与曾国藩、左宗棠、李鸿章等同列为清末同光十八名臣。梅氏博学强记，善算术、懂测量、通洋务，一生著述颇丰。该图收录于梅启照《学强恕斋笔算：十卷》（共 6 册）第 6 册。

历代黄河移徙图

1 册；38 厘米 × 46 厘米

彩绘本

［明万历四十八年至天启元年（1620—1621）］

内含《黄河全图》以及大禹至明代的 23 幅河图（大禹、西汉、东汉 2、魏晋、前五代、唐、宋 4、元 2、明 10），共 24 图，反映了历代黄河河道的变迁情况。图中仅标注黄河相关沿岸地名及相关水系名称，黄河自云梯关入海。图末有“大明万历末年八月用五彩墨笔绘测历代至明地图，徐光启测绘”字样。不过《明史》及徐光启相关文集等著述中均未记载此图，故此图可能是假托徐光启名之作。国图此藏本为补勤氏（陈锦）旧藏，钤“补勤审定”印。

历代黄河移徙图

1 册；37 厘米 ×43 厘米

彩绘本

[清乾隆年间（1736—1795）]

内含《现行黄河全图》以及大禹至清代的28幅河图（大禹、商2、秦、西汉、东汉2、魏晋、前五代、唐、宋4、元2、明10、清2），共29图，反映了历代黄河河道的变迁情况。图中所绘黄河至云梯关入海。“清代河图”中已经出现“新开中河”，故此图约绘成于清乾隆年间。该书地名标注较明万历、天启年间版本更为详细。

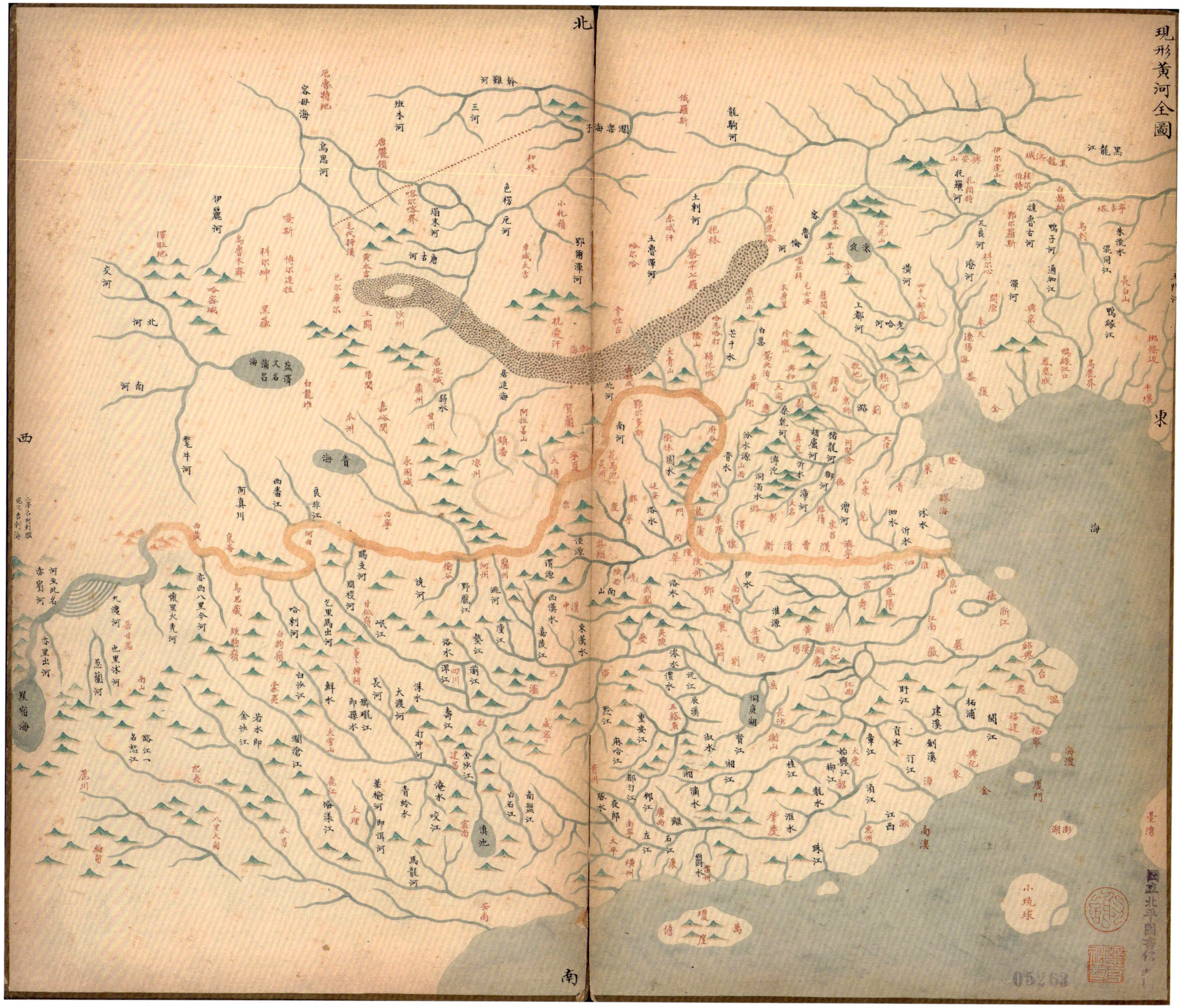

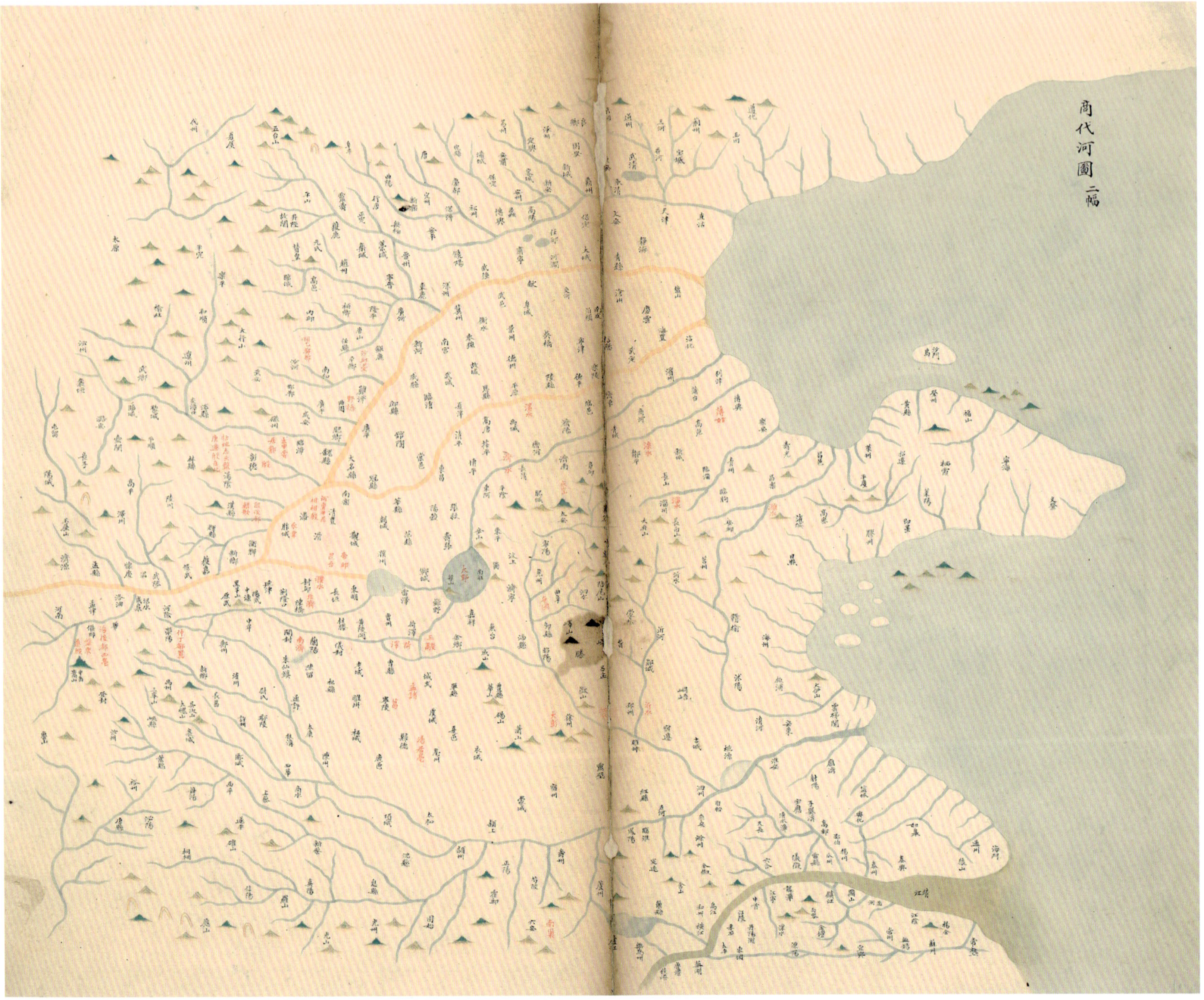

历代黄河图

1 册；48 厘米 ×28 厘米

彩绘本

［清中期］

内含黄河图 25 幅（商 2、秦 1、东汉 2、西汉、魏晋、唐、前五代、宋 4、元 2、明 9、清），反映了黄河河道自商代至清代的变迁情况。此图册与清乾隆年间版本内容基本相同，但内容不全。明代河图标 10 幅，实际仅 9 幅。

历代黄河移徙图

（清）橘荫主人绘

1 册；41 厘米 ×50 厘米

彩绘本

清光绪元年（1875）

内含《黄河全图》一幅及历代河图 29 幅（大禹导河、商 2、秦、西汉、东汉 2、魏晋、前五代、唐、宋 4、元 2、明 10、清 2、清光绪元年补图），共 30 幅图。反映了历代黄河河道的变迁情况。图中贴签注明历代黄河变迁、溃决情况及治理方案，有签说明“谨将黄河历代变迁徙截自汉初起明末止其所开决年月次数并堵筑防障各代所用之法以及主治之人”均列出以供后世参考。

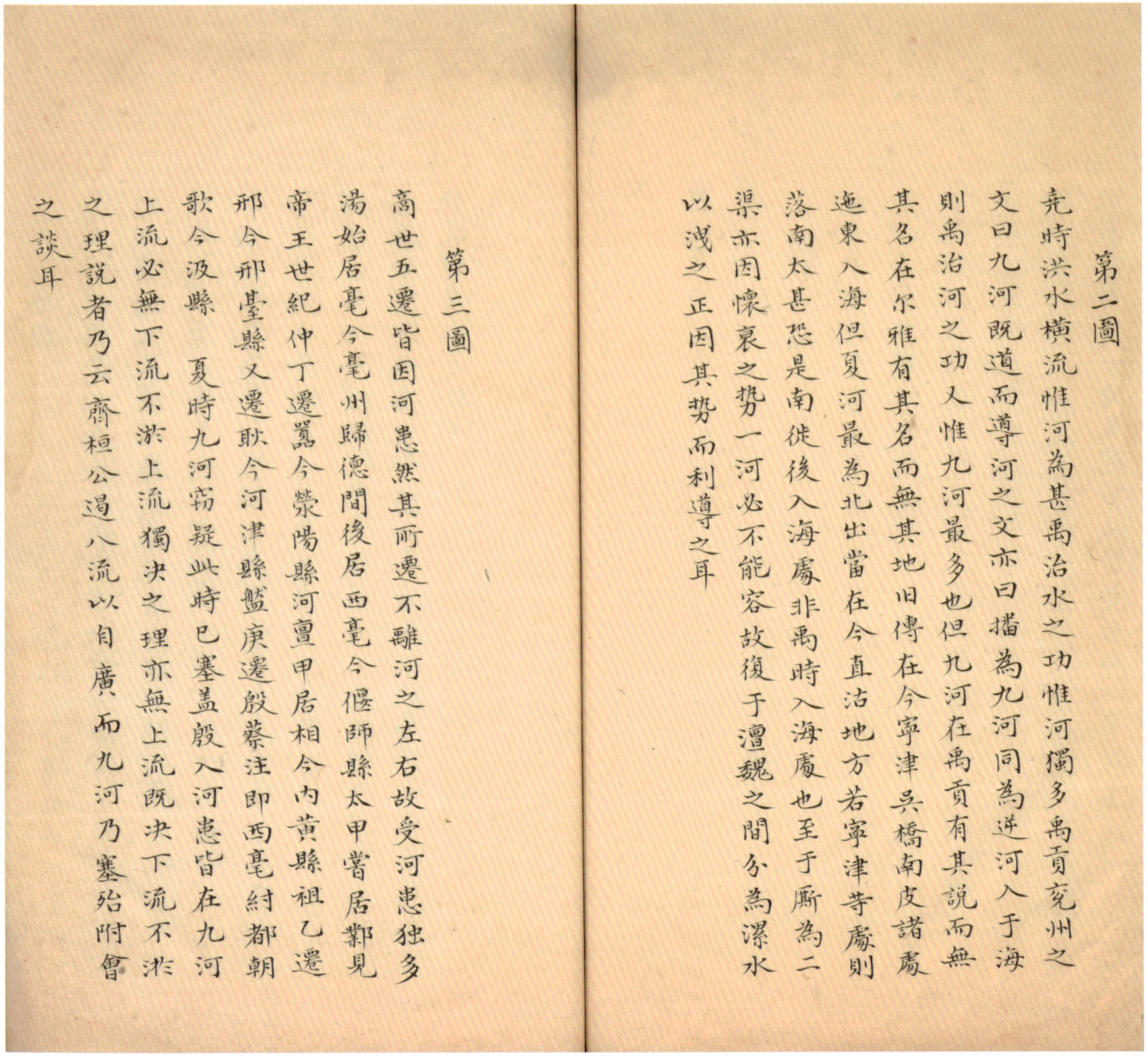
第二圖
堯時洪水橫流惟河為甚禹治水之功惟河獨多禹貢兗州之
文曰九河既道而導河之文亦曰播為九河同為逆河入于海
則禹治河之功又惟九河最多也但九河在禹貢有其說而無
其名在尔雅有其名而無其地旧傳在今寧津吳橋南皮諸處
迤東入海但夏河最為北出當在今直沽地方若寧津等處則
落南太甚恐是南徙後入海處非禹時入海處也至于厮為二
渠亦因懷襄之勢一河必不能容故復于漯魏之間分為漯水
以殺之正因其勢而利導之耳

第三圖
商世五遷皆因河患然其所遷不離河之左右故受河患独多
湯始居亳今亳州歸德間後居西亳今偃師縣太甲嘗居鄴見
帝王世紀仲丁遷嚻今滎陽縣河亶甲居相今內黃縣祖乙遷
邢今邢臺縣又遷耿今河津縣盤庚遷殷蔡注即西亳紂都朝
歌今汲縣 夏時九河竊疑此時已塞蓋殷入河患皆在九河
上流必無下流不淤上流獨決之理亦無上流既決下流不淤
之理說者乃云齊桓公遏八流以自廣而九河乃塞殆附會
之談耳

河漕备考：四卷；历代黄河指掌图说：一卷

（清）朱鋐撰

6 册

抄本

[清雍正四年至清末（1665—1911）]

《河漕备考》成书于清雍正三年（1725），系辑录性著作，综合了河漕相关历史问题与现实需要，涉及河漕事务各个方面，内容详尽。全书卷一为河漕议，包括河漕总议及黄河、漕河分段考，黄河考又包括阳武至徐州黄河考和徐州至清河黄河考两部分；卷二为淮河考，其中涉及黄河的有历代河淮交汇考与历代河决考；卷三是有关历代治河、漕运及河性、河身、地形的考察；卷四为治河实际方略与实用措施，包括防守、塞决、各堤、各坝、闸工、治埽、挑浚、土方、石工及物料十考。《历代黄河指掌图说》撰成于雍正四年（1665），无图有说，按朝代编年，包含自上古至清代的 29 幅黄河图说，记载历代治理黄河的情形、办法等。

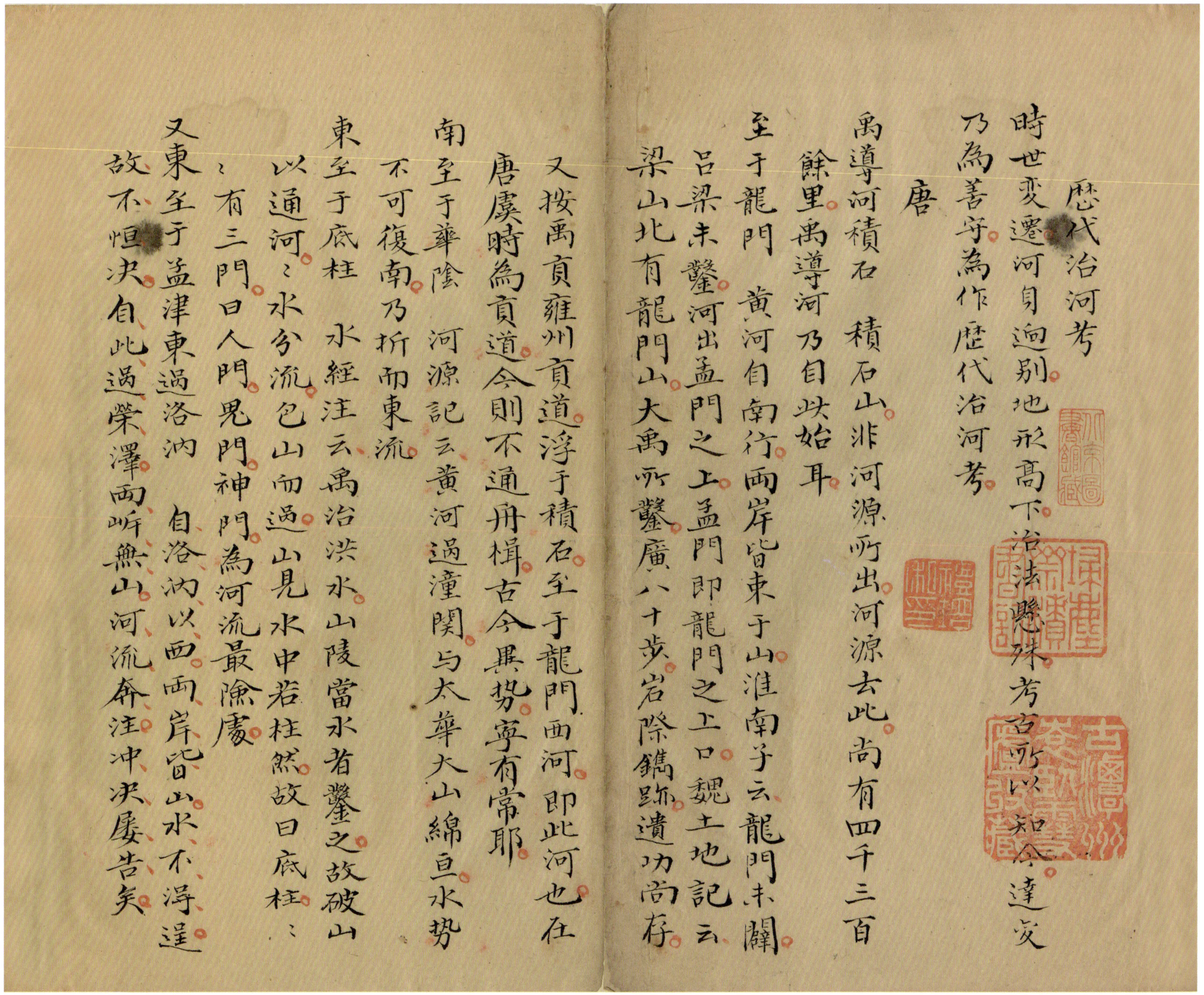

历代治河考

（清）朱鋐撰

1册

抄本

［清雍正四年至清末（1665—1911）］

此本摘抄了朱鋐《河漕备考》卷三、卷四及《历代黄河指掌图说》。国图藏本有朱笔圈点，钤“礼培私印”等印。

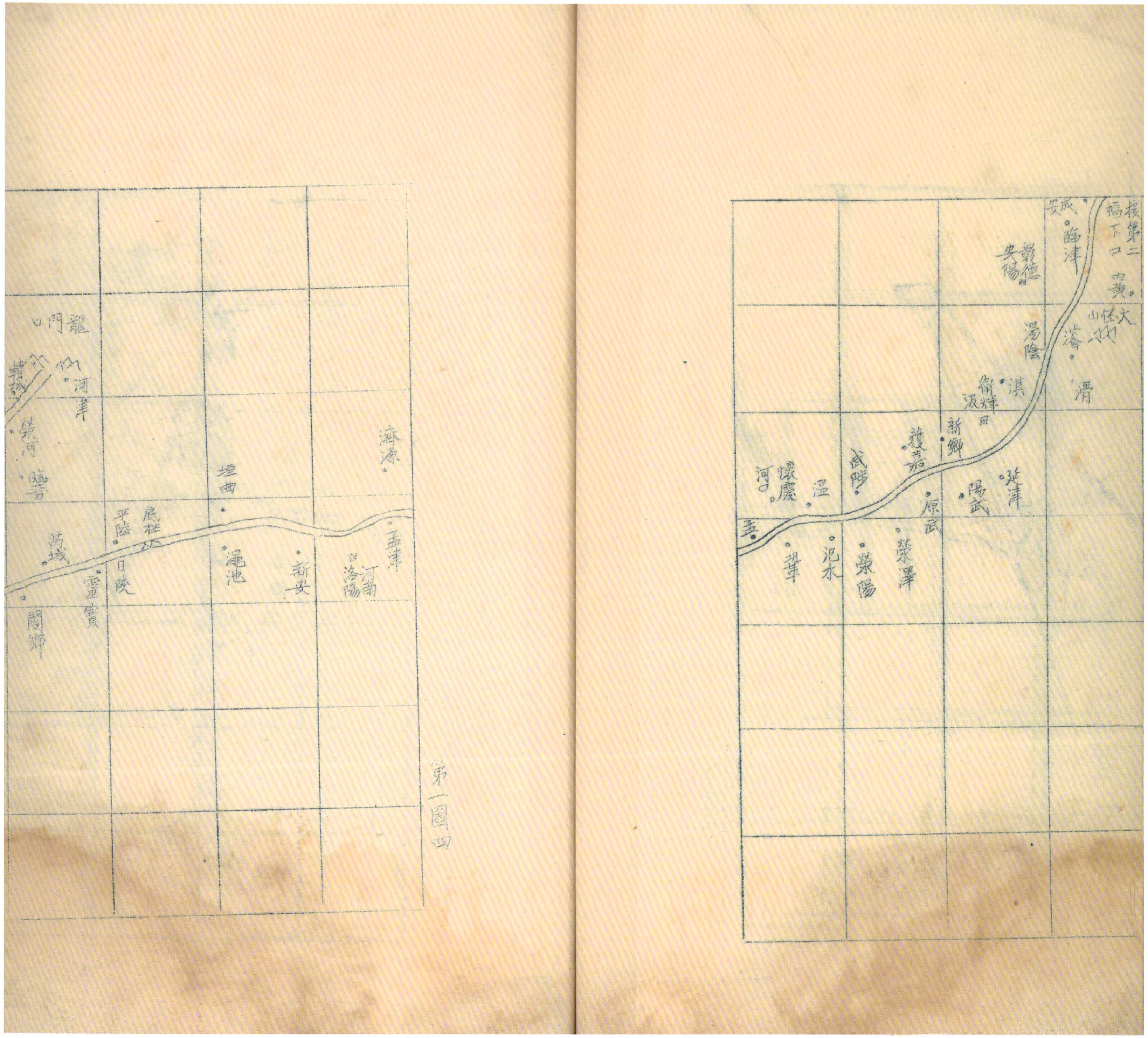

历代黄河变迁图考：四卷

（清）刘鹗撰

4 册

石印本

袖海山房，清光绪十九年（1893）

版本一：清光绪十九年（1893）袖海山房石印本，4 册。版本二：清宣统二年（1910）山东河工研究所重印，石印本，4 册。版本三：民国年间油印本，2 册。

清光绪十三年（1887），黄河在郑州段南岸决口，这是继清咸丰五年（1855）铜瓦厢改道后最大的一次决口，治理一年多也未能合龙。光绪十四年（1888），刘鹗以同知投效河工大臣吴大澂后参加治河。期间，他博采诸家考述，据《禹贡》《水经注》和历代史志等撰为此书。全书以河道绘图为主，所考区域以龙门以下至海为限，包括禹贡全河图考、禹河龙门至于孟津图考、禹河孟津至于大陆图考、禹贡九河逆河图考、周至西汉河道图考、东汉以后河道图考、唐至宋初河道图考、宋二股河图考、南河故道图考、现今河道图考等 10 幅，以开方法绘制。相关图说取自《尚书》《水经注》及黄河沿岸各州县志书，主述历代史籍中有关黄河流向、徙道之记载，对黄河古今水道演变和决口改道等情况有所考证。国图藏本书后附抄刘鹗事迹。

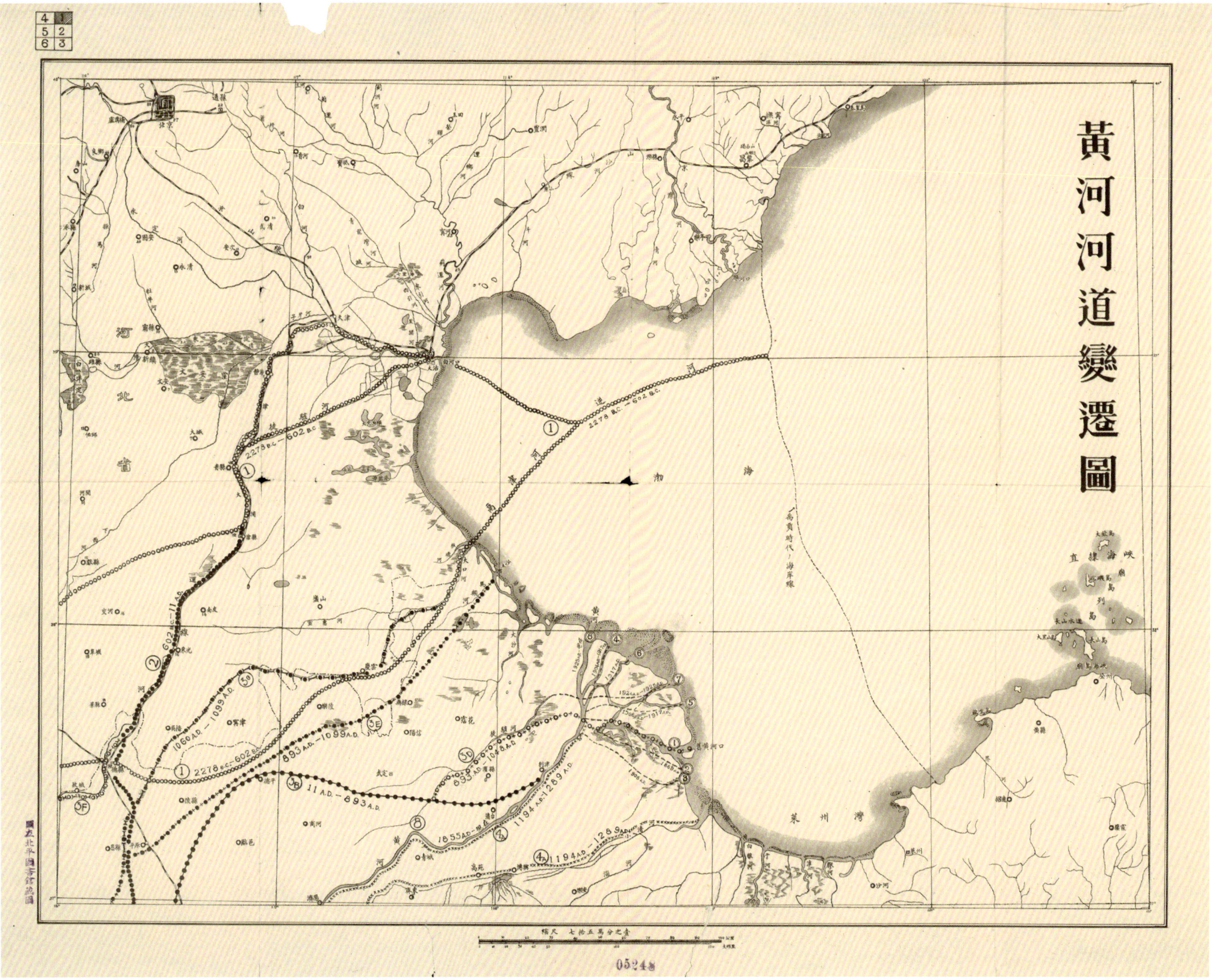

黄河河道变迁图

（日）香川正治编纂，（日）小林德监修

1 幅分切 6 张；每幅 44 厘米 ×61 厘米

印本

（日）昭和十五年十二月（1940 年 12 月）

此图反映了黄河历史上九次重大改道的情况，包括 1938 年河南郑州花园口决口后出现的“新黄河”情形。

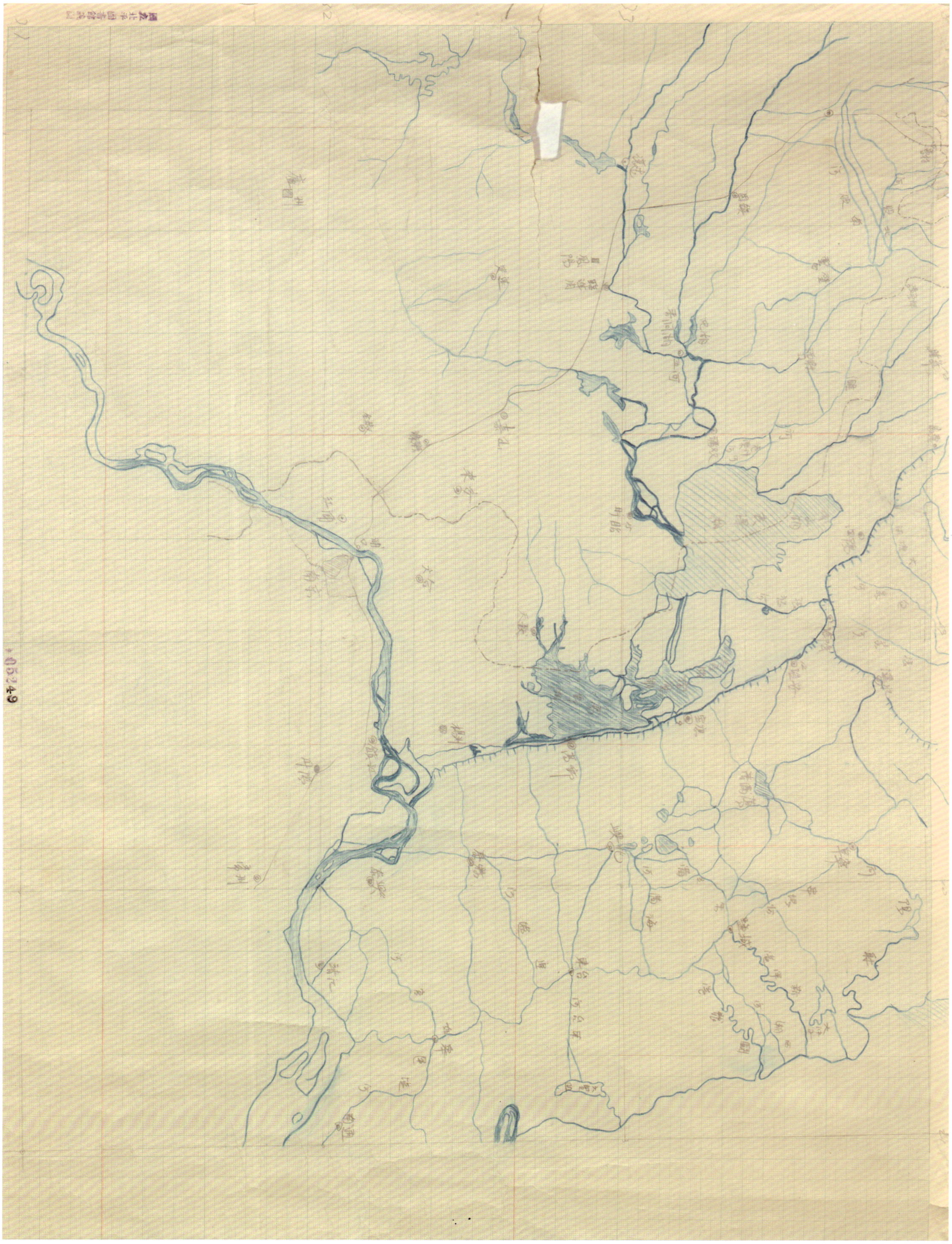

黄河河道变迁图

（日）香川正治编纂，（日）小林德监修

1幅分切4张（不全）；合成90厘米×110厘米

彩绘本

（日）昭和十五年十二月（1940年12月）

此图为印本《黄河河道变迁图》的摹绘本，但图幅不全。

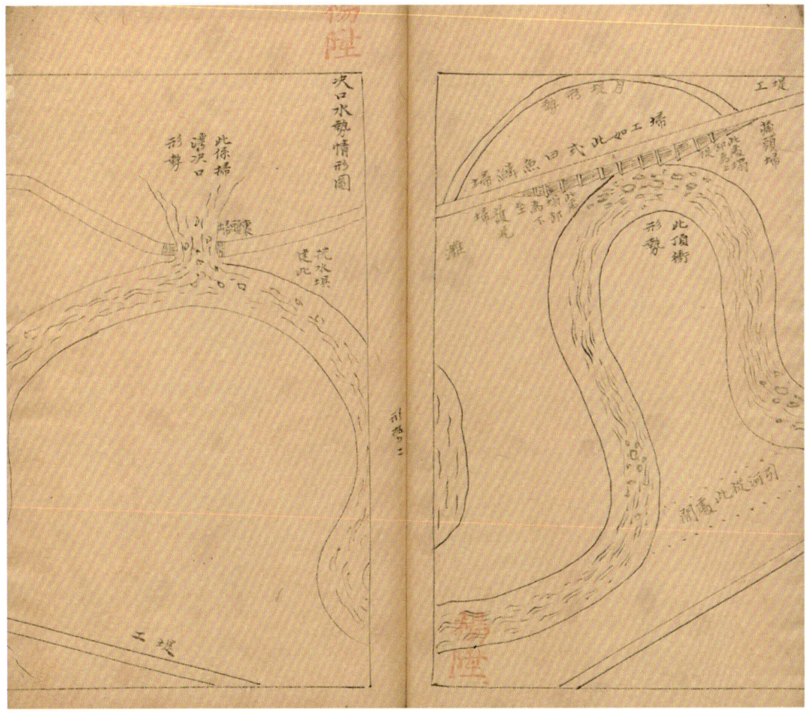

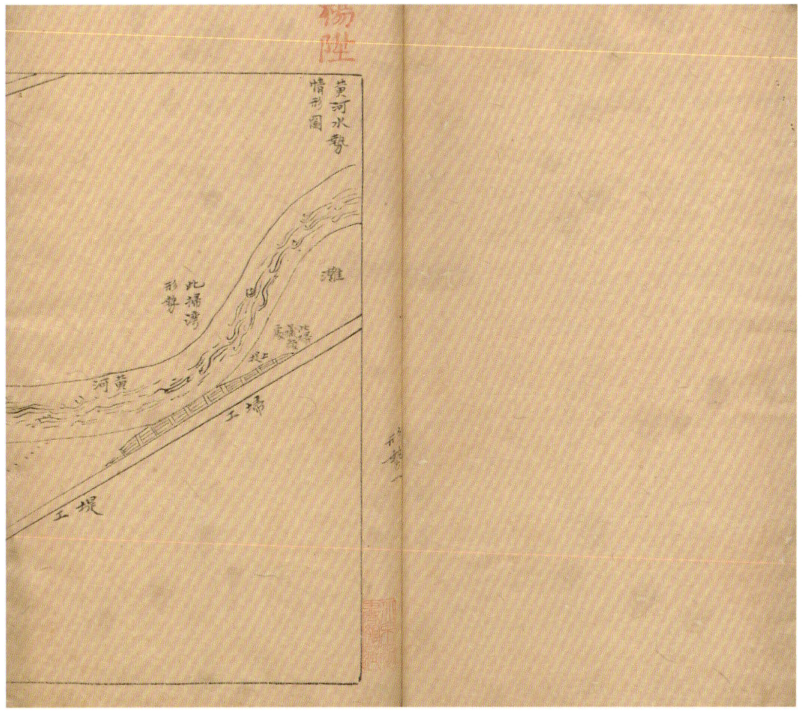

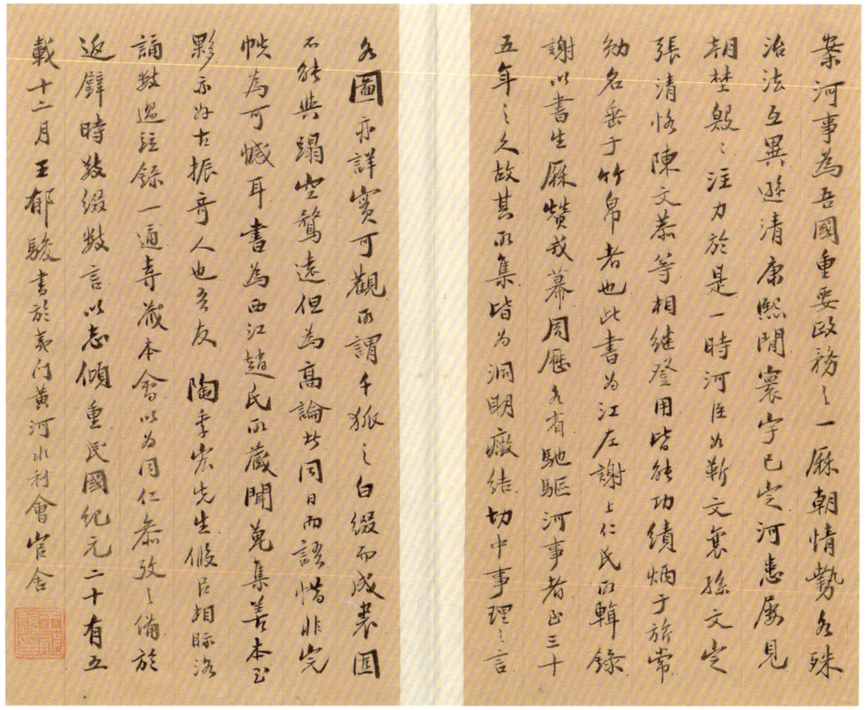

[河工图说]

(清)谢上仁撰

1 册

刻本

[约清乾隆元年至五年 (1736—1740)]

是书首为图，收录《黄河水势情形图》《决口水势情形图》《挑水坝图》《河工器具通用图》等，后者式样众多、绘制详细；后为文字，题为“临河捷镜卷上”，内容系谢上仁编辑的《〈河议辨惑〉要略》。书中有谢上仁于乾隆元年所作序，故推断此书可能成书于乾隆元年或其后不久。国图藏本有国民政府黄河水利委员会委员长王郁骏题识，说明此书编撰及流传渊源；亦有购书者琴城赵氏题记，说明此书原名“临河捷镜”，凡二卷，此仅卷上一或卷上二，论及河工器具早于郭成功凡四十年。

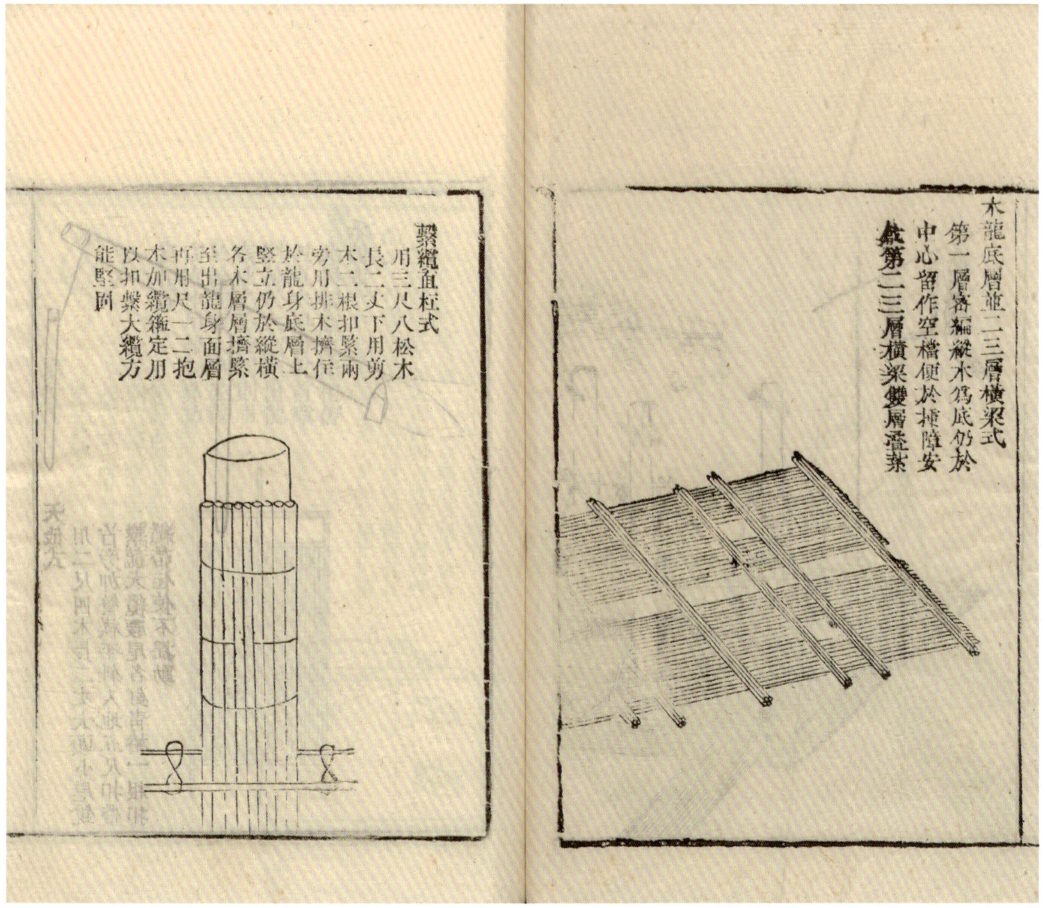

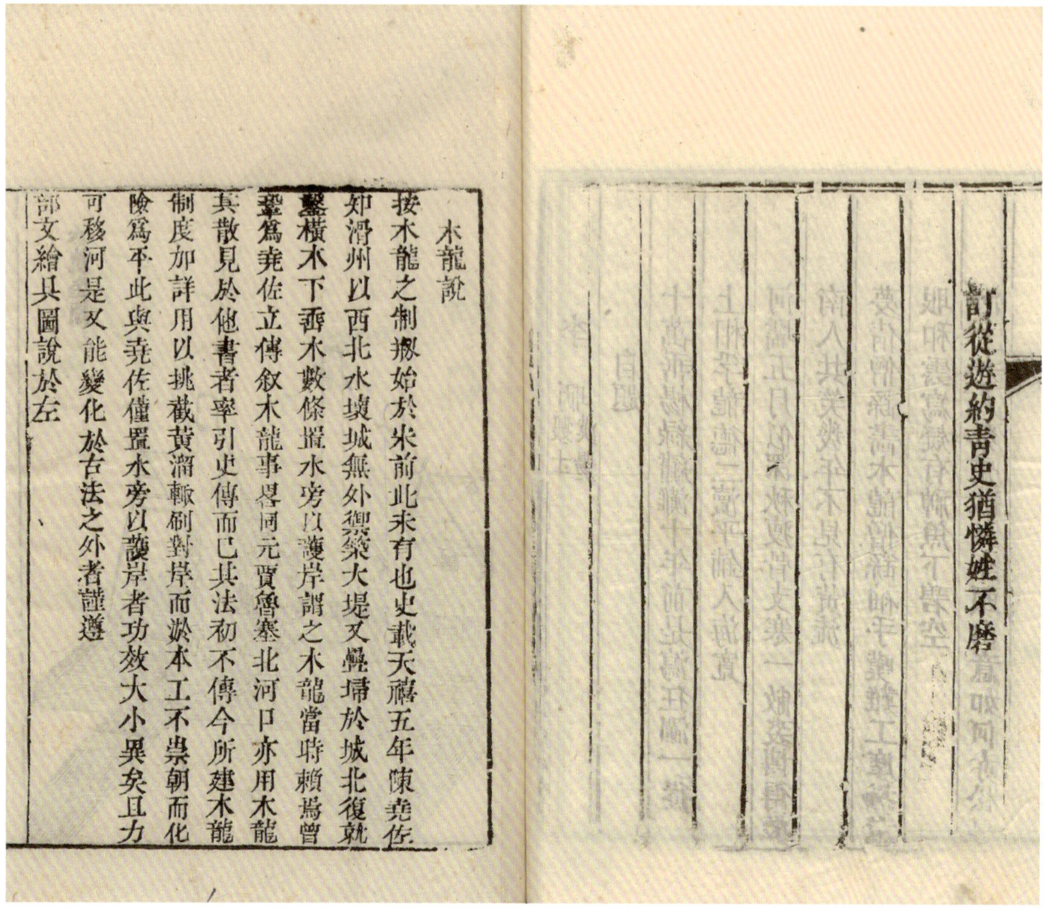

木龙书：一卷；成规：一卷；题咏：一卷

（清）李昞撰

2册

刻本

清乾隆十六年（1751）

有1册、2册、3册版。

是书记述了治河工具“木龙”的制作方法、规格、用料、用工定额等，包括御制木龙诗、恭迎圣驾南巡诗、木龙颂、木龙图说、木龙成规、木龙纪略、题咏等内容。

河工器具图

（清）郭成功辑

1 册

蠖公影抄本

民国二十三年（1934）

全书有图有说，图文并茂，介绍了各类治河工程器具，如大埽、拦土枕等。此本据清乾隆四十一年（1752）刻本影抄。书名页题《淮阴郭成功河工器具图》。

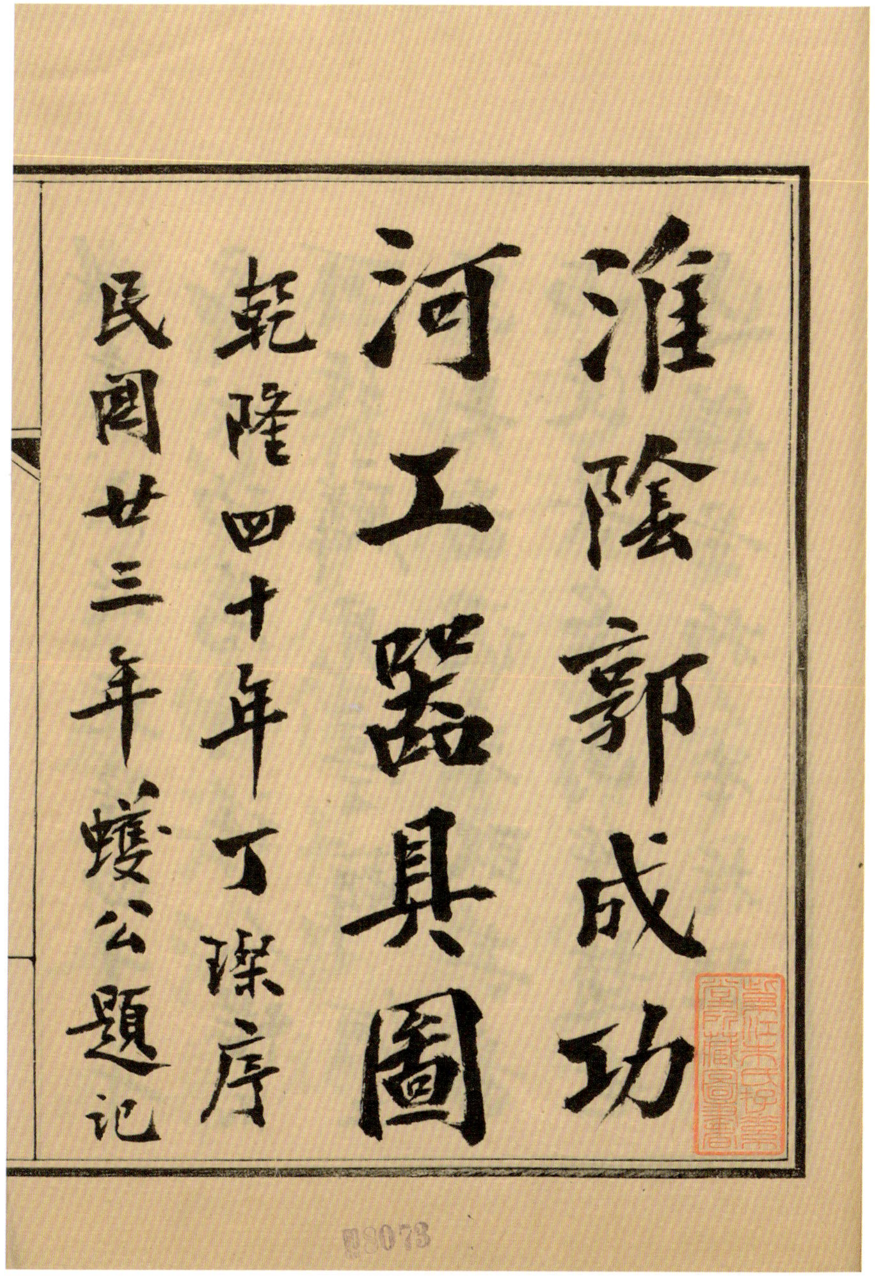

淮陰郭成功
河工器具圖
乾隆四十年丁琛序
民國廿三年蠖公題記

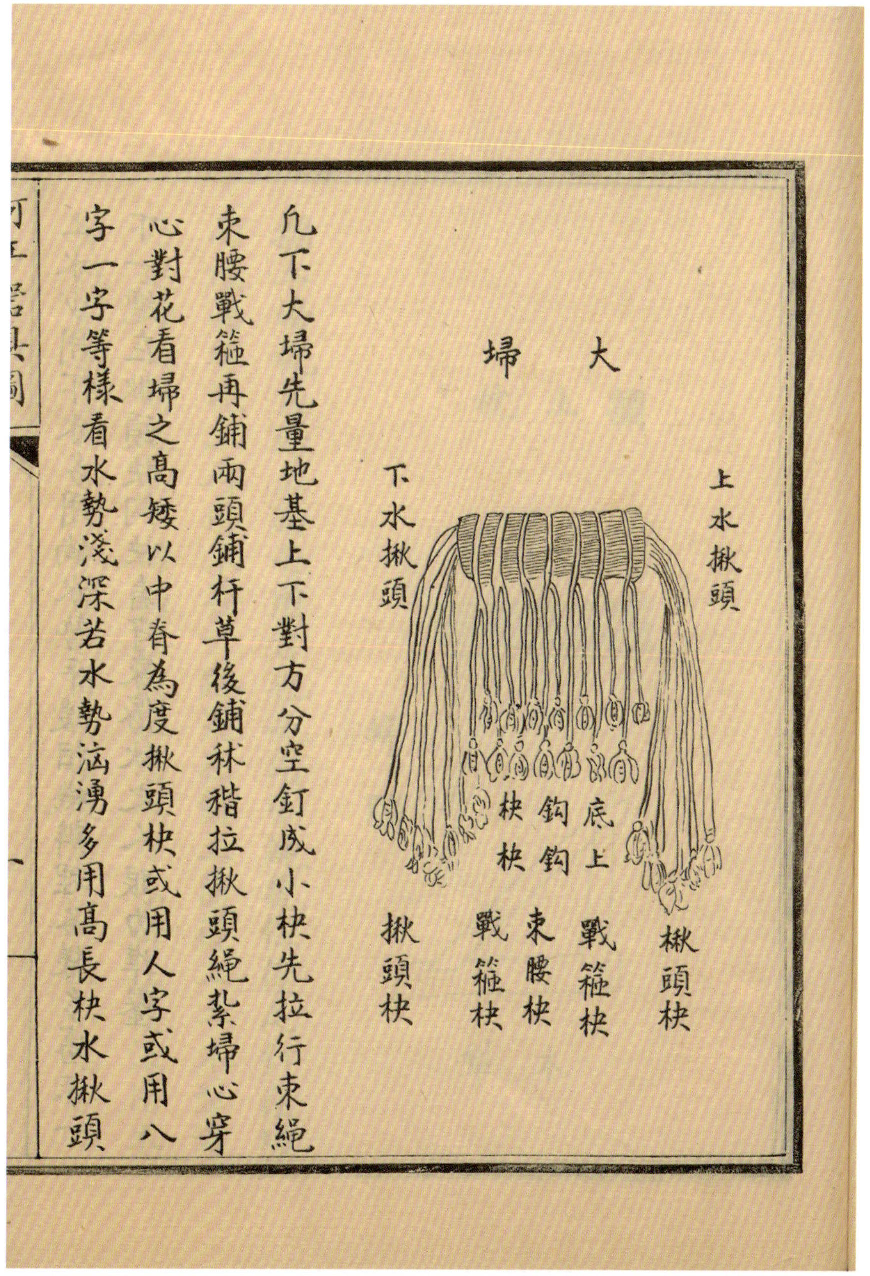

大埽

凡下大埽先量地基上下對方分空釘成小橛先拉行束繩束腰戰箍再鋪兩頭鋪杆草後鋪秫秸拉揪頭繩絜埽心穿心對花看埽之高矮以中脊為度揪頭橛或用人字或用八字一字等樣看水勢淺深若水勢洶湧多用高長橛水揪頭

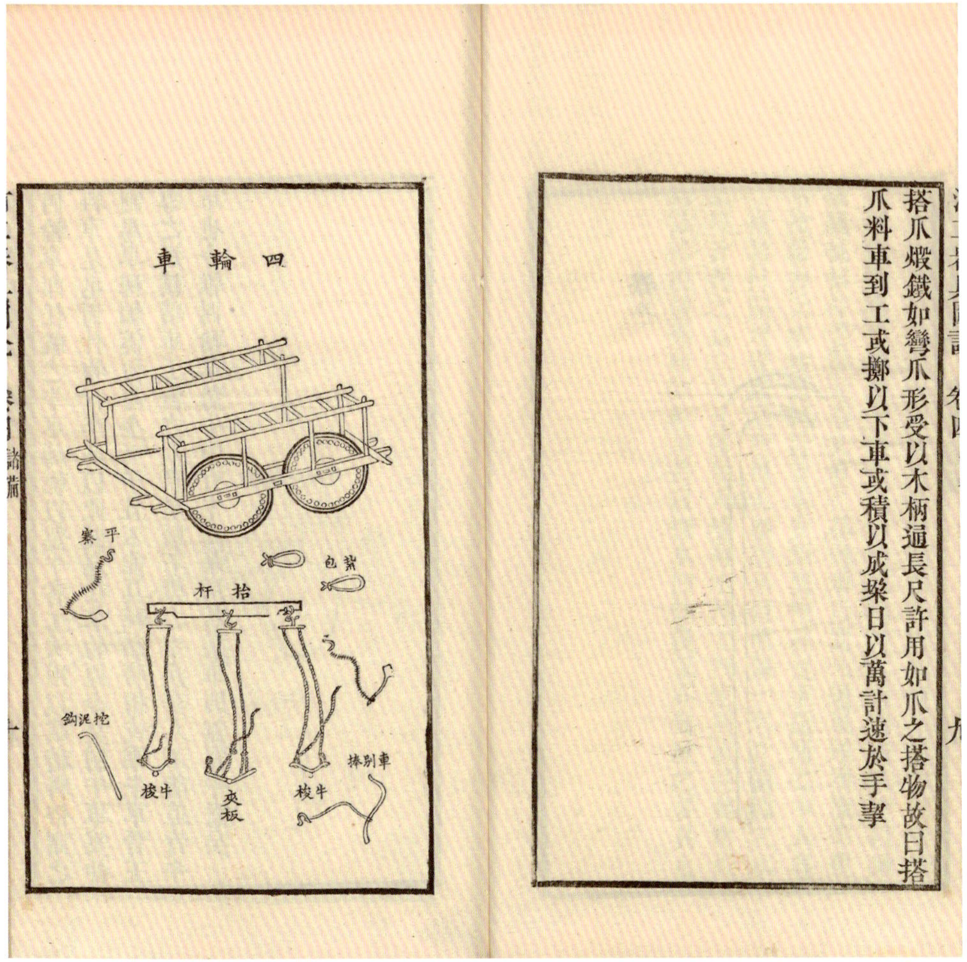

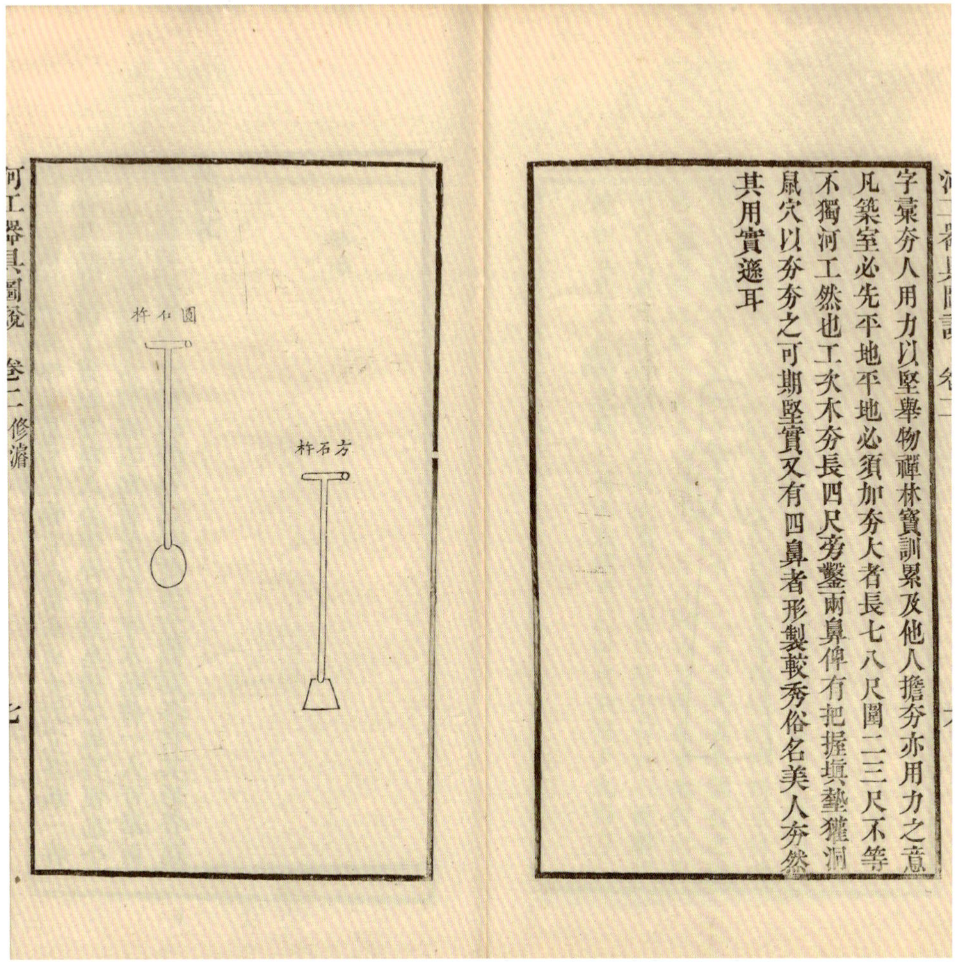

河工器具图说：四卷

（清）完颜麟庆纂辑

4 册

刻本

清道光十六年（1836）

版本一：清道光十六年（1836）刻本，有 2 册、4 册版。版本二：清道光十六年至清末（1836—1911）抄本，4 册。版本三：民国十五年（1926）河南河务局刻本，2 册。版本四：民国二十四年（1935）国立北平图书馆抄本，1 册。

清道光十三年（1833），完颜麟庆任江南河道总督，此后巡视河务达十年之久，时称河帅，《河工器具图说》即其任内所成。全书以图谱形式详述治河工程器具的名义、沿革、构造、使用，卷一收宣防器具 65 种，卷二收修浚工具 86 种，卷三收抢护器具 63 种，卷四收储备器具 75 种，总计收录河工器具 289 种。此书以清乾隆年间郭成功《河工器具图》为基础，但内容之丰原胜后者，是中国古代最系统、最完善的一部介绍清代河工器具的书籍。

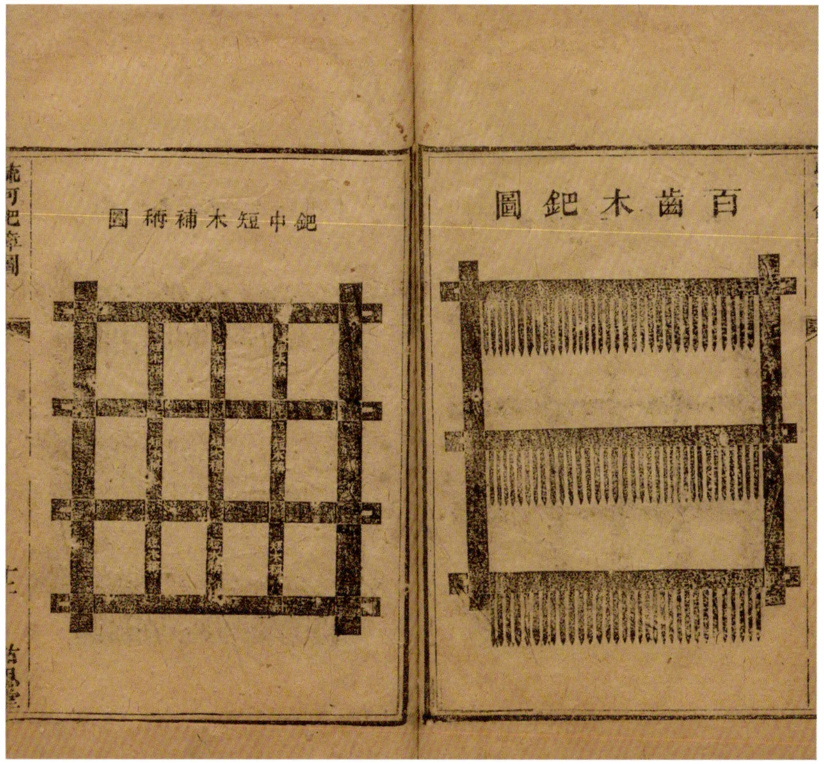
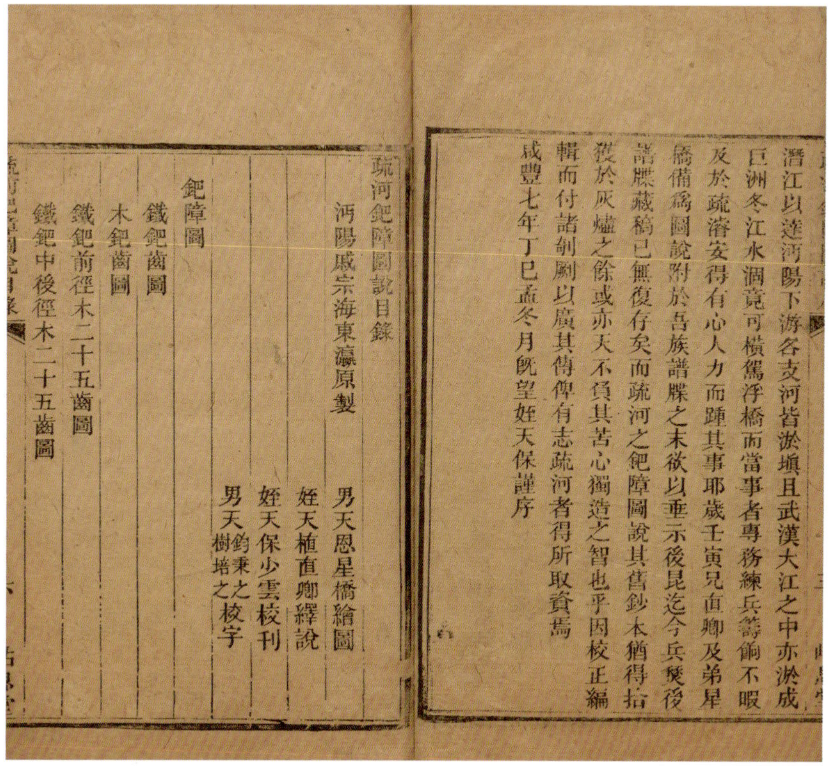
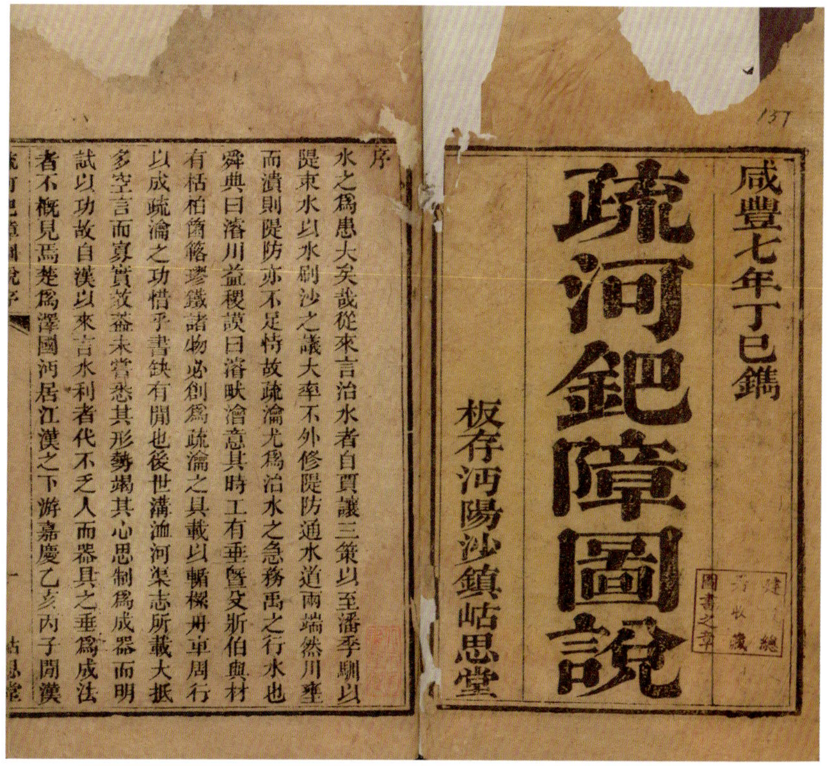

疏河钯障图说

（清）戚宗海原制，（清）戚天恩绘图，（清）戚天植统说

1 册

刻本

[约清咸丰七年（1857）]

此图说介绍了铁钯齿图、木钯齿图、铁钯前径木二十五齿图、铁钯中后径木二十五齿图等钯障图。清嘉庆二十年至二十一年间（1815—1816），汉江、潜江涨水到达沔阳下游，造成附近支河水系淤填，导致河流水位上涨。期间，沔阳沙湖士绅戚宗海发明制造了“疏河钯”，用以疏浚河道。此后，其子戚天恩与同族兄弟将“疏河钯”改造为“浚川钯”。沔阳州、汉阳多处河流、河口均在以浚川钯除壅去积后再通舟辑。清道光二十二年（1842），戚天恩与戚宗海之侄戚天植将疏河工具备为图说，附于戚氏谱牒末，以示后人。因咸丰年间兵乱之祸，戚氏谱牒藏稿无存，《疏河钯障图说》旧抄本却得以在灰烬中幸存。戚氏后人将书稿校正编辑后付梓出版。书内有“板存沔阳沙镇岵思堂”字样。

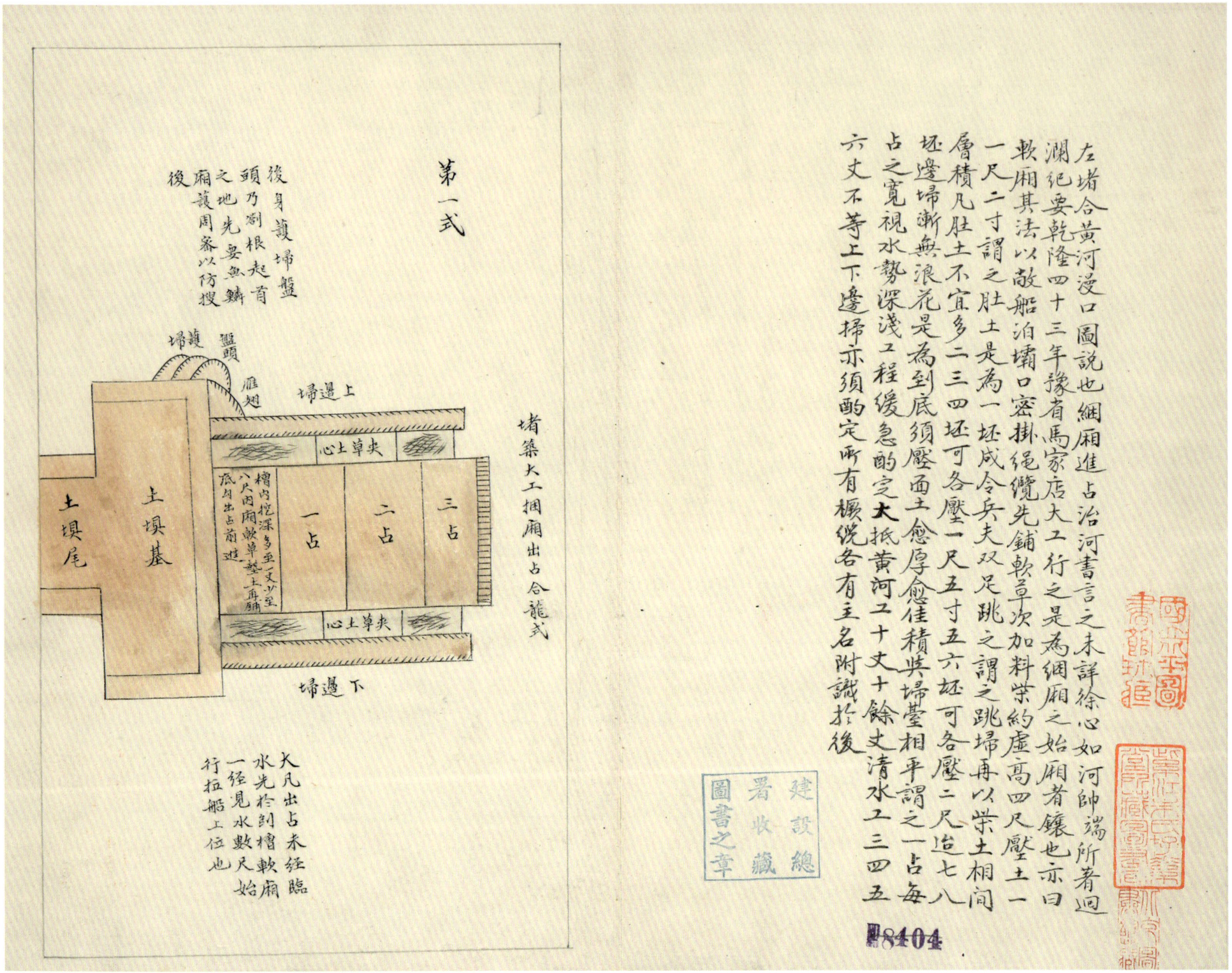

[堵合黄河漫口]河工合龙做法图式

1册；26厘米×17厘米

彩绘本

[民国元年（1912）]

此图册采用左图右说形式，记录了堵合黄河漫口所采用的河工合龙做法，包括堵筑大工捆厢出占合龙式、末捆艎船式、捆龙骨式、明过肚式、暗过肚式等，共计20幅图和20篇图说。书中出现“乾隆四十三年”字样，故此合龙做法有可能用于应对清乾隆四十三年（1778）七月黄河在河南仪封十六堡决口之灾情。

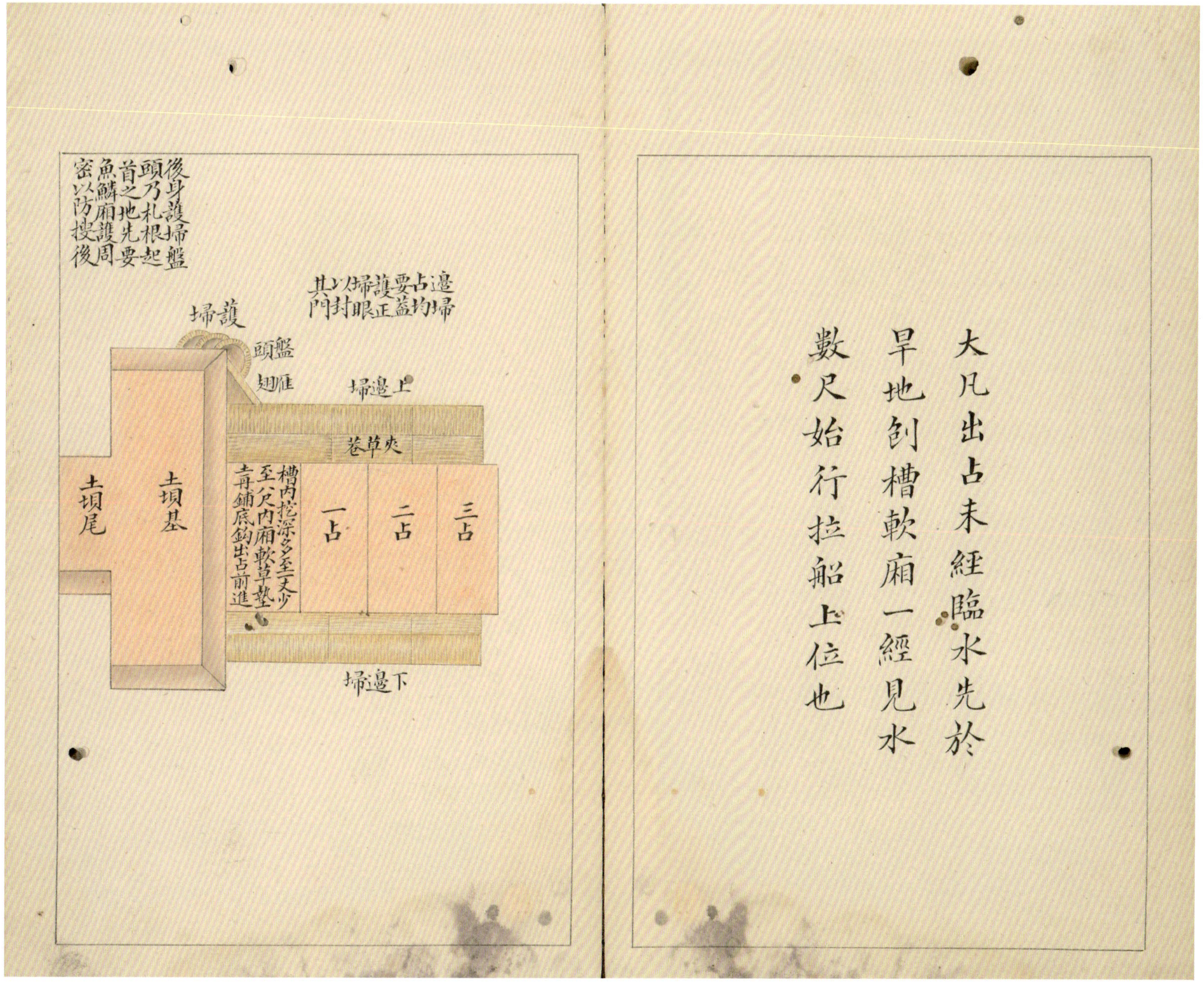

河口合龙图谱

1册；21厘米×13.5厘米

彩绘本

［约清光绪十四年（1888）］

全书一图一说，先说后图。图册所绘系黄河合龙工程做法图式，或为清光绪十四年（1888）河南郑州决口之合龙。介绍了末捆艎船式、细龙骨式、暗过肚式、底钩挂缆式等做法。

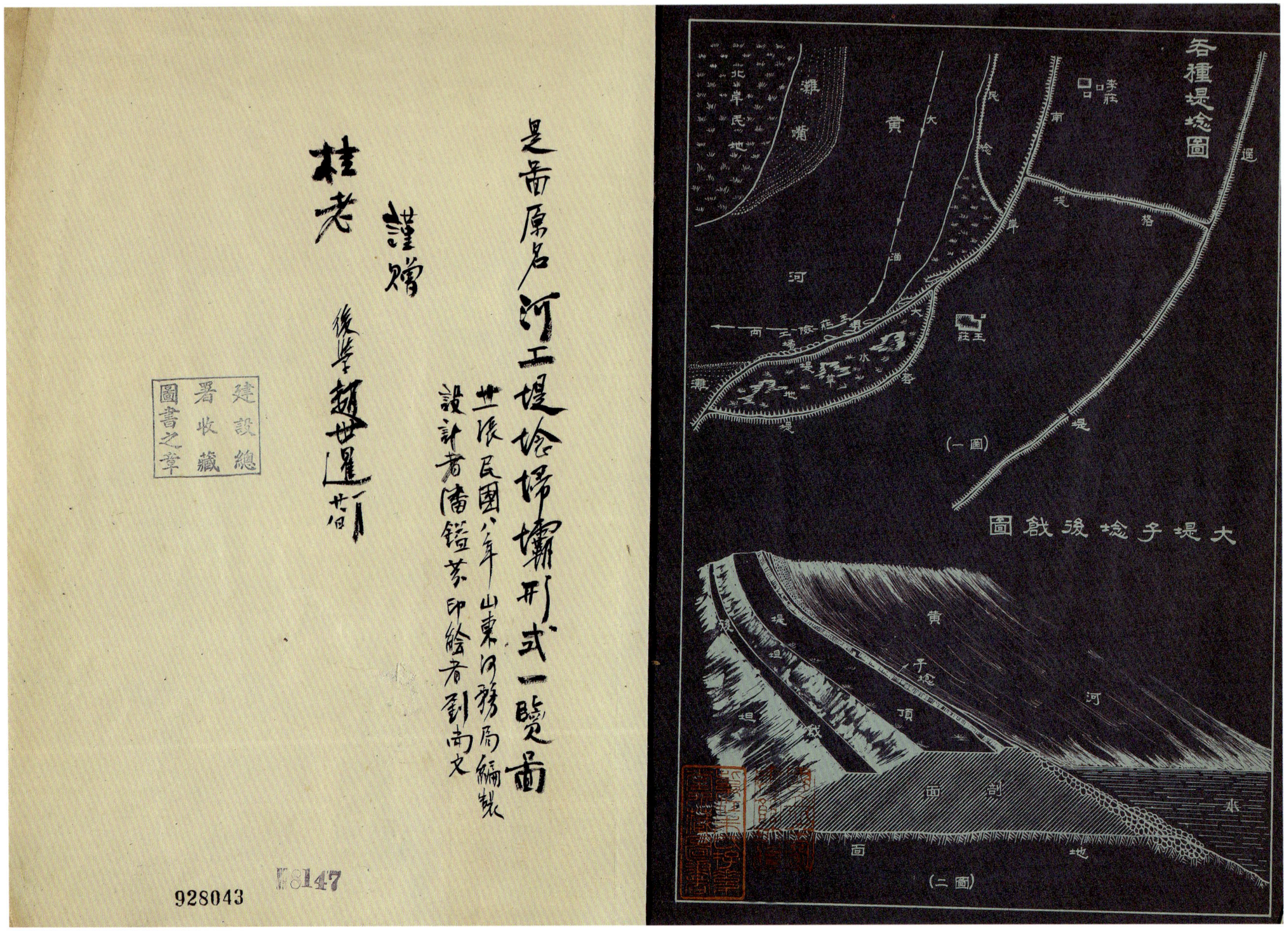

黄河河工图谱

1 册；27.6 厘米 ×20.7 厘米

晒印本

民国二十四年一月（1935.1）

此图谱系全国经济委员会水利处根据山东河务局民国八年（1919）编制的《河工堤埝埽坝形式一览图》晒印复制而成，内有《各种堤埝图》《埽图》《埽之做法图》《石坝图》等 22 种图。

黄河流域全图

苏甲荣绘

1幅；63厘米×93厘米

彩印本

北京：北京大学新体中华地图发行处，民国十四年八月(1925.8)

此图绘出从河源至入海口处的黄河以及黄河流经省市区域，黄河流域用黄色覆盖。此图系“初中高小谨授适用新体中华地理挂图”第七幅，初版，比例尺三百万分之一，附《长城关塞图》《历代河道变迁图》。苏甲荣是我国有突出贡献的地图专家，开启了民国时期中国疆域研究的先河，创办了我国第一家专业地图出版社——上海日新舆地学社，带动中国地图出版事业走上正规化发展道路。苏甲荣带领其团队走遍中国，先后编制和出版了一批专业地图，其中就包括这幅《黄河流域全图》。

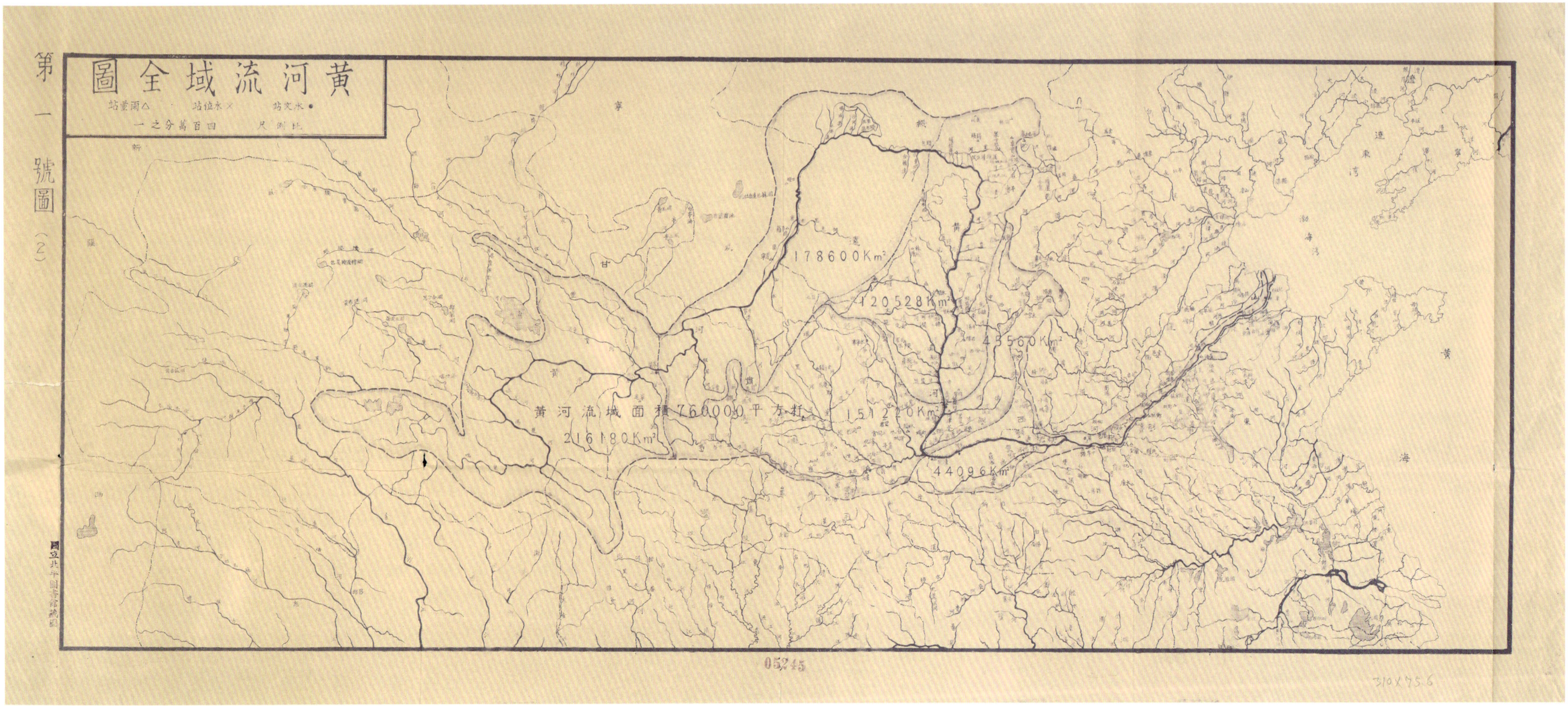

黄河流域全图

1 幅；31 厘米 ×76 厘米

晒印本

[约民国十九年（1930）]

此图绘出从源头至入海口处的黄河，标出黄河流域的范围、面积以及水文、水位、雨量站等。比例尺为四百万分之一。

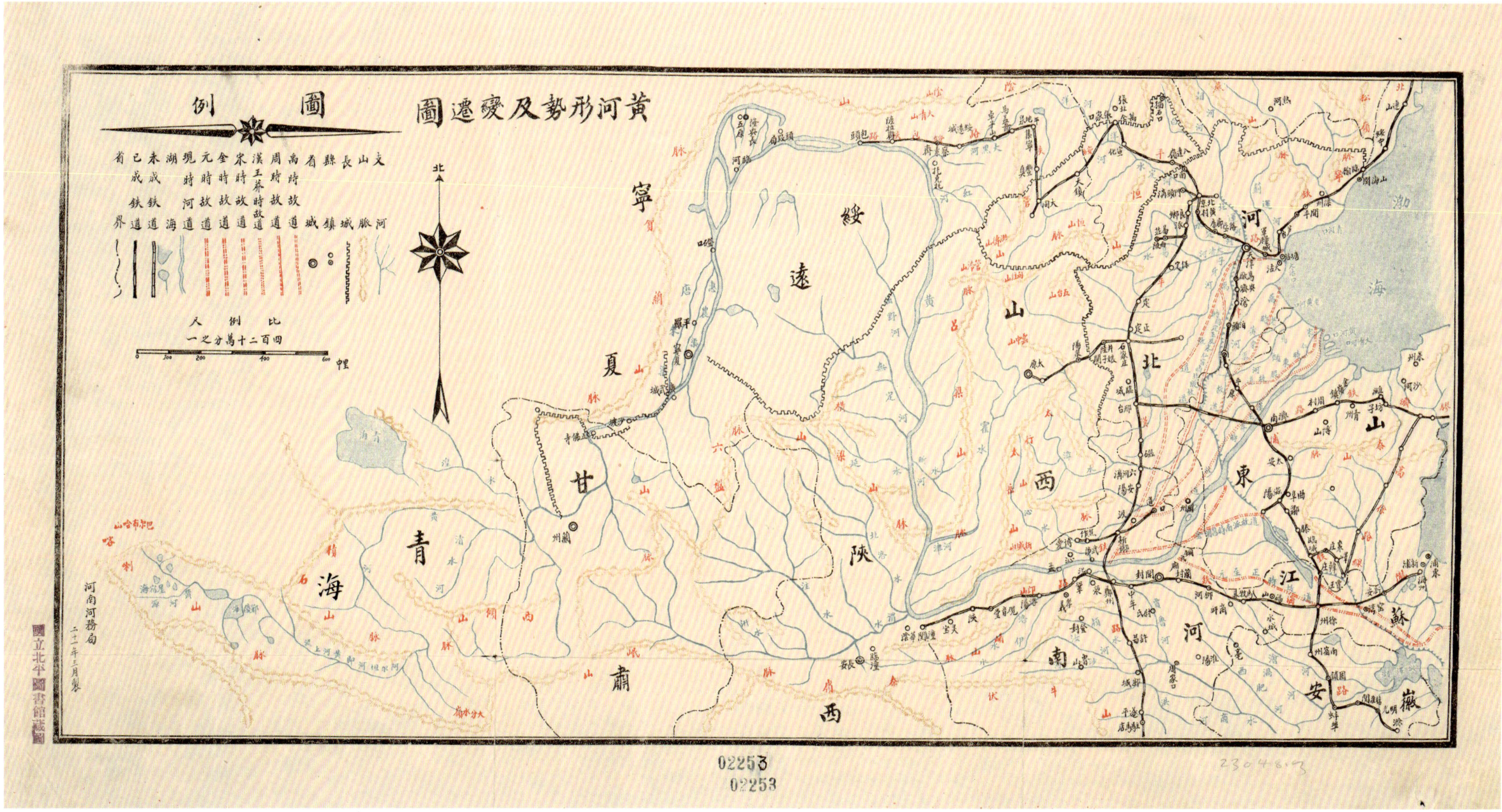

黄河形势及变迁图

河南河务局制

1 幅；23 厘米 ×48 厘米

彩印本

民国二十一年三月（1932.3）

地图绘出从源头至入海口处的黄河以及支河，并标示有禹时、周时、汉王莽时、宋时、金时、元时、现时黄河故道。图上标示有山脉、长城、县镇、省城、湖海、铁道、省界，比例尺为四百二十万分之一。此图出自民国二十一年（1932）出版的《豫河三志》一书。

[中华民国黄河流域图]

黄河水利委员会编制

1 册；76 厘米 ×103 厘米

彩印本

民国二十三年一月（1934.1）

图册中每幅图仅绘出黄河及两岸最重要的府县、村镇、寺庙、铁路等。河两岸标有等高线，河道中标有等深线。地图比例尺为五万分之一。附二十万分之一黄河流域索引图。

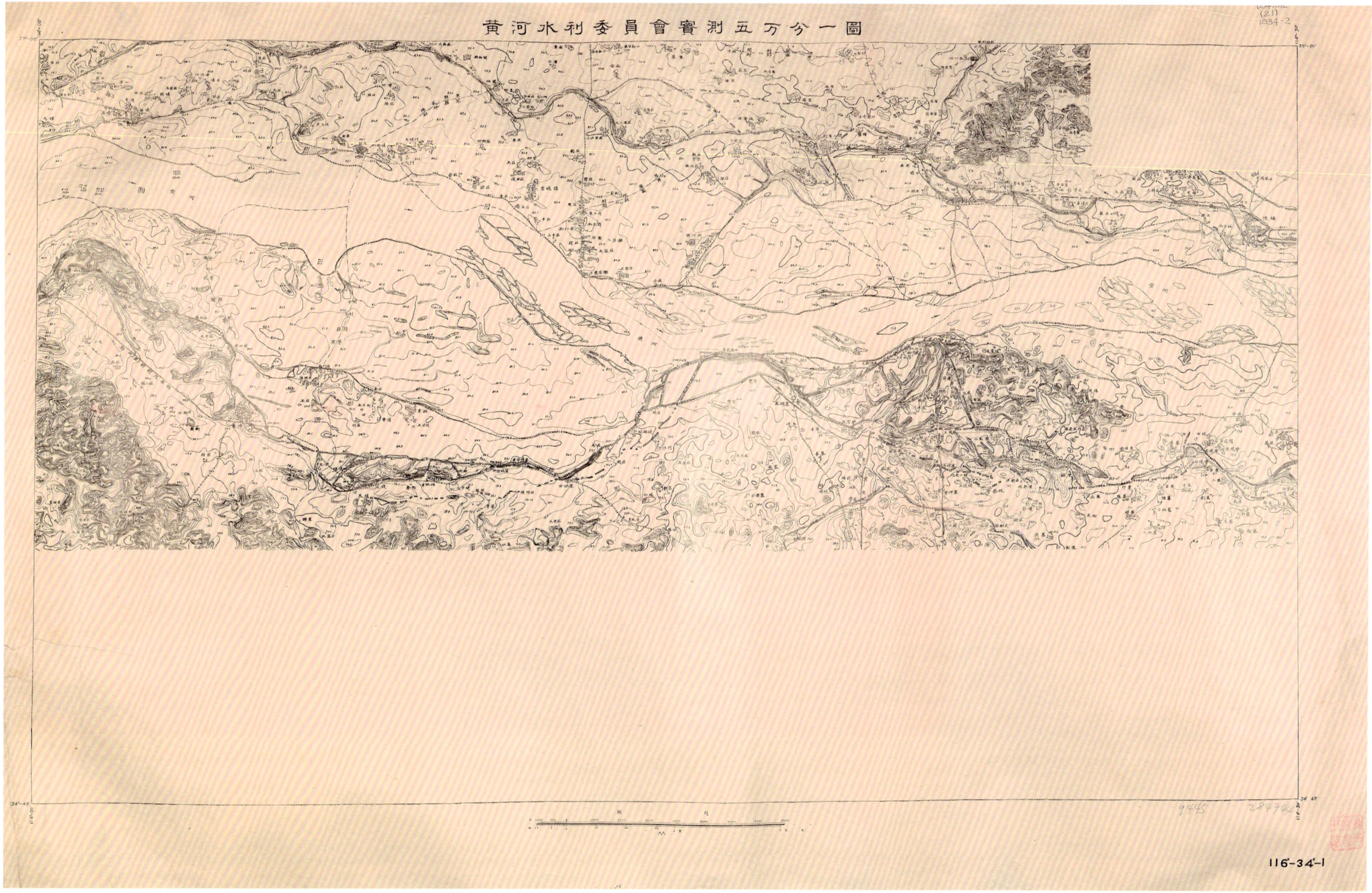

黄河水利委员会实测五万分一图

黄河水利委员会测制

存 7 幅；每幅 55 厘米 ×90 厘米

石印本

[20 世纪 30 年代]

此图详细绘出黄河两岸地形，并标注地名。河两岸标有等高线，河道中标有等深线。存图所绘系河南境内黄河。

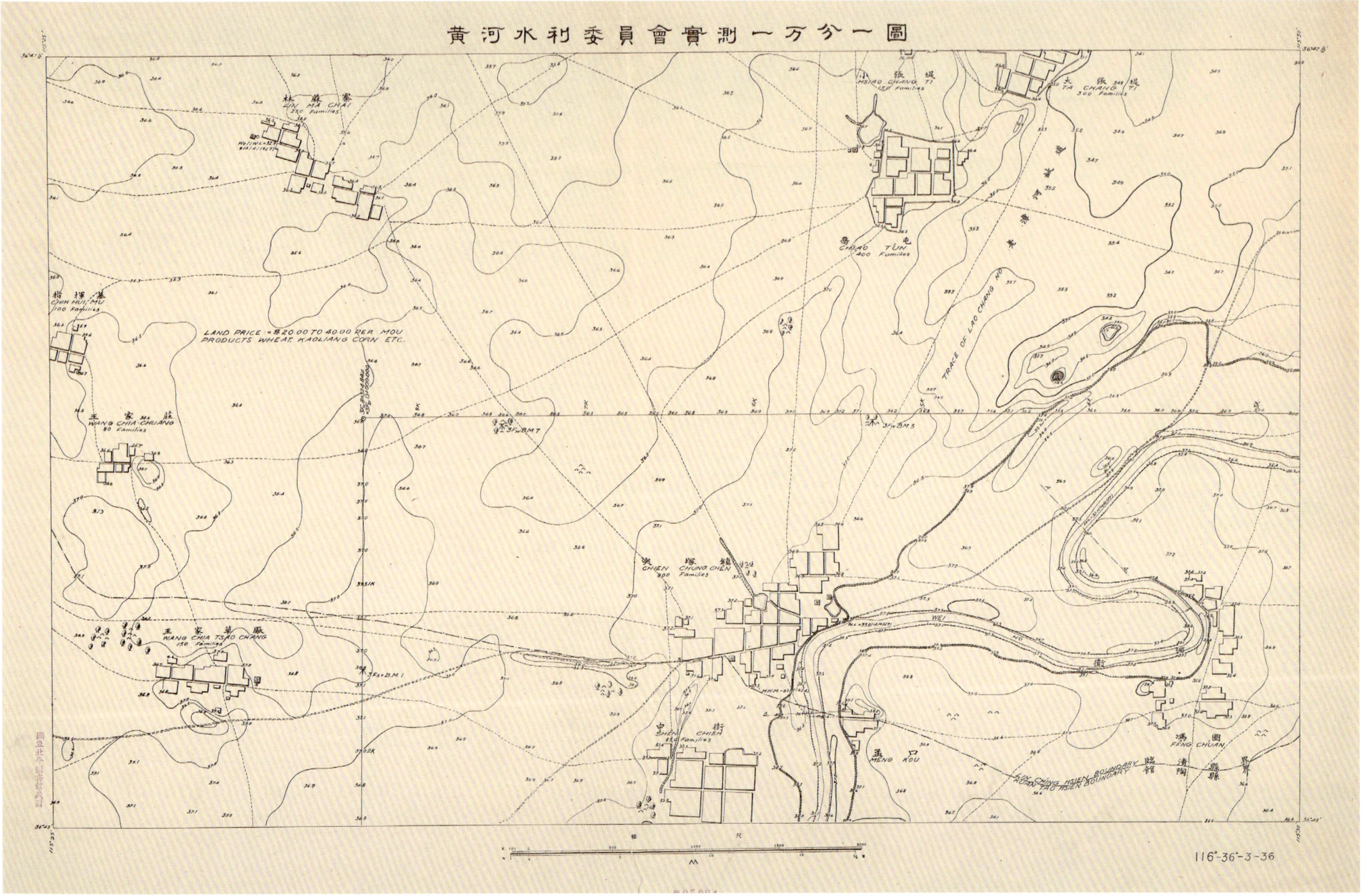

黄河水利委员会实测一万分一图

黄河水利委员会测制

175 幅；图廓不等

石印本

[20 世纪 30 年代]

此为有关黄河流域的中英双语地图，图中地名、各县边界相关文字中英文对照，其他说明文字为英文。记载有黄河沿岸各地土地每亩价格、农作物、户数等内容。每幅图上均有比例尺和经纬度。

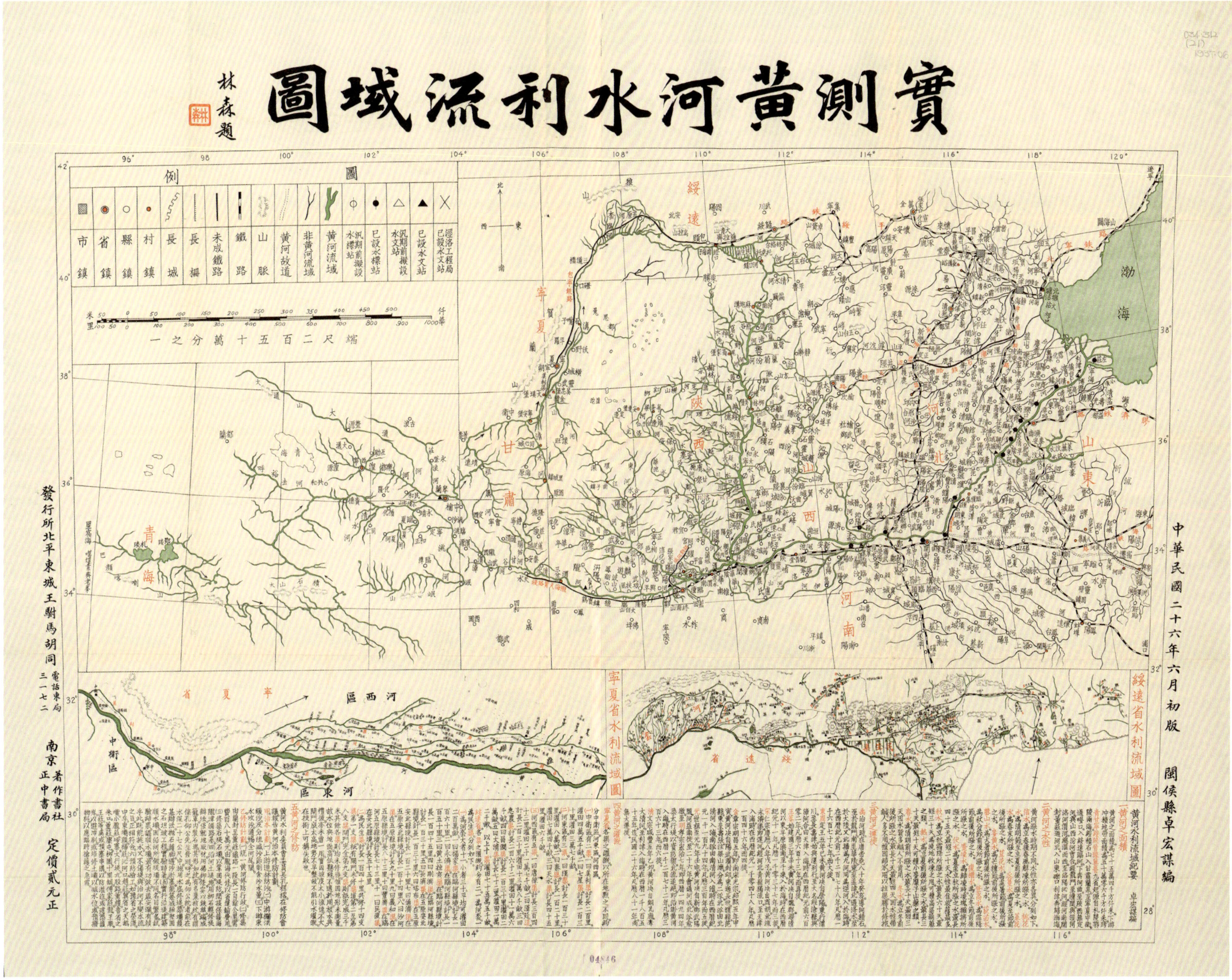

实测黄河水利流域图

卓宏谋编

1 幅；50.6 厘米 ×83.5 厘米

初版彩印本

南京：著作书社，民国二十六年六月（1937.6）

此系比例尺二百五十万分之一的实测地图，绘出黄河从源头至入海口处的整个流程，记录黄河流域的水利情形，有附图《宁夏省水利流域图》《绥远省水利流域图》及文字说明《黄河水利流域纪要》，后者记录了黄河的面积、水性、迁徙、灌溉、修防五个部分。

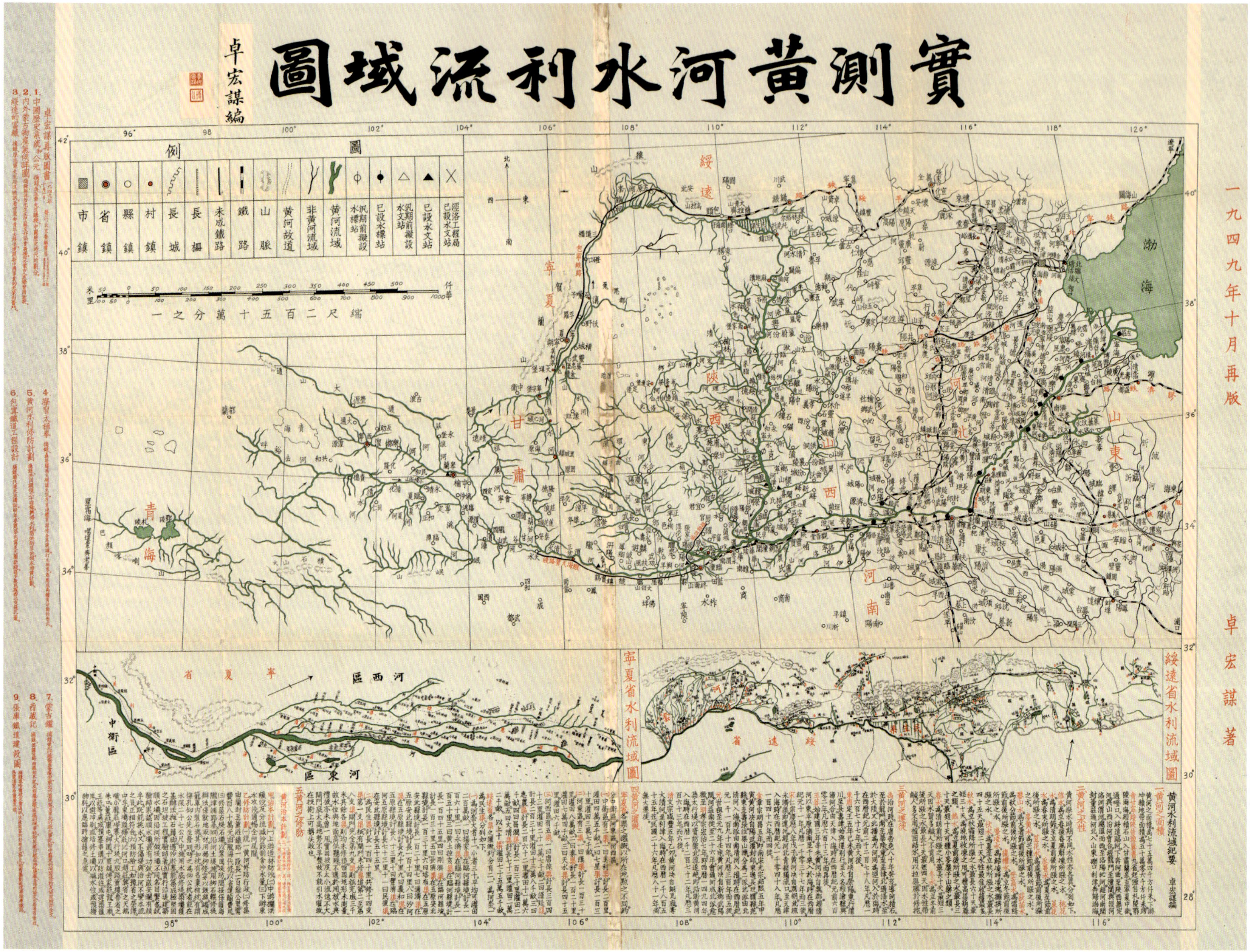

实测黄河水利流域图

卓宏谋编

1幅；50.6厘米 ×83.5厘米

再版彩印本

北京：养和书屋，1949年10月

此图系再版，内容与初版同名地图相同。文字略有改动，主要在“黄河之修防”部分。

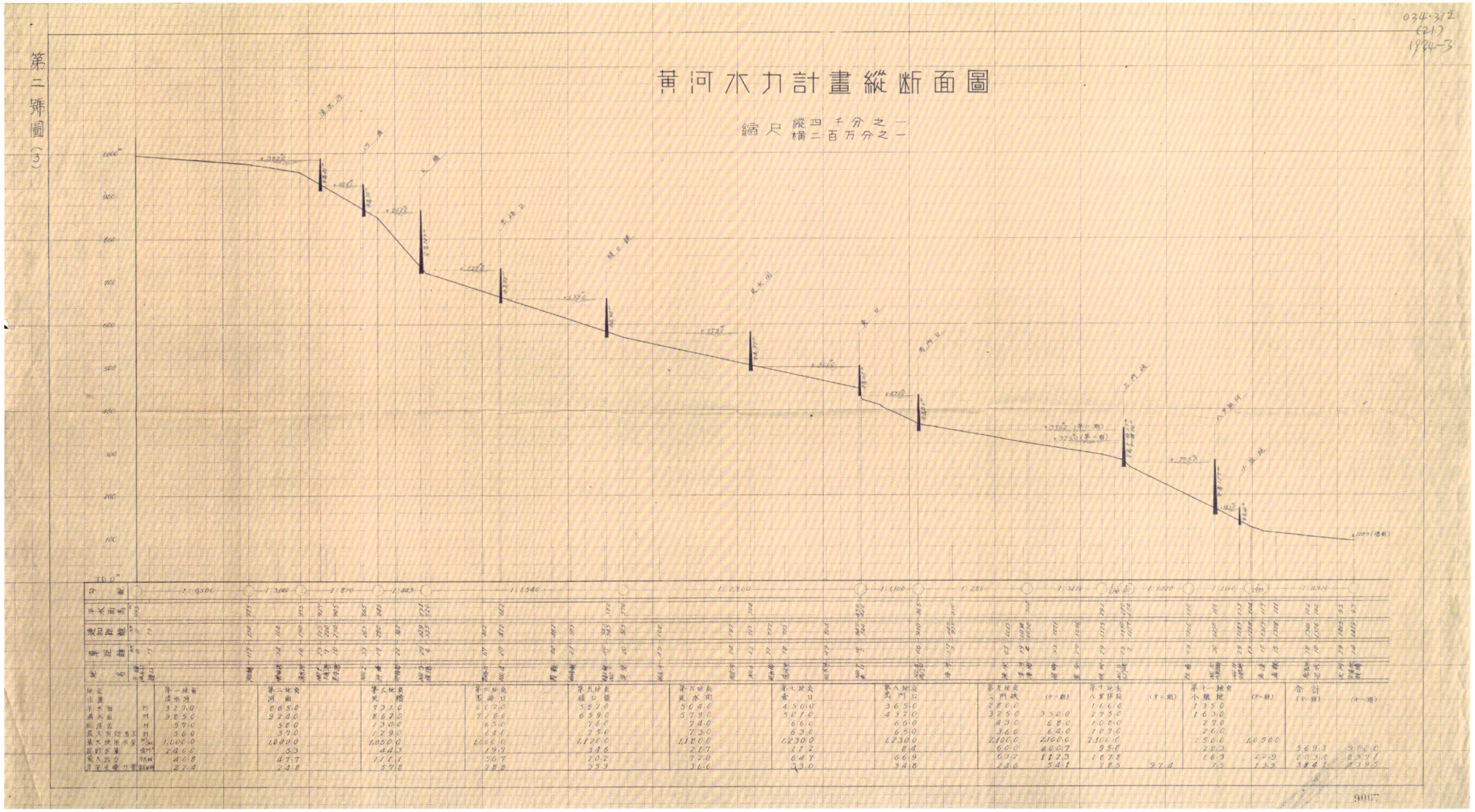

黄河水利计划图

存 3 幅；图廓不等

晒印本

[20 世纪 30 年代]

存图三幅，分别为《黄河水力计划纵断面图》《黄河金堤北岸内堤间横断面图（包括道口断面和濮阳东坝头断面两种）》《黄河（陕州）流水量曲线构成图》。其中最后一图中出现民国二十三年（1934）八月的流水量，大致判断此图绘制于民国二十三年八月后。

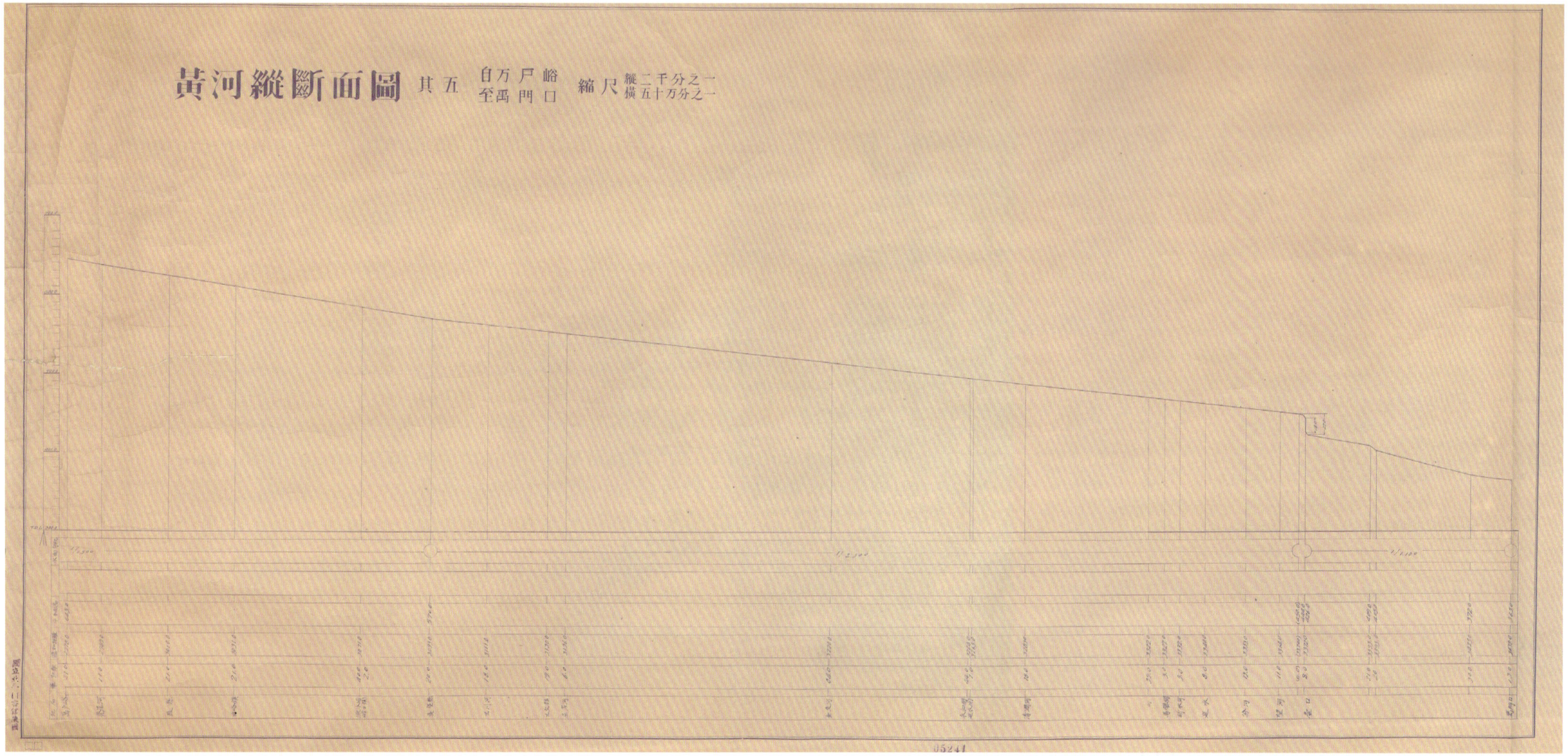

黄河纵断面图

5幅；图廓不等

晒印本

[20世纪30年代]

五幅图分别记录了自河源至海口、自中卫至包头、自万户峪至禹门口、自禹门口至孟津及平地部（自孟县至河口）的黄河纵断面。每图均有纵、横两种比例尺，比例不等。“平地部”图中记录了“民国二十二年洪水”，故推测此图制作于民国二十二年（1933）后。

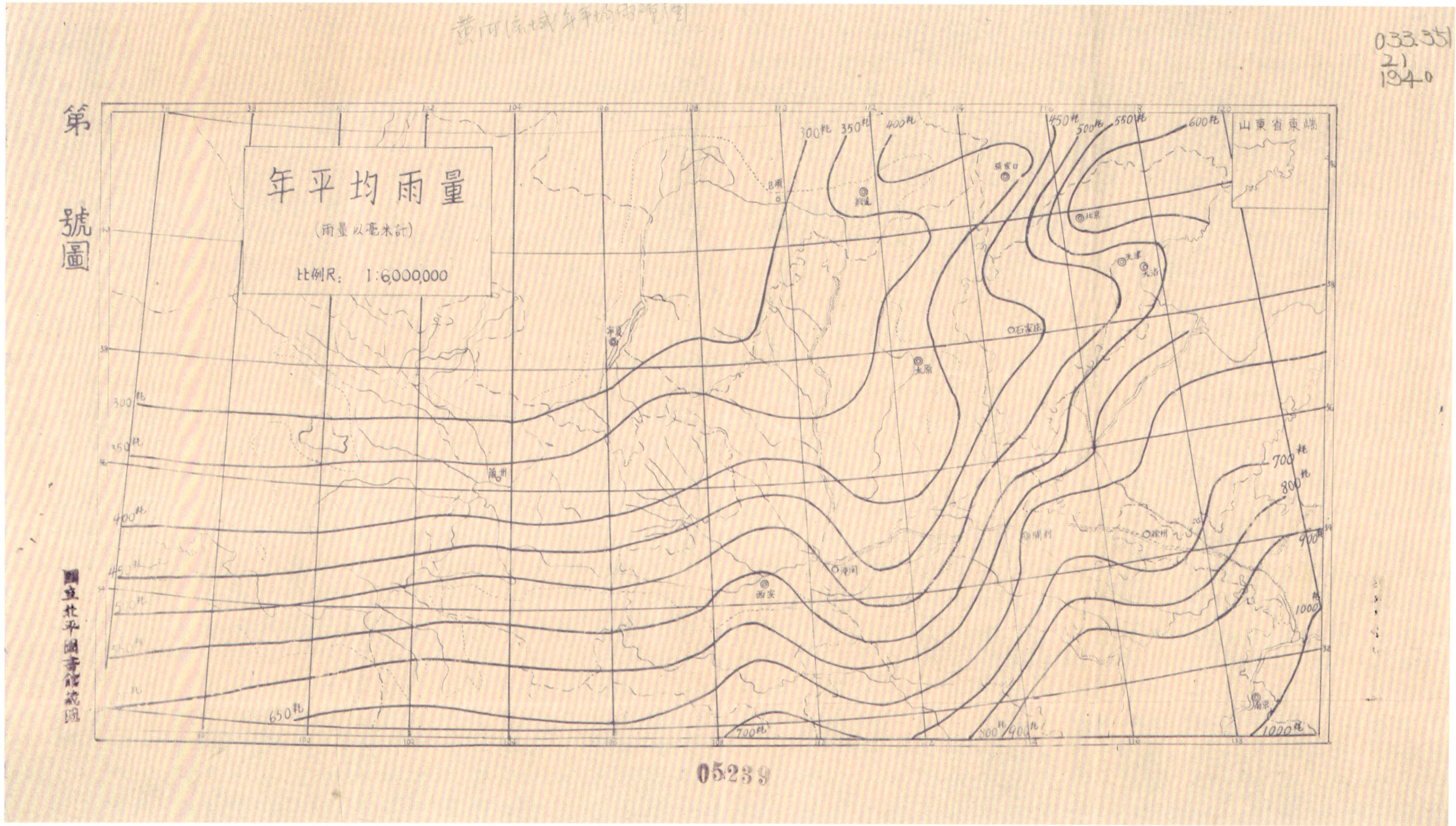

［黄河流域］年平均雨量［图］

1幅；18.5厘米 ×35.5厘米

晒印本

［约民国二十九年（1940）］

是为比例尺六百万分之一的雨量图，反映了民国年间黄河流域年平均降雨量，雨量以毫米计算。图中对主要地名进行了标注。

河源图

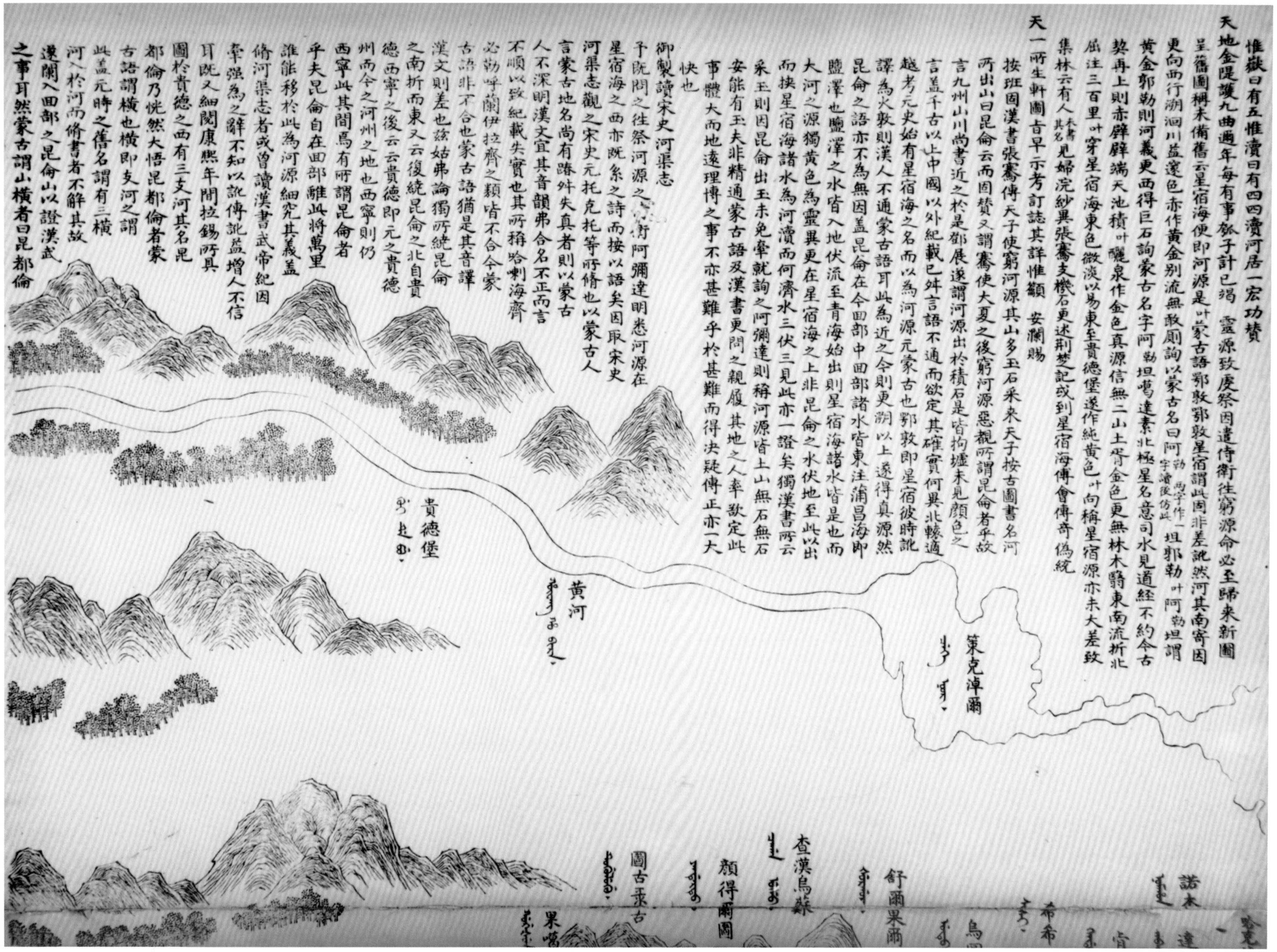

黄河源图

（清）阿弥达绘

5幅；每幅99厘米 ×65厘米

刻本

［清乾隆六十年（1795）］

清乾隆四十七年（1782），为河南青龙冈堵口事，皇帝命乾清门侍卫阿弥达（阿桂之子）恭祭河源。阿弥达勘察完毕后，认定阿勒坦郭勒即河源。此图系阿弥达从河源返回后绘制而成。地图绘出了星宿海西南阿勒坦郭勒及噶达素齐老山上的天池，即黄河之源，比清康熙四十三年（1704）拉锡考查之河源又有所进步。图上有图说，满汉文合璧。

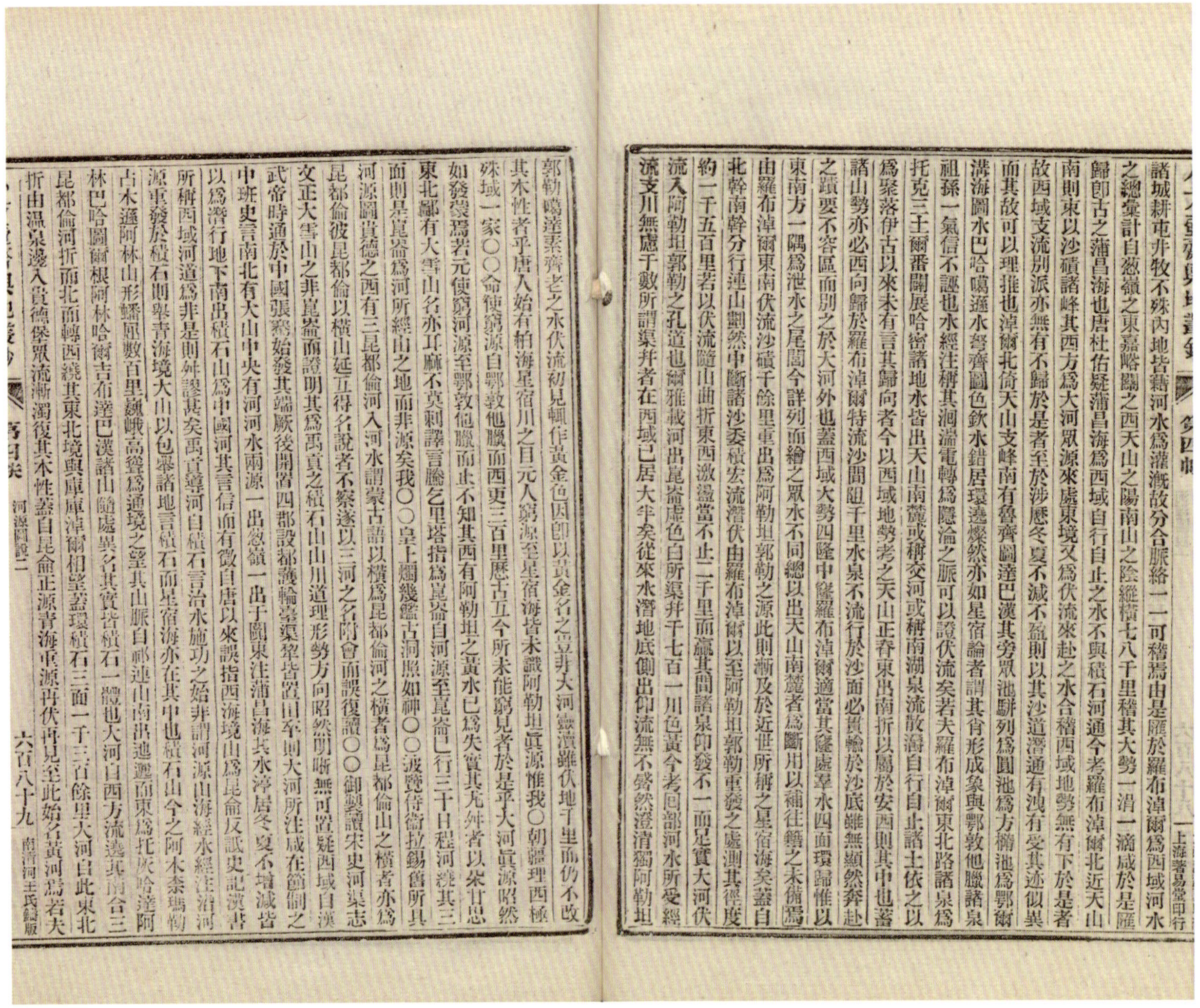

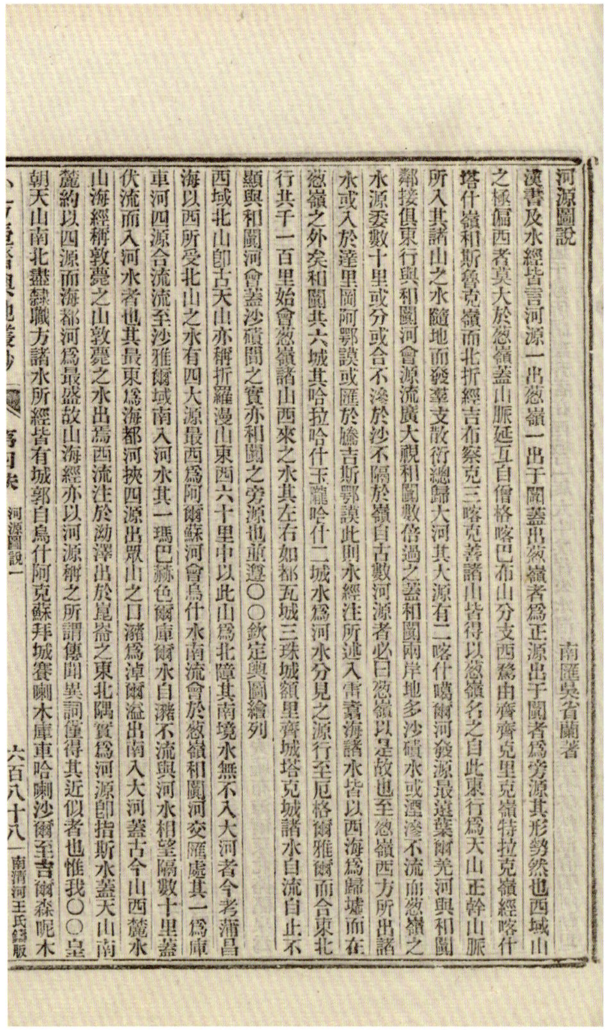

河源图说

（清）吴省兰撰
铅印本
上海：著易堂，清光绪十七年（1891）

吴省兰曾参与《四库全书》及《河源纪略》的编修。此文据河源图展开说明，仅2000余字。先载古代有关河源诸说，并纠其谬；后按清初钦定舆图所绘黄河源头诸水走向，据实地踏查资料正其偏误，并查明罗布淖尔为西域河水总汇，黄河上游多地下河，冬夏不减其流量。此版收录于王锡祺辑《小方壶斋舆地丛钞》十二帙（共64册）第24册。

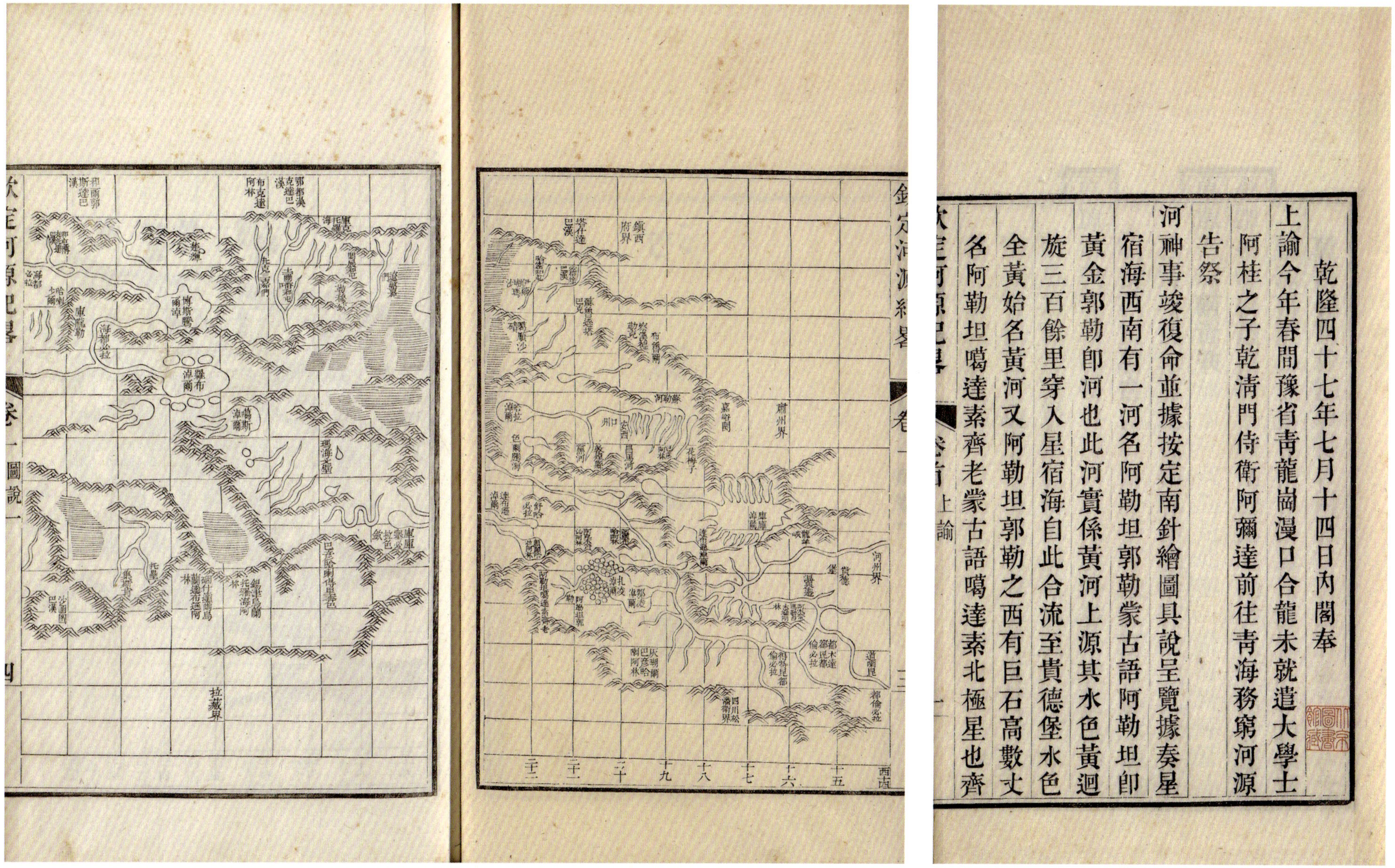

钦定河源纪略：三十五卷；首一卷

（清）纪昀、（清）陆锡熊等撰

8 册

刻本

武英殿，清乾隆四十九年（1784）

阿弥达勘察河源完毕且返回后，乾隆帝即令当时编纂《四库全书》的四库馆总裁、总纂等人将两汉迄清正史及民间各家河源辨证诸书加以编纂，撰成《钦定河源纪略》一书。全书依钦定本成例，首有御制诗文一卷，其后分七门：一为图说三卷，有阿弥达所制河源图；二为列表五卷，有河源分合复见表、河源星度表、河源流行方向表、河源古今地名表；三为质实五卷，为河水伏流重出之真源；四为证古六卷；五为辨讹六卷，所辨为《山海经》《史记》《汉书》《水经》《郡国志》《隋书》等书中错讹之处；六为纪事六卷，主要叙述河水所经各地；七为杂录四卷，记载河流所经之地的风俗土宜、物产气候、名山胜迹、轶闻琐事等。

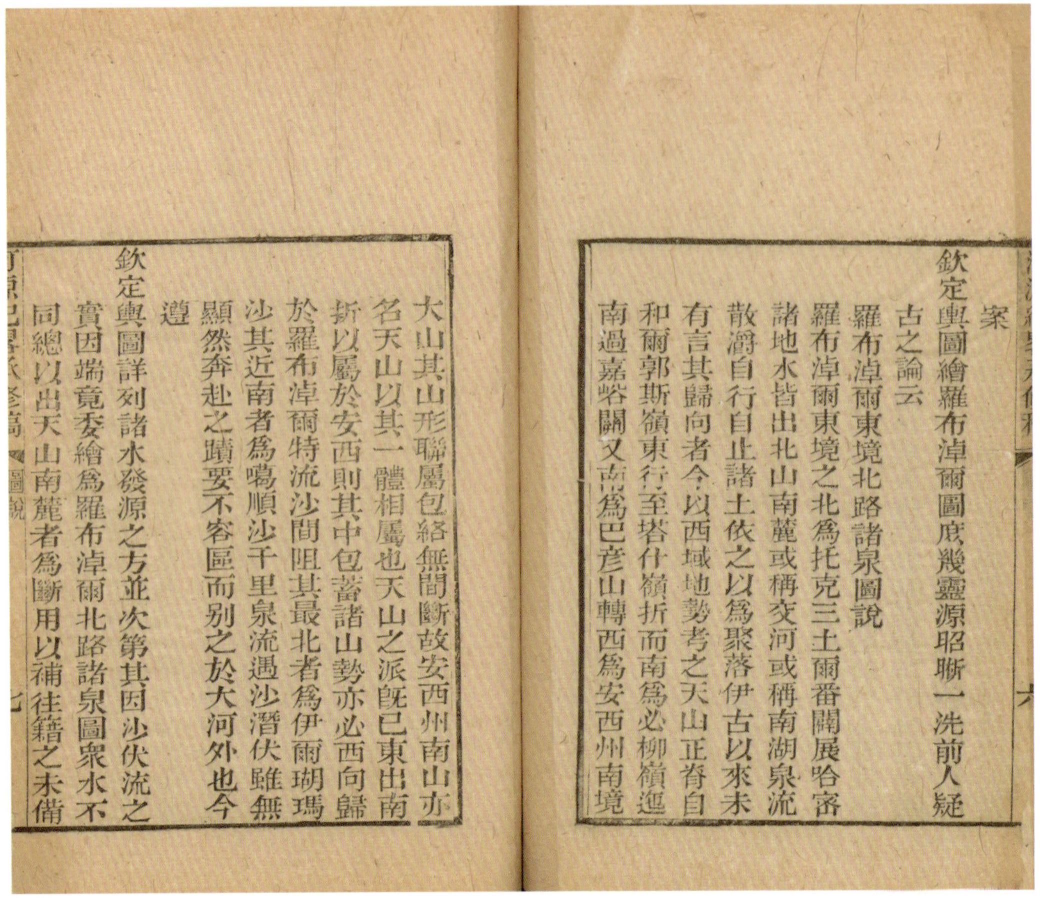

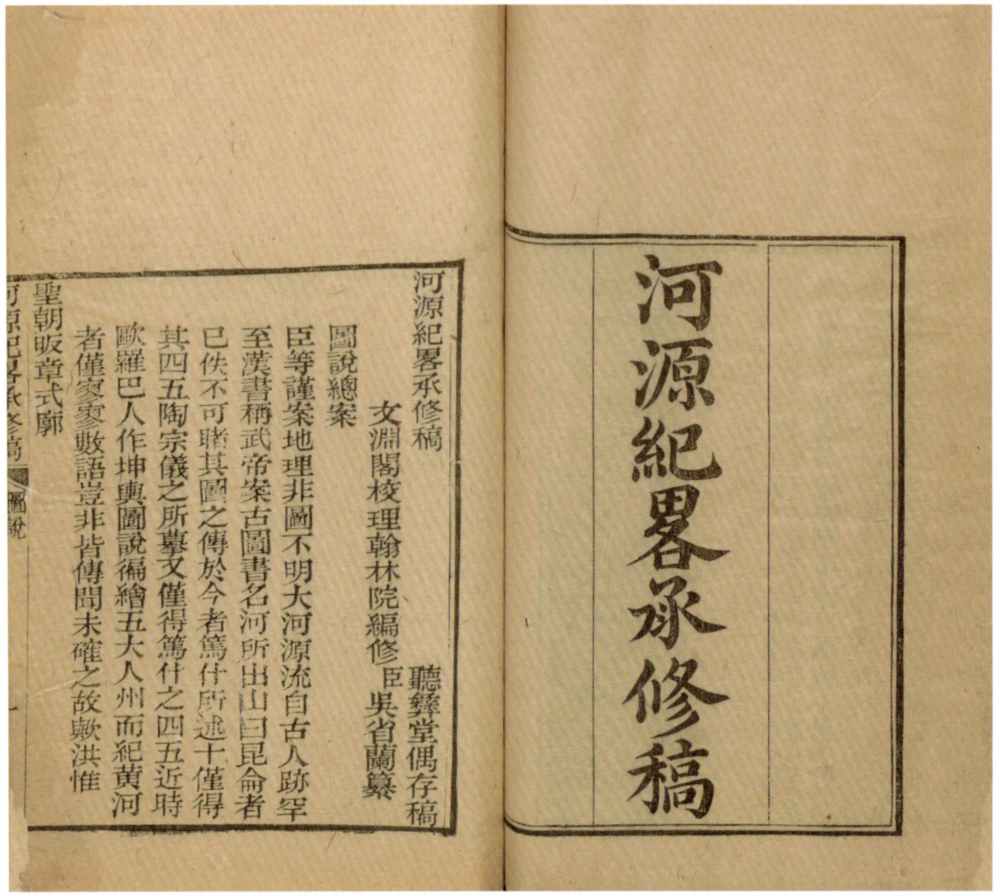

河源纪略承修稿：六卷

（清）吴省兰撰

2 册

刻本

［清嘉庆年间（1796—1820）］

本书以水立目，广搜舆图、图说、舆地专书相关内容，综合考源述流，记载地名沿革、经纬度等，记事止于清乾隆四十七年（1782），共 3 万余字，分两门。“图说总案”门含河源全图说、罗布淖尔图说等十五目；“质实总案”门含河水发源、沿流汇注川泽等，包括阿克苏河、罗布淖尔、三昆都伦水至甘肃河州界为止共 30 余处，均按山川道里及星度测量，仿《水经注》例分条记叙。此书与《急就章姓氏补注》《续通志谥略》合订，卷端下题“听彝堂偶存稿”。

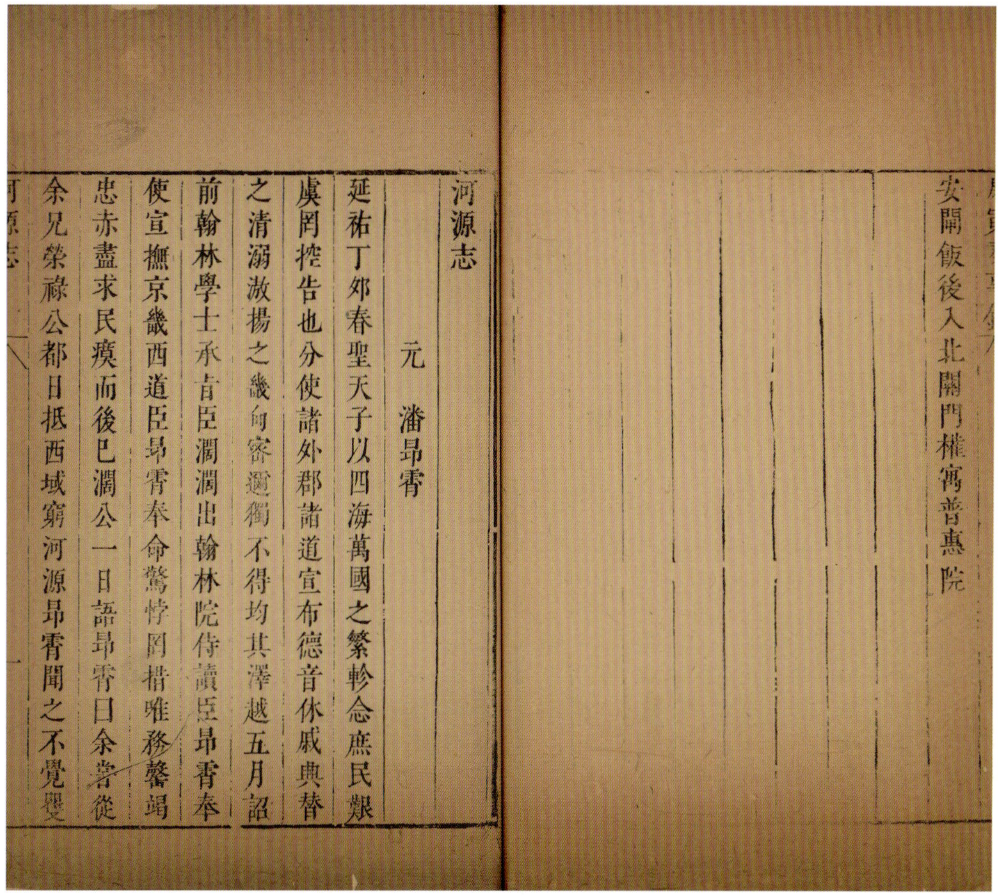
安鬧飯後入北關門榷寓普惠院

河源志

元 潘昂霄

延祐丁巳春聖天子以四海萬國之繁軫念庶民艱
虞罔控告也分使諸外郡諸道宣布德音休戚與替
之清溺激揚之幾句察邇獨不得均其澤越五月詔
前翰林學士承旨臣澗澗出翰林院侍讀臣昂霄奉
使宣撫京畿西道臣昂霄奉命驚悖罔措雖務罄竭
忠赤盡求民瘼而後已澗公一日語昂霄曰余嘗從
余兄榮祿公都日抵西域窮河源昂霄聞之不覺嬰

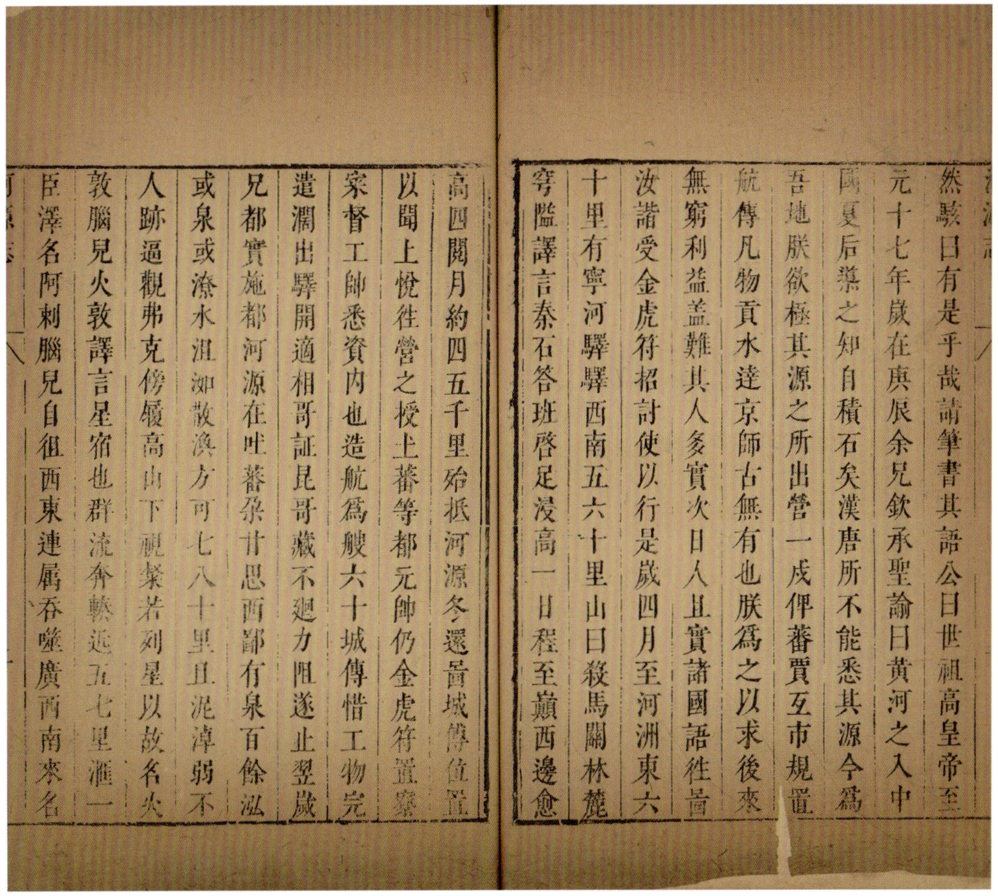
然駭曰有是乎哉請筆書其語公曰世祖高皇帝至
元十七年歲在庚辰余兄欽承聖諭曰黄河之入中
國夏后導之知自積石矣漢唐所不能悉其源今爲
吾地朕欲極其源之所出營一戍俾蕃賈互市規置
航傳凡物貢水達京師古無有也朕爲之以求後來
無窮利益蓋難其人多實次日入且實諸國語往
汝諸受金虎符招討使以行是歲四月至河洲東六
十里有寧河驛驛西南五六十里山曰殺馬關林麓
穹隘譯言泰石答班啓足浸高一日程至巔西邊愈
高四閲月約四五千里始抵河源冬還言域傳位置
以聞上悅往營之授土蕃等都元帥仍金虎符置寮
家督工師悉資内也造航爲艘六十城傳惜工物完
遣澗出驛開適相哥証昆哥藏不遑力阻遂止翌歲
兄都實施都河源在吐蕃朶甘思西鄙有泉百餘泓
或泉或潦水沮洳散渙方可七八十里且泥淖弱不
人跡逼觀弗克傍履高山下視燦若列星以故名火
敦腦兒火敦譯言星宿也群流奔輳近五七里匯二
巨澤名阿刺腦兒自西而東連屬吞噬廣西南來名

河源志：一卷

（元）潘昂霄撰

刻本

［清初期］

一：收录于（元）陶宗仪辑《说郛》。共五个版本，分别是清初（1644—1722）刻本、清顺治年间（1644—1661）周南李际期宛委山堂刻本、清李际期宛委山堂重修刻本、清顺治年间浙江李际期重印刻本、民国年间国立北平图书馆抄本。二：收录于（清）佚名辑《名人小说：一百四十六种》。三：题名《河源记》，收录于清道光至咸丰年间黄秩模编《逊敏堂丛书：六十五种》，木活字刻本。

据《元史 · 河源附录》记载，至元十七年（1280），元世祖忽必烈遣元帅都实考察黄河源，这是我国历史上第一次大规模考察河源。都实一行历时四个月到达河源地区，同年冬回到大都。元人潘昂霄根据都实之弟阔阔出的转述，写成《河源志》一文，共 1400 余字。此文认为黄河源于土蕃朵甘思西鄙的星宿海，对黄河源头一带地形、水系、动植物、人口分布等风情物产记述较详，被视为第一部黄河源头的风土志。

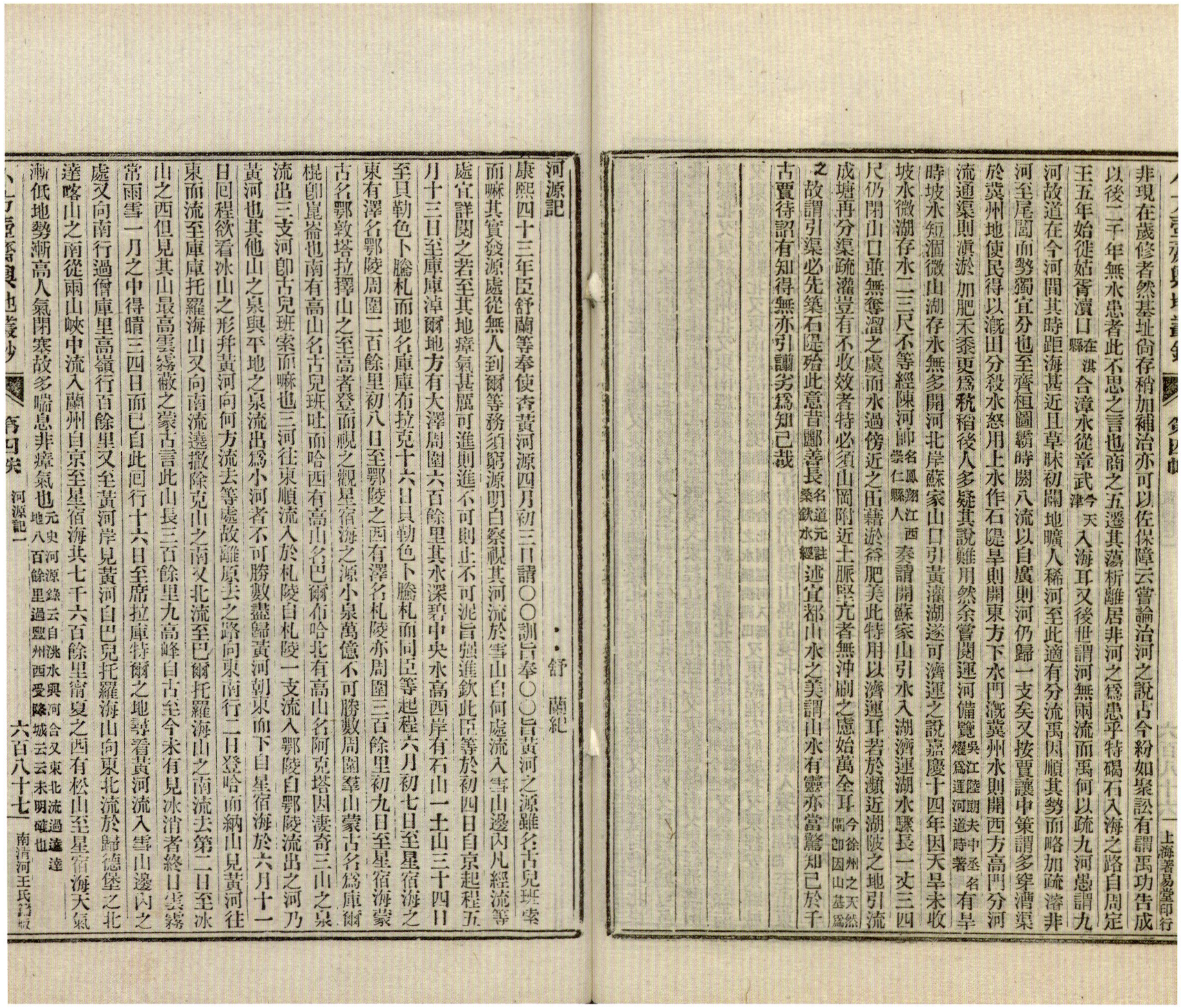
非現在歲修者然基址尚存稍加補治亦可以佐保障云嘗論治河之說古今紛如聚訟有謂禹功告成以後二千年無水患者此不思之言也商之五遷其蕩析離居非河之爲患乎特碣石入海之路自周定王五年始徙姑胥瀆口（在淇縣）合漳水從章武（今天津）入海耳又後世謂河無兩流而禹何以疏九河愚謂九河故道在今河間其時距海甚近且草昧初闢地曠人稀河至此適有分流禹因順其勢而略加疏濬非河至尾閭而勢獨宜分也至齊桓圖霸時闕八流以自廣則河仍歸一支矣又按賈讓中策謂多穿漕渠於冀州地使民得以溉田分殺水怒用上水作石隄旱則開東方下水門溉冀州水則開西方高門分河流通渠則瀆淤加肥禾黍更爲秔稻後人多疑其說難用然余嘗閱運河備覽（吳江陸朗夫中丞名燿爲運河道時著）有旱時坡水短涸微山湖存水無多開河北岸蘇家山口引黃灌湖遂可濟運之說嘉慶十四年因天旱未收坡水微湖存水二三尺不等經陳河帥（名鳳翔江西崇仁縣人）奏請開蘇家山引水入湖濟運湖水驟長一丈三四尺仍閉山口並無奪溜之虞而水過傍近之田藉淤爲肥美此特用以濟運耳若於瀕近湖陂之地引流成塘再分渠疏灌豈有不收效者特必須山岡附近土脈堅亢者無沖刷之慮始萬全耳（今徐州之天然閘卽因山基爲）之故謂引渠必先築石隄殆此意昔酈善長（名道元註桑欽水經）述宜都山水之美謂山水有靈亦當驚知已於千古賈待詔有知得無亦引讓爲知己哉

上海著易堂印行

河源記 舒蘭紀

康熙四十三年臣舒蘭等奉使查黃河源四月初三日請〇〇訓旨奉〇〇旨黃河之源雖名古兒班索而嘛其實發源處從無人到爾等務須窮源明白察視其河流於雪山自何處流入雪山邊內凡經流等處宜詳閱之若至其地瘴氣甚厲可進則進不可則止不可泥旨強進欽此臣等於初四日自京起程五月十三日至庫庫淖爾地方有大澤周圍六百餘里其水深碧中央水高西岸有石山一土山三十四日至貝勒色卜騰札而地名庫庫布拉克十六日貝勒色卜騰札而同臣等起程六月初七日至星宿海之東有澤名鄂陵周圍二百餘里初八日至鄂陵之西有澤名札陵亦周圍三百餘里初九日至星宿海蒙古名鄂敦塔拉擇山之至高者登而觀之觀星宿海之源小泉萬億不可勝數周圍羣山蒙古名爲庫爾棍卽崑崙也南有高山名古兒班吐而哈西有高山名巴爾布哈北有高山名阿克塔因溱奇三山之泉流出三支河卽古兒班索而嘛也三河往東順流入於札陵自札陵一支流入鄂陵自鄂陵流出之河乃黃河也其他山之泉與平地之泉流出爲小河者不可勝數盡歸黃河朝東而下自星宿海於六月十一日回程欲看冰山之形并黃河向何方流去等處故離原去之路向東南行二日登哈而納山見黃河往東而流至庫庫托羅海山又向南流遶撒除克山之南又北流至巴爾托羅海山之南流去第二日至冰山之西但見其山最高雲霧蔽之蒙古言此山長三百餘里九高峰自古至今未有見冰消者終日雲霧常雨雪一月之中得晴三四日而已自此回行十六日至席拉庫特爾之地尋看黃河流入雪山邊內之處又向南行過僧庫里高嶺行百餘里又至黃河岸見黃河自巴兒托羅海山向東北流於歸德堡之北達喀山之南從兩山峽中流入蘭州自京至星宿海共七千六百餘里甯夏之西有松山至星宿海天氣漸低地勢漸高人氣閉塞故多喘息非瘴氣也（元史河源錄云自洮水與河合又東北流過達達地八百餘里過豐州西受降城云云未明確也）

小方壺齋輿地叢鈔 第四帙 河源記一 六百八十七 南清河王氏鑄版

河源记

（清）舒兰撰

铅印本

上海：著易堂，清光绪十七年（1891）

清康熙四十三年（1704），舒兰、拉锡奉旨探查黄河源头，自五月十三日进入库库卓尔记起，历经星宿海、札陵泽、库库托罗海山、冰山、僧库里高岭等地，探明黄河源自扎陵，流入鄂陵。自鄂陵流出之河乃黄河，多泉水，冰山九峰终年积雪。自北京至星宿海共7600余里。九月，舒兰返还京师，具疏述所经，并绘河源图上呈。此篇收录于王锡祺辑《小方壶斋舆地丛钞：十二帙》（共64册）第24册。

黄河中下游图

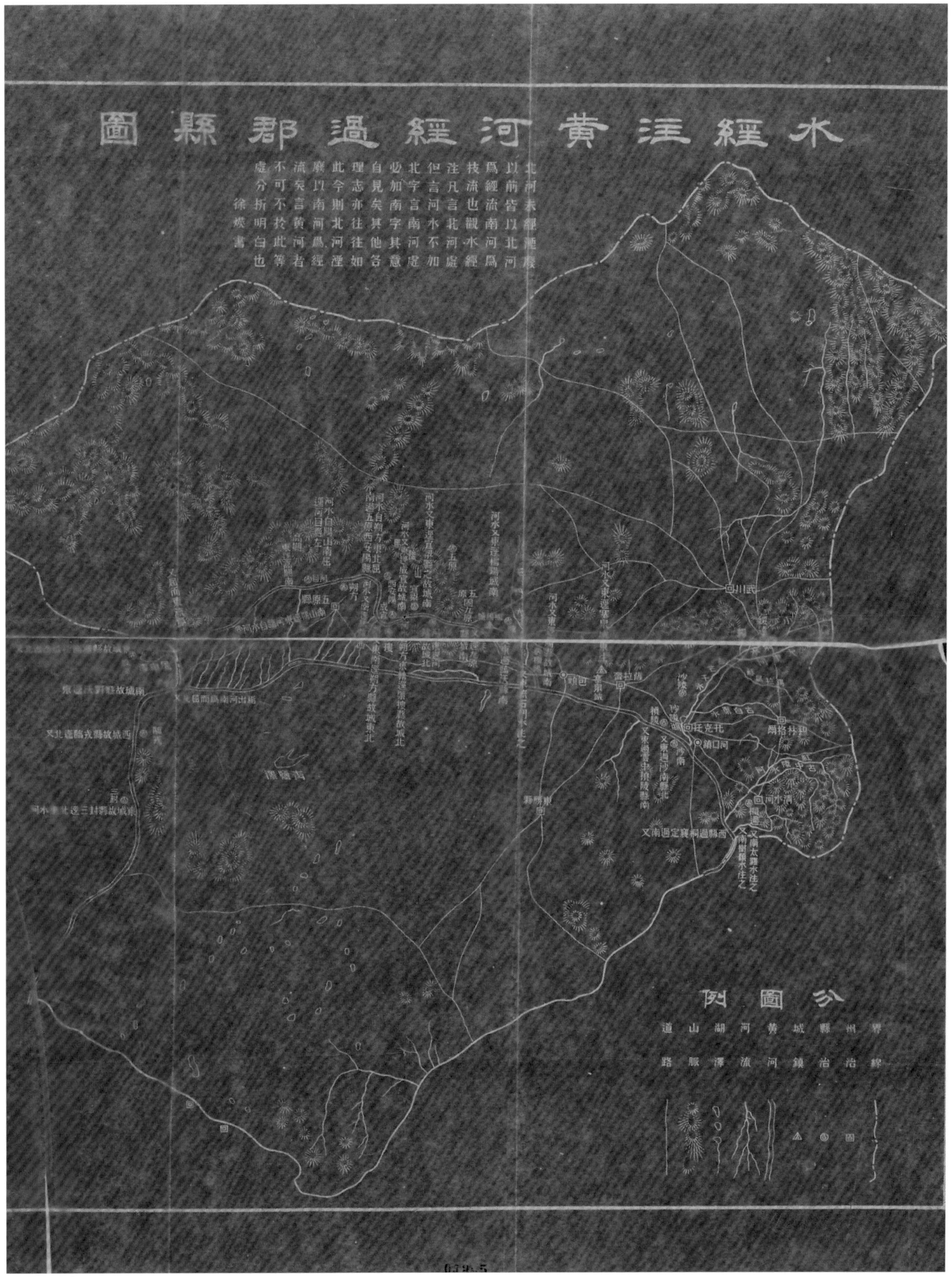

水经注黄河经过郡县图

徐熯制

1 幅；42 厘米 ×36 厘米

晒蓝本

[约民国九年（1920）]

此图所绘范围仅限绥远地区，图中绘制了界线、州治、县治、城镇、黄河、河流、湖泽、山脉、道路，有文字说明黄河各处出入情形。

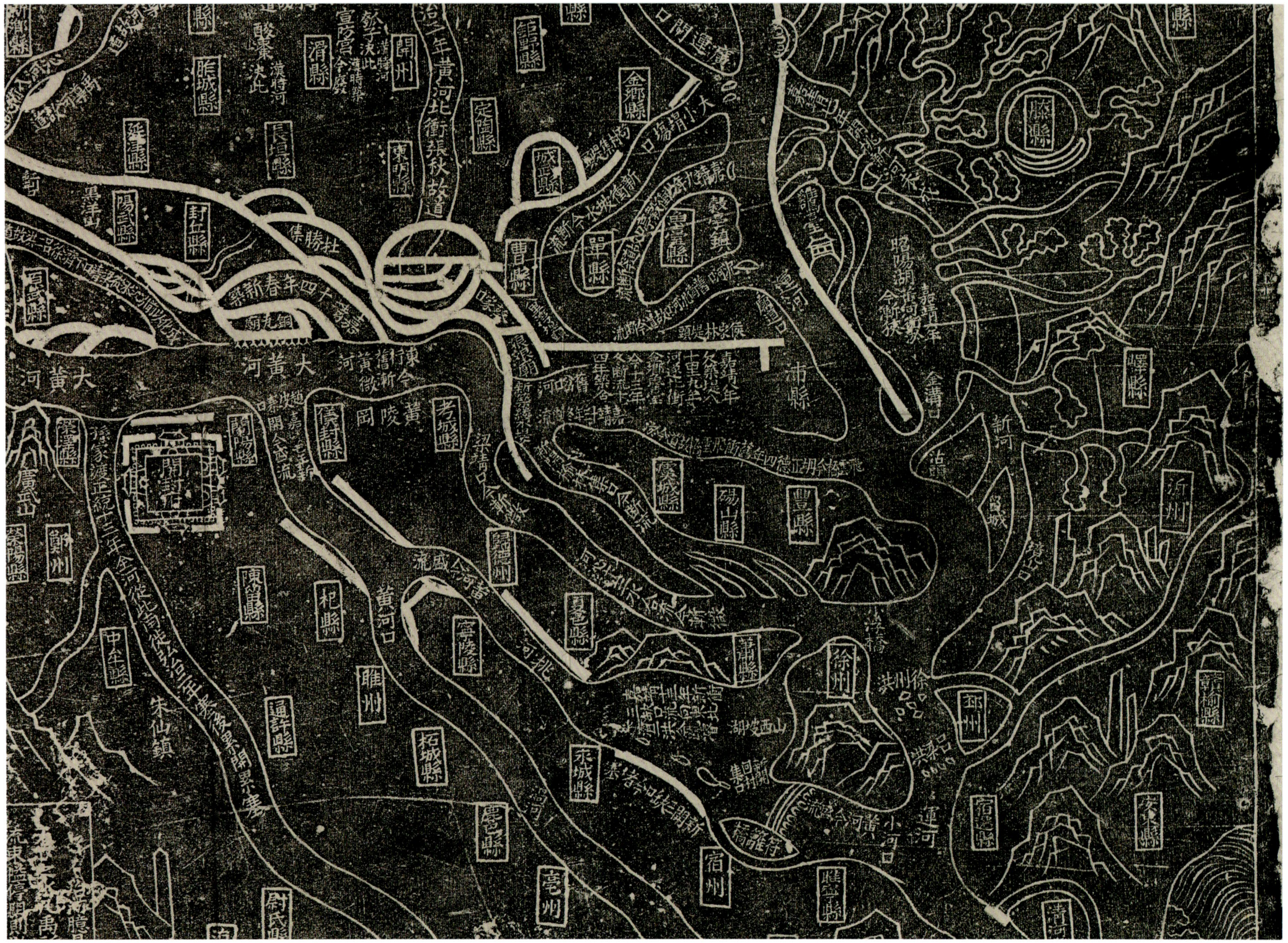

黄河图说

（明）刘天和制

1 幅；119 厘米 ×93 厘米

拓本

胡缵宗立石，明嘉靖十四年（1535）

此图所绘范围北至山东德州、南达凤阳府、西起陕西潼关、东止淮安府以东入海口，描绘了明朝中期黄河、运河大致流向。突出反映了明嘉靖十四年（1535）黄河分三道（一支出涡河口、一支出宿迁小河口、一支出徐州小浮桥）入淮出海的情形。图以不同符号标示府、州、县及山脉、寺庙等，以双曲线表示河流，以粗线条表示堤坝，并注明堤坝建筑年代、长度以及河道通淤情况。图上地名多达百余处，各地理要素位置、河流走向等标示较为准确。地图四周有图说三篇：《国朝黄河凡五入运》叙述明洪武二十四年（1391）至嘉靖十三年（1534）黄河五次流入运河的情况；《古今治河要略》辑录《禹贡》中有关黄河的片段、西汉贾让及宋至明代诸多名人的治河言论；《治河意见》系刘天和所作，较全面地总结了黄河河道变化无常的六大原因，并提出治黄意见。图左下角有“钦差总理河道都察院右副都御使麻城刘天和书”“河南右布政使胡缵宗立”字样。

《黄河图说》是现存最早的治黄水利工程图，是明代中期黄河图的典型代表。《黄河图说》图碑现存西安碑林，有大、小碑各一通，此为大碑拓片，内容与小碑相同，仅图幅和字迹略大。国图藏本图背贴签书“洛阳出土本，李仪祉赠，蠖公重装”。

刘天和是明代中期名臣，曾以都察院右副都御使总理河道，他创制了“手制乘沙采样等器”来测定河水中泥沙的数量，为水利史学界所称道。

黄河图说

（明）刘天和制

1 幅；85 厘米 ×93 厘米

拓本

胡缵宗立石，明嘉靖十四年（1535）

《黄河图说》图碑现存西安碑林，有大、小碑各一通，此为小碑拓片，内容与大碑相同，仅图幅和字迹略小。因原碑缺损，国图藏此拓本残缺较多。

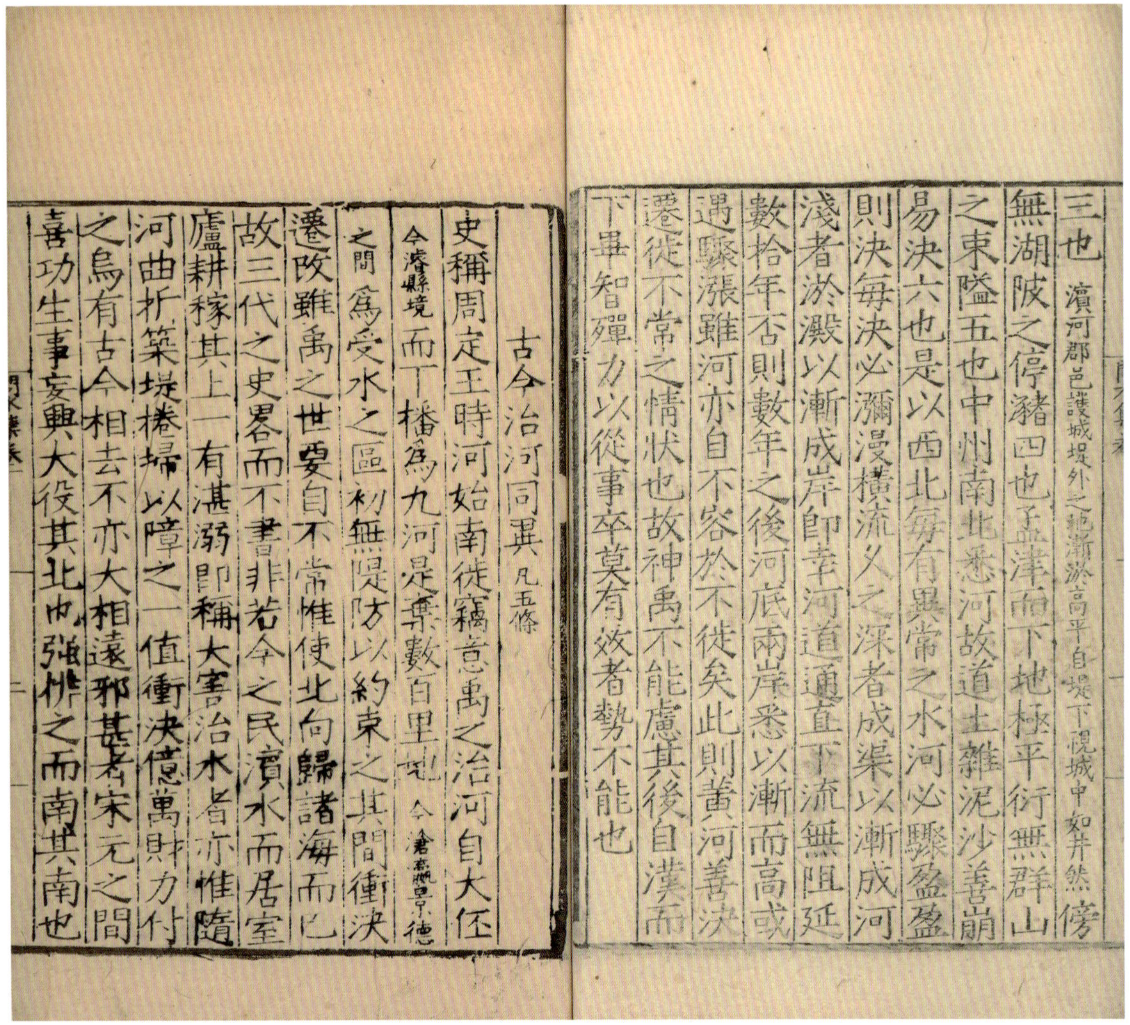
三也 濱河郡邑護城堤外之地漸淤高平自堤下視城中如井然
無湖陂之停豬四也孟津而下地極平衍無群山
之束隘五也中州南北悉河故道土雜泥沙善崩
易決六也是以西北每有異常之水河必驟盈
則決每決必瀰漫横流久之深者成渠以漸成河
淺者淤澱以漸成岸卽幸河道通直下流無阻延
數拾年否則數年之後河底兩岸悉以漸而高或
遇驟漲雖河亦自不容於不徙矣此則黄河善決
遷徙不常之情狀也故神禹不能慮其後自漢而
下畢智殫力以從事卒莫有效者勢不能也

古今治河同異 凡五條
史稱周定王時河始南徙竊意禹之治河自大伾
今濬縣境 而下播爲九河是棄數百里地 今滄瀛景德
之間爲受水之區初無隄防以約束之其間衝決
遷徙雖禹之世要自不常惟使北向歸諸海而已
故三代之史畧而不書非若今之民濱水而居室
廬耕稼其上一有湛溺卽稱大害治水者亦惟隨
河曲折築堤捲埽以障之一值衝決億萬財力付
之烏有古今相去不亦大相遠耶甚者宋元之間
喜功生事妄興大役其北也強倂之而南其南也

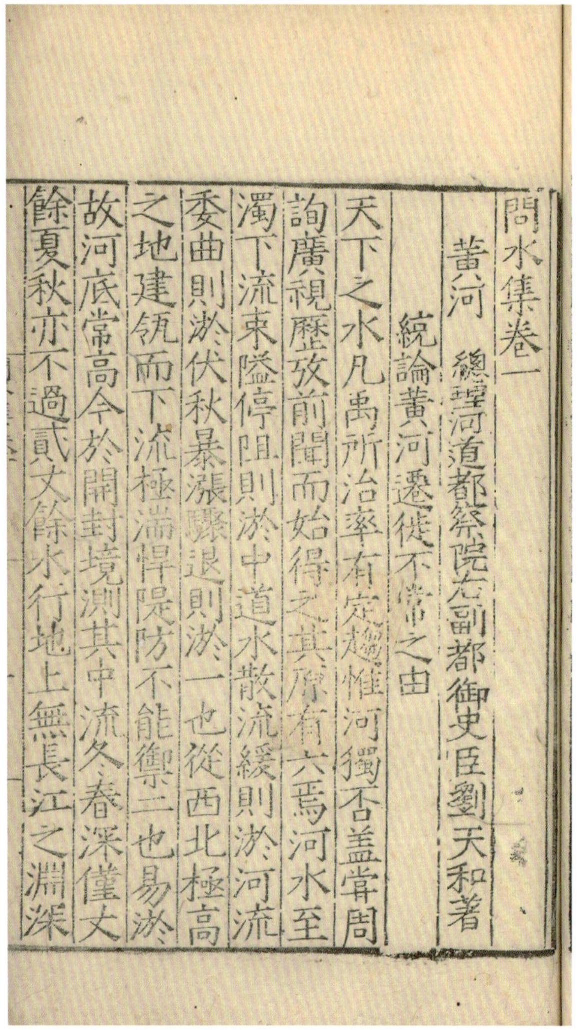
問水集卷一
黄河 總理河道都察院右副都御史臣劉天和著
統論黄河遷徙不常之由
天下之水凡禹所治率有定趨惟河獨否盖常周
詢廣視歷考前聞而始得其厓有六焉河水至
濁下流束隘停阻則淤中道水散流緩則淤河流
委曲則淤伏秋暴漲驟退則淤一也從西北極高
之地建瓴而下流極湍悍隄防不能禦二也易淤
故河底常高今於開封境測其中流冬春深僅丈
餘夏秋亦不過二丈餘水行地上無長江之淵深

问水集：六卷

（明）刘天和著

2 册

刻本

[明嘉靖十五年至四十五年间（1536—1566）]

版本一：明嘉靖十五年至四十五年间（1536—1566）刻本，有 2 册、4 册版。版本二：收录于《金声玉振集》，明嘉靖年间（1522—1566）吴郡袁褧嘉趣堂刻本，1 册。版本三：民国年间抄本，4 册，附明冯世雍撰《吕梁洪志》。

明嘉靖十三年（1534），刘天和以都察院右副都御使总理河道，在疏浚河、运淤积、修堤防等方面因地制宜采取各种措施，并将自己的治河经历撰写成《问水集》一书。此书成书于嘉靖十五年（1536），卷一通论黄河与运河，卷二为运河续编，卷三至卷六为奏议。全书共收 38 篇奏疏、论文和札记，对黄河演变概况及河道变迁原因做了详细叙述和分析，较全面地总结了前人河防施工及管理方面的经验，提出六种河淤原因，并陈述“植柳六法”等治理措施，所有奏议均为每次治河的具体措施或某一计划的实施情况，涉及黄河、运河、白河等河流，是明代中后期重要的治黄著作。

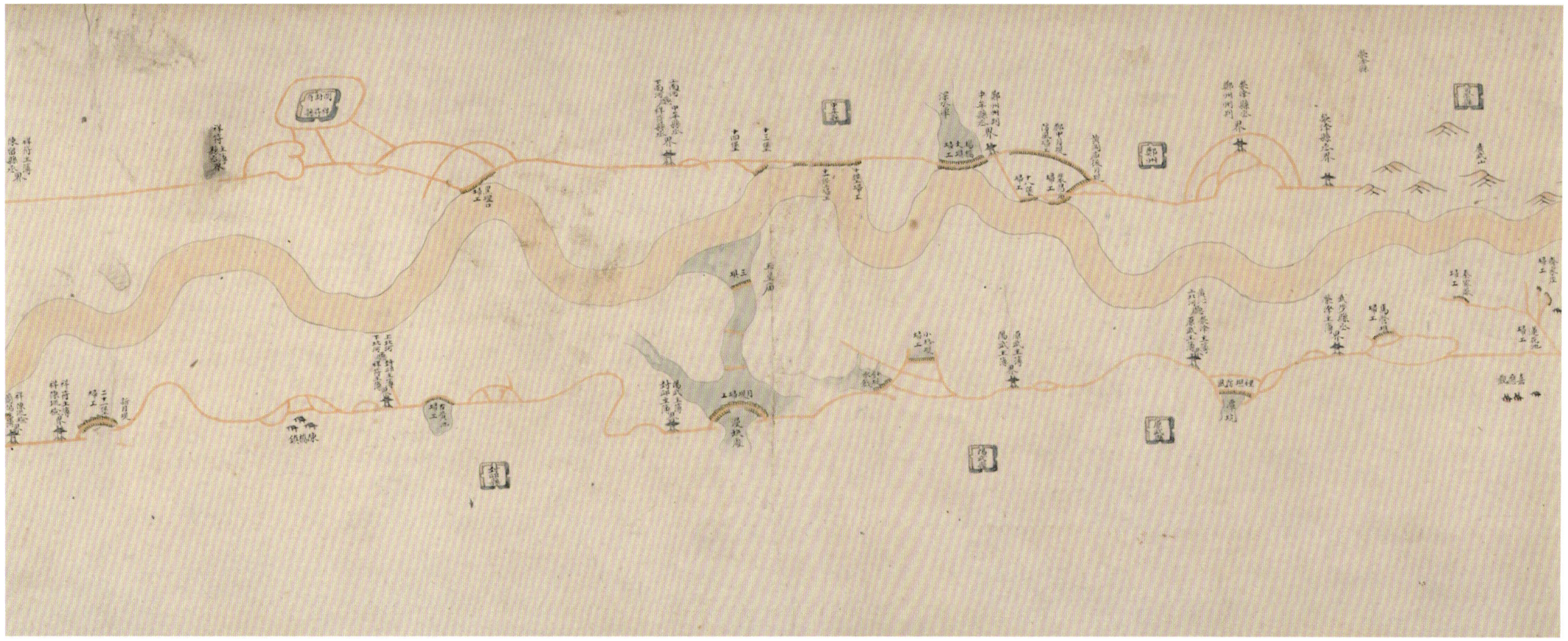

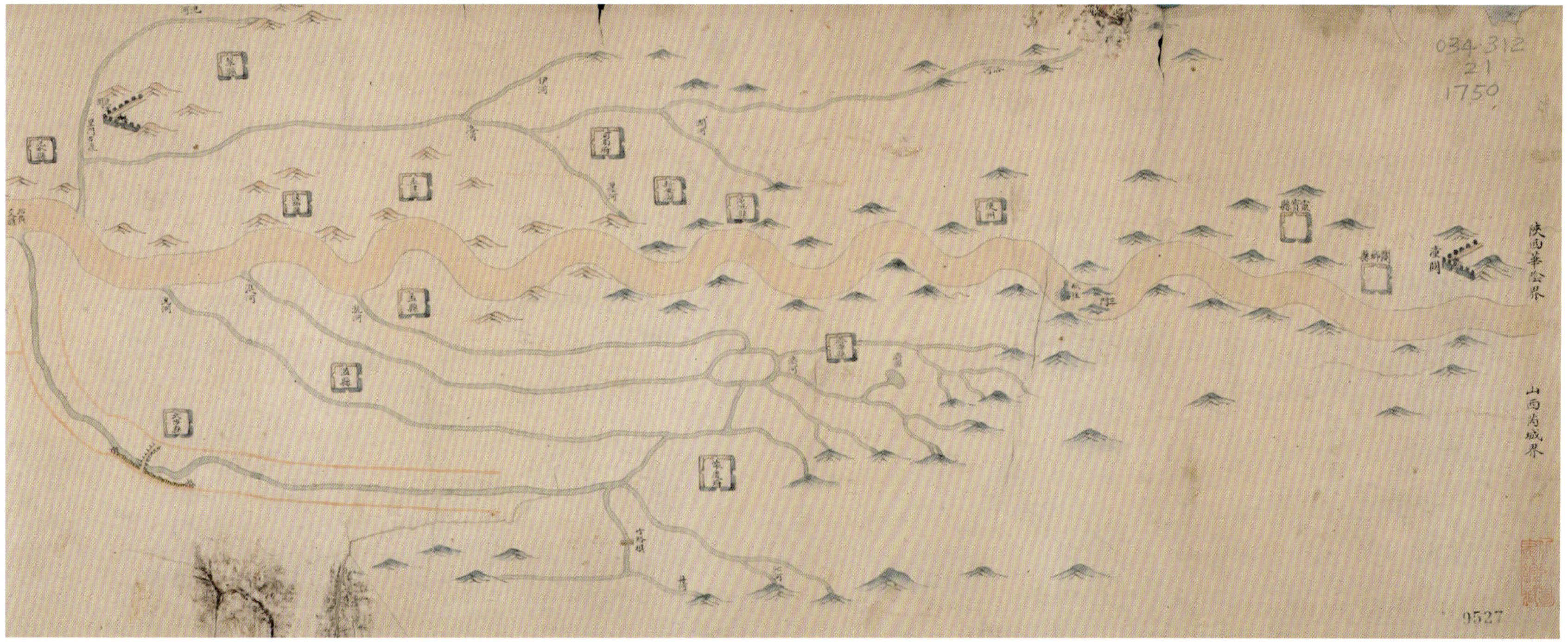

黄河图

1 幅；24 厘米 ×273 厘米

彩绘本

[清中期]

此图绘出黄河自陕西潼关至江苏安东县入海口之河道形势，标绘出黄河两岸主要府、州、县，以及两岸堤坝、埽工等工程，其中详细绘制了两岸水系，河中砥柱亦有标识。

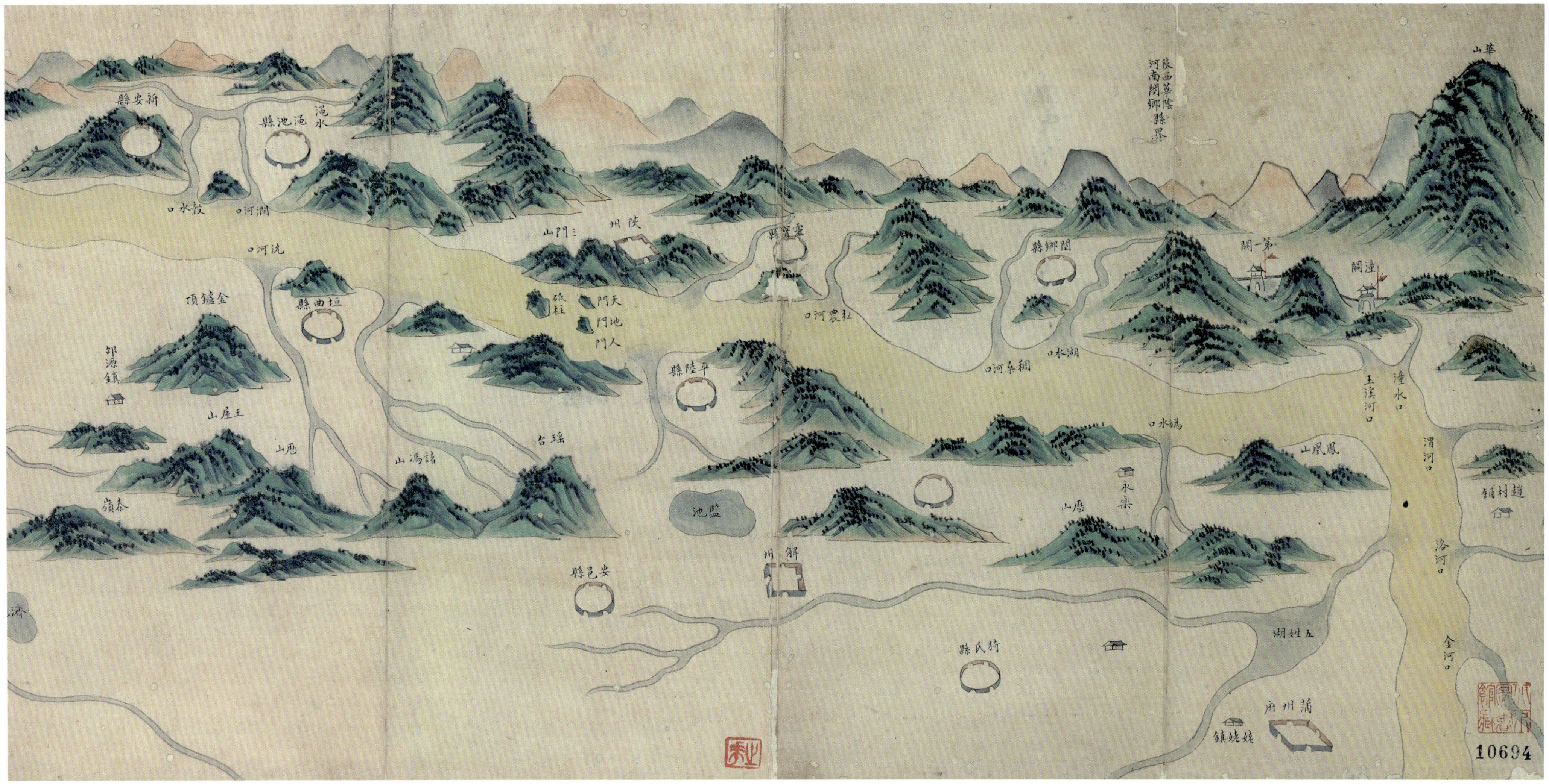

清代黄河河工图

（清）查筠绘

2 幅；图廓不等

彩绘本

［清同治年间（1862—1875）］

两图分别为《陕西潼关至河南陈留》（25 厘米 ×273 厘米）、《河南考城至山东利津》（25 厘米 ×124 厘米）。内容翔实，细致地绘出了陕西潼关至山东利津段黄河两岸堤防及沿河府、州、县、村寨等，有图说说明汇入河流水系等情况，贴红签说明两岸工程检修情况。查筠曾任清同治年间捕河通判。图末题《清初黄河工程河南省部全图》，另有“遂宁张鹏翮家旧藏”字样。

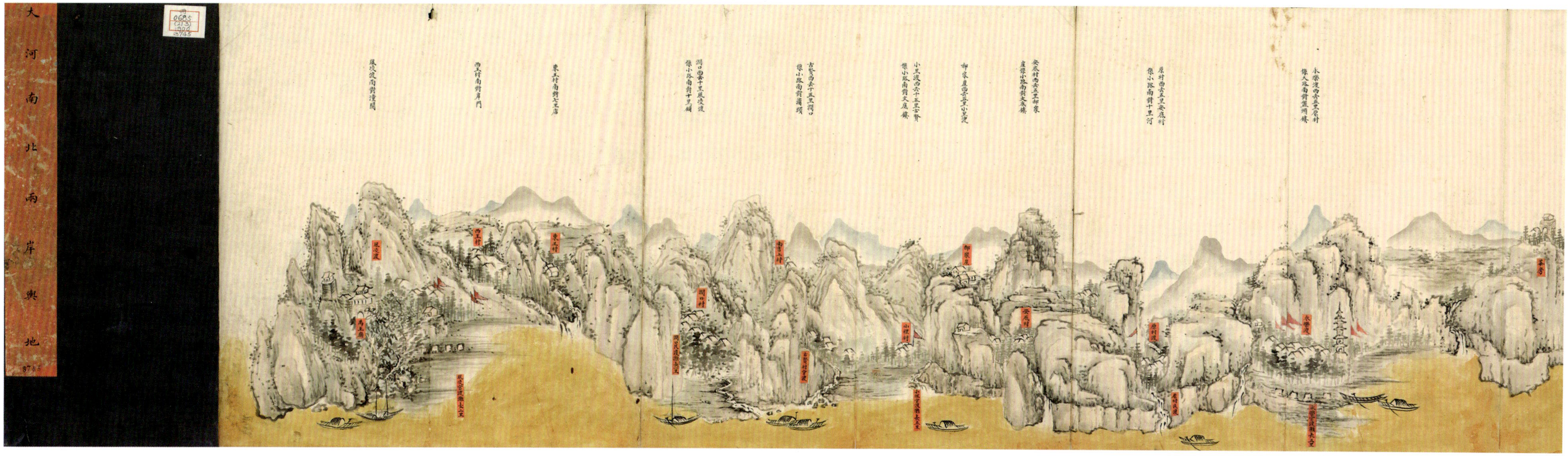

大河南北两岸舆地[图]

1幅；36厘米×592厘米

彩绘本

清同治四年（1865）

此图所绘范围西起陕西潼关、东至河南陕州，系清代河南地方军事机关派员勘查呈报之黄河两岸应添设炮位及防务图。此图以形象画法绘制，图中黄河沿岸山脉形象醒目，贴签标注地名、渡口等，另有文字说明官渡滩长里程等。

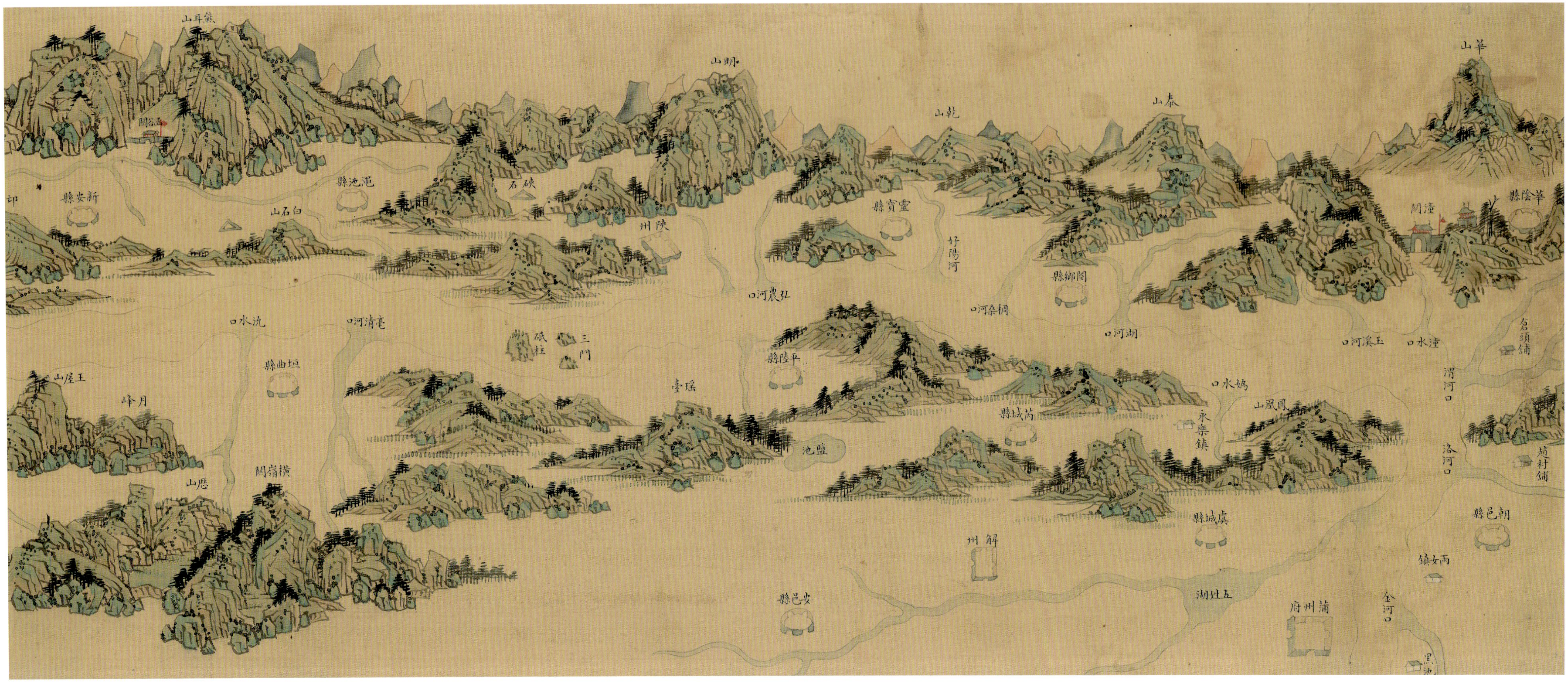

咸丰以后铜瓦厢决口之黄河图

[朱启钤绘]

1幅；26厘米 ×285厘米

彩绘本

清光绪二十年（1894）

此图以形象画法精细绘出自陕西潼关至山东利津入海口处的黄河、沿途汇入河流、两岸山峦、州府县等，清晰标注地名，另有图说详细记录堤工里程、起讫及经管府县等。

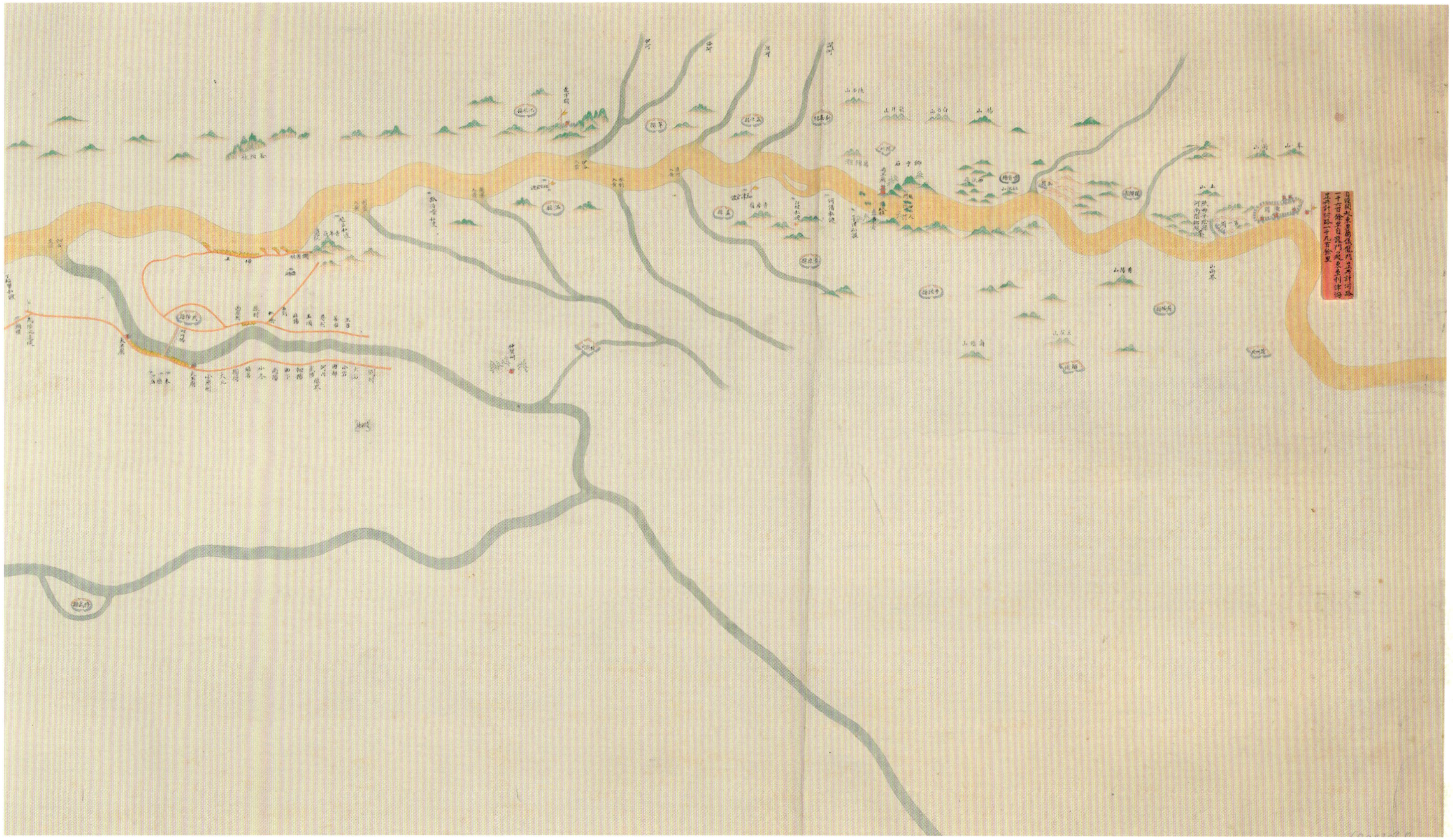

河南山东黄河全图

1 幅；63 厘米 ×303 厘米

彩绘本

[约清光绪二十七年（1901）]

此图绘出自陕西潼关至山东利津牡蛎海口入海之黄河河段以及南北两岸堤工、汇入支流、山脉、府州县等，标注地名及堤坝工程等。此藏本有虫蛀。

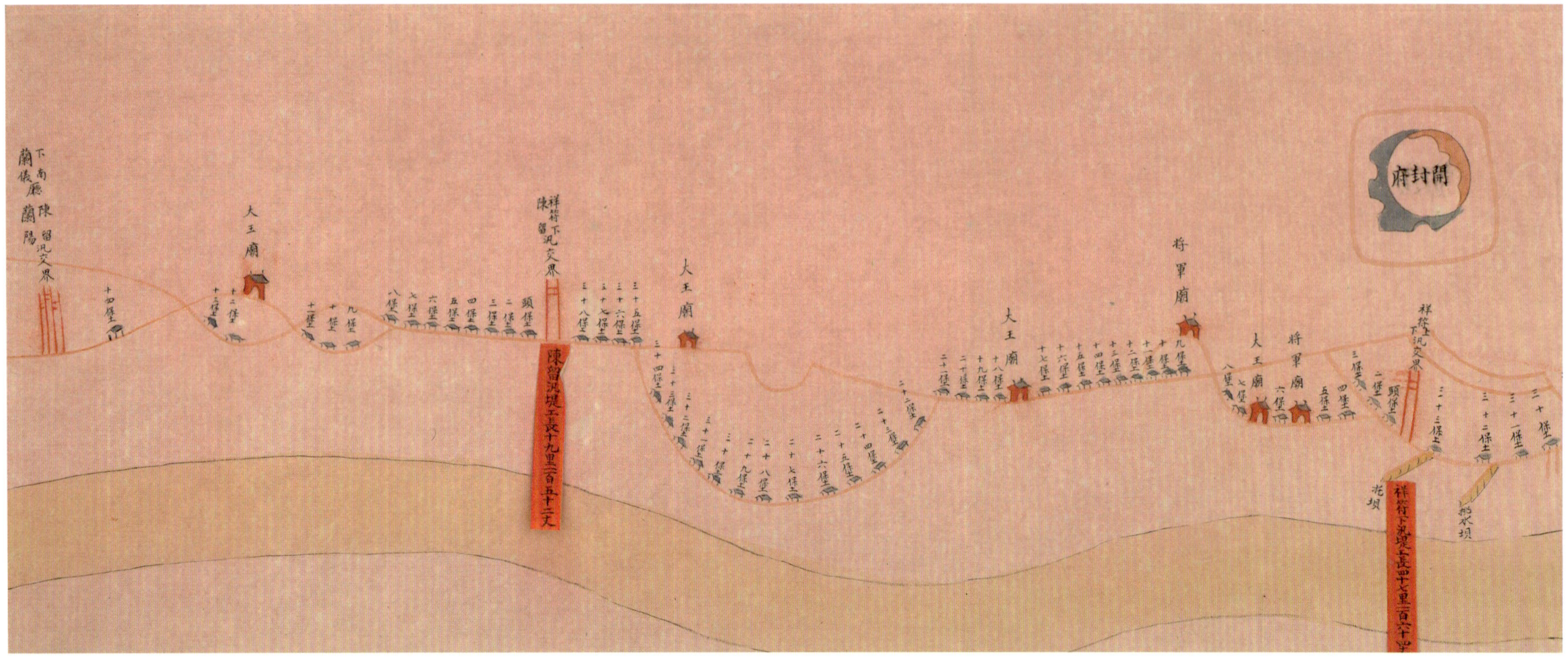

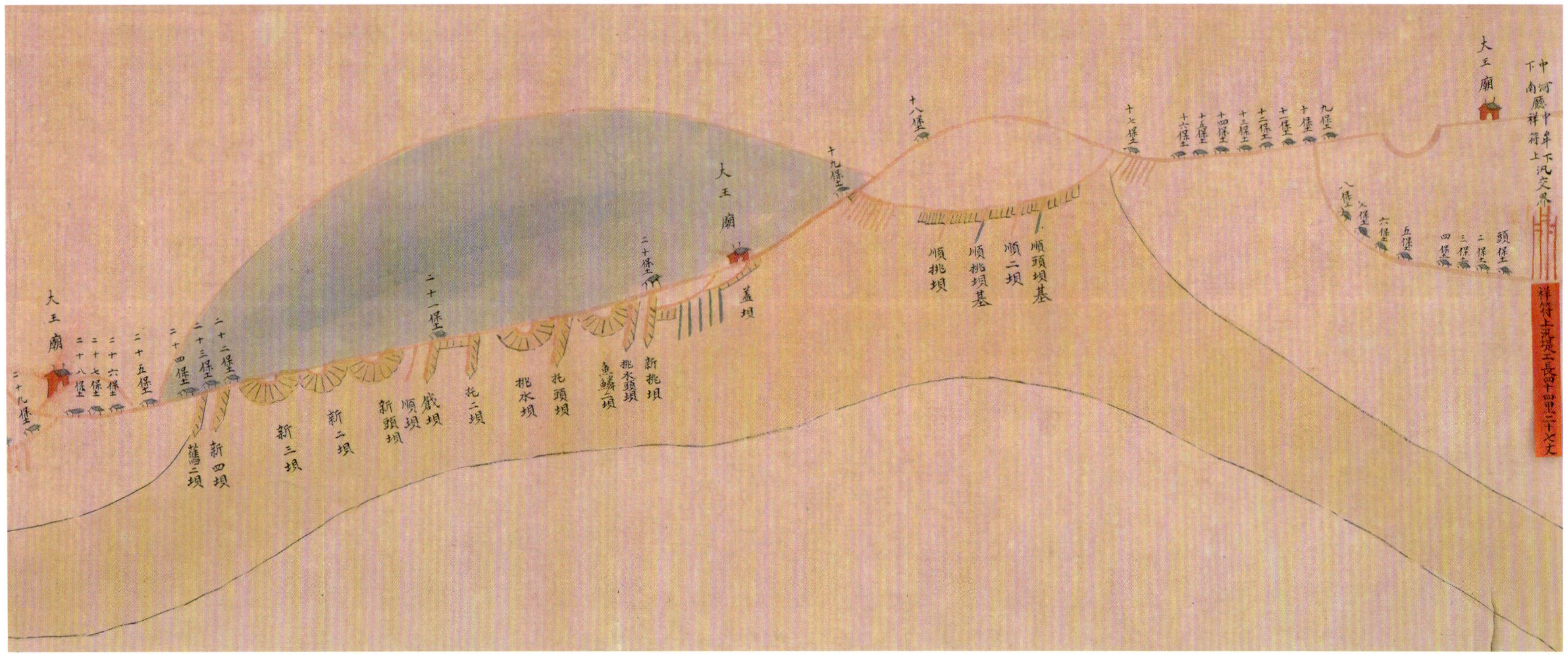

委查现在河势情形草图

1 幅；22.7 厘米 ×97 厘米

彩绘本

[清光绪年间（1875—1908）]

此图精细绘出自陕西潼关至河南孟津之黄河及两岸山川大势，贴签注出水涨水落日期及人员损伤程度。

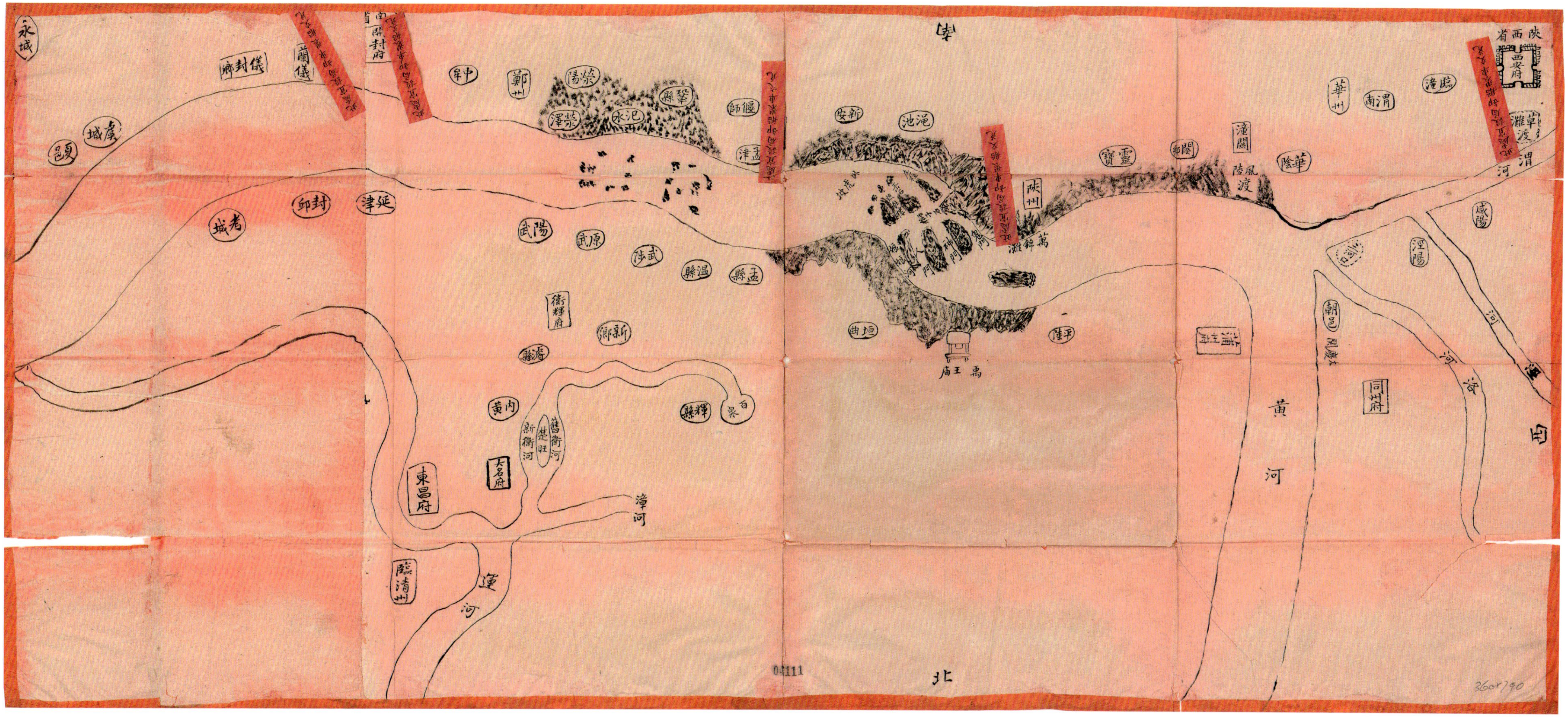

黄河水路图说

1幅；36厘米 ×79厘米

绘本

[清光绪年间（1875—1908）]

此图所绘黄河起于陕西潼关、止于河南虞城，系陕西、山西与河南三省交界之河段。图中绘出并标注了水系、地名，贴签注明“宜设局卸船装车交兑”处。

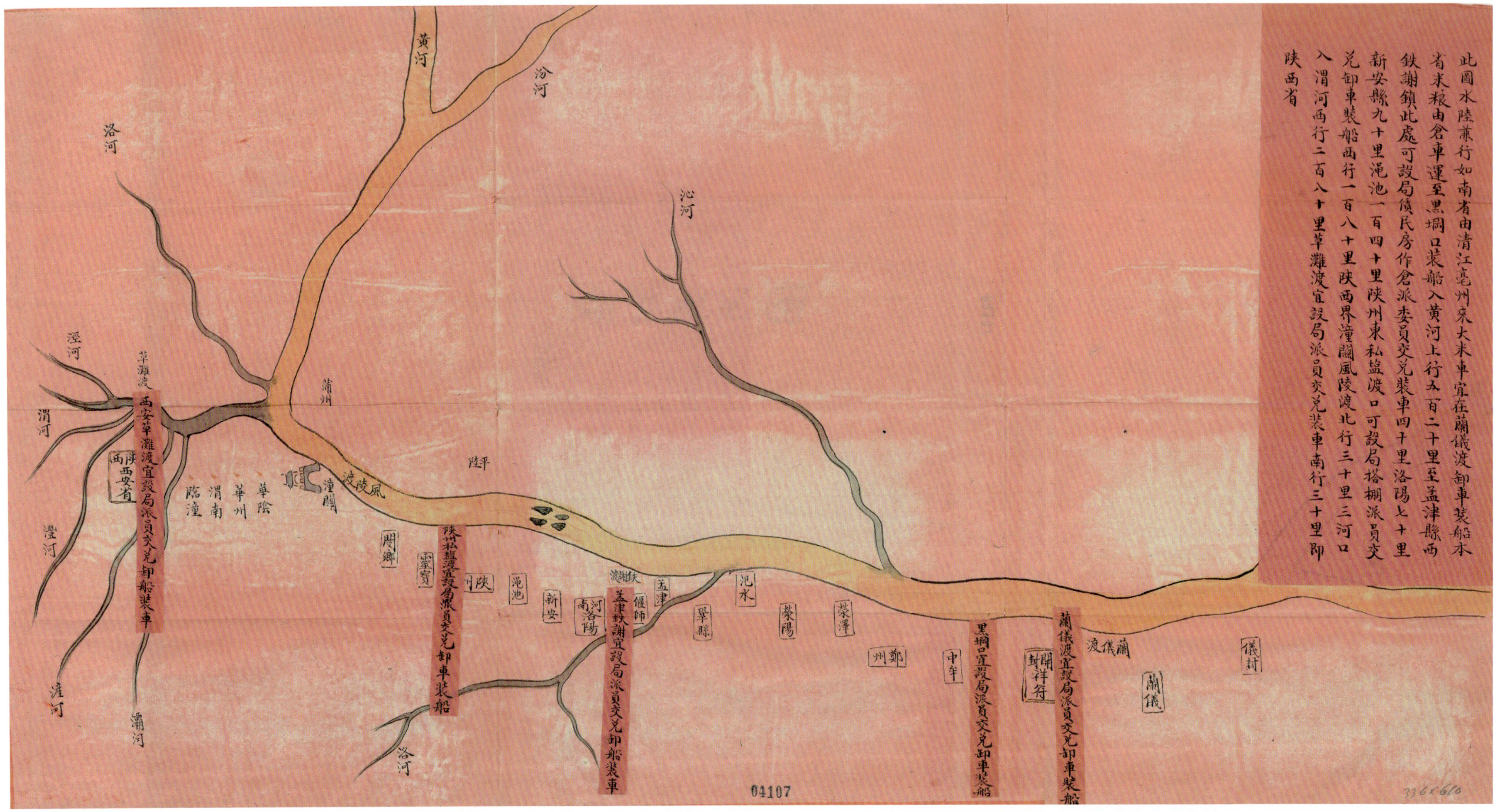

[仪封黄河图]

1 幅；34 厘米 ×61 厘米

彩绘本

[清光绪年间（1875—1908）]

此图系内河运输图，绘出从河南蓝衣渡到西安草滩渡段黄河。图中贴签注出“宜设局派员交兑卸车装船”点，另有关于如何进行水陆运粮的说明。

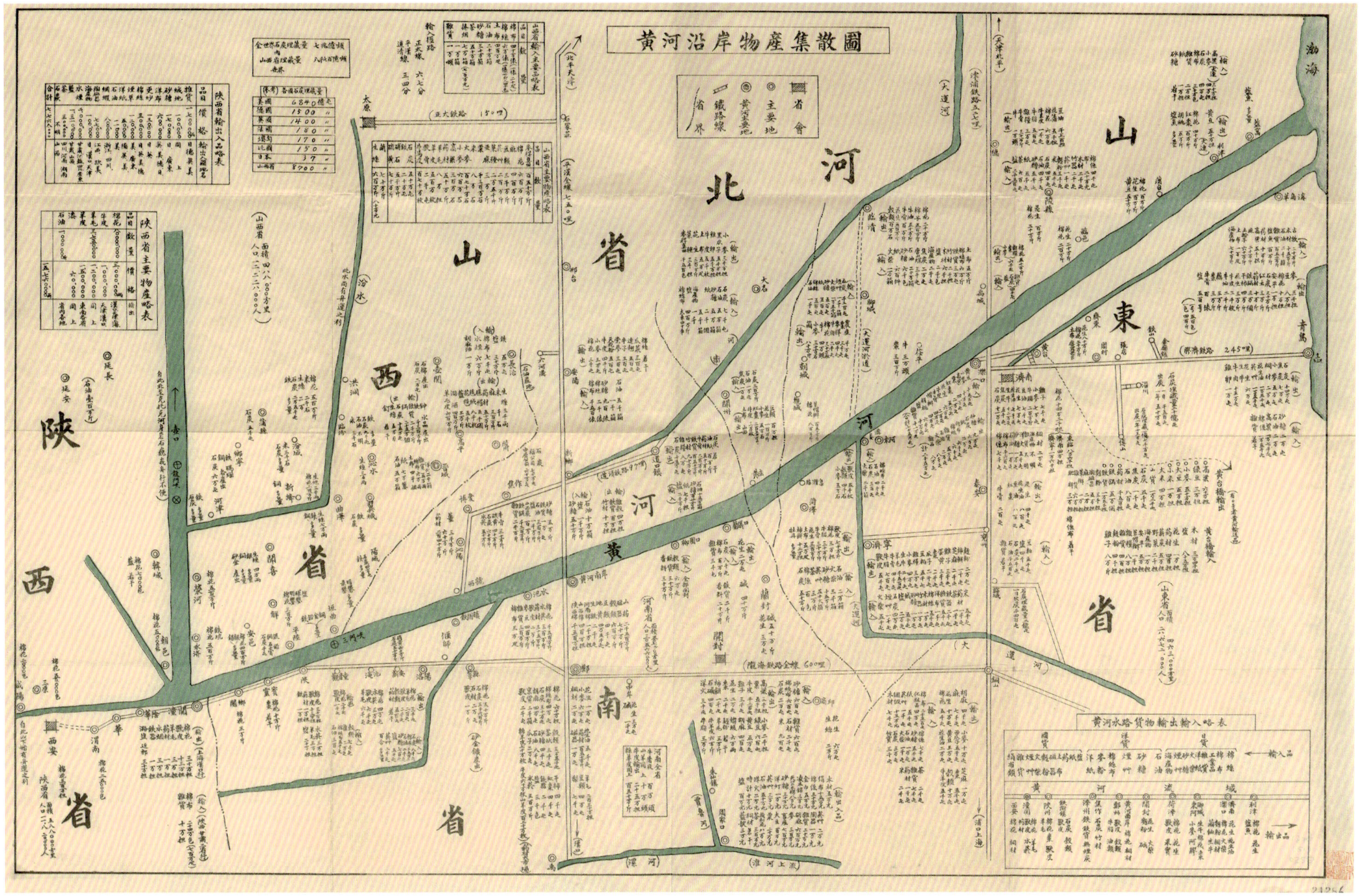

黄河沿岸物产集散图

1幅；50厘米 ×76厘米

彩色石印本

[20世纪30年代]

该图所绘范围包括黄河中下游的陕西、山西、河南、河北、山东等省部分地区。图中详细标注了当时的各省面积、人口，各州县物产统计数量及其输出、输入情况。

黄河长江中下游各省分县精图

苏甲荣编著

1 幅；69 厘米 ×47 厘米

彩印本

上海：日新舆地学社，民国十九年五月（1930.5）

该图绘出陕西与山西交界处及河南、山东境内的黄河中下游段以及两岸地区。比例尺二百三十万分之一。

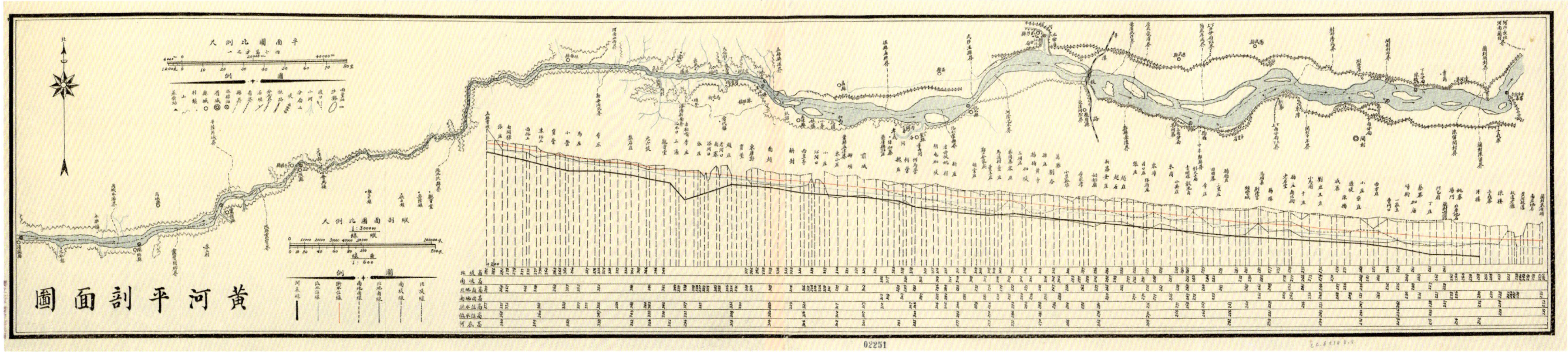

黄河平剖面图

河南省河务局制

1幅；23厘米×108厘米

彩色晒印本

[约1931年]

该图所绘黄河系陕西潼关至河南兰封县河段，包括平面图和剖面图。内容包括黄河河道与两岸大堤，以及村镇、县城、省城等。

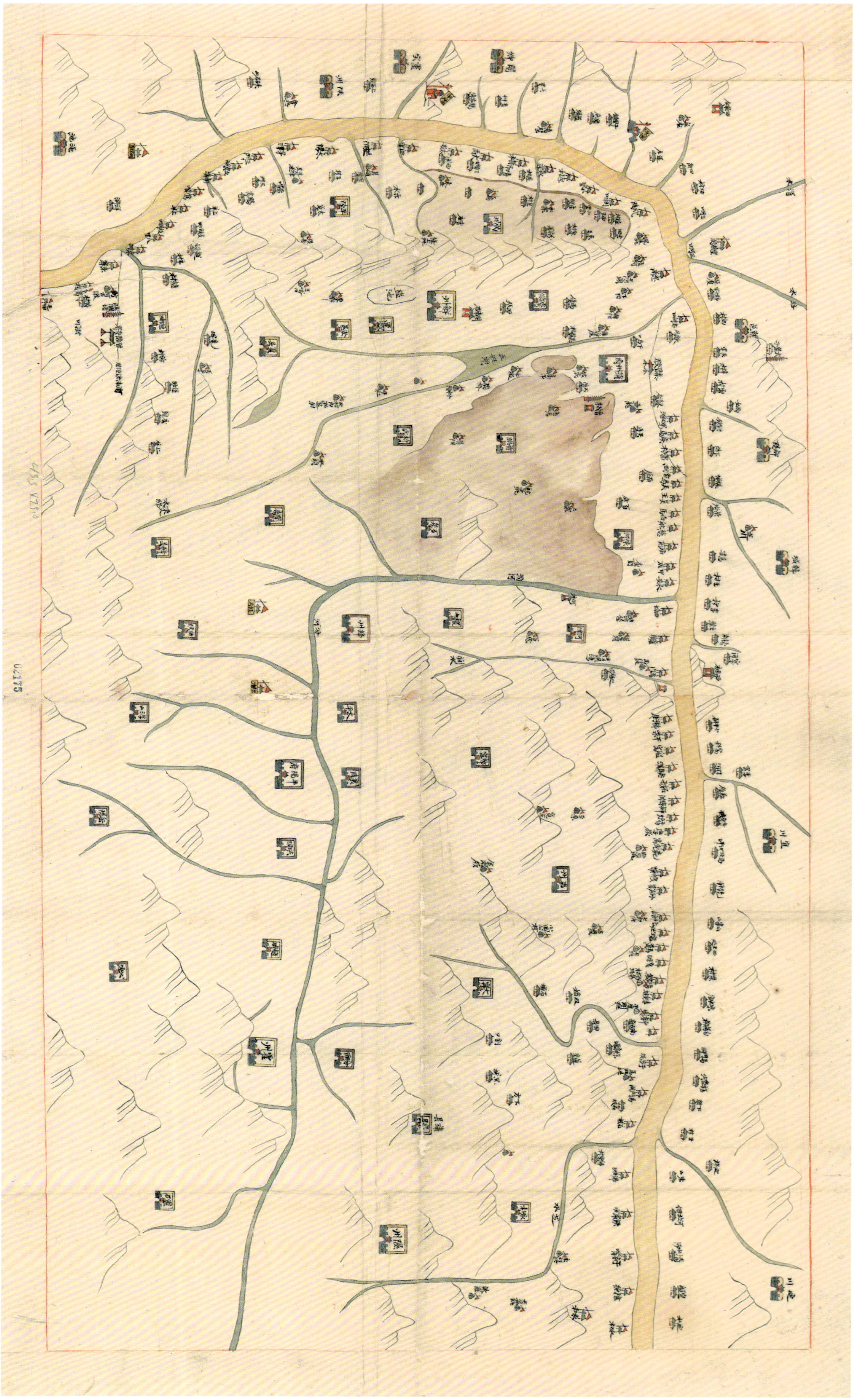

山西河防全图

1幅；44厘米×74厘米

彩绘本

［清光绪年间（1875—1908）］

此图主要绘出山西蒲县至垣曲段黄河河道，并详细绘出沿河河防要地。图以上方为西。

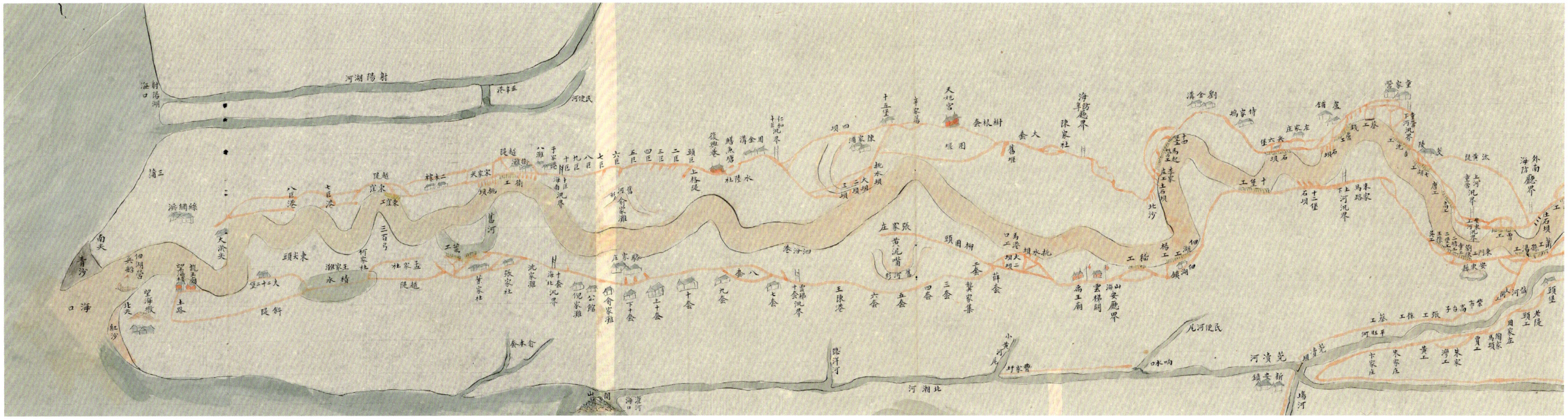

黄河发源各厅工程情形全图

1 幅；23 厘米 ×580 厘米

彩绘本

[清中期]

此图绘出黄河自河南武陟县至江苏云梯关入海口之全程，详细标示两岸各厅工程位置。

祥符漫水经由豫皖各州县入淮达洪泽湖情形图

1 幅；22 厘米 ×58 厘米

彩绘本

[约清道光二十一年（1841）]

此图描绘了河南开封府祥符县黄河漫水经由河南、安徽各州县进入淮河、洪泽湖的路径及情形，也绘出了黄河故道。图中贴签标注了沿途各州县受灾严重程度，分最重、次重、较轻三个等级。

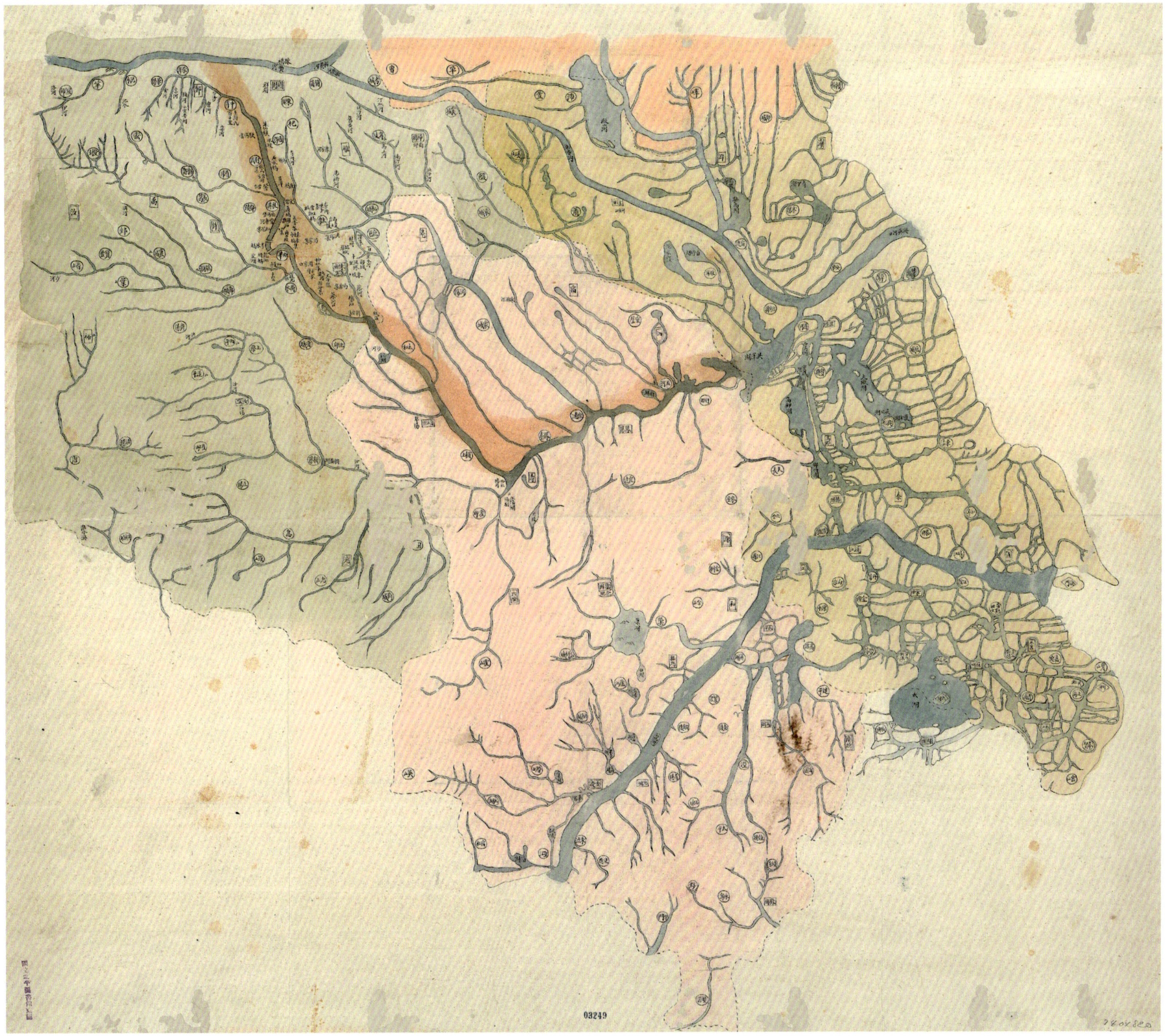

黄河南溢经过豫皖苏三省图

1 幅；74 厘米 ×82 厘米

彩绘本

[清道光年间（1821—1850）]

此图详细绘出河南、安徽、江苏三省境内水系，所绘主要河流包括黄河、淮河及长江。图中以黄色标出自河南中牟至洪泽湖的漫溢区，用文字注出主要地名、水名，尤其详细标注了河南境内黄河沿岸水系、地名。

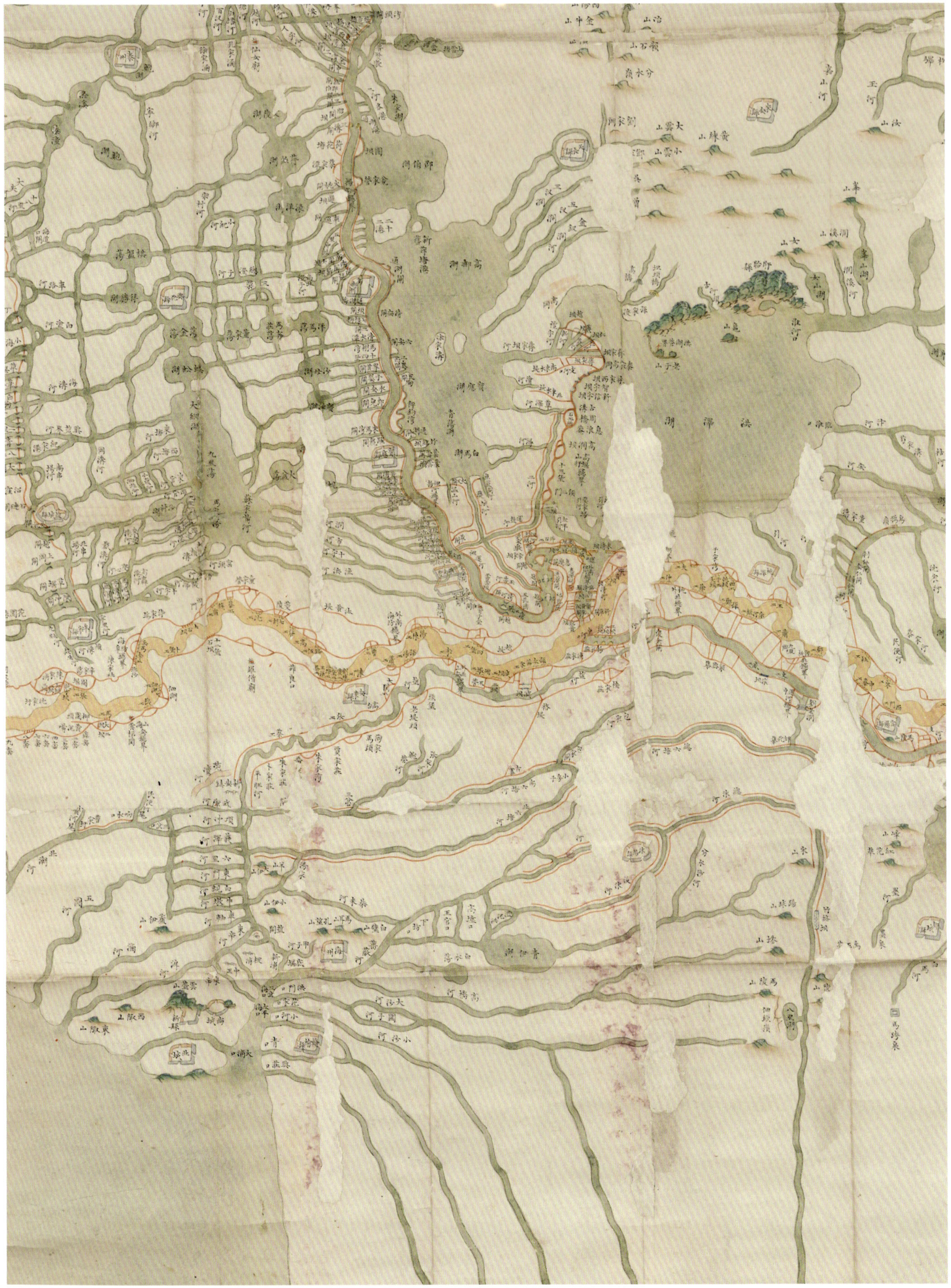

长江黄河淮运形势全图

1 幅；101 厘米 ×142 厘米

彩绘本

[清咸丰初年]

此图水系、标注详细，主要展现长江、黄河、淮河、大运河水系，包括其干河与汇入河流诸泉等。地图所绘黄河起自江南、山东交界，止于丝网滨入海口。

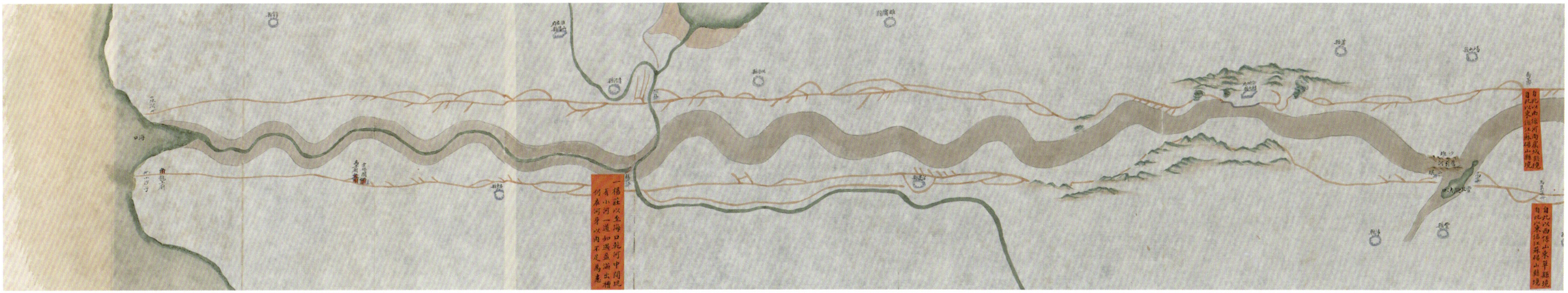

黄河旧道图说

1 幅；22 厘米 ×152 厘米

彩绘本

[清光绪年间（1875—1908）]

此图绘出自河南铜瓦厢至江苏云梯关入海口之黄河旧道及其两岸大堤。图上地名注记不多，贴签仅注出各段大堤起迄县境及河情说明。

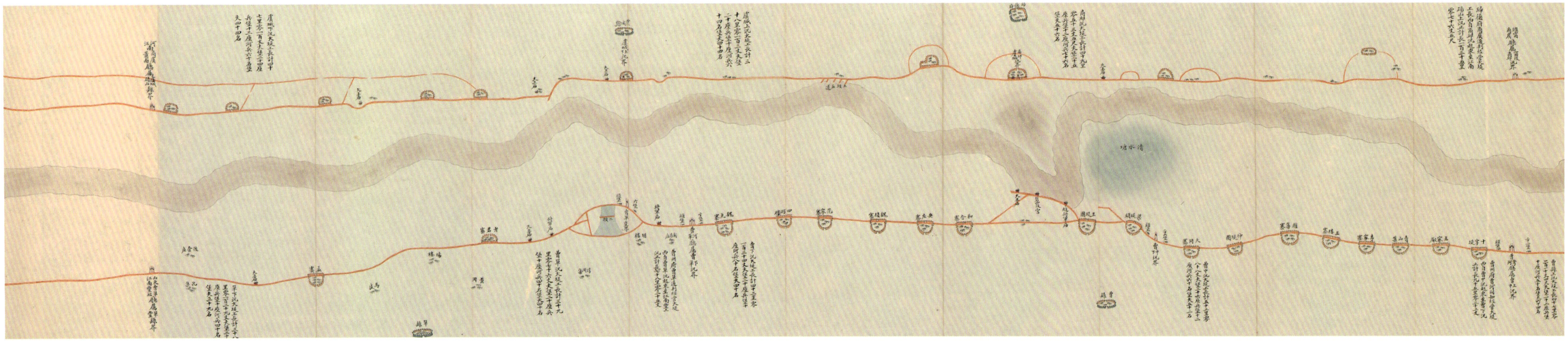

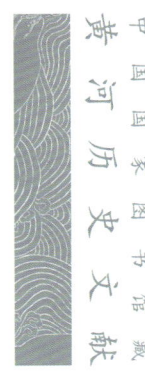

豫东两省黄河故道堤工道里图

1幅；24厘米 ×218厘米

彩绘本

[清咸丰年间（1851—1861）]

此图绘出河南、山东两省境内黄河河段，仅反映出黄河于清咸丰五年（1855）改道前的故道河工情况。

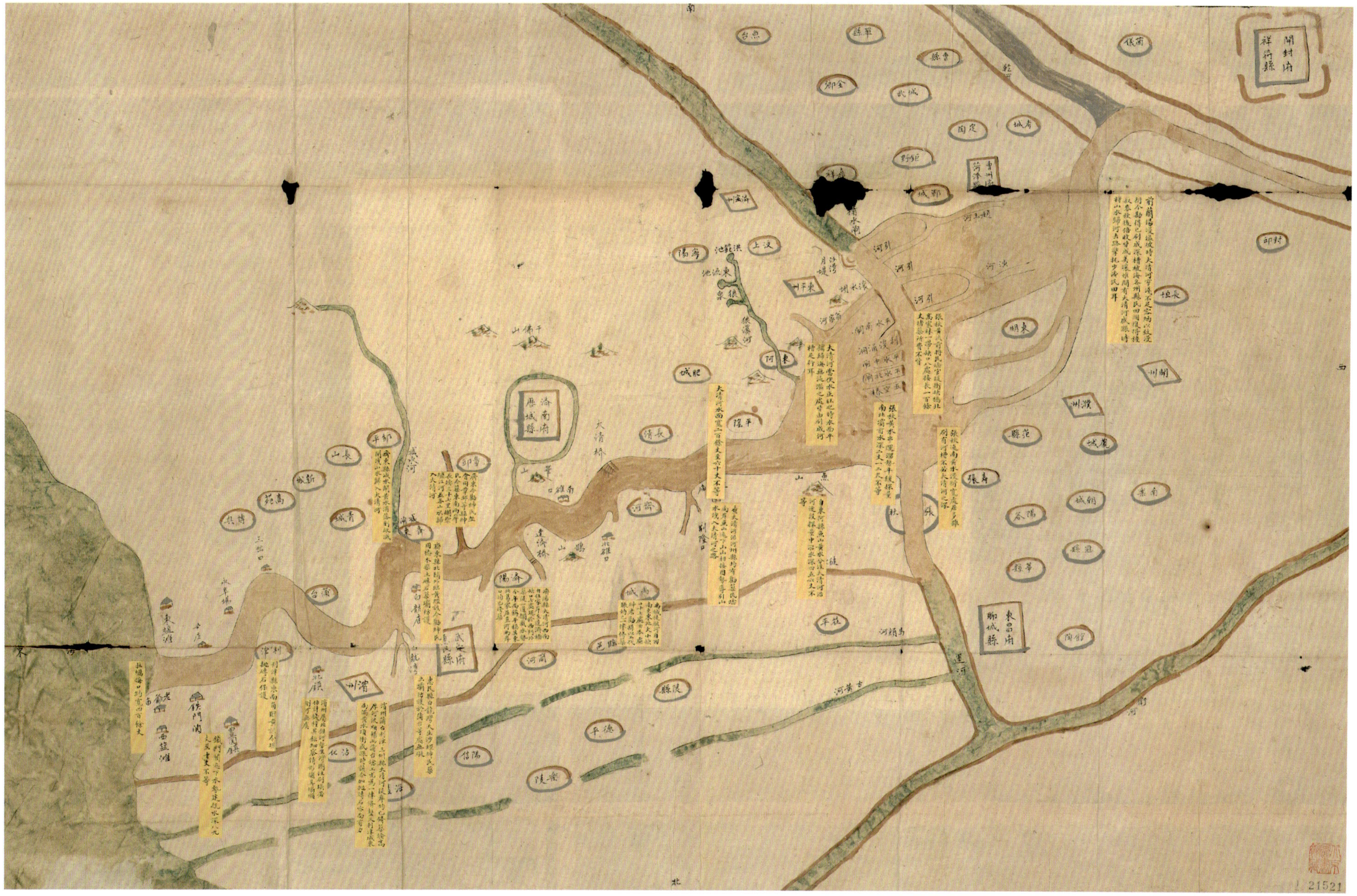

黄水穿运及大清河一带现在情形图说

1 幅；48 厘米 ×73 厘米

彩绘本

[清咸丰末年]

此图所绘黄河自河南开封府祥符县至山东利津铁门关入海，在张秋镇漫溢穿运。图上贴签详细注明河水面宽、水深、决口、引水及筑修堤埝等。反映了黄河自铜瓦厢决口后在山东夺大清河入海之情形。

[黄淮两河沿河地方道里图]

1幅；67厘米×58厘米

彩绘本

[清光绪年间（1875—1908）]

此图范围东至大海，西至河南西华县，南至安徽庐江县，北至山东阳谷县。主要绘出黄、淮两河水系与沿线府、州、县治位置及其间道路、里程。不仅绘有黄河自铜瓦厢至大清河汇入处，还绘出了原至安东入海的“旧黄河形”。

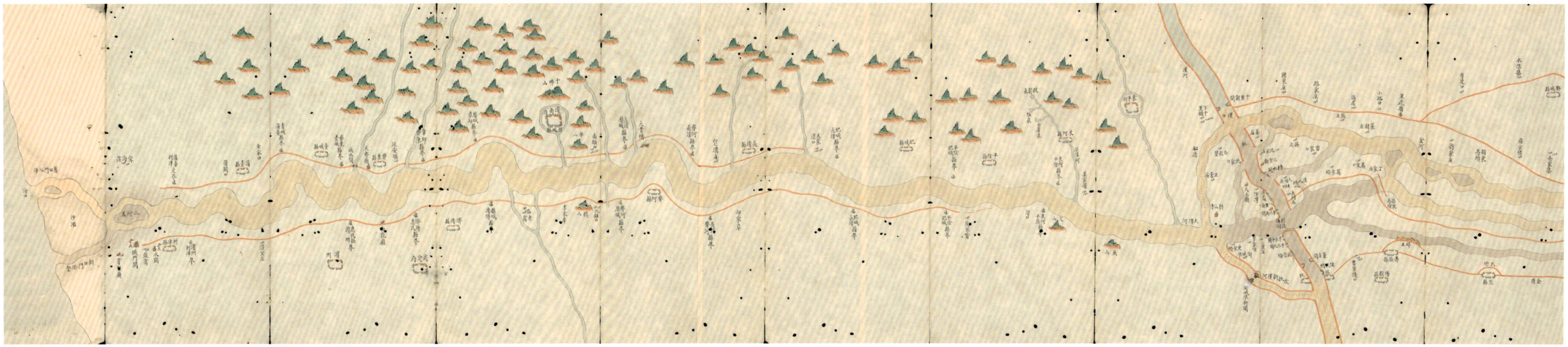

下北厅属铜瓦厢漫溢由张秋穿运入大清河至铁门关归海图

1幅；27厘米 ×275厘米

彩绘本

[清光绪年间（1875—1908）]

此图绘出自河南开封府祥符县至山东利津县铁门关入海口处之黄河，尤其详细绘出黄河穿运情形。图中两岸堤工、村落等标注详细、清晰。

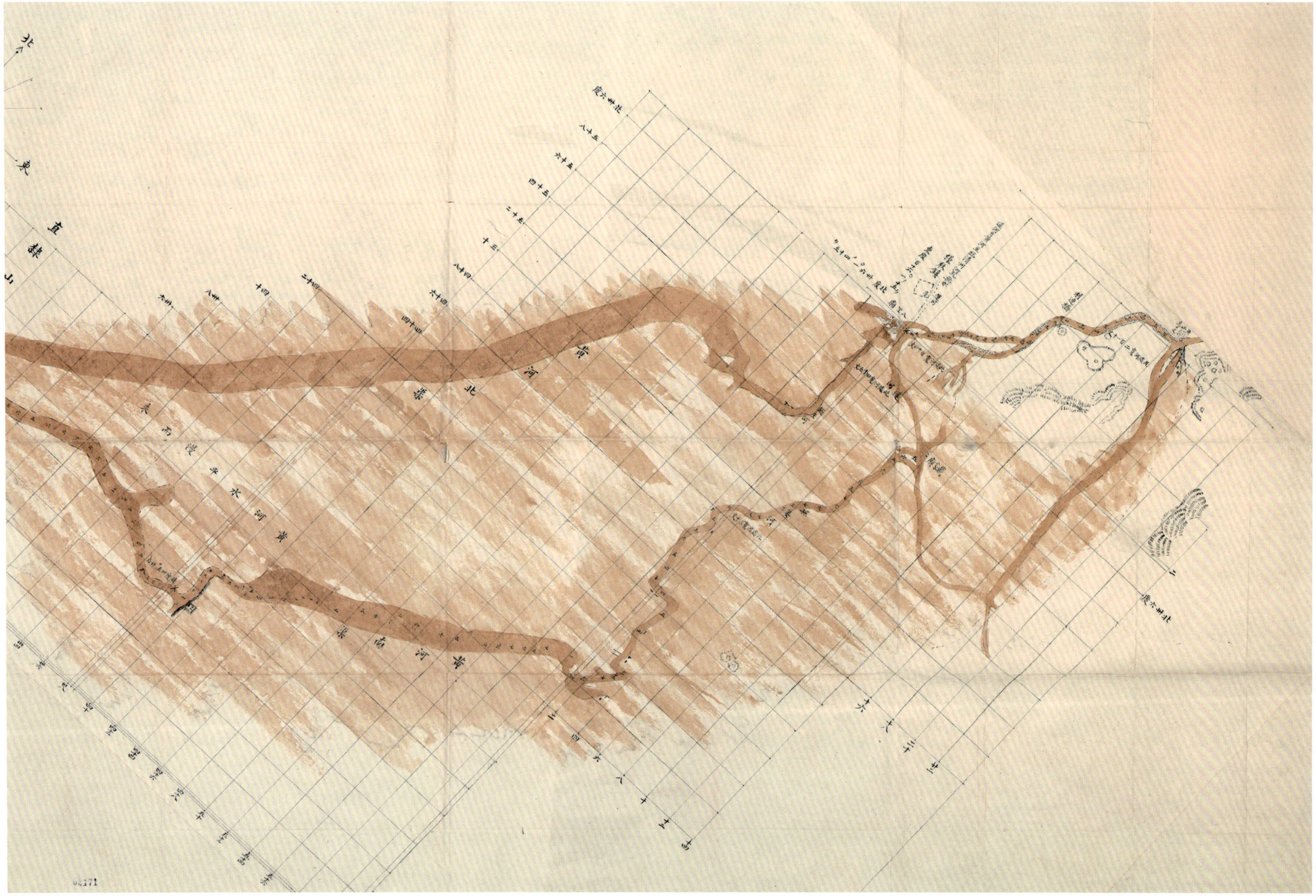

黄河图

1幅分裱2张；合成 64.5厘米 ×155厘米

彩绘本

[清光绪年间（1875—1908）]

此图绘出河南铜瓦厢至山东铁门关入海口之黄河河段，包括黄河南、北渠，以黄色标出黄河水平漫区域，有图说说明各段里程数。采用网格绘图，且图中有方向标示和经纬度。

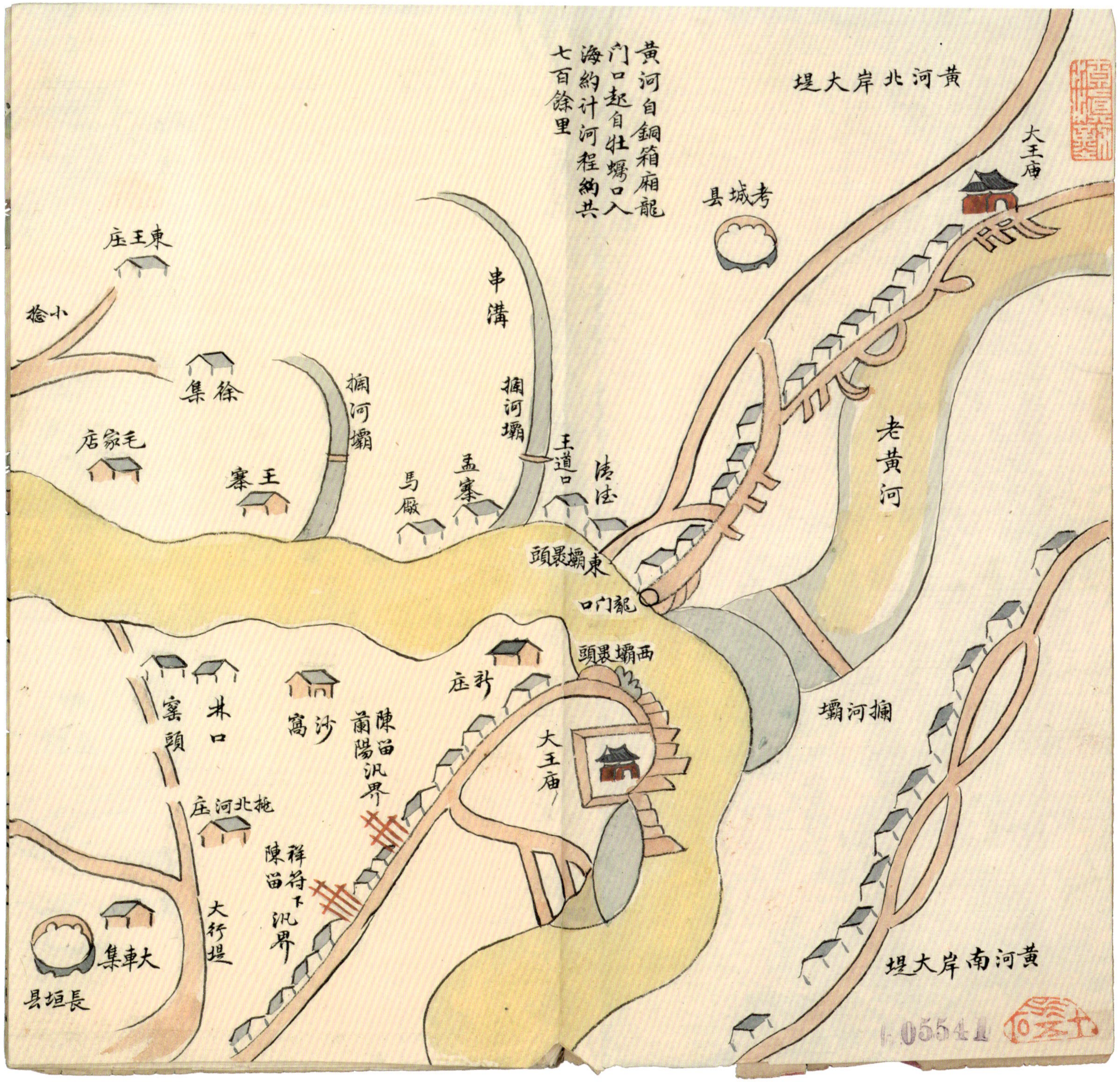

铜瓦厢金门以下黄河串运入海情形图

（清）张瀛奎摹绘

1 幅；26 厘米 ×135 厘米

彩绘本

清光绪十三年（1887）

此图系张瀛奎“从游汇东侍郎处抄得，当是光绪九、十年间情形”。地图绘出自河南考城县至山东利津县铁门关入海口处之黄河河段及两岸堤防、村镇等，主要反映清光绪九年至十年间（1883—1884）黄河穿运入海之情形。

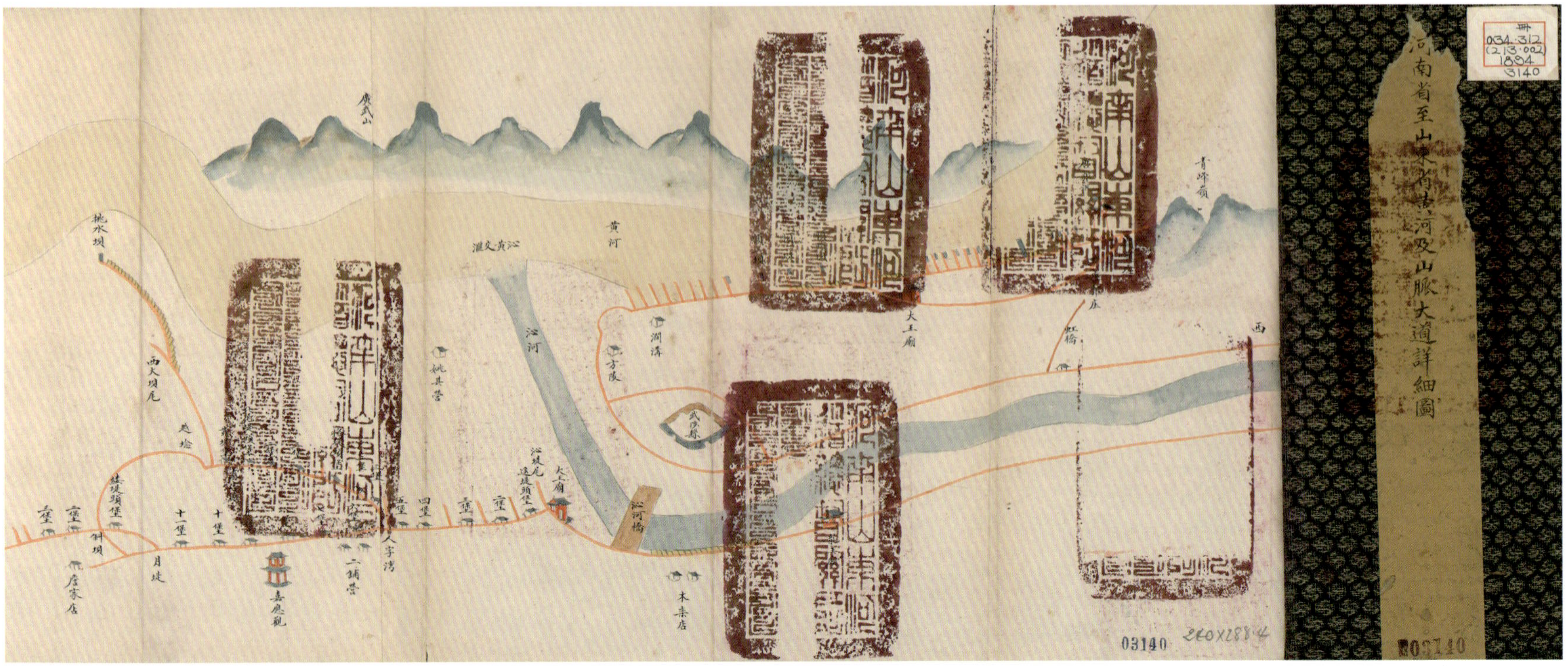

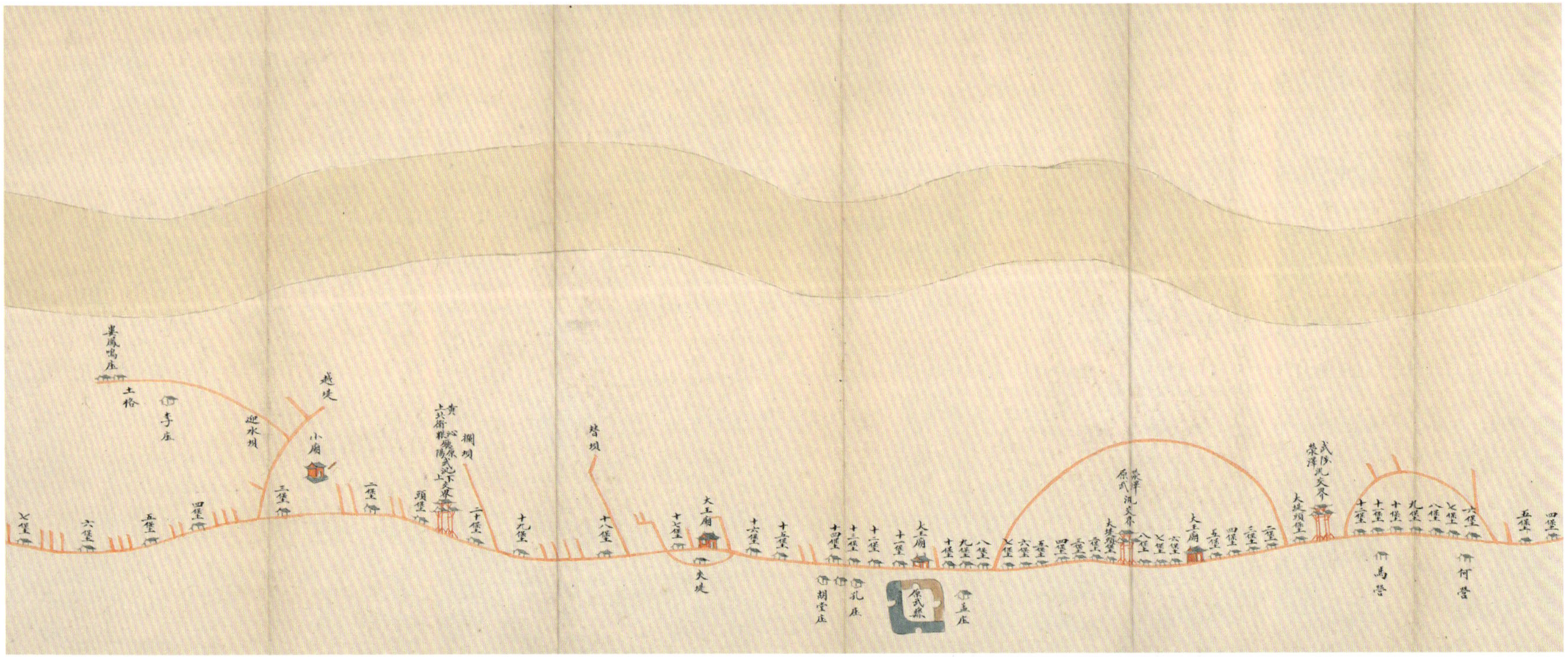

河南省至山东省黄河及山脉大道详细图

1 幅；24 厘米 ×288 厘米

彩绘本

[清光绪年间（1875—1908）]

此图绘出河南武陟县黄沁交汇处至山东境内的黄河河道、相关水系及两岸堤防工程、寺庙、山脉、村寨等，并附河南、山东河道总督关防。此图系河署绘呈本。

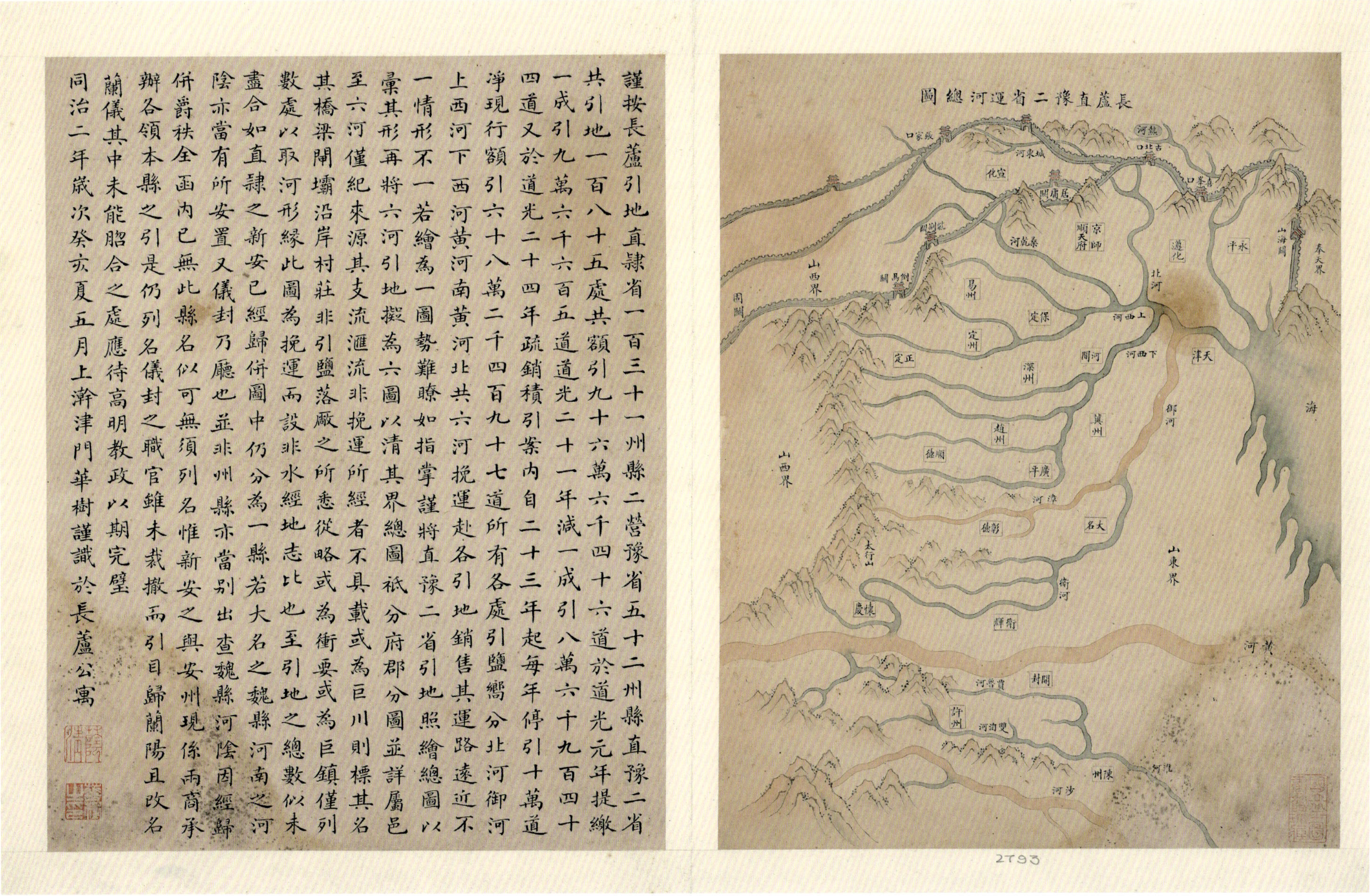

长芦直豫二省运河总分图

(清) 华树绘

7 幅；每幅 38 厘米 ×61 厘米

彩绘本

清同治二年 (1863)

此七图内容以长芦盐运为主，对河流的绘制也较为详细。各图附说。七幅图分别为《长芦豫二省运河总图》《黄河以北引地图》《黄河以南引地图》《上西河引地图》《下西河引地图》《北河引地图》《御河引地图》。

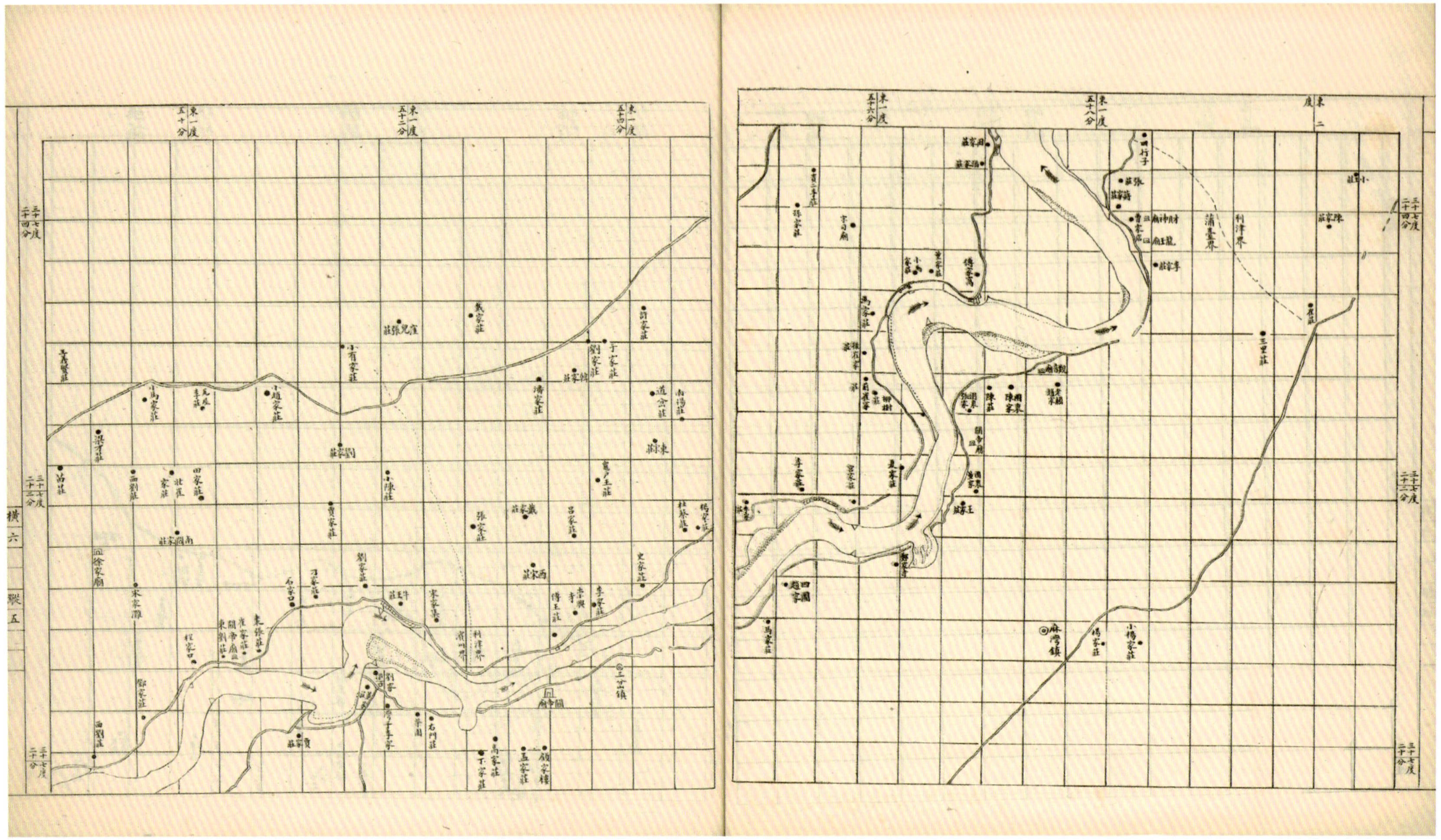

御览三省黄河全图

（清）易顺鼎编纂，（清）顾潮等测绘，（清）李鸿章等监修

5册；34厘米 ×30厘米

石印本

上海：鸿文书局，清光绪十六年（1890）

清光绪十五年（1889）初，东河总督吴大澂奏请朝廷成立河图局，用新法测量绘制黄河图，并为此事与直隶总督李鸿章、山东巡抚张曜、河南巡抚倪文蔚进行会商。光绪皇帝“准其咨调数员，办理绘图事”。光绪十六年（1890）三月，全图告竣，呈光绪帝浏览，命名为《御览三省黄河全图》，这是最早用新法测出的黄河河道图，测得此段河道长1021千米。此图比例尺为三万六千分之一，标注有经纬度。图册又名《山东直隶河南三省黄河全图》，首冠河东河道总督、河南巡抚倪文蔚“进呈三省黄河全图奏稿”。图中所绘黄河西起河南阌乡金斗关，东至山东利津铁门关入海口，沿河州县村庄、堤岸埽坝等均标注详细。

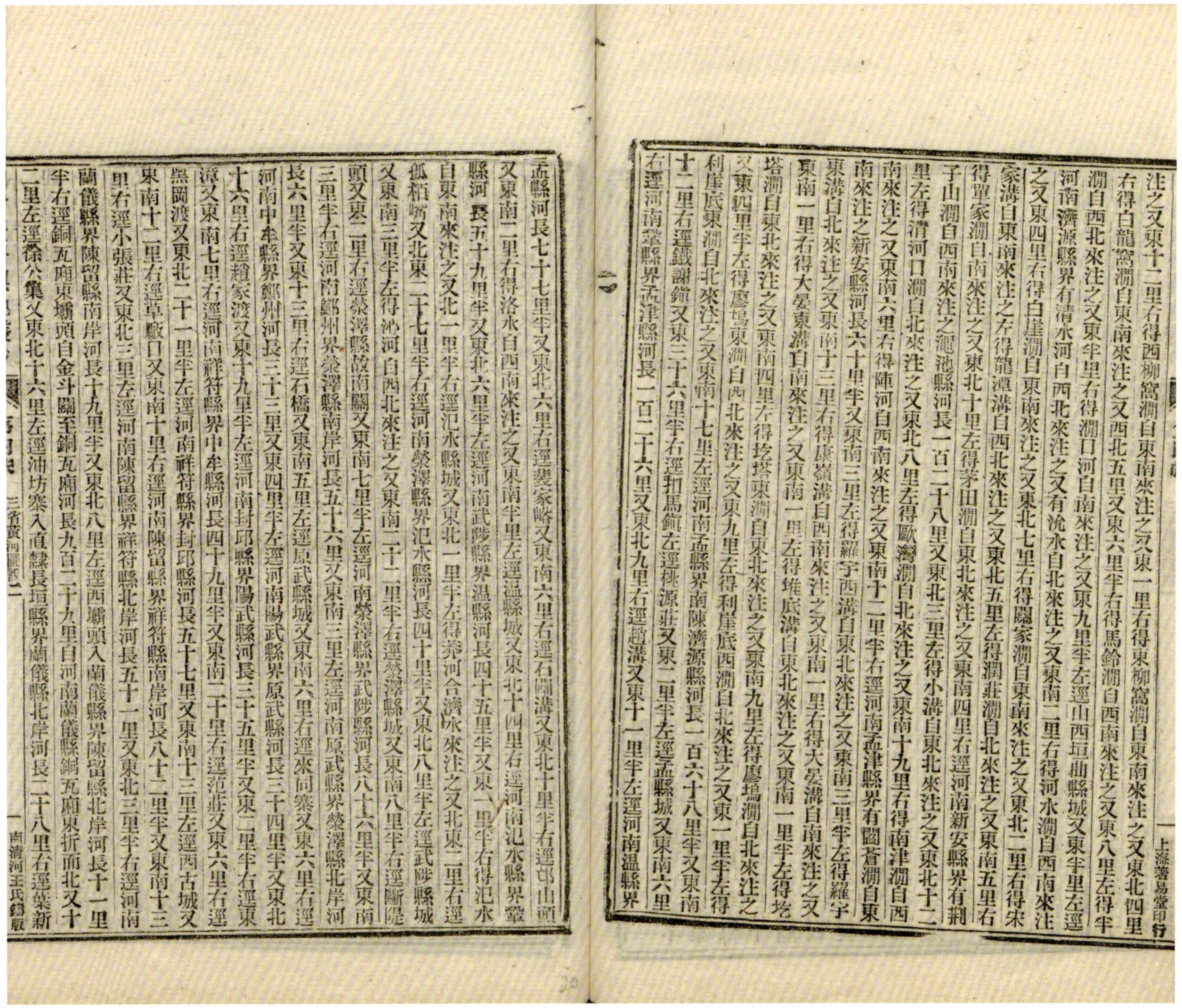

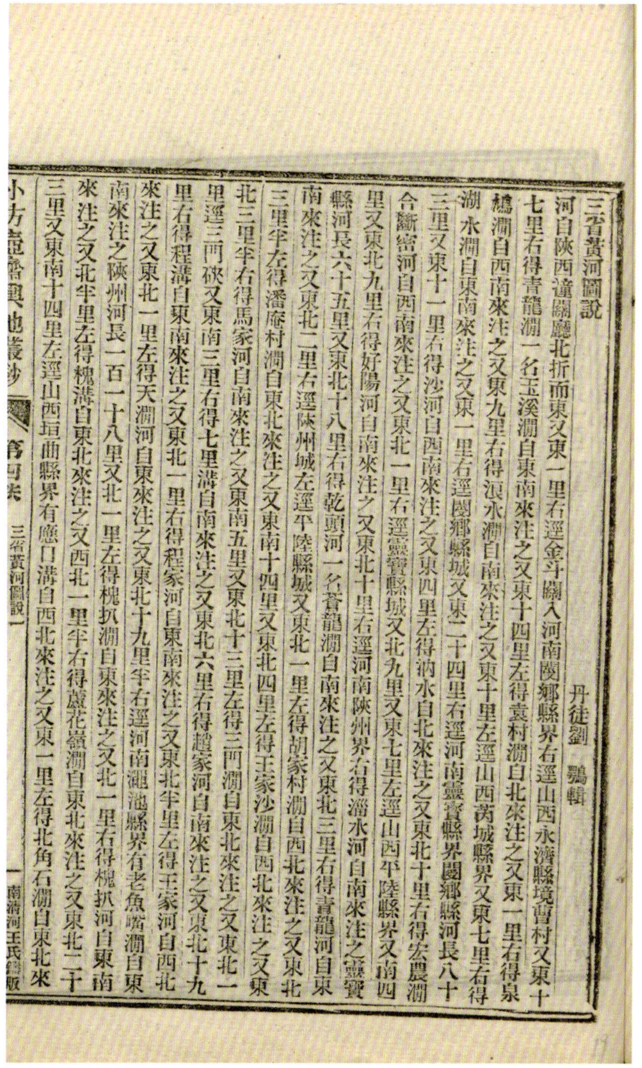

三省黄河图说

（清）刘鹗撰

铅印本

上海：著易堂，清光绪二十年（1894）

清光绪十五年（1889），吴大澂获准用新法测量黄河后，即命刘鹗为提调官，全面负责测绘一事。刘鹗与易顺鼎、顾潮等人至九月基本完成相关测绘。刘鹗另著文，共4200字，对黄河自陕西潼关入河南、经河北、山东入海所过州县乡村、接纳溪涧河川等均有记载，并考述支流源头、长度、流向，各支流间的相距里程。此篇收录于王锡祺辑《小方壶斋舆地丛钞补编：十二帙》（共4册）第2册。

绘呈直隶南北两岸堤埝黄河大概形势图

1 幅；62 厘米 ×33 厘米

彩绘本

[20 世纪 20 年代]

此图绘出直隶交界处至豫东交界处之黄河河道及两岸堤埝，尤其对濮阳大工合龙处描绘较多，也详细标注了两岸村庄。

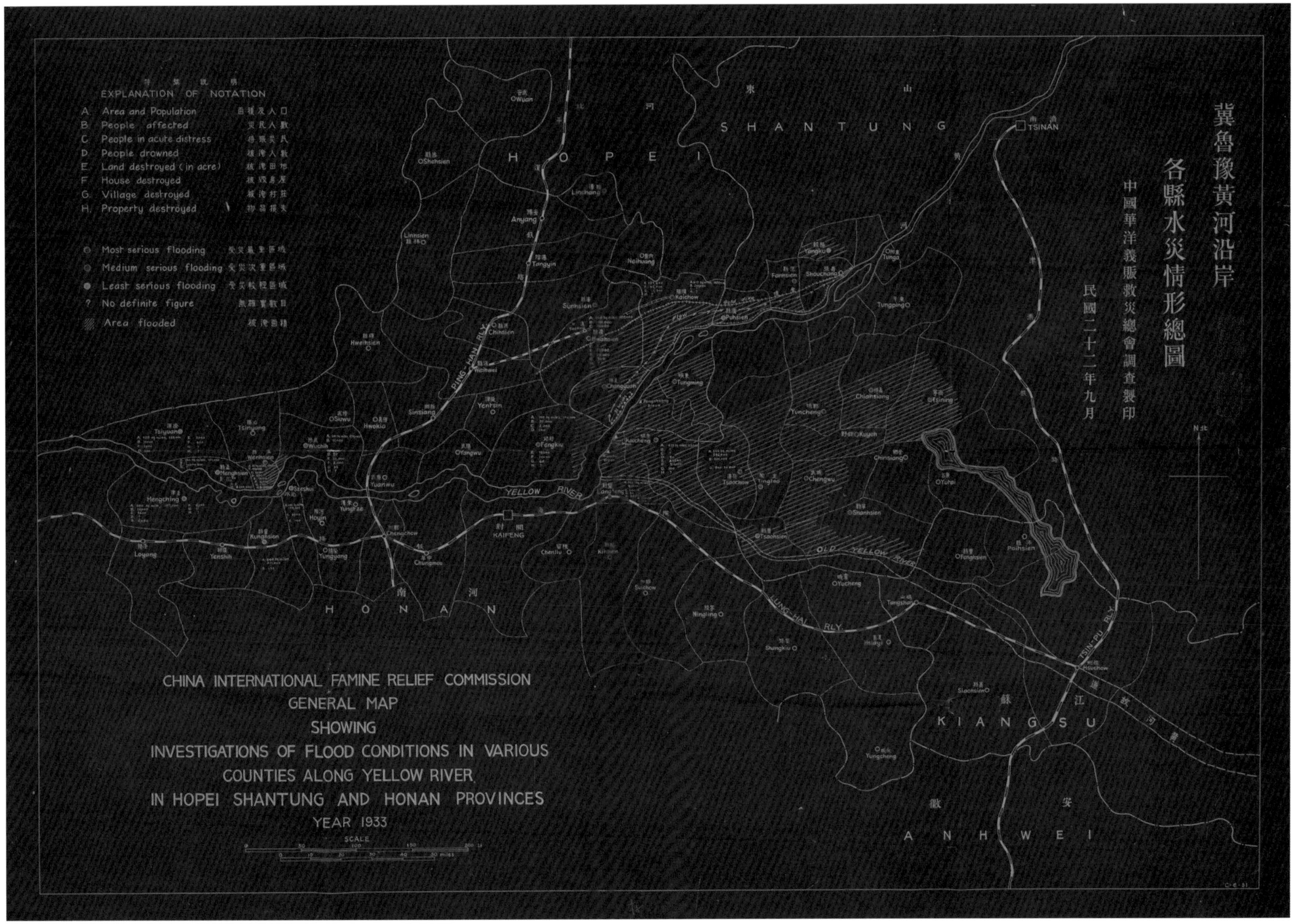

冀鲁豫黄河沿岸各县水灾情形总图

中国华洋义赈救灾总会制印

1 幅；61 厘米 ×85 厘米

晒印本

1933 年 9 月制，1934 年 1 月印

此图中英文对照，英文题名为 *Investigations of flood conditions in various counties along Yellow River in Hopei Shantung and Honan provinces*，系 1934 年 1 月《中国华洋义赈救灾总会会务一览》的封底附图。华洋义赈会是民国时期国内最大的民间慈善组织。此图描绘河南、河北、山东三省黄河流域，绘出被淹面积，并用不同颜色标注受灾最重、次重、较轻区域，标出区域面积及人口、灾民人数、待赈灾民、被淹人数、被淹田地、被毁房屋、被淹村庄、物品损失。

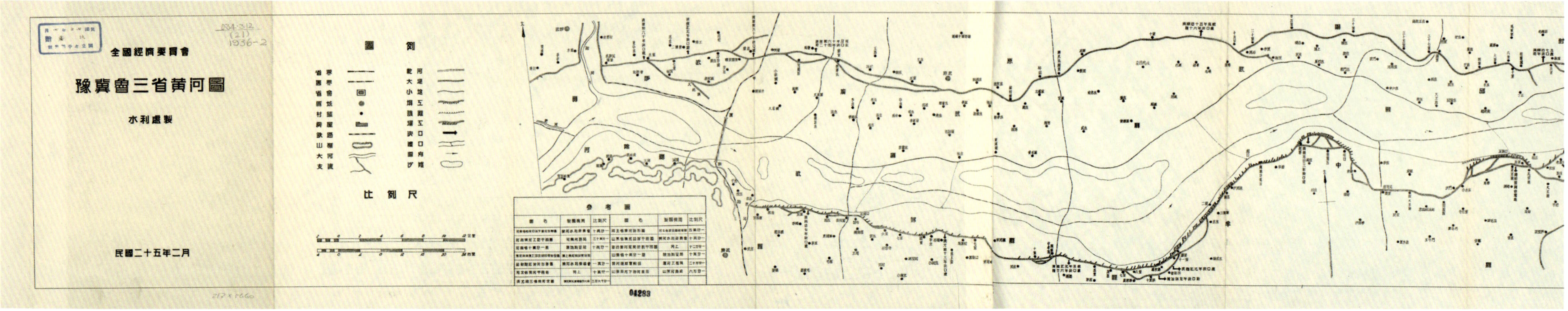

豫冀鲁三省黄河图

全国经济委员会水利处制
1幅；22厘米 ×532厘米
印本
民国二十五年（1936）

此图绘出河南、河北、山东三省境内黄河，详细标注清代至民国间三省历年黄河决口处沿岸堤防及县、邑、村镇等。图比例尺为十二万分之一。

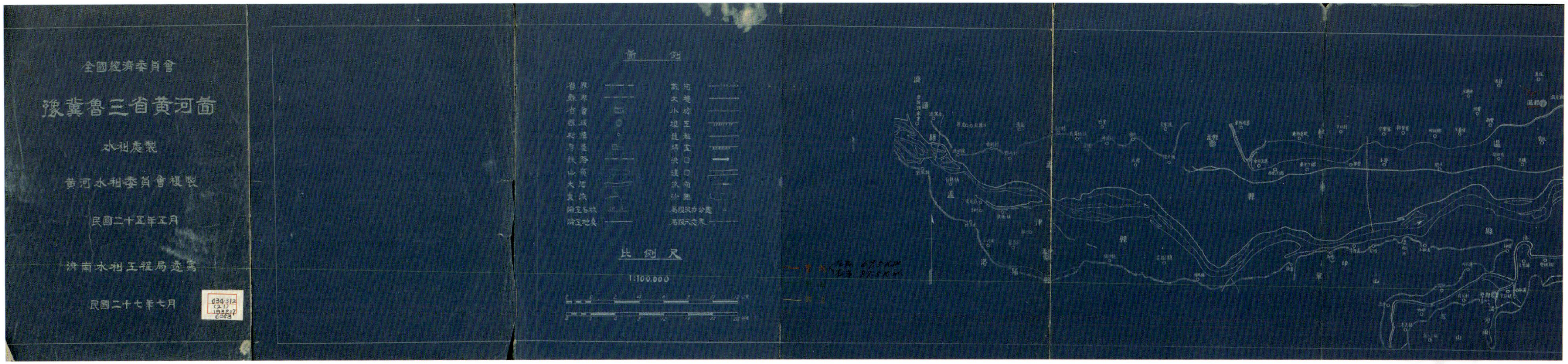

豫冀鲁三省黄河图

全国经济委员会水利处制

1 幅；25 厘米 ×742 厘米

晒蓝本

济南：水利工程局，民国二十七年七月（1938.7）

民国二十五年（1936），全国经济委员会水利处制作了《豫冀鲁三省黄河图》；同年七月，黄河水利委员会复制此图；民国二十七年（1938），济南水利工程局透写晒印此图。此晒蓝本地图内容与国图藏民国二十五年（1936）同名图基本相同，比例尺略有差异，为十万分之一。此图所绘黄河自河南济源县、孟津县至山东利津县入海，沿途地名标注详细，不同年代合龙处标注清晰，且以不同颜色标示实测、踏勘、调查之段落。

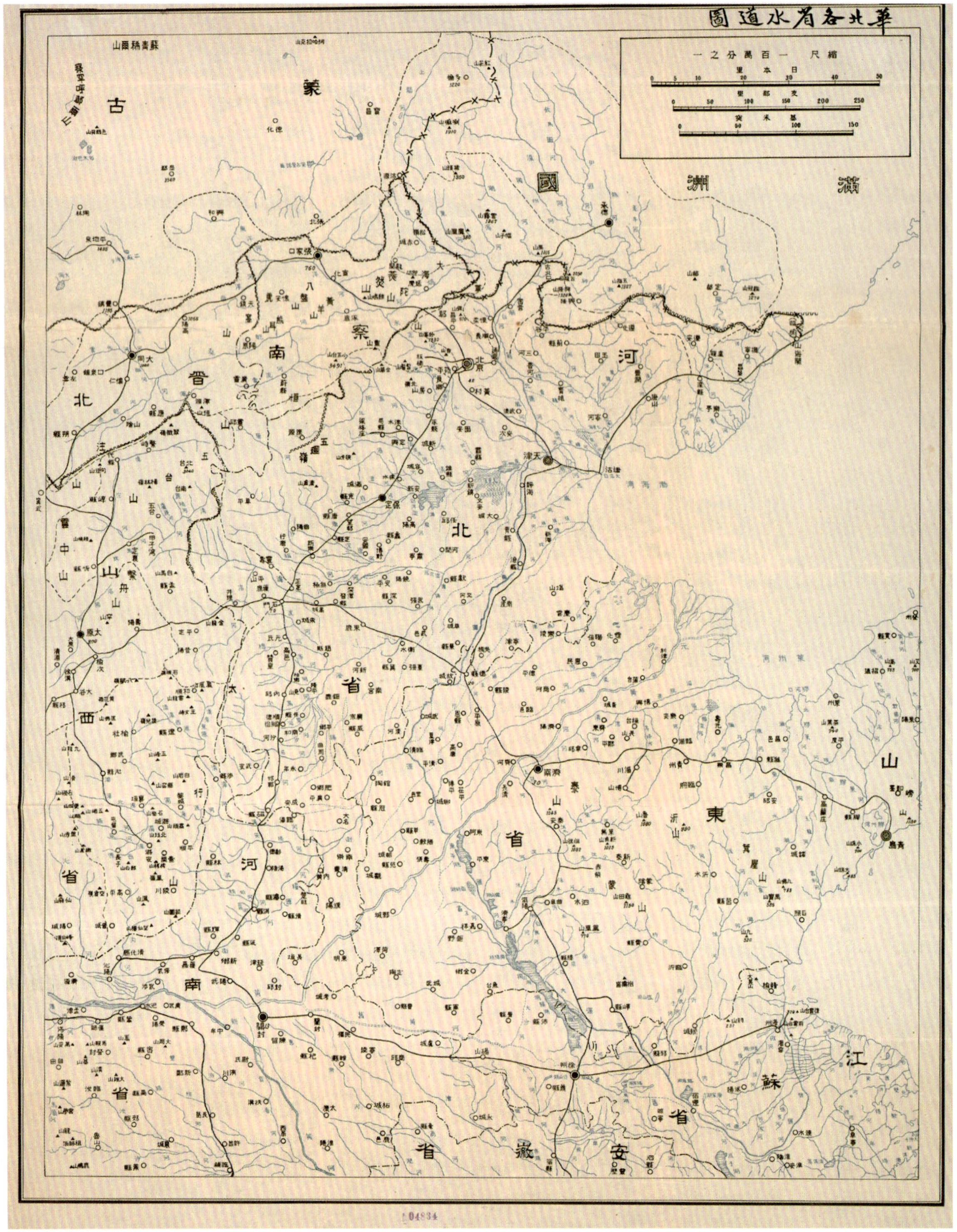

华北各省水道图

1幅；92厘米×71厘米

彩印本

[约1940年]

是为比例尺百万分之一的现代测绘地图，描绘了自河南孟津到山东利津入海口处的黄河河段。图中绘出黄河沿线汇入水系，以双虚线标出旧黄河、元（原）黄河。

河南黄河图

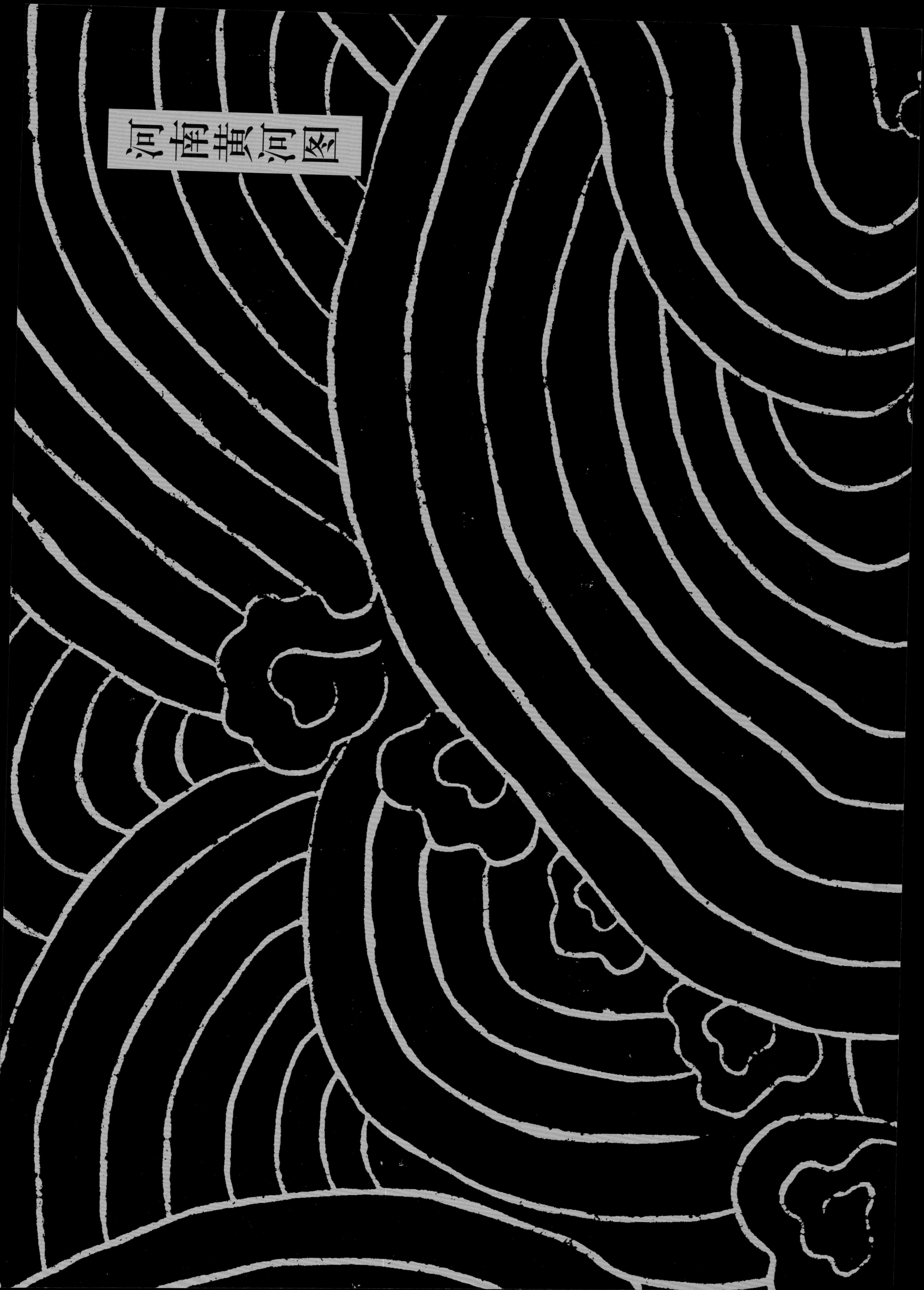

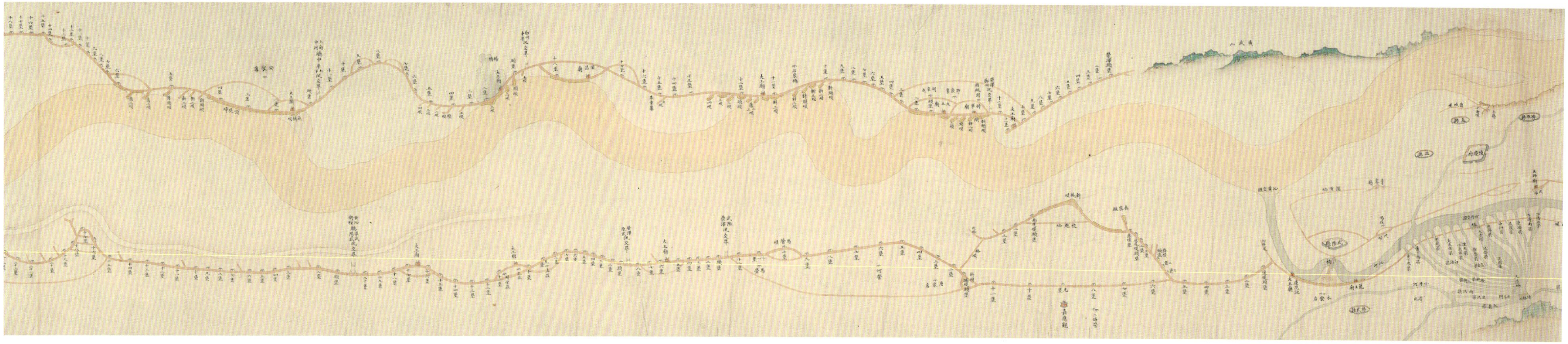

[河南黄河八厅图]

1幅；28厘米 ×440厘米

彩绘本

[清咸丰初年]

此图绘出自怀庆府济源县、沁黄交汇处至河南虞城、江南砀山县交界处之黄河河道，涉及黄河南岸上南、中河、下南、兰仪、仪睢、睢宁、商虞、归河等八厅及黄河北岸黄沁、卫粮、祥河、下北、曹考等五厅，同时绘出黄河两岸大堤、堡、坝等工程及沿岸府、州、县等。各堡注记详细。

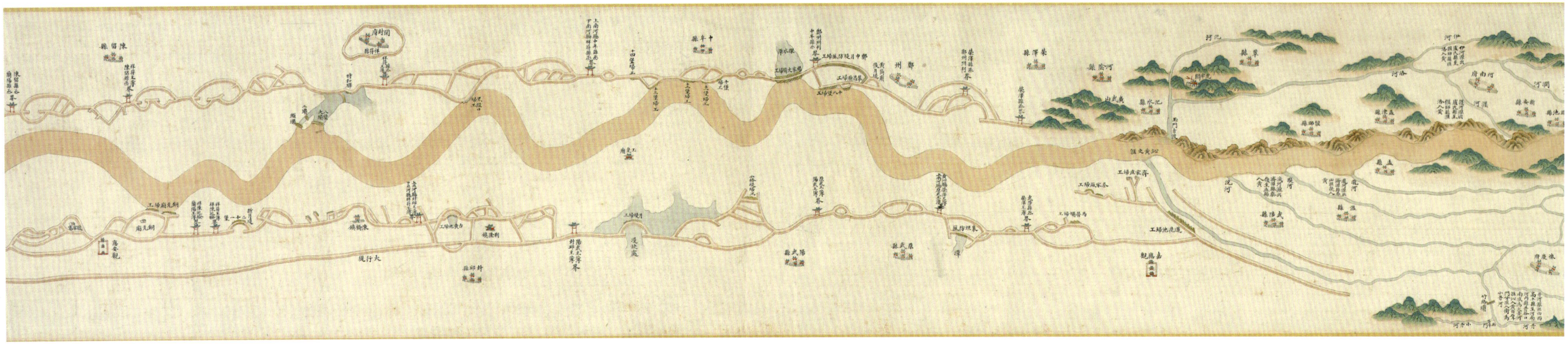

[河南黄河图]

1幅；28厘米×264厘米

绢底彩绘本

[清咸丰初年]

此图采用传统青绿山水画法，绘制精细，绘出从陕西潼关至山东单县与江南砀山县界段之黄河，绘出并标注了山脉、河流、城关、两岸堤埽工、漫缺处、坝、堡等，标注了府、州、县、各县县界等，图说说明了支流入黄情形。

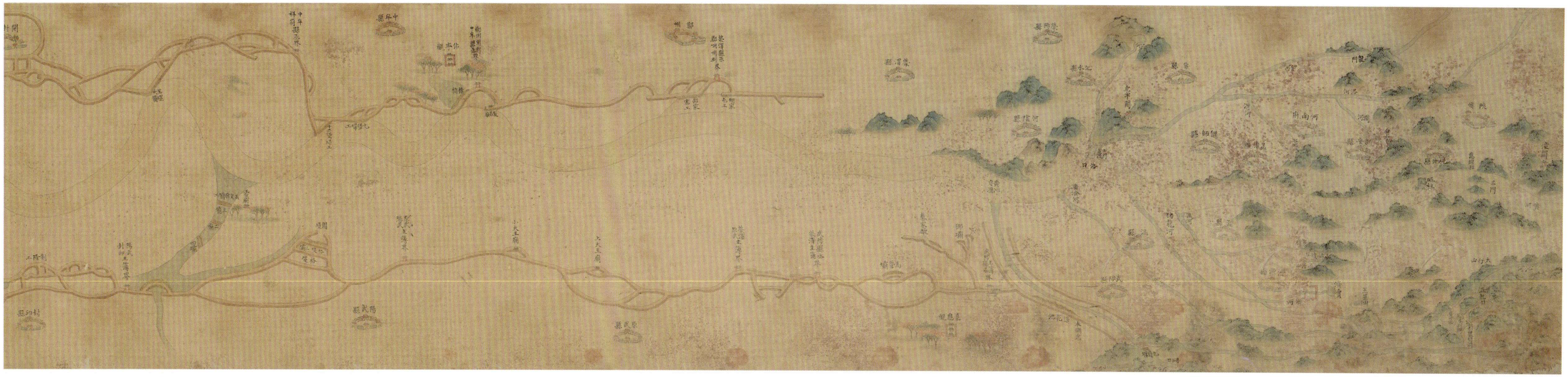

[**河南黄河图**]

1 幅；26 厘米 ×274 厘米

彩绘本

[清咸丰年间（1851—1861）]

此图与馆藏同名图（上条）绘制风格相似，地理范围相同，但内容有较多不同，无图说。此藏本有水渍漫污痕迹。

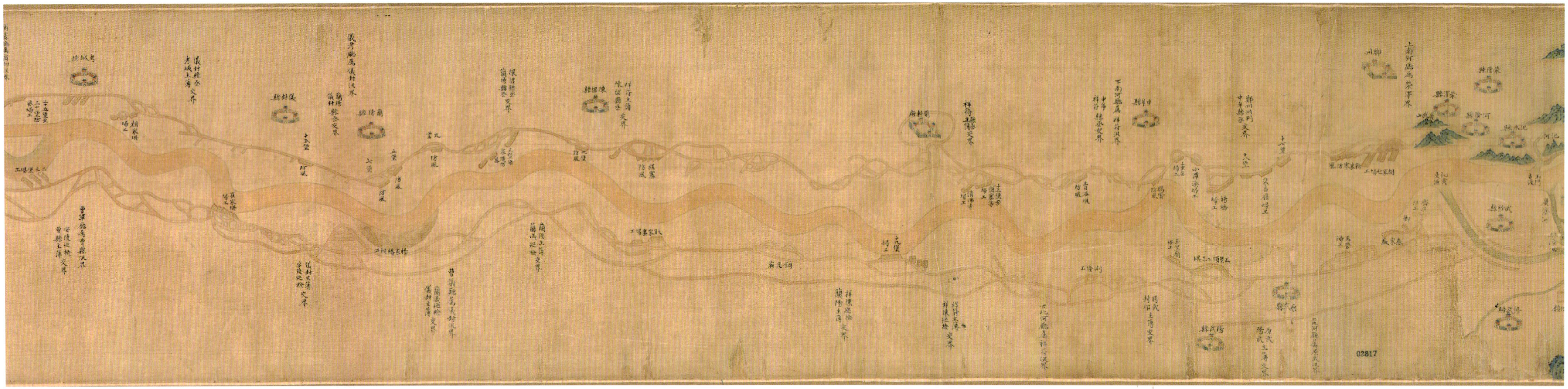

河南黄河堤工图

1幅；31厘米×202厘米

绢底彩绘本

［清咸丰年间（1851—1861）］

此图采用传统青绿山水画法，绘制精细，绘出自河南阌乡县至虞城县之黄河河段，绘出并标注了山脉、河流、城关、两岸堤埽工、漫缺处、坝、堡等，标注了府、州、县、各县县界等。此图与国图藏清咸丰初年绢底彩绘本《河南黄河图》绘制风格类似、内容接近，但汇入河流等情况的表达更为详细。

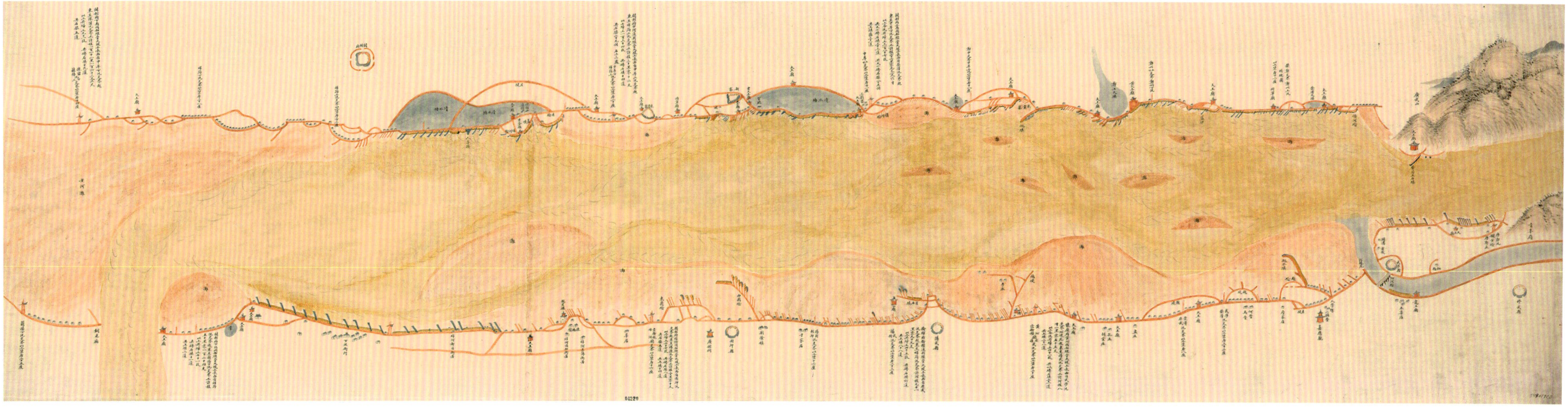

河南黄河图

1幅；50厘米 ×192厘米

彩绘本

[约清咸丰五至六年（1855—1856）]

此图绘出河南境内黄河，所绘黄河已自铜瓦厢改道北行经山东入海。黄河河道绘制醒目，上色明丽，河中“滩”地清楚标出，两岸堤、埝、衙署、寺庙及沿途注入水系等绘制清晰详细，堤、埝、庙、衙署、县界等均以文字标示，另有图说详细说明经管大堤官员以及大堤起讫、丈尺和埽工、各坝、堡房数量等。

豫省黄河南北上游七厅现在河势工程情形全图

（清）张瀛奎摹绘

1 幅；26 厘米 ×294 厘米

彩绘本

清光绪十三年（1887）

此图绘出河南境内闵（阌）乡至兰阳段黄河河道，描绘了河南黄河南北上游七厅河势情形，同时绘出汇入水系、两岸村镇、府州县、寺庙、山脉、堤工工程等，标出两岸寺庙、村寨、堤工工程等，文字标注黄河南、北岸各段大堤堤工长度和河兵、堡夫等人数。另有图说说明拦黄坝丈尺、修葺情况，各段大堤丈尺，堡夫河兵数量等。图中有“光绪九年黄河图 十三年假游公本抄”字样。

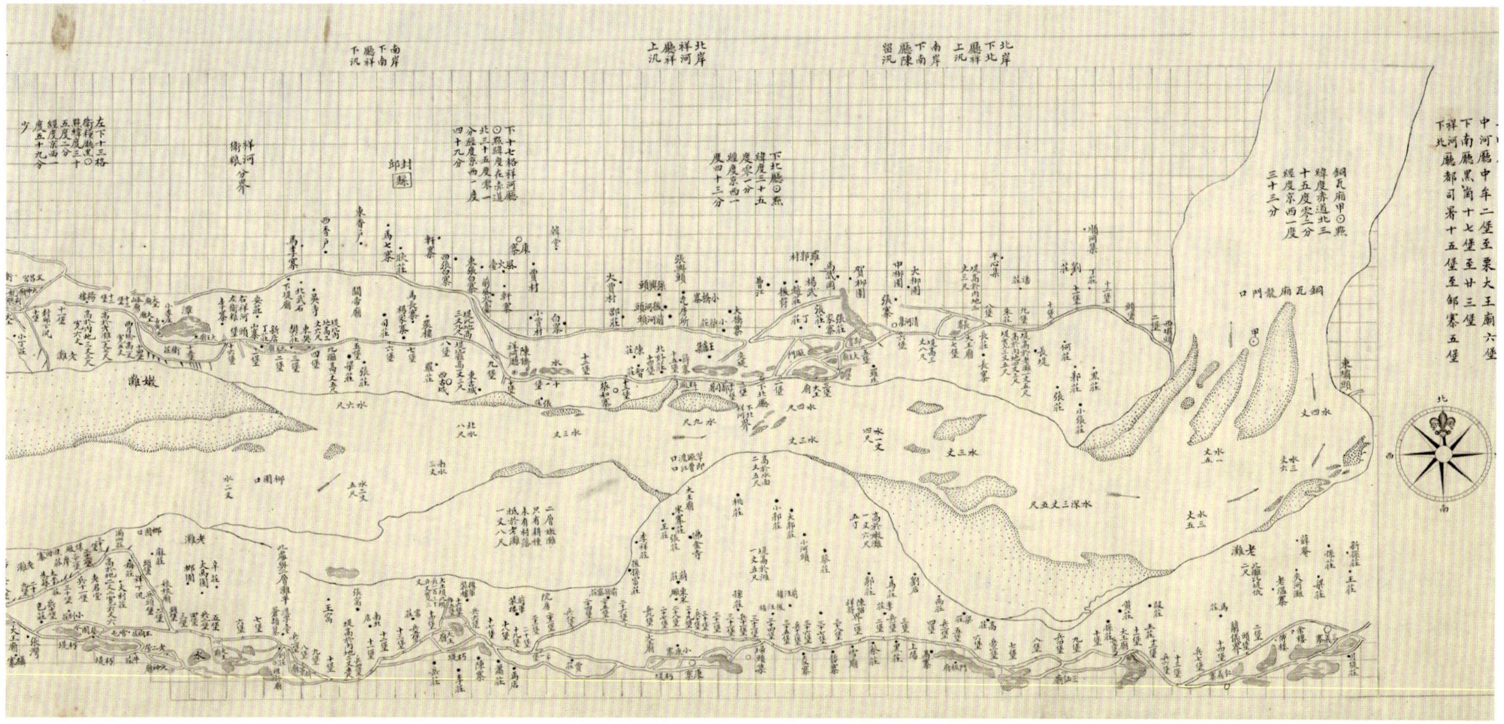

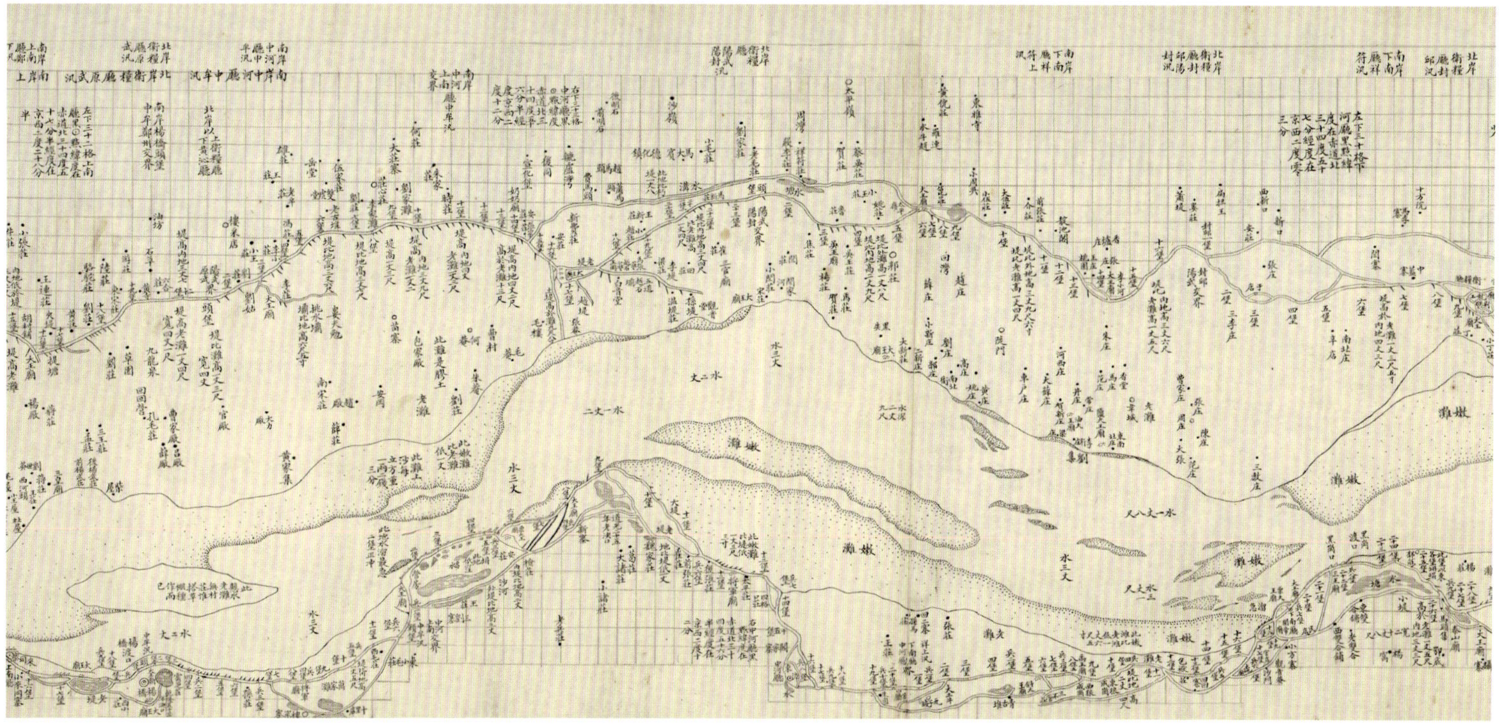

七厅河图指掌

(清) 赵广埙绘

1 幅；30 厘米 ×203 厘米

绘本

[清光绪十五年至光绪末年（1889—1908）]

此图所绘黄河系河南汜水县清风岭起至铜瓦厢止之河段，图上标注了堤坝、河滩、村寨、险工、水势高低等，文字标注各厅和重要地点的经纬度以及河中各处水深，箭头标出水流方向。此图有凡例、方向标和经纬度，并有计里画方，每方一里。图首有“七厅河图指掌图说”，说明制图缘由，其中提及“吴倪两帅测绘三省黄河图”，故推测本图绘制在清光绪十五年（1889）之后。

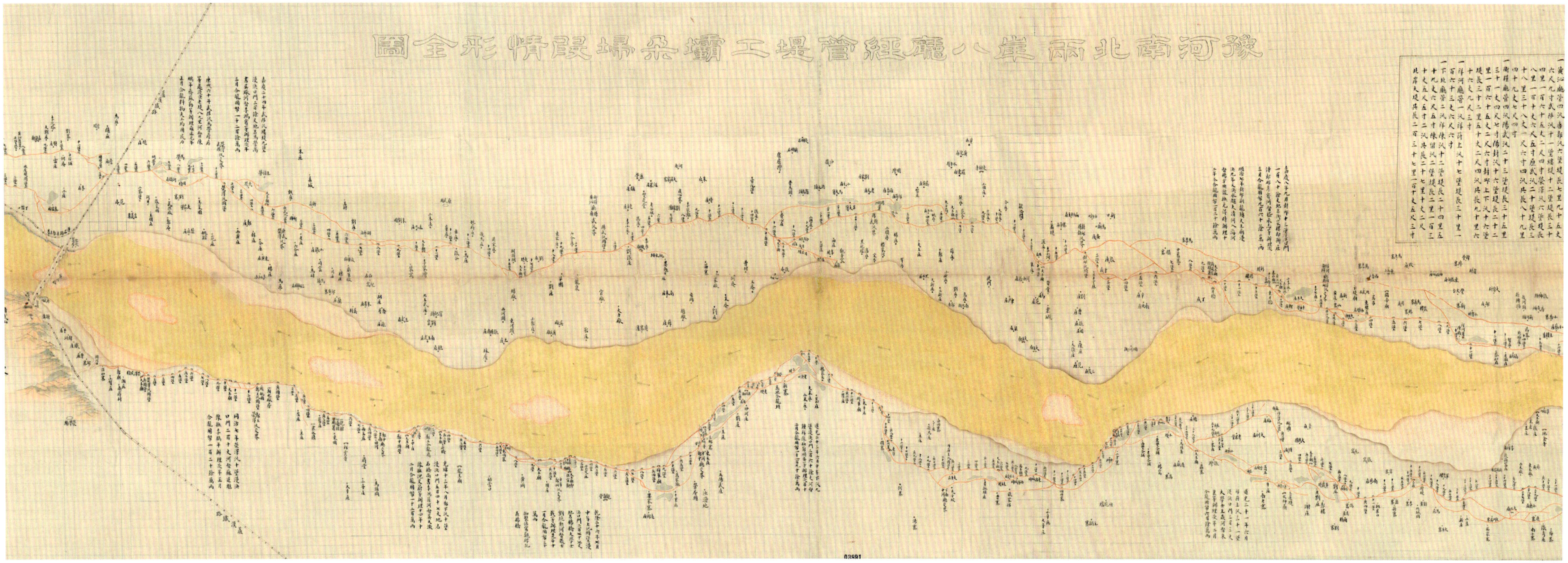

豫河南北两岸八厅经管堤工坝垛埽段情形全图

(清) 黄家驹绘

1 幅；54 厘米 ×225 厘米

彩绘本

[清光绪三十年至光绪末年（1904—1908）]

此图系作者担任河南开封上南河同知时绘制。绘出直隶河南交界处起至河南武陟县止之黄河河道及两岸堤坝，绘有公署、集镇、兵夫堡房、堤坝、拦黄埝、黄河走向等，详细标注两岸地名、堤坝堡等名称，并有文字说明决口时间、用工人数及银两，另有图说说明清代决口时间及处理情况等。图上有方向标、图例、计里画方（每方一里），并附《豫河南北八厅表》。图上有“光绪甲辰”字样，故推测此图绘于光绪三十年（1904）之后。

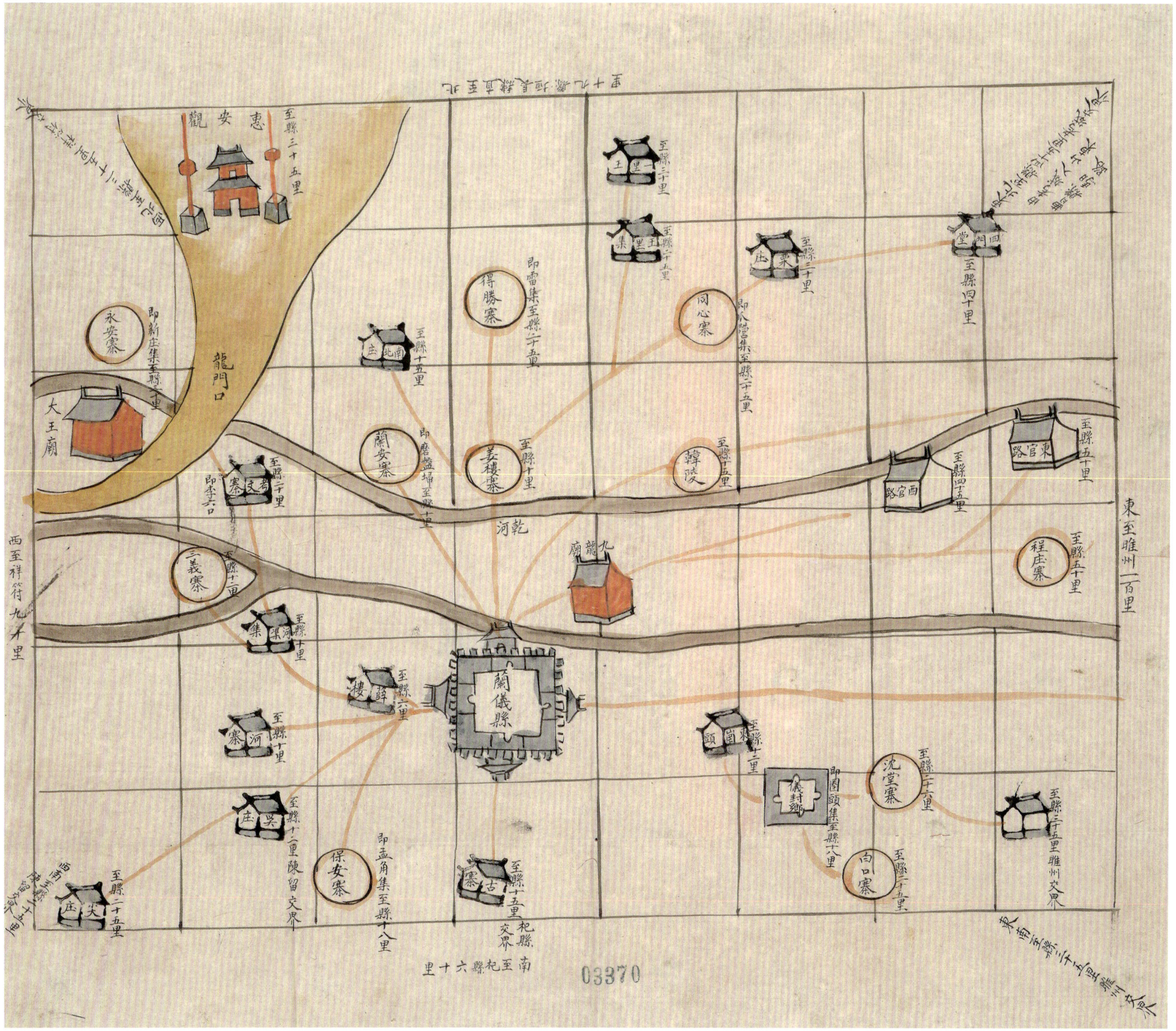

[河南黄河河道工程图]

19 幅；图廓不等

彩绘本

[清光绪年间（1875—1908）]

包括《兰仪县地舆全图》（28 厘米 ×29 厘米）、《荥泽县民埝工河图》（40 厘米 ×40 厘米）、《进筑挑水坝第十九占图》（21 厘米 ×21 厘米）、《考城县旧河图》（27 厘米 ×44 厘米）、《下北厅兰阳上汛新旧河口门情形图》（38 厘米 ×38 厘米）、《下北河厅属河图》（19 厘米 ×48 厘米）、《测量干河口图说》（37 厘米 ×37 厘米）、《祥河厅属祥符上汛现在堤坝埽段河势情形图》2 件（30 厘米 ×50 厘米）、《荥泽县河图》（36 厘米 ×40 厘米）、《考城县绘勘老黄河身图》2 件（21 厘米 ×40 厘米）、《下北河厅属现在河势情形图》2 件（31 厘米 ×37 厘米）、《兰阳汛堤工河势草图》（23 厘米 ×86 厘米）、《开封府兰仪县河图》（37 厘米 ×40 厘米）、《归德府商丘县旧管大堤堡房黄河图》（26 厘米 ×57 厘米）、《虞城县呈境内黄河旧身图说》（37 厘米 ×40 厘米）、《曹县旧黄河堤岸图》（50 厘米 ×50 厘米）。另附估价清册 14 册及说帖 2 份，例如“曹松岚抄送导沁引漳济运五说”。

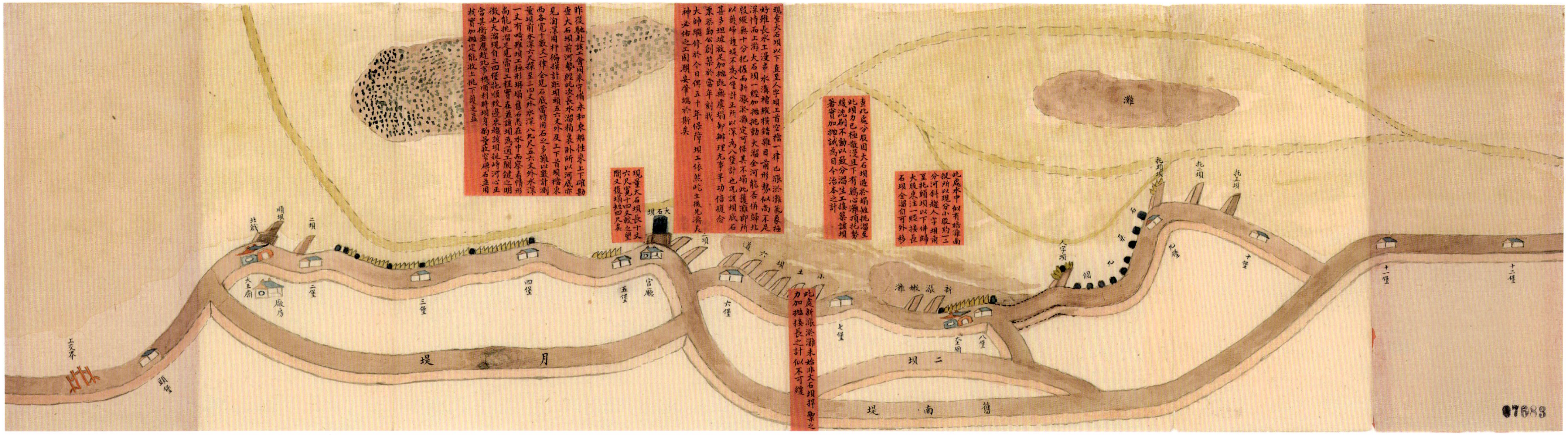

河南省各县黄河河势情形图

15 幅；图廓不等

彩绘本

[清光绪年间（1875—1908）]

包括《郑工现在河势图》（20 厘米 ×58 厘米）、《中河厅属中牟下汛三八堡现在河势情形图》（21 厘米 ×74 厘米）、《郑工上移情形图》）（31 厘米 ×90 厘米）、《上南厅属郑州下汛十堡漫口河势图》（22 厘米 ×20 厘米）、《中河厅实在河势及大堤弯曲情形图》（21 厘米 ×74 厘米）、《下北河厅现在河势图》（20 厘米 ×77 厘米）、《西平舞阳两县洪河庄村图》(37 厘米 ×63 厘米)、《下南河厅经管祥陈三汛堤工事宜图》(27 厘米 ×33 厘米)、《查勘现在河势图》(22 厘米 ×61 厘米)、《开封府鄢陵县造送舆河图》(53 厘米 ×54 厘米)、《卫粮厅黄河图》（29 厘米 ×37 厘米）、《郑汛裴昌庙河势图》（20 厘米 ×51 厘米）、《荥泽县民埝石坝工程现在河势草图》（24 厘米 ×59 厘米）、《中河厅中牟下汛现在河势图》（18 厘米 ×56 厘米）、《卫辉府封丘县议筑黄陵一带堤埝情形图》（63 厘米 ×47 厘米）。

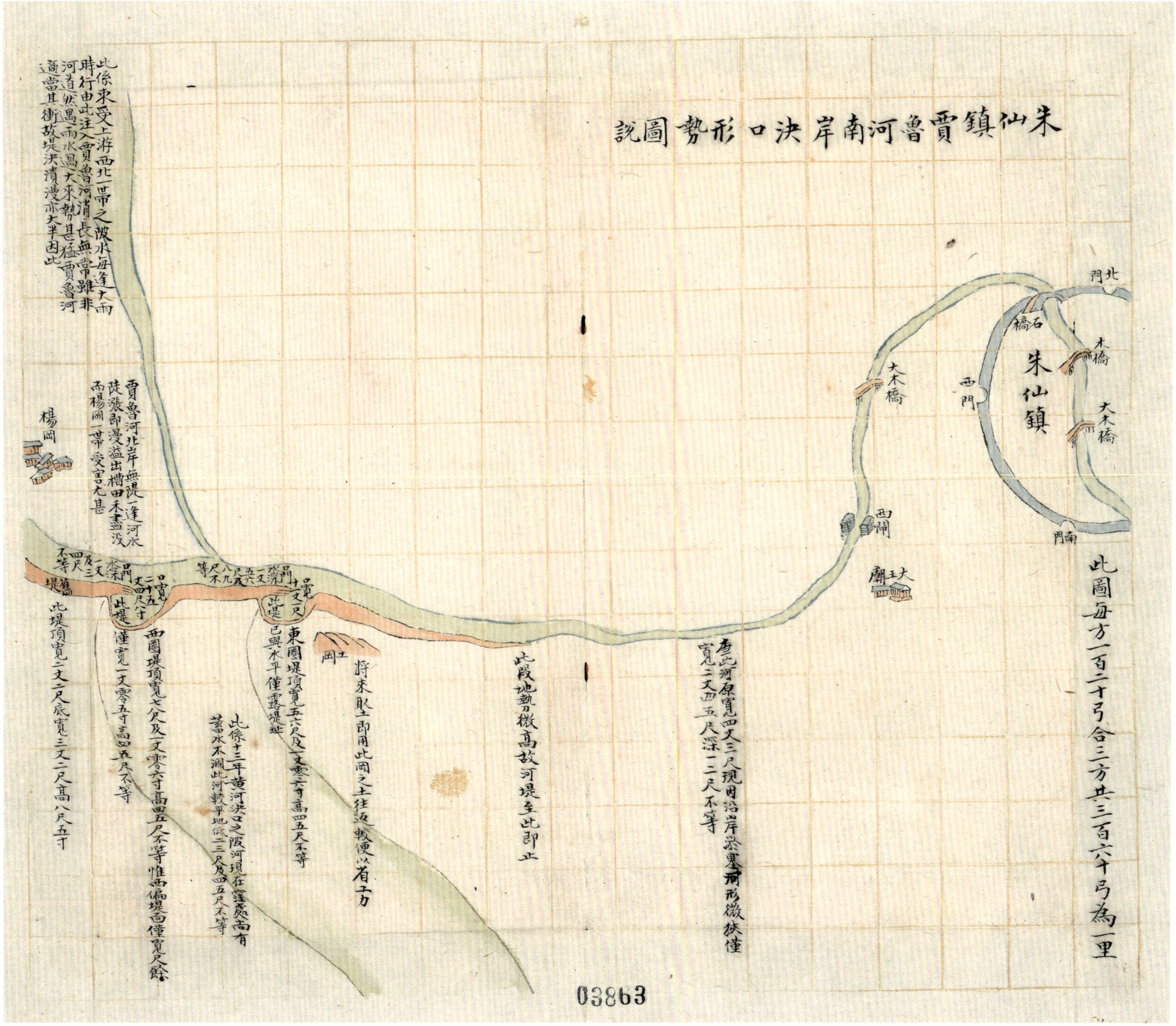

河南各县黄河图

14 幅；图廓不等

彩绘本

[清光绪年间（1875—1908）]

分别为《初八日自苏家桥至石沟一带河道情形图》（27 厘米 ×47 厘米）、《武陟县沁河堤工图》（35 厘米 ×56 厘米）、《初七日自赵北口至苏家桥一带河道情形图》（20 厘米 ×45 厘米）、《漕运厅北寺庄新筑堤坝情形图》（32 厘米 ×41 厘米）、《扶沟县双洎河图》（55 厘米 ×63 厘米）、《谨呈六月二十五日楚饷失鞘漳河图图稿》（37 厘米 ×45 厘米）、《淮宁县大沙河图》（46 厘米 ×46 厘米）、《贾鲁河全图》（47 厘米 ×47 厘米）、《彰德府临漳县漳河决口堵筑口门河道图》（26 厘米 ×31 厘米）、《陈州府淮宁县河图》（39 厘米 ×39 厘米）、《兰仪县河图》（35 厘米 ×44 厘米）、《睢州城河图》（47 厘米 ×47 厘米）、《朱仙镇贾鲁河南岸决口形势图说》（每幅 27 厘米 ×26 厘米）。附说帖及信札一包。

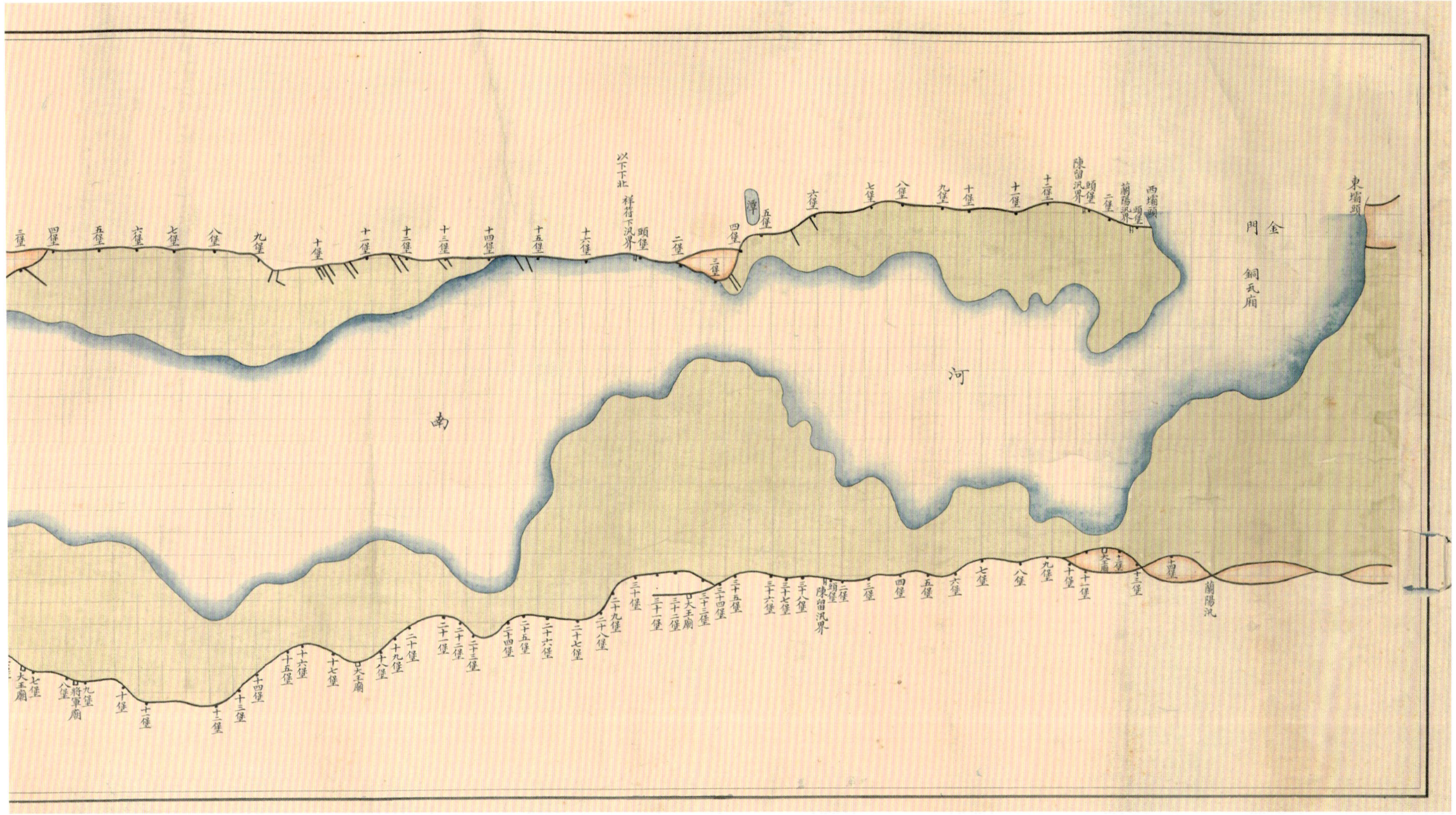

河南黄河全图

1 幅；26 厘米 ×203 厘米

彩绘本

[清光绪年间（1875—1908）]

此图详细绘出河南汜水县清风岭至铜瓦厢黄河汛段堡界及滩河形势，详细标注两岸各堡及汛界等。图上绘有网格，但无比例。此藏本图首有破损。

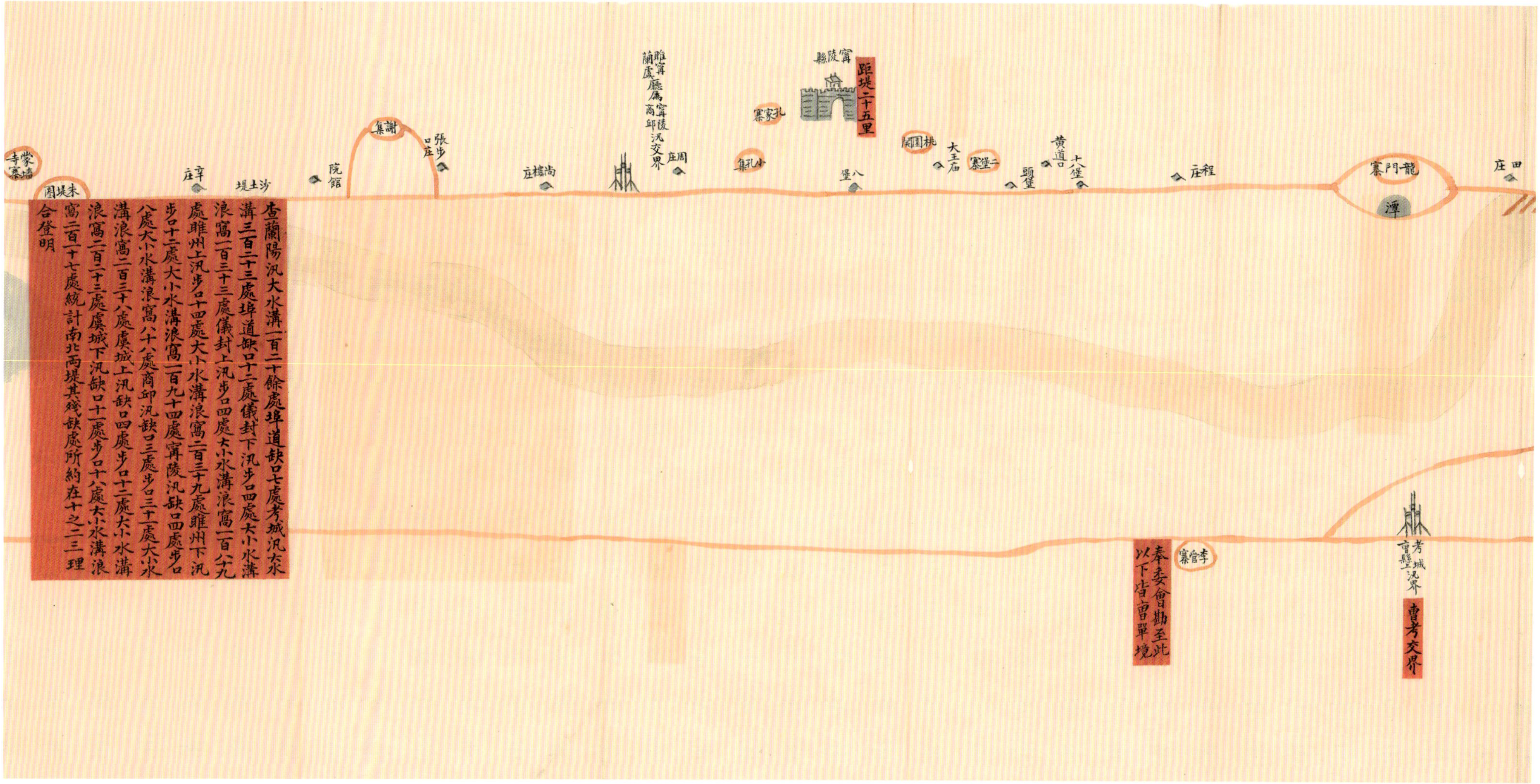

河南黄河图

1 幅；32 厘米 ×213 厘米

彩绘本

［清光绪年间（1875—1908）］

此图着重描绘河南省境内黄河，将黄河置于中心位置，绘出两岸防线，圈出重要村庄集寨，标出两岸村镇，清晰标示各县交界，另有红签图说详细说明防汛工程丈尺、规模、残缺处所等。

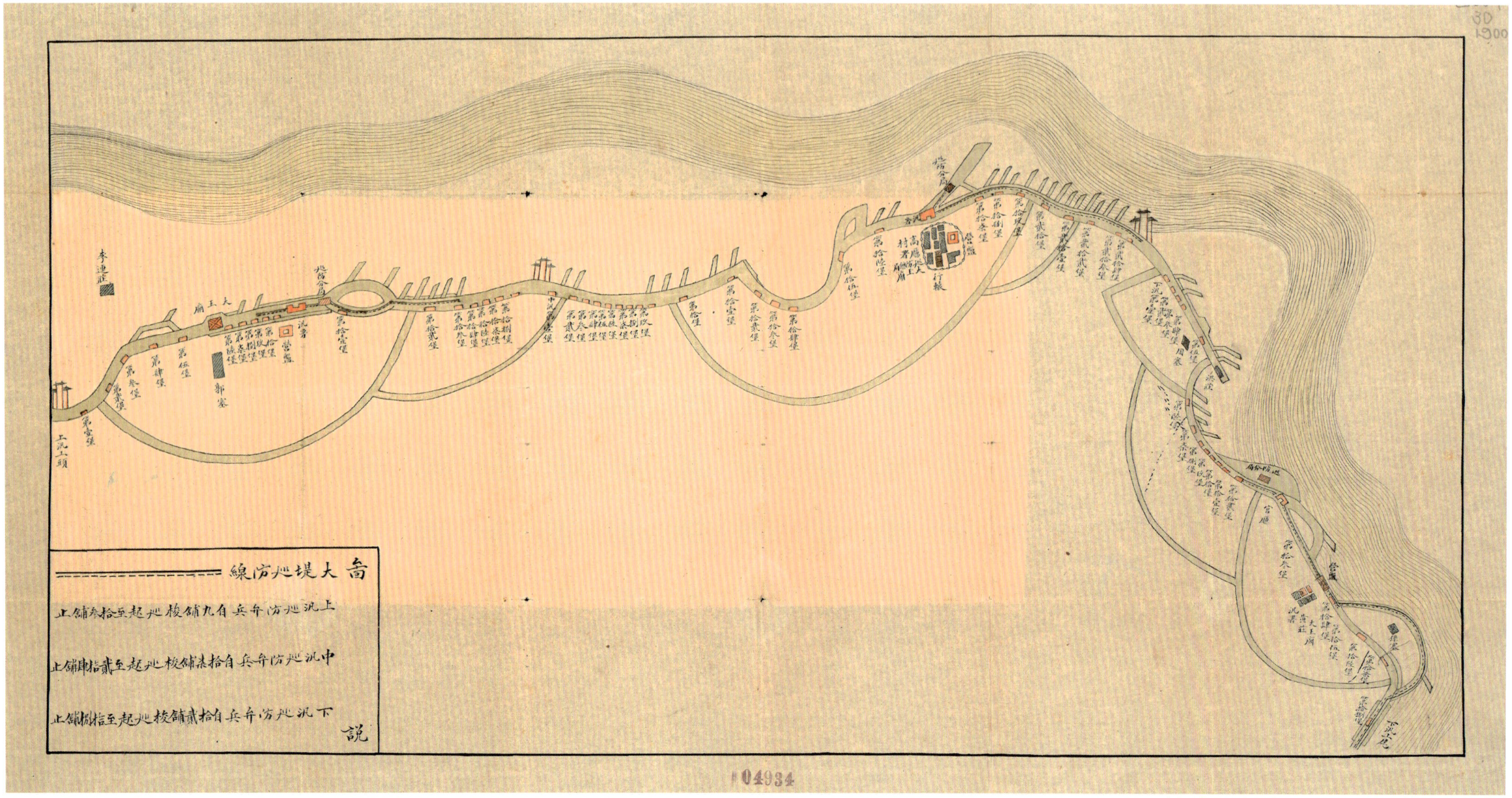

黄工南岸三汛巡防分局弁兵分段梭巡堤图

1幅；30厘米 ×58厘米

彩绘本

[清光绪年间（1875—1908）]

此图描绘了从李连庄上汛工头至孙塞下汛工尾全程，标绘出28个堡、黄河大堤巡防线，有简略图说说明各汛起讫及堡数。

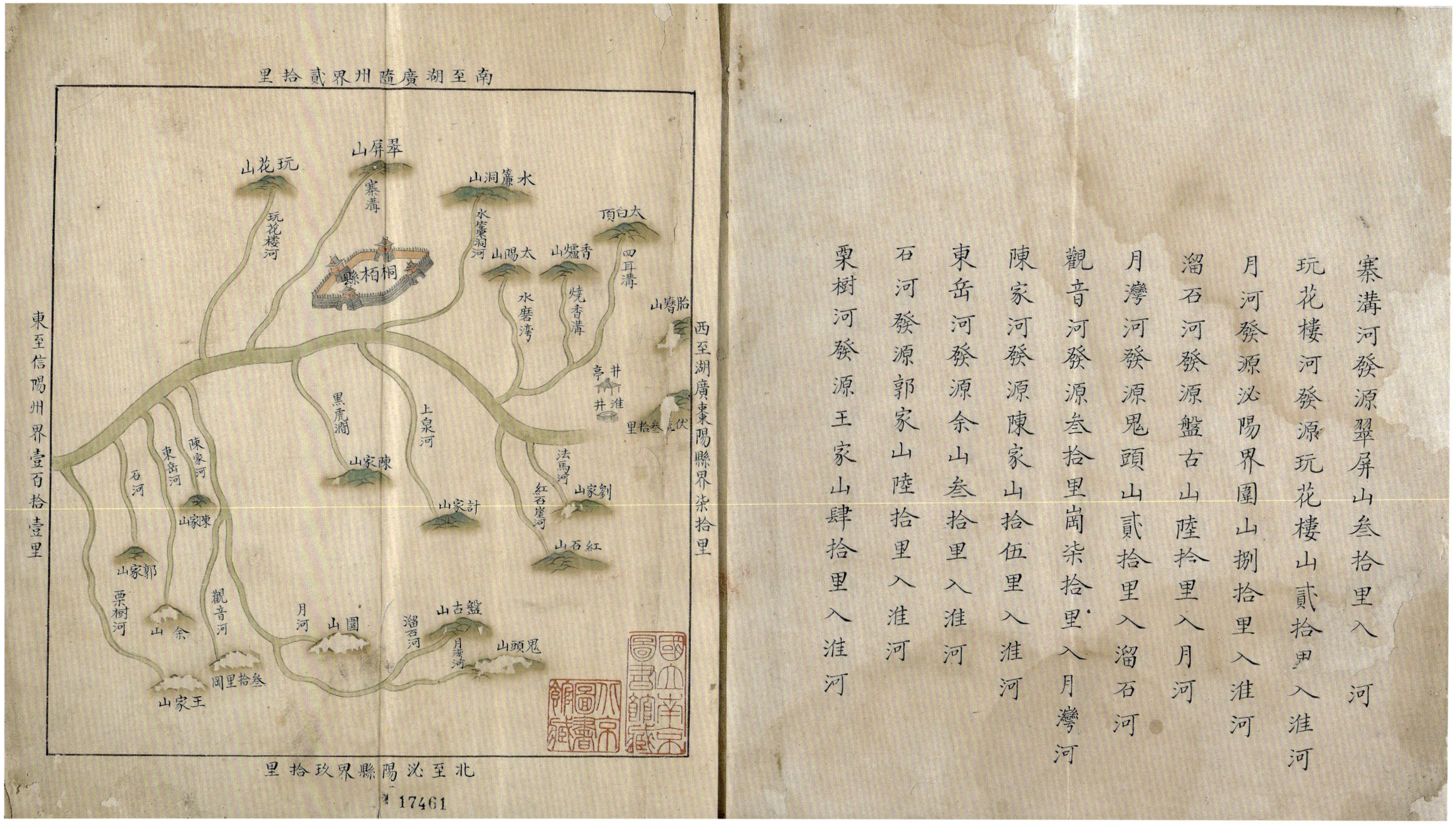

豫省归淮河道情形图说

1 册；30.3 厘米 ×39.5 厘米

彩绘本

［民国初年］

此书先说后图，记录河南境内 59 个州、县。图说介绍各县境内河流发源及入淮距离；详细绘出淮河及汇入河流、两岸州县城郭，图中文字标注河流、山脉、州县等，图四周有文字记录此地距离相邻州县的里程数。

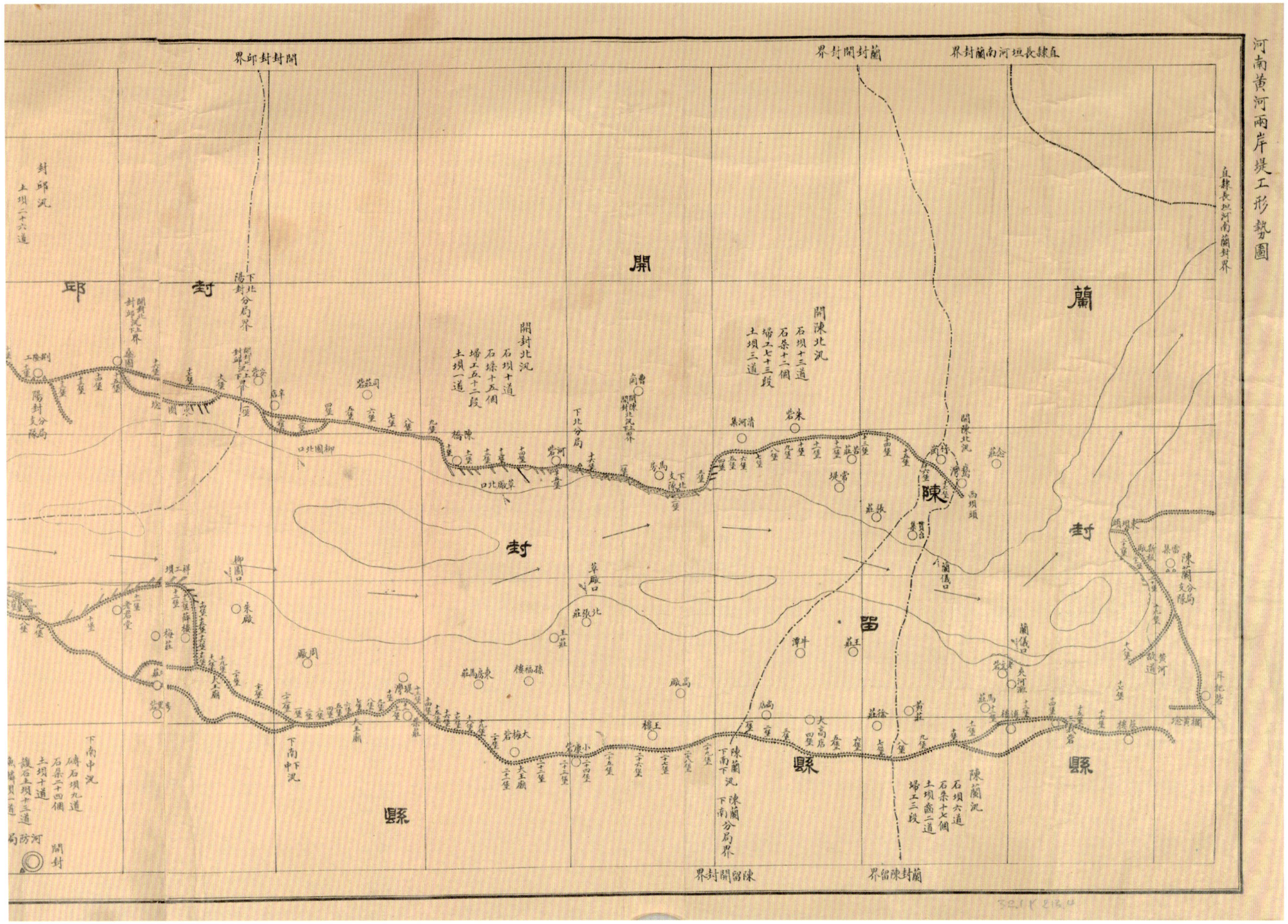

河南黄河两岸堤工形势图

河南省河务局制

1 幅；32 厘米 ×213 厘米

石印本

民国七年（1918）

此图描绘河南境内从兰封县到孟津县段黄河，绘出黄河流向、各县分界、各汛大坝及堡、两岸大堤，详细标注两岸村庄，图说说明石垛、石坝、护崖、埽、埽前护石等数量。地图比例尺为十万分之一，以等高线表示地形，有附说和图例，附河南黄河状况表一、二。

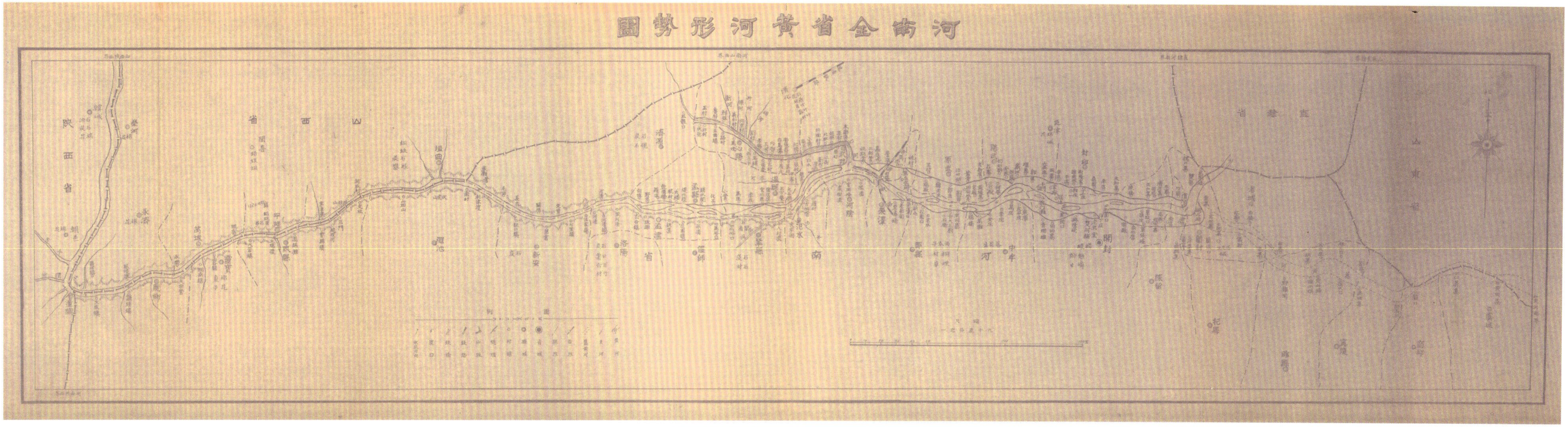

河南全省黄河形势图

1幅；21.2厘米 ×97厘米

晒蓝本

[约民国十五年（1926）]

此图绘出河南境内黄河、支河、旧黄河、省界、县界、省城、县城、村镇、堤堰、山脉、铁路、铁桥、渡口和水流方向。比例尺九十万分之一。此图出自《豫河志》。

[河南省黄河图]

1幅；54厘米×79厘米

彩印本

[约民国二十七年（1938）]

此图所绘地理范围系河南全省及山西、山东部分地区，所绘黄河系河南、山东段，图上标出河流、铁道、县界和省界等。地图以蓝色粗线条表示黄河，但无其他有关黄河的图示和说明。

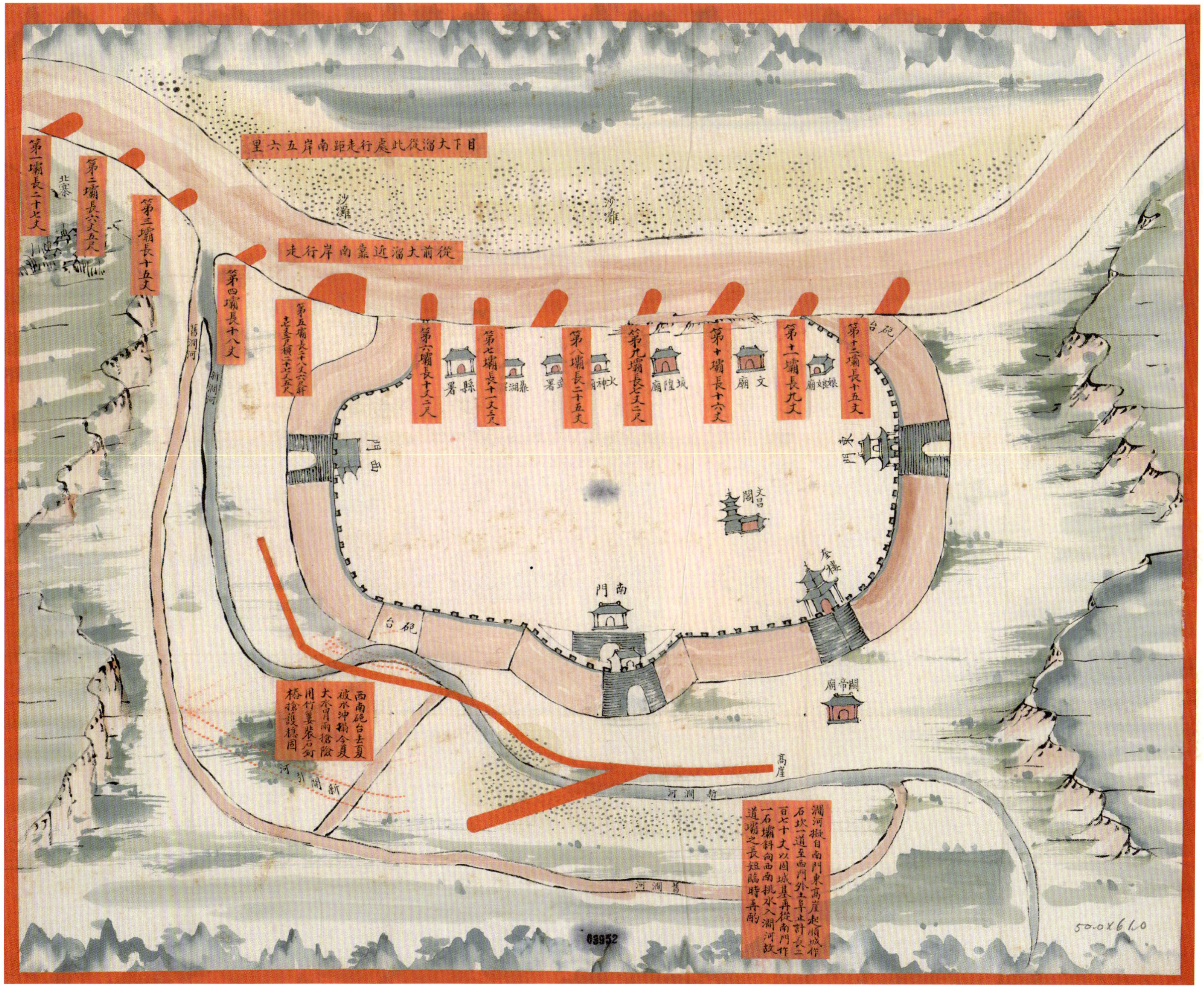

阌乡县黄涧河工图说

1 幅；50 厘米 ×61 厘米

彩绘本

[清光绪年间（1875—1908）]

图中绘有河南阌乡县旧涧河、新涧河及炮台、县署等，贴签说明各坝长度、炮台与涧河修建情况等。

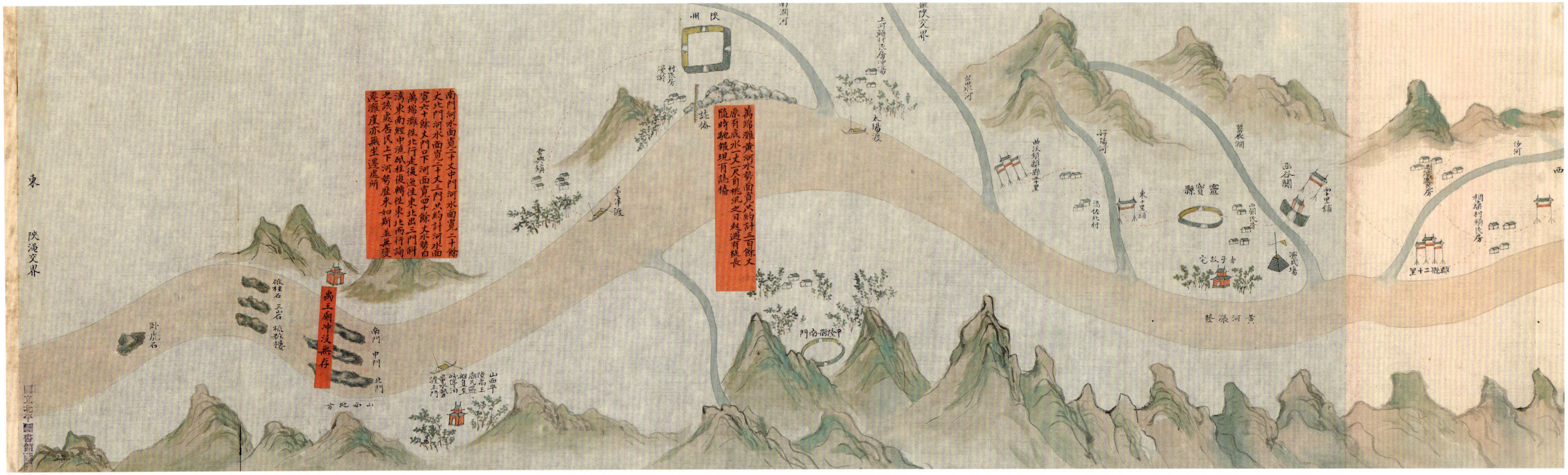

灵宝县陕州两处河势情形图

1 幅；23 厘米 ×74 厘米

彩绘本

[清光绪年间（1875—1908）]

此图绘出陕州城、灵宝县境黄河河道、两岸山脉、寺庙、汇入河流、渡口，乃至卧虎石、砥柱石、老子故宅等，并贴签注出黄河水势、河面宽度。

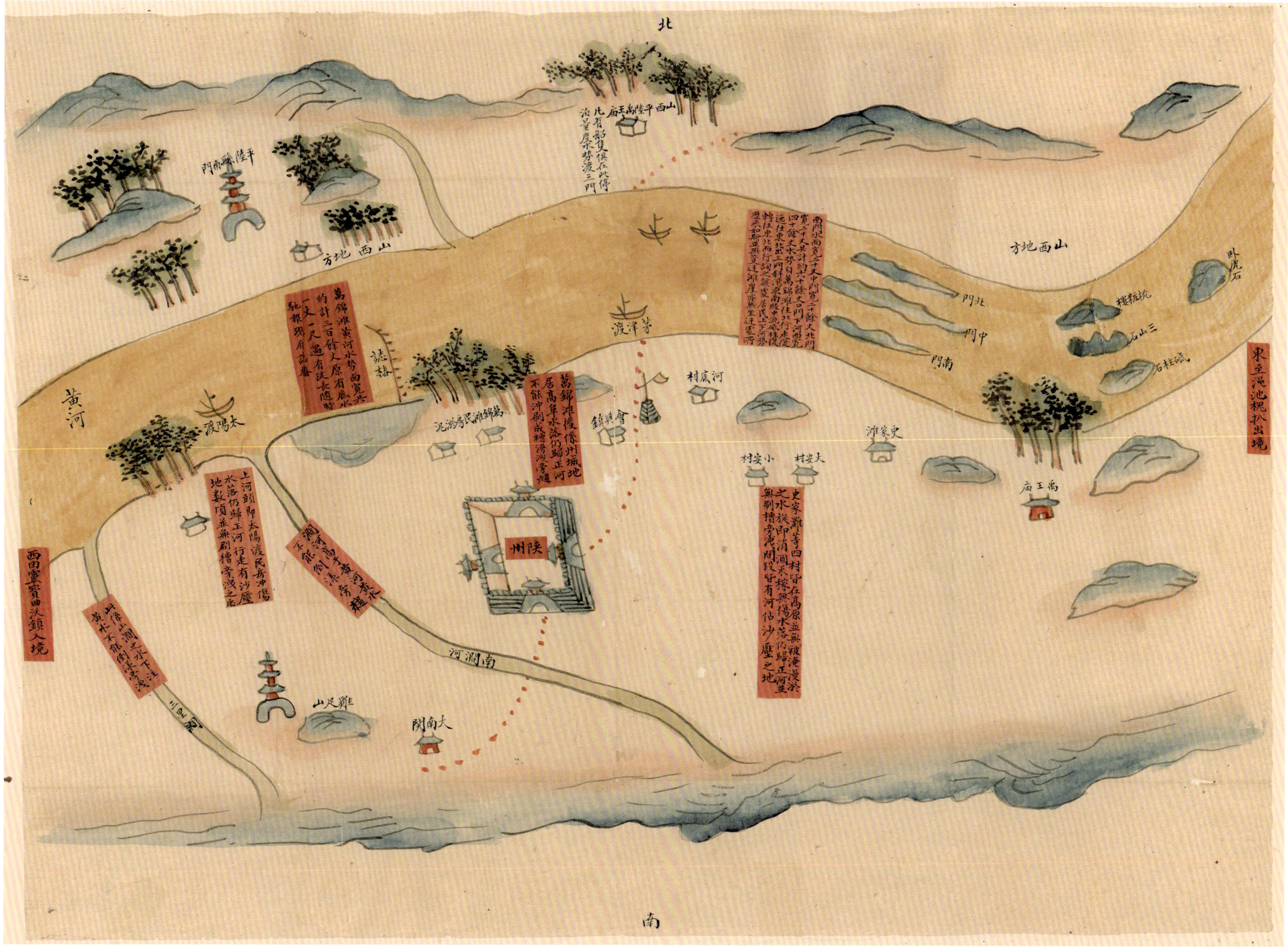

陕州黄河水势情形图

1 幅；31.7 厘米 ×42 厘米

彩绘本

[清光绪年间（1875—1908）]

此图精细绘出河南陕州境黄河河道、两岸汇入水系、山脉、寺庙、渡口，乃至黄河中的卧虎石、砥柱石、三山石等，贴签标注南门、中门、北门水面宽度及水势，滩地情形、汇入河流情形等。

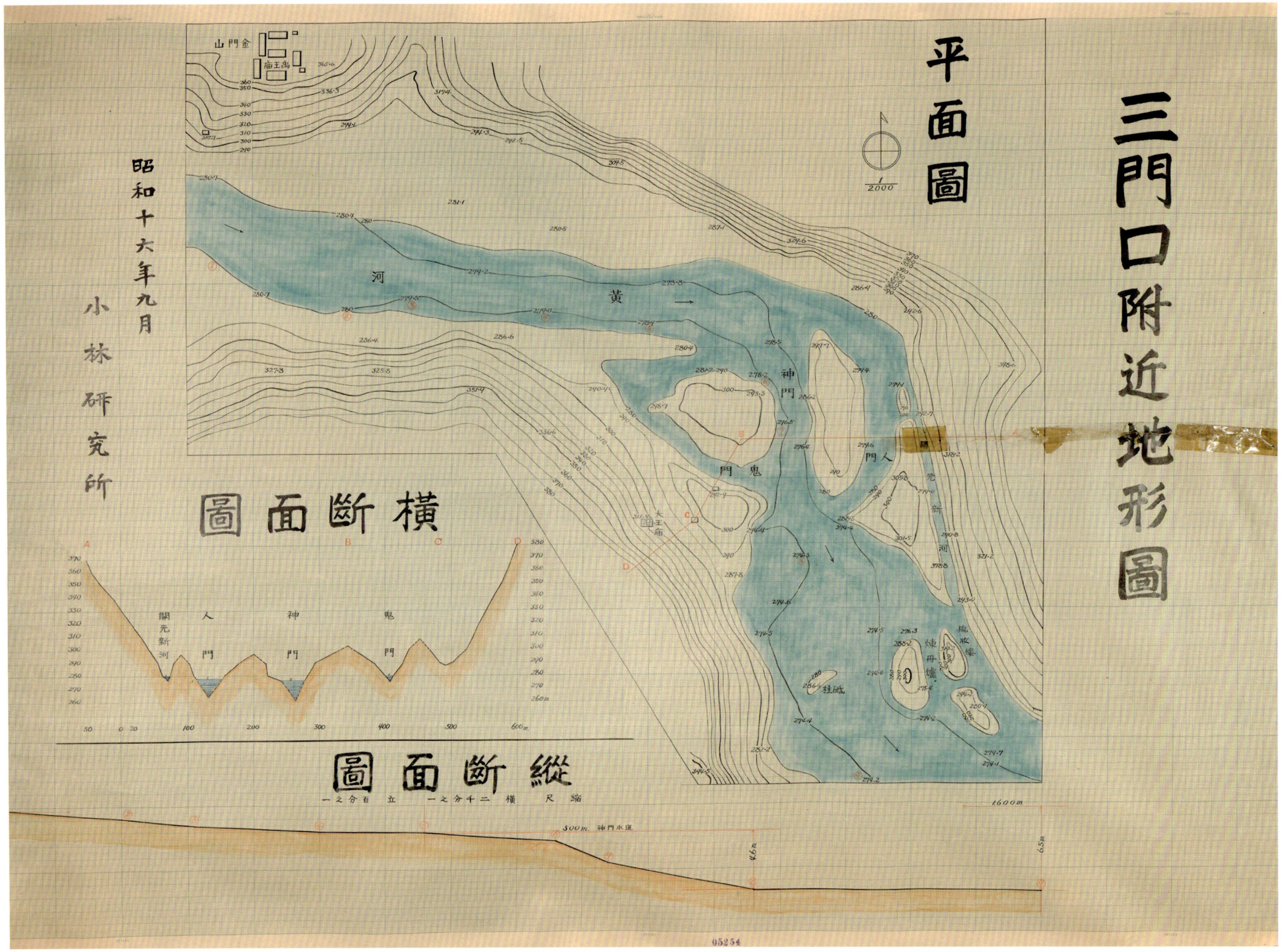

三门口附近地形图

（日）小林研究所制

1 幅；70 厘米 ×105 厘米

彩绘本

（日）昭和十六年九月（1941 年 9 月）

是为比例尺二千分一的现代地图，展示了黄河平面图、横断面图和纵断面图。图中有等高线。三门口位于今河南省三门峡市东北部黄河中。

河南府陕州一带现在河势情形图

1幅；25厘米 ×131厘米

彩绘本

[清宣统年间（1909—1911）]

此图绘出河南陕州阌乡至河南府孟津段黄河河道及两岸汇入水系、山脉、府州县、渡口等，有图说，贴签注出河南阌乡、灵宝、渑池、新安及孟津等县被水及水势情形、涨水日期。

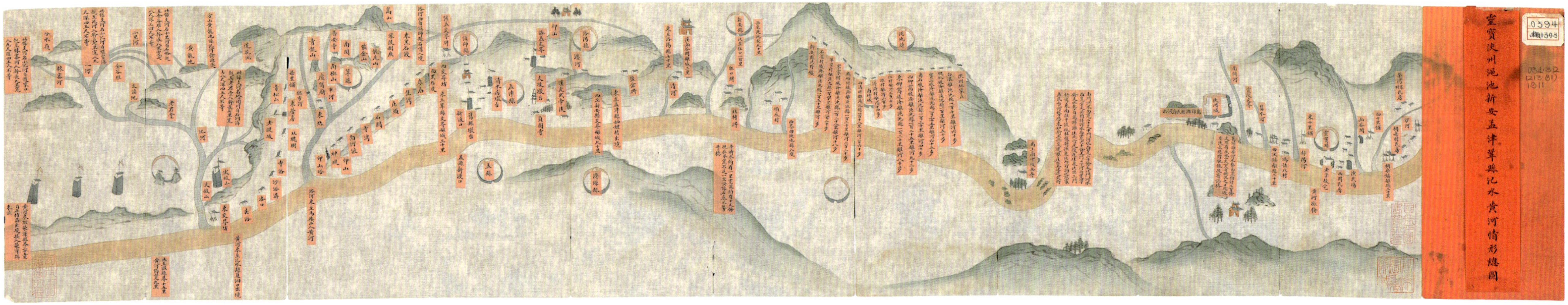

灵宝陕州渑池新安孟津巩县汜水黄河情形总图

1 幅；22 厘米 ×102.5 厘米

彩绘本

[清宣统年间（1909—1911）]

此图绘出河南灵宝县至巩县段黄河河道及两岸汇入水系、山脉、府州县，标注两岸府州县名、水系名、界牌等，贴签注明各地离县城道里数、漫淤情形、黄河水势情形等。

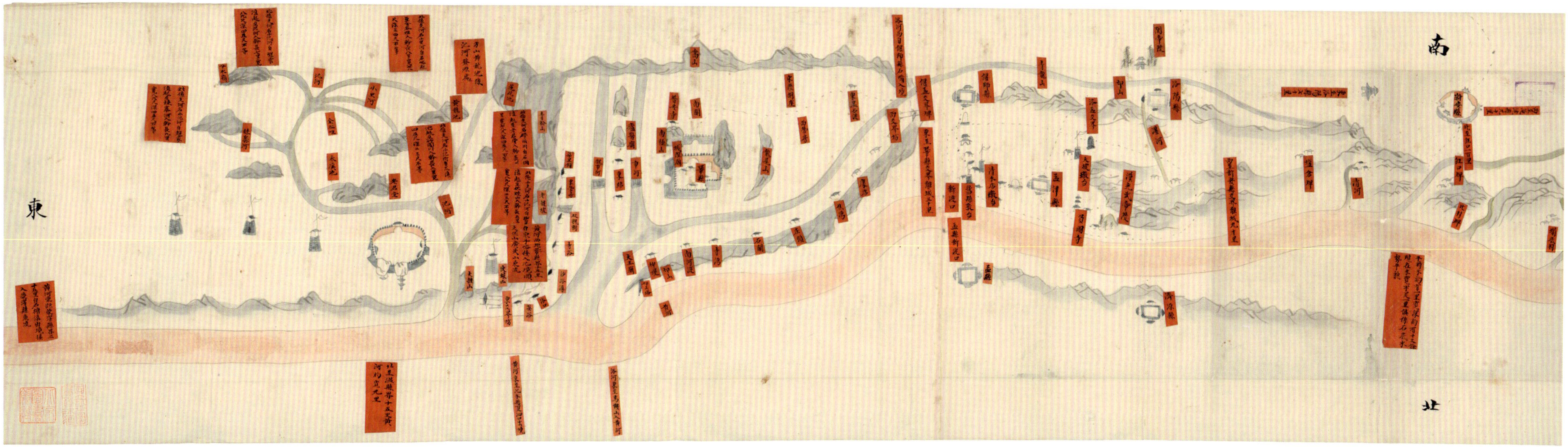

灵宝陕州渑池新安孟津巩县汜水黄河情形总图

1 幅；32 厘米 ×203 厘米

彩绘本

[清宣统年间（1909—1911）]

此图绘出河南灵宝至汜水七县境内黄河河势及沿岸支流、山脉、县城，并贴签注明关、铺、镇、村位置距离。此图另有贴签题名《黄河上游图》，内容虽大致同国图藏同名图，但尺幅却大两倍。

陕州至荥泽黄河水势情形图

（清）周普安绘

1 幅；20 厘米 ×59 厘米

彩绘本

[清光绪年间（1875—1908）]

此图精细绘出河南陕州至荥泽黄河两岸山川、县城及村庄，并贴红签注出各县河宽、水深及河流水势、涨黄日期等。

陕州至荥泽黄河水势情形图

1 幅；22 厘米 ×60 厘米

彩绘本

[清光绪年间（1875—1908）]

此图精细绘出河南陕州至荥泽黄河两岸山川、县城及村庄，并贴红签注出各县河宽、水深及河流水势、涨黄日期等。此图与国图藏同名图基本相同，仅山形画法等略有不同。

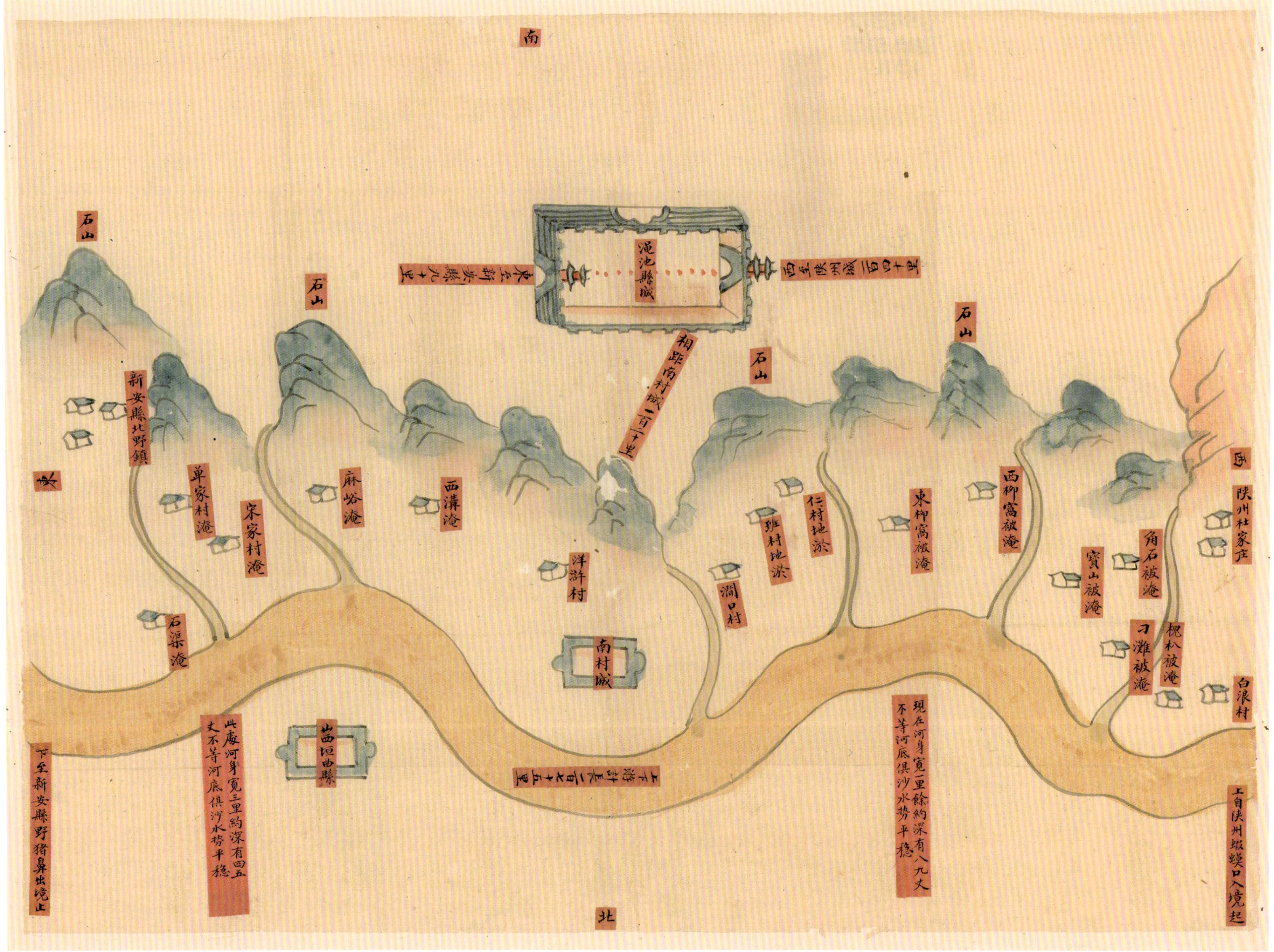

渑池县黄河水势情形图

1 幅；32 厘米 ×42 厘米

彩绘本

[清宣统年间（1909—1911）]

此图详绘境内黄河水势及沿岸支流、山脉、县城、村庄，并贴签注明被淹村庄及河深。

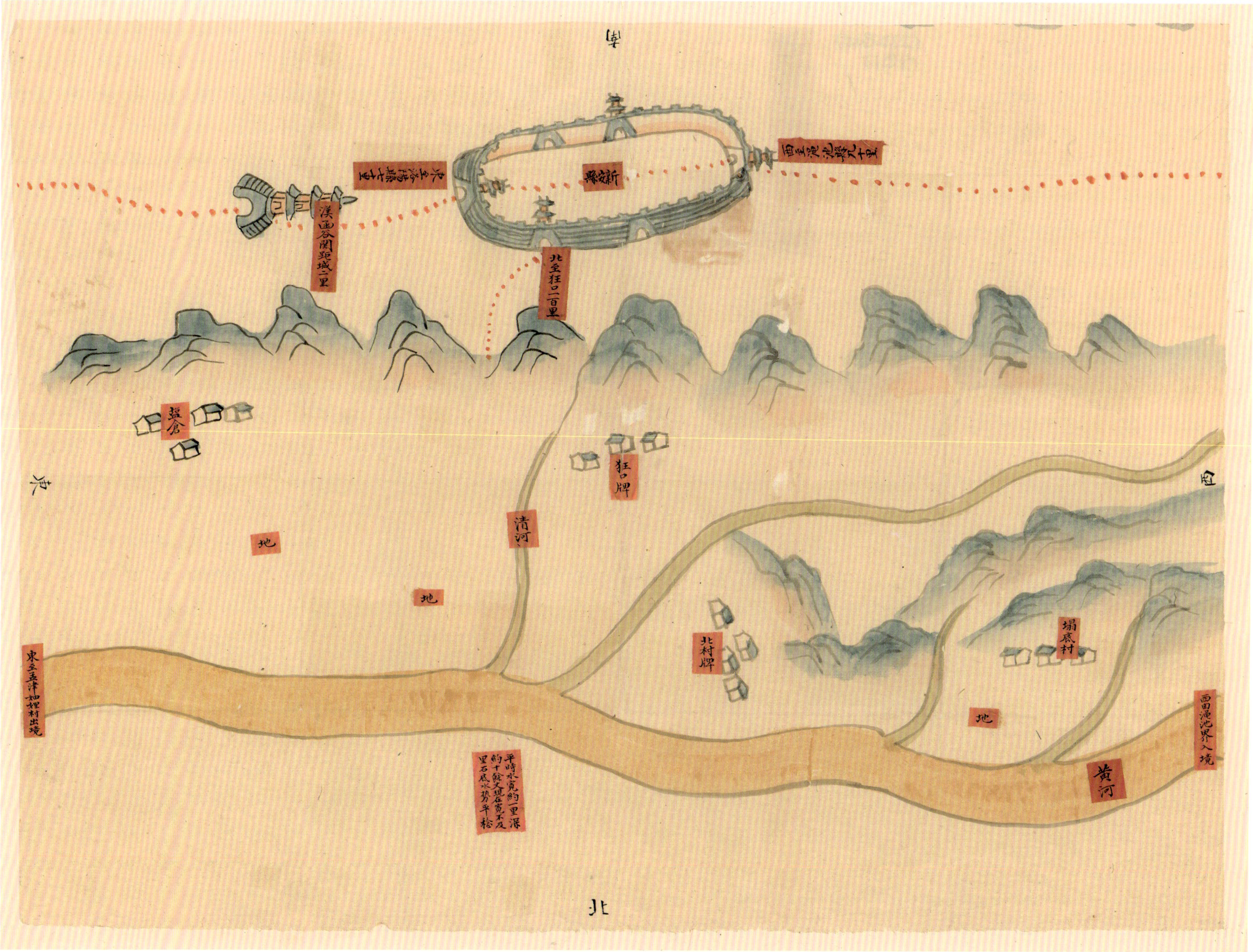

新安县黄河水势情形图

1 幅；32 厘米 ×42 厘米

彩绘本

[清宣统年间（1909—1911）]

此图详绘境内河势及堤坊、县城、村庄、盐仓、关隘，并贴签注明水宽及村名。

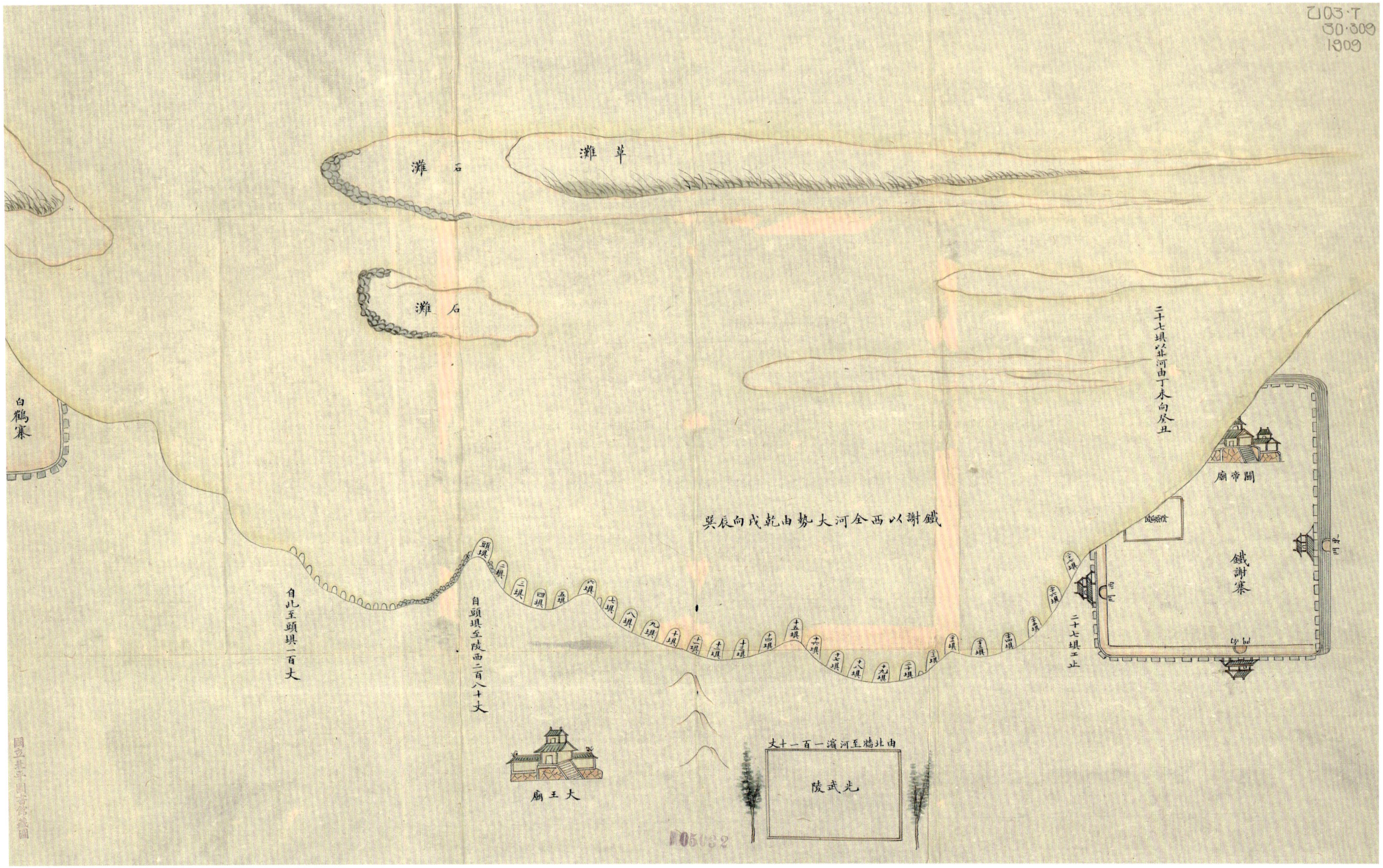

铁谢寨以西全河大势图

1 幅；39 厘米 ×60 厘米

彩绘本

[清光绪年间（1875—1908）]

图中绘出铁谢寨以西黄河南岸头坝至二十七坝坝工位置及光武陵、大王庙、关帝庙等古迹。铁谢寨位于今河南孟津县东北，东汉光武陵东北 1000 米处。

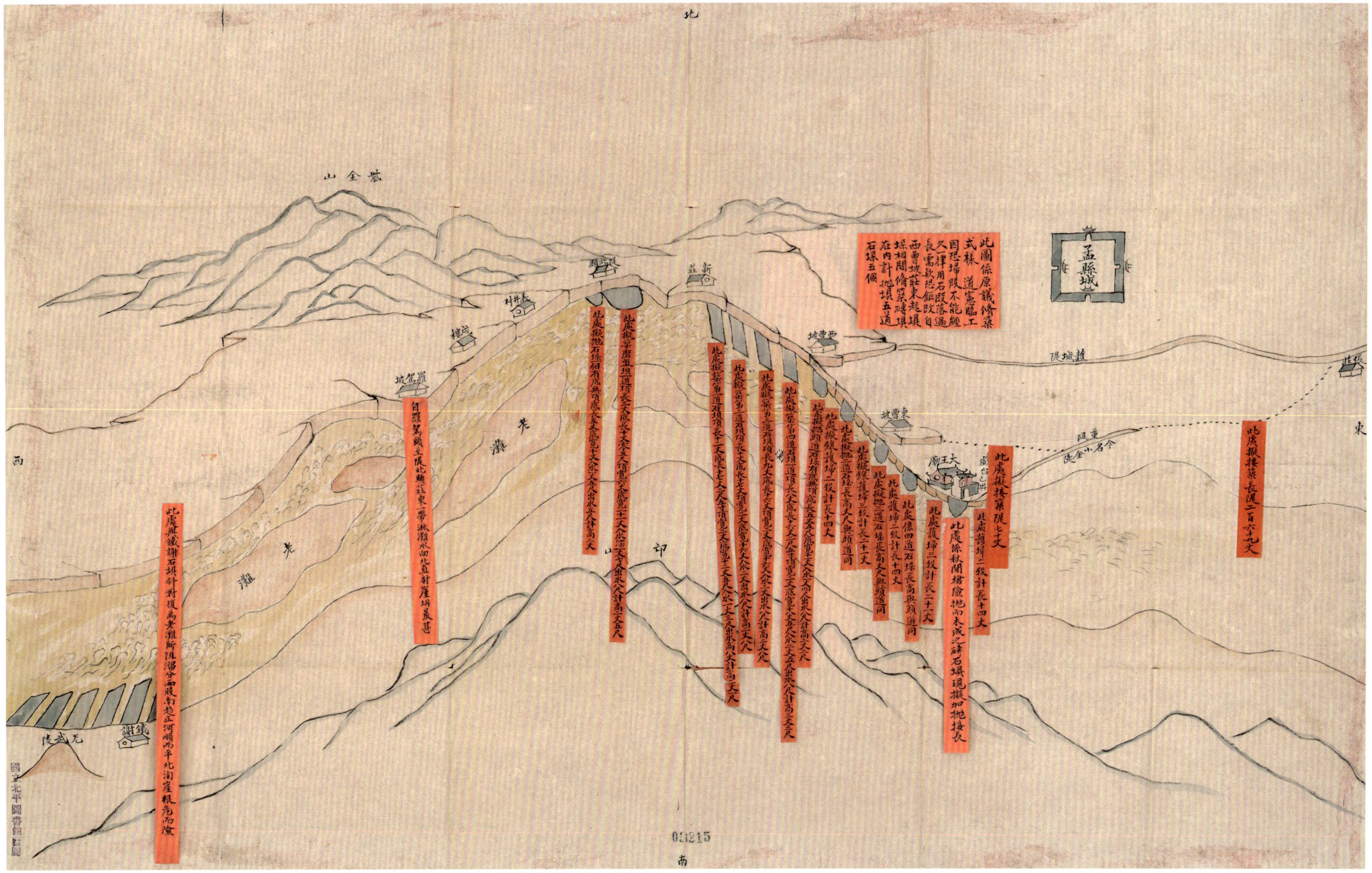

勘修孟县河工坝埽图说

1 幅；39 厘米 ×62 厘米

彩绘本

[清光绪年间（1875—1908）]

此图详绘河南孟县境内黄河河道、鸡心滩、堤坝、邙山及沿岸村庄、陵墓，并贴签注明拟建工程情形。此图系河南候补知县奉开封府宪之命，勘查孟县河工时绘呈。附函 2 份。

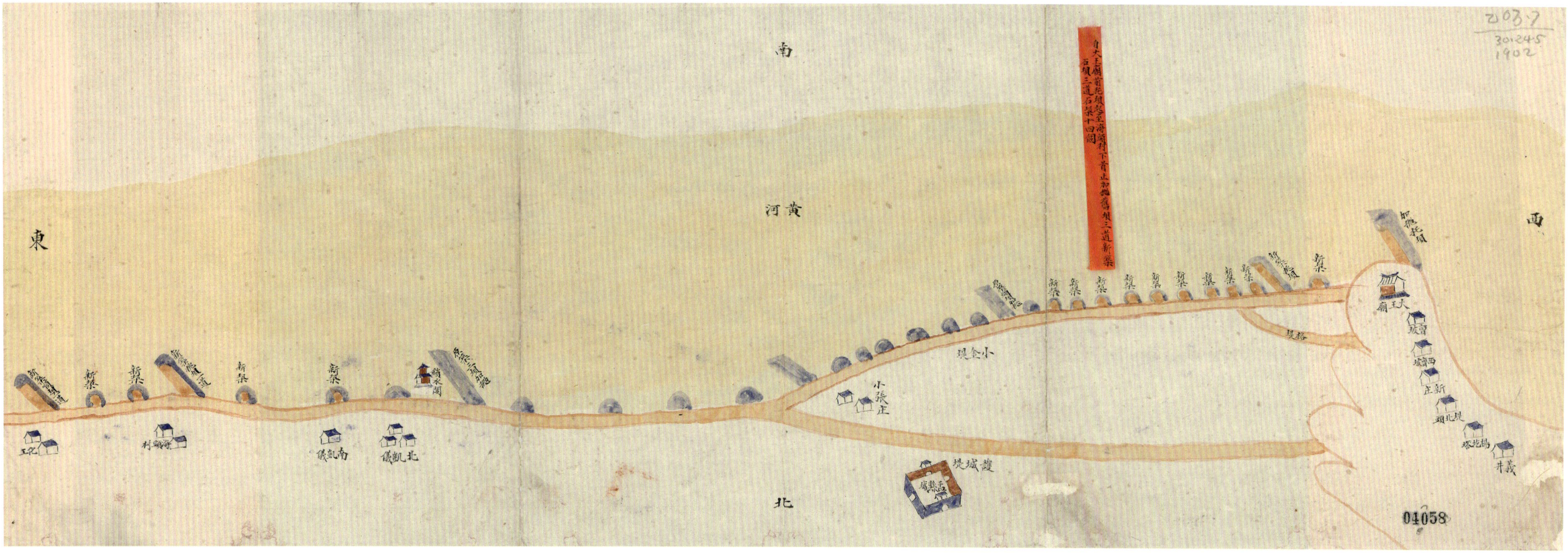

会办孟县黄河民工土石坝垛各工报销河图

1 幅；22 厘米 ×60 厘米

彩绘本

[清光绪年间（1875—1908）]

此图详绘河南孟县境内黄河河道、沿岸堤坝及县、村庄，并贴签注明新修工程。

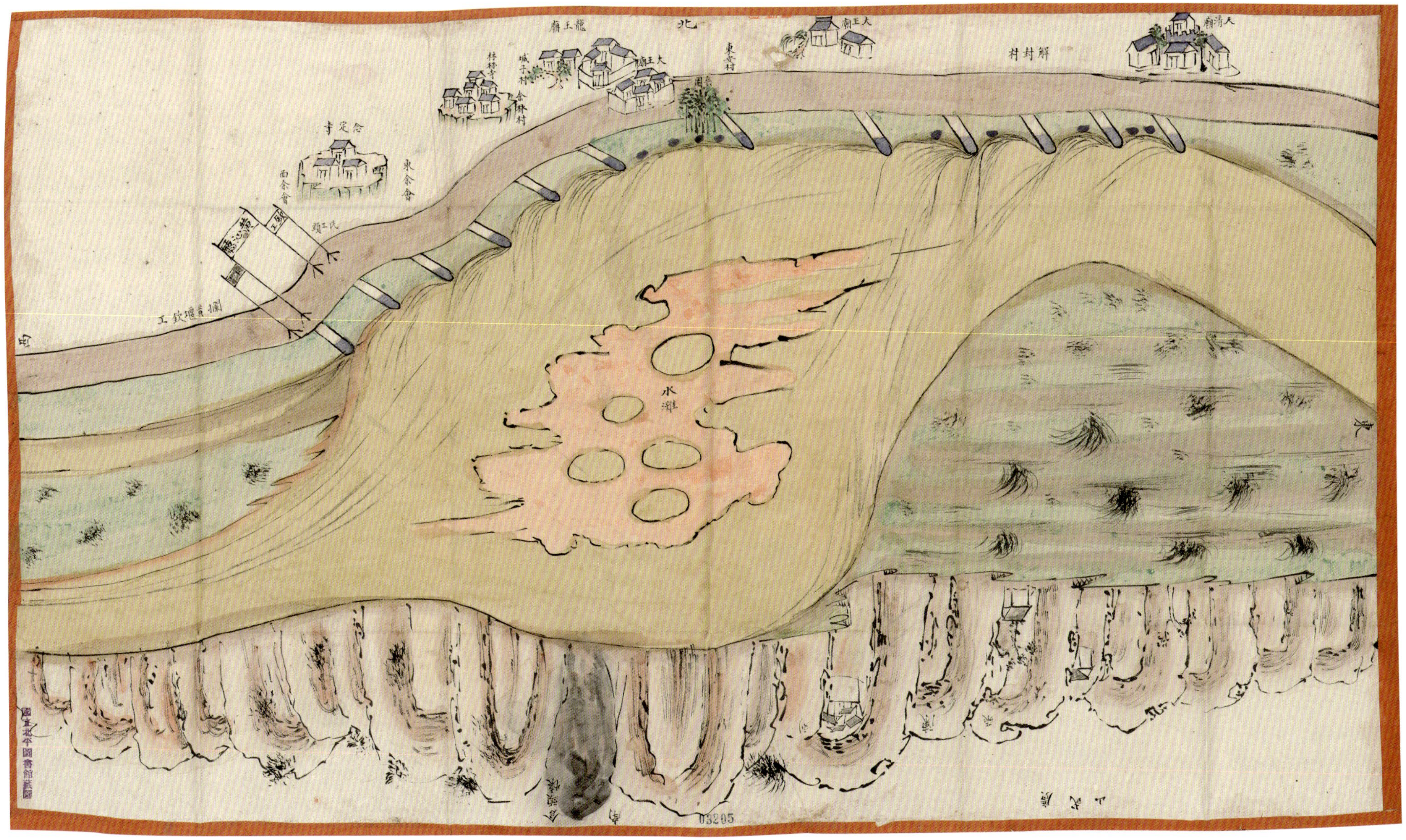

武陟县拦黄堰民工图

1 幅；46 厘米 ×63 厘米

彩绘本

清光绪二十七年（1901）

此图详绘河南武陟县拦黄堰，标注了拦黄堰钦工、水滩等。图签题“朱都司永和交来”“辛丑五月二十八日”，朱永和系清同治、光绪年间治河官，光绪二十五年（1899）升任黄沁都司将军。

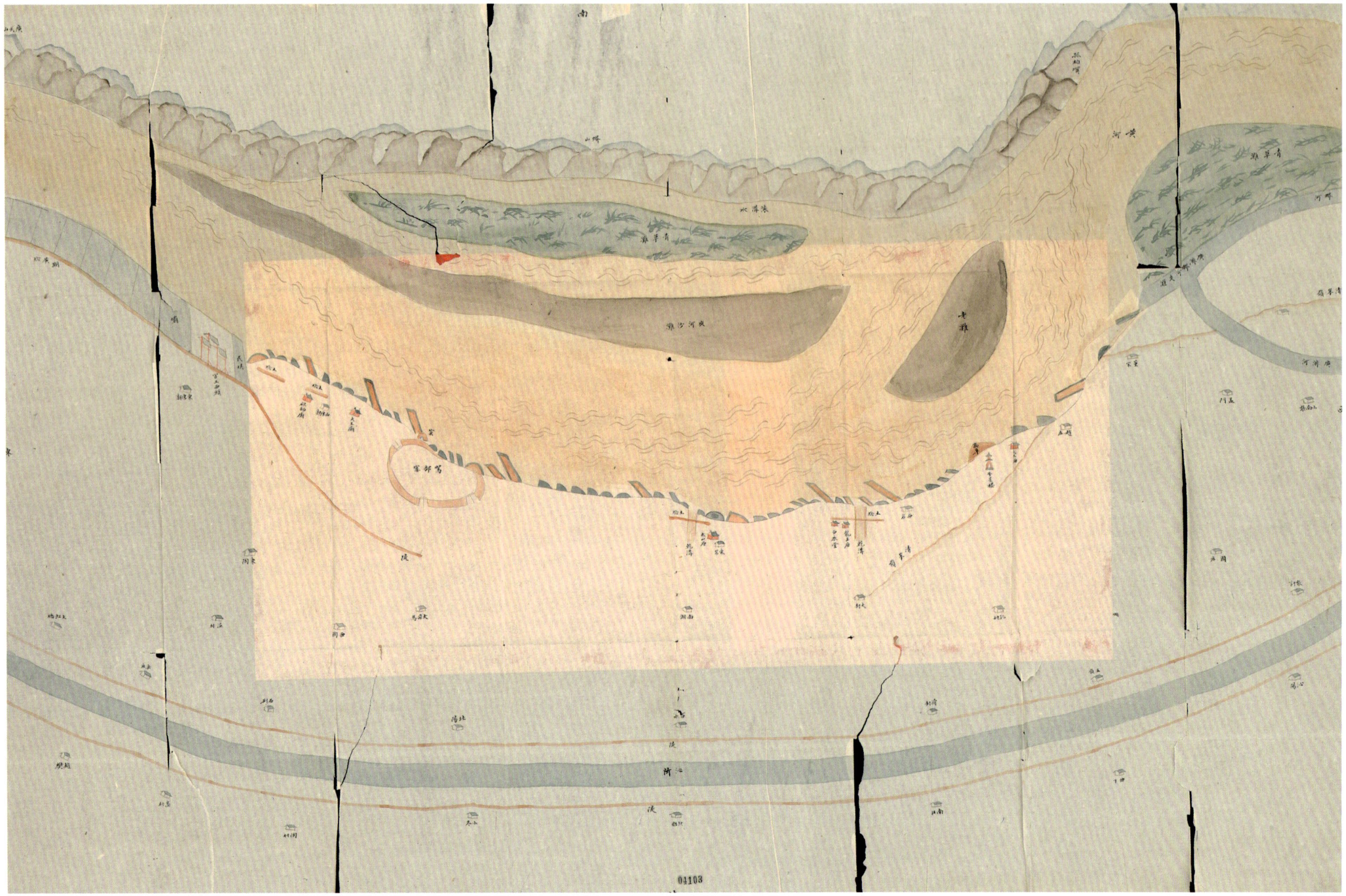

武陟县黄河赵庄等处民工新建坝垛图

1 幅；62 厘米 ×90 厘米

彩绘本

[清光绪年间（1875—1908）]

此图绘出赵庄等处黄河拦河坝、大堤、民埝，并标注夹黄沙滩、老滩及草滩等。

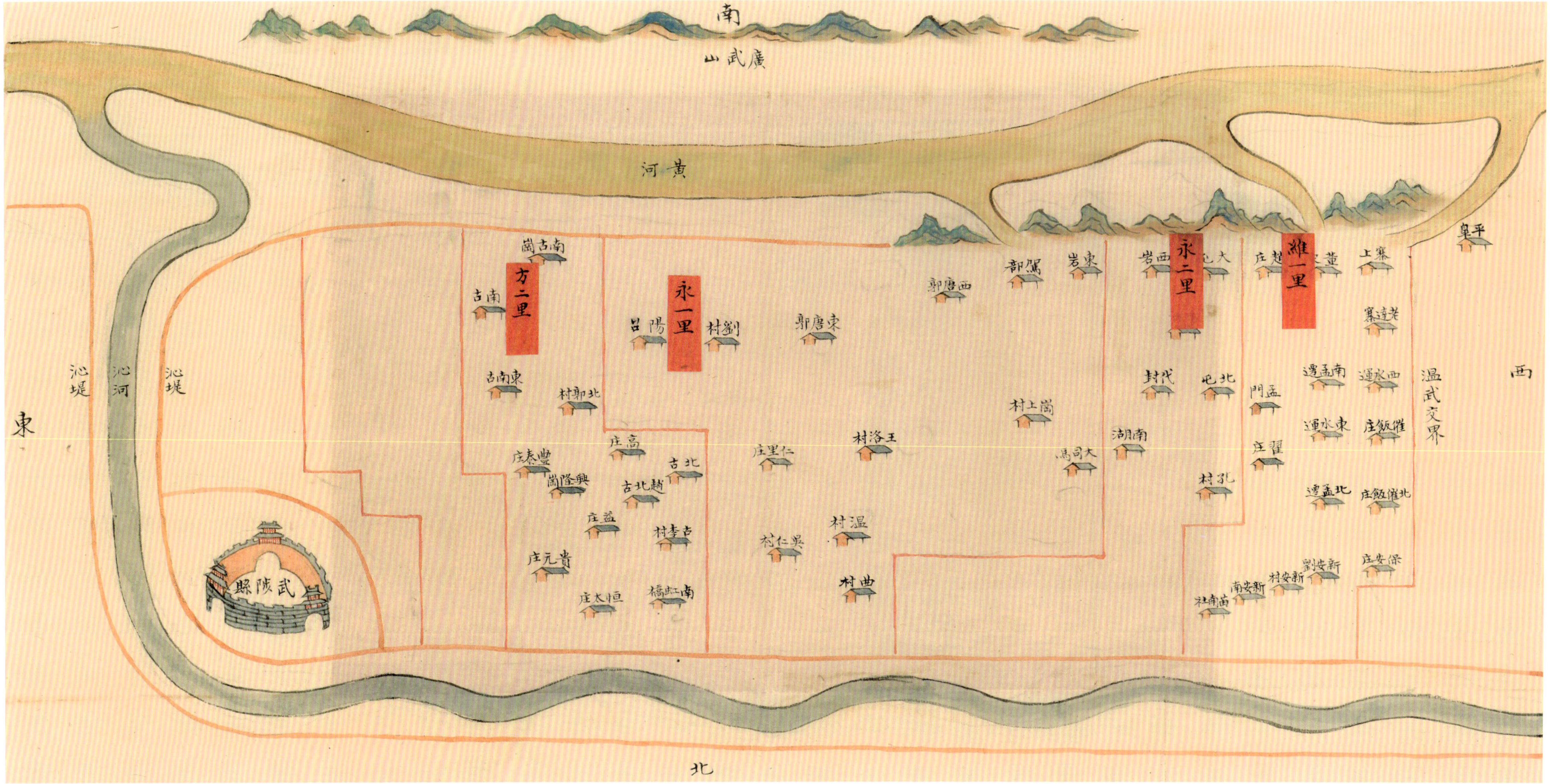

怀庆府武陟县查勘黄水漫滩被淹维壹等里各村庄情形图

1 幅；22 厘米 ×43 厘米

彩绘本

[清宣统年间（1909—1911）]

此图绘出河南武陟县境内黄河、沁河河道，沿岸堤防及县、里、村情形，并贴签注明受淹情形。

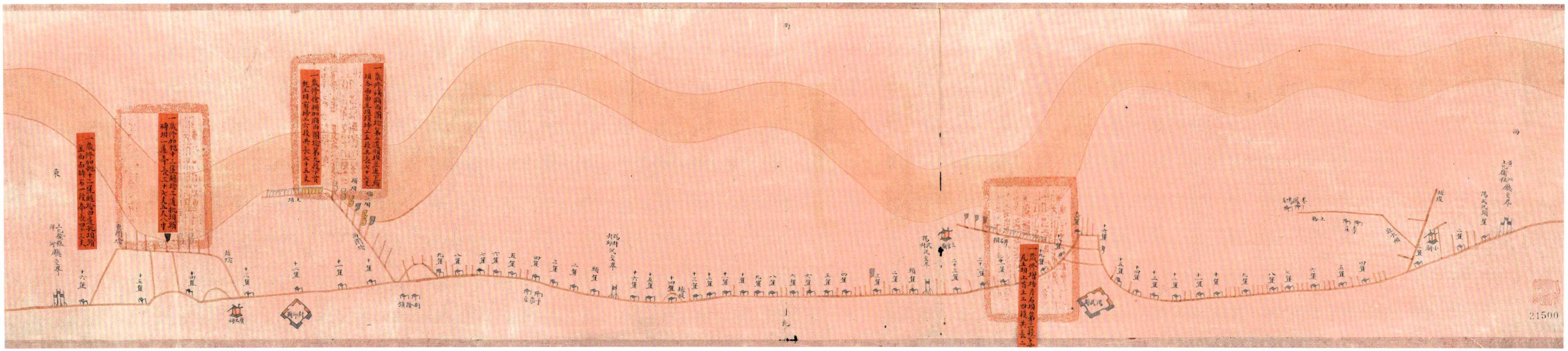

卫粮厅光绪二十八年分做过岁修埽工砖土石各工河图

1 幅；21.6 厘米 ×96 厘米

彩绘本

清光绪二十八年（1902）

此图绘出卫粮厅属阳武汛和封丘汛经管之黄河北岸大堤各堡及迎水坝、越堤、圈埝等堤工位置，并贴签标注埽工段长。随图附清折一纸。

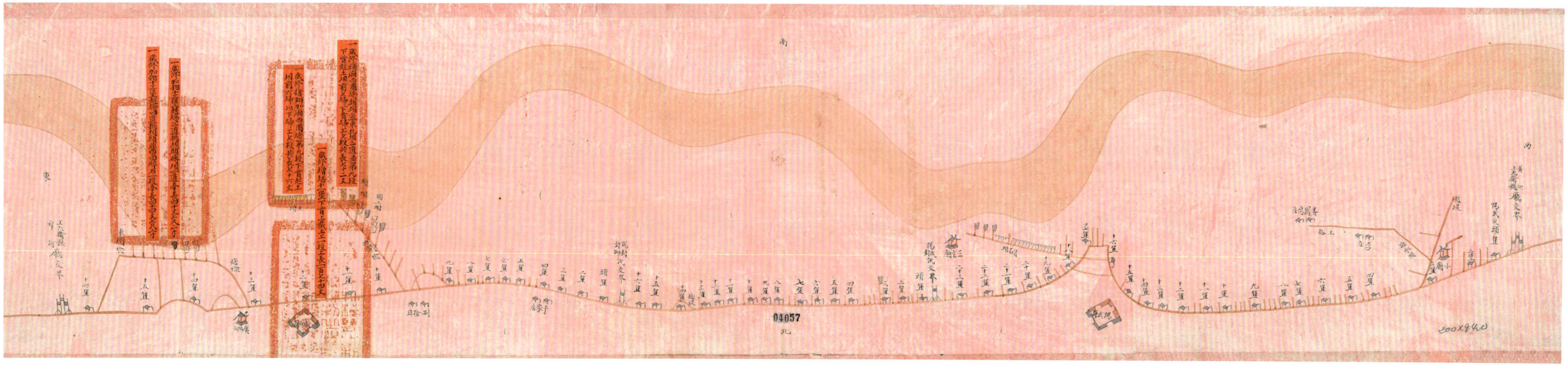

卫粮厅光绪三十三年分做过岁修埽砖土石各工河图

1幅；21.6厘米×94.5厘米

彩绘本

清光绪三十三年（1907）

此图绘出卫粮厅属阳武汛和封丘汛经管之黄河北岸大堤各堡及迎水坝、越堤、圈埝等堤工位置，并贴签标注埽工段长。此图地理范围、绘画风格和内容均与《卫粮厅光绪二十八年分做过岁修埽工砖土石各工河图》基本相同。

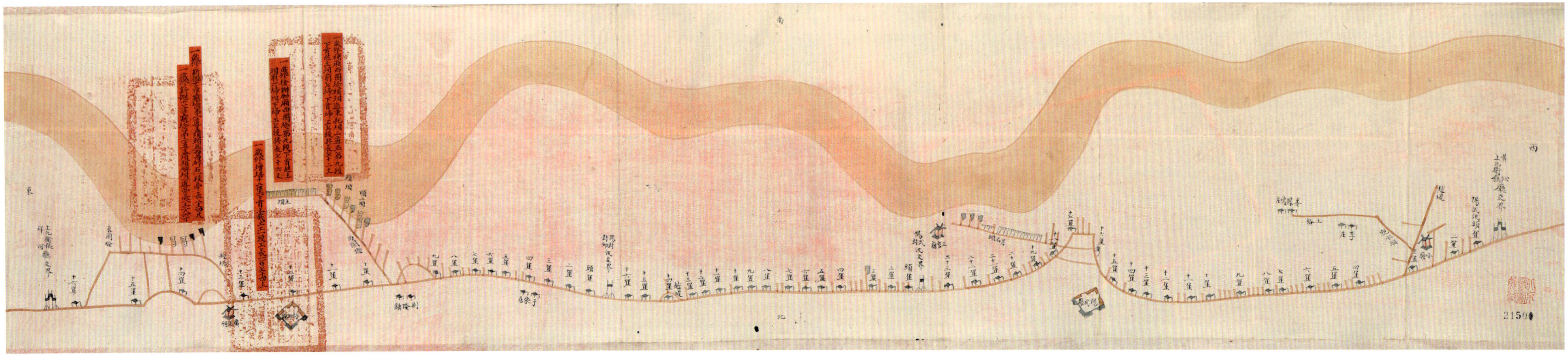

卫粮厅宣统元年分做过岁修埽砖土石各工河图

1幅；21厘米 ×97厘米

彩绘本

清宣统元年（1909）

此图详绘卫粮厅辖内河道及北岸堤坝、堡及县城、官厅等。

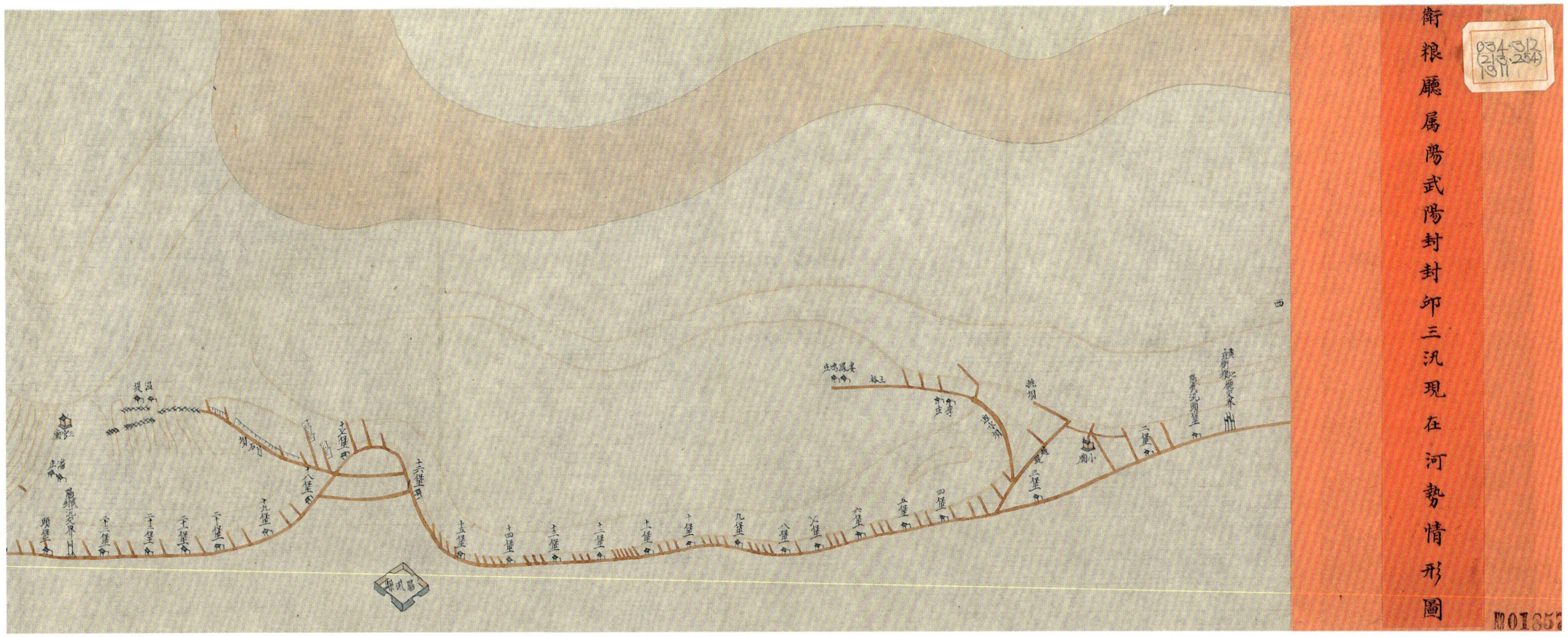

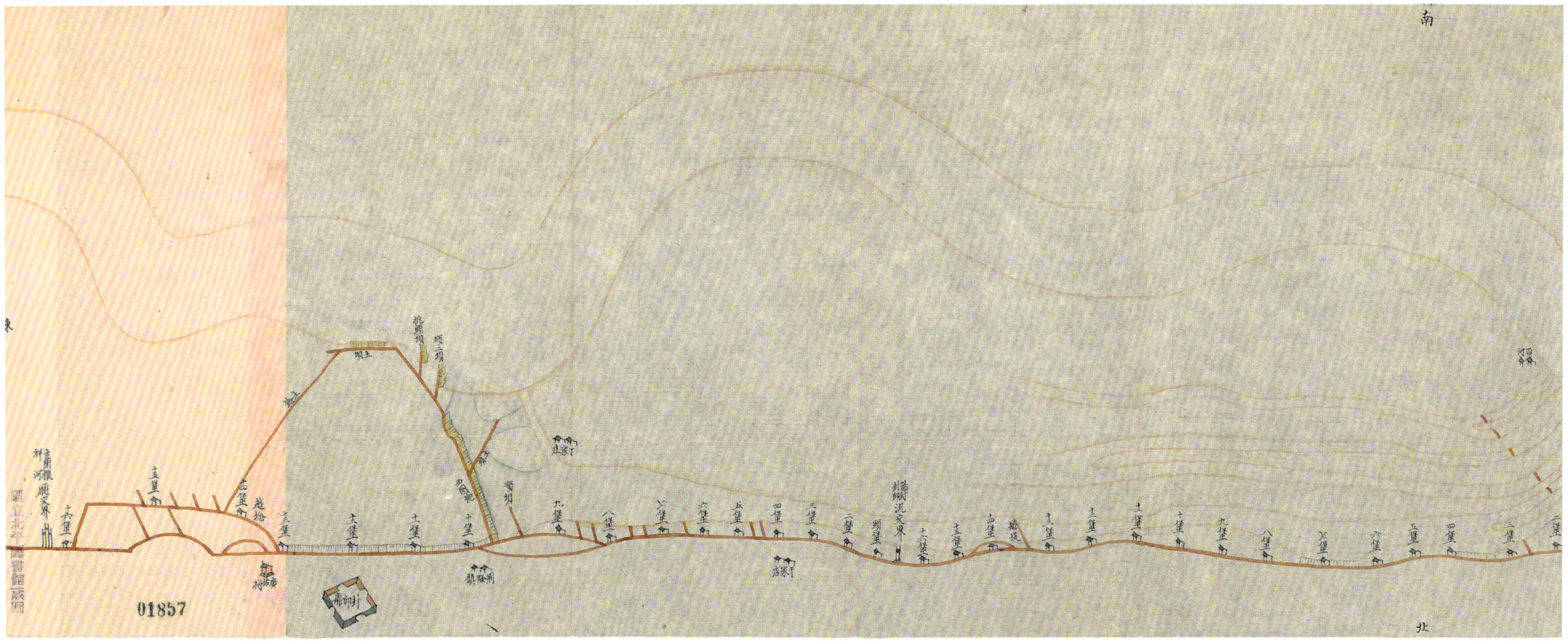

卫粮厅属阳武阳封封丘三汛现在河势情形图

1 幅；21 厘米 ×95 厘米

彩绘本

［清宣统年间（1909—1911）］

此图详绘卫粮厅所属河南阳武、阳封、封丘三汛经管河段黄河水情及沿岸堤、堡、县、官厅、村镇情形。

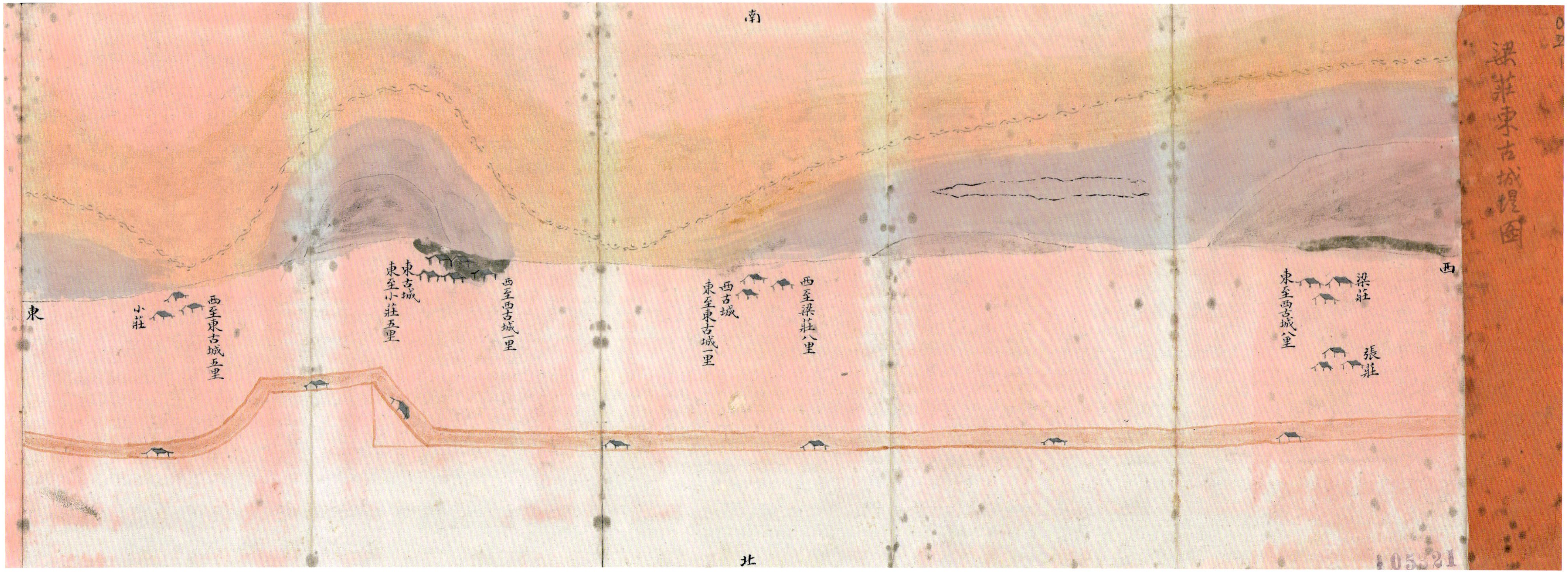

[梁庄东古城堤图]

1 幅；20 厘米 ×58.2 厘米

彩绘本

[清光绪年间（1875—1908）]

此图详绘河南封丘东古城附近黄河北岸河道、堤堡及古城、村庄情形。

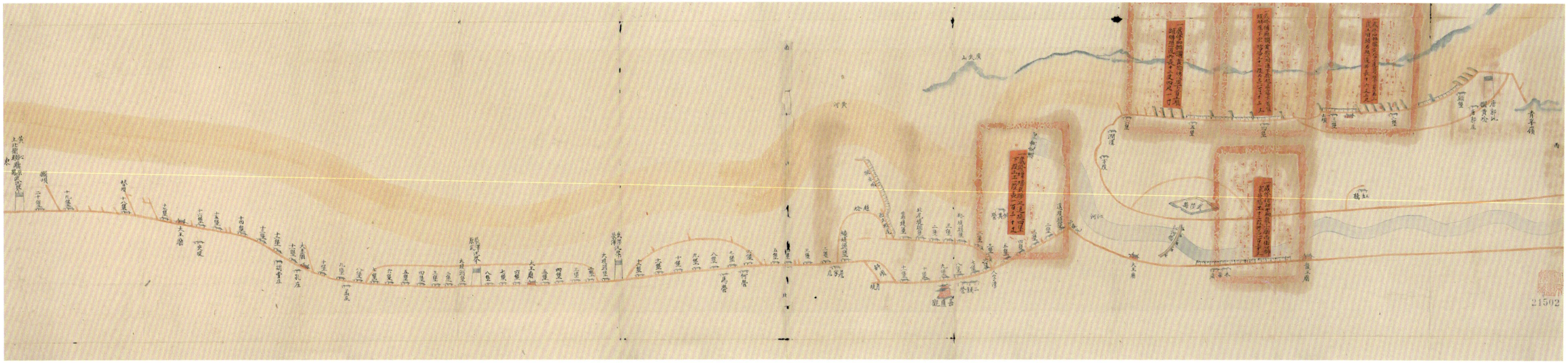

黄沁厅属光绪二十八年分岁修埽砖土石各工河图

1幅；25厘米 ×101.6厘米

彩绘本

清光绪二十八年（1902）

该图绘出黄沁厅属武陟、荥泽和原武三汛经管之黄河、沁河北岸大堤及拦黄埝、越埝，并详细标注各堡位置。随图附奏函一纸。

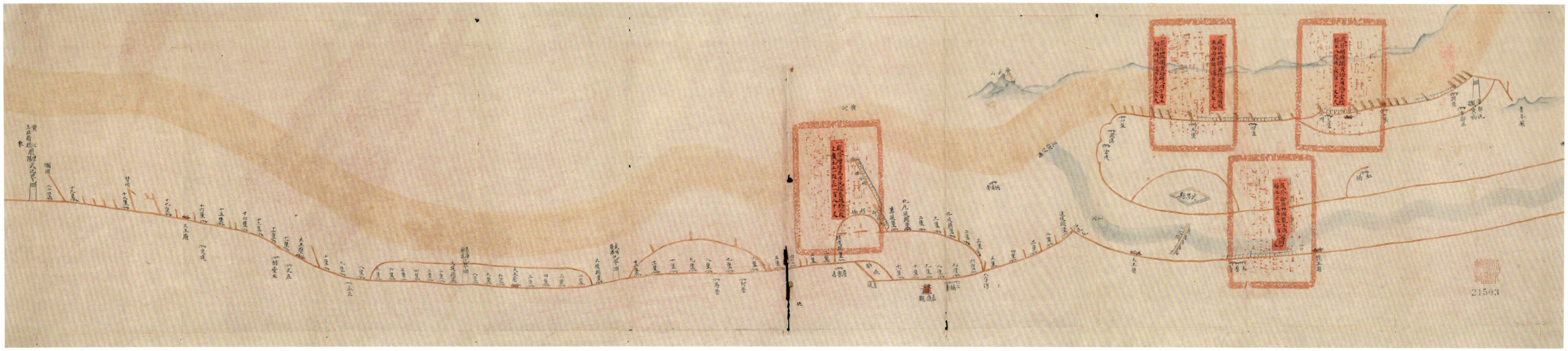

河南黄沁厅属宣统元年分做过岁修埽砖土石各工河图

1 幅；25 厘米 ×105 厘米

彩绘本

清宣统元年（1909）

该图绘出黄沁厅属武陟、荥泽和原武三汛经管之黄河、沁河北岸大堤及拦黄埝、越埝，并详细标注各堡位置。此图地理范围、绘画风格和内容均与《黄沁厅属光绪二十八年分岁修埽砖土石各工河图》基本相同。

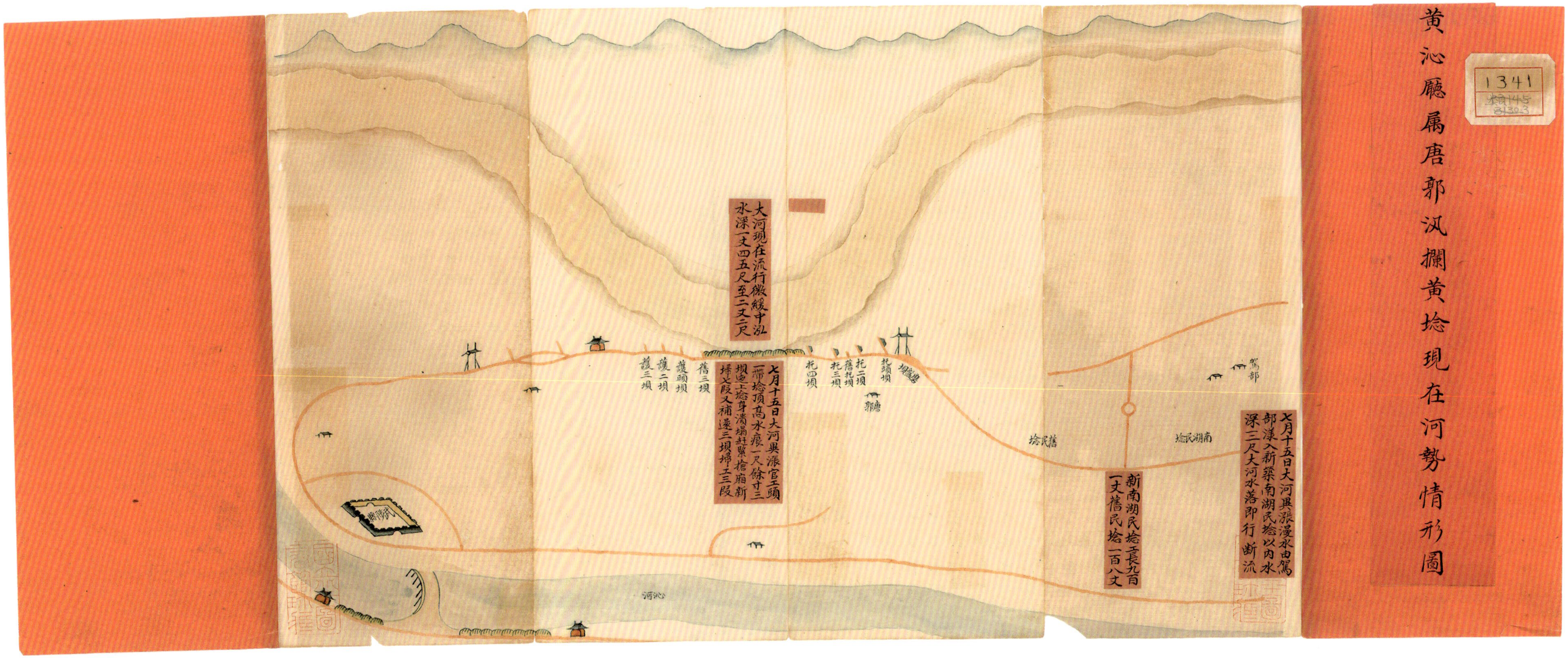

黄沁厅属唐郭汛拦黄埝现在河势情形图

1 幅；22 厘米 ×35 厘米

彩绘本

[清宣统年间（1909—1911）]

此图绘出河南武陟县境内唐郭汛黄河形势及堤工情形，贴签注出七月十五日大河涨漫情况、坝势及水势。

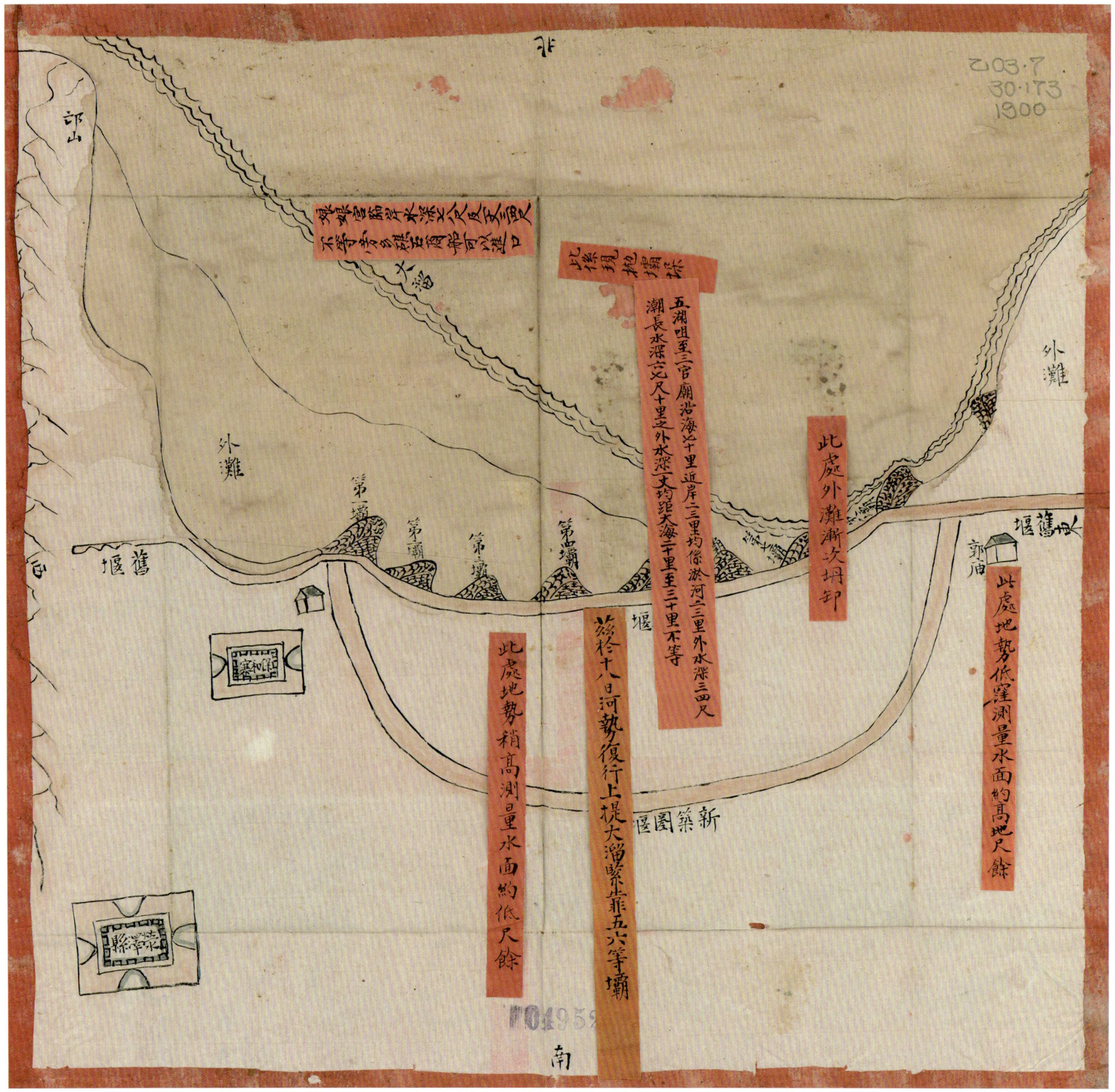

荥泽县民埝河图

（清）荥泽县署绘

1 幅；28 厘米 ×28 厘米

彩绘本

［清光绪年间（1875—1908）］

图上绘出河南荥泽县旧堰和新筑圈堰、外滩上的七处坝，贴签标注各处地势、里程及工程情形等。

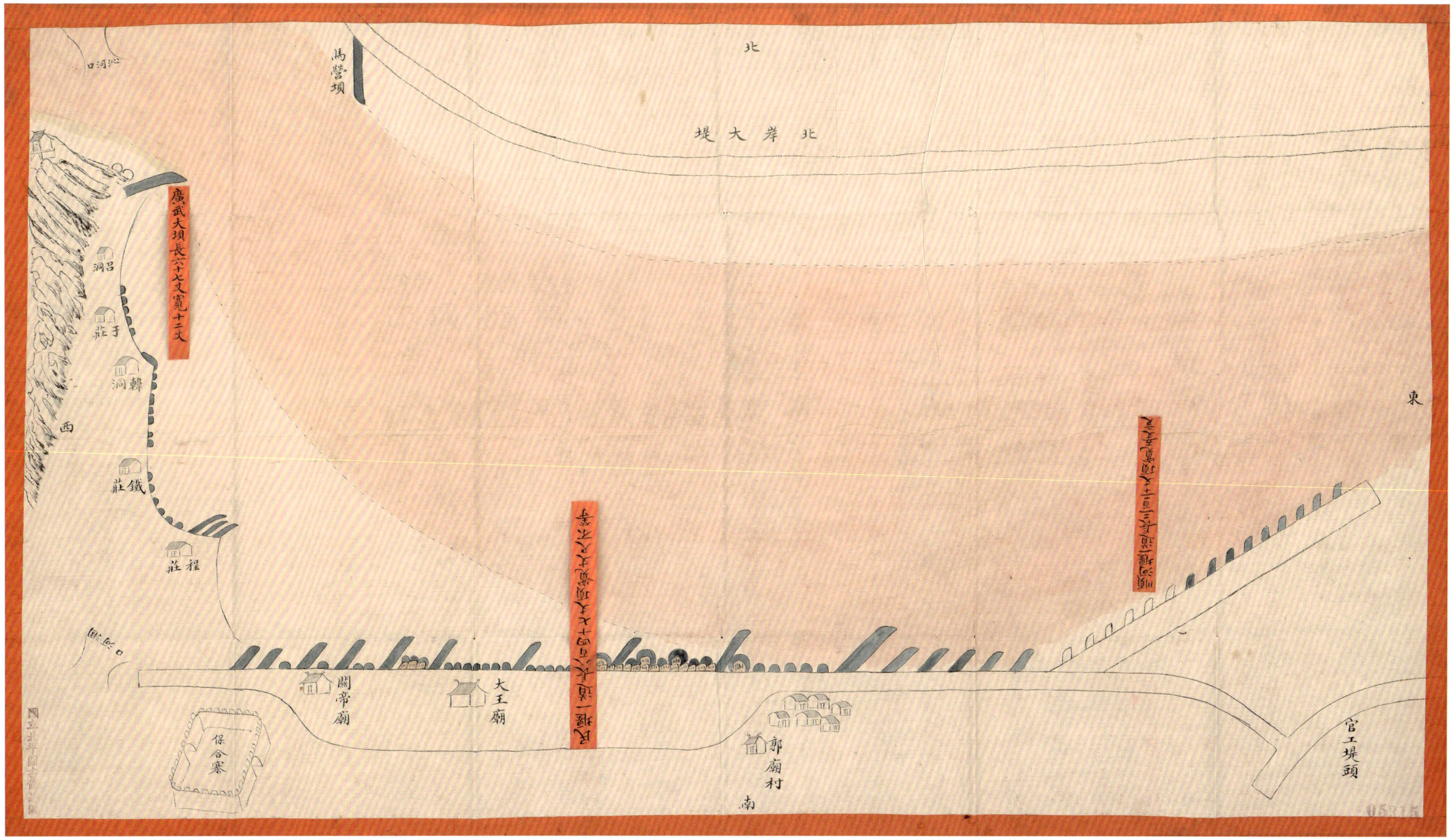

荥泽县广武坝民堰工程全图

1 幅；33 厘米 ×59 厘米

彩绘本

[清光绪年间（1875—1908）]

此图绘出河南荥泽县广武坝附近河势及两岸大堤、沿岸村庄等，并贴签注明民埝工程详情。

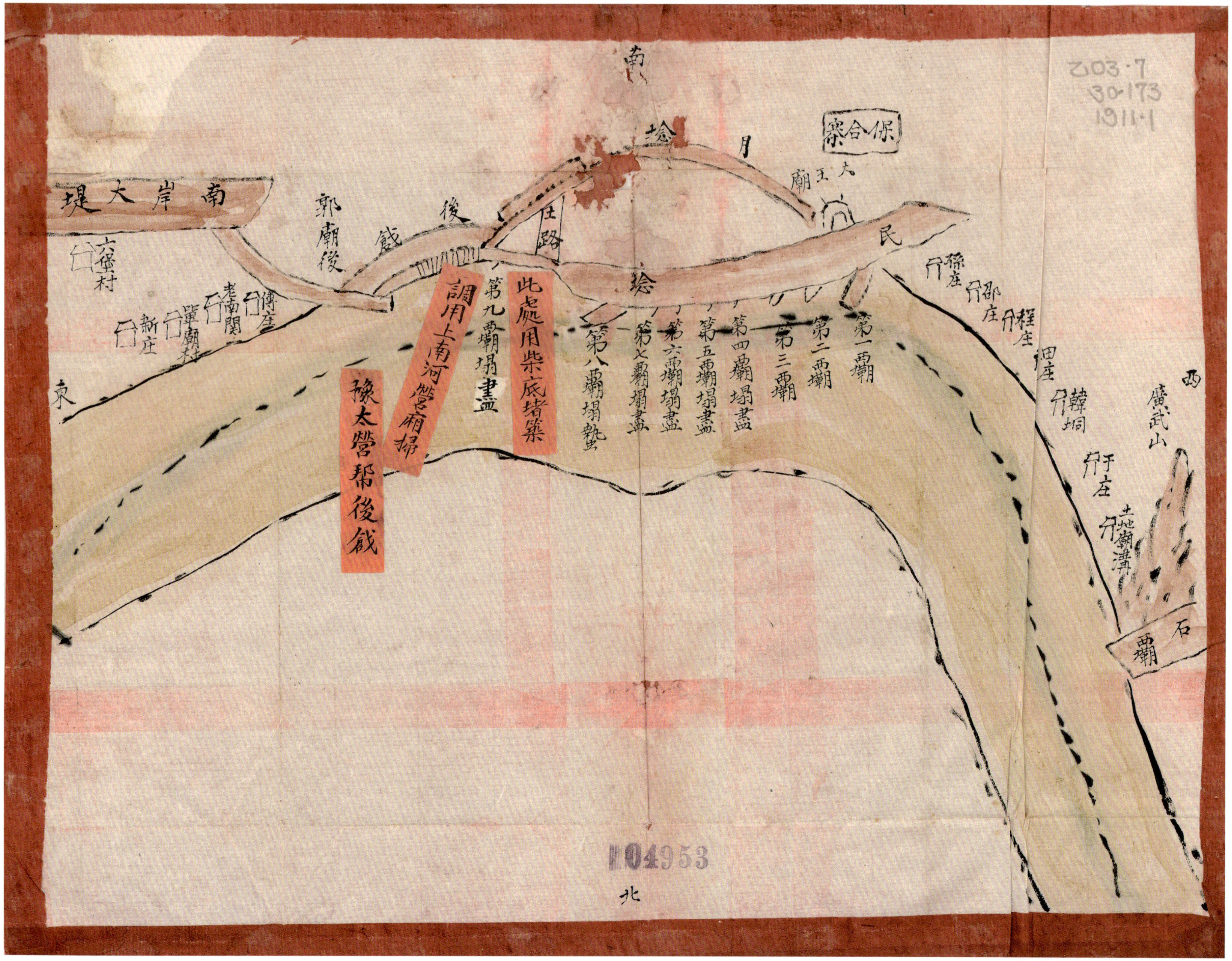

开封府荥泽县黄河南侵情形图

1 幅；22 厘米 ×29 厘米

彩绘本

［清光绪年间（1875—1908）］

此图绘出并标注了河南荥泽县黄河的民埝和月埝、沿线各坝（九处）情形、沿岸各村庄，并贴签注明工程情形。此图绘制较为粗糙。

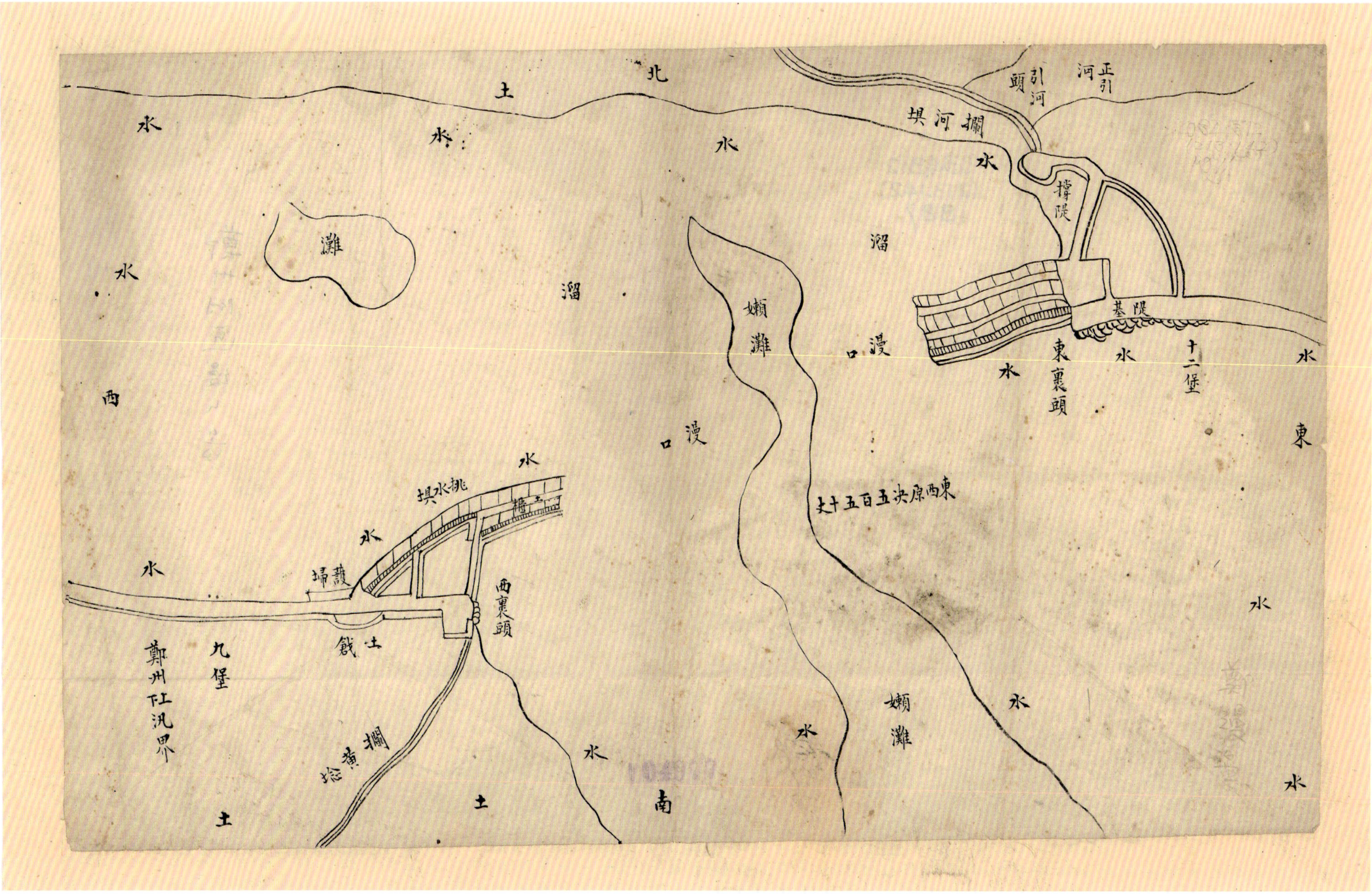

郑州附近漫口图

1幅；24厘米 ×37厘米

绘本

［清光绪年间（1875—1908）］

推测此图反映的是清光绪十三年（1887）郑州十堡黄河决口漫溢形势。

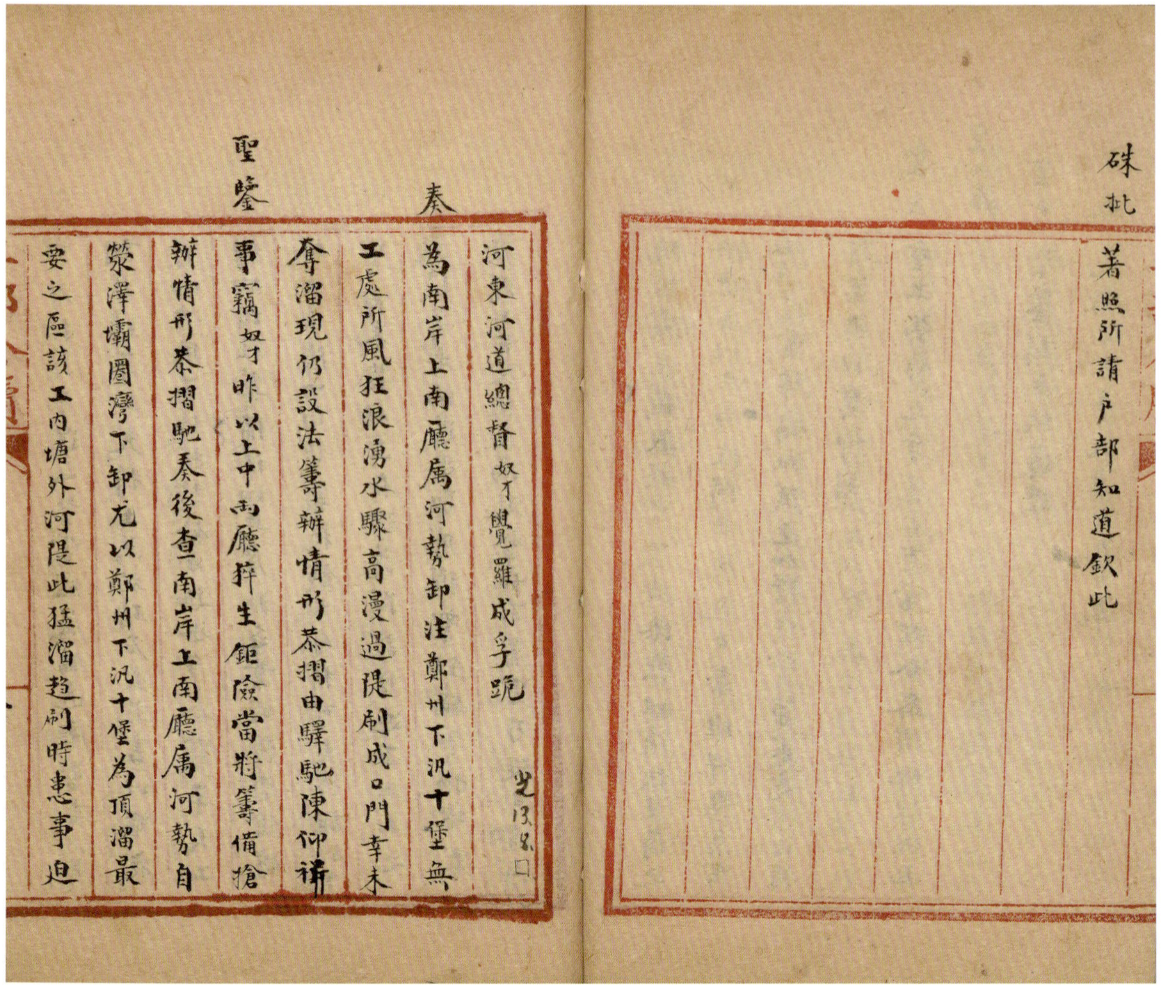

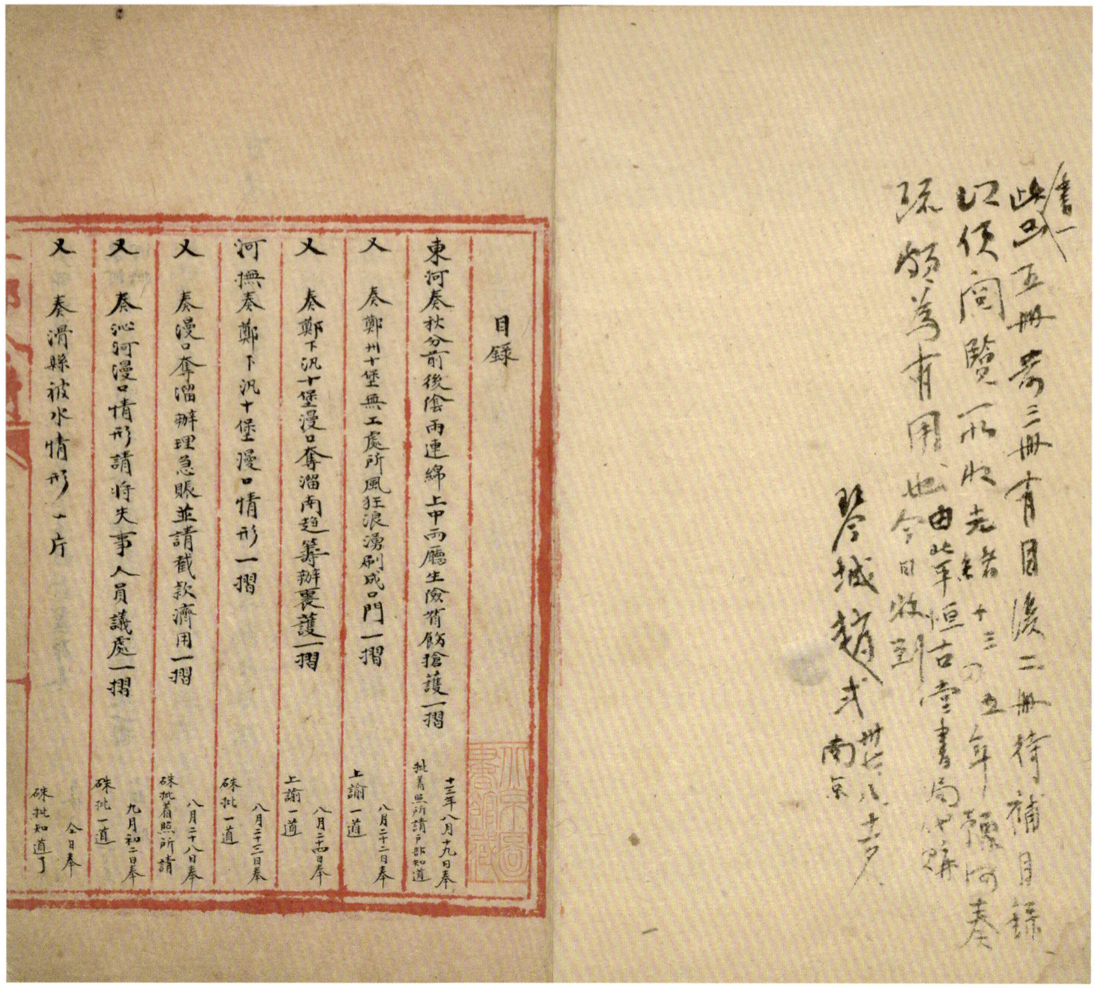

郑工并沁河漫口工程各案：三卷

（清）倪文蔚等撰

5 册

朱丝栏抄本

［清光绪十五年至清末（1889—1911）］

此书辑录清光绪十三年八月至光绪十五年十二月间（1887—1889）河东河道总督罗成孚、李鹤年、吴大澂等人以及陕西道监察御史燕起烈等人的豫河相关奏疏，内容涉及光绪十三年（1887）八月黄河郑州段决口。倪文蔚在清光绪年间官至河南巡抚兼署河道总督，在黄河抗洪救灾、水利兴修中屡建功勋。此藏本有琴城赵氏题识。

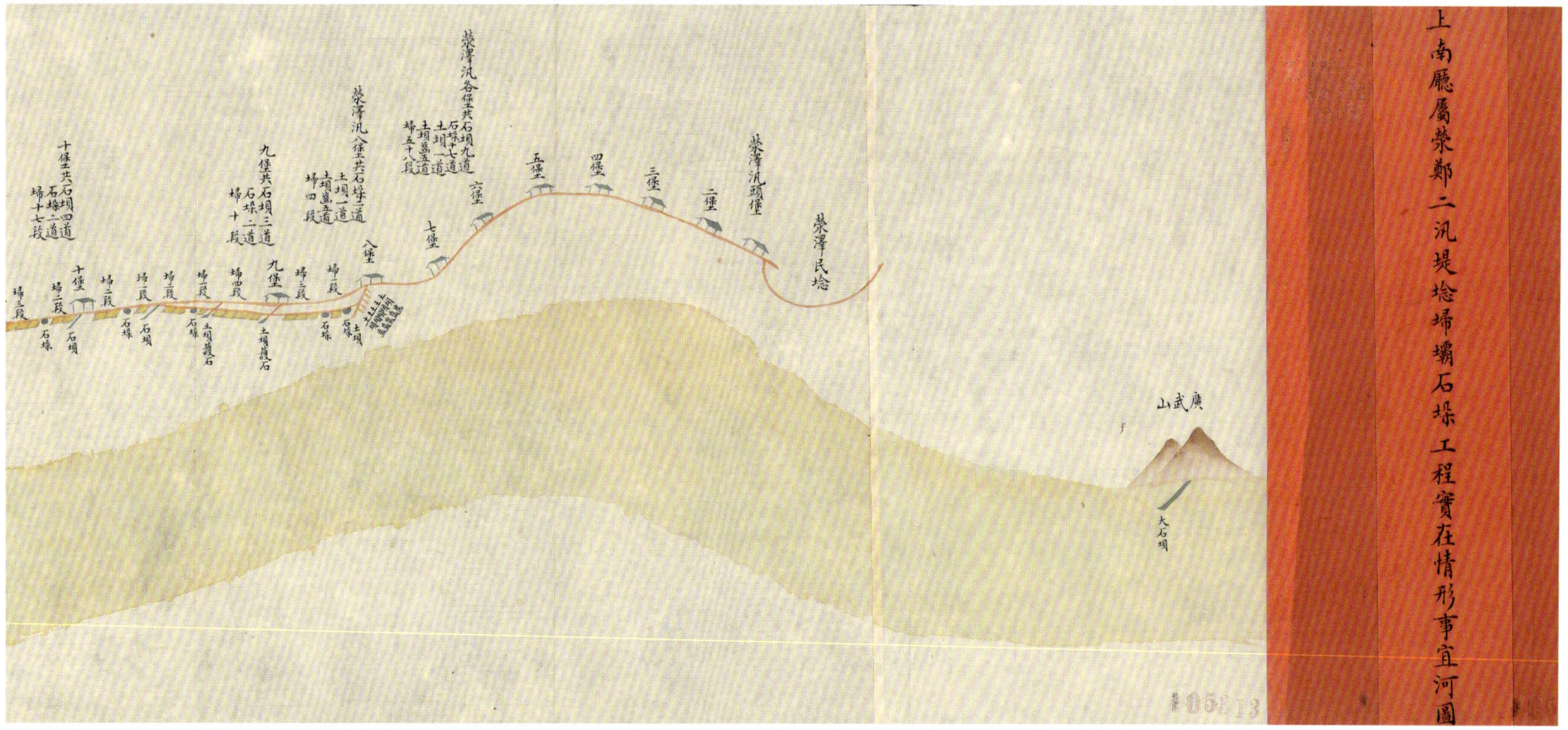

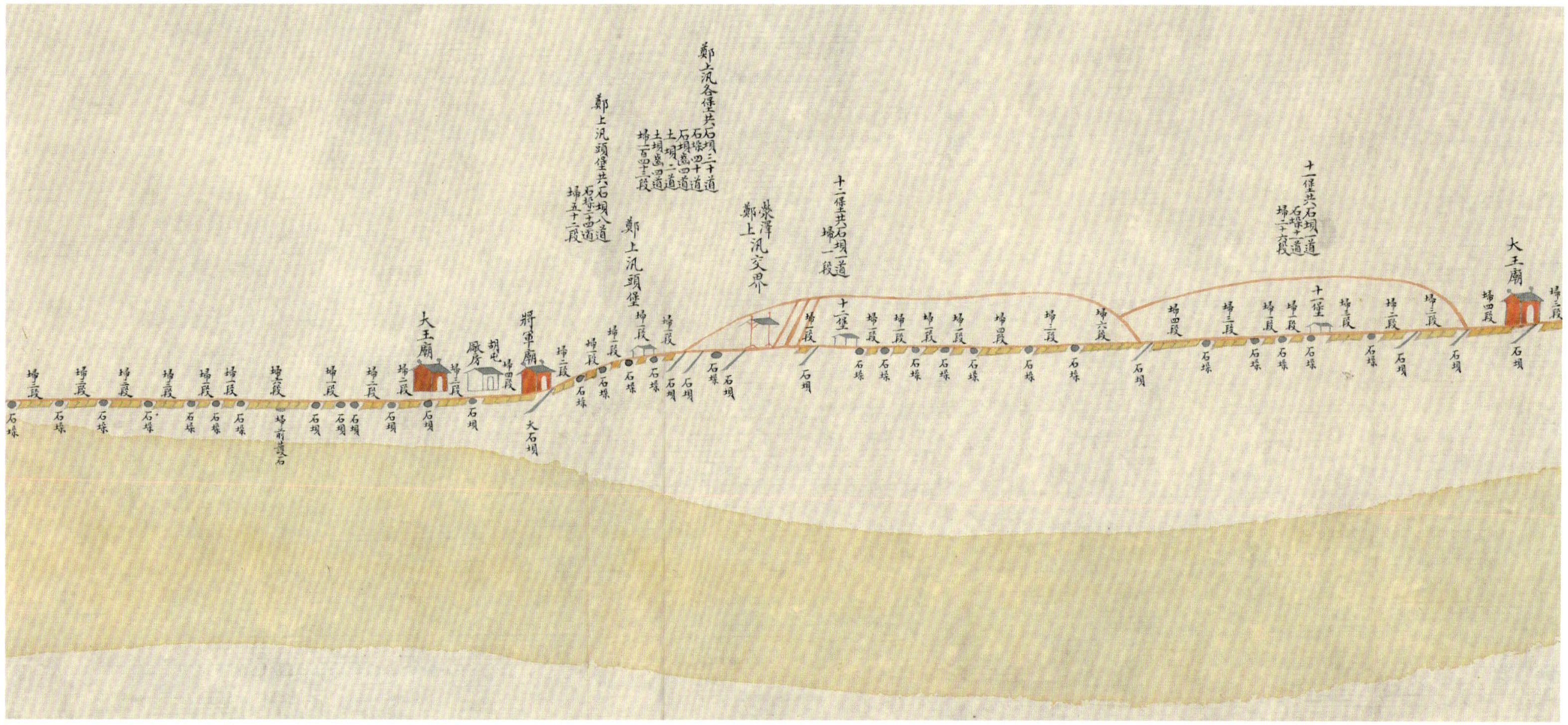

上南厅属荥郑二汛堤埝埽坝石垛工程实在情形事宜河图

1 幅；21 厘米 × 142 厘米

彩绘本

[清光绪年间（1875—1908）]

此图详绘上南河厅辖内黄河河势及沿岸坝、埽、垛等工程情形。

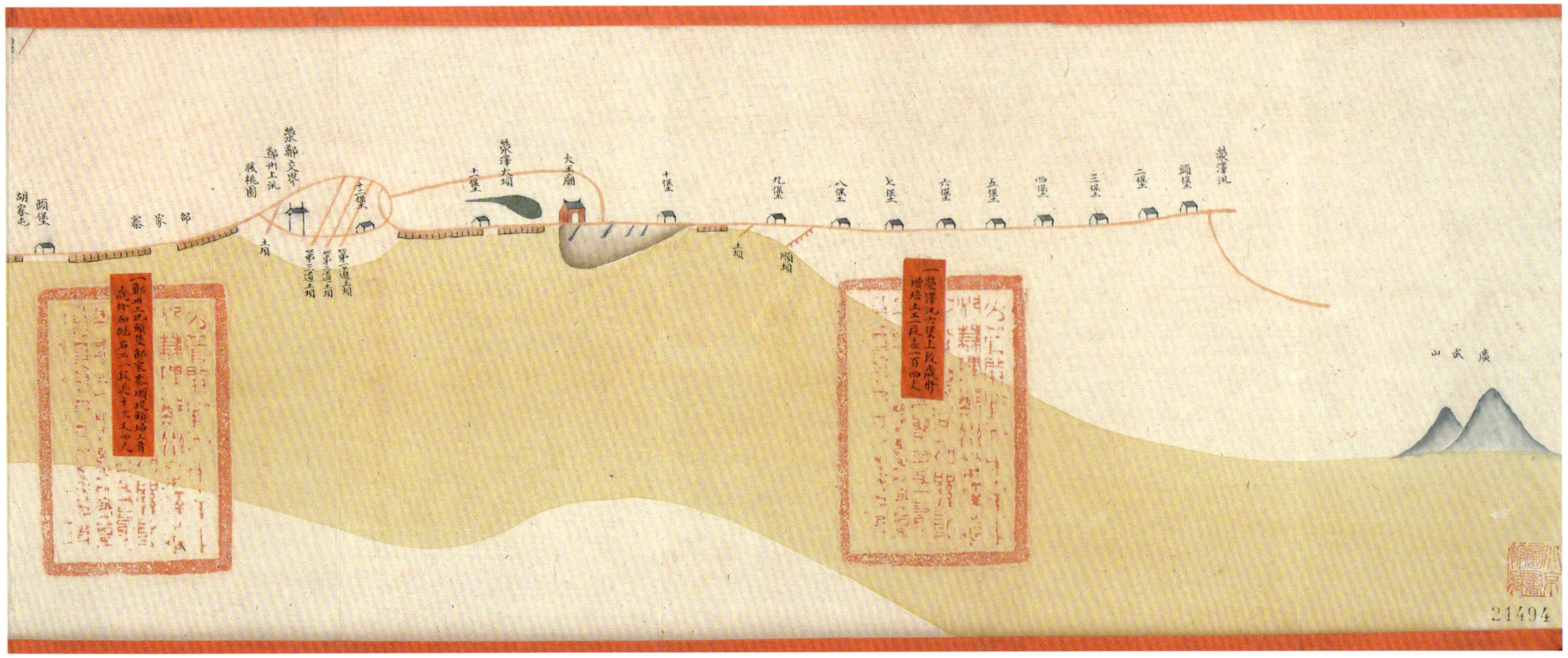

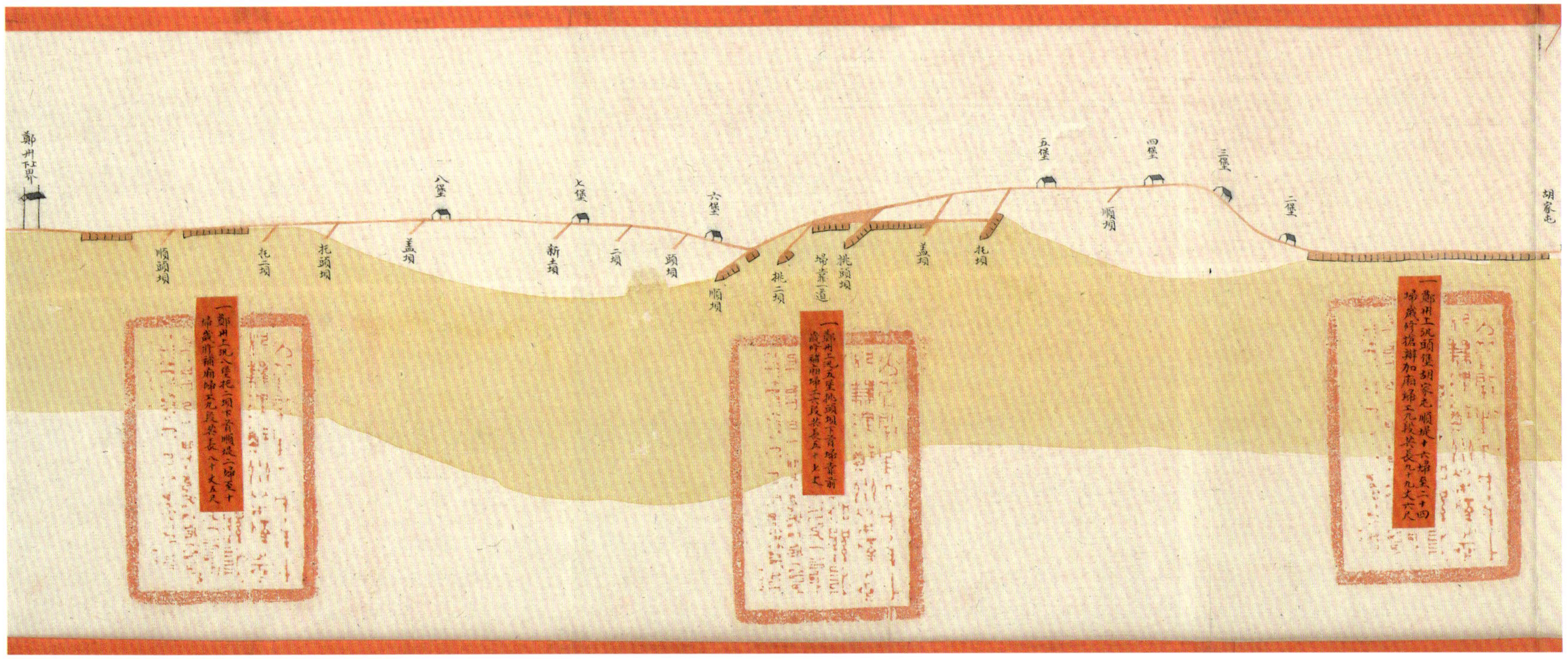

上南河厅属宣统元年分岁修埽土石工程河图

1 幅；22.2 厘米 ×94 厘米

彩绘本

清宣统元年（1909）

此图绘有黄河南岸大堤河南荥泽十二堡和郑州八堡以及盖坝、顺坝、土坝等。随图附清折一纸。

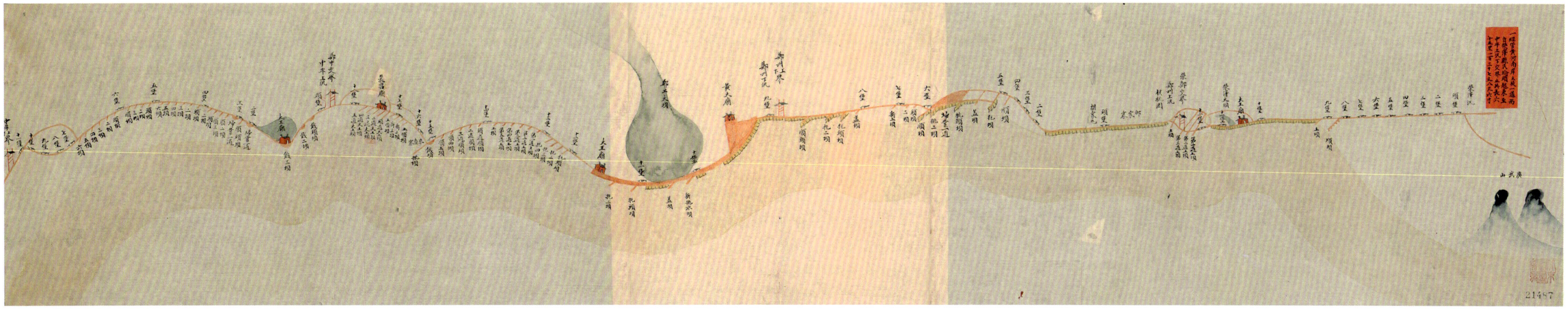

上南河厅属堤坝埽工事宜河图

1 幅；21 厘米 ×103 厘米

彩绘本

［清光绪十九年（1893）］

此图绘出上南河厅属黄河南岸大堤一道，西起河南荥泽县民埝头，东至河南中牟上、下汛交界处，并较详细地标注了盖坝、托坝及挑水坝等。随图附清册及清折各一册。

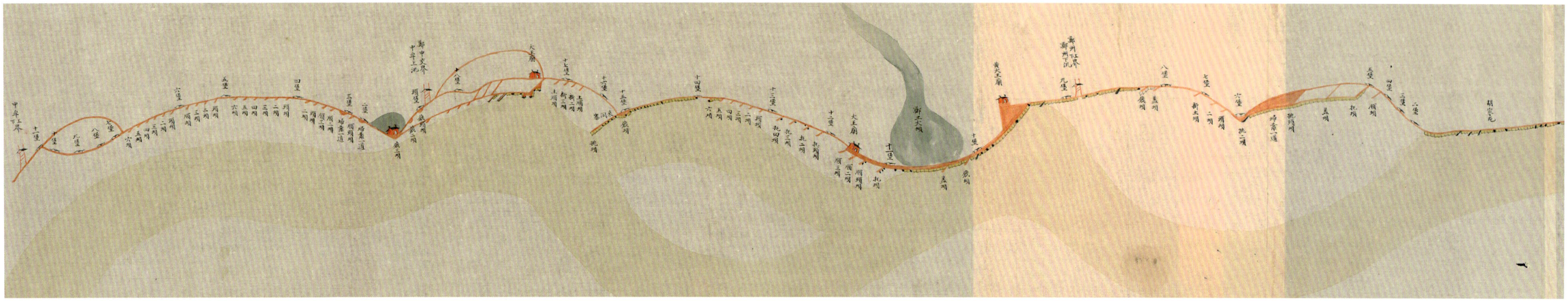

上南河厅属荥郑中各汛现在河势情形图

1 幅；21 厘米 ×156 厘米

彩绘本

[清光绪年间（1875—1908）]

此图绘出上南河厅辖内黄河各汛河势水情及沿岸堤、坝、埽工情形。

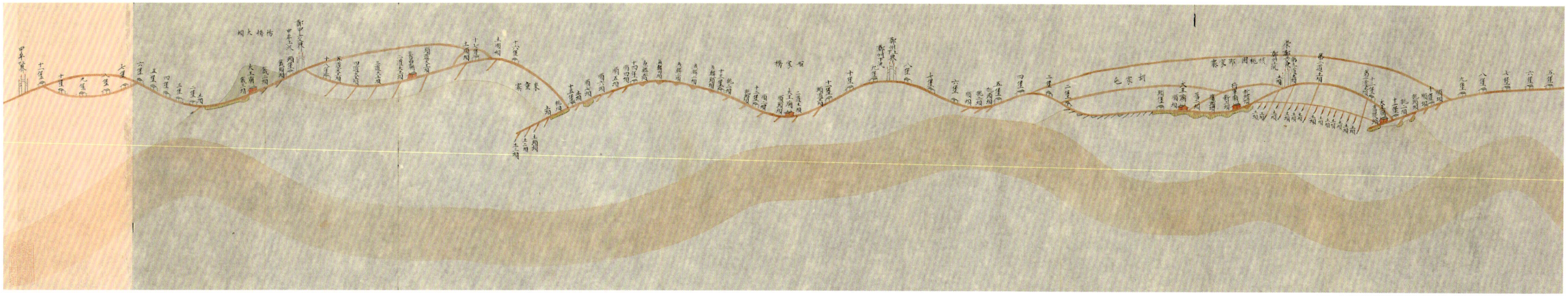

上南河厅属荥郑中各汛现在河势情形图

1幅；21厘米×132厘米

彩绘本

[清光绪年间（1875—1908）]

此图绘出上南河厅辖内黄河各汛河势水情及沿岸堤、坝、埽工情形。

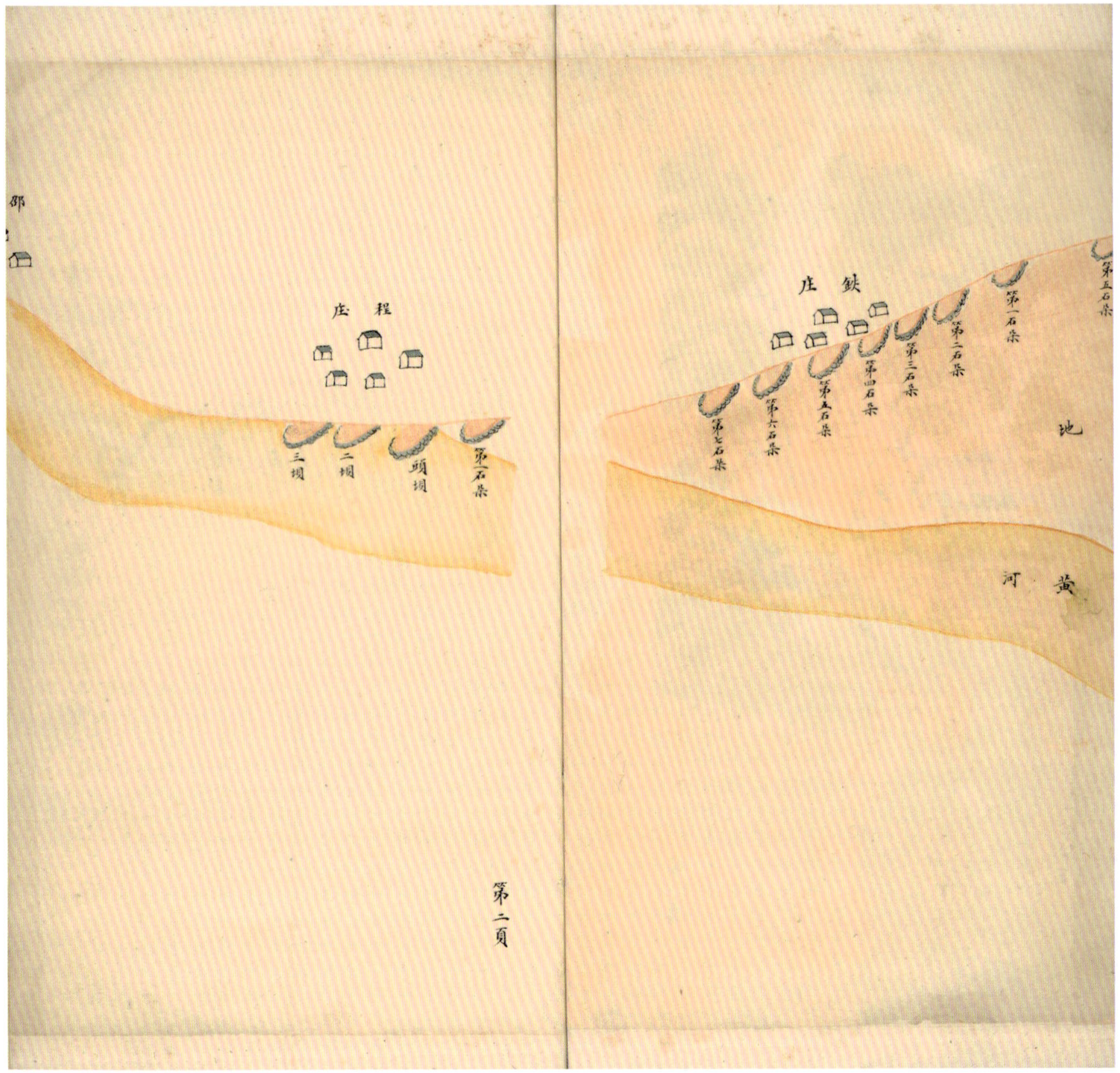

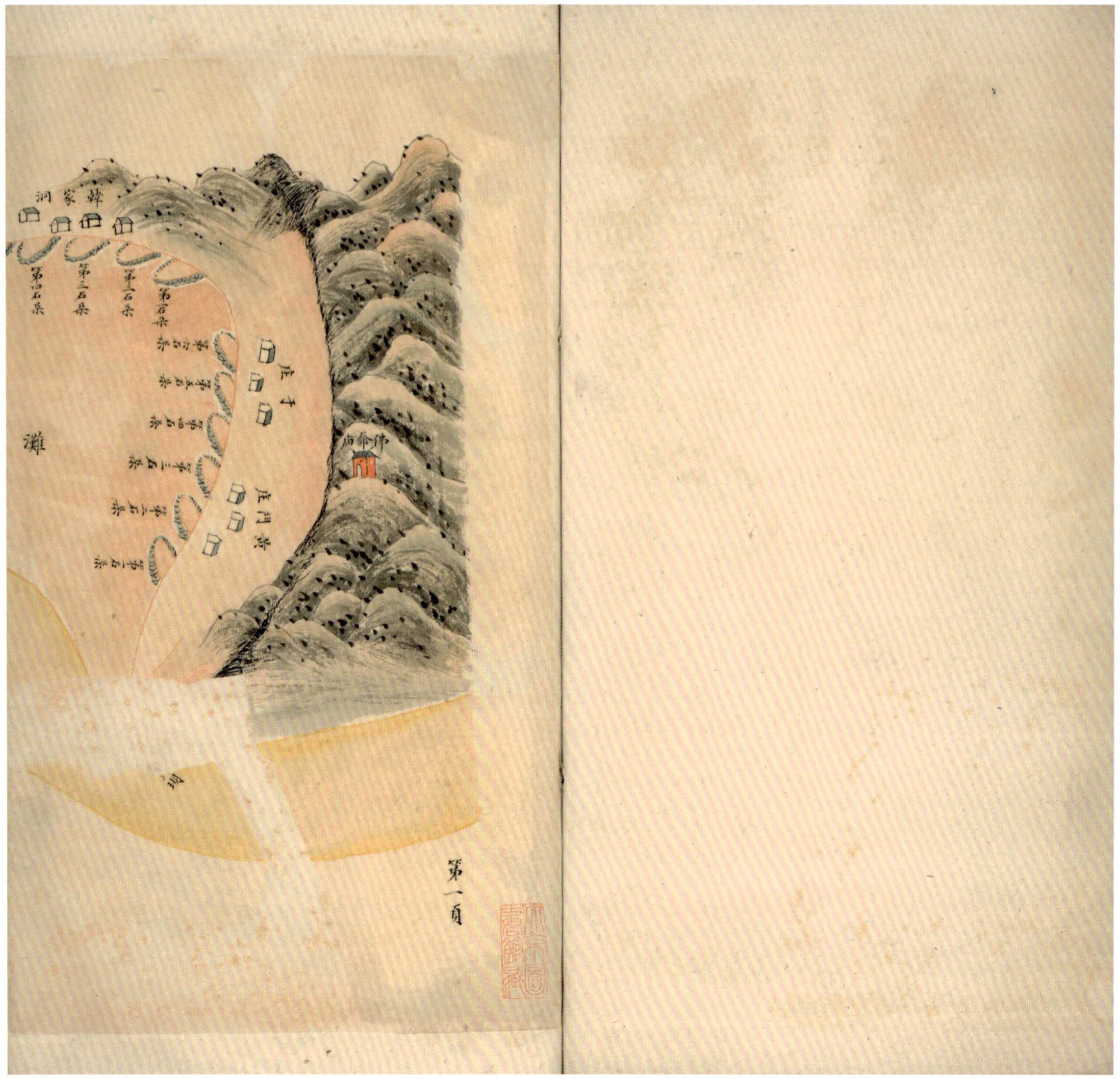

黄河埽工全图

1 册

彩绘本

[清（1644—1911）]

此图所绘黄河起于黄门庄、于庄、韩家洞一带河滩，止于上南分局下交界、郑中分局上交界，同时绘出两岸山脉、村庄以及北岸大堤、石垛等，文字标注河流、村庄、寺庙、城郭、堤坝及标号石垛等，绘制精细。

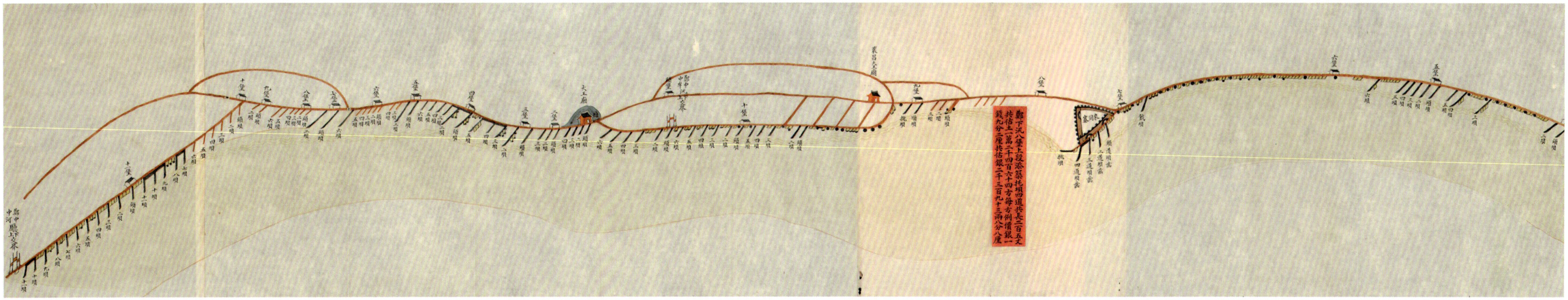

郑中河厅属现在河势情形图

1 幅；22 厘米 ×154 厘米

彩绘本

[清光绪年间（1875—1908）]

此图反映了河南郑下汛至中牟上汛间黄河水势。

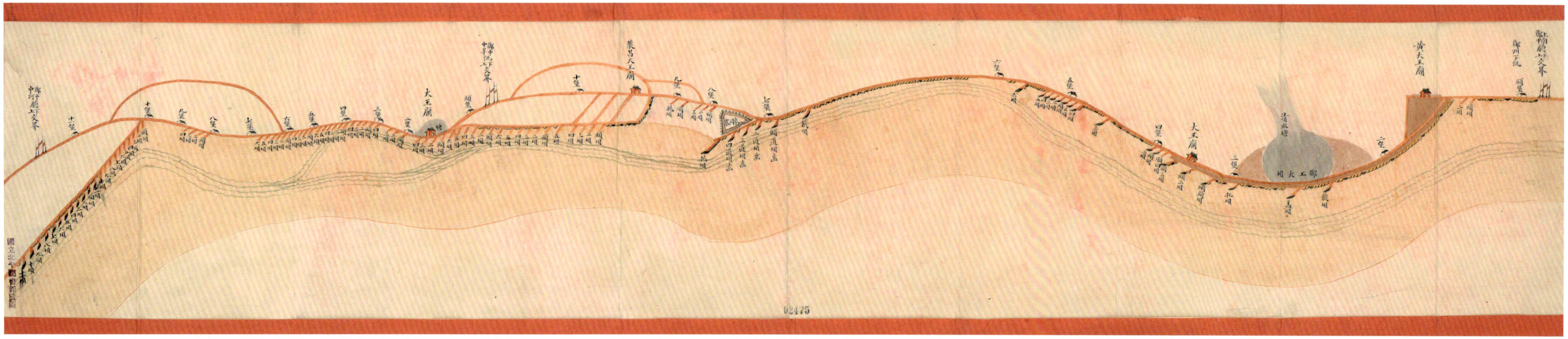

郑中河厅属现在河势情形图

1幅；23.5厘米 ×95厘米

彩绘本

[清光绪年间（1875—1908）]

图绘河南郑中河厅所属各汛经管黄河及南岸堤、堡情形，并详绘沿堤各坝位置与形状。

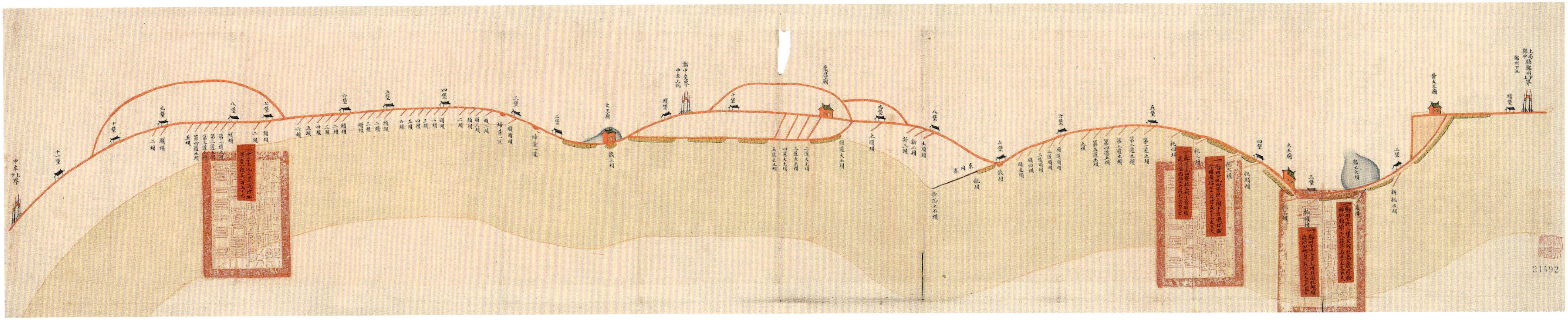

郑中河厅属宣统元年分岁修埽土石工程河图

1幅；22.7厘米 ×111厘米

彩绘本

清宣统元年（1909）

此图详绘郑中河厅大堤各堡及坝情形，贴签注明各汛工程情况。随图附清折一纸。

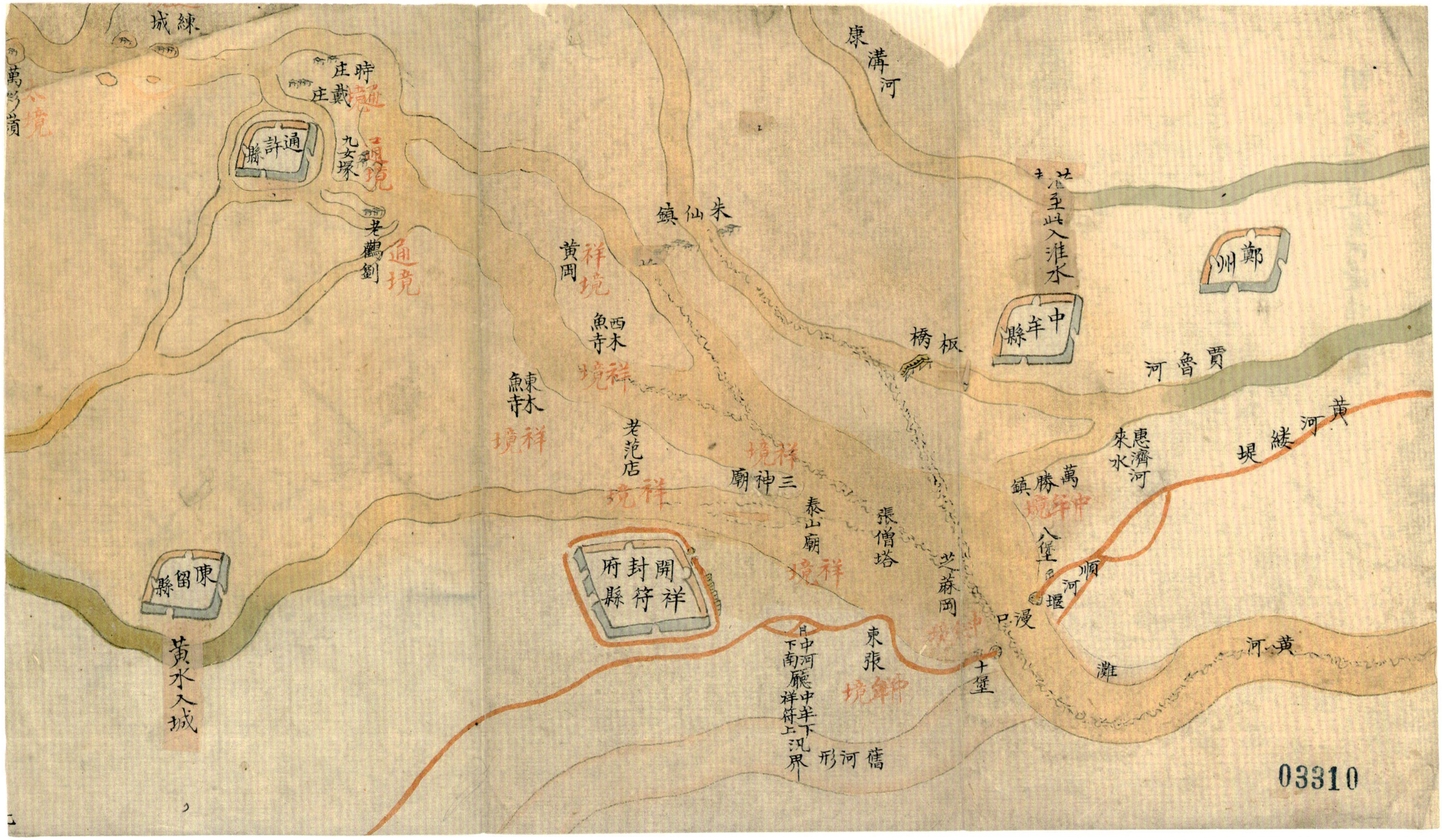

开封府附近黄河漫溢情形图

1 幅；17 厘米 ×28 厘米

彩绘本

［清光绪年间（1875—1908）］

此图反映了河南开封府附近十堡、八堡决口后黄河漫溢的情况。

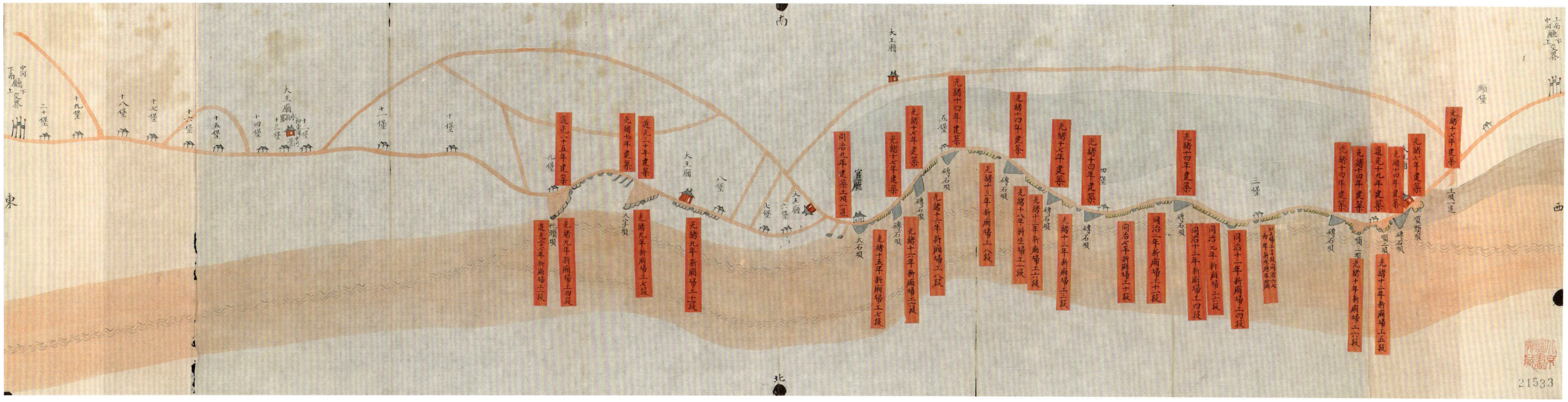

中河厅属中牟下汛壬辰年现在河势情形图

1 幅；21 厘米 ×82 厘米

彩绘本

清光绪十八年（1892）

此图绘出中河厅黄河河段及黄河南岸堤工、各堡等，贴签注出清道光、同治、光绪年间的建坝年代。又名《中河厅中牟下汛堤工全图》。

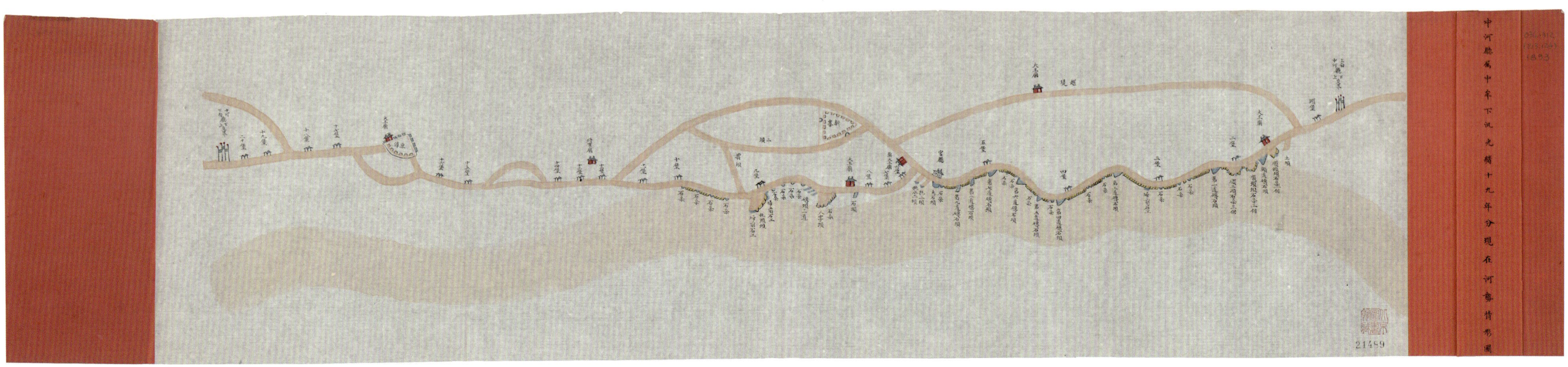

中河厅属中牟下汛光绪十九年分现在河势情形图

1 幅；22 厘米 ×78 厘米

彩绘本

清光绪十九年（1893）

此图详绘河南中牟下汛段河势水情及沿岸堤、坝等情形。

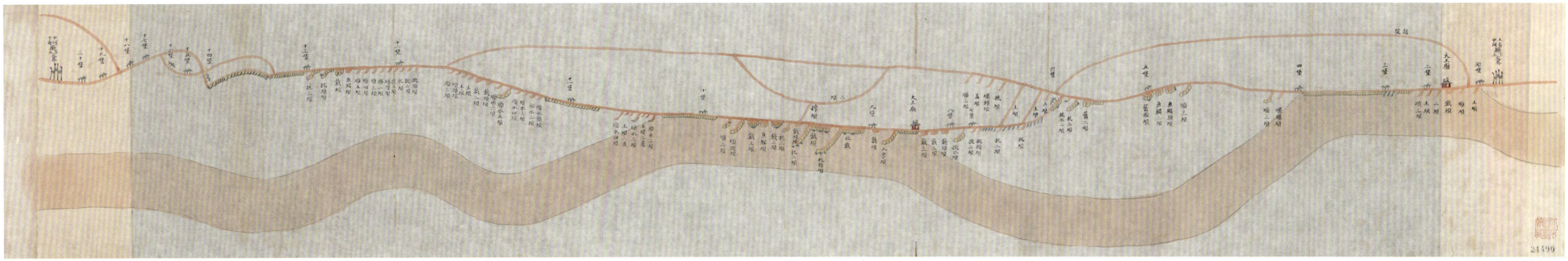

中河厅中牟下汛堤工里数埽坝各工一切事宜图

1幅；21厘米 ×115.2厘米

彩绘本

清光绪十九年（1893）

此图详绘河南中牟下汛段黄河河道及沿岸堤、坝、堡形势。随图附清册一册。

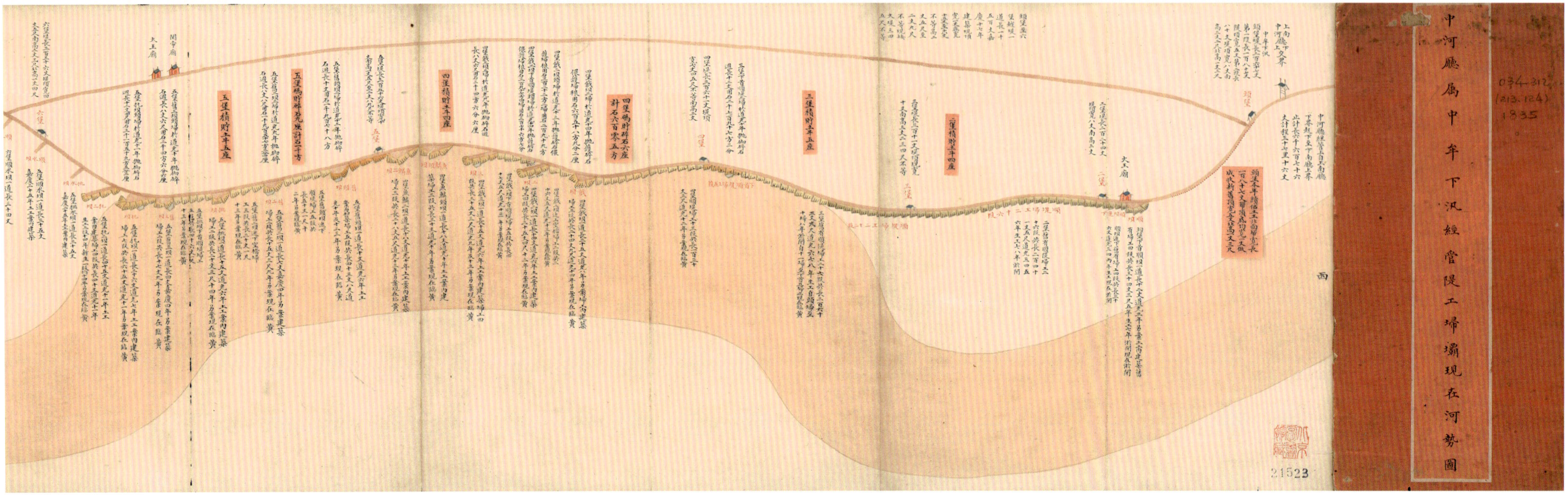

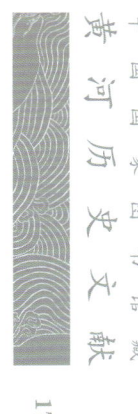

中河厅属中牟下汛经管堤工埽坝现在河势图

1 幅；24 厘米 ×133 厘米

彩绘本

[清道光年间（1821—1850）]

图绘中河厅内经管坝、堡、埽长度及修筑年代，贴签注明各堡内所存工程物料。

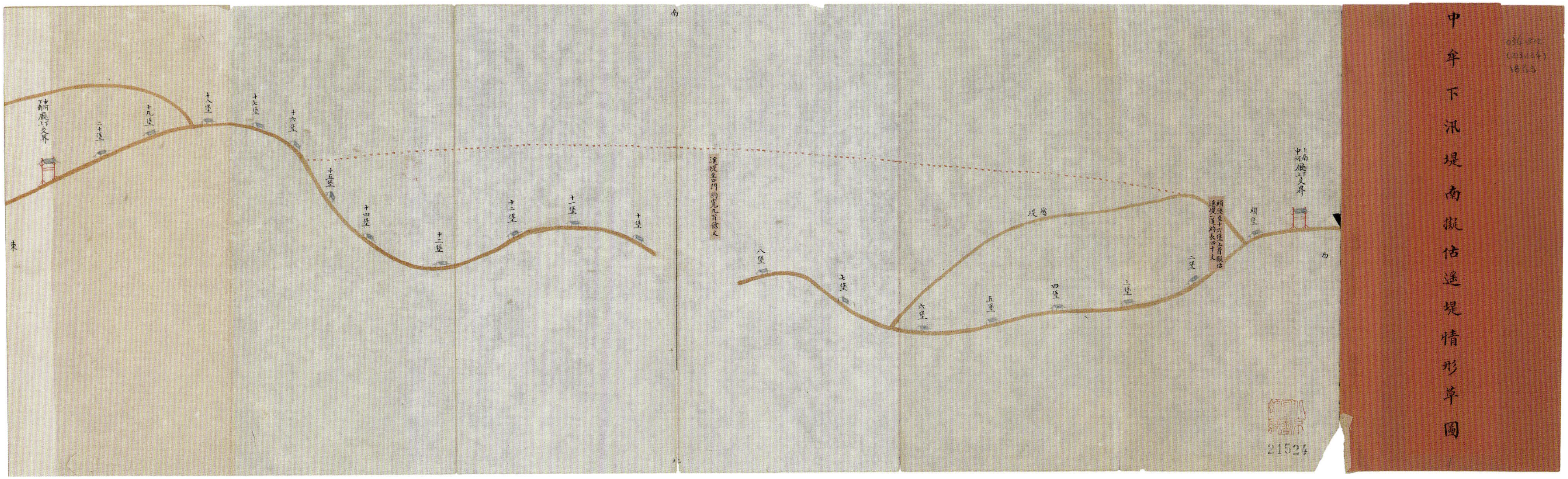

中牟下汛堤南拟估遥堤情形草图

1 幅；21 厘米 ×59 厘米

彩绘本

[清道光年间（1821—1850）]

此图绘出河南中牟上、下汛经管堤、堡及拟建遥堤工程情形，系工程预算图。

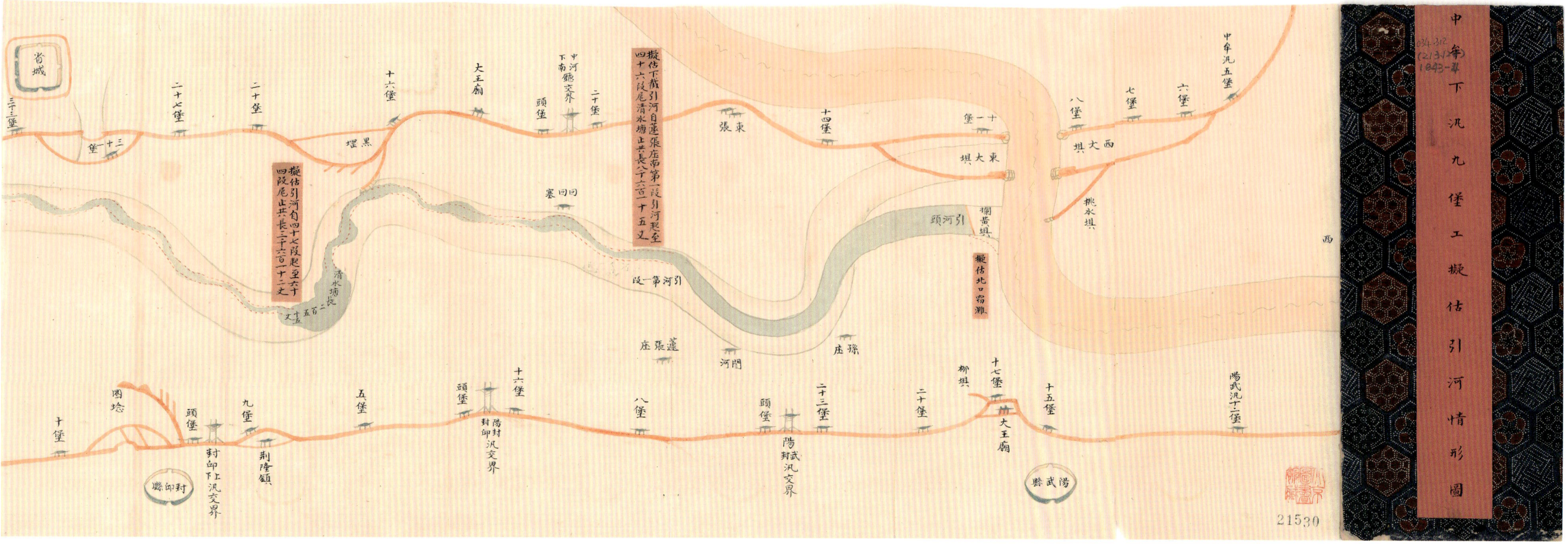

中牟下汛九堡工拟估引河情形图

1幅；23厘米 ×269厘米

彩绘本

[清道光年间（1821—1850）]

此图所绘黄河引河西起河南中牟，东至河南虞城。贴签注出沟线段长，引河长度及宽度，土方及用银数目等。

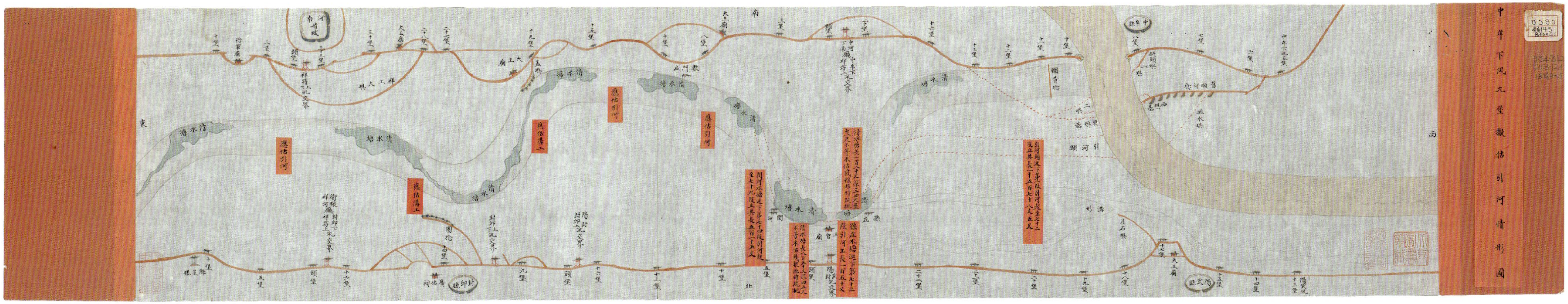

中牟下汛九堡拟估引河情形图

1幅；22.6厘米 ×99.5厘米

彩绘本

[清道光年间（1821—1850）]

此图详绘河南中牟下汛五堡至祥符下汛段黄河改道转弯处新旧河道、水塘情形及沿岸堤堡、村庄，虚线勾出拟建工程，贴签注明引河、水塘深长及工程情况。

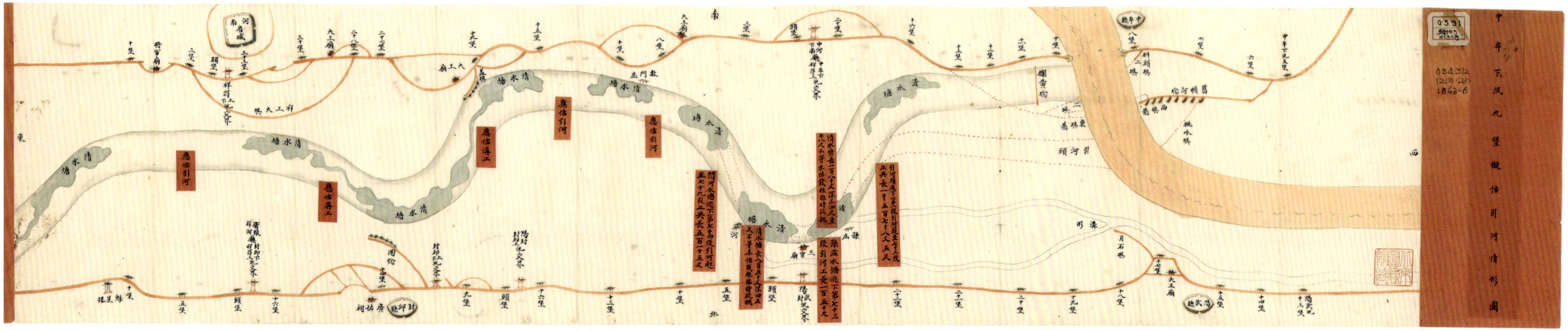

中牟下汛九堡拟估引河情形图

1 幅；22.7 厘米 ×99.5 厘米

彩绘本

[清道光年间（1821—1850）]

此图详绘河南中牟下汛五堡至祥符下汛段黄河改道转弯处新旧河道、水塘情形及沿岸堤堡、村庄，虚线勾出拟建工程，贴签注明引河、水塘深长及工程情况。此图内容与国图藏同名图一致。

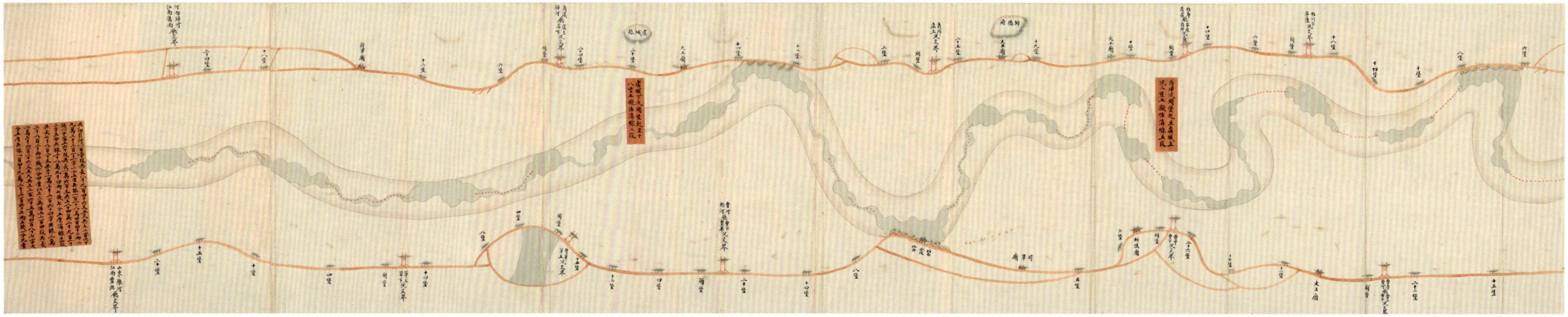

中牟下汛九堡拟估引河沟工沟线情形图

1 幅；24 厘米 ×335 厘米

彩绘本

[清道光年间（1821—1850）]

此图系河南中牟九堡黄河决口后拟修引河较完整之河工图，所绘引河上起中牟下汛五堡，下至河南归河厅与江南萧厅交界处。附图说，贴签注明拟建工程情况。

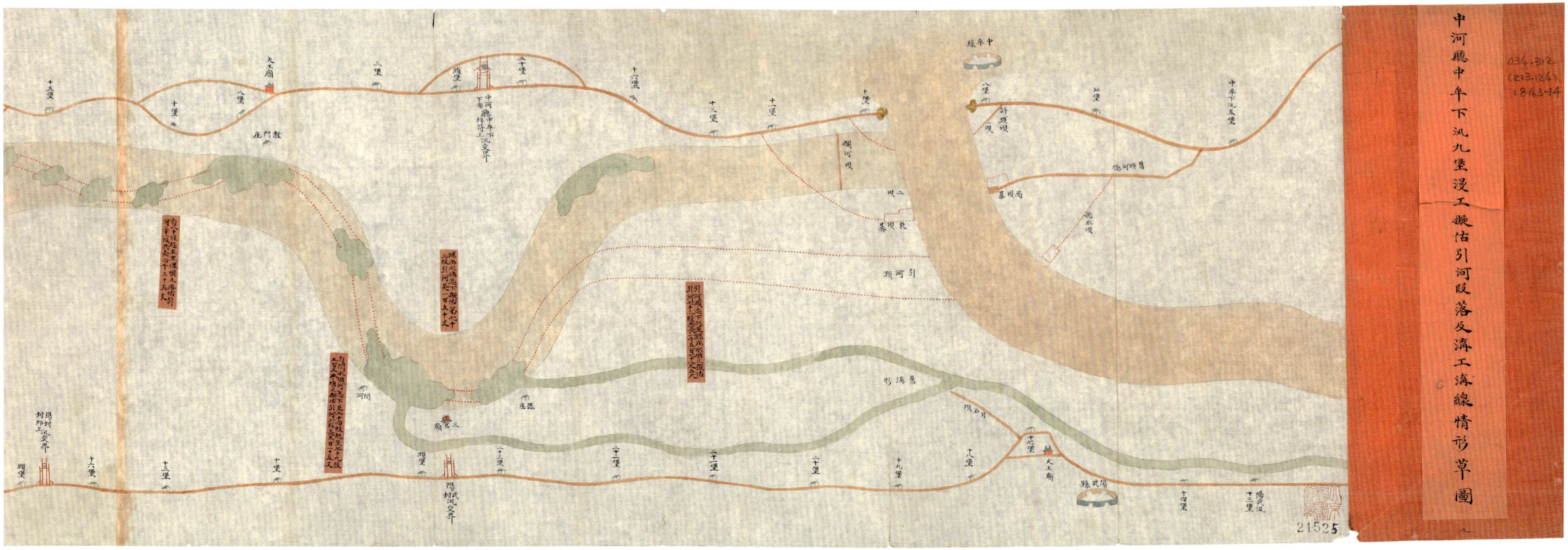

中河厅中牟下汛九堡漫工拟估引河段落及沟工沟线情形草图

1幅；24厘米 ×287厘米

彩绘本

[清道光年间（1821—1850）]

此图所绘引河上起河南中牟下汛五堡，下至河南归河厅虞城下汛与江南萧南厅砀上汛交界处。附图说，贴签注出拟估沟工段数及引河长度。

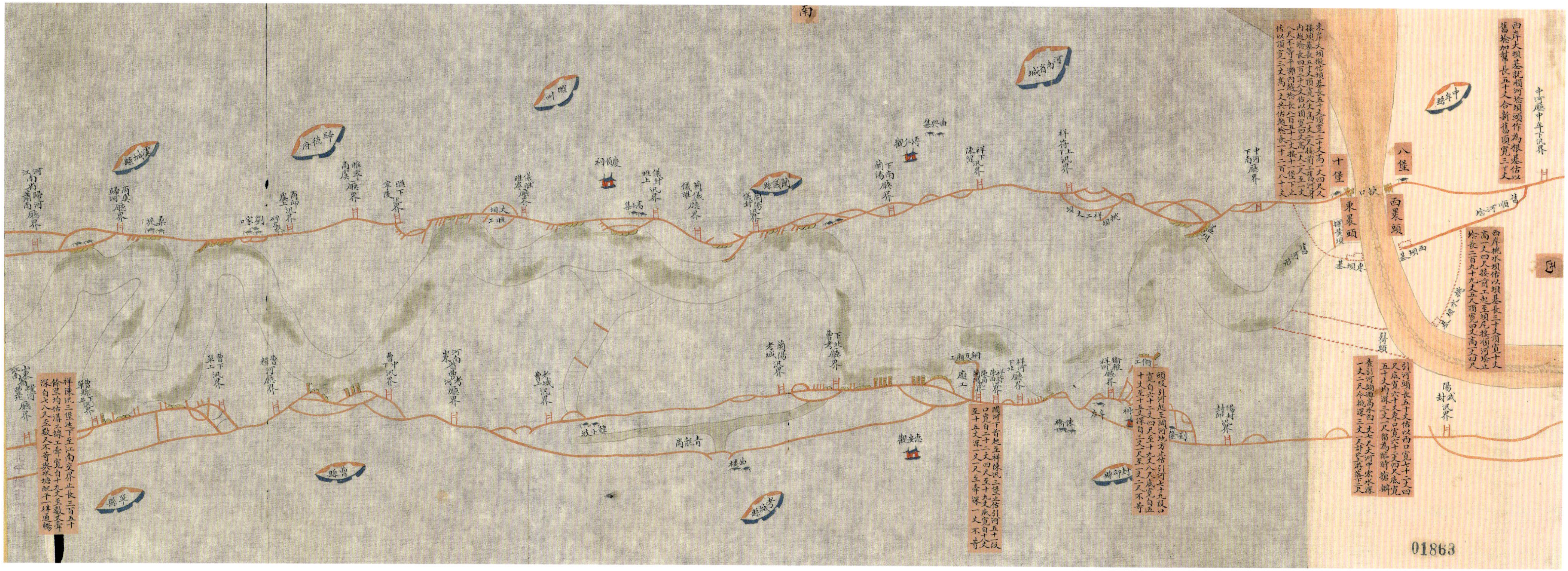

中河九堡漫口筑坝挑河图

1 幅；22 厘米 ×57 厘米

彩绘本

[清道光年间（1821—1850）]

此图绘出中河厅中牟下汛界至河南归河厅与萧南厅交界之大堤、民埝及引河、挑水坝等，并贴签注出坝基长度、顶宽及高度等。

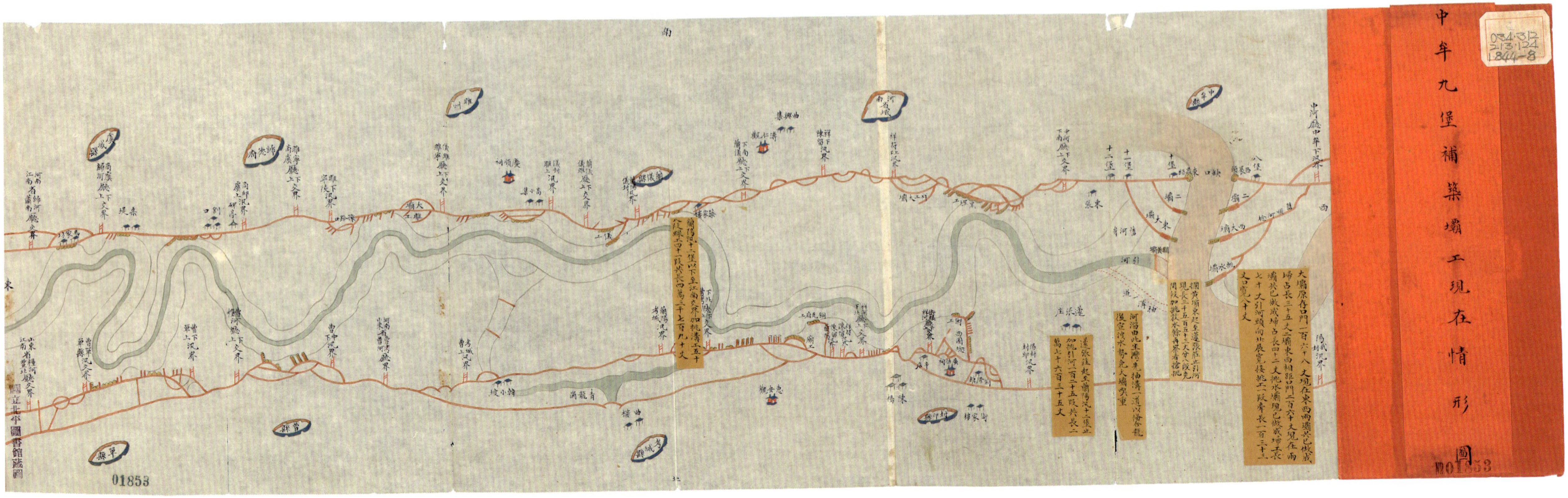

中牟九堡补筑坝工现在情形图

1 幅；21 厘米 ×58.3 厘米

彩绘本

[清道光年间（1821—1850）]

此图详细绘出了自中河厅中牟下汛界至河南归河厅与江南萧南厅交界之黄河引河及南、北大堤、汛界及九堡黄河东西大坝、拦黄坝等，并贴签注出大坝长度。

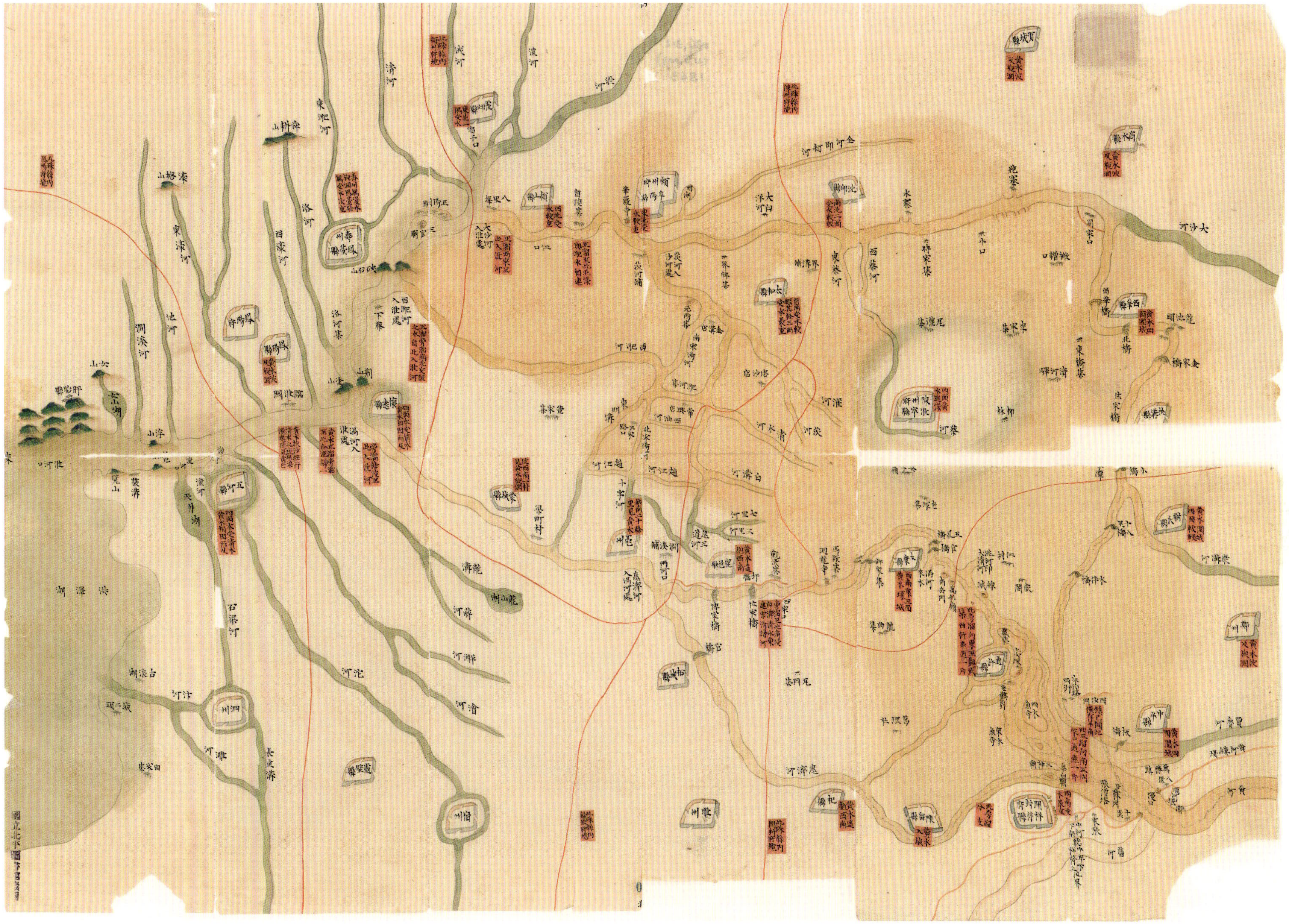

[道光二十三年黄河漫溢所经地方图]

1幅；41厘米 ×58厘米

彩绘本

[清道光二十三年（1843）]

此图绘出清道光二十三年（1843）黄河于河南中牟决口泛滥时所经城镇、村庄，以黄色深浅表示受灾程度之重轻。

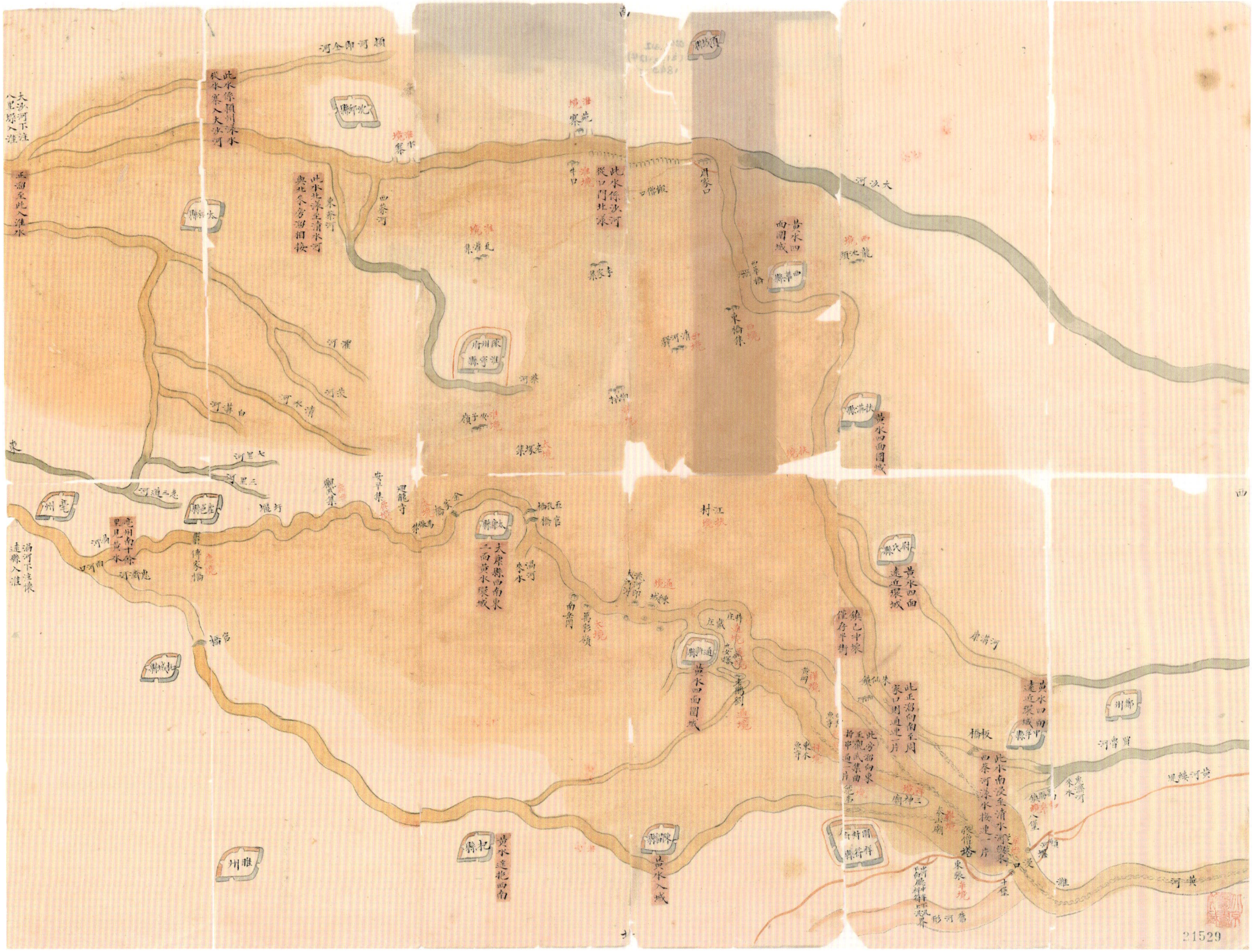

查勘中河厅中牟下汛九堡漫水经过州县情形图

1幅；44厘米 ×58厘米

彩绘本

［清道光二十三年（1843）］

此图绘出河南省境黄河泛滥时所经之城镇，贴签注述各县境黄河漾水情形。

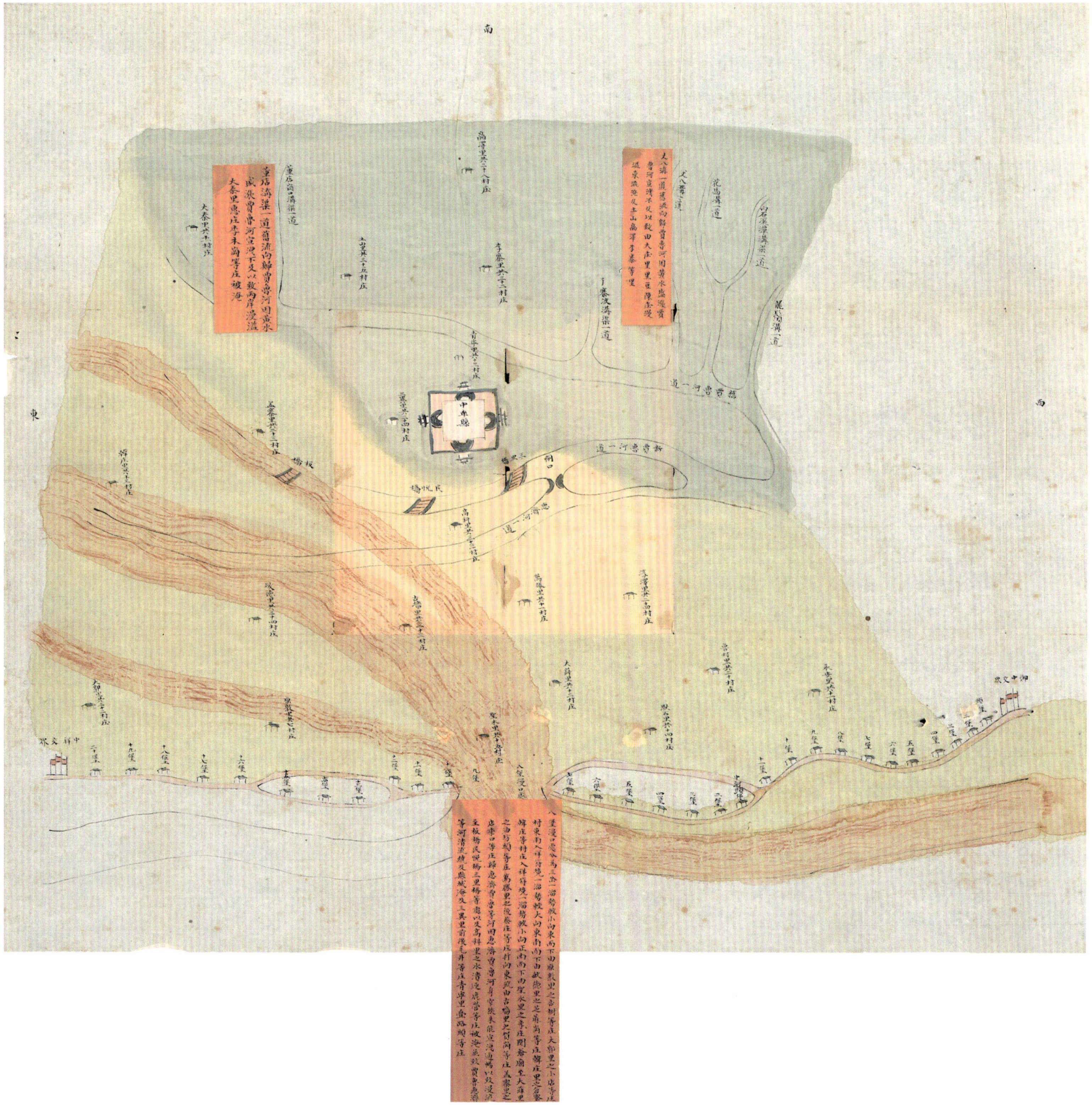

中牟县境内被水大概情形图

1 幅；56 厘米 ×63 厘米

彩绘本

[清光绪年间（1875—1908）]

此图详绘河南中牟县境内被水淹及情形，并有贴签详细说明被黄水淹及情况。

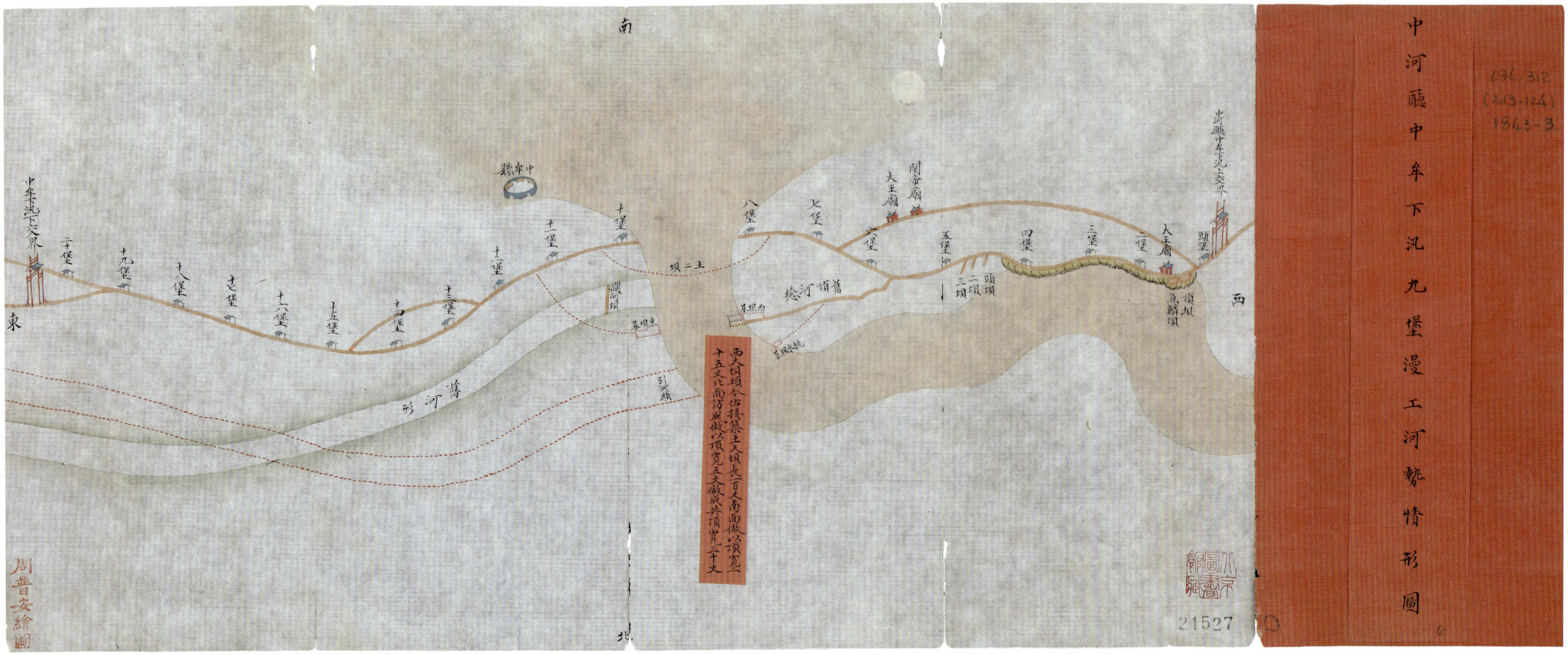

中河厅中牟下汛九堡漫工河势情形图

(清)周普安绘

1 幅;21 厘米 ×41 厘米

彩绘本

[清道光年间(1821—1850)]

此图绘出河南中牟下汛第九堡附近黄河水势及此段堤埝情况，贴签注出中牟县境估接黄河筑土坝长、宽丈数。

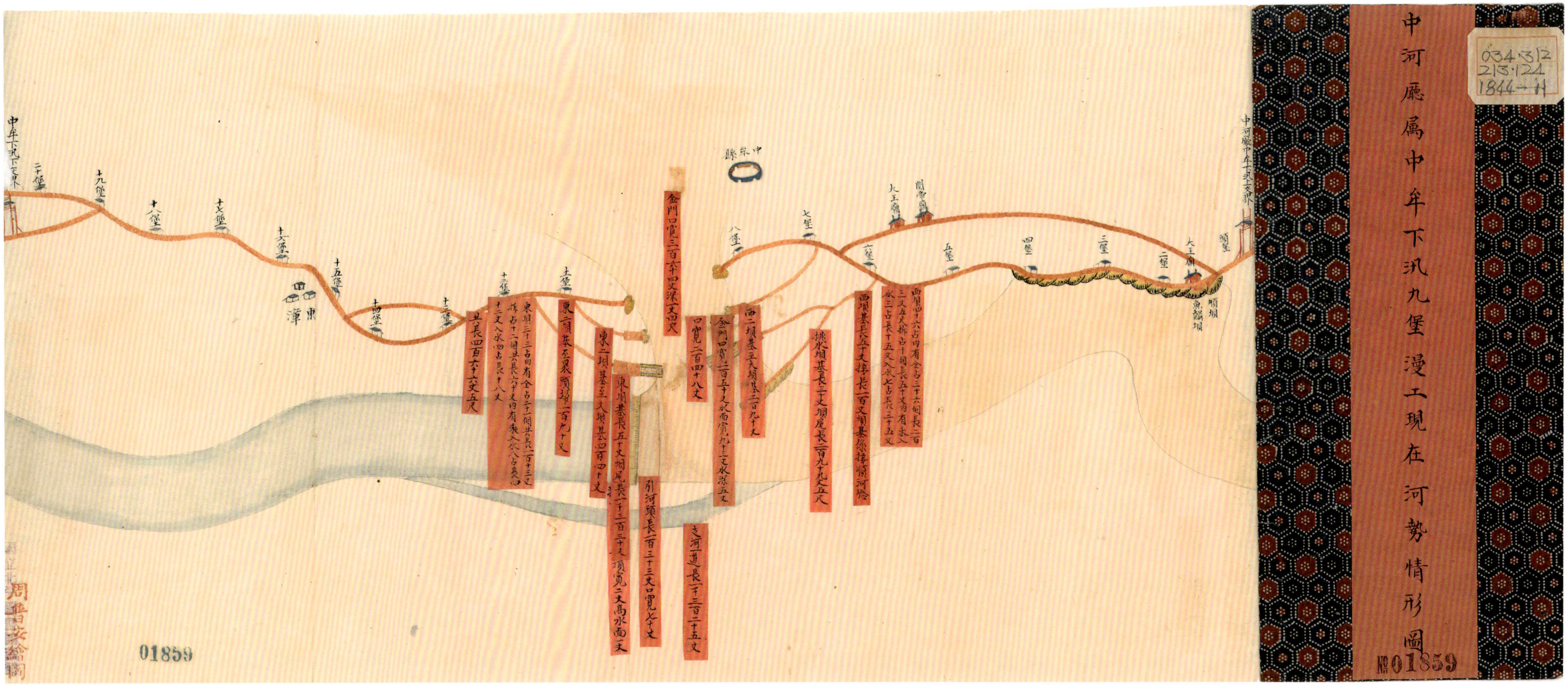

中河厅属中牟下汛九堡漫工现在河势情形图

（清）周普安绘

1 幅；21 厘米 ×39 厘米

彩绘本

［清道光年间（1821—1850）］

此图绘出河南中牟下汛段河势水情及沿岸堤堡，并贴签注明坝、埽、引河工程详情。

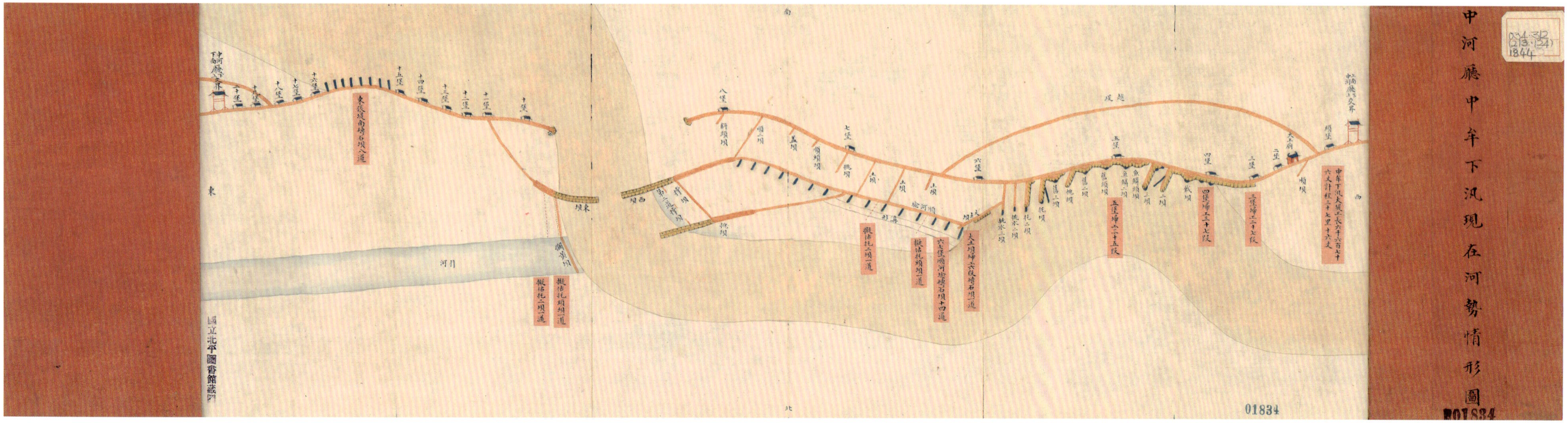

中河厅中牟下汛现在河势情形图

1 幅；20 厘米 ×55 厘米

彩绘本

[清道光年间（1821—1850）]

此图反映了修筑中牟九堡黄河决口处东、西拦水坝后的河势情形。

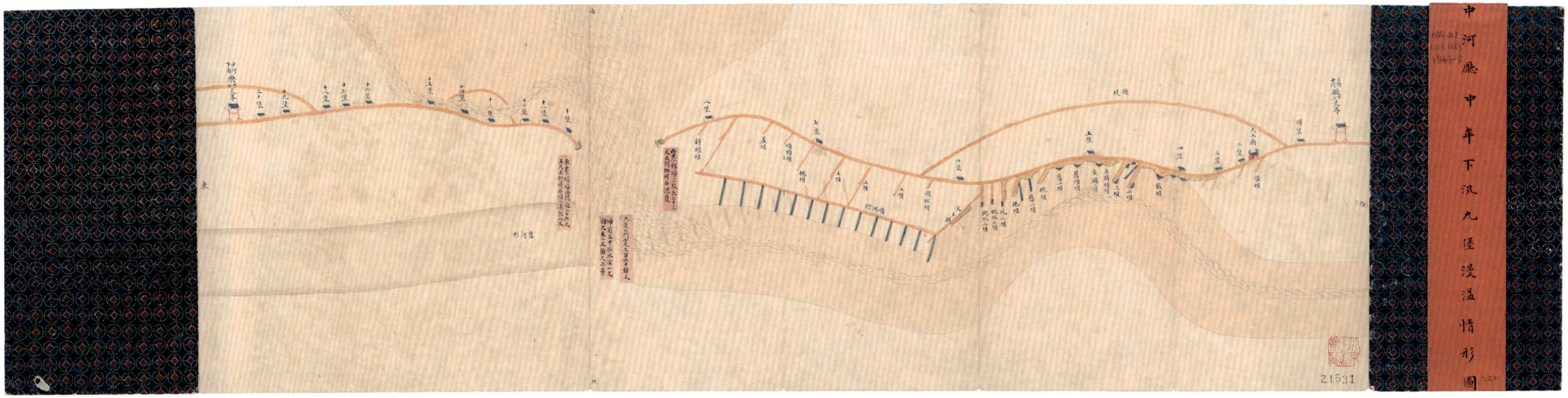

中河厅中牟下汛九堡漫溢情形图

1 幅；21 厘米 ×62 厘米

彩绘本

[清道光二十三年（1843）]

此图反映了清道光二十三年（1843）六月黄河决河南中牟九堡之情形。与国图藏多幅同名图属同一系列图。

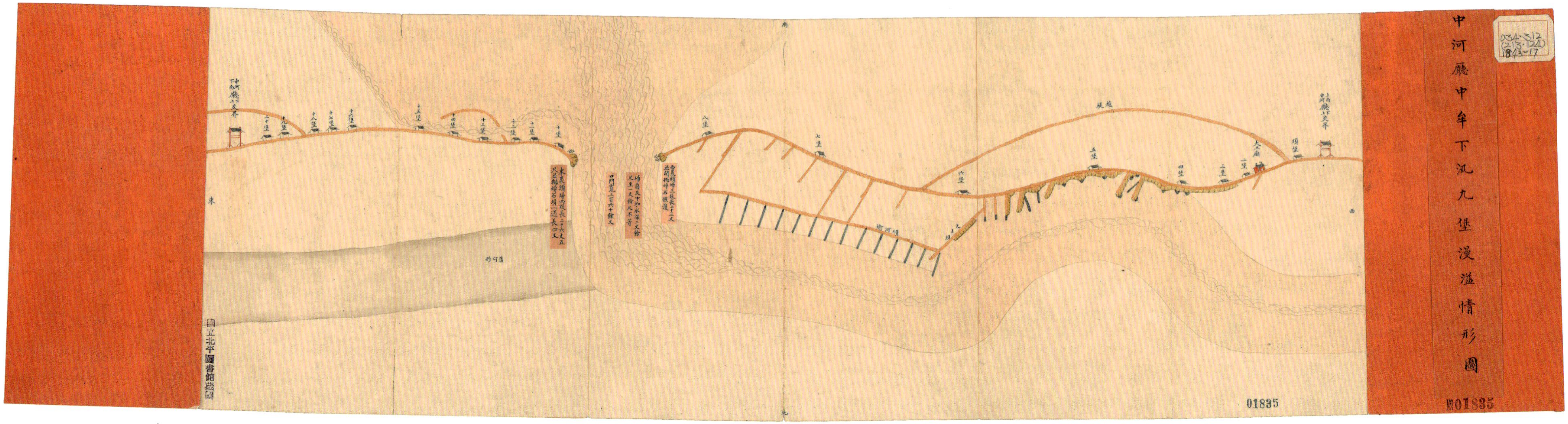

中河厅中牟下汛九堡漫溢情形图

1 幅；21 厘米 ×60 厘米

彩绘本

[清道光二十三年（1843）]

此图详绘河南中牟下汛段河势水情及沿岸堤、堡，并贴签注明各埽工情形。与国图藏多幅同名图属同一系列图。

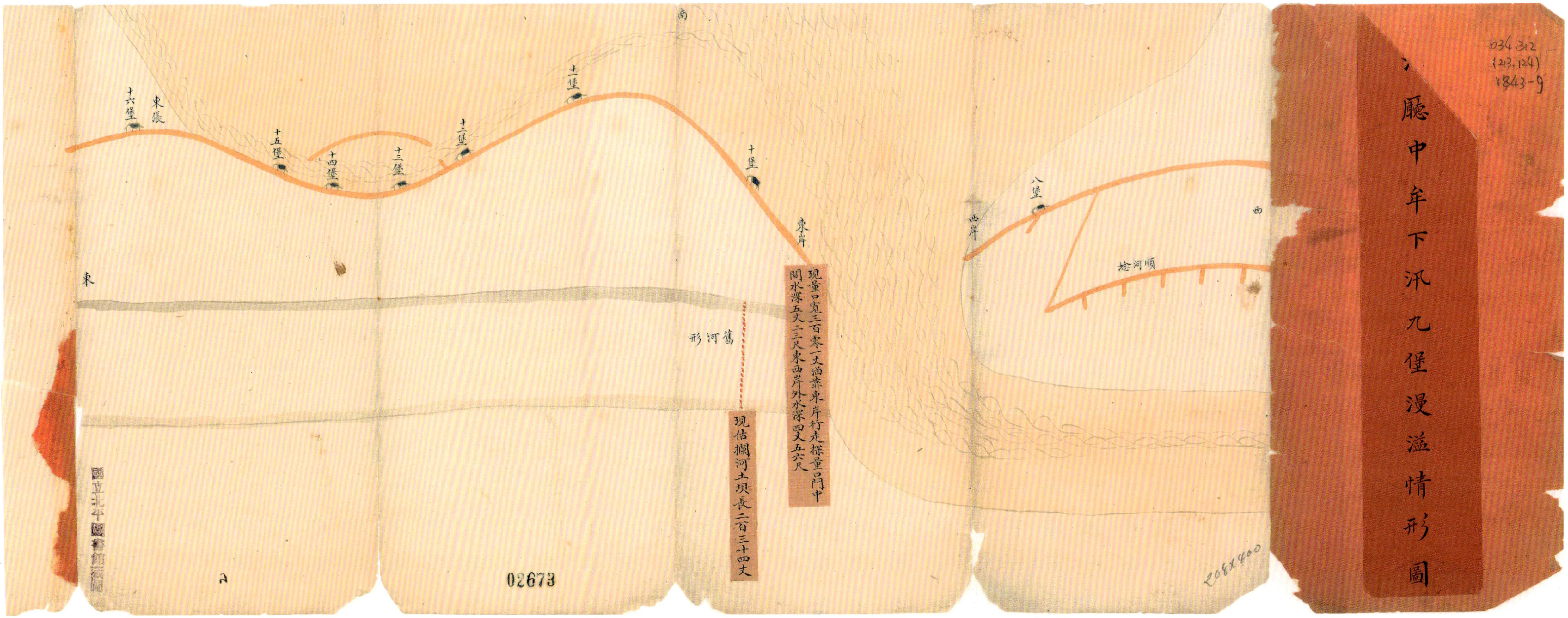

中河厅中牟下汛九堡漫溢情形图

1幅；21厘米 ×40厘米

彩绘本

[清道光二十三年（1843）]

此图绘出河南中牟第九堡附近黄河水势、新旧河道及堤埝、堡情形，并贴签注明拟建拦河坝工程情形。与国图藏多幅同名图属同一系列图。

中河厅中牟下汛九堡漫溢情形图

1 幅；21 厘米 ×39 厘米

彩绘本

[清道光二十三年（1843）]

此图绘出河南中牟下汛第九堡东西两岸黄河水势及此段堤埝情况，贴签注明各处水深、坝长。与国图藏多幅同名图属同一系列图。

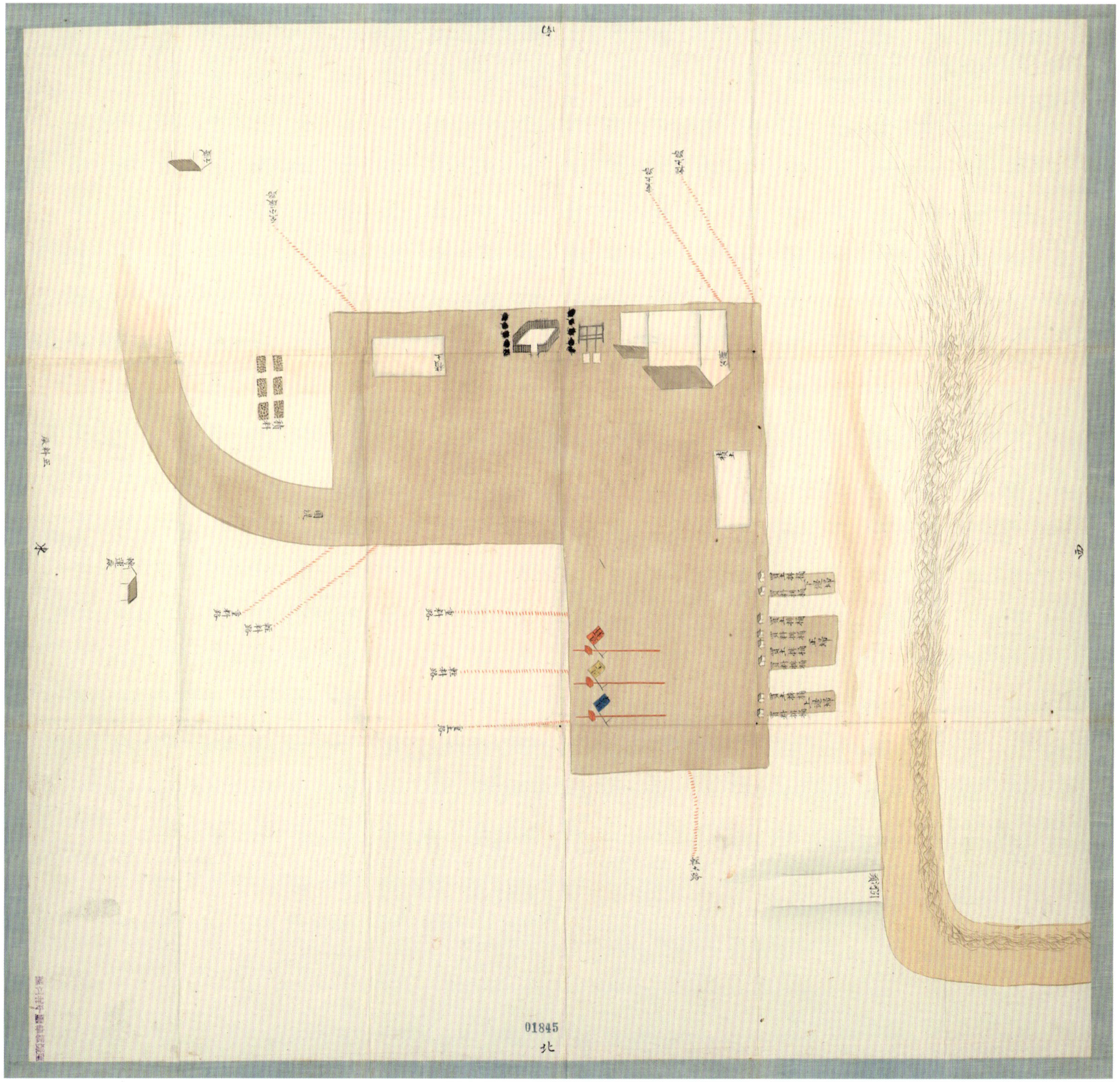

东坝基进占图

1 幅；51.7 厘米 ×51.5 厘米

彩绘本

［清道光年间（1821—1850）］

此图绘出河南中牟境内黄河及引河水势，详绘东坡平面布局及物料运输路线，系修筑河南中牟黄河东坝基之平面布局图。

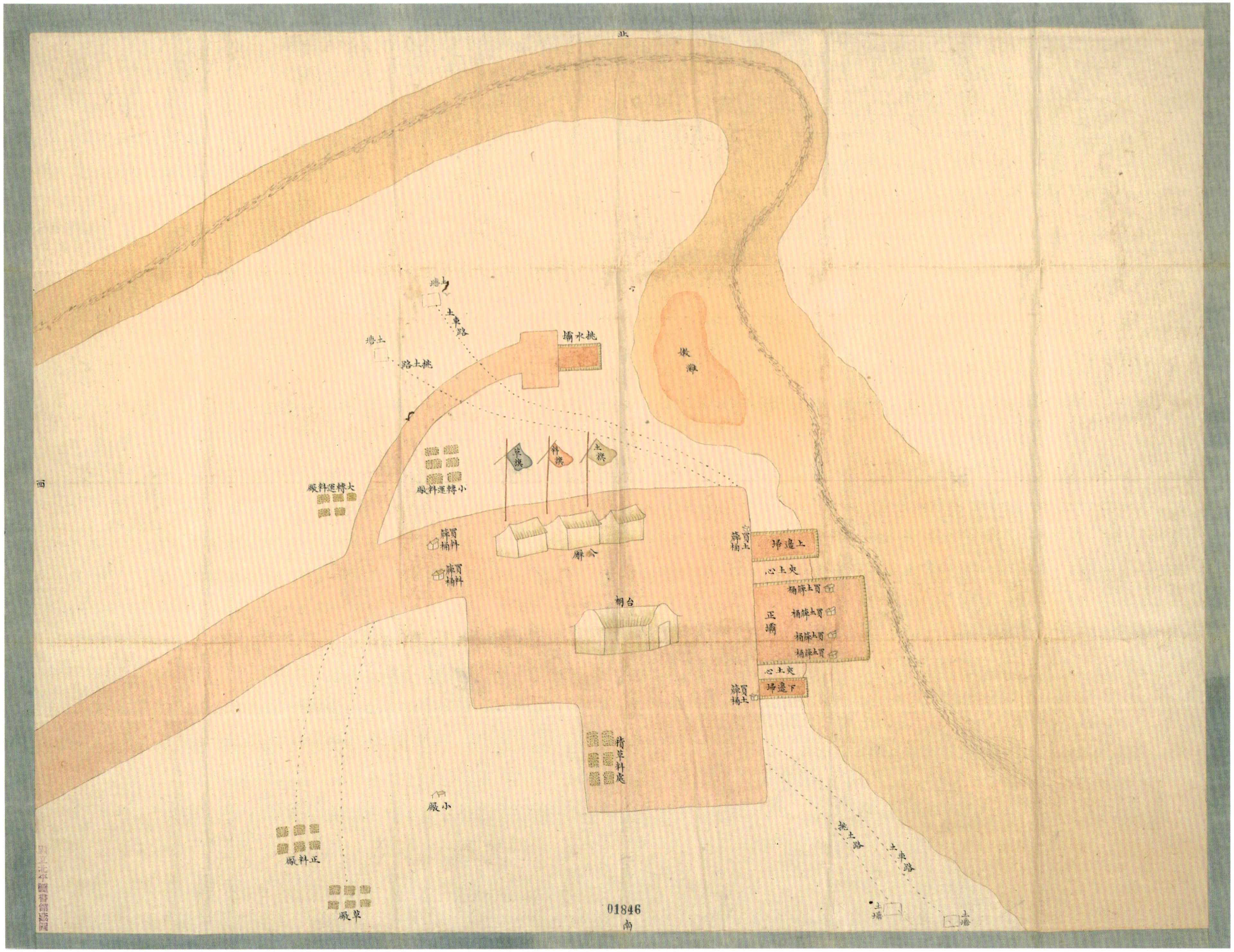

西坝基进占图

1幅；44厘米 ×57厘米

彩绘本

[清道光年间（1821—1850）]

此图详绘平面布局及物料运输路线，包括转运料厂、挑水路及土车路等，系修筑河南中牟黄河西坝基之平面布局图。

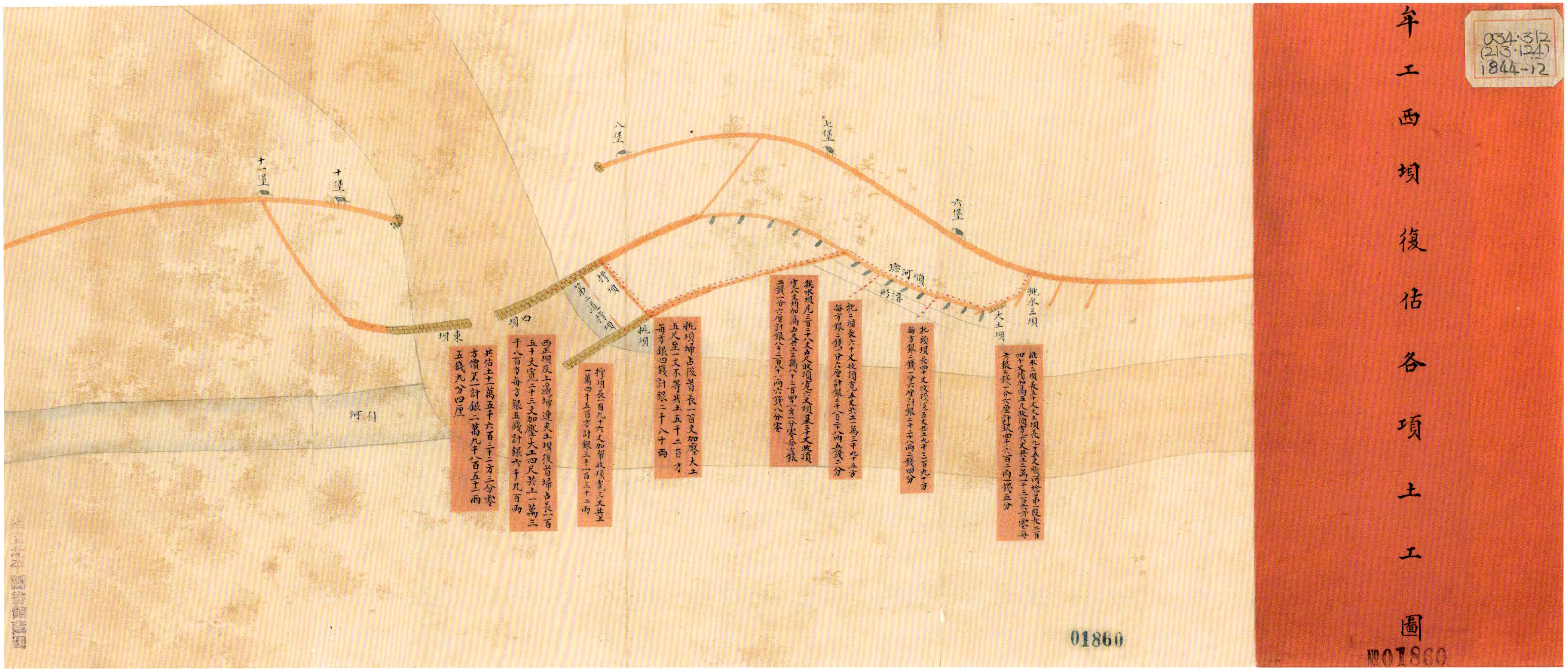

牟工西坝复估各项土工图

1 幅；21 厘米 ×39 厘米

彩绘本

[清道光年间（1821—1850）]

此图绘出中牟下汛六堡至九堡附近黄河及堤工，贴签注出中牟下汛六堡至九堡间黄河各挑水坝坝长、顶宽及所用银两数等。

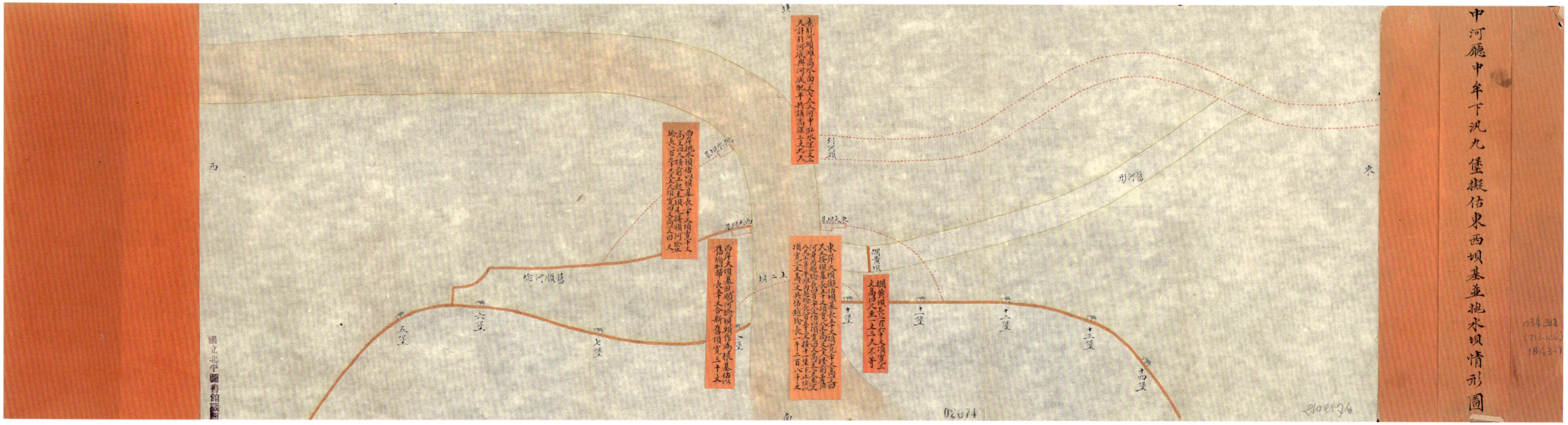

中河厅中牟下汛九堡拟估东西坝基并挑水坝情形图

1 幅；22 厘米 ×58 厘米

彩绘本

[清道光年间（1821—1850）]

此图绘出黄河中牟下汛九堡附近东、西大坝及拦黄坝，贴签注出各坝长度、高度及顶宽等。

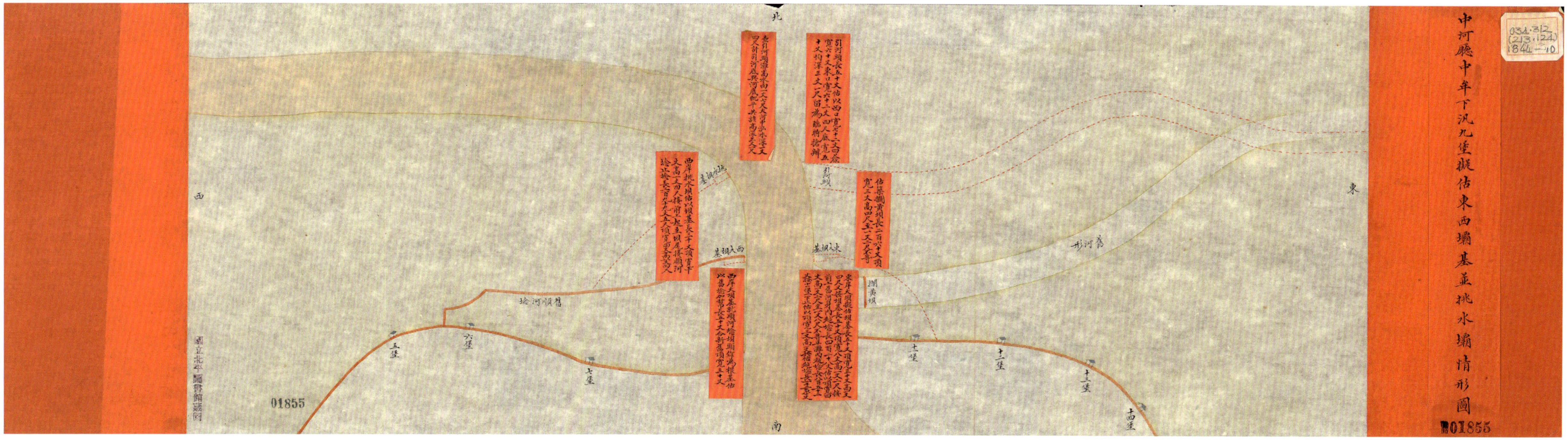

中河厅中牟下汛九堡拟估东西坝基并挑水坝情形图

1 幅；21 厘米 ×57 厘米

彩绘本

[清道光年间（1821—1850）]

此图绘出黄河中牟下汛九堡附近堤坝，贴签详细注出中牟东岸大堤拟估坝基长度、顶宽及高度和西岸挑水坝拟估坝基长度、顶宽及高度等。

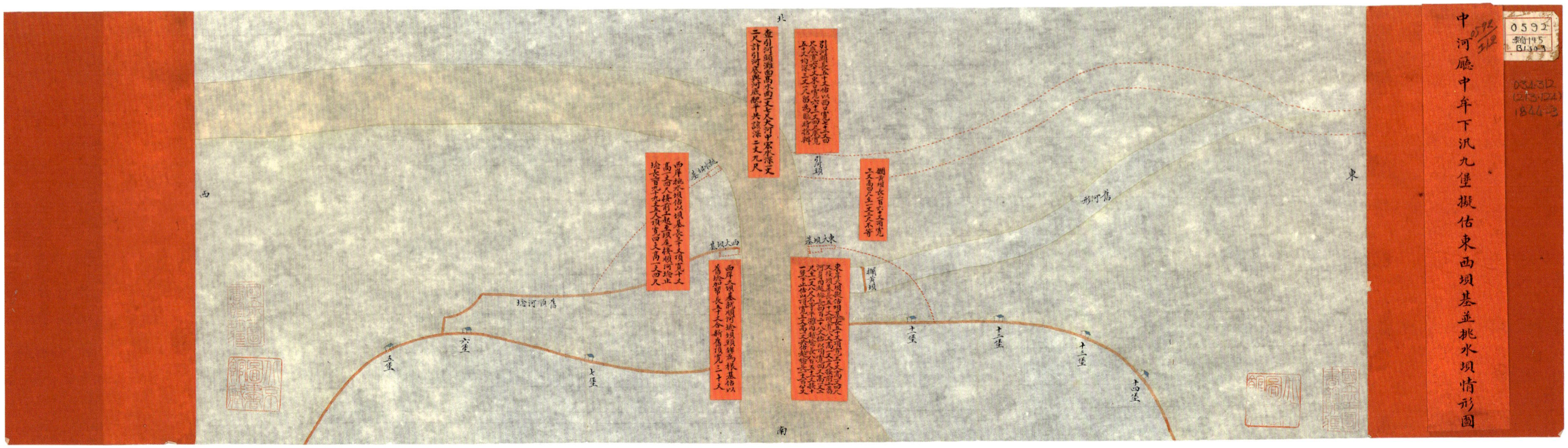

中河厅中牟下汛九堡拟估东西坝基并挑水坝情形图

1 幅；21 厘米 ×56 厘米

彩绘本

[清道光年间（1821—1850）]

此图绘出黄河中牟下汛九堡附近堤坝，贴签详细注出中牟东岸大堤拟估坝基长度、顶宽及高度和西岸挑水坝拟估坝基长度、顶宽及高度等。此图内容与国图藏同名图基本相同。

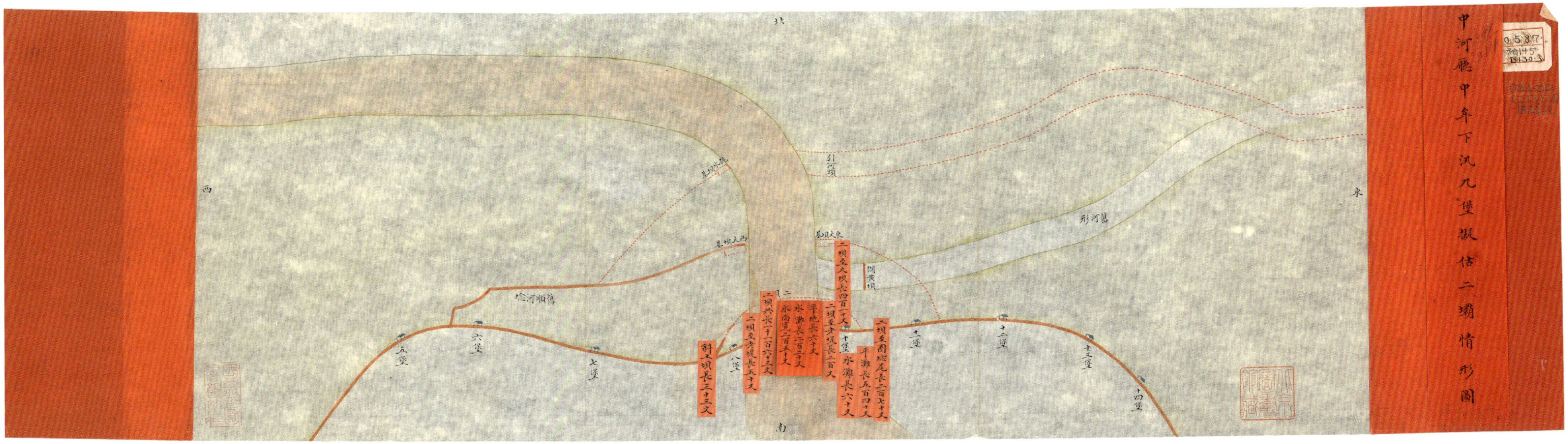

中河厅中牟下汛九堡拟估二坝情形图

1 幅；22 厘米 ×58.2 厘米

彩绘本

[清道光年间（1821—1850）]

此图详绘中牟下汛段河情及九堡处拟建坝工形势，贴签注明水深滩长及堤、埝、坝长度。

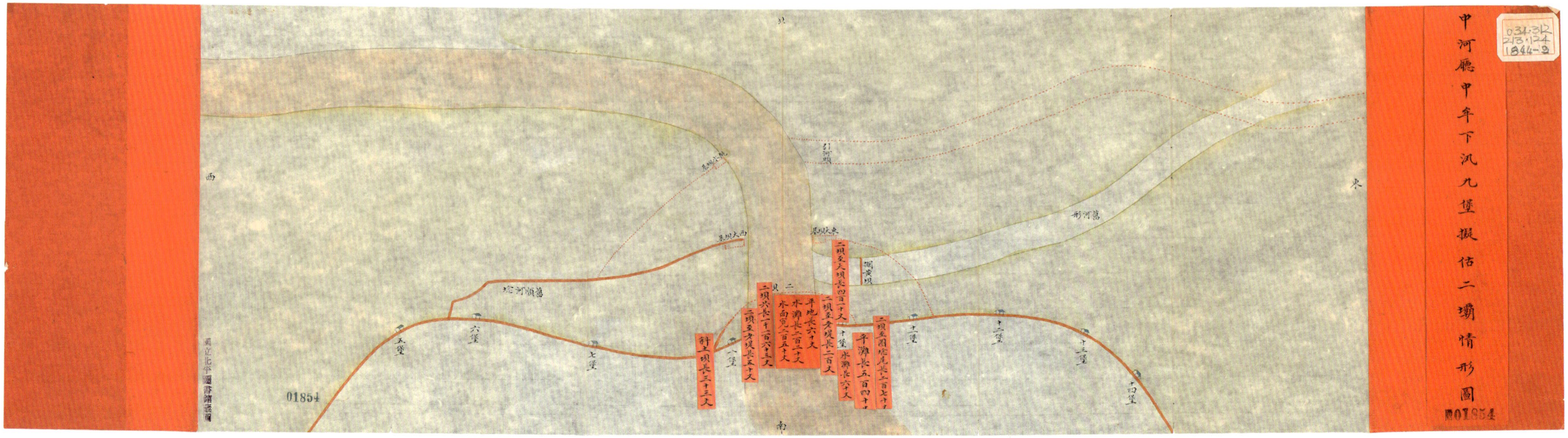

中河厅中牟下汛九堡拟估二坝情形图

1 幅；21.4 厘米 ×58 厘米

彩绘本

[清道光年间（1821—1850）]

此图详绘中牟下汛河势及沿岸堤坝情形，其中突出画出九堡东西两岸拟建的东西挑水坝工程情形，并贴签说明滩长、堤埝长度与堤坝距离。此图内容与国图藏同名图基本相同。

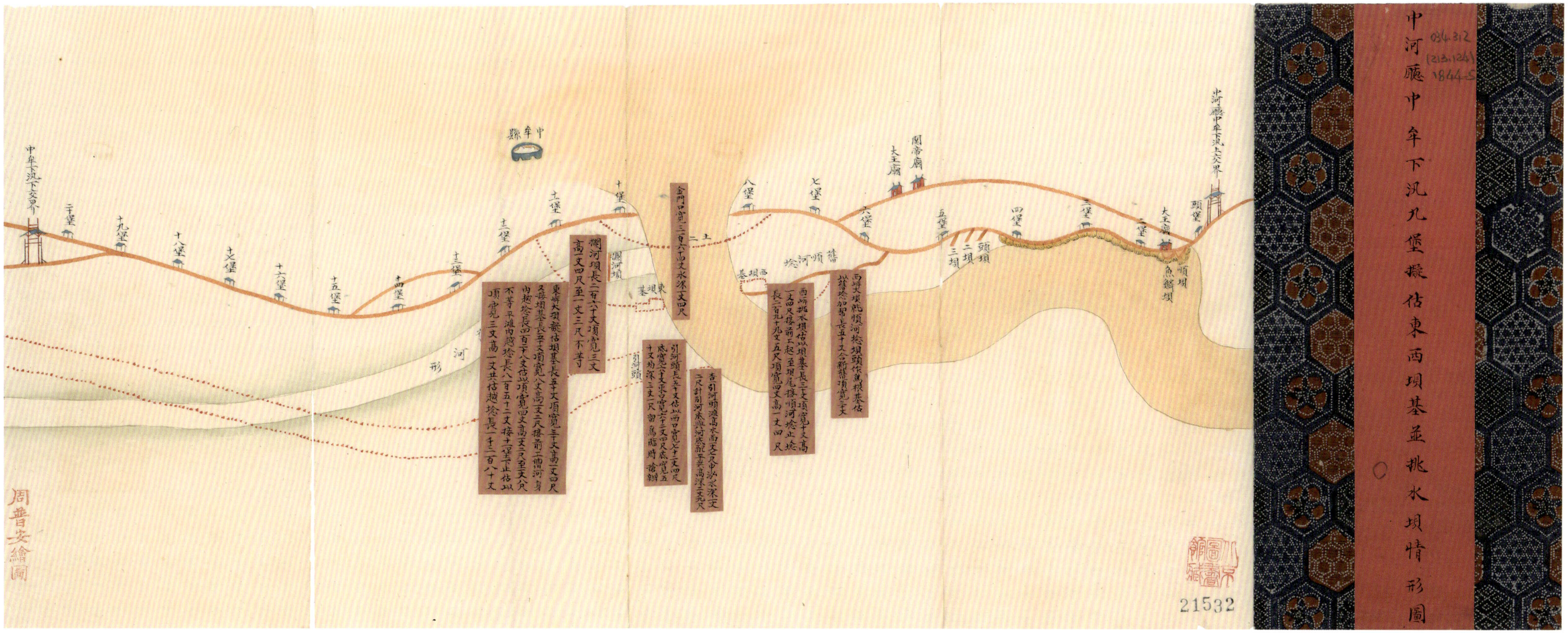

中河厅中牟下汛九堡拟估东西坝基并挑水坝情形图

（清）周普安绘

1 幅；21 厘米 ×42 厘米

彩绘本

［清道光年间（1821—1850）］

此图绘出黄河中牟下汛九堡附近堤坝，贴签详细注出河南中牟下汛拟估坝基及拦黄坝长度、宽度和高度以及水深等。此图内容较国图藏其他同名图详细。

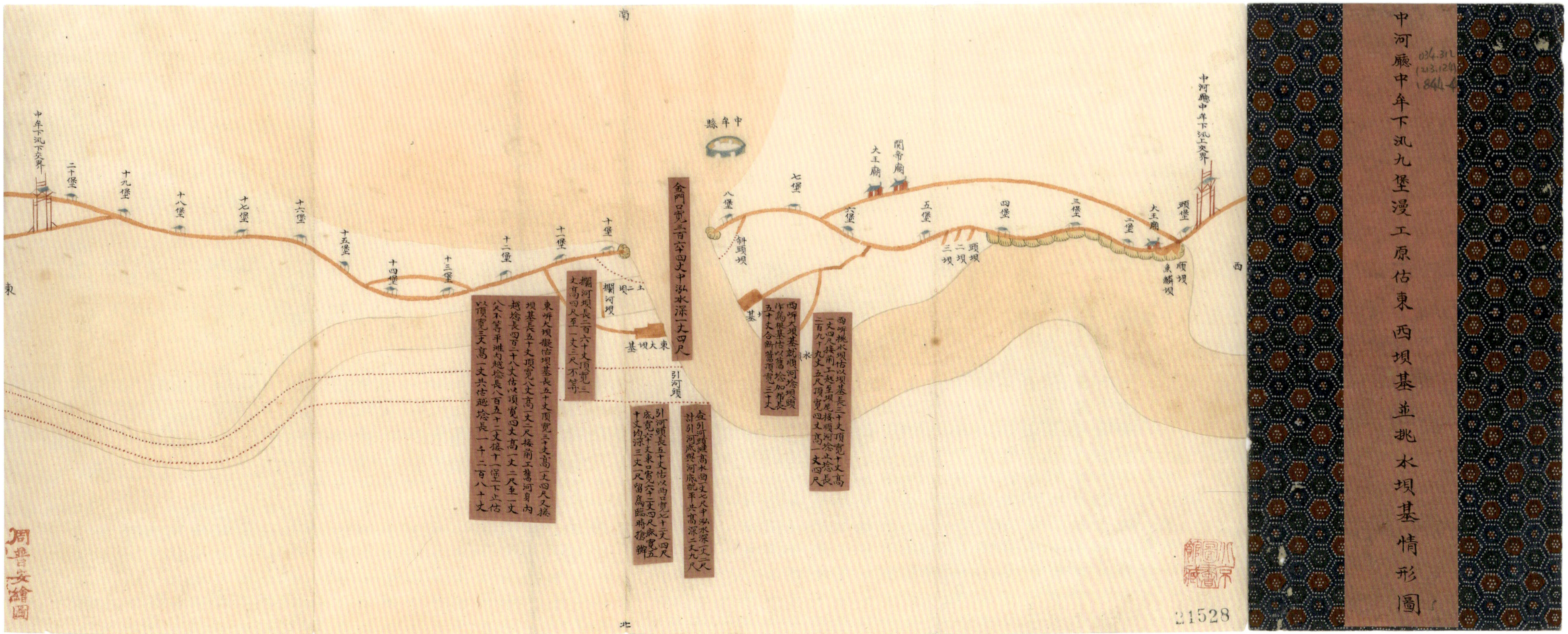

中河厅中牟下汛九堡漫工原估东西坝基并挑水坝基情形图

（清）周普安绘

1 幅；21 厘米 ×41 厘米

彩绘本

[清道光年间（1821—1850）]

此图绘出黄河中牟下汛九堡附近堤坝，贴签详细注出河南中牟下汛拟估坝基及拦黄坝长度、宽度和高度以及水深等。此图与清道光年间周普安绘《中河厅中牟下汛九堡拟估东西坝基并挑水坝情形图》相似。

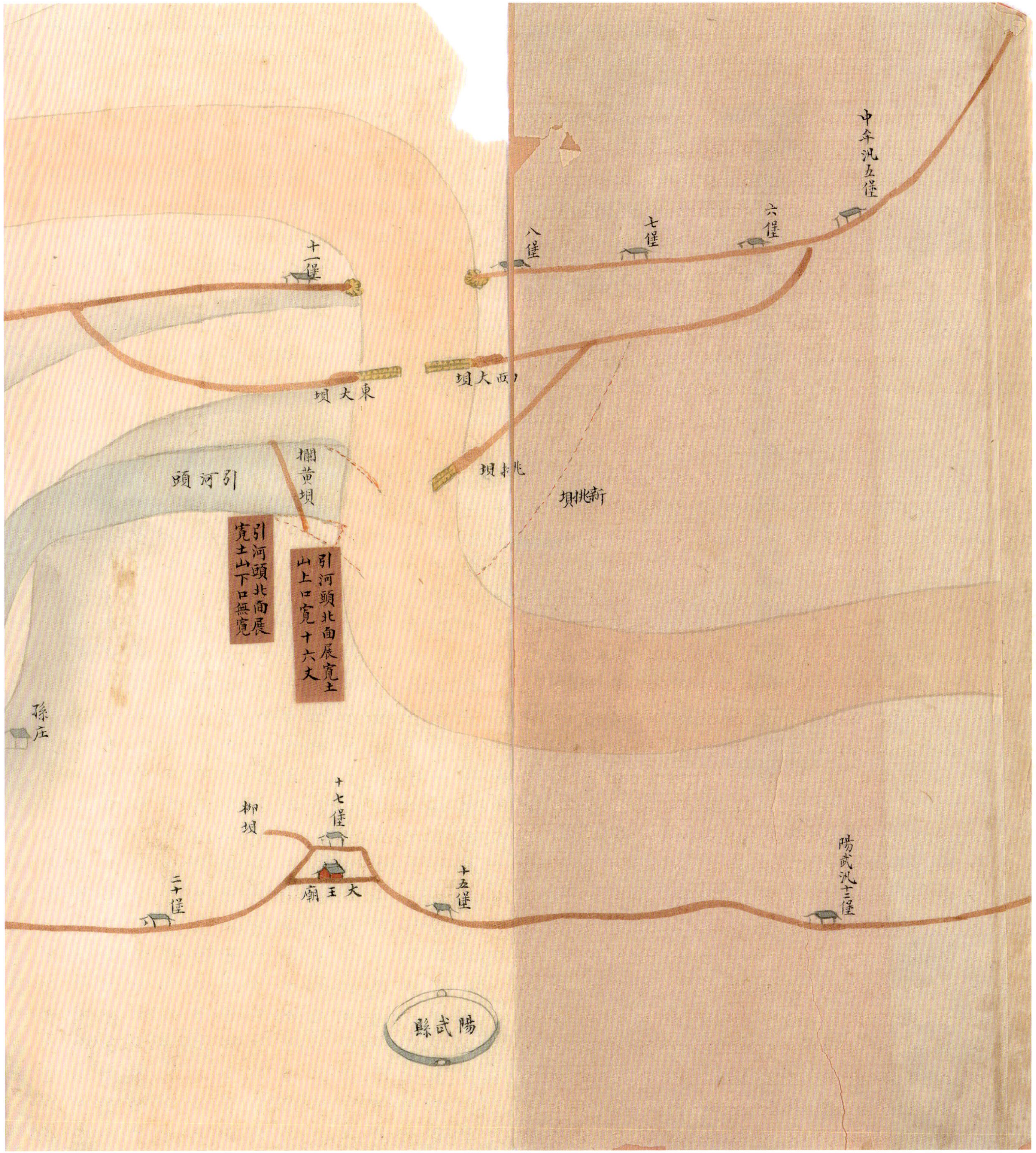

中河厅中牟下汛九堡拟估东西坝基并挑水引坝情形图

1 幅；23 厘米 ×21 厘米

彩绘本

［清道光年间（1821—1850）］

此图详绘河南中牟下汛河势及第九堡东西两岸堤防、拟建东西坝工程情形，贴签注明引河流向及宽度。

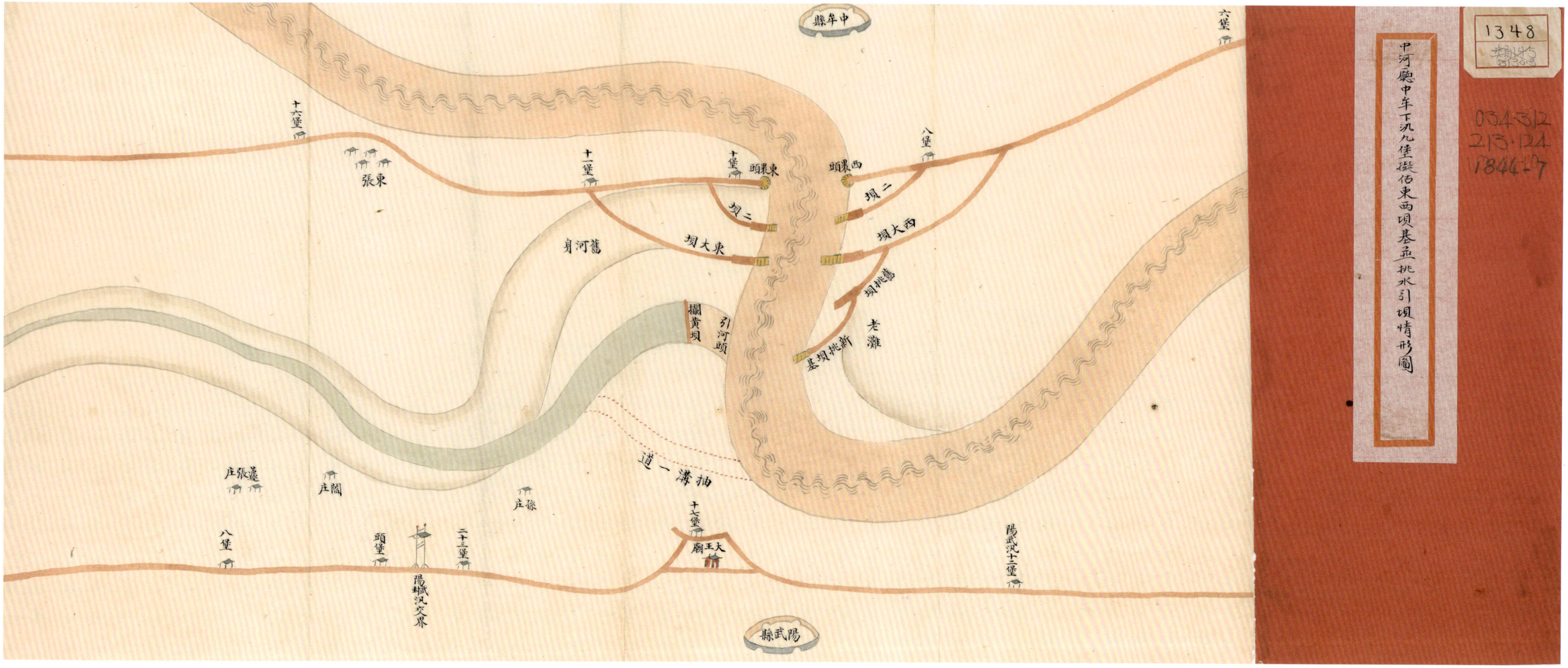

中河厅中牟下汛九堡拟估东西坝基并挑水引坝情形图

1 幅；22 厘米 ×39 厘米

彩绘本

[清道光年间（1821—1850）]

此图详绘河南中牟下汛段河势及沿岸堤防，突出绘制第九堡东西两岸拟建东西坝工程情形。

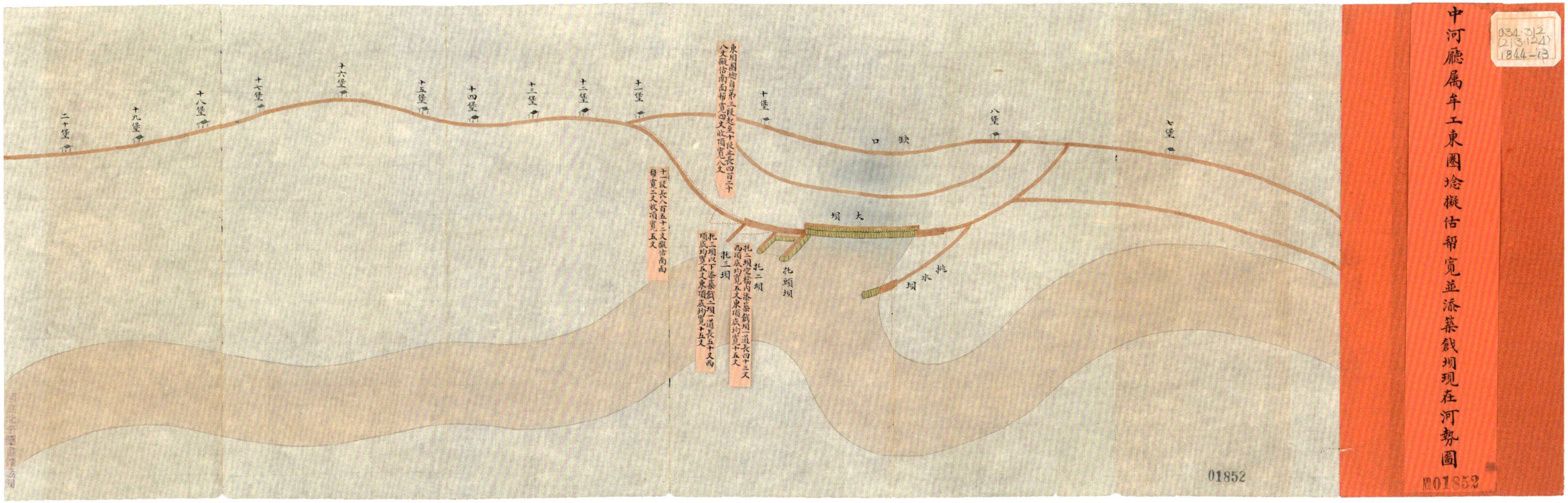

中河厅属牟工东圈埝拟估帮宽并添筑戗坝现在河势图

1 幅；21 厘米 ×58 厘米

彩绘本

[清道光二十四年（1844）]

此图反映了河南中牟九堡决口筑坝合龙情形。

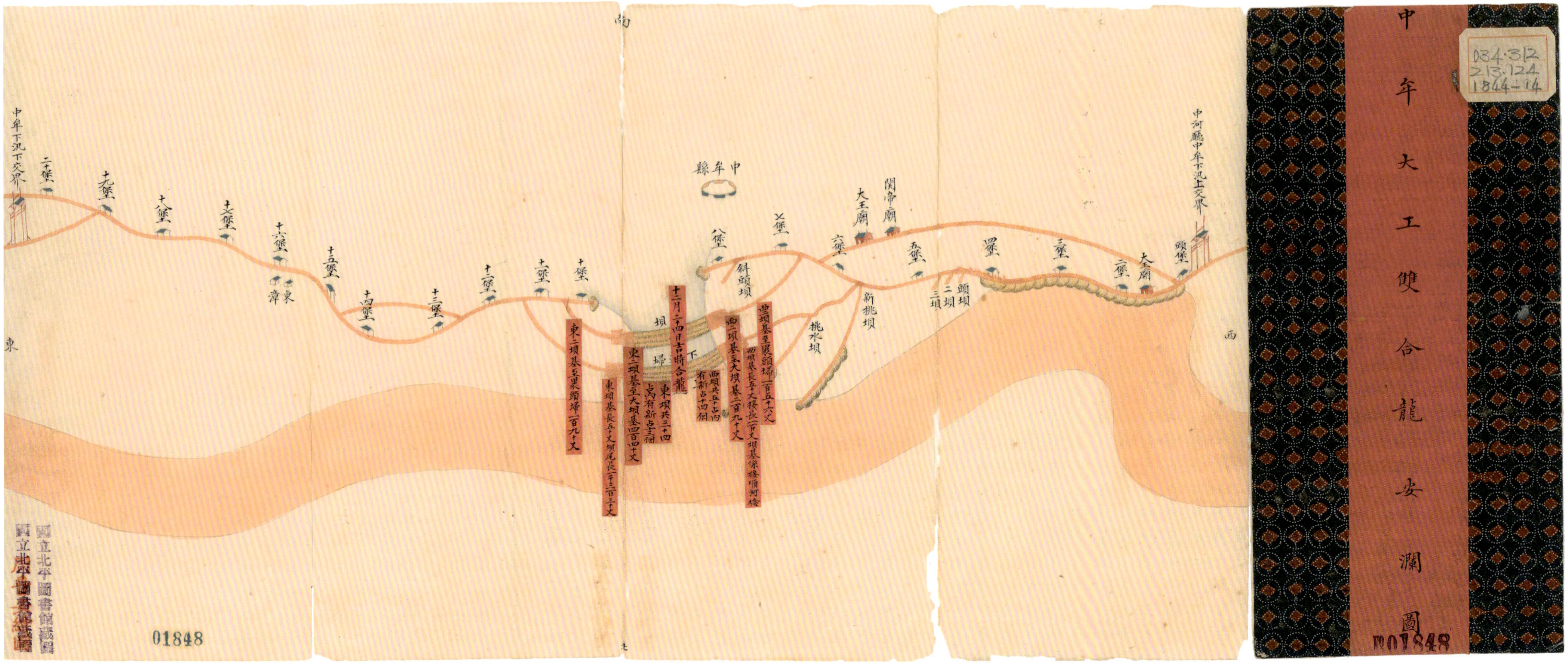

中牟大工双合龙安澜图

（清）周普安绘

1幅；21厘米×40厘米

彩绘本

[清道光二十四年（1844）]

此图反映了河南中牟九堡黄河决口合龙情形。图中贴签所注“十二月二十四日吉时合龙”与《清史稿》所载道光“二十四年十二月塞”时间相吻合。

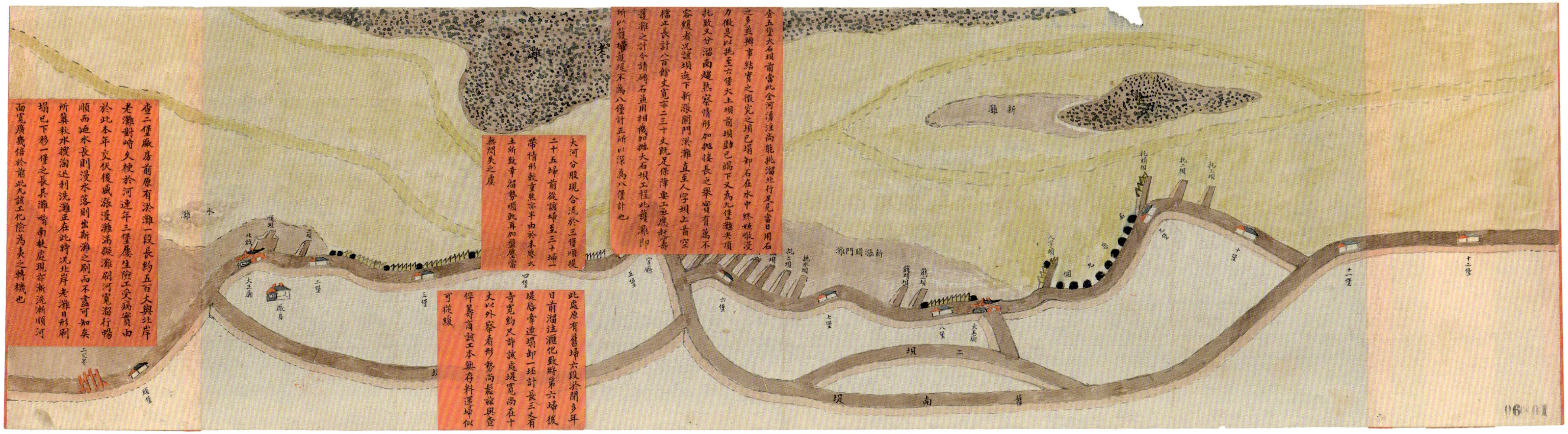

委勘中河厅中牟下汛河势工程实在情形图

1幅；21厘米 ×75.5厘米

彩绘本

[清道光年间（1821—1850）]

此图详绘河南中牟下汛段河势水情和新、老沙滩及沿岸堤、坝、堡、埽分布，并贴签注明水势及工程存废情形。

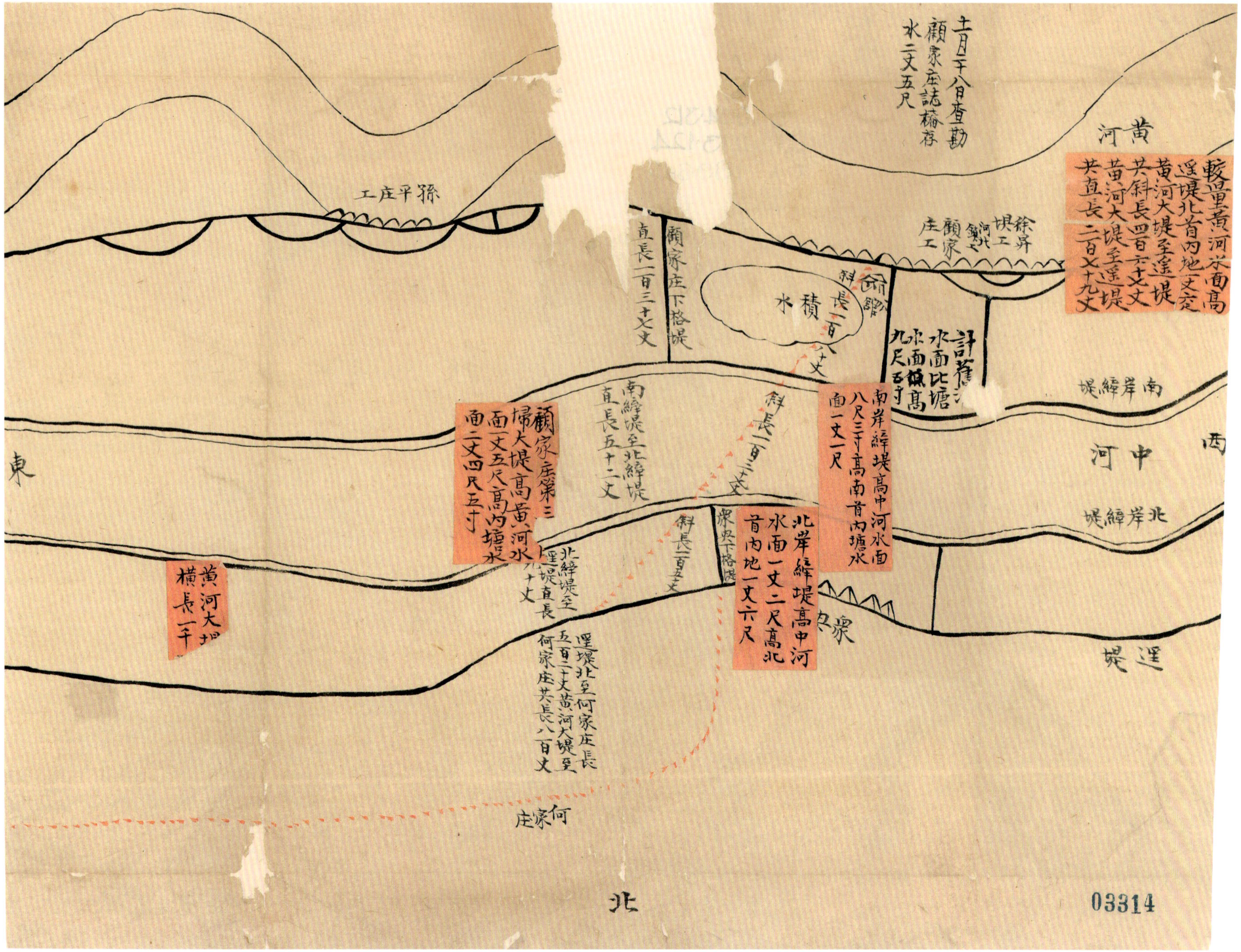

中河厅堤埽工程河道归海现在情形图

1幅；25厘米×31厘米

绘本

[清光绪年间（1875—1908）]

此图详绘中河厅辖内黄河水势深浅及沿岸堤防、村庄，贴签注明堤长、堤高及水深情况。

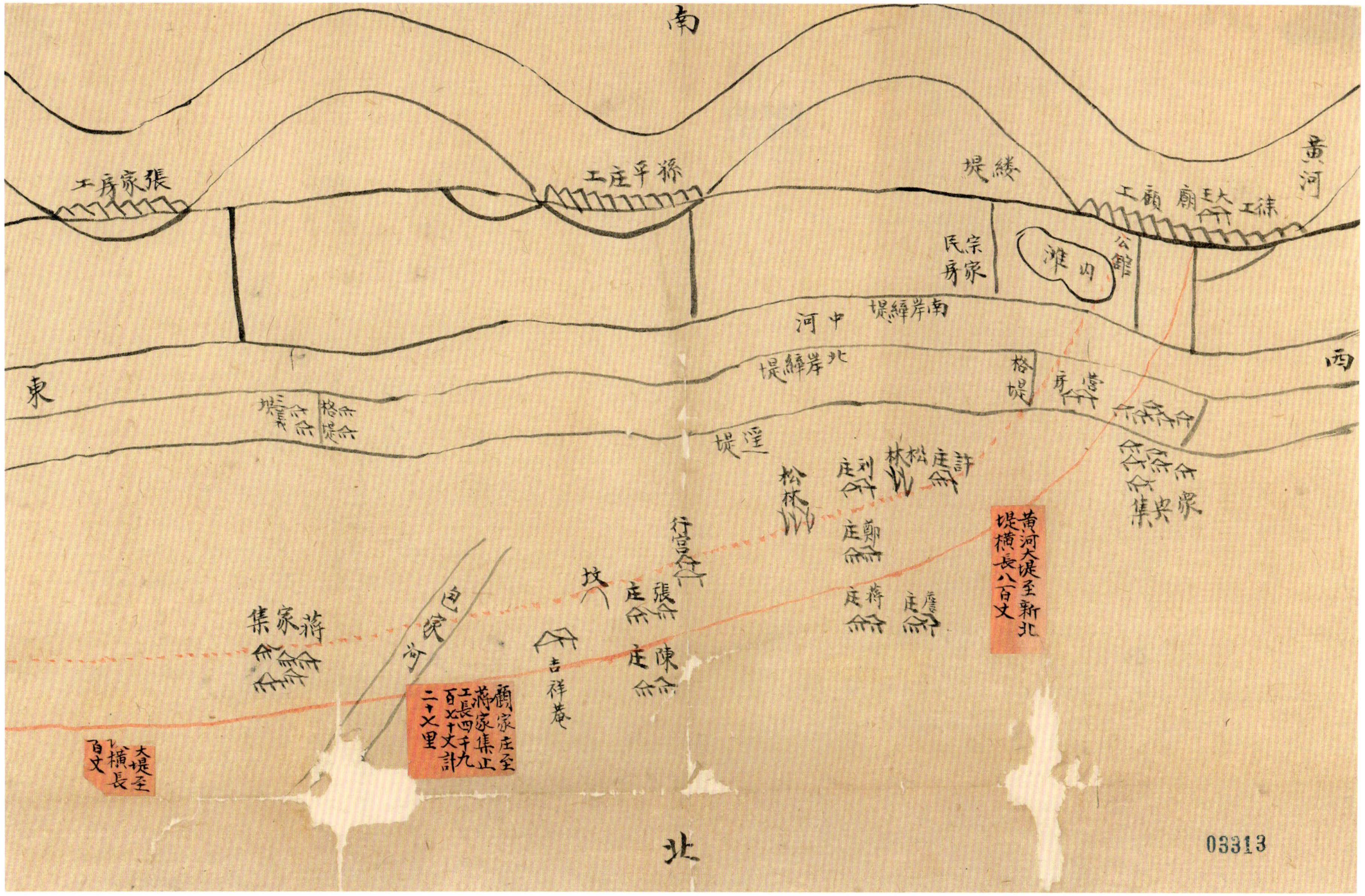

中河厅奉委较量水面高矮内地丈尺情形草图

1幅；21厘米 ×37厘米

彩绘本

[清光绪年间（1875—1908）]

此图详绘中河厅孙平庄附近河势及沿岸堤防、村庄情形，贴签注明堤坝长度及堤间距离。

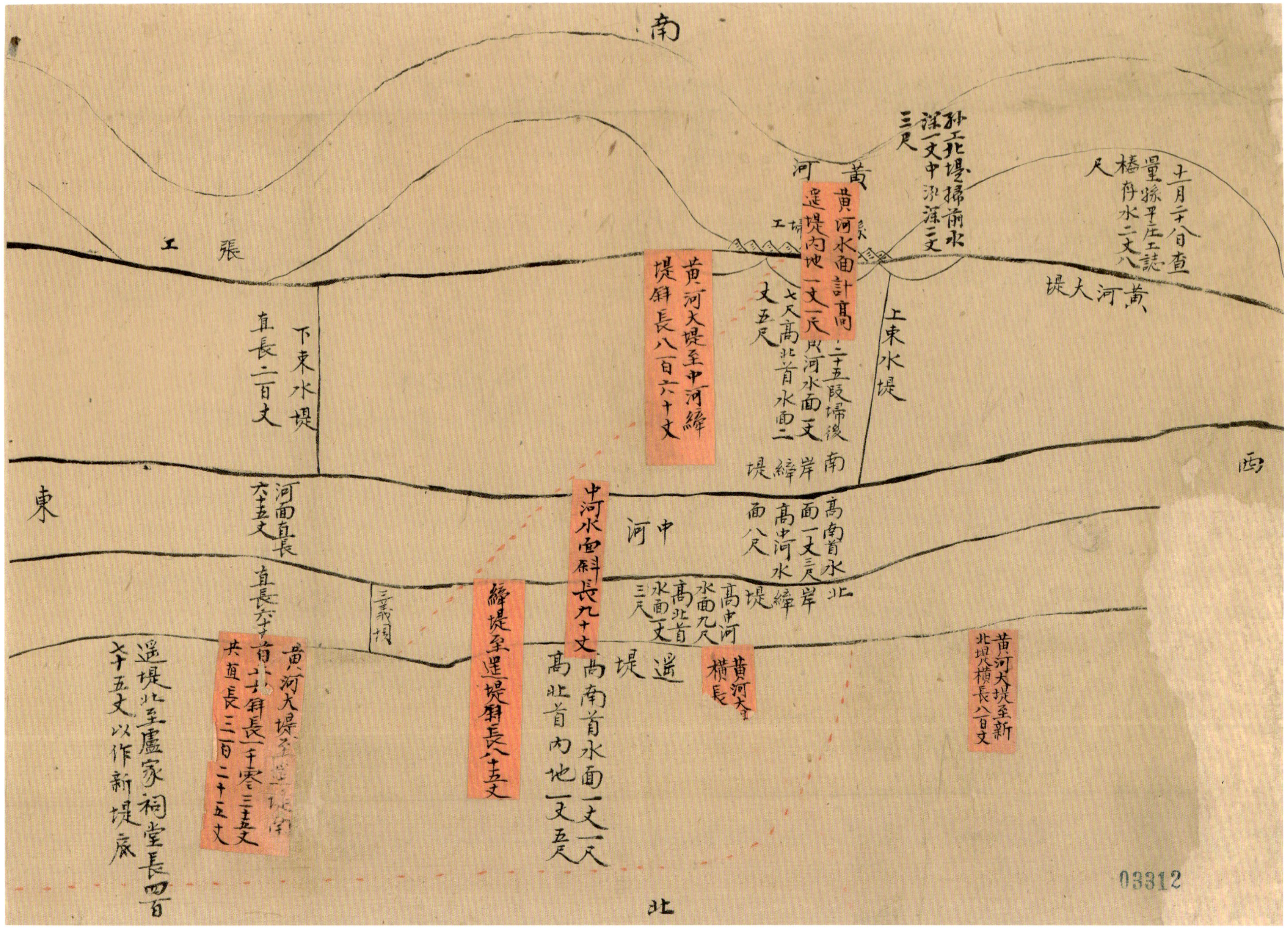

查较孙平庄工拟改黄河头情形草图

1 幅；25 厘米 ×34 厘米

绘本

[清光绪年间（1875—1908）]

此图详绘境内黄河水情及堤防工程情况，贴签注明各堤间距。

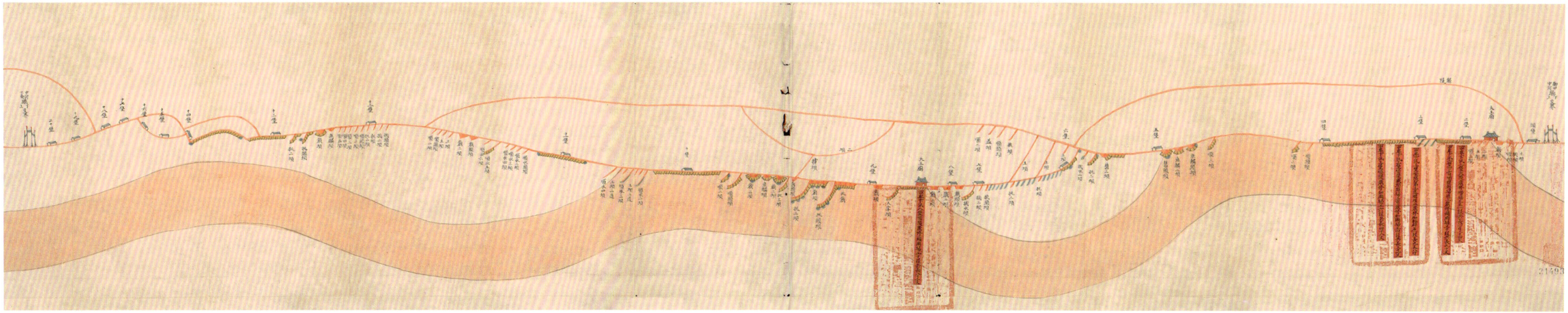

中河厅光绪二十八年分岁修埽土石各工河图

1幅；21厘米 ×112厘米

彩绘本

清光绪二十八年（1902）

此图详绘辖内黄河河势及沿岸堤坝、埽工情形，贴签注明工程修筑时间及长度。随图附清折一纸。

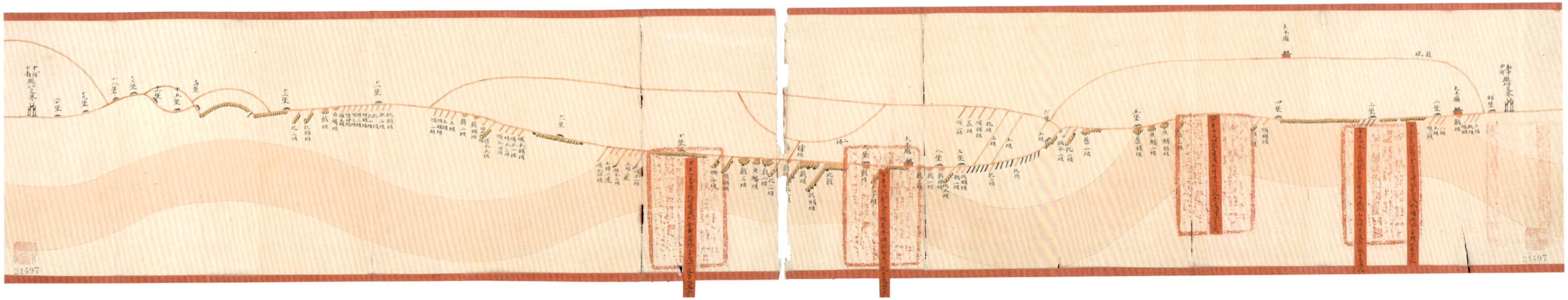

中河厅宣统元年分做过岁修埽土石各工河图

1幅；20厘米 ×112厘米

彩绘本

清宣统元年（1909）

此图详绘河南中河厅辖内黄河水势及沿岸堤坝、埽工情形，贴签注明工程修筑时间及长度。

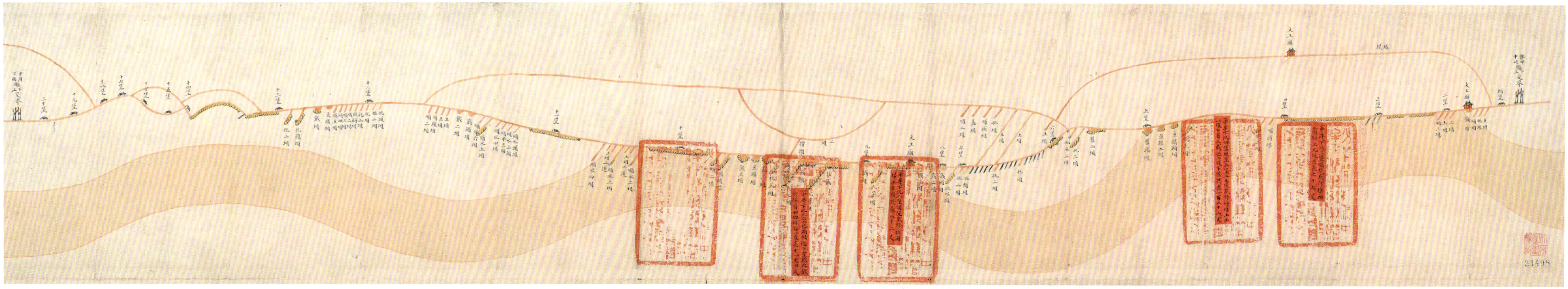

中河厅宣统二年分岁修埽土石各工河图

1 幅；21 厘米 ×111 厘米

彩绘本

清宣统二年（1910）

此图详绘河南中河厅辖内黄河河势及沿岸堤坝、埽工情形，并贴签注明工程维护情况及长度。

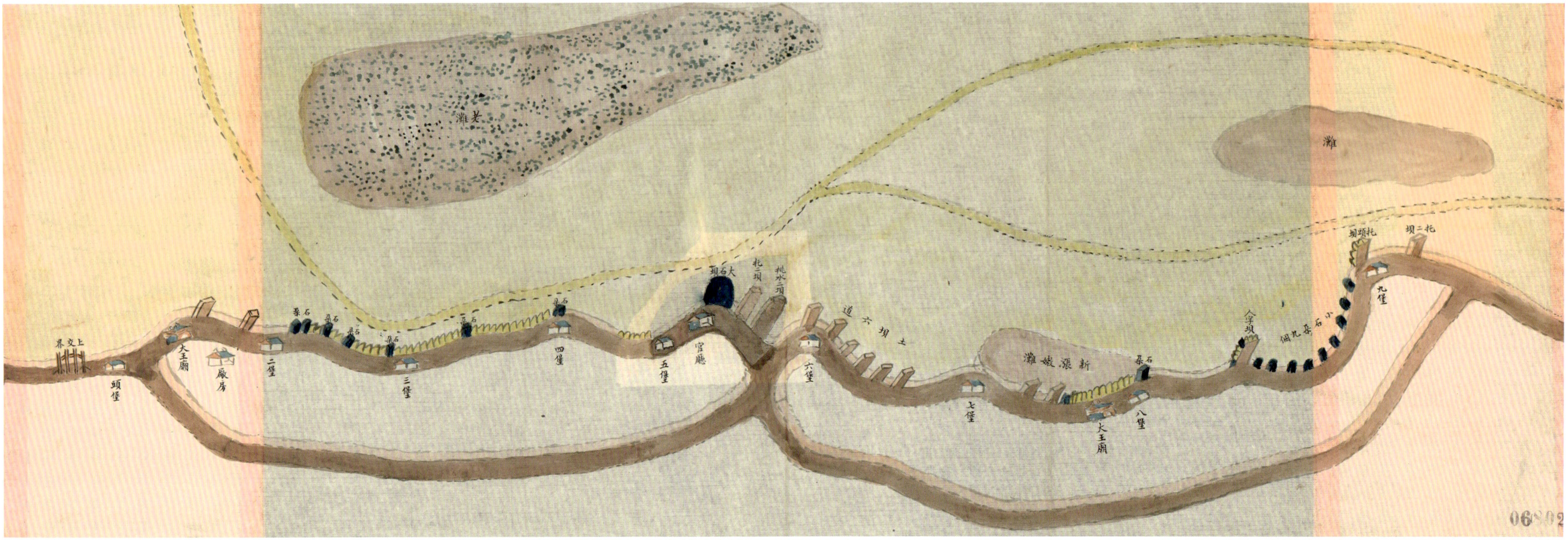

中河厅中牟下汛头堡至九堡现在河势情形图

1 幅；21 厘米 ×59 厘米

彩绘本

[清宣统年间（1909—1911）]

此图绘出河南中牟下汛段黄河河势、新老河滩及沿岸堤坝情形。

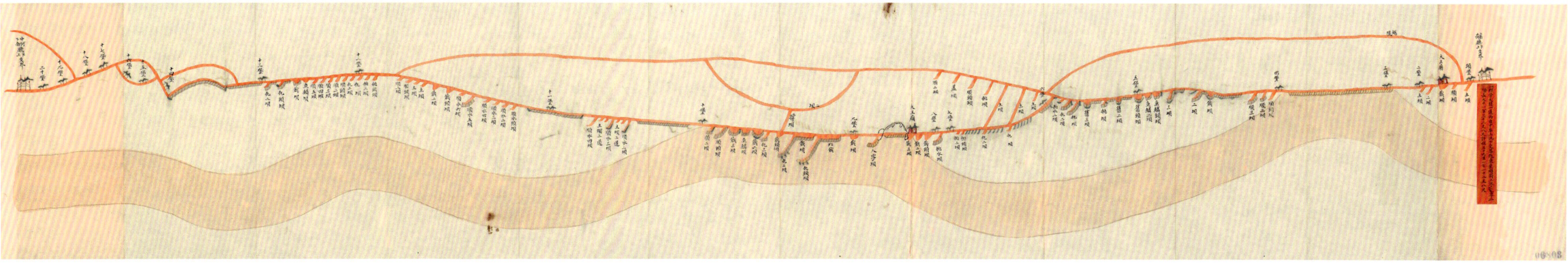

中河厅属中牟下汛经管堤工里数埽坝各工一切事宜河图

1幅；21厘米 ×122厘米

彩绘本

[清宣统年间（1909—1911）]

此图详绘辖内黄河河势及沿岸堤、坝、埽工情形。

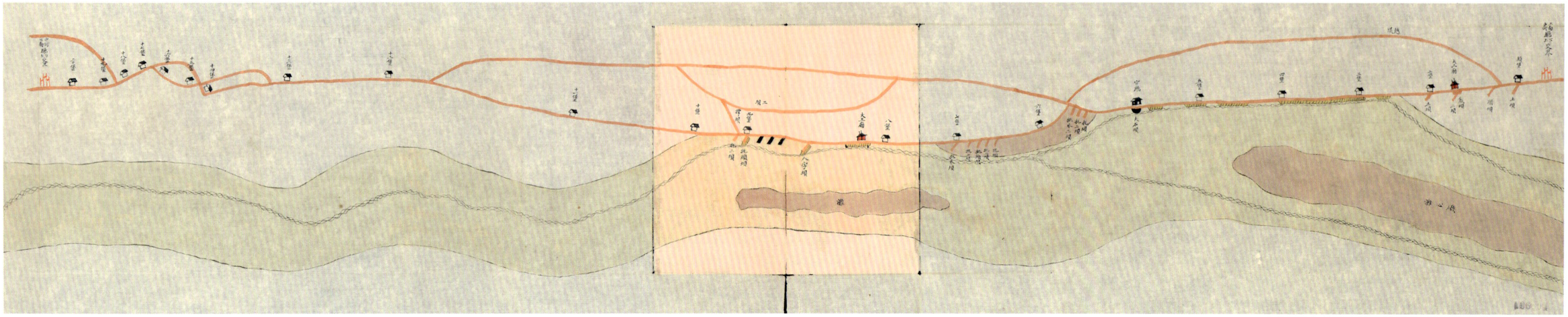

中河厅属中牟下汛经管堤工里数埽坝各工一切事宜河图

1幅；25.5厘米×124厘米

彩绘本

[清宣统年间（1909—1911）]

此图详绘辖内黄河河势及沿岸堤、坝、埽工情形。此图内容与国图藏同名图一致。

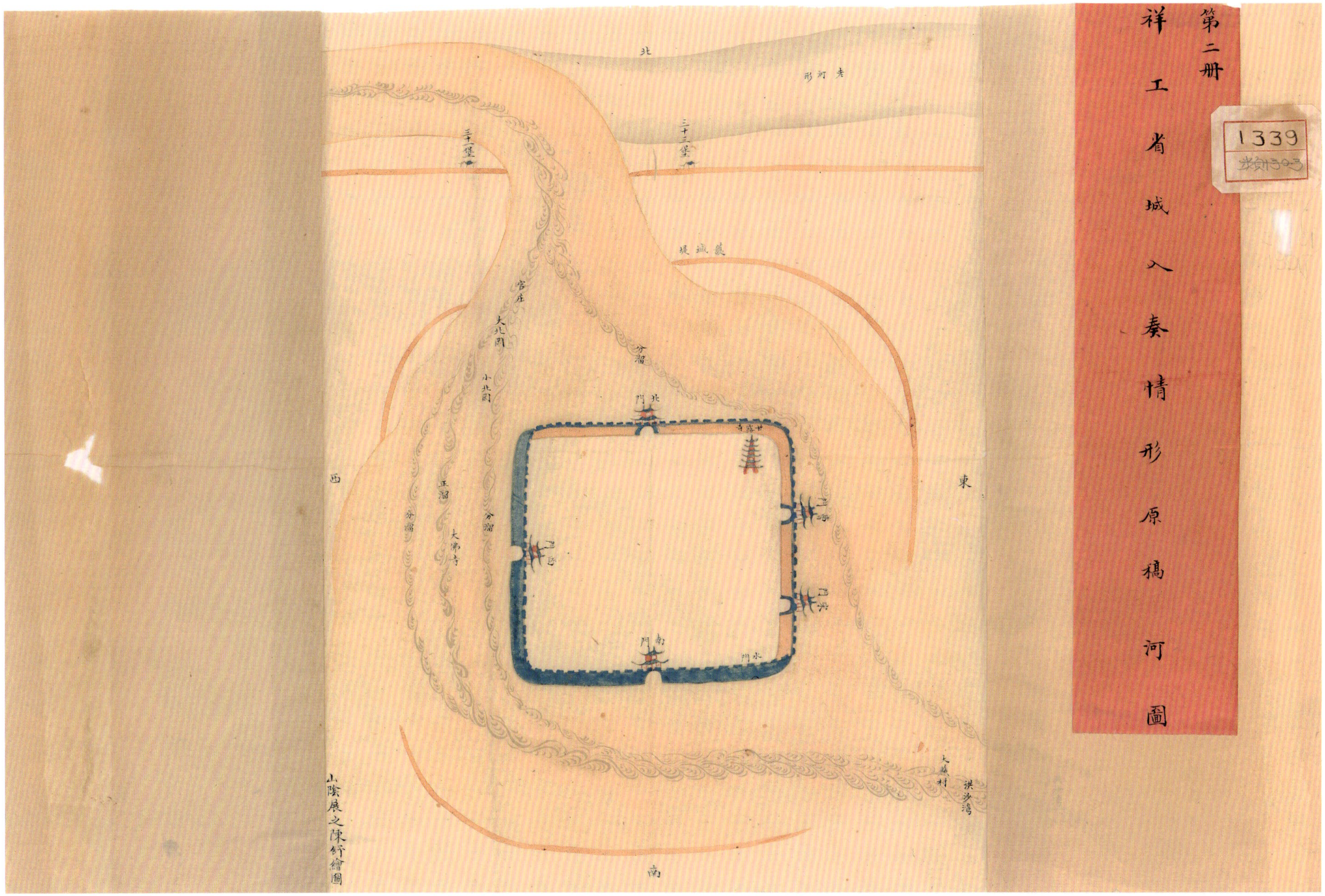

祥工省城入奏情形原稿河图

（清）陈舒绘

1幅；25厘米×18厘米

彩绘本

［清光绪年间（1875—1908）］

此图绘出省城护堤，反映了黄河水分流情况。

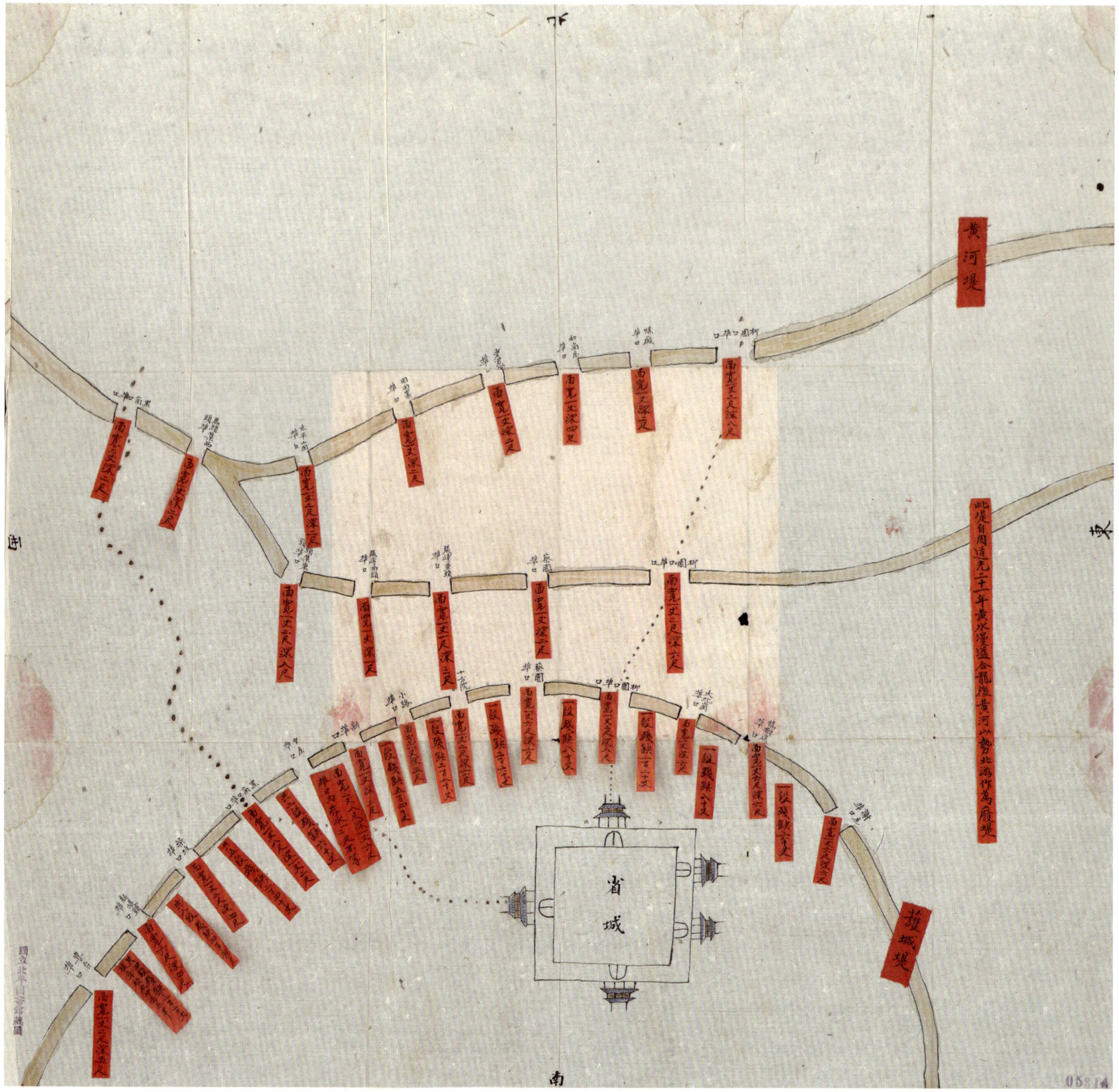

勘验黄河大堤并护城堤及各埠口情形图说

1 幅；55 厘米 ×55.5 厘米

彩绘本

[清光绪年间（1875—1908）]

此图绘有开封府护城堤及堤口，并贴签注明面宽及水深。

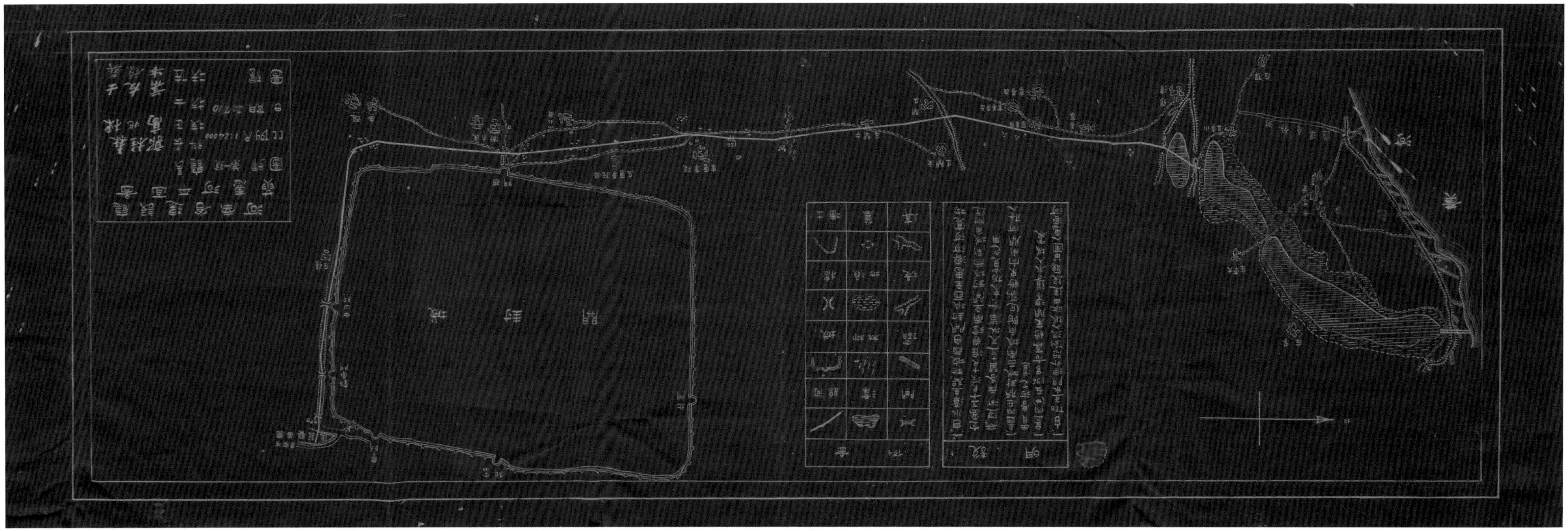

黄惠河平面图

郭桂森等绘制

1幅；20.5厘米 ×64.5厘米

晒蓝本

河南省建设厅，民国二十年七月（1931.7）

此图绘出河南开封自黄河至城南惠济渠河道，主要绘出河道、潭、坝等，附图说，比例尺二万四千分之一。

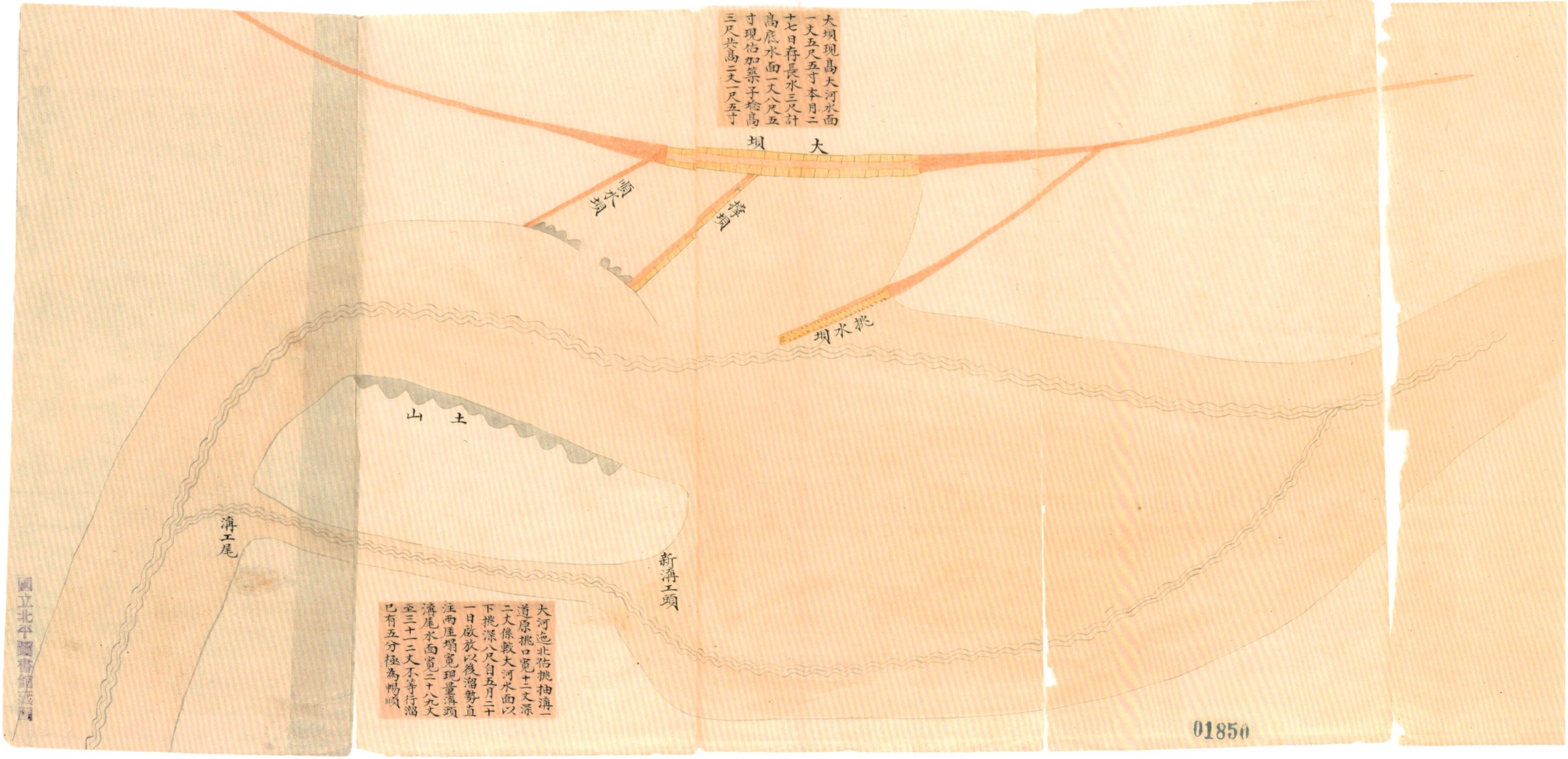

下南厅祥工大坝对岸启放沟工溜势情形图

1幅；21.5厘米 ×45.5厘米

彩绘本

［清道光年间（1821—1850）］

此图仅简要绘出河南祥符黄河大坝及挑水坝、撑坝、顺水坝和新挑沟等堤工位置，并贴签标注大坝、新沟水势。

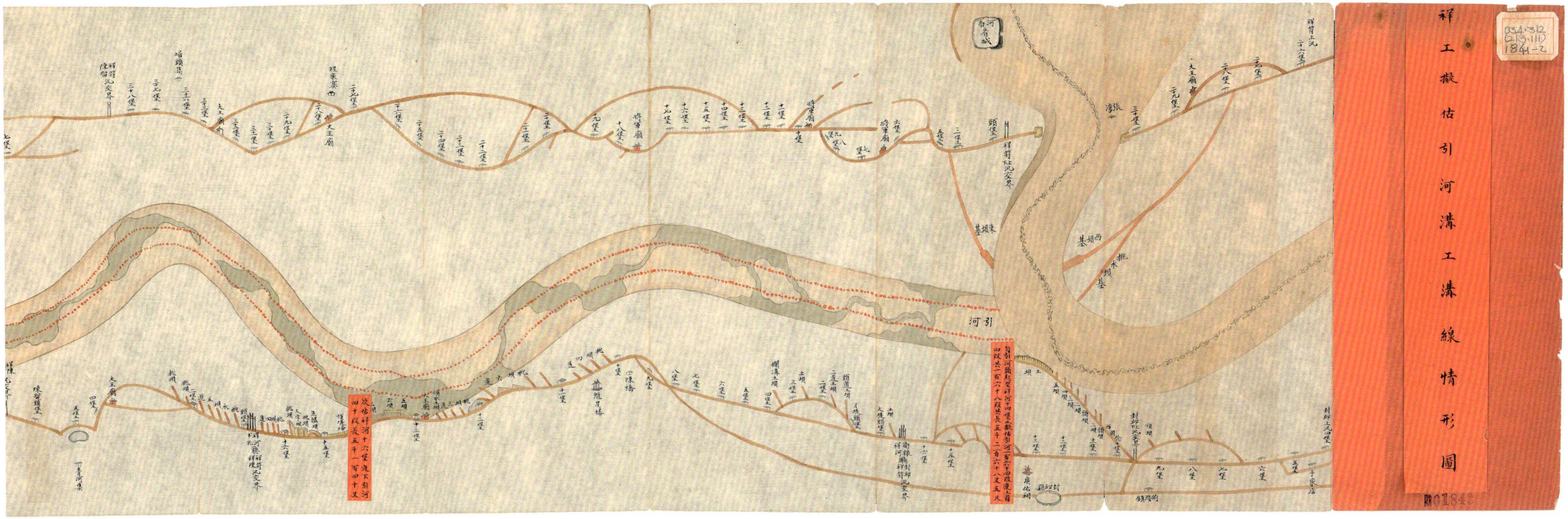

祥工拟估引河沟工沟线情形图

1 幅；25 厘米 ×199 厘米

彩绘本

[清道光年间（1821—1850）]

图绘河南祥符至虞城段黄河引河沿岸各厅汛所辖堤防图，贴签注明各段工程及预算情况。

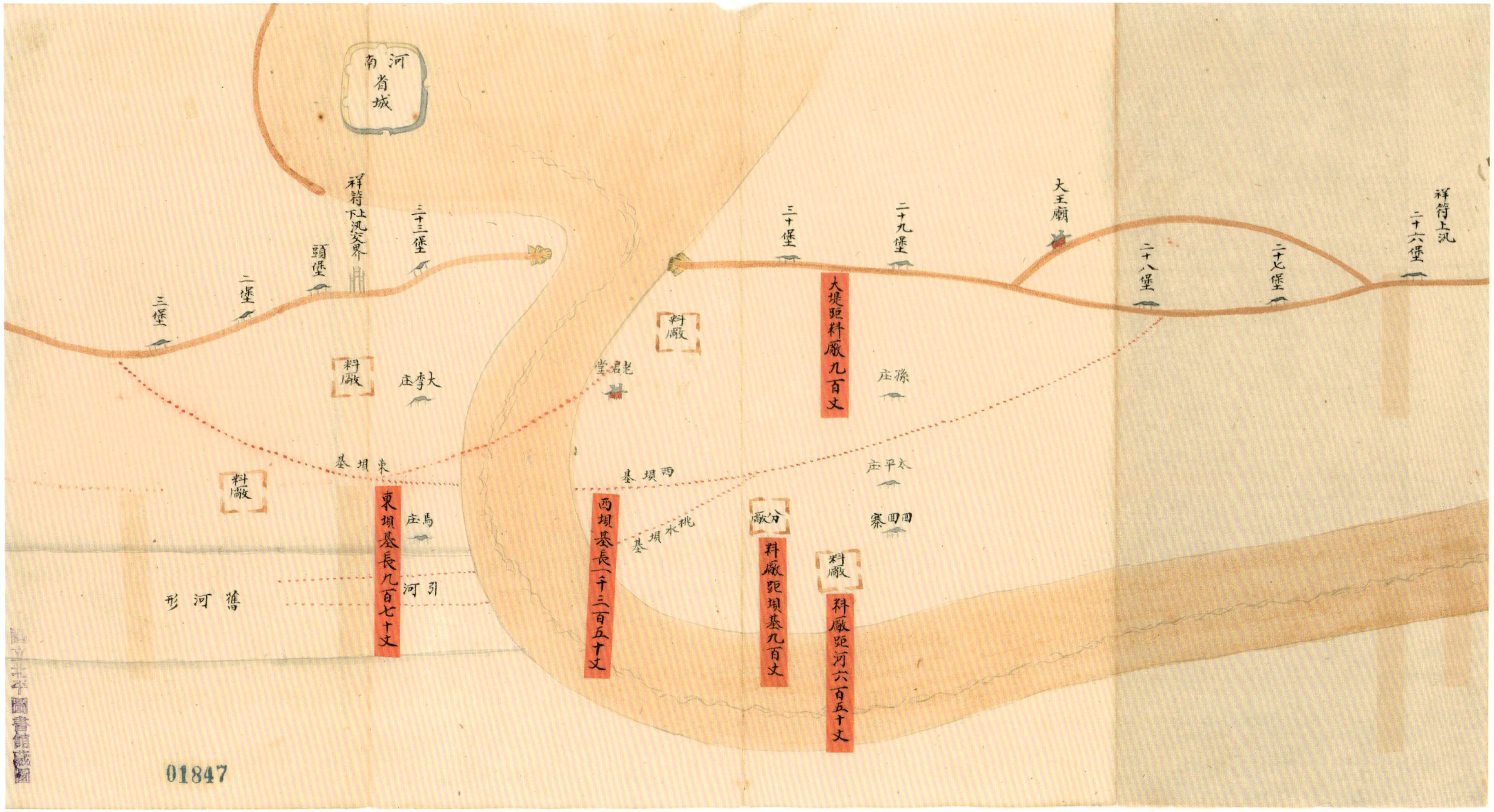

下南厅祥符上汛三十一堡拟估坝基挑水坝情形图

1 幅；22 厘米 ×40 厘米

彩绘本

[清道光年间（1821—1850）]

此图绘出祥符上汛黄河河道及沿岸各堡、料厂等，贴签注出东、西坝基长度及各料厂距坝基之距离。

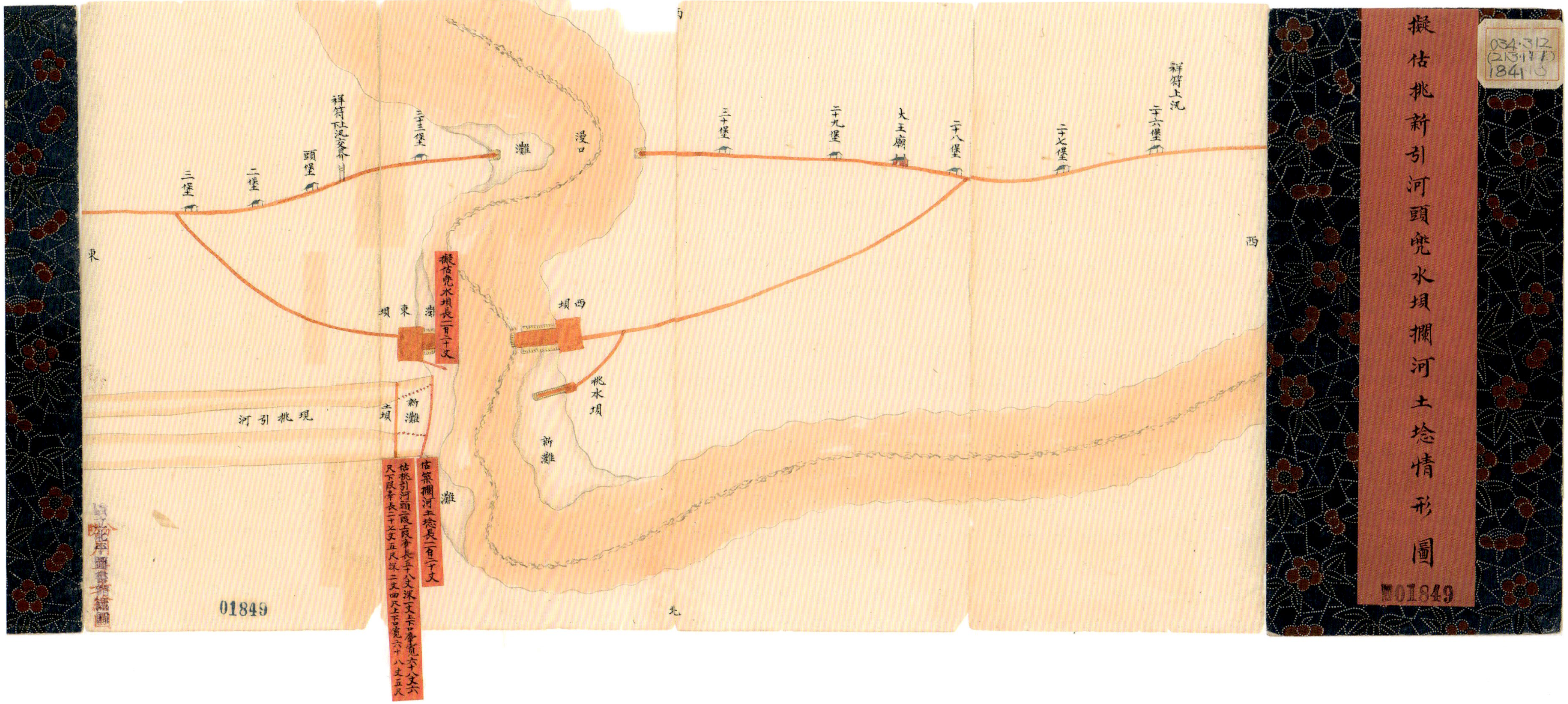

拟估挑新引河头兜水坝拦河土埝情形图

（清）周普安绘

1 幅；21.5 厘米 ×43.5 厘米

彩绘本

[清道光年间（1821—1850）]

此图绘出河南祥符上汛附近黄河河段及沿岸各堡，贴签注出祥符上汛黄河估挑引河头、兜水坝、拦河土埝长度等。

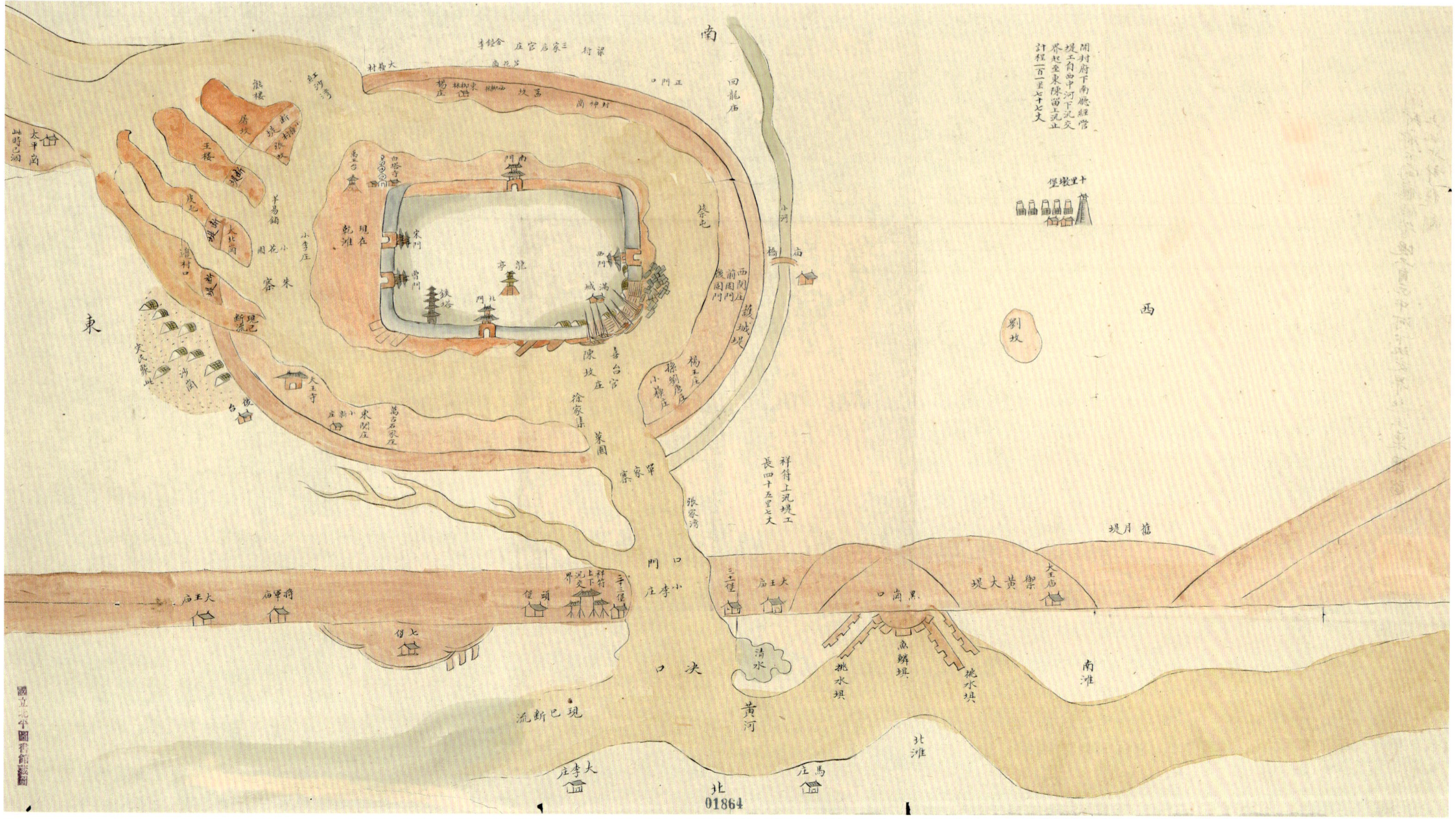

[开封府下南厅祥符上汛三十二堡漫工图]

1 幅；35 厘米 ×61 厘米

彩绘本

[清道光年间（1821—1850）]

此图所绘黄河河段从经管堤工自西中河下汛交界起至东陈留上汛止，主要反映了河南祥符县小李庄黄河大决口以及黄水漫溢开封城府城附近之情形。

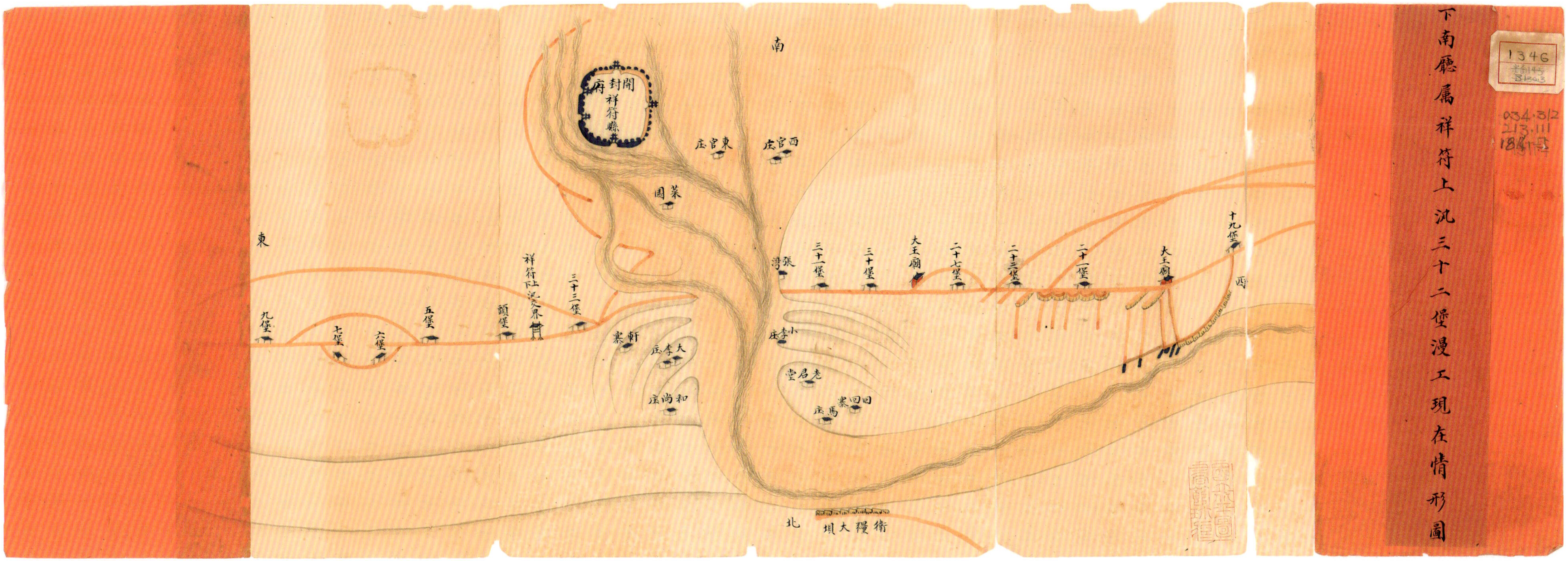

下南厅属祥符上汛三十二堡漫工现在情形图

1幅；22厘米 ×40厘米

彩绘本

[清道光年间（1821—1850）]

此图主要反映河南祥符县黄河大决口，黄水漫溢开封城府城附近之情形。

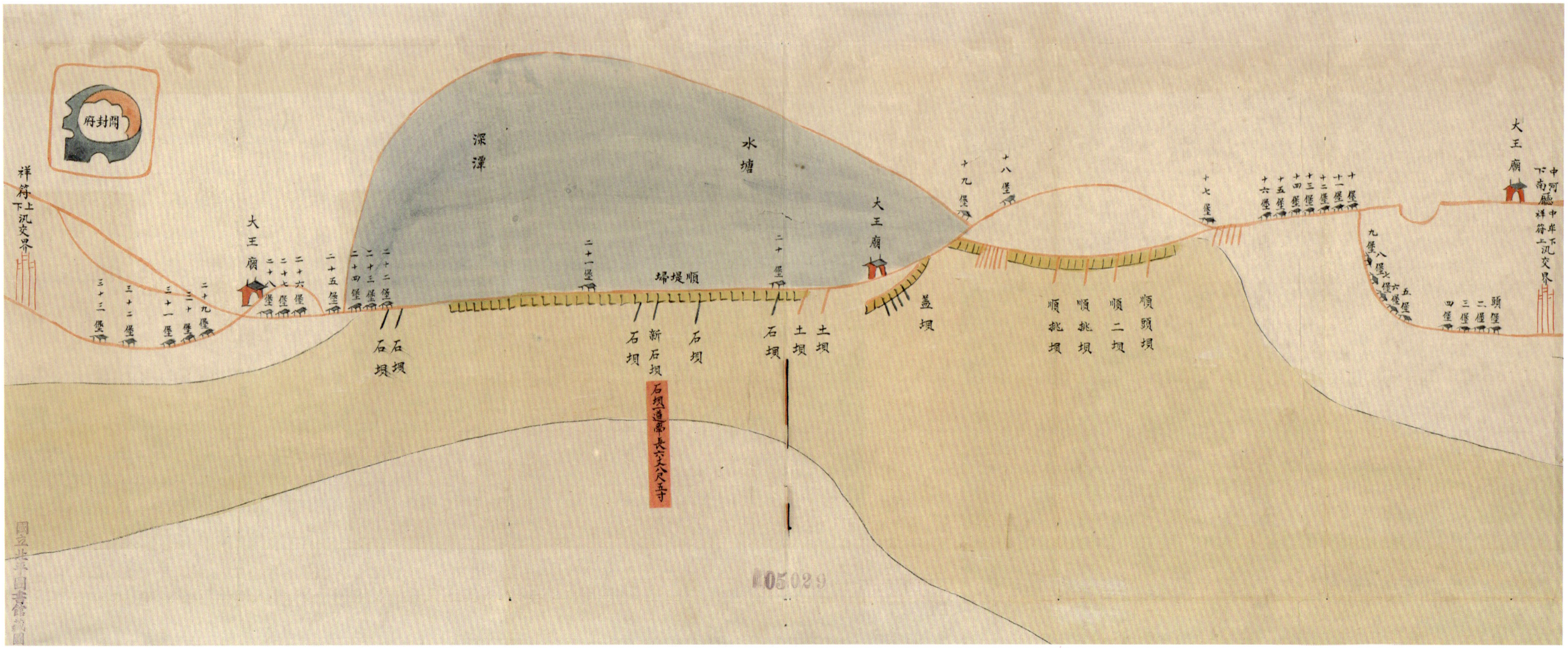

下南厅属祥符上汛现在河势情形图

1 幅；23 厘米 ×57 厘米

彩绘本

[清光绪年间（1875—1908）]

此图详绘祥符上汛辖境黄河、滩、塘水情及沿岸堤防情形，贴签注明坝工情况。

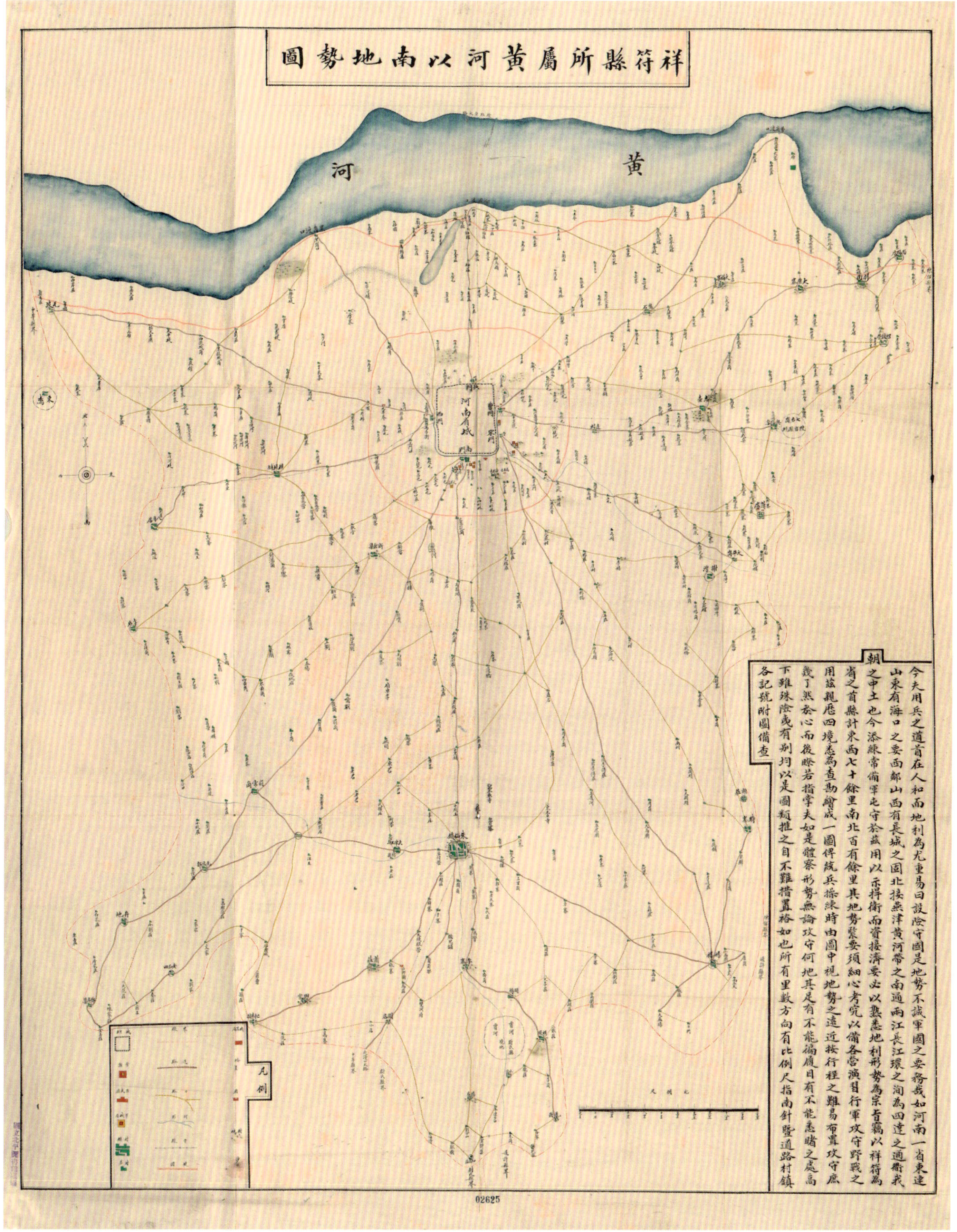

河南省祥符县所属黄河以南地势图

1 幅；77 厘米 ×61 厘米

彩绘本

[清光绪年间（1875—1908）]

此图主要描绘黄河以南、以河南省城为中心的区域，详细标注了道路、村镇，图说详细说明河南地势的重要及制作此图的缘由。图上有比例尺和图例。

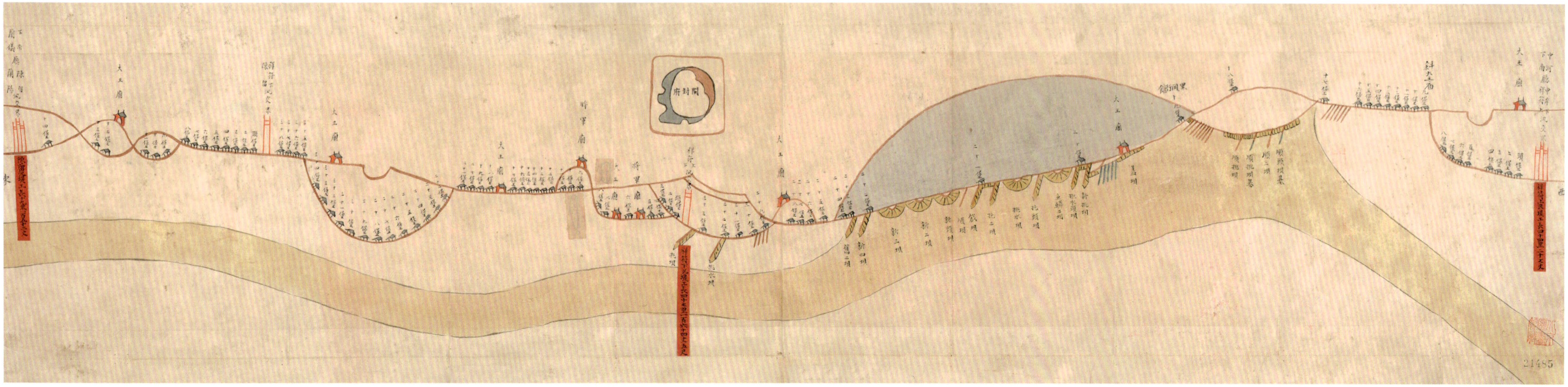

下南河厅经管祥陈三汛堤工事宜图

1 幅；24 厘米 ×95 厘米

彩绘本

[清光绪年间（1875—1908）]

此图较详细地绘出了祥符上、下汛和陈留汛黄河南岸大堤各堡及盖坝、挑水坝、托坝等堤工位置。附《堤工事宜册》一册。此图范围、绘画风格和内容与国图藏同名图基本相同。

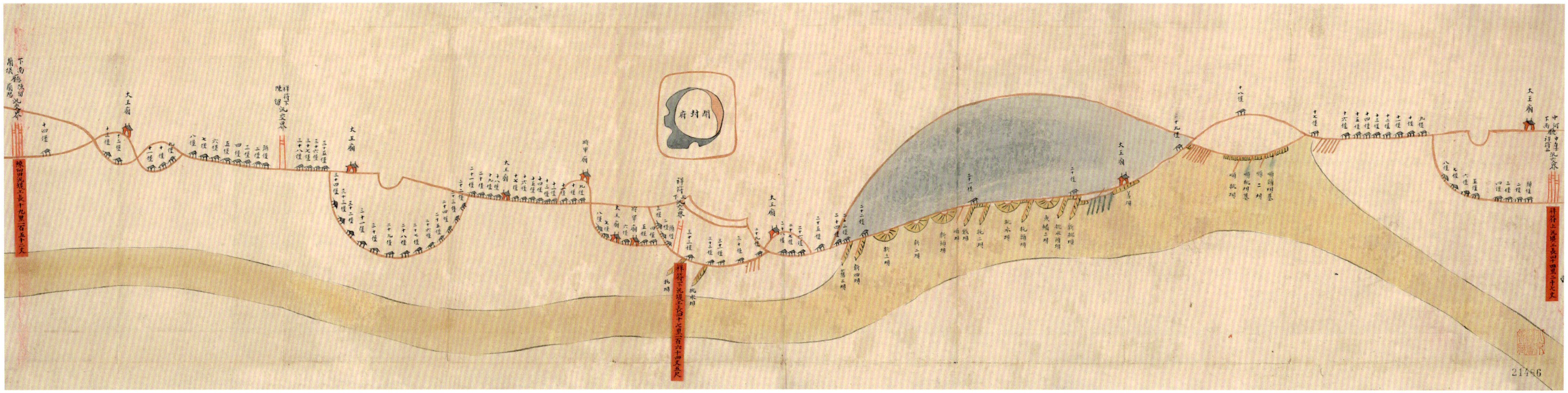

下南河厅经管祥陈三汛堤工事宜图

1 幅；24 厘米 ×95 厘米

彩绘本

[清光绪年间（1875—1908）]

此图较详细地绘出了祥符上、下汛和陈留汛黄河南岸大堤各堡及盖坝、挑水坝、托坝等堤工位置。附《堤工事宜册》一册。此图范围、绘画风格和内容与国图藏同名图基本相同。

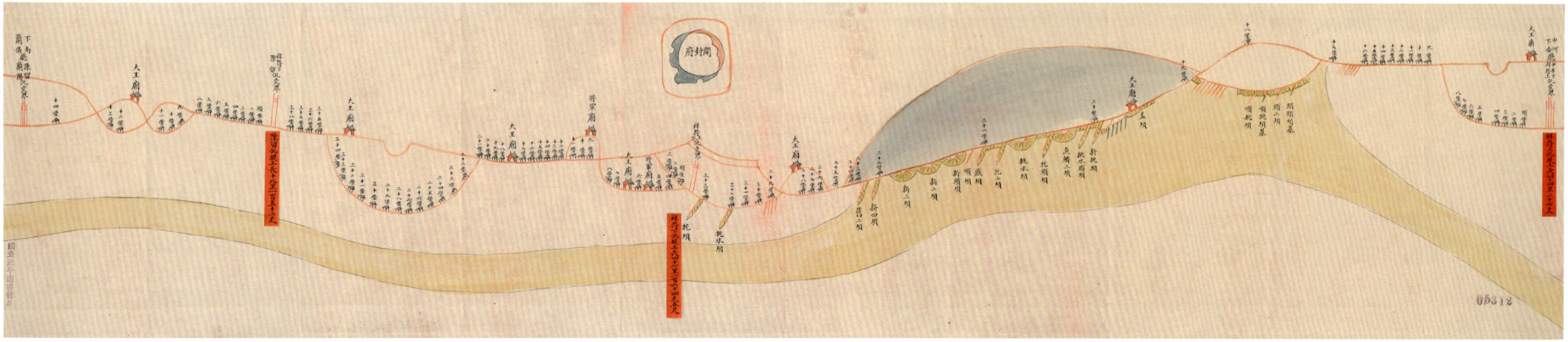

下南河厅经管祥陈三汛堤工事宜图

1 幅；23.8 厘米 ×95.6 厘米

彩绘本

［清光绪年间（1875—1908）］

此图较详细地绘出了祥符上、下汛和陈留汛黄河南岸大堤各堡及盖坝、挑水坝、托坝等堤工位置。此图范围、绘画风格和内容与国图藏同名图基本相同。

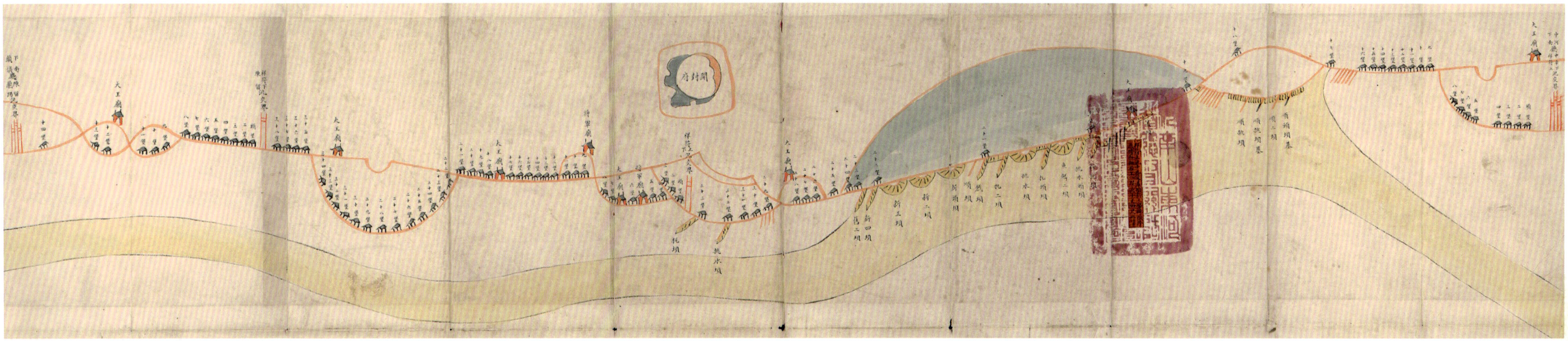

下南河厅经管祥陈三汛堤工事宜图

1幅；23.6厘米 ×95厘米

彩绘本

［清光绪年间（1875—1908）］

此图较详细地绘出了祥符上、下汛和陈留汛黄河南岸大堤各堡及盖坝、挑水坝、托坝等堤工位置。此图范围、绘画风格和内容与国图藏同名图基本相同。

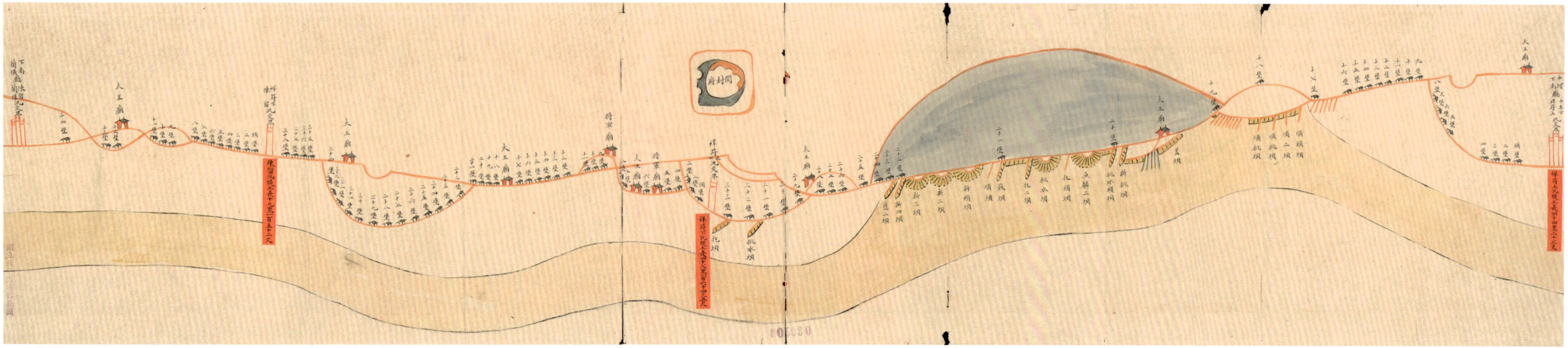

下南河厅经管祥陈三汛堤工事宜图

1幅；23.7厘米×95.1厘米

彩绘本

[清光绪年间（1875—1908）]

此图较详细地绘出了祥符上、下汛和陈留汛黄河南岸大堤各堡及盖坝、挑水坝、托坝等堤工位置。图之范围、绘画风格和内容与国图藏同名图基本相同。

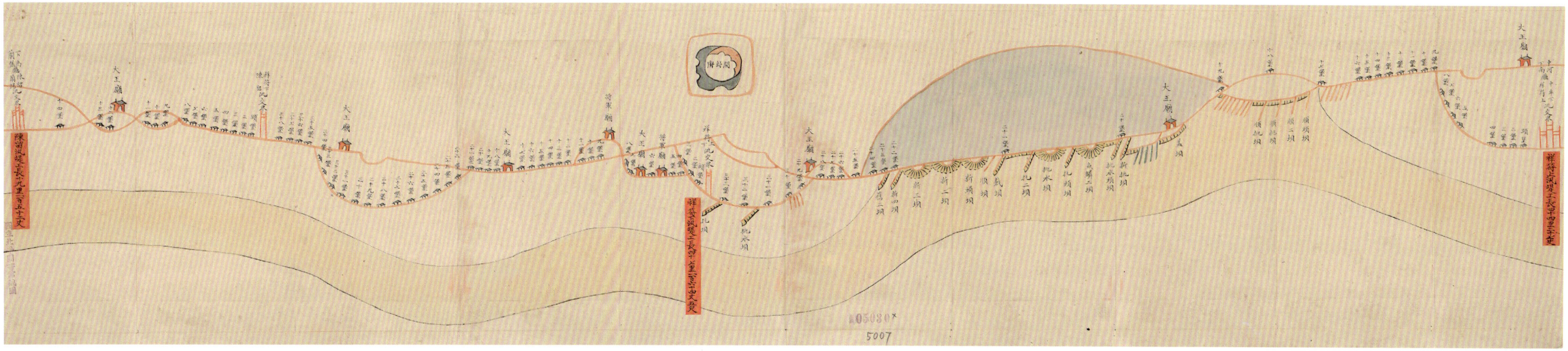

下南河厅经管祥陈三汛堤工事宜图

1 幅；23.8 厘米 ×95 厘米

彩绘本

[清光绪年间（1875—1908）]

此图较详细地绘出了祥符上、下汛和陈留汛黄河南岸大堤各堡及盖坝、挑水坝、托坝等堤工位置。图之范围、绘画风格和内容与国图藏同名图基本相同。

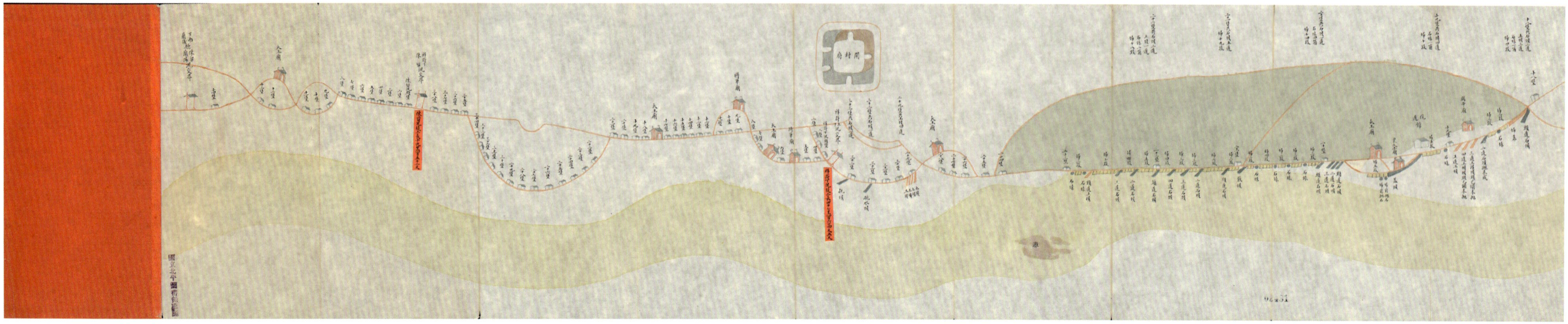

祥符上下汛堤工图

1 幅；22 厘米 ×128 厘米

彩绘本

[清光绪年间（1875—1908）]

此图地理范围涵盖河南祥符、陈留，详细绘出祥符上下汛各堡，文字标注土坝、石垛数量、各段埽，贴签标出祥符上下汛堤工长度、陈留汛堤工长度。

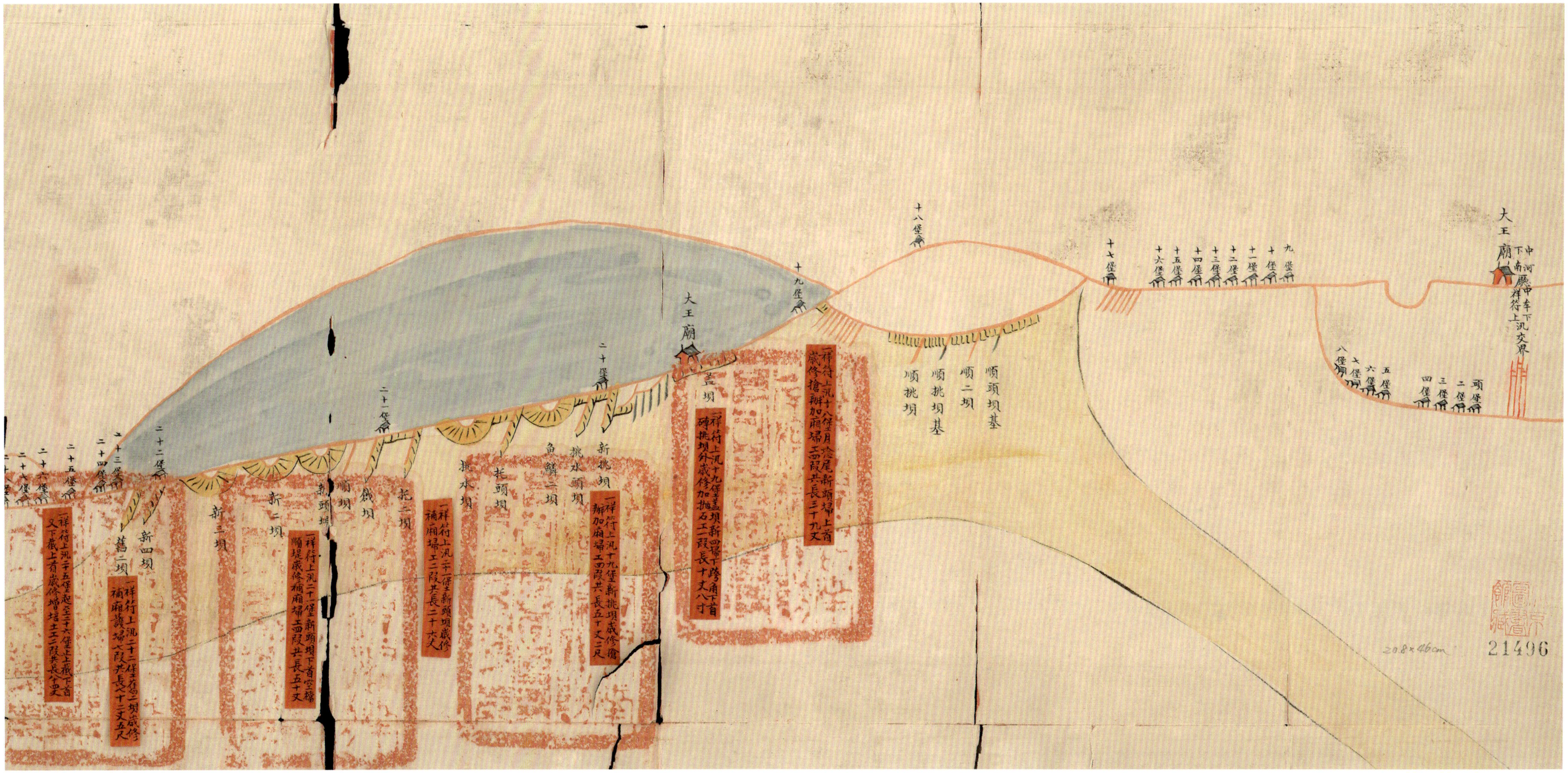

下南河厅属光绪二十八年分岁修埽土石各工河图

1 幅；21 厘米 ×46 厘米

彩绘本

清光绪二十八年（1902）

图中贴签注出河南祥符县上汛加厢埽工、增培长度等。随图附清折一纸。此图左半幅残缺。

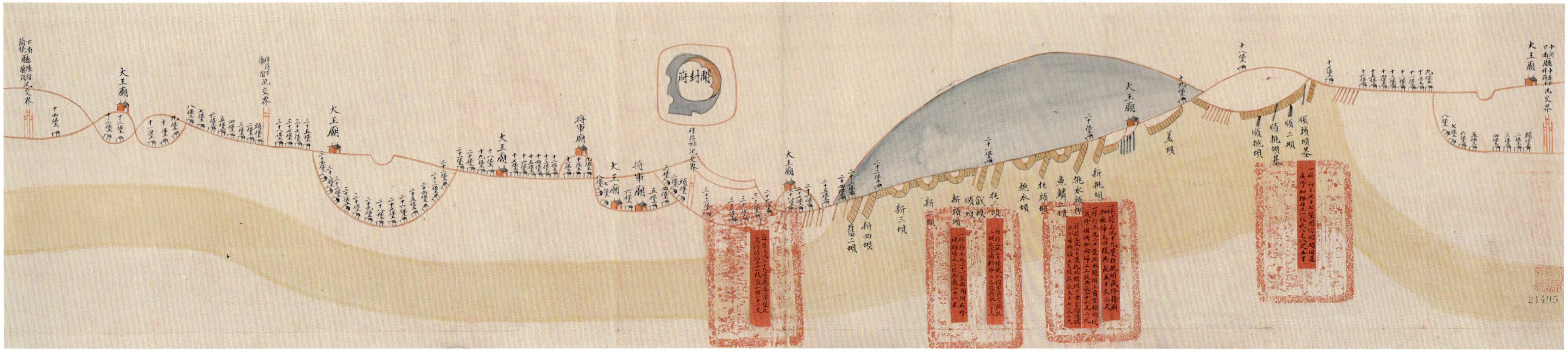

下南河厅属宣统元年分岁修埽土石各工河图

1 幅；24.3 厘米 ×96 厘米

彩绘本

清宣统元年（1909）

此图较细致地绘出了下南厅祥符上汛界至陈留汛黄河南岸大堤及水坝、盖坝、顺坝、托坝等堤工位置，并贴签标注祥符上汛加厢埽工、加抛石工、增培土工段长等。随图附清折一纸。此图有残。

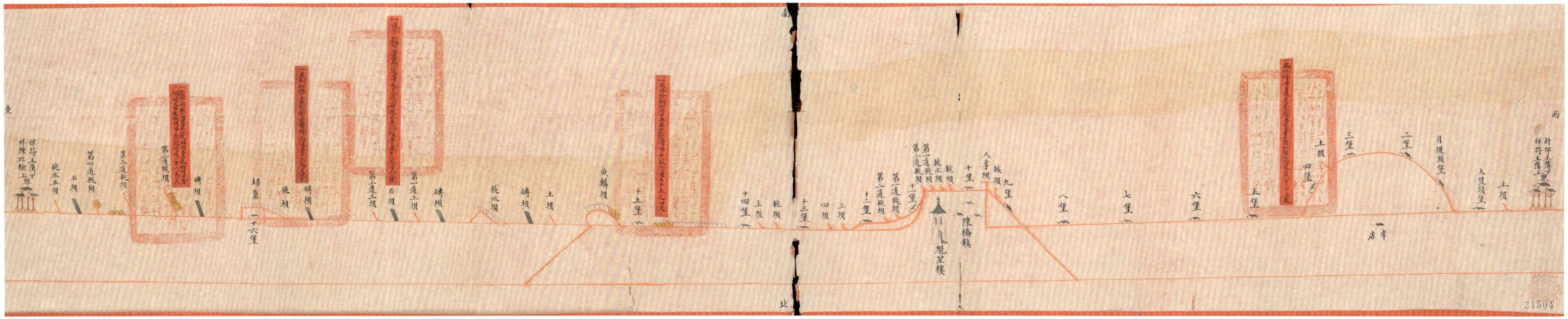

祥河厅光绪二十八年分做过岁修埽砖土石各工河图

1 幅；20 厘米 ×96 厘米

彩绘本

清光绪二十八年（1902）

此图绘出河南祥符境内黄河北岸大堤月堤、砖坝、石坝、土坝、鱼鳞坝、挑坝等堤工位置，并贴签标注埽工、砖工段长。

祥河厅宣统元年分做过岁埽砖石各工河图

1幅；21厘米×94厘米

彩绘本

清宣统元年（1909）

此图地理范围、绘画风格和内容与《祥河厅光绪二十八年分做过岁修埽砖土石各工河图》基本相同。

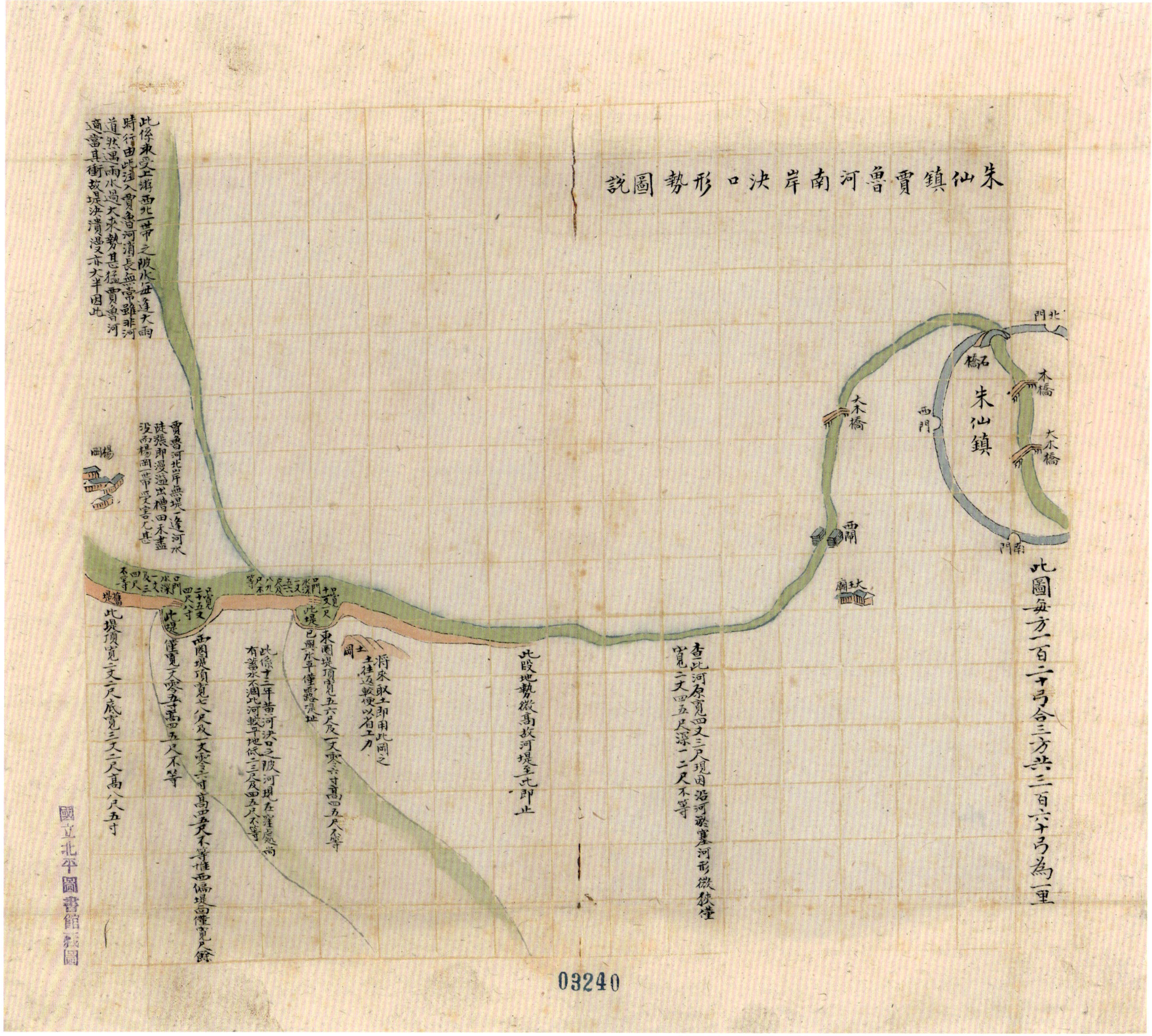

朱仙镇贾鲁河南岸决口形势图说

1 幅；22 厘米 ×26 厘米

彩绘本

[清宣统年间（1909—1911）]

此图描绘了河南开封府西南朱仙镇贾鲁河附近决口及筑堤情形，图说详细记录了河流、堤岸丈尺及工程情形等。地图有计里画方，“每方一百二十弓，合三方共三百六十弓为一里”。图中有标注“十三年黄河决口之陂河”，应该是指光绪十三年（1887）。

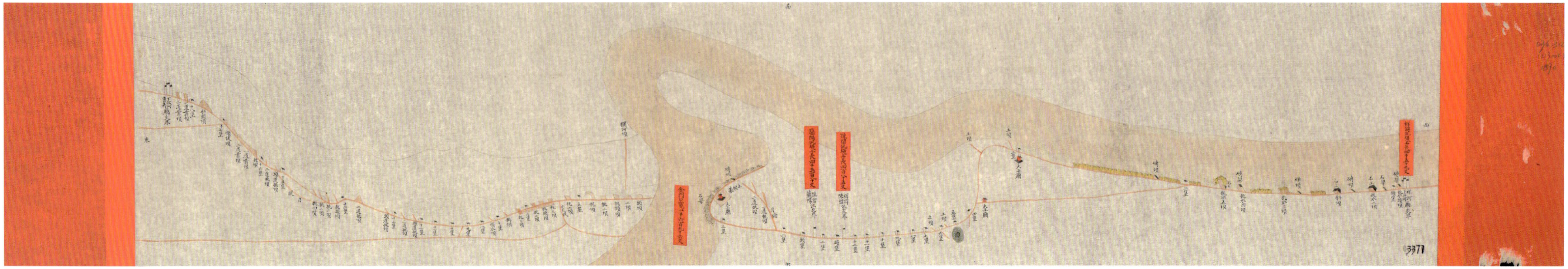

[下北河厅属各汛堤坝情形图]

1幅；22.2厘米×98厘米

彩绘本

[清光绪年间（1875—1908）]

图绘下北河厅所属黄河新、故道沿岸堤坝情形，贴签注明各汛所辖堤工长度。

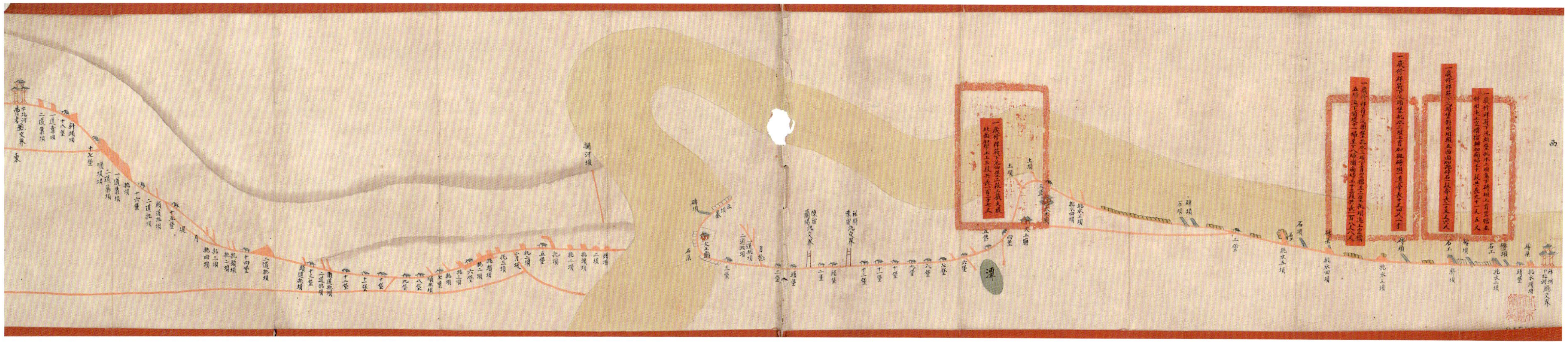

下北河厅属光绪二十八年分岁修埽砖土石各工河图

1 幅；22 厘米 ×95 厘米

彩绘本

清光绪二十八年（1902）

此图较详细地绘出了下北河厅属黄河大堤各堡及拦河坝、砖坝、石坝等堤工位置，并贴签标注河南祥符下汛加抛砖、石坝及补厢埽工段长等。

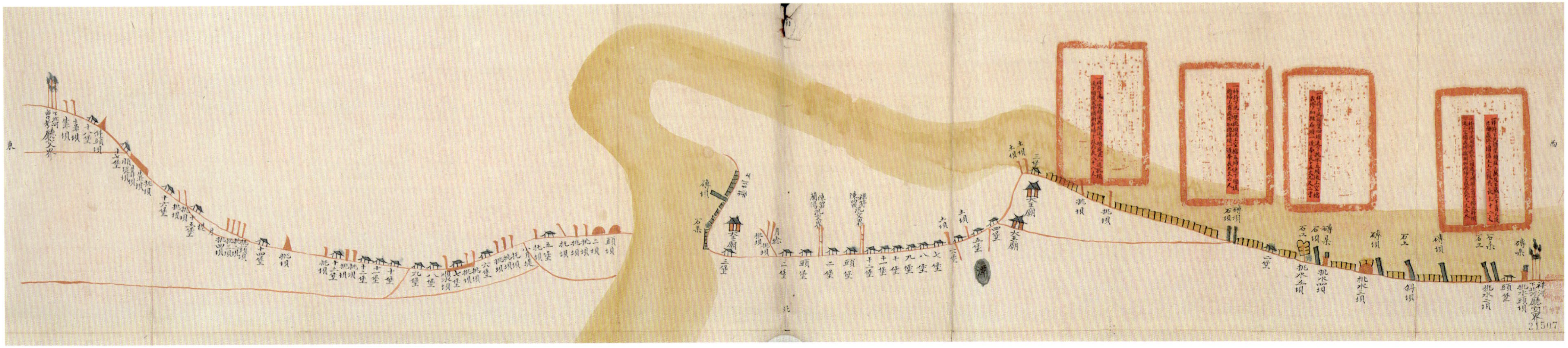

下北河厅光绪三十三年分岁修砖土石各工河图

1 幅；22 厘米 ×96 厘米

彩绘本

清光绪三十三年（1907）

此图详绘下北河厅大堤各堡及拦河坝、砖坝、石坝等堤工位置，贴签标注祥符下汛工程明细。

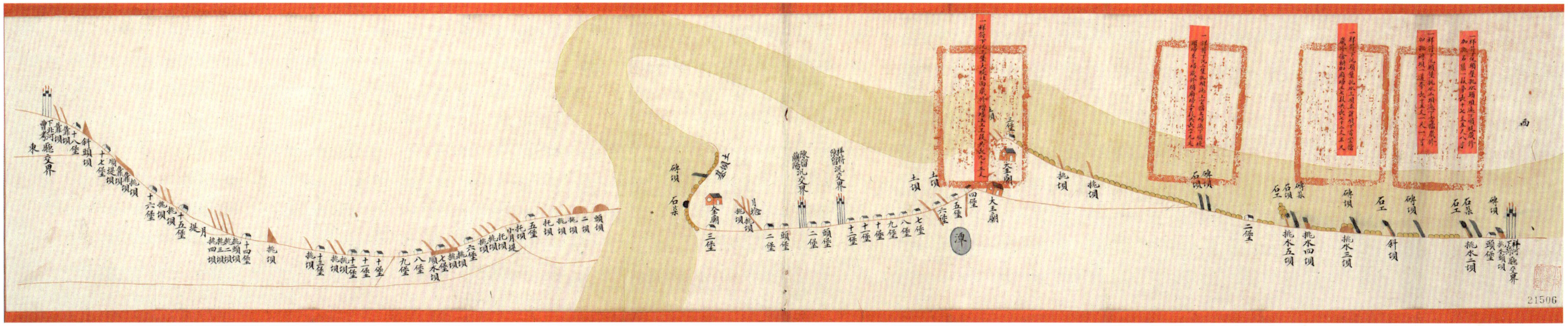

下北河厅属宣统元年分岁修埽砖土石各工河图

1 幅；22 厘米 ×96 厘米

彩绘本

清宣统元年（1909）

此图详绘下北河厅各汛坝、堡等堤工情形，贴签注明各汛工程情况。随图附清折一纸。

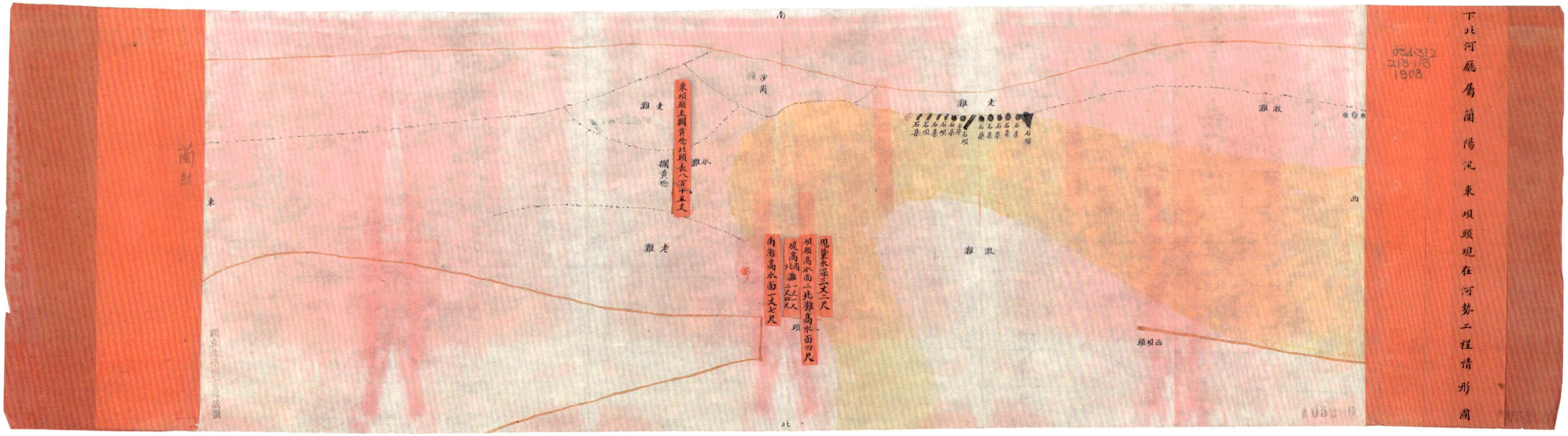

下北河厅兰阳汛东坝头现在河势工程情形图

1 幅；21 厘米 ×58 厘米

彩绘本

[清光绪年间（1875—1908）]

此图详绘黄河改道处残留滩、沙岗及沿岸堤防，并贴签注明水深及堤坝长度。东坝头位于今河南兰考县西北、黄河东岸。

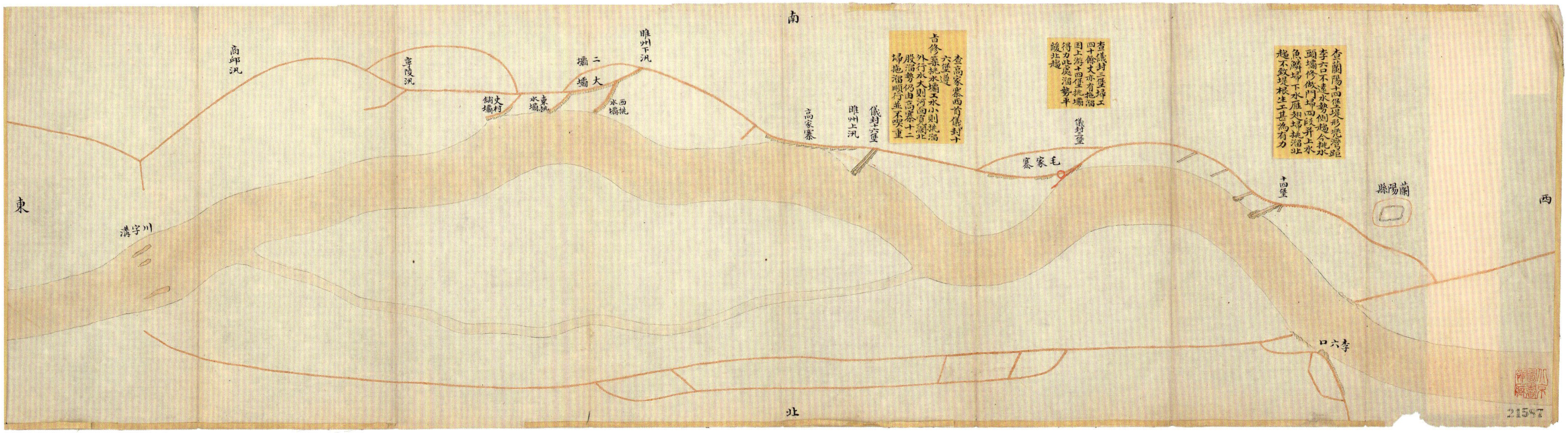

豫省南岸新堤各挑水坝工情形图

1 幅；22 厘米 ×79 厘米

彩绘本

［清中期］

此图工整细致绘出了河南兰阳县境内黄河及大堤。地名注记较少。封面贴“恭缴朱笔原图”黄签。

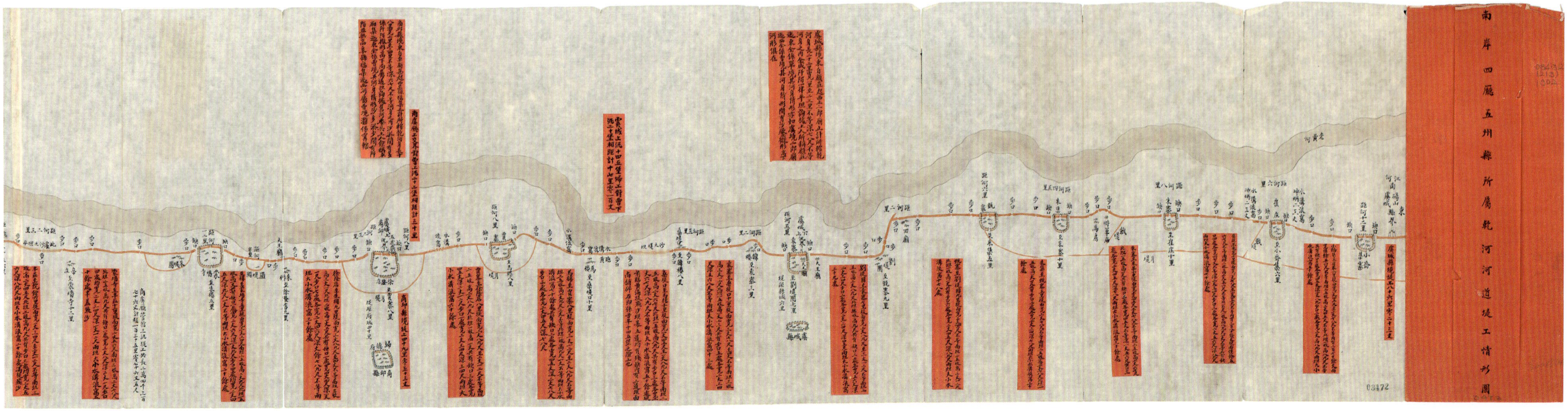

南岸四厅五州县所属干河河道堤工情形图

1 幅；30 厘米 ×264 厘米

彩绘本

[清光绪年间（1875—1908）]

此图绘出自河南兰仪县至虞城县之干黄河及其南岸大堤，并详细标注大堤步口、缺口，贴签说明各段堤工长度、面宽等。

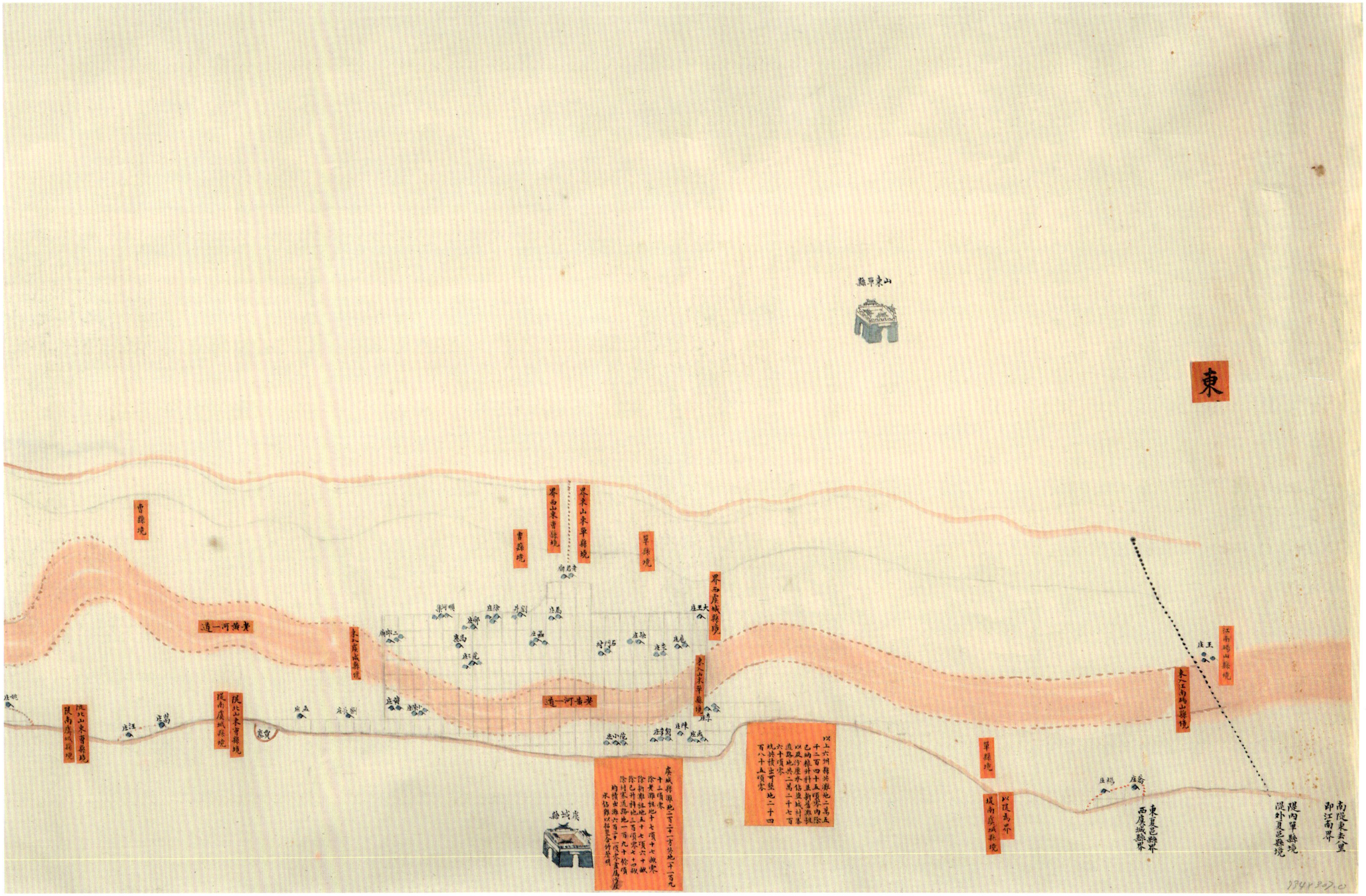

自兰仪县起至虞城县山东江南各交界旧河故道滩地总图

1 幅；74 厘米 ×307 厘米

彩绘本

[清光绪年间（1875—1908）]

图中村庄名称标注详细，贴签标出各县境、新滩地租地面积、旧滩地租地面积、村寨道路面积、可垦地面积等。此图局部有画方，但未计里。

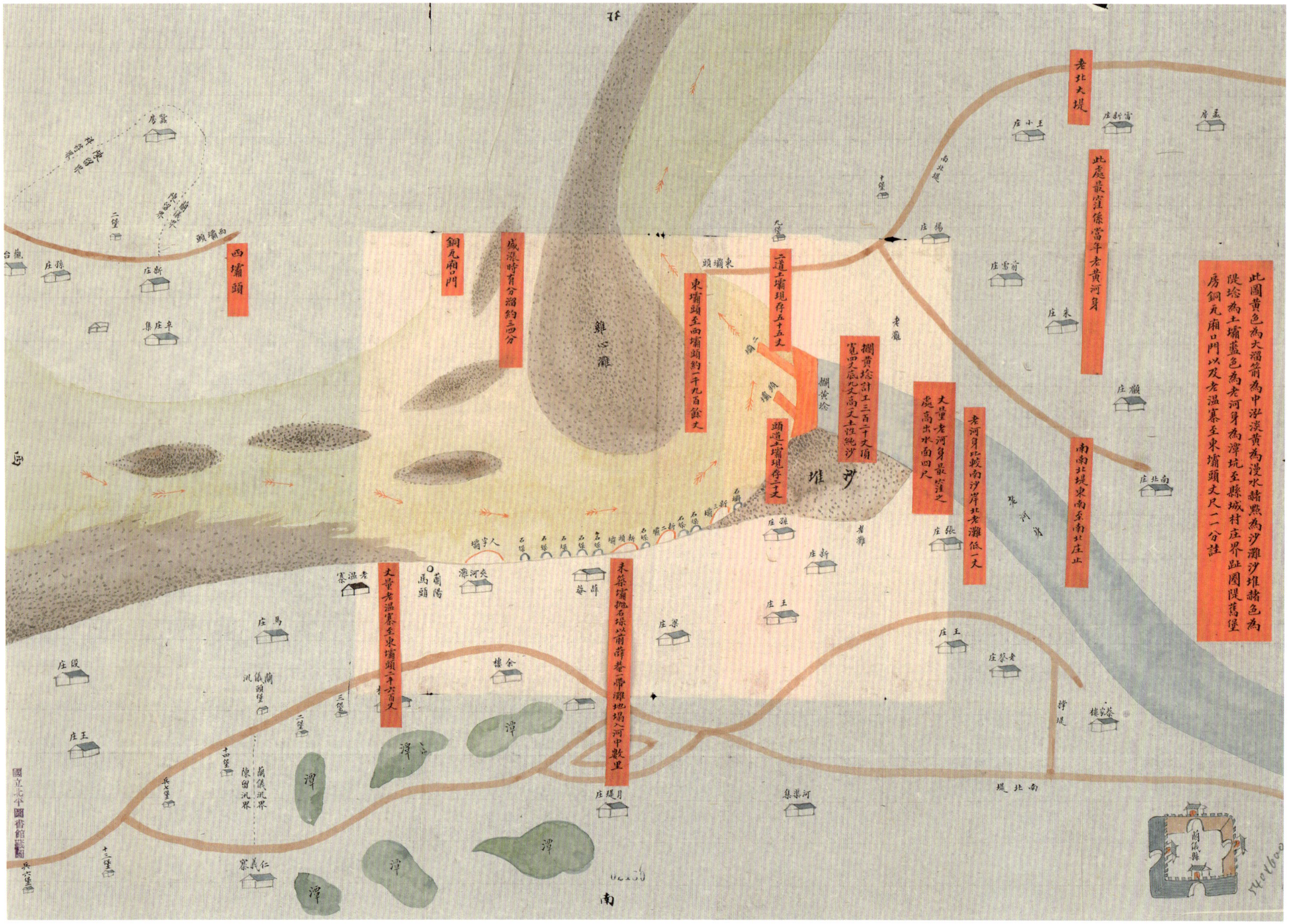

光绪庚子年春季兰仪县黄河实在情形图

1 幅；44 厘米 ×61.5 厘米

绘本

［清光绪二十六年（1900）］

此图详绘境内新旧黄河河道及改道处之沙滩与鸡心滩等，以箭头标示流向，并绘沿岸堤坝工程及村庄，贴签标明堤防长度及间距。

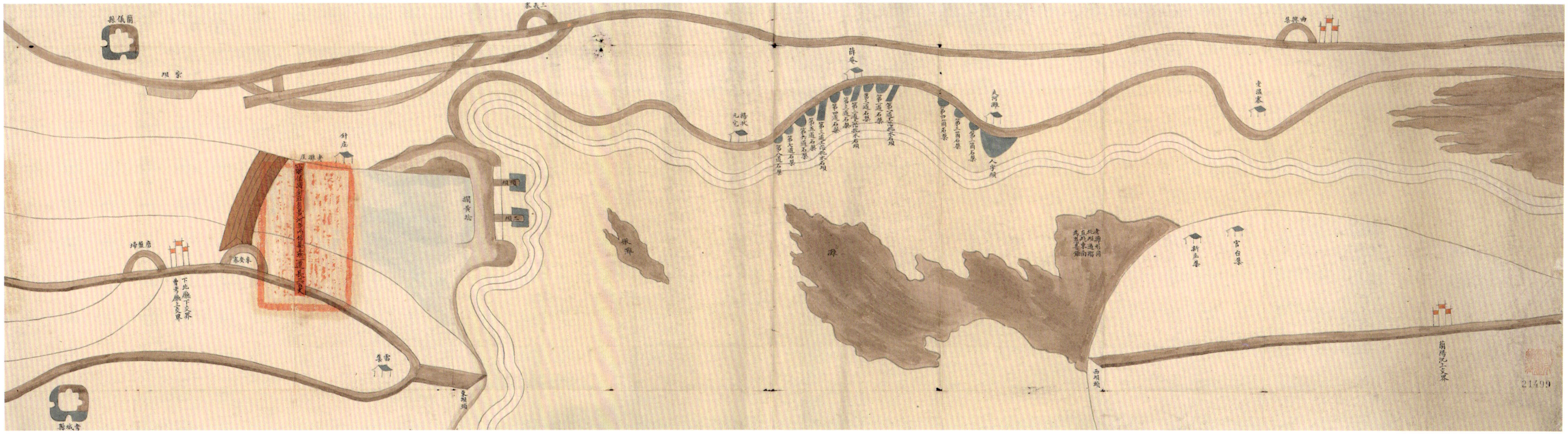

下南河同知黄家驹承办光绪三十年分兰仪县境针庄旧黄河身内估筑拦黄土埝工程河图

（清）黄家驹绘

1 幅；27 厘米 ×100 厘米

彩绘本

清光绪三十年（1904）

此图详细绘制境内黄河新旧河道、滩及沿岸堤坝情形，并以贴签注明拟建工程。

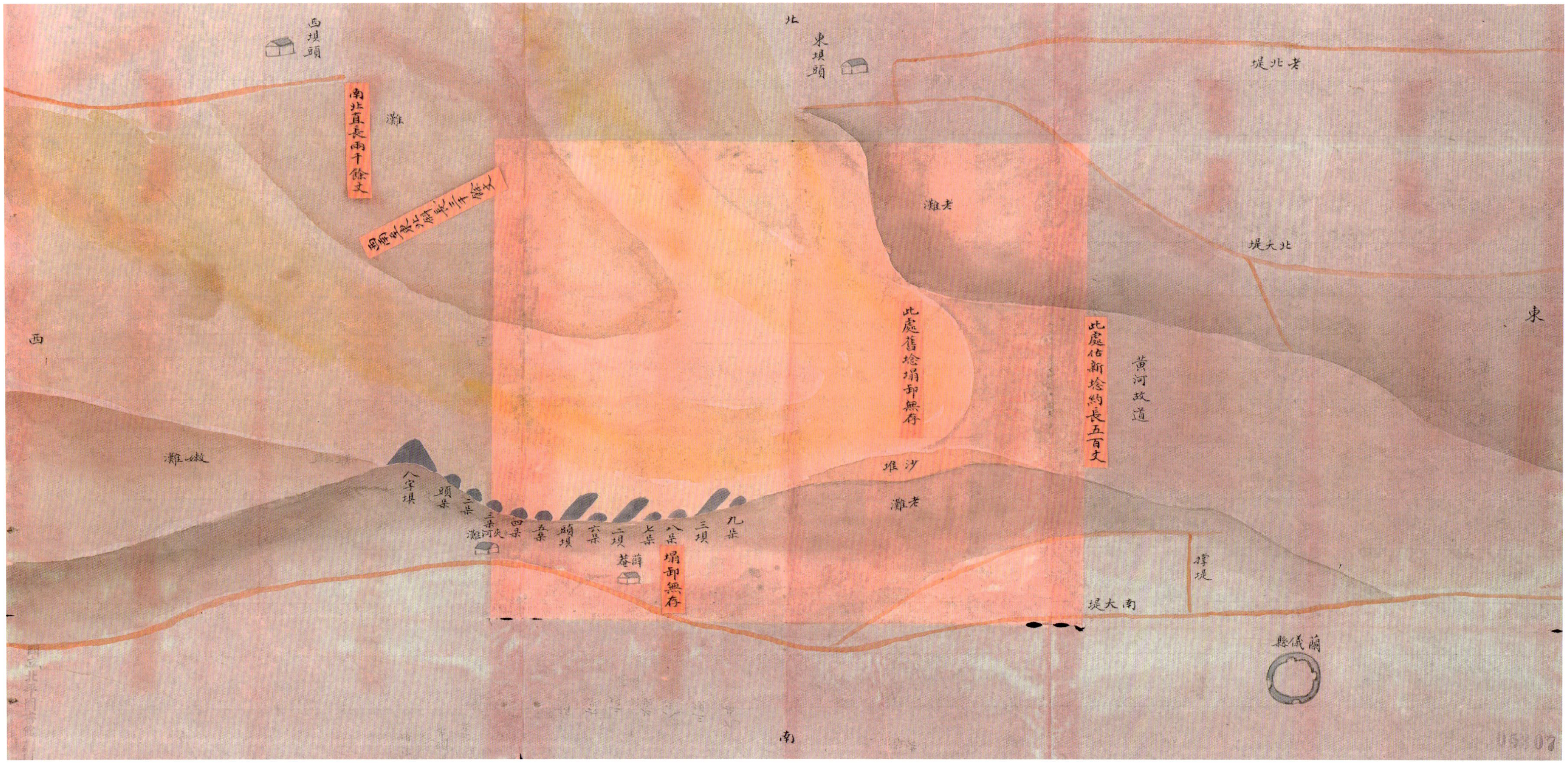

兰仪工实在情形图

1 幅；29 厘米 ×57 厘米

彩绘本

［清光绪年间（1875—1908）］

此图绘出境内黄河改道转变处沙滩、新老滩地及沿岸堤、坝、垛，贴签注明堤埝长度及存废情况，并注出县境新埝长度及县城与南大堤之距离。

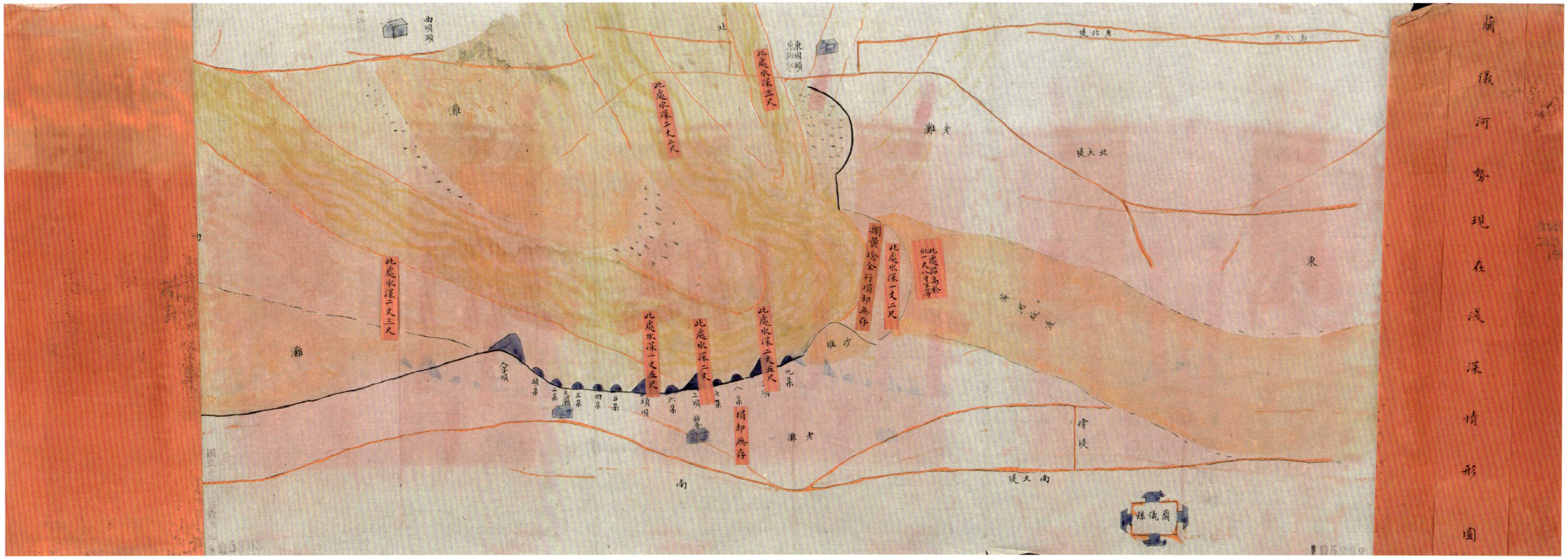

兰仪河势现在浅深情形图

1 幅；28 厘米 ×56 厘米

彩绘本

[清光绪年间（1875—1908）]

此图详绘境内新旧黄河河道及水深、滩地，红线勾勒沿岸堤防，贴签注明水深及堤、埝、坝的存废情况。

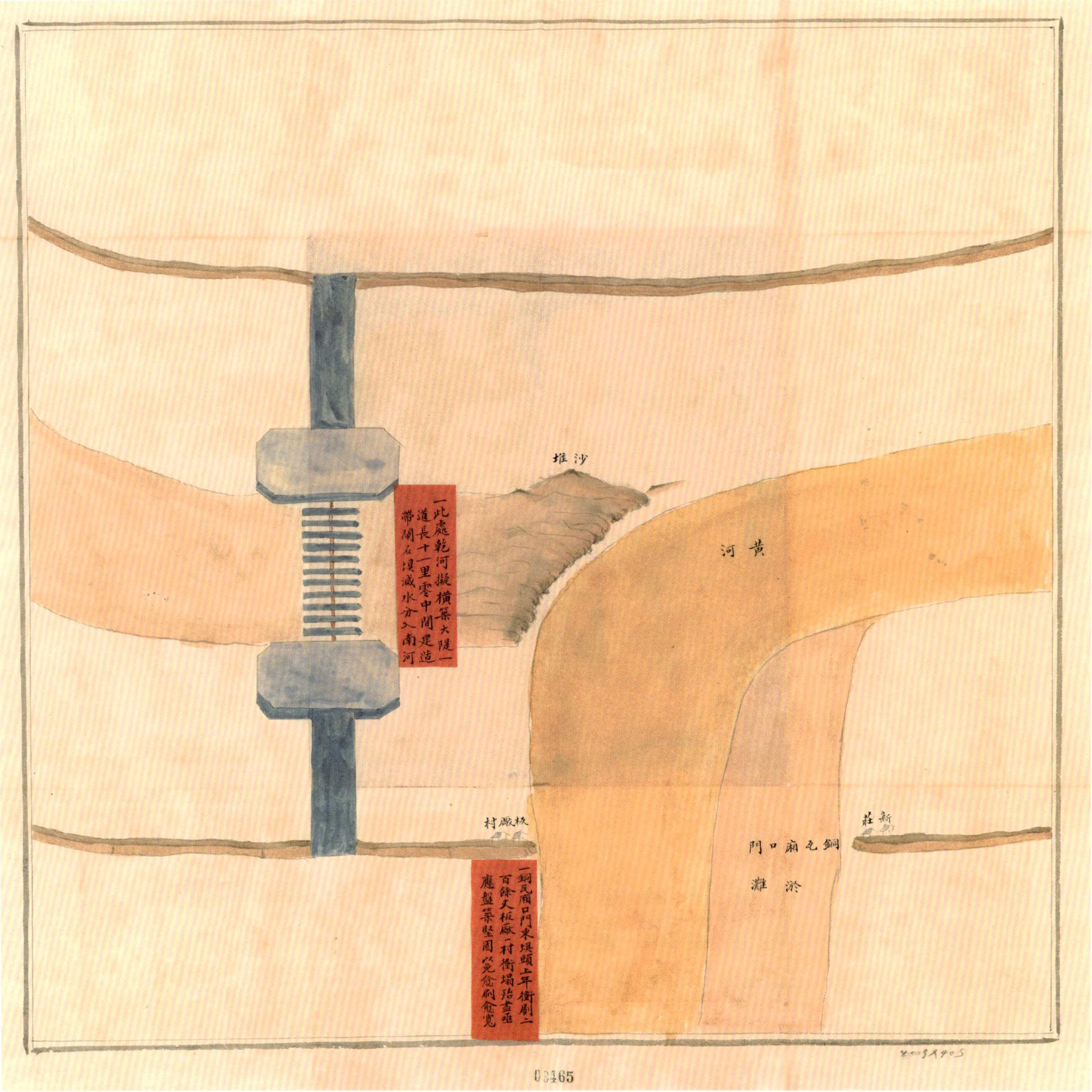

兰仪干河口拟建筑横堤闸坝图说

1 幅；40 厘米 ×41 厘米

彩绘本

[清光绪年间（1875—1908）]

此图系河南兰仪铜瓦厢黄河改道处的工程详图，绘出了黄河新故道及拟建的堤、闸设施。

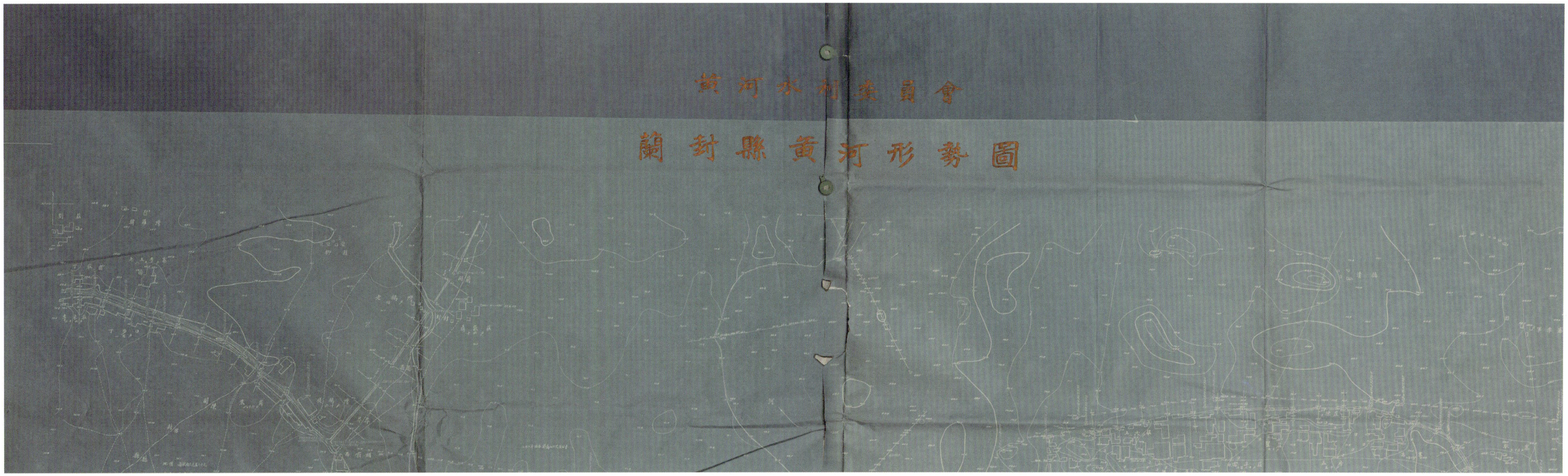

兰封县黄河形势图

黄河水利委员会实测

1幅；142厘米 ×152.5厘米

晒蓝本

民国二十三年六月（1934.6）

此图系国民政府黄河水利委员会的实测水利图，图中详绘河南兰封县境内黄河河道、沿岸工程及村庄位置。

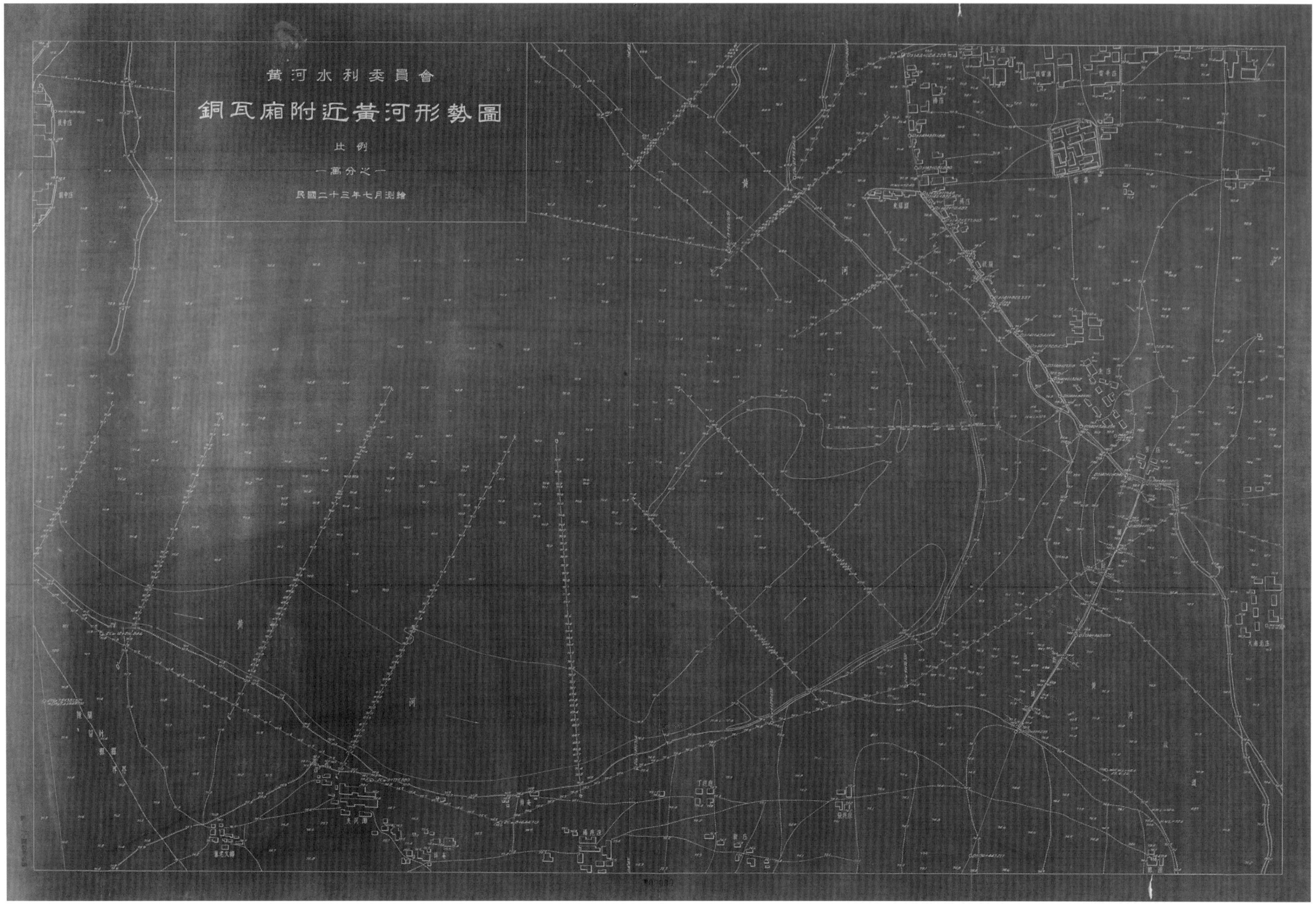

铜瓦厢附近黄河形势图

黄河水利委员会测制

1幅；68厘米×100厘米

晒蓝本

民国二十三年七月（1934.7）

图以白线勾勒河南铜瓦厢附近黄河河道走势、沿岸堤防、沙滩、村庄情况，并画出等高线，以数字标明水深，以红线标出新修工程。另附兰封小新堤护岸工程设计图表等4件。

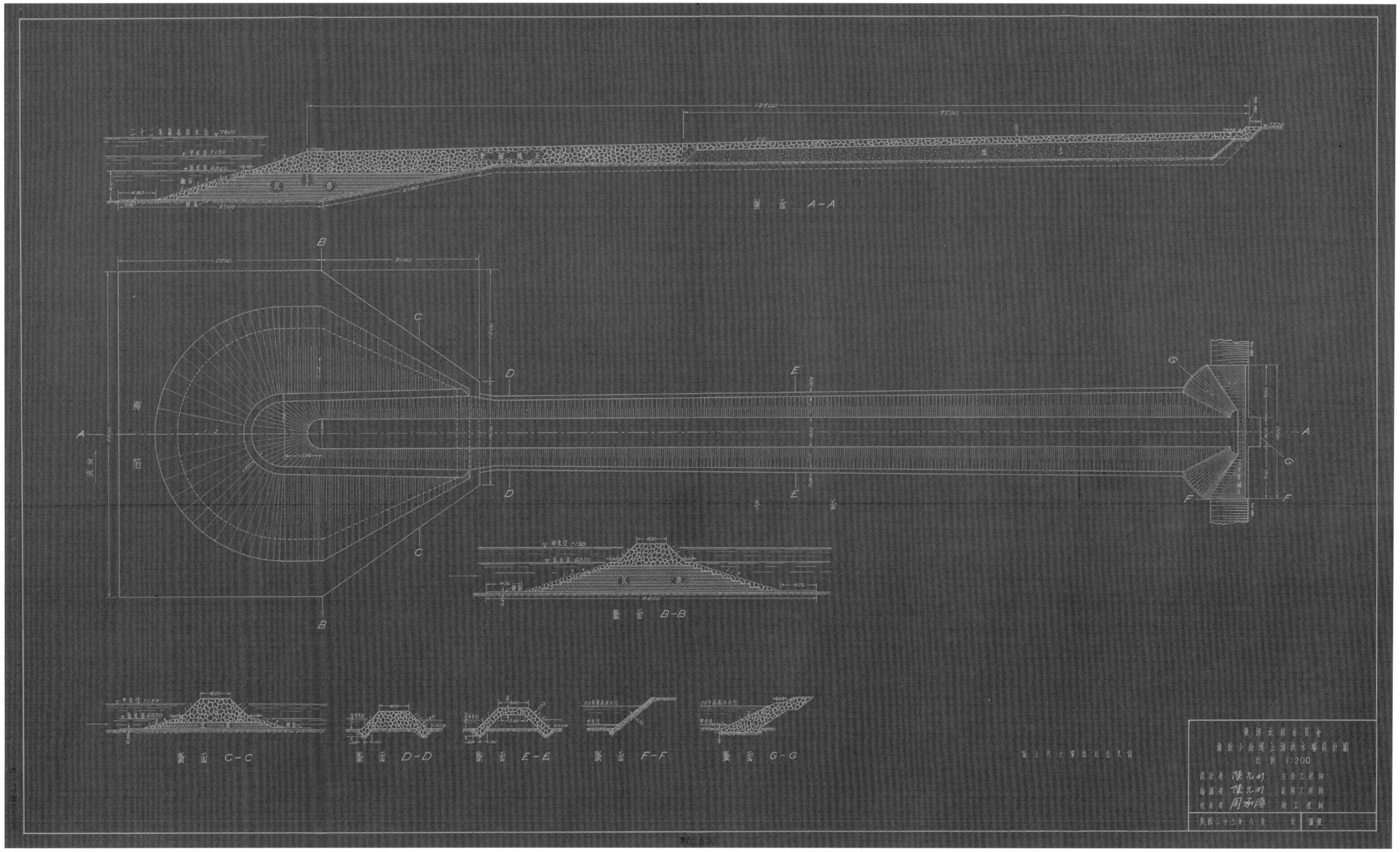

兰封小新堤上游挑水坝设计图

黄河水利委员会实测

1幅；54.5厘米 ×89厘米

晒蓝本

民国二十三年八月（1934.8）

此晒蓝图比例尺为二百分之一，系民国时期黄河水利委员会绘制的水利设计图，包括一个剖面图和七个断面图，绘出了民国二十二年（1933）洪水水位与中水位、低水位的截面对比。

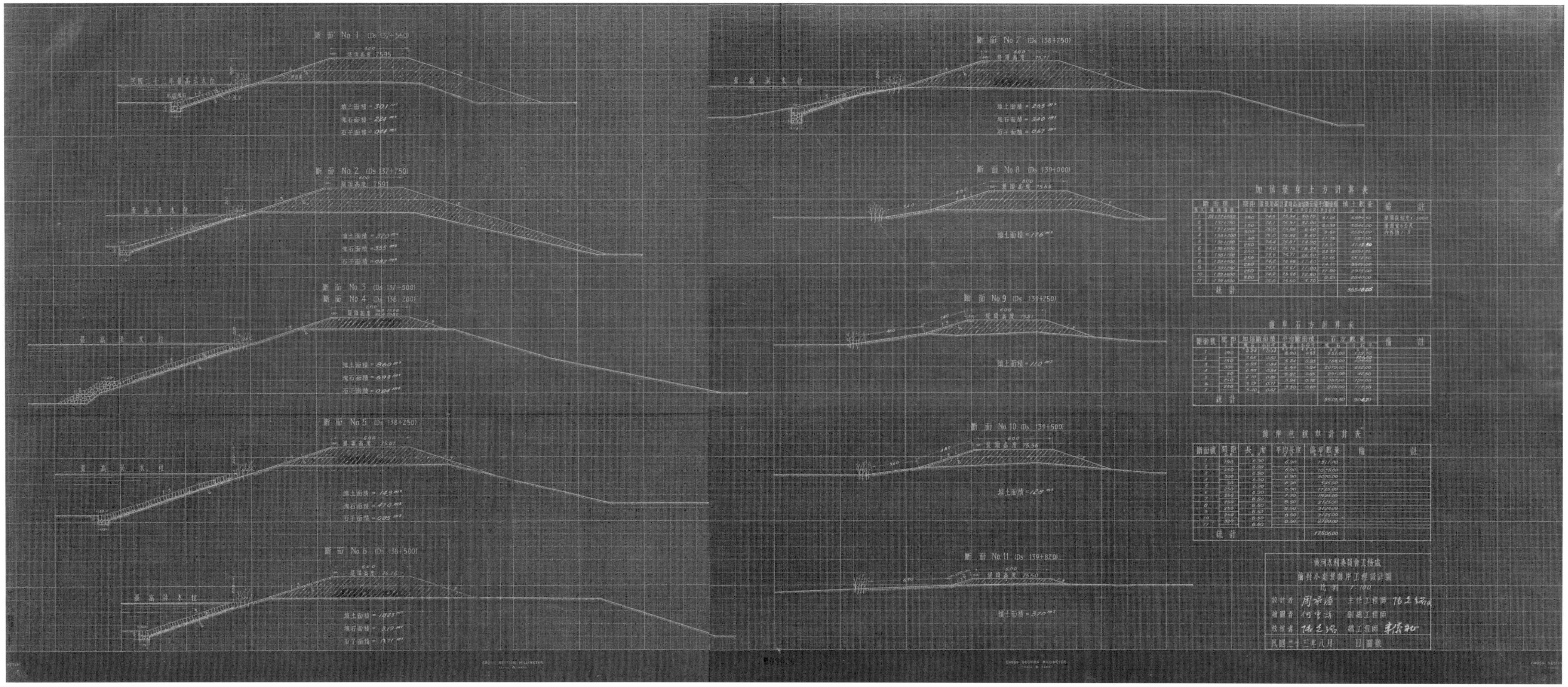

兰封小新堤护岸工程设计图

黄河水利委员会实测

1幅；50厘米 ×104.5厘米

晒蓝本

民国二十三年八月（1934.8）

此晒蓝图比例尺为一百分之一，系民国时期黄河水利委员会绘制的水利设计图，包括11个断面图，绘出了民国二十二年（1933）洪水水位与堤坝高度断面。另附加培堤身土方计算表、护岸石方计算表和护岸芭根草计算表。

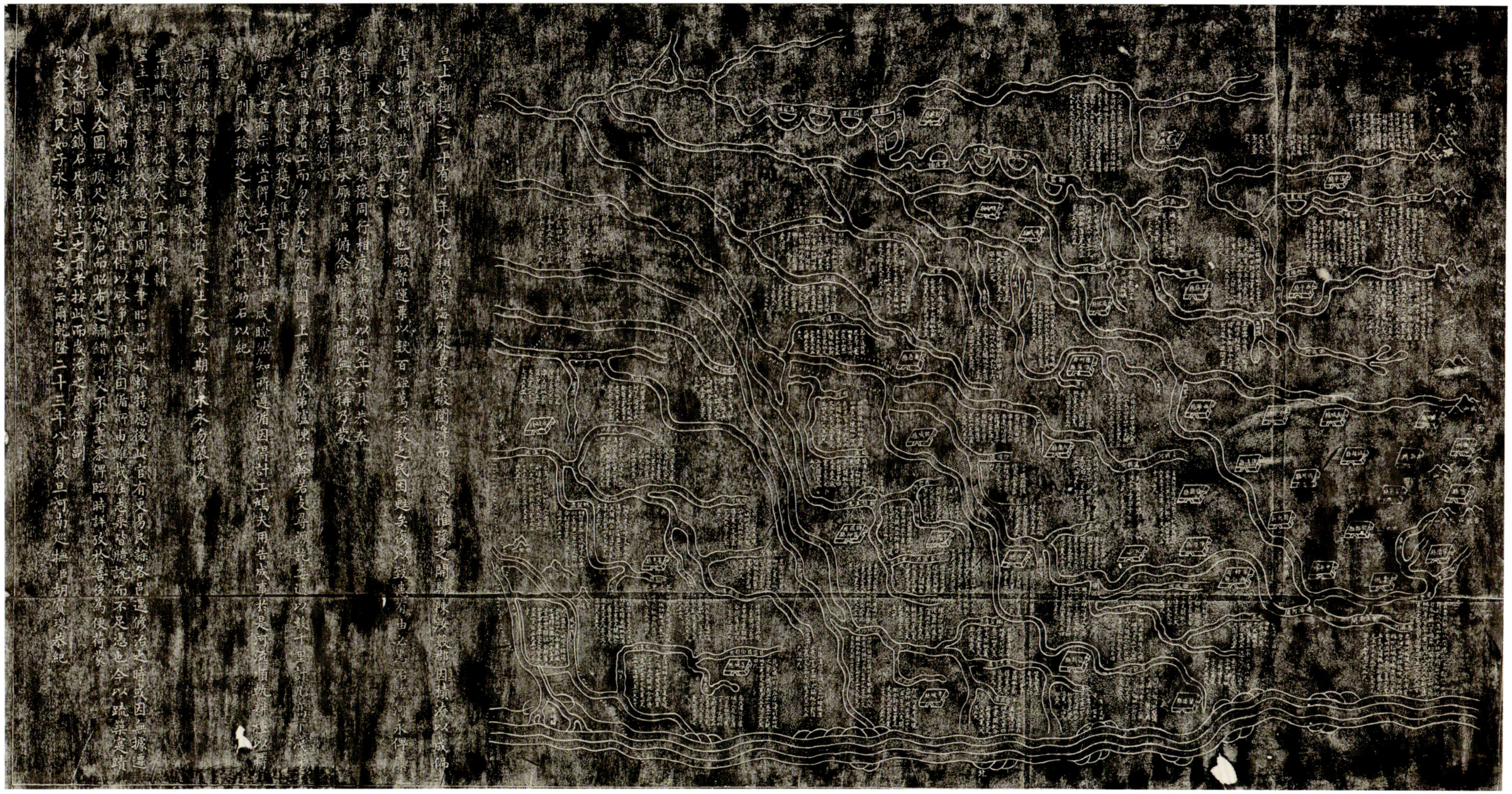

[开归陈汝四郡河图]

（清）胡宝瑔记

1 幅；84 厘米 ×159 厘米

拓本

清乾隆二十三年（1758）刻石

图碑始立于河南省永城县西巴河南岸之三里道口村，现存商丘博物馆。此图拓印时间及拓印者不可考。该图右部为治河图，详绘河南省开封、归德、陈州、汝宁四郡属地的河流、渠道、城镇地理位置。图中 70 余处图说详细说明河流流经地点，渠道宽度、深度以及各条河流治理工程。该图左部为河南巡抚胡宝瑔撰写的碑文，说明立碑因由及经过。此图反映了清乾隆二十二年秋到二十三年春（1757—1758）豫东地区治理黄淮平原水灾、大规模兴修水利、疏浚河道沟渠的情形。

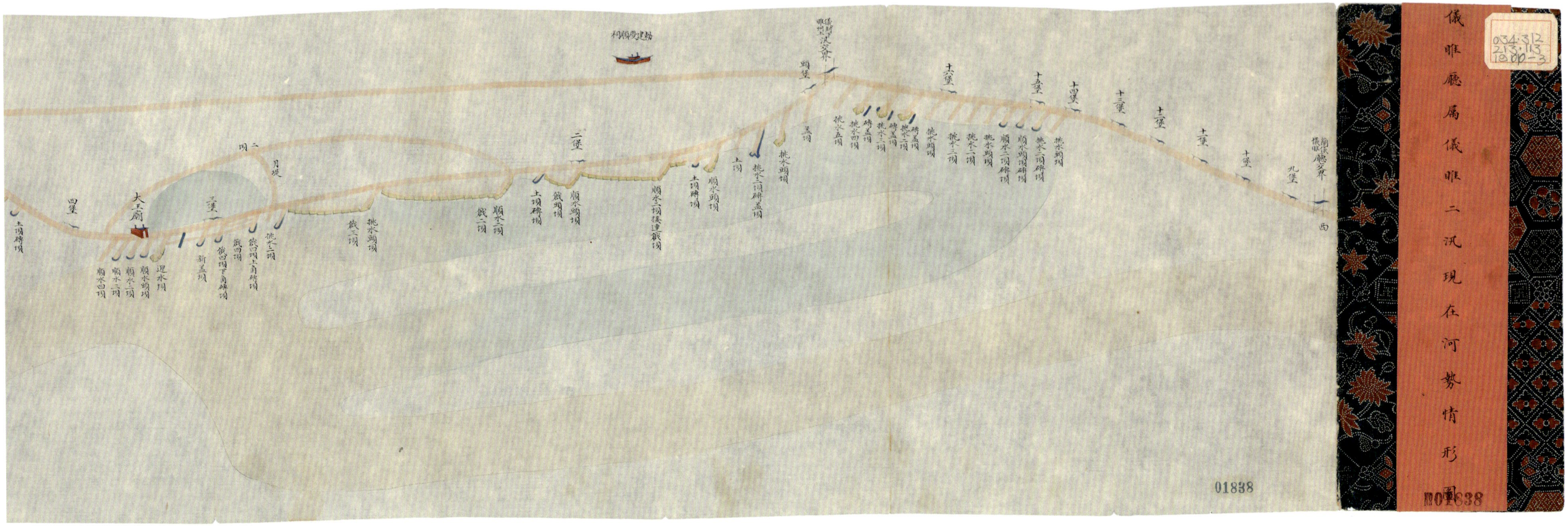

仪睢厅属仪睢二汛现在河势情形图

1 幅；21 厘米 ×113 厘米

彩绘本

[清光绪年间（1875—1908）]

此图较详细地绘出河南仪封下汛和睢州上汛经管之黄河大堤土坝、砖坝、挑水坝及迎水坝等堤工位置。

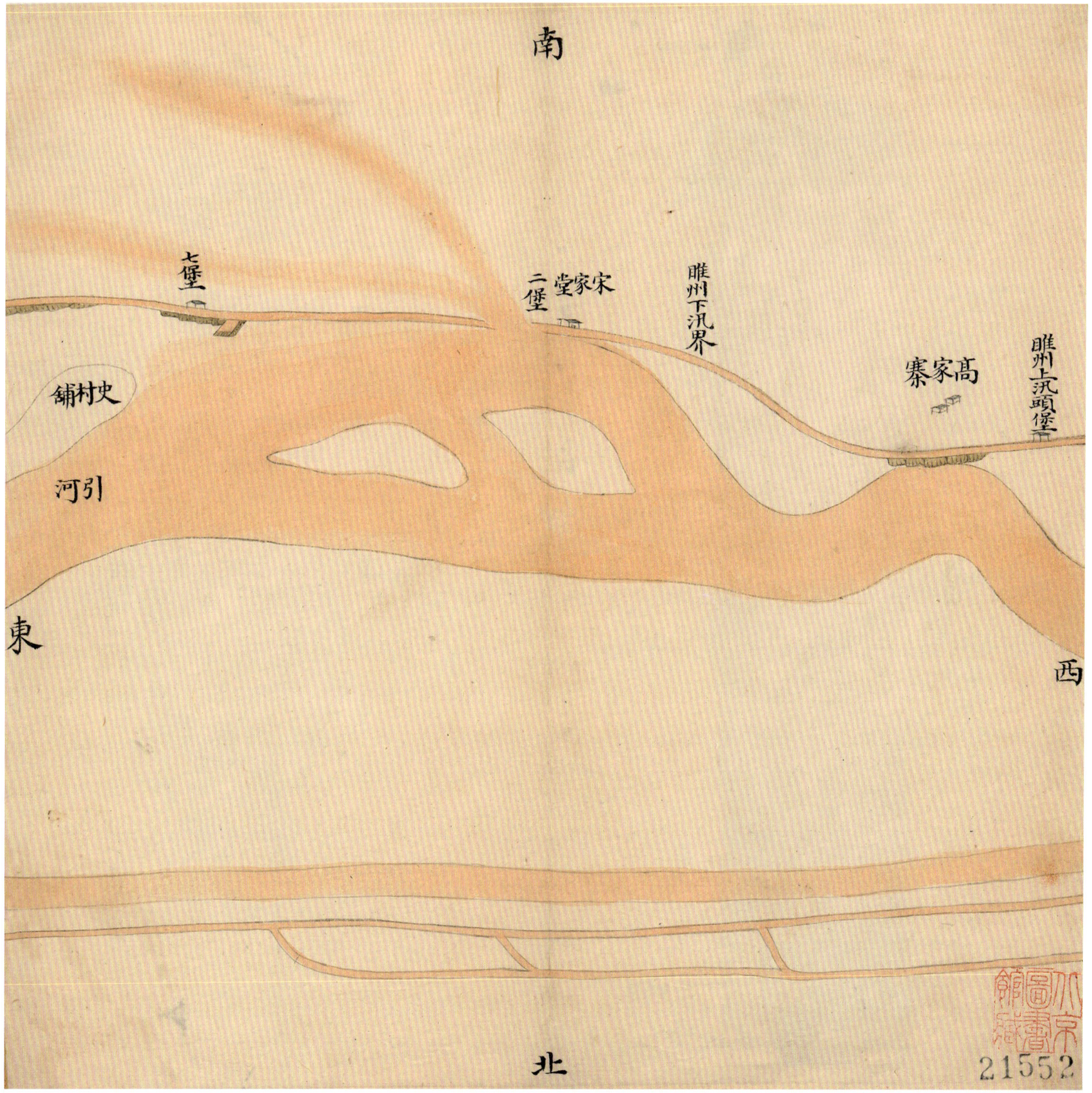

睢州下汛漫工情形图

1幅；21厘米×21厘米

彩绘本

清乾隆五十二年（1787）

　　此图详细绘出睢州境内一段黄河的河势及沿岸堤坊、村寨等。附奏文一册。

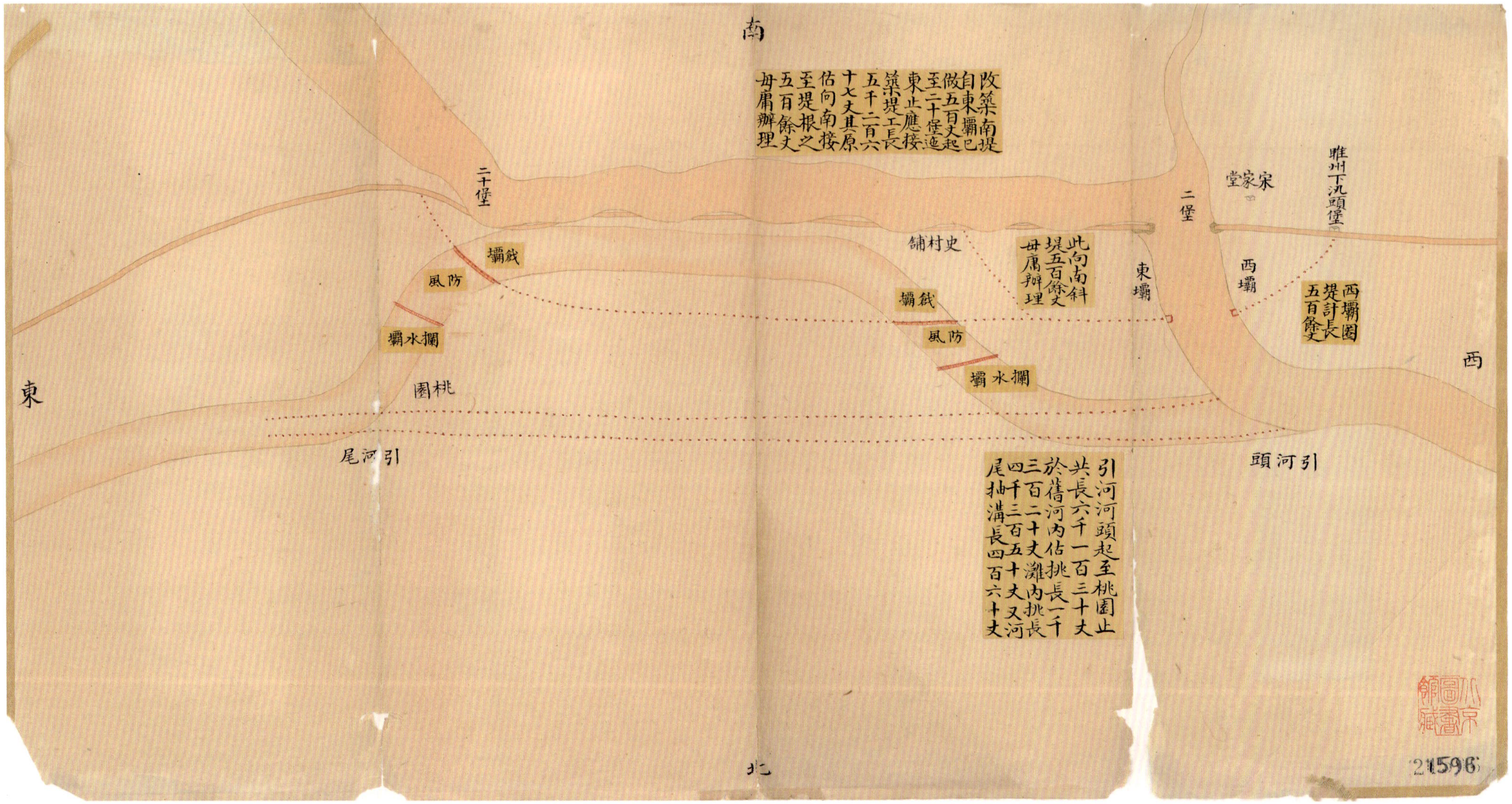

估挑引河并另筑大堤情形图

1 幅；22 厘米 ×40 厘米

彩绘本

［清光绪年间（1875—1908）］

此图绘出河南睢州境黄河引河河道，并贴签注出估挑引河及改筑南堤堤工长度。

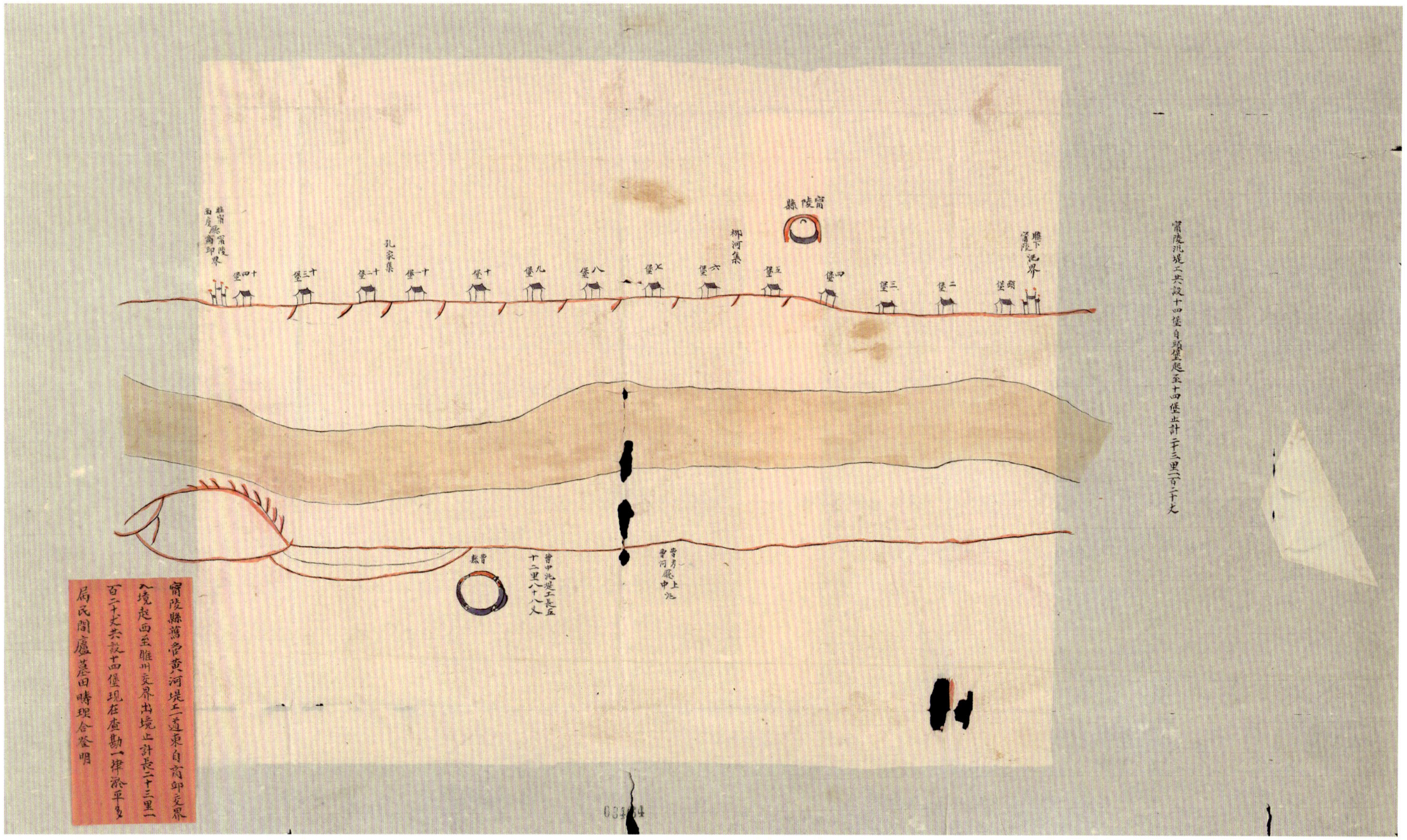

宁陵县河图

1 幅；35 厘米 ×61 厘米

彩绘本

[清中期]

此图绘出河南宁陵县旧管黄河堤工一道，东自商丘交界入境，西至睢州出境，标绘了宁陵汛堤工头堡至十四堡之位置。

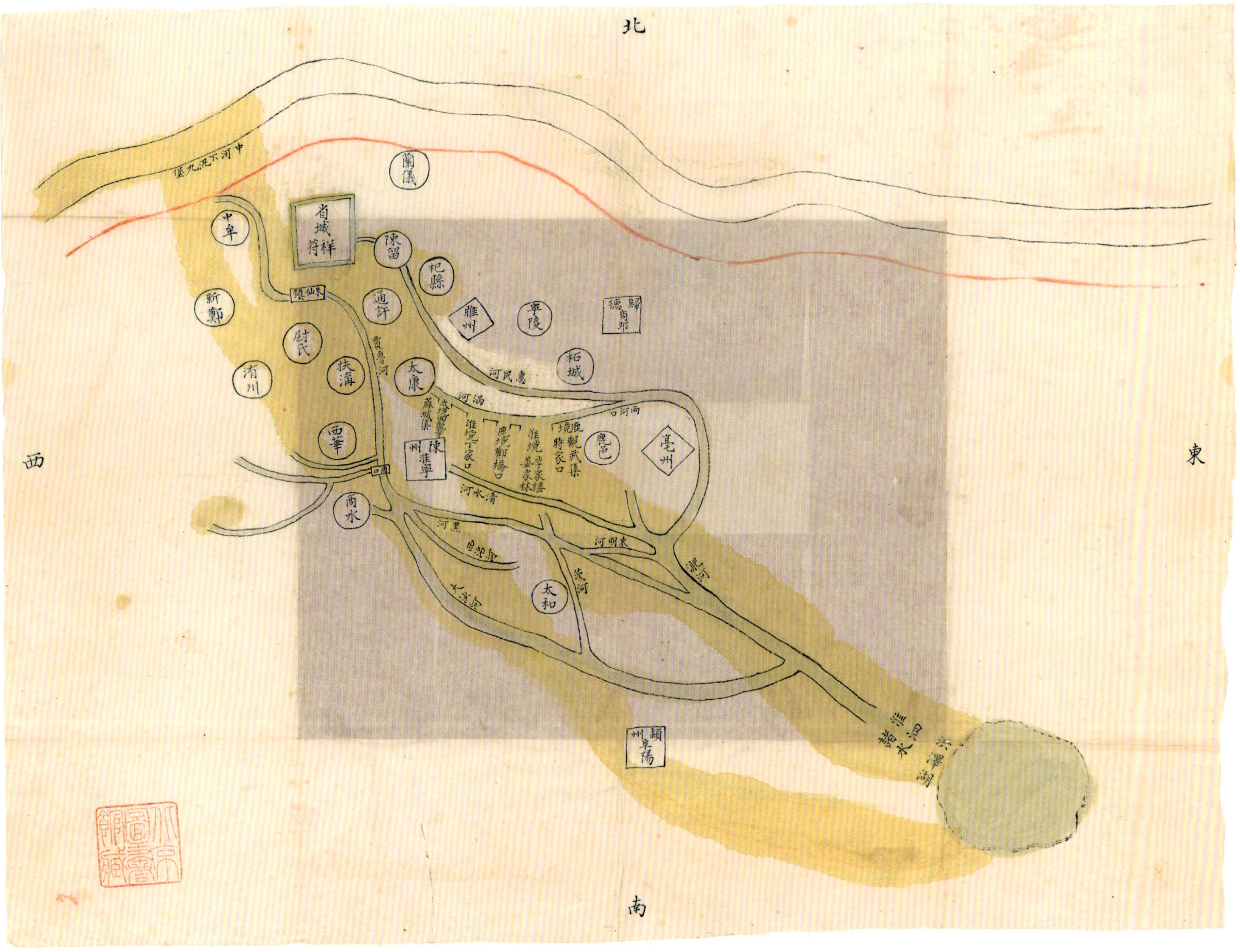

陈州归德府各州县被水图

1 幅；30 厘米 ×39.8 厘米

彩绘本

[清道光年间（1821—1850）]

此图清晰反映了河南陈州、归德二府各州、县被黄水淹没之情形。

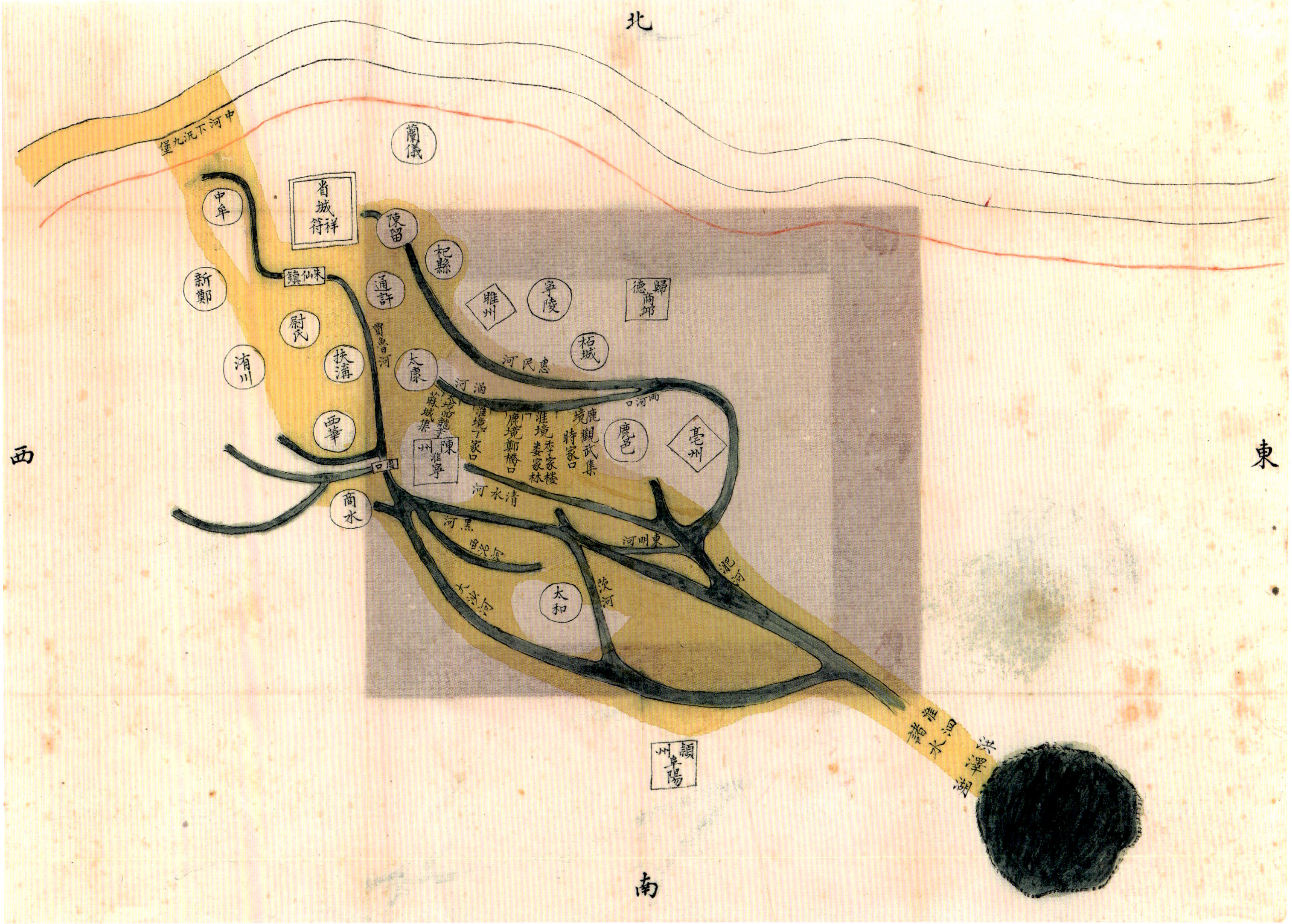

归陈二府黄水经由归宿大概情形图

（清）陆成沅绘

1 幅；27 厘米 ×38 厘米

彩绘本

［清道光年间（1821—1850）］

此图内容和绘画风格与国图藏《陈州归德府各州县被水图》基本一致。

光绪十三年陈州合属被水图

1 幅；54 厘米 ×57 厘米

彩绘本

清光绪十三年（1887）

此图详绘陈州境内黄河泛滥情形及所辖村镇受水情况。

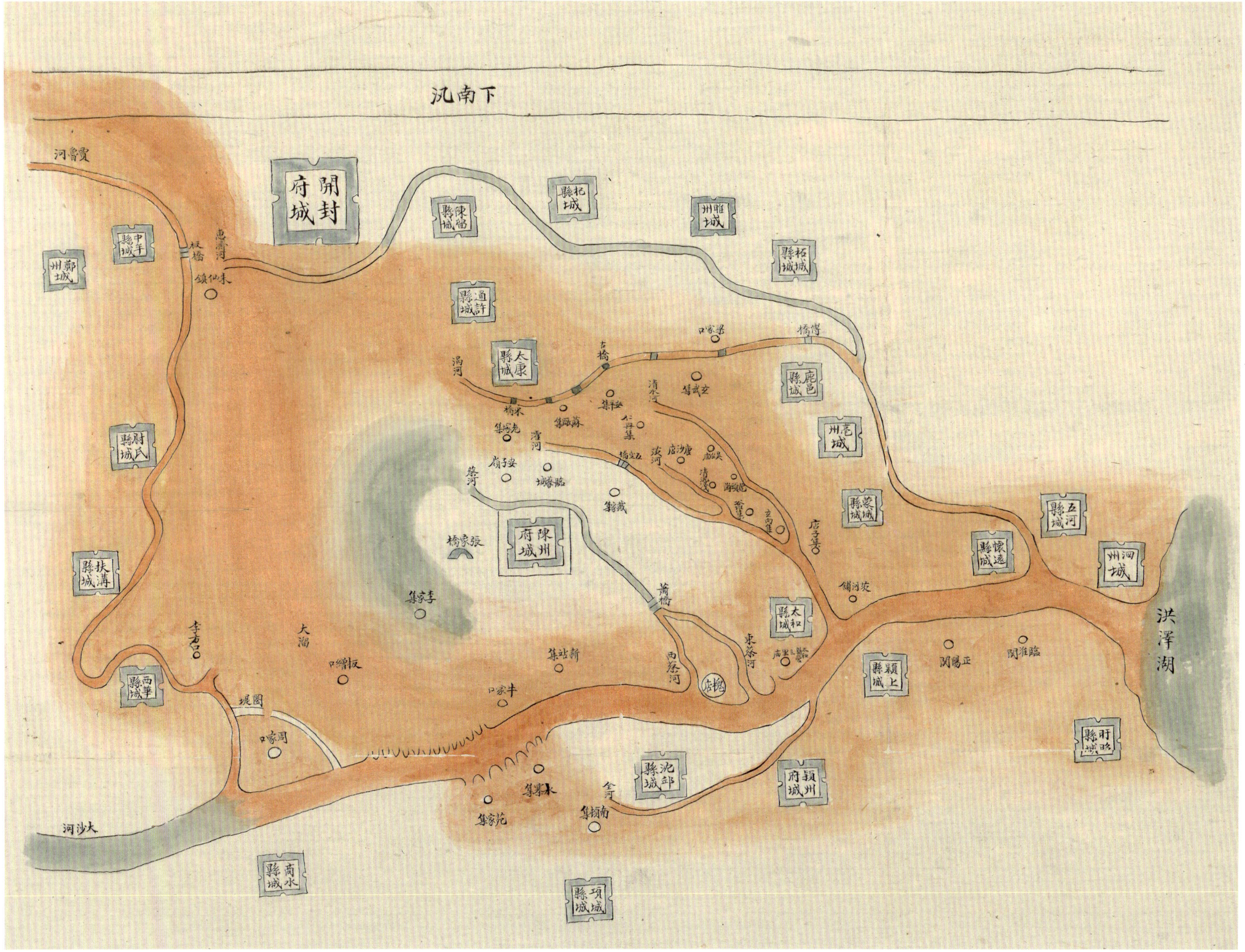

勘查豫省中河漫口黄水经过州县入淮归湖情形图

1 幅；39 厘米 ×58.7 厘米

彩绘本

[清道光二十三年（1843）]

此图绘出河南中河厅下南汛所辖段黄河泛滥淹没沿岸州县城及村庄情形。

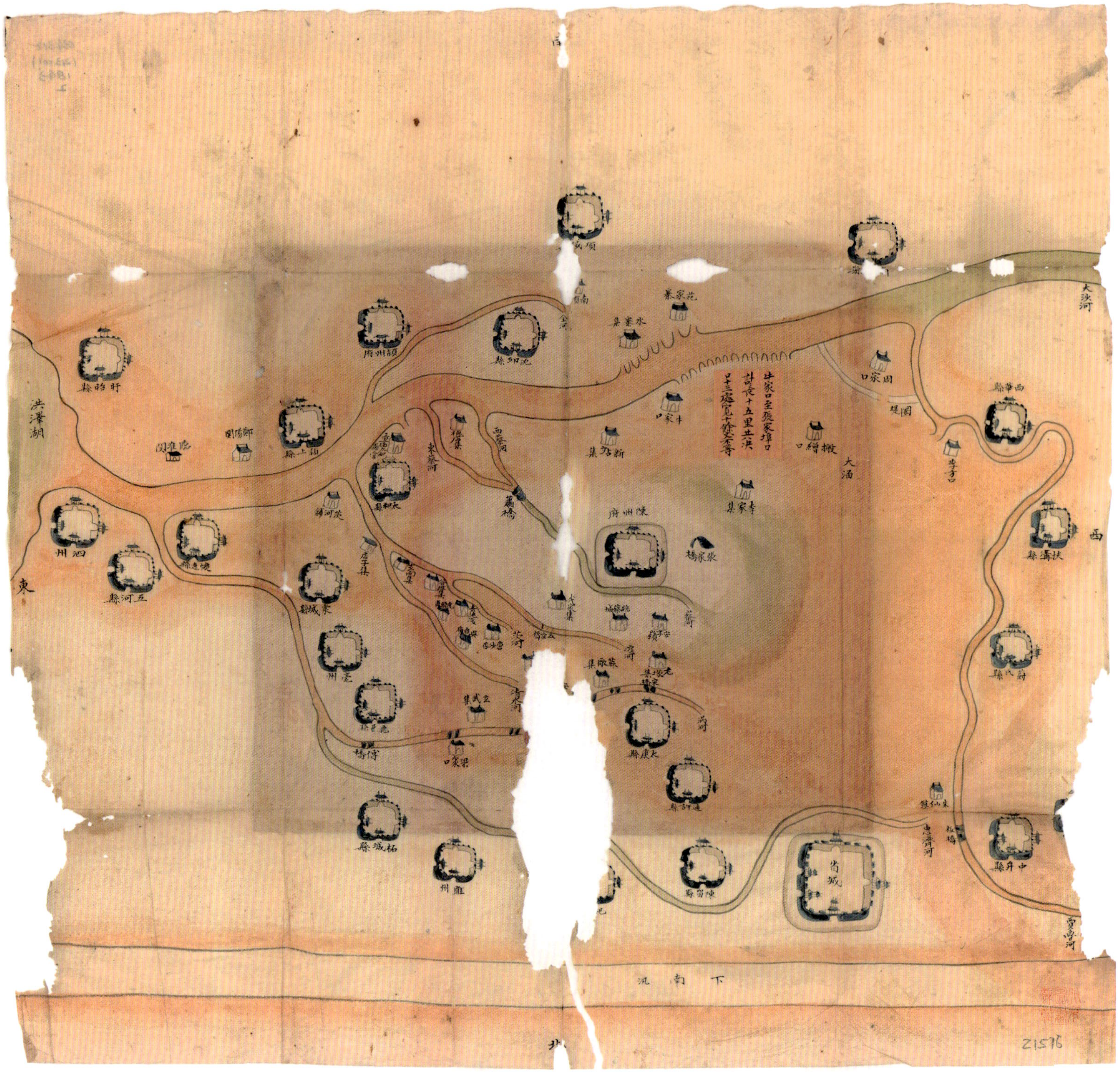

勘查豫省中河漫口黄水经过州县入淮归湖情形图

1 幅；45 厘米 ×45 厘米

彩绘本

[清道光二十三年（1843）]

此图绘出河南中河厅下南汛所辖段黄河泛滥淹没沿岸州县城及村庄情形。内容与国图藏同名图基本一致，但方向相反，此图方向为上南、下北、左东、右西。

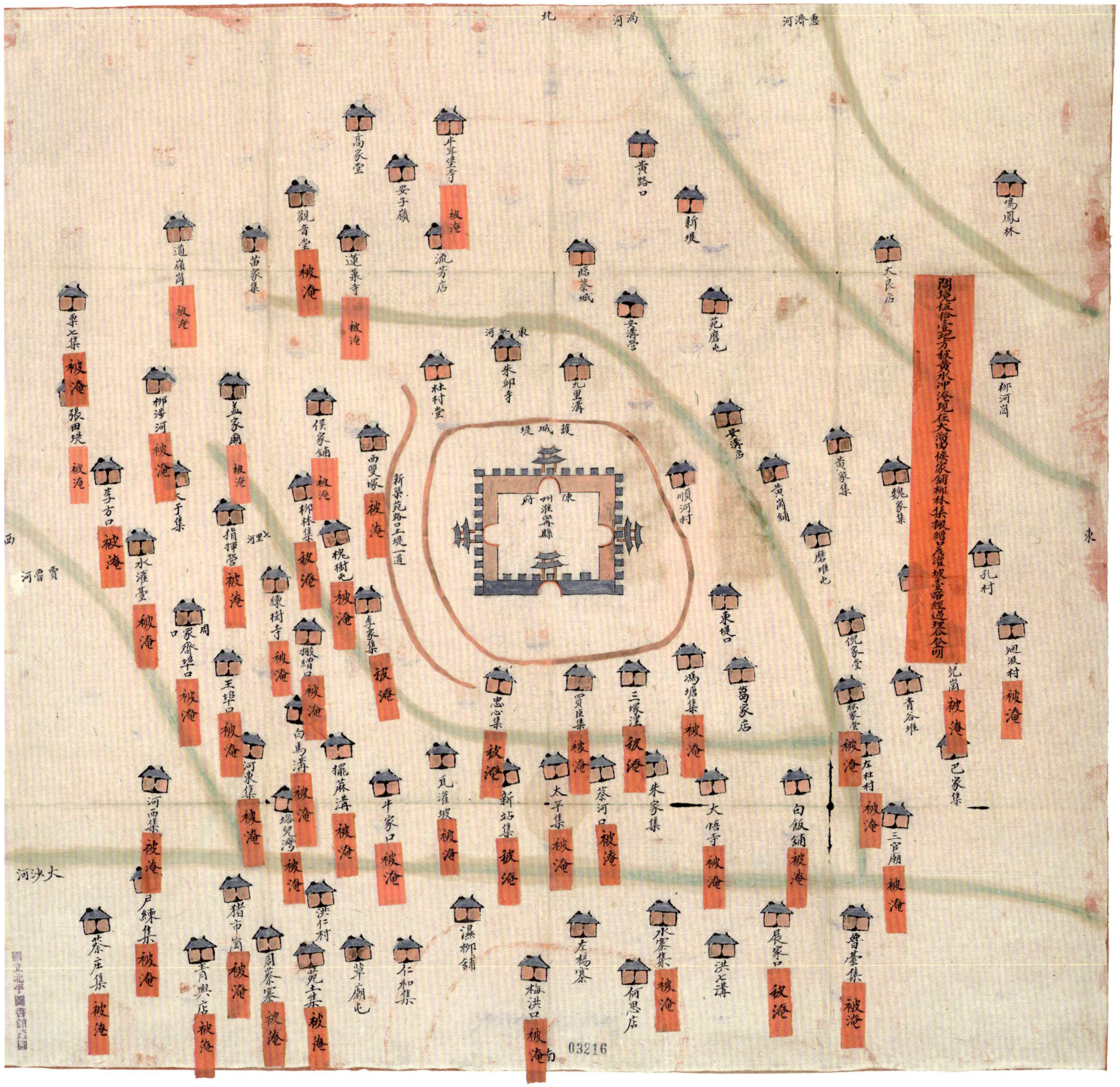

陈州府淮宁县呈黄水冲淹集村并大溜经过地方舆图

（清）淮宁县署绘

1 幅；45 厘米 ×47 厘米

彩绘本

［清光绪年间（1875—1908）］

此图详绘淮宁境内黄河泛滥淹没村镇情形。

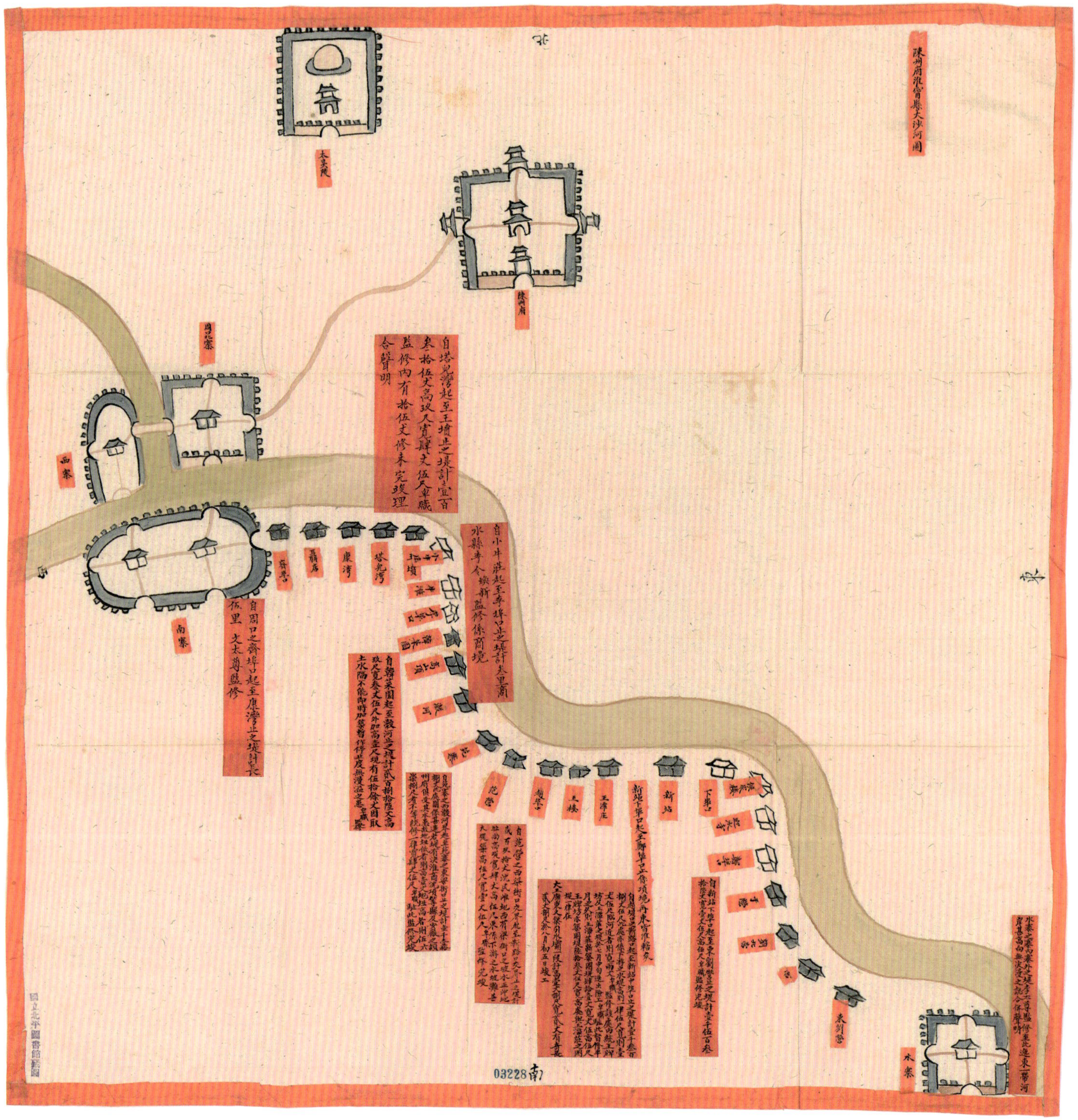

陈州府淮宁县大沙河图

1 幅；55 厘米 ×52.5 厘米

彩绘本

［清光绪年间（1875—1908）］

此图主要绘出淮宁境内大沙河及其堤岸工程，贴签标注地名，并有图说说明堤岸起讫、里程、高度、监修人及修理情况等。图背另有贴签题名为《陈州府属沙河南岸堤图》。

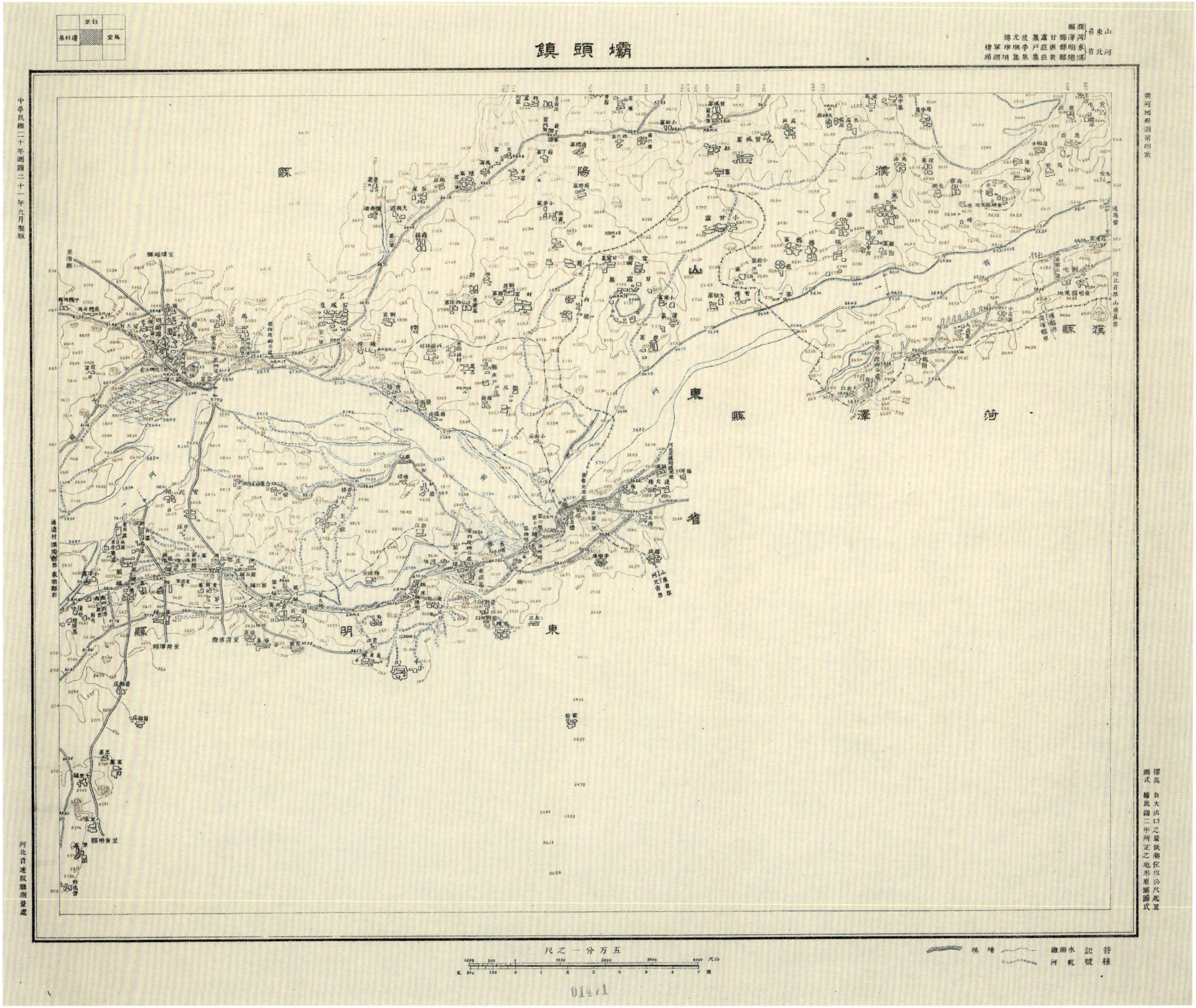

实测黄河两岸五万分一地形图

河北省建设厅测量处编制

10幅；每幅36厘米×46厘米

石印本

河北省建设厅测量处，民国二十一年十月（1932.10）

这套地图共10幅，包括王称堌、马堂、白罡、坝头镇、遽村集、堡城集、荆岗集、娄寨、石头庄和大车集，主要绘出河南长垣县至濮阳县间黄河两岸之地形，涉及河南、河北、山东地区。图中水面线和干河由特种记号标注。地图于民国二十年（1931）测图，二十一年（1932）九月制版，图式据民国二年（1913）所定之地形原图图式，标高自大沽口之最低潮位以公尺起算。附结合表一张。

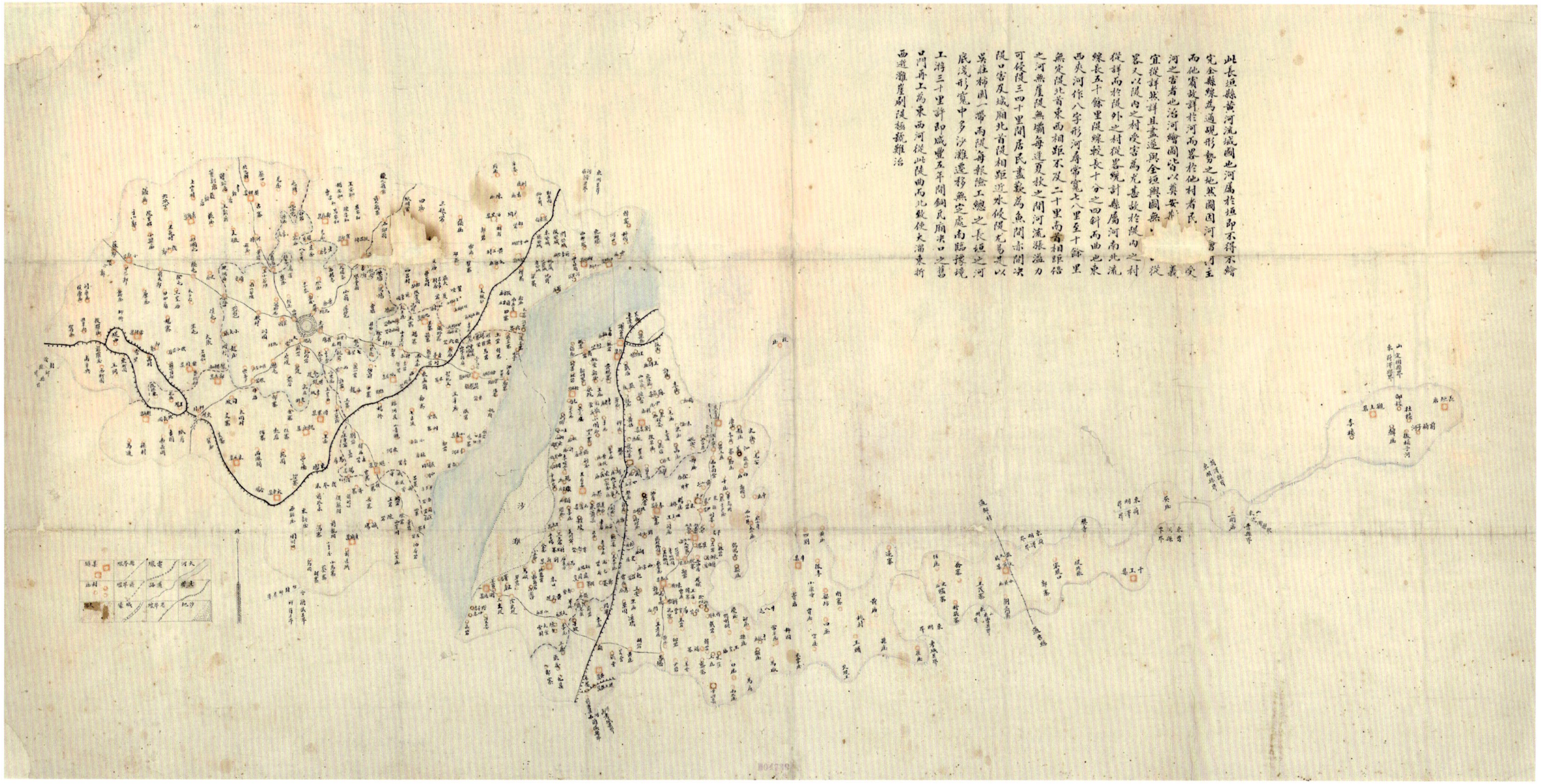

长垣县黄河流域图

1 幅；64 厘米 ×129 厘米

彩绘本

[清光绪年间（1875—1908）]

此图详绘河南长垣县境内黄河河道、沙滩、沿岸堤防及境内所有村、庄、寨，详细标注了县境黄河堤内外村庄名称。附图说，详述境内河情、堤防及此图绘制情形。

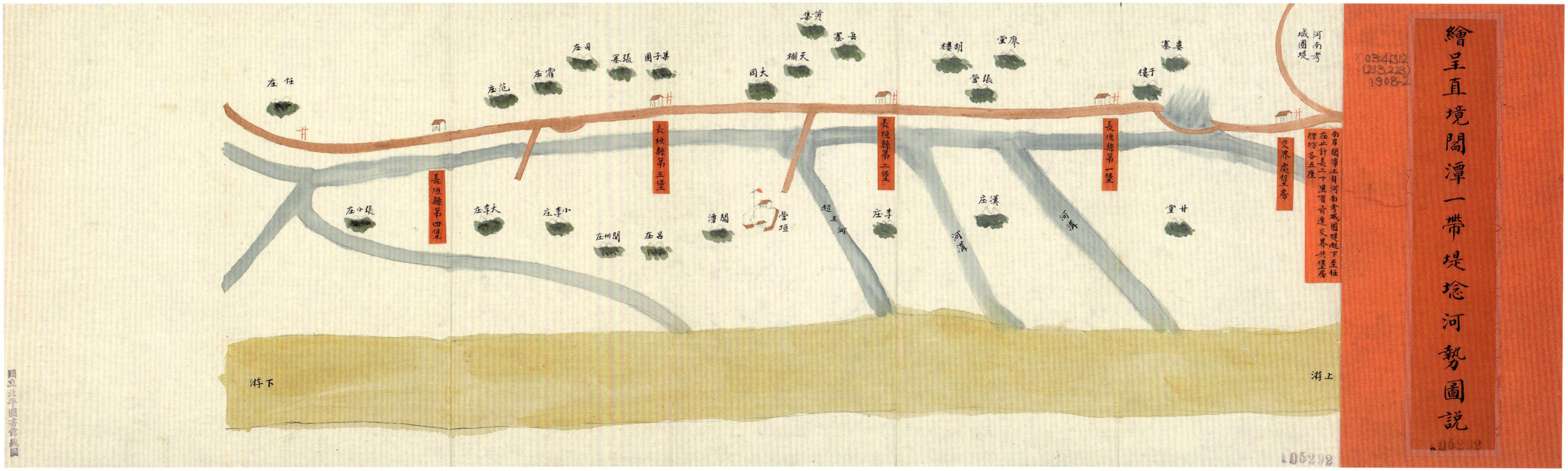

绘呈直境阎潭一带堤埝河势图说

1 幅；24 厘米 ×57.2 厘米

彩绘本

[清光绪年间（1875—1908）]

此图所绘阎潭堤埝位于今河南长垣县境黄河南岸，上起考城圈堤，下至任庄。主要绘出黄河南岸长垣县四堡及两岸村寨等。

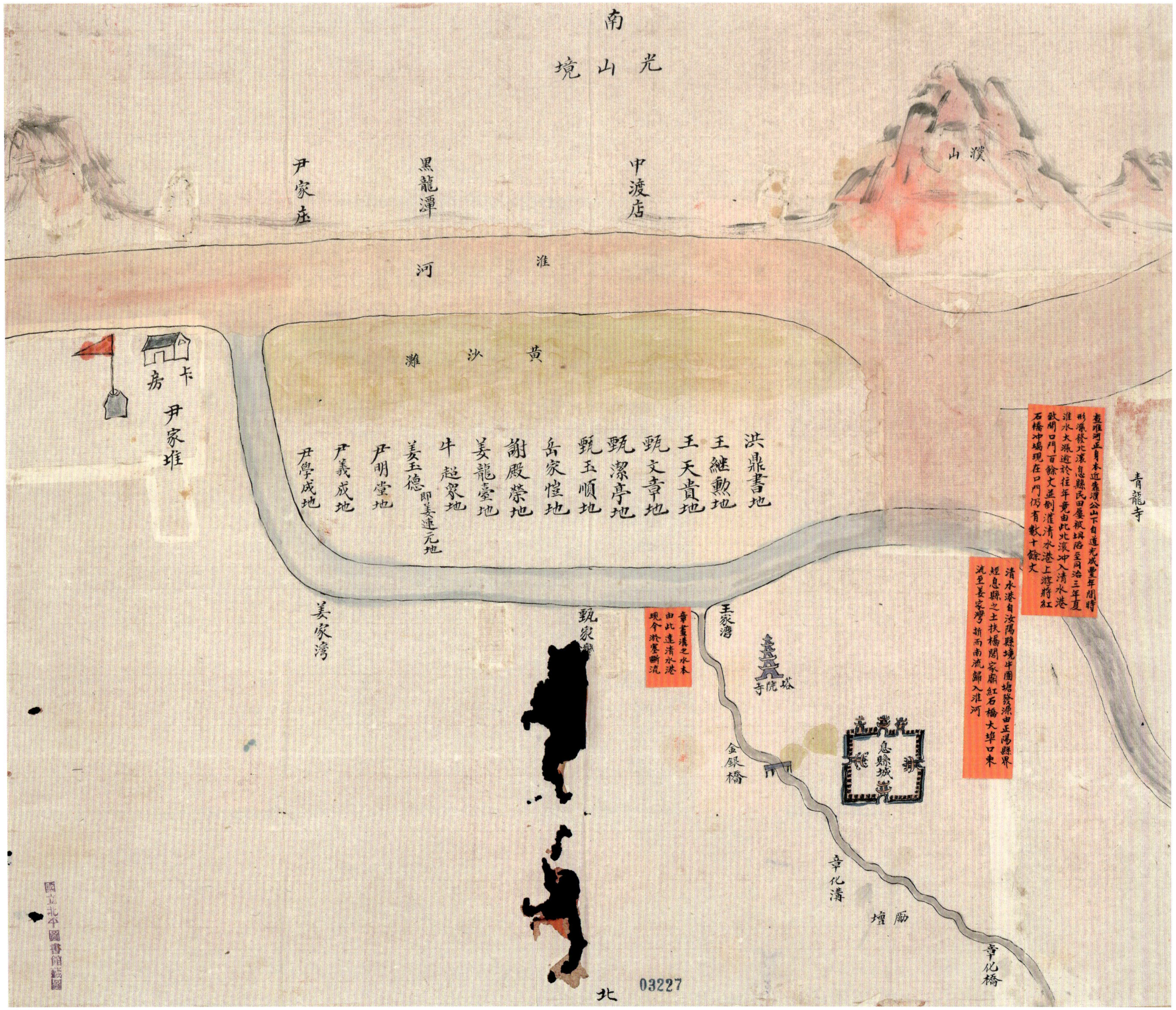

息县城南淮河北漫形势图

1 幅；40 厘米 ×46 厘米

彩绘本

[清光绪初年]

此图详绘河南息县境内淮河河道、沙滩及山、寺、沟、桥、湾等，贴签注明境内河水源流。

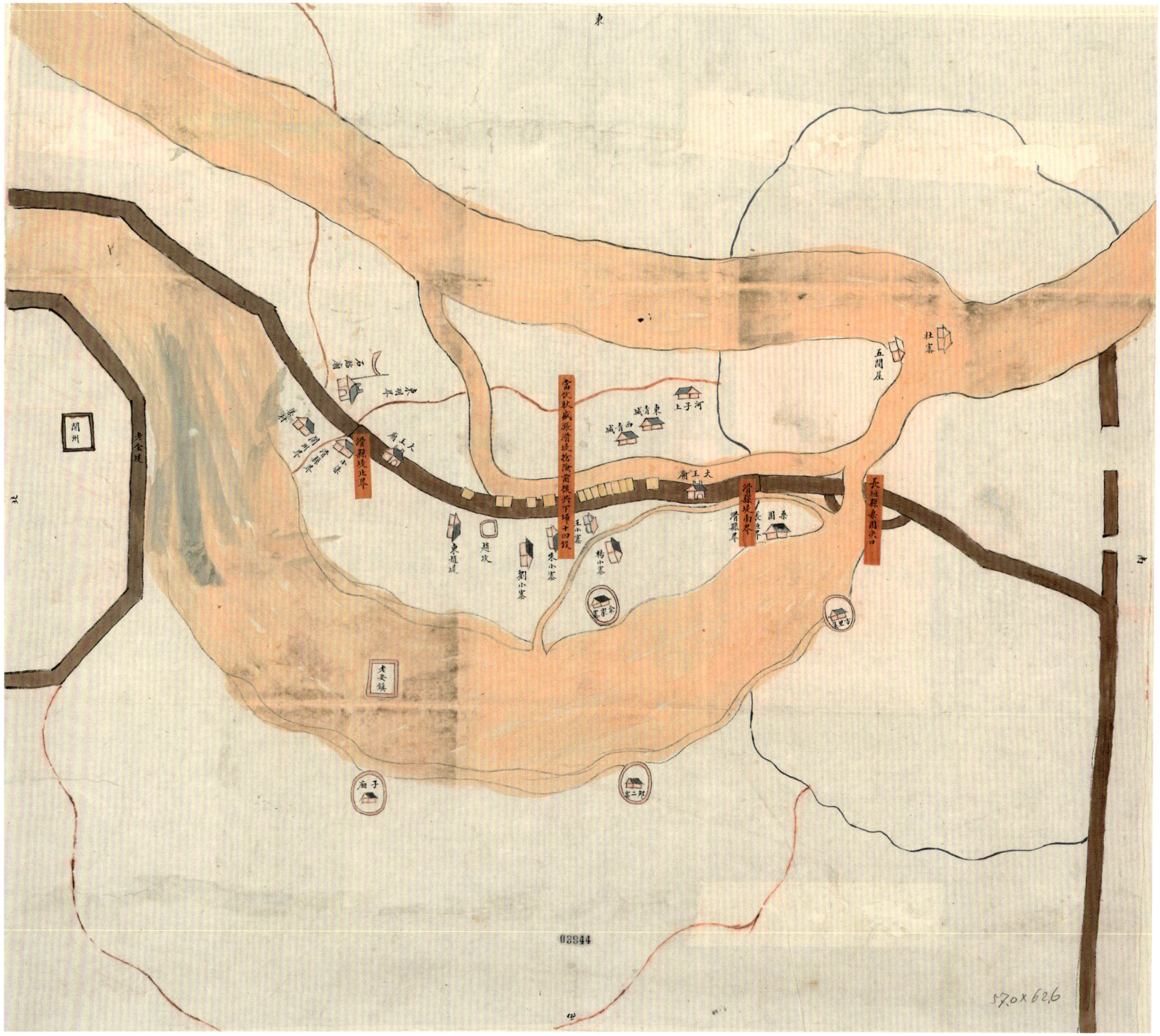

滑县民堤图说

(清) 杨冠瀛绘

1 幅；56 厘米 ×62.2 厘米

彩绘本

清光绪十五年 (1889)

全图详绘河南滑县境内黄河河道及沿岸民堤及村寨情形，并贴签注明险工决口处。

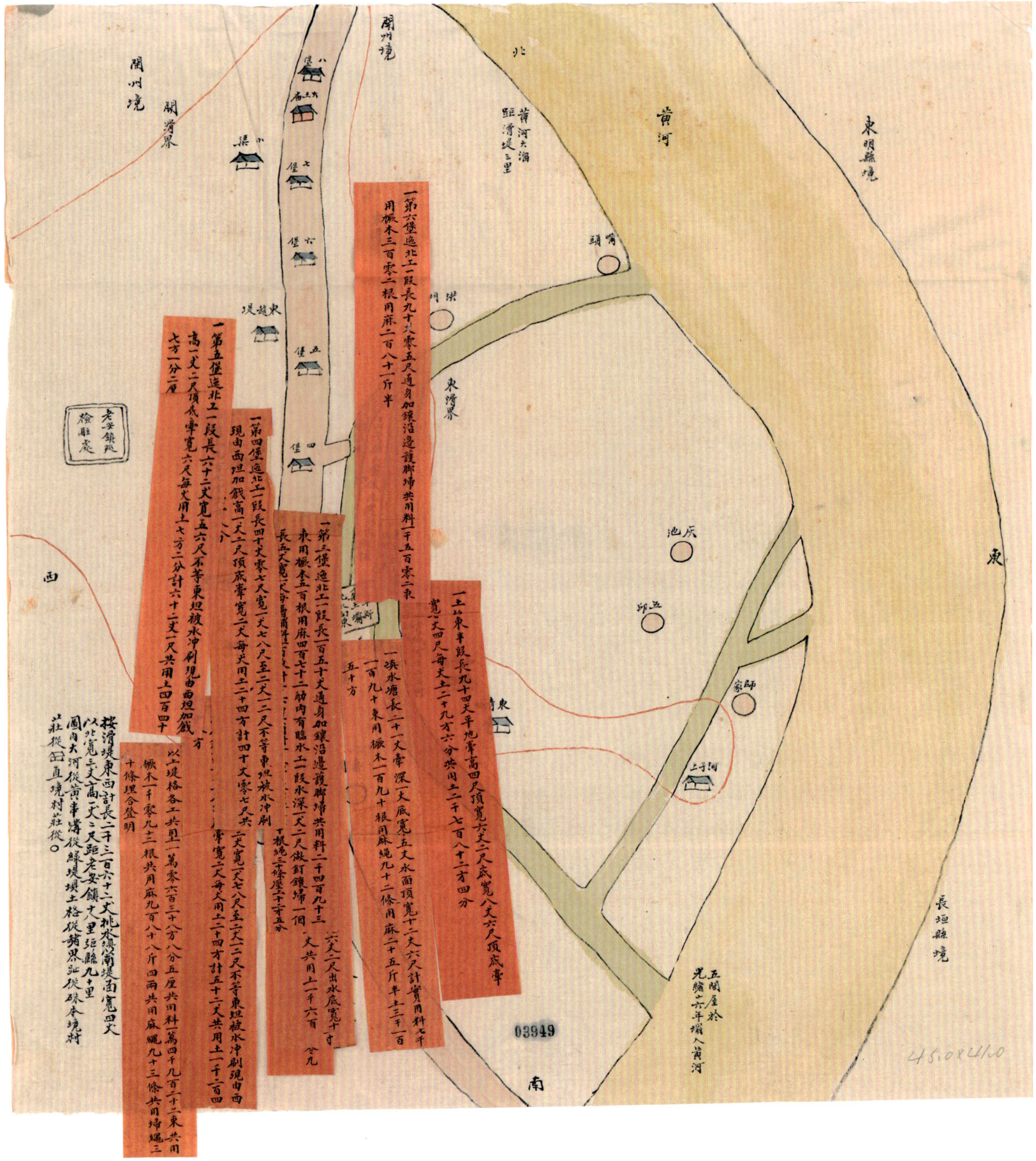

滑县河图

1 幅；45 厘米 ×41 厘米

彩绘本

[清光绪年间（1875—1908）]

图中绘出河南滑县境新筑土坝及土堰，附图说，标注了黄河距滑县里程。

江南黄河图

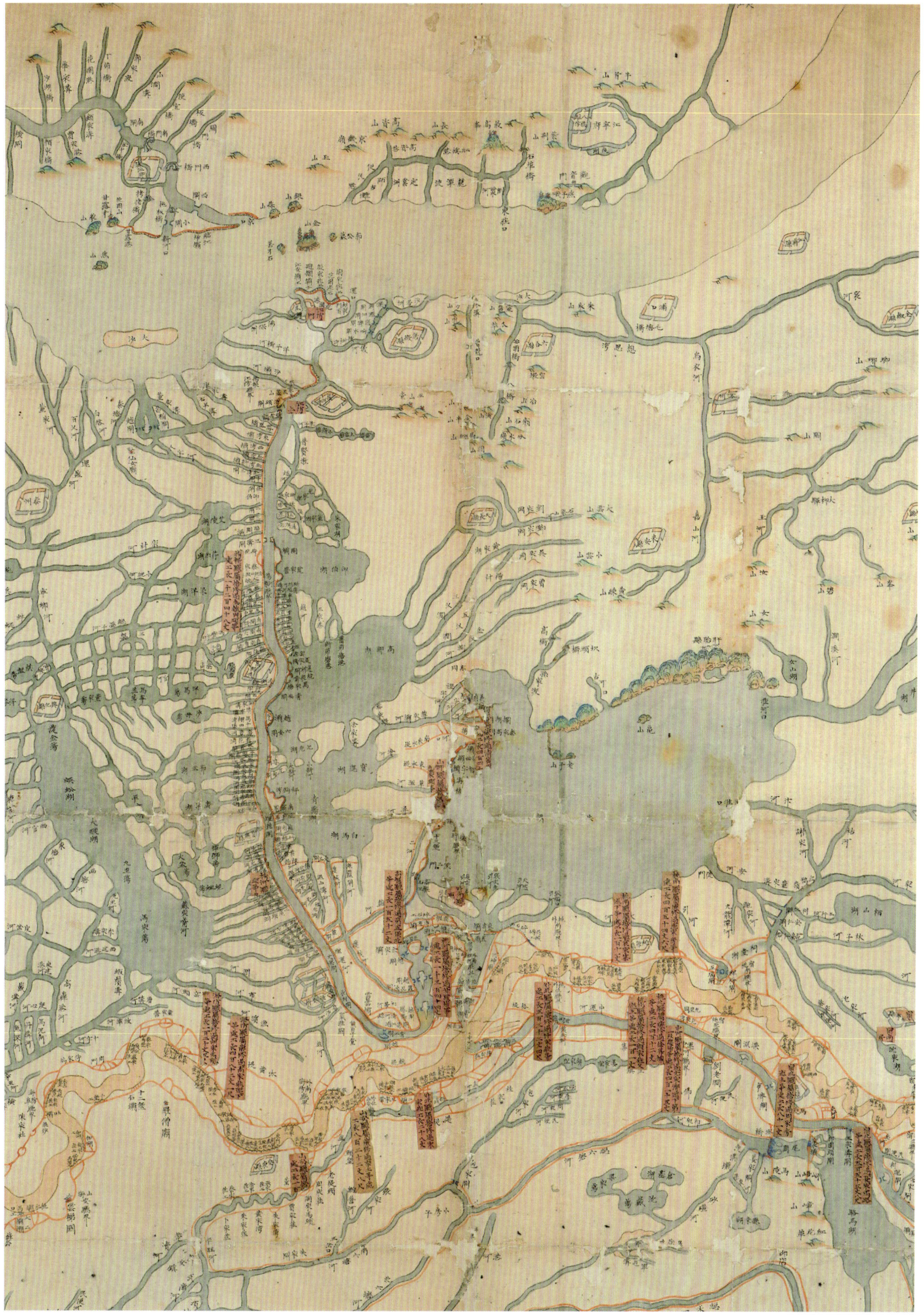

江南省黄运湖堤埽闸坝工程情形总图

1幅；101厘米×168厘米

彩绘本

[清乾隆三十三年至咸丰五年（1786—1855）]

图绘范围包括江南省长江以北与河南部分地区，所绘黄河系西自江南省砀山县西界、东至海口河段，所绘运河系南自长江运口、北至微山湖畔河段。图上沿河大堤、埽、坝、水系及府、州、县等绘制、注记详细，并贴签标注抢修、岁修堤工名称及其段长。据图上泰州境东台县设置黄河走向判断，此图当绘于清乾隆三十三年（1786）后至咸丰五年（1855）黄河改道前。图以上方为南。

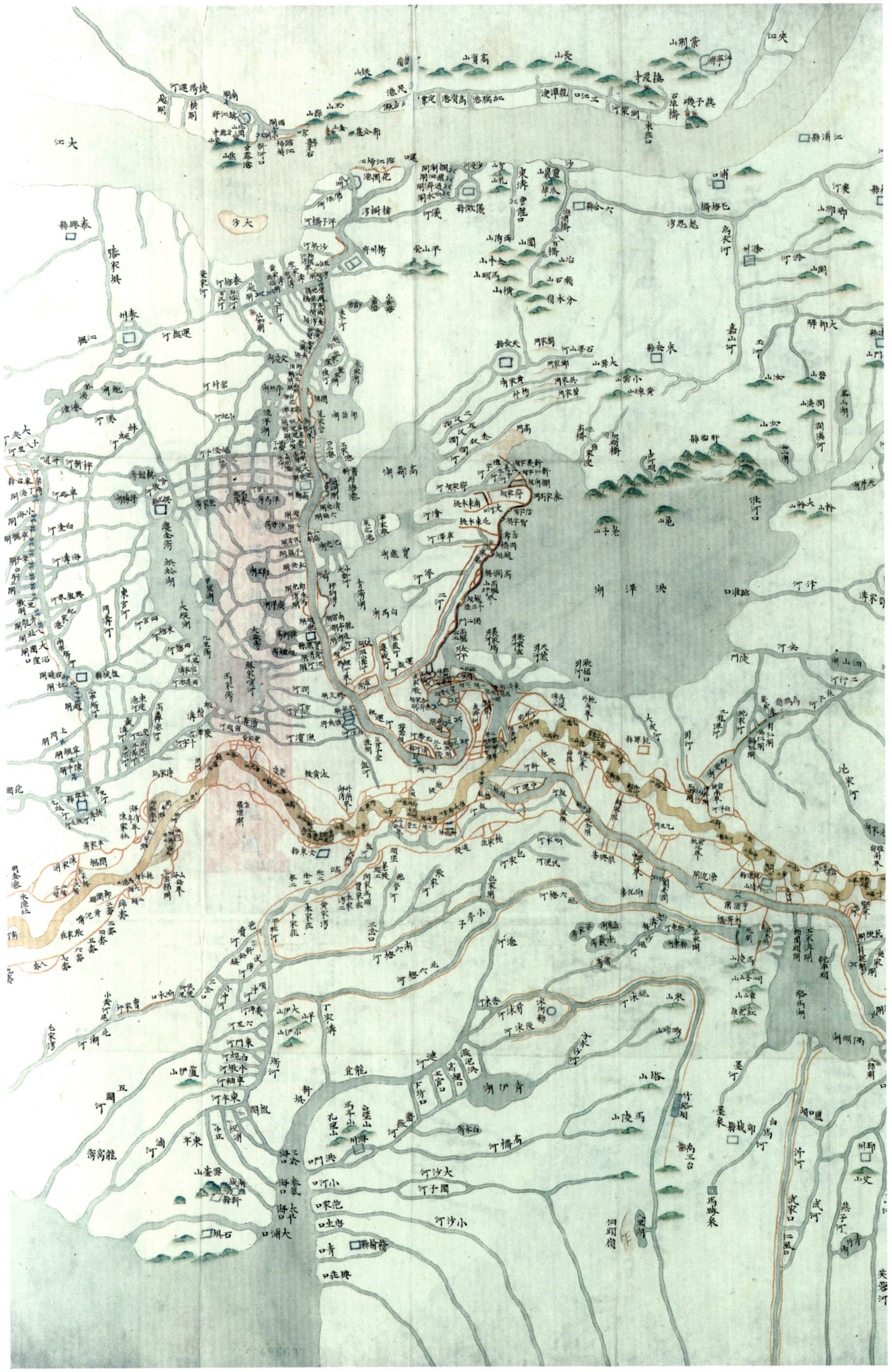

江南省黄运河湖堤埽闸坝工程情形总图

1 幅；65 厘米 ×115 厘米

彩绘本

[清中期]

此图范围、内容及绘法均与国图藏《江南省黄运湖堤埽闸坝工程情形总图》一致，仅无签注，图幅略小。据图上内容判断，此图系同名图不同摹绘本。

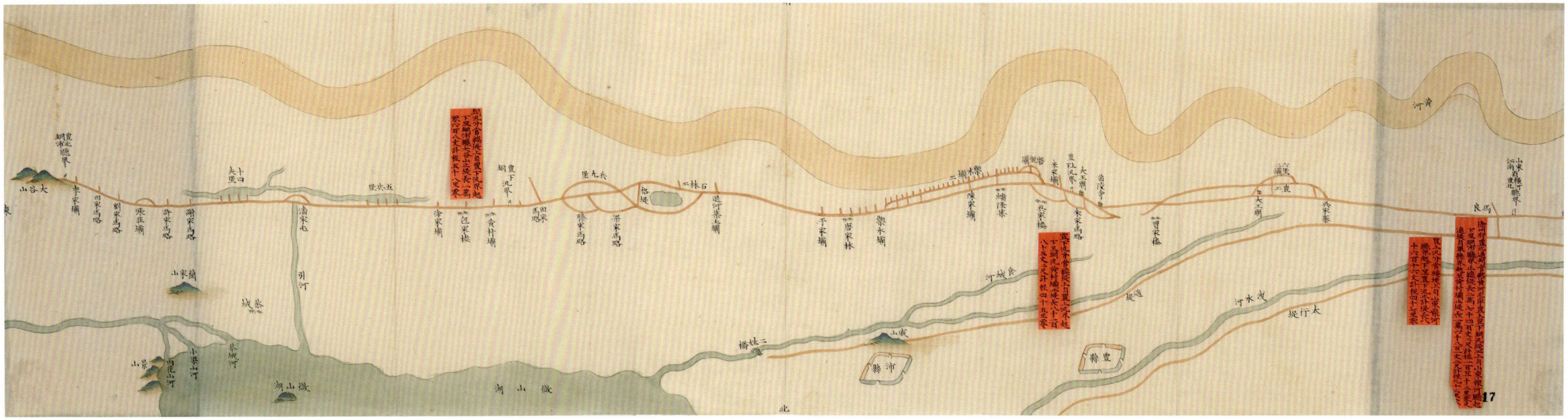

[江南省黄运图]

24 幅；图廓不等

彩绘本

[清嘉庆年间（1796—1820）]

首为《江南省黄运河湖堤埽闸坝工程情形总图》，所绘河段自淮安府桃源县中运河至入海口，图中黄河、运河等水系绘画详细。余为各厅事宜图，各图均有签注，包括《里河厅属事宜图说》《丰北厅属事宜图说》《宿南厅属事宜图说》《睢南厅属事宜图说》《中河厅属事宜图说》《邳北厅属事宜图说》《外北厅属事宜图说》《桃北厅属事宜图说》《铜沛厅属事宜图说》《宿北厅属事宜图说》《外南厅属事宜图说》《海阜厅属事宜图说》《运河厅属事宜图说》《扬粮厅属事宜图说》《海安厅属事宜图说》《山盱厅属事宜图说》《山安厅属事宜图说》《海防厅属事宜图说》《萧南厅属事宜图说》《高堰厅属事宜图说》《扬河厅属事宜图说》《桃南厅属事宜图说》《江防厅属事宜图说》。

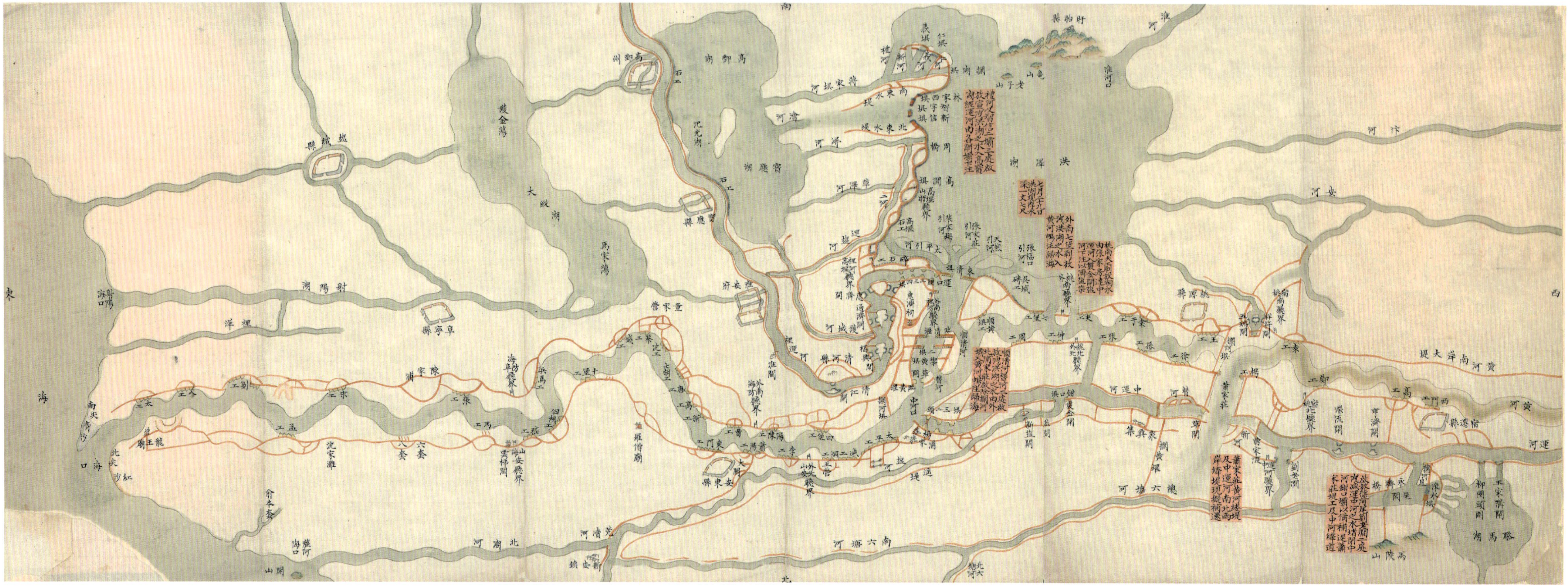

[江南省黄运图]

24幅；图廓不等

彩绘本

[清嘉庆年间（1796—1820）]

首为《江南省黄运全图》，黄河、运河等水系绘画详细；余为各厅事宜图，各图均有签注。除全图外，其余与馆藏同名图内容基本相同。

黄运湖河全图说

1 册；26 厘米 ×15 厘米

彩绘本

[约清乾隆四十一年（1776）]

此系河署绘呈本。国图此藏本有残，图前部缺损。现存图所绘黄河起自徐州府沛县，至云梯关入海。地图描述了黄河、大运河及附近河、湖等，绘出两岸堤工。图后有《黄运湖河全图说》。此图或因清乾隆四十一年（1776）陶庄新河并拦黄大坝工竣工而作。

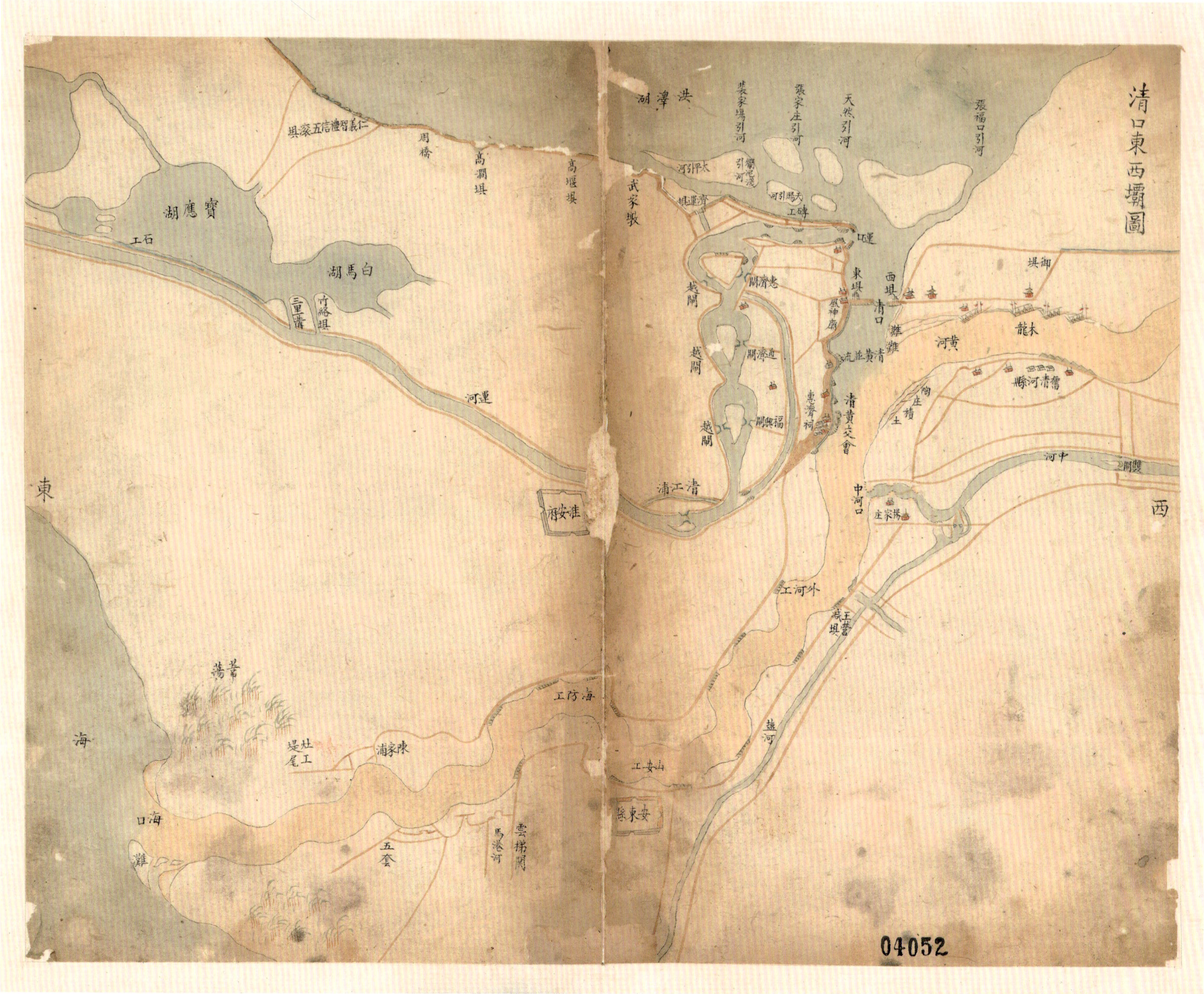

南河图说

（清）高晋绘

1 册；29 厘米 ×31.2 厘米

绢底彩绘本

［清乾隆二十二年至四十三年（1757—1778）］

清乾隆年间河督高晋进呈本。高晋系乾隆时期治河名臣，乾隆二十二年（1757）始参与治河，任至江南河道总督。他先后协办徐州黄河两岸堤工，请浚兴化南北引河，加筑运河六闸、云梯关子堰，多次勘察永定河、海塘、黄、运诸河要工，主张束水攻沙方略。国图现存两种《南河图说》。第一种为经折装，仅存四幅，分别为《清口东西坝图》《木龙图》《金湾滚坝图》《瓜洲江工图》，各图均附详细图说。第二种系单幅装帧，仅存四幅，分别为《金湾滚坝》《瓜洲江工》《夏家马路放淤工》《毛城铺滚水坝》，各图均附详细图说。

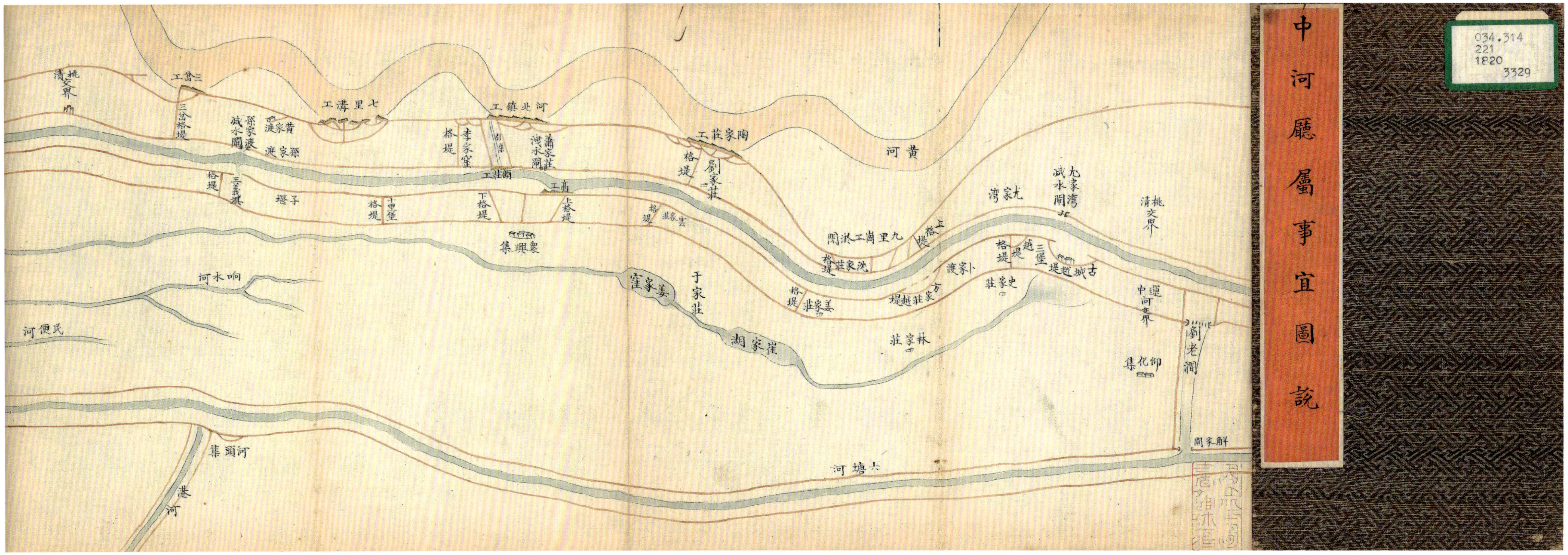

淮扬十一厅事宜图说

11 幅；图廓不等

彩绘本

［清嘉庆年间（1796—1820）］

包括《山安厅事宜图说》（20 厘米 ×154 厘米）、《海防厅事宜图说》（20 厘米 ×130 厘米）、《扬粮厅事宜图说 》（20 厘米 ×88 厘米）、《江防厅事宜图说》（20 厘米 ×66 厘米）、《中河厅属事宜图说》（20 厘米 ×110 厘米）、《高堰厅事宜图说》（20 厘米 ×44 厘米）、《水利厅事宜图说》（20 厘米 ×44 厘米）、《外河厅事宜图说 》（20 厘米 ×66 厘米）、《里河厅事宜图说》（20 厘米 ×88 厘米）、《扬河厅事宜图说》（20 厘米 ×88 厘米）、《山盱厅事宜图说》（20 厘米 ×44 厘米）。各图均附详细图说。

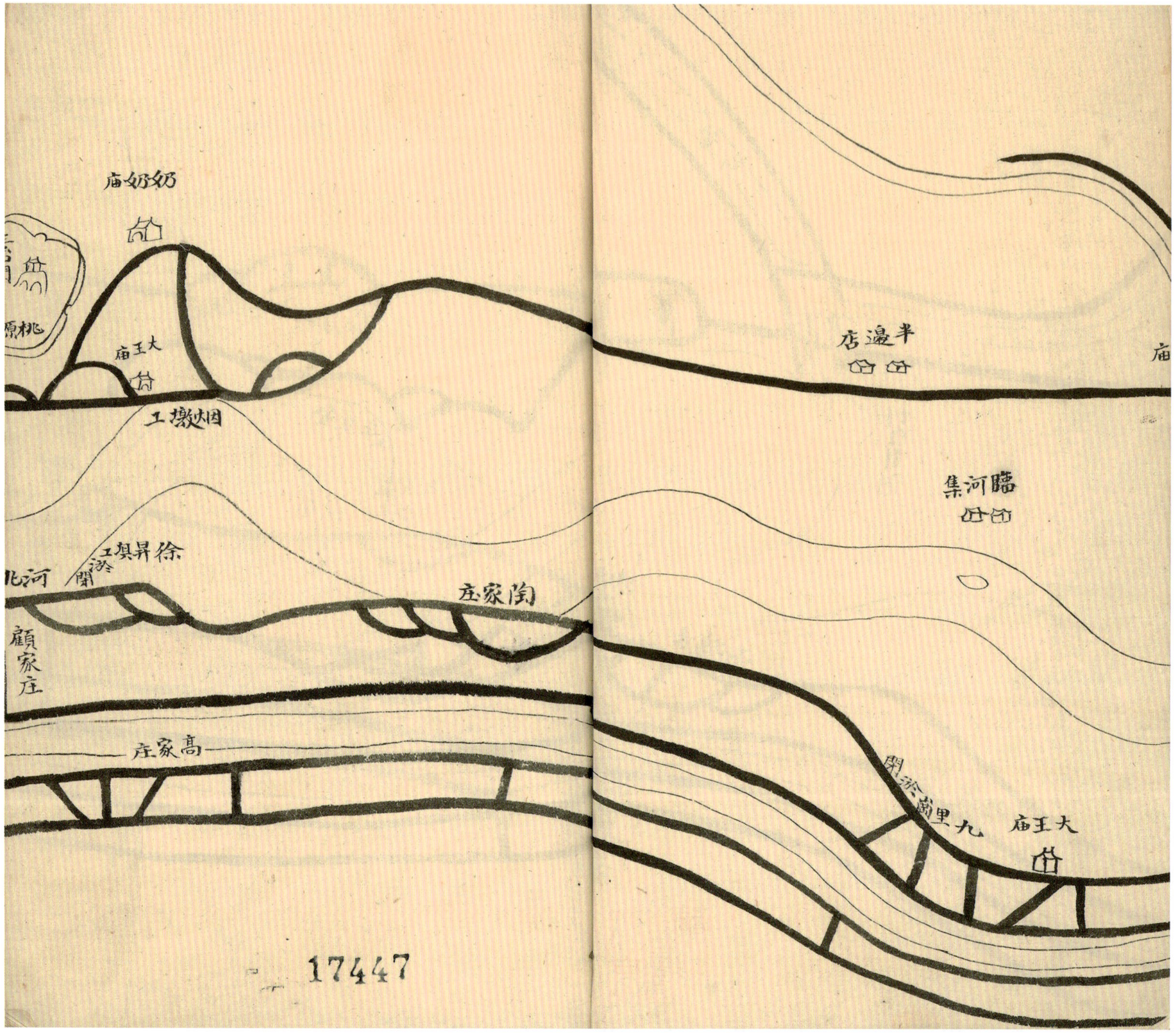

江南各厅全河图说：卷二

1 册；17.8 厘米 ×11.4 厘米

绘本

[清嘉庆年间（1796—1820）]

此非全本，仅为卷二，先图后说，描述了淮徐道属的桃源厅以及淮阳道属的外河厅、海防厅和山安厅，介绍各厅河堤起迄里程及修筑年代，并附重要碑文。

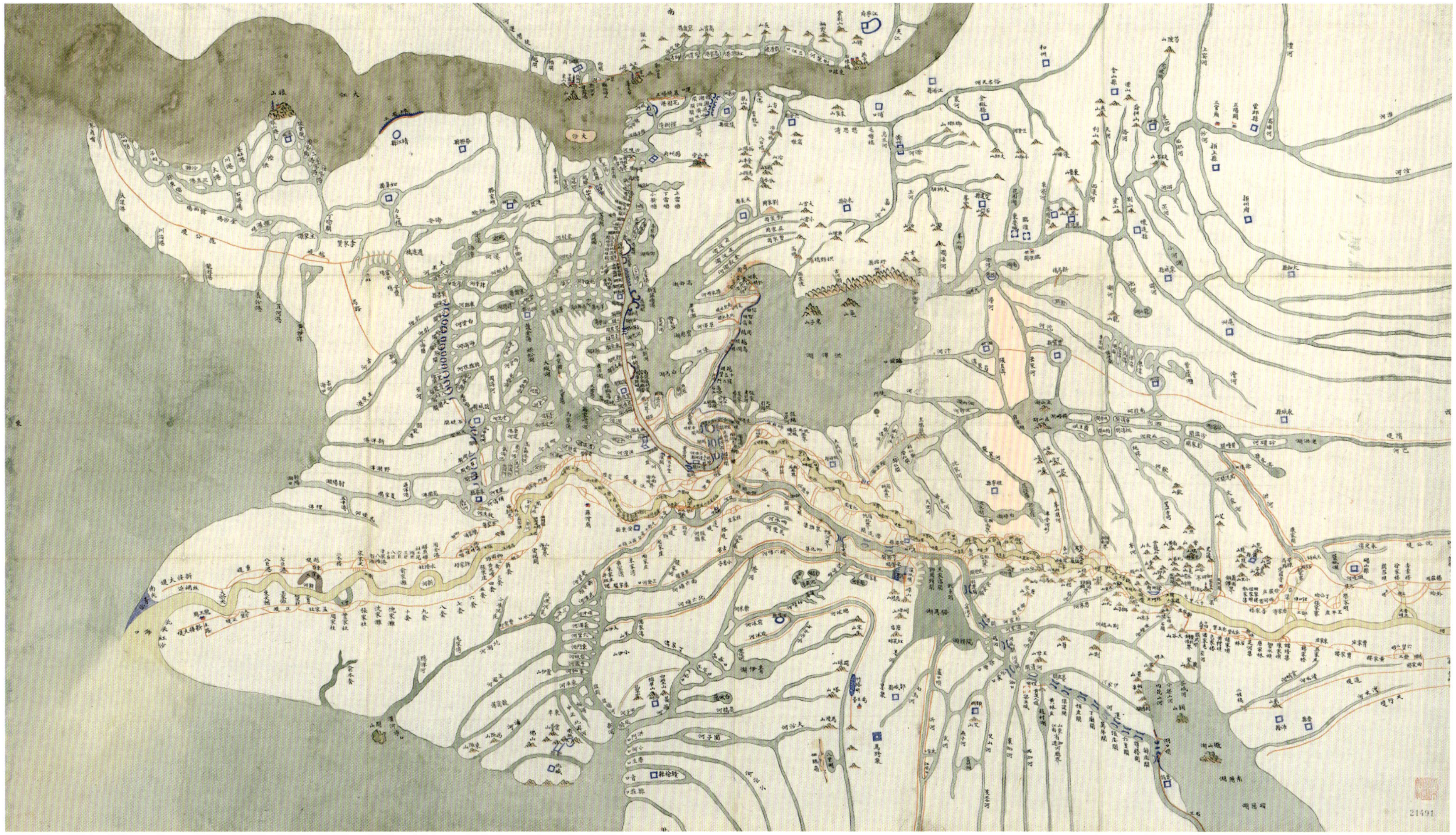

绘造江南清黄河道各工事宜全图

1幅；63厘米×108厘米

彩绘本

［清嘉庆年间（1796—1820）］

地图详细绘出江苏徐州府砀山县以东、长江以北黄运河交汇区域各大小河流及两岸堤坝工程等，标出各堡、坝、滩、堤工名称。图中所绘黄河从江南河南交界处及江南山东交界处起，直至丝网口入海。

黄河夺淮穿运入海及湖河堤坝形式图

1 幅；65 厘米 ×120 厘米

彩绘本

[约清嘉庆十五年（1810）]

该图主要反映清嘉庆年间黄河下游以洪泽湖为中心的苏北地区，重点绘出黄河、运河、淮河等数十河流、湖泊及府、州、县分布状况，详细绘出黄河堤坝工程。

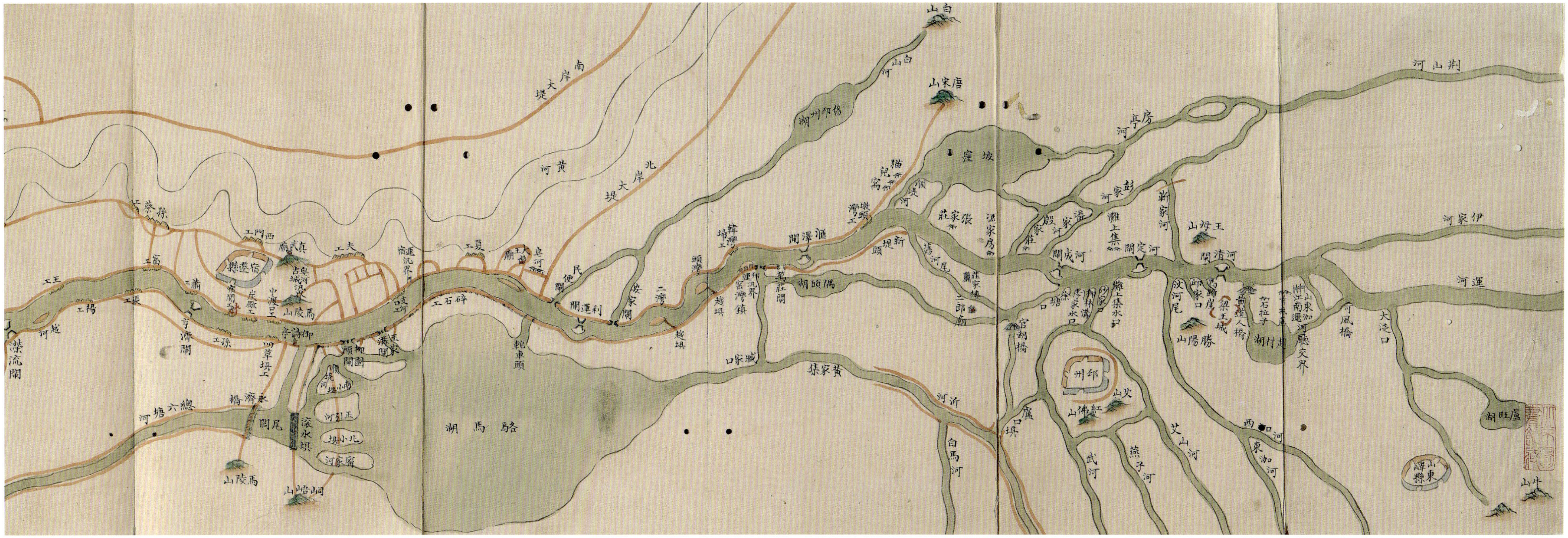

运河来水归江全图

1 幅；22 厘米 ×546 厘米

彩绘本

[清嘉庆二十二年至二十五年（1817—1820）]

本图绘出自杭州至北京大运河沿线闸坝等水利工程，对清口一带之草闸、御黄坝、二坝、拦清堰等工程绘制尤为详细。地图绘出自骆马湖附近至清河县止的黄河河道及两岸堤工、大坝等。

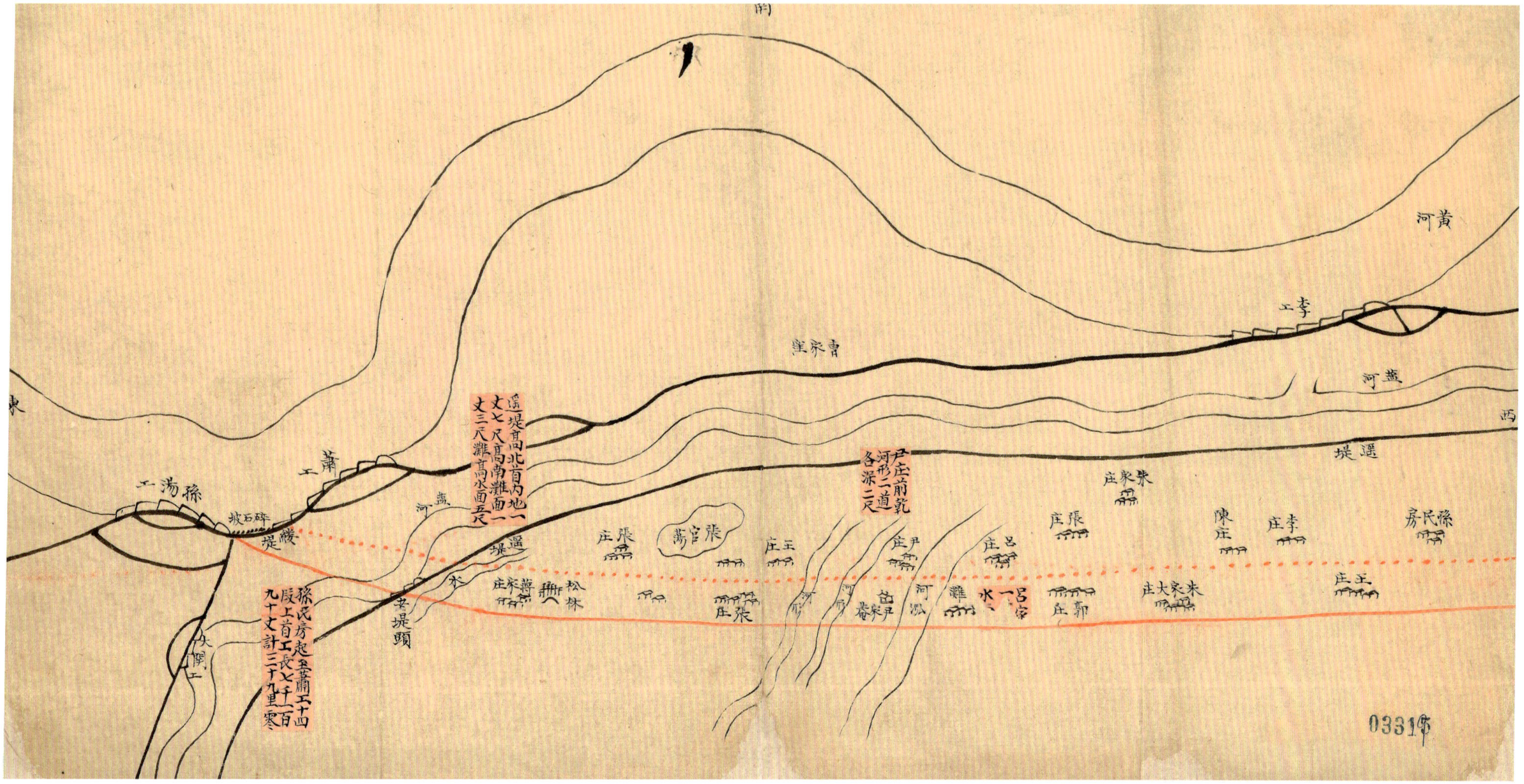

黄淮河河工情形图

4幅；图廓不等

彩绘本

[清道光年间（1821—1850）]

四幅图分别为《洪泽湖至海口堤工图》（22厘米 ×94厘米）、《洪泽宝应等湖一带闸坝堤工图》(36厘米 ×38厘米)、《接量孙民房起至萧工止丈尺情形草图》（22厘米 ×39厘米）及《安东至桃源引河草式图》（22厘米 ×58厘米）。

自花庄至孙民房丈尺情形草图

1 幅；21.6 厘米 ×39.2 厘米

绘本

[清咸丰二年（1852）]

图以墨线勾画花庄至孙民房段黄运河道及沿岸堤防、村庄，并贴签注明工程长高情形。

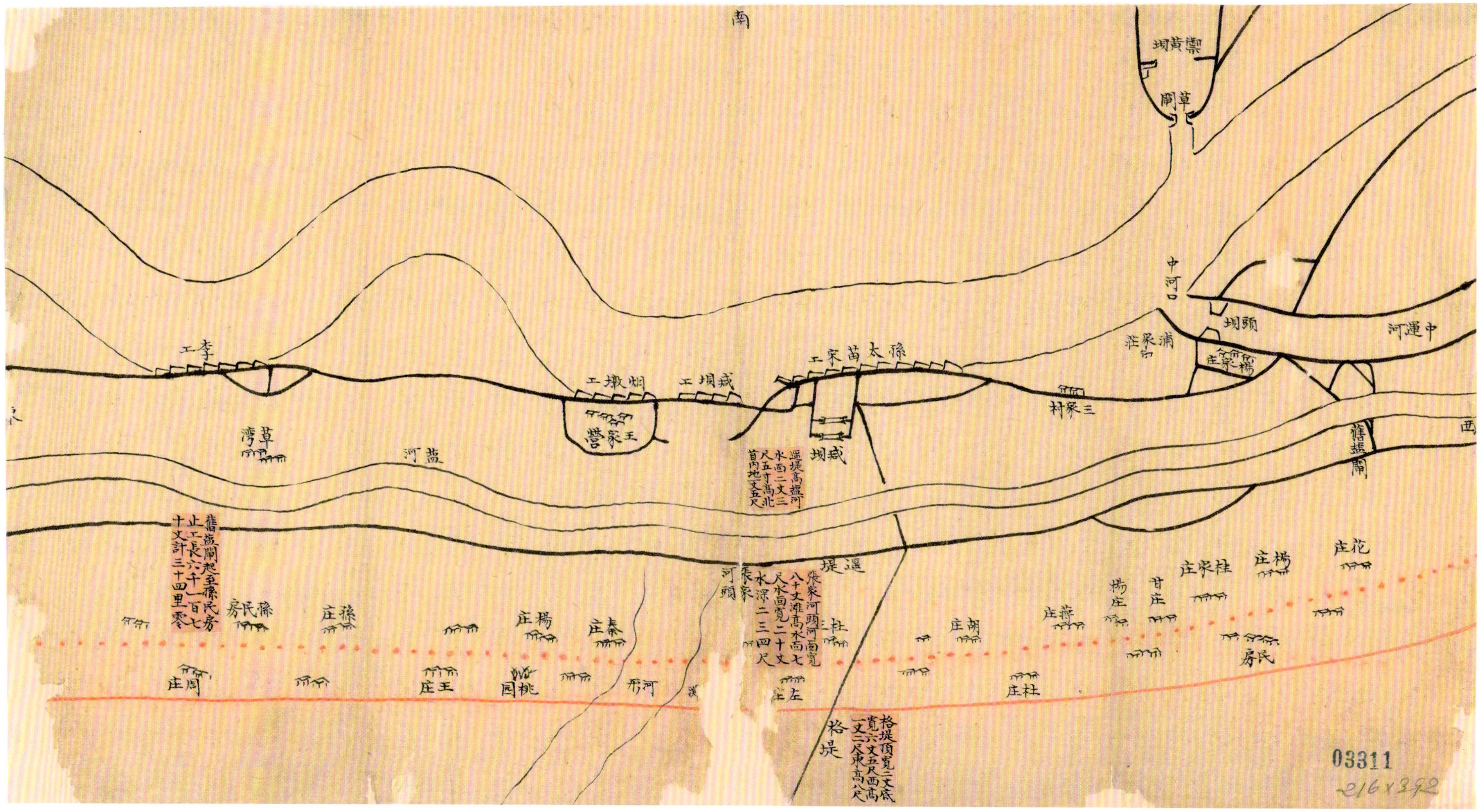

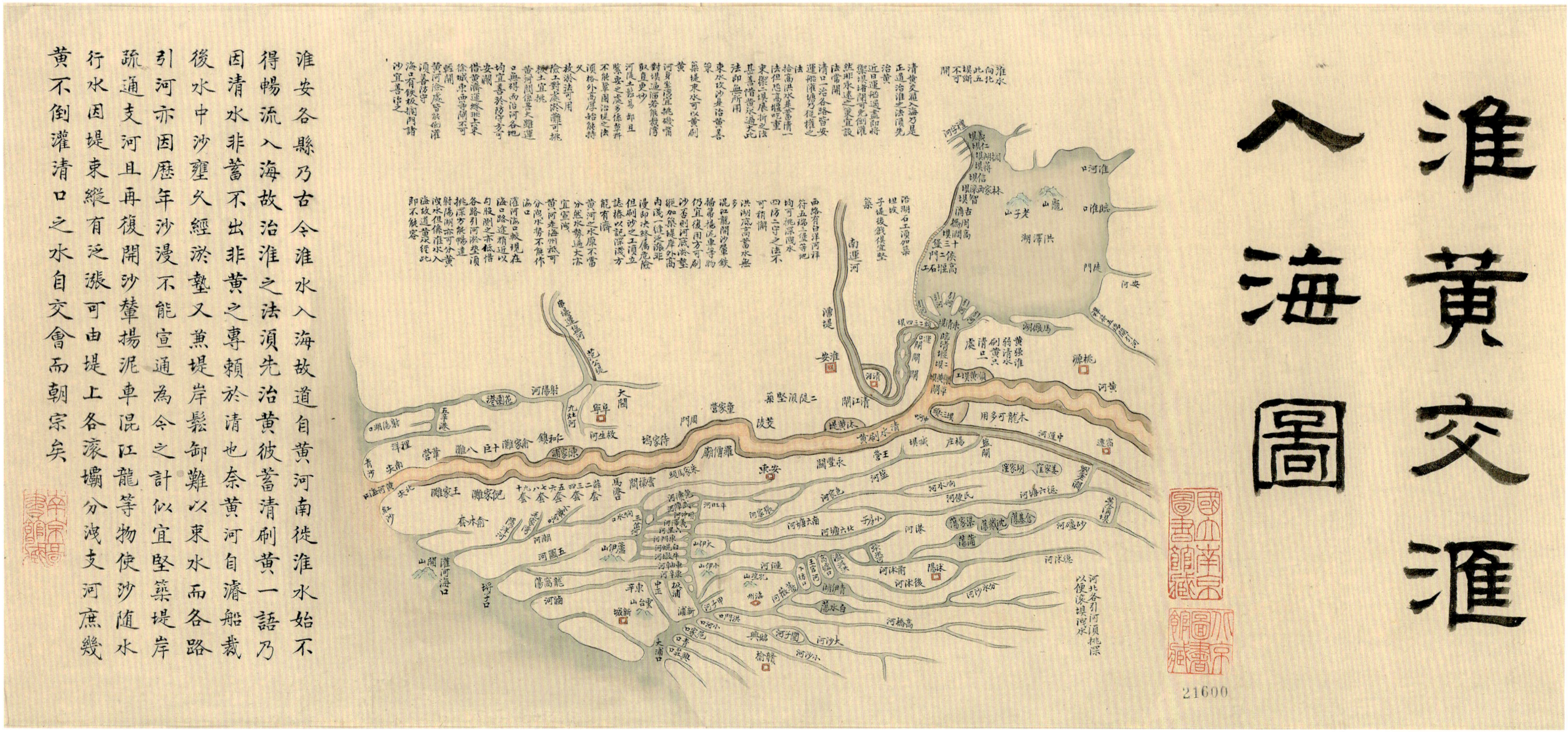

淮黄交汇入海图

(清）祝补斋编绘

1 幅；29 厘米 ×65 厘米

彩绘本

［清咸丰年间（1851—1861）］

此图绘制精美，详细绘出黄河、淮河交汇入海的情形。此图与《淮扬水利全图》等另七幅图合裱于同一长卷轴上。

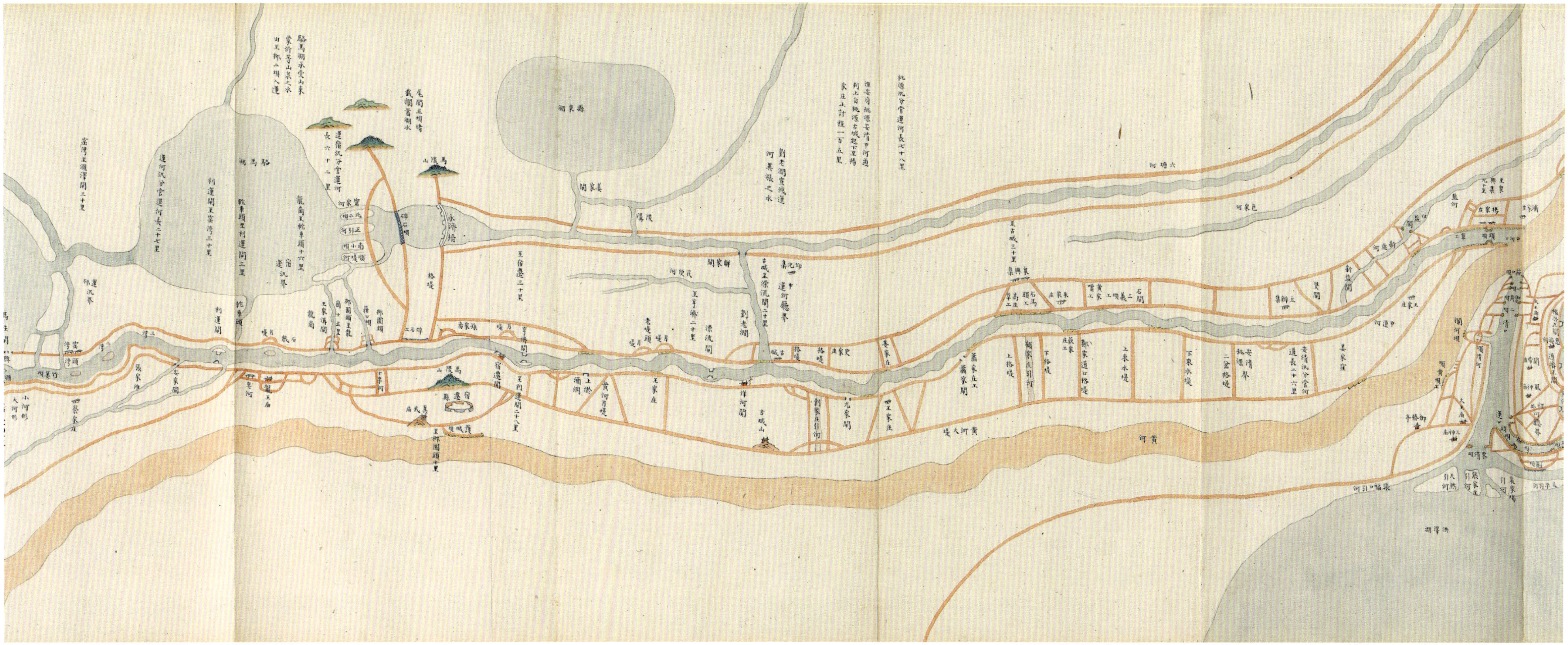

八省运河泉源水利情形图

1 幅；27.3 厘米 ×900 厘米

彩绘本

[清光绪七年至二十七年（1881—1901）]

此图绘出自洞庭湖经长江、运河至北京的水路，对山东、江苏河段两岸的泉源、河道、湖泊以及重要闸坝等水利工程标注详细。绘有骆马湖附近至洪泽湖附近的黄河，包括沿岸顺黄坝工、拦河坝、黄河大堤、引河等。

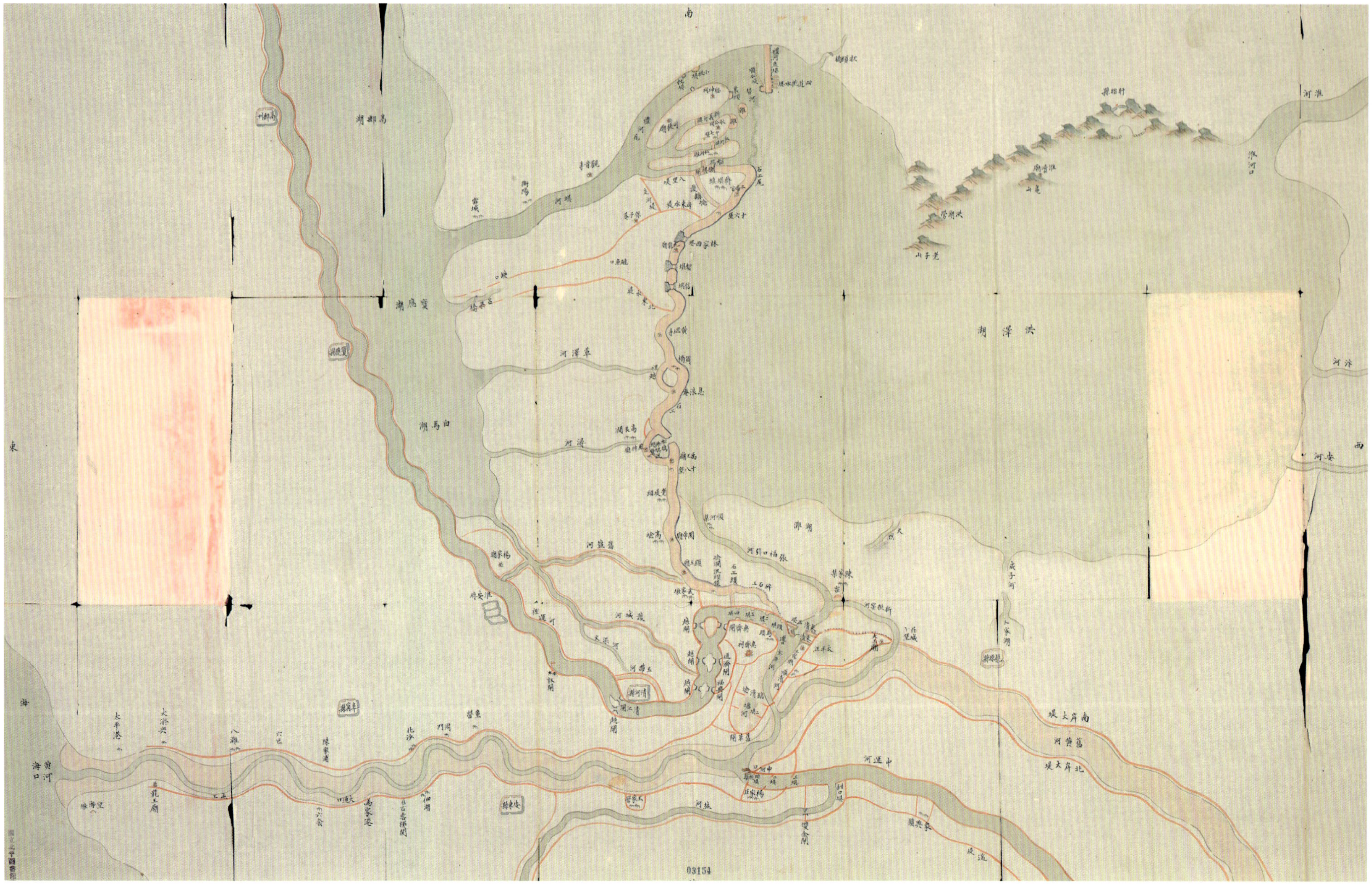

淮泗交汇图

1 幅；60 厘米 ×90 厘米

彩绘本

[清光绪年间（1875—1908）]

此图详细绘出淮水、泗水及老黄河交汇处的湖泊水势情形以及沿岸堤防、县城、村镇等。所绘黄河系桃源县至安东县入海的旧黄河。

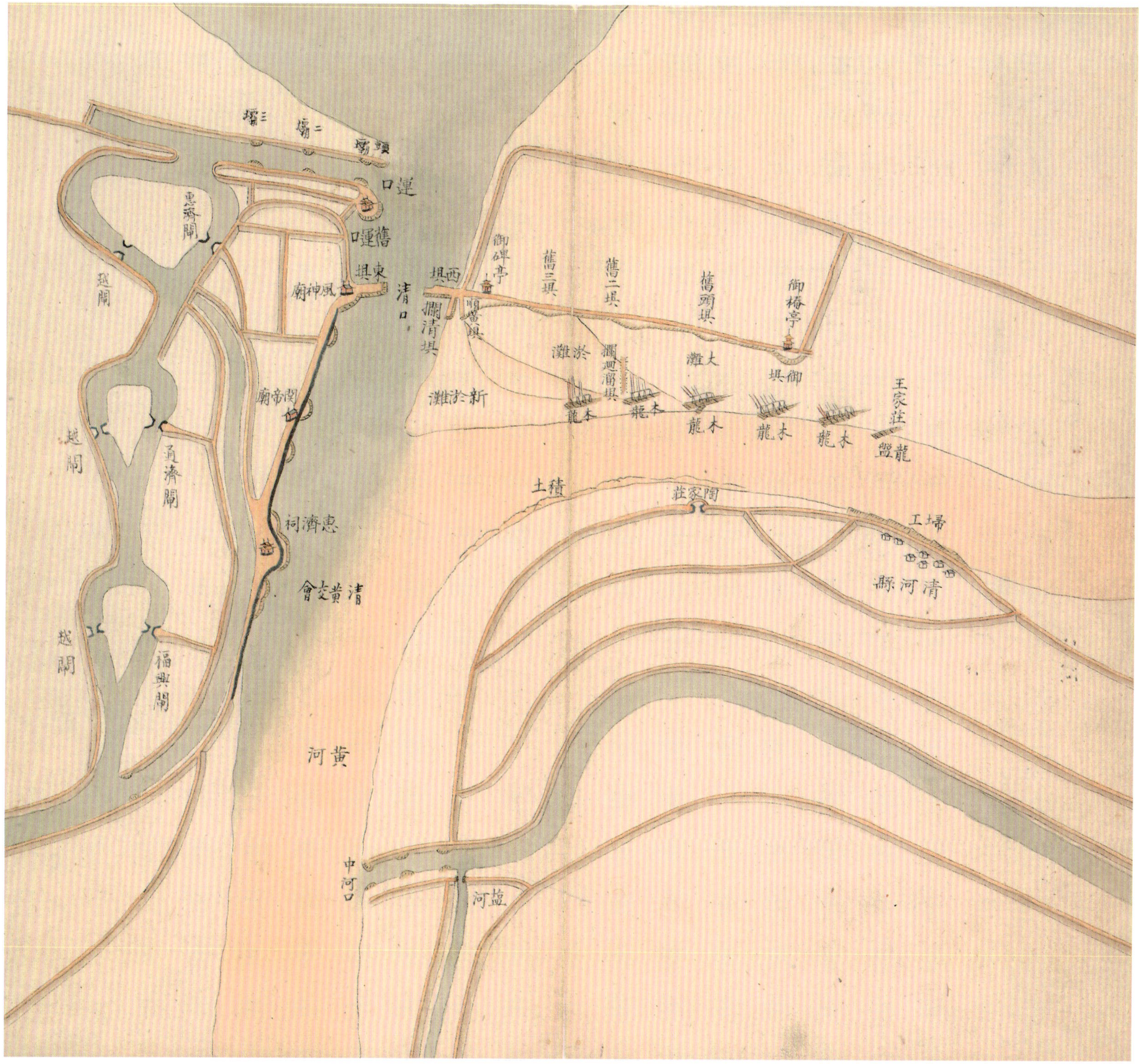

[江苏黄淮运河水利图说]

1册；25厘米 ×14厘米

彩绘本

[清末期]

先图后说，共有19幅图，涉及山东、江苏境内黄、淮、运河情形，例如清河县清黄交会、黄河归潮河入海等内容，其中有乾隆年间治河大臣高斌奏稿。另有题名《抄绘水利图》，似为清末抄绘康熙、雍正、乾隆年间江苏省呈报的水利情形图说。

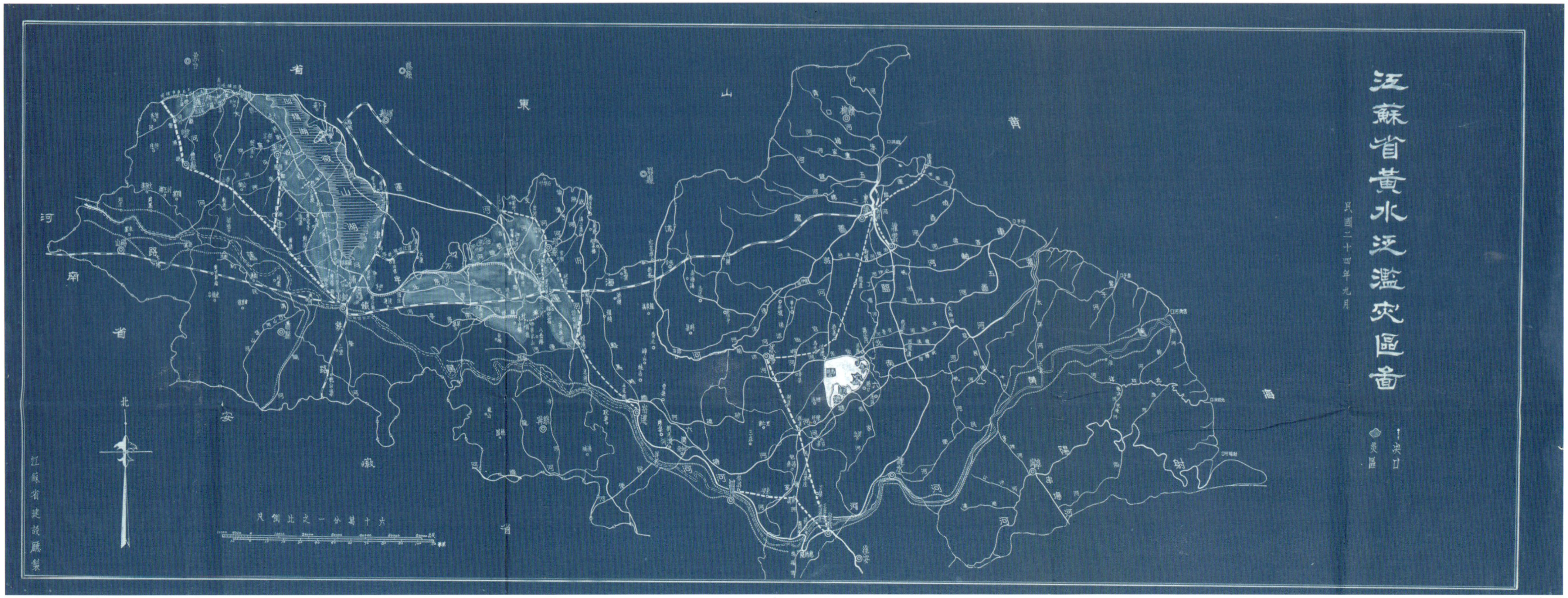

江苏省黄水泛滥灾区图

江苏省建设厅制

1幅；31厘米 ×85厘米

晒蓝本

民国二十四年九月（1935.9）

此图所示灾区主要集中在微山湖和黄运交汇处一带，图中标出旧黄河，重点标出决口和灾区。比例尺为六十万分之一。

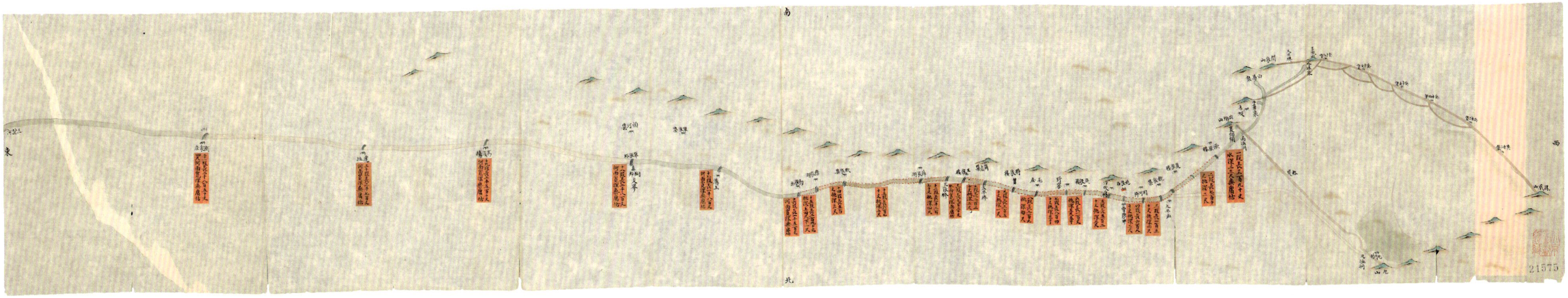

铜沛营大坝汛查估房亭河间段挑展情形图

1 幅；18 厘米 ×96 厘米

彩绘本

［清中期］

此图详绘江南铜沛营辖内河情及堤工、山脉、村庄，贴签注明分段距离。

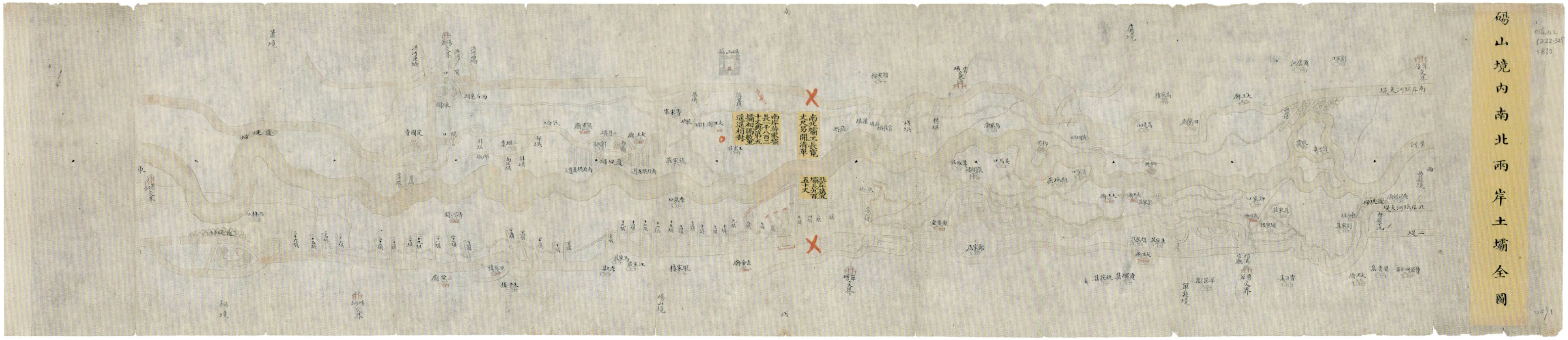

砀山境内南北两岸土坝全图

1 幅；22 厘米 ×85 厘米

彩绘本

[清嘉庆年间（1796—1820）]

此图精细绘出江苏徐州府砀山县境黄河及两岸堤坝，贴签注出黄河南北两岸土坝长、宽尺寸。

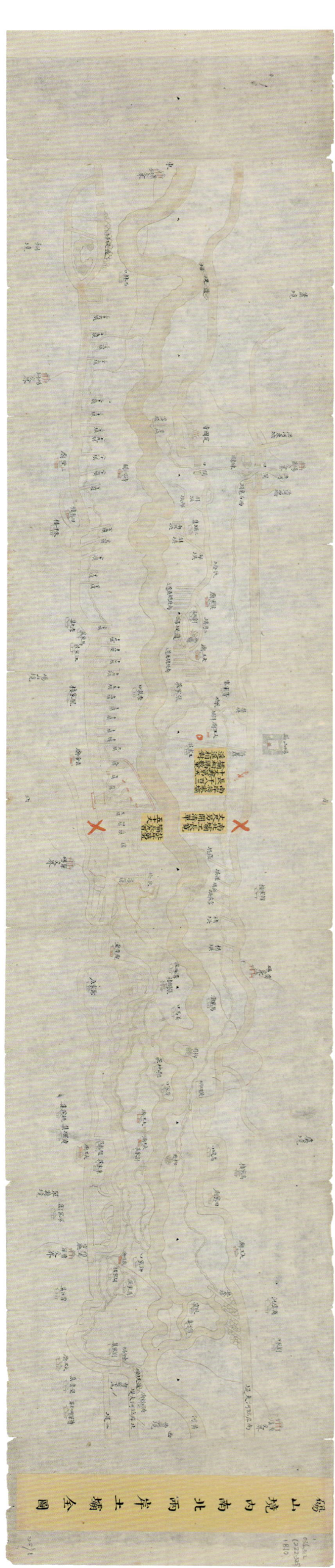

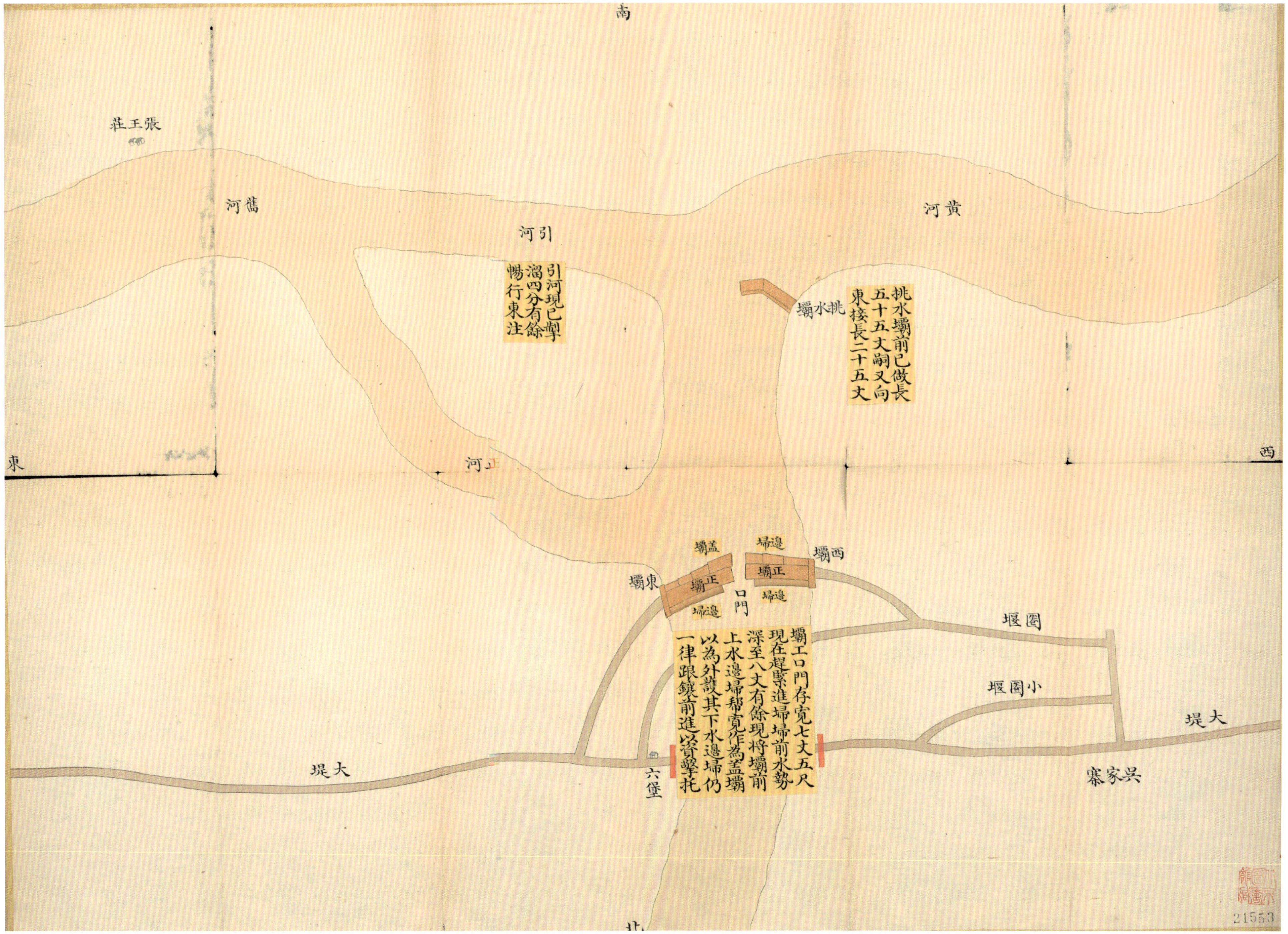

堵筑丰汛六堡漫工现在办理情形图

1 幅；42 厘米 ×58 厘米

彩绘本

［清嘉庆元年至二年（1796—1797）］

此图绘出清嘉庆元年（1796）江苏丰县六堡黄河决口后开展河工情形，贴签说明六堡边埽帮宽情形。

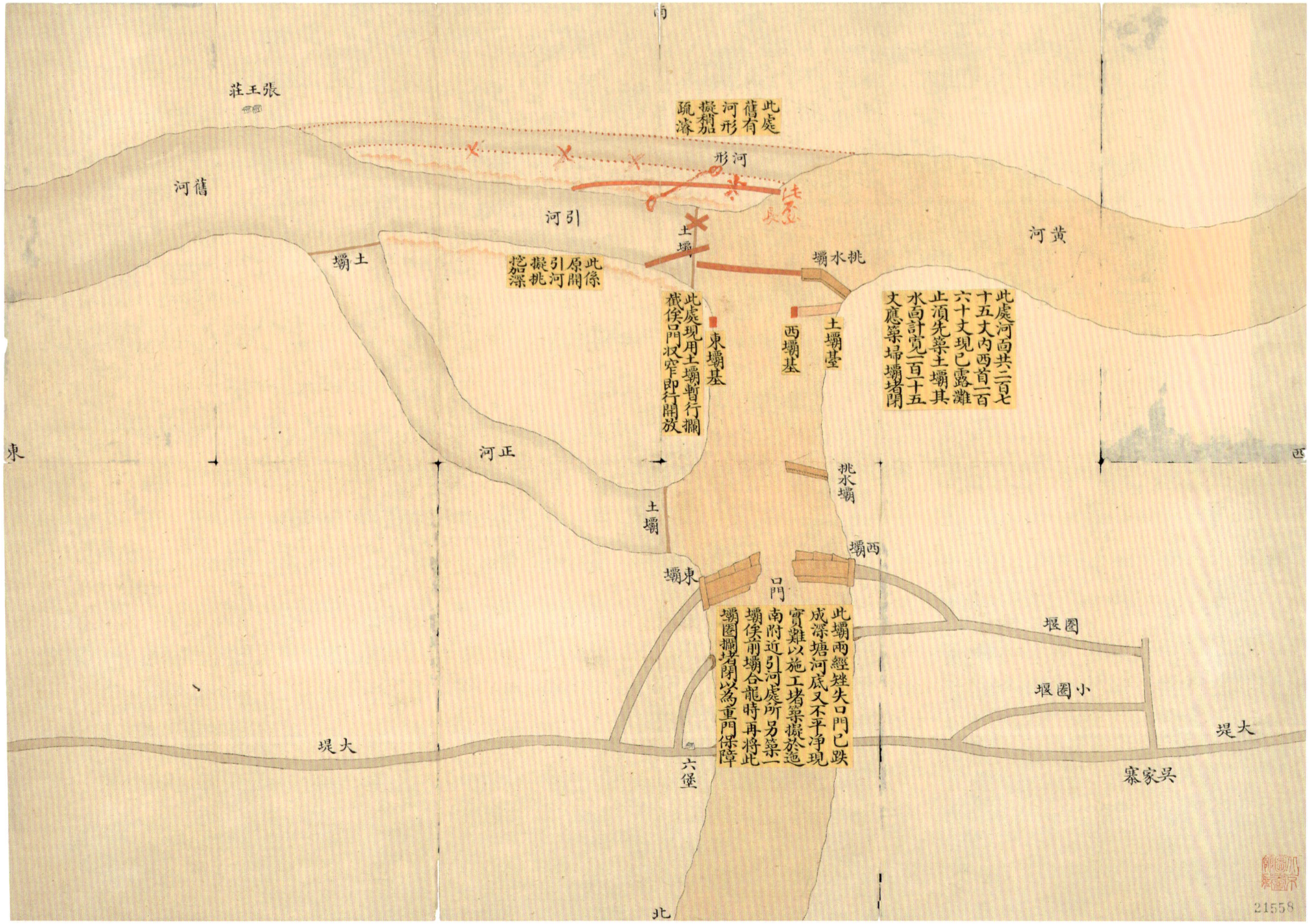

丰汛六堡漫工添建坝基并挑浚引河情形图

1 幅；41.6 厘米 ×58.5 厘米

彩绘本

[清嘉庆年间（1796—1820）]

此图绘出清嘉庆元年（1796）江苏丰县六堡黄河决口后添建坝基并挑浚引河的工程计划，贴签注出疏浚、挑挖及河宽尺寸。

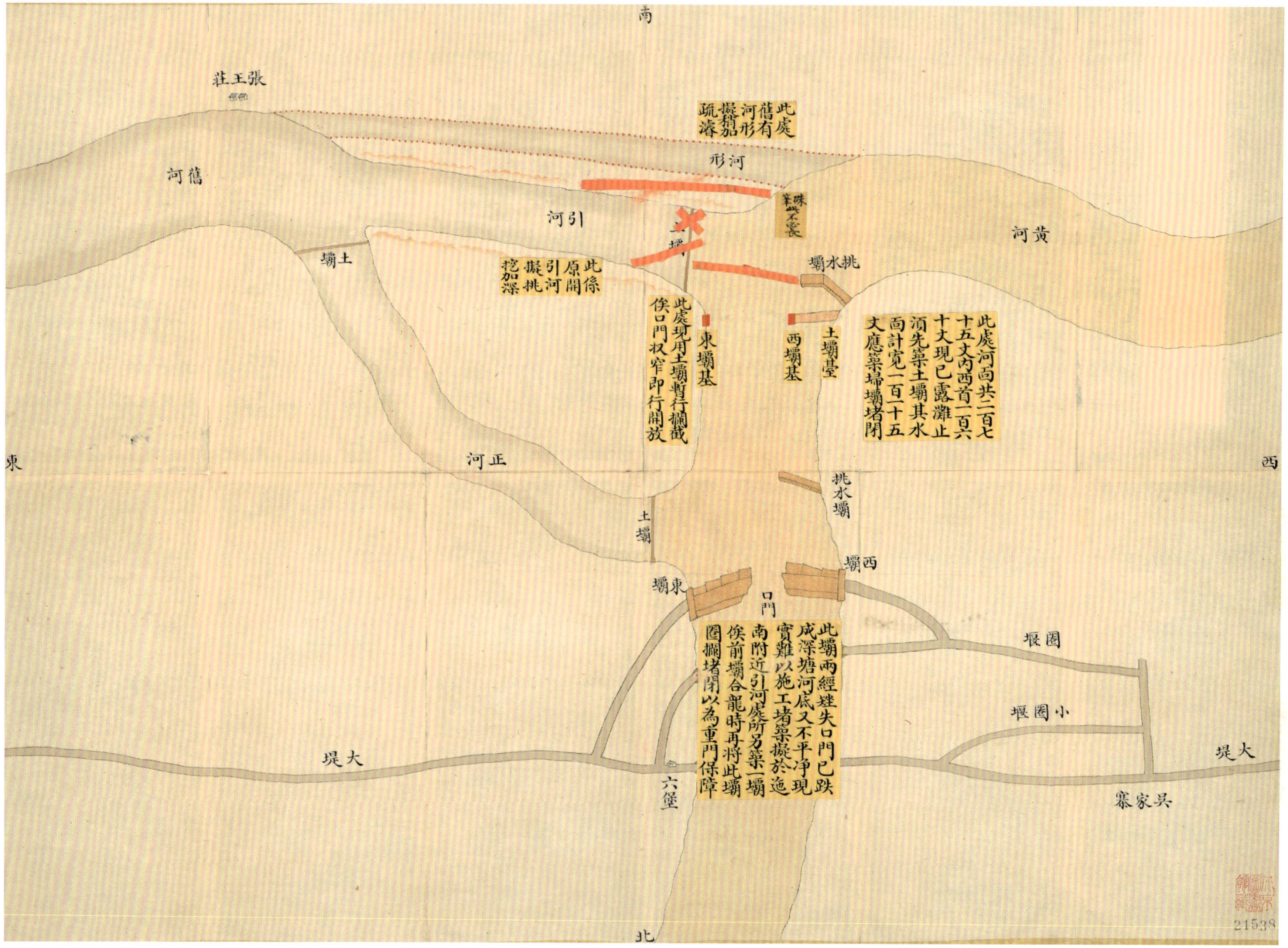

丰汛六堡漫工添建坝基并挑浚引河情形图

1 幅；41 厘米 ×56 厘米

彩绘本

[清嘉庆年间（1796—1820）]

此图与国图藏同名图内容一致。

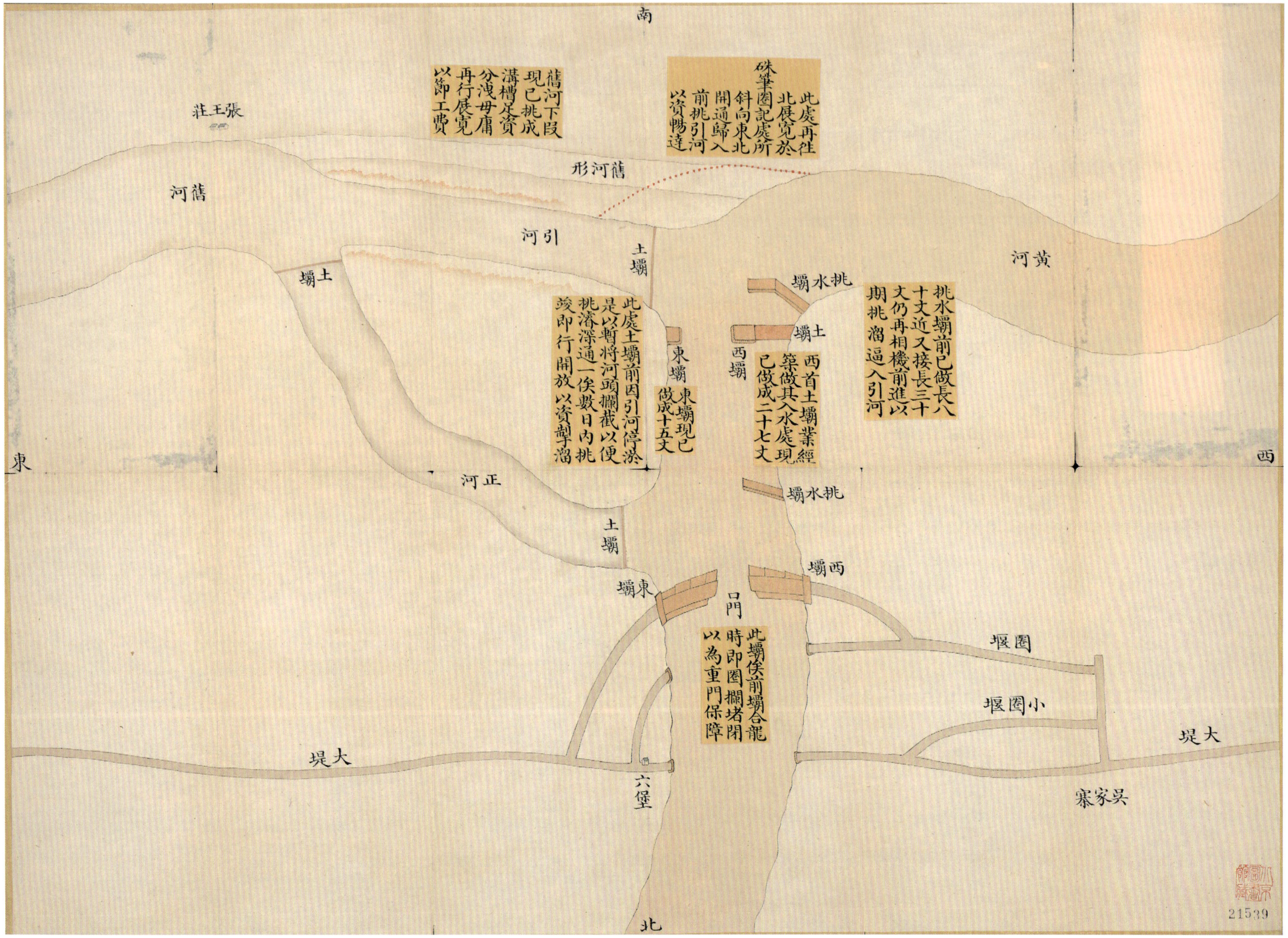

丰汛六堡漫工添建坝基并展挑引河头情形图

1 幅；42 厘米 ×57 厘米

彩绘本

[清嘉庆年间（1796—1820）]

此图绘出清嘉庆元年（1796）江苏丰县六堡黄河决口后添建坝基并展挑引河头的工程计划，贴签注出六堡坝身展宽及引长尺寸。

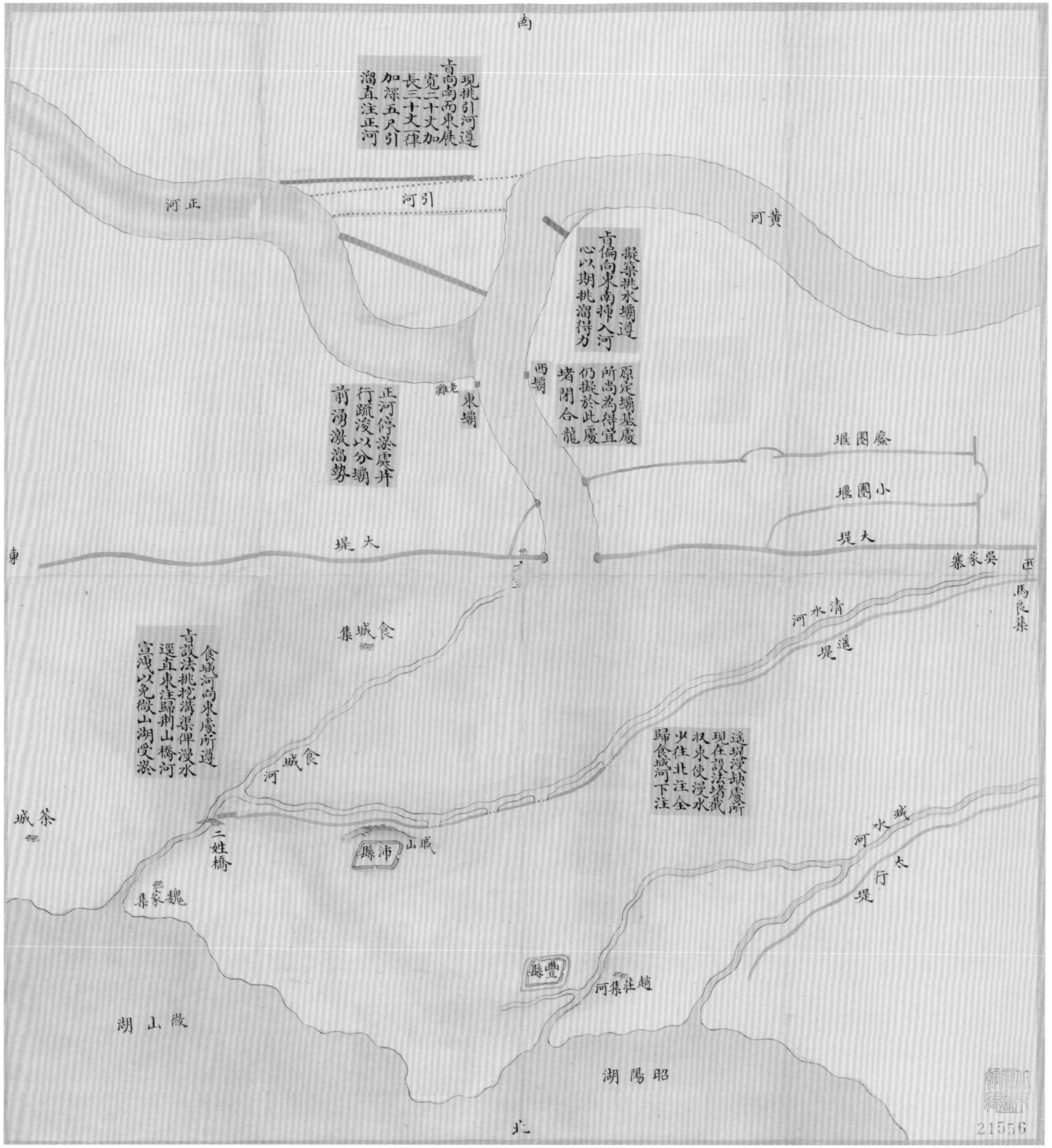

会勘丰汛六堡漫工展宽引河并宣泄漫水情形图

1 幅；42 厘米 ×39 厘米

彩绘本

[清嘉庆元年至二年（1796—1797）]

此图绘出清嘉庆元年（1796）江苏丰县六堡黄河决口后展宽引河并宣泄漫水之情形，贴签注出引河展宽加长加深尺寸。封面有“八月初三兰第锡等奏到”字样。

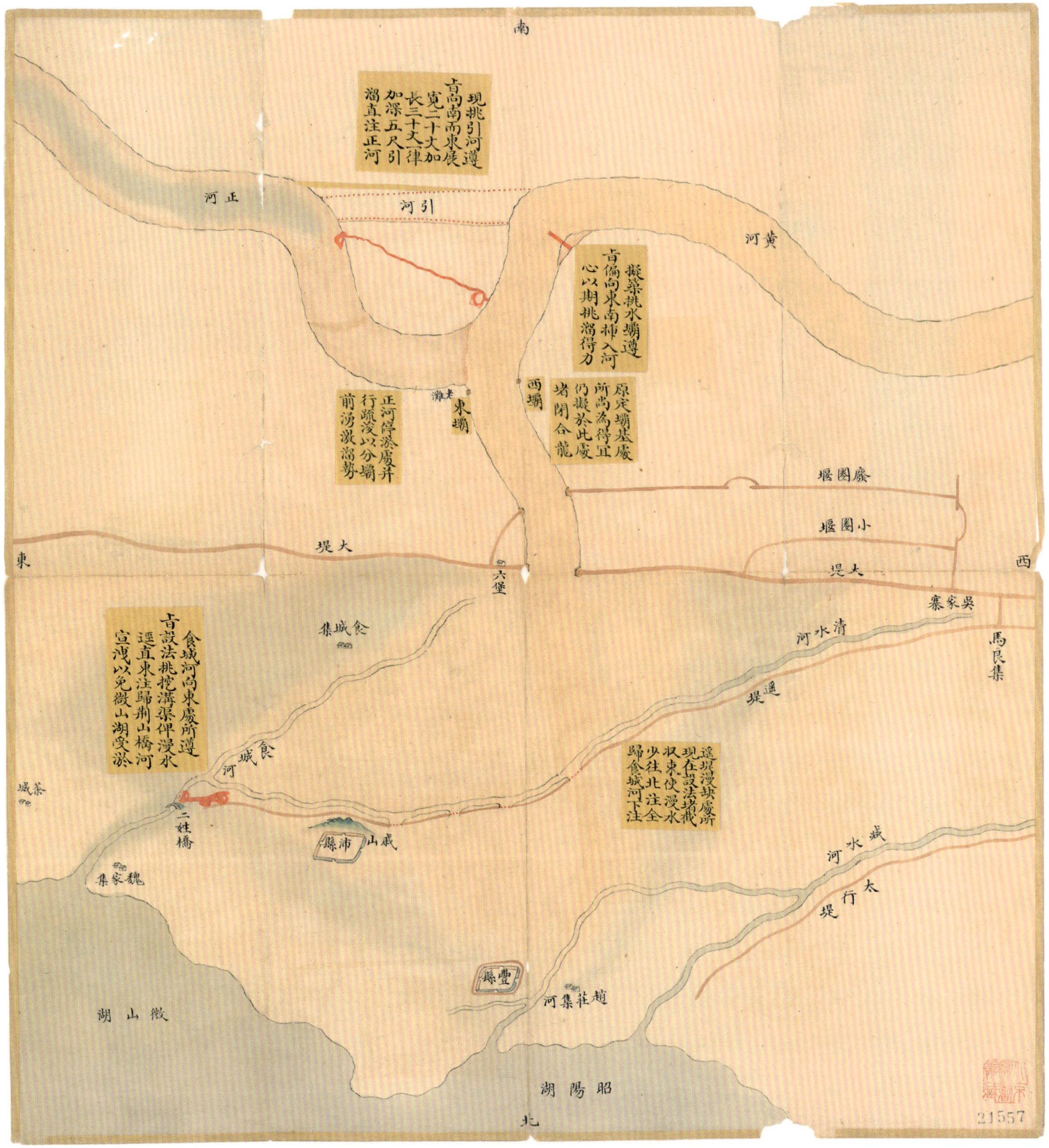

会勘丰汛六堡漫工展宽引河并宣泄漫水情形图

1 幅；42 厘米 ×38 厘米

彩绘本

［清嘉庆元年至二年（1796—1797）］

此图与国图藏同名图基本相同。

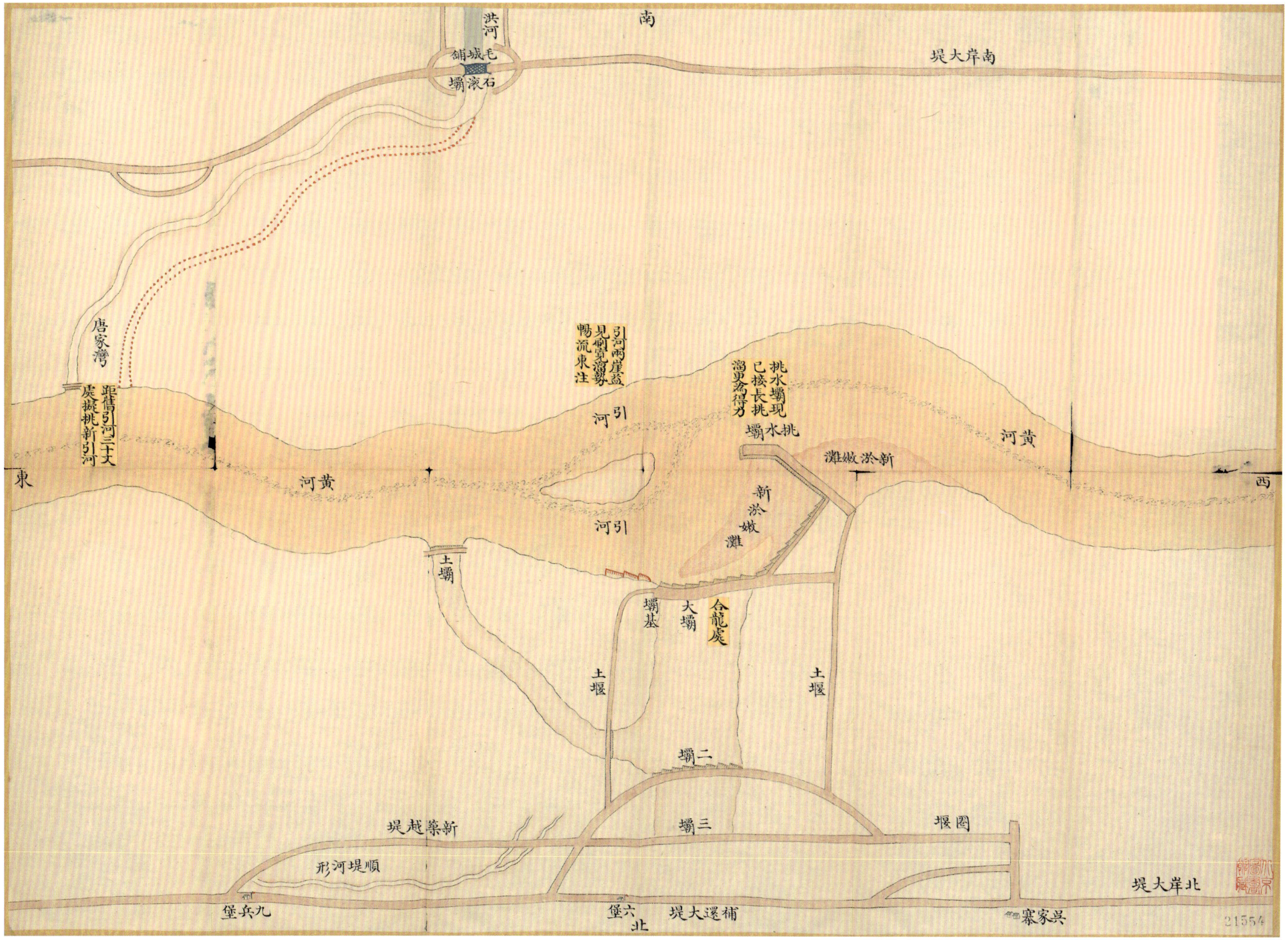

丰汛大坝淤滩并唐家湾引河情形图

1 幅；42 厘米 ×57 厘米

彩绘本

[清嘉庆二年（1797）]

此图反映了清嘉庆二年（1797）江苏丰县六堡大坝合龙及引河情形。

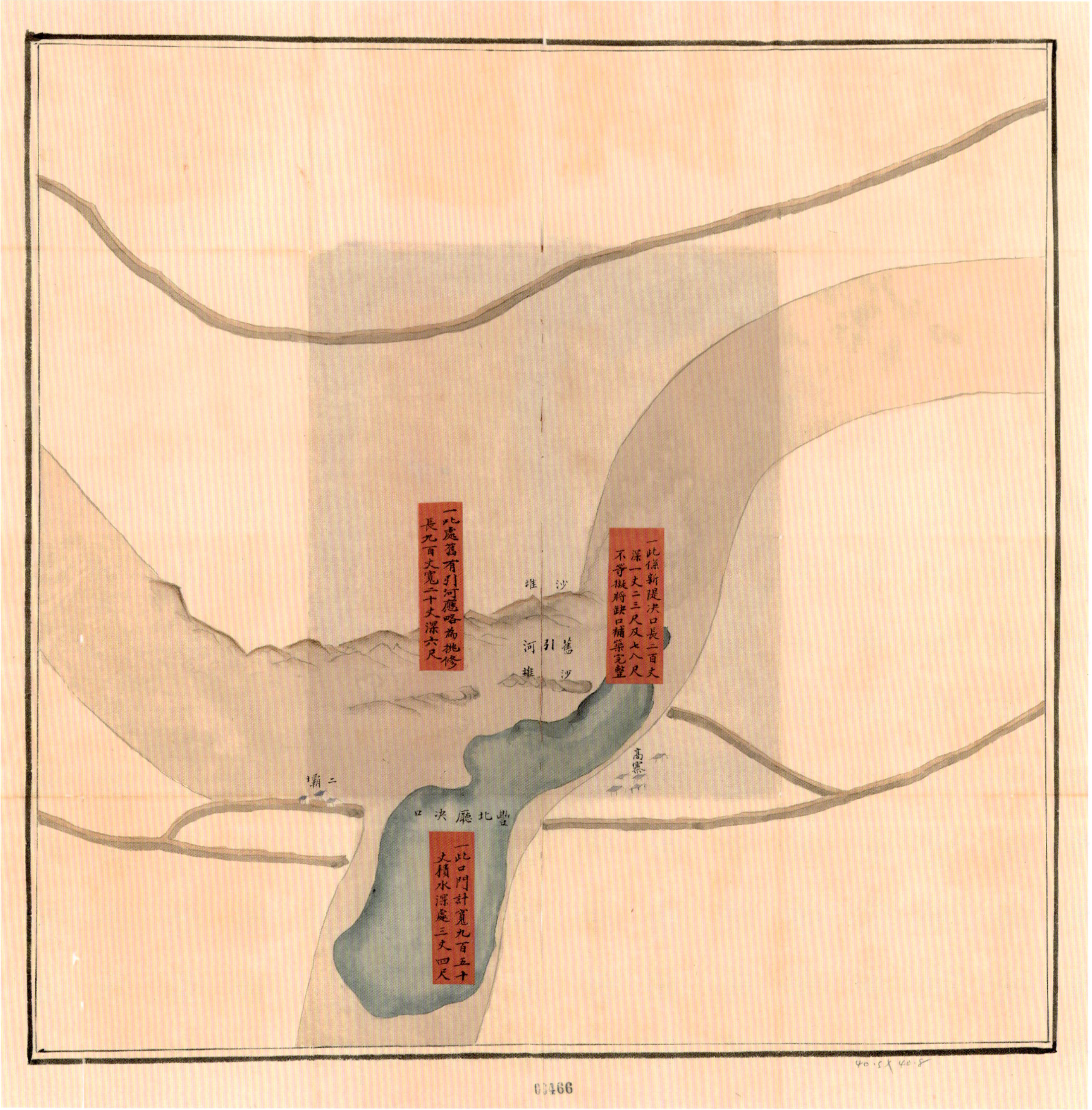

丰北厅旧口门图说

1 幅；41 厘米 ×41 厘米

彩绘本

[清末期]

此图绘出江苏丰北厅旧口门形势，贴签注出丰县新堤决口尺寸及口门宽度。决口时间待考。

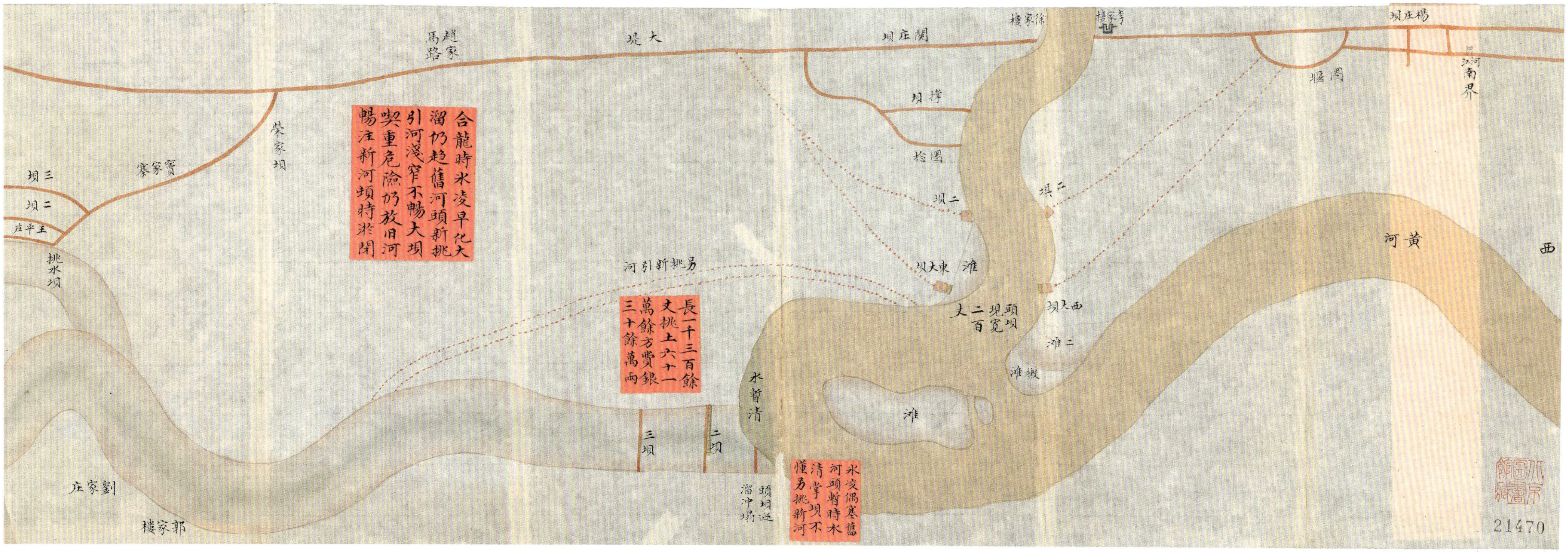

嘉庆十六年堵闭萧南李家楼因见冰凌误挑新引河情形图

1 幅；19 厘米 ×55 厘米

彩绘本

清嘉庆十六年（1811）

本图详绘安徽萧县黄河河道、鸡心滩及沿岸堤防、村庄情形。

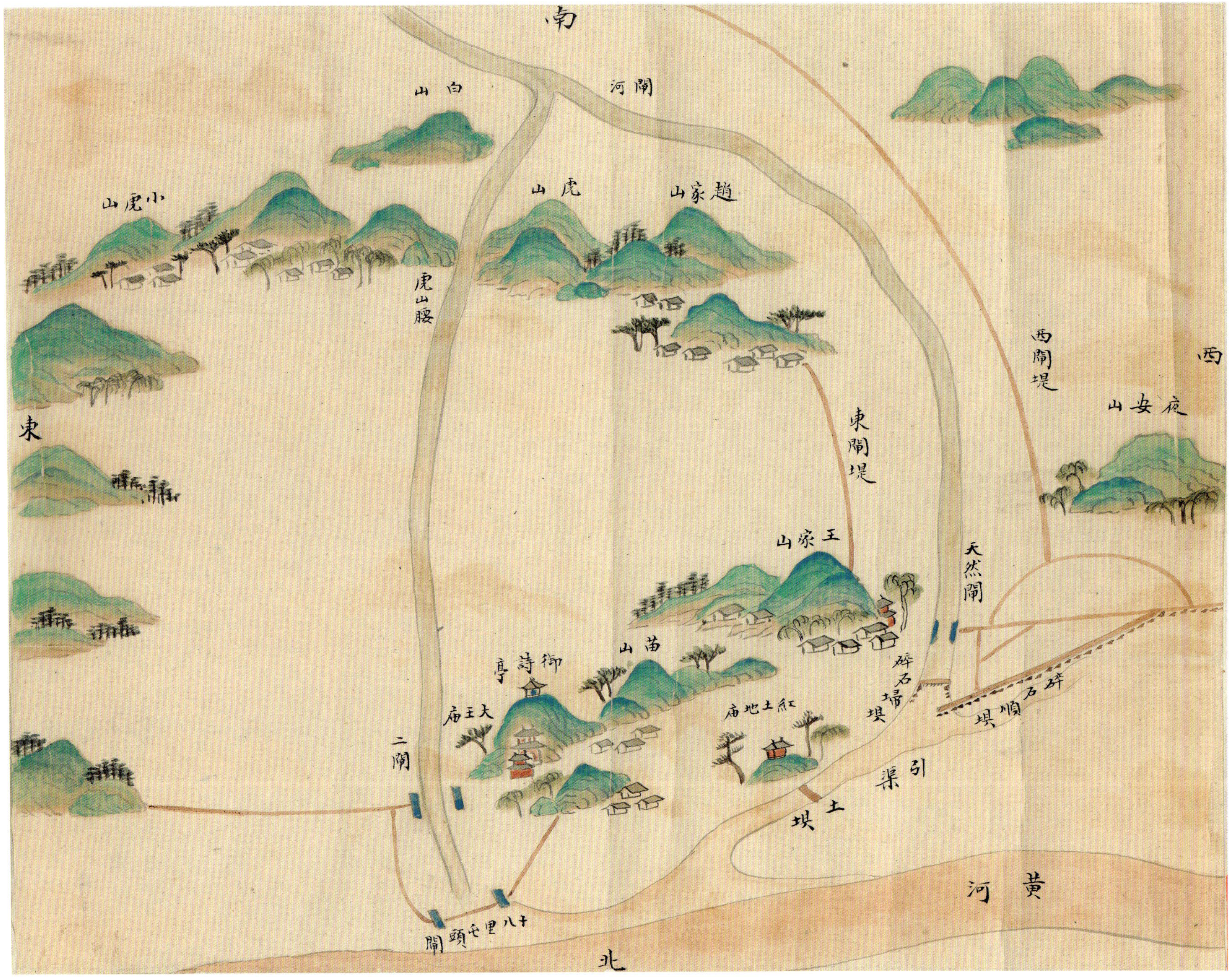

[天然闸附近图]

1 幅；26 厘米 × 32 厘米

彩绘本

[清中期]

此图所绘天然闸位于江苏徐州西部，绘出其附近水情形势。图幅方向上南下北。

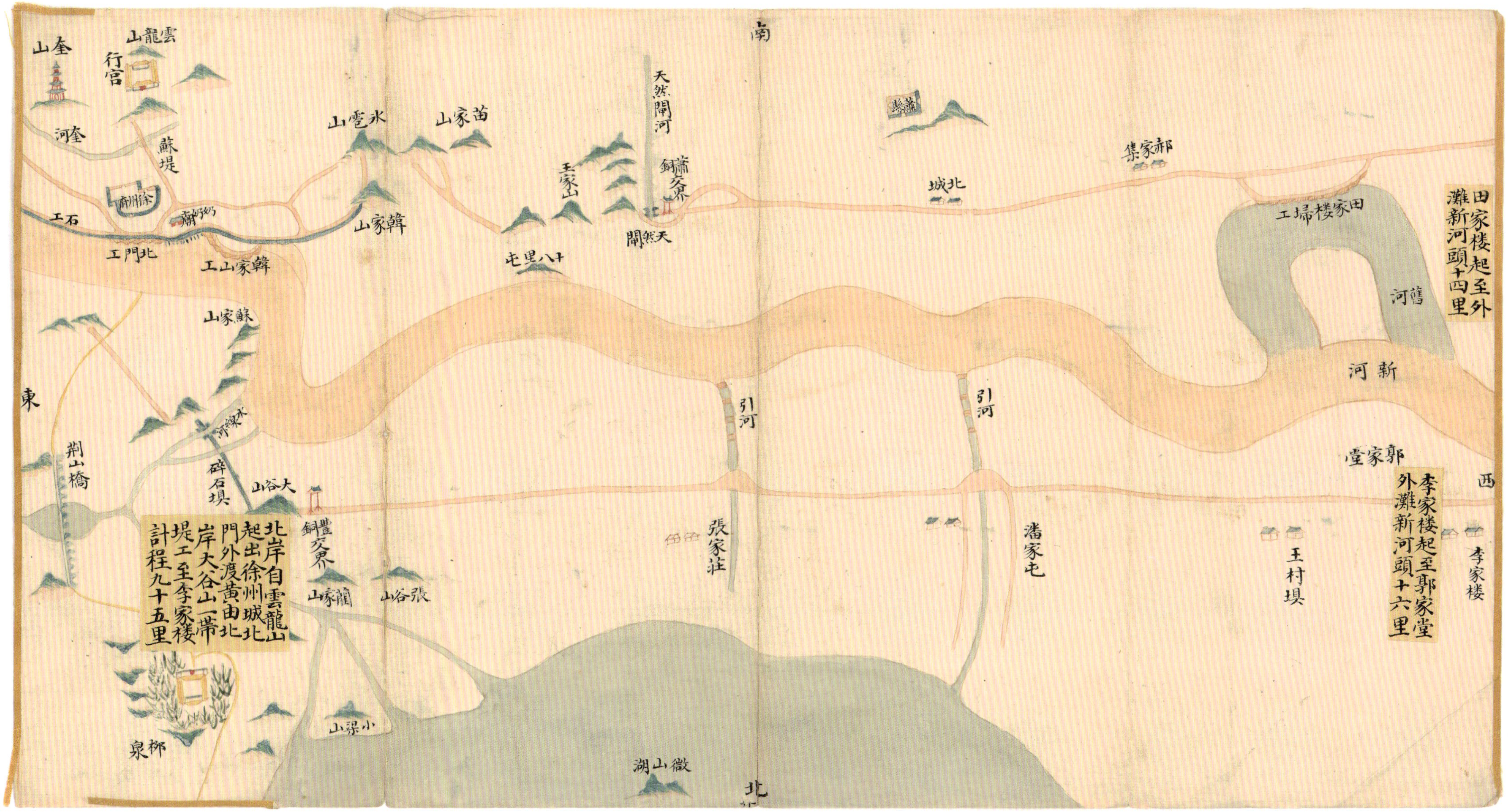

徐城至郭家堂新引河南北两岸里数图

1 幅；23 厘米 ×42 厘米

彩绘本

[清咸丰年间（1851—1861）]

此图所涉范围大致在江苏徐州府一带，绘出徐城至郭家堂新引河，贴签注出大堤长度。

旧黄河图

1幅；80厘米 ×259厘米

绢底彩绘本

［清光绪年间（1875—1908）］

此图详细绘出徐州府至淮安府间旧黄河河槽。采用现代测绘技术，以晕滃法绘制山脉。图上有比例尺，“营造尺每一寸作五里”。图方向为上南下北。图端有破损。

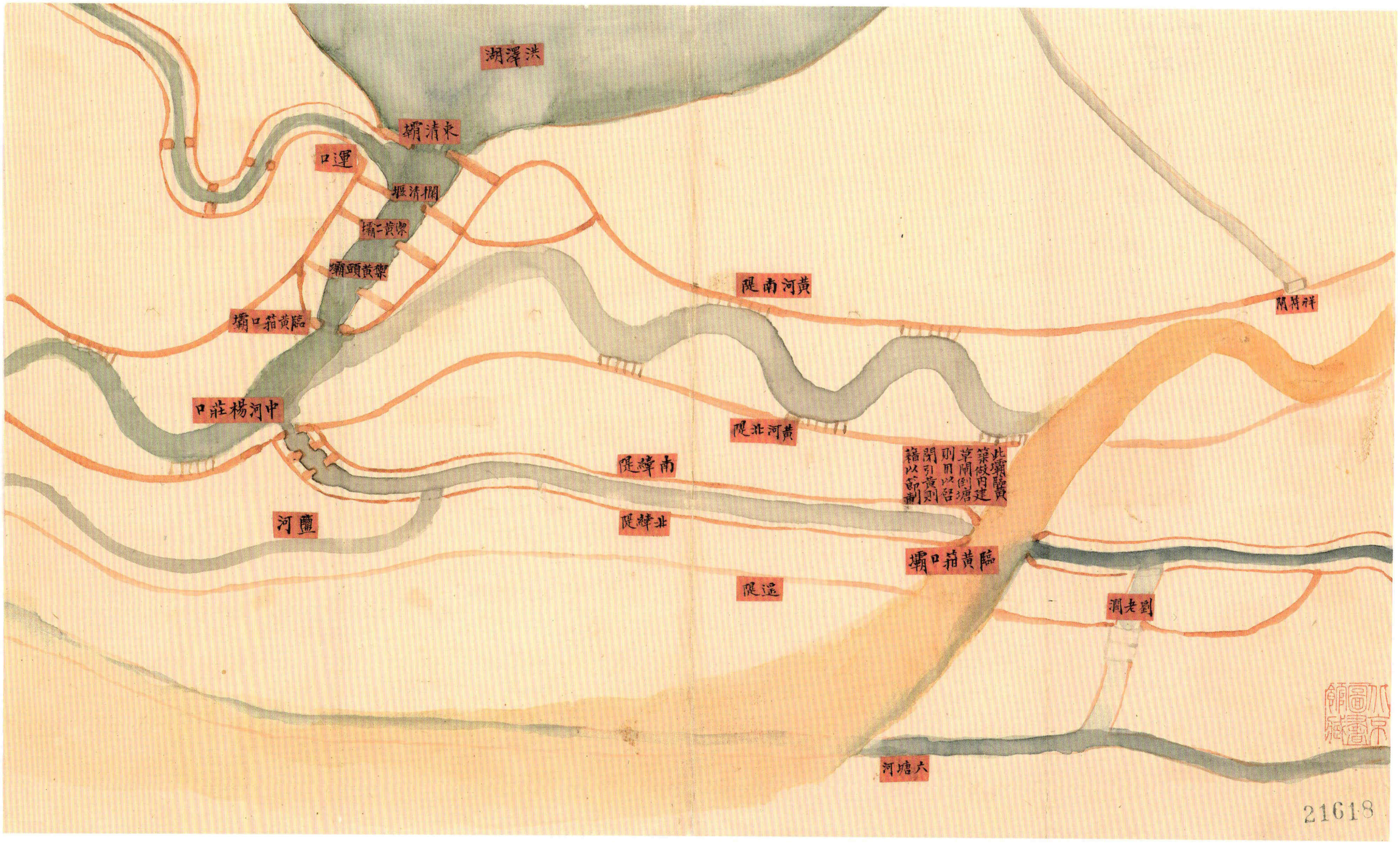

[洪泽湖口北部黄河堤工图]

1幅；22厘米 ×36厘米

彩绘本

[清嘉庆年间（1796—1820）]

图中绘有洪泽湖北口附近黄河大堤、纤堤及御黄坝等，贴签注出其名称。

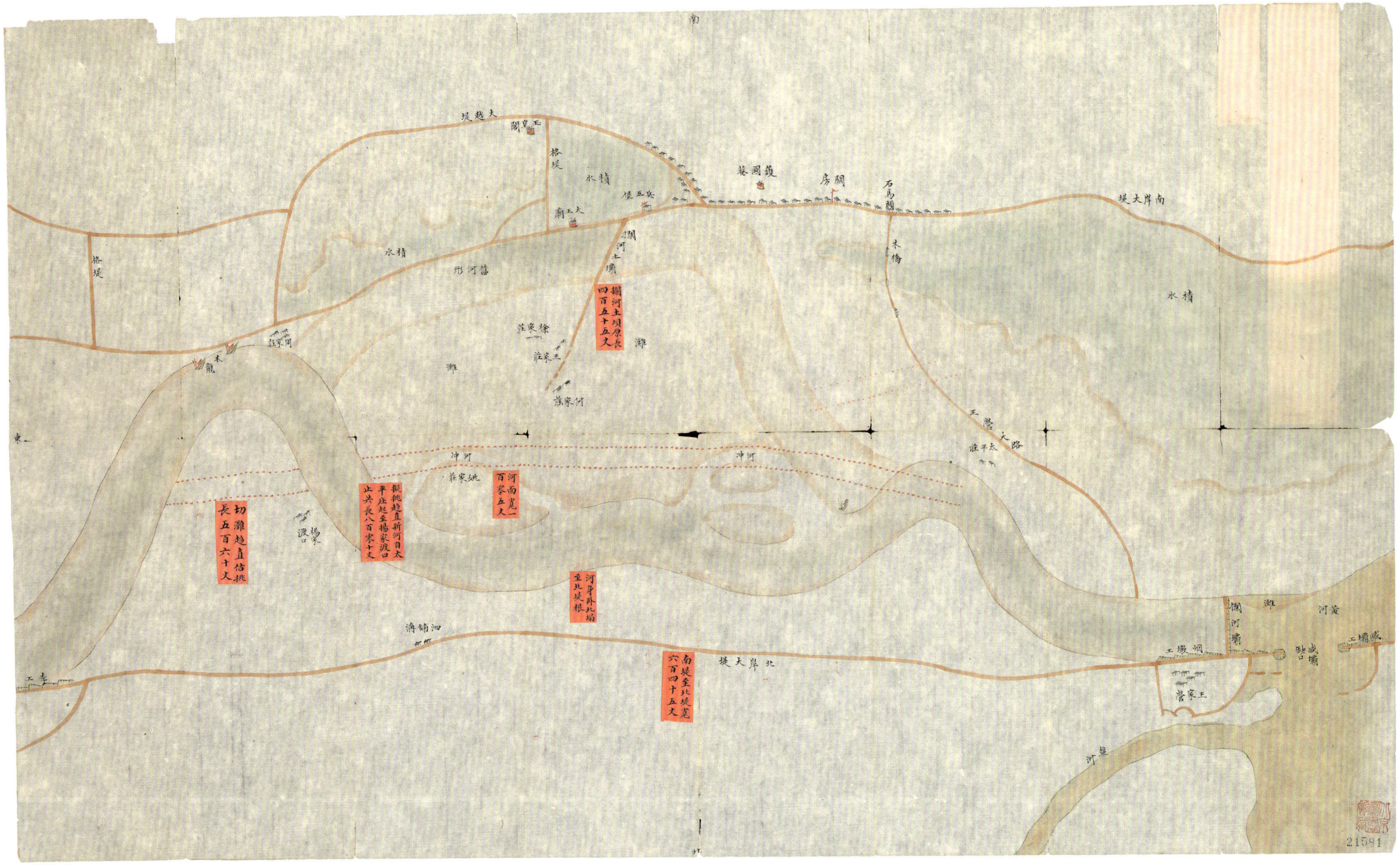

外河厅属老坝工拦黄土坝上下淤滩图

1 幅；44 厘米 ×70 厘米

彩绘本

[清嘉庆十六年至嘉庆末年（1811—1820）]

本图所涉范围大致在今江苏淮安市境内。图背面贴签注“嘉庆十六年曾将减坝下估挑取直，旧图尚存”。

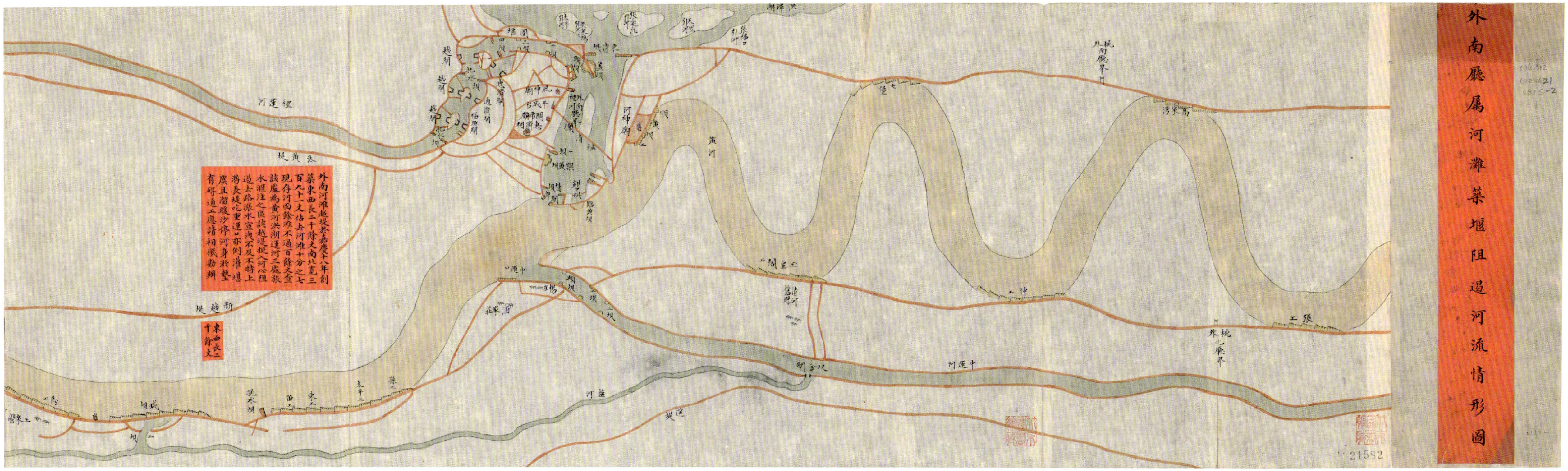

外南厅属河滩筑堰阻遏河流情形图

1 幅；26 厘米 ×157 厘米

彩绘本

［清嘉庆二十年至嘉庆末年（1815—1820）］

本图绘出自桃北厅、外北厅界至外北厅、山安厅界外之黄河，重点描绘黄河与洪泽湖口闸坝修建情况，图中贴签详细注出清嘉庆十八年（1813）修筑越堤后的情形。

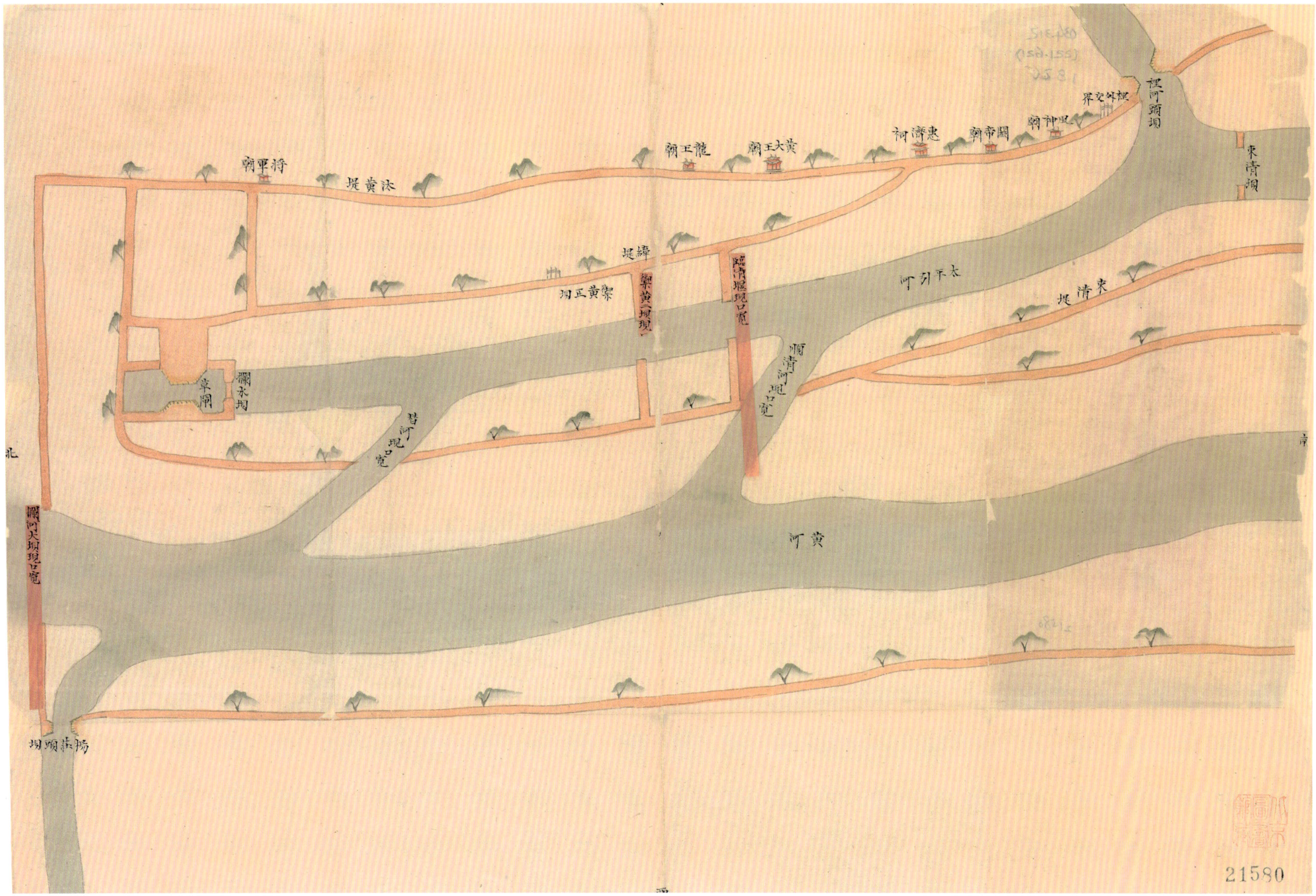

外南汛顺清河一带情形图

1 幅；28 厘米 ×40 厘米

彩绘本

［清嘉庆年间（1796—1820）］

此图详绘外南汛辖内黄河、顺清河引河河道及沿岸堤坝、庙、祠等，贴签注明坝宽。所涉范围大致在今江苏淮安市境内。

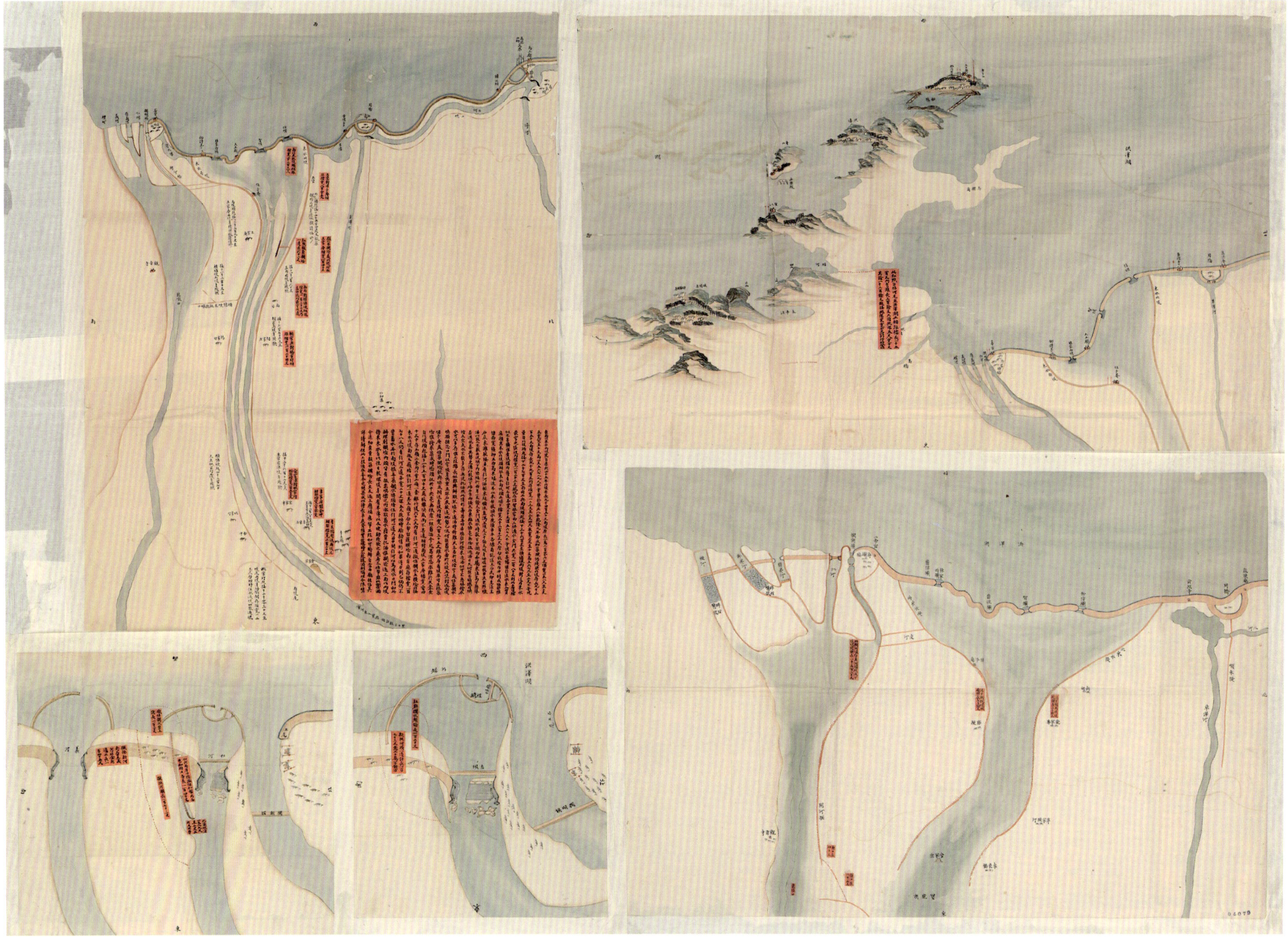

道光拾年分咨取河图

(清）江南河道总督部院衙门绘

5幅；图廓不等，合裱在一张纸上

彩绘本

[清道光十年（1830）]

五幅图从整体到局部描述了洪泽湖附近情形。总图地理范围从盱眙到洪泽湖口，贴签说明南北束水两堤及其他各段堤工丈尺、历史修筑情况、现存状况等。局部图着重描绘洪泽湖口义河、仁河、拦湖坝等工情形。

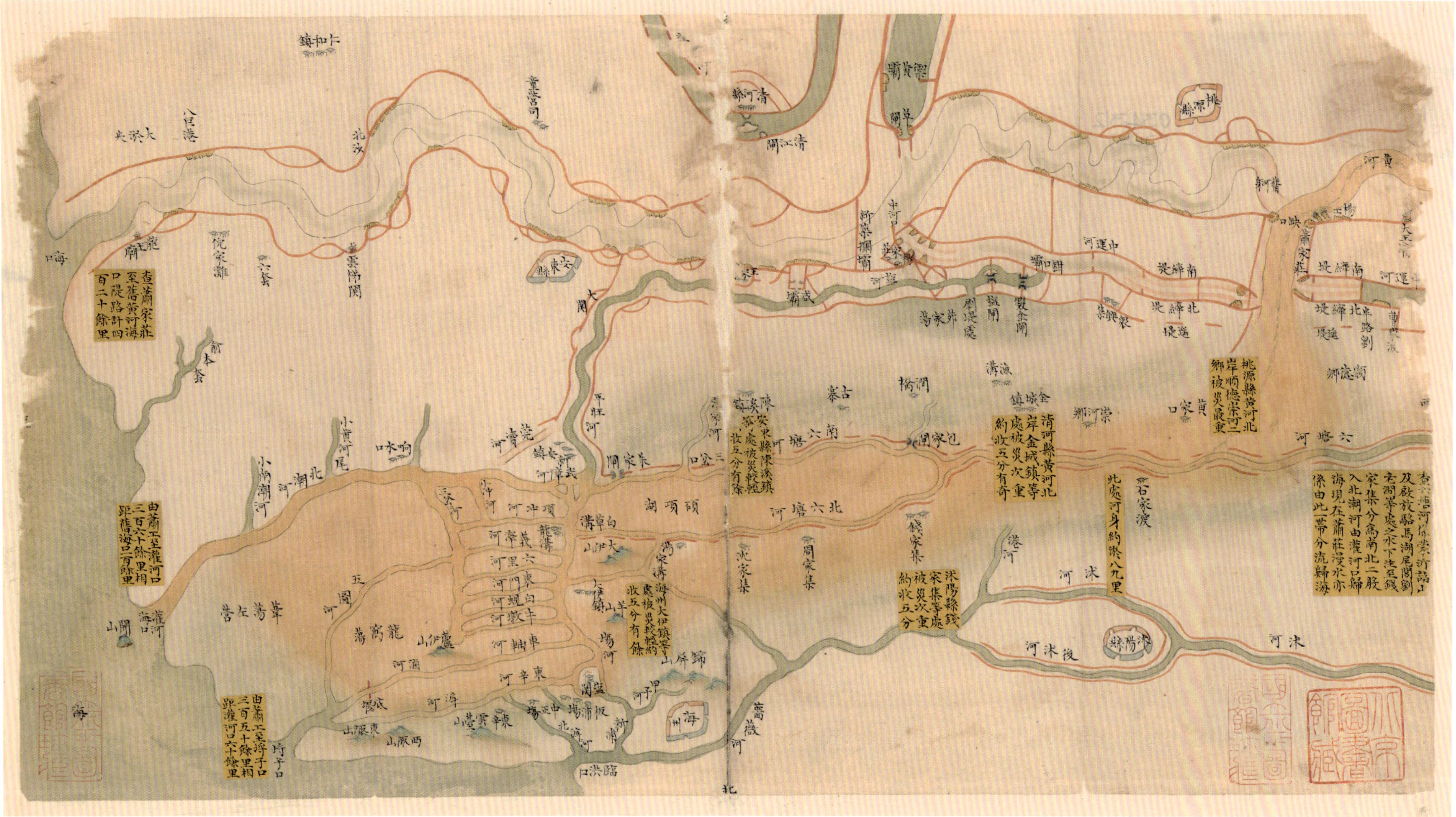

桃北厅属萧庄黄河漫口与旧道入海里数并五州县被灾轻重情形图

1 幅；22 厘米 ×39 厘米

彩绘本

［清道光二十二年（1842）］

此图绘出自桃源县至入海口处之黄河河段。较详细地绘出江苏桃源县萧家庄黄河决口后的河道以及沿河受灾区，贴签注明各地之间距离及各地被灾轻重程度等。

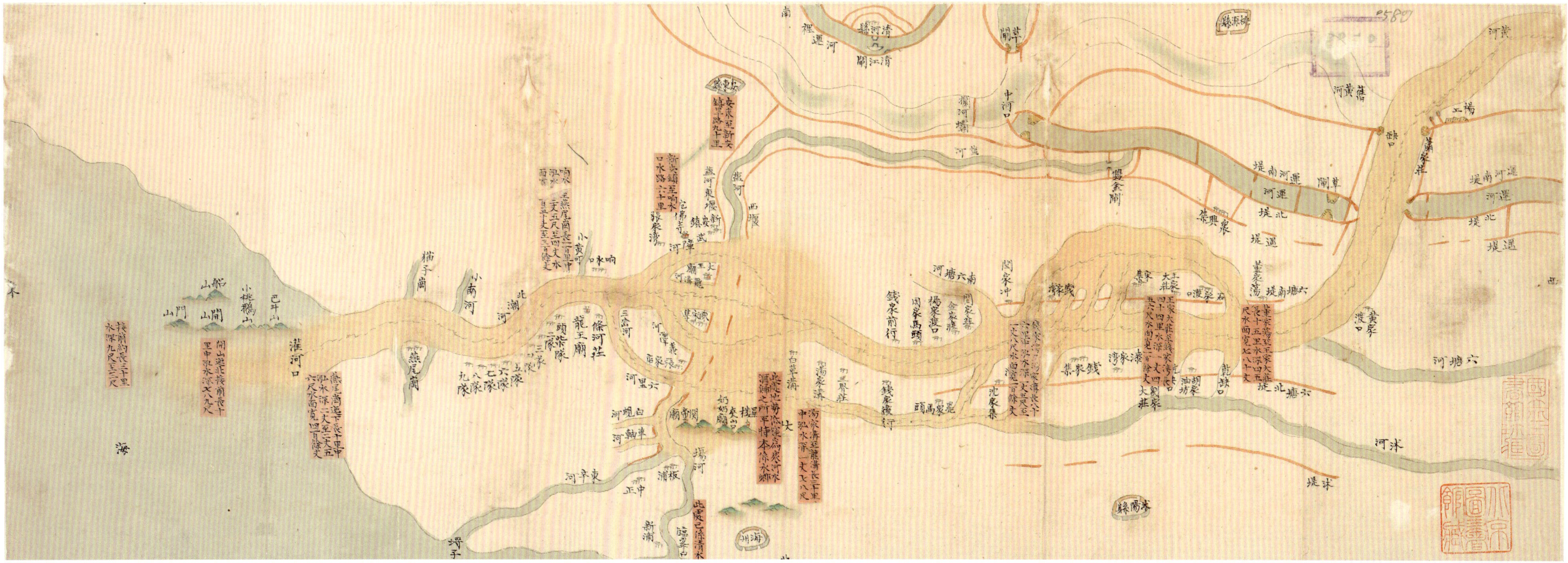

专委查探桃北漫口以下河道水势实在情形图

1 幅；21 厘米 ×58 厘米

彩绘本

[清道光二十二年（1842）]

此图绘出自桃源县至入海口处之黄河河段。地图反映了江苏桃源县北部萧家庄黄河决口改道经董家荡、钱家湾、汤家沟、新安镇、响水口、燕尾岗归潮河入海之情形，贴签注明各地之间里程丈尺等。

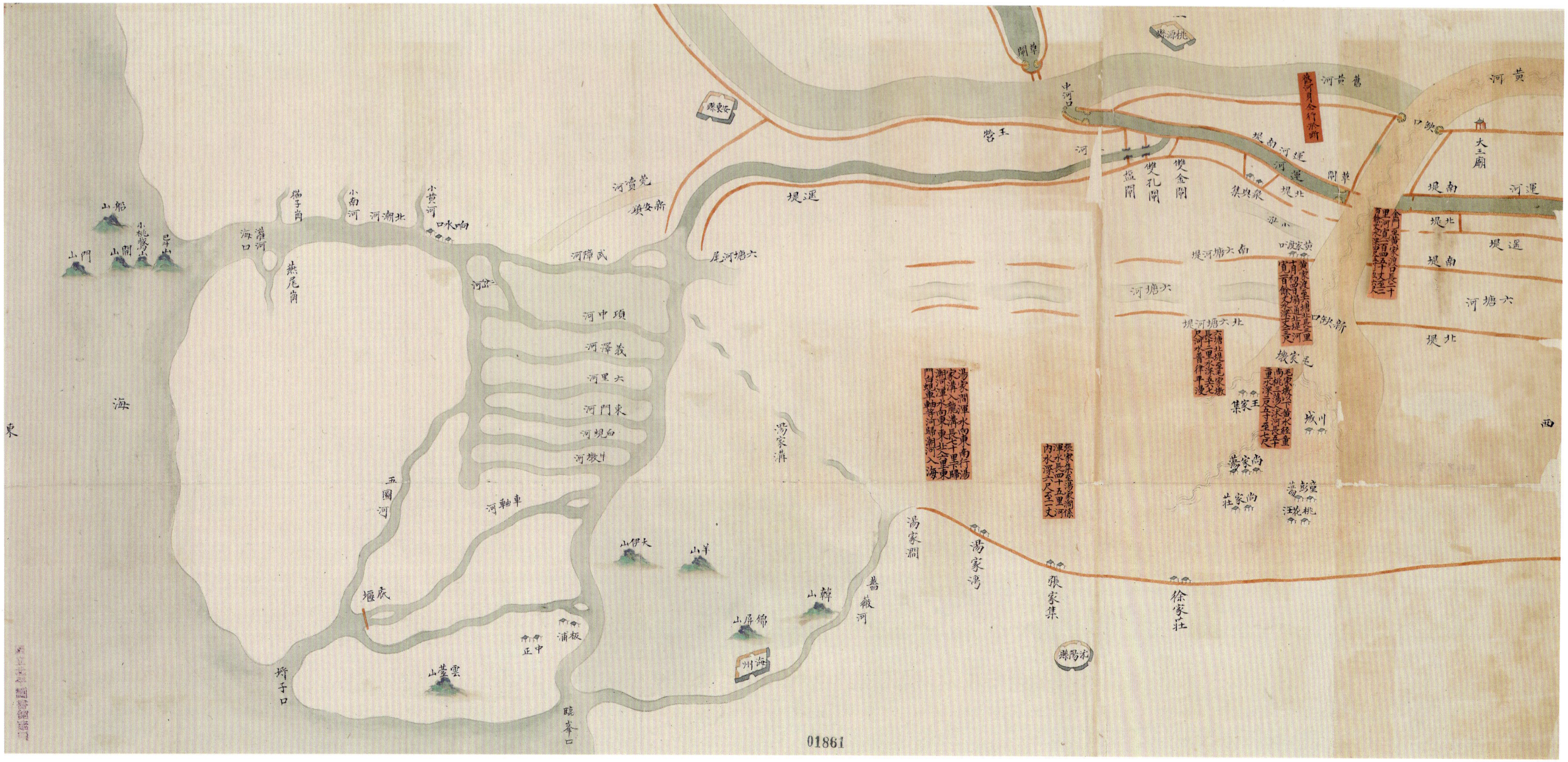

江南萧工以下黄水归海现在情形图

1 幅；32 厘米 ×67 厘米

彩绘本

［清道光二十二年（1842）］

此图详绘江苏桃源县黄运交汇处至黄河入海口段黄河水势及沿岸堤防、县城，贴签注明工程详情。

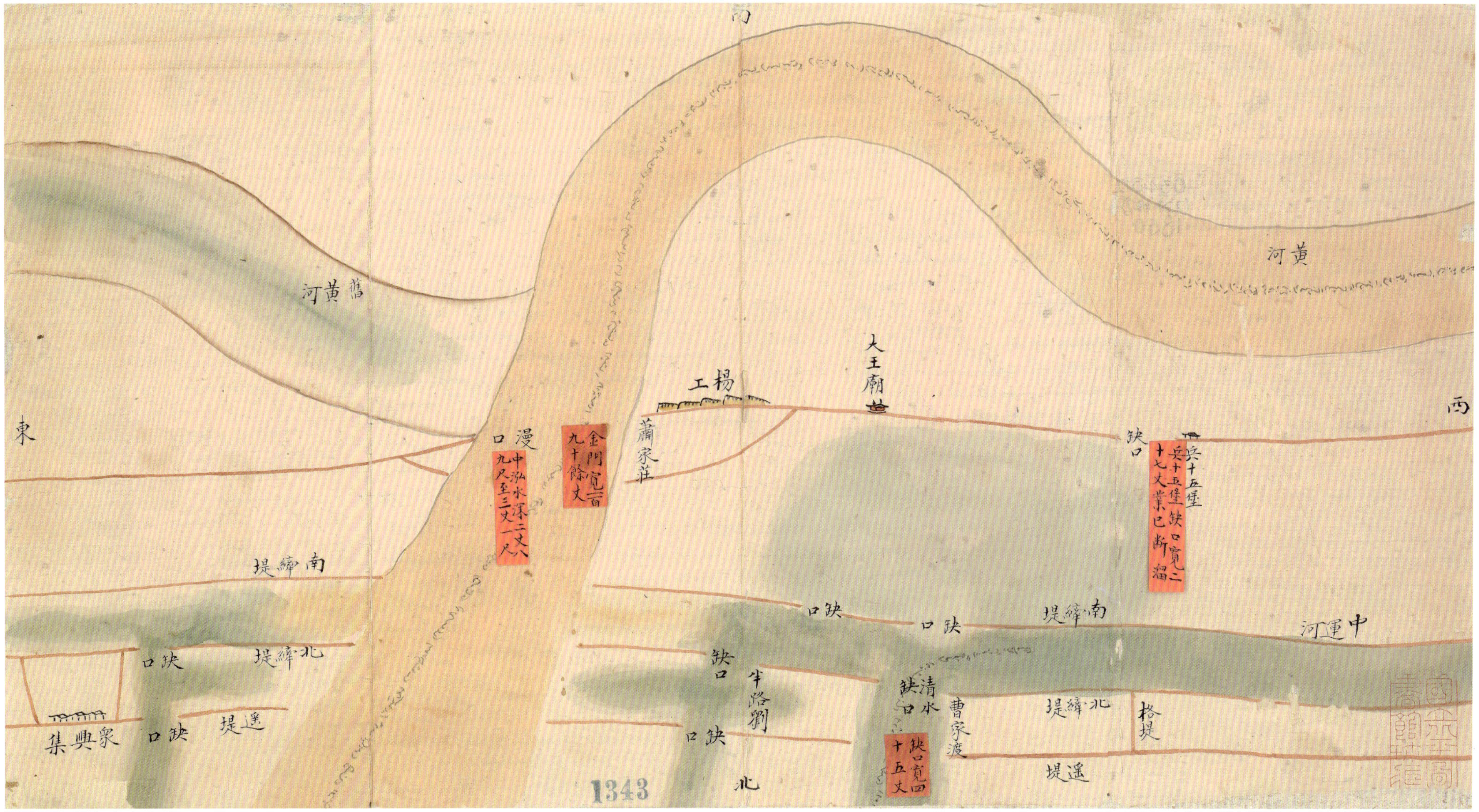

桃北厅属崔镇汛萧家庄黄水漫口情形图

1 幅；22 厘米 ×39 厘米

彩绘本

[清道光二十二年（1842）]

此图详绘江苏桃源县萧家庄附近黄运交汇情形及沿岸堤坝、兵堡情况，贴签标注缺口、水深丈尺等。

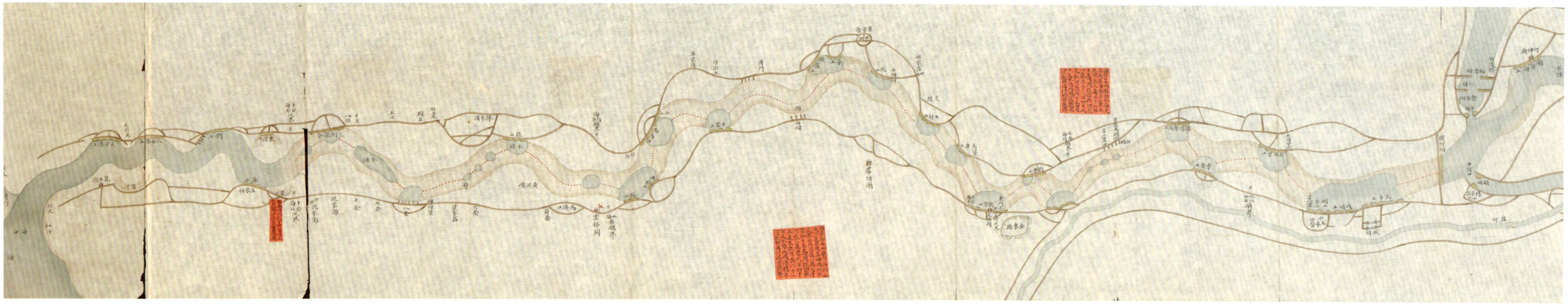

桃北厅属萧家庄漫口拟定坝基引河情形图

1 幅；22 厘米 ×140 厘米

彩绘本

[清道光二十二年（1842）]

此图所绘黄河从江苏桃源县北部萧家庄处决口，但仍绘出至云梯关入海口处的旧黄河。反映了萧家庄黄河决口并拟开引河使黄水回归故道入海之情形，贴签注出水深、面宽、坝长等。

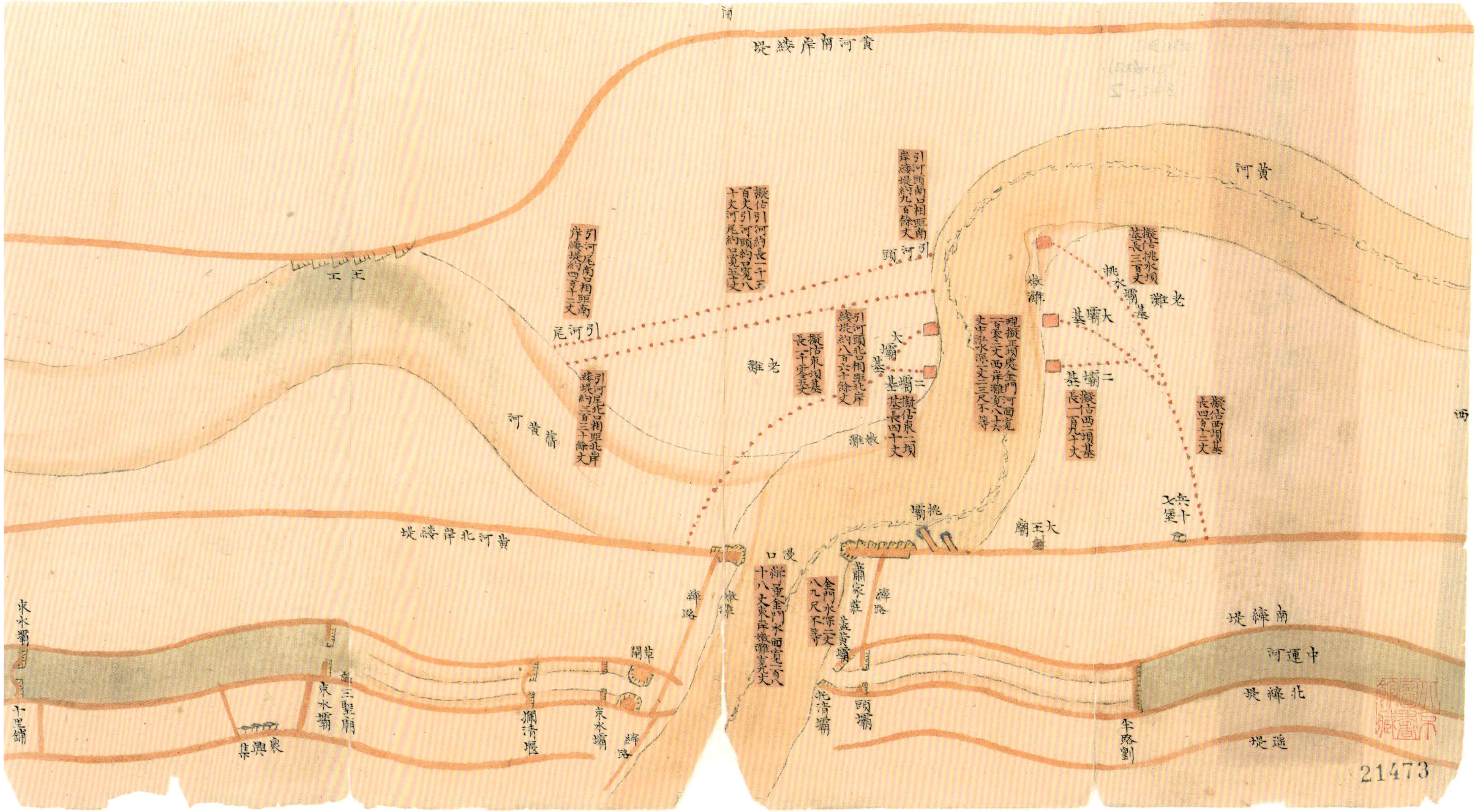

桃北厅属萧家庄漫口拟请坝基引河情形图

1 幅；21 厘米 ×39 厘米

彩绘本

［清道光二十二年（1842）］

此图系《桃北厅属萧家庄漫口拟定坝基引河情形图》之小幅草图片段。

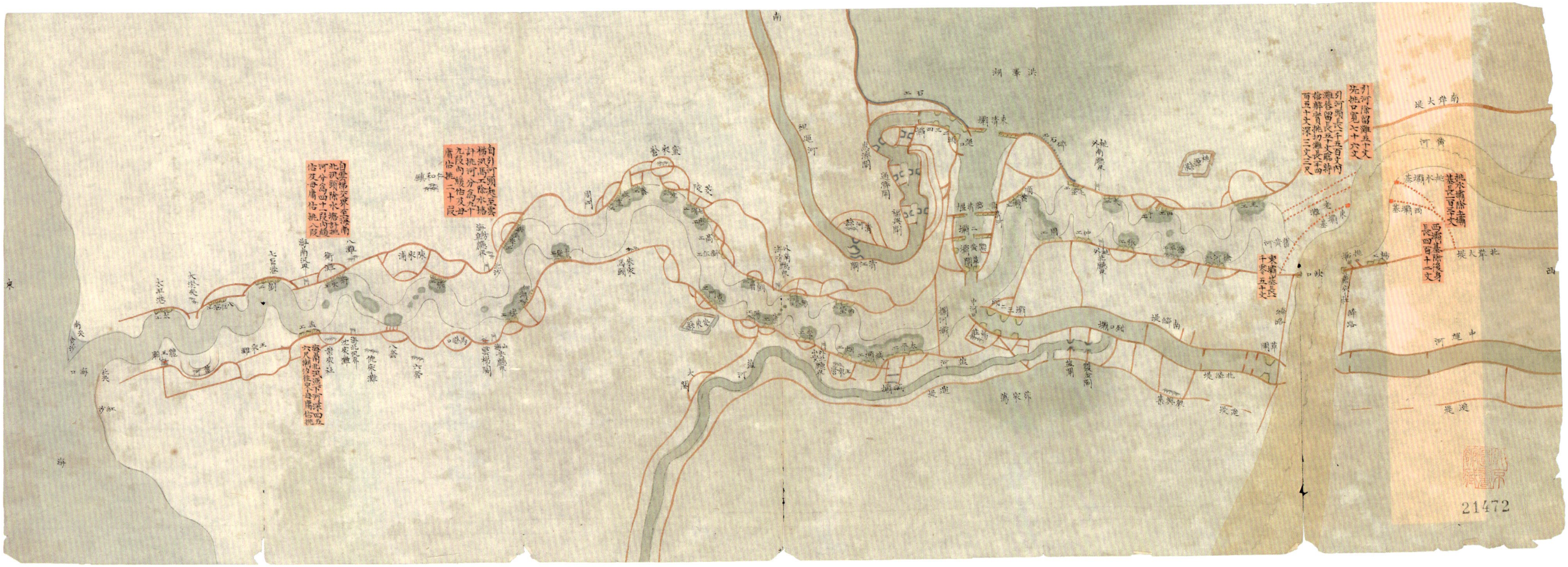

桃北萧家庄漫口以下间段估挑引河形势图

1 幅；21 厘米 ×59 厘米

彩绘本

[清道光二十二年（1842）]

此图绘出在江苏桃源县北部萧家庄决口的黄河，尤其详细绘出萧家庄漫口以下河段河工以及附近河道水系、堤防工程，同时也绘出至原安东县云梯关入海的旧黄河。图中标出地名及堤防工程，贴签注明堤防工程丈尺等。系绘呈钦差之件。

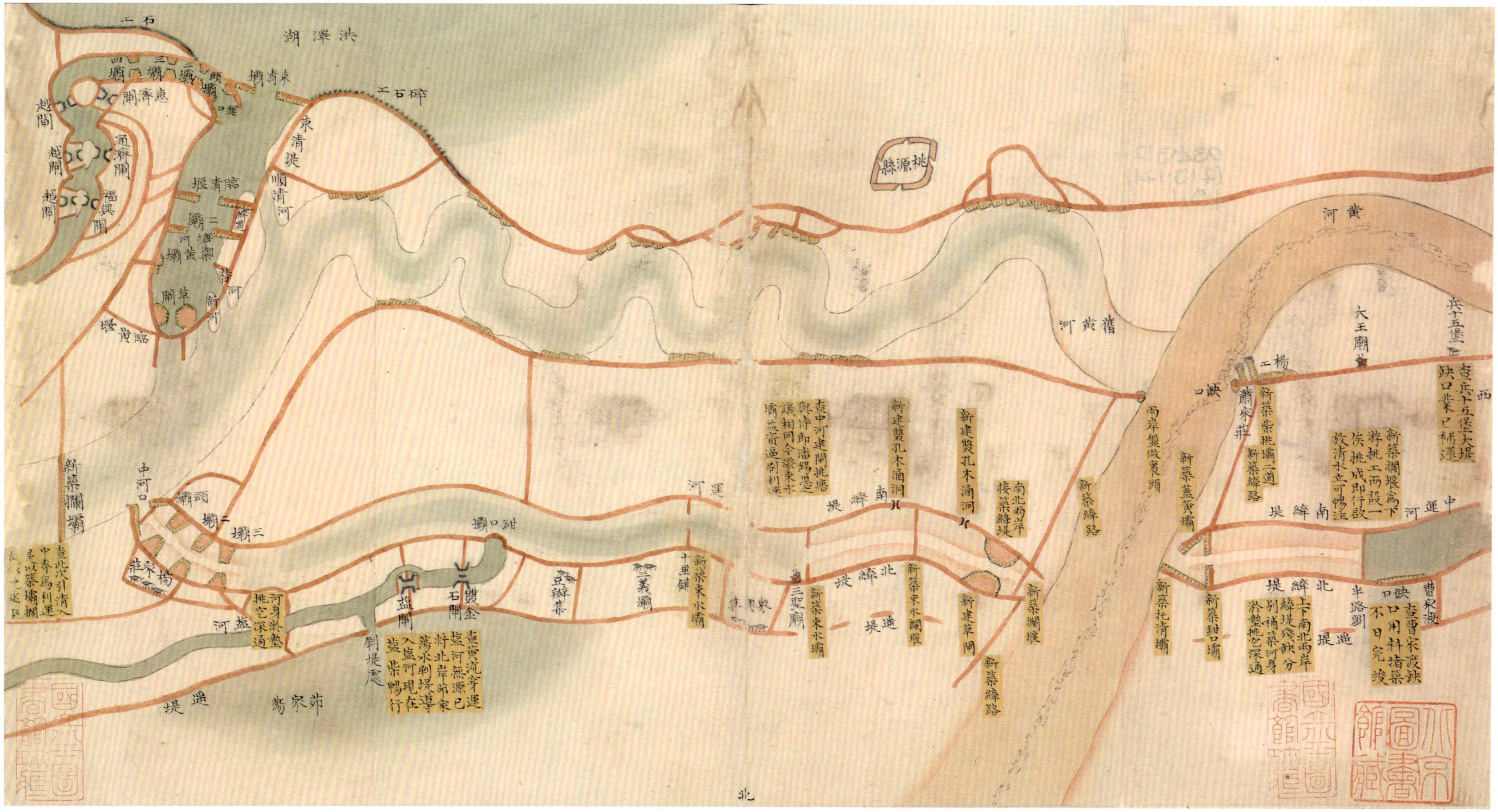

中河厅属补还纤堤并做草闸挑河筑坝情形图

1 幅；21 厘米 ×39 厘米

彩绘本

［清道光二十二年（1842）］

此图绘出江苏桃源县萧家庄黄河决口并挑河筑坝等情况，贴签注明新建闸坝堤堰及河势现情等。

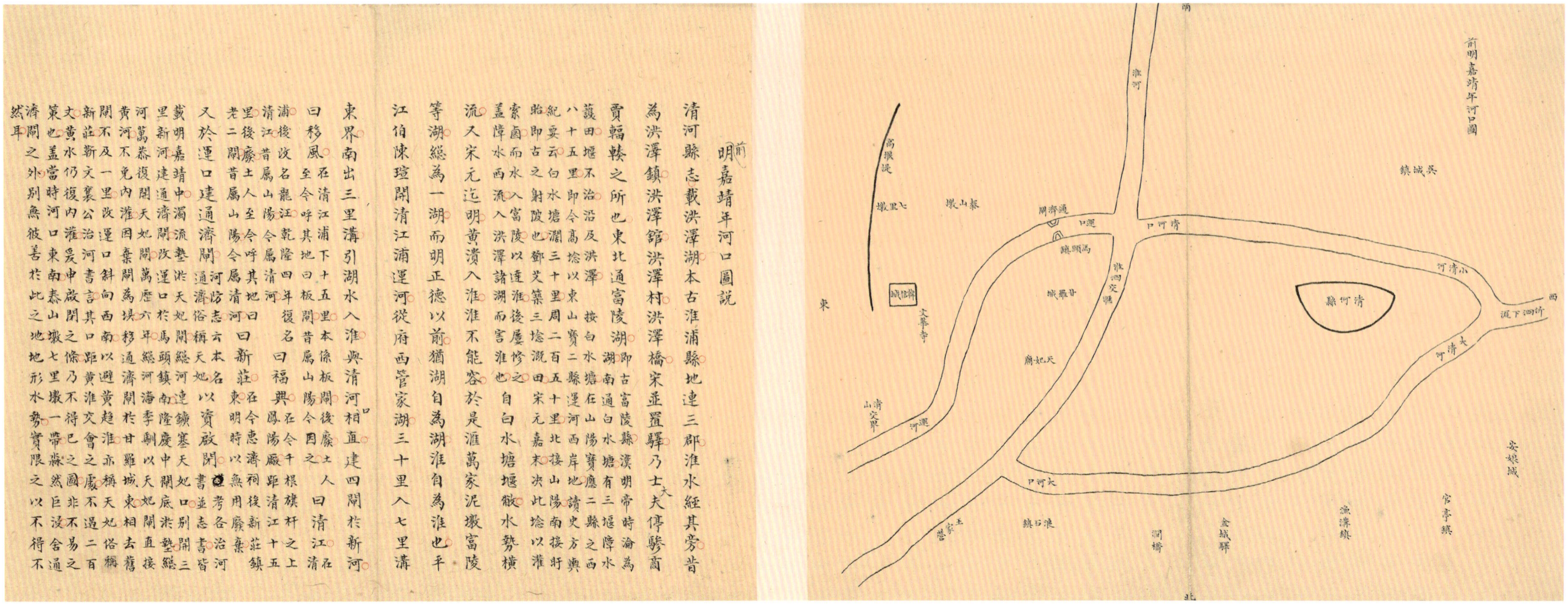

[黄运河口古今图说]

(清) 完颜麟庆编绘

1 册；32 厘米 ×37 厘米

绘本

清道光二十年（1840）

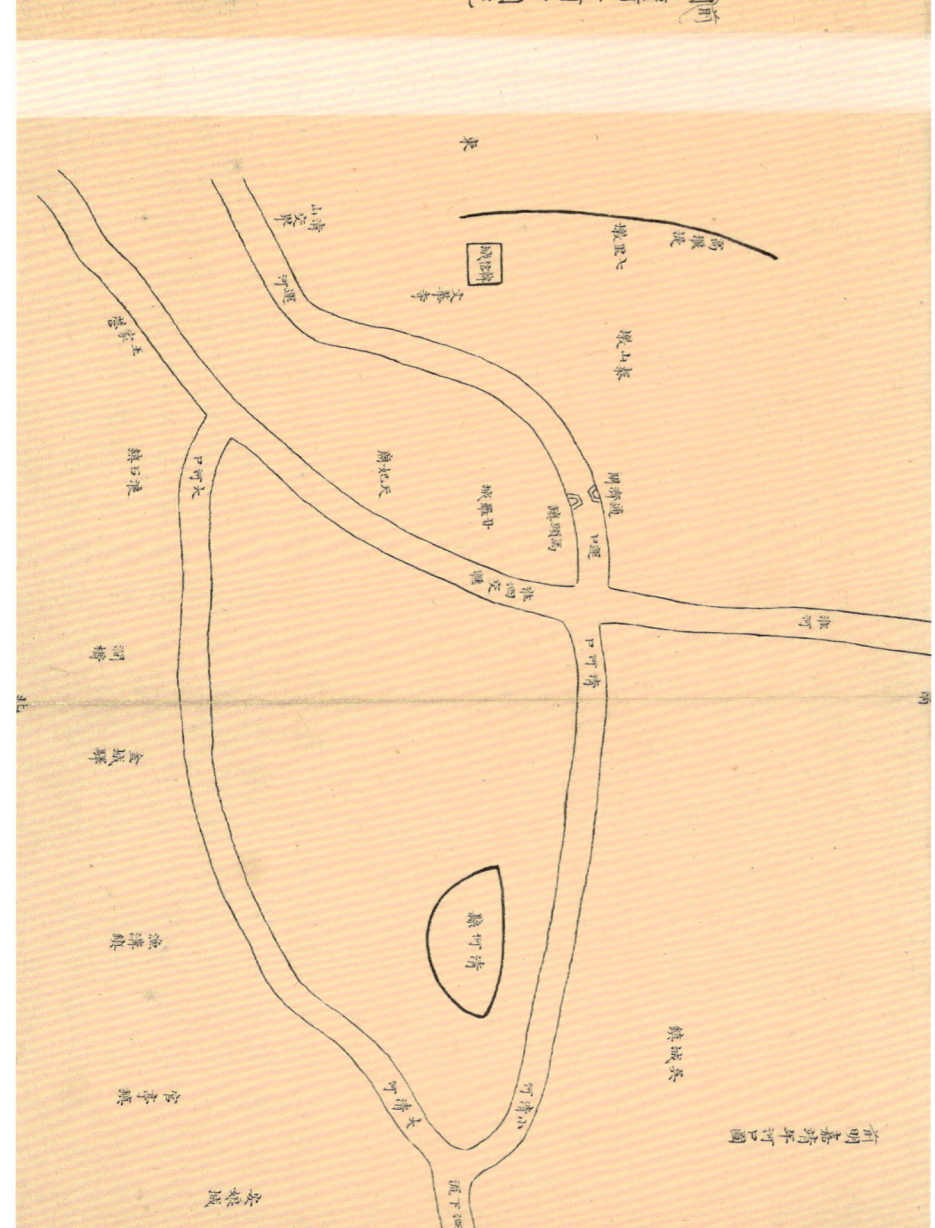

黄运河口即黄、淮、运河交汇处，位于江苏省清河县（今江苏省淮安市清江浦区）。此处三河彼此牵制，治理极为复杂。完颜麟庆在亲自考证明嘉靖年间至道光十八年（1838）间黄运河口沿革及损益情况的基础上进行实地考察，于道光二十年（1840）完成此图说。书中有明嘉靖年、康熙十一年、康熙十五年后、康熙三十四年后、乾隆三十年前、乾隆四十一年、乾隆五十年、嘉庆十三年、道光七年、道光十八年河口图 10 幅及对应图说 10 篇。地图绘出当时新旧河道及运河开凿、建闸新旧址，标记堤坝单重、黄淮交汇、桥涵位置等；图说详细记载历年河工规划、措施、施工过程、工程规模等，考证河口之沿革，论述其得失。书末附《徐仰庭河口灌塘渡运说》《沈香城河口说》。此为绘本，书前有作者序，图说文字有修改，偶有贴页修改，有红圈句读。系道光二十一年（1841）刻本之底本。

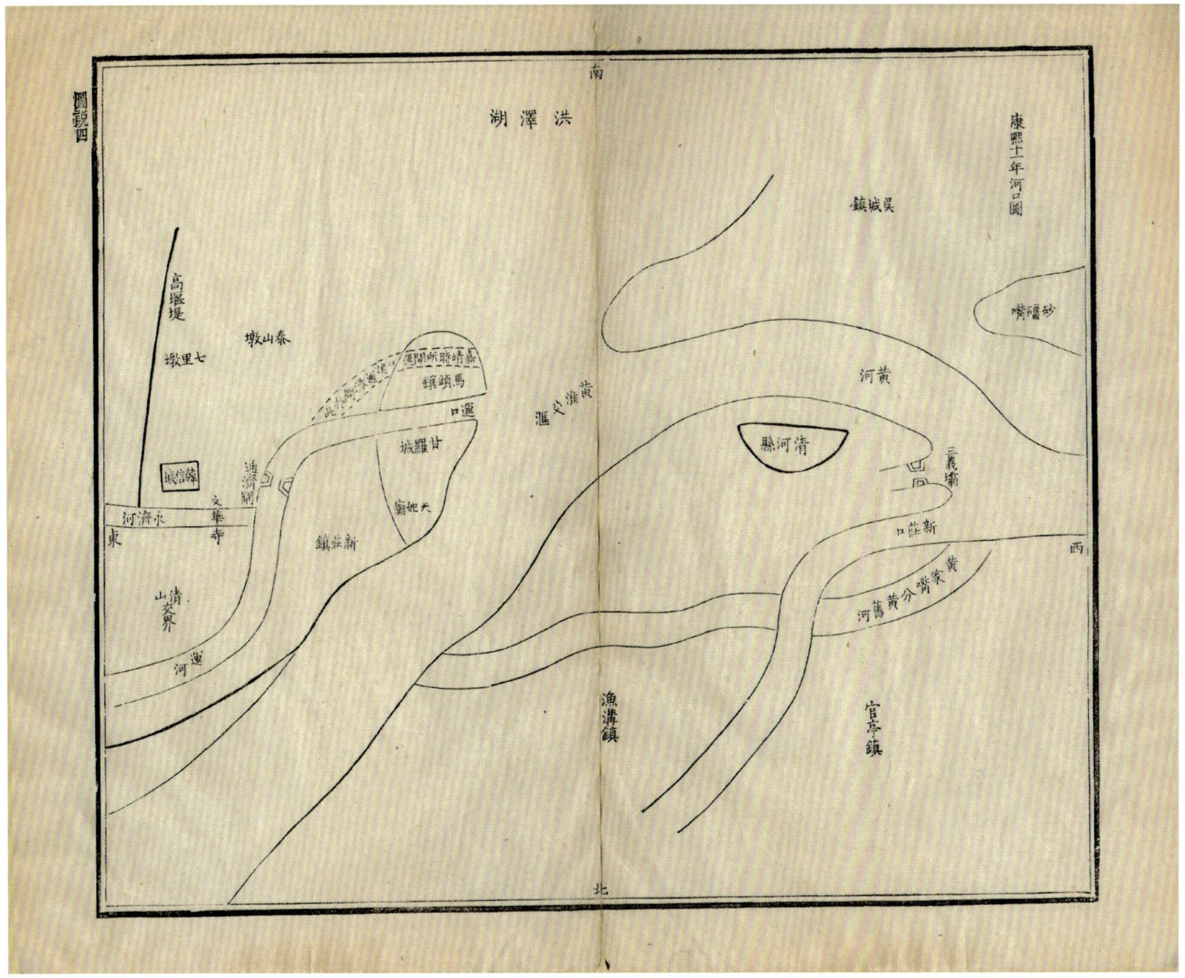

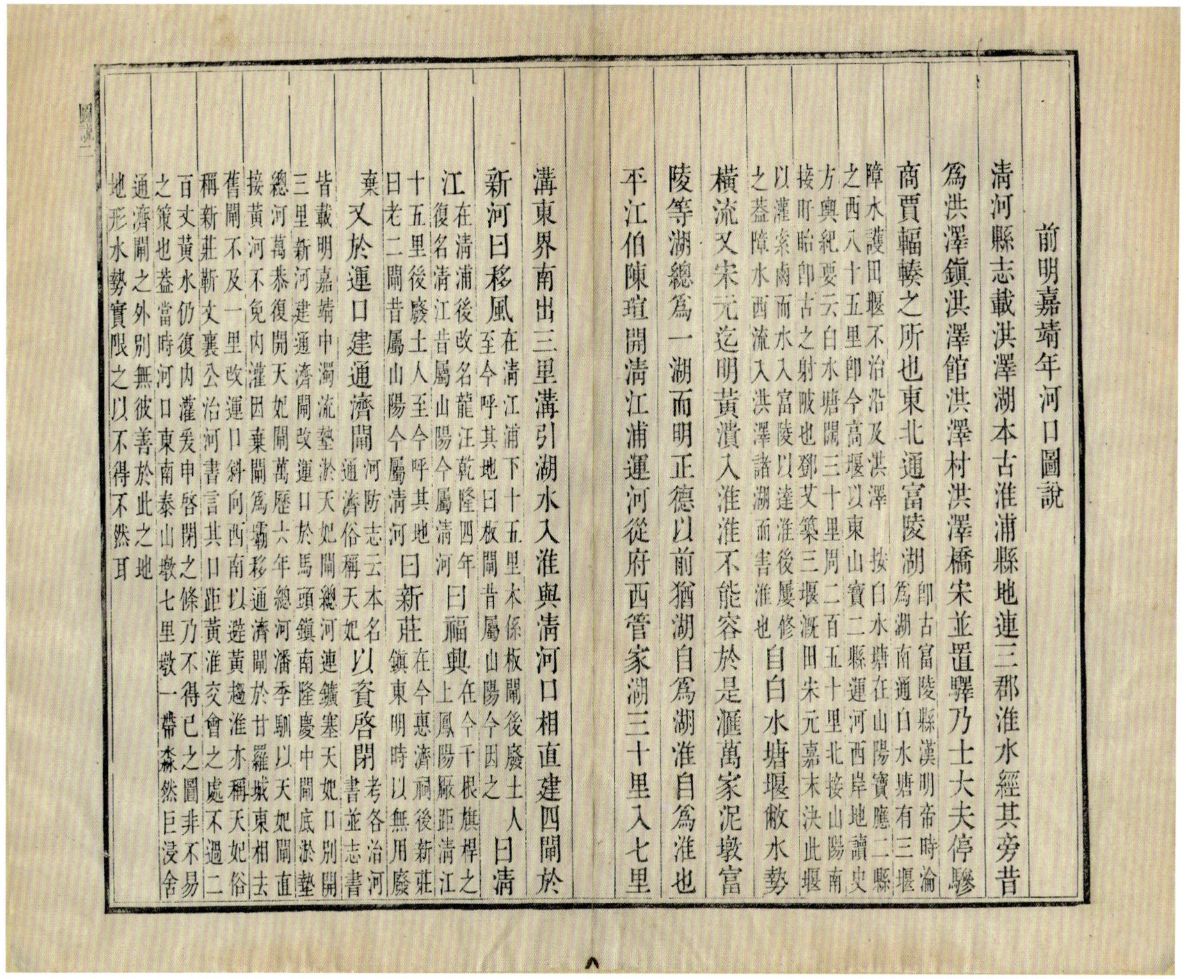

前明嘉靖年河口圖說

淸河縣志載洪澤湖本古淮浦縣地連三郡淮水經其旁昔爲洪澤鎭洪澤館洪澤村洪澤橋宋並置驛乃士大夫停驂商賈輻輳之所也東北通富陵湖即古富陵縣漢明帝時淪爲湖南通白水塘有三堰障水護田堰不治沿及洪澤按白水塘在山陽寶應二縣之西八十五里即今高堰以東山寶二縣運河西岸地讀史方輿紀要云白水塘闊三十里周二百五十里北接山陽南接盱眙郎古之射陂也鄧艾築三堰溉田宋元嘉末決此堰以灌索虜而水入富陵以達淮後屢修之蓋障水西流入洪澤諸湖而害淮也自白水塘堰歛水勢橫流又宋元迄明黃濆入淮淮不能容於是滙萬家泥墩富陵等湖總爲一湖而明正德以前猶湖自爲湖淮自爲淮也平江伯陳瑄開淸江浦運河從府西管家湖三十里入七里溝東界南出三里溝引湖水入淮與淸河口相直建四閘於新河曰移風在淸江浦下十五里本係板閘後廢土人至今呼其地曰板閘昔屬山陽今因之曰淸江在淸浦後改名龍汪乾隆四年復名淸江昔屬山陽今屬淸河曰福興在今千根旗桿之上鳳陽廠距淸江十五里後廢土人至今呼其地日老二閘昔屬山陽今屬淸河曰新莊在今惠濟祠後新莊鎭東明時以無用廢棄又於運口建通濟閘河防志云本名通濟俗稱天妃以資啓閉考各治河書並志書皆載明嘉靖中濁流墊淤天妃閘總河連鑛塞天妃口別開三里新河建通濟閘改運口於馬頭鎭南隆慶中閘底淤墊總河萬恭復開天妃閘萬歷六年總河潘季馴以天妃閘直接黃河不免內灌因棄閘爲壩移通濟閘於甘羅城東相去舊閘不及一里改運口斜向西南以避黃趨淮亦稱天妃俗稱新莊靳文襄公治河書言其口距黃淮交會之處不過二百丈黃水仍復內灌爰申啓閉之條乃不得已之圖非不易之策也蓋當時河口東南泰山墩七里墩一帶森然巨浸舍通濟閘之外別無彼善於此之地地形水勢實限之以不得不然耳

圖說二

黄运河口古今图说

（清）完颜麟庆编绘

2 册

刻本

清道光二十一年（1841）

此刻本内容同清道光二十年（1840）彩绘本。书前有“道光辛丑初云荫堂藏板”字样。

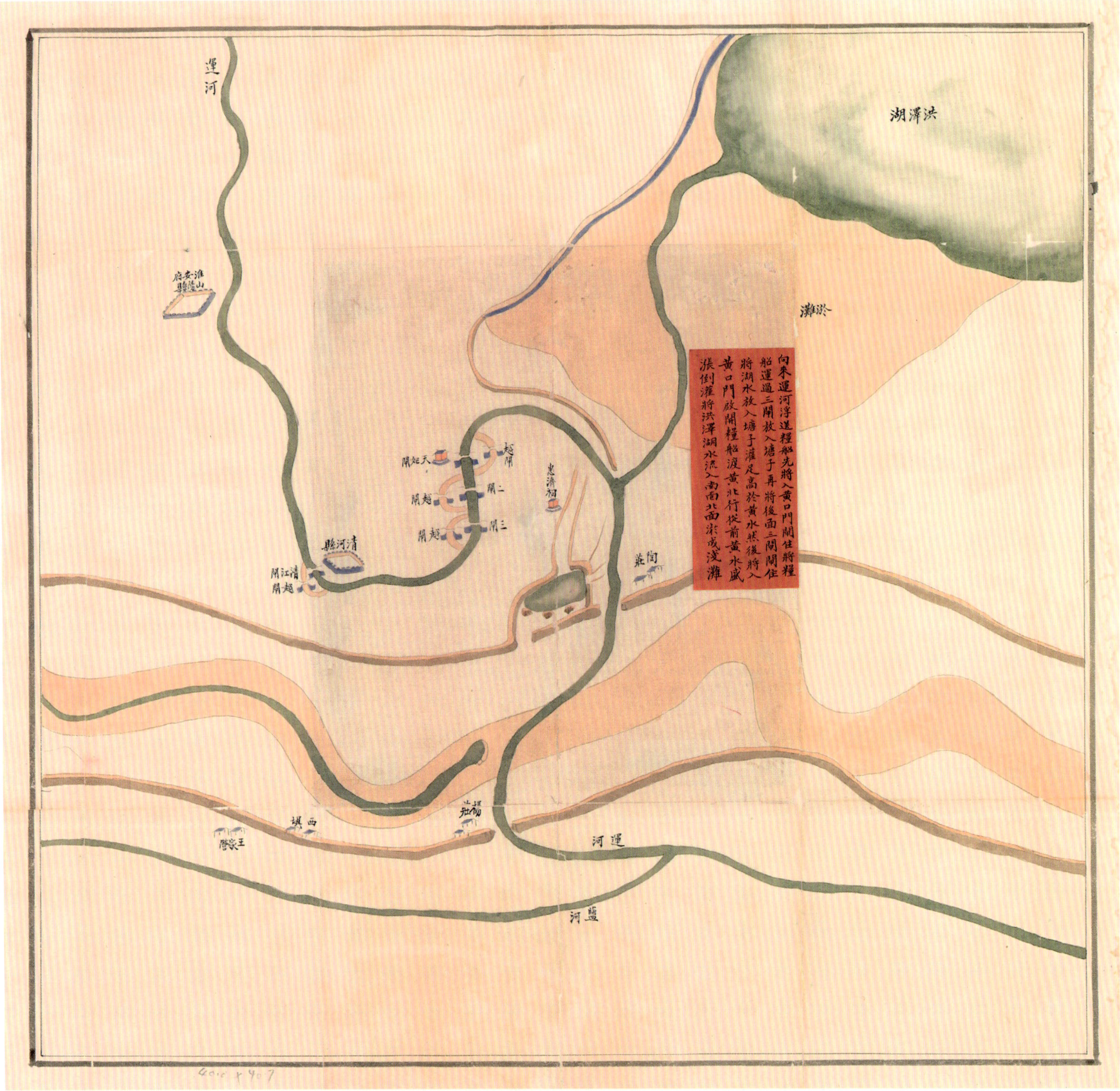

黄运交汇图

1 幅；40 厘米 ×41 厘米

彩绘本

[清咸丰初年]

此图描绘了黄河、运河交汇于江苏清河县清口之大致形势，并贴签说明运河粮船穿越黄河之法。

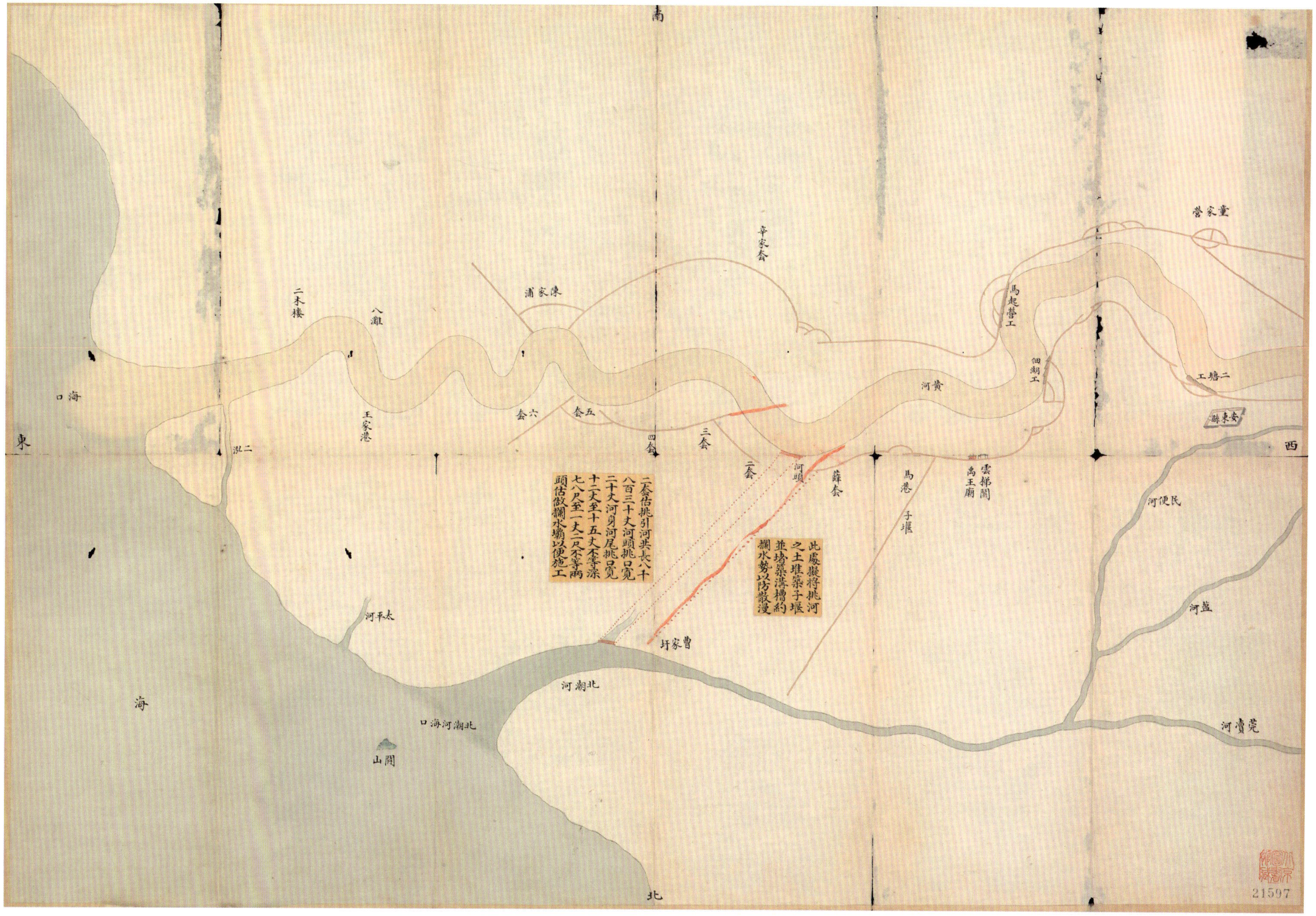

估挑二套引河图

1 幅；43.5 厘米 ×62 厘米

彩绘本

[约清乾隆五十年（1785）]

此图绘出江苏安东县至黄河入海口段黄河河道及支流、沿岸堤防，其中特别绘出河头与二套处拟挑引河情形等，并有标签注明估挑引河长度。

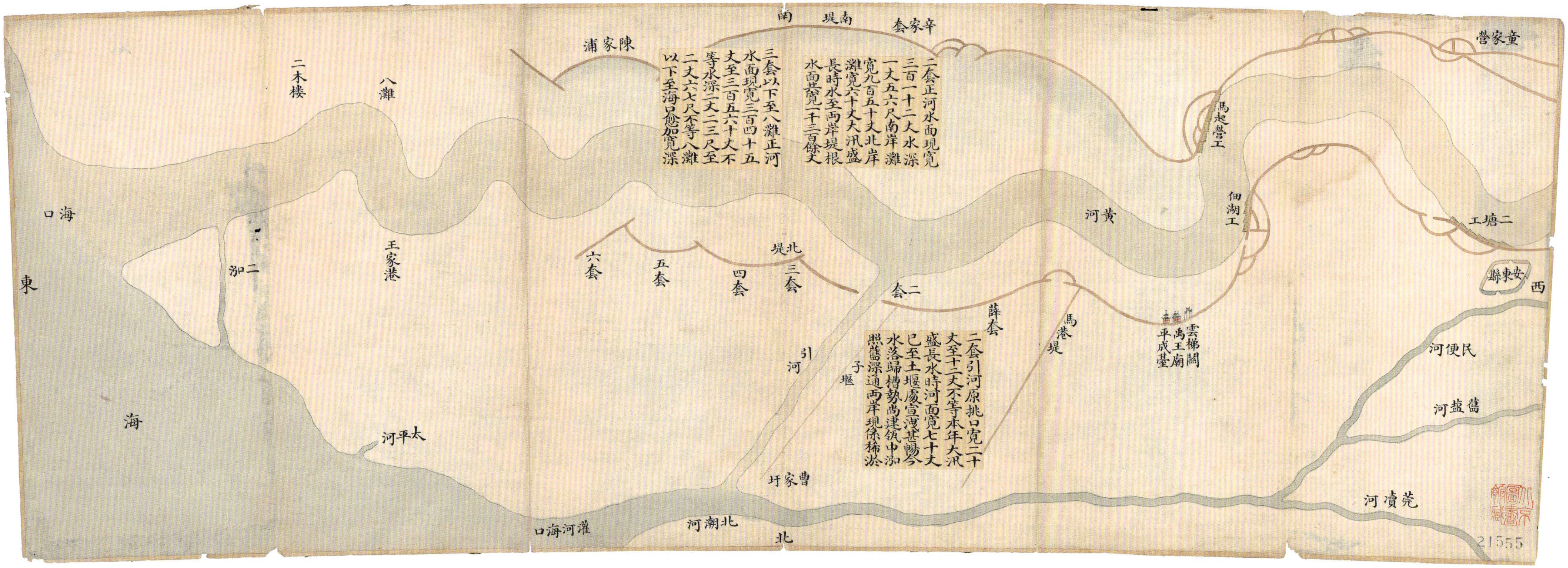

二套引河并正河归海尾闾情形图

1 幅；22 厘米 ×59 厘米

彩绘本

清乾隆五十二年（1787）

此图详细描绘了黄河在江苏云梯关以下开引河入海之形势。此系清乾隆五十二年（1787）八月初九日江南总督李世杰奏本。

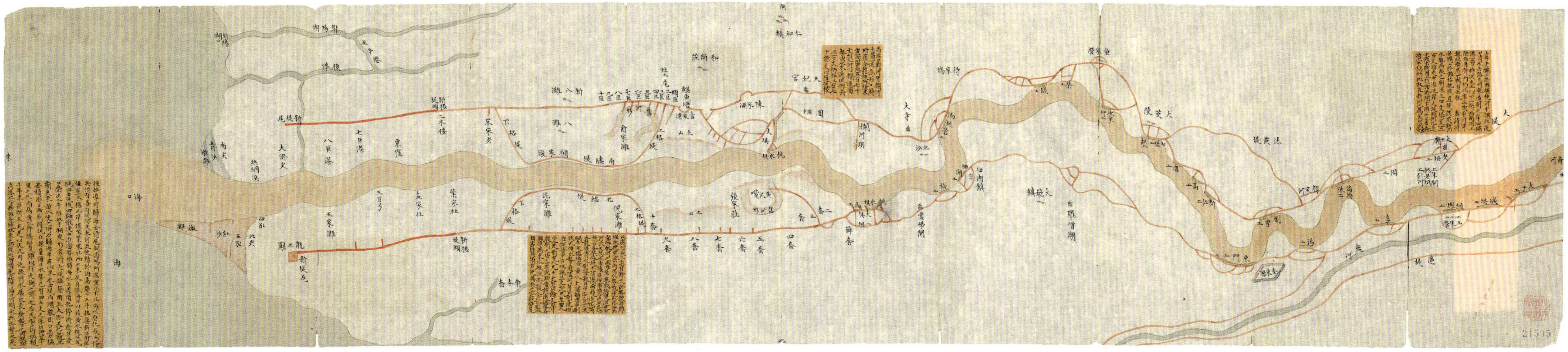

外河减坝至海口一带河道堤堰水势情形图

1幅；22厘米×99厘米

彩绘本

[清嘉庆年间（1796—1820）]

此图详绘外河减坝至海口一带黄河河势及沿岸堤防情形，贴签注明沿岸及河口处堤坝修缮维护状况。

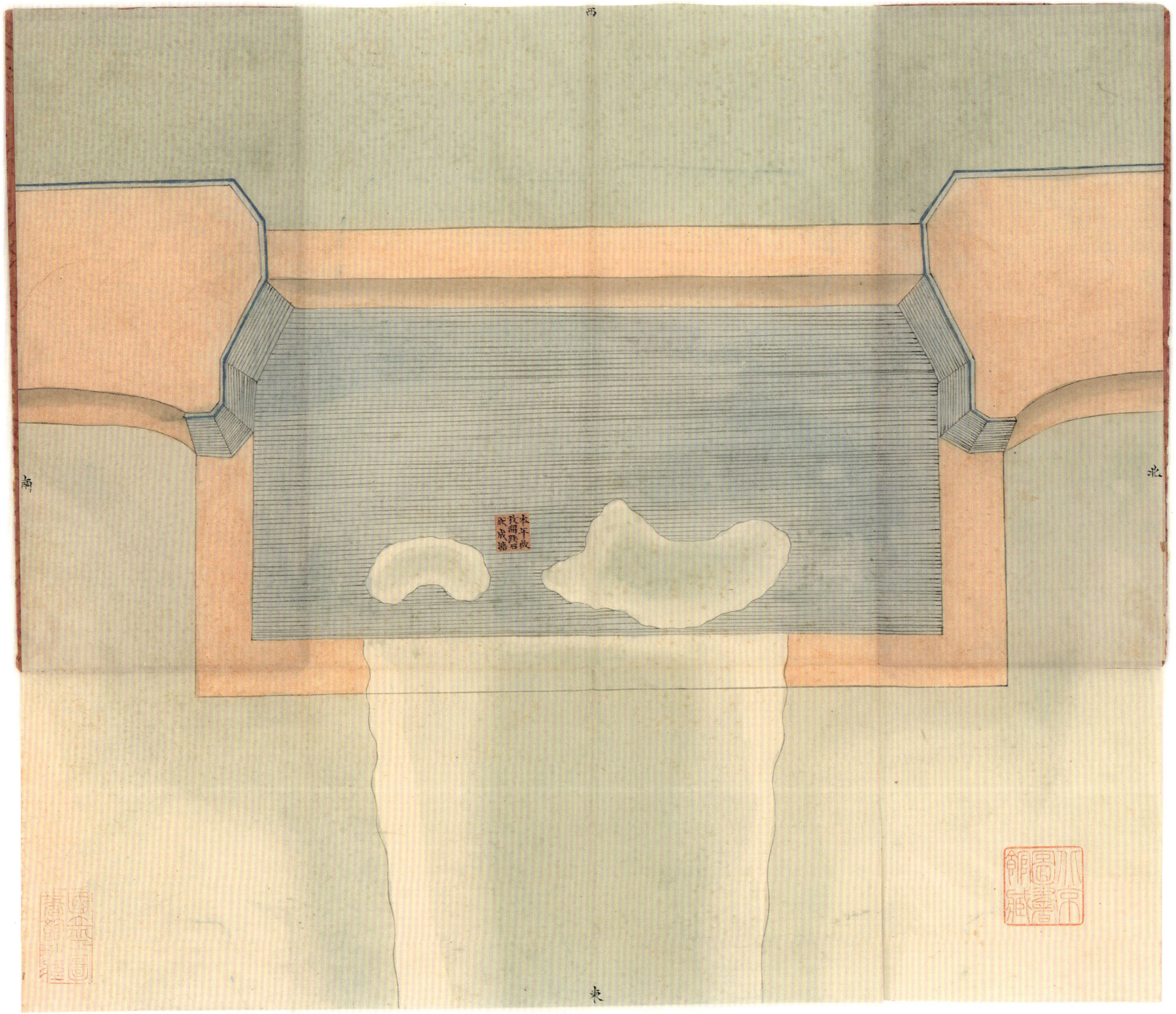

山盱厅属智字滚溜损深塘情形图

1 幅；33.2 厘米 ×38 厘米

彩绘本

[约清咸丰五年（1855）]

此图详绘厅内坝塘情形，贴签注明成塘时间。

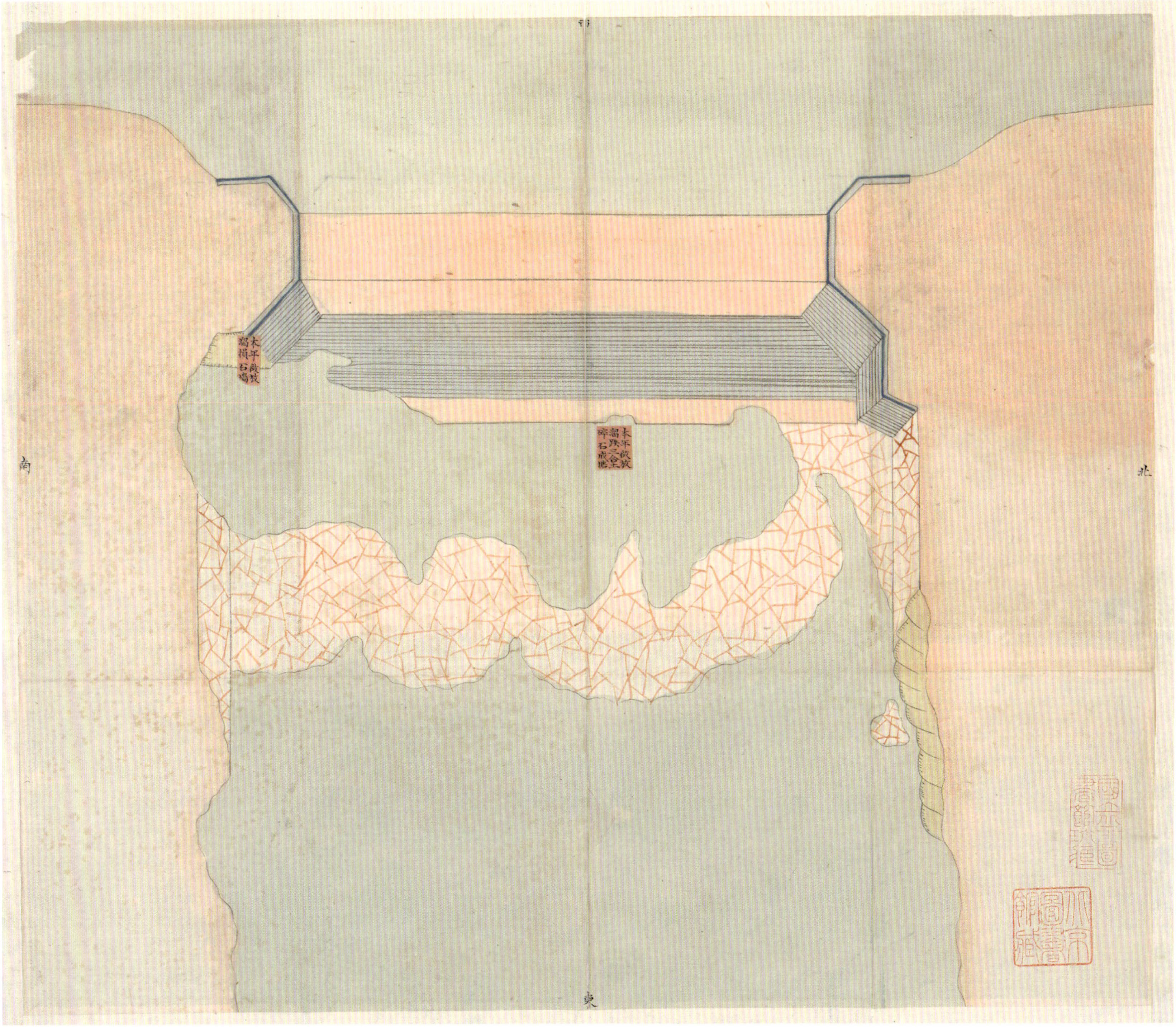

山盱厅属仁字引河石坝溜损石墙深塘情形图

1 幅；34.4 厘米 ×38.2 厘米

彩绘本

[约清咸丰五年（1855）]

此图绘出仁字引河工程，贴签说明详情。

山盱厅属林家西滚坝溜损石墙深塘情形图

1 幅；32.4 厘米 ×37.5 厘米

彩绘本

[约清咸丰五年（1855）]

此图绘出厅内坝、溜、石墙、塘等情形。

江南山东黄河图

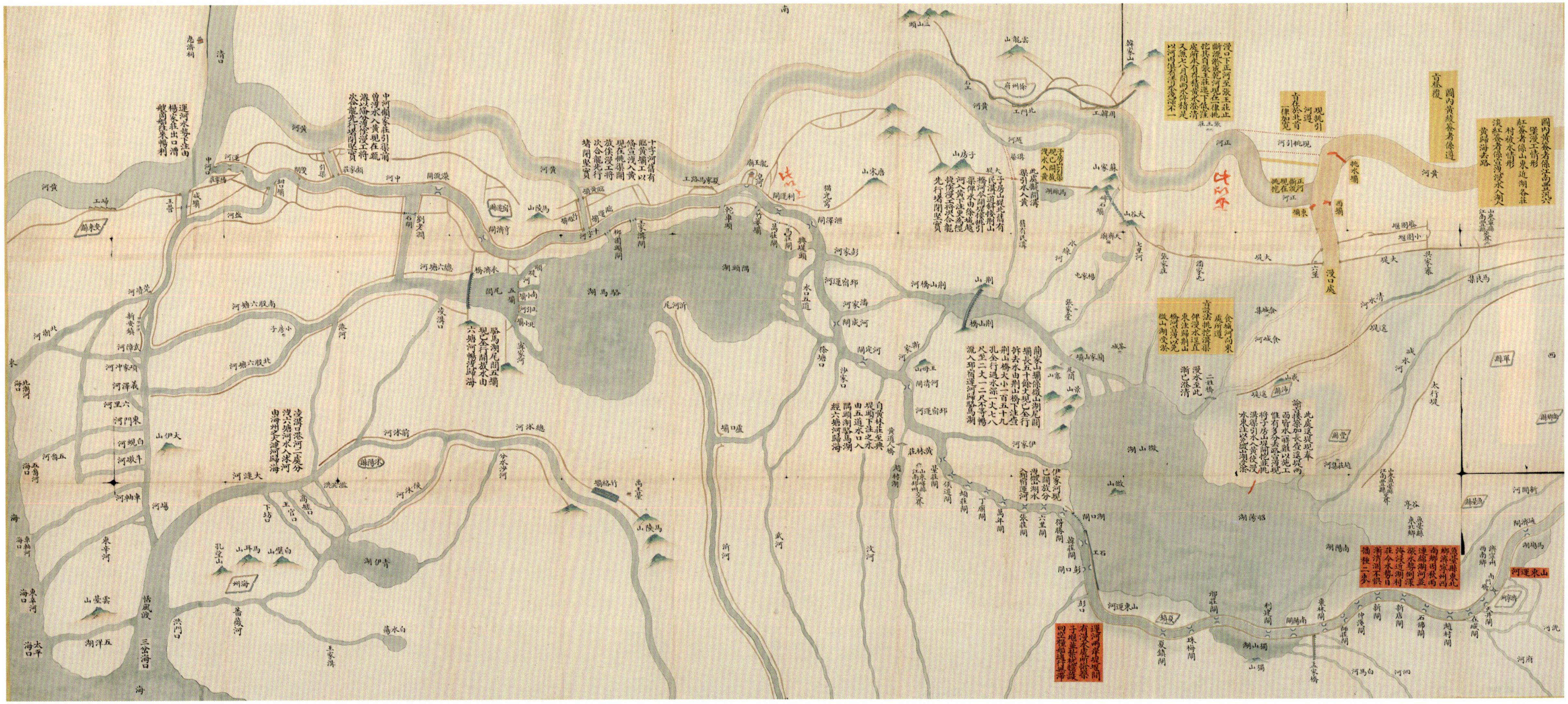

江南山东两省湖河分泄漫水归海去路情形全图

1幅；62厘米 ×136厘米

彩绘本

[清道光年间（1821—1850）]

此图绘出从山东单县到江苏安东县入海之黄河河段，主要反映清咸丰五年（1855）黄河改道前江南、山东两省黄河、运河河工闸坝情况，水系绘制详细。图中有黄签标注江南省丰汛六堡漫工，红签标注山东近湖各村庄被水情形及宣泄漫水入湖入黄归海去路。

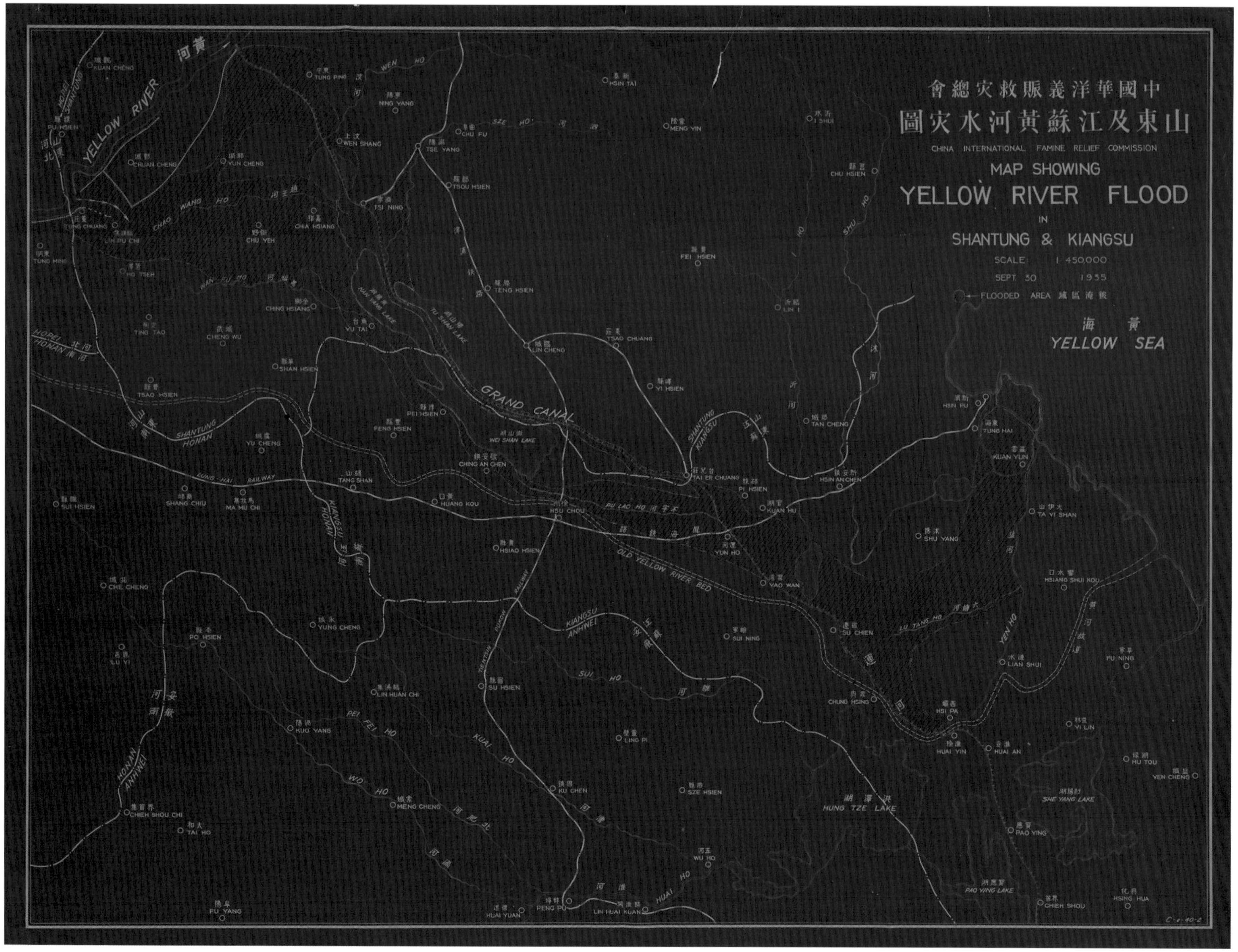

山东及江苏黄河水灾图

中国华洋义赈救灾总会编绘

1幅；75厘米×98厘米

晒蓝本

民国二十四年（1935）

是为比例尺四十五万分之一的中英双语地图，英文题名为Map showing Yellow River flood in Shantung and Kiangsu。绘出自山东董庄至江苏东海段黄河，以红色标示被淹区域。

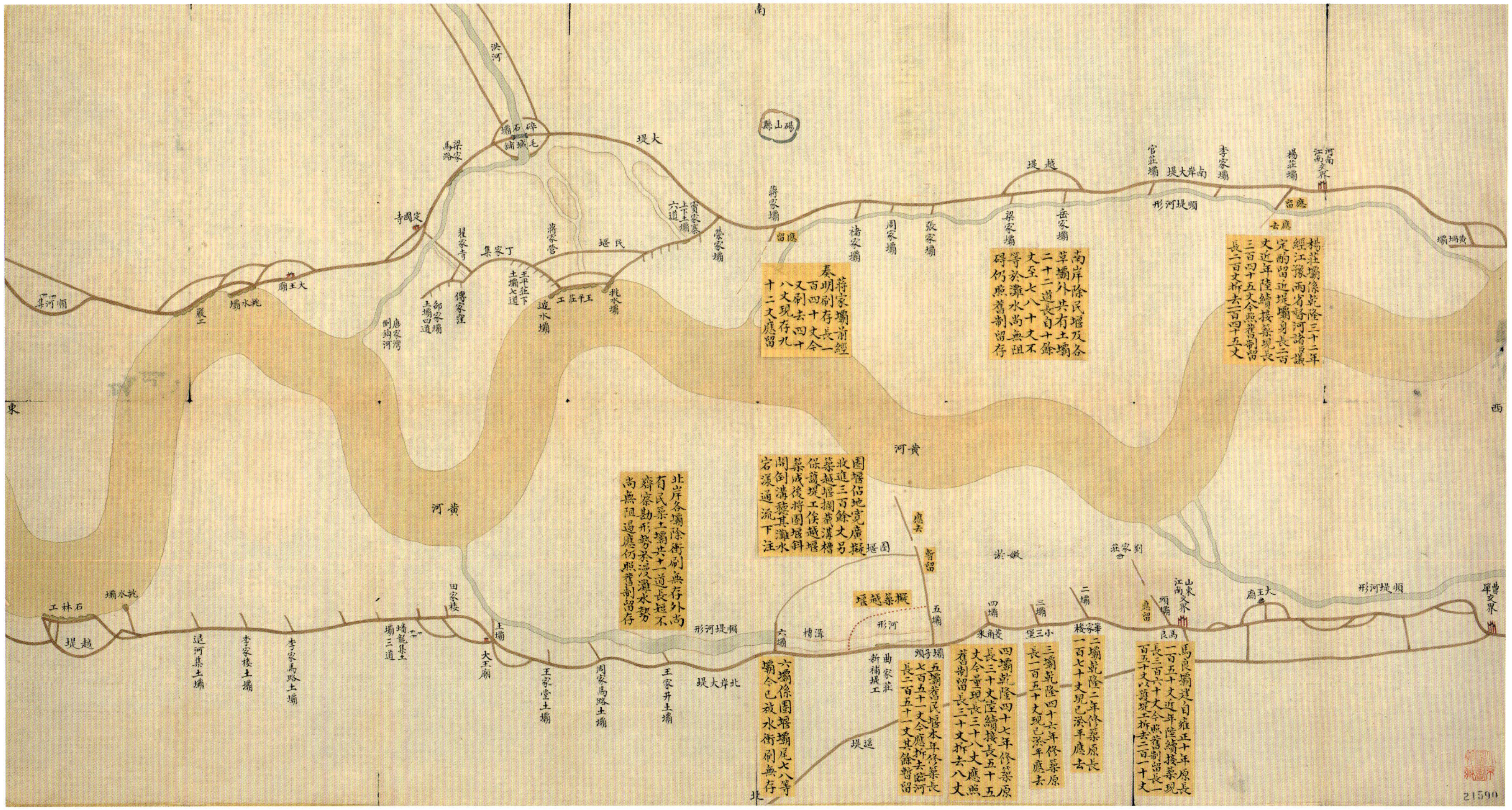

［单砀境内黄河南北两岸堤坝全图］

1 幅；43 厘米 ×79 厘米

彩绘本

［清乾隆四十七年至咸丰五年（1782—1855）］

此图绘出清咸丰五年（1855）改道前的山东单县、江苏砀山县境内黄河河道及南北两岸大堤，标出各坝名称，并贴签较详细说明了各坝建修及留存状况。图上有“乾隆四十七年”字样，故推测此图可能绘制于乾隆四十七年至咸丰五年间。

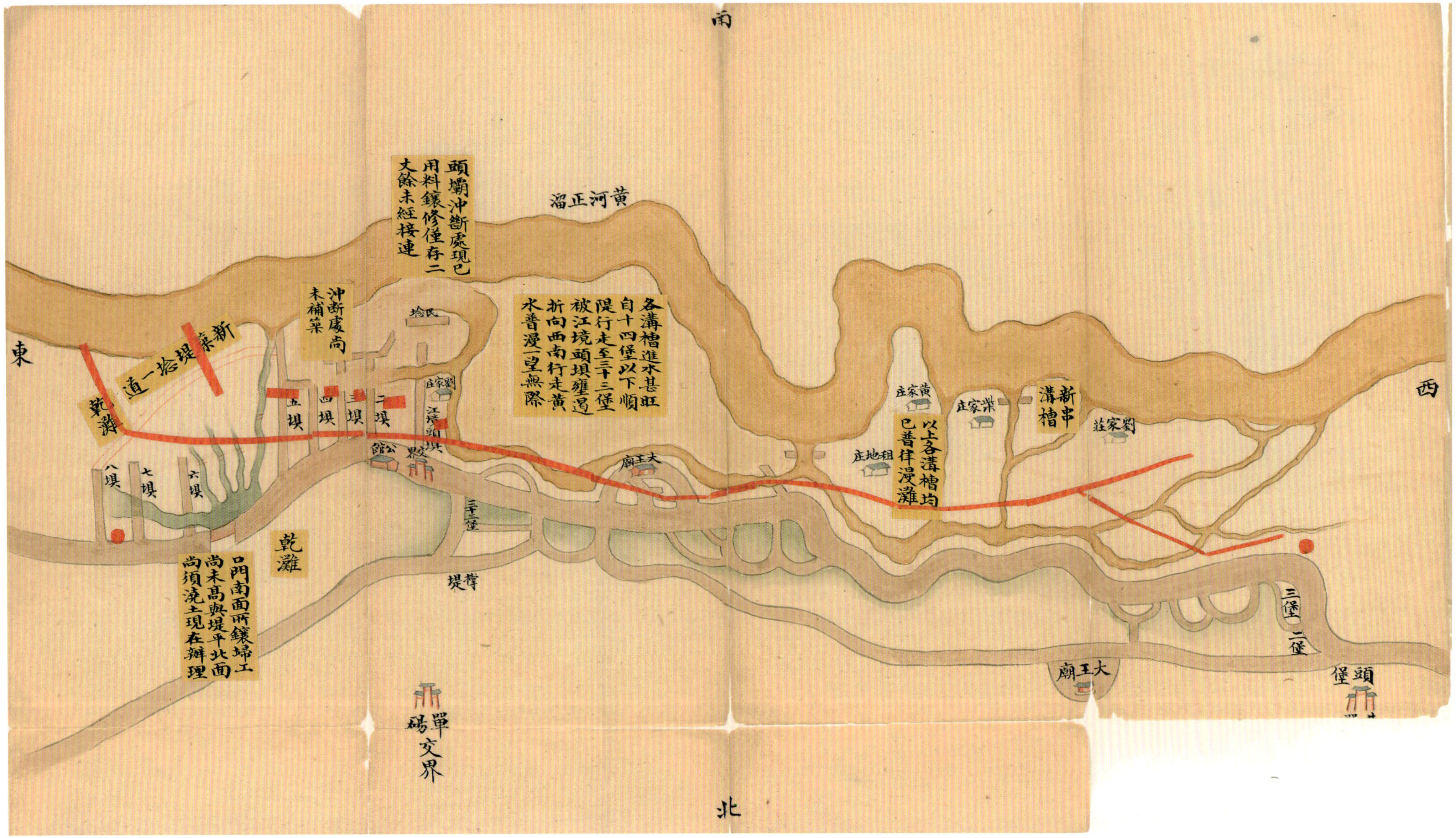

单砀两境黄河现在水势情形图

1 幅；25 厘米 ×43 厘米

彩绘本

[清咸丰五年（1855）前]

此图所绘山东单县、江苏砀山县境黄河系清咸丰五年（1855）改道前之河道，图中贴签注出北岸堤坝筑修情形。

山东黄河图

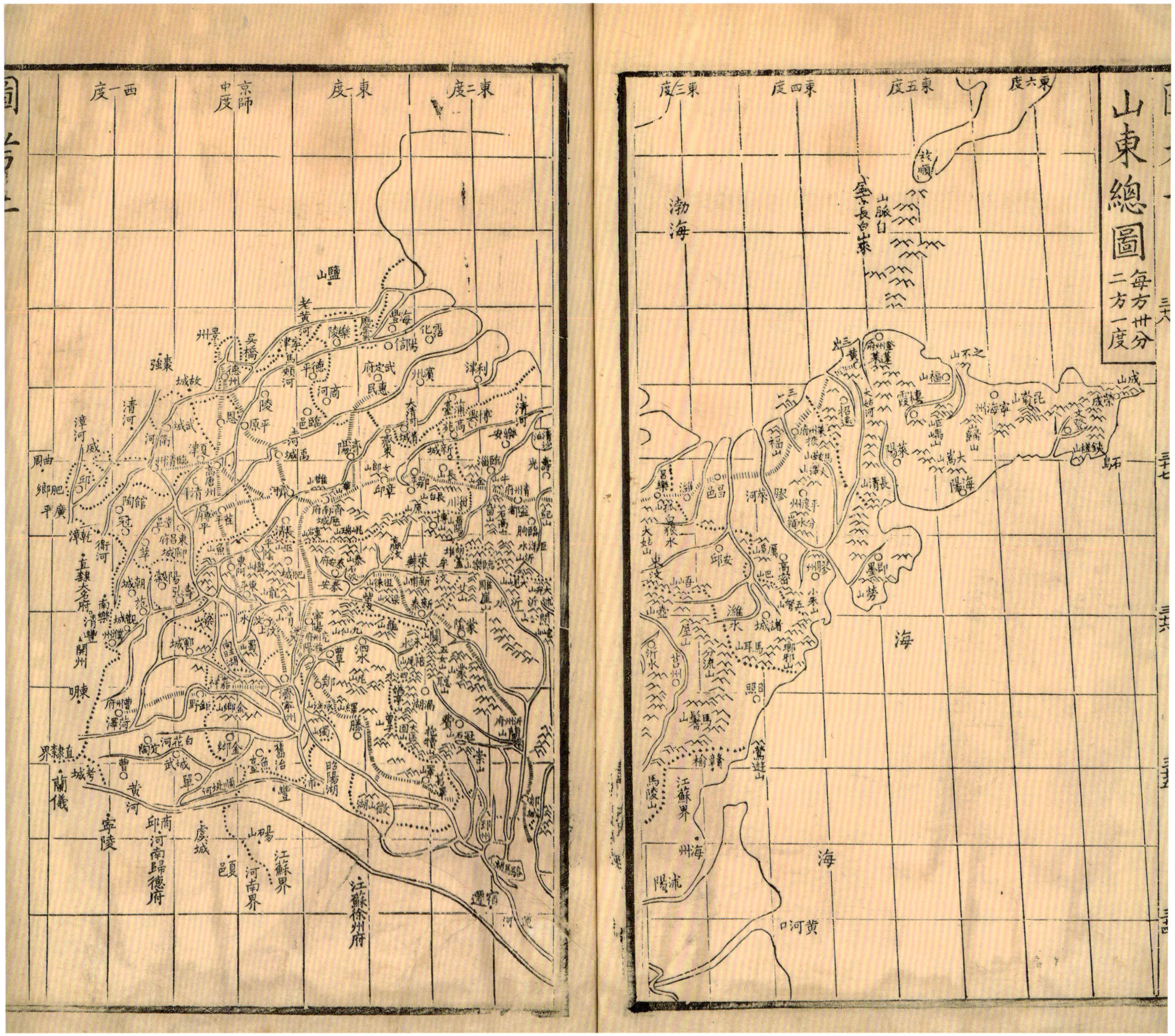

山东郡县图考

（清）叶圭绶编绘，（清）任道镕重刻

1 册；24 厘米 ×13 厘米

刻本

清光绪八年（1882）

版本一：单色刻本。版本二：朱墨套印刻本。

图共 15 幅，包括总图一幅；府、州图 12 幅，以及《水经注今山东境内水道图》和新增《海疆险厄黄河穿运夺济图》各 1 幅。书名据序题，书衣题《山东全省考古舆图》。

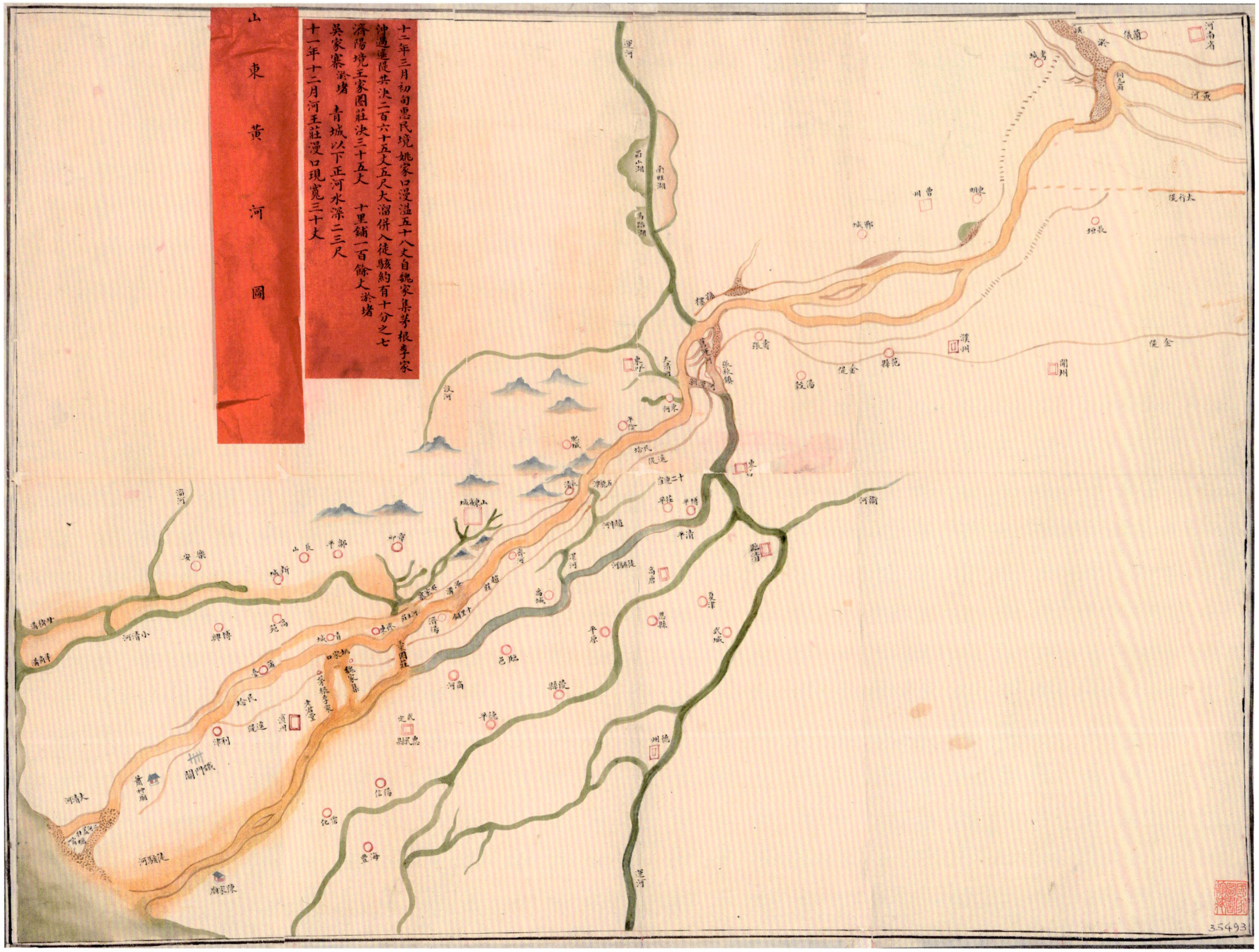

山东黄河图

1 幅；44 厘米 ×58 厘米

彩绘本

清光绪十二年三月（1886 年 4 月）

此图详细绘出黄河从河南铜瓦厢改道进入山东的全部流程及其它河流的情形，以及山东各府、州、县分布状况，并以文字记述黄河漫道时间与地点。另附奏稿 9 册，均是当年筹划治理山东黄河的实物史料。

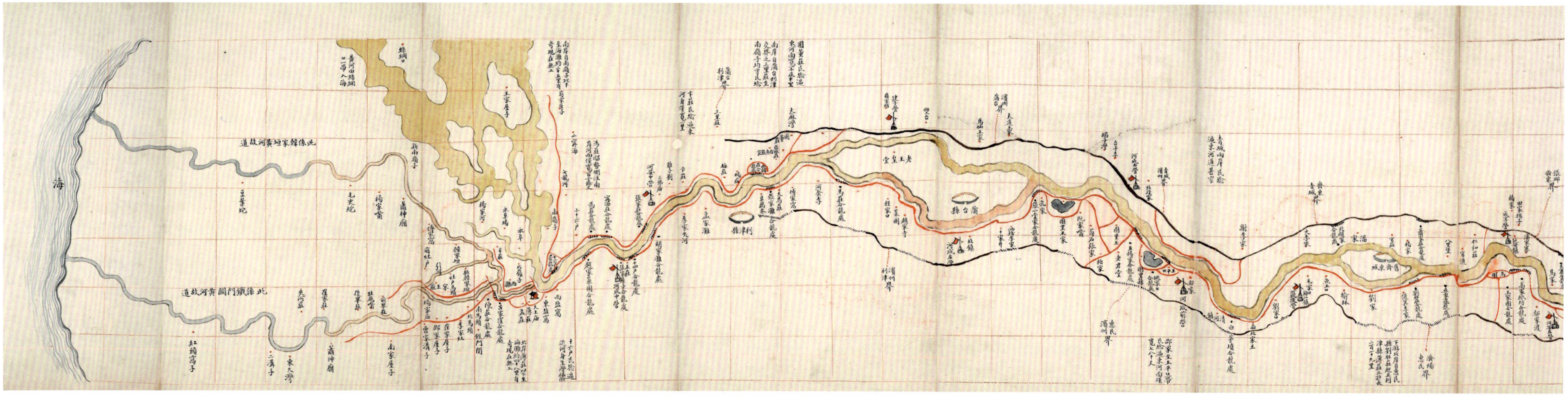

山东黄河全图

1 幅；27 厘米 ×280 厘米

彩绘本

清光绪二十九年（1903）

此图所绘黄河由直东交界至丝网口入海，地图详细绘出黄河南北两岸村镇、大堤、临黄埝、决口合龙处、防营位置以及寺庙、山脉、界址、里程长度、汇入河流等，也绘出了韩家垣黄河故道、铁门关黄河故道等。图首有河图表以及山东黄河河道、两岸堤埝等丈尺数说明。此图有计里画方，每方约十里。此图采用传统形象画法绘制而成，也运用了一些现代地图的手段，如方向标、河图表。

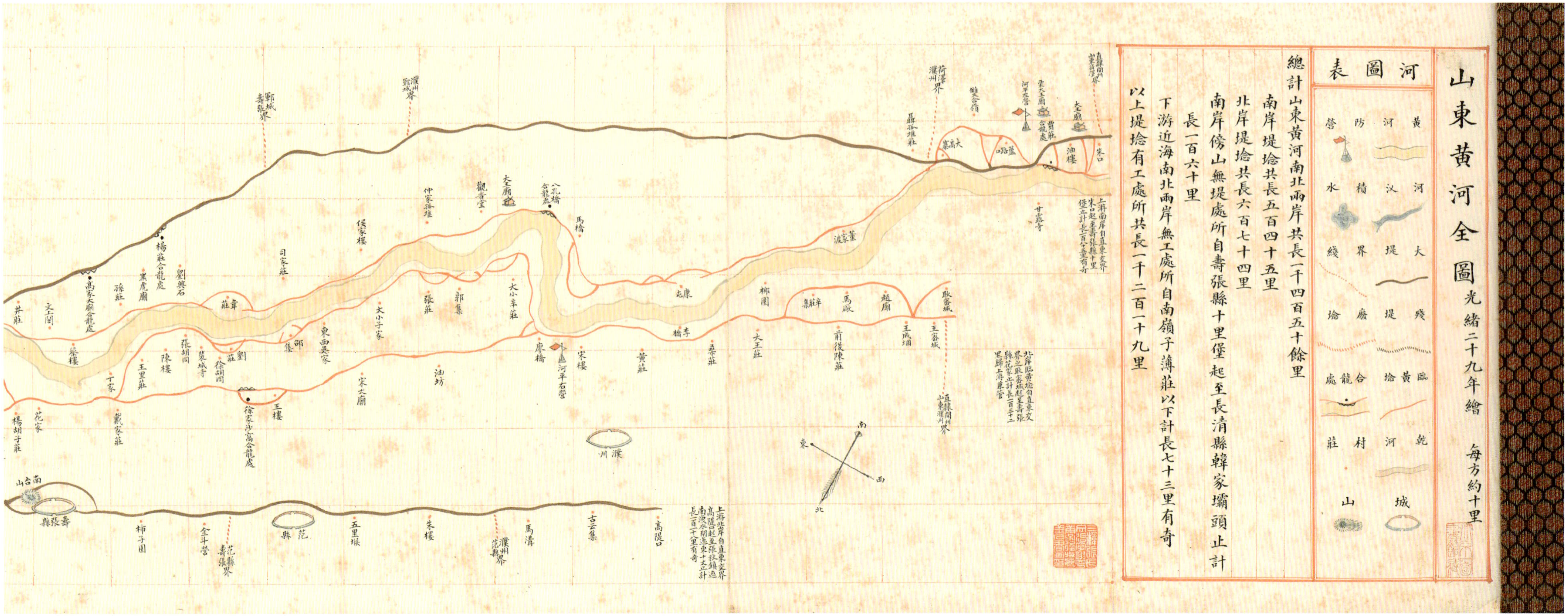

山东黄河全图

1 册；28 厘米 ×17 厘米

彩绘本

清光绪二十九年（1903）

此图与国图藏清光绪二十九年同名图相似，属同一图的不同摹绘本。

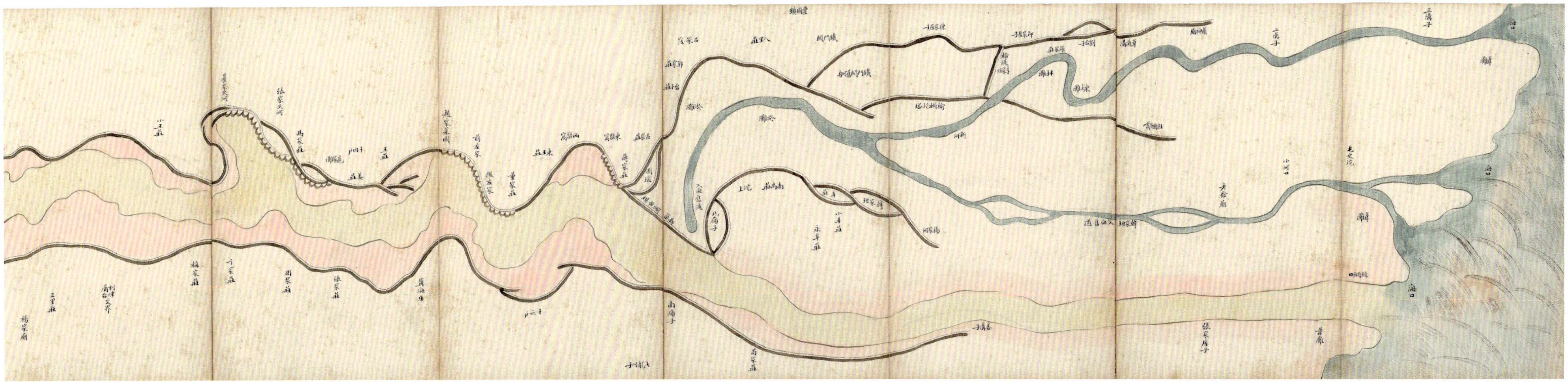

山东黄河全图

1 幅；28 厘米 ×654 厘米

彩绘本

[清光绪末年]

此图所绘直东交界到丝网口入海之黄河河道及两岸大堤，相较清光绪二十九年（1905）《山东黄河全图》更为清晰醒目，但注记略有减少。

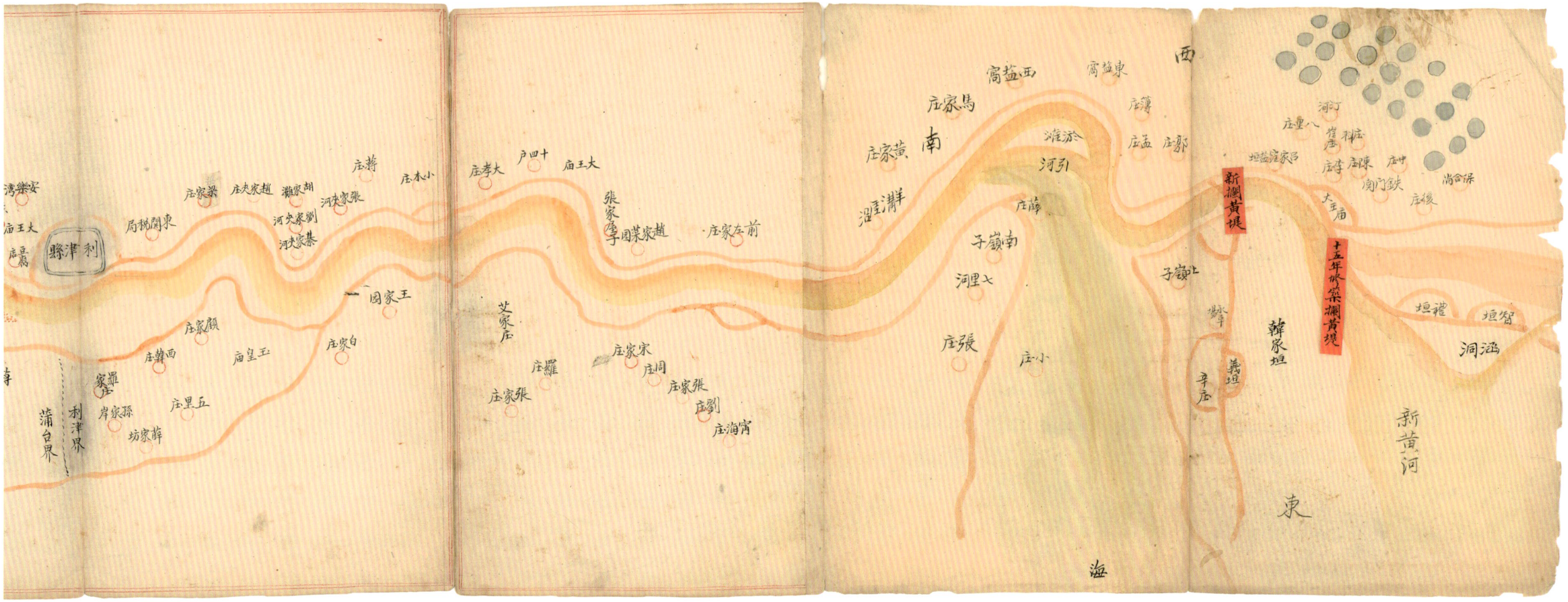

山东黄河全图

1 册；28 厘米 ×17 厘米

彩绘本

[民国年间（1912—1949）]

此图描绘了直东交界处至山东利津韩家垣入海口处的黄河，图中黄河绘制清晰详细，其他内容简略，但沿岸地名标注详细。标示有韩家垣新黄河、“十五年修筑拦黄堤”，有一处红签标明“决口此系黑红庙”（东平界附近）。

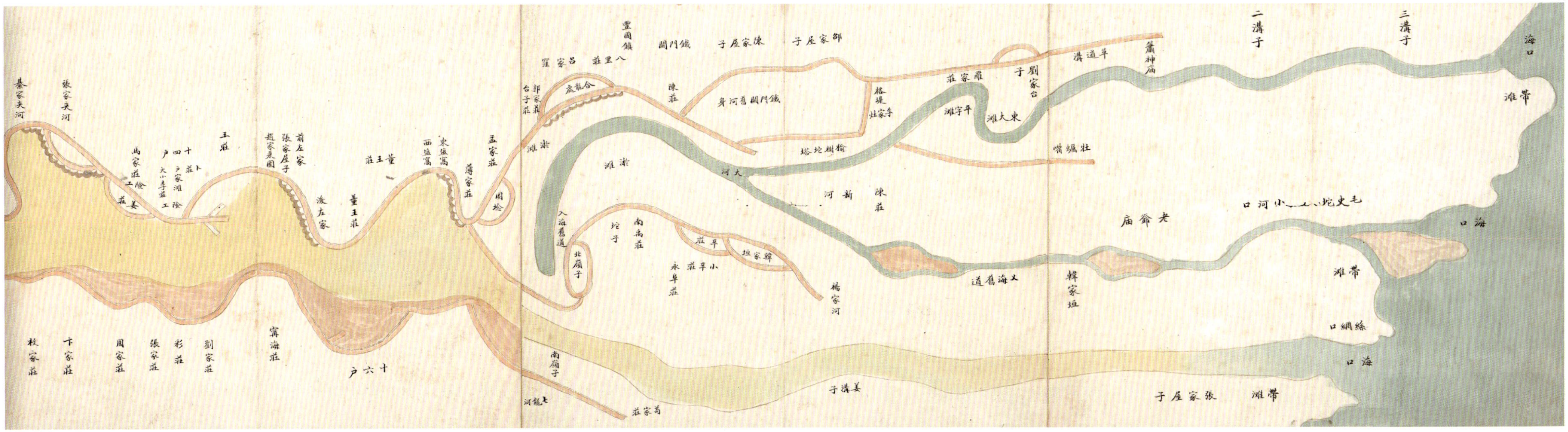

山东省黄河全图

1 幅；27 厘米 ×664 厘米

彩绘本

[清光绪年间（1875—1908）]

此图所绘黄河由直东交界至丝网口入海。地图以反映黄河河工为主，详细绘出两岸大堤走向及险工处所，标注了桑家渡、小沙滩等漫口、合龙地点及时间。

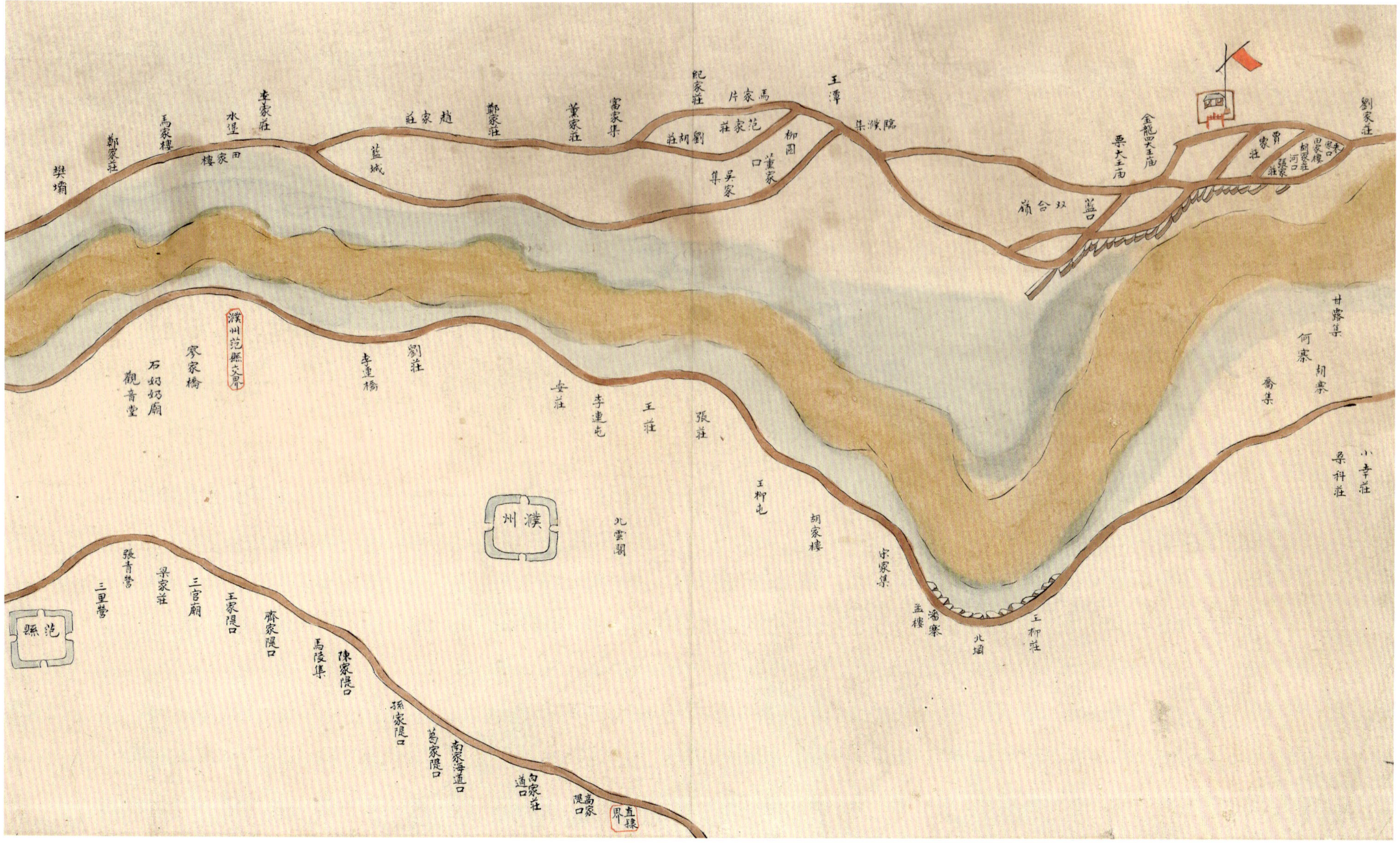

黄河图

1 册

彩绘本

[清光绪年间（1875—1908）]

此图所绘黄河系山东省境河段，从濮州到利津入海口处。绘出黄河及两岸堤防工程、府州县等，标注了沿河两岸村庄及河务营位置、名称。

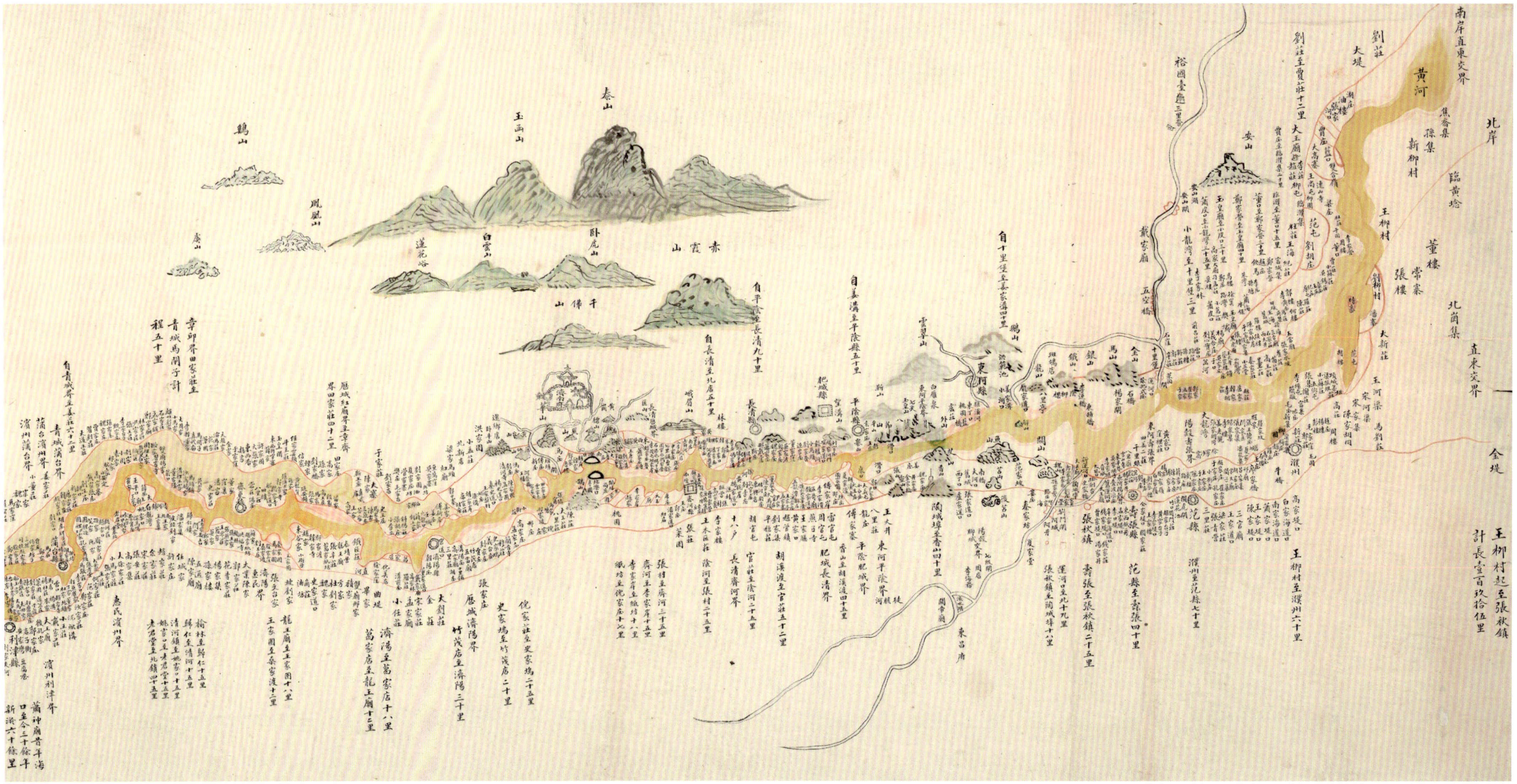

黄河图

1 幅；60 厘米 ×137 厘米

彩绘本

［清光绪年间（1875—1908）］

此图所绘黄河系上自直东交界，下至铁门关归海口河段。绘出黄河河道及两岸堤防工程、沿岸山脉、府州县、汇入河流等，详细标注了沿河及两岸大堤村庄，并标注了州、县及主要村镇间距离。

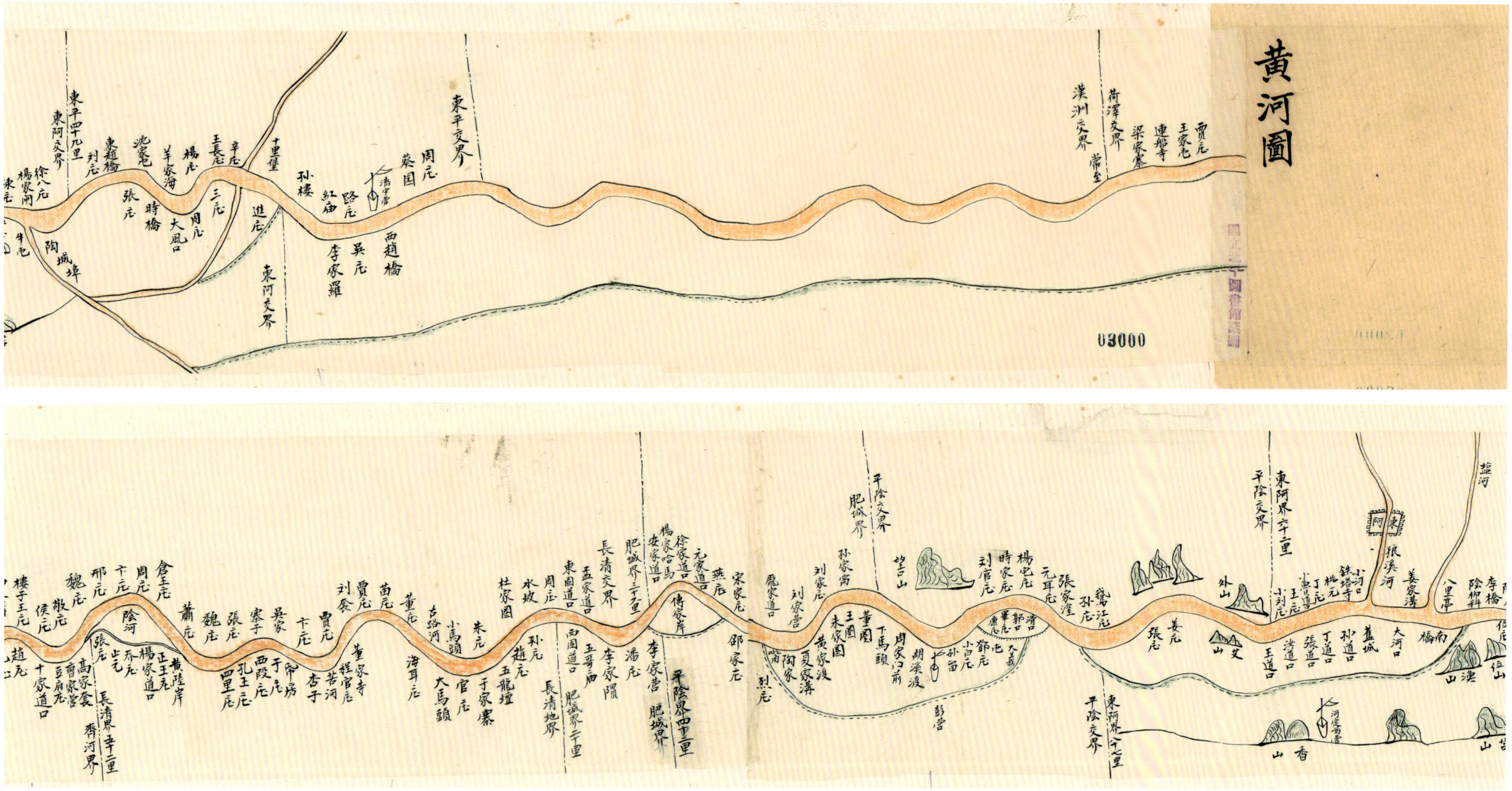

黄河图

1 幅；12 厘米 ×268 厘米

彩绘本

[清光绪年间（1875—1908）]

此图所绘黄河系山东菏泽县至利津入海口河段。简略绘出黄河及两岸大堤，但沿河两岸村庄注记较详细。全图总体较为粗糙。另有贴签题名《山东黄河沿岸村庄图》。

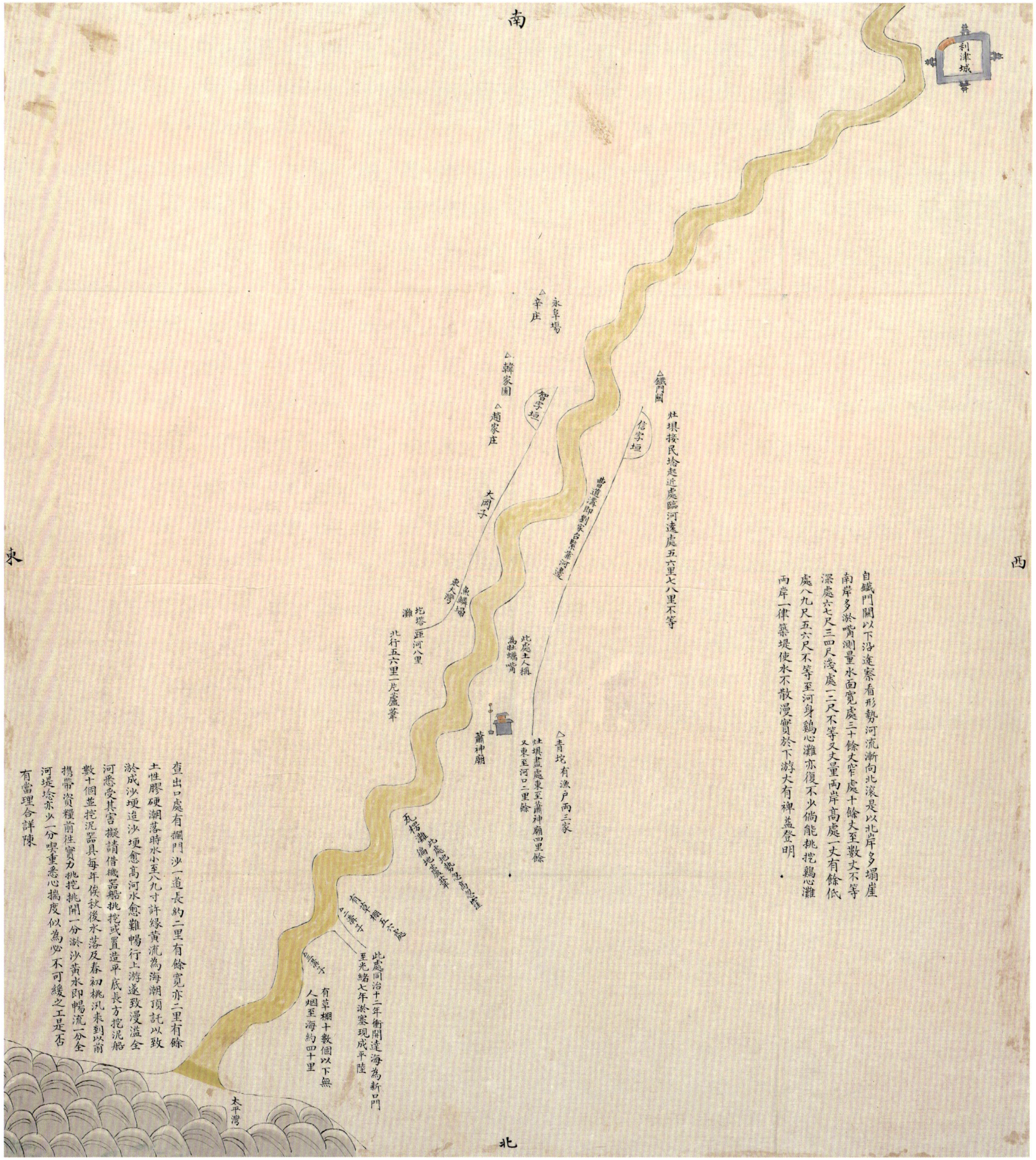

［山东黄河河道工程图］

7 幅；图廓不等

彩绘本

［清光绪年间（1875—1908）］

分别为《利津黄河入海图》（56 厘米 ×50 厘米）、《本年黄汛盛涨民埝冲决漫入运渠情形图说》（27 厘米 ×67 厘米）、《黄运交汇图》（66 厘米 ×62 厘米）、《山东济南府泺口起至滨州老君堂止现在河势工程情形图》（62 厘米 ×78 厘米）、《山东河图》（47 厘米 ×67 厘米）、《单县黄河图》（47 厘米 ×50 厘米）及《山东黄河图》（40 厘米 ×60 厘米）。另附挖泥机器图一张。图片所示为《利津黄河入海图》。

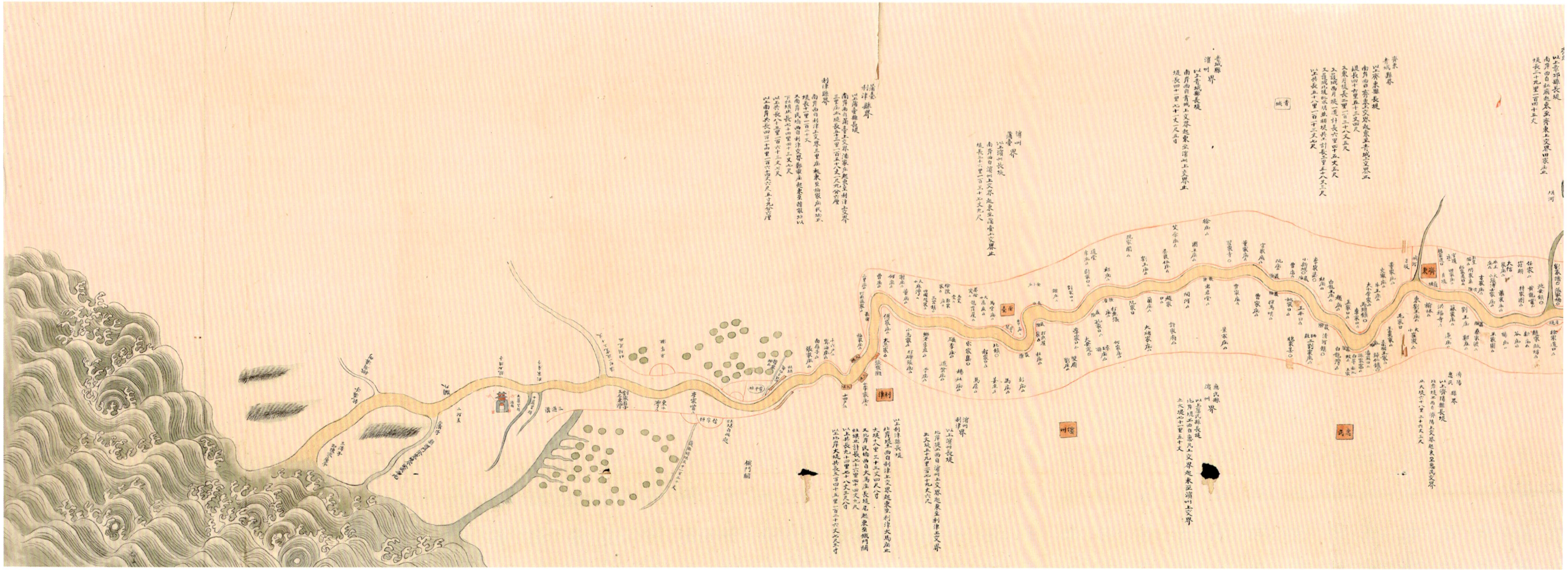

山东黄河大堤全图

1 幅；45 厘米 ×210 厘米

彩绘本

[清光绪年间（1875—1908）]

此图主要绘出山东阳谷县至铁门关入海处之黄河及其支流，简略绘出沿岸山峰、府州县，以红线标出两岸大坝、护堤、月堤、减河等。图中有文字标注支流、山峰、府州县、寺庙，详细标注沿岸村落，专门标注出最险、险要等处，另有图说详细说明各县堤工起讫、丈尺等。

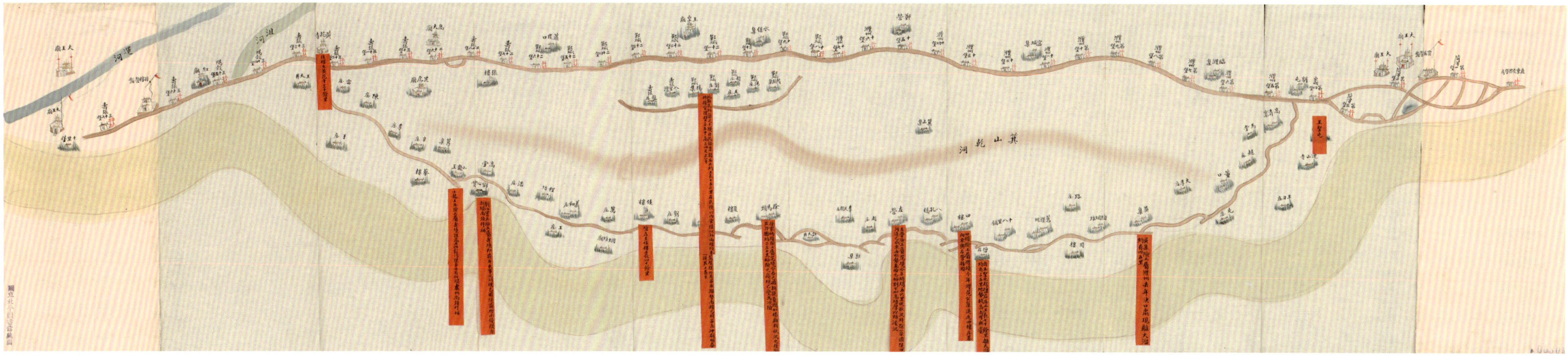

民埝全图

1 幅；27 厘米 ×116 厘米

彩绘本

清光绪年间（1875—1908）

此图绘出上自直东交界、下至山东寿张县十里堡之黄河及南岸民埝，重点绘出 30 余处沿埝防护据点，另有贴签说明各州、县境险工筑修情况。

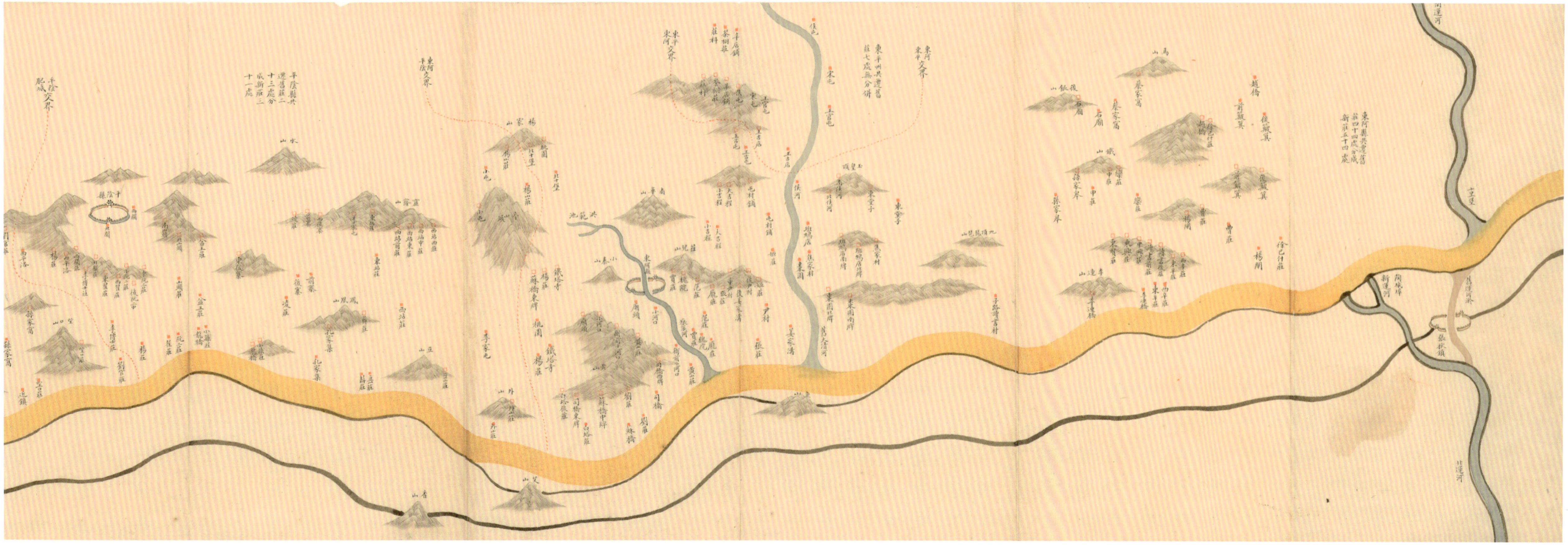

山东黄河南岸自东平州起至利津海口止十三州县滨河村庄新旧迁民总图说

（清）黄玑绘

1幅；25厘米 ×336厘米

彩绘本

清光绪二十年（1894）

此图绘出自山东张秋镇至利津县入海口处之黄河及沿途汇入河流、山峰等，标注了村庄、山脉、汇入河流等。首附图说。图中也有文字说明各县迁出旧庄及迁入新庄数量。此图与光绪二十二年（1896）石印本《山东黄河南岸十三州县迁民图说》中的地图内容相同。

山东黄河南岸十三州县迁民图说

（清）黄玑编绘

2 册；18 厘米 ×11 厘米

石印本

清光绪二十二年（1896）

是书先图后说。地图绘出自山东张秋镇至利津县入海口处之黄河及沿途汇入河流、山峰等；图说内容丰富，详细介绍了迁民相关情形。清咸丰五年（1855），黄河在河南铜瓦厢决口。从此，黄河水在铜瓦厢口门以下，特别是山东境内，不时为害乡里，严重影响正常的生产生活，导致人口流徙不断发生。其中官方组织的移民以光绪中叶山东黄河南岸十三州县居民后撤为代表。十三州县分别为历城、章丘、济阳、齐东、青城、滨州、蒲台、利津、东阿、东平、平阴、肥城和长清。

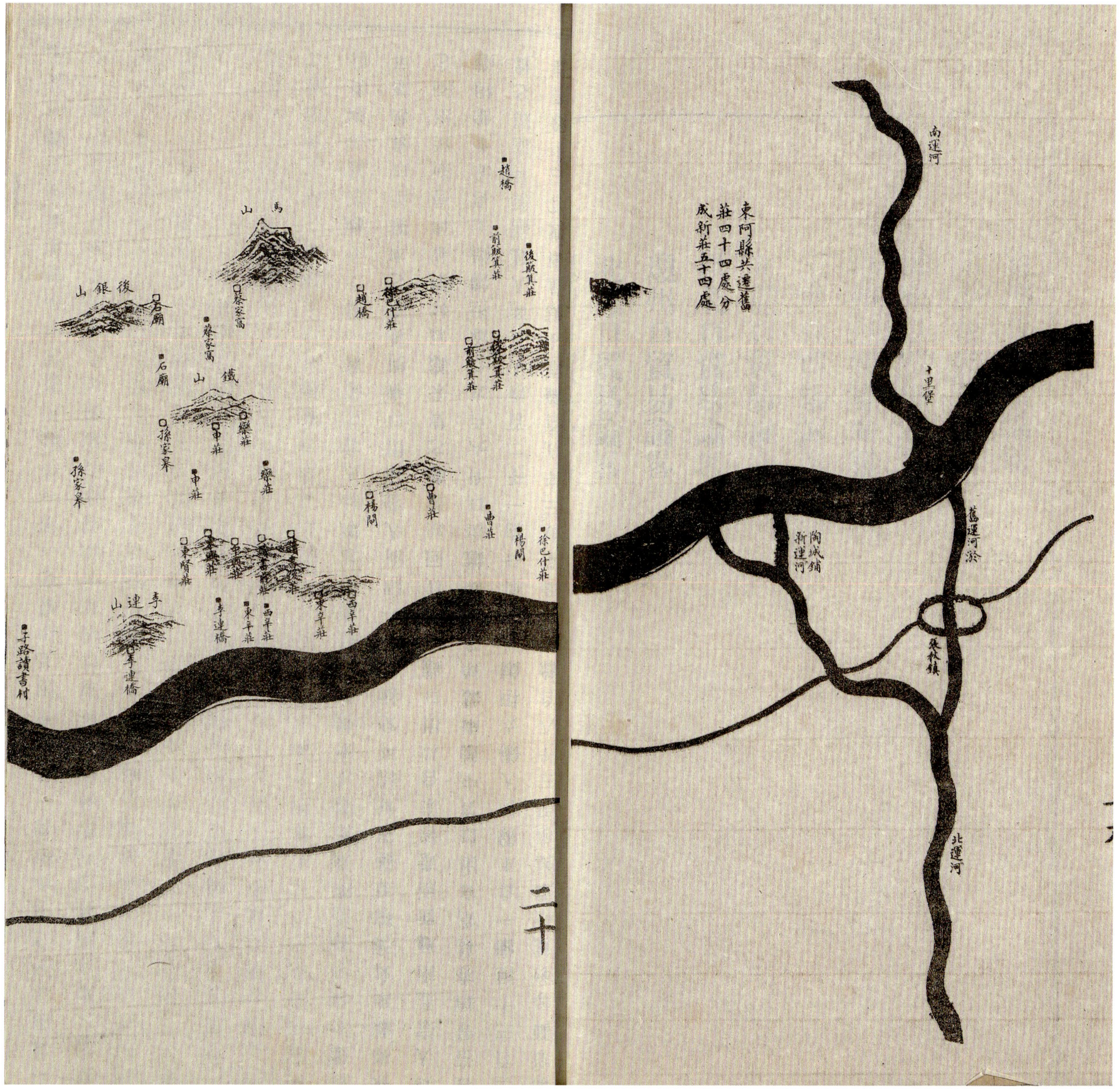

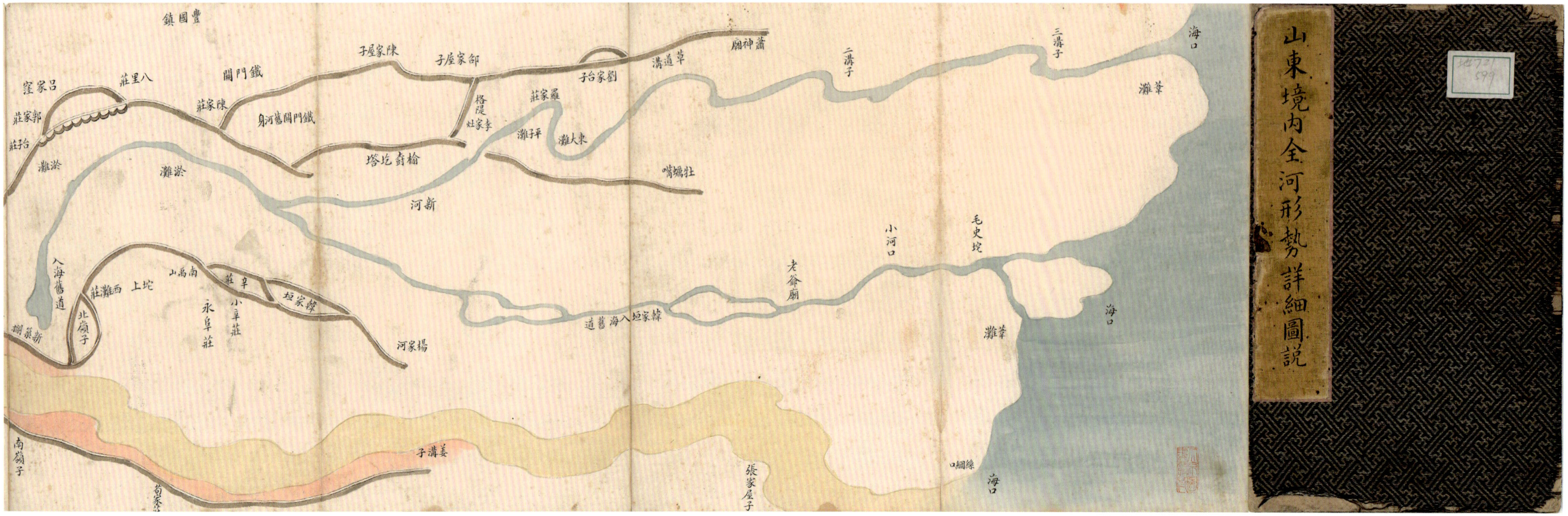

山东境内全河形势详细图说

1 册；27.5 厘米 ×16.5 厘米

彩绘本

[清光绪三十年至清末（1904—1911）]

此图描绘了直东交界处到丝网口入海口之山东段黄河，绘出河道及两岸堤坝工程，标注两岸府州县及村镇地名。图上有贴签标注清光绪二十四年至三十年间（1898—1904）的漫溢口，并说明各段堤工长度、险工情形等。

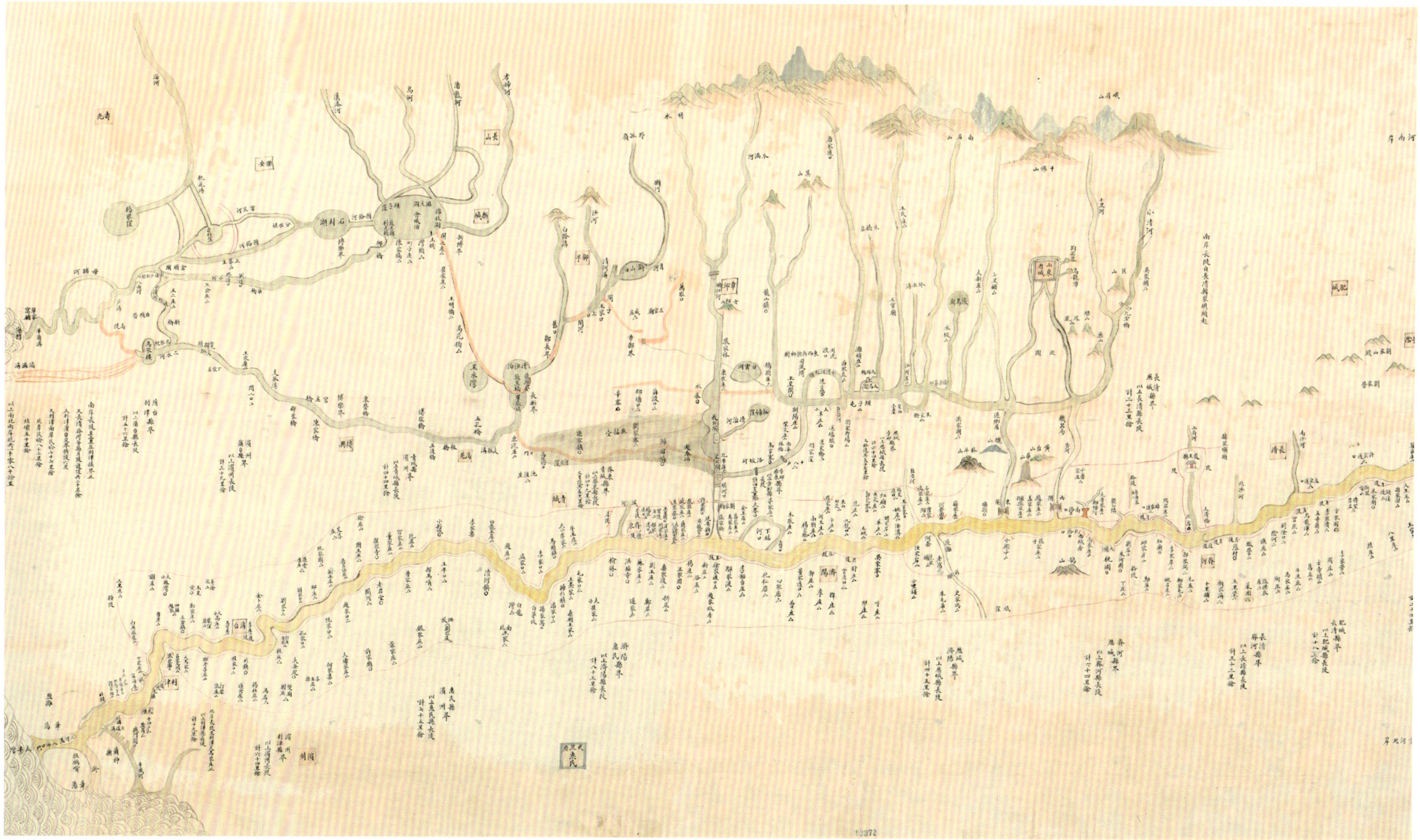

［山东黄河长堤暨小清河图］

1幅；66厘米×135厘米

彩绘本

［清光绪年间（1875—1908）］

此图描绘了山东阳谷县界至利津牡蛎嘴入海口处之黄河，详细绘出黄河及小清河水系，简略绘出沿岸山脉、主要州县等，红线标示两岸堤工。沿岸村落地名标注详细，图说说明各界境内堤工丈尺。

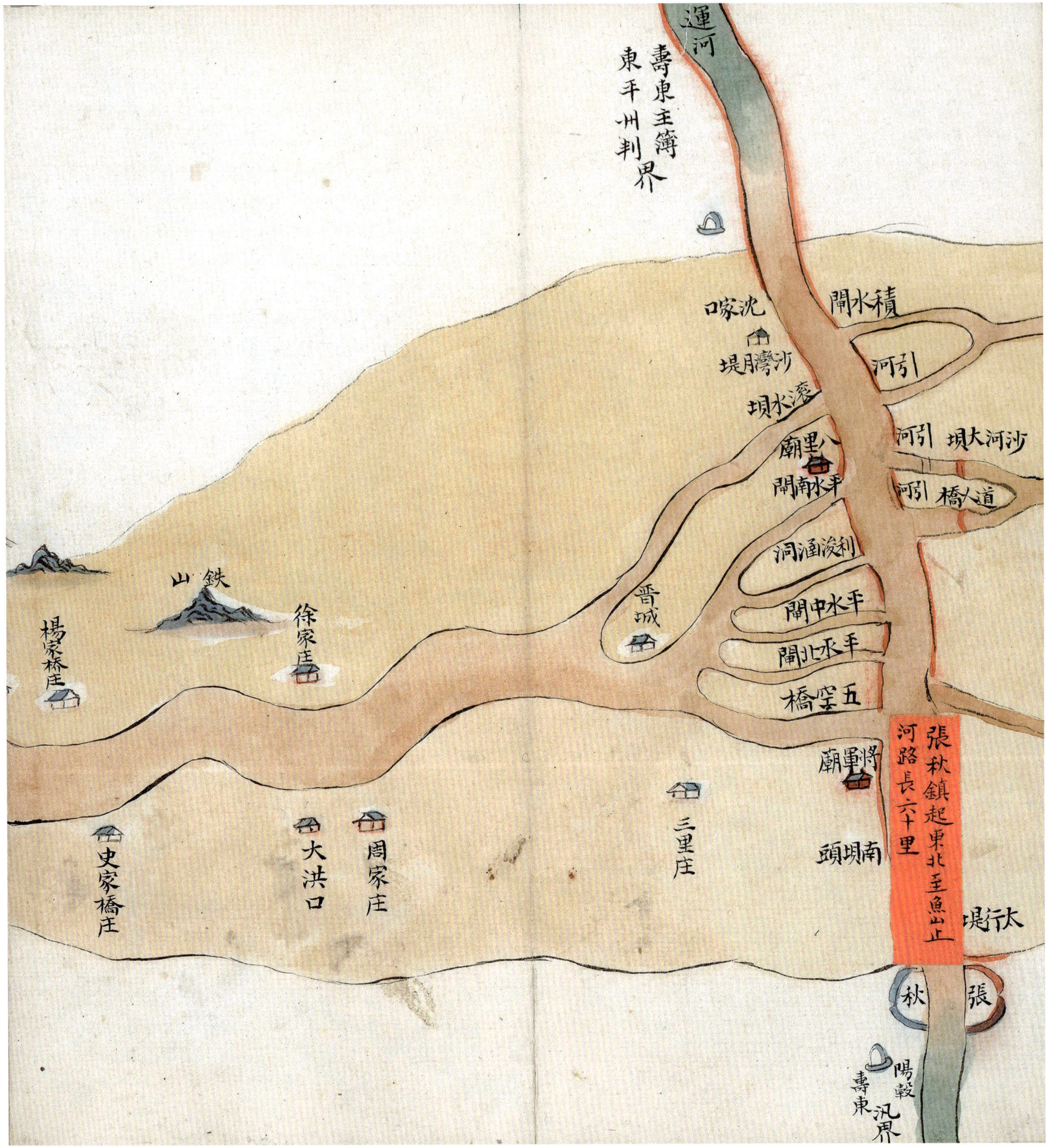

山左河道图

1 幅；21 厘米 ×303 厘米

彩绘本

[清光绪年间（1875—1908）]

此图绘出上自直隶东明县、下至山东利津县牡蛎嘴出海口之黄河河道，绘出两岸汇入水系、沿岸府州县等，详细标注了沿河两岸村庄及决口处所，贴签标注各段河路里程数等。

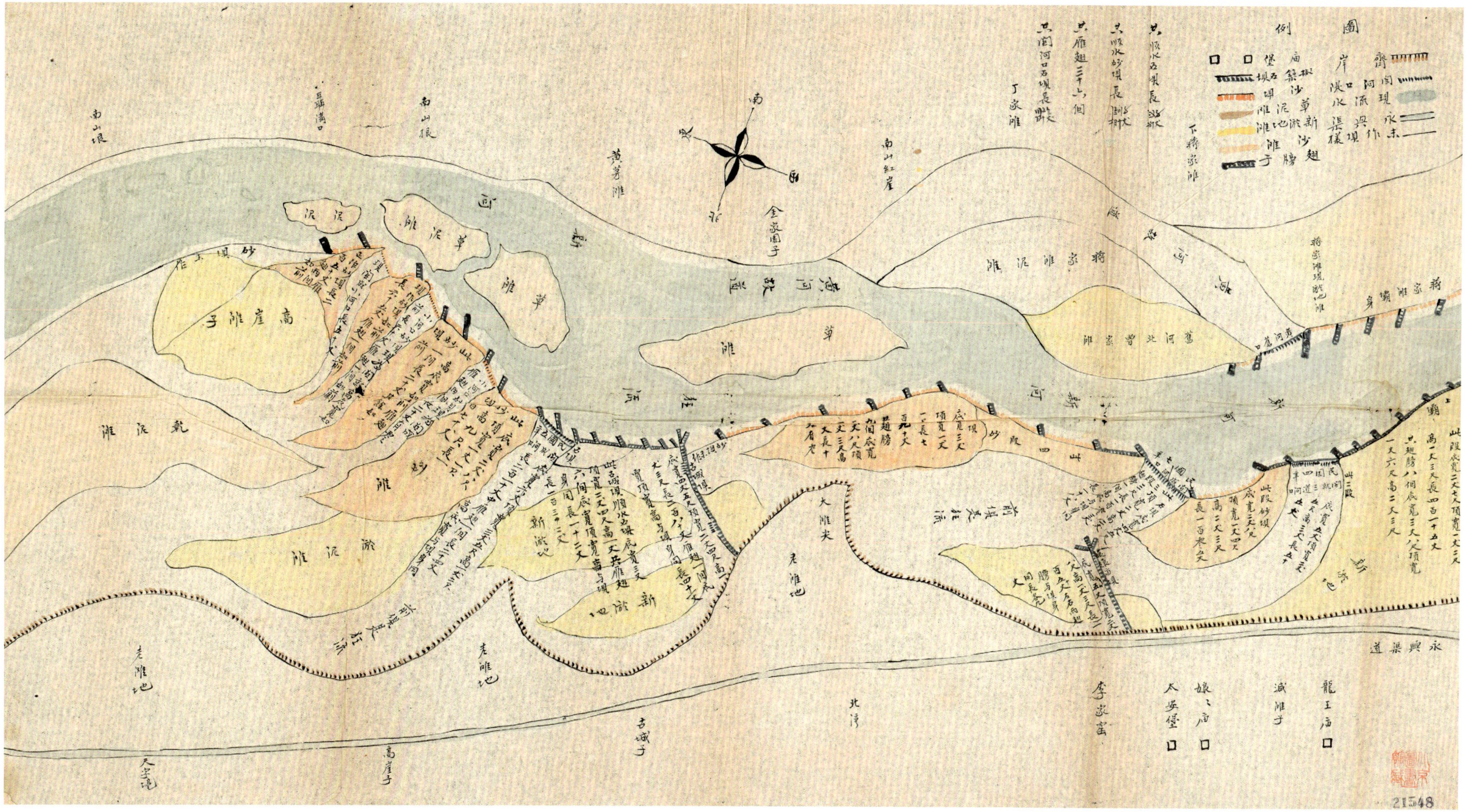

[山东黄河图]

1 幅；37 厘米 ×65 厘米

彩绘本

[约民国九年（1920）]

此图所绘黄河仅系山东省境内一小段河道，标注了沿河各坝底宽、顶宽及高度丈尺。

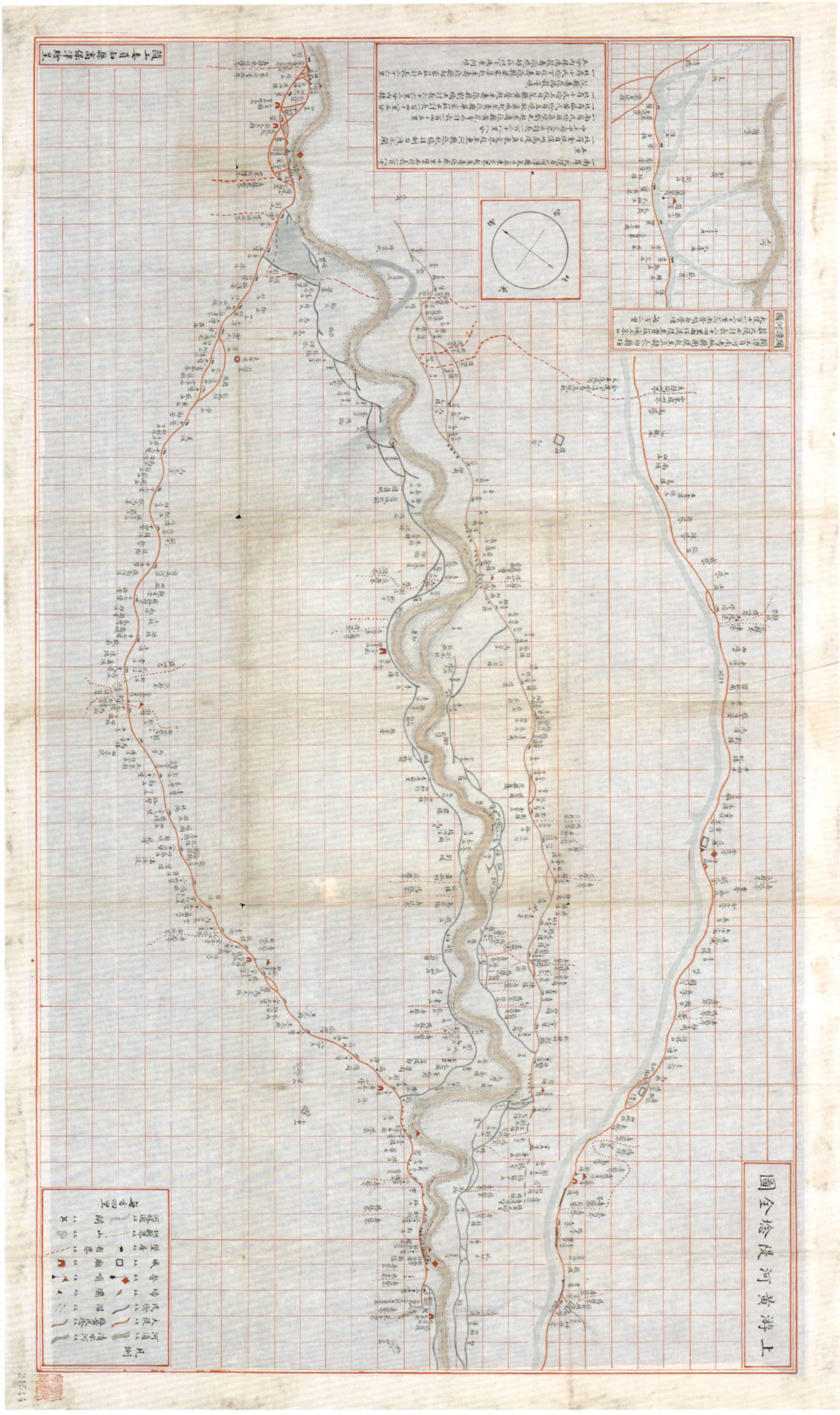

上游黄河堤埝全图

（清）高保津绘

1幅；47厘米×82厘米

彩绘本

［清光绪年间（1875—1908）］

此图细致绘出直东交界至山东阳谷张秋镇之黄河河段，详细注记沿河及沿堤埝村庄，说明南北岸各段大堤、民埝起讫、丈尺里程数。图上有计里画方，每方四里，另有凡例、方向标，附《闫潭河图》。另有图背贴签题名《绘呈上游黄河堤堰形势全图》。此图系“随工委员知县高保津绘呈”。

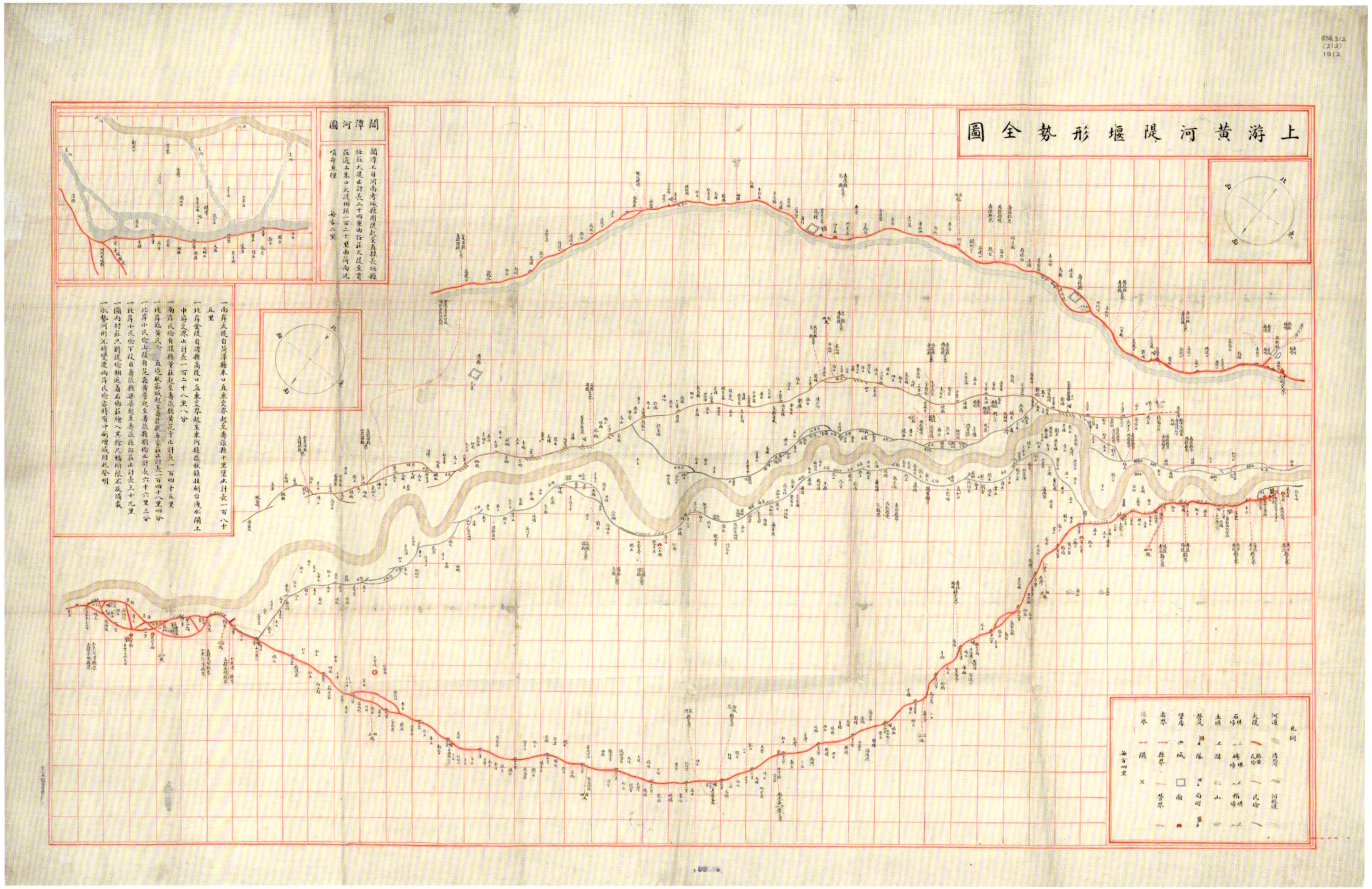

上游黄河堤堰形势全图

1 幅；73 厘米 ×122 厘米

彩绘本

［民国初年］

此图内容、绘法与清光绪年间高保津绘呈《上游黄河堤埝全图》基本相同，仅图幅增大，个别地名标位有所改动。

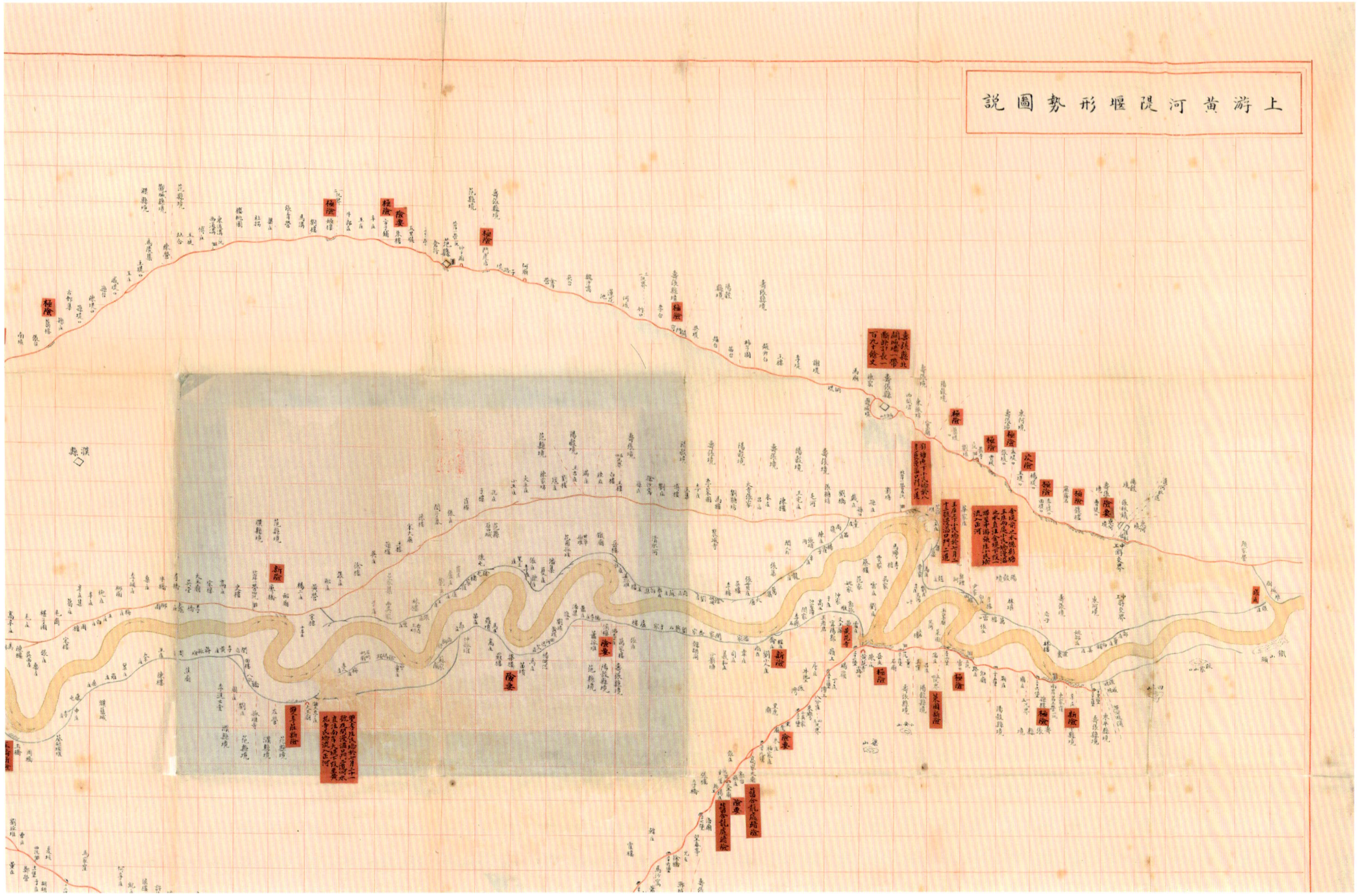

上游黄河堤堰形势图说

山东上游河务分局工程股绘制

1 幅；52 厘米 ×90 厘米

彩绘本

民国八年七月（1919.7）

此图绘出直东交界起至山东陶城埠止之黄河及两岸堤坝，标注了两岸村庄、各县境、各段堤坝、各堡，贴签注明险要、极险、次险、新险、旧合龙处暗险之处，图说说明堤埝丈尺等情形，贴签说明河水漫口处情形。有凡例，有计里画方，每方四里。此图内容、绘法与清光绪年间高保津绘呈《上游黄河堤埝全图》基本相同。但本图未附《闫潭图说》且图幅略长，绘出了陶城埠部分。

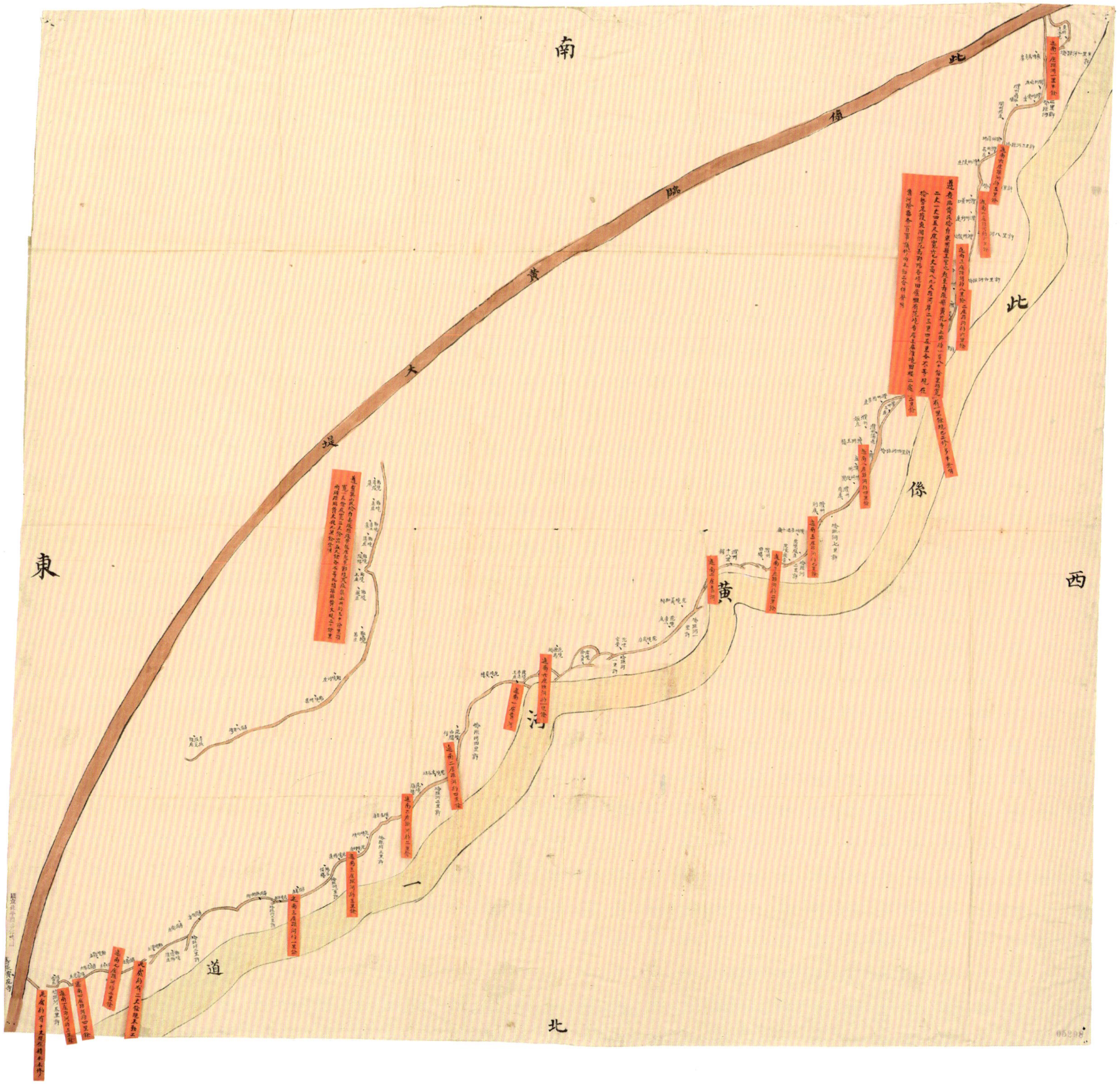

黄河官堤民埝图

1 幅；86 厘米 ×90 厘米

彩绘本

[清光绪年间（1875—1908）]

此图绘出上自直隶东明县王圣屯、下至山东寿张县黄花寺之黄河以及黄河南岸临黄大堤及民埝，并贴签注出埝势及议修处所、南岸村庄与河道之间距离等。

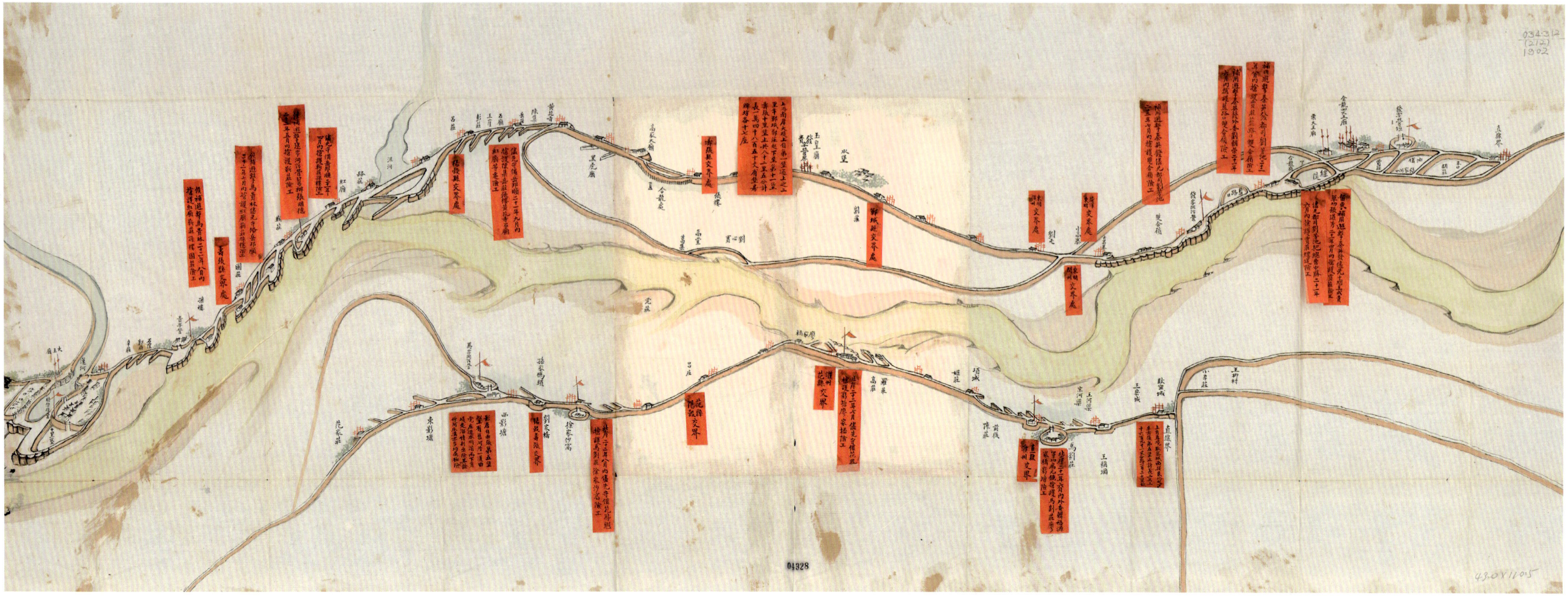

上游南北两岸文武衔名抢险图说

1 幅；43 厘米 ×111 厘米

彩绘本

[清光绪二十二年至光绪末年（1896—1908）]

此图绘出直东交界至山东寿张张秋镇黄运河交汇处之黄河河段及两岸堤防工程，贴签注出抢护各地大堤文武职官衔名及时间。大堤采用立体画法绘制而成。图中有“二十一年”“二十二年”字样，故推测成图时间应在光绪二十二年（1896）后。

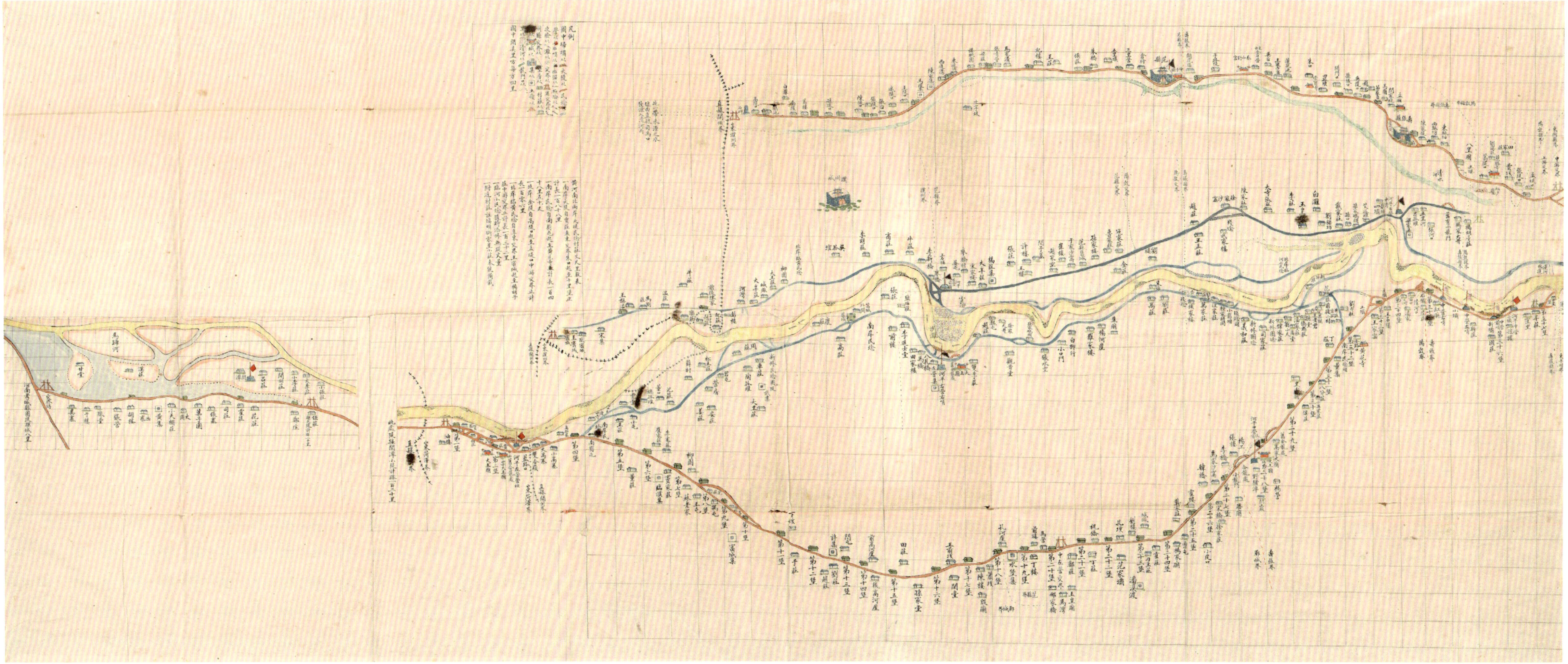

黄河上游南北两岸大堤民埝村庄里数并阎潭河全图

1 幅；43 厘米 ×107 厘米

彩绘本

[清光绪年间（1875—1908）]

此图绘出直隶东明、山东菏泽交界至山东寿张黄运交汇口之黄河河段，标绘出南岸大堤民埝和北岸金堤、临黄民埝起迄地点并标注其里程，尤其详细标注了村庄、堡、埝等名称。

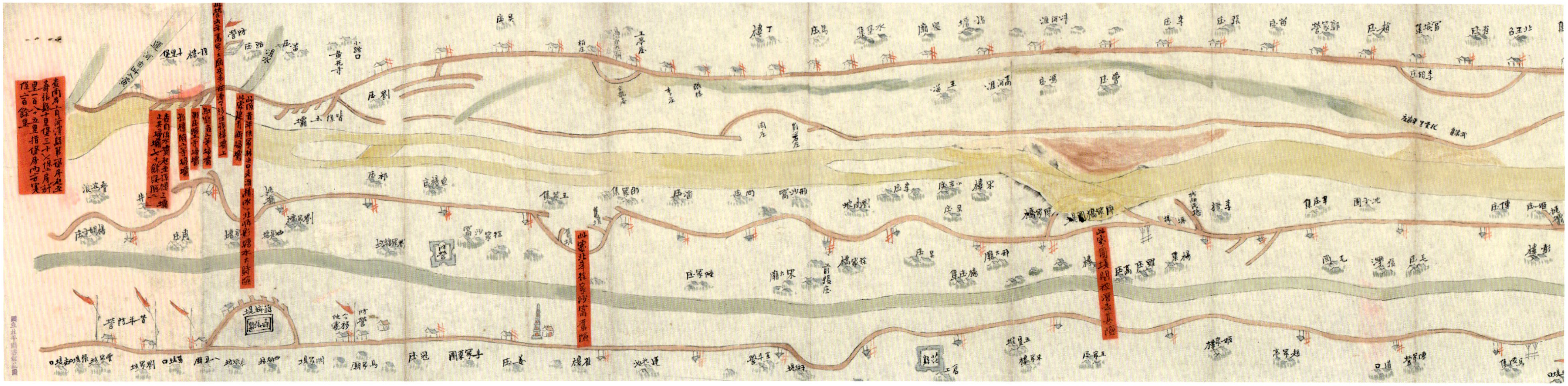

上游南北两岸各处埽坝形势险要旧全河图

1 幅；30 厘米 ×150 厘米

彩绘本

[清光绪年间（1875—1908）]

此图所绘黄河上自直东交界、下至山东寿张县运河入黄口，黄河南岸大堤上自直东交界、下至山东寿张县十里堡，黄河北岸大堤上自直东交界高堤口、下至寿张东阿交界孟堤口。图上贴签着重标注黄河险要处所、堡坝情形等。

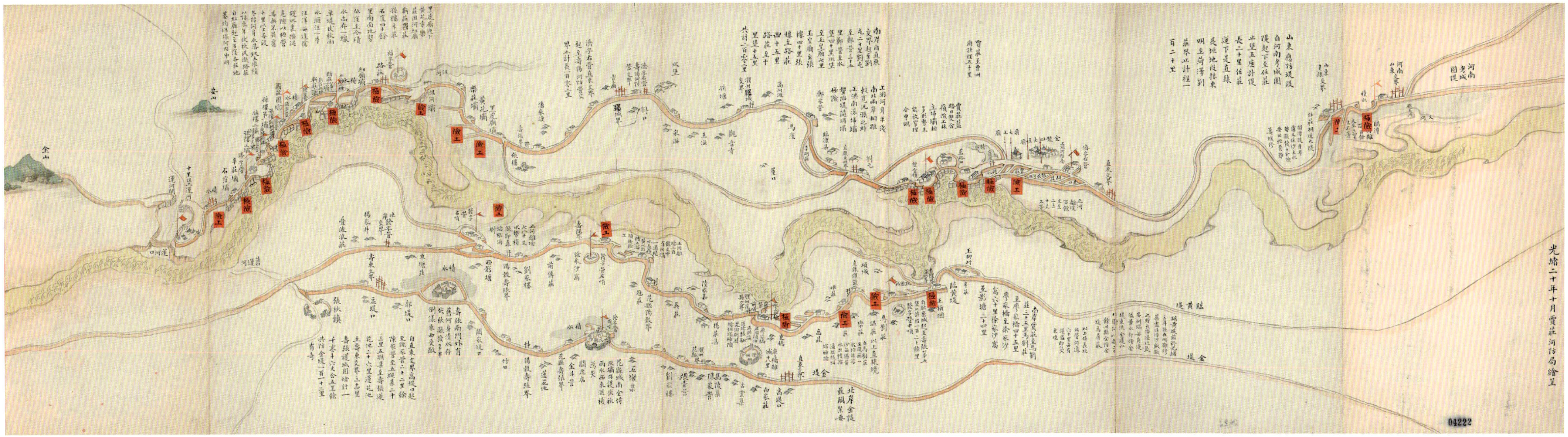

上游黄河两岸金堤临黄险工村庄里分贴说全图

（清）贾庄河防局绘

1 幅；31 厘米 ×112 厘米

彩绘本

清光绪二十年十月（1894.11）

此图绘出山东、河南界至山东寿张县张秋镇黄、运河交汇处之黄河河段及两岸堤工、府州县等。图空白处有文字说明金堤、临黄堤各段起迄里程等内容，贴签注出极险、险工位置。

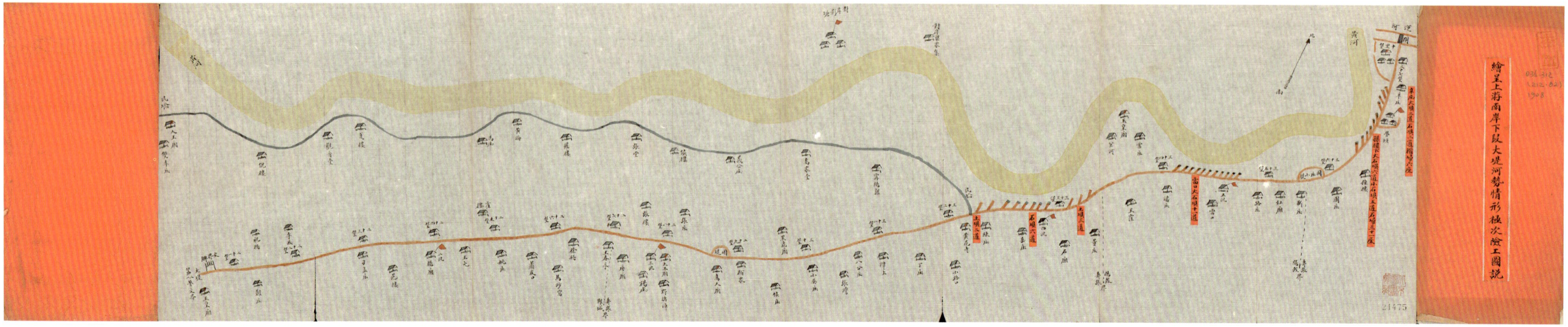

绘呈上游南岸下段大堤河势情形极次险工图说

1 幅；24 厘米 ×93 厘米

彩绘本

[清光绪年间（1875—1908）]

此图绘出山东郓城至阳谷段黄河河道及南岸大堤、民埝、村庄等，贴签标注沿堤石坝、土坝、秸埽的位置及道（座）数。

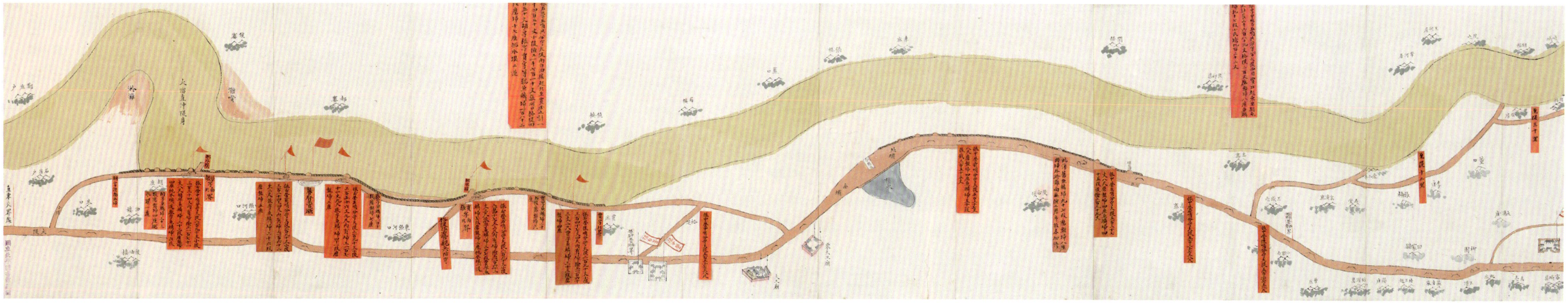

山东上游黄河河势堤工图

1 幅；24 厘米 ×216 厘米

彩绘本

[清光绪年间（1875—1908）]

此图绘出上自直东交界、下至山东寿张县十里铺（运河入黄处）之黄河河道及其南岸大堤，贴签标注了各哨分守大堤情况以及河、堤之间距离。

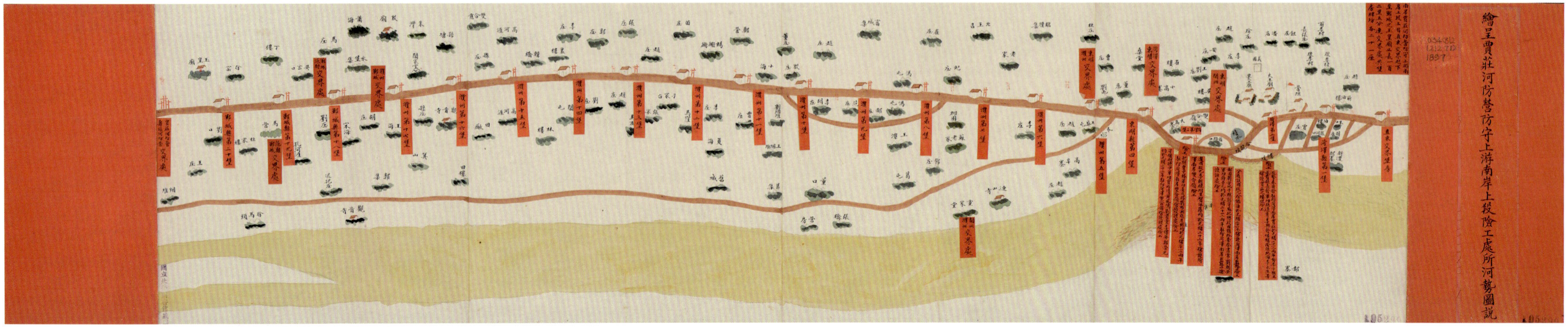

贾庄河防营防守上游南岸上段险工处所河势图说

1 幅；24 厘米 ×92 厘米

彩绘本

[清光绪二十二年至光绪末年（1896—1908）]

此图绘出上自直东交界、下至山东范县郓城交界处之黄河以及黄河上游南岸堤防工程。上段防河大堤沿堤标注了菏泽、东明、濮州、郓城各座堡房。对东明、开州交界处的险工处所驻防及抢护情况贴签标注，尤为详细。图中提及“光绪二十一二年”，故推测此图应绘制于光绪二十二年（1896）之后。

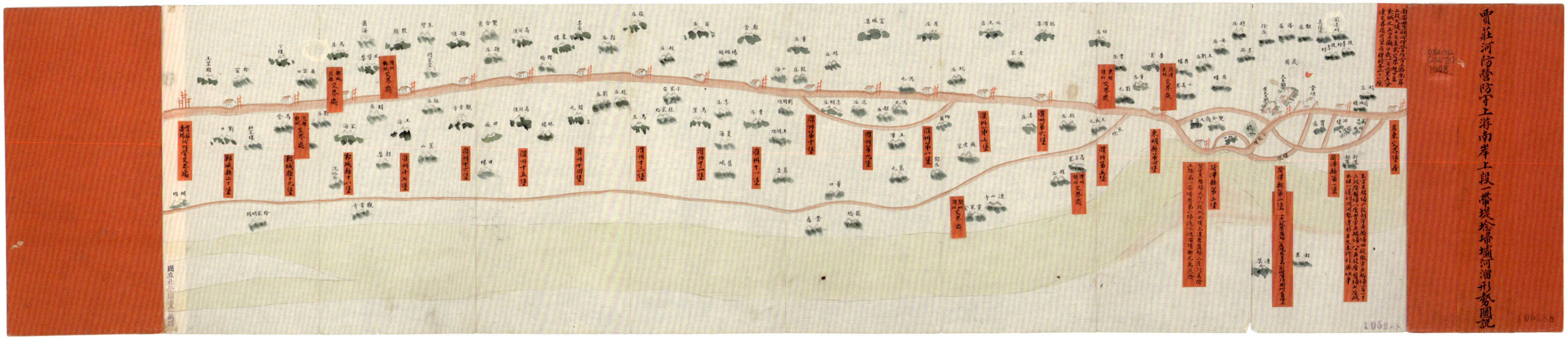

贾庄河防营防守上游南岸上段一带堤埝埽坝河溜形势图说

1 幅；24 厘米 ×91 厘米

彩绘本

［清光绪年间（1875—1908）］

此图绘出上自直东交界、下至山东范县郓城交界处之黄河以及黄河上游南岸堤防工程。上段防河大堤沿堤标注了菏泽、东明、濮州、郓城各座堡房。此图与国图藏《贾庄河防营防守上游南岸上段险工处所河势图说》基本相同，但贴签减少，主要少了险工处贴签。

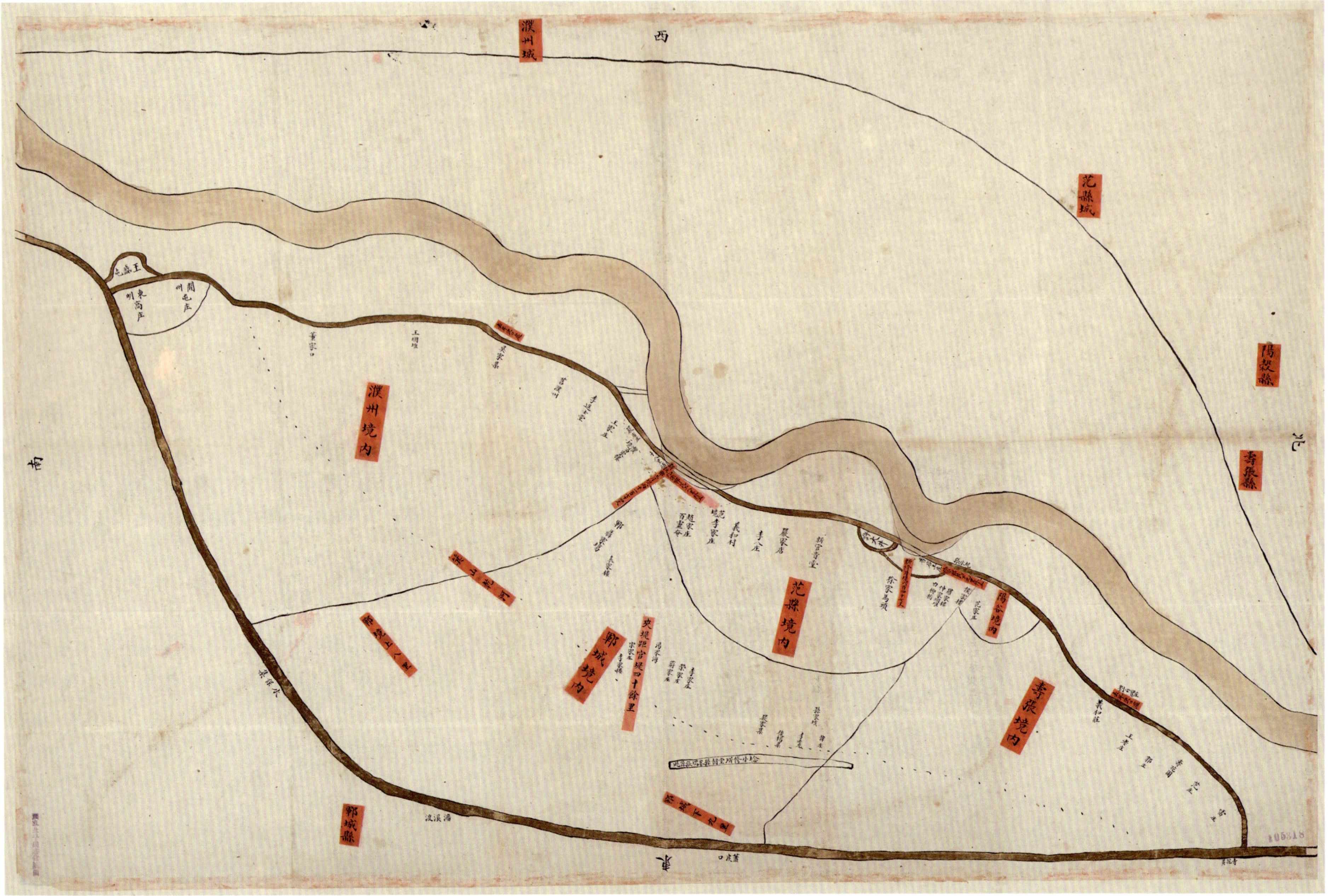

［山东濮郓范寿各县黄河堤埝图］

1 幅；64 厘米 ×95 厘米

彩绘本

［清光绪年间（1875—1908）］

此图仅绘出山东濮州、范县、阳谷、寿张等县境内黄河以及黄河南岸堤埝，贴签注明堤埝丈尺等。

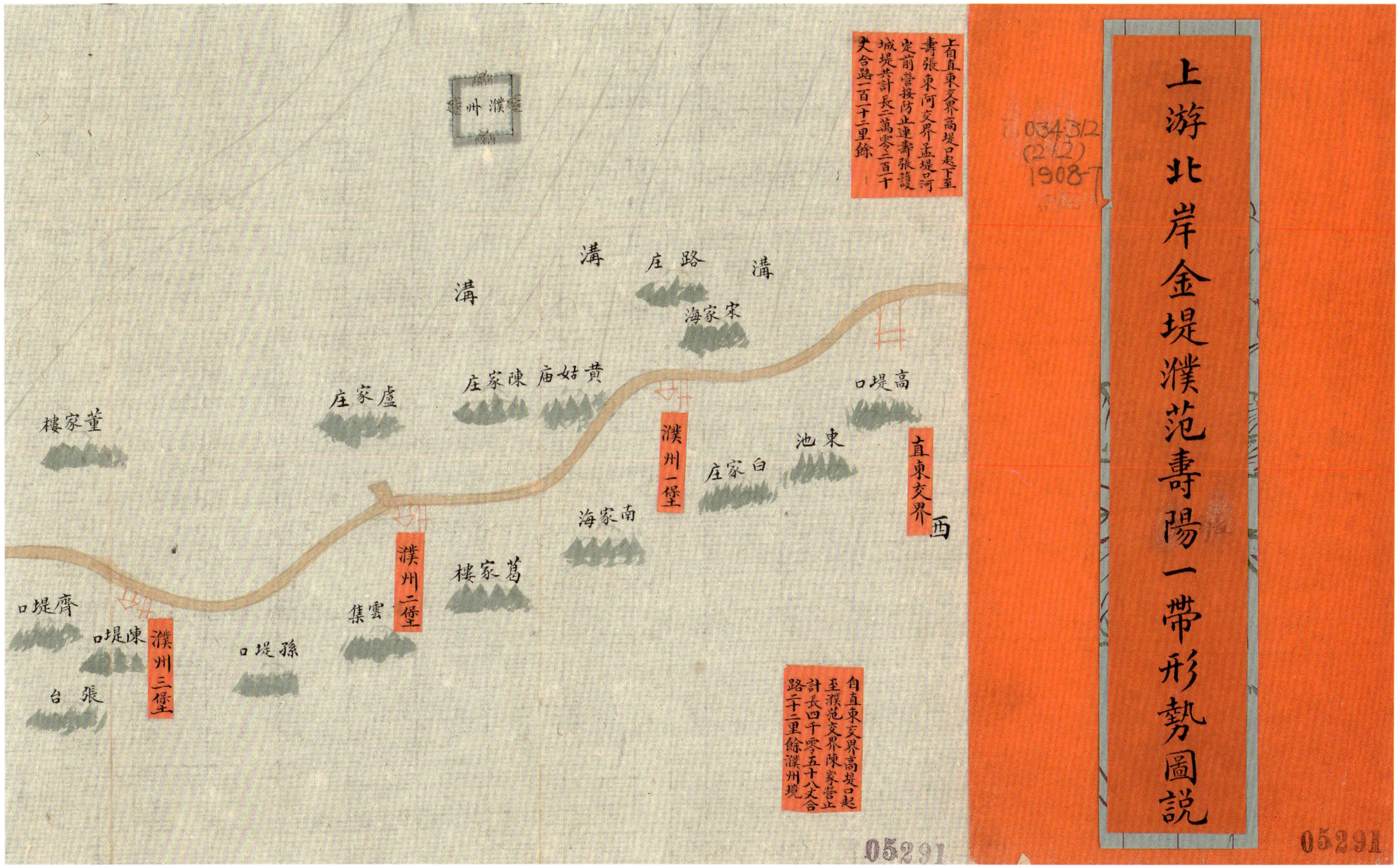

上游北岸金堤濮范寿阳一带形势图说

1 幅；23 厘米 ×183 厘米

彩绘本

［清光绪年间（1875—1908）］

此图未绘出黄河，仅绘出上自直东交界高堤口、下至山东寿张东阿交界孟堤口之山东黄河北岸金堤一道，详细标注堤两侧地名，并贴签标注各州县管辖堤段范围。

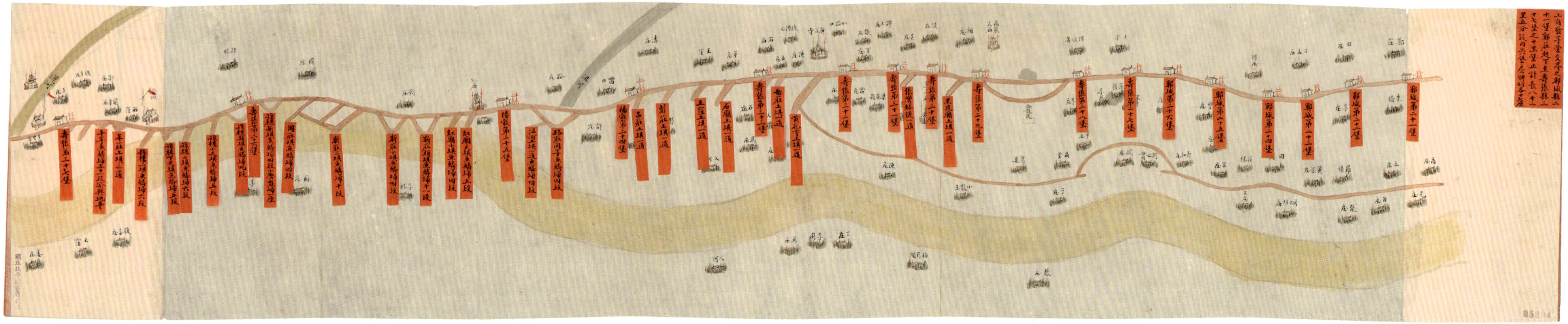

寿阳南岸贵字河防营承防堤埝埽坝堡房牌坊起止里数以及黄河形势绘图贴说

1幅；25厘米 ×122厘米

彩绘本

[清光绪年间（1875—1908）]

此图所绘山东黄河南岸堤埝系上自郓城县郑庄、下至寿张县十里堡段，重点绘出了段内承防堡房牌坊位置，并贴签注明沿岸各地堡房埽坝位置、数量等。

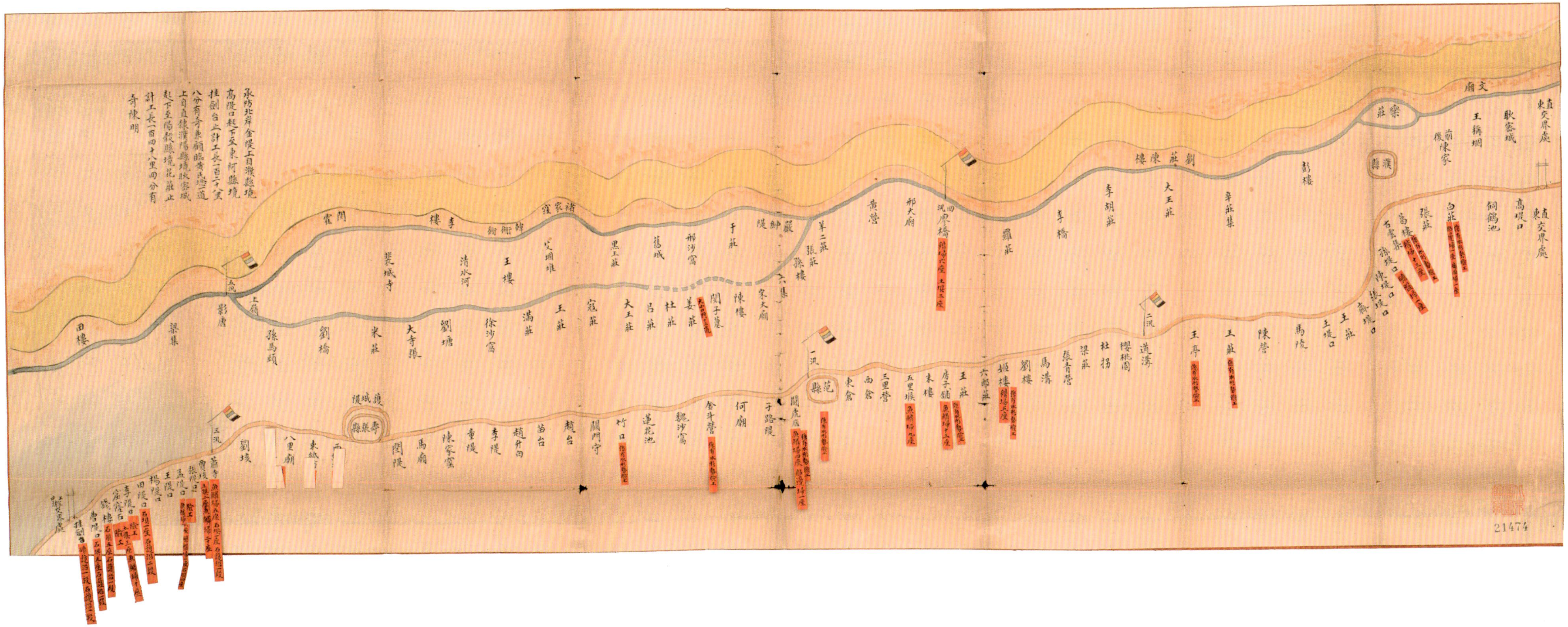

上游金堤临黄民埝河形图说

1 幅；29 厘米 ×82 厘米

彩绘本

[民国初年]

此图绘出上自直东交界、下至山东寿张县之黄河河段，并绘出承防北岸金堤（上自濮县境高堤口起，下至东阿县境挂剑台止）及临黄民埝（上自直隶濮阳县境耿密城起，下至阳谷县境花庄止），以文字说明堤埝起迄里程，另有贴签注出水势、险工位置和石坝、秸埽座数等。

光绪二十一年中游南北两岸抢护险工处所文职衔名绘呈图说

1 幅；32 厘米 ×180 厘米

彩绘本

清光绪二十一年（1895）

光绪二十一年（1895）六月，山东利津吕家洼黄河大堤溃决，灾情严重。此图绘出山东陶城埠起至章丘县之黄河河段及两岸堤防，贴签注明沿线各险工处“帮同抢护险工”的官员及其职务。

光绪二十二年中游南北两岸抢护险工处所武职衔名绘呈图说

1 幅；32 厘米 ×180 厘米

彩绘本

清光绪二十二年（1896）

此图绘出山东陶城埠起至章丘县之黄河河段及两岸堤防，贴签注明沿线各险工处“帮同抢护险工”的官员及其职务。此图与《光绪二十一年中游南北两岸抢护险工处所文职衔名绘呈图说》基本一致，但内容中只涉及武职，未涉及文职。

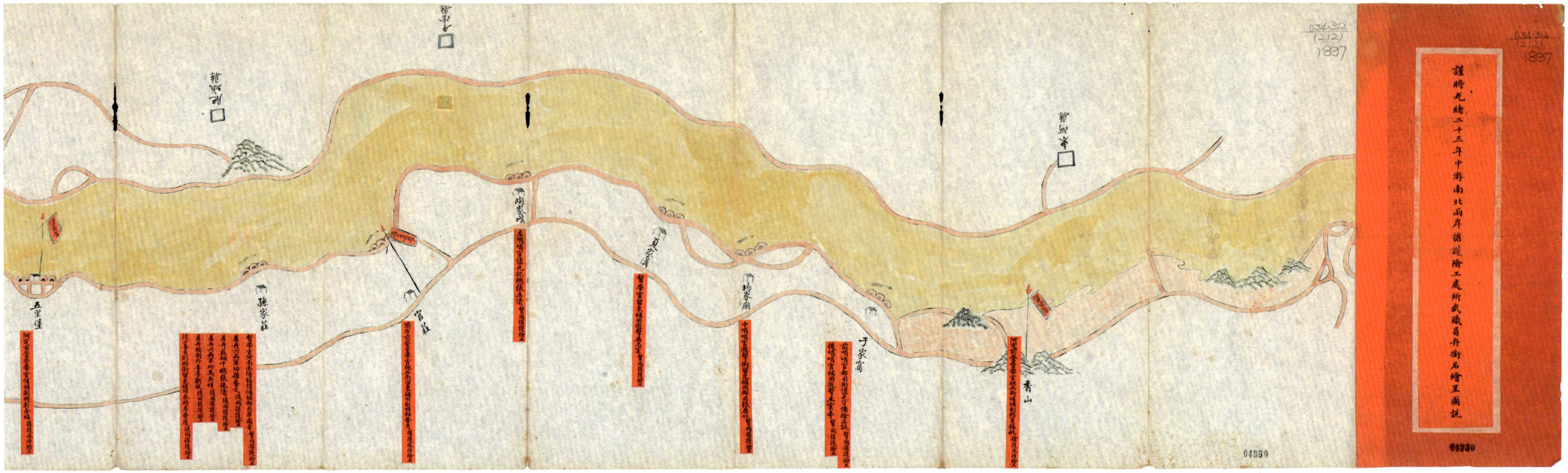

光绪二十三年中游南北两岸抢护险工处所武职员弁衔名绘呈图说

1 幅；32 厘米 ×180 厘米

彩绘本

清光绪二十三年（1897）

此图绘出山东东阿县至济阳县之黄河河段及两岸堤防，贴签注明沿线各险工处“帮同抢护险工”的官员及其职务。此图与《光绪二十二年中游南北两岸抢护险工处所武职衔名绘呈图说》基本一致。

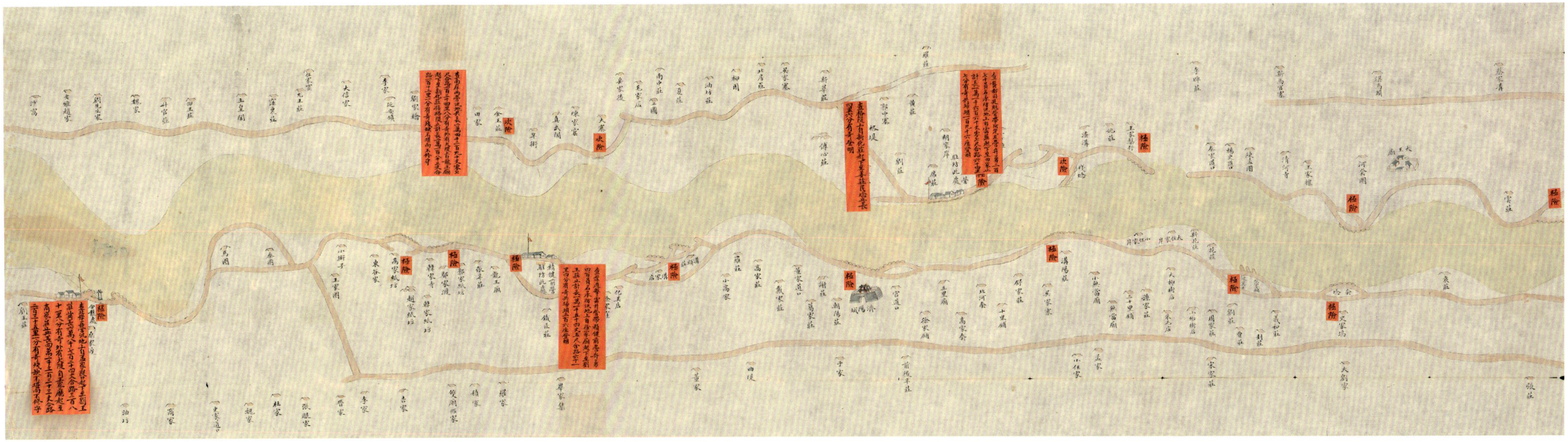

中游南北两岸堤埝河图贴说

1 幅；34 厘米 ×450 厘米

彩绘本

清光绪年间（1875—1908）

此图绘出山东张秋镇至济阳县桑家渡之黄河河道及两岸堤防工程，详细标注地名，贴签注出黄河两岸河堤极险、次险、新险位置和各营驻地及其弁勇员额，并标注了桑家渡和王家庙决口合龙处所。

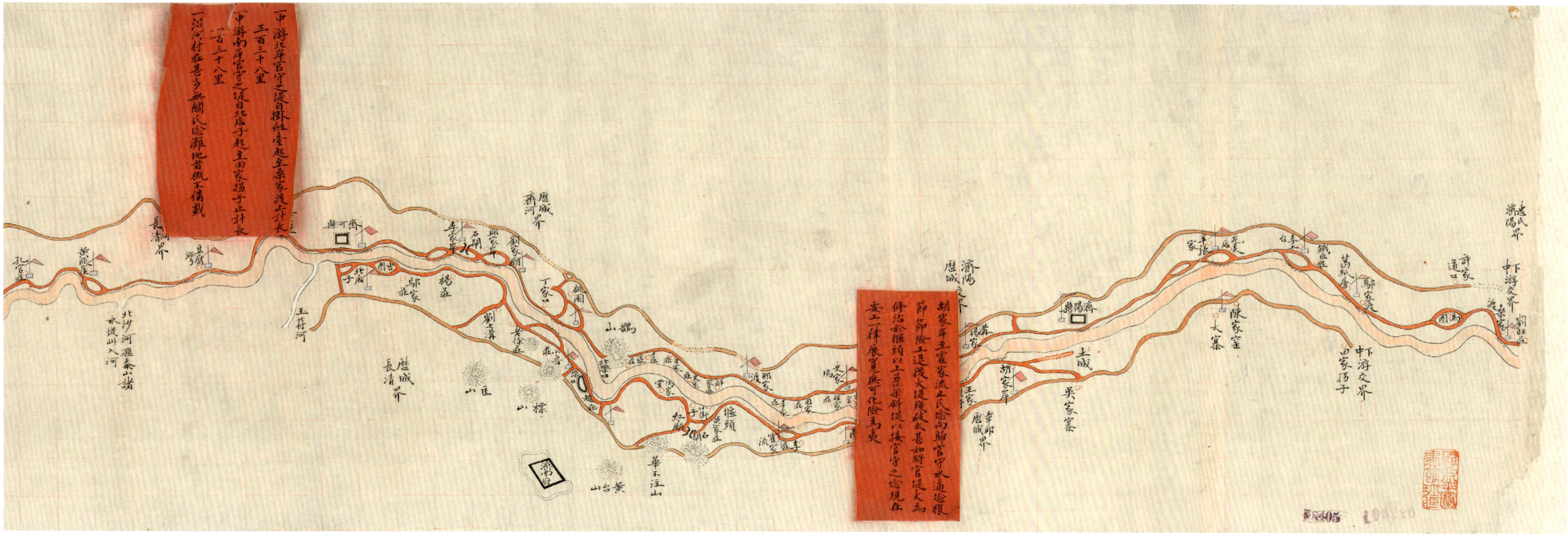

［中游黄河南北两岸大堤民埝全图］

1 幅；28 厘米 ×143 厘米

彩绘本

［清光绪年间（1875—1908）］

此图所绘中游黄河系山东张秋镇至济阳县桑家渡河段。图中临黄大堤和民埝分别用不同颜色重点标绘，官守大堤营埫、哨位表示明晰，无关民埝滩地的沿河村庄概不备载，需要加修堤段缘由及其位置以贴签注明。

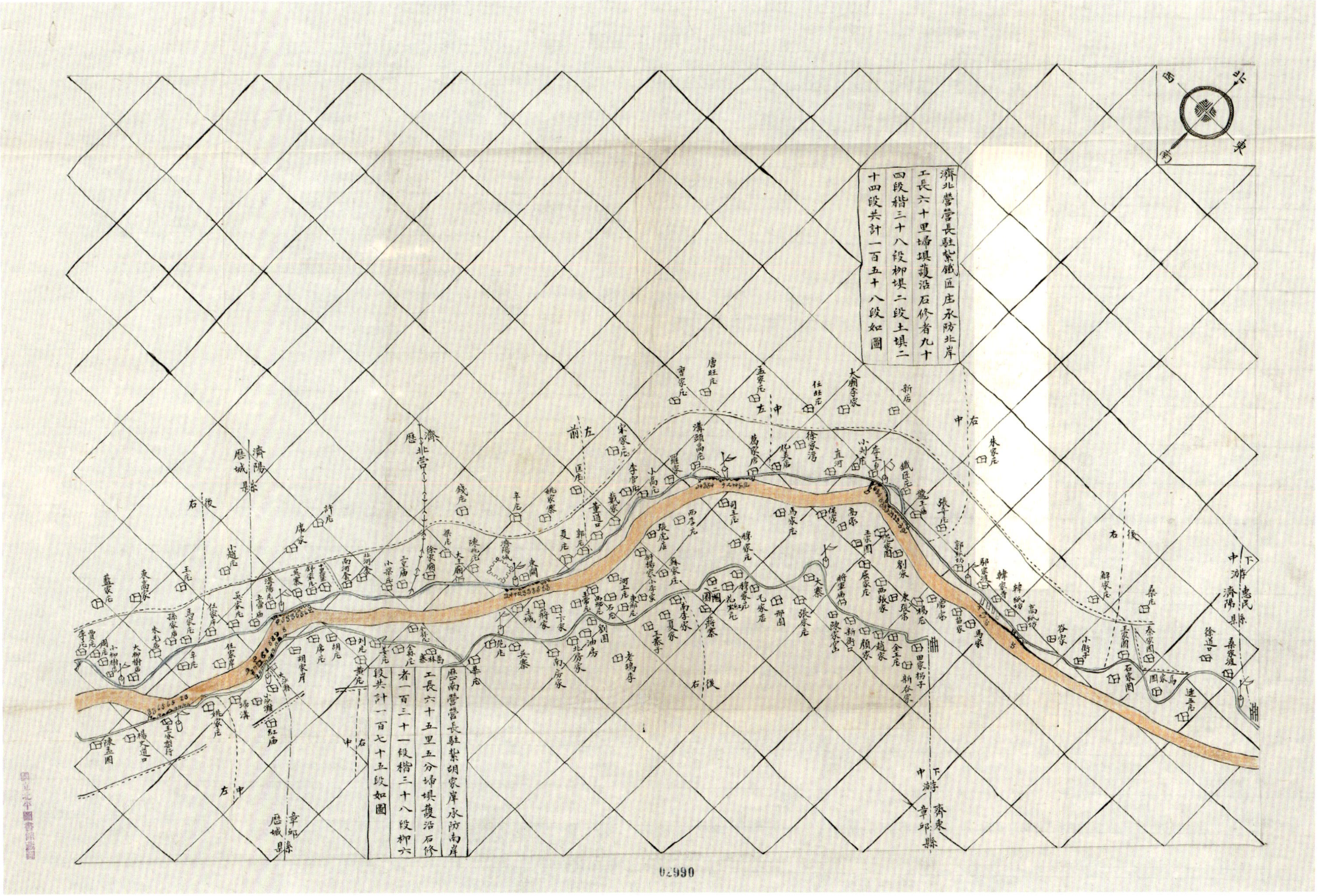

山东中游河工详细图说

袁裕如绘

1 幅分切 4 张；合成 38 厘米 ×223 厘米

彩绘本

民国元年（1912）

此图所绘黄河系山东聊城张秋镇至济阳桑家渡河段。绘出黄河及两岸大堤、村庄，详细标注两岸村庄，图说详注各营驻地及承防河段里数。图上绘有斜网格，有方向标和凡例。作者系“中游文牍科科员清平县袁裕如”。

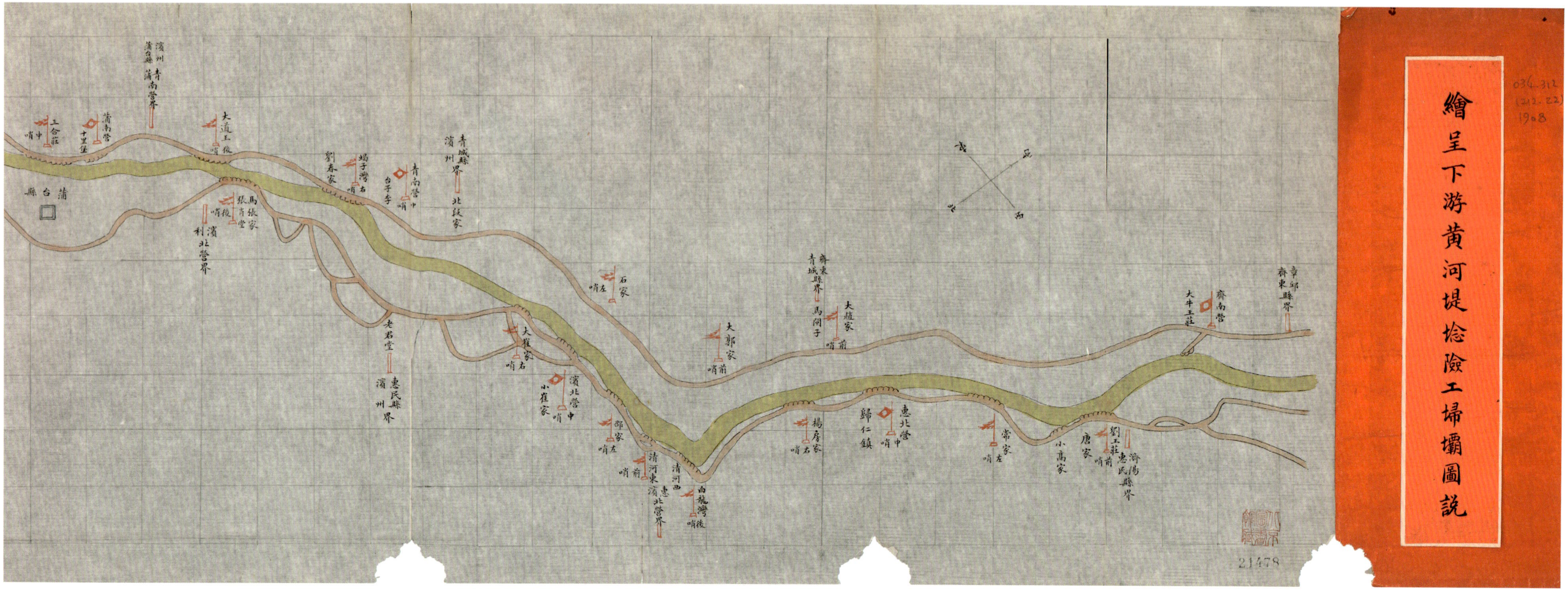

绘呈下游黄河堤埝险工埽坝图说

1 幅；27 厘米 ×131 厘米

彩绘本

[清光绪年间（1875—1908）]

此图绘出山东章丘、齐东交界至利津入海口之黄河河段，突出标注了沿河两岸大堤各哨驻防处所。图上有方向标和网格。

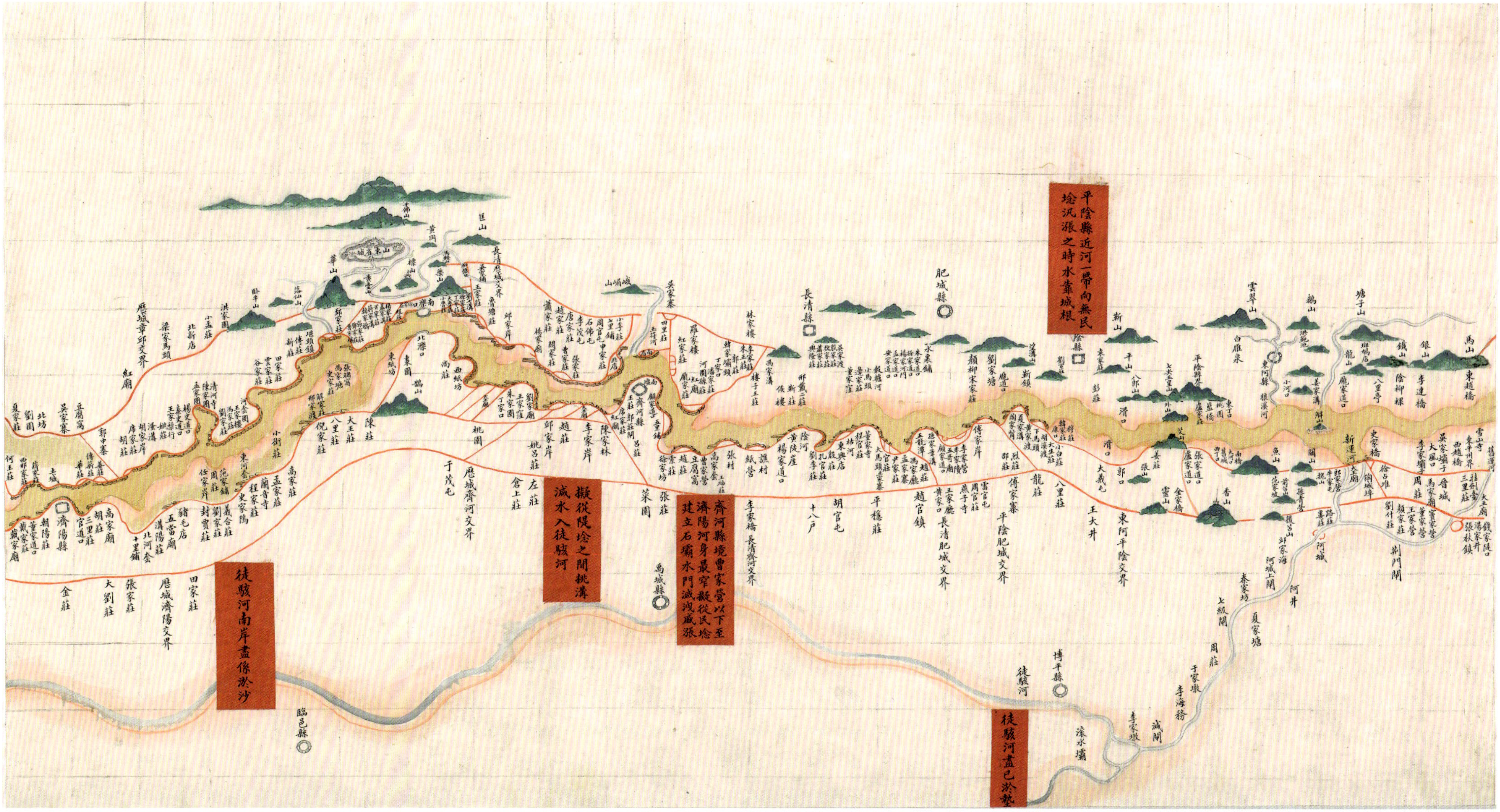

[黄河下游堤工图]

1 幅分裱 3 张；合成 42 厘米 ×228 厘米

彩绘本

[清光绪年间 (1875—1908)]

此图以形象画法精细绘出山东省境黄河走向大势、两岸村庄及金堤、民埝位置，详细标注两岸村庄地名，贴签注明民埝、大堤修筑情况、各地距离及分流、入海等情况。所绘黄河至韩家垣、牡蛎嘴入海。

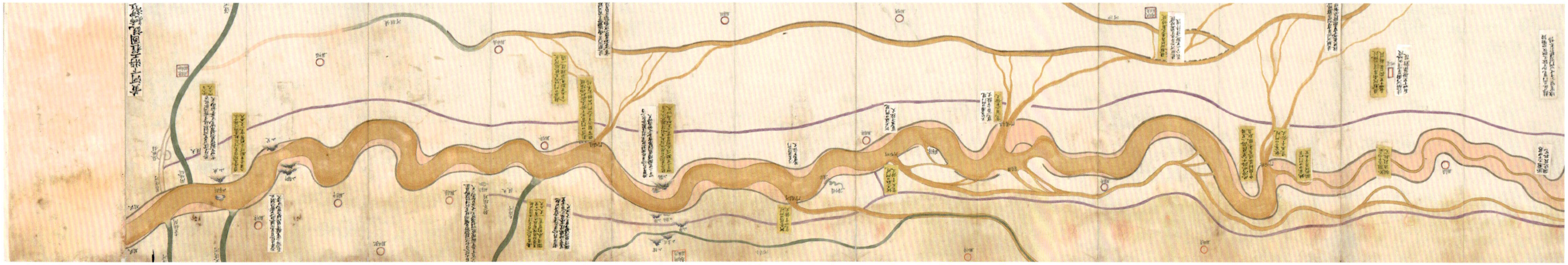

黄河下游工程图说

1 幅；22 厘米 ×152 厘米

彩绘本

[清光绪年间（1875—1908）]

此图绘出自山东聊城张秋镇至牡坜嘴入海口之间的黄河及南北大堤、民埝走向，贴签标注各段堤埝里程及拟顶底帮宽加高丈尺数。图前题“希尹王亮”。

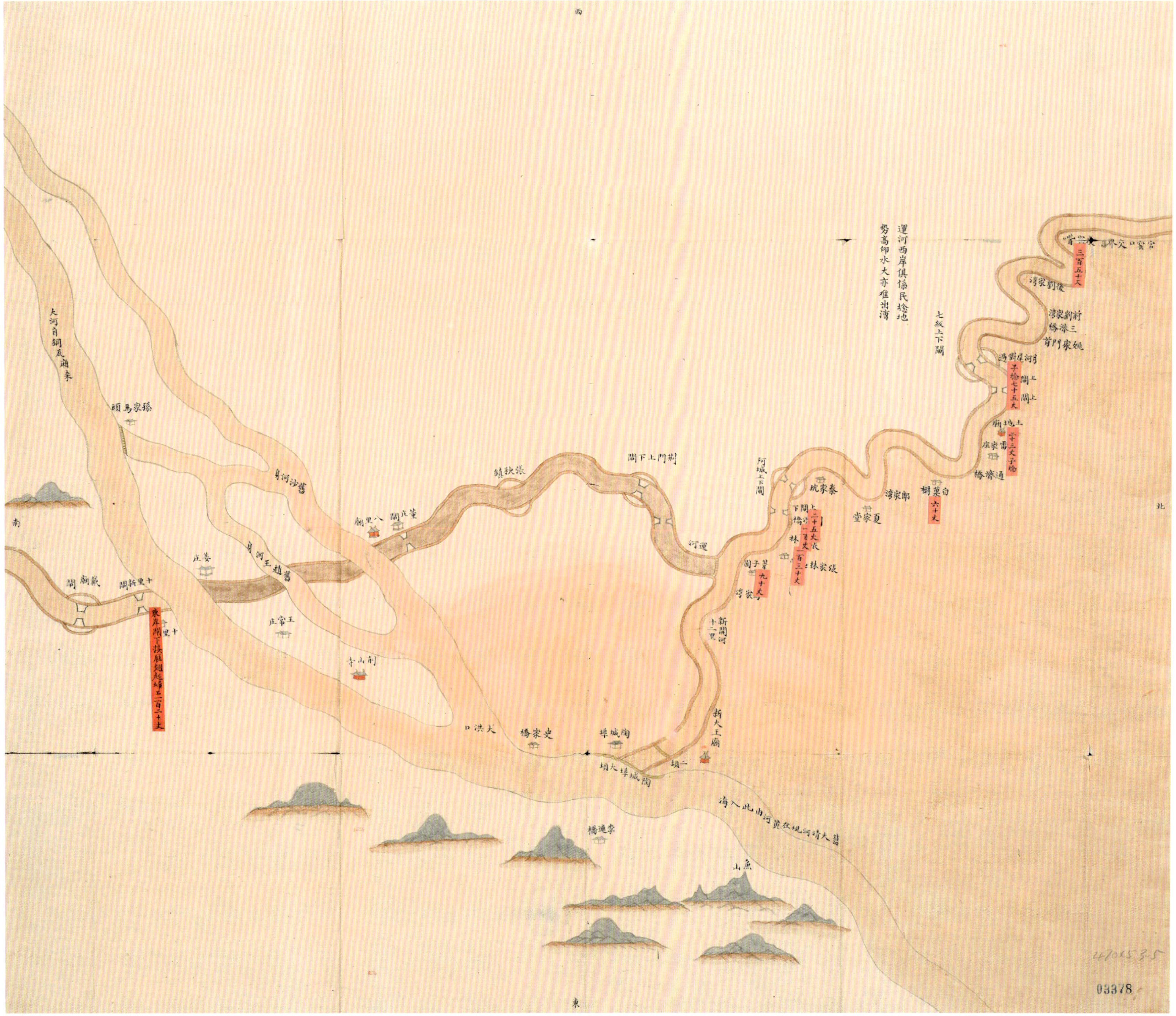

黄河穿运图

1 幅；47 厘米 ×54 厘米

彩绘本

[约光绪元年（1875）前]

此图绘出自铜瓦厢决口过陶城埠入大清河入海之黄河，贴签注出各段民埝长度及埽工丈尺等，主要反映山东张秋镇附近黄河穿越运河的情况。

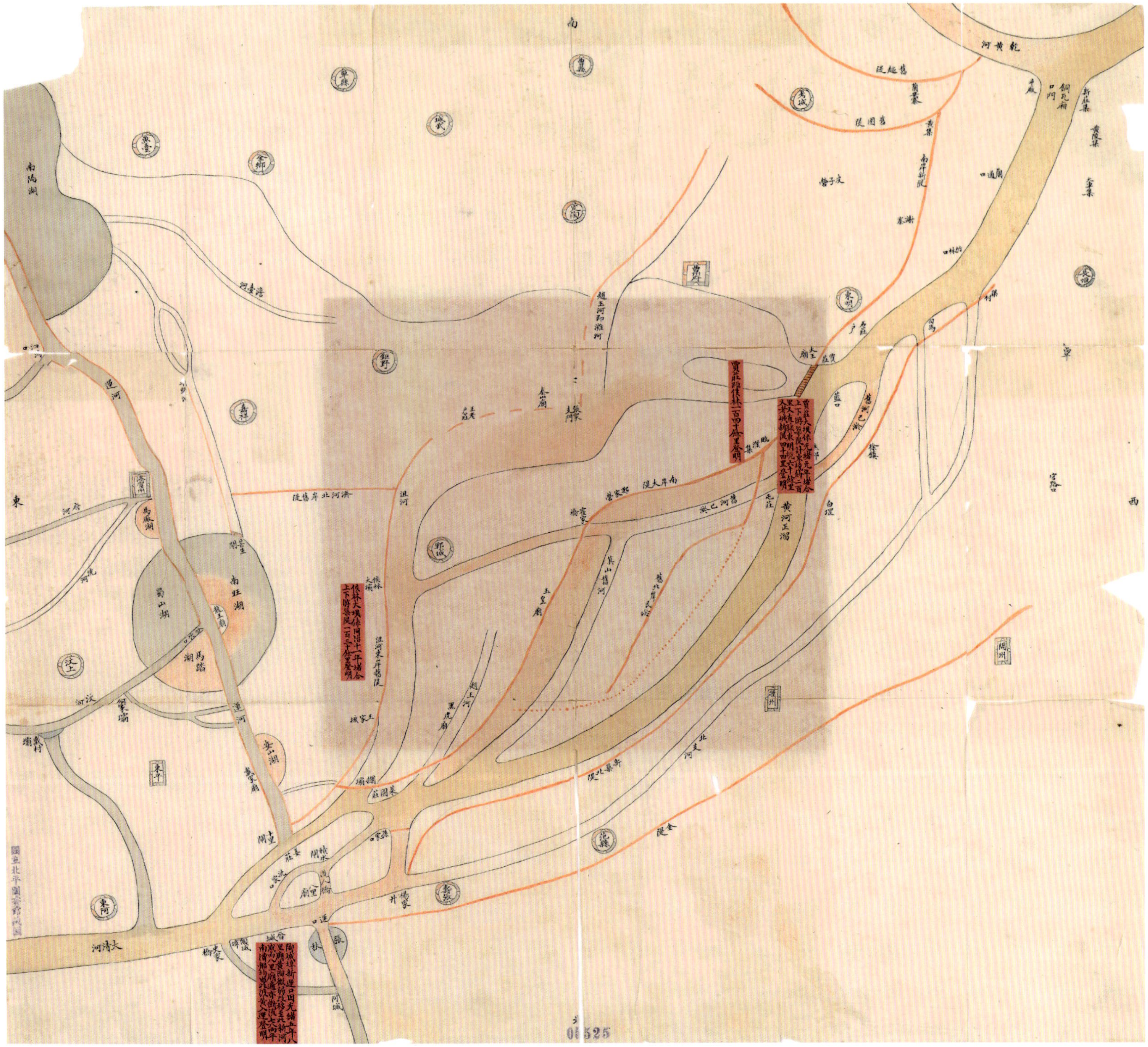

山东黄水穿运并节次堵口筑堤现在情形图说

1 幅；52 厘米 ×57 厘米

彩绘本

[清光绪年间（1875—1908）]

此图绘出河南铜瓦厢至山东张秋段黄河，重点绘出张秋附近黄运交汇处黄河两岸各段新旧大堤位置，并贴签注出侯林、贾庄大坝修筑时间、里程以及南漕船渡黄由陶城埠新运口入运情形。

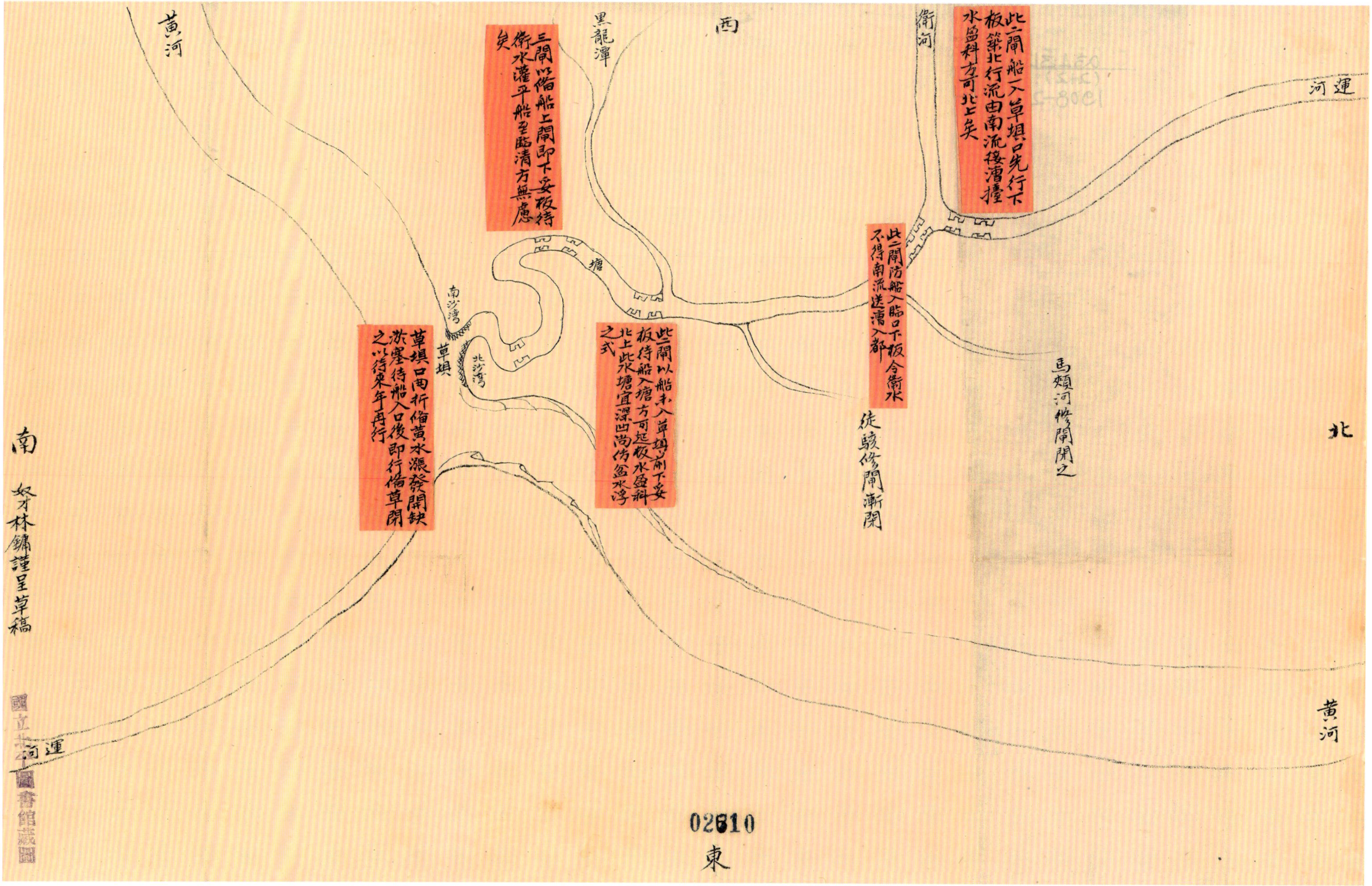

黄运抬串图

(清) 林镛绘

1 幅；22 厘米 ×34 厘米

绘本

[清光绪年间（1875—1908）]

此图简要绘出山东张秋镇附近黄河、运河交汇附近闸坝位置，贴签标注过往船只穿越闸坝情形。

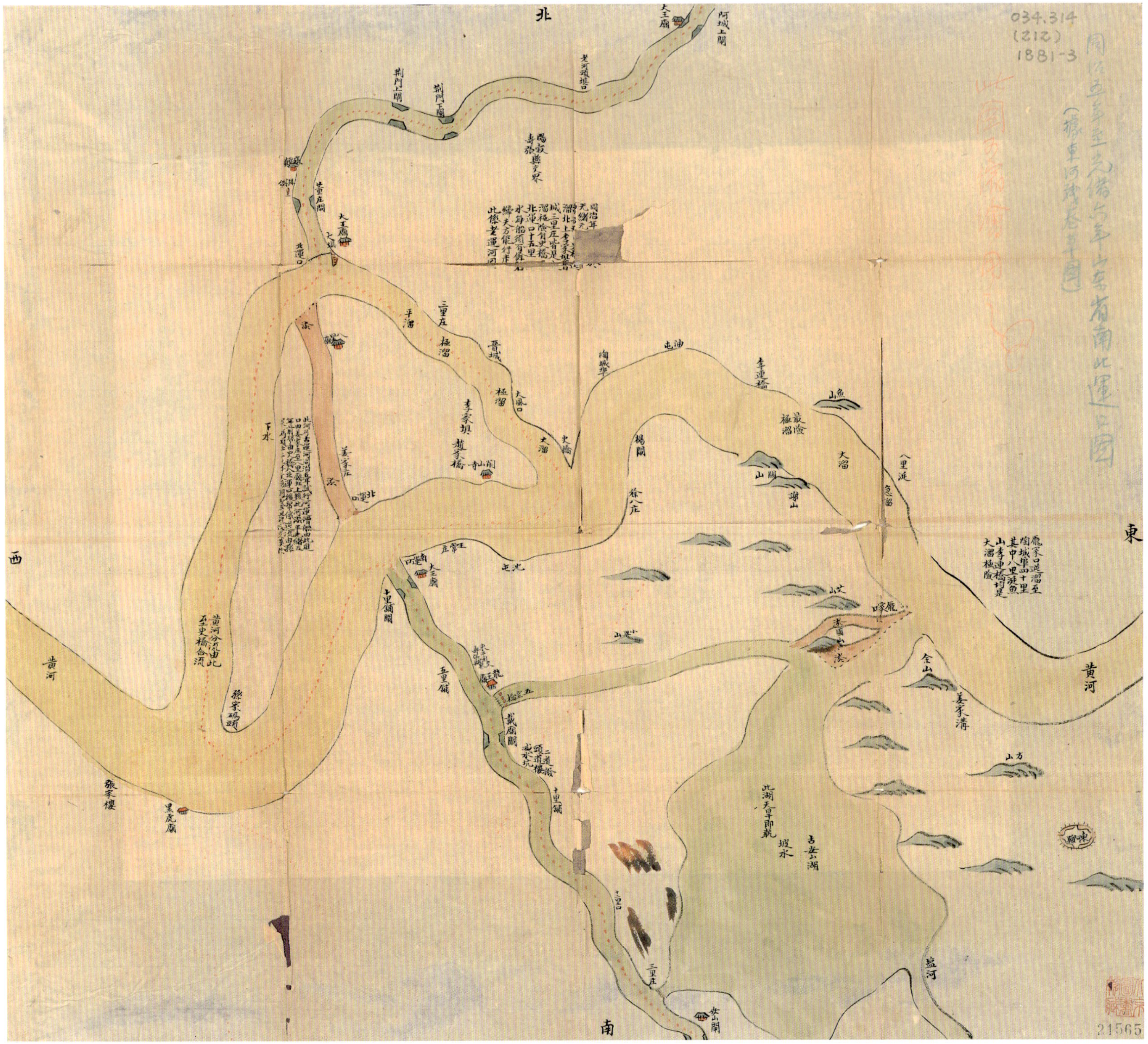

黄运河南北运口河形旧图

1 幅；43 厘米 ×46 厘米

彩绘本

［清光绪年间（1875—1908）］

此为清同治五年至光绪六年间（1868—1880）山东省南北运口图，描绘了黄河、运河流向和漕船运行情形。图上有“此系老运河图”字样。

黄运河南北运口河形新图

1 幅；43 厘米 ×46 厘米

彩绘本

[清光绪年间（1875—1908）]

此图描绘了清光绪七年（1881）山东陶城埠附近黄河北运口改道下水入运之情形，标注了险口、漕船入口等。图上有“光绪七年黄河北运口改道下水三十里至陶城埠入运之图”字样。与《黄运河南北运口河形旧图》相比，此时黄河已有决口，图中注出了“黄水入坡”和淤积地。

[黄运河南北运口河形图]

1 幅；39 厘米 ×62 厘米

彩绘本

[清光绪年间（1875—1908）]

此图内容接近《黄运河南北运口河形新图》，但图中未绘制堤工情形，图说也不够详细。

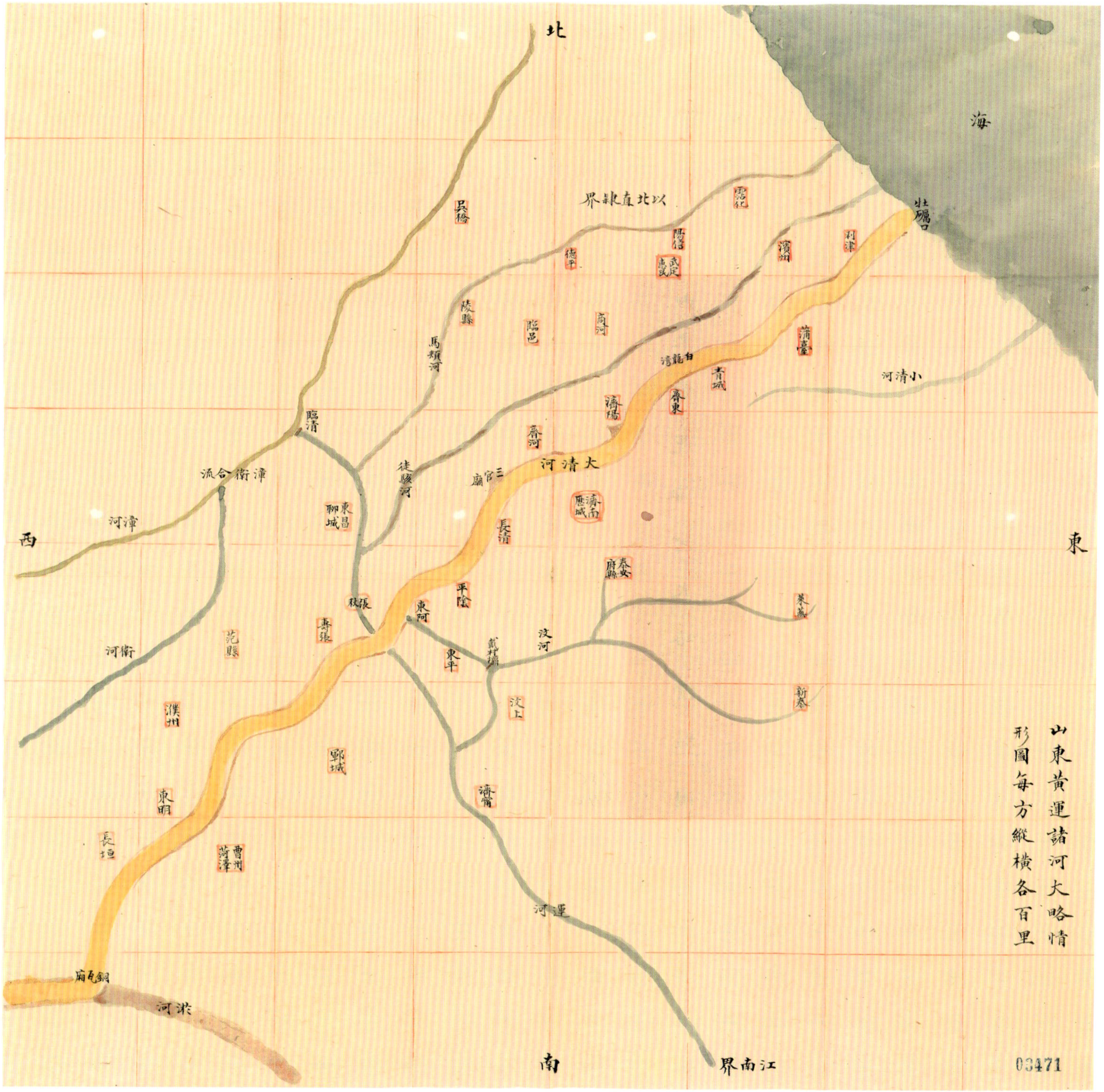

山东黄运诸河大略情形图

1 幅；39 厘米 ×39 厘米

彩绘本

[清光绪年间（1875—1908）]

此图主要绘出黄河、运河、马颊河、徒骇河、小清河、汶河、卫河等的大致流向，重点绘出自河南铜瓦厢至山东牡蛎嘴入海的黄河。图上有计里画方，每方百里。

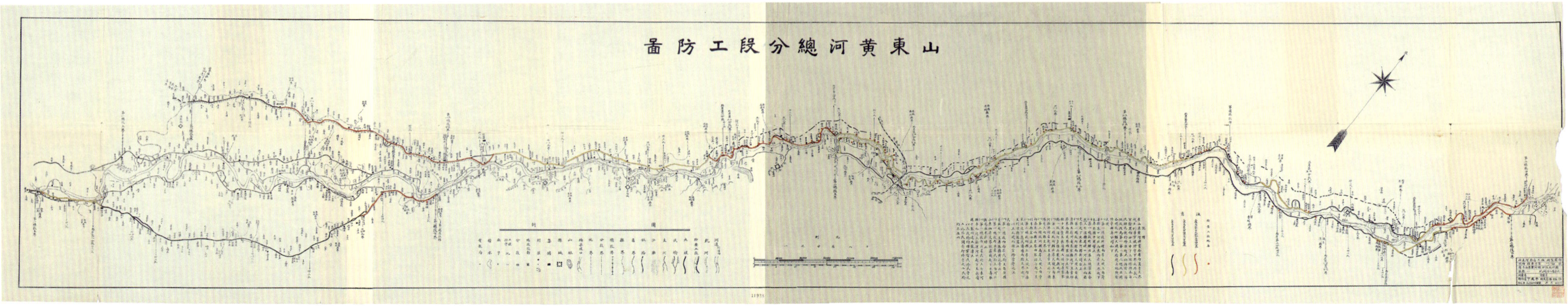

山东黄河总分段工防图

山东河务局工程科制图部测，丁建平绘

1幅；38厘米×213厘米

彩色石印本

[济南]：山东河务局，民国十九年三月（1930.3）

此图详细绘出自冀鲁交界至山东利津堤防守下界八百余里黄河各总段及分段所辖大堤、民埝起迄地点，突出标注了险要工段地名及大堤高出或低于大水位之处所，另有图说说明山东黄河各段大堤、民埝修守办法。图比例尺为十八万分之一。

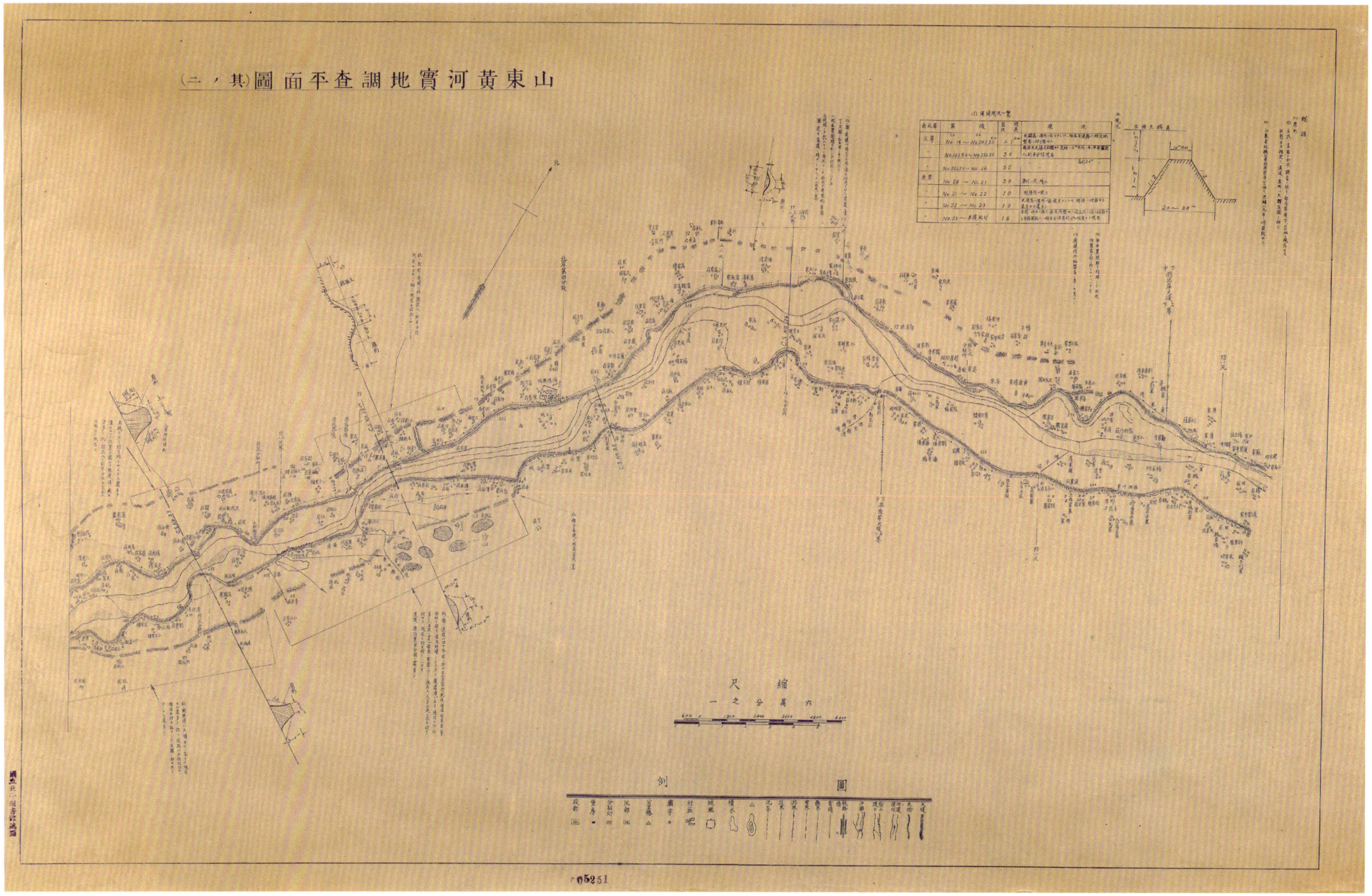

山东黄河实地调查平面图

1 幅分切 2 张；每幅 58 厘米 ×96.5 厘米

晒印本

[约民国二十九年（1940）]

此为比例尺六万分之一的日文地图，地名为中文，其余说明为日文。地图详细描绘了山东境内黄河南北两岸遥堤情形，地名标注详细，防汛堤岸绘制精细，另附“南北岸遥堤现状一览表”“情况总括”等。

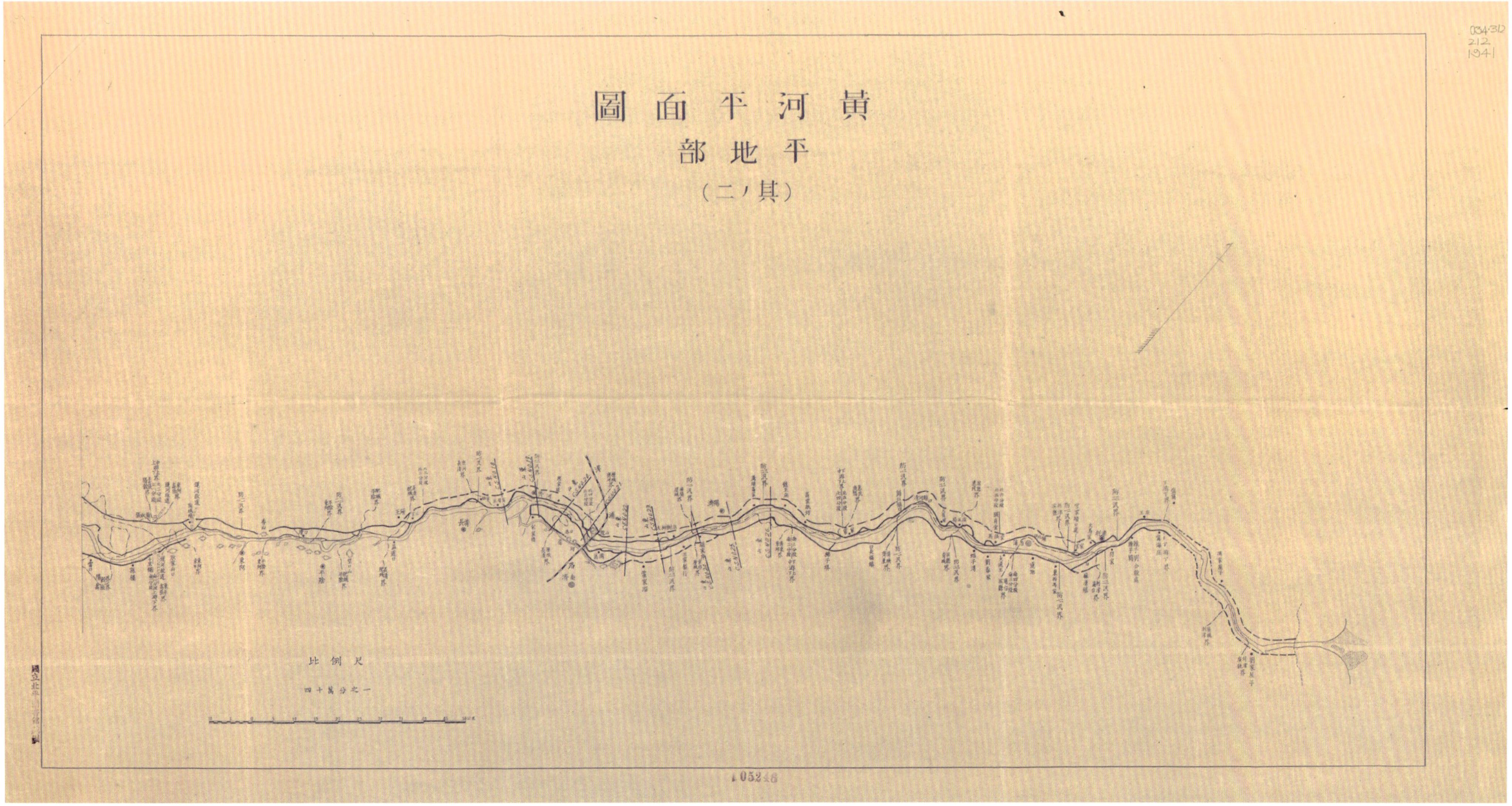

黄河平面图：平地部

1幅；43厘米 ×79厘米

晒印本

[约民国二十九年（1940）]

地图绘出自山东张秋镇至利津出海口的黄河河段及两岸堤防工程，标注了两岸主要地名、汛界分段等。图比例尺四十万分之一。

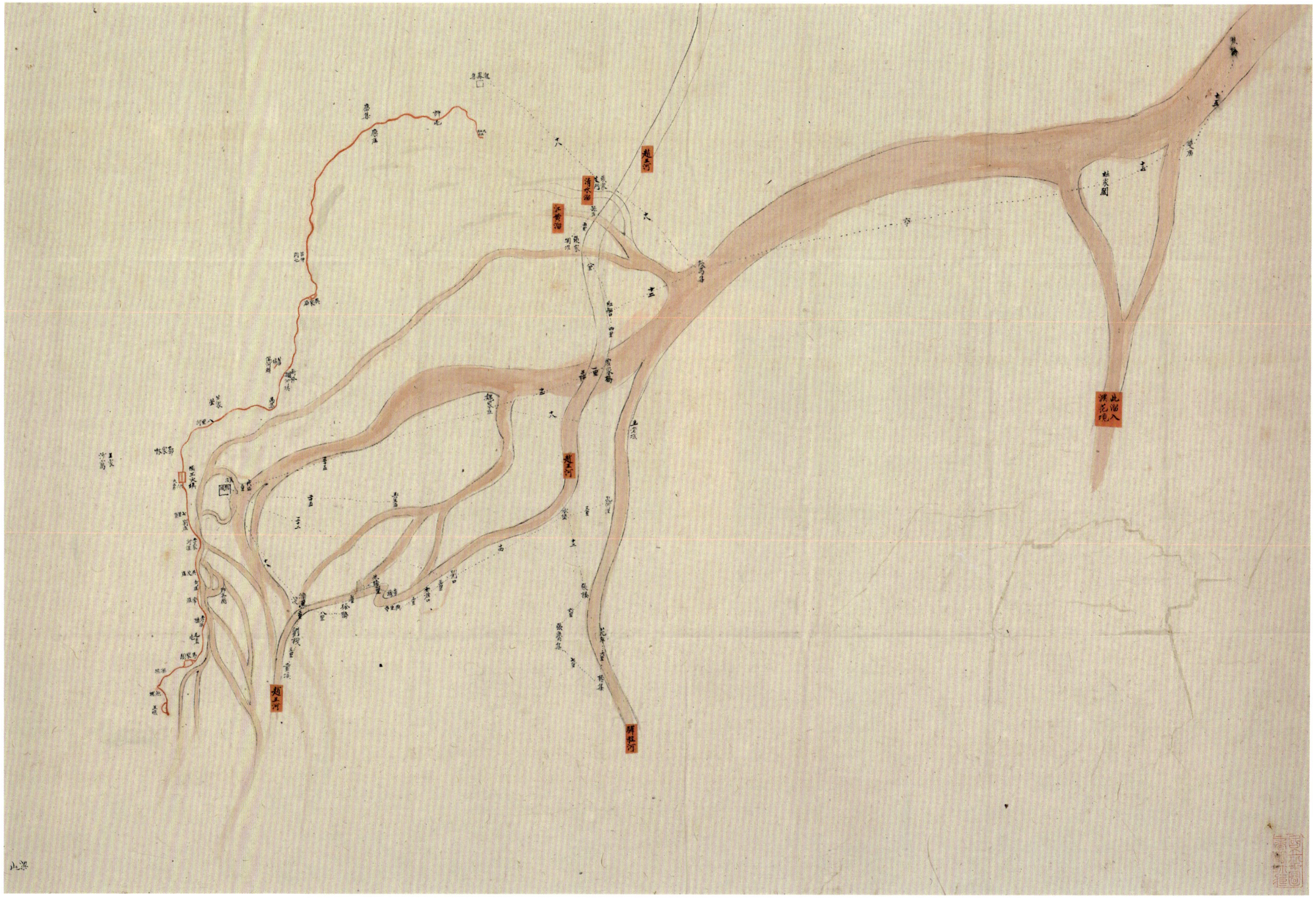

黄水入曹属分流各处以及新筑郓巨菏三县民堰全图

1 幅；56 厘米 ×80 厘米

彩绘本

[清光绪末期]

此图详细绘出山东曹州府水系及堤坝情形，详细标注了地名及距离。

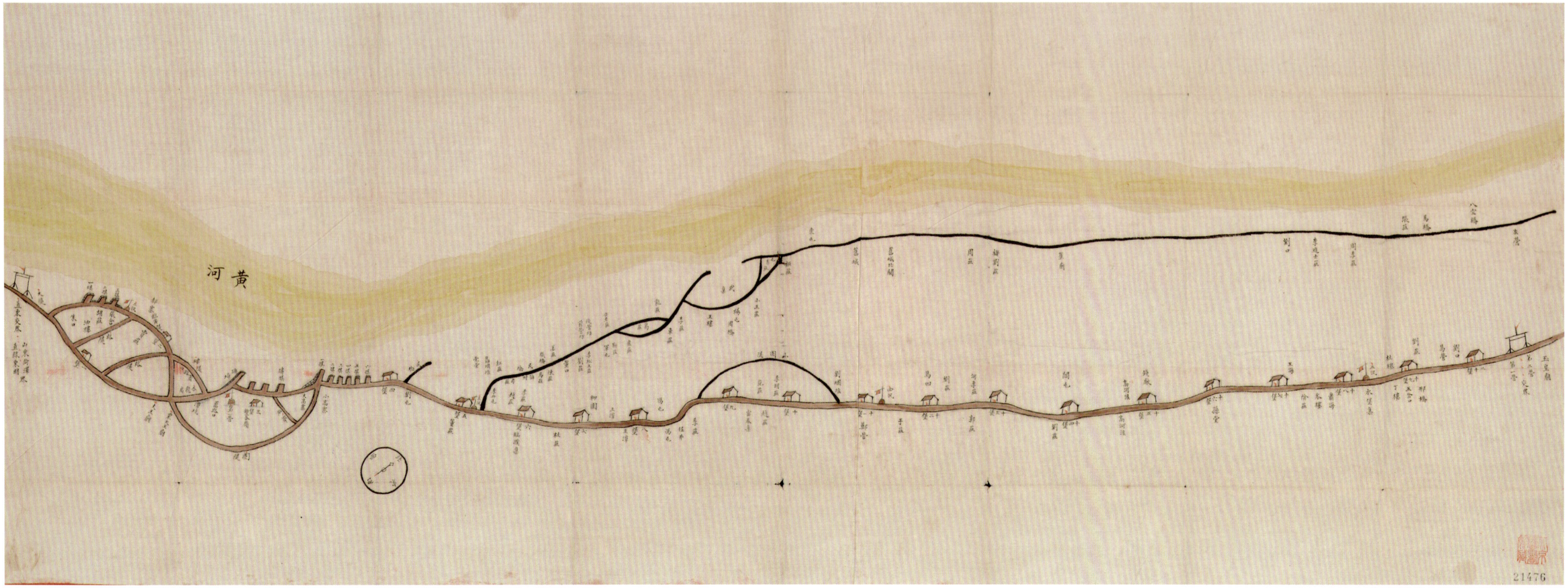

上游南岸第一营黄河大堤形势图

1 幅；34 厘米 ×86 厘米

彩绘本

[民国初年]

此图绘出直隶东明、山东菏泽交界至山东郓城玉皇庙段黄河及黄河南岸大堤，标注了沿堤村庄、各坝及各堡防守位置。

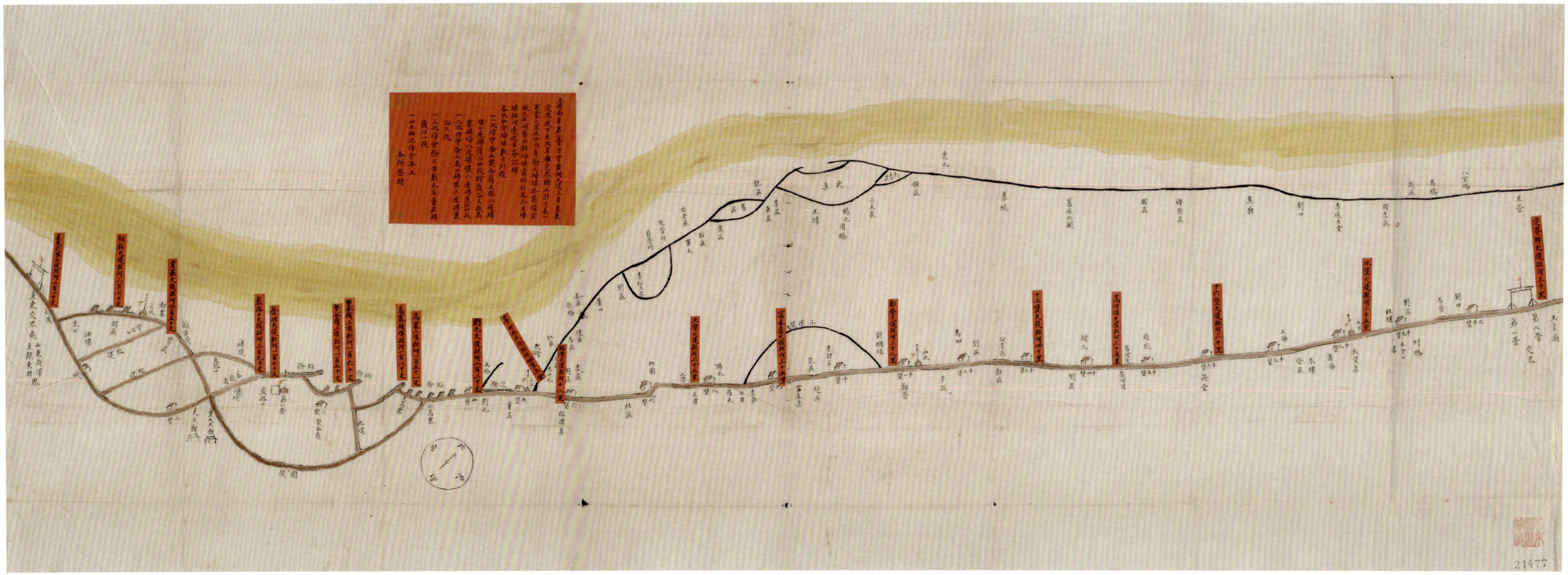

上游南岸第一营防守黄河大堤形势贴说图

1 幅；32.5 厘米 ×87.5 厘米

彩绘本

[民国初年]

此图内容与《上游南岸第一营黄河大堤形势图》基本一致，仅增加贴签说明各汛分守埽坝数目及埽坝距河远近情况。

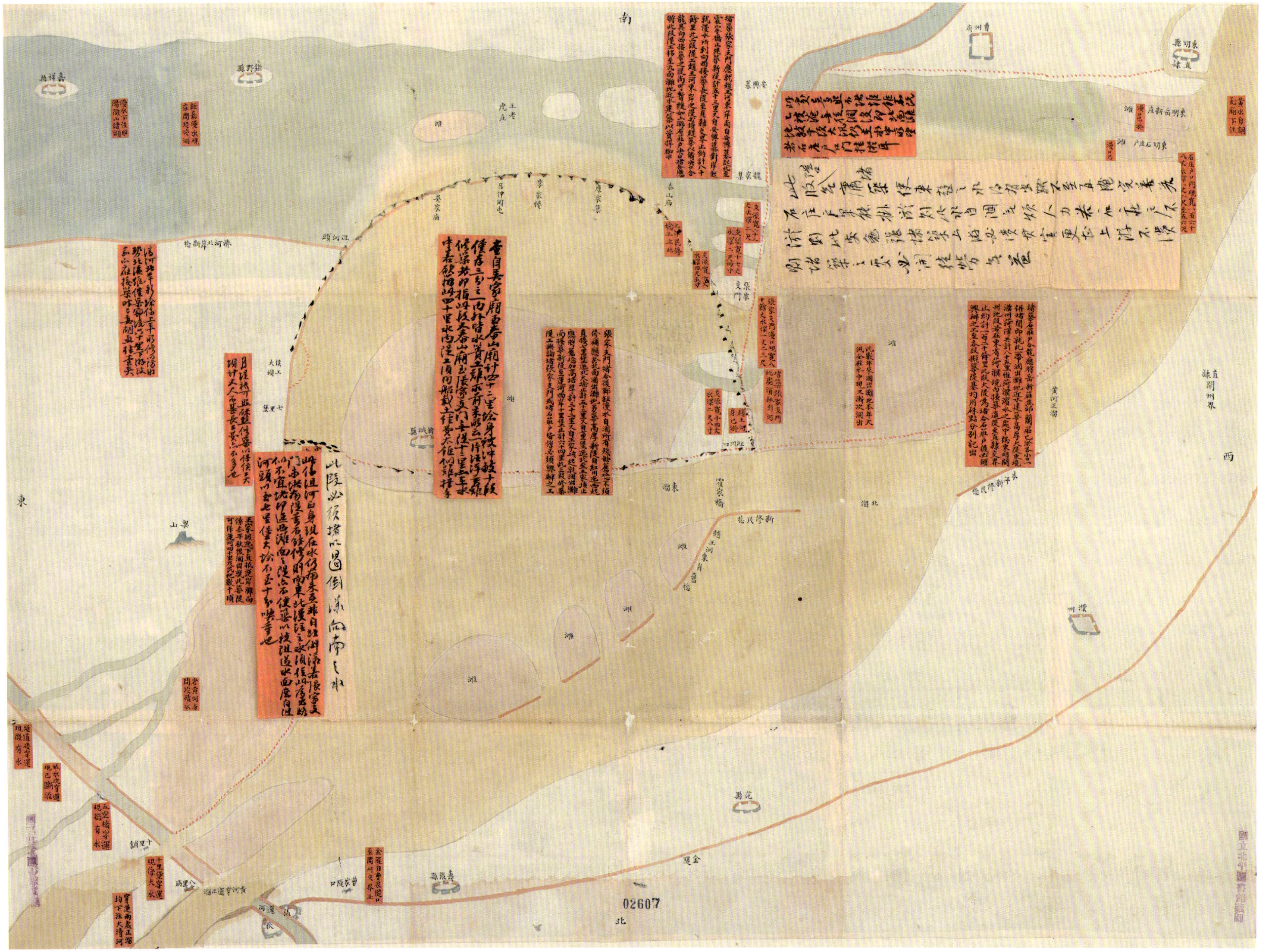

东明漫水下注东境酌议堵口筑堤图说

1 幅；44 厘米 ×58 厘米

彩绘本

[清咸丰年间（1851—1861）]

此图反映了黄河在河南铜瓦厢决口改道初期，黄水经直隶东明入山东大清河之情形。附图说。

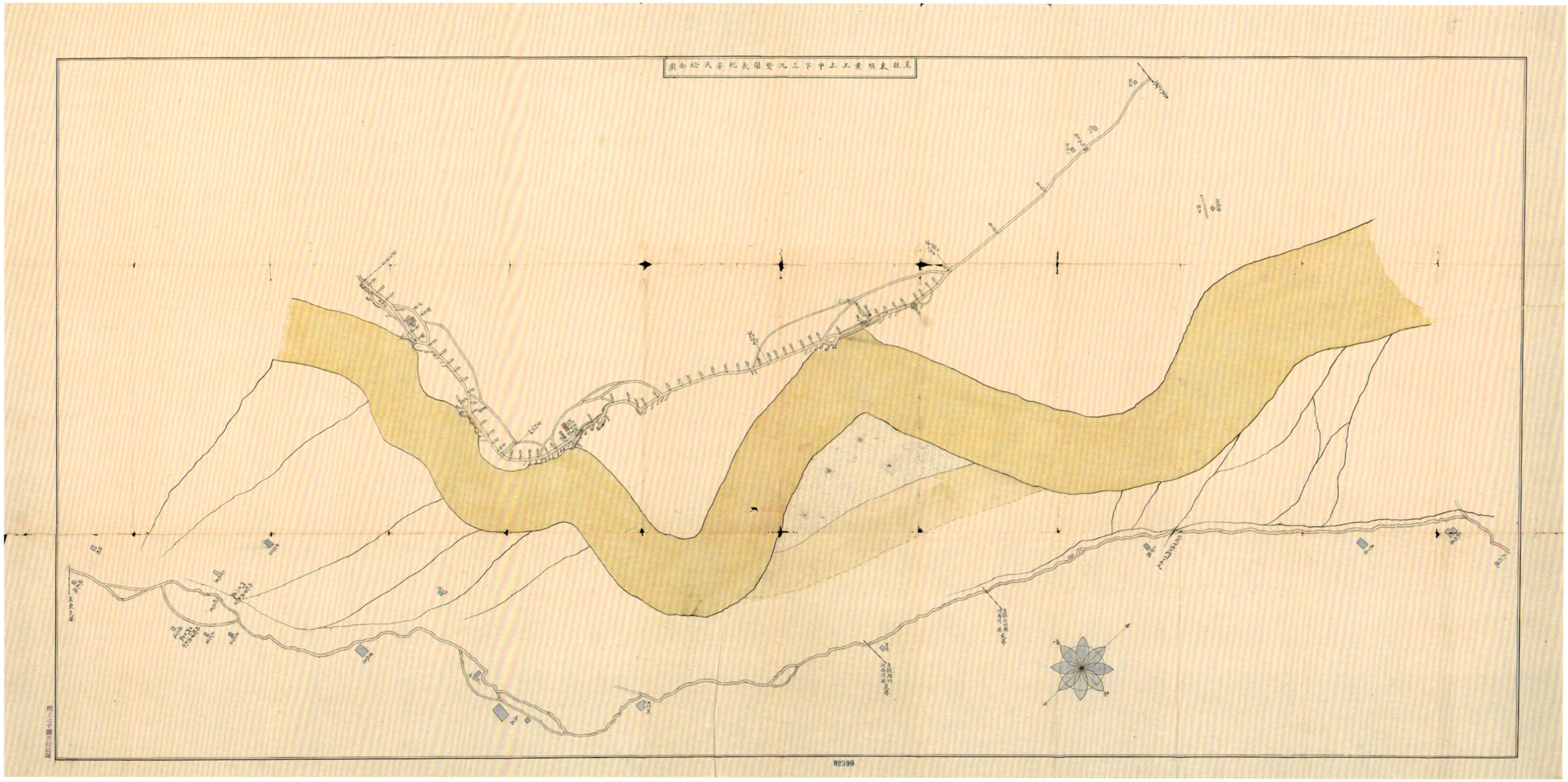

直隶东明黄工上中下三汛暨开长北岸民埝全图

1幅；57厘米×118厘米

彩绘本

[清光绪年间（1875—1908）]

此图绘出直隶东明境内黄河河道及两岸堤防工程，标注了黄河内外埝冲口大小、口门及冲口尺度。

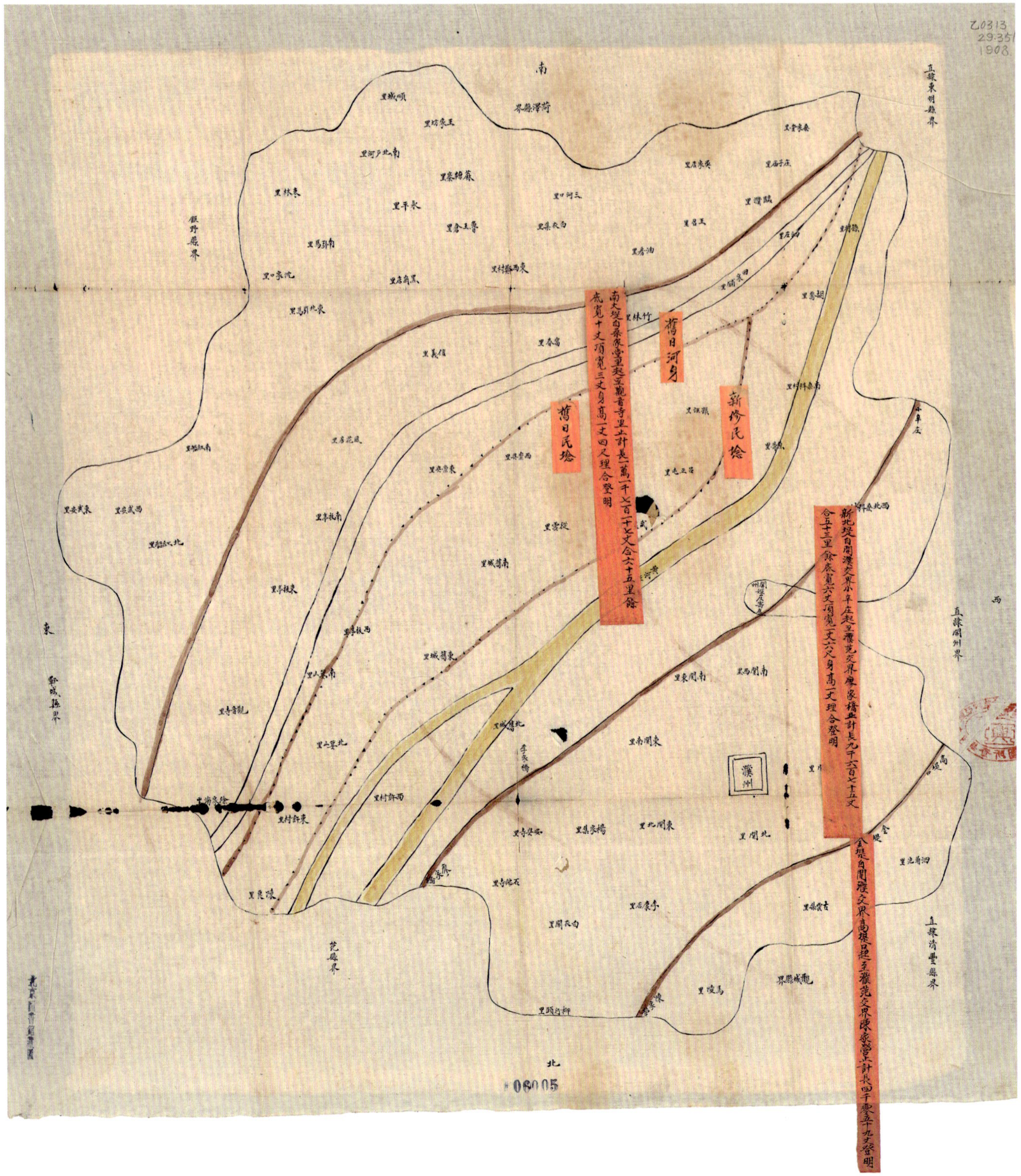

[濮州河埝河堤丈尺全图]

1 幅；54 厘米 ×51 厘米

彩绘本

[清光绪年间（1875—1908）]

此图绘出山东濮州境内黄河、旧河身、两岸新旧大堤及民埝等，贴签标注濮州境内黄河两岸大堤、民埝起迄、丈尺等。原题名缺失不全。

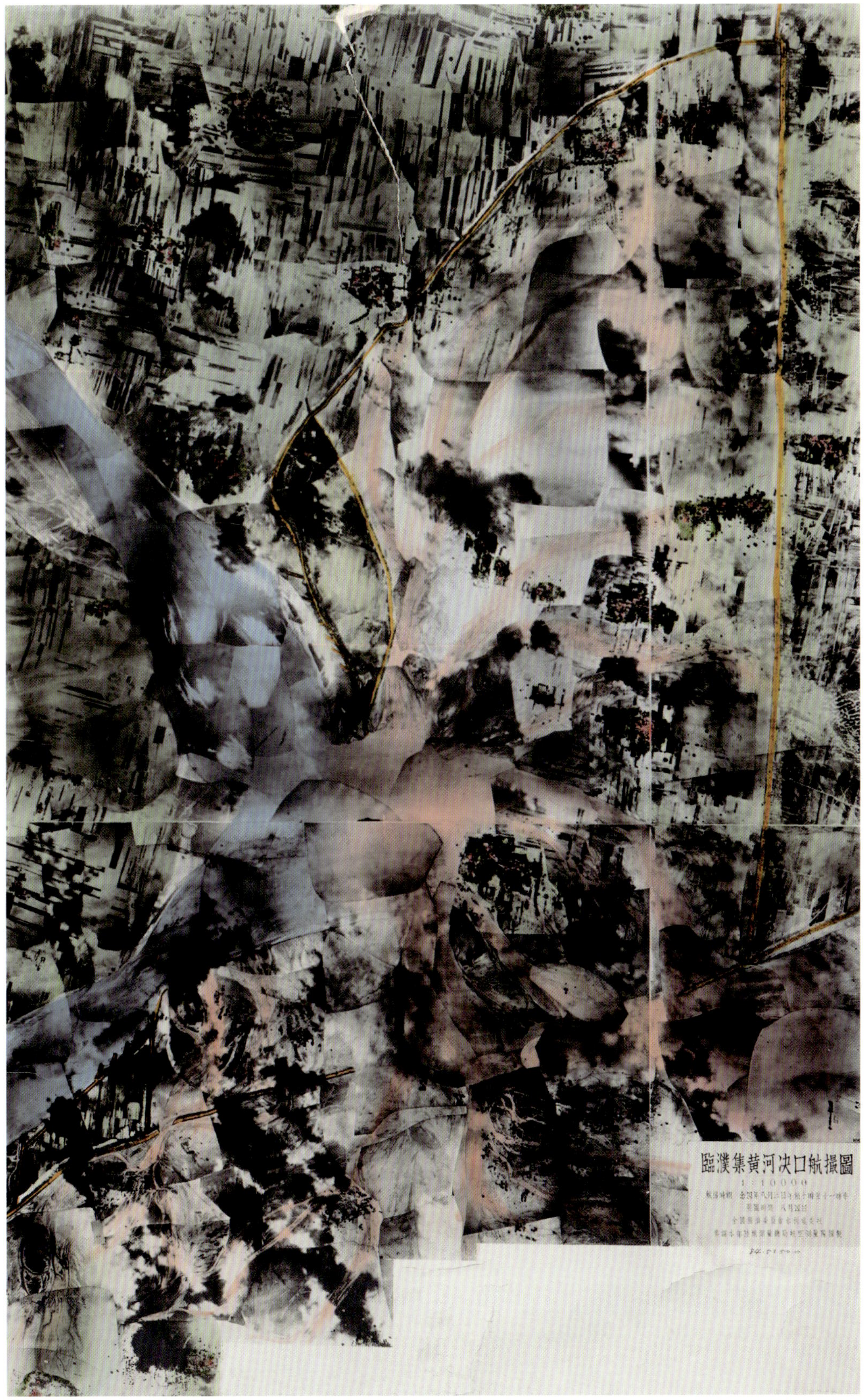

临濮集黄河决口航摄图

参谋本部陆地测量总局航空测量队制

1 幅；85 厘米 ×50 厘米

摄影本

民国二十四年八月（1935.8）

临濮集位于今山东鄄城县西南黄河东岸。此图系受全国经济委员会水利处委托摄制而成，在摄影基础上着色，比例尺一万分之一。此图微损。

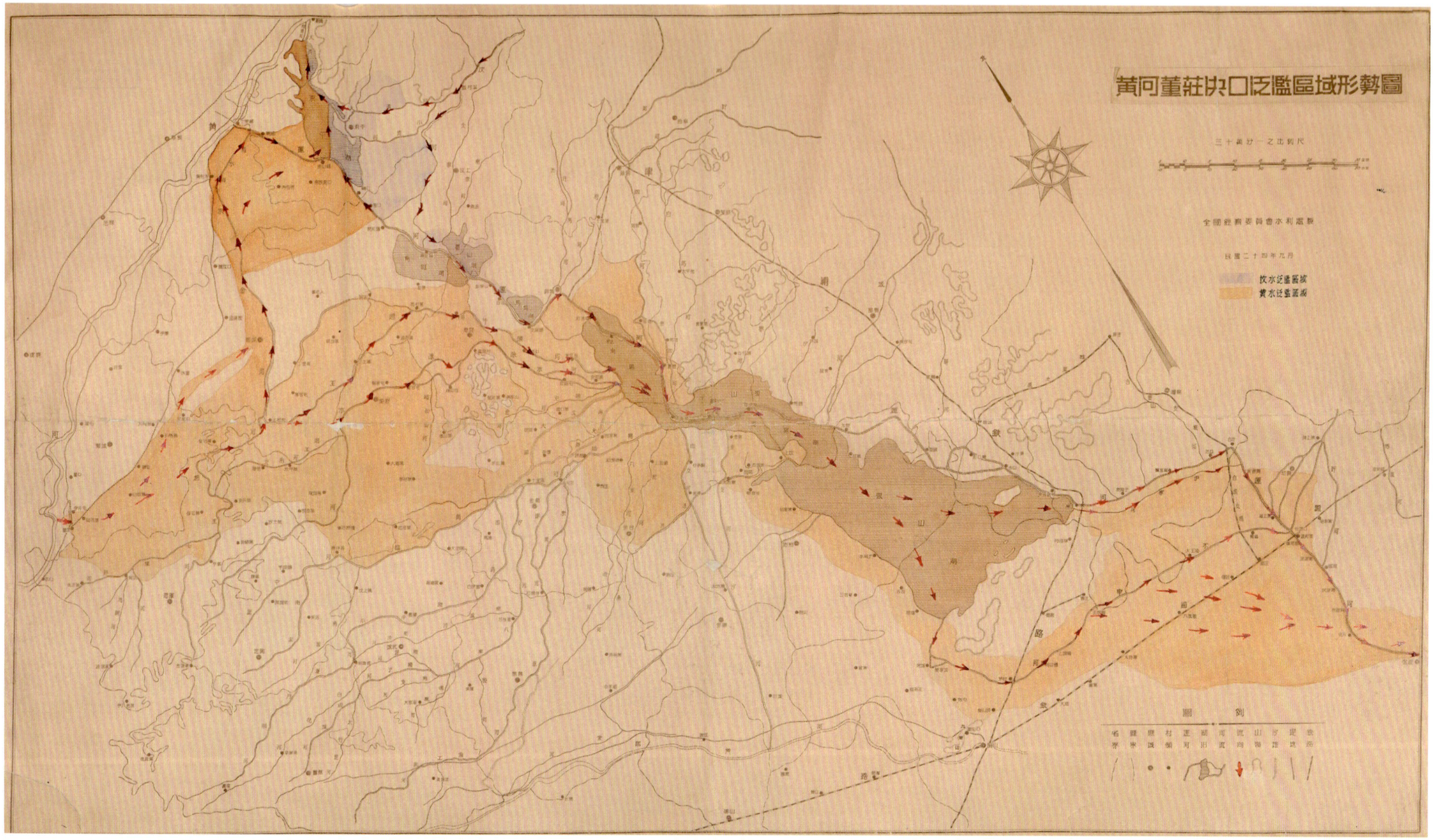

黄河董庄决口泛滥区域形势图

全国经济委员会水利处制

1幅；56厘米 ×94厘米

彩色晒印本

民国二十四年九月（1935.9）

董庄位于今山东鄄城县临濮集西黄河东岸。是为比例尺为三十万分之一的现代测绘地图，图中绘制了黄河走向，用不同颜色标出了汶水泛滥区域和黄水泛滥区域。

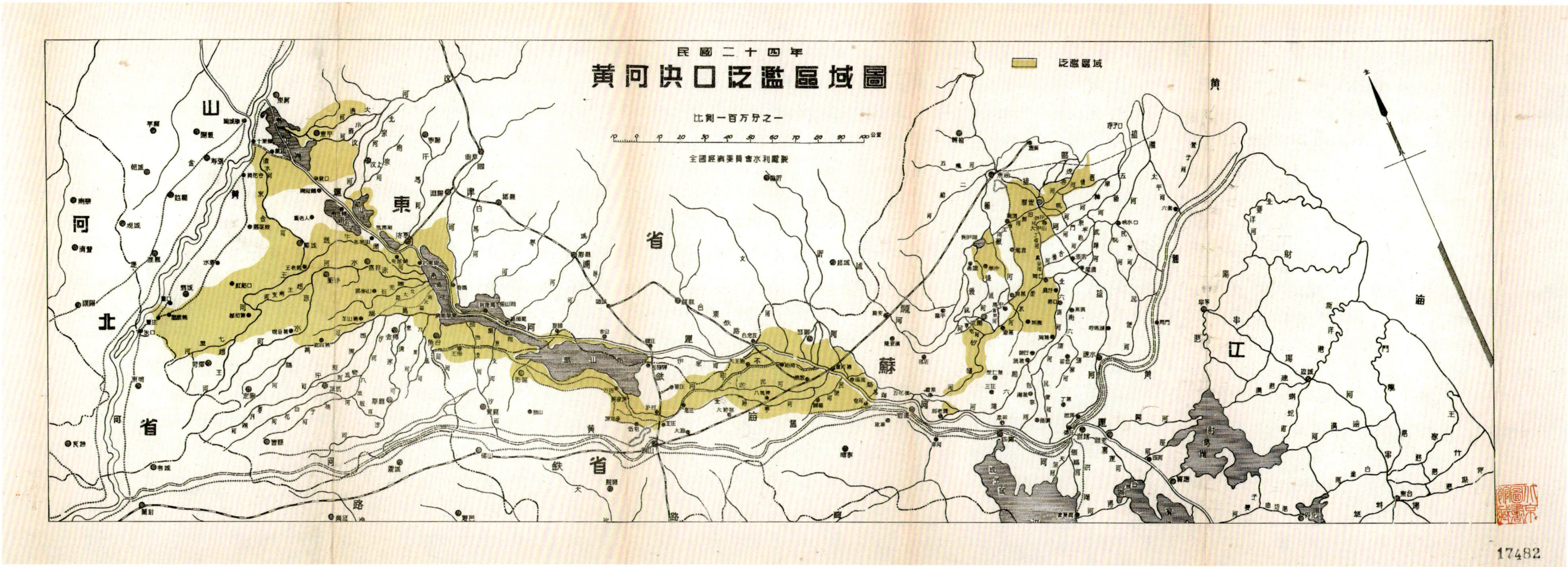

黄河决口泛滥区域图

全国经济委员会水利处制

1 幅；20 厘米 ×59 厘米

彩绘本

民国二十四年（1935）

此图主要反映了山东鄄城县董庄黄河决口后，黄水沿运河两岸泛滥之情景，以黄色标示黄河泛滥区域。比例尺一百万分之一。

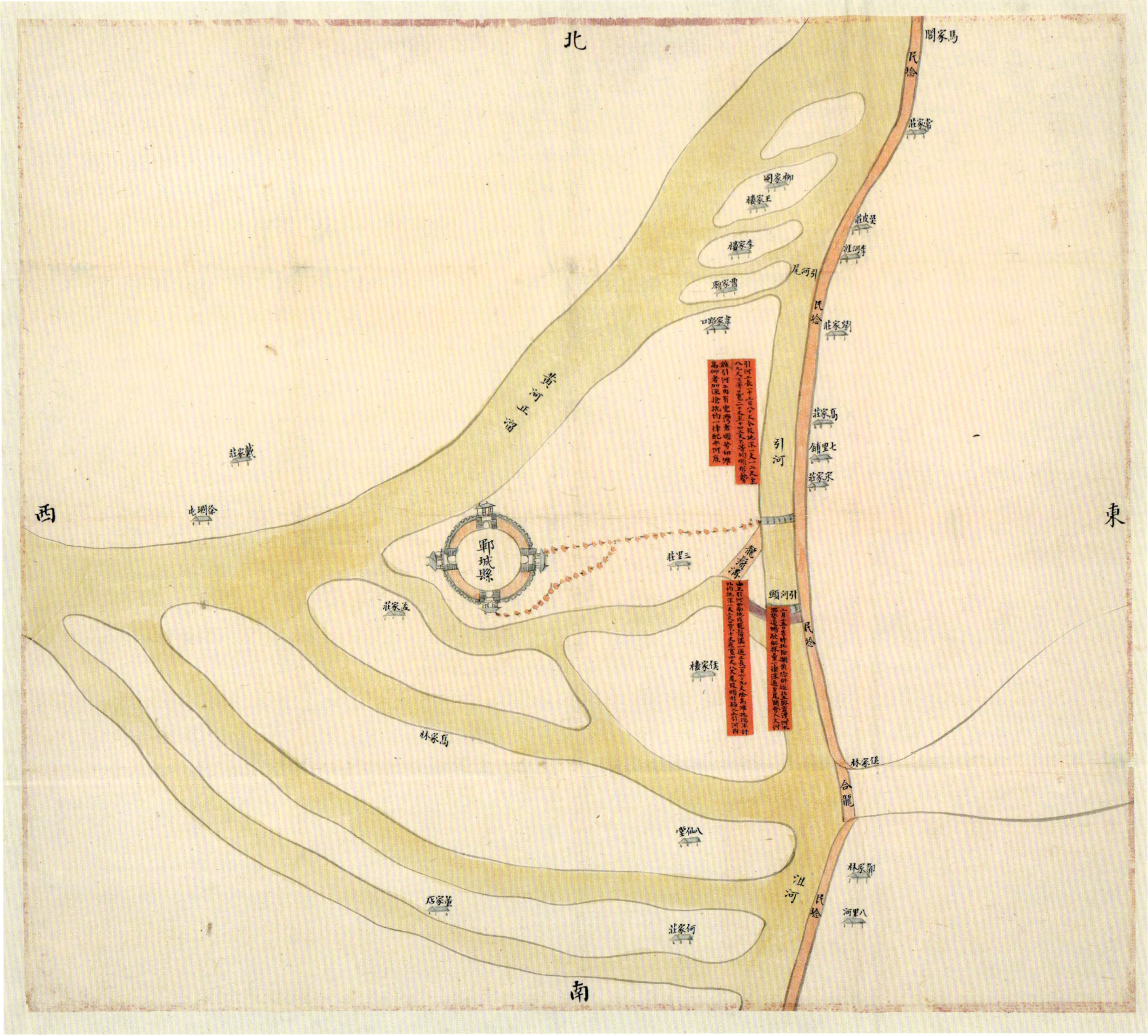

郓城县黄河全图

1幅；47厘米 ×52.5厘米

彩绘本

［清光绪年间（1875—1908）］

此图绘出山东郓城县境内黄河及其引河、民埝、县城、村庄情形，贴签说明引河丈尺、工程等情况。

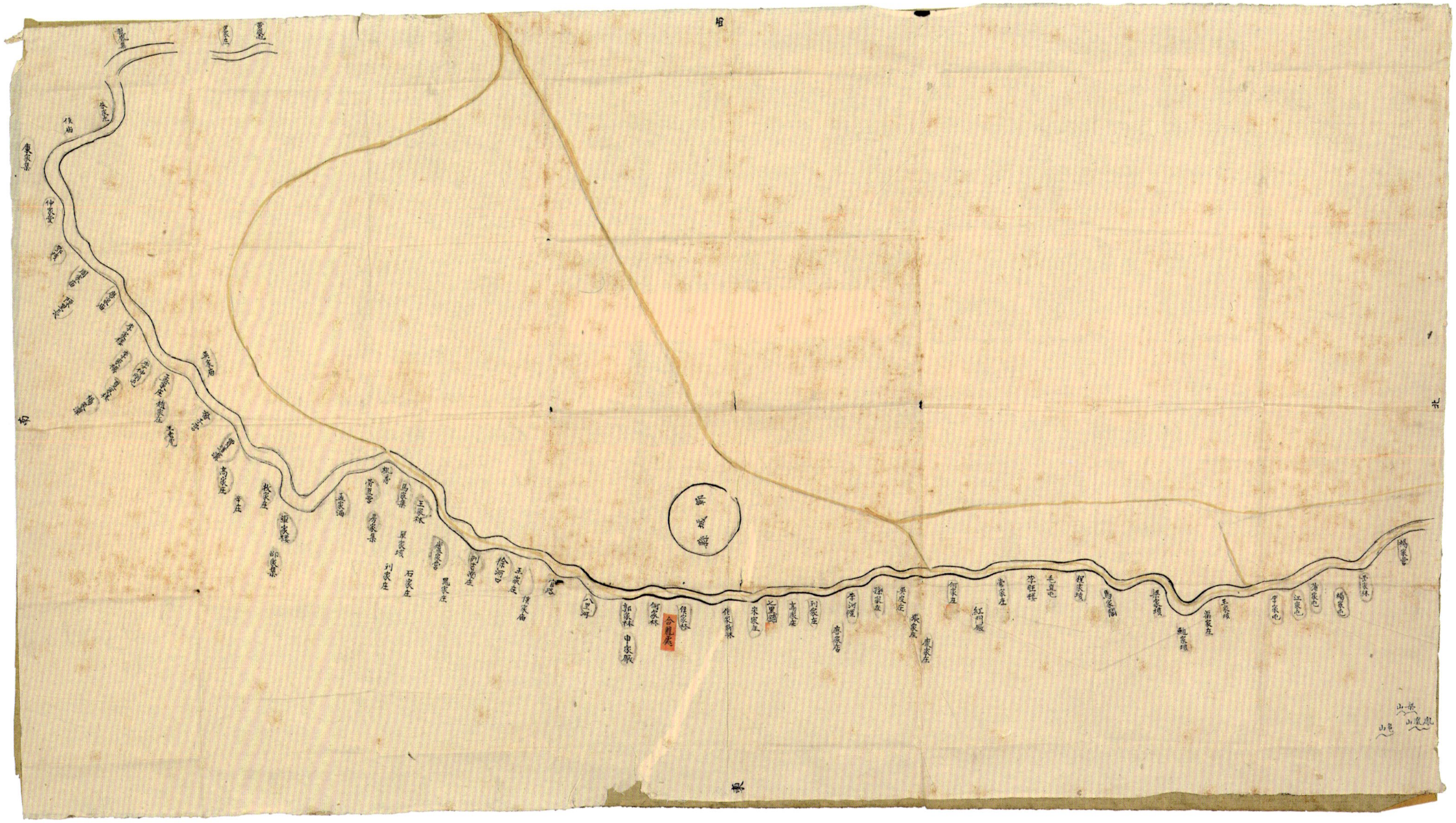

郓城县民埝全图

1幅；47厘米×85厘米

彩绘本

［清光绪年间（1875—1908）］

此图绘出山东郓城境内民埝走向，详细标出沿岸村庄，贴签注明合龙处。图中黄河仅以线条表示，无文字标记。

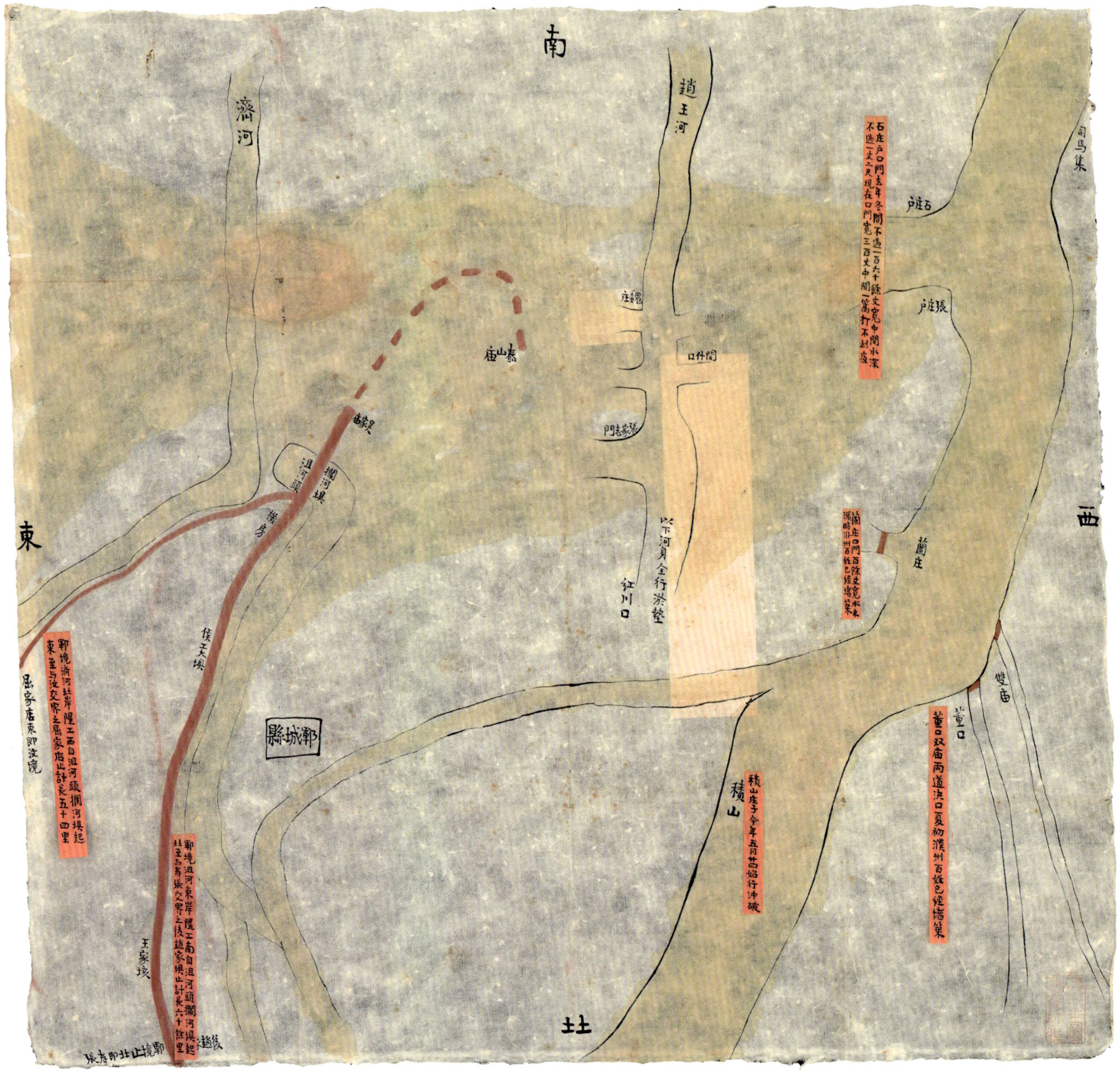

现查黄溜情形图

1 幅；48 厘米 ×48 厘米

彩绘本

[清光绪年间（1875—1908）]

此图主要绘出山东郓城县境黄河泛滥的大致区域，贴签注出各处堤工丈尺、起讫、决口及决口处理情况。

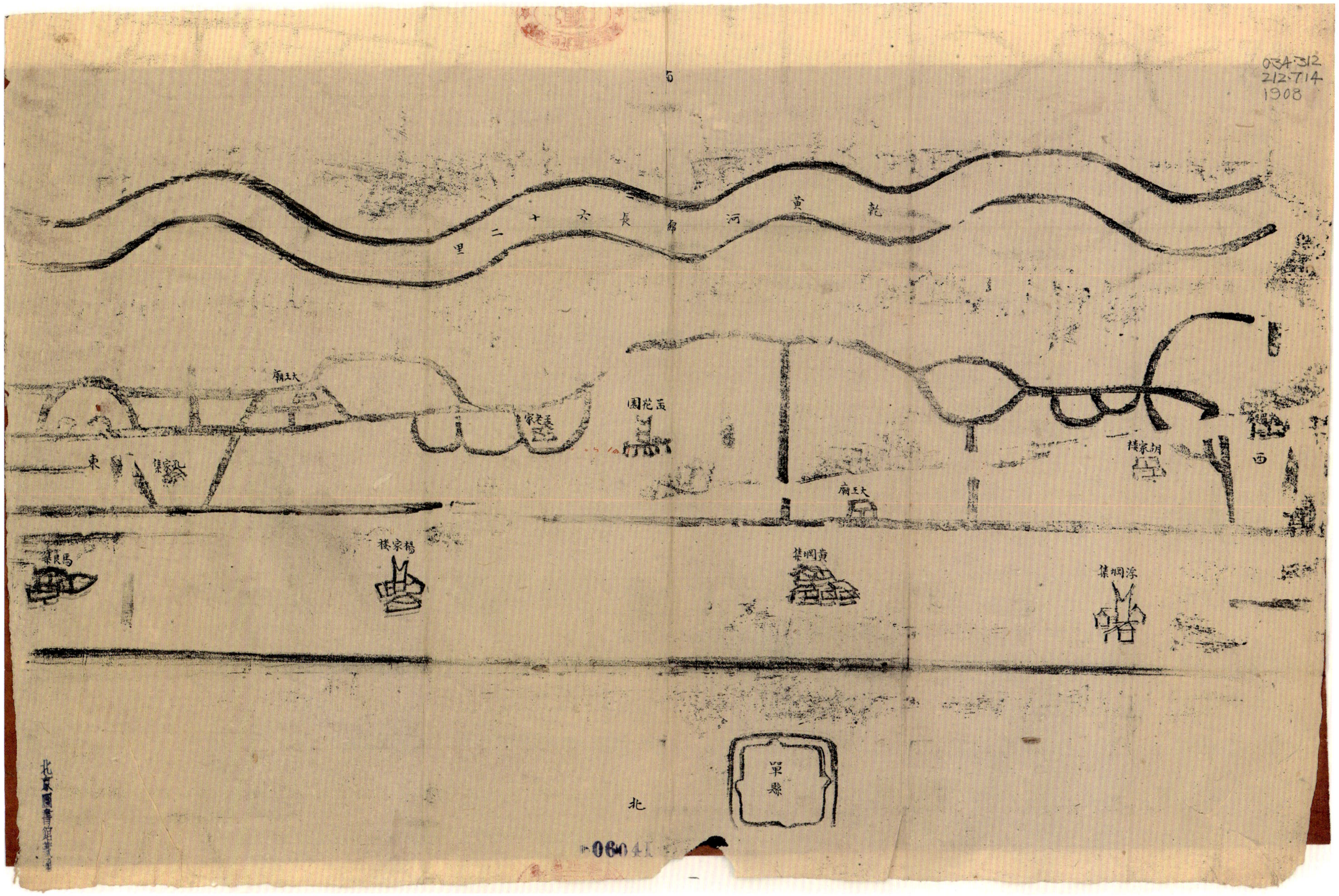

单县黄河图

1 幅；31.5 厘米 ×47 厘米

刻本

[清光绪年间（1875—1908）]

此图仅绘出山东单县境内干黄河一道及其北岸大堤等堤防工程，内容注记简略。

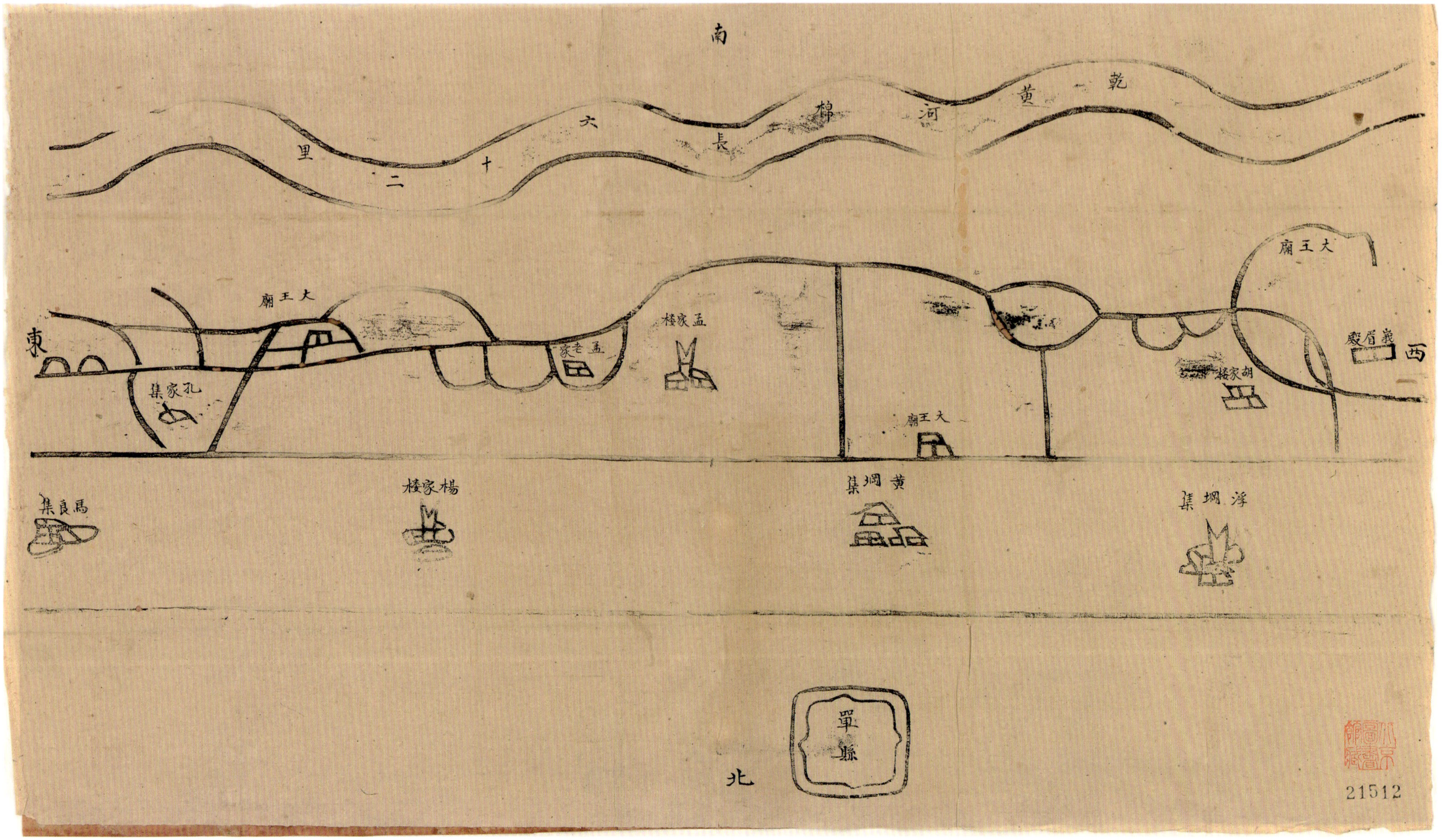

单县黄河图

1幅；27.5厘米 ×47厘米

刻本

［清光绪年间（1975—1908）］

此图仅绘出山东单县境内干黄河一道及其北岸大堤等堤防工程，内容注记简略。此图与国图藏同名图基本相同。

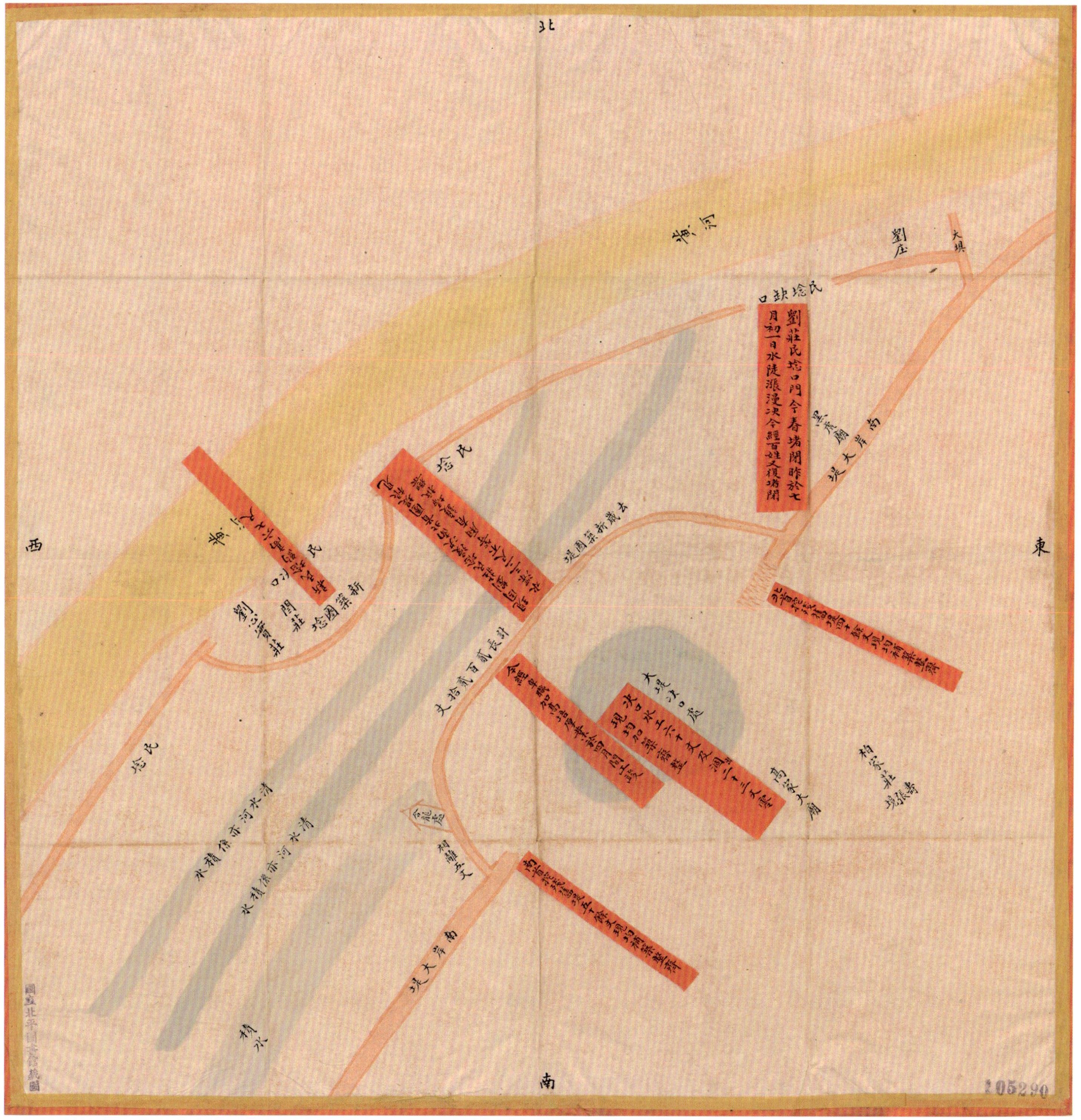

上游南岸寿张县高家大庙堤工图说

1 幅；44.5 厘米 ×43 厘米

彩绘本

[清光绪年间（1875—1908）]

此图绘出山东寿张县黄河及南岸大堤、民埝等堤工情形，贴签标注堤工补筑情形及新工程丈尺等。

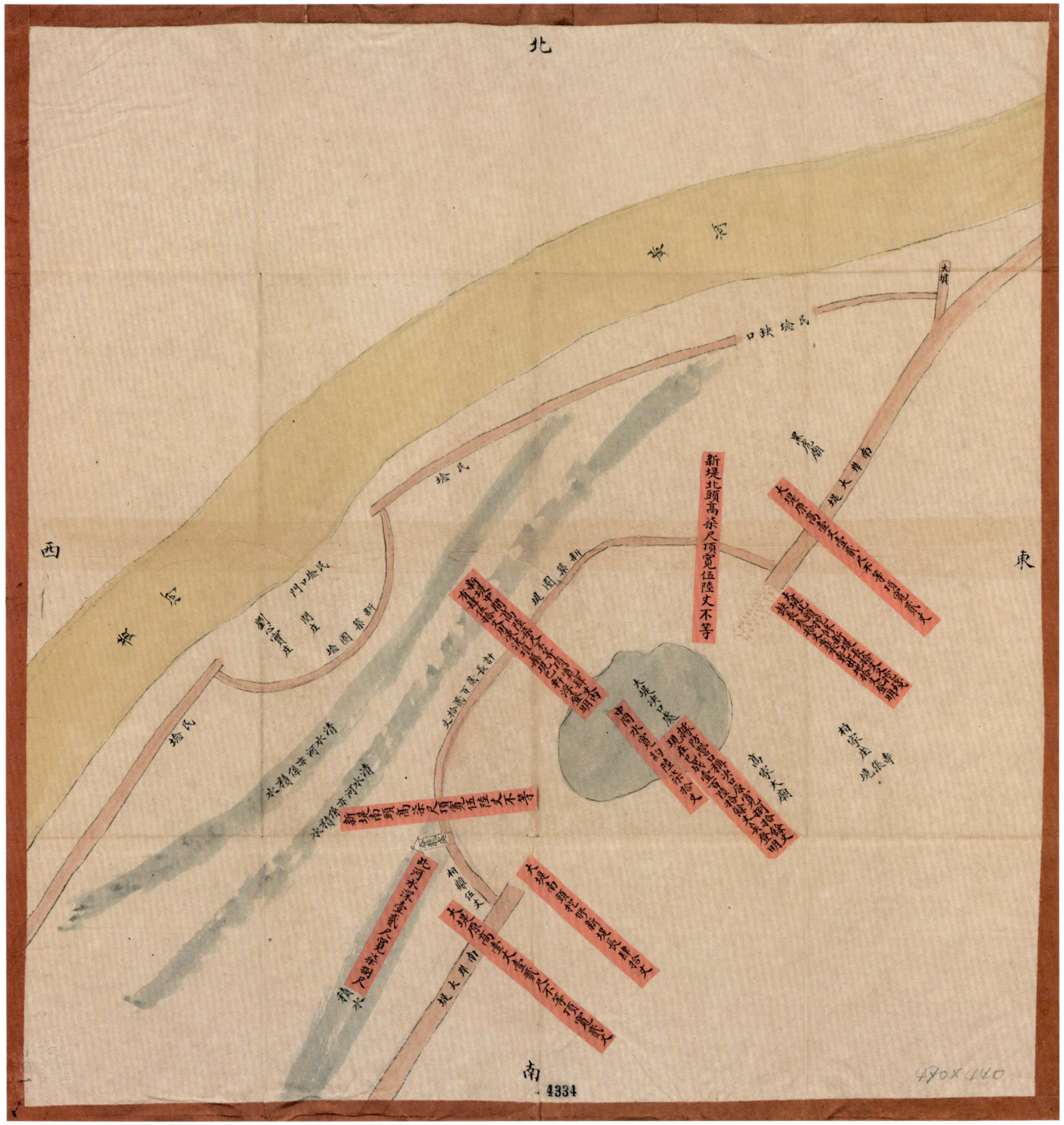

上游南岸寿张县境高家大庙堵筑形势图

1 幅；47 厘米 ×44 厘米

彩绘本

清光绪二十二年（1896）

此图绘出山东寿张县黄河及南岸大堤、民埝等堤工情形，贴签标注堤工补筑情形及新工程丈尺等。与《上游南岸寿张县高家大庙堤工图说》内容基本相同，仅贴签不同。图上有“毓观察面交廿二年二月初八日”字样。

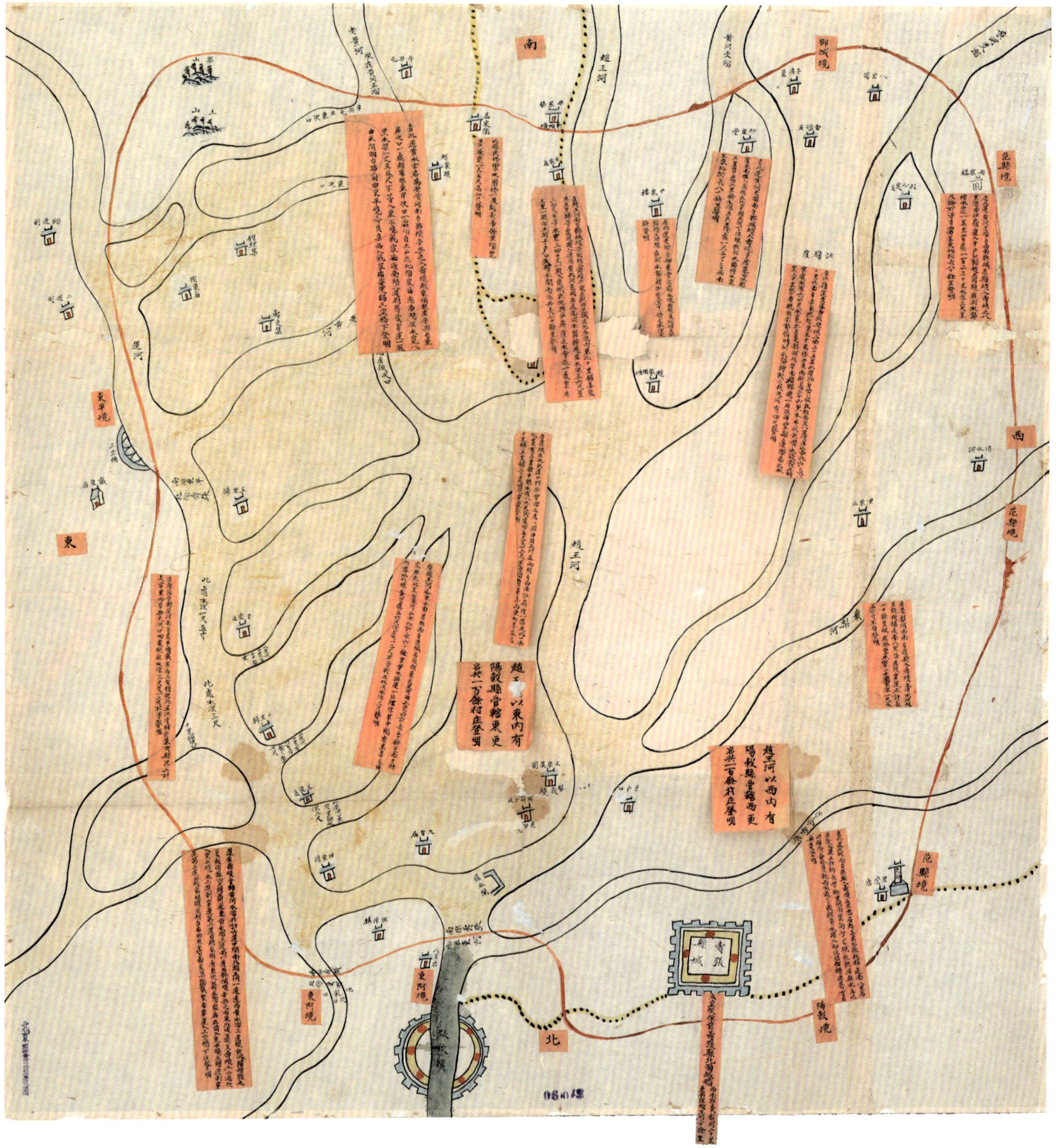

寿张县管辖河道黄溜股数现在水势情形图

1 幅；61 厘米 ×57 厘米

彩绘本

［清光绪年间（1875—1908）］

此图水系绘制详细，反映了黄河漫水情形，贴签细致说明山东寿张县辖境内各处溜股数及当前水势情形等。

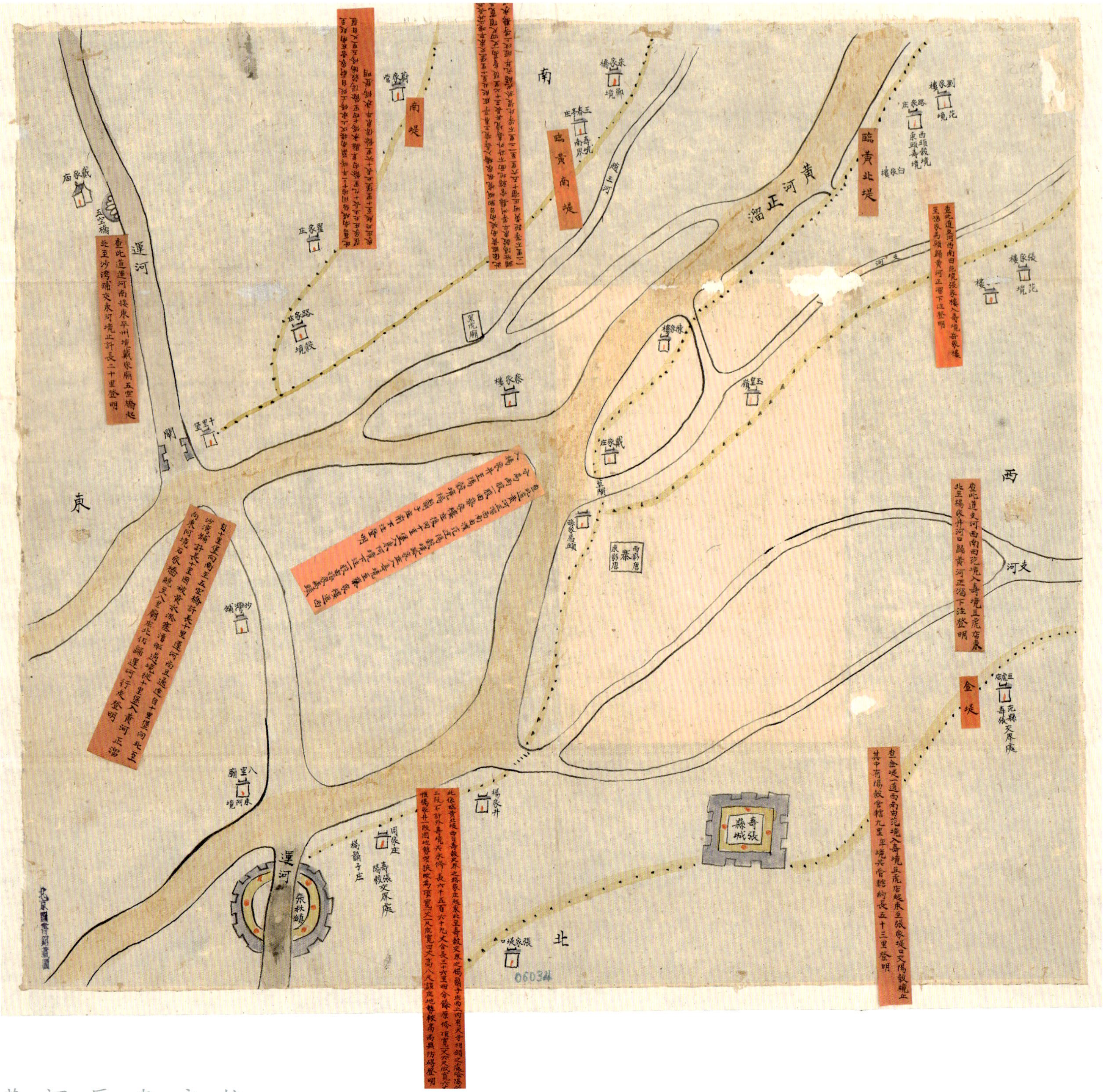

寿张县河堤图

1 幅；47.5 厘米 × 52 厘米

彩绘本

[清光绪年间（1875—1908）]

此图水系绘制详细，图上贴签详细注出黄、运河过境起迄及黄河金堤、临黄堤承修等情况。

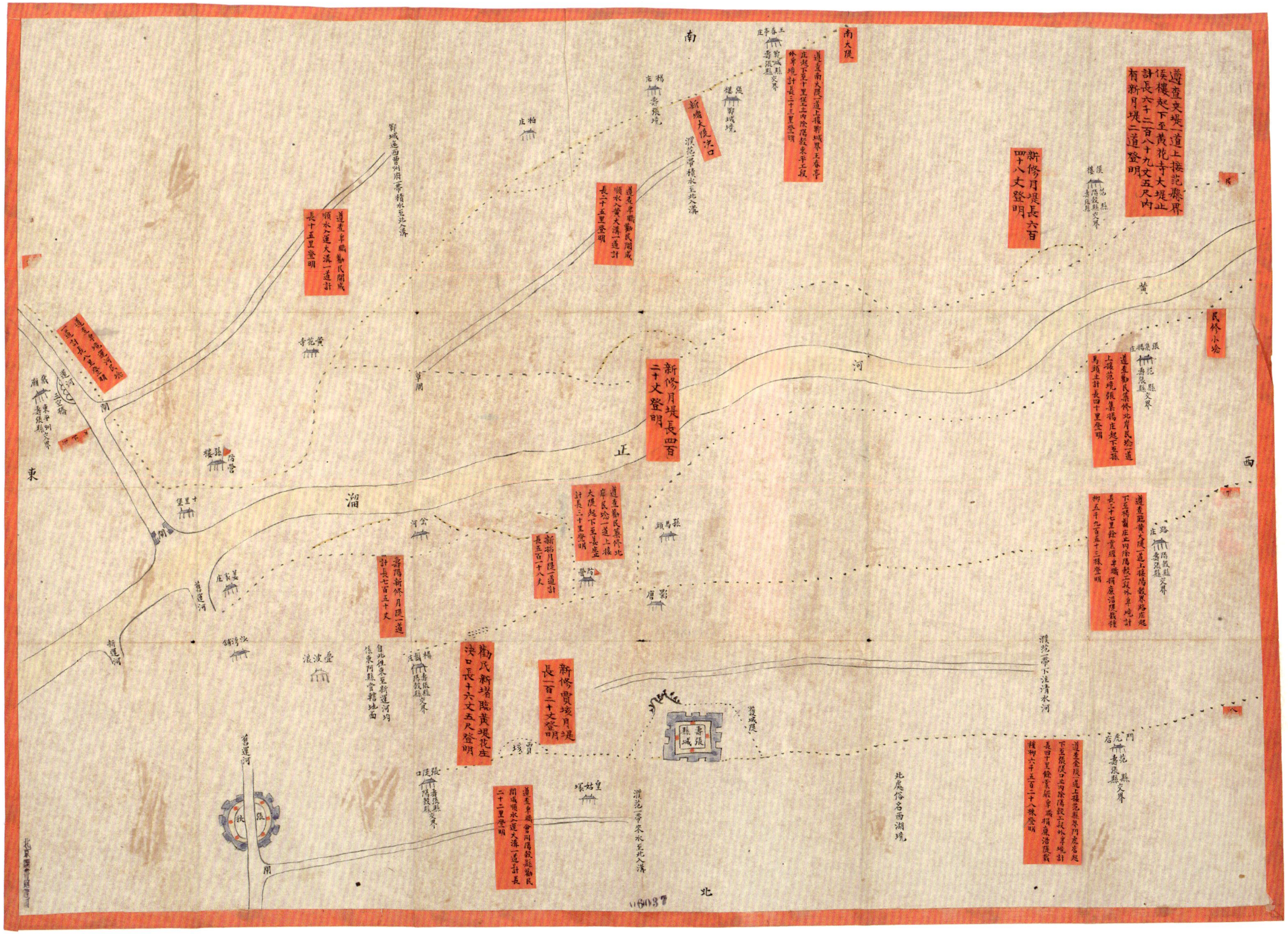

寿张县黄运河堤埝沟洫图

1 幅；52 厘米 × 72 厘米

彩绘本

［清光绪年间（1875—1908）］

此图绘出黄河及两岸堤埝沟洫等，贴签详细说明山东寿张县辖境内新修各堤丈尺、沿堤工程如植柳等情形。

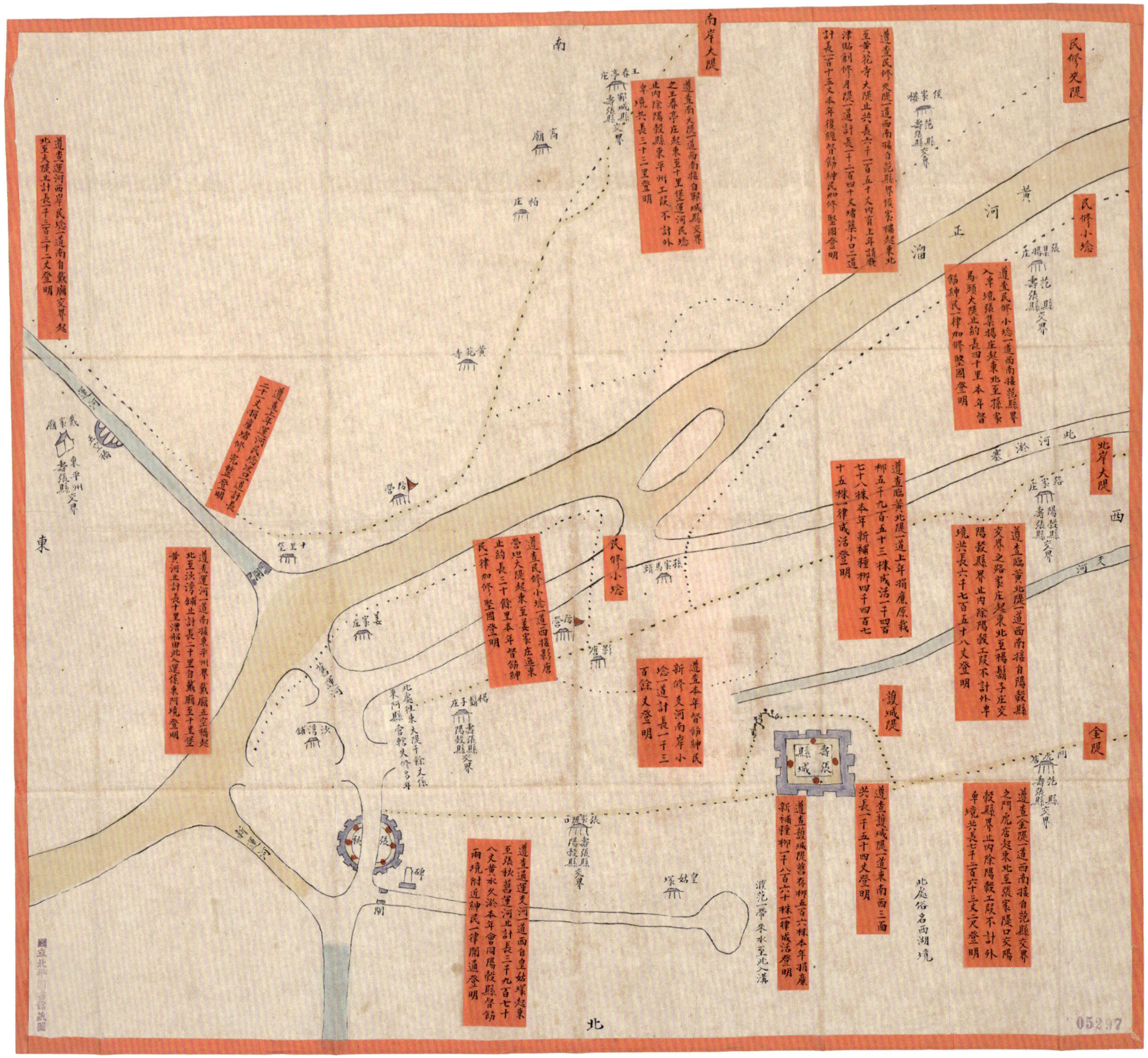

寿张县黄运河堤民埝图

1 幅；49 厘米 ×53 厘米

彩绘本

［清光绪年间（1875—1908）］

此图绘出山东寿张附近黄河正溜及相交的运河、新运河、旧运河、淤塞河等，贴签标注南北岸大堤、民修小埝等，图说详细说明堤埝起迄、丈尺、修建情形等。

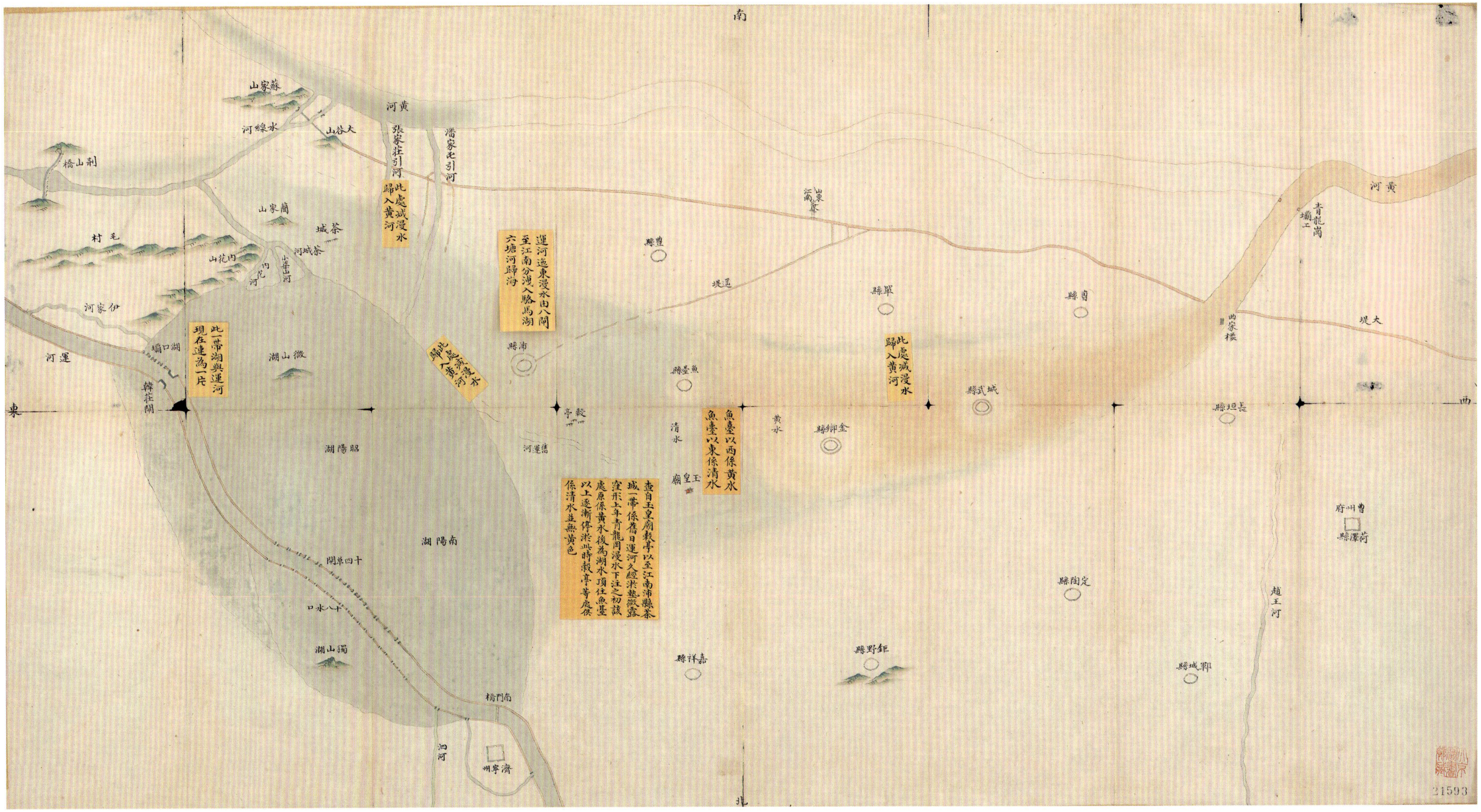

青龙冈漫水汇归三湖经由谷亭旧运河情形图

1 幅；43 厘米 ×78 厘米

彩绘本

[清中期]

此图绘出黄河从青龙冈坝工处漫水经旧运河汇归南阳、昭阳和微山三湖之情形，贴签注明黄河漫水情形等。

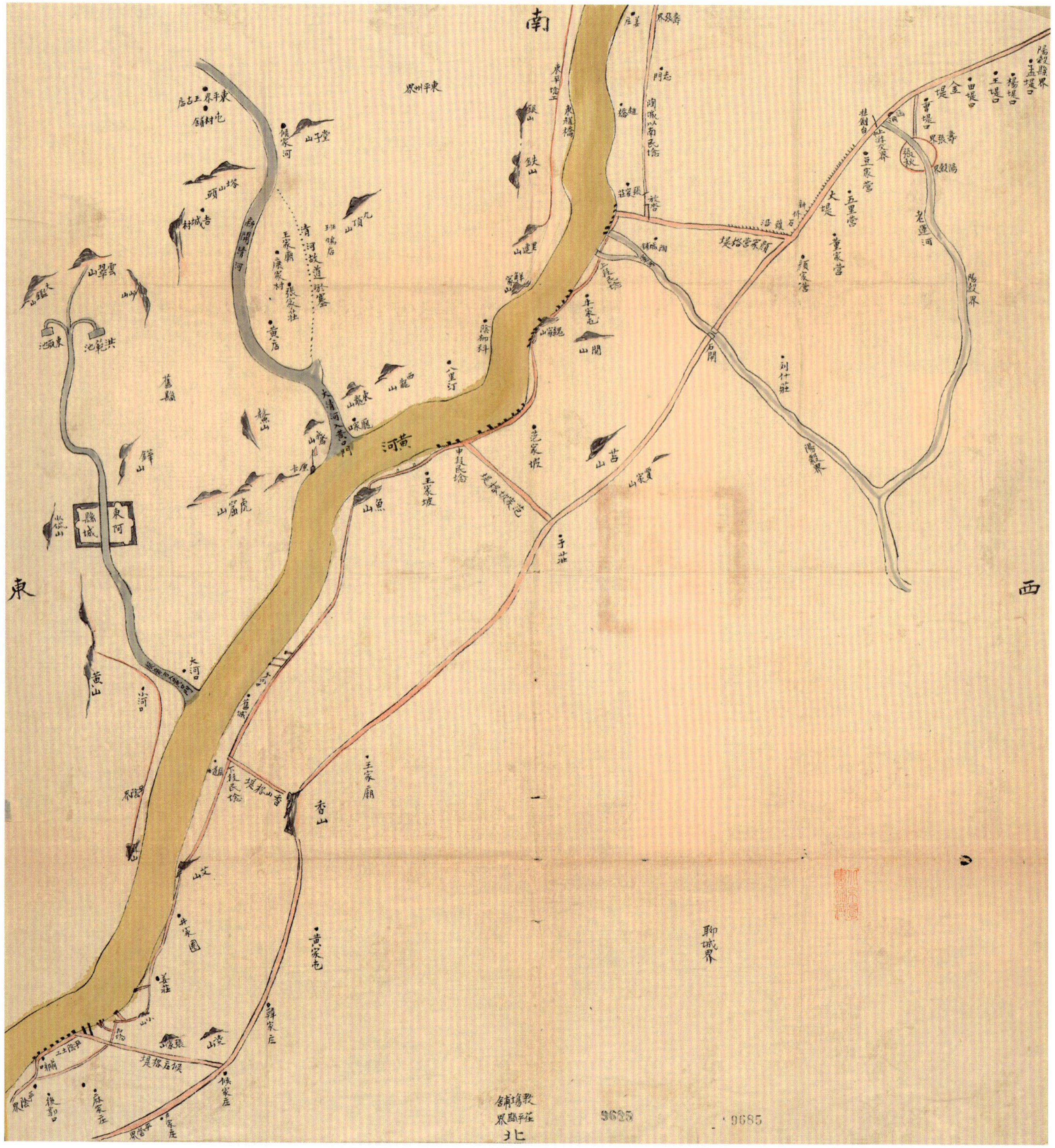

泰安府东阿县河道堤埝情形图

1 幅；52 厘米 ×47 厘米

彩绘本

[清光绪年间（1875—1908）]

此图主要绘出山东东阿县境黄河及北岸金堤、大堤以及各段民埝，详细标注了地名及堤防工程。

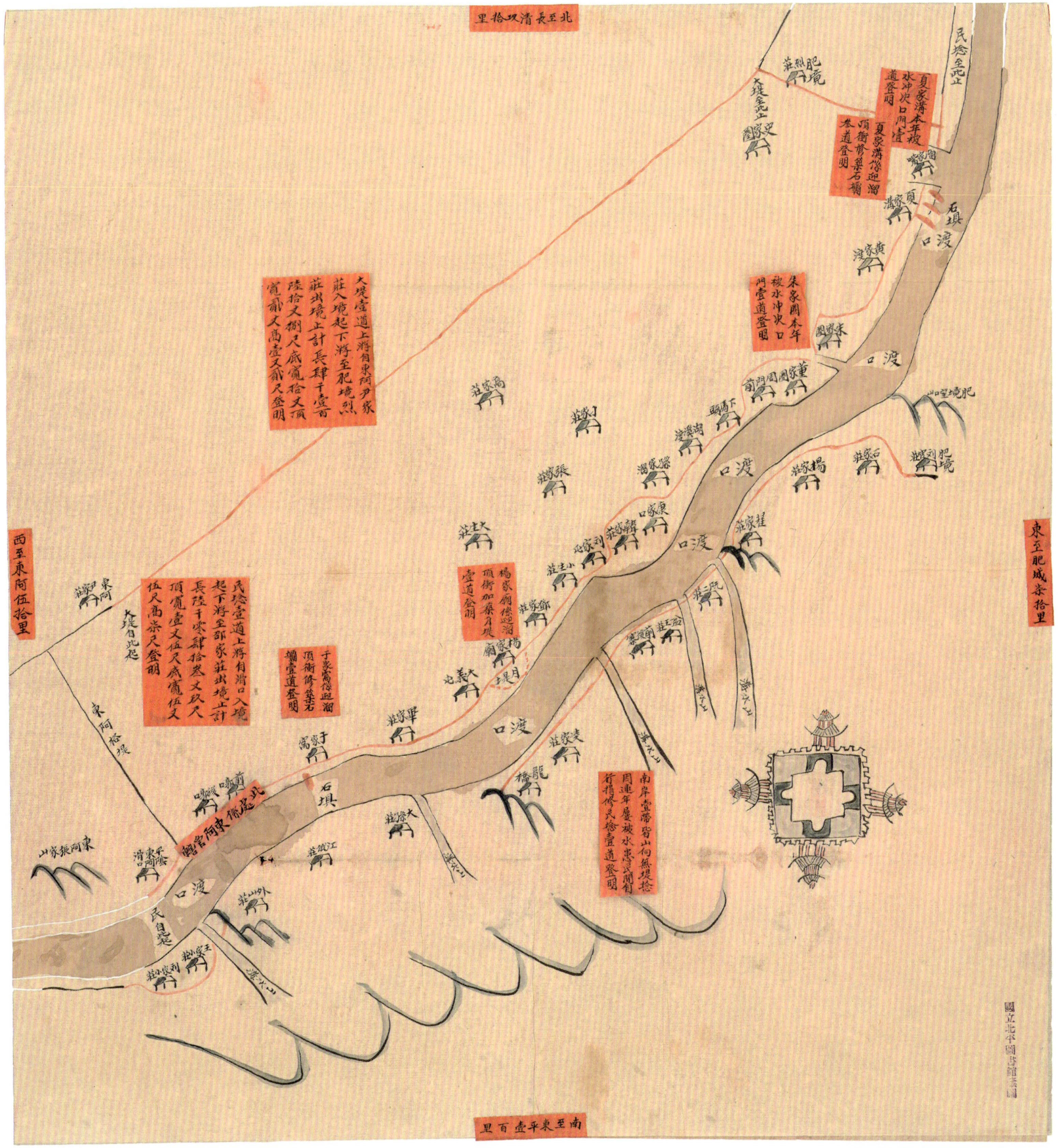

泰安府平阴县黄河堤埝图

1 幅；49 厘米 ×44.4 厘米

彩绘本

[清光绪年间（1875—1908）]

此图绘出泰安府平阴县境内黄河、两岸民埝、村庄及北岸大堤，贴签标注黄河两岸大堤、民埝状况和被水冲决村庄、加筑石坝处所等。

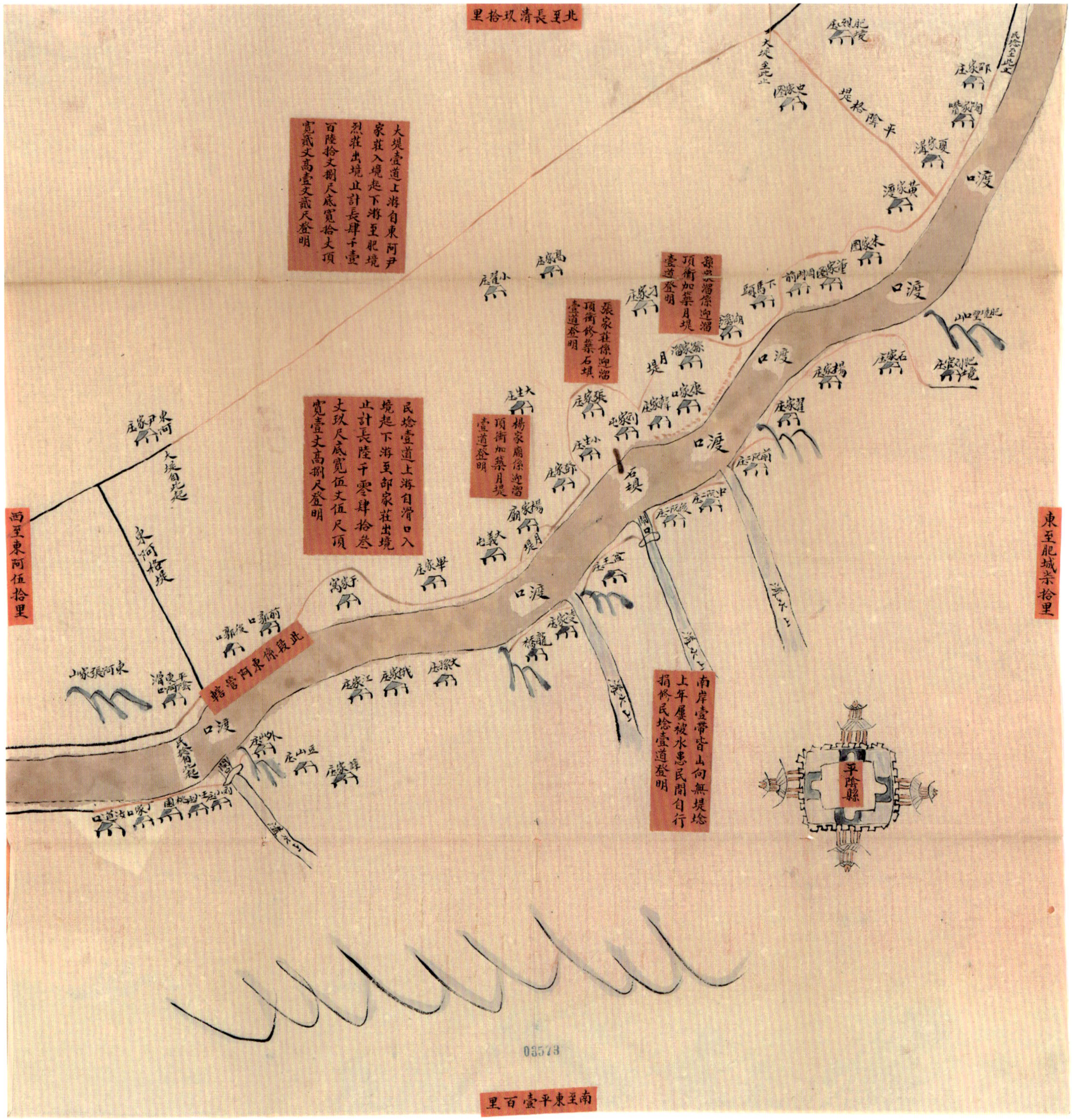

泰安府平阴县黄河堤埝图

1 幅；50 厘米 ×47 厘米

彩绘本

［清末期］

此图为府县呈送本《山东各府县河道城池地舆图》（共 25 幅）中的一幅。所绘黄河河段与大堤民埝位置、地名注记等与国图藏同名图完全一致，仅沿河北岸贴签内容及位置略有差异。

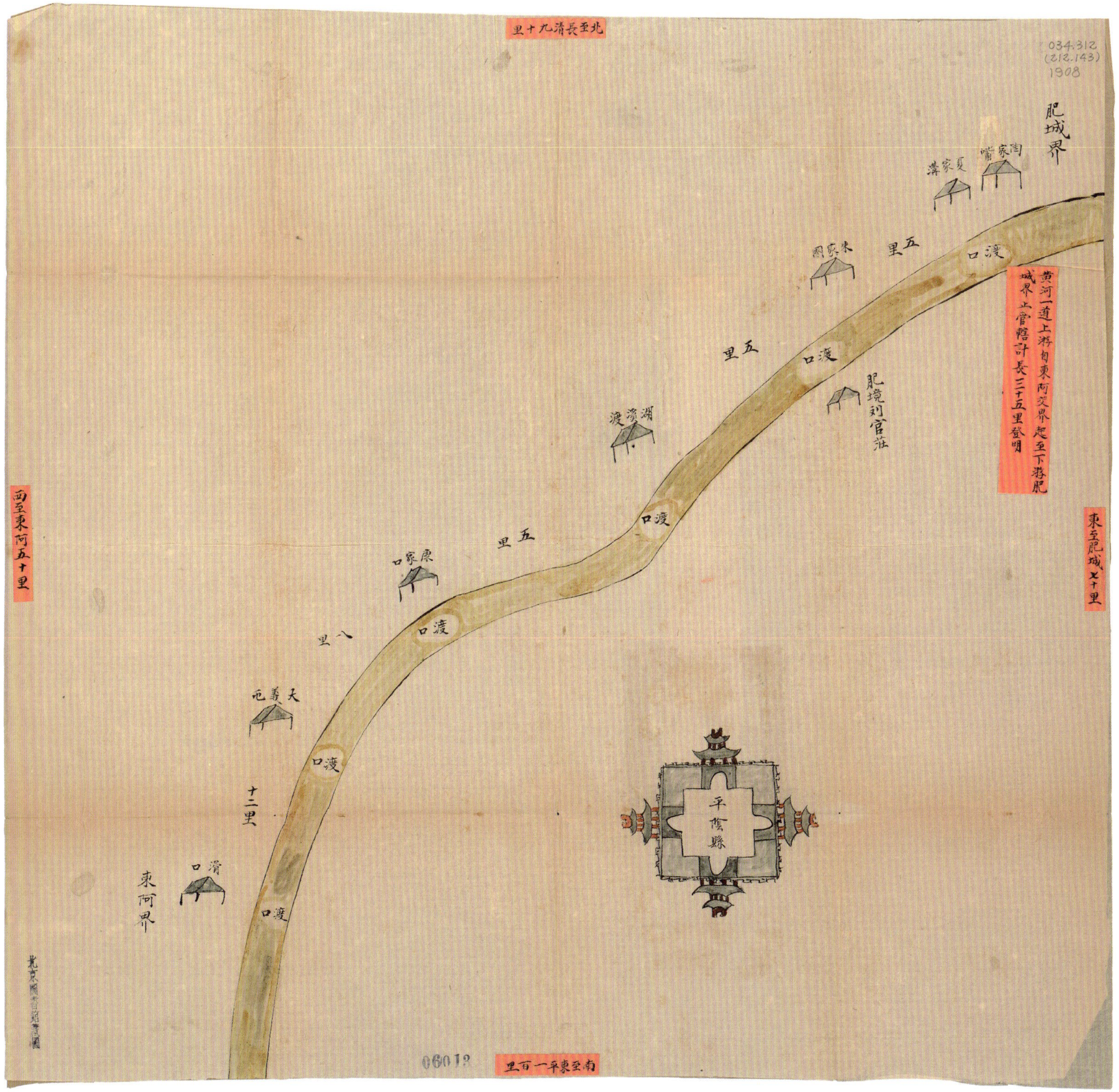

泰安府平阴县城河图

1 幅；46.5 厘米 ×47.8 厘米

彩绘本

[清光绪年间（1875—1908）]

此图绘出山东平阴县境内黄河，文字标注各渡口名称及相邻里数等，贴签说明境内黄河丈尺。

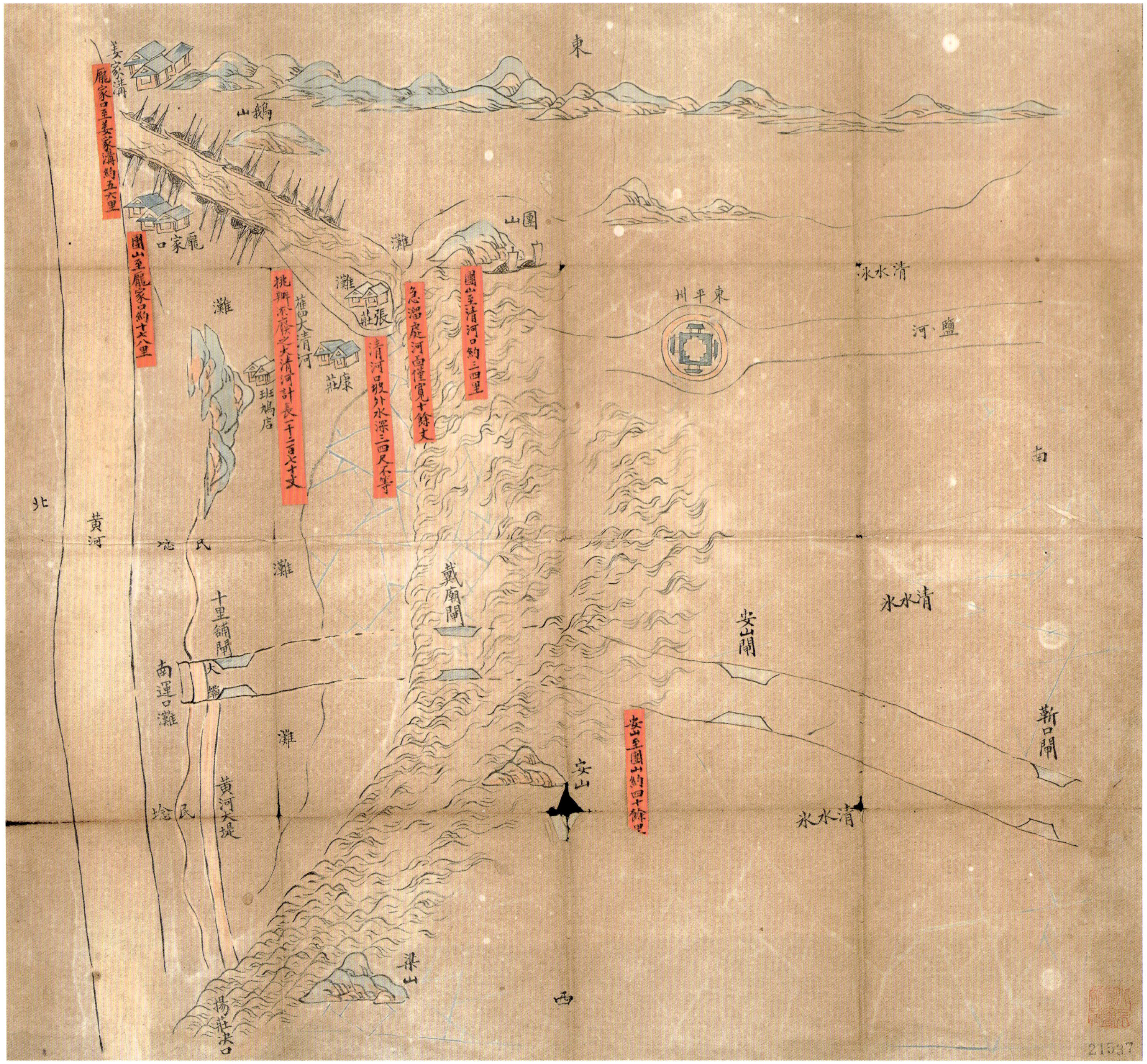

挑办旧大清河及回空船只冻阻情形图

1 幅；43 厘米 ×45 厘米

彩绘本

[清光绪年间（1875—1908）]

此图所绘范围仅包括山东省东平州境域，绘出境内黄河、黄河大堤、民埝、杨庄决口等，贴签注出河宽、水深及沿河各地间距离。

东平州拟议挑筑河道情形图

1 幅；64 厘米 ×55 厘米

彩绘本

[清光绪年间（1875—1908）]

此图贴签注出山东东平州境黄河等河流情势及拟开挖筑堤起止及段长、费用等。

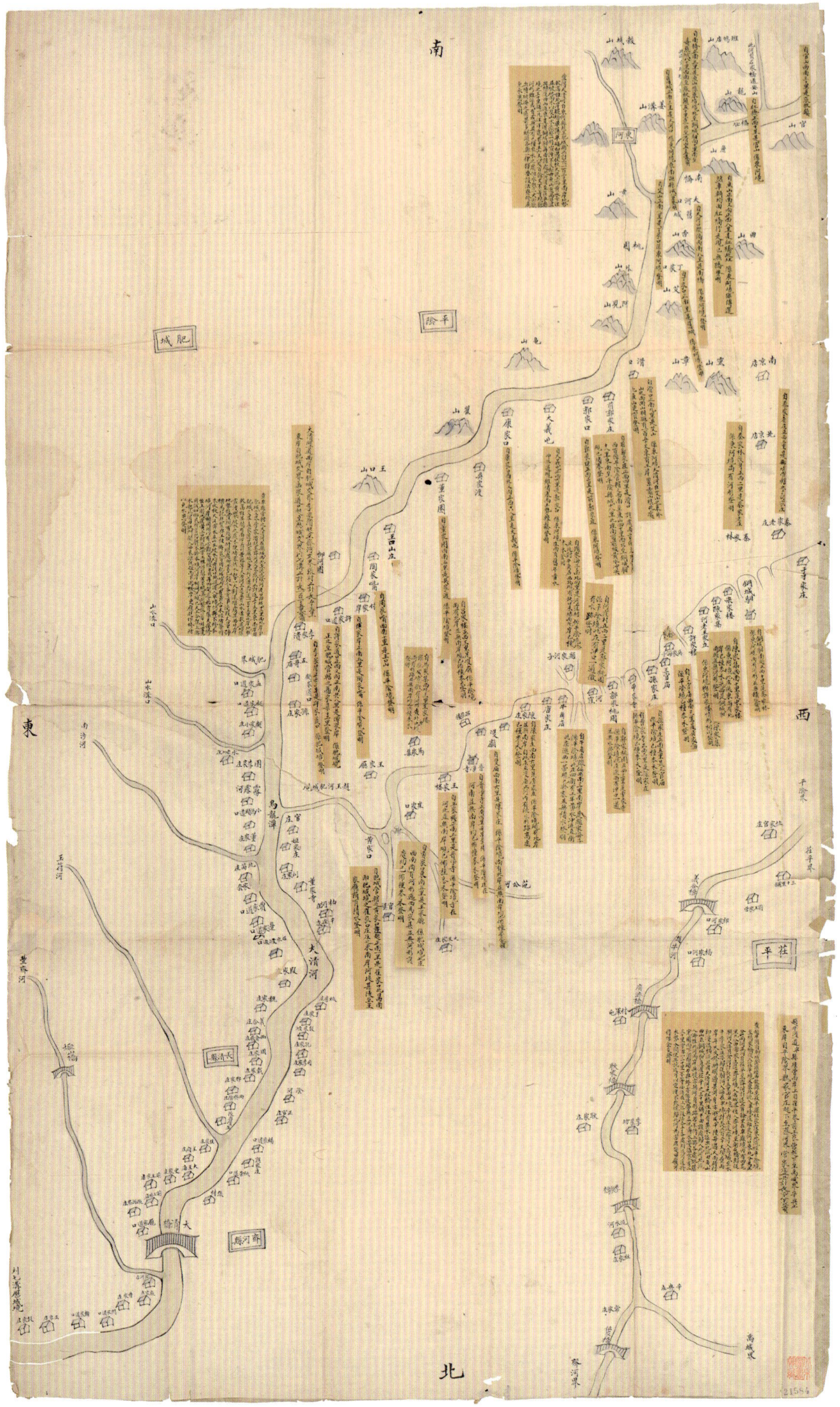

大清河暨赵王赵牛等河上游各县并本境水势沿河村庄里数全图

(清) 济南府长清县绘制

1幅；98厘米 ×56厘米

彩绘本

[清光绪年间（1875—1908）]

此图详细绘出山东东阿县至齐河县大清河、赵牛河等水系及两岸村寨等，贴签注出河源水势、拟筑堤堰处所等。

齐河县管辖黄河图

1 幅；47 厘米 ×43 厘米

彩绘本

[清光绪年间（1875—1908）]

此图所绘系山东齐河县境内黄河及其北岸民埝、大堤、村庄等，图上贴签注出大堤、民埝起止及其长度。

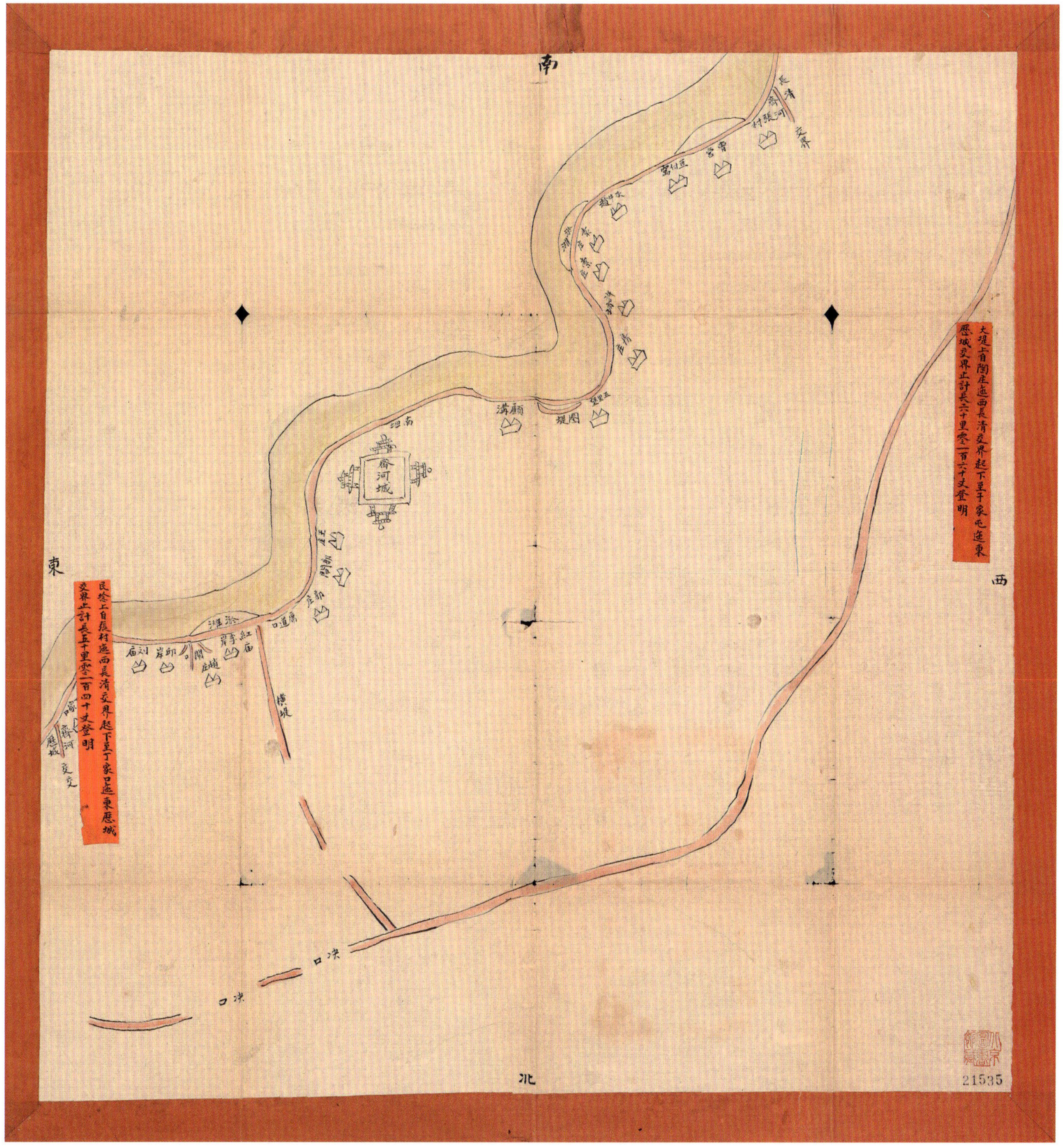

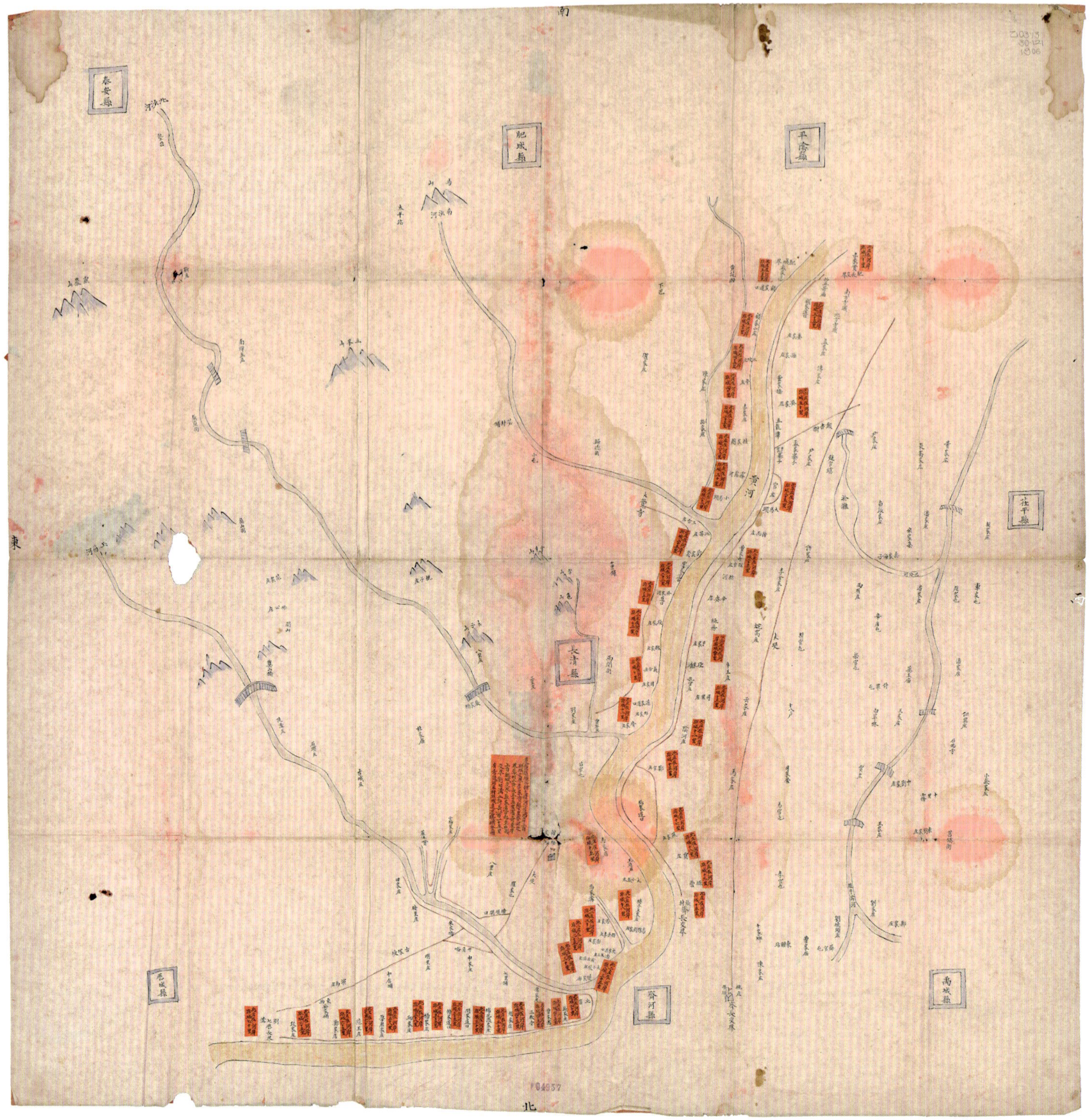

长清县所辖大清玉符并南北沙河两岸堤埝里数各数目全图

1 幅；97 厘米 ×92 厘米

彩绘本

[清光绪年间（1875—1908）]

此图重点绘出山东长清县境大清河河道及其两岸堤埝，简要绘出玉符河、南北沙河，贴签注明沿黄河村庄距城里程。

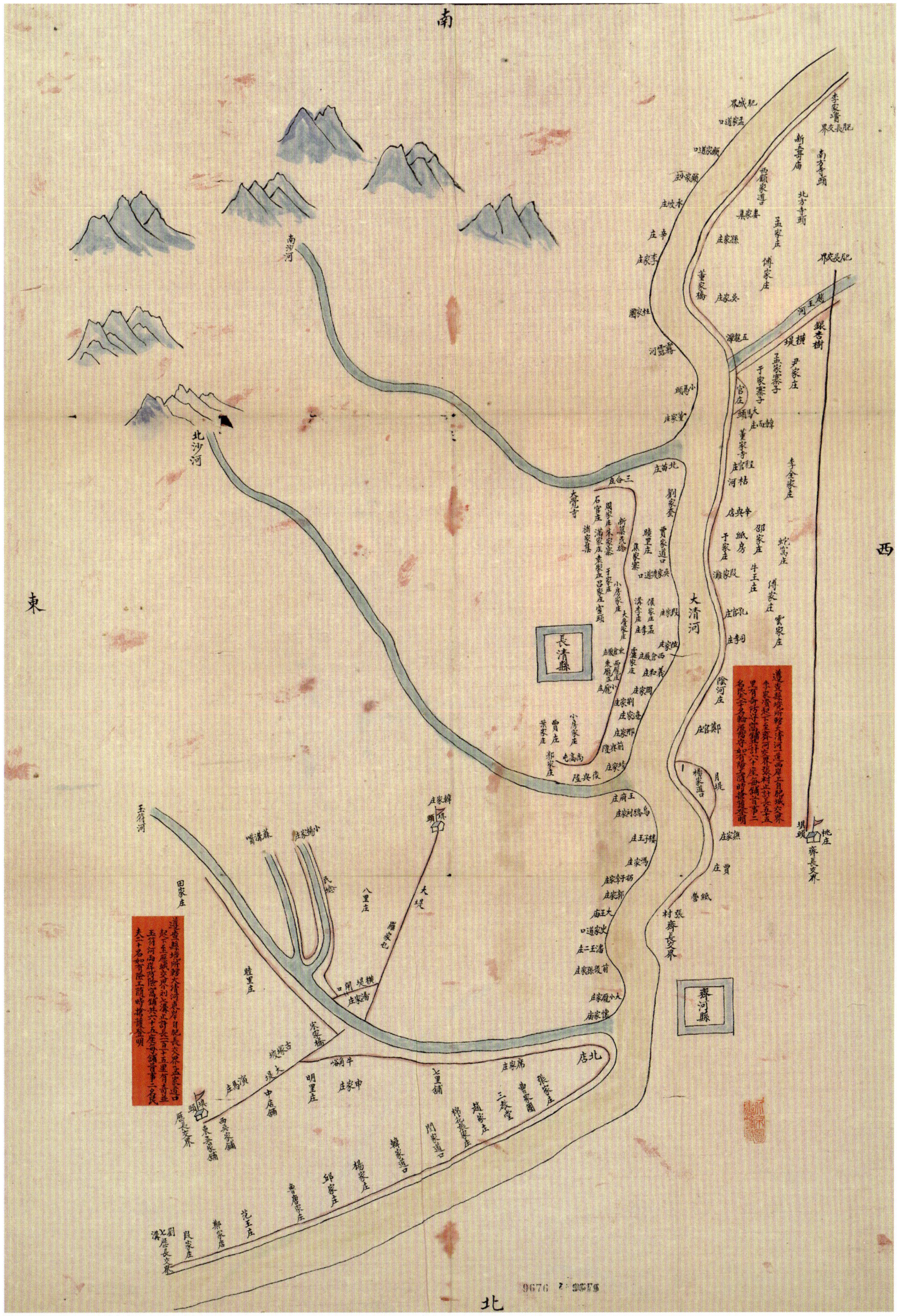

长清县所辖大清玉符两河南北两岸堤埝里数防守窝铺各数目全图

1 幅；73.5 厘米 ×50.5 厘米

彩绘本

[清光绪年间（1875—1908）]

此图重点绘出山东长清县境大清河河道及其两岸堤埝、窝铺等，简要绘出玉符河、南北沙河，贴签标出河道丈尺及窝铺、民夫等数量。

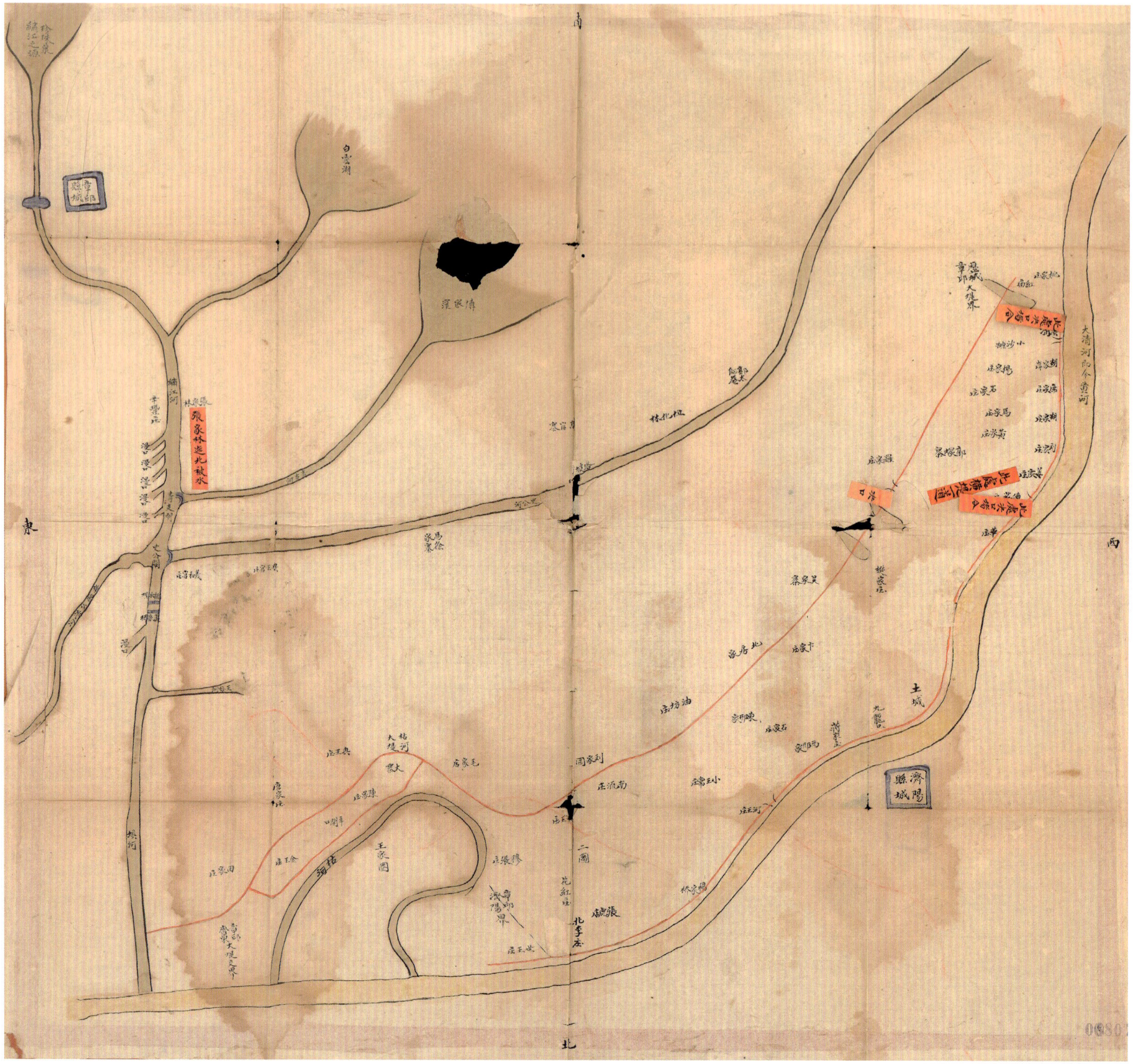

章丘县黄河大堤缕堤决口情形图

1 幅；48 厘米 ×51 厘米

彩绘本

[清宣统年间（1909—1911）]

此图描绘了山东章丘县和济阳县间大清河、汇入河流及沿岸大堤等，详细标注了村庄、水系，贴签标注决口处、被水处、横堤等。图有破损。

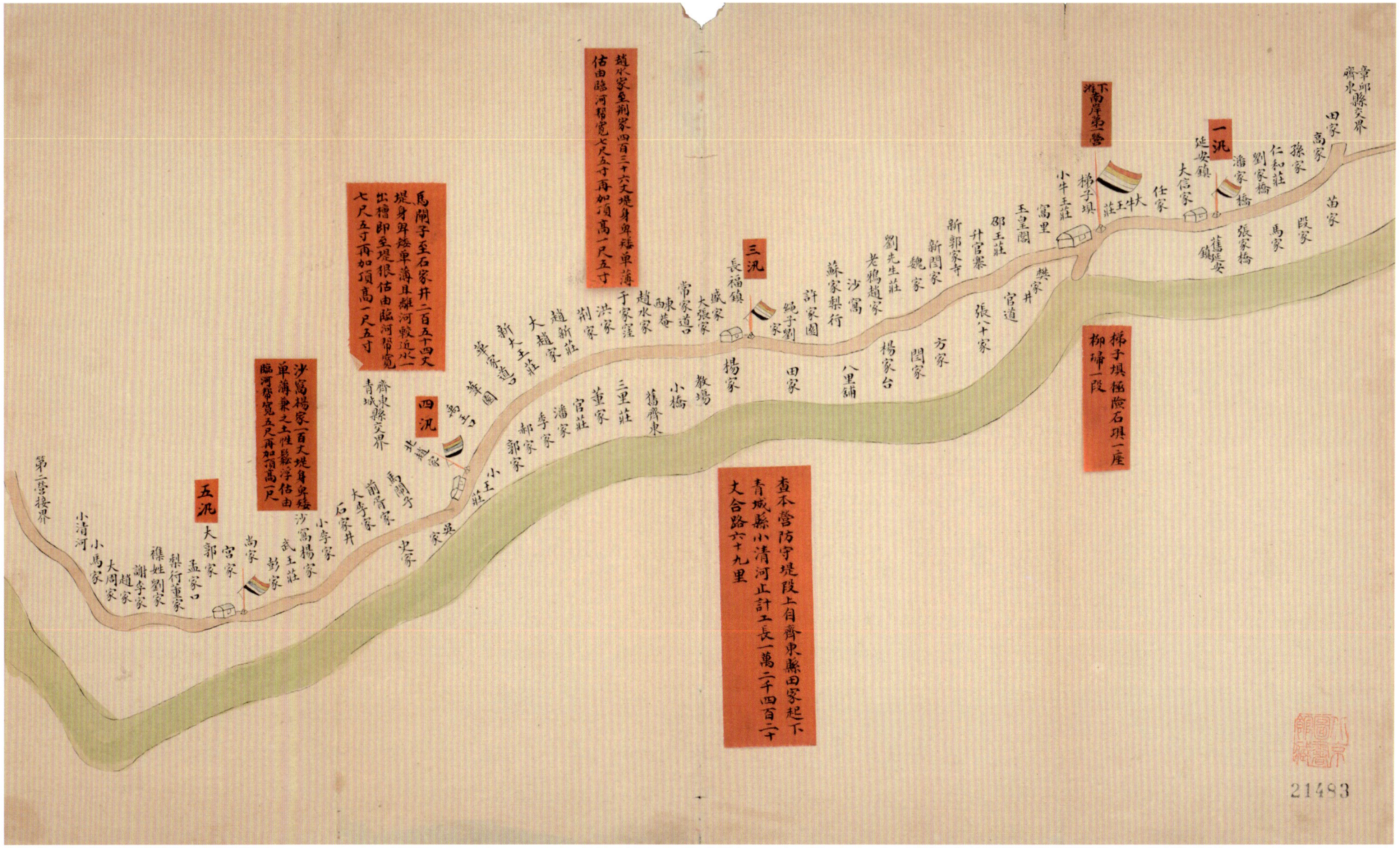

下游南岸第一营防守堤埝河图贴说

1 幅；26 厘米 ×43 厘米

彩绘本

[民国初年]

此图绘出上自山东章丘、齐东县交界，下至山东青城县小清河段的黄河防守堤埝，贴签标注了各汛位置及堤埝加高帮宽情况。

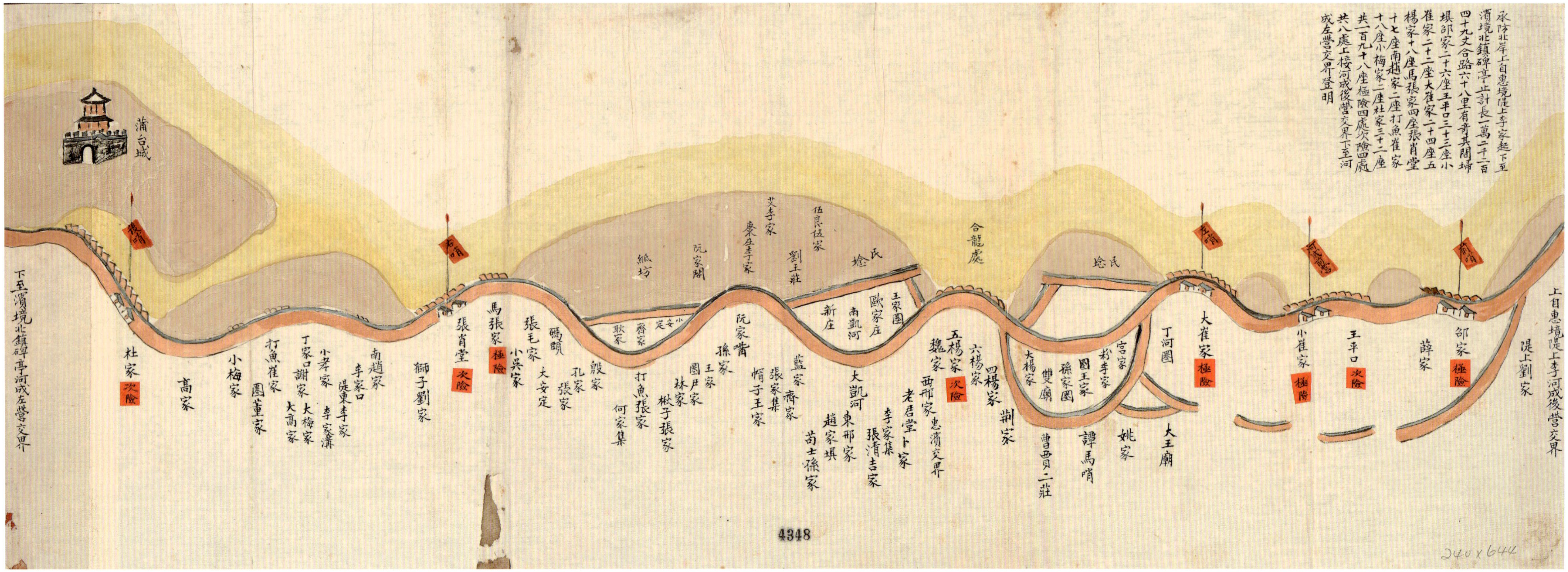

河成前营承防惠滨北岸河图贴说

1幅；24厘米×64厘米

彩绘本

[清光绪年间（1875—1908）]

此图主要涉及山东武定府一带，所绘黄河上自惠境堤上李河成后营交界、下至滨境北镇碑亭河成左营交界，贴签标出黄河北岸极险、次险位置。

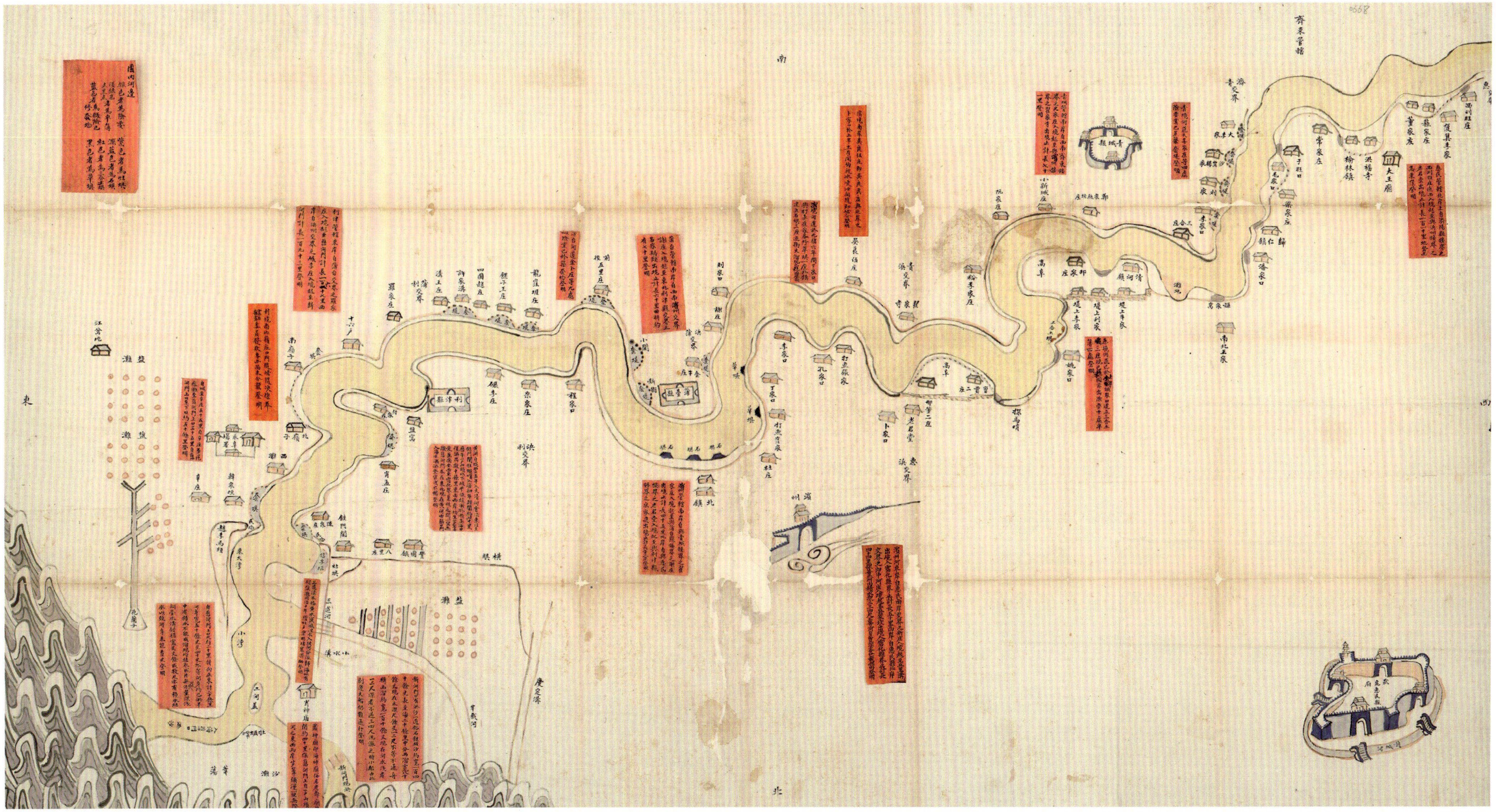

[武定府属惠青滨蒲利等州县黄河情形图]

1 幅；62 厘米 ×113 厘米

彩绘本

[清光绪年间（1875—1908）]

此图绘出山东武定府境内黄河，至利津县铁门关附近牡蛎嘴入海。图上详细标注黄河两岸村镇，标出海边盐滩区域，贴签注出武定府各州、县管辖黄河河段起止、段长及水势等情况。

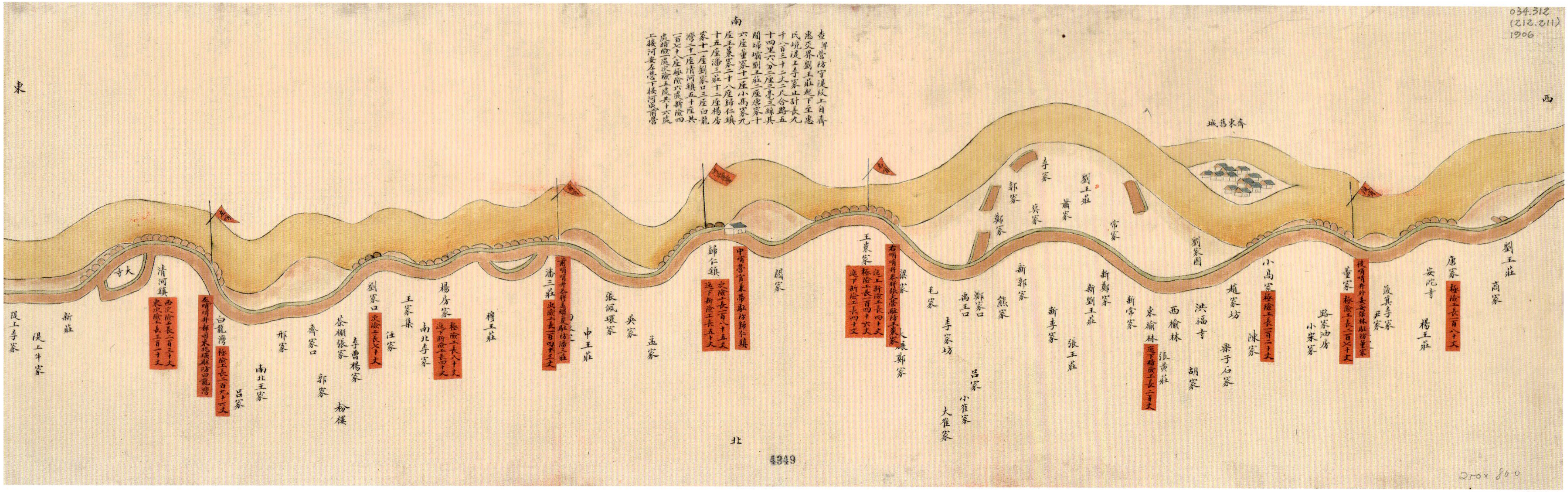

河成后营防守惠民北岸上段河形地势图说

1 幅；25 厘米 ×80 厘米

彩绘本

[清光绪年间（1875—1908）]

此图绘出自山东齐东旧城至清河镇的黄河河段及北岸大堤，文字说明山东惠民县境黄河北岸大堤起止及其间各处埽坝座数，贴签注出极险、次险、新险工长以及各哨驻地。

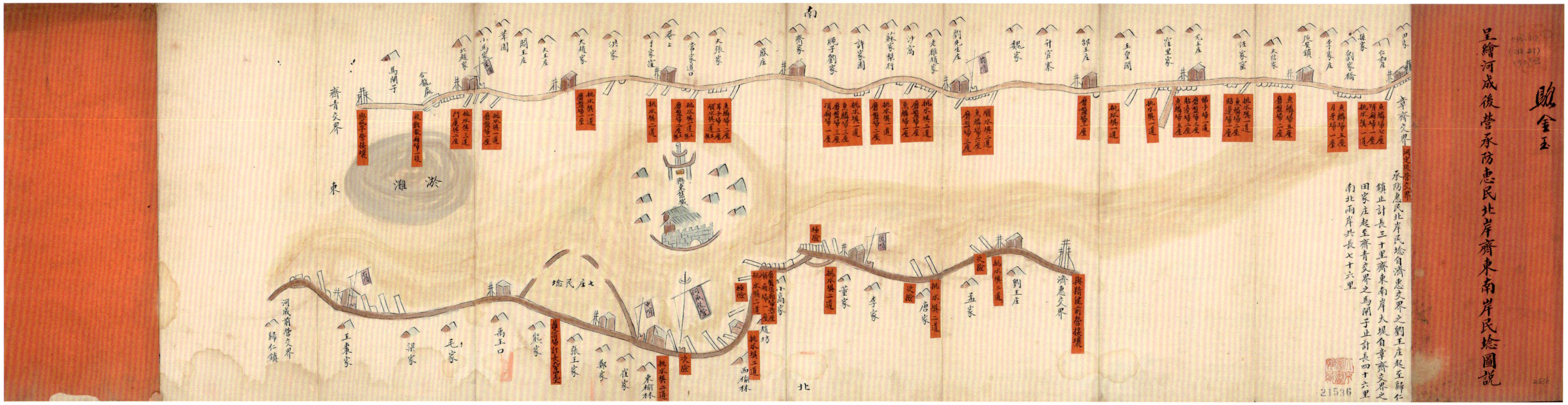

河成后营承防惠民北岸齐东南岸民埝图说

1 幅；24 厘米 ×74 厘米

彩绘本

［清光绪年间（1875—1908）］

此图以齐东旧城为中心，绘出从章齐交界到齐青交界的黄河与民埝、村庄等，并贴签注记各种坝、埽座数。

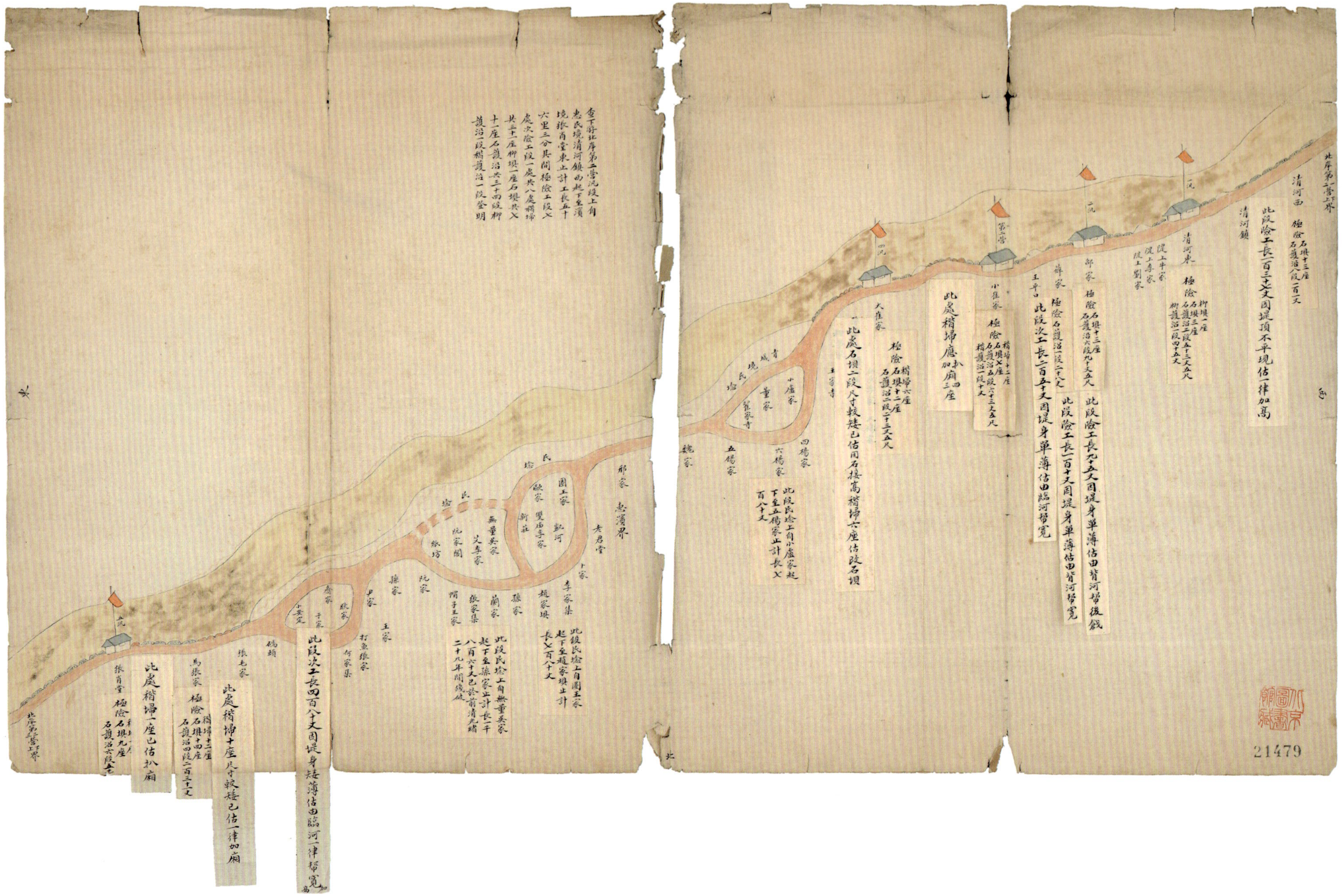

下游北岸第二营河形堤势图说

1 幅；29 厘米 ×48.8 厘米

彩绘本

[清光绪年间（1875—1908）]

此图所绘黄河防守汛段系上自山东惠民县清河镇、下至滨州张肖堂河段，贴签标注了北岸民埝极险、次险工段位置以及各种坝、埽座数和各段民埝起止、长度等。图有破损。

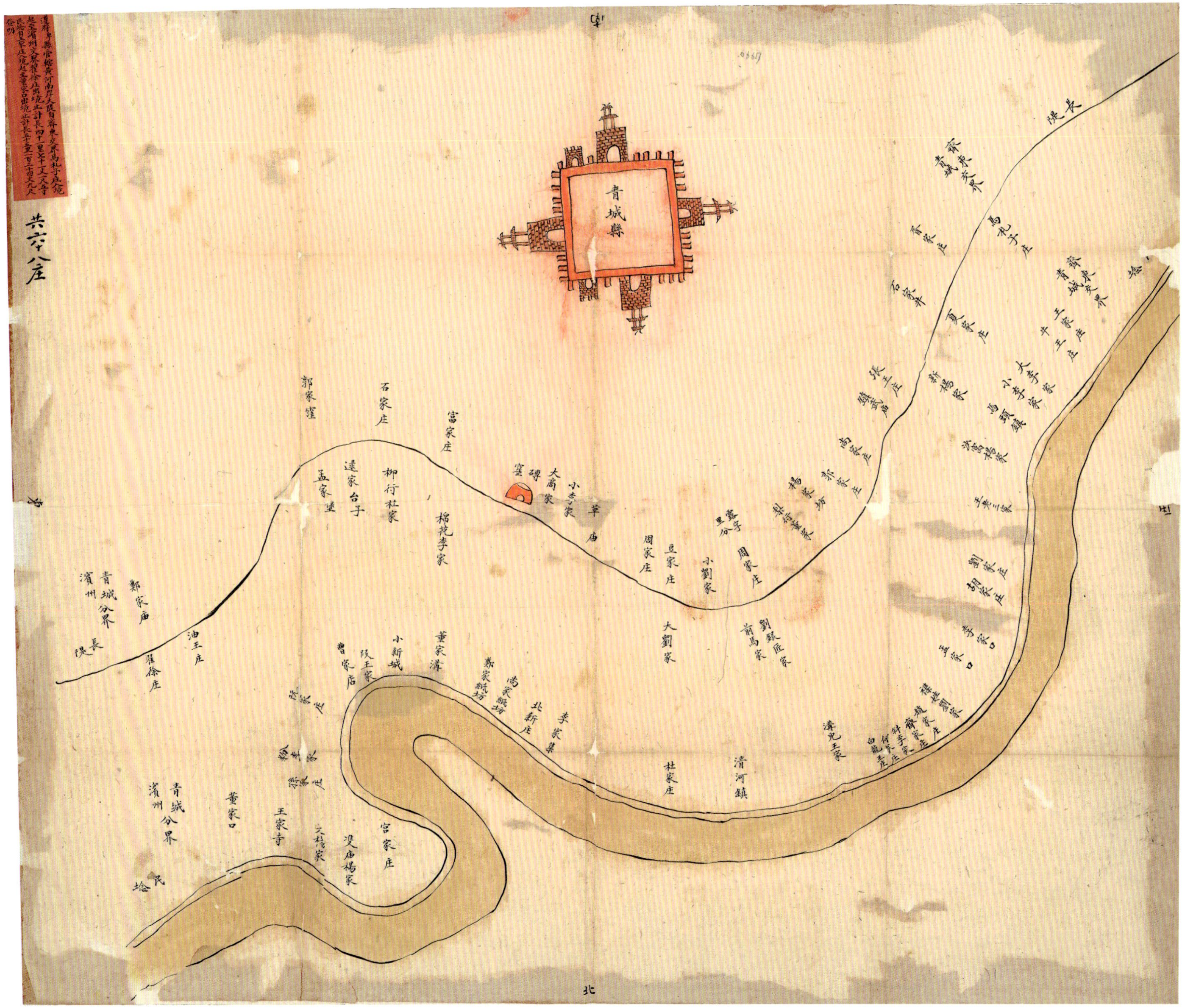

青城县黄河大堤民埝图

(清) 山东青城县绘制

1 幅;49 厘米 ×56 厘米

彩绘本

[清光绪年间 (1875—1908)]

此图绘出山东青城县黄河、大堤、民埝、城郭，详细标注沿岸村庄，贴签说明县辖境内的黄河大堤丈尺、起迄等情况。

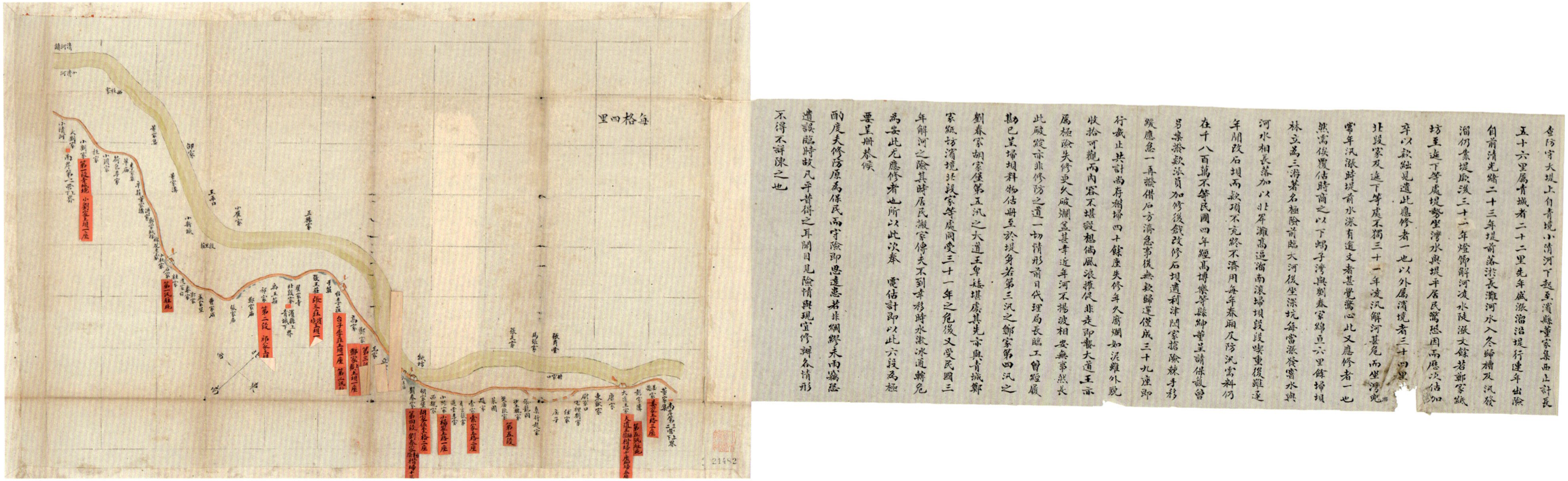

下游南岸第二营防守黄河大堤形势图说

1 幅；30.5 厘米 ×48 厘米

彩绘本

[民国初年]

此图反映了上自山东青城县小清河、下至滨县董家集黄河防守大堤各段河水涨落、加修堤坝等情况，贴签注明汛段和土坝、土格数量等。贴附详细说明一张。此图有计里画方，每格四里。

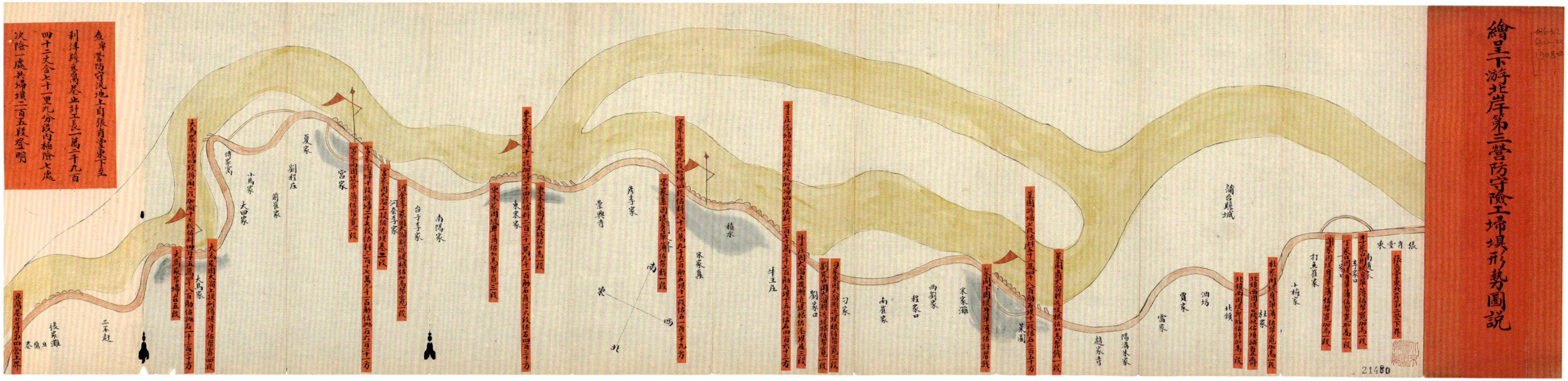

下游北岸第三营防守险工埽坝形势图说

1 幅；24 厘米 ×90 厘米

彩绘本

[清光绪年间（1875—1908）]

此图所绘黄河防守汛段系上自山东滨州张肖堂东（蒲台县城）、下至利津县豆腐巷河段，贴签标注了北岸大堤加高帮宽情况。

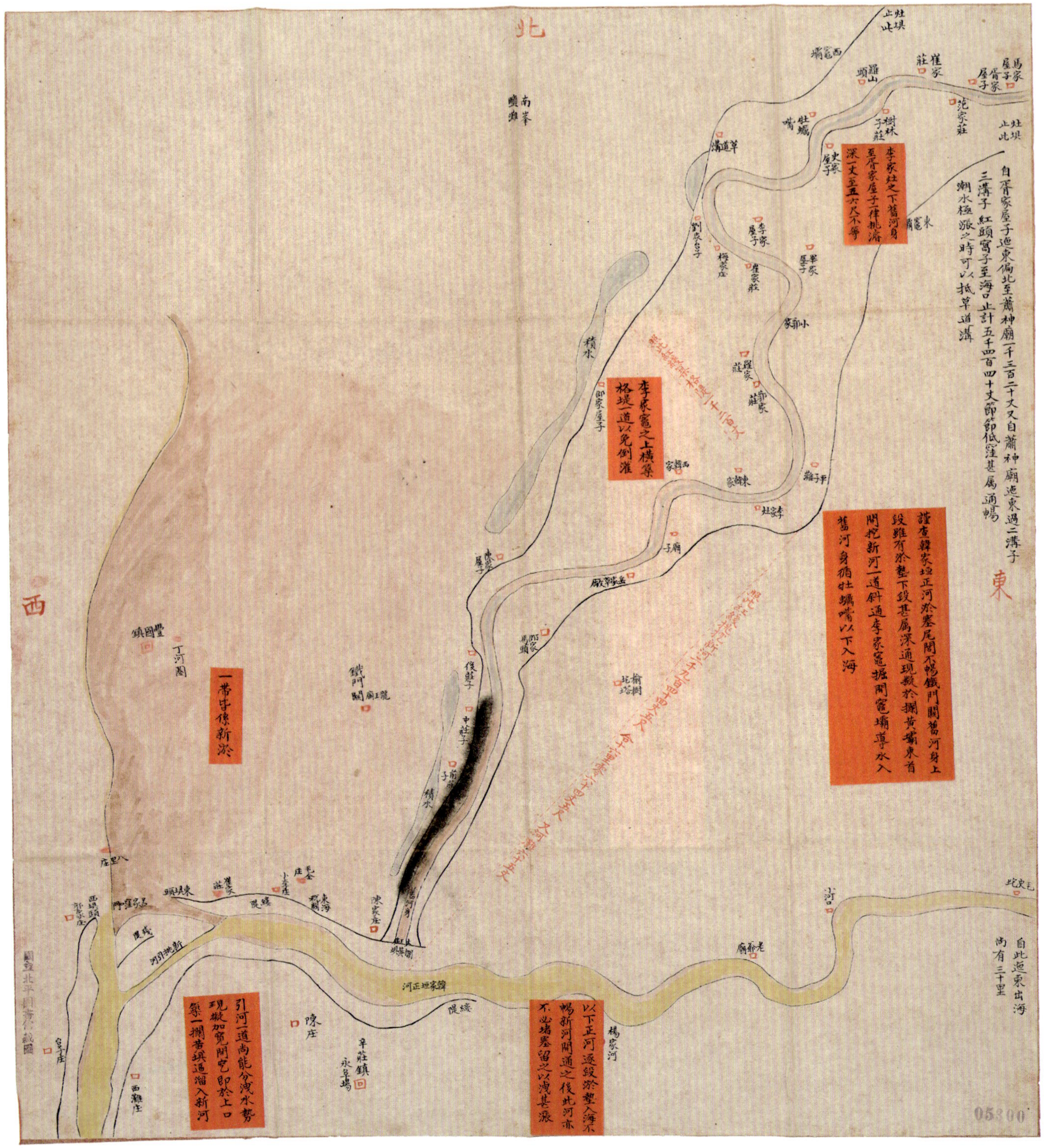

查看黄河形势拟仍由铁门关以下旧河入海图说

1 幅；49 厘米 ×44 厘米

彩绘本

[清光绪年间（1875—1908）]

此图详绘山东利津县北部铁门关附近黄河形势，贴签注明入海口现势情形及相应治理建议。

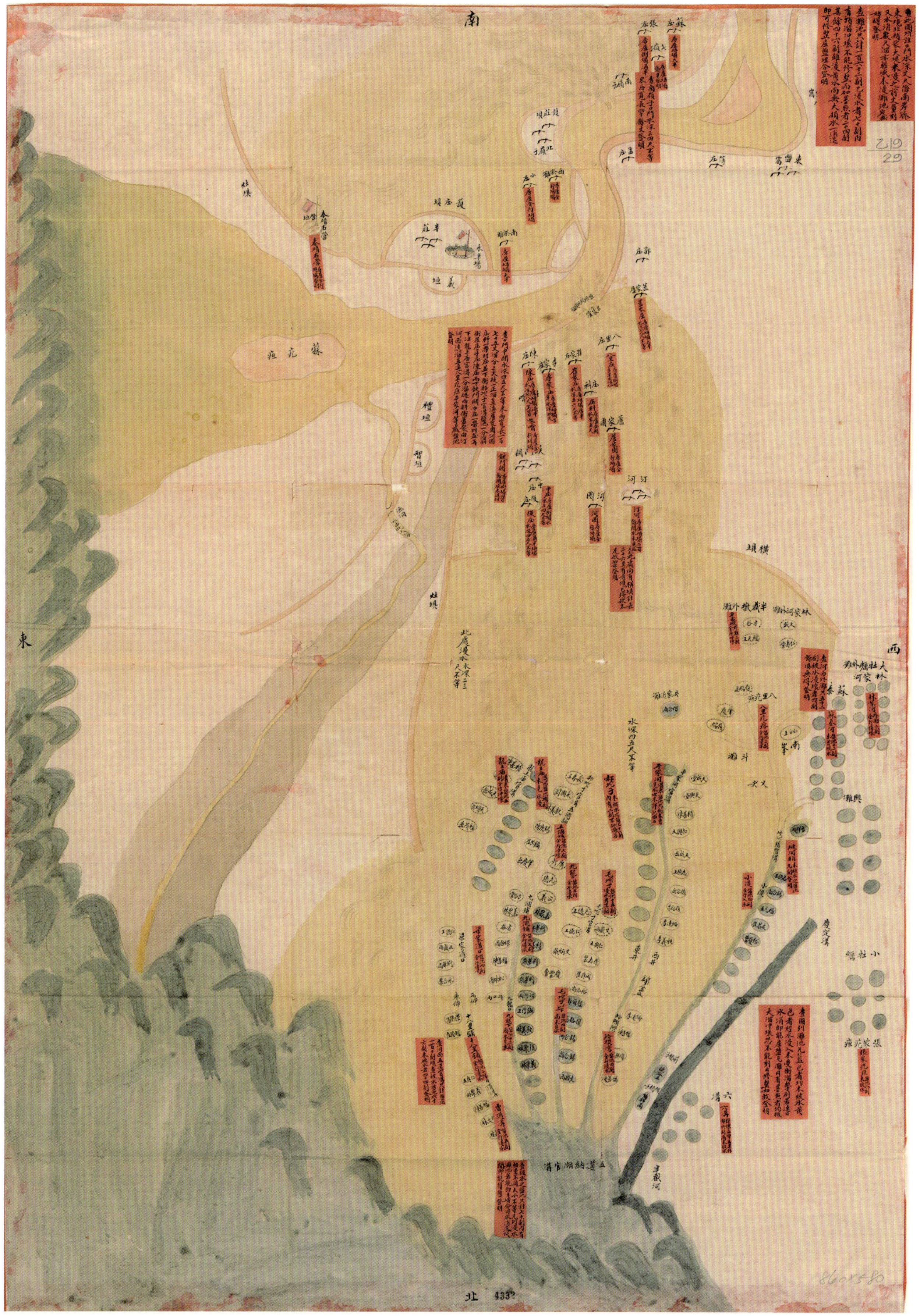

利津县境吕家洼漫工水深丈尺暨村庄滩地被水轻重情形图说

1 幅；85 厘米 ×58 厘米

彩绘本

[清光绪二十二年（1896）]

此图绘出山东利津县境吕家洼漫工及村庄滩地被水情形，贴签说明各处水灾情况。

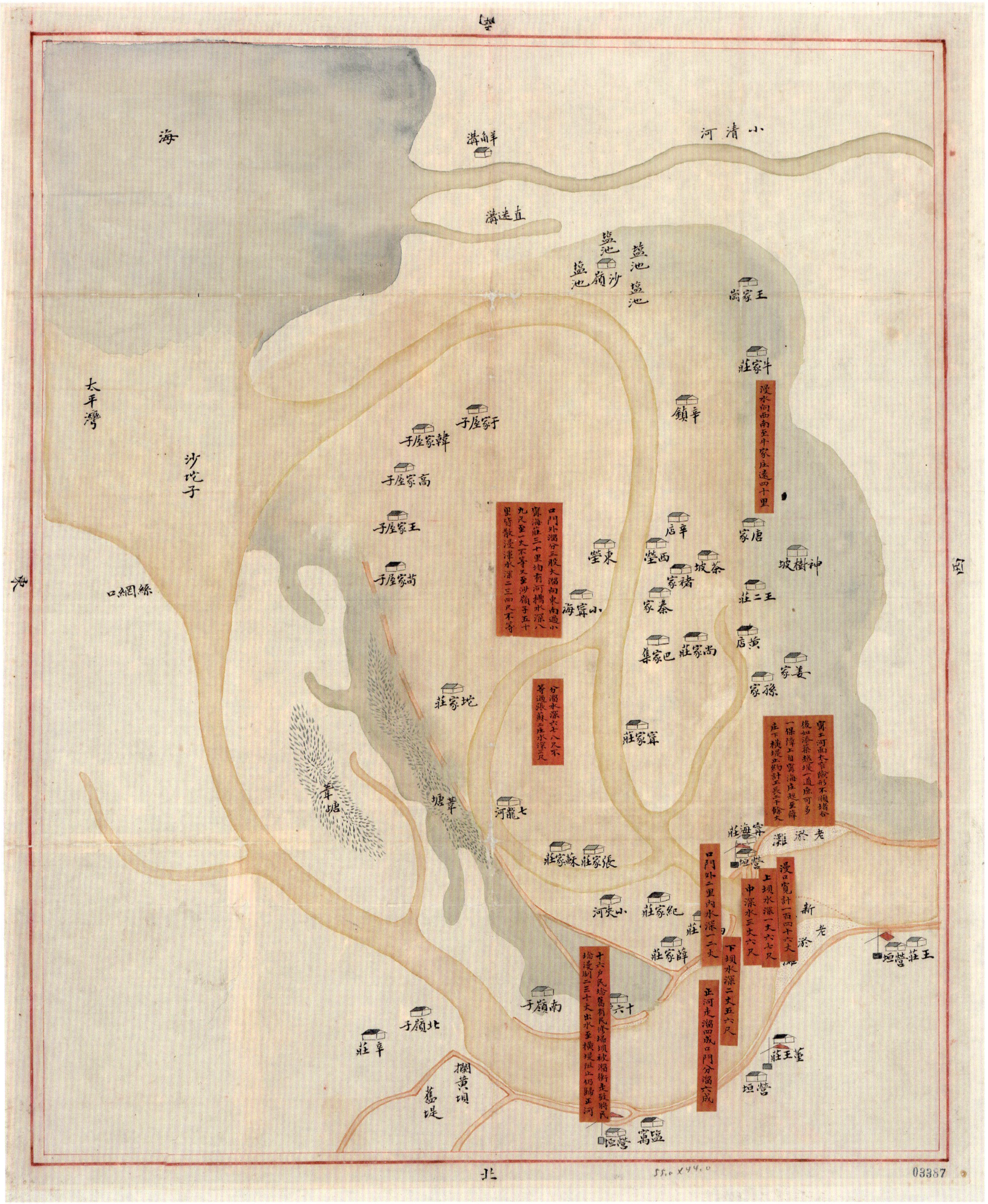

[利津县下段南岸宁海漫口水势图]

1 幅；55 厘米 ×44 厘米

彩绘本

[清光绪二十九年（1903）]

此图详细绘出山东利津县下段入海口处黄河漫口情形，标注附近村镇，贴签说明漫口宽度、上中下坝水深、筑堤工程量等。

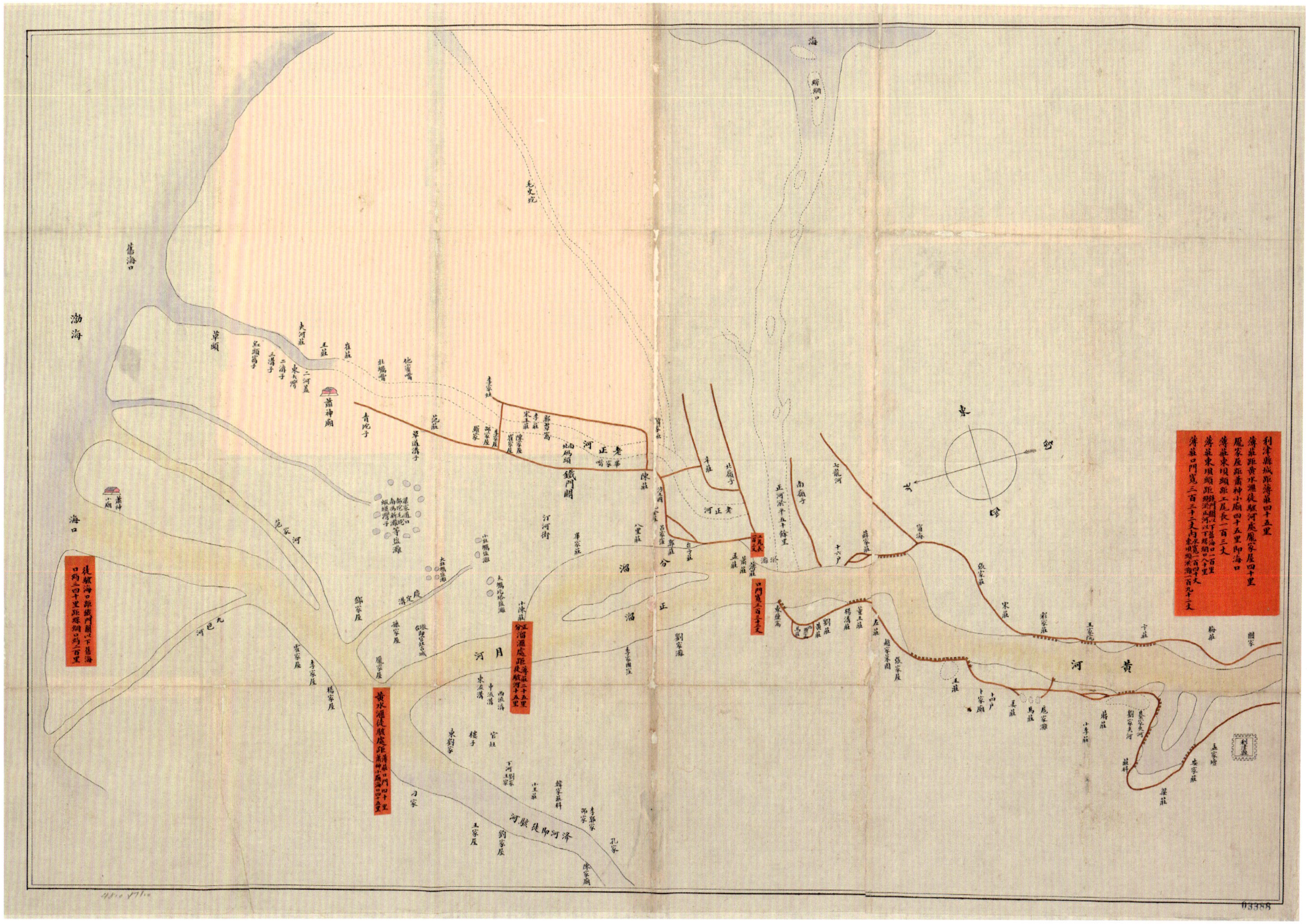

利津县薄庄漫水入海道路里数形势图说

（清）河防局绘

1 幅；49 厘米 ×70 厘米

彩绘本

清光绪三十年（1904）

此图绘出山东利津县至入海口处的黄河河道、新旧海口等，详细标绘了水系、地名，贴签注明新入海口距旧入海口及其他地方的里程数、利津距薄庄的里程数等。图中有“光绪三十年九月咨送军机处图底”字样。

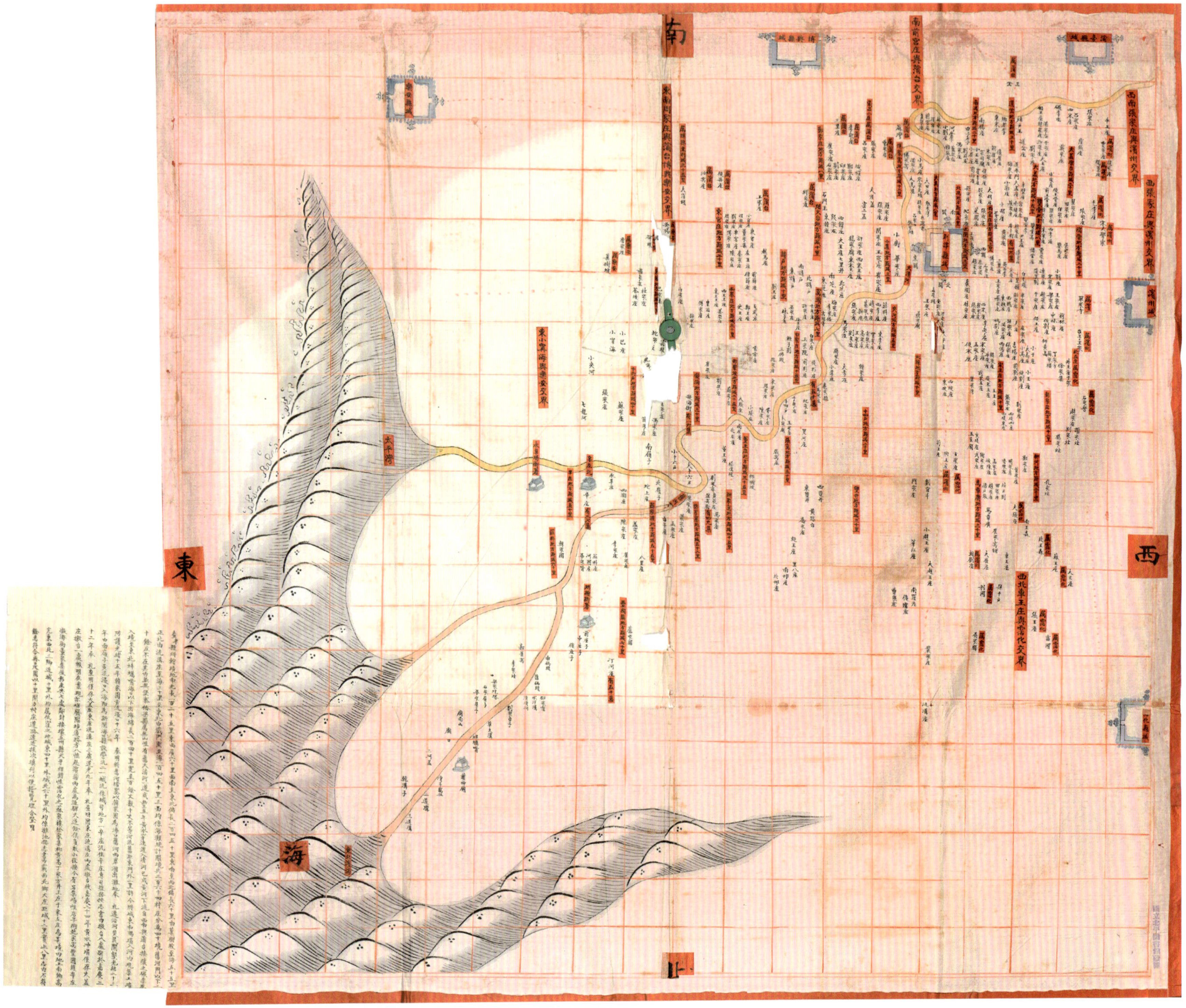

武定府利津县村庄距城里数四至八到河海地舆图

1幅；61厘米 ×63厘米

彩绘本

[清光绪二十三年至光绪末年（1897—1908）]

此图绘出山东蒲台县城至太平湾海口之黄河以及韩家垣、牡蛎嘴旧入海口等。图中地名标注极为详细，贴签标明各地距城道里数，并有详细图说说明黄河清代于此处漫口等情形。地图满汉文合璧，钤“利津县印”章，另附图说一张。图上有“光绪二十三年由南岭子黄流漫口入海”字样，据此判断此图当绘于光绪二十三年（1897）以后。

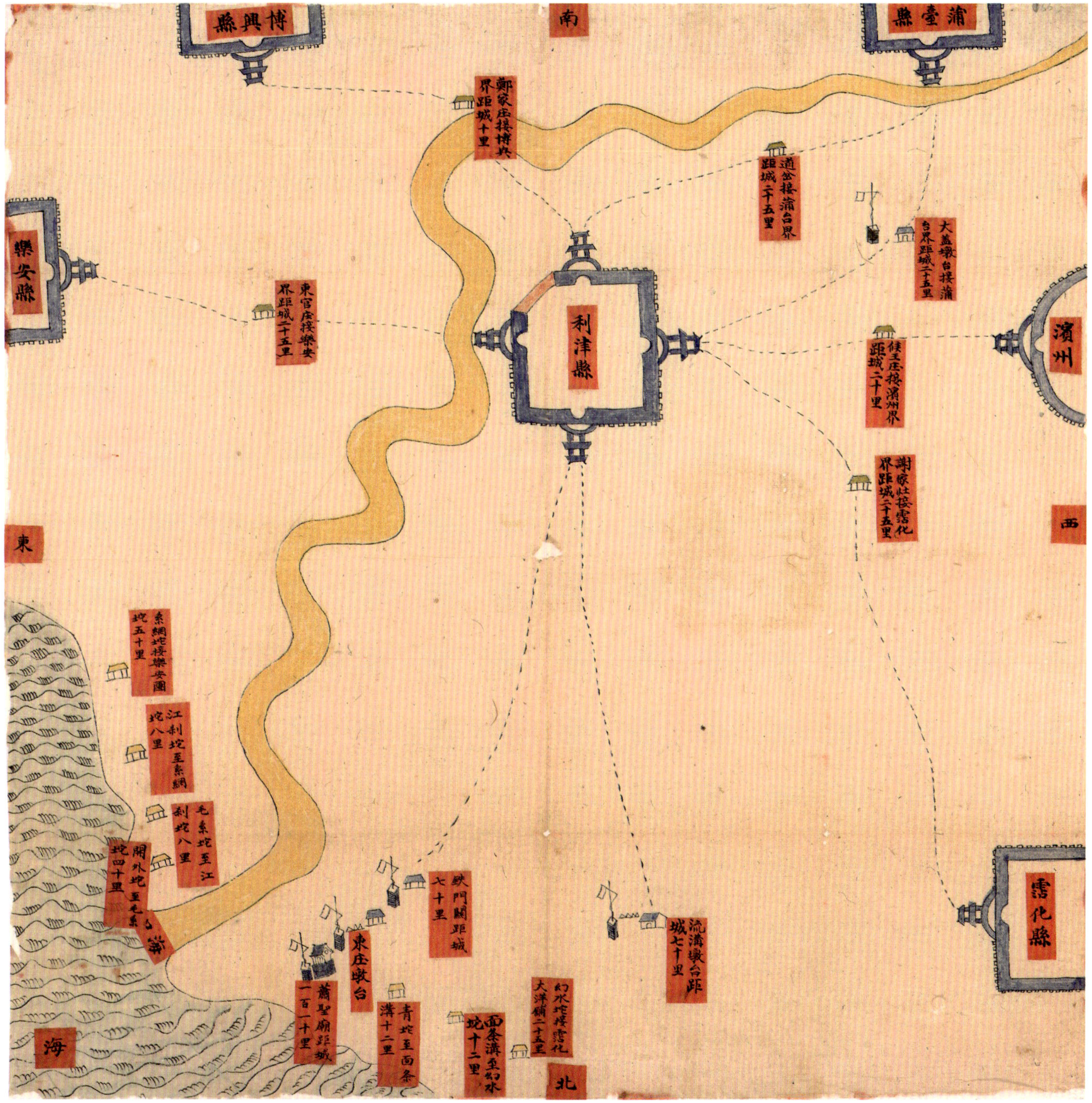

武定府利津县呈送城河海口界址图

1幅；47厘米 ×45厘米

彩绘本

[清光绪年间（1875—1908）]

此图绘出自山东蒲台县至入海口处之黄河，贴签标注利津县主要村庄及距城道里。

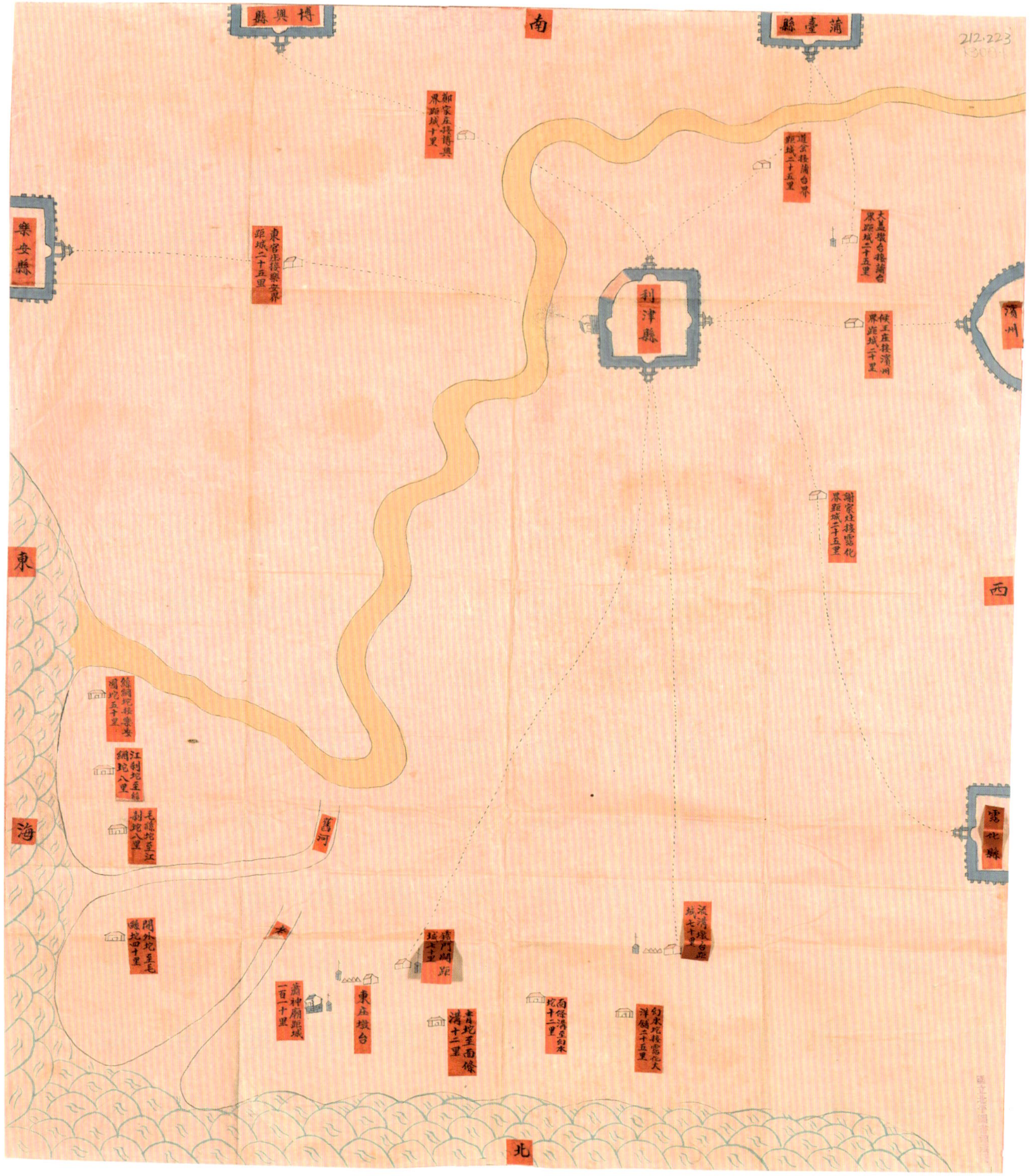

武定府利津县呈送城河海口界址图

1 幅；55 厘米 ×47 厘米

彩绘本

[清光绪年间（1875—1908）]

此图除加绘旧河、老河河道外，其余内容与国图藏同名图一致。图中满汉文合璧，钤“利津县印”章。

武定府利津县城河图

1幅；55厘米 ×62厘米

彩绘本

[清光绪年间（1875—1908）]

此图绘出山东利津县境内黄河河段，贴签注出黄河两岸主要村庄名称、两地间道里数以及海口处出入商船情形等。

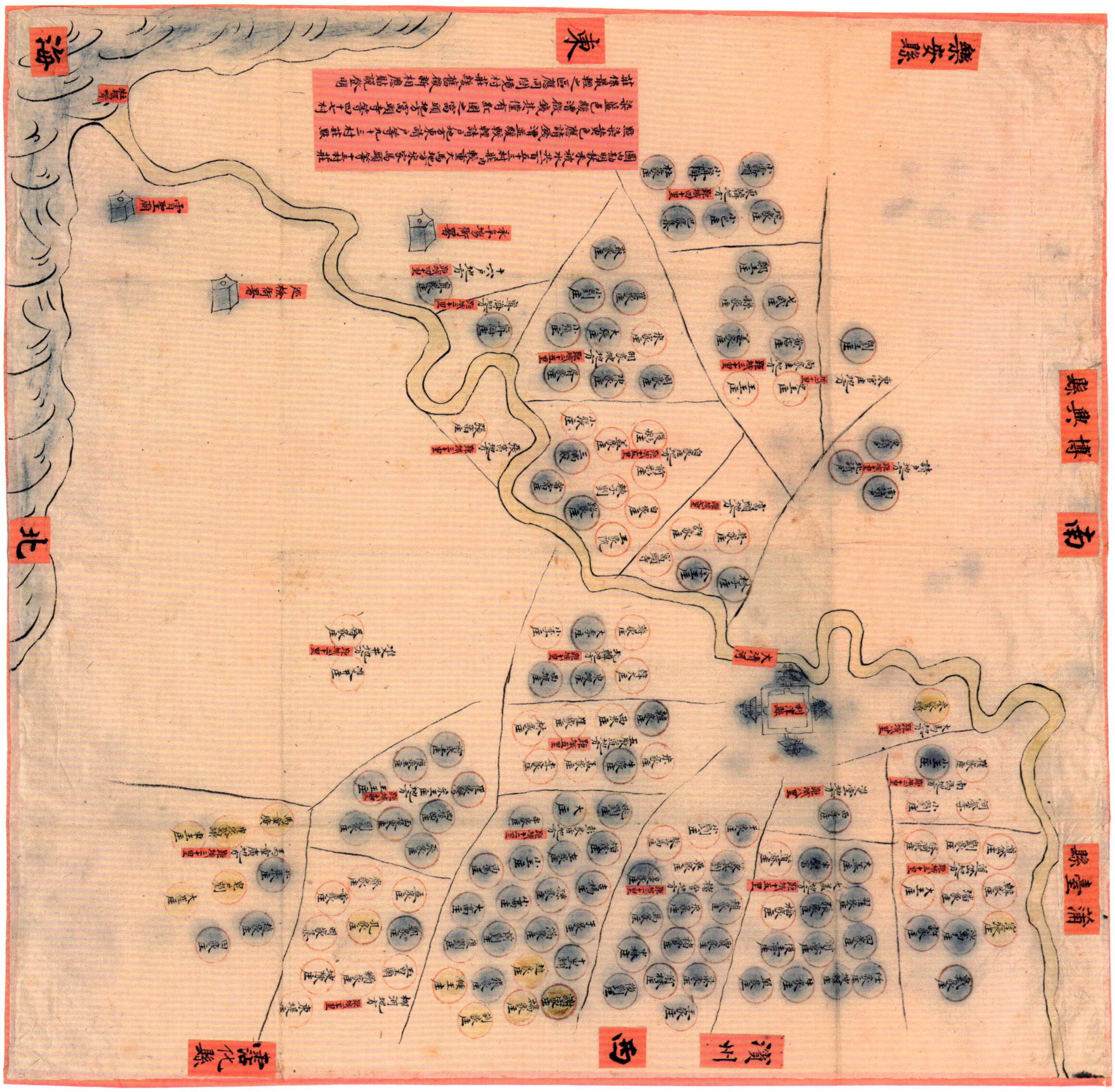

武定府利津县呈送秋禾被水村庄处所区图

1幅；48厘米×46厘米

彩绘本

[清光绪二十八年(1902)]

此图绘出自山东蒲台县至入海口处之黄河，详细标注黄河近入海口处沿岸村镇，贴签说明各村镇距城距离，图说说明秋禾被水区域、不同受灾程度村庄数量及具体情形。

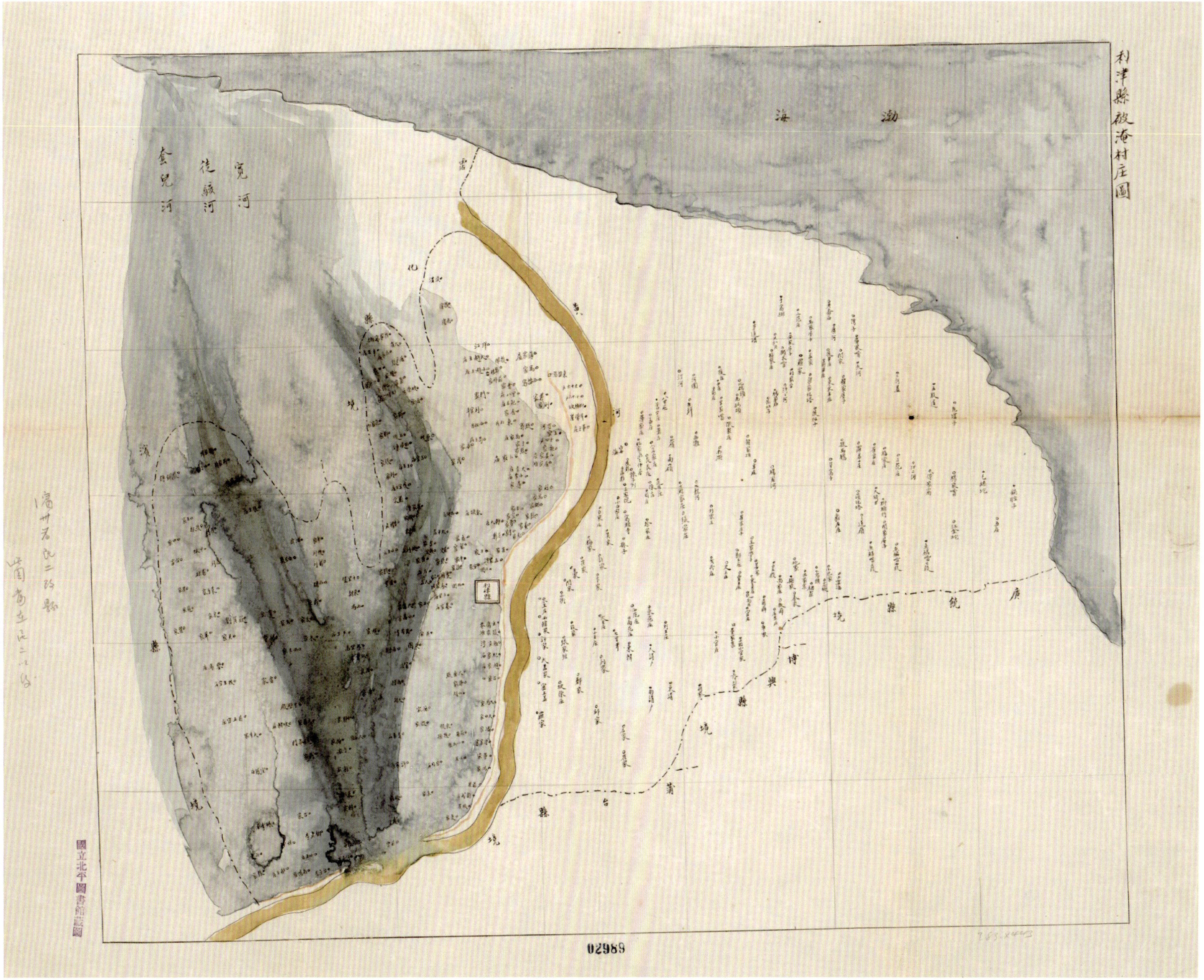

利津县被淹村庄图

1 幅；38 厘米 ×44 厘米

彩绘本

[民国初年]

此图详细标注地名，用蓝色标出利津被淹村庄。滨州于民国二年（1913）改称为滨县，图中已出现滨县，故推测此图绘制于民国二年以后。

下游南岸第四营阎家堤埝险工图

1 幅；26 厘米 ×60 厘米

彩绘本

［民国初年］

此图绘出山东利津县境内黄河及南岸堤工，贴签注出黄河南岸阎家堤极险工段估拟帮宽长度。图上有计里画方，每格五里。

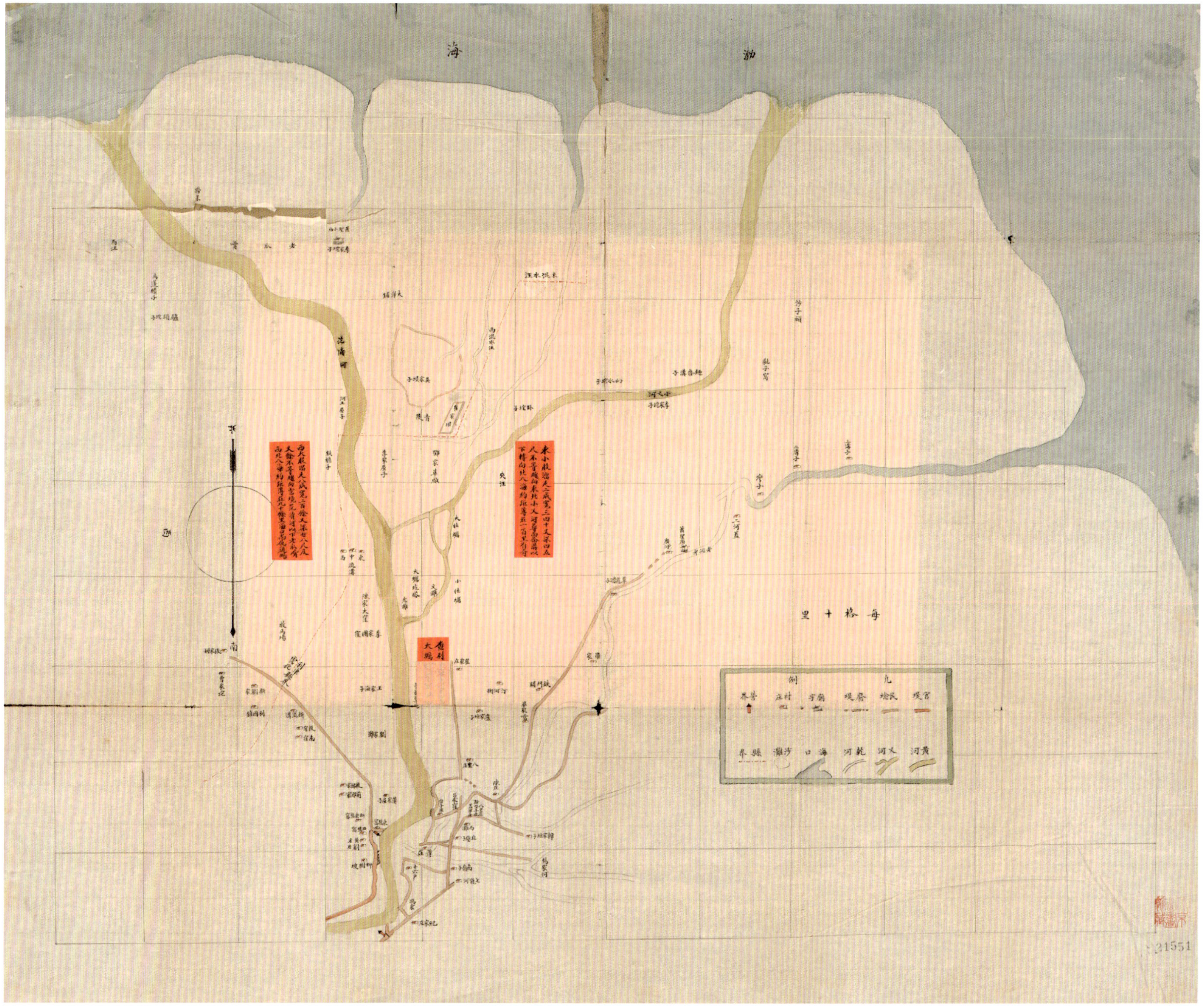

利津黄河入海图

1 幅；51 厘米 ×60 厘米

彩绘本

民国六年（1917）

此图绘出山东利津薄庄后黄河河段及附近水系、两岸堤工，贴签说明黄河出利津薄庄后分西大股、东小股入海情形。图上有图例、方向标和计里画方（每格十里）。

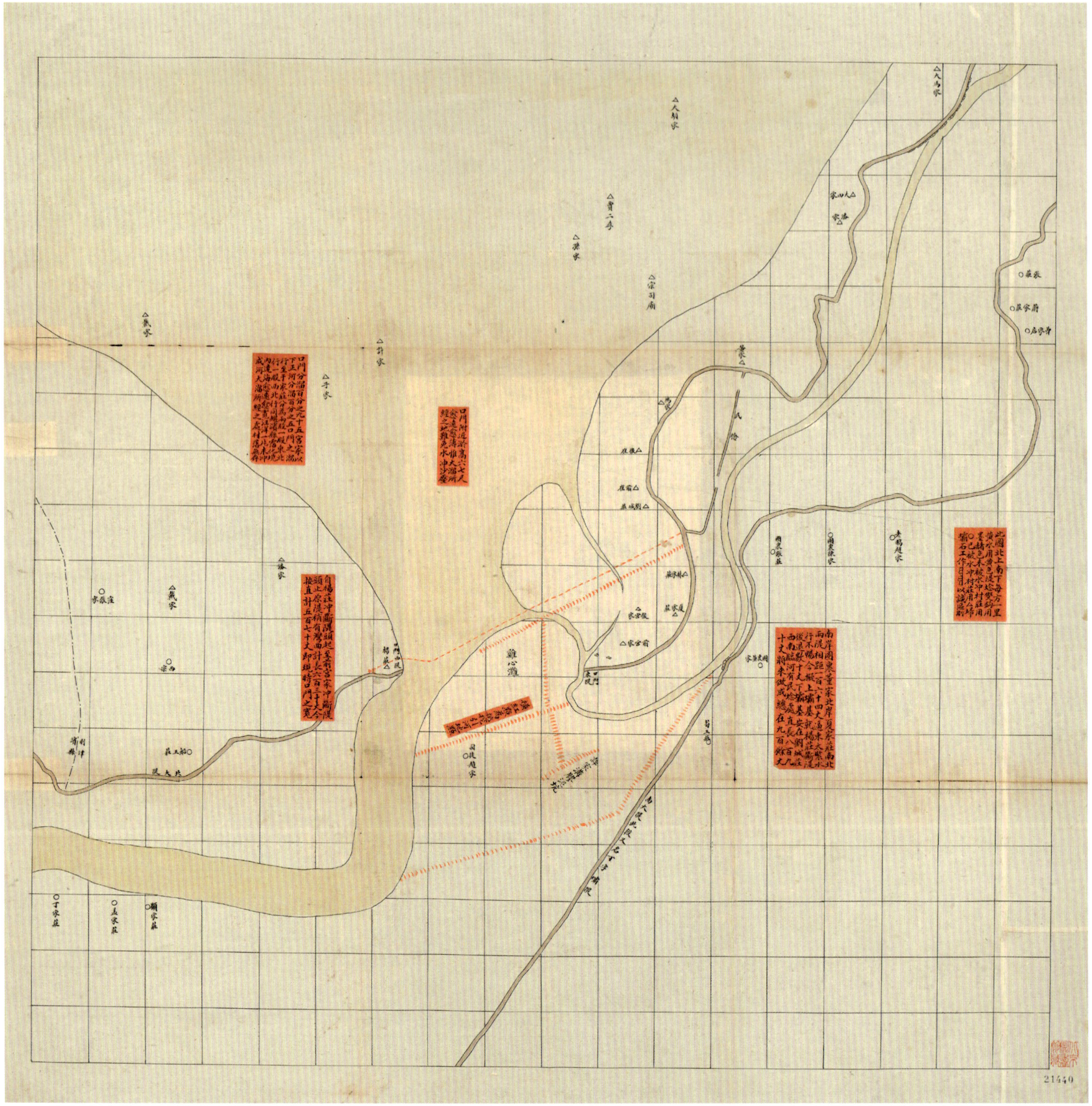

山东利津县宫家堤黄河决口图说

1 幅；62 厘米 ×62 厘米

彩绘本

民国十年十二月（1921.12）

此图绘出山东利津至入海口段黄河，贴签注出被水淹淤情形及拟修筑之堤坝长度。图上绘有网格。附《呈估堵筑宫家漫口各项数目清册》《勘估宫家堤堵口大工呈文》《堵筑漫口工程用料用款》等呈文 8 件。

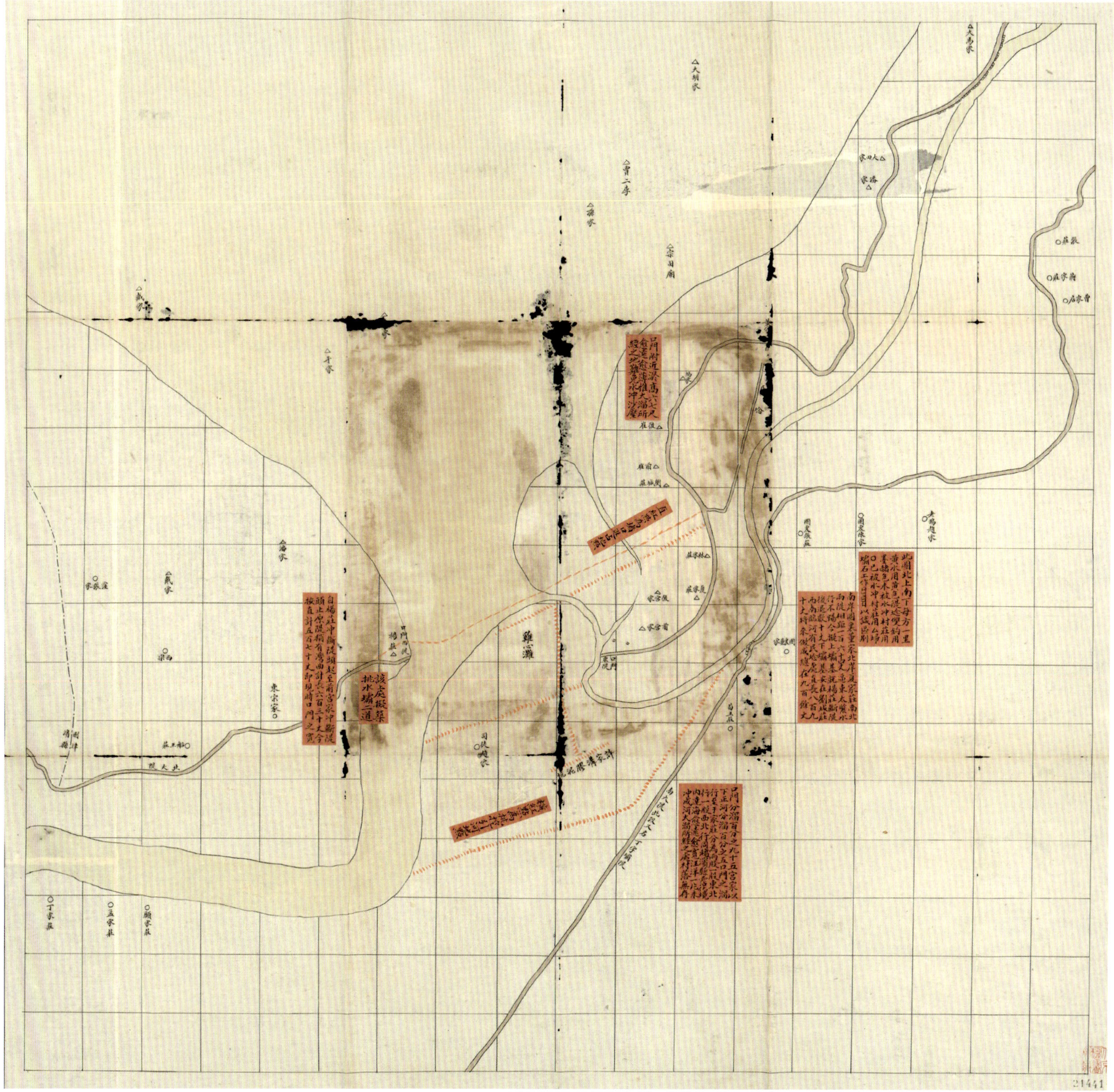

山东利津县宫家堤黄河决口图说

1幅；62厘米×62厘米

彩绘本

民国十年十二月（1921.12）

此图绘出山东利津至入海口段黄河，贴签注出被水淹淤情形及拟修筑之堤坝长度。此图与国图藏同名图内容基本一致。

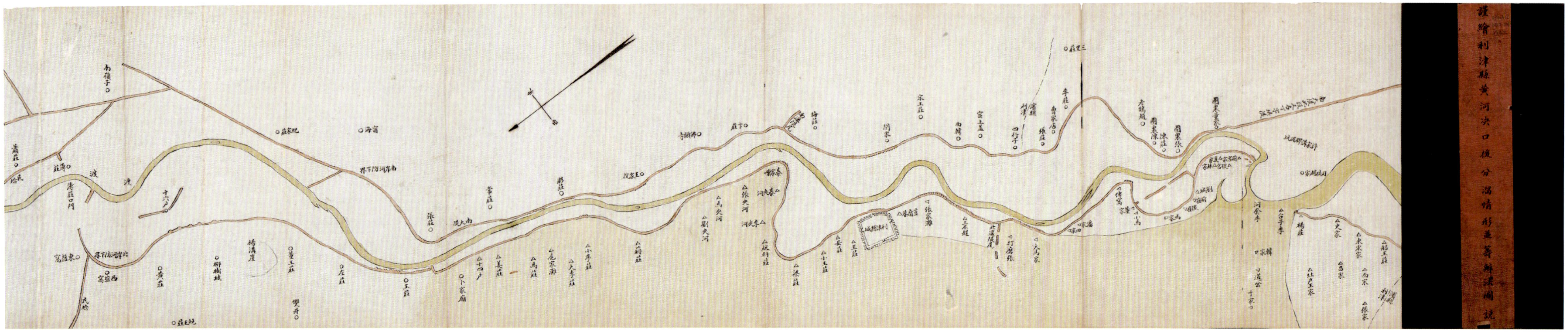

利津县黄河决口后分溜情形并筹办法图说

1幅；26厘米×124厘米

彩绘本

[约民国十一年（1922）]

此图主要绘出山东利津县附近黄河及两岸堤防，详细标注两岸村庄。

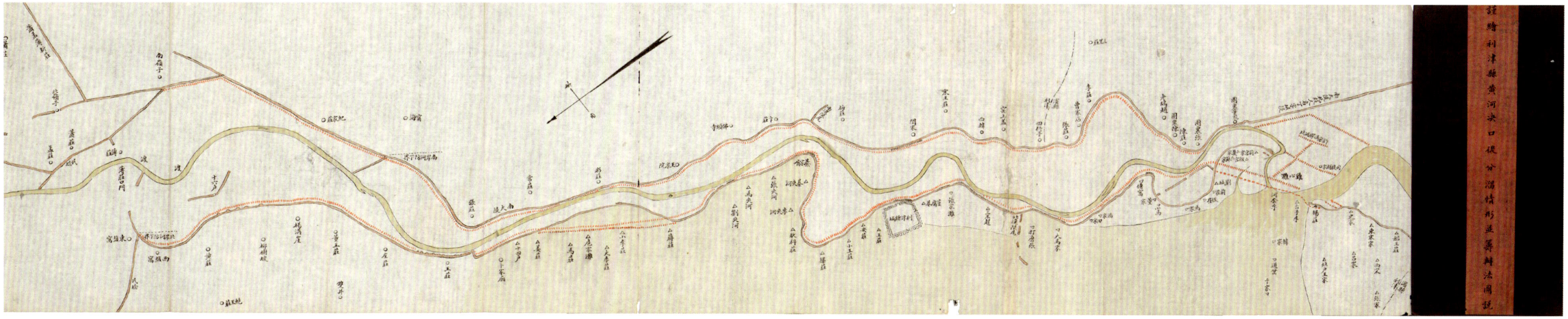

利津县黄河决口后分溜情形并筹办法图说

1 幅；26 厘米 ×124 厘米

彩绘本

[约民国十一年（1922）]

此图主要绘出山东利津县附近黄河及两岸堤防，详细标注两岸村庄。内容与国图藏同名图基本一致，比之多绘出黄河两岸沿堤防线，多标注了鸡心滩。

黄河古籍

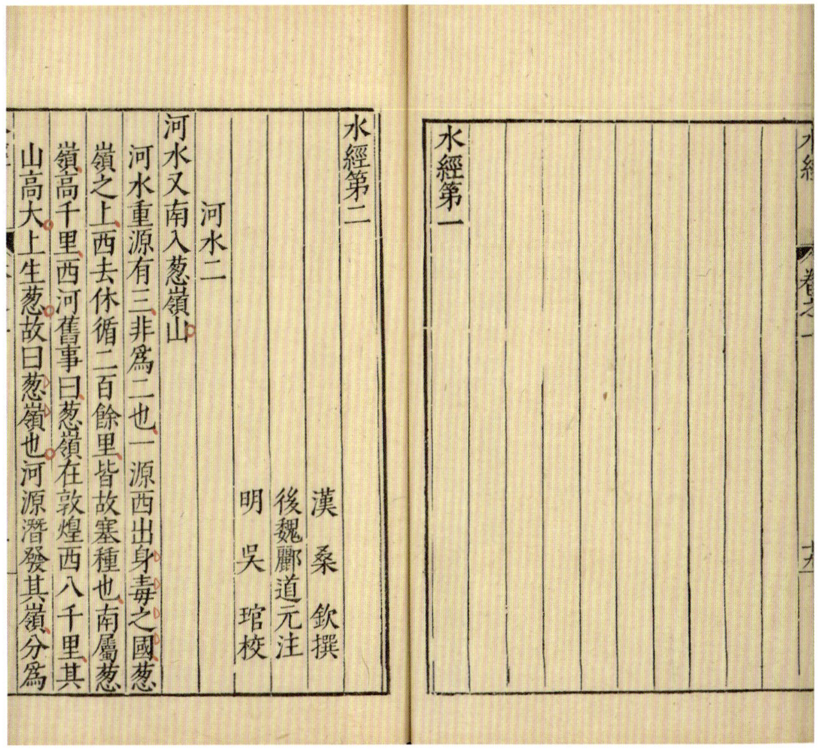
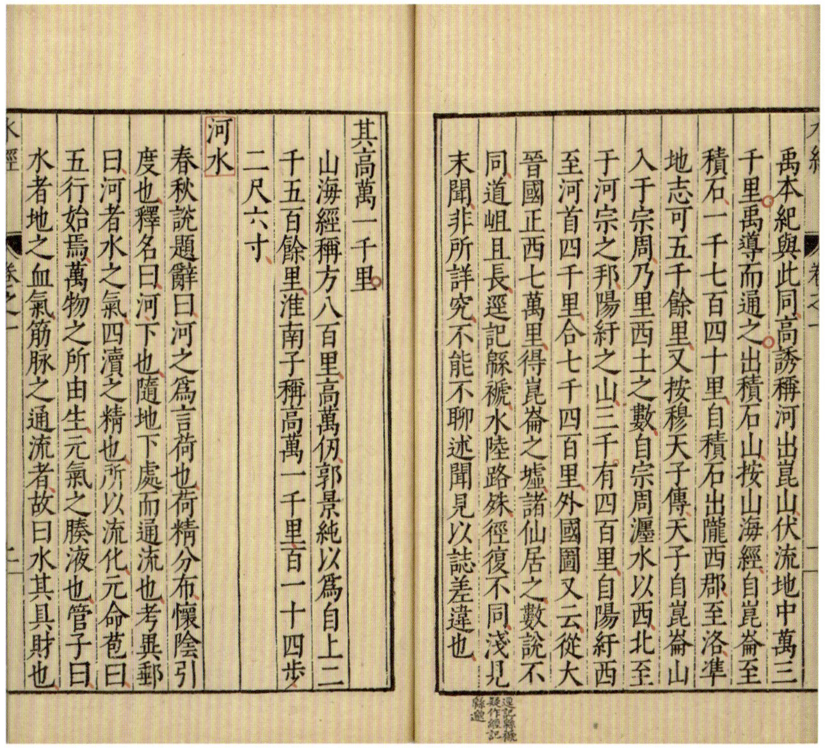
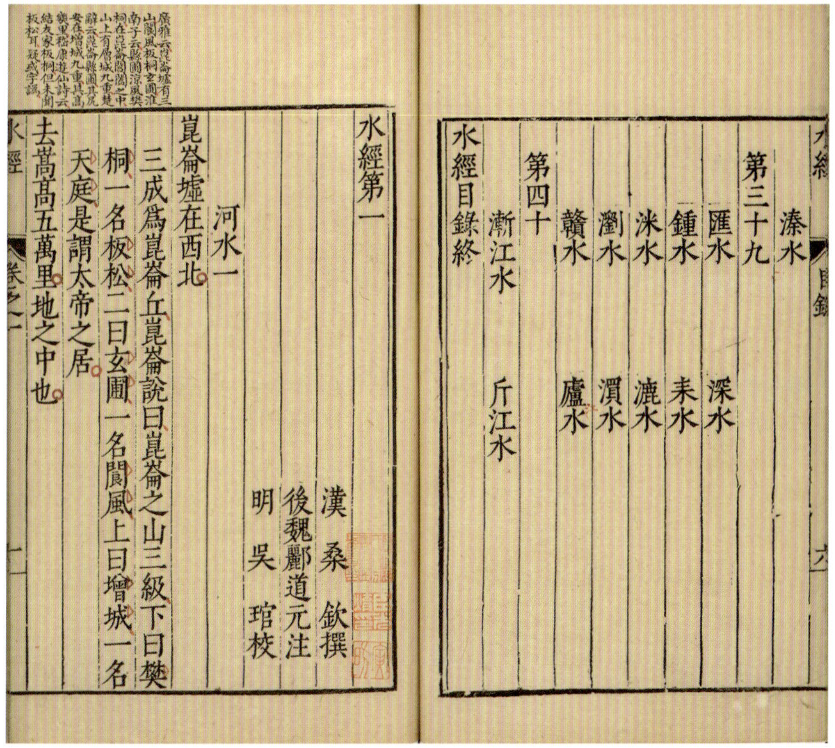

水经注：四十卷

（东汉）桑钦撰，（北魏）郦道元注，（明）吴琯校

6 册

刻本

[明万历年间（1573—1620）]

是书版本众多，早期版本如下。版本一:宋刻本，7 册。版本二:明万历年间（1573—1620）吴琯刻本，6 册。版本三:明嘉靖十三年（1534）黄省曾刻本，12 册。版本四:明抄本，12 册。版本五:清戴震校刻本，12 册。

是书以《水经》为纲，详细记载了诸多河流、湖泊及相关历史遗迹、人物掌故、神话传说等，是中国古代最全面、最系统的综合性地理著作。书中所记大小河流 1252 条，从河流的发源到入海，举凡干流、支流、河谷宽度、河床深度、水量和水位季节变化，含沙量、冰期以及沿河所经的伏流、瀑布、急流、滩濑、湖泊等都有详细记载。此书卷一至五记述“河水”，即黄河。

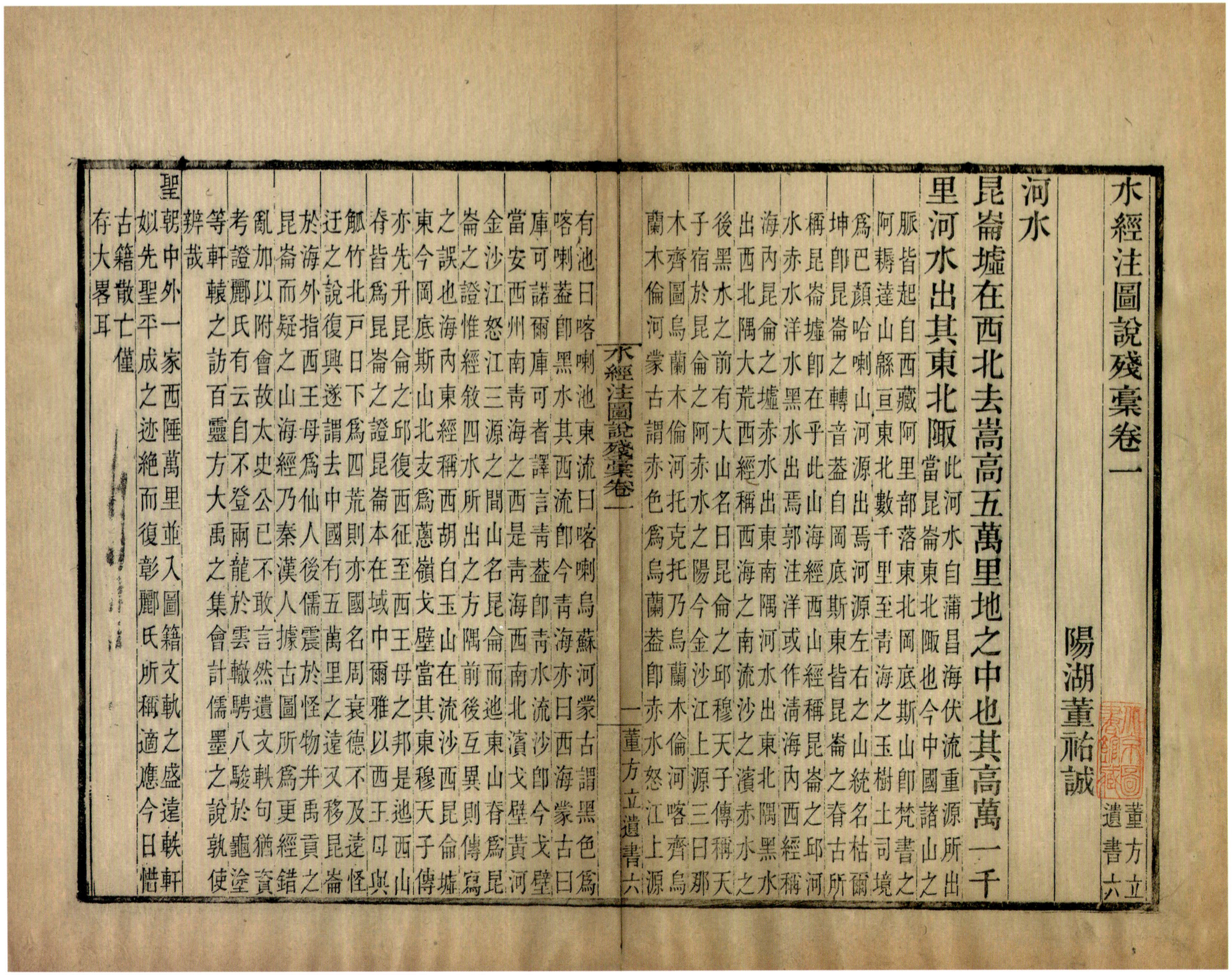

水经注图说残稿：四卷

（清）董祐诚撰

1 册

刻本

清道光三年（1823）

一、收录于（清）董祐诚撰《董方立遗书》。版本一：清道光三年（1823）刻本。版本二：清道光十年（1830）京都文德斋刻本。版本三：清同治八年（1869）成都董贻清刻本。二、清光绪六年（1888）会稽章寿康刻本，与《水经注释》《水经释地》《今水经》合印。

北魏郦道元《水经注》无图，历代学者致力于为其绘图，清代尤甚，董祐诚是其中之一。然其《水经注图说》现只余文字疏释内容，侧重引证相关史籍笺释地理沿革，并多注解今地所在。

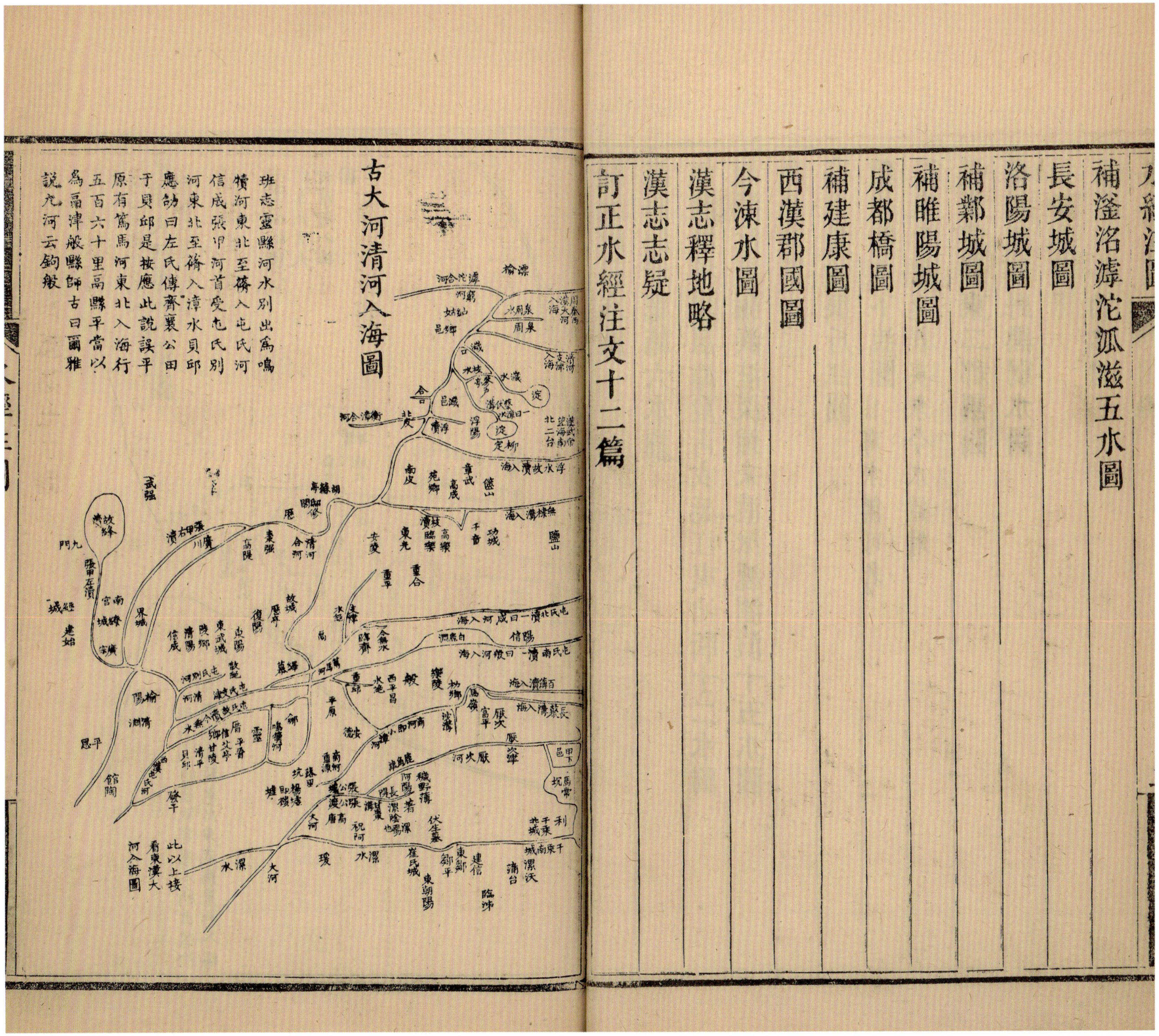

水经注图：一卷；附录一卷

（清）汪士铎绘

1 册；27.5 厘米 ×18 厘米

刻本

清咸丰十一年（1861）

版本一：清咸丰十一年（1861）刻本，1 册。版本二：清同治元年（1862）作者复校刻本，1 册。版本三：清末（1851—1911）石印本，2 册。

汪士铎以内府舆图为底图，遍稽群籍，编绘出一部内容详细的《水经注图》。书中有图 42 种、图说两万余字，另附《汉志释地略》《汉志志疑》《订正水经注文十二篇》，记事止于咸丰五年（1855）。所绘水图中包含自然河网、水利工程等详细信息，同时对照古今地名，注明历代河道变迁及与邻水关系。其中与黄河相关水图主要有《古大河清河入海图》《东汉大河漯沁入海图》《漳水泲漯缩本图》《原武以上今河图》。

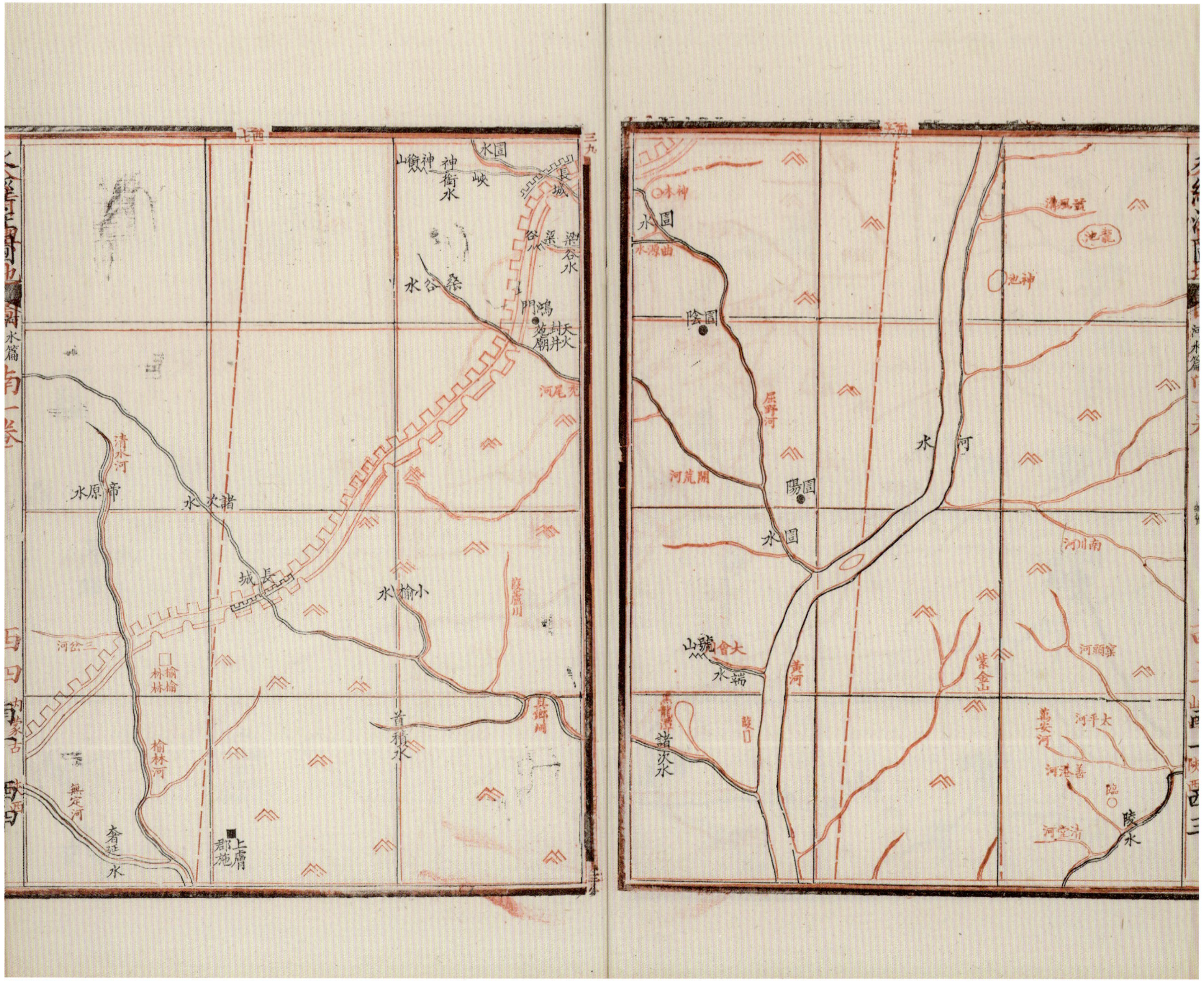

水经注图：四十卷；补一卷

杨守敬撰

8 册；30 厘米 ×20.5 厘米

刻本，朱墨套印本

观海堂，清光绪三十一年（1905）

杨守敬以清代胡林翼《大清一统舆图》为底本，按其分卷方法，以顺天为中卷，其北为北 × 卷，南为南 × 卷，绘出《水经注图》，并以朱墨套印区别古今，末附《历城图·济水篇》等十三图及《禹贡山水泽地所在图》。此书对 1200 余条水道所经州县城邑、名胜古迹、各水系湖沼分布等均有详细标绘，图中山川、城池等古今地名均博考《括地志》《元和郡县志》《读史方舆纪要》等书籍。

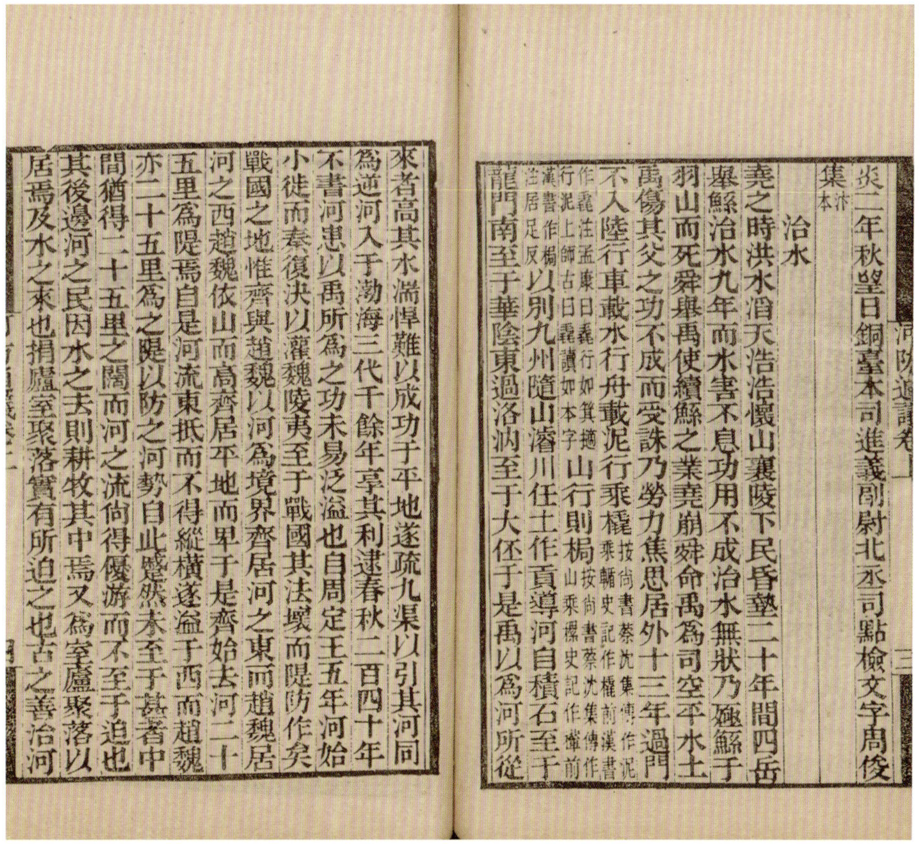
炎二年秋望日銅臺本司進義副尉北丞司點檢文字周俊
集汴本
治水
堯之時洪水滔天浩浩懷山襄陵下民昏墊二十年間四岳
舉鯀治水九年而水害不息功用不成治水無狀乃殛鯀于
羽山而死舜舉禹使續鯀之業堯崩舜命禹爲司空平水土
禹傷其父之功不成而受誅乃勞力焦思居外十三年過門
不入陸行車載水行舟載泥行乘橇山行則梮
以別九州隨山濬川任土作貢導河自積石至于
龍門南至于華陰東過洛汭至于大伾于是禹以爲河所從
來者高其水湍悍難以成功于平地遂疏九渠以引其河
爲逆河入于渤海三代千餘年享其利逮春秋二百四十年
不書河患以禹所爲之功未易泛溢也自周定王五年河始
小徙而秦復決以灌魏陵夷至于戰國其法壞而隄防作矣
戰國之地惟齊與趙魏以河爲境界齊居河之東而趙魏居
河之西趙魏依山而高齊居平地而卑于是齊始去河二十
五里爲隄焉自是河流東抵而不得縱橫遂溢于西而趙魏
亦二十五里爲之隄以防之河勢自此盤然未至于甚者中
間猶得二十五里之闊而河之流尚得優游而不至于迫也
其後邊河之民因水之去則耕牧其中焉又爲室廬聚落以
居焉及水之來也捐廬室聚落實有所迫之也古之善治河

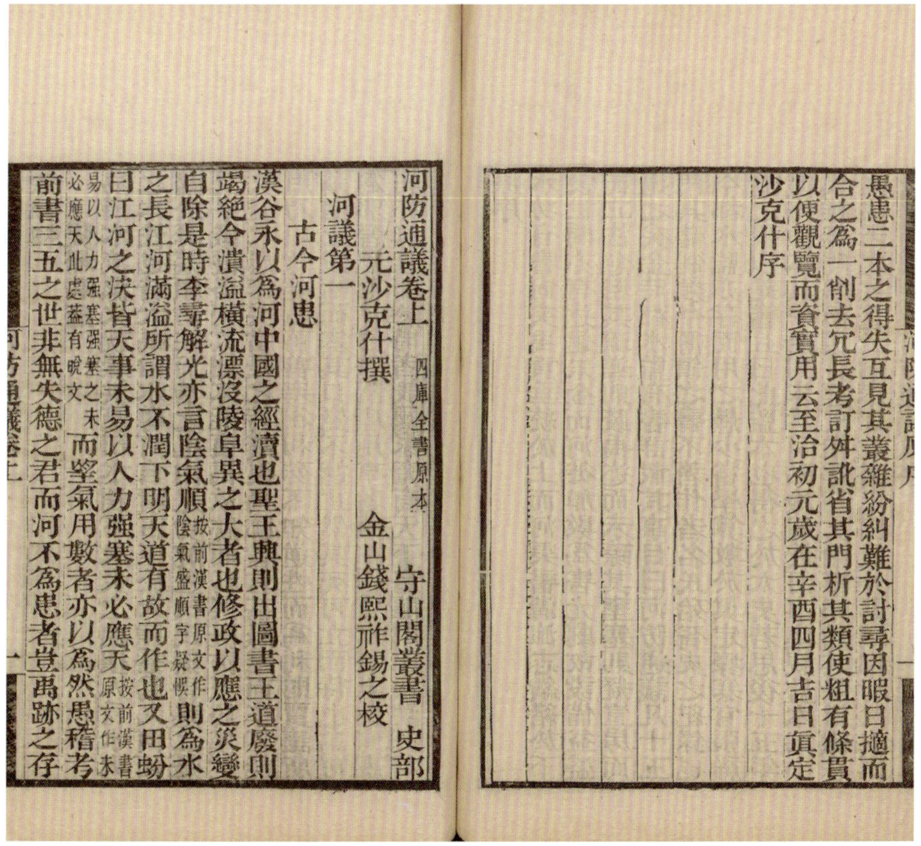
患二本之得失互見其叢雜紛糾難於討尋因暇日摘而
合之爲一刪去冗長考訂舛訛省其門析其類使粗有條貫
以便觀覽而資實用云至治初元歲在辛酉四月吉日眞定
沙克什序
河防通議卷上　四庫全書原本　守山閣叢書　史部
元沙克什撰　金山錢熙祚錫之校
河議第一
古今河患
漢谷永以爲河中國之經瀆也聖王興則出圖書王道廢則
竭絶今潰溢橫流漂沒陵阜異之大者也修政以應之災變
自除是時李尋解光亦言陰氣順則爲水
之長江河滿溢所謂水不潤下明天道有故而作也又田蚡
曰江河之決皆天事未易以人力强塞未必應天而堅氣用數者亦以爲然患稽考
前書三五之世非無失德之君而河不爲患者豈禹跡之存

河防通议：二卷

（元）沙克什撰，（清）钱熙祚校

1 册

刻本

金山钱氏，清道光二十四年（1844）

一、收录于（清）钱熙祚辑《守山阁丛书》。版本一：清道光二十四年（1844）金山钱氏刻本。版本二：清光绪十五年（1889）上海鸿文书局石印本。版本三：民国十一年（1922）上海博古斋影印本。二、题名为《重订河防通议》，收录于（清）余肇钧辑《明辨斋丛书：三十三种》，清同治八年（1869）长沙余氏刻本。三、民国年间抄本，钤“铁琴铜剑楼”印。

沈立于宋庆历八年（1048）搜集治河史迹，撰成《河防通议》一书，后失传。元英宗至治元年（1321），赡思（清代改译为沙克什）根据当时流传的所谓“汴本”，其中包括沈立原著和宋建炎二年（1128）周俊所编《河事集》，以及所谓“监本”，金代都水监所编另一《河防通议》，加以整理删节改编成此《河防通议》。《元史·赡思传》称作“重订河防通议”。是书共上、下二卷，除赡思自序外，分为河议、制度、料例、功程、输运、算法六门，分别记述河道形势、河防水汛、泥沙土脉、河工结构、材料和计算方法以及施工、管理等方面的规章制度，是记述河工具体技术的最早著作。

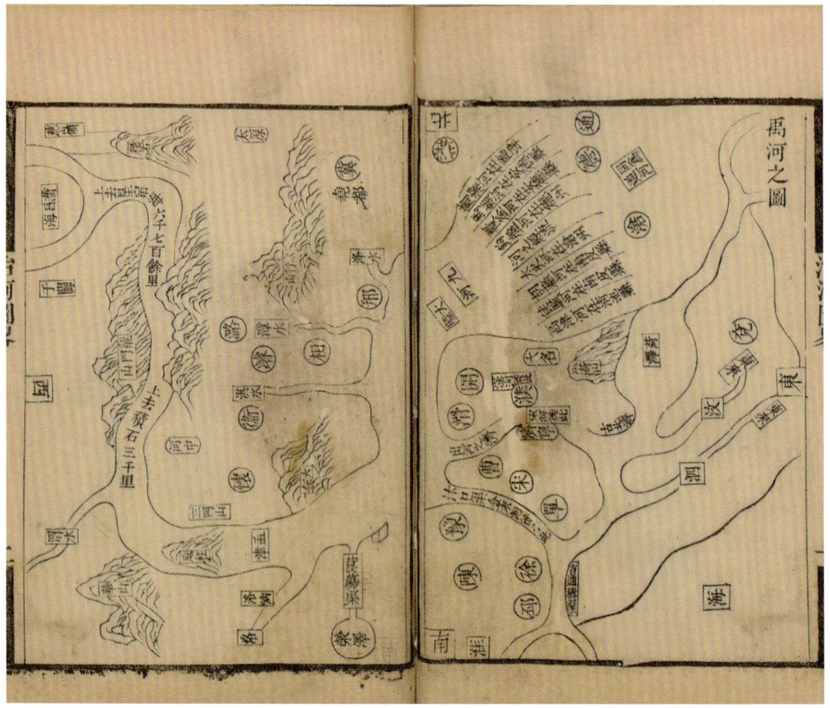

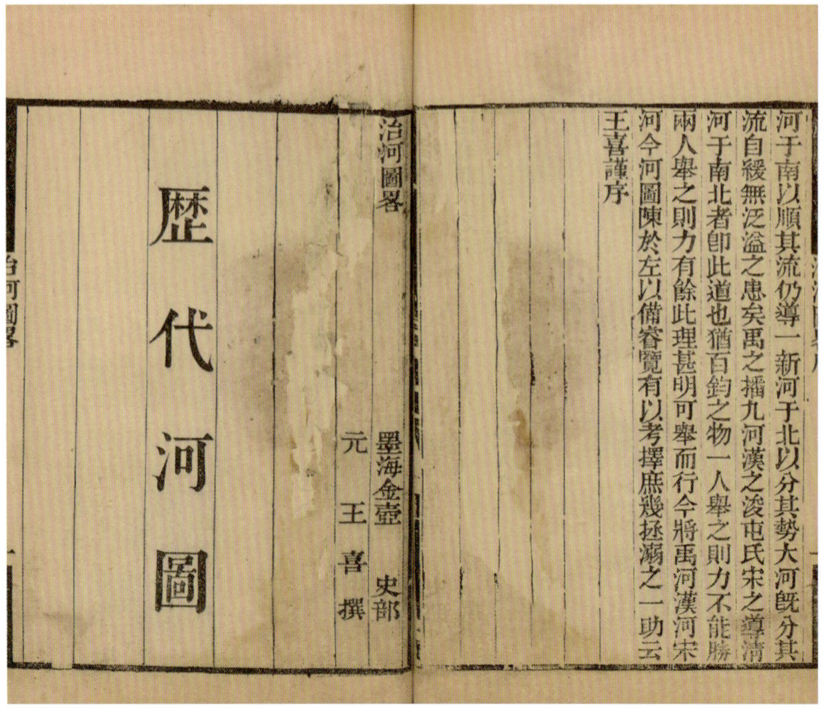

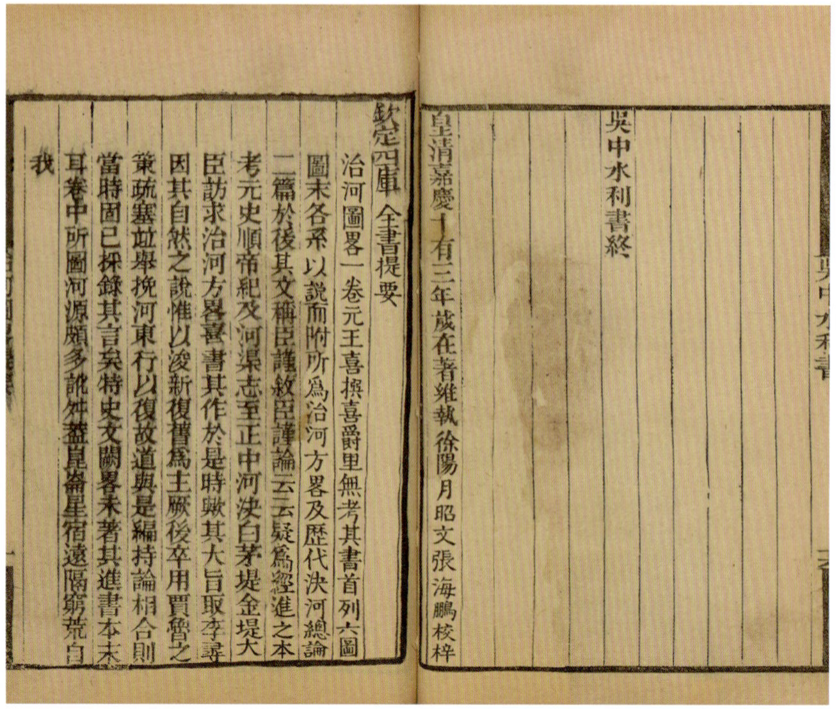

治河图略：一卷

（元）王喜撰，清嘉庆十三年（1808）张海鹏校梓

1 册

刻本

海虞张氏，清嘉庆十六年（1811）

收录于（清）张海鹏编《墨海金壶》史部。版本一：清嘉庆十三年至十六年（1808—1811）张海鹏刻本。版本二：清嘉庆十六年（1811）海虞张氏刻本。版本三：民国十年（1921）上海博古斋影印本。版本四：民国年间抄本。

此书前半部分列禹、汉、宋、元时期的历代黄河图及治河、河源之图共 12 幅，每幅图下均附图说，据文献资料略述古今黄河水害与水利关系，陈述治理方案；后半部分附《治河方略》《历代决河总论》两篇，结合当时黄河状况，制订上、中、下三策治河，以备御览。元至正四年（1344），黄河决堤，朝廷访求治河方略，本书可能作于此时。王喜曾任河工，继都实、潘昂霄之后据实绘图。本书主要治水思路在于疏浚河流、分泄水流，是研究元代认识黄河、治理黄河情况的重要史料，也是我国现存第一部治河工程图说。《元史 · 顺帝本纪》《河渠志》所载治河理论均与本书吻合，可知本书策略已被朝廷采纳，用于实践。

河防记：一卷

(元) 欧阳玄著

1 册

影印本

上海：涵芬楼，民国九年（1920）

收录于（清）曹溶编《学海类编：四百三十二种八百三卷》《集余二·事功》。版本一：清道光十一年（1831）晁氏活字印本。版本二：1920 年上海涵芬楼据清道光晁氏活字印本影印。

即《至正河防记》，中国较早的一篇治河技术专著，记述元朝至正十一年（1351）以堵黄河白茅决口为主的贾鲁治河事迹，详述施工过程及主要技术措施。全篇大致可分为三部分：首节为作者自叙与丞相脱脱治河防之事，次言筑堤垦塞之法，最后记各地决口所用材料之多寡。此书内容简略，而用意颇深，是研究贾鲁治河的重要史料。为避康熙皇帝名讳，书内欧阳玄作“欧阳元”。

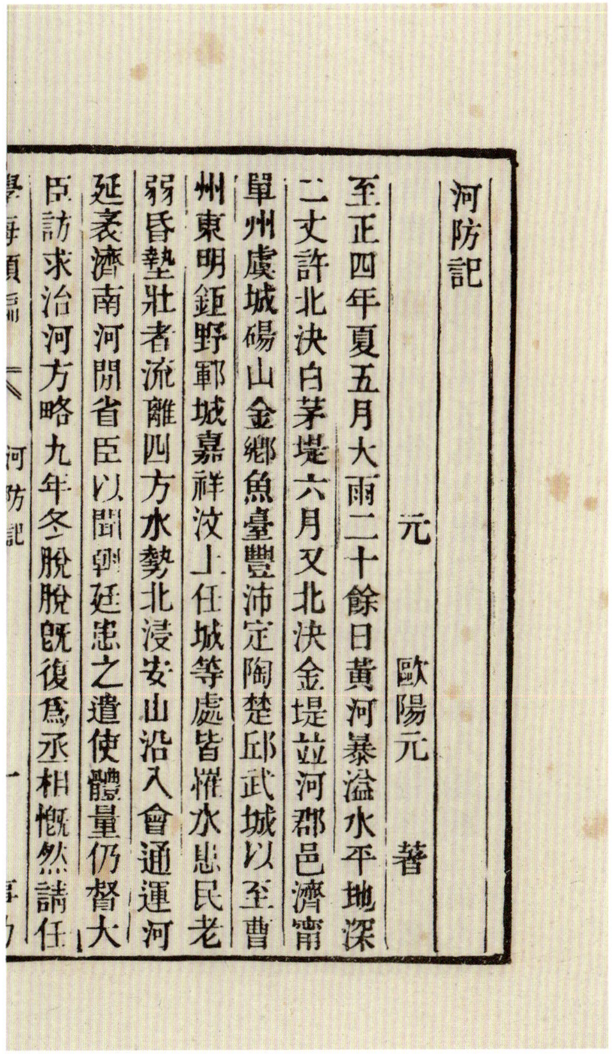

河防記

元　歐陽元　著

至正四年夏五月大雨二十餘日黃河暴溢水平地深二丈許北決白茅堤六月又北決金堤竝河郡邑濟甯單州虞城碭山金鄉魚臺豐沛定陶楚邱武城以至曹州東明鉅野鄆城嘉祥汶上任城等處皆罹水患民老弱昏墊壯者流離四方水勢北浸安山沿入會通運河延袤濟南河間省臣以聞朝廷患之遣使體量仍督大臣訪求治河方略九年冬脫脫既復爲丞相慨然請任

學海類編　河防記　一　事功

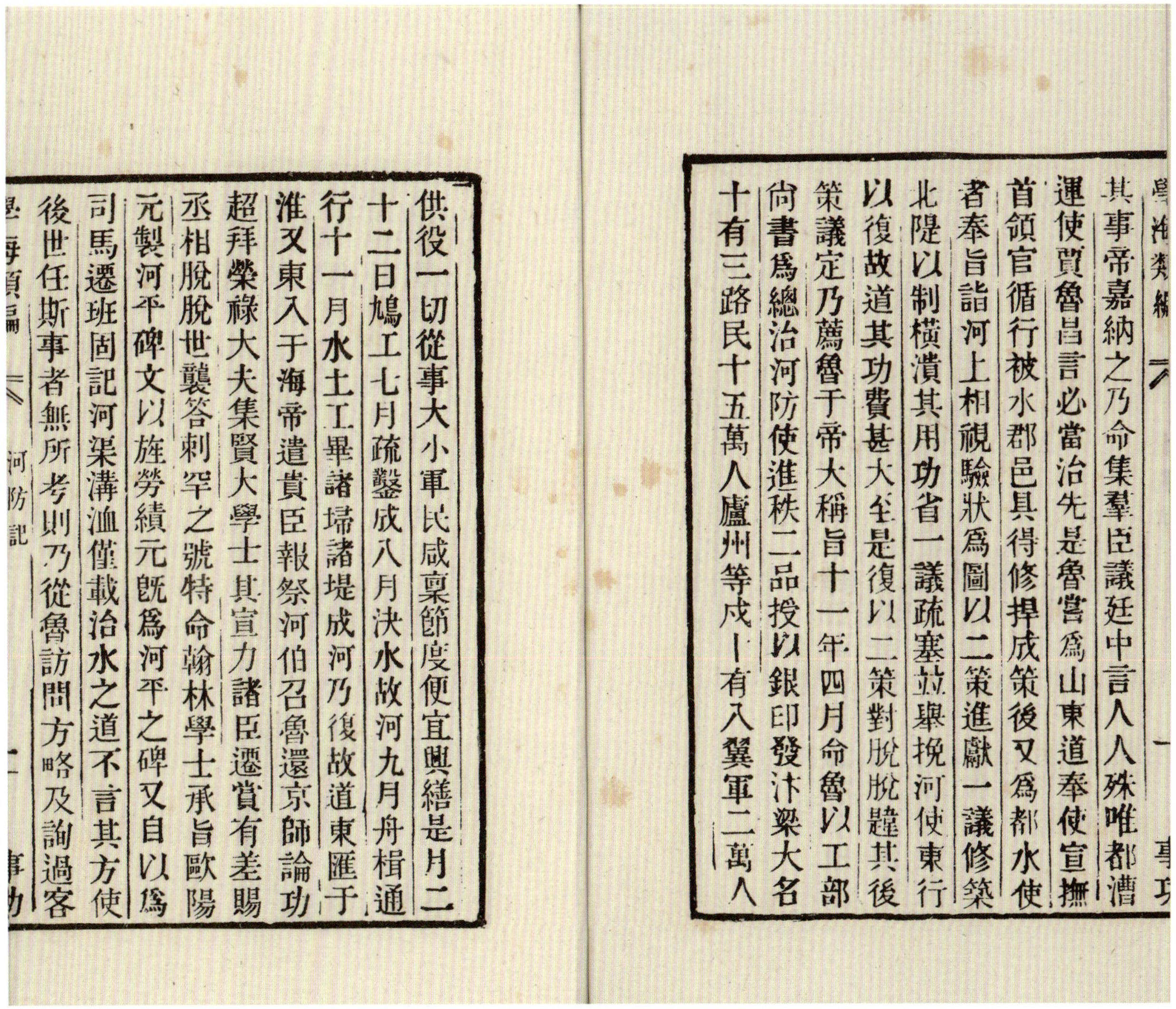

其事帝嘉納之乃命集羣臣議廷中言人人殊唯都漕運使賈魯昌言必當治先是魯嘗爲山東道奉使宣撫首領官循行被水郡邑具得修捍成筞後又爲都水使者奉旨詣河上相視驗狀爲圖以二筞進獻一議修築北隄以制橫潰其用功省一議疏塞竝舉挽河使東行以復故道其功費甚大至是復以二筞對脫脫韙其後筞議定乃薦魯于帝大稱旨十一年四月命魯以工部尚書爲總治河防使進秩二品授以銀印發汴梁大名十有三路民十五萬人廬州等戍十有八翼軍二萬人供役一切從事大小軍民咸稟節度便宜興繕是月二十二日鳩工七月疏鑿成八月決水故河九月舟楫通行十一月水土工畢諸埽諸堤成河乃復故道東匯于淮又東入于海帝遣貴臣報祭河伯召魯還京師論功超拜榮祿大夫集賢大學士其宣力諸臣遷賞有差賜丞相脫脫世襲荅剌罕之號特命翰林學士承旨歐陽元製河平碑文以旌勞績元既爲河平之碑又自以爲司馬遷班固記河渠溝洫僅載治水之道不言其方使後世任斯事者無所考則乃從魯訪問方略及詢過客

學海類編　河防記　二　事功

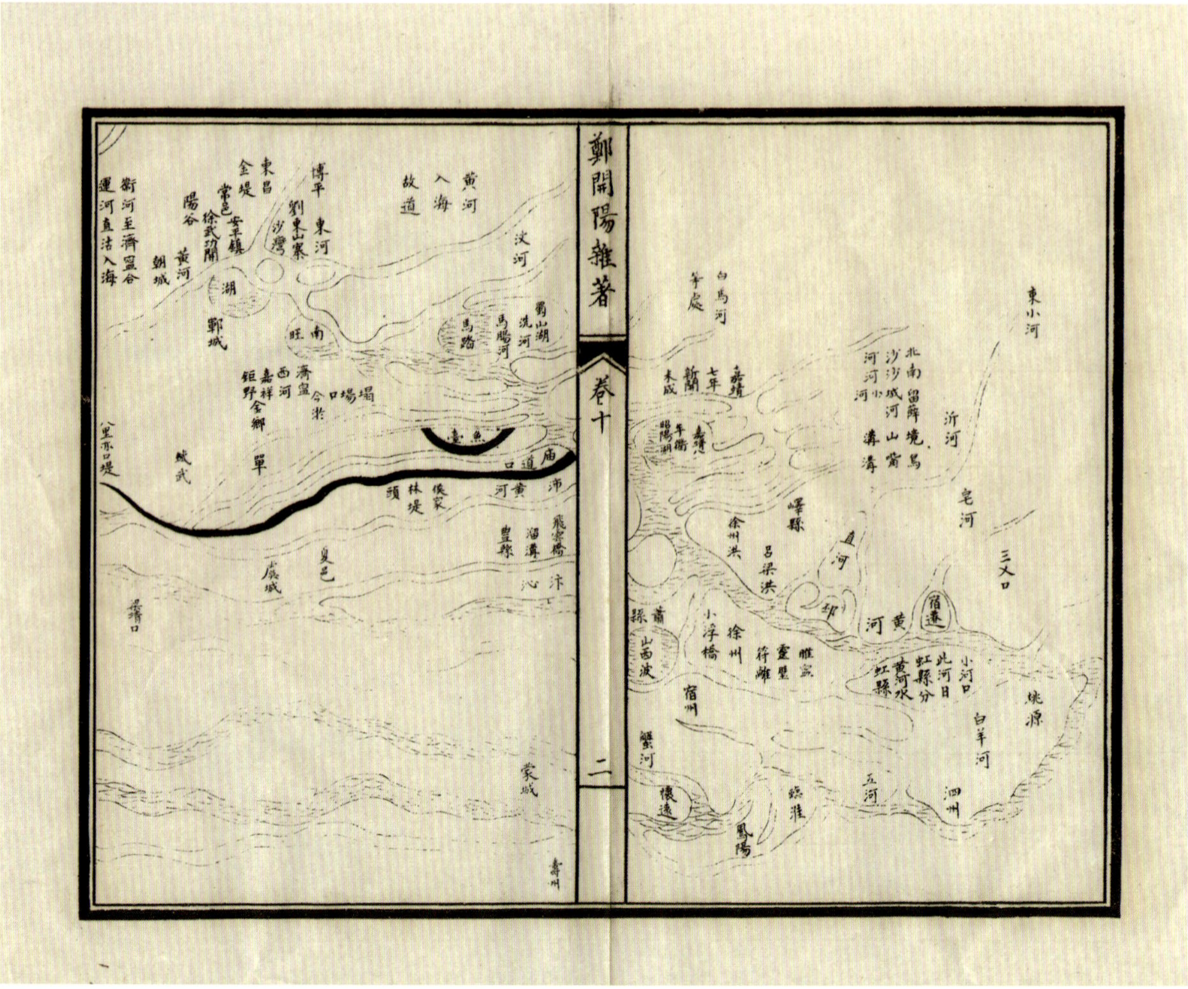

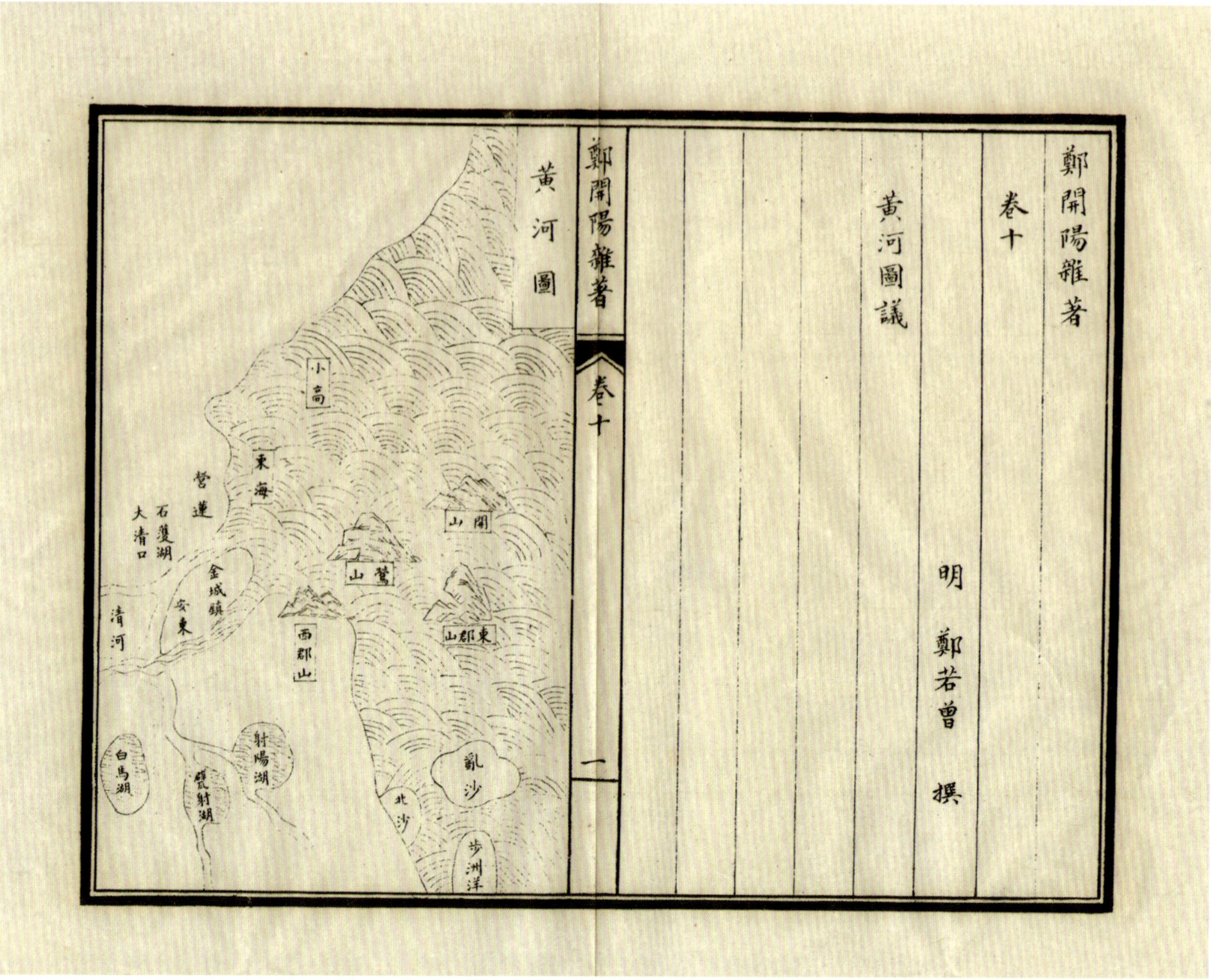

黄河图议：一卷

（明）郑若曾撰

影印本

国学图书馆影印，民国二十一年（1932）

本篇前为黄河图，后为黄河议，综合、简明地记录了黄河源流、历史河患及治理等。黄河图所绘黄河自星宿海至安东入海。此篇收录于明代郑若曾撰《郑开阳杂著》（共一册）卷十。

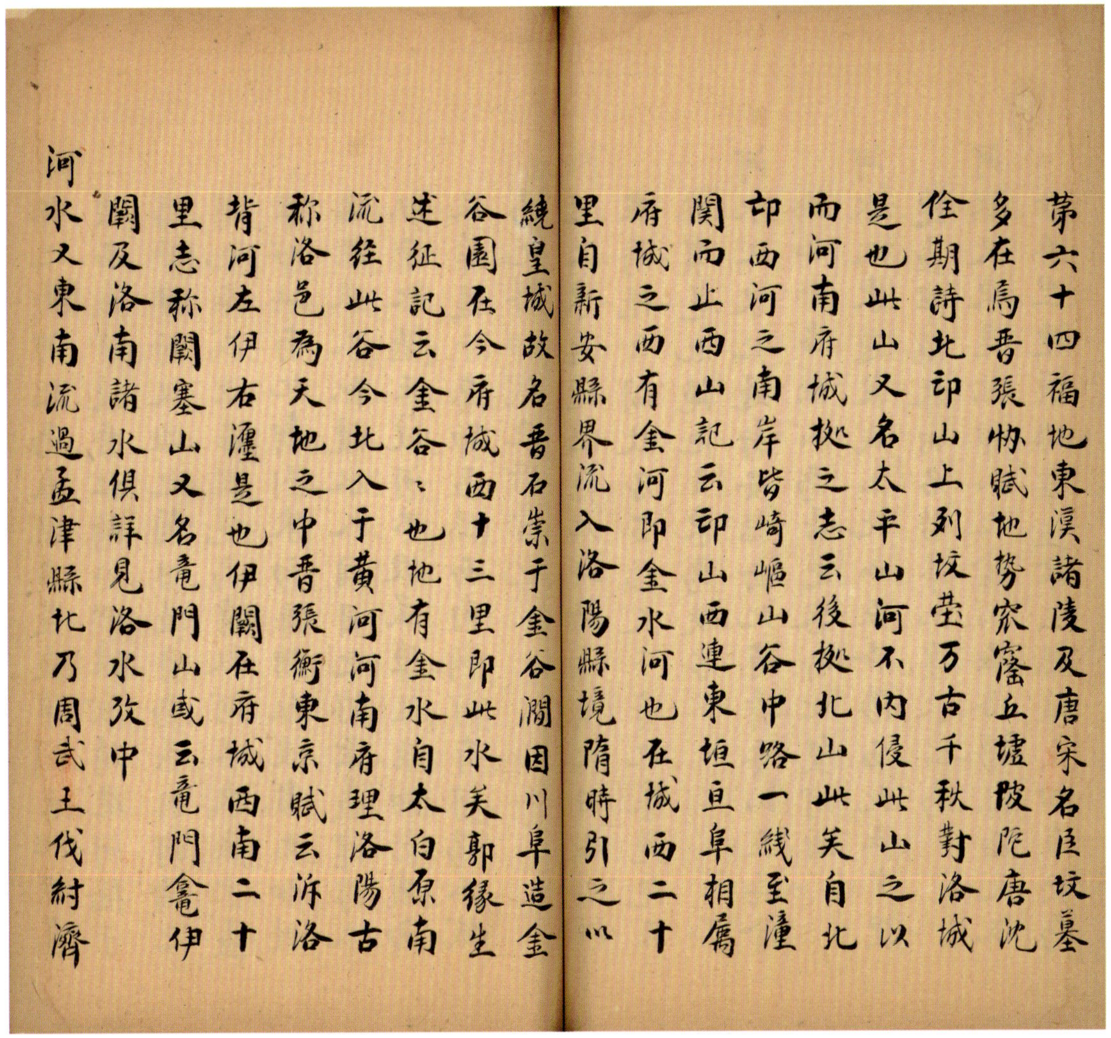

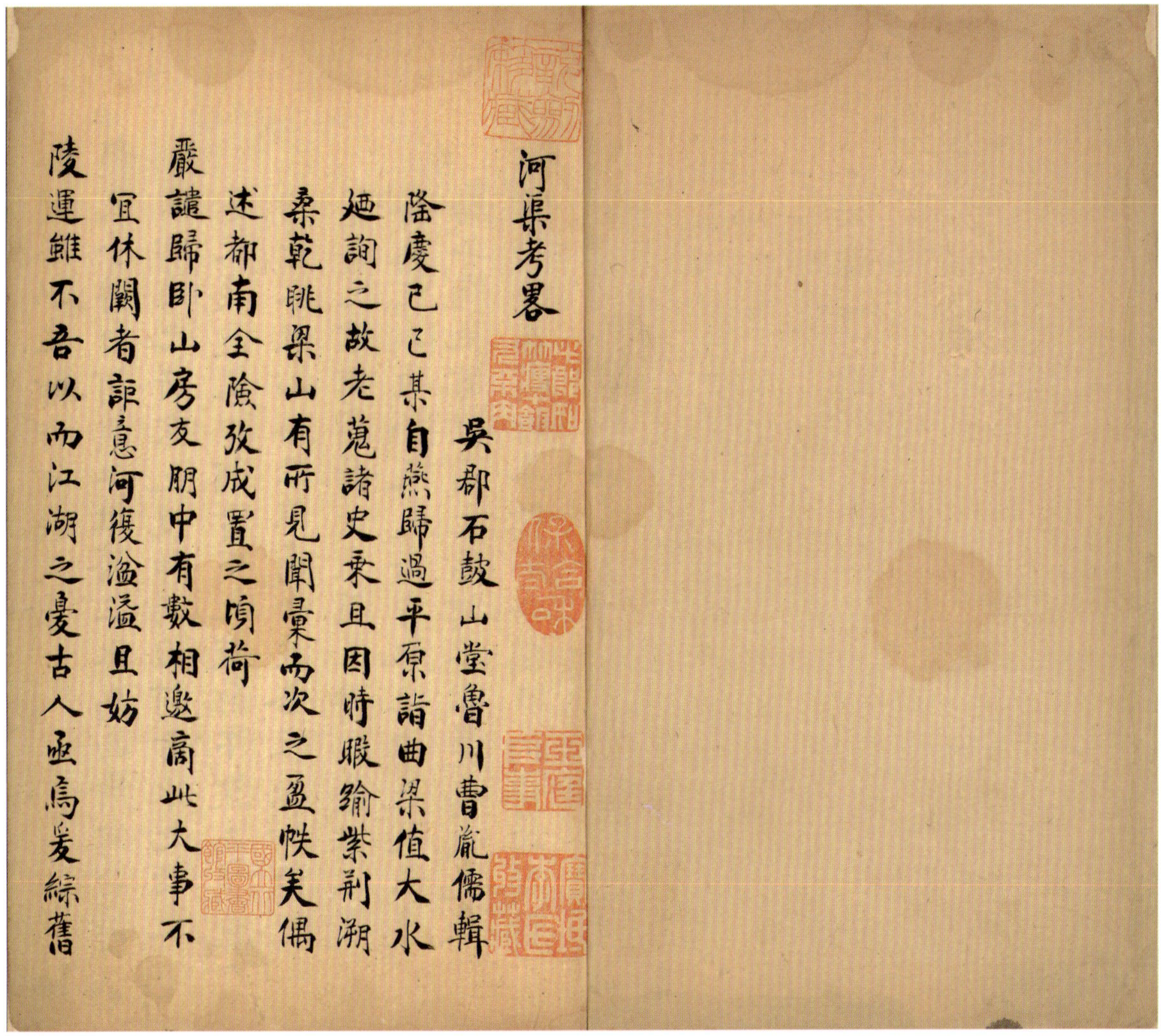

河渠考略：一卷

（明）曹胤儒辑

1 册

抄本

［明隆庆三年至六年（1569—1572）］

版本一：明隆庆三年至六年（1569—1572）抄本。版本二：民国年间抄本。

曹胤儒是明朝后期地理学家，著有《黄河考》《朔方考》《水利续议》等。此书系作者有感于水患之危害，辑录相关史料并加入自己游历见闻而成，记录了河水流经地区的历史、水利情形等。

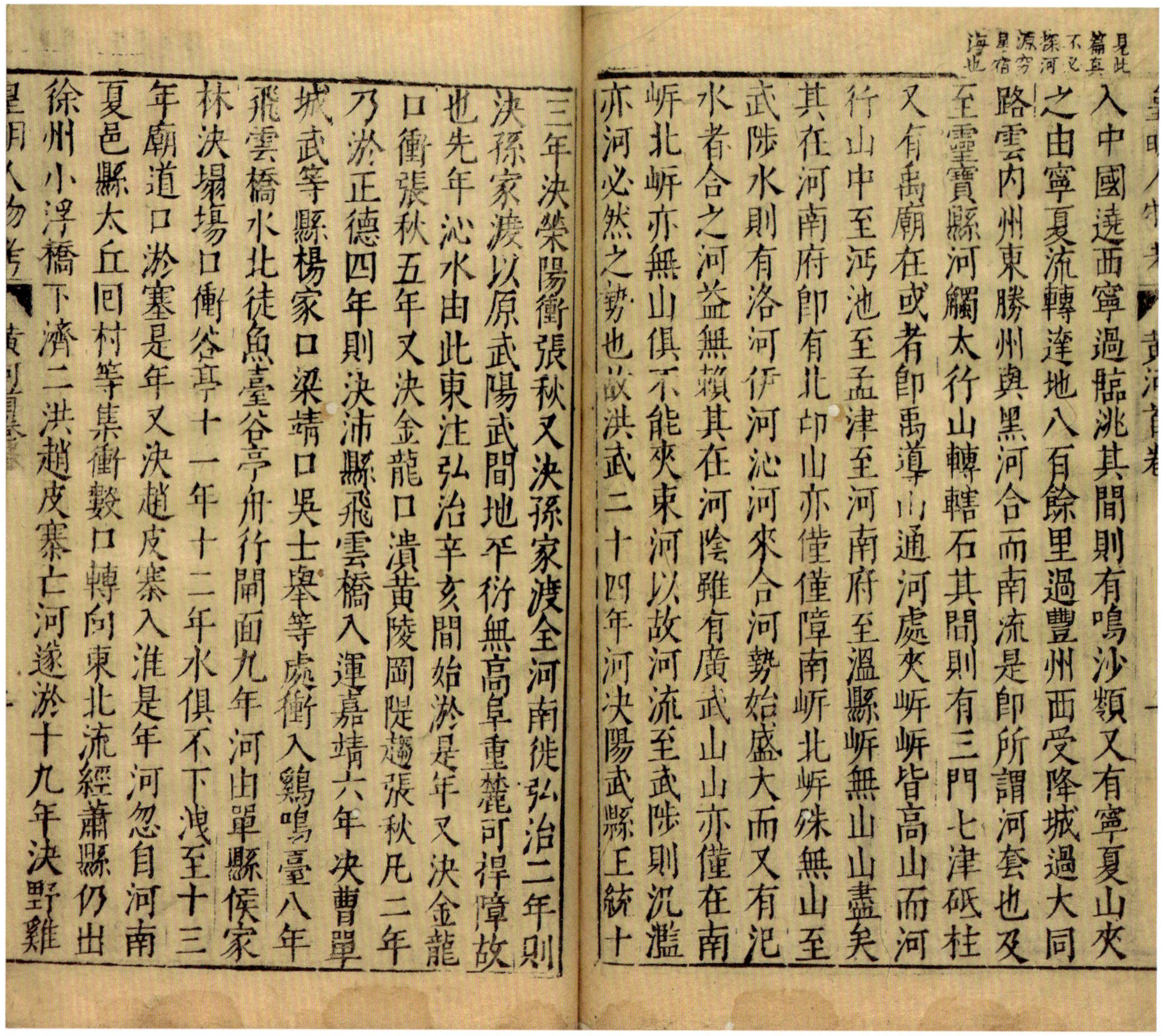

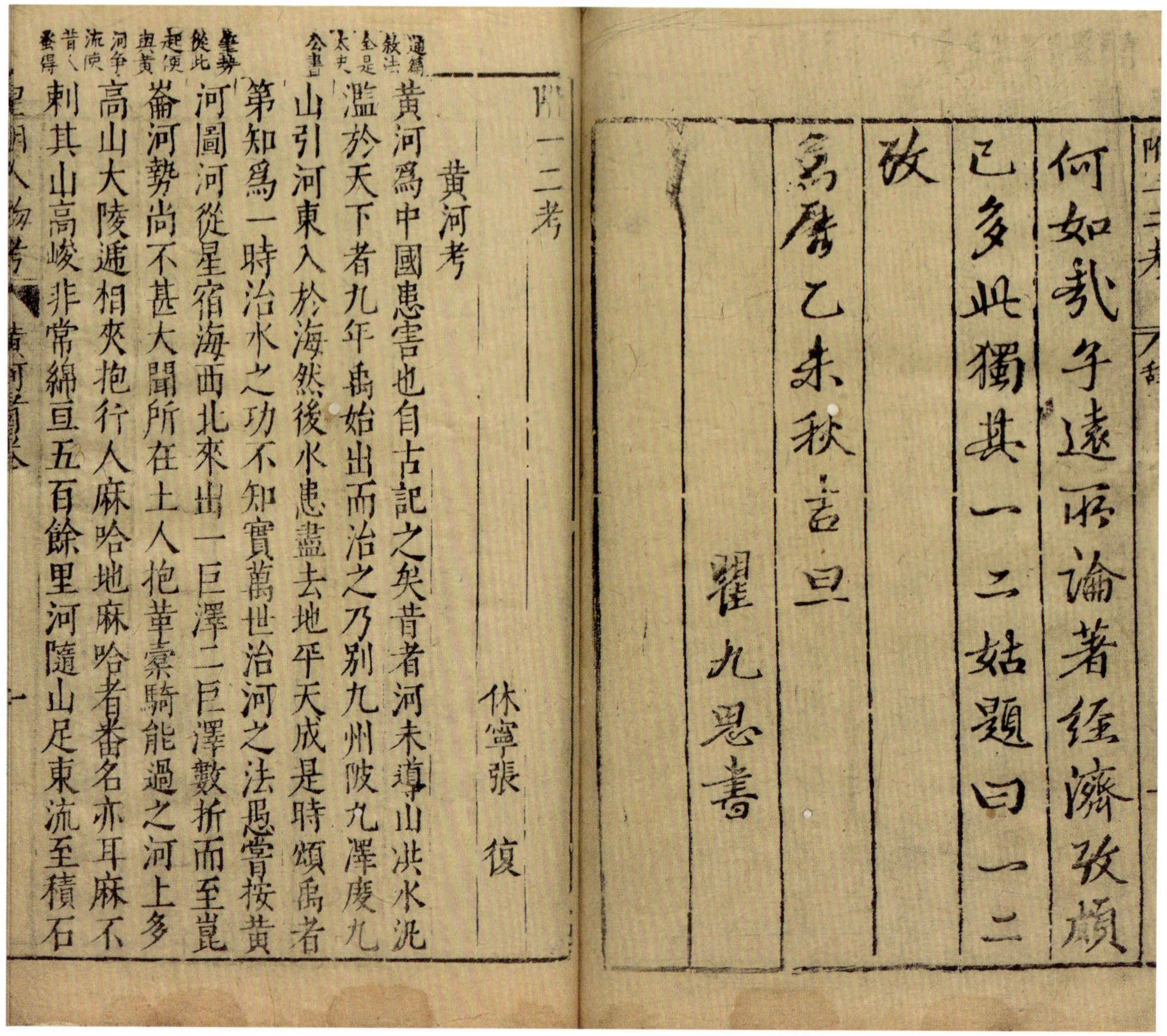

黄河考：一卷

（明）张复撰

1 册

刻本

明万历二十二年（1594）

版本一：明万历二十二年（1594）刻本，与《锲两状元编次皇明要考》合订。版本二：民国年间乌丝栏抄本。

此书考论明代河患，研究分析黄河中、下游经常泛滥、溃决的原因，评论治河方法和对策。

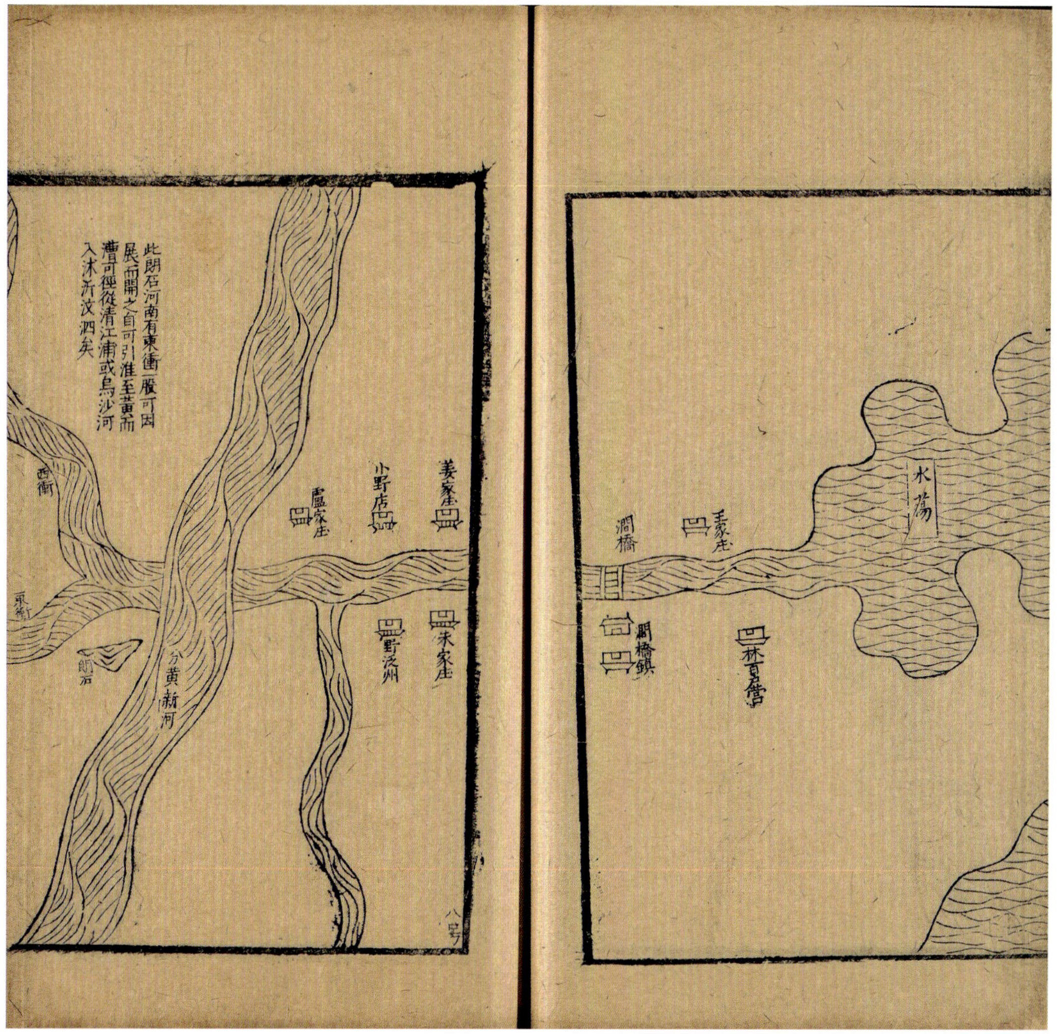

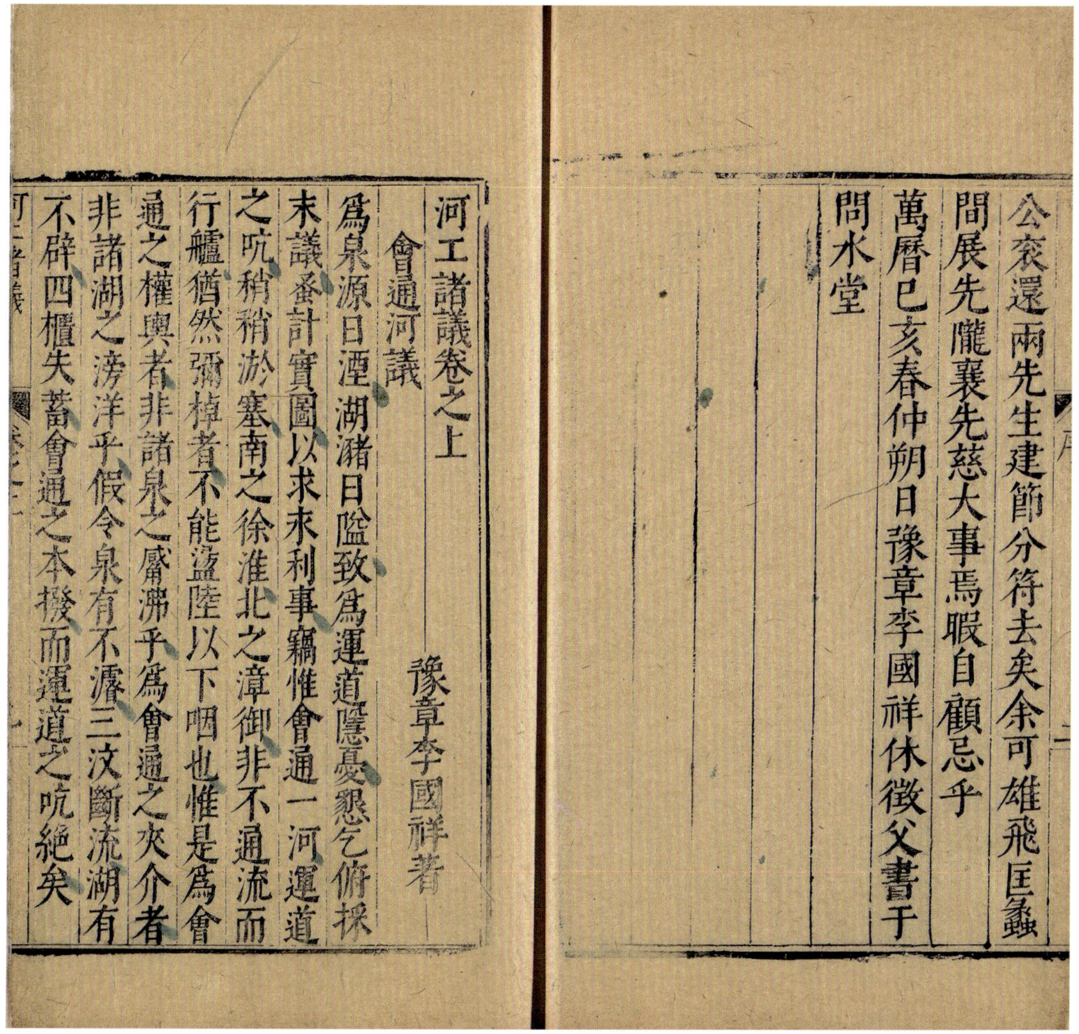

河工诸议：三卷；附一卷；新议一卷

（明）李国祥著

5 册

刻本

明万历二十七年（1599）

此书包括会通河议、汶泗初二三四议、复黄河故道初议、附黄河故道揭、活漕初二议等内容，分河论议，有时附图，也有论述堤坝、埽工相关的内容。黄河部分未有附图。

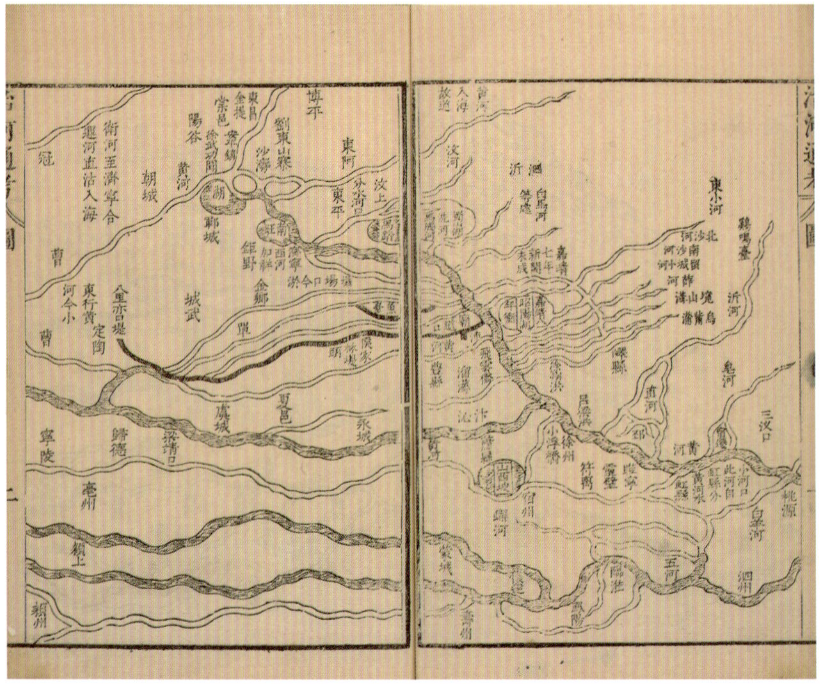

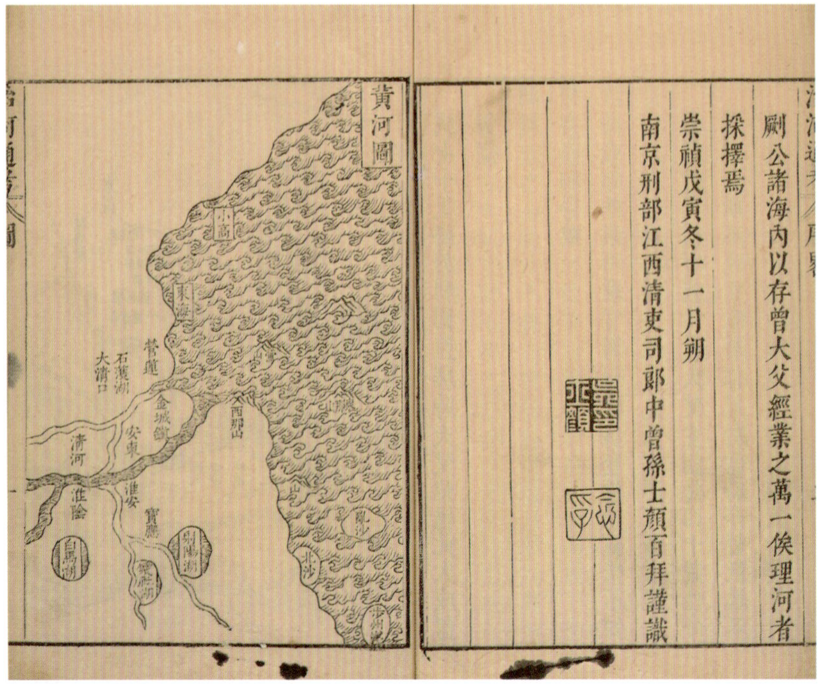

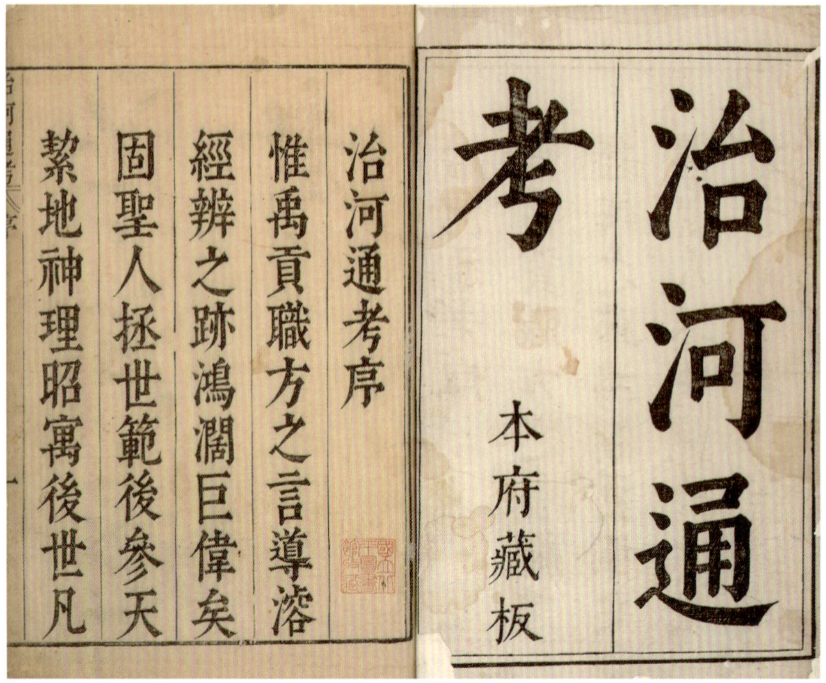

治河通考：十卷

（明）吴山辑

4 册

刻本

吴士颜，明崇祯十一年（1638）

有 2 册、4 册版本。

明代黄河泛滥，因此出现众多水利著作。在此影响下，吴山令刘隅在车玺《治河总考》的基础上撰写《治河通考》十卷。是书首载《黄河图》，记述了自周定王至明嘉靖时期的河决信息及治河事宜，详细论述了历代河患及治理方法，展现了明代前期治水思想的形成与发展。不过由于目前留存版本有限，史学界对此书的作者及初刻内容都存在较大争议。

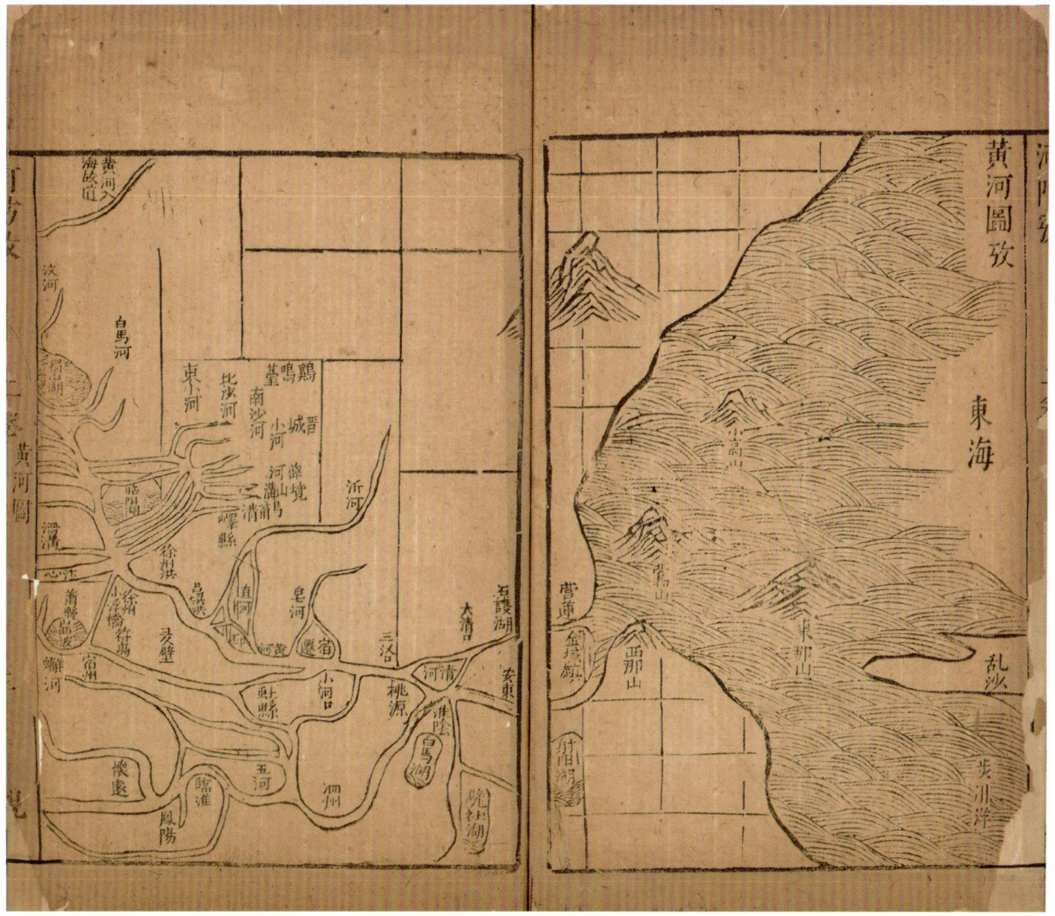

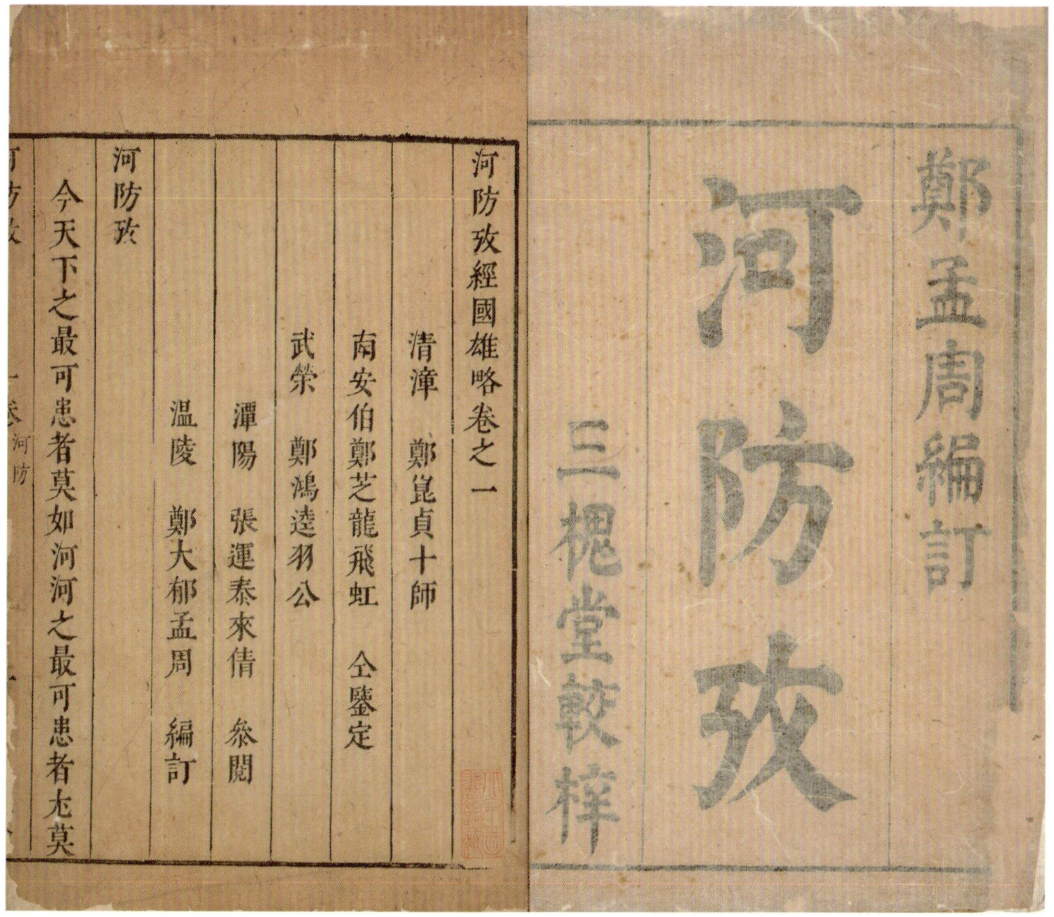

河防考：四卷

（明）郑大郁编订

4 册

刻本

三槐堂，清顺治年间（1644—1661）

版本一：清顺治年间（1644—1661）三槐堂刻本，4 册。版本二：民国间（1912—1949）绿格抄本，1 册。

这是明代刻书、订书家郑大郁编订《经国雄略》（四十八卷）中的一部分，最早为南明时期所刻。此书序言记载，水患是国家最大灾难，水患又以徐淮之间最为严重，过去修筑新堤后，十几年间无大患，但是黄淮合流数千里，造成河流日淤，河身日高，已造成新患，大堤崩溃势必造成黄、淮、运河两岸受灾，是以作此书，以为参考。此书卷一辑录历代书中有关河防的论述，兼顾论及水利；卷二有关河源、《黄河图考》、九河；卷三论述漕运，有《漕运图考》；卷四论述汉江、淮泗、济河、恒河等其他川泽。《黄河图考》所绘黄河自星宿海至安东入海。

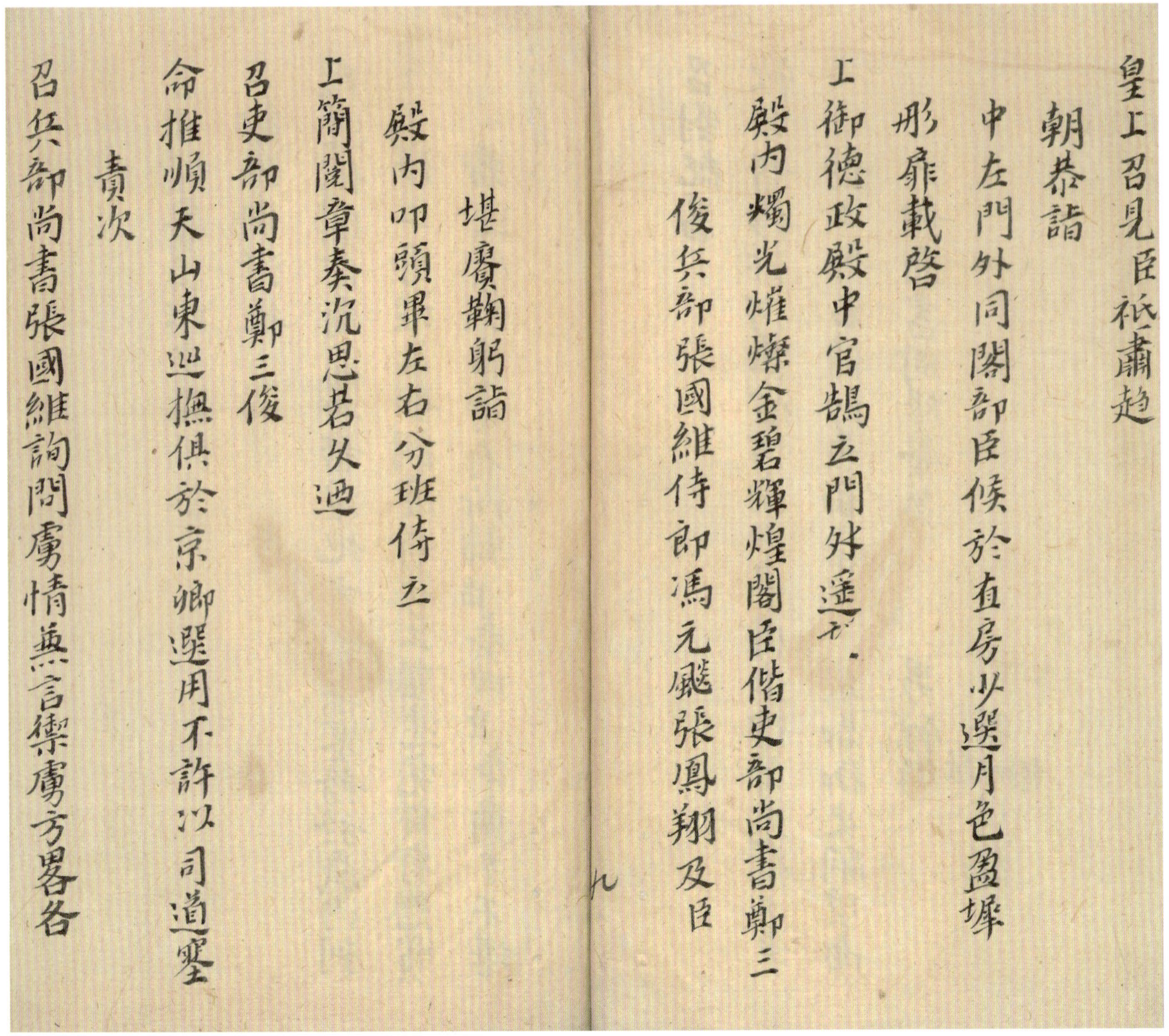

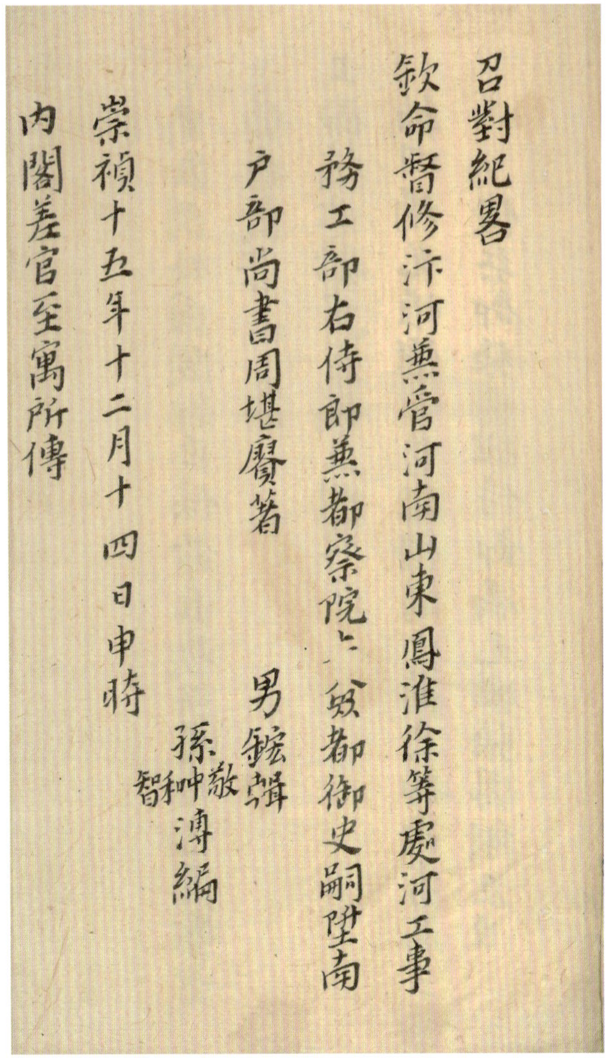

河渎奏疏

（明）周堪赓著，（明）周铉辑，（明）周敬溥、周中溥、周和溥、周智溥编

1册

抄本

[清初期]

崇祯十五年（1642），李自成围攻开封，福王掘河水淹农民军，淹没军民数十万。之后，明朝廷命周堪赓以工部侍郎兼副都御史身份前往治河。此书即周堪赓受命督修汴河任上所上奏疏汇总，详细说明了这次修河的方方面面，是了解明代治理黄河、京杭大运河以及黄淮运交叉情况的基本文献。

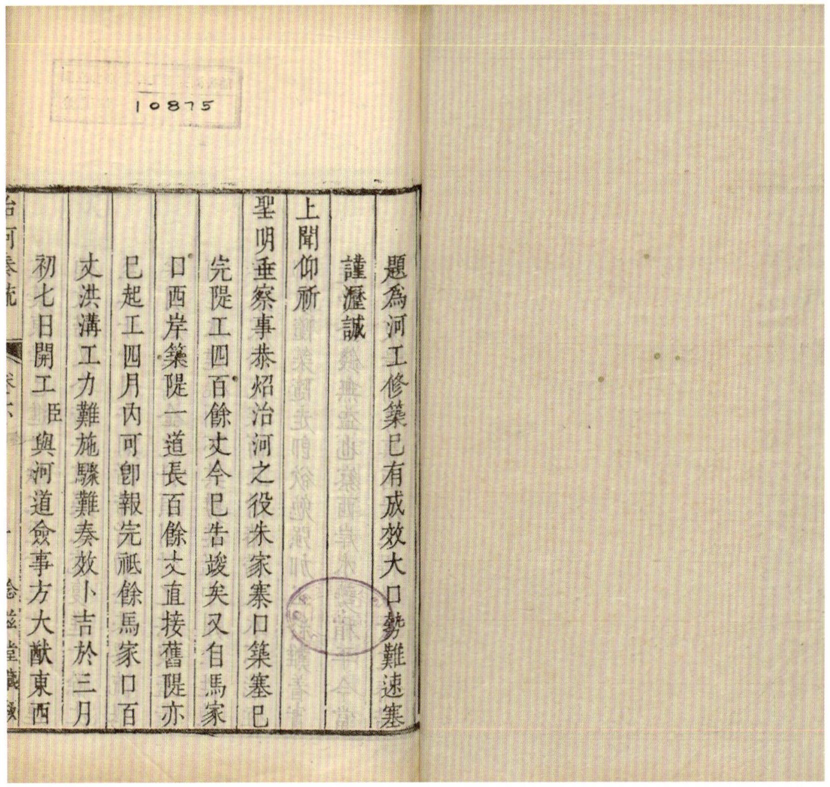

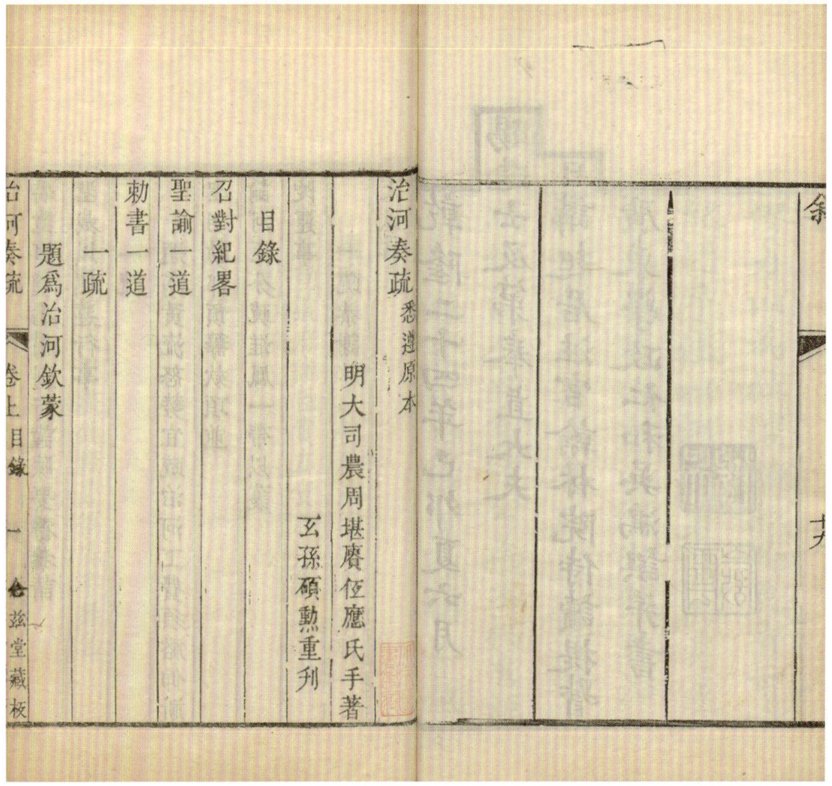

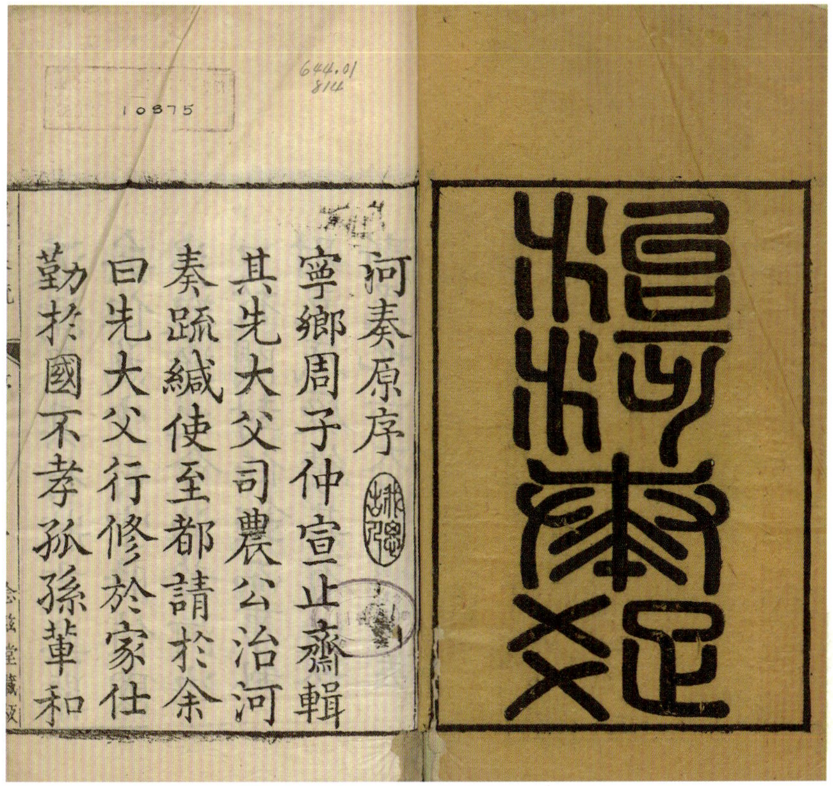

治河奏疏：二卷

（明）周堪赓著，（明）周硕勋重刊

2 册

刻本

[清乾隆年间（1736—1795）]

版本一：清乾隆年间（1736—1795）周硕勋刻本。版本二：题名《治河奏疏：二卷，五峰遗文：一卷》，清光绪十八年（1892）沩水校经书院刻本，附（清）黄周星撰《周大司农家传》、（清）陈宝箴撰《明户部尚书周公别传》。

本书为崇祯十五年（1642）开始周堪赓受命督修汴河任上所上奏疏汇总，还收录了崇祯十六年（1643）十二月周氏升南京户部尚书乞赐骸骨疏。此刻本比清初抄本《河渎奏疏》增加了孙承泽《退谷遗编》撮抄。

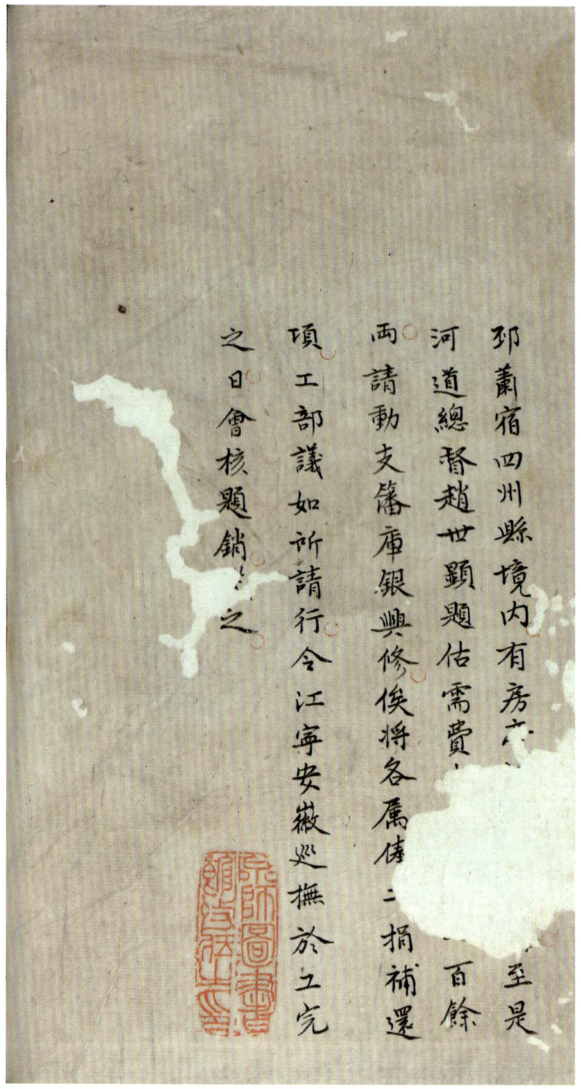

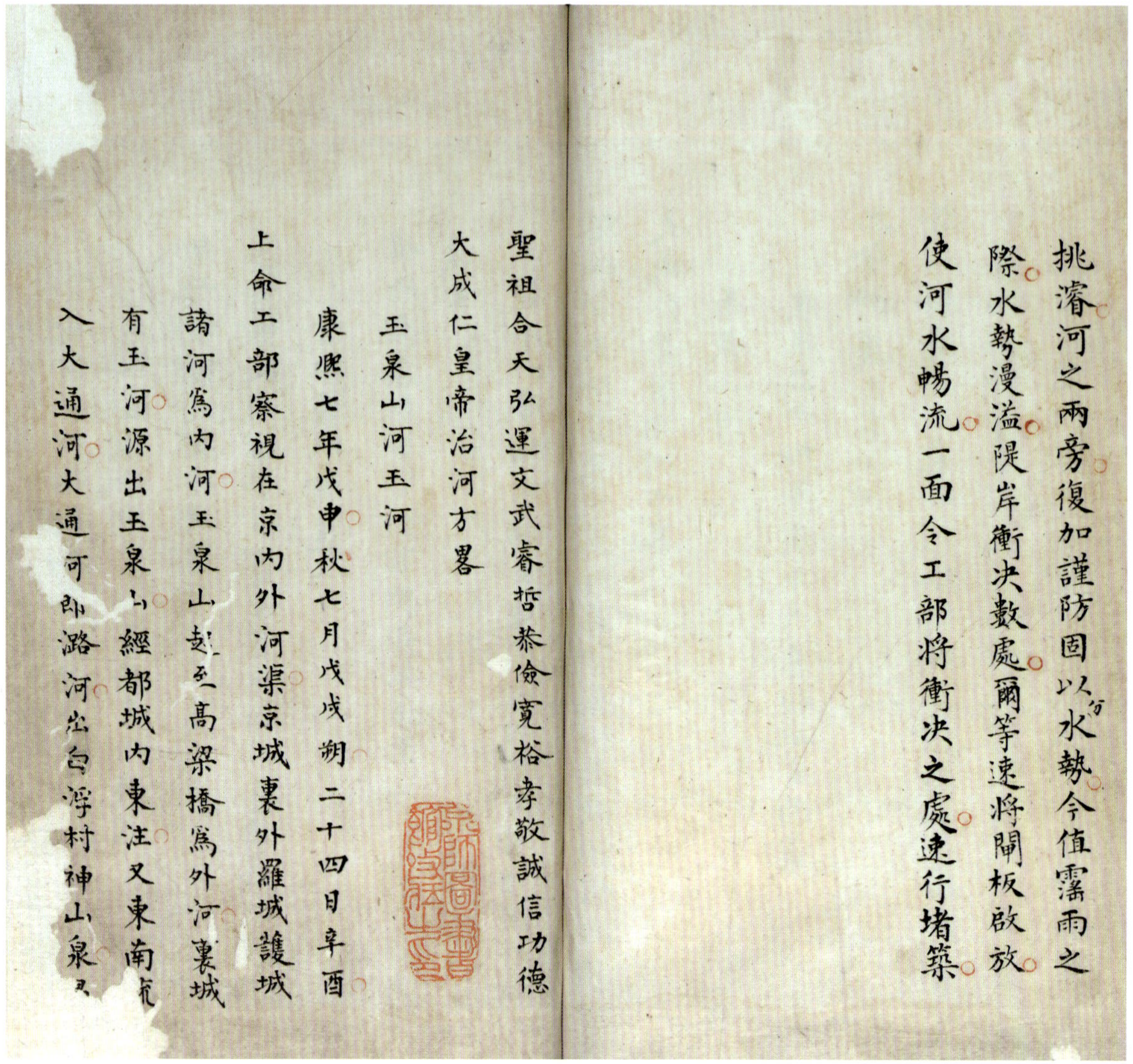

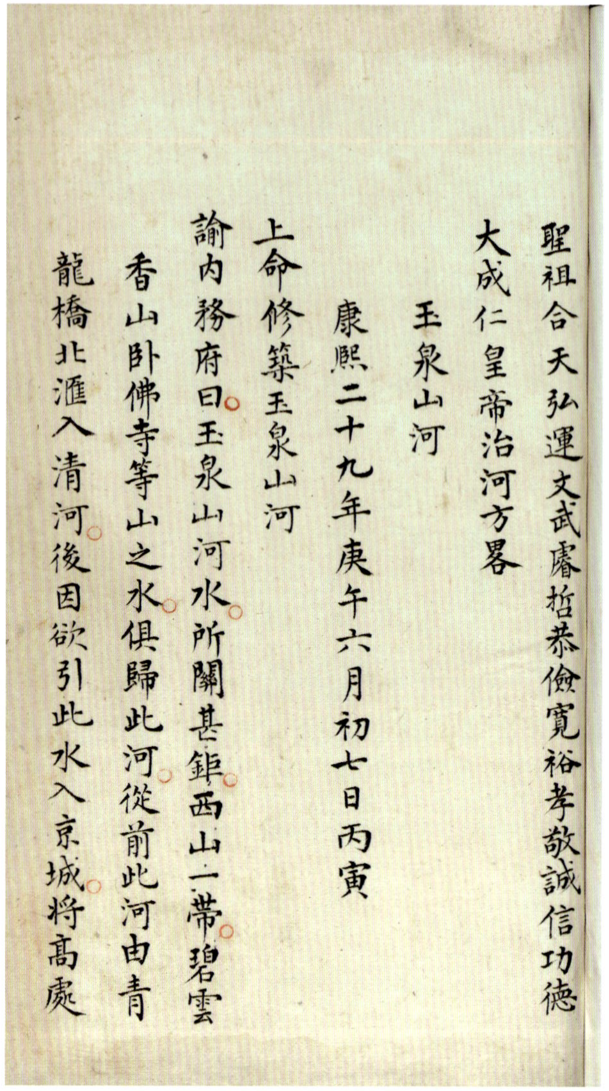

圣祖合天弘运文武睿哲恭俭宽裕孝敬诚信功德大成仁皇帝治河方略

清圣祖撰

1 册

抄本

[清康熙六十一年至清末（1722—1911）]

此系康熙皇帝在位期间对治理各河道的旨意汇总。

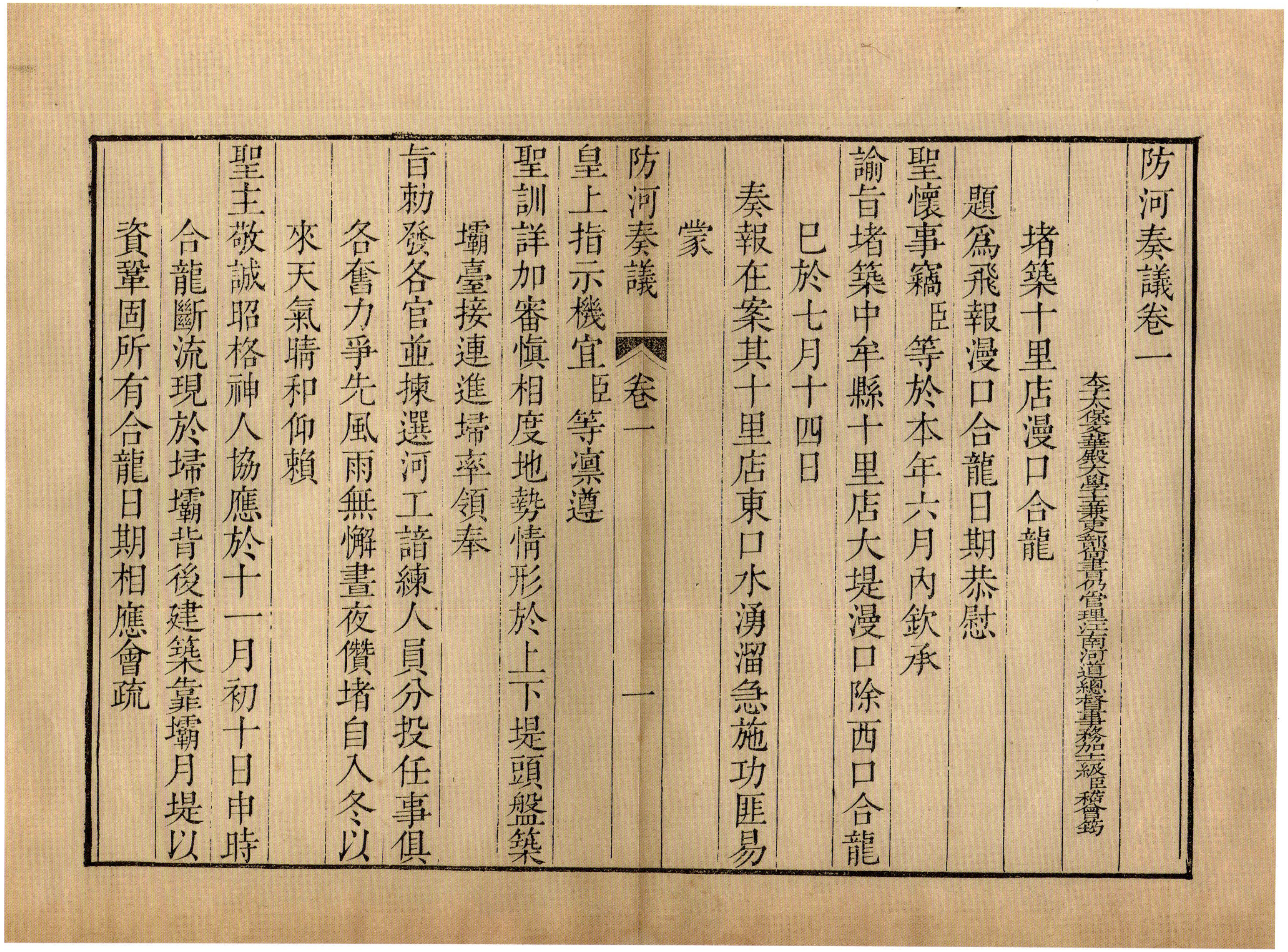
防河奏議卷一

太子太保文華殿大學士兼吏部尚書仍管理江南河道總督事務加二級臣嵇曾筠

堵築十里店漫口合龍

題爲飛報漫口合龍日期恭慰

聖懷事竊臣等於本年六月內欽承

諭旨堵築中牟縣十里店大堤漫口除西口合龍

已於七月十四日

奏報在案其十里店東口水湧溜急施功匪易

棠

防河奏議　卷一　一

皇上指示機宜臣等凛遵

聖訓詳加審慎相度地勢情形於上下堤頭盤築

壩臺接連進埽率領奉

旨勅發各官並揀選河工諳練人員分投任事俱

各奮力爭先風雨無懈晝夜儹堵自入冬以

來天氣晴和仰賴

聖主敬誠昭格神人協應於十一月初十日申時

合龍斷流現於埽壩背後建築靠壩月堤以

資鞏固所有合龍日期相應會疏

防河奏议：十卷

（清）嵇曾筠撰

10 册

刻本

清雍正十一年（1733）

嵇曾筠长期担任河督，对河工十分熟悉，尤以建坝出名，史有“嵇坝”之称。此书前九卷载录嵇氏奏疏上百篇，末卷专论河工建筑和水工技术，涉及治理黄、运河的许多重要工程，对研究嵇氏治水事迹以及黄河史、运河史、清代治河工程技术而言都是重要的一手资料。

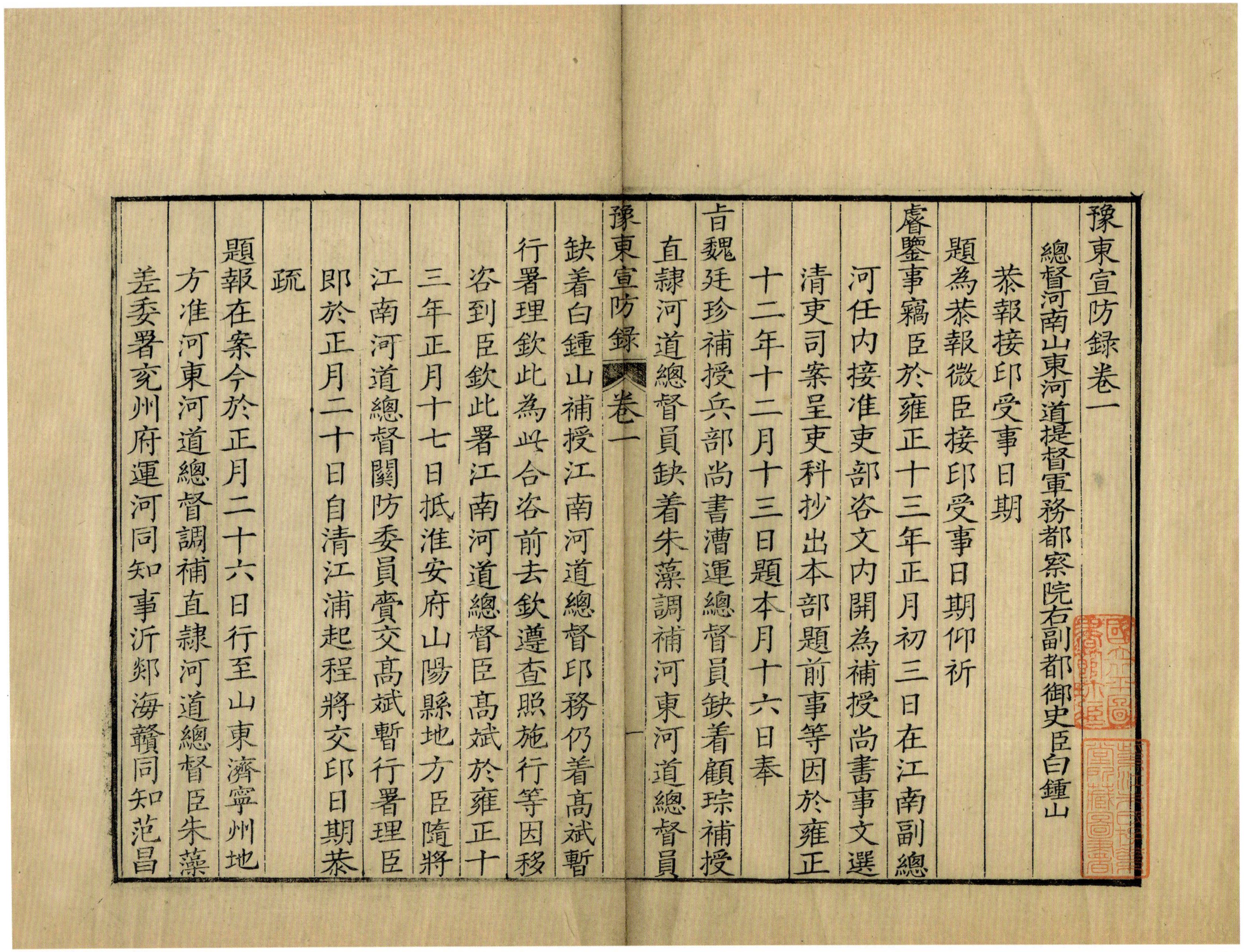
豫東宣防録卷一
總督河南山東河道提督軍務都察院右副都御史臣白鍾山
恭報接印受事日期
題為恭報微臣接印受事日期仰祈
睿鑒事竊臣於雍正十三年正月初三日在江南副總
河任内接准吏部咨文内開為補授尚書事文選
清吏司案呈吏科抄出本部題前事等因於雍正
十二年十二月十三日題本月十六日奉
旨魏廷珍補授兵部尚書漕運總督員缺着顧琮補授
直隷河道總督員缺着朱藻調補河東河道總督員
豫東宣防録 卷一 一
缺着白鍾山補授江南河道總督印務仍着高斌暫
行署理欽此為此合咨前去欽遵查照施行等因移
咨到臣欽此署江南河道總督臣高斌於雍正十
三年正月十七日抵淮安府山陽縣地方臣隨將
江南河道總督關防委員賫交高斌暫行署理臣
即於正月二十日自清江浦起程將交印日期恭
疏
題報在案今於正月二十六日行至山東濟寧州地
方准河東河道總督調補直隷河道總督臣朱藻
差委署兖州府運河同知事沂郯海贛同知范昌

豫东宣防录：六卷

(清) 白钟山撰

10 册

刻本

[清乾隆五年 (1740)]

是书主要收录白钟山自雍正十三年至乾隆五年间（1735—1740）有关治河的奏议，记载了清雍正、乾隆之交河南治河工程办理情形及白氏治河举措与成效，内容涉及河防河汛、治河工程、治防策略等，体现了“治水以弃为取，顺水之性而不与水争地”的治河观点。白钟山于雍正年间先后任南河副总河、东河河道总督，乾隆年间任山东巡抚、江南河道总督，治河 40 多年，积累了丰富的治河经验，以善修堤著称，且著述颇丰。

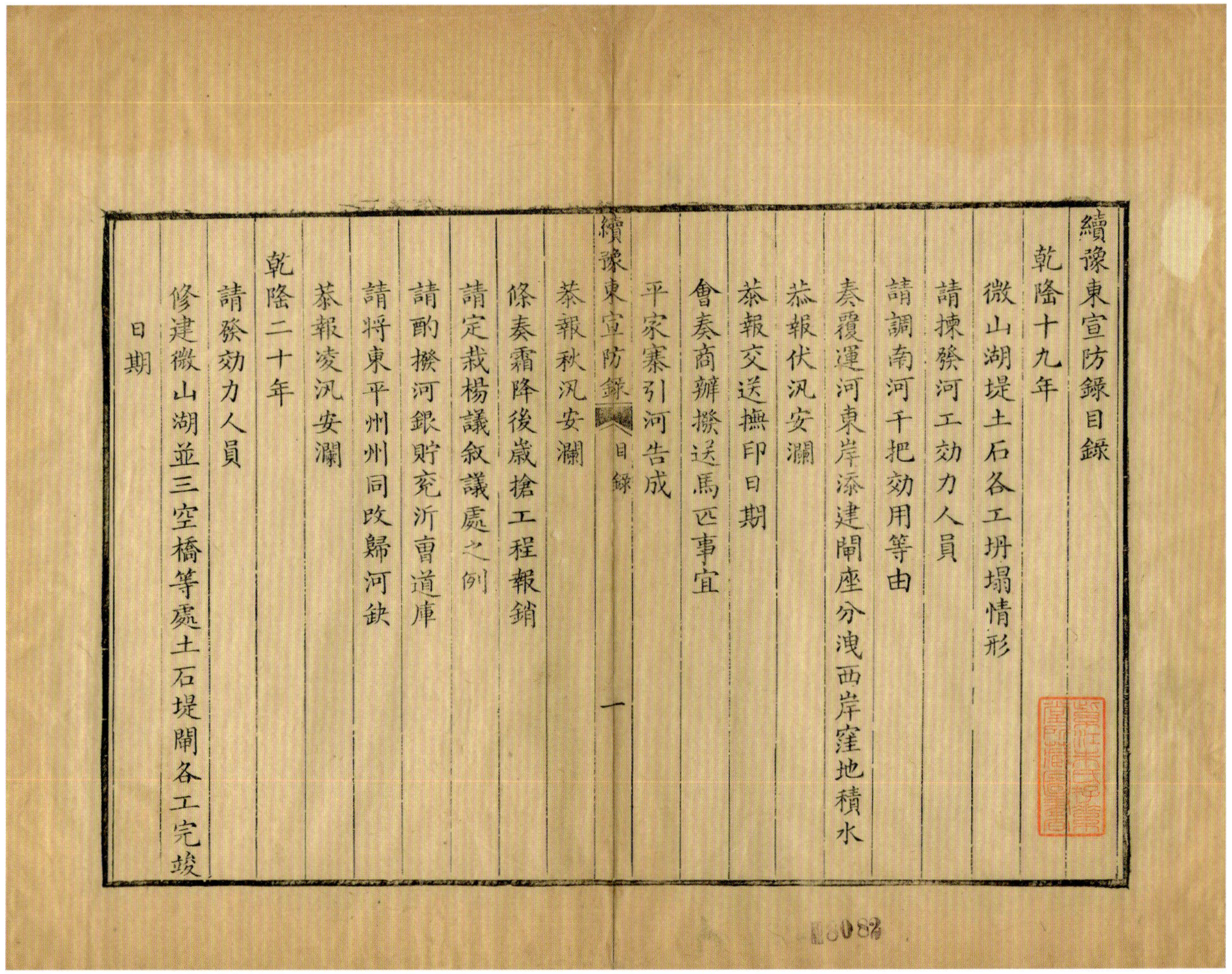

續豫東宣防錄目錄
乾隆十九年
微山湖堤土石各工坍塌情形
請揀發河工効力人員
請調南河千把効用等由
奏覆運河東岸添建閘座分洩西岸窪地積水
恭報伏汛安瀾
恭報交送撫印日期
會奏商辦撥送馬匹事宜
平家寨引河告成
續豫東宣防錄 目錄 一
恭報秋汛安瀾
條奏霜降後歲搶工程報銷
請定栽楊議敘議處之例
請酌撥河銀貯兗沂曹道庫
請將東平州州同改歸河缺
恭報凌汛安瀾
乾隆二十年
請發効力人員
修建微山湖並三空橋等處土石堤閘各工完竣
日期

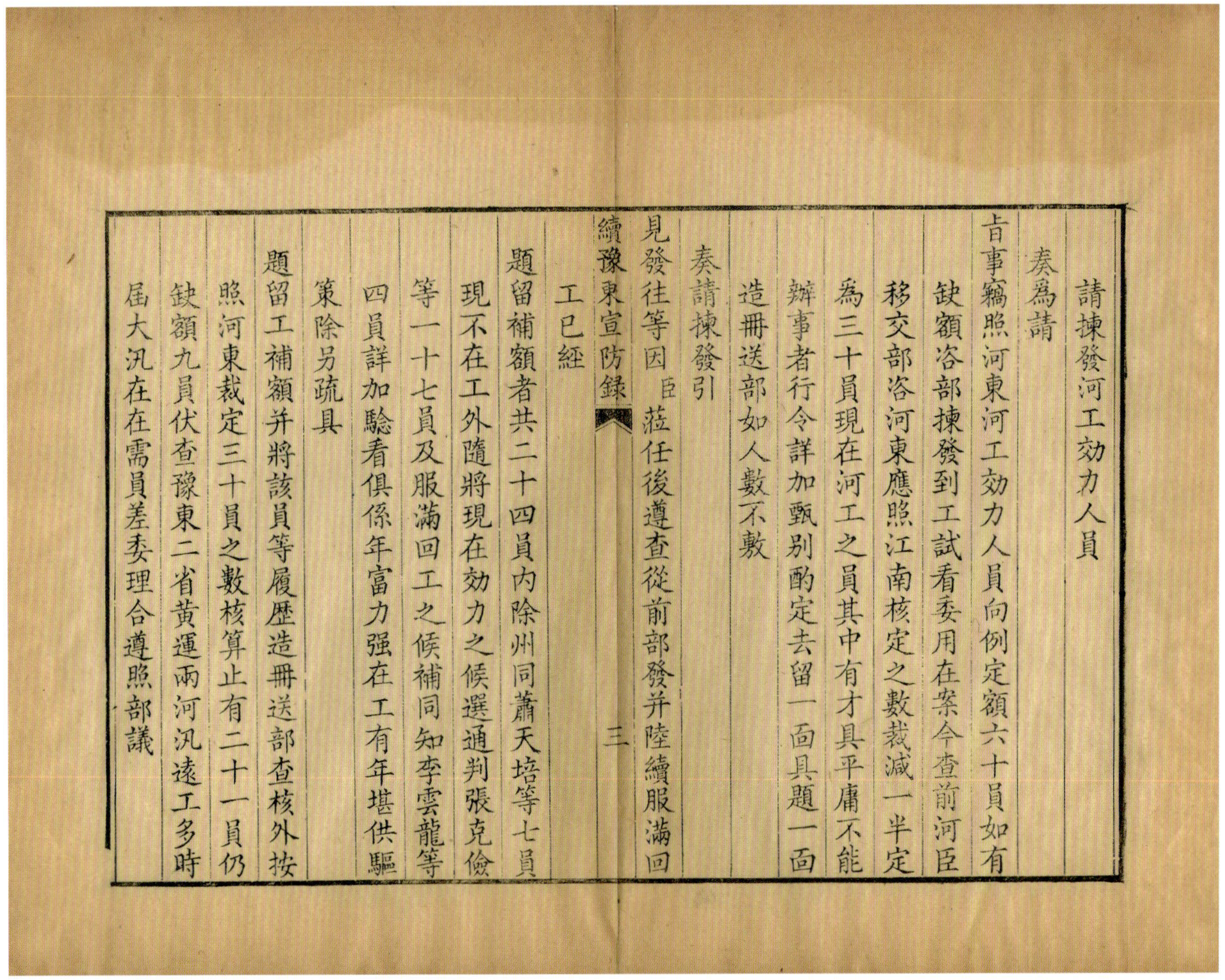

請揀發河工効力人員
奏爲請
旨事竊照河東河工効力人員向例定額六十員如有
缺額咨部揀發到工試看委用在案今查前河臣
移交部咨河東應照江南核定之數裁減一半定
爲三十員現在河工之員其中有才具平庸不能
辦事者行令詳加甄別酌定去留一面具題一面
造冊送部如人數不敷
奏請揀發引
見發往等因臣蒞任後遵查從前部發并陸續服滿回
續豫東宣防錄 三
工已經
題留補額者共二十四員內除州同蕭天培等七員
現不在工外隨將現在効力之候選通判張克儉
等一十七員及服滿回工之候補同知李雲龍等
四員詳加驗看俱係年富力強在工有年堪供驅
策除另疏具
題留工補額并將該員等履歷造冊送部查核外按
照河東裁定三十員之數核算止有二十一員仍
缺額九員伏查豫東二省黃運兩河汛遠工多時
屆大汛在在需員差委理合遵照部議

续豫东宣防录：一卷

（清）白钟山撰

1册

刻本

[清乾隆五年至乾隆末年（1740—1795）]

此书系《豫东宣防录》的后续补充。

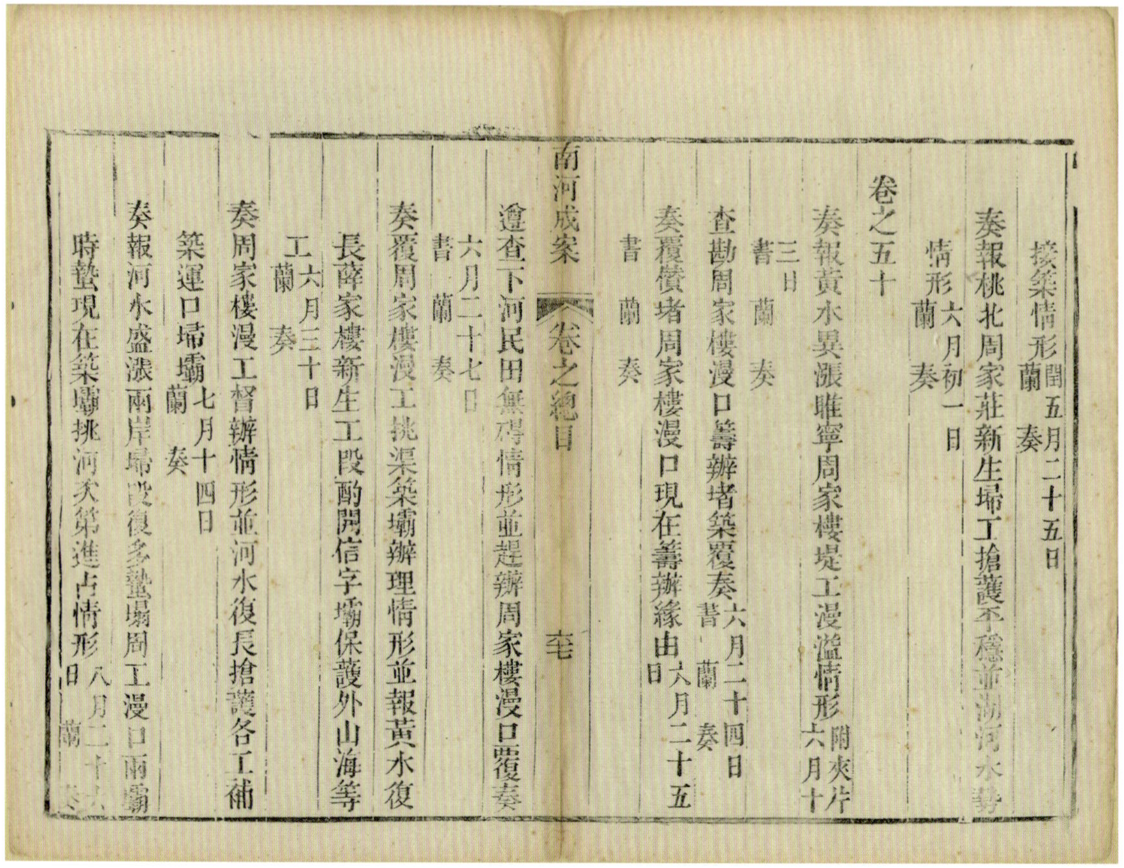

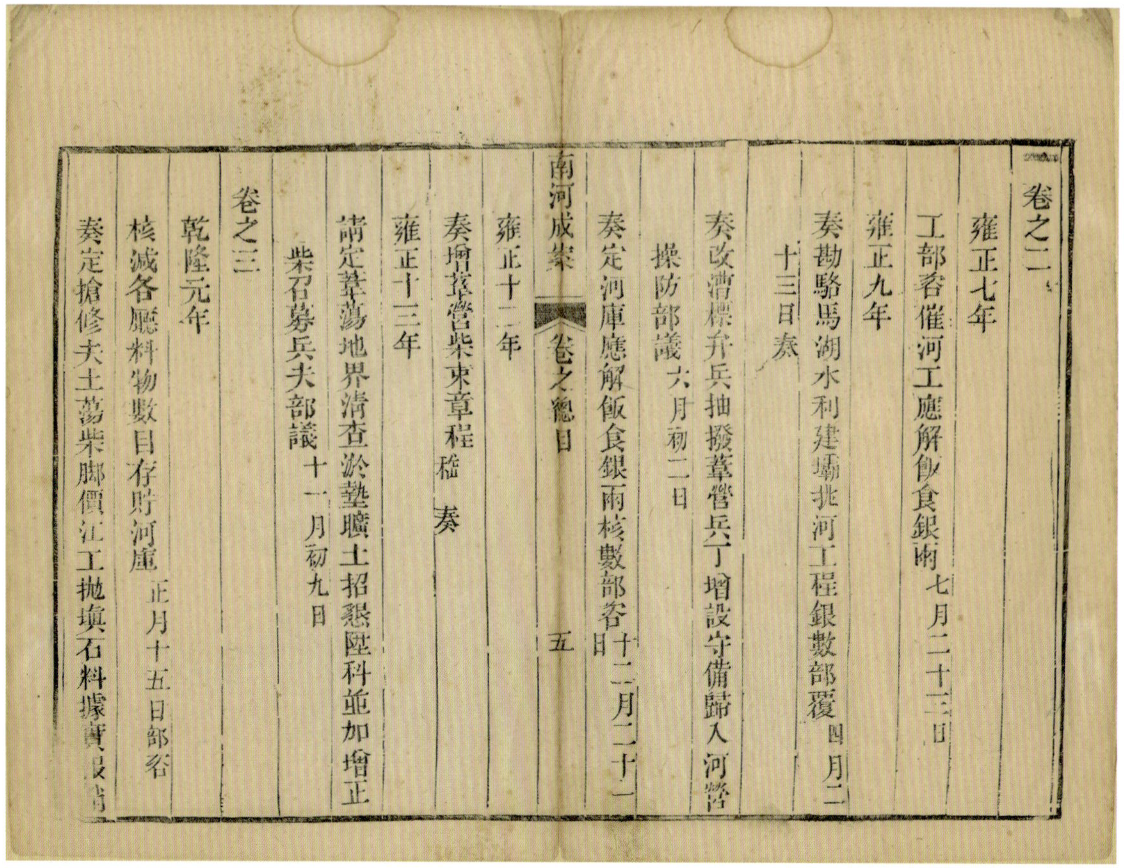

南河成案：五十四卷；卷首二卷

30 册

刻本

［清乾隆五十六年至清末（1791—1911）］

是书由江南河道总督衙门编印，成书年月、编者姓名以及序、例等均缺记载，记事起于雍正四年（1726），迄于乾隆五十六年（1791），是清代治理苏北境内黄、淮、运河为主（并涉及苏南、皖北一带）的水利档案汇编。书中辑录了有关南河工程的上谕、奏章、公文，包括齐苏勒、范时绎、嵇曾筠、蒋炳、常禄等大臣有关治河的奏疏案牍等，按年月编排，共载谕旨奏牍954件。

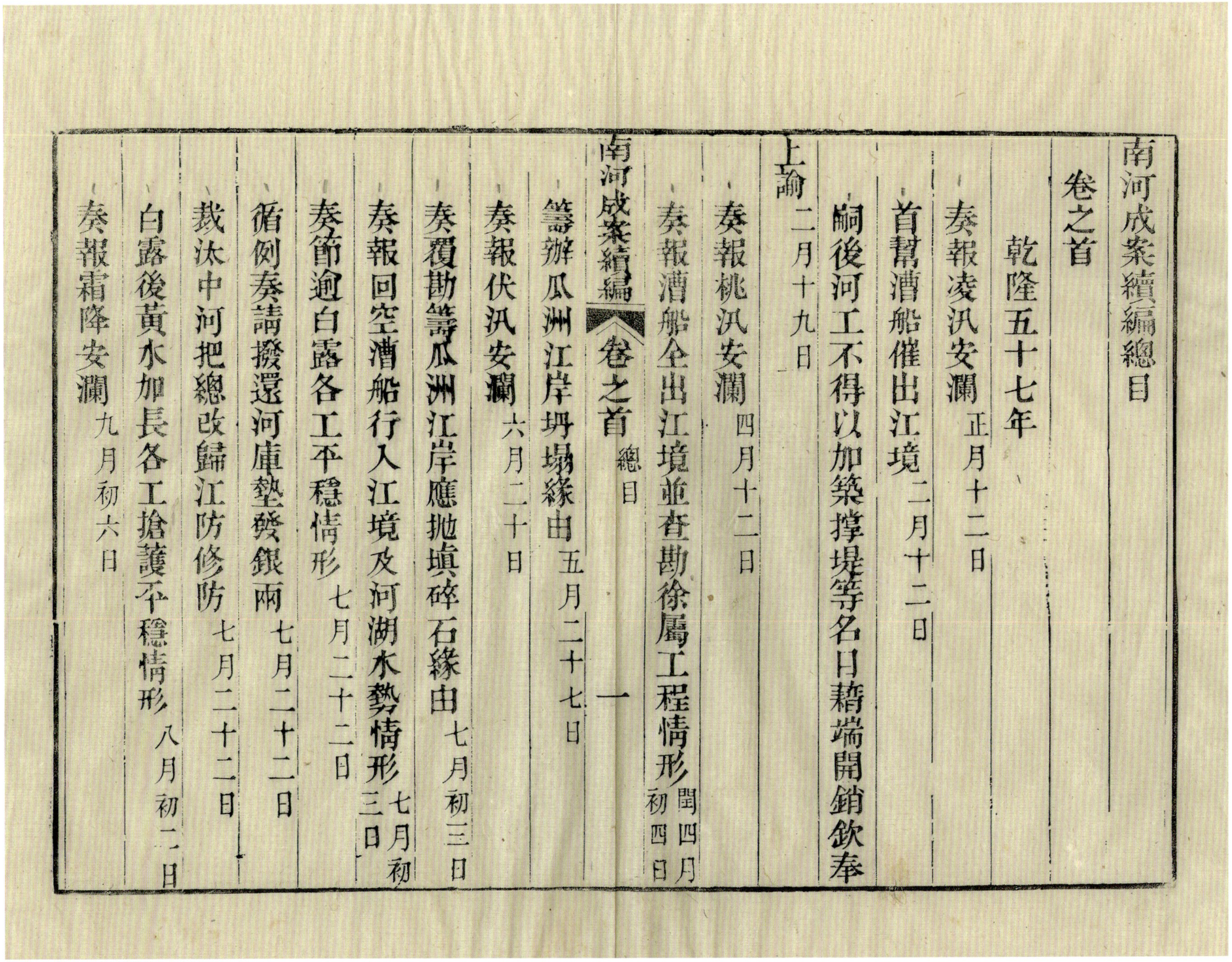
南河成案續編總目

卷之首

乾隆五十七年

奏報凌汛安瀾 正月十二日

首幫漕船催出江境 二月十二日

飭後河工不得以加築撑堤等名目藉端開銷欽奉

上諭 二月十九日

奏報桃汛安瀾 四月十二日

奏報漕船全出江境並査勘徐屬工程情形 閏四月初四日

南河成案續編 卷之首 總目 一

籌辦瓜洲江岸坍塌緣由 五月二十七日

奏報伏汛安瀾 六月二十日

奏覆勘籌瓜洲江岸應抛塡碎石緣由 七月初三日

奏報回空漕船行入江境及河湖水勢情形 七月初三日

奏節逾白露各工平穩情形 七月二十二日

循例奏請撥還河庫墊發銀兩 七月二十二日

裁汰中河把總改歸江防修防 七月二十二日

白露後黃水加長各工搶護平穩情形 八月初二日

奏報霜降安瀾 九月初六日

南河成案续编：一百零六卷；卷首一卷

64 册

刻本

[清嘉庆二十四年至清末（1819—1911）]

是书系《南河成案》续编，体例结构类似，记事起于乾隆五十七年（1792），迄于嘉庆二十四年（1819），共收江南河工相关档案资料 1491 件。

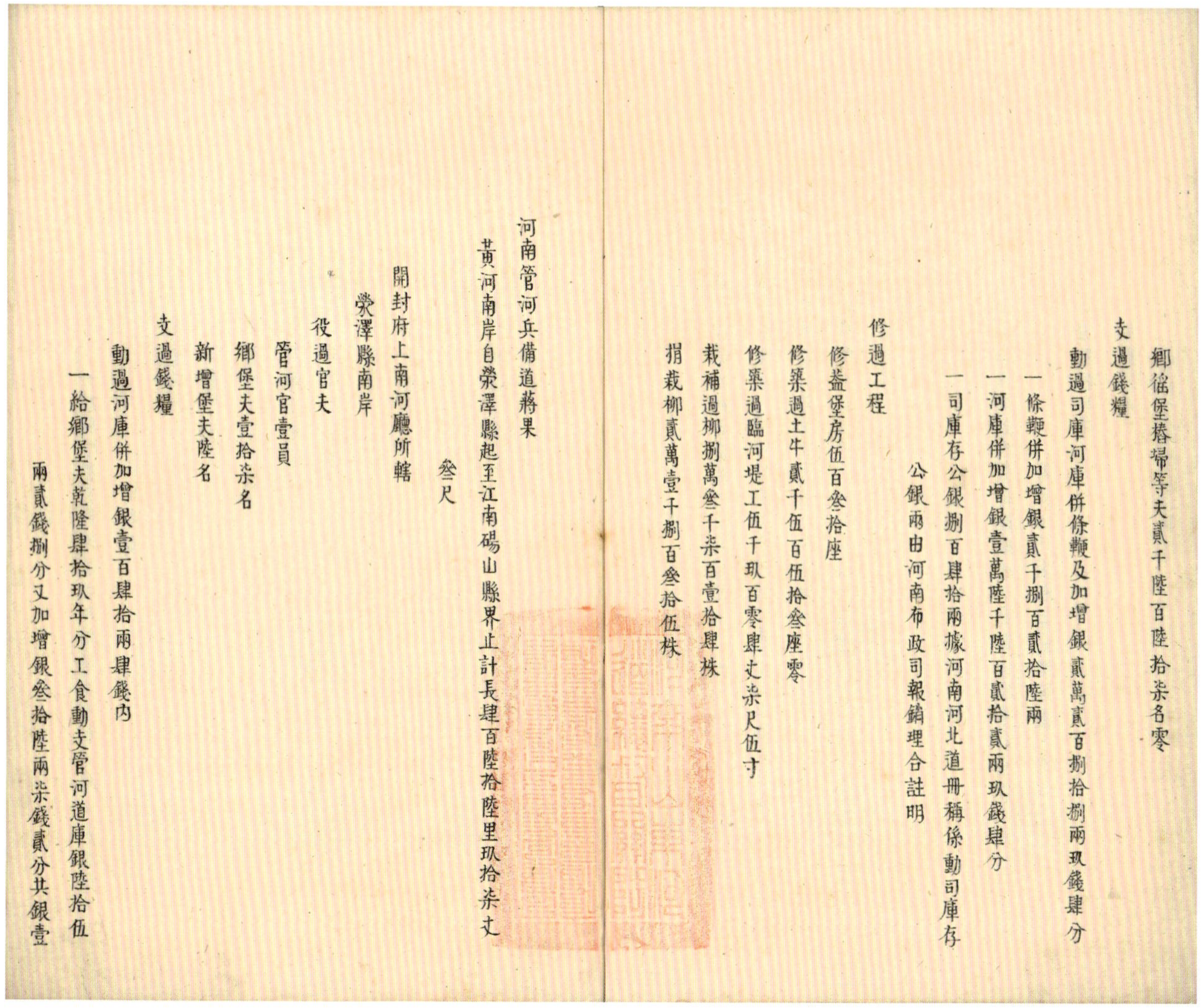
鄉傜堡捲埽等夫貳千陸百陸拾柒名零
支過錢糧
動過司庫河庫併條鞭及加增銀貳萬貳百捌拾捌兩玖錢肆分
一條鞭併加增銀貳千捌百貳拾陸兩
一河庫併加增銀壹萬陸千陸百貳拾貳兩玖錢肆分
一司庫存公銀捌百肆拾兩據河南河北道冊稱係動司庫存
公銀兩由河南布政司報銷理合註明
修過工程
修蓋堡房伍百叁拾座
修築過土牛貳千伍百伍拾叁座零
修築過臨河堤工伍千玖百零肆丈柒尺伍寸
栽補過柳捌萬叁千柒百壹拾肆株
捐栽柳貳萬壹千捌百叁拾伍株
河南管河兵備道蔣果
黃河南岸自滎澤縣起至江南碭山縣界止計長肆百陸拾陸里玖拾柒丈
叁尺
開封府上南河廳所轄
滎澤縣南岸
役過官夫
管河官壹員
鄉堡夫壹拾柒名
新增堡夫陸名
支過錢糧
動過河庫併加增銀壹百肆拾兩肆錢內
一給鄉堡夫乾隆肆拾玖年分工食動支管河道庫銀陸拾伍
兩貳錢捌分又加增銀叁拾陸兩柒錢貳分共銀壹

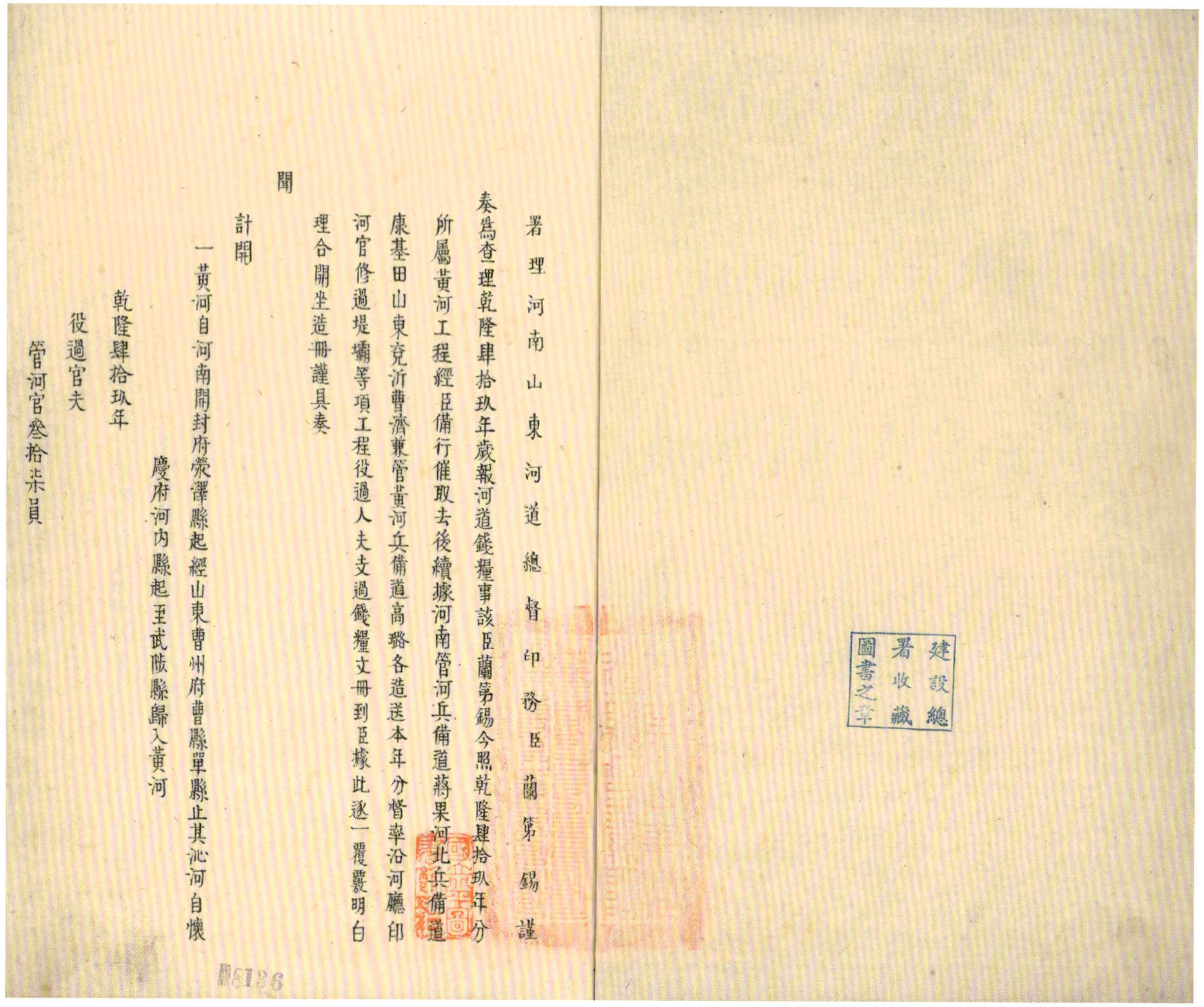
署理河南山東河道總督印務臣蘭第錫謹
奏為查理乾隆肆拾玖年歲報河道錢糧事該臣蘭第錫今照乾隆肆拾玖年分
所屬黃河工程經臣備行催取去後續據河南管河兵備道蔣果河北兵備道
康基田山東兗沂曹濟兼管黃河兵備道高璐各造送本年分督率沿河廳印
河官修過堤壩等項工程役過人夫支過錢糧文冊到臣據此逐一覆覈明白
理合開坐造冊謹具奏
聞
計開
一黃河自河南開封府滎澤縣起經山東曹州府曹縣單縣止其沁河自懷
慶府河內縣起至武陟縣歸入黃河
乾隆肆拾玖年
役過官夫
管河官叁拾柒員

黄河工程文册

（清）兰第锡编

1 册

写本

清乾隆四十九年（1784）

此系兰第锡任河东河道总督时汇造清乾隆四十九年（1784）黄河各河道工程文册。

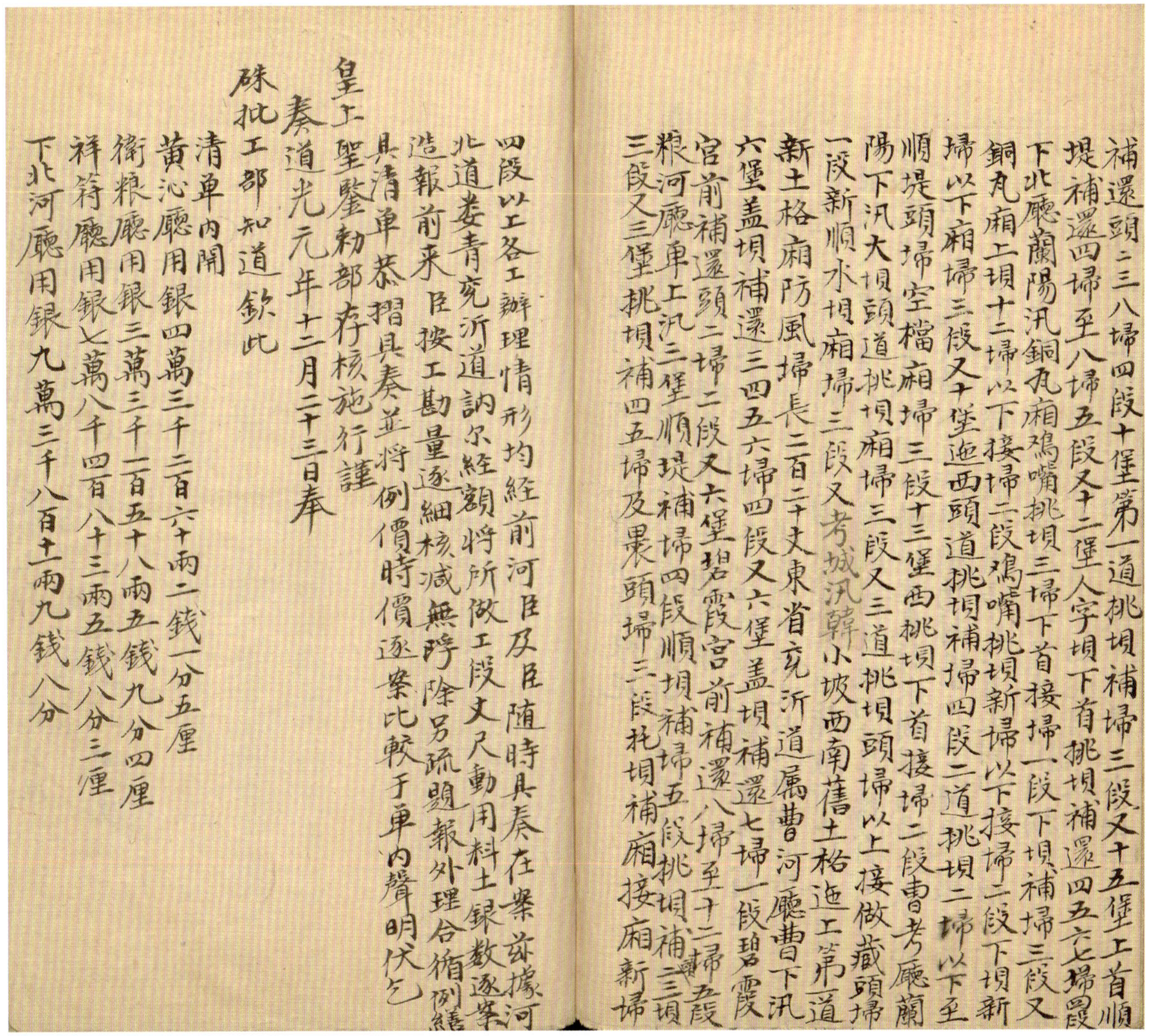

補還頭二三八埽四段十堡第一道挑壩補埽三段又十五堡上首順
堤補還四埽至八埽五段又十二堡人字壩下首挑壩補還四五六七埽四段
下北廳蘭陽汛銅瓦廂鵝嘴挑壩三埽下首接埽一段下壩補埽三段又
銅瓦廂工壩十二埽以下接埽二段鵝嘴挑壩新埽以下接埽一段下壩新
埽以下廂埽三段又千堡迤西頭道挑壩補埽四段二道挑壩二埽以下至
順堤頭埽空檔廂埽三段十三堡西挑壩下首接埽二段曹考廳蘭
陽下汛大壩頭道挑壩廂埽三段又三道挑壩頭埽以上接做藏頭埽
一段新順水壩廂埽三段又考城汛韓小坡西南舊土格迤工第一道
新土格廂防風埽長二百二十丈東省兗沂道屬曹河廳曹下汛
六堡蓋壩補還三四五六埽四段又六堡蓋壩補還七埽一段碧霞
宮前補還頭二埽二段又六堡碧霞宮前補還八埽至十二埽五段
粮河廳單上汛二堡順堤補埽五段挑壩補二埽二段
三段又三堡挑壩補四五埽及裹頭埽三段托壩補廂接廂新埽三壩

四段以上各工辦理情形均經前河臣及臣隨時具奏在案兹據河
北道麥青兗沂道訥爾經額將所做工段丈尺動用料土銀數逐案
造報前來臣按工勘量逐細核減無浮除另疏題報外理合循例繕
具清單恭摺具奏並將例價時價逐案比較于單內聲明伏乞
皇上聖鑒勅部存核施行謹
奏道光元年十二月二十三日奉
硃批工部知道欽此
清單內開
黄沁廳用銀四萬三千二百六十兩二錢一分五厘
衛粮廳用銀三萬三千一百五十八兩五錢九分四厘
祥符廳用銀七萬八千四百八十三兩五錢八分三厘
下北河廳用銀九萬三千八百十一兩九錢八分

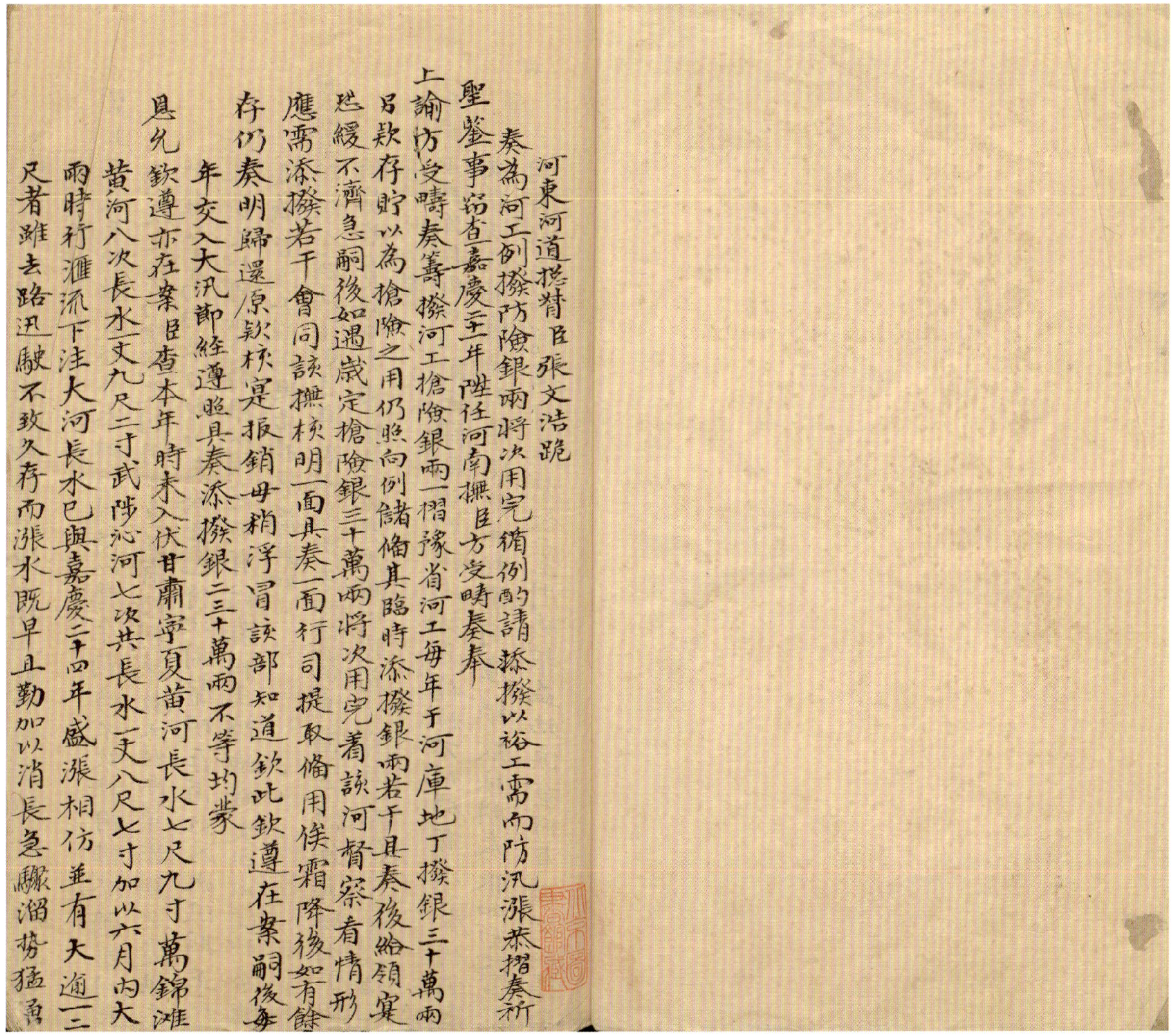

河東河道總督臣張文浩跪
奏為河工例撥防險銀兩將次用完循例酌請添撥以裕工需而防汛漲恭摺奏祈
聖鑒事竊查嘉慶二十三年准任河南撫臣方受疇奏奉
上諭方受疇奏籌撥河工搶險銀兩一摺豫省河工每年于河庫地丁撥銀三十萬兩
另款存貯以為搶險之用仍照向例儲備其臨時添撥銀兩若干具奏後給領寔
迂緩不濟急嗣後如遇歲定搶險銀三十萬兩將次用完著該河督察看情形
應需添撥若干會同該撫核明一面具奏一面行司提取備用俟霜降後如有餘
存仍奏明歸還原款核寔報銷毋稍浮冒該部知道欽此欽遵在案嗣後每
年交入大汛節經遵照具奏添撥銀二三十萬兩不等均蒙
恩允欽遵亦在案臣查本年時未入伏甘肅寧夏黄河長水七尺九寸萬錦灘
黄河八次長水二丈九尺二寸武陟沁河七次共長水一丈八尺七寸加以六月内大
雨時行滙流下注大河長水已與嘉慶二十四年盛漲相彷並有大溜一二
尺者雖去路迅駛不致久存而漲水既早且勤加以消長急驟溜勢猛勇

各省原奏簿

2 册

抄本

[清道光元年（1821）]

此书汇集了清嘉庆末年至道光元年（1821）间各省河工奏稿，包括河东河道总督、直隶总督、浙江巡抚等人的呈文。

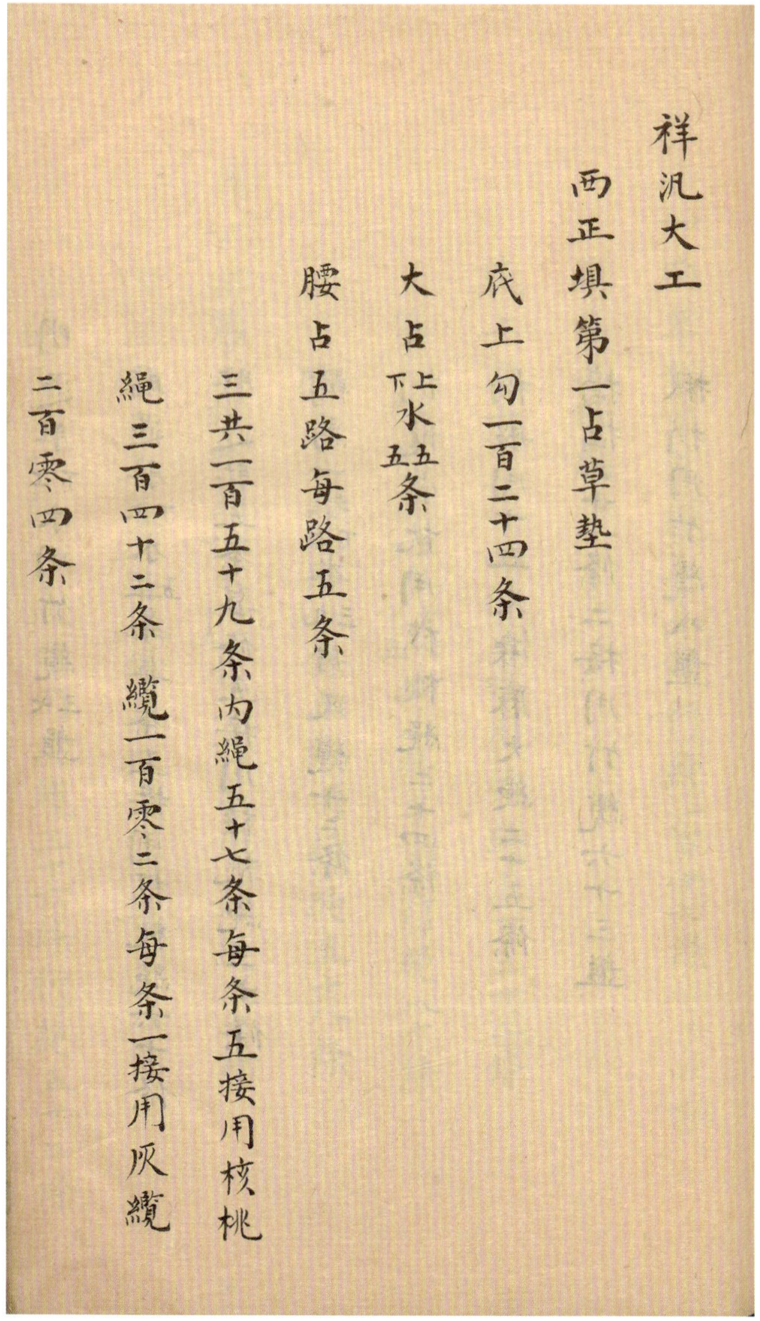

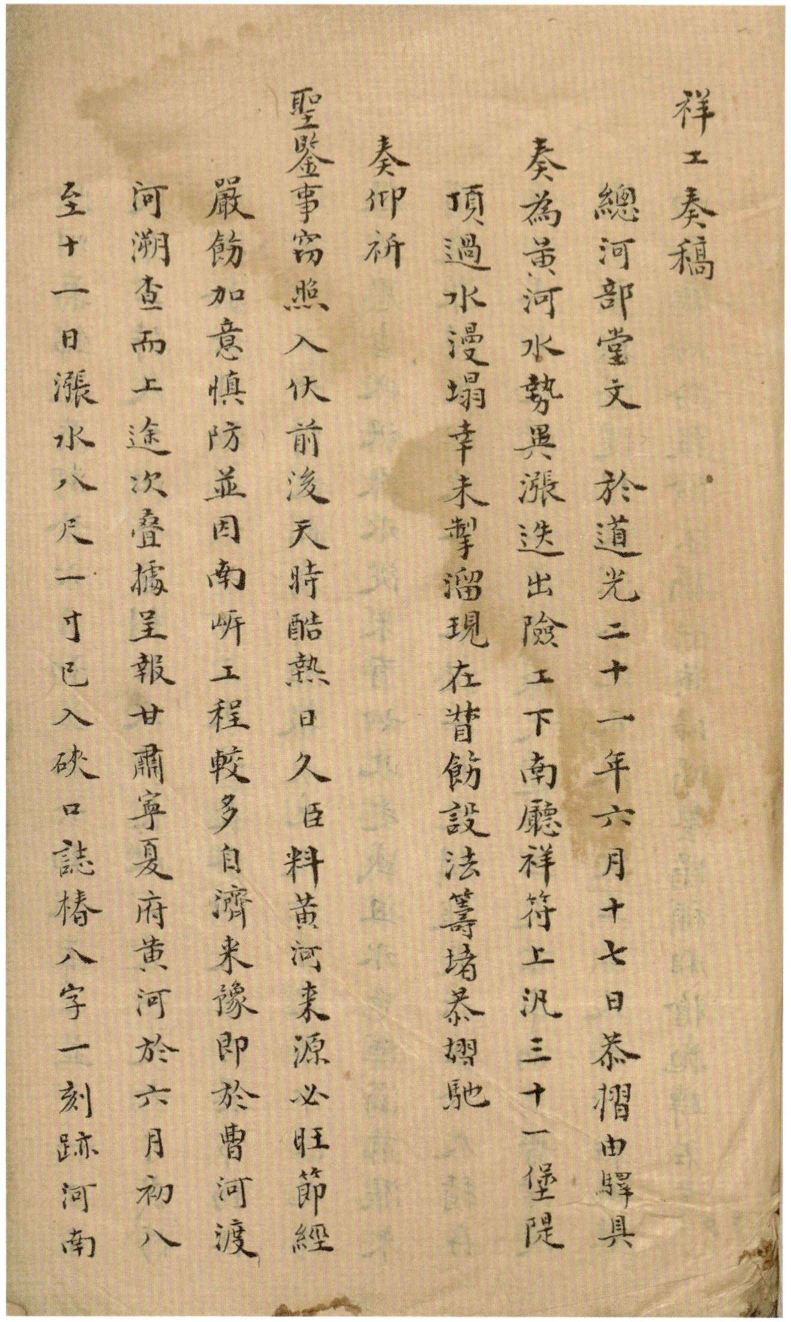

祥工奏稿

6 册

抄本

[清道光二十二年至清末（1842—1911）]

此系河南开封府祥符县河工工程相关奏稿汇辑，记事从道光二十一年（1841）六月至道光二十二年（1842）三月止。书衣题“计拾本”，实际存六本，其中五本有题名，分别为“黄河祥工引河奏稿”“祥工奏稿”“祥工引河禀稿”“祥工西坝进占底册”“祥工加价银两题销册底”。

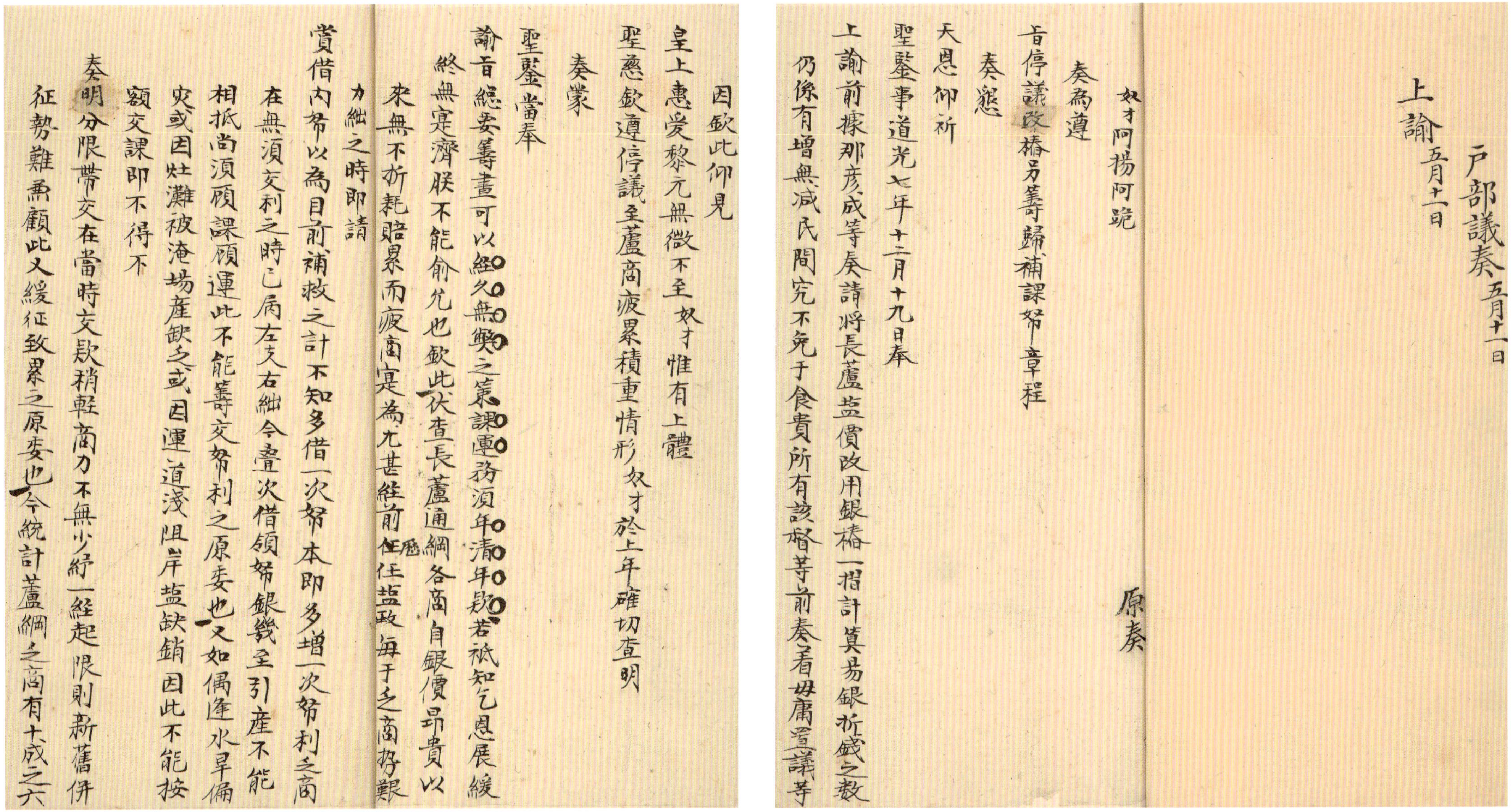

［道光］查办盐务河工海塘奏稿

（清）敬征等撰

20 册

抄本

［清道光至清末（1821—1911）］

此系道光年间查办长芦盐务、黄河河工、浙江海塘等的奏牍汇总。

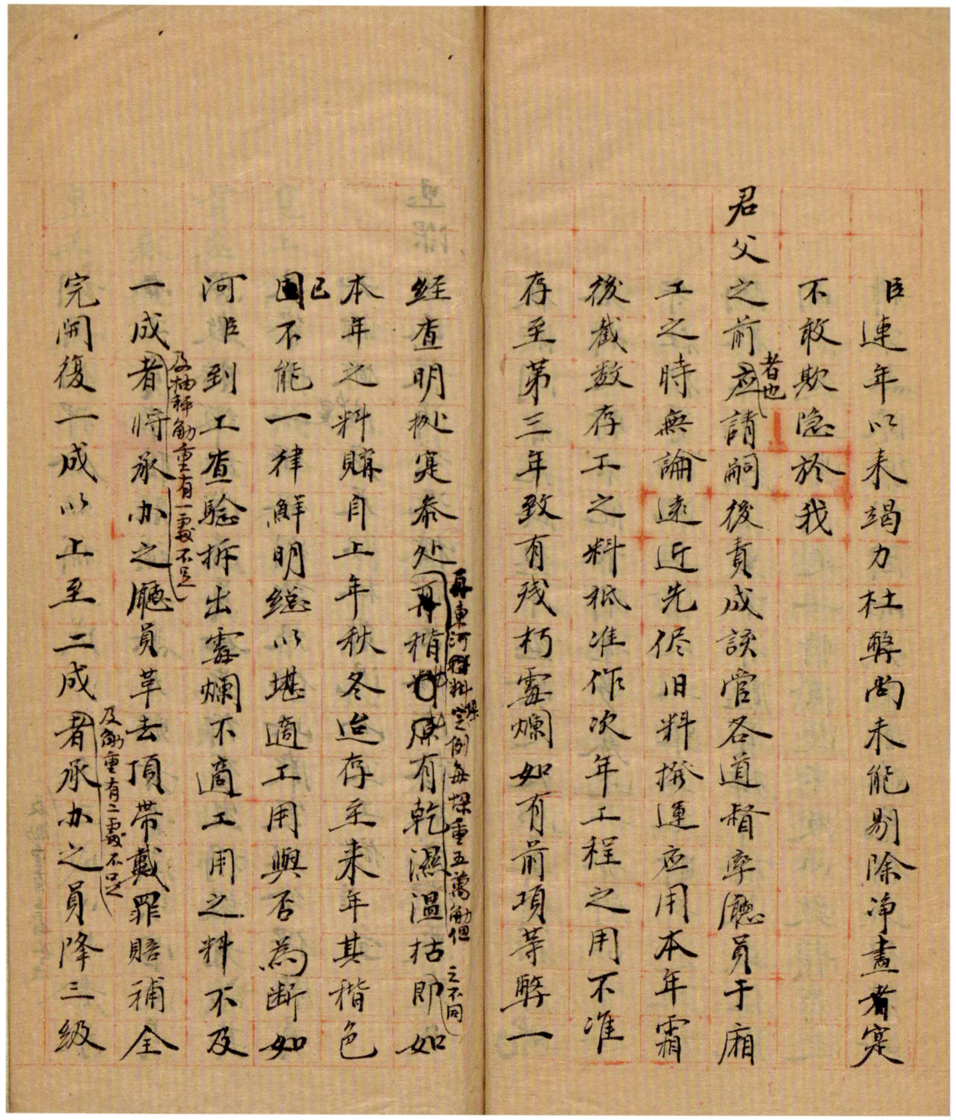

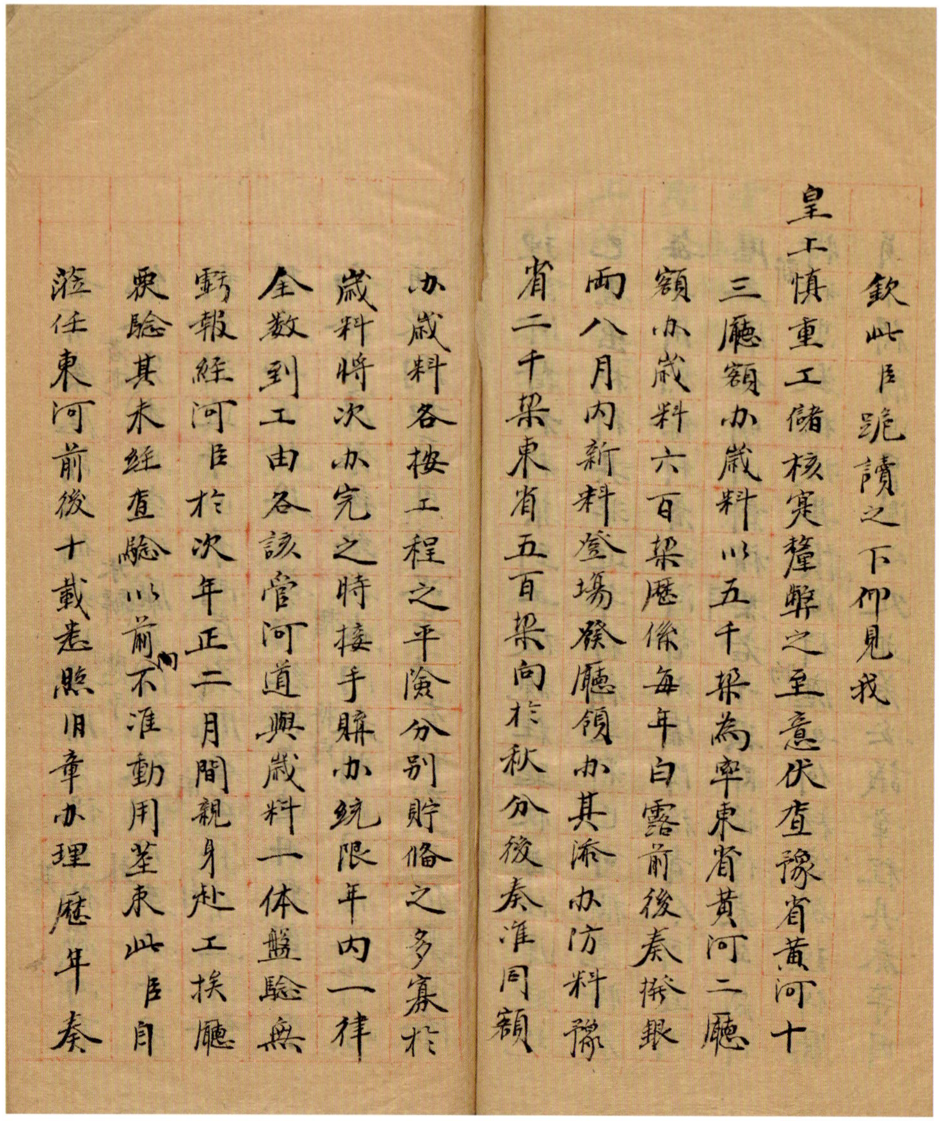

[河工]奏稿

1 册

朱格抄本

[清道光十一年至清末（1831—1911）]

此系河工相关奏稿之辑录汇总。其中出现“道光十一年”，故推测抄本册制作于道光十一年（1831）后。

[河工奏稿]

1 册

朱格抄本

[清道光二十二年至清末（1842—1911）]

该册抄录了钦差敬征、廖鸿荃奏查勘南河桃北漫口、新河南北两岸各海口旧河情形、查黄河缺口下游州县被淹田地情形、履勘堵筑杨工漫口开挖引河、河督潘奏覆雷御史陈改河情形等奏稿和谕旨。

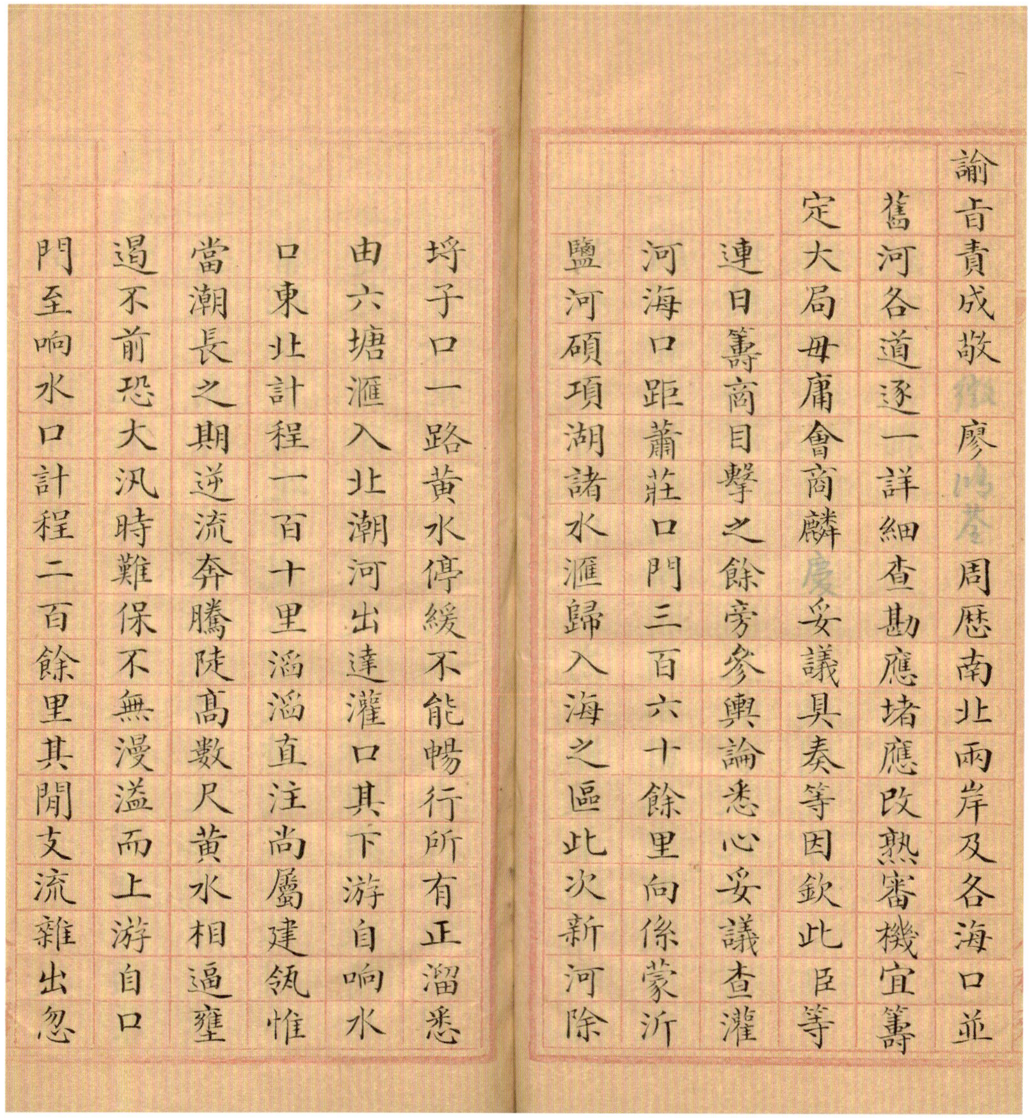

諭旨責成敬徵廖鴻荃周歷南北兩岸及各海口並
舊河各道逐一詳細查勘應堵應改熟審機宜籌
定大局毋庸會商麟慶妥議具奏等因欽此臣等
連日籌商目擊之餘旁參輿論悉心妥議查灌
河海口距蕭莊口門三百六十餘里向係蒙沂
鹽河碩項湖諸水滙歸入海之區此次新河除
埒子口一路黃水停緩不能暢行所有正溜悉
由六塘滙入北潮河出達灌口其下游自响水
口東北計程一百十里滔滔直注尚屬建瓴惟
當潮長之期逆流奔騰陡高數尺黃水相逼壅
遏不前恐大汛時難保不無漫溢而上游自口
門至响水口計程二百餘里其間支流雜出忽

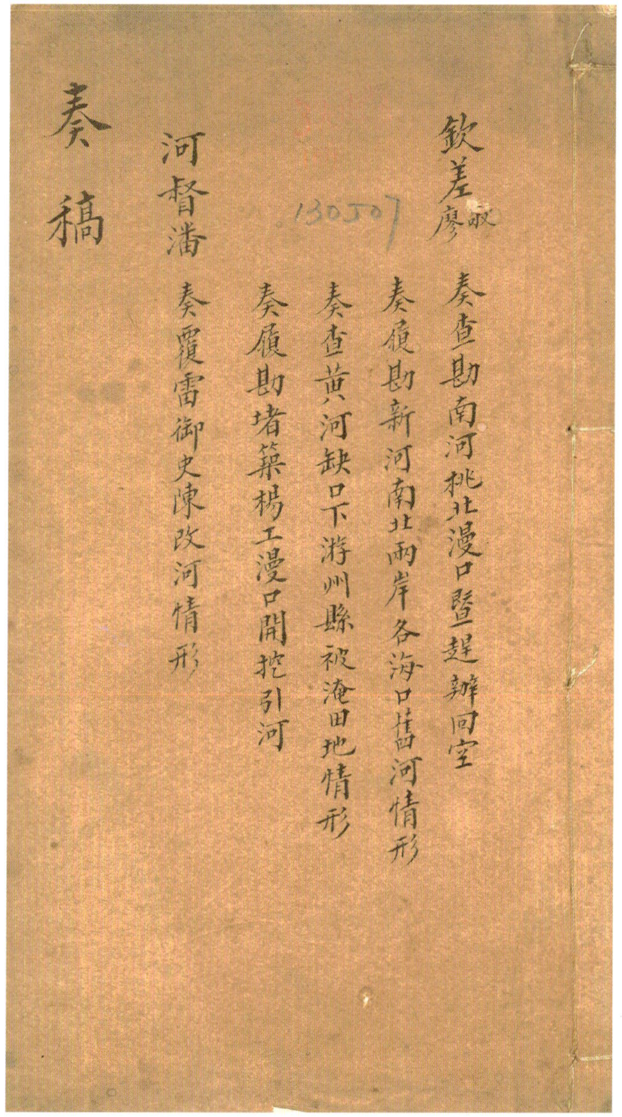

欽差廖敬
奏查勘南河桃北漫口暨趕辦回空
奏履勘新河南北兩岸各海口舊河情形
奏查黃河缺口下游州縣被淹田地情形
奏履勘堵築楊工漫口開挖引河
河督潘 奏覆雷御史陳改河情形
奏稿

130507

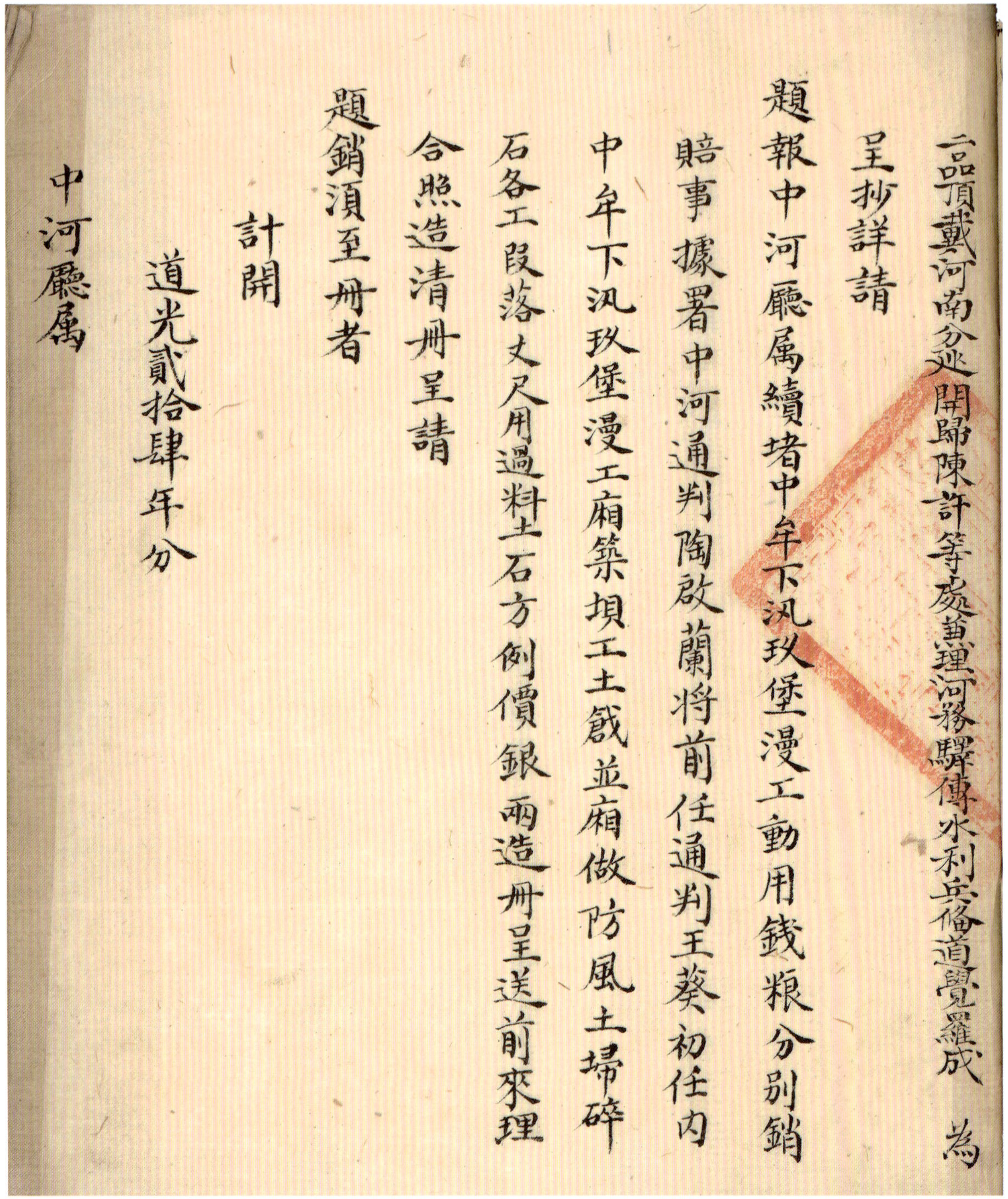
二品頂戴河南分巡開歸陳許等處兼理河務驛傳水利兵備道覺羅成 為
呈抄詳請
題報中河廳屬續堵中年下汛玖堡漫工動用錢粮分別銷
賠事據署中河通判陶啟蘭將前任通判王葵初任內
中年下汛玖堡漫工廂築壩工土戧並廂做防風土埽碎
石各工段落丈尺用過料土石方例價銀兩造冊呈送前來理
合照造清冊呈請
題銷須至冊者
計開
道光貳拾肆年分
中河廳屬

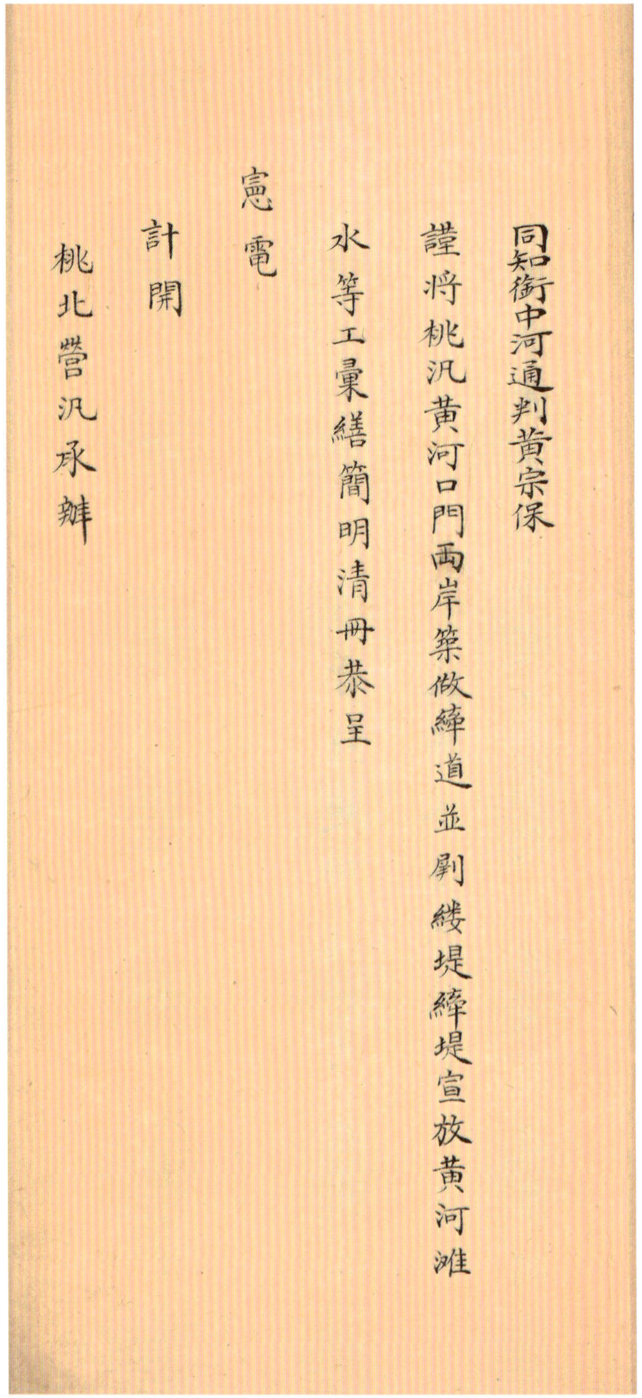
同知銜中河通判黃宗保
謹將桃汛黃河口門兩岸築做縴道並剷縷堤縴堤宣放黃河灘
水等工彙繕簡明清冊恭呈
憲電
計開
桃北營汛承辦

[河工文牍]

14册

稿本

[清道光至同治年间（1821—1874）]

此系清道光至同治年间黄河河工相关文牍汇集。

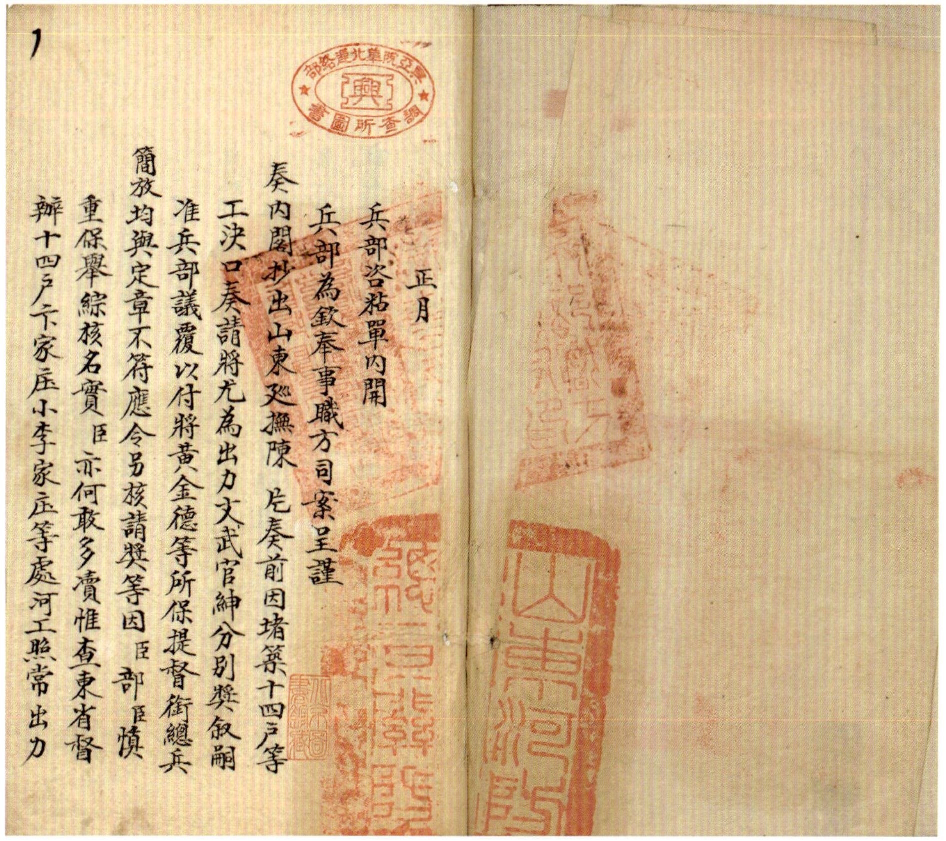

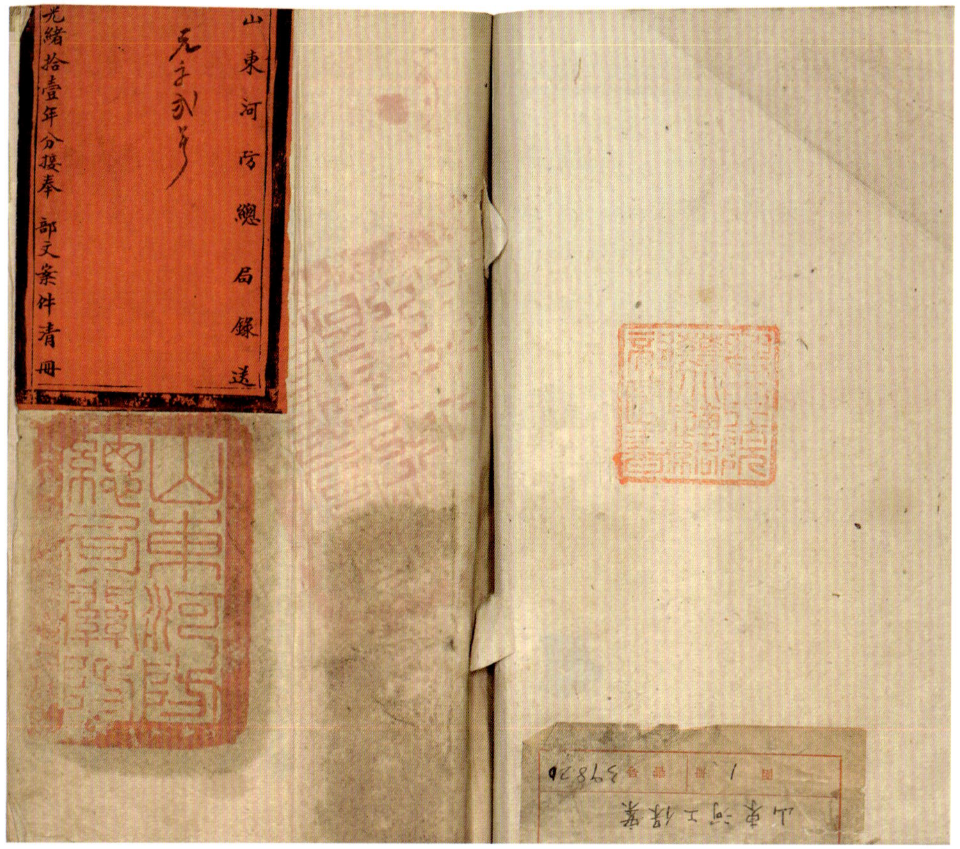

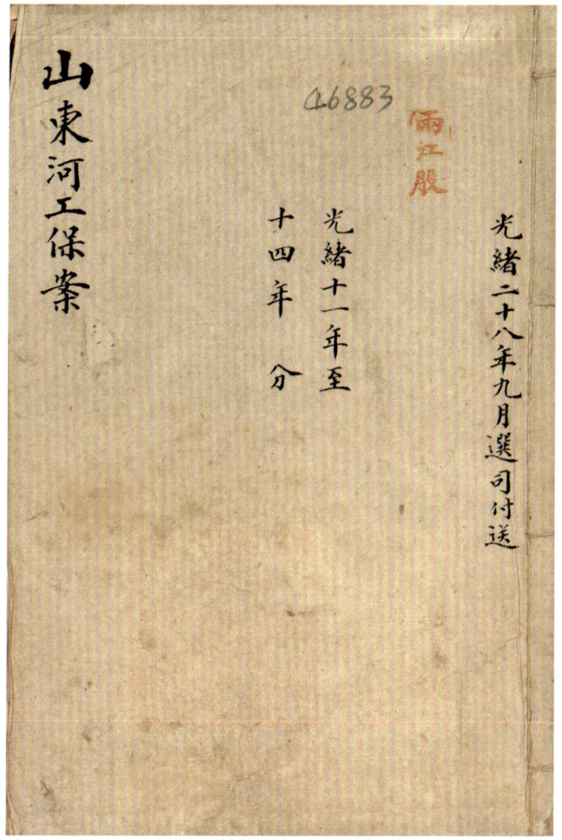

山东河工保案

（清）山东河防总局录送

1 册

稿本

清光绪十八年（1892）

此案主要收录清光绪十年至十四年间（1884—1888）皇帝因黄河山东段多处堤埝屡次漫决下发谕旨及山东巡抚、山东河防总局、兵部等相关奏稿文档。这些档案真实记录了河官及河工抢险情形，也记录了黄河抢险工程管理的诸多措施。

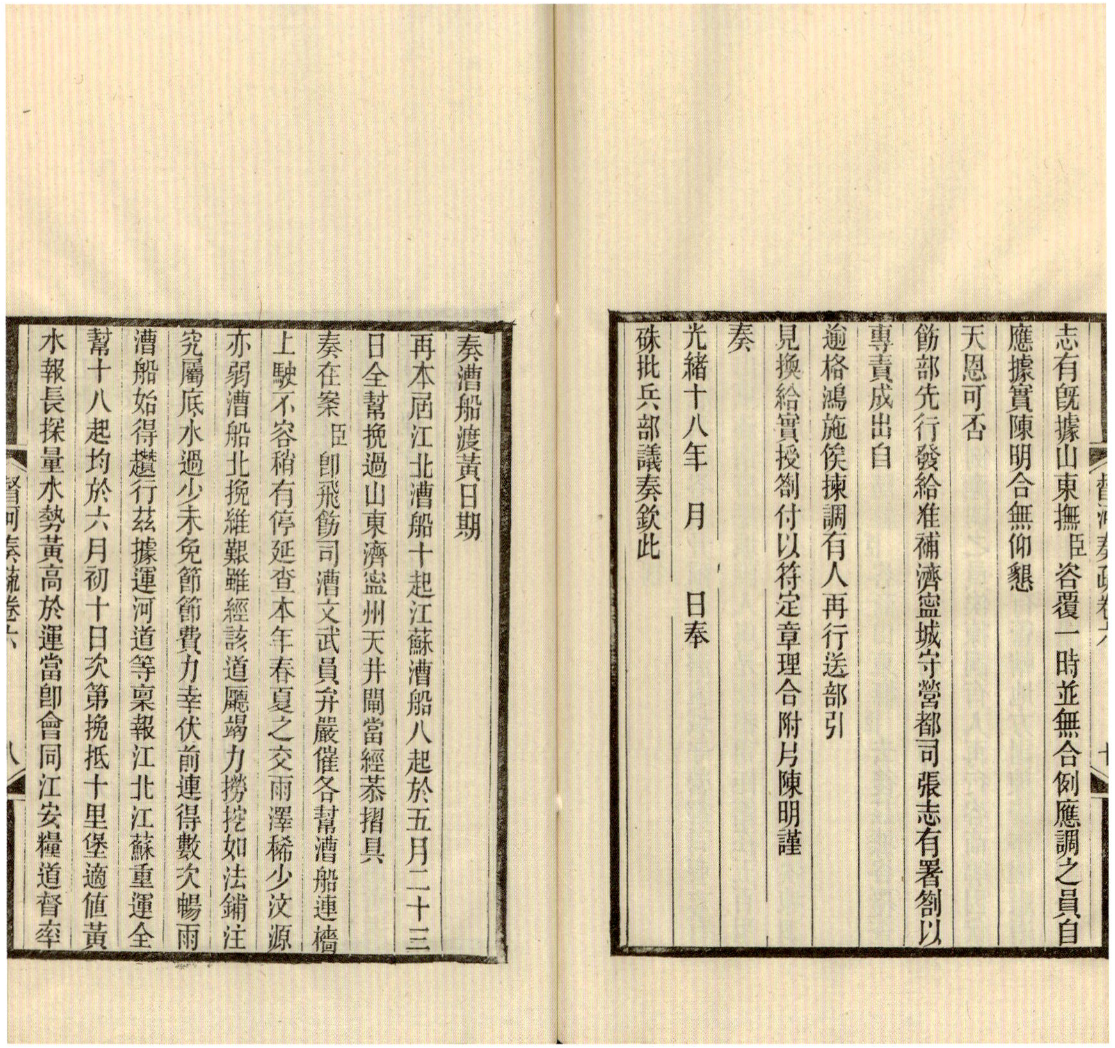

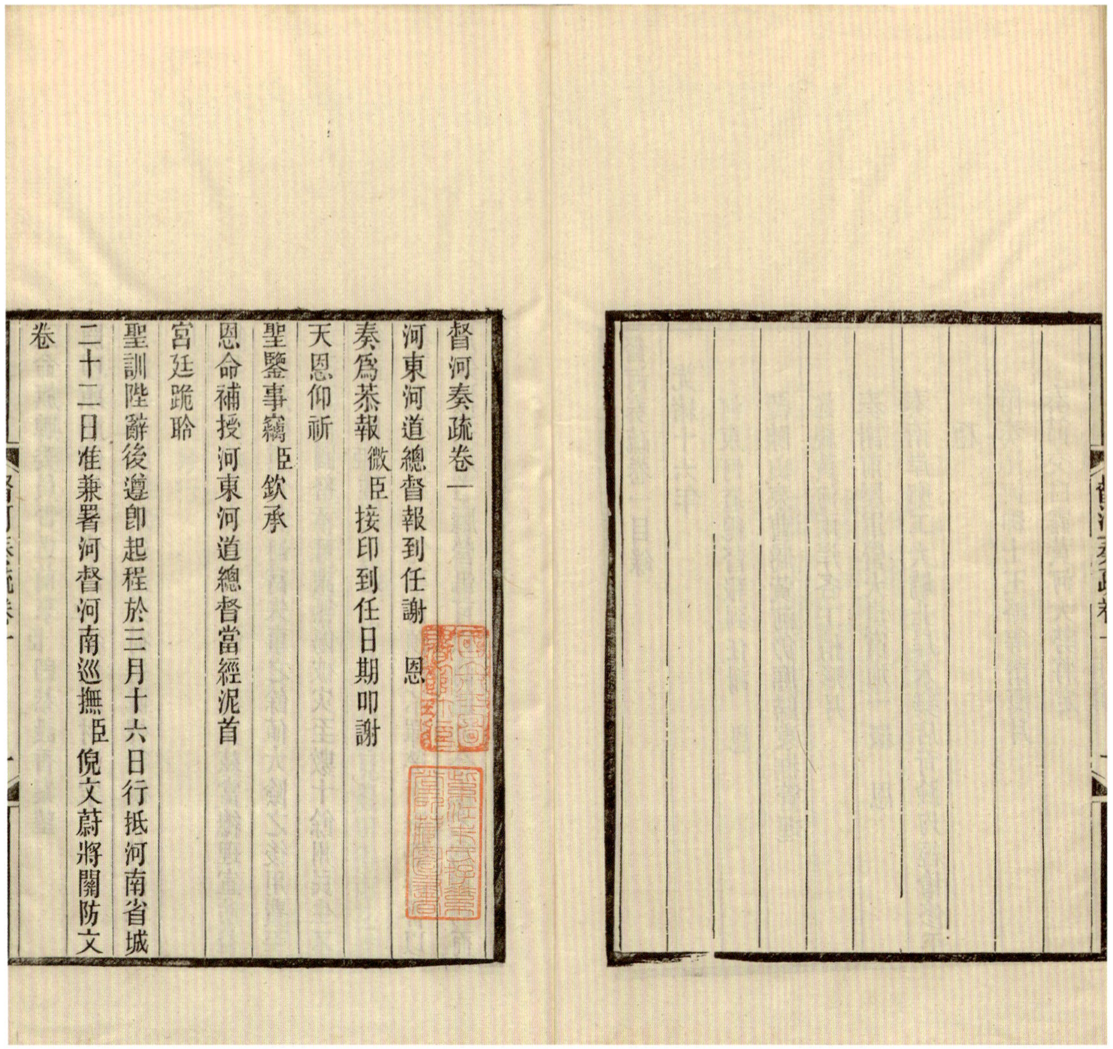

督河奏疏：十六卷

（清）许振祎撰

4 册

刻本

［清光绪年间（1875—1908）］

此书系许振祎督河时期的奏疏汇总。许振祎于光绪十六年（1890）擢河东河道总督，掌河南、山东境内黄河、运河事务。其相关政绩包括改革河防管理，设河防局，筑荥泽等地大坝等。

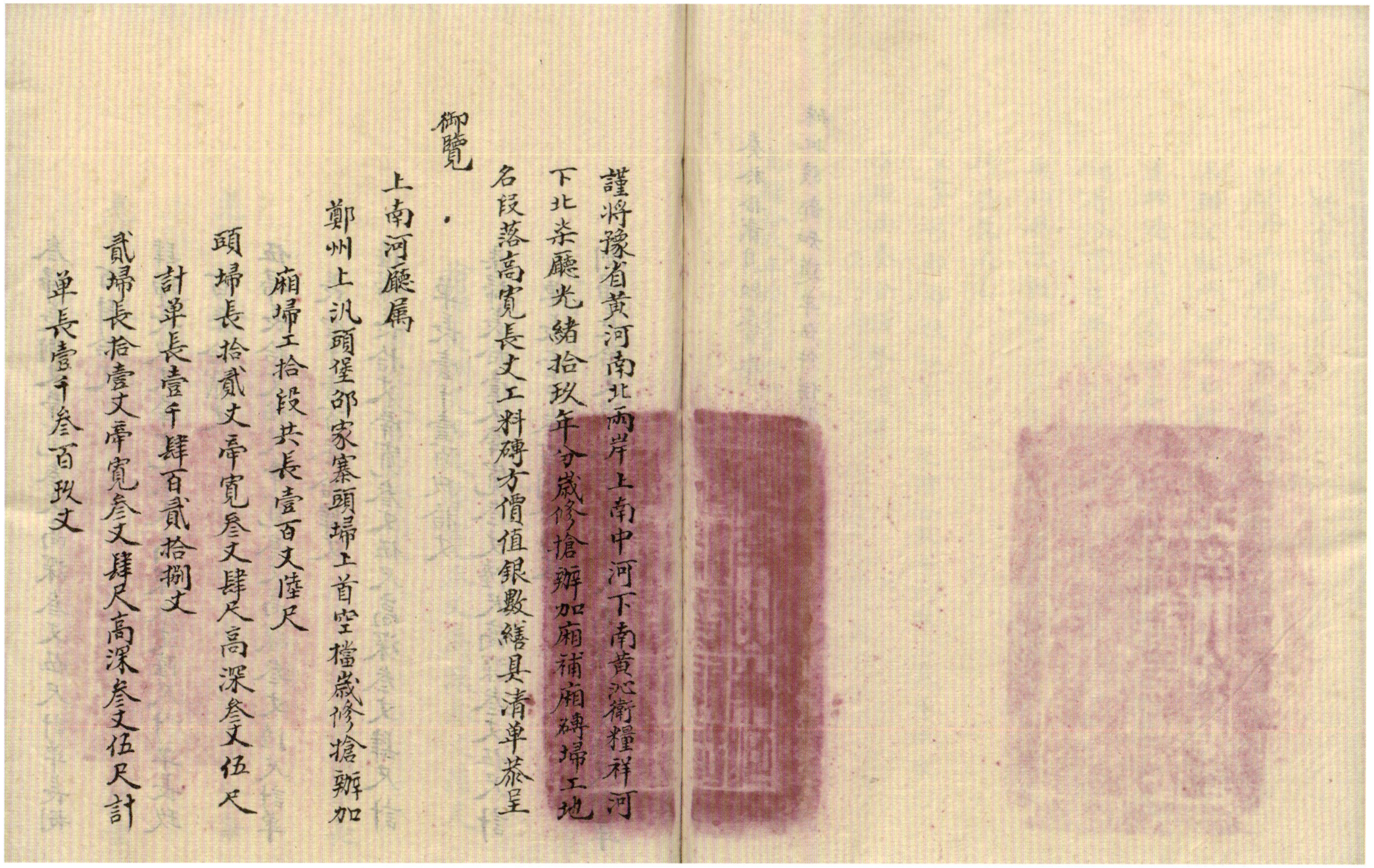

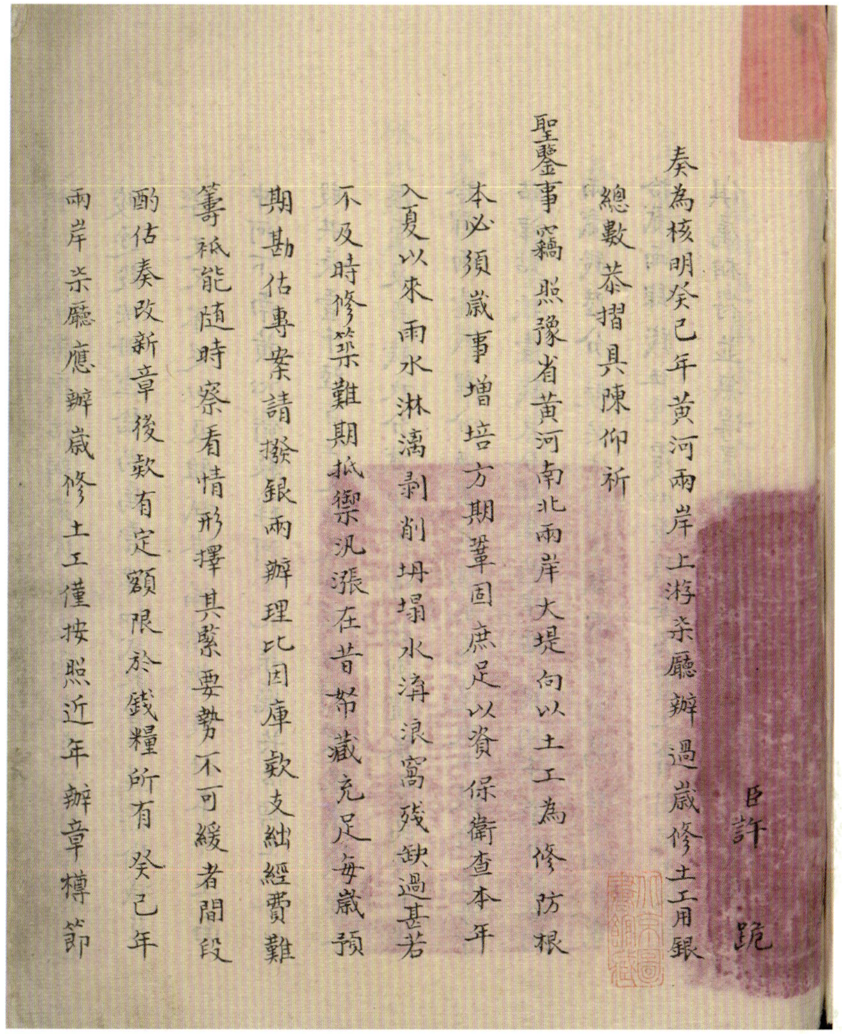

许振祎督河奏稿

（清）许振祎撰

1 册

抄本

[清光绪年间（1875—1908）]

此书系许振祎督河时期奏稿的抄录。

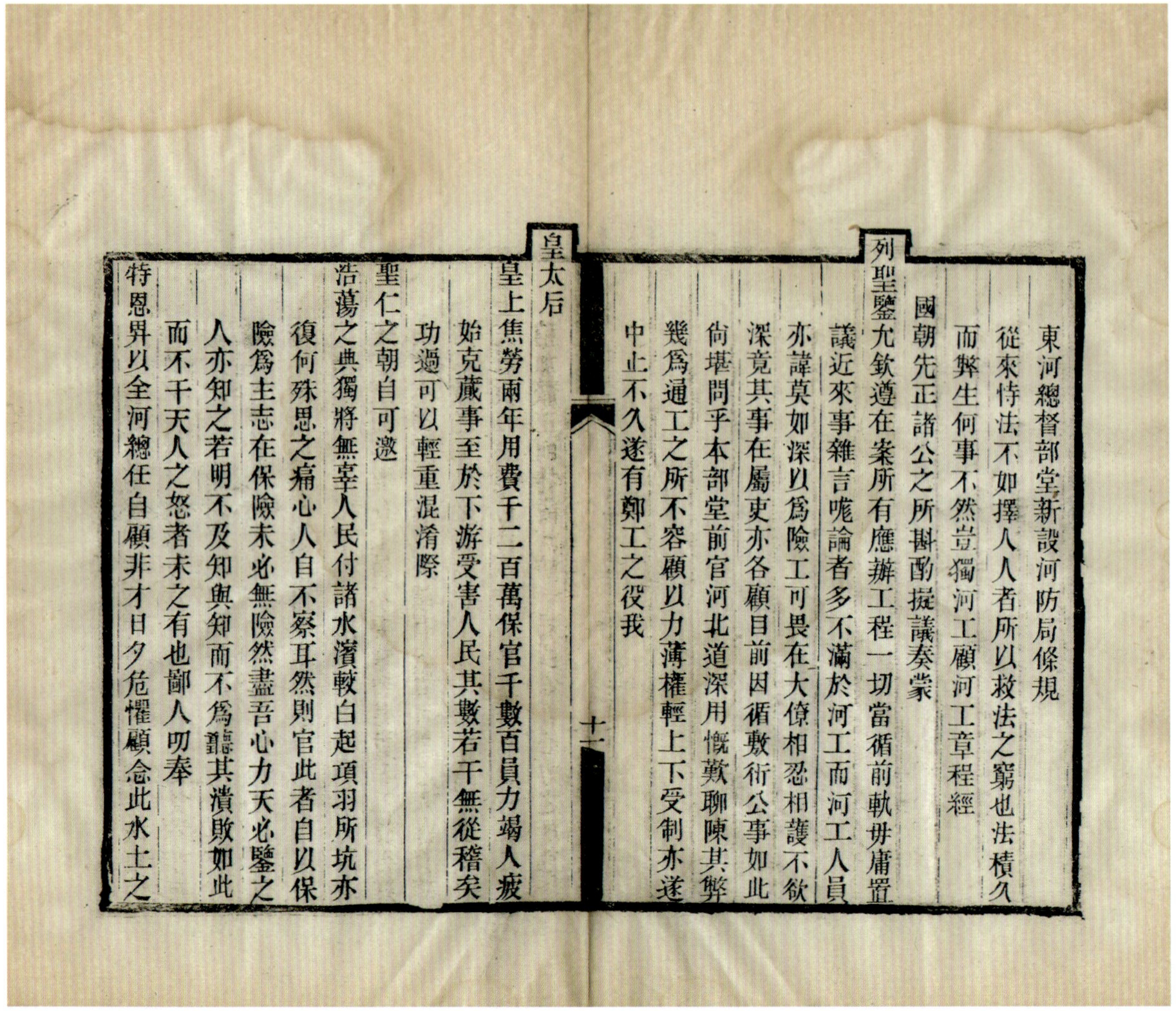

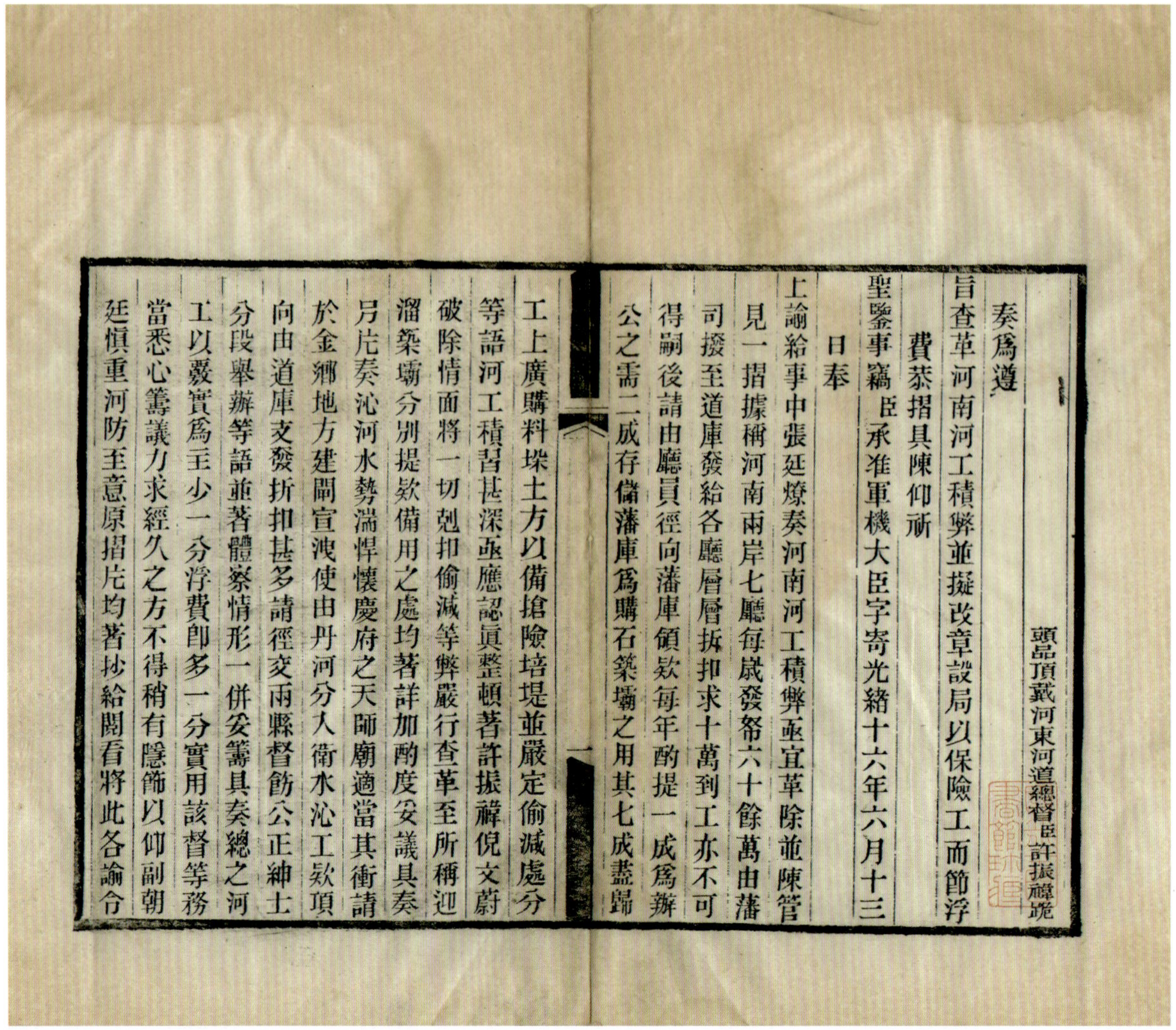

奏定东河新设河防局章程

（清）许振祎撰

1 册

刻本

［清光绪年间（1875—1908）］

此书系许振祎在河督任上奏疏及公牍汇编，是清末针对河务积弊提出的关于改革河政与河务的措施。

[筹办河工案]

1 册

抄本

[清光绪十三至二十五年（1887—1899）]

此系“钦命总理各国事务衙门清档”，是光绪十三年至二十五年间（1887—1899）筹办河工的各项记载。

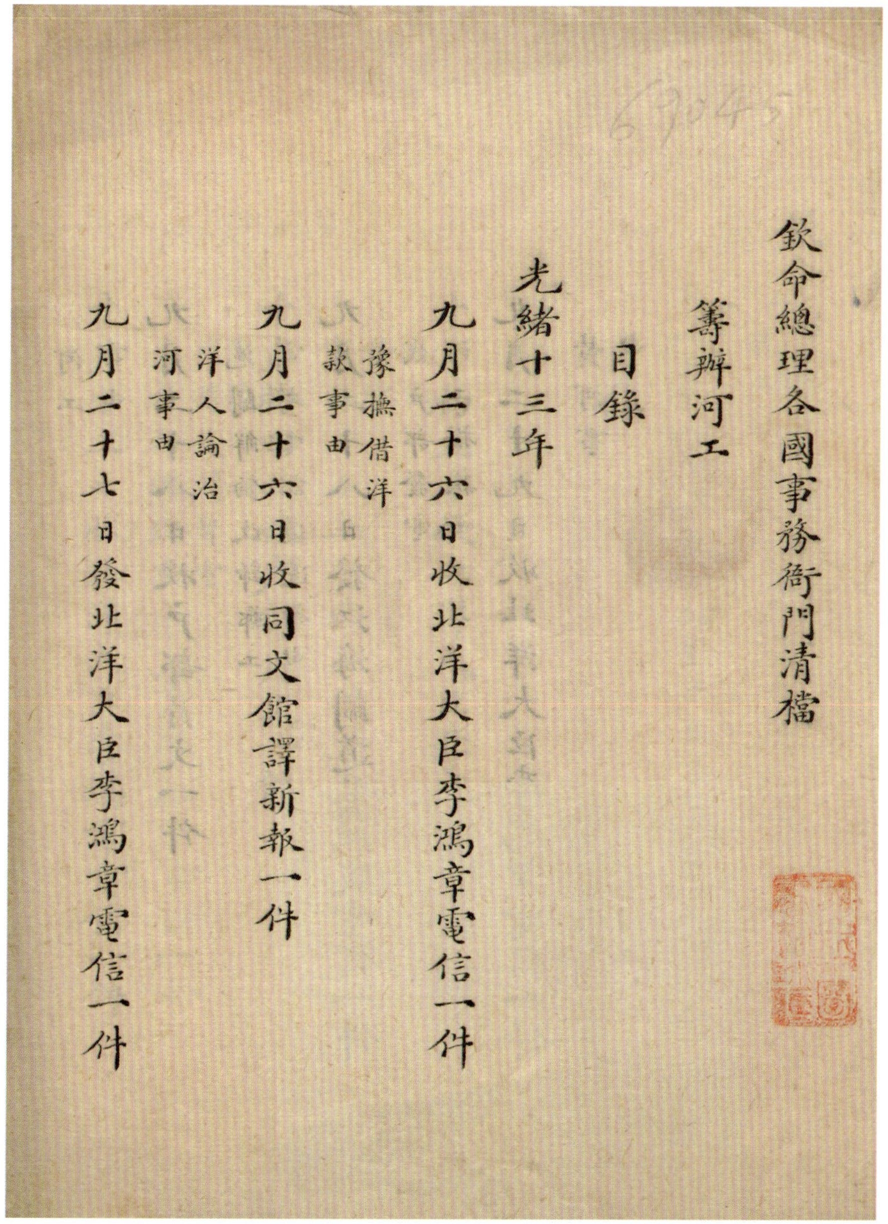
欽命總理各國事務衙門清檔
籌辦河工
目錄
光緒十三年
九月二十六日收北洋大臣李鴻章電信一件
豫撫借洋款事由
九月二十六日收同文館譯新報一件
洋人論治河事由
九月二十七日發北洋大臣李鴻章電信一件

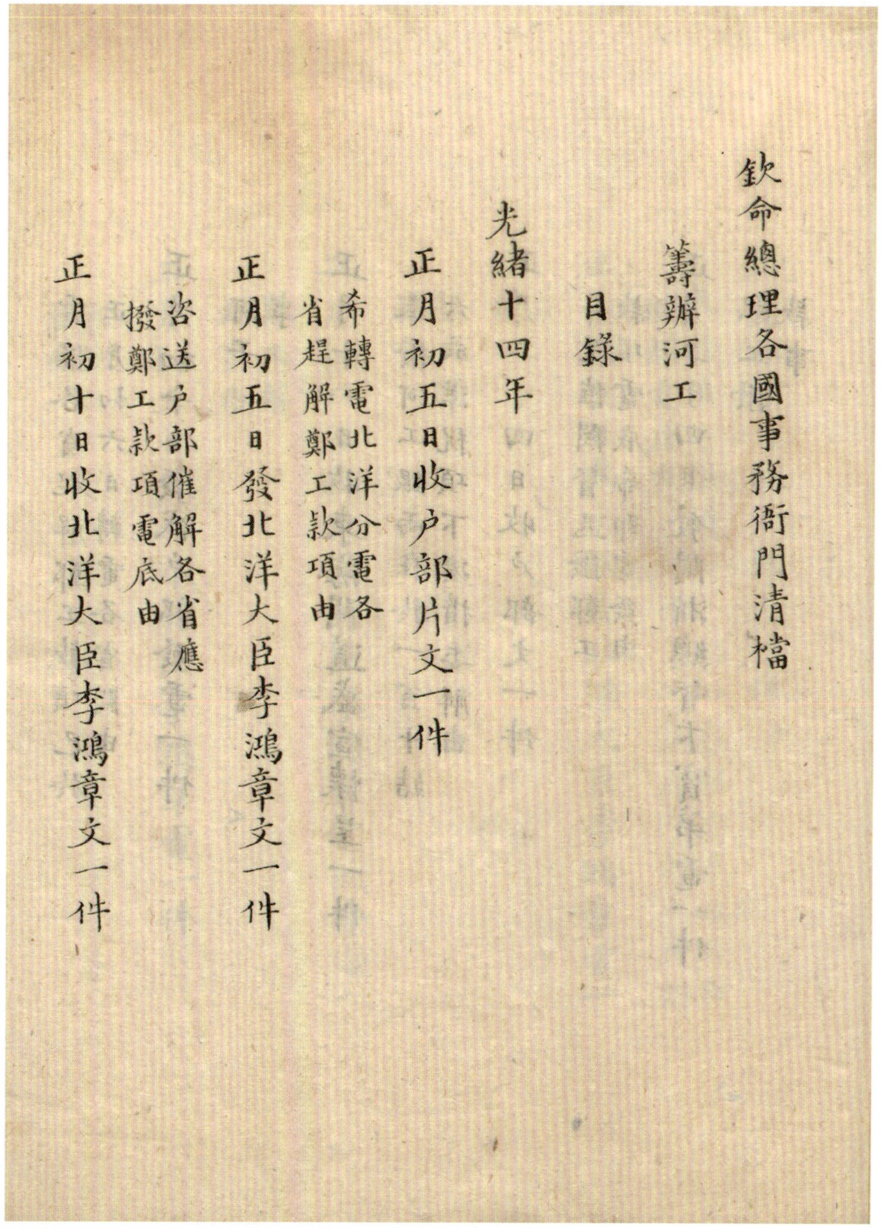
欽命總理各國事務衙門清檔
籌辦河工
目錄
光緒十四年
正月初五日收户部片文一件
希轉電北洋分電各省趕解鄭工款項由
正月初五日發北洋大臣李鴻章文一件
咨送户部催解各省應撥鄭工款項電底由
正月初十日收北洋大臣李鴻章文一件

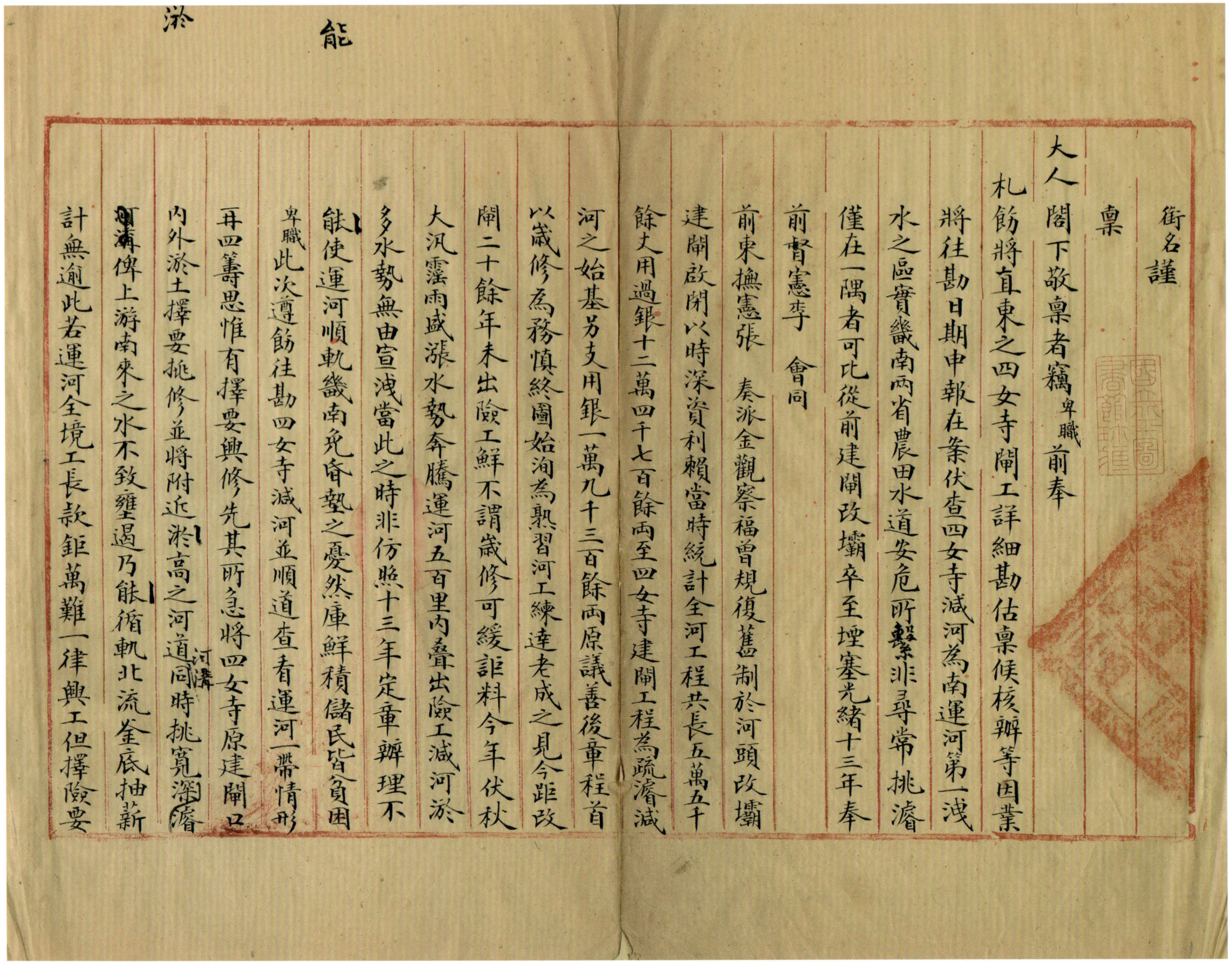
淤　能

銜名謹
稟
大人閣下敬稟者竊卑職前奉
札飭將直東之四女寺閘工詳細勘估稟候核辦等因業
將往勘日期申報在案伏查四女寺減河為南運河第一洩
水之區實畿南兩省農田水道安危所繫非尋常挑濬
僅在一隅者可比從前建閘改壩卒至堙塞光緒十三年奉
前督憲李　會同
前東撫憲張　奏派金觀察福曾規復舊制於河頭改壩
建閘啟閉以時深資利賴當時統計全河工程共長五萬五千
餘丈用過銀十二萬四千七百餘兩至四女寺建閘工程為疏濬減
河之始基另支用銀一萬九千三百餘兩原議善後章程首
以歲修為務慎終圖始洵為熟習河工練達老成之見今距改
閘二十餘年未出險工鮮不謂歲修可緩詎料今年伏秋
大汛霪雨盛漲水勢奔騰運河五百里內疊出險工減河淤
多水勢無由宣洩當此之時非仿照十三年定章辦理不
能使運河順軌畿南免昏墊之憂然庫鮮積儲民皆負困
卑職此次遵飭往勘四女寺減河並順道查看運河一帶情形
再四籌思惟有擇要興修先其所急將四女寺原建閘口
內外淤土擇要挑修並將附近淤高之河道河槽同時挑寬深濬
俾上游南來之水不致壅遏乃能循軌北流釜底抽薪
計無逾此若運河全境工長款鉅萬難一律興工但擇險要

禀复道宪洪查勘四女寺减河工程并说贴估册各稿

（清）单晋和等撰

1 册

朱丝栏抄本

［清宣统二年至三年（1910—1911）］

四女寺减河挖于明永乐十年（1412），最初河口在德州西北，开挖后河水泄入黄河故道，东北流经吴桥、宁津、乐陵、庆云、海丰，自大沽河口入海，长 227.5 千米。单晋和系清末民初人，曾担任北洋工艺学堂董事、大同道尹等职。是稿共二卷，卷一为单晋和查勘四女寺闸工后向上回复的奏议，卷二为《估南运河土埽工程草册》，主要涉及南运河相关工程的物料与开支。全稿系清末宣统年间关于四女寺减河与南运河险工的专门性奏稿，其内容以宣统二年（1910）对南运河的治理为主，详细介绍了工程规划与进展情况。

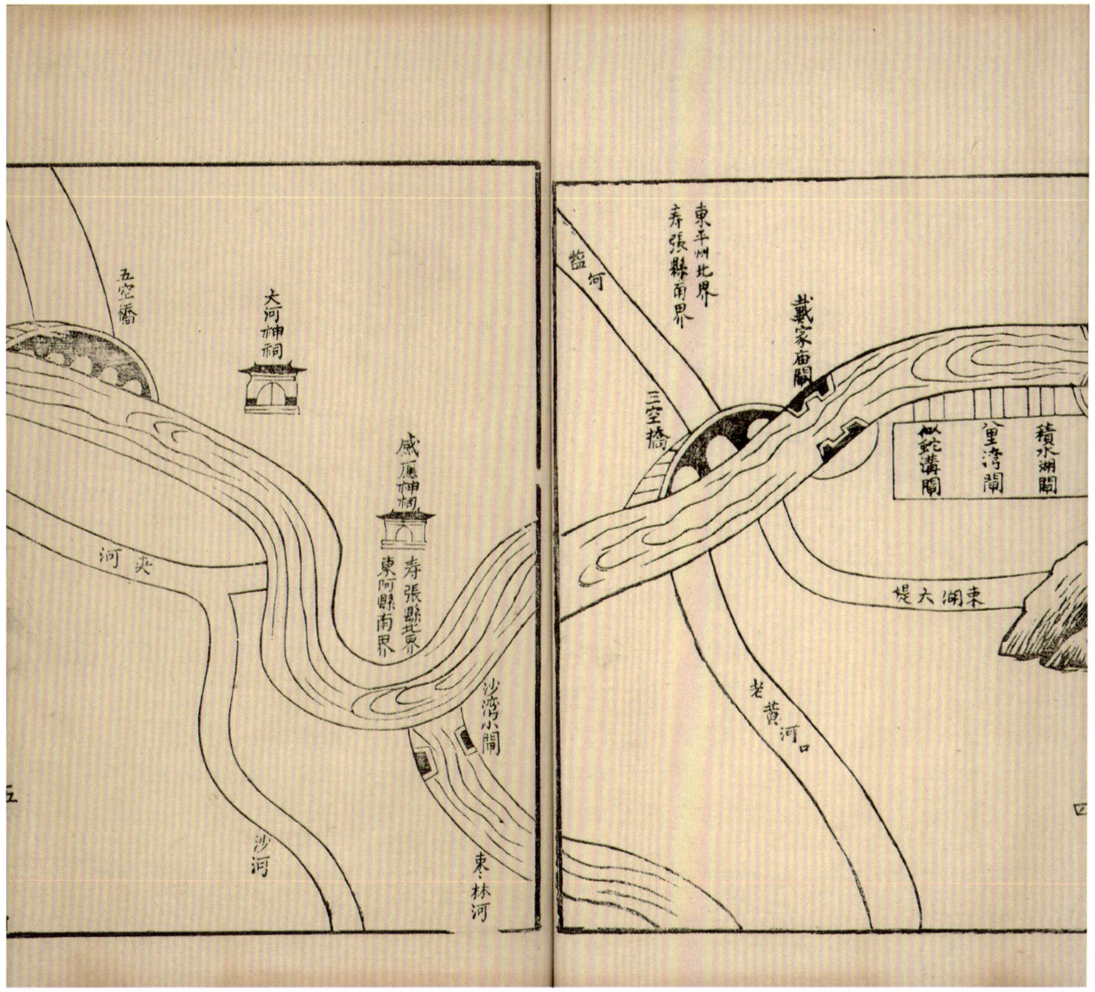

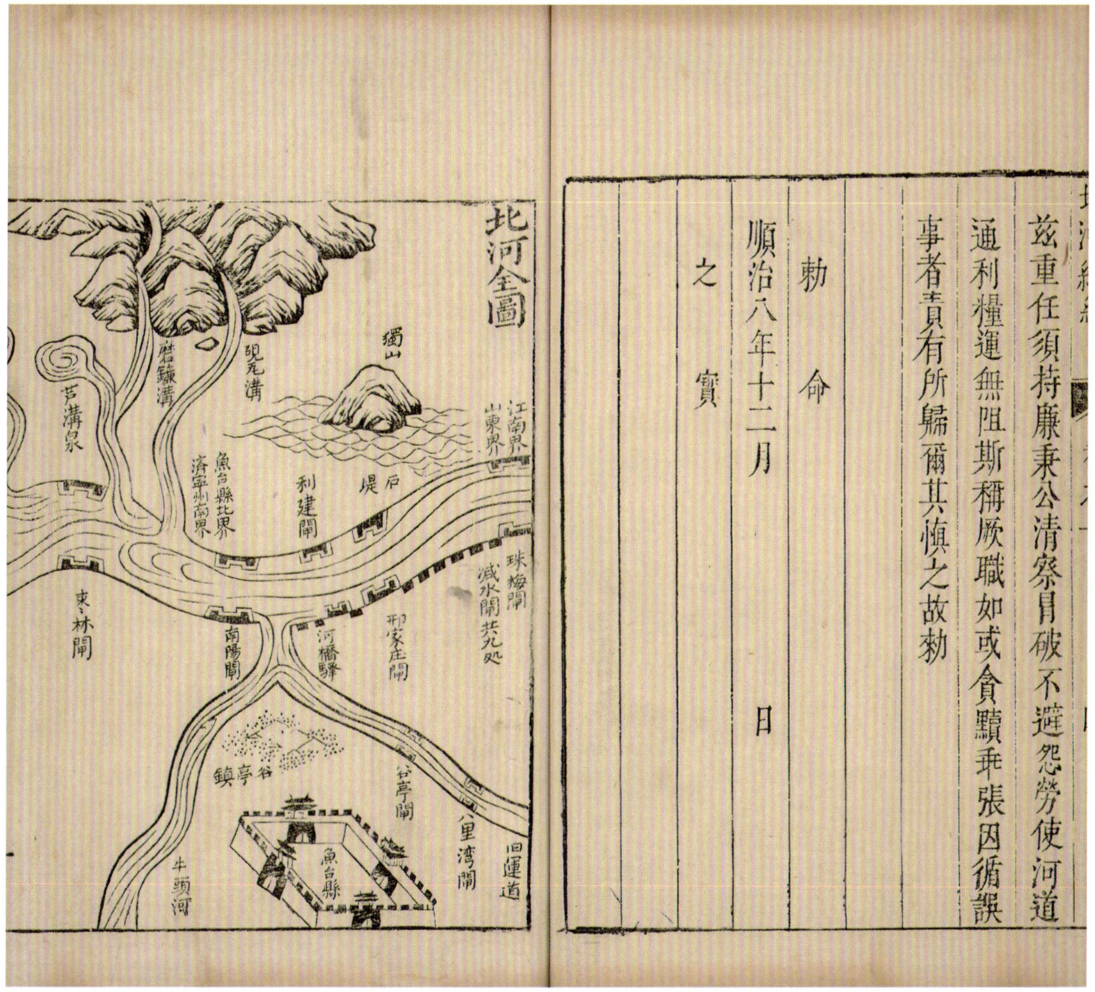

北河续纪：七卷；附余二卷

（清）阎廷谟撰

10 册

刻本

清顺治九年（1652）

阎廷谟曾驻山东张秋主持北河河务，在此期间得明代谢肇淛撰《北河纪》，因其书版已毁、卷帙残损，故在此基础上重新纂修，编成《北河纪》的续修本。此书卷一记载作者任职敕命二道及《北河全图》等图，卷二至七分别为河程纪、河源纪、河政纪、河议纪、河工纪、河灵纪，后有附余二卷。相较明代谢氏本，该书删掉了卷五河臣纪及少量管理相关内容，增加了一些奏疏、碑文等。

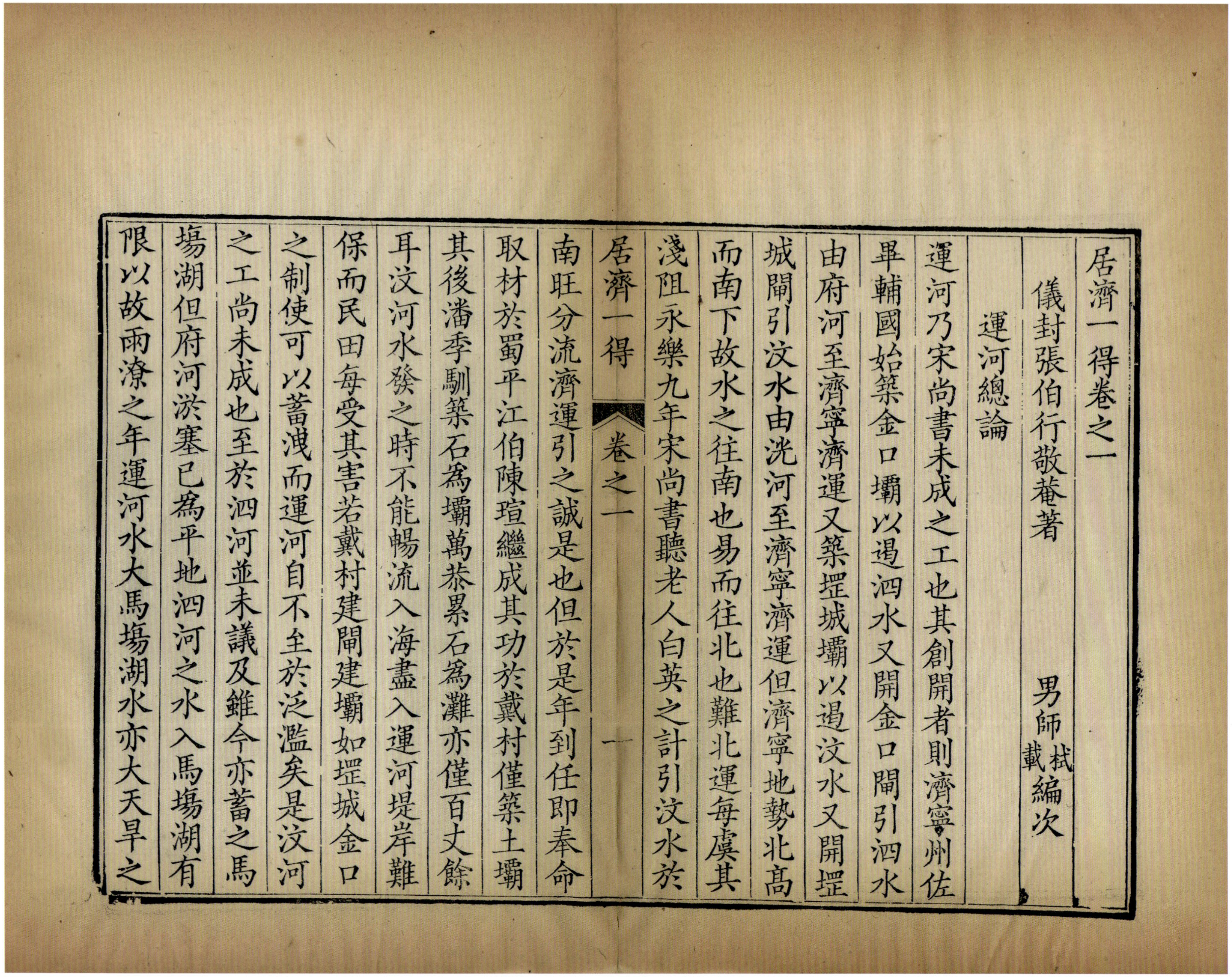
居濟一得卷之一

儀封張伯行敬菴著　男師栻載編次

運河總論

運河乃宋尚書未成之工也其創開者則濟寧州佐
畢輔國始築金口壩以遏泗水又開金口閘引泗水
由府河至濟寧濟運又築堽城壩以遏汶水又開堽
城閘引汶水由洸河至濟寧濟運但濟寧地勢北高
而南下故水之往南也易而往北也難北運每虞其
淺阻永樂九年宋尚書聽老人白英之計引汶水於

居濟一得　卷之一　一

南旺分流濟運引之誠是也但於是年到任即奉命
取材於蜀平江伯陳瑄繼成其功於戴村僅築土壩
其後潘季馴築石為壩萬恭累石為灘亦僅百丈餘
耳汶河水發之時不能暢流入海盡入運河堤岸難
保而民田每受其害若戴村建閘建壩如堽城金口
之制使可以蓄洩而運河自不至於泛濫矣是汶河
之工尚未成也至於泗河並未議及雖今亦蓄之馬
場湖但府河淤塞已為平地泗河之水入馬場湖有
限以故雨潦之年運河水大馬場湖水亦大天旱之

居济一得：八卷

（清）张伯行著

8 册

刻本

[清康熙四十五年至康熙末年（1706—1722）]

版本一：清康熙四十五年至康熙末年（1706—1722）刻本，有 4 册、8 册版。版本二：清乾隆年间（1736—1795）刻本，4 册。

这是一部关于清代山东段运河治理的水利专书，是张伯行于康熙四十二年至四十五年（1703—1706）任济宁道时参考古籍、总结运河治理经验的心得，对山东段运河和黄河的地理地貌、水利设施建设、水源补给、河道管理和治理等作出了说明，主要包括对各闸座、堤坝、泉河、湖泊的修建、蓄泄水法、放船法、对河道各职司的管理和作者自身的心得等。全书收运河总论、运河源委、治河总论、黄淮水利等 234 篇，以治河实践经验为主要内容，同时提出若干水利工程理论。作者十分注重前人成功的治河方法，博引宋元以后治水专家的重要经验和言论，尤具史料价值。

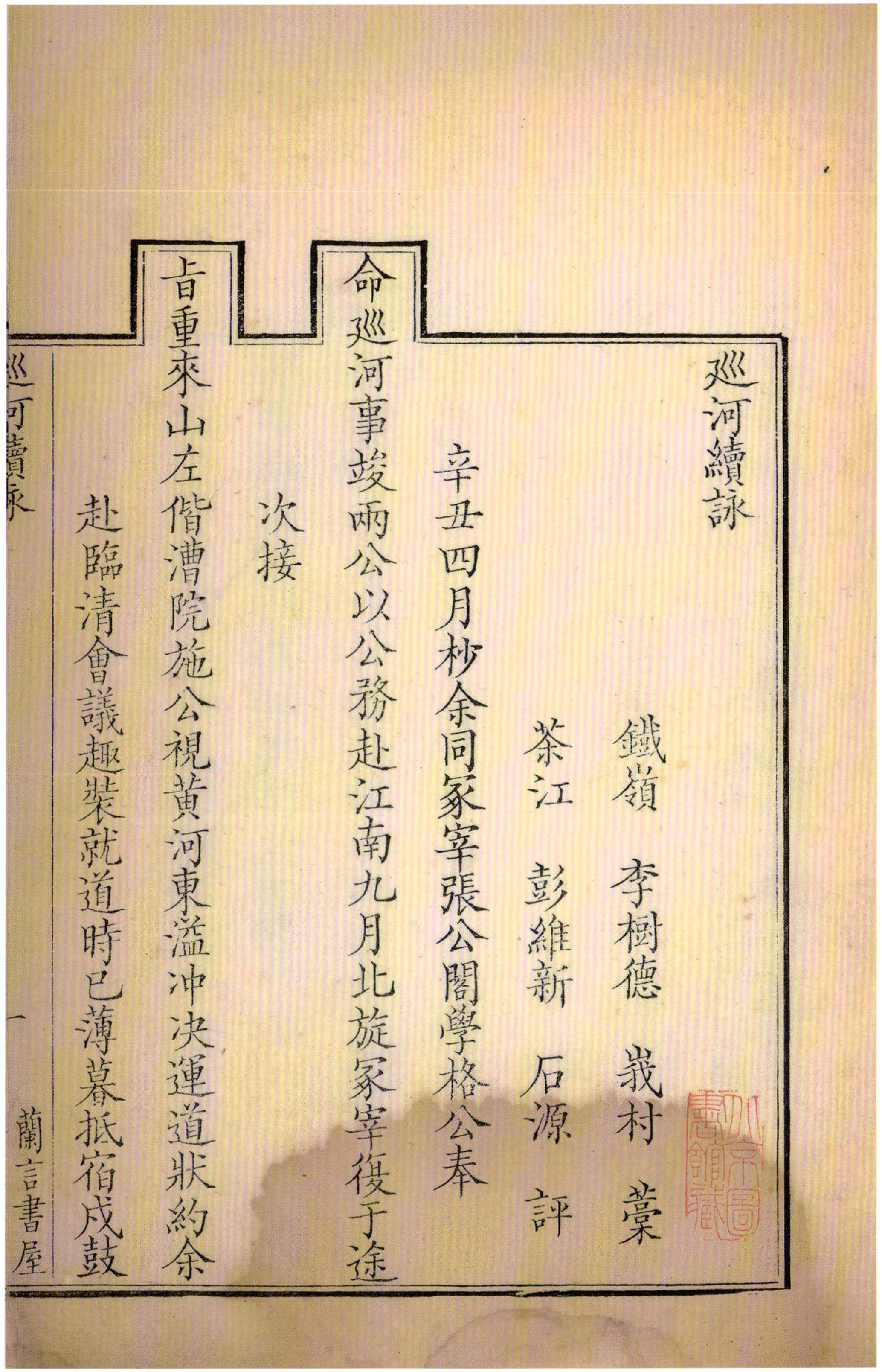
巡河續詠

鐵嶺 李樹德 峩村 彙

茶江 彭維新 石源 評

辛丑四月杪余同冢宰張公閣學格公奉

命巡河事竣兩公以公務赴江南九月北旋冢宰復于途

次接

旨重來山左偕漕院施公視黄河東溢冲决運道狀約余

赴臨清會議趣装就道時已薄暮抵宿戍鼓

巡河續詠 一 蘭言書屋

巡河杂咏：一卷；巡河续咏：一卷

（清）李树德汇，（清）陈壮履、彭维新评

3 册

刻本

清康熙六十年（1721）

李树德于康熙五十五年至六十年（1716—1721）担任山东巡抚，任上治理了小清河。《巡河杂咏》及《巡河续咏》是李氏陪同河臣在山东会勘运河、巡河事及在山东视察黄河东溢冲决运道等时期汇集的题咏。此二咏与《棘闱倡和诗：三卷》合订。

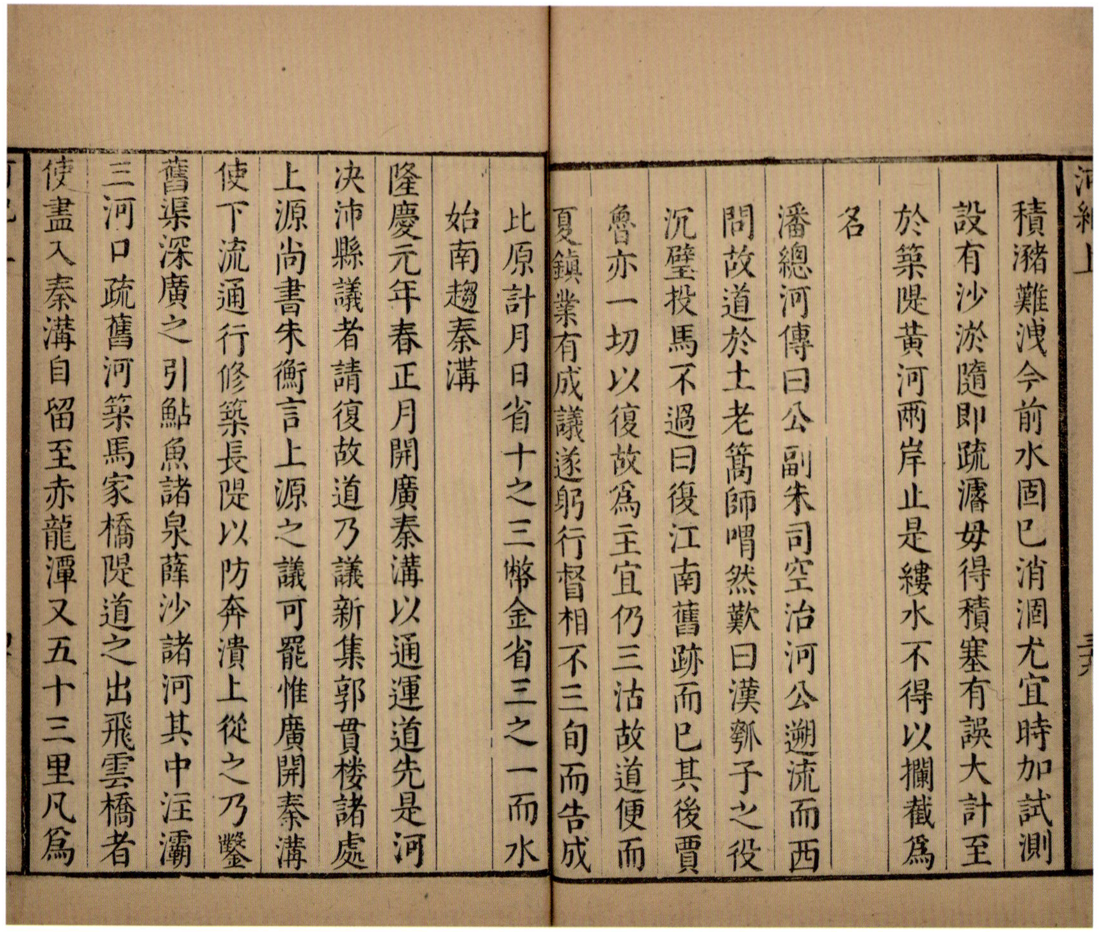

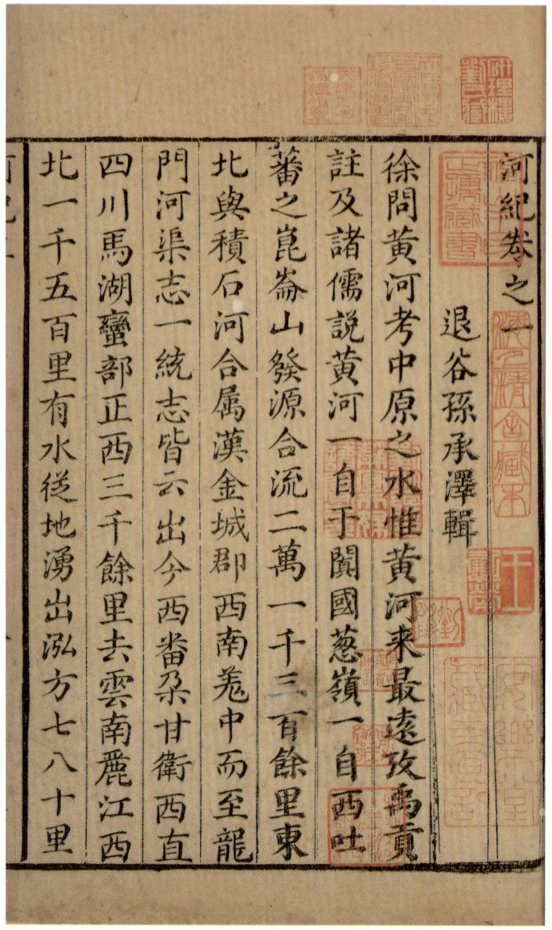

河纪：二卷

（清）孙承泽辑

2 册

刻本

[清康熙年间（1662—1722）]

这是一部史料汇辑性著述，不仅归纳梳理了相关史料，更表述了作者的河运治理理念，其主旨和目标均是治河以保漕。该书开篇录明人徐问《黄河考》，对黄河源流、历代河患水灾及改道情况做了系统考述；然后按编年体形式，将明代正统十三年（1448）至崇祯十五年（1642）之间影响较大的黄河决口、水患或重大河事及相关情况诸如治理情况、责任官员等加以简要介绍，然后选录与此相关的重要奏疏等相附。

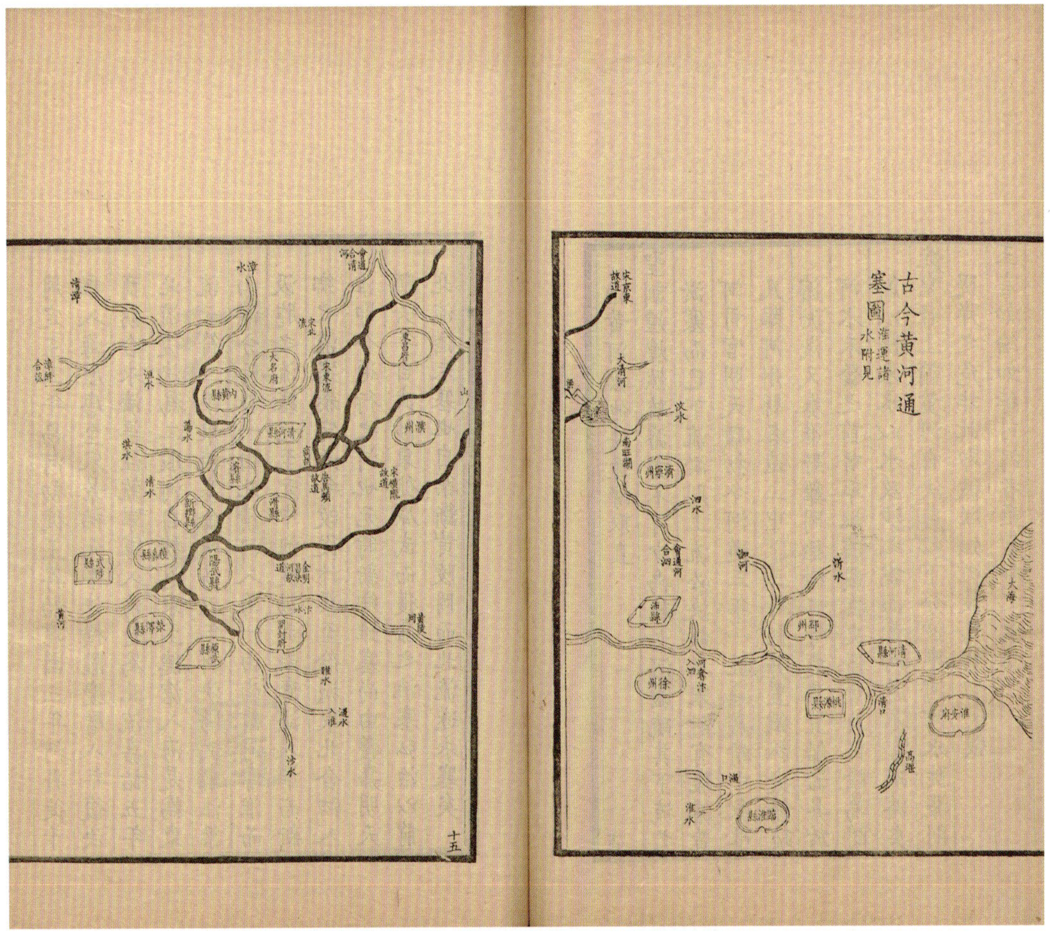

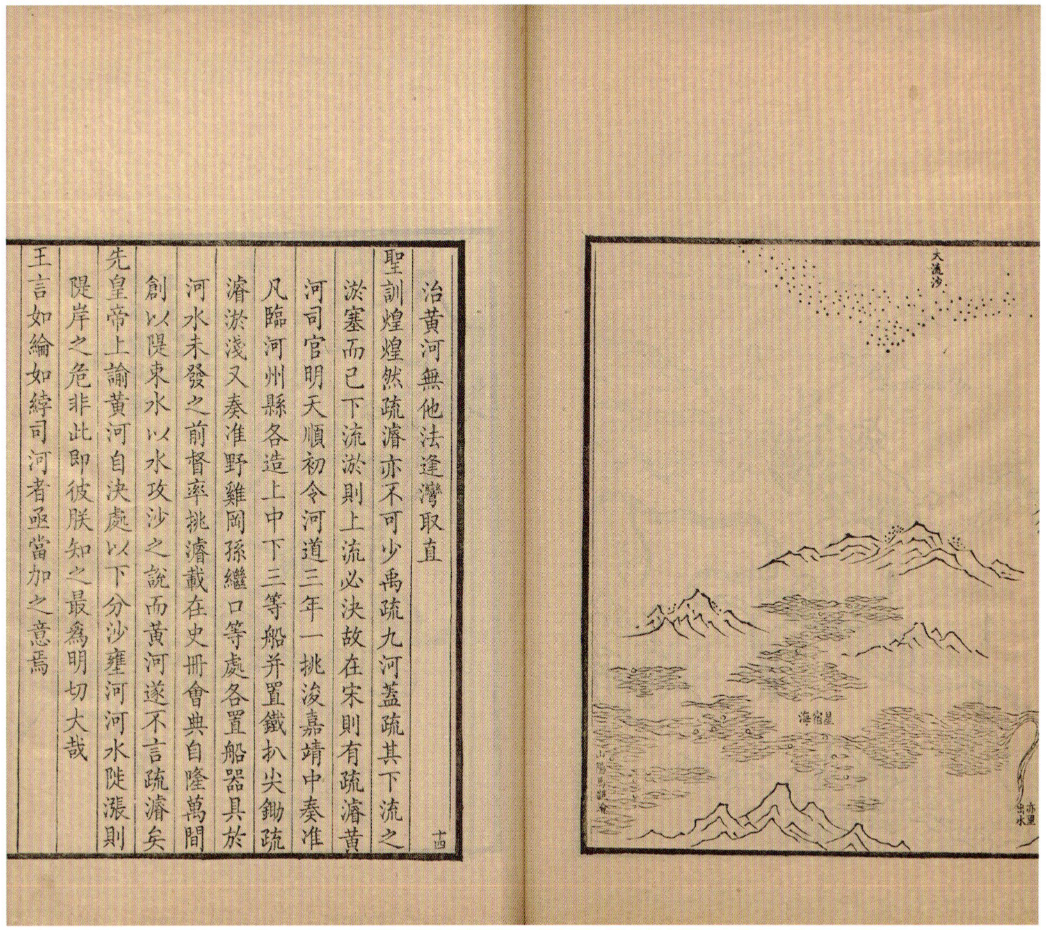

行水金鉴：一百七十五卷；卷首图一卷

（清）傅泽洪撰

40 册

刻本

淮扬官舍，清雍正三年（1725）

此书完成于雍正三年（1725），是一部按河流分类、依列朝年代编排的水利专书，辑录了上起《禹贡》、下迄康熙末年的水利史料。全书记载了黄河、长江、淮河、运河、永定河等水系源流、变迁及水利工程等，讲述了四渎及运河兴废的缘由、疏筑塞防的轻重缓急以及历史上的经验教训。卷首有山阳马观绘《河水图》（又名《黄河图》）并说，所绘黄河自星宿海至云梯关入海；后附《古今黄河通塞图》，描绘了自河南武陟县至江苏清河县入海的黄河河段以及唐、宋、金等时期的黄河故道。卷一至六十的内容为“河水”，即黄河。此书最大特点是资料详尽。据今人考证，此书虽署名“江南按察使傅泽洪撰”，实则出自其幕僚郑元庆之手。

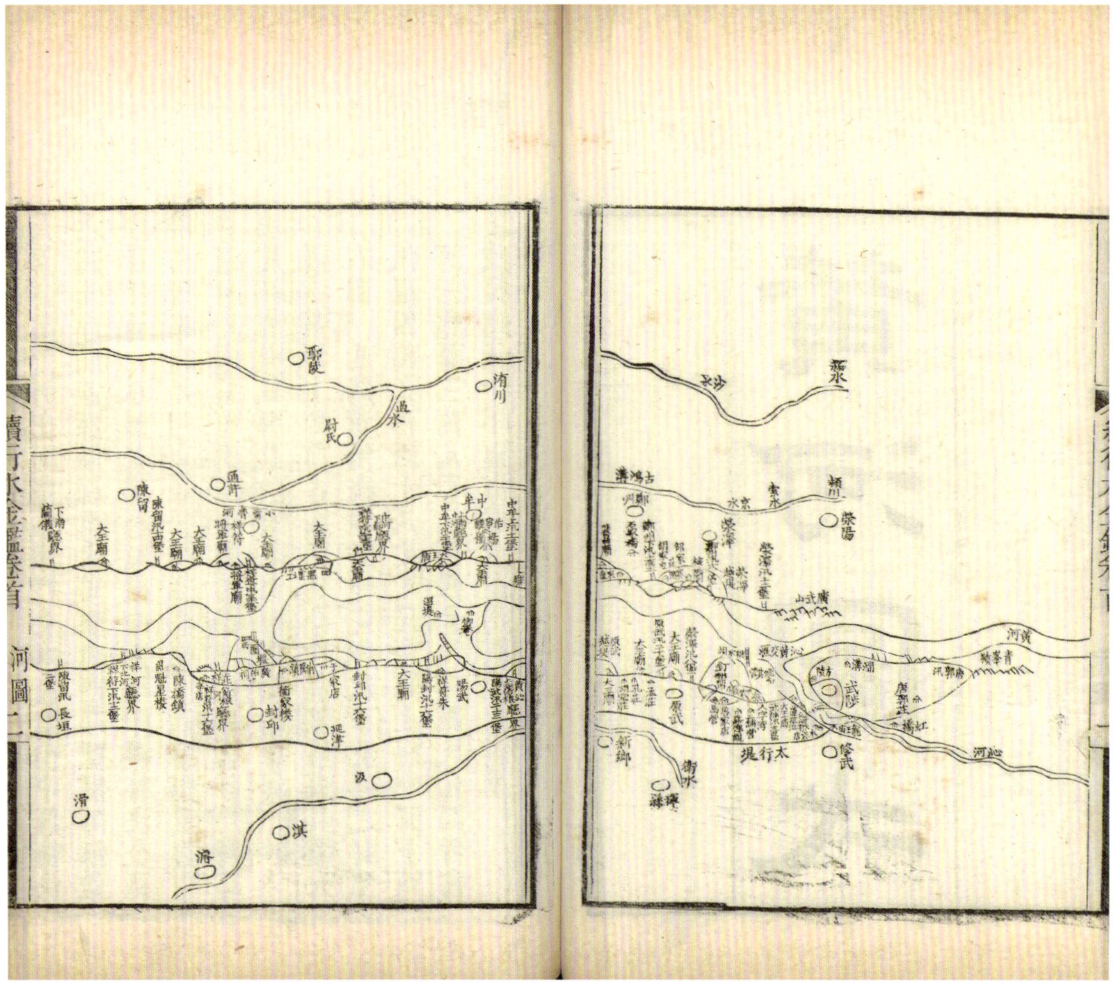

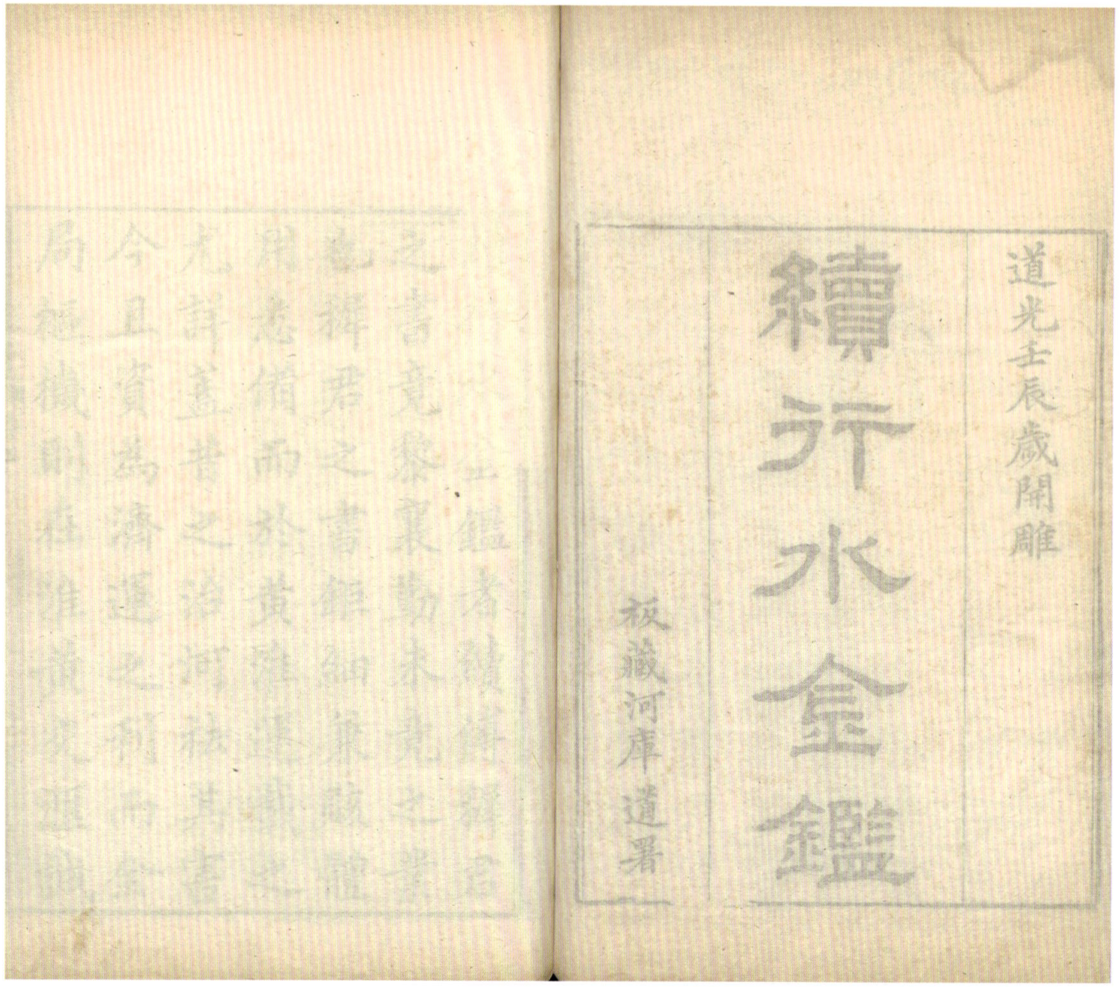

续行水金鉴：一百五十六卷；卷首一卷

（清）黎世序、（清）俞正燮等纂修

80 册

刻本

河库道署，清道光十二年（1832）

此书是《行水金鉴》的续编，先后由黎世序、董士锡、张文浩、潘锡恩、俞正燮等人主持和编纂，于道光十二年（1832）刊印成书。该书以《行水金鉴》为模板，辑录上起雍正元年（1723）、下迄嘉庆二十五年（1820）的水利史料，正文分黄河、长江、淮河、运河、永定河五大部分，其中黄河相关内容有 50 卷。文稿多引当时的章牍奏稿及官书册籍，保存了大量工程技术方面的原文件，所述及各河流于《行水金鉴》一书多有补正。

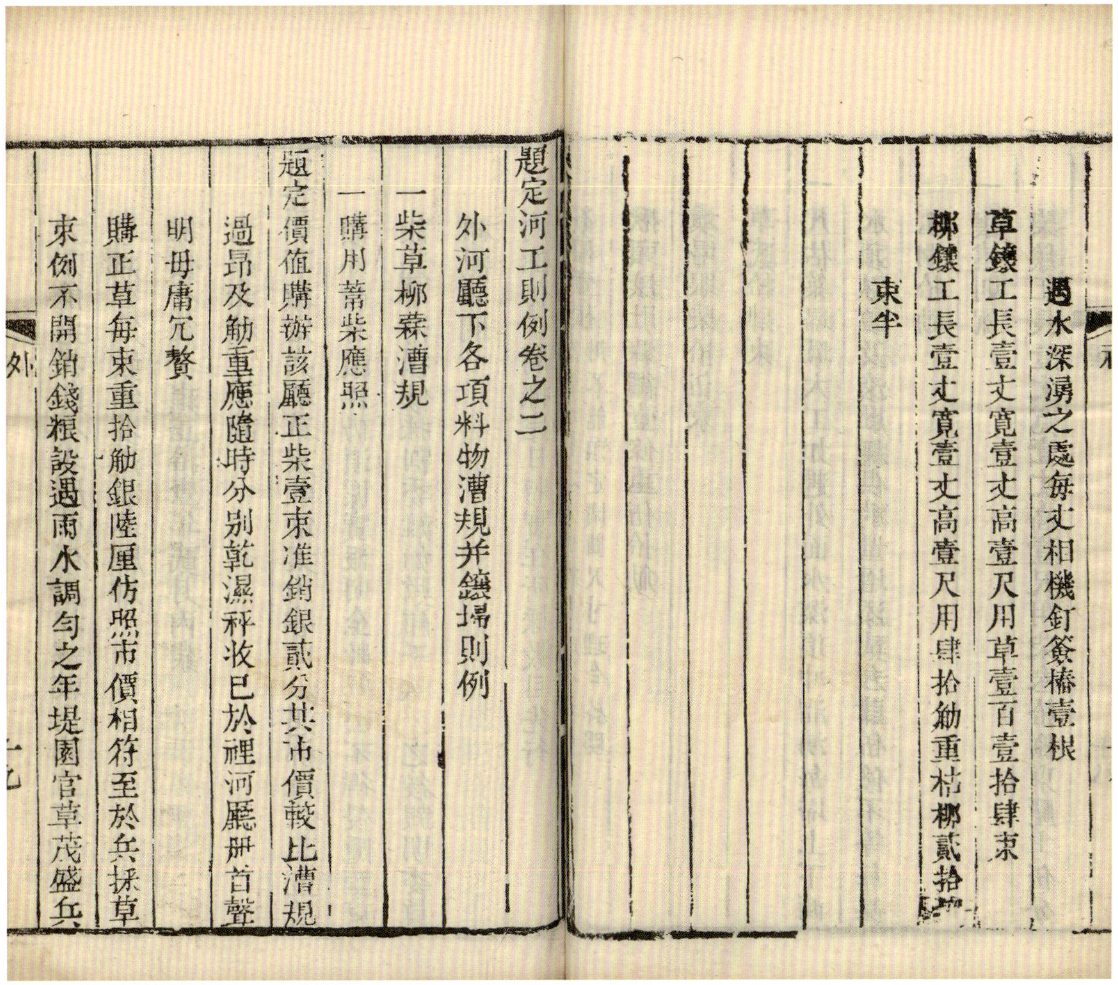

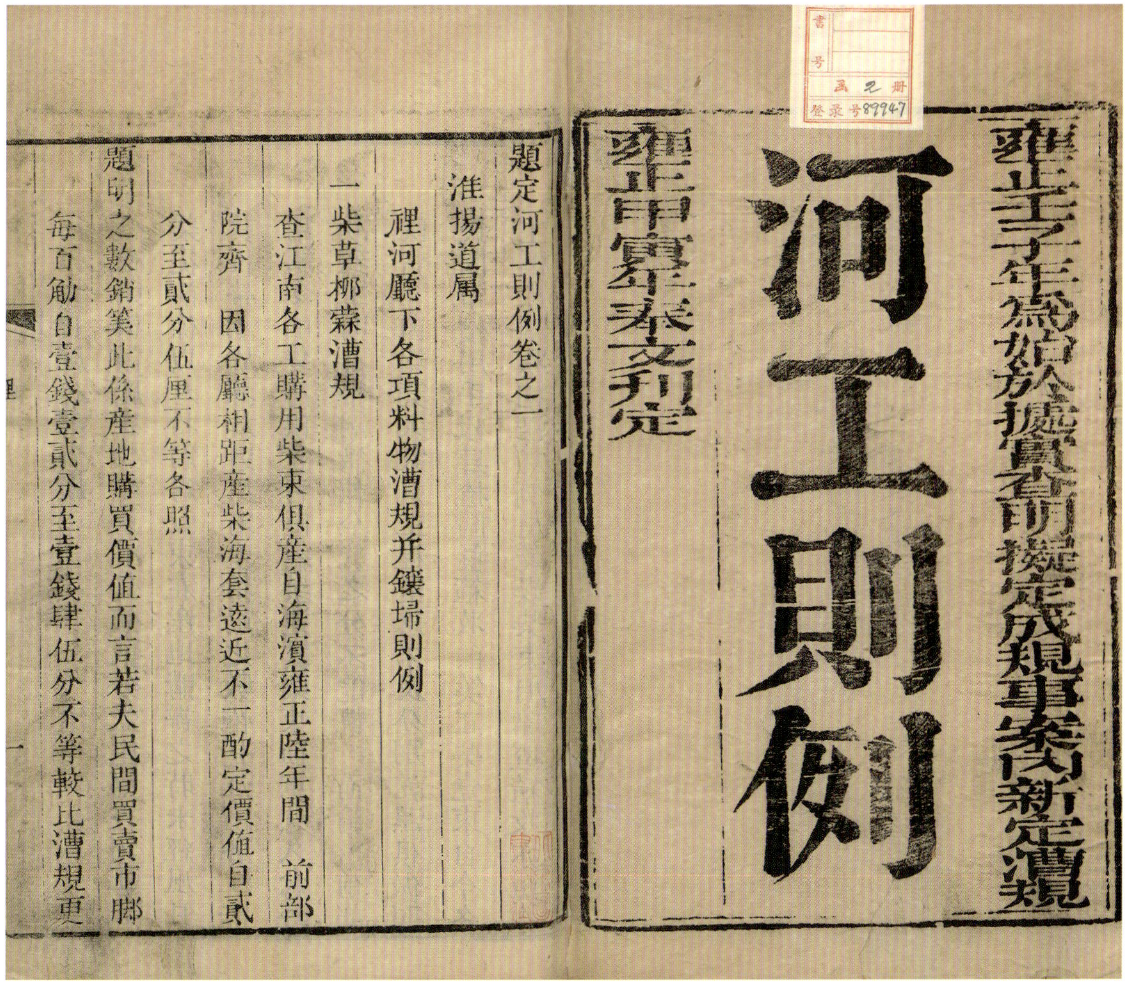

题定河工则例；题定河工杨木椿规则例

（清）工部订

2 册

刻本

清雍正十二年（1734）；清乾隆九年（1744）

《题定河工则例》系清雍正十二年（1734）刻本，书名页题《河工则例》，分七卷记录淮扬道属各厅下各项料物漕规并镶埽则例。《题定河工杨木椿规则例》系清乾隆九年（1744）刻本，书名页题《杨木椿规》，主要记录淮扬各厅购买杨椿木的各项则例。两书合成一套。

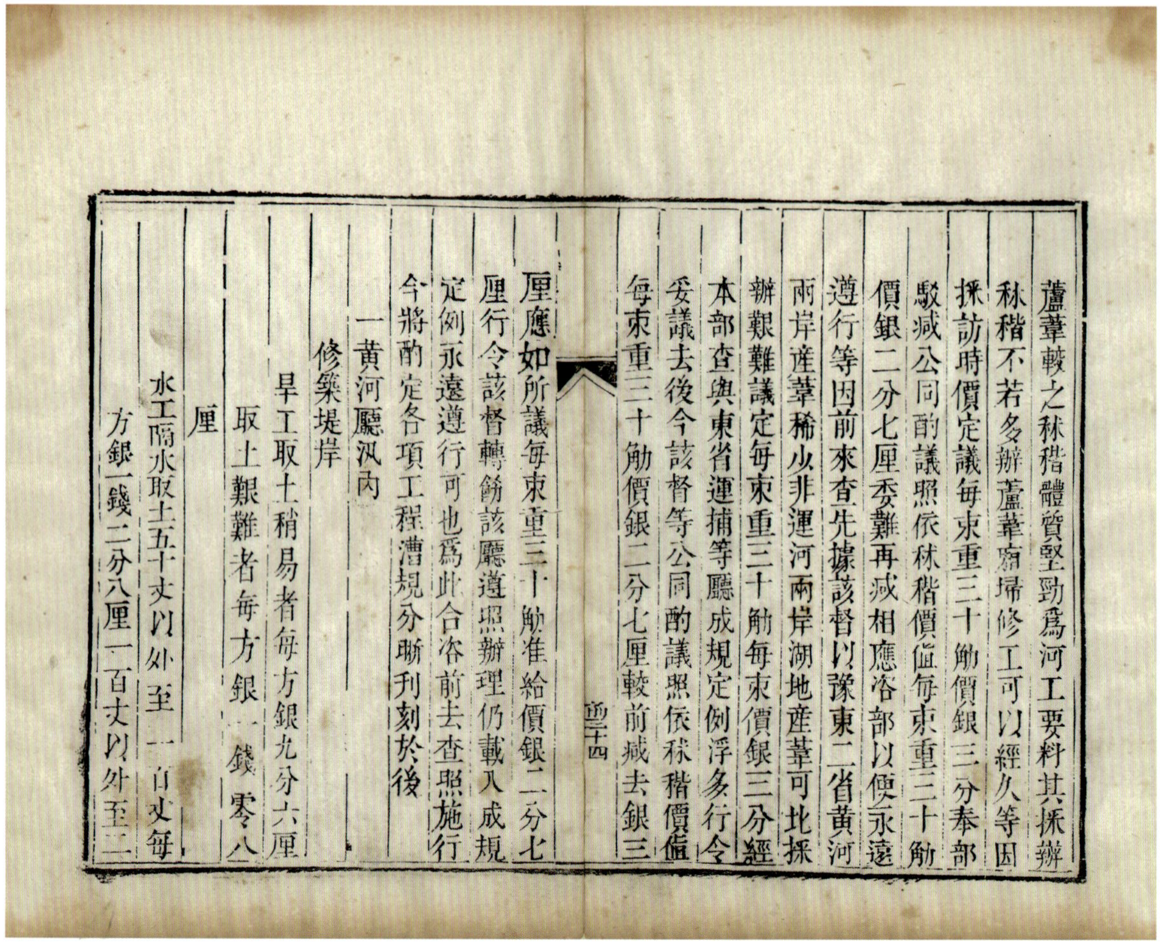

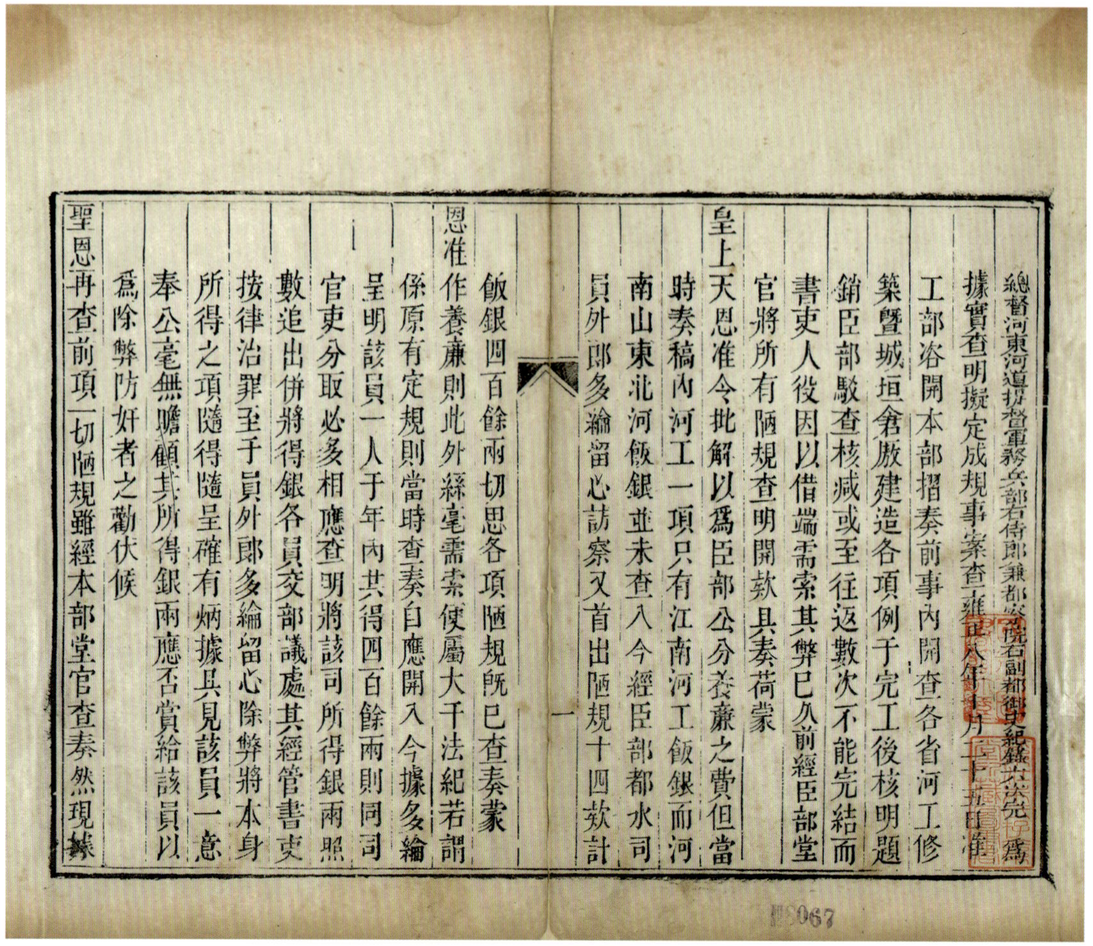

河东河工物料价值

（清）工部编

2 册

刻本

[清乾隆初年]

此书主要记载了清代山东、河南两省黄、运两河各厅、汛关于物料采购、价格办理、河工修防、工食钱粮等事宜，也较为详细地记载了挑河、匠工、建闸、搭桥所需物料的规格、尺寸、数量等，是了解清代河东河工物料的重要资料。全书体例为河东河道总督及其属员的奏折与文移，所载谕旨等止于清雍正十三年（1735），故推测成书年代当在此后，版刻或在乾隆之初。

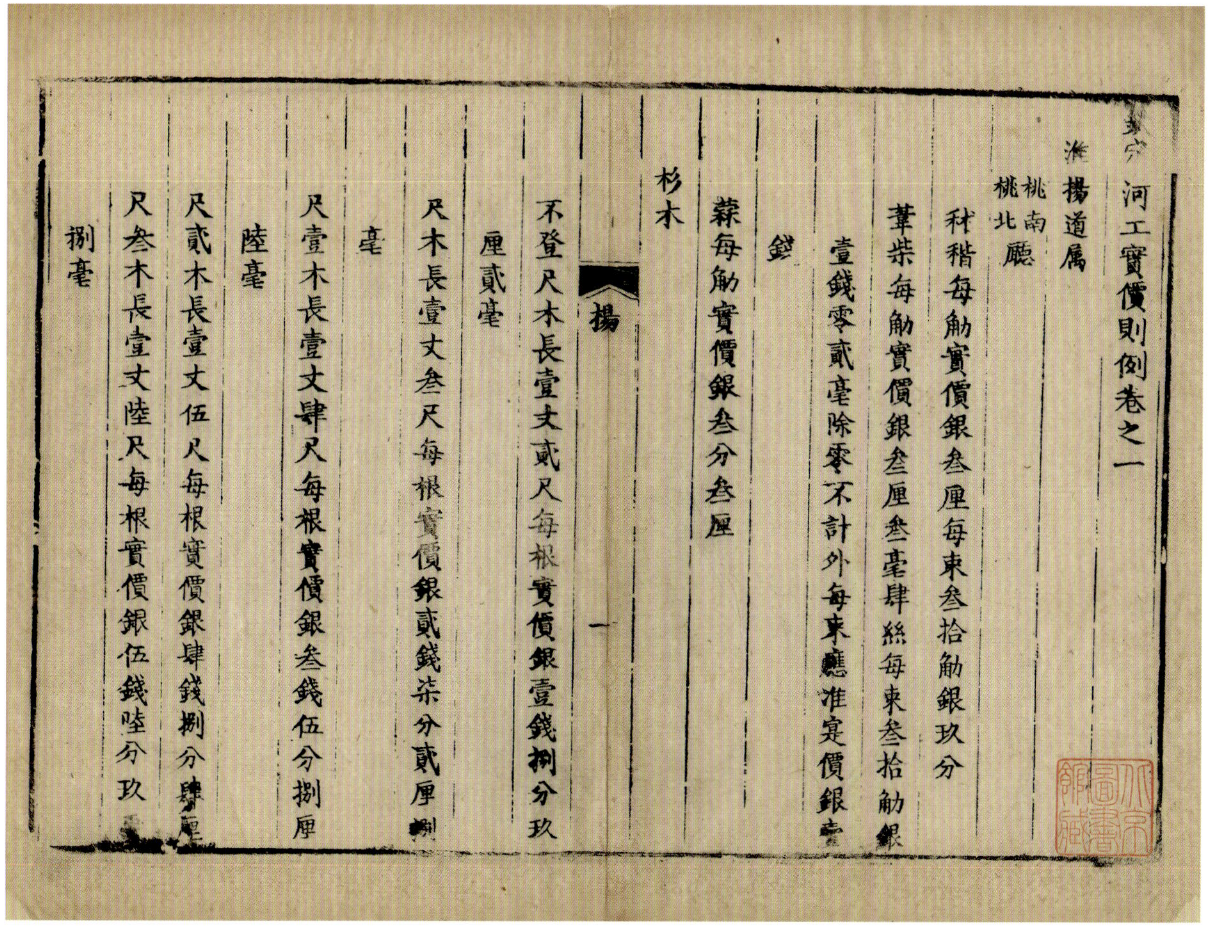
河工實價則例卷之一
淮揚道屬
桃南 桃北廳
秫稭每觔實價銀叁厘每束叁拾觔銀玖分
葦柴每觔實價銀叁厘叁毫肆絲每束叁拾觔銀
壹錢零貳毫除零不計外每束應准實價銀壹
錢
蔴每觔實價銀叁分叁厘
杉木
揚 一
不登尺木長壹丈貳尺每根實價銀壹錢捌分玖
厘貳毫
尺木長壹丈叁尺每根實價銀貳錢柒分貳厘捌
毫
尺壹木長壹丈肆尺每根實價銀叁錢伍分捌厘
陸毫
尺貳木長壹丈伍尺每根實價銀肆錢捌分肆厘
尺叁木長壹丈陸尺每根實價銀伍錢陸分玖
捌毫

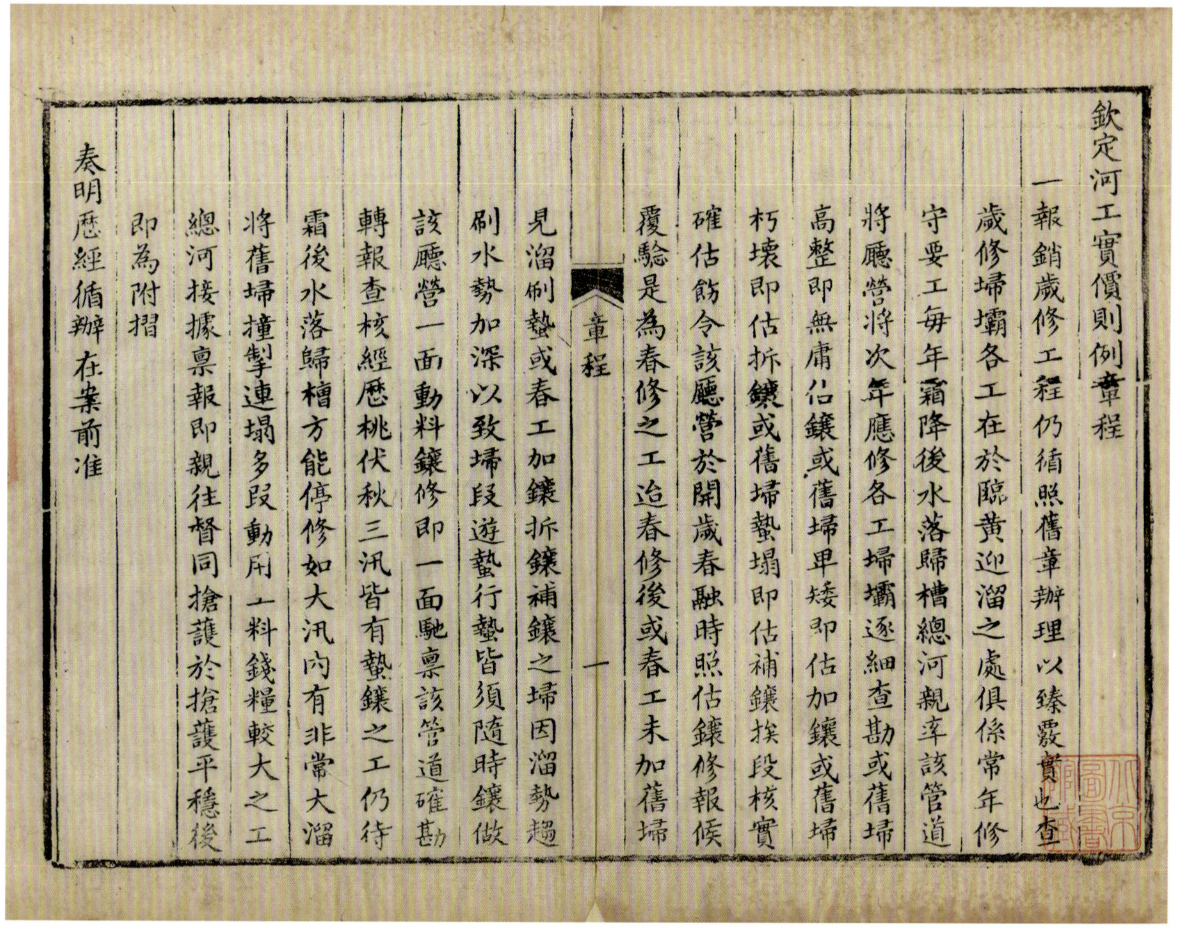
欽定河工實價則例章程
一報銷歲修工程仍循照舊章辦理以臻覈實也查
歲修埽壩各工在於臨黃迎溜之處俱係常年修
守要工每年霜降後水落歸槽總河親率該管道
將廳營將次年應修各工埽壩逐細查勘或舊埽
高整即無庸估鑲或舊埽卑矮即估加鑲或舊埽
朽壞即估拆鑲或舊埽蟄塌即估補鑲挨段核實
確估飭令該廳營於開歲春融時照估鑲修報候
覆驗是為春修之工迨春修後或春工未加舊埽
章程 一
見溜刷蟄或春工加鑲拆鑲補鑲之埽因溜勢趨
刷水勢加深以致埽段遊蟄行蟄皆須隨時鑲做
該廳營一面動料鑲修即一面馳稟該管道確勘
轉報查核經歷桃伏秋三汛皆有蟄鑲之工仍待
霜後水落歸槽方能停修如大汛內有非常大溜
將舊埽撞掣連塌多段動用一料錢糧較大之工
總河接據稟報即親往督同搶護於搶護平穩後
即為附摺
奏明歷經循辦在案前准

钦定河工实价则例章程：五卷；首一卷

（清）工部编

6 册

刻本

清嘉庆十三年（1808）

有 4 册、6 册版。

此书按厅属分卷，主要记录报销岁修工程等，卷一到卷四记录江南徐州道属丰北和丰南厅、铜沛厅、邳睢南北厅、宿南与宿北厅的秸秆、杉木、石料、挑河土方、工匠、夫役之价格。除江南黄运各厅水利工程外，此中还收录大量江南河道官员奏折。总体而言，本书专述清代江南河工物料，且以嘉庆朝为主，对江南黄运两河修筑、河厅设置、物料价格变化作了较为详细的介绍，是了解清代江南河工的重要资料。国图藏本源于嘉庆十三年（1808）四月“江南河库道衙门藏板”。

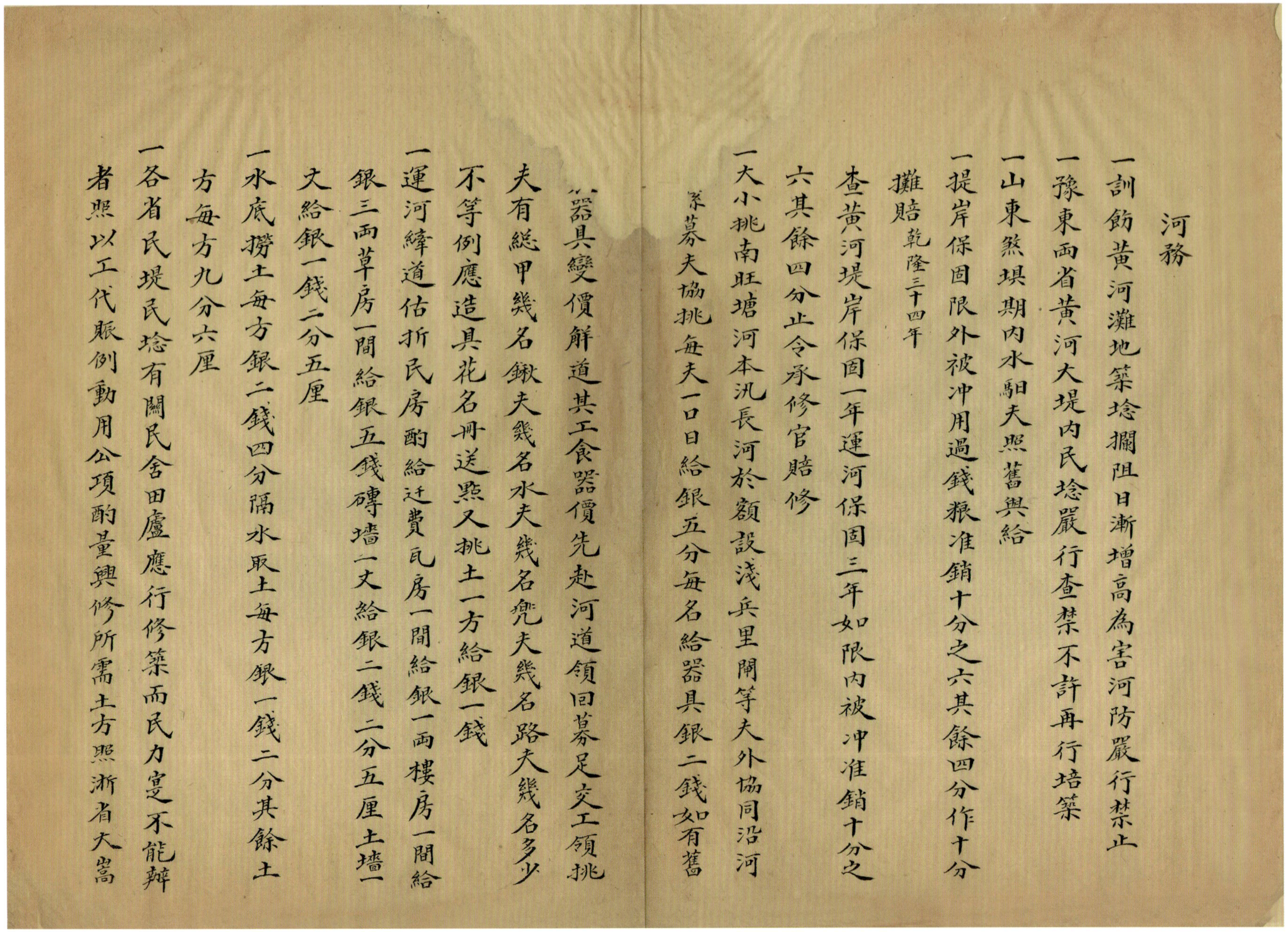
河務

一訓飭黄河灘地築埝攔阻日漸增高為害河防嚴行禁止
一豫東兩省黄河大堤内民埝嚴行查禁不許再行培築
一山東煞壩期内水駟夫照舊與給
一提岸保固限外被冲用過錢粮准銷十分之六其餘四分作十分
攤賠 乾隆三十四年
查黄河堤岸保固一年運河保固三年如限内被冲准銷十分之
六其餘四分止令承修官賠修
一大小挑南旺塘河本汛長河於額設淺兵里開等夫外協同沿河
系募夫協挑每夫一口日給銀五分每名給器具銀二錢如有舊
器具變價解道其工食器價先赴河道領回募足交工領挑
夫有總甲幾名鍬夫幾名水夫幾名兜夫幾名路夫幾名多少
不等例應造具花名冊送點又挑土一方給銀一錢
一運河縴道估折民房酌給遷費瓦房一間給銀一兩樓房一間給
銀三兩草房一間給銀五錢磚墻一丈給銀二錢二分五厘土墻一
丈給銀一錢二分五厘
一水底撈土每方銀二錢四分隔水取土每方銀一錢二分其餘土
方每方九分六厘
一各省民堤民埝有關民舍田廬應行修築而民力實不能辦
者照以工代賑例動用公項酌量興修所需土方照浙省大嵩

黄运两河修筑章程

1 册

抄本

清光绪三年（1877）

此书首为河务处分；次为河工考语，即对厅、汛、营、典史等河官与兵丁的相关要求与章程；三为工程名目，即对埽的定义、制作、下埽程序、分类做介绍；四为河工岁修、抢修、另案与别案。全书对清代河南、山东境内黄河、运河的修防、工程、管理、物料均有涉及，内容详尽。

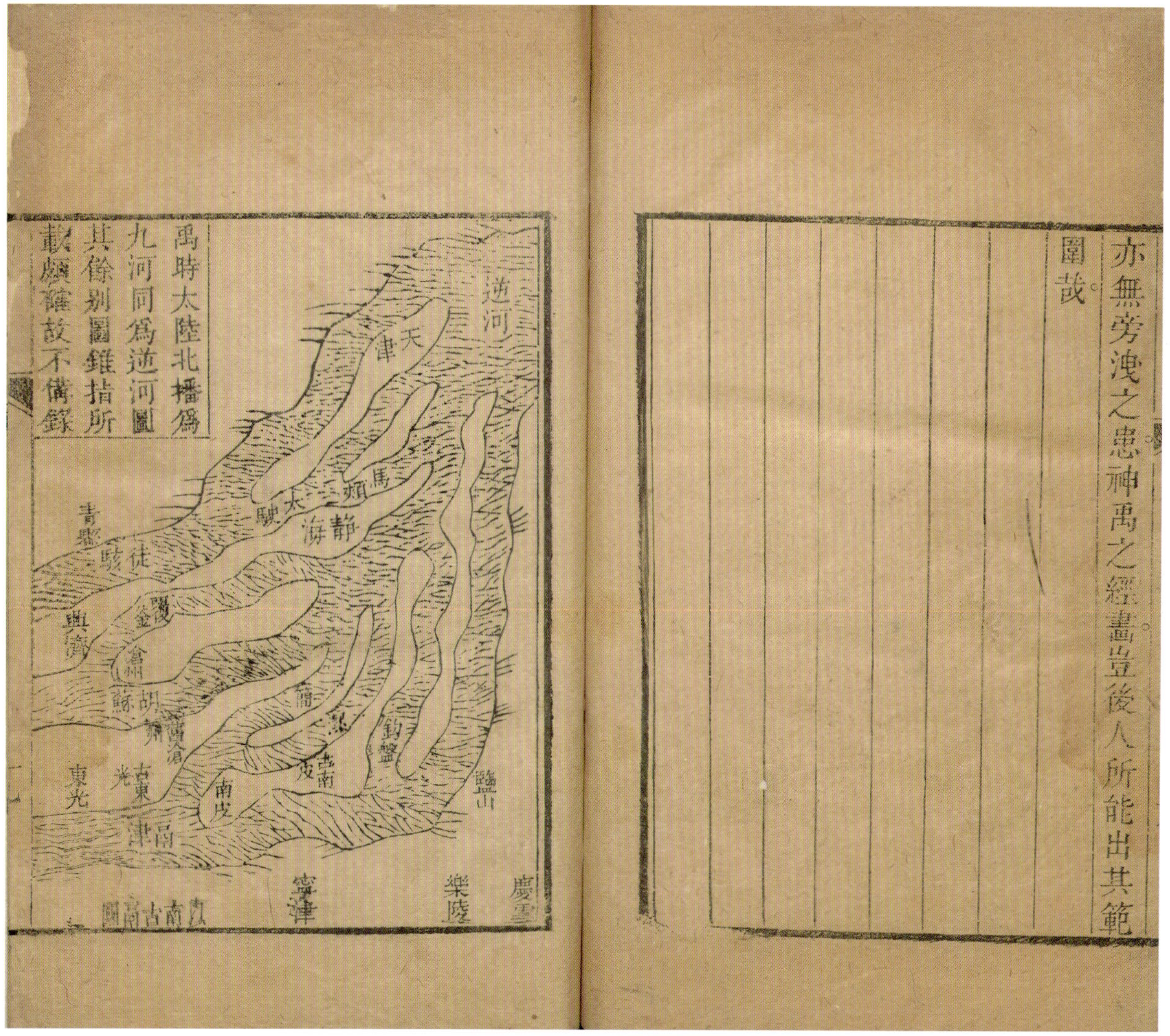

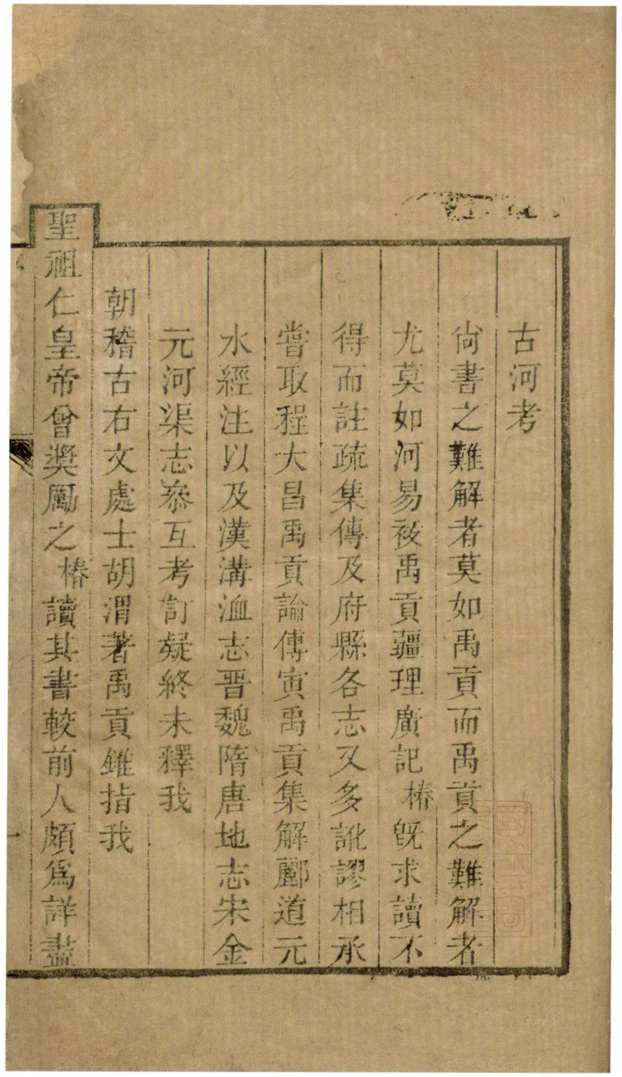

古河考

（清）吴楚椿撰

1 册

刻本

清乾隆二十八年（1763）

版本一：清乾隆二十八年（1763）刻本。版本二：清抄本。

吴楚椿曾对五河所经之德州进行考察，以河为线，考察其历史，著成本书。书中有考十篇，附论两篇，图一篇。五河指隔津、马颊、覆釜、钩盘、徒骇五河，据说是大禹治水在德州留下的故道遗迹。

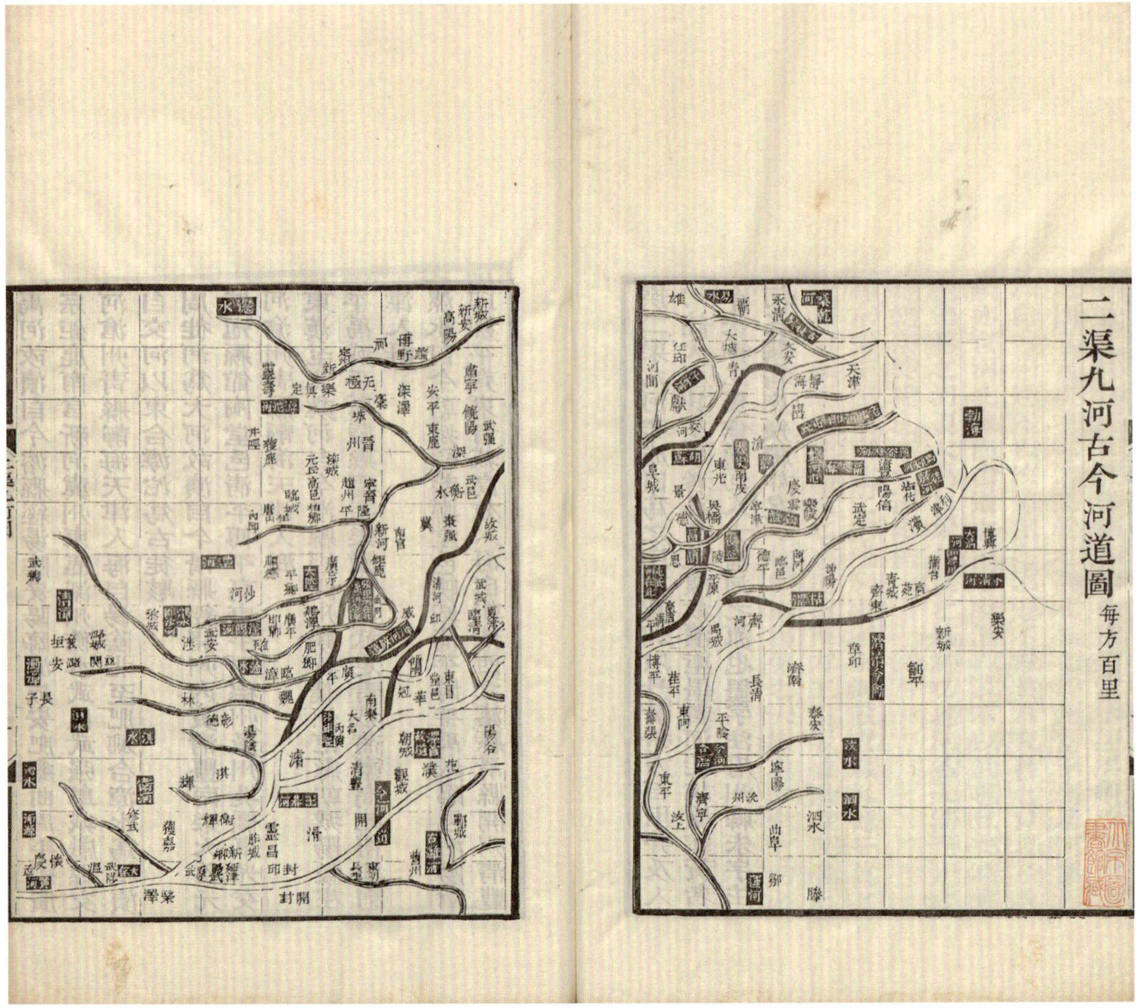

二渠九河考：一卷；图一卷

(清) 孙彤撰

1 册

刻本

承德孙氏，[清嘉庆年间 (1796—1820)]

孙彤即孙冯翼，是清代藏书家、校勘学家、舆地学者。孙氏查阅《史记·河渠书》《汉书·沟洫志》《太平寰宇记》《水经注》《太平御览》等诸多典籍，考证二渠、九河，撰成此书。书中有每方百里的《二渠九河古今河道图》。此书收录于孙彤辑《问经堂丛书》，书名页题“二渠九河图考”，有“承德孙氏藏板”字样。

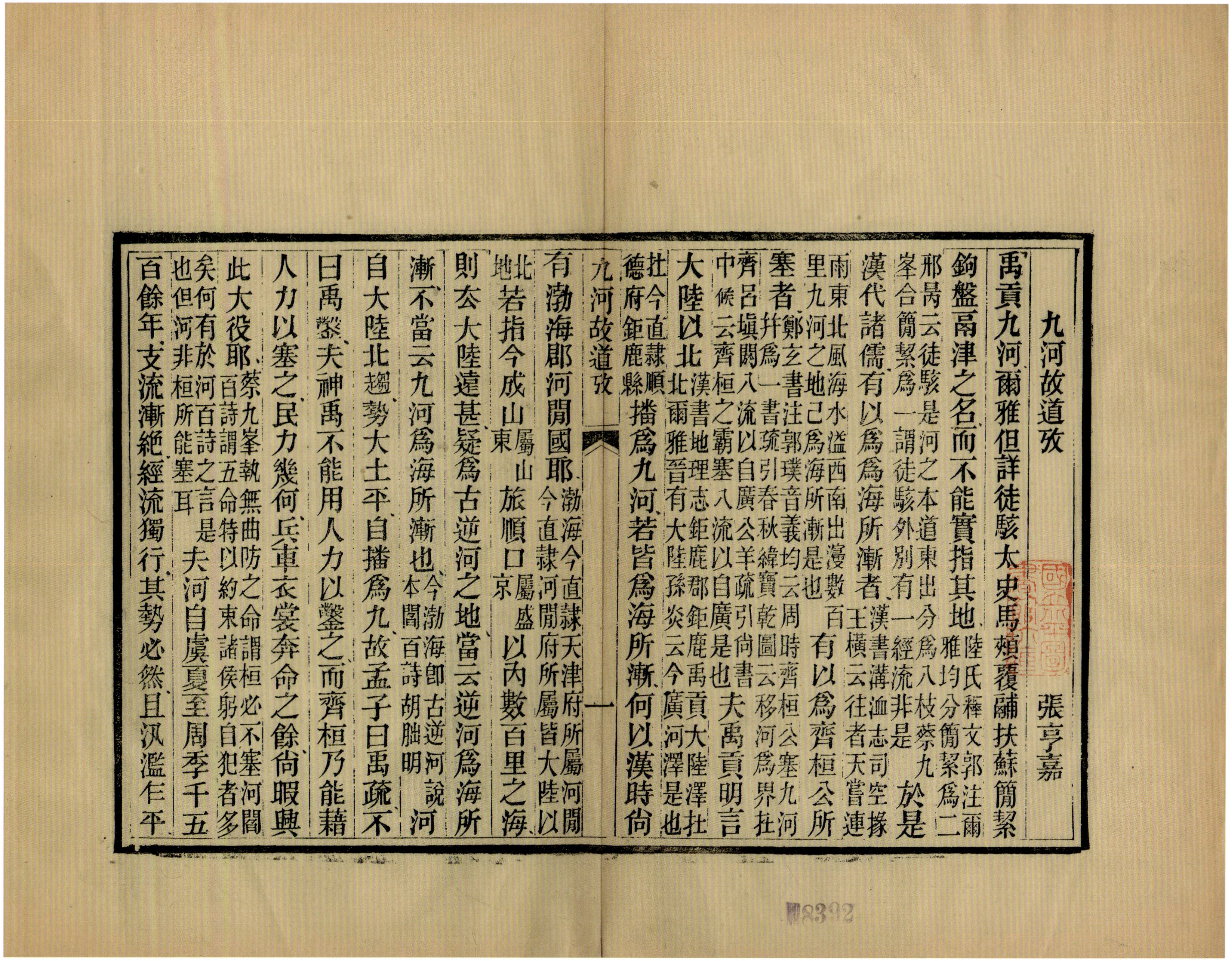

九河故道考：一卷

（清）张亨嘉撰

1册

刻本

东河节署，清光绪八年（1882）

这是一部专门考证《尚书·禹贡》所述九河故道的著作。九河是古代黄河下游许多支流的总称。《禹贡》记载，黄河“至于大陆，北播为九河，同为逆河，入于海”。九河自春秋时已湮废迁徙，后世对此有诸多考证，但是并无统一的说法。

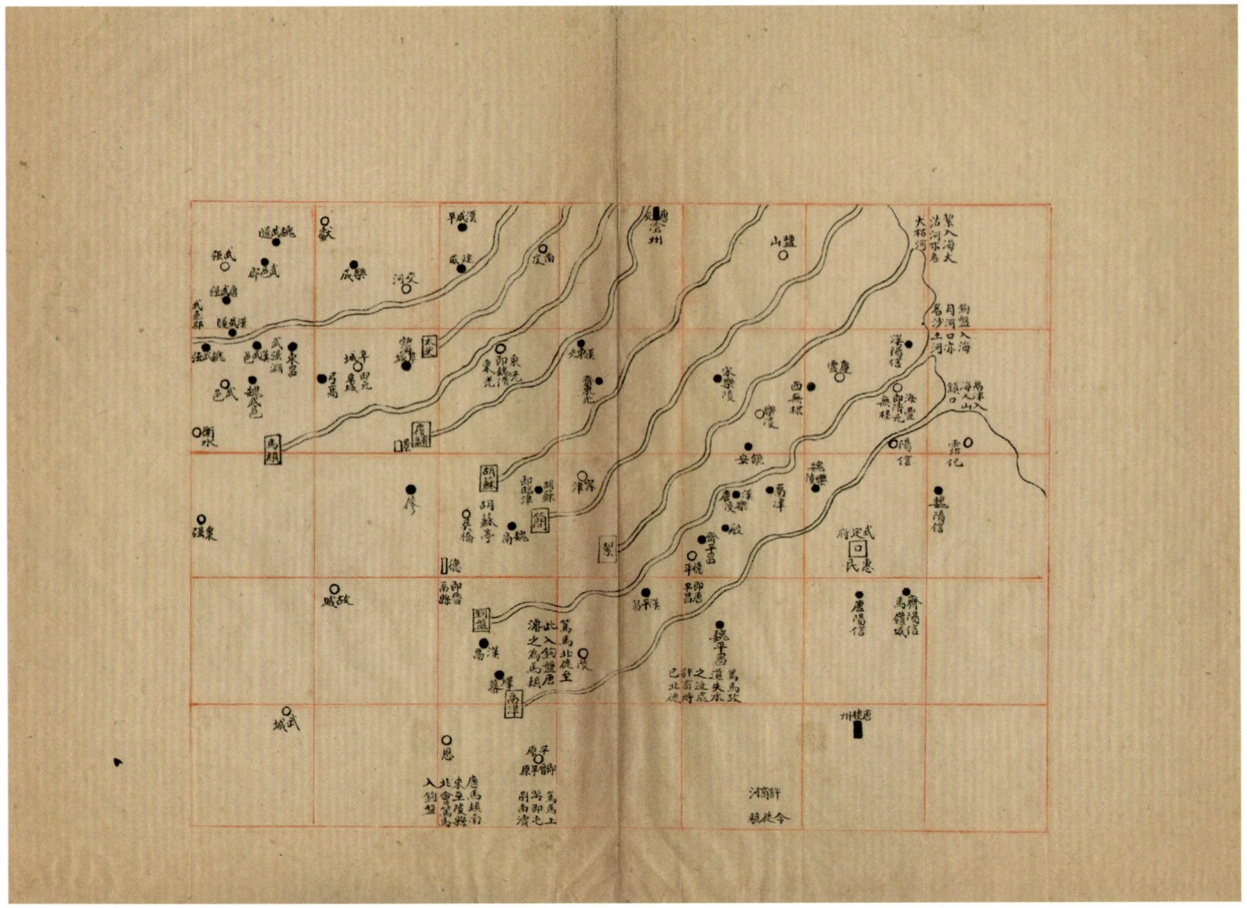

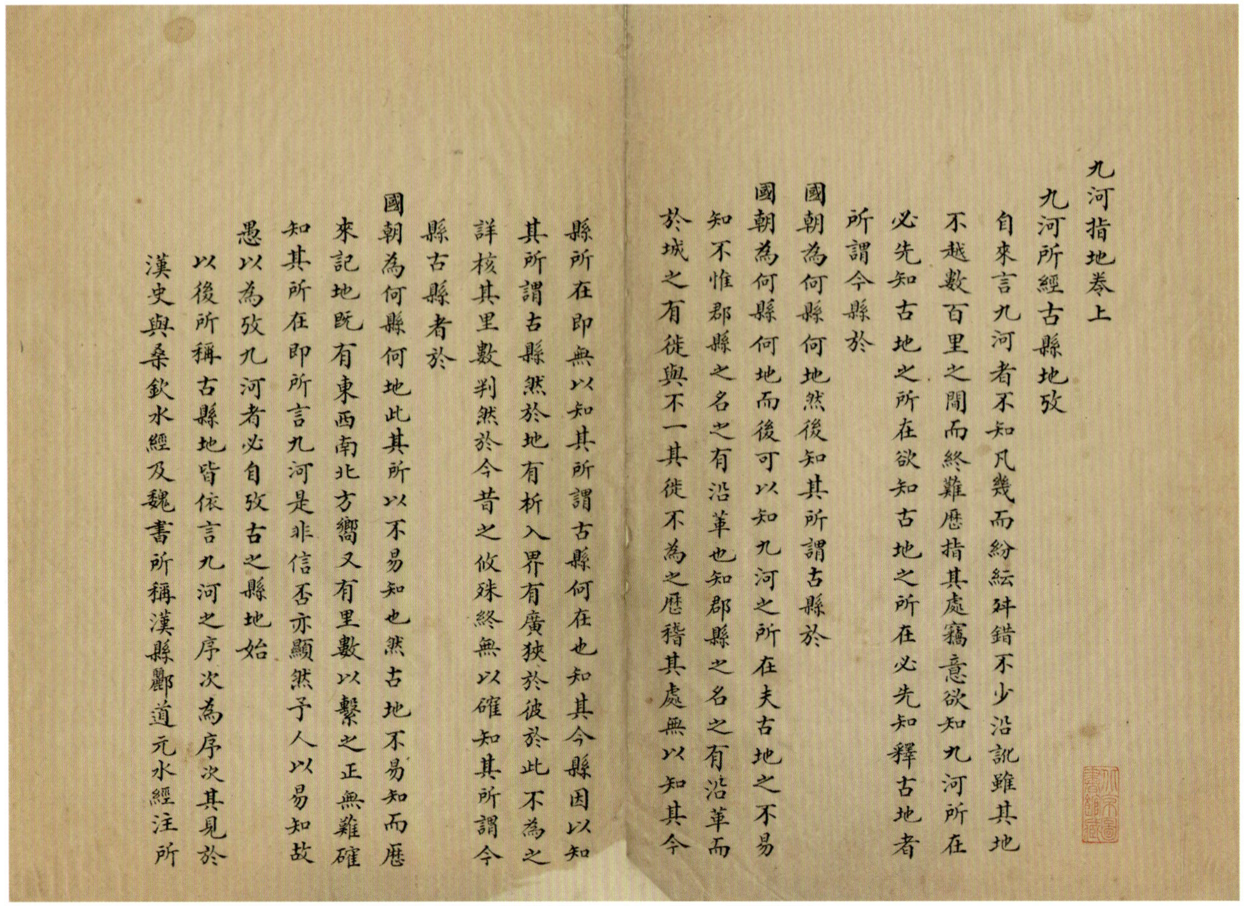

九河指地：三卷

（清）徐寿基撰

1 册

抄本

［清光绪年间（1875—1908）］

是书分上、中、下三卷，引用《禹贡锥指》等文献，考证九河源流等，内容包括九河所经古县地考等。书中有计里画方河图。

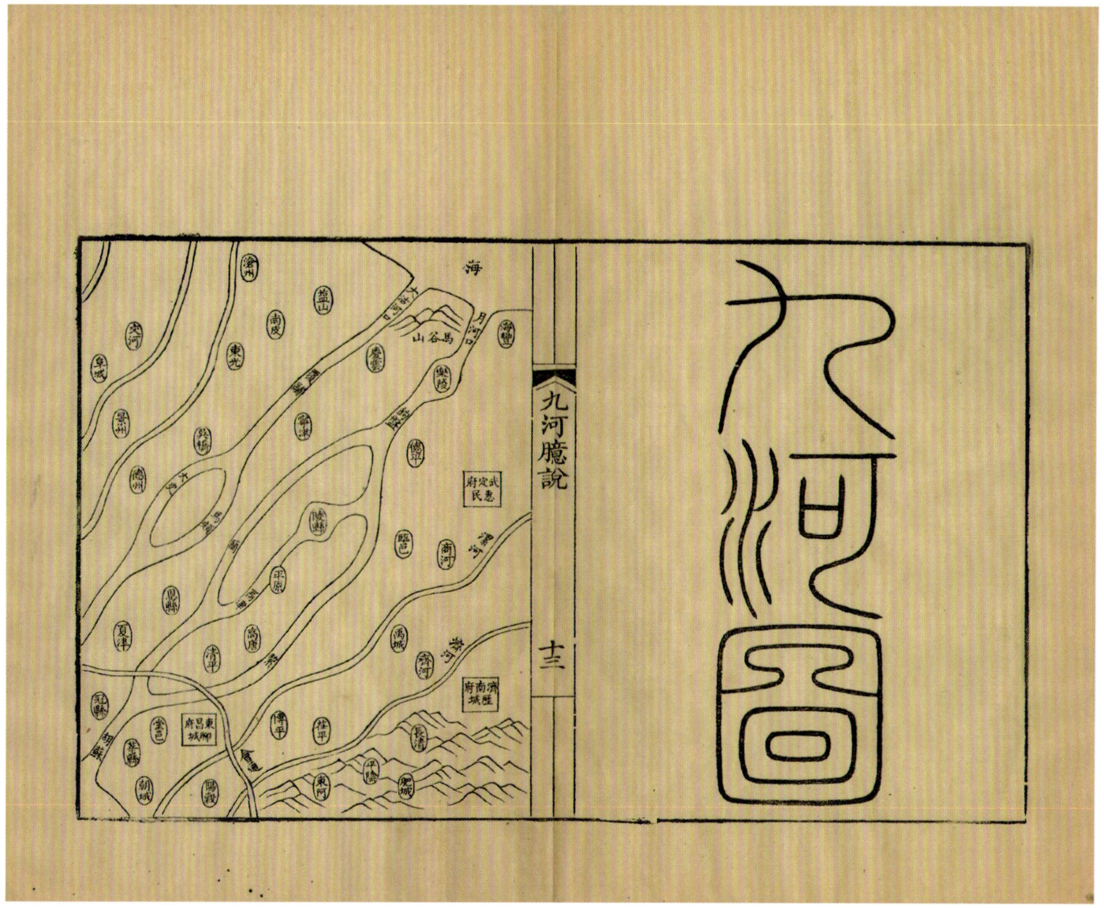

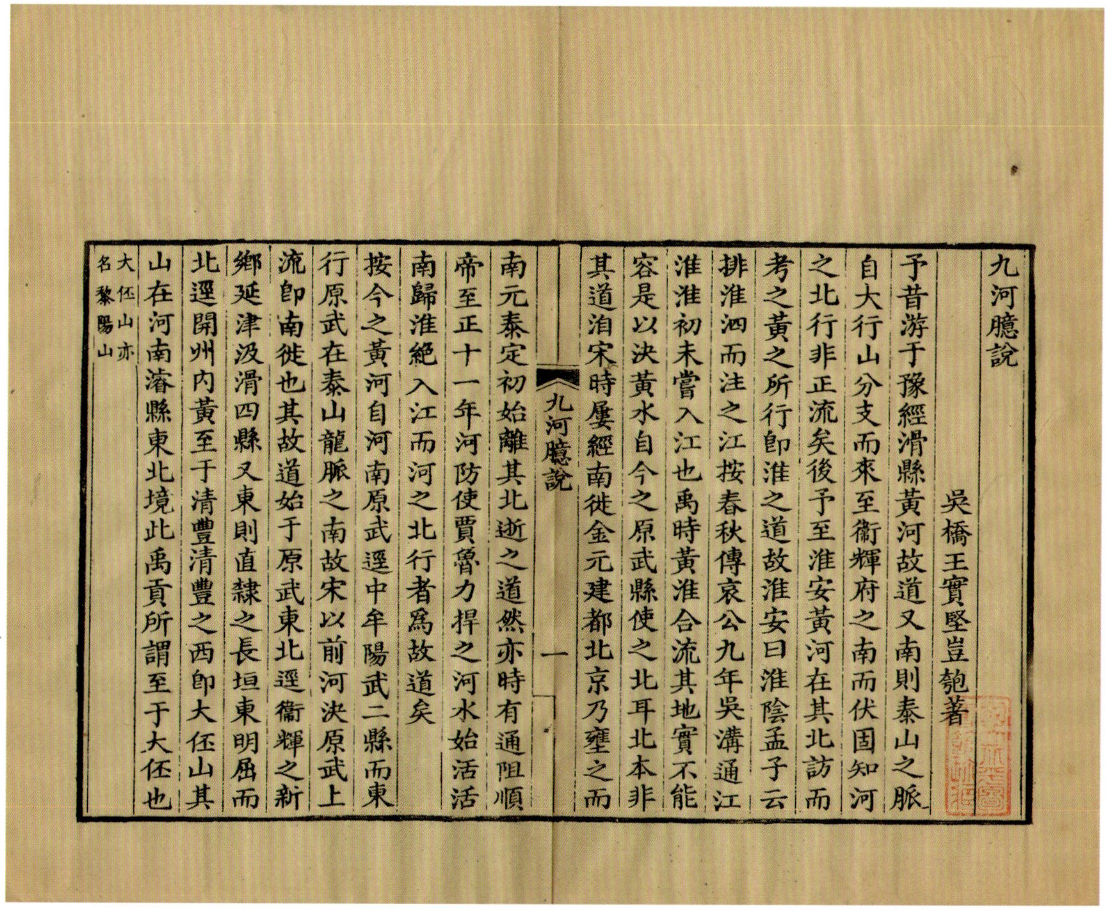
九河臆說
吳橋王實堅豈匏著
予昔游于豫經滑縣黃河故道又南則泰山之脈自大行山分支而來至衛輝府之南而伏固知河之北行非正流矣後予至淮安黃河在其北訪而考之黃之所行卽淮之道故淮安曰淮陰孟子云排淮泗而注之江按春秋傳哀公九年吳溝通江淮淮初未嘗入江也禹時黃淮合流其地實不能容是以決黃水自今之原武縣使之北耳北本非其道洎宋時屢經南徙金元建都北京乃壅之而南元泰定初始離其北逝之道然亦時有通阻順帝至正十一年河防使賈魯力捍之河水始活活南歸淮絕入江而河之北行者爲故道矣
按今之黃河自河南原武逕中牟陽武二縣而東行原武在泰山龍脈之南故宋以前河決原武上流卽南徙也其故道始于原武東北逕衛輝之新鄉延津汲滑四縣又東則直隸之長垣東明屆而北逕開州內黃至于清豐清豐之西卽大伾山其山在河南濬縣東北境此禹貢所謂至于大伾也（大伾山亦名黎陽山）
九河臆說 一

九河臆说：一卷

（清）王实坚著

1 册

刻本

［清光绪三十二年至清末（1906—1911）］

此书是对九河的考证，书中有《九河图》。书中有“板藏吴桥劝学所”字样。

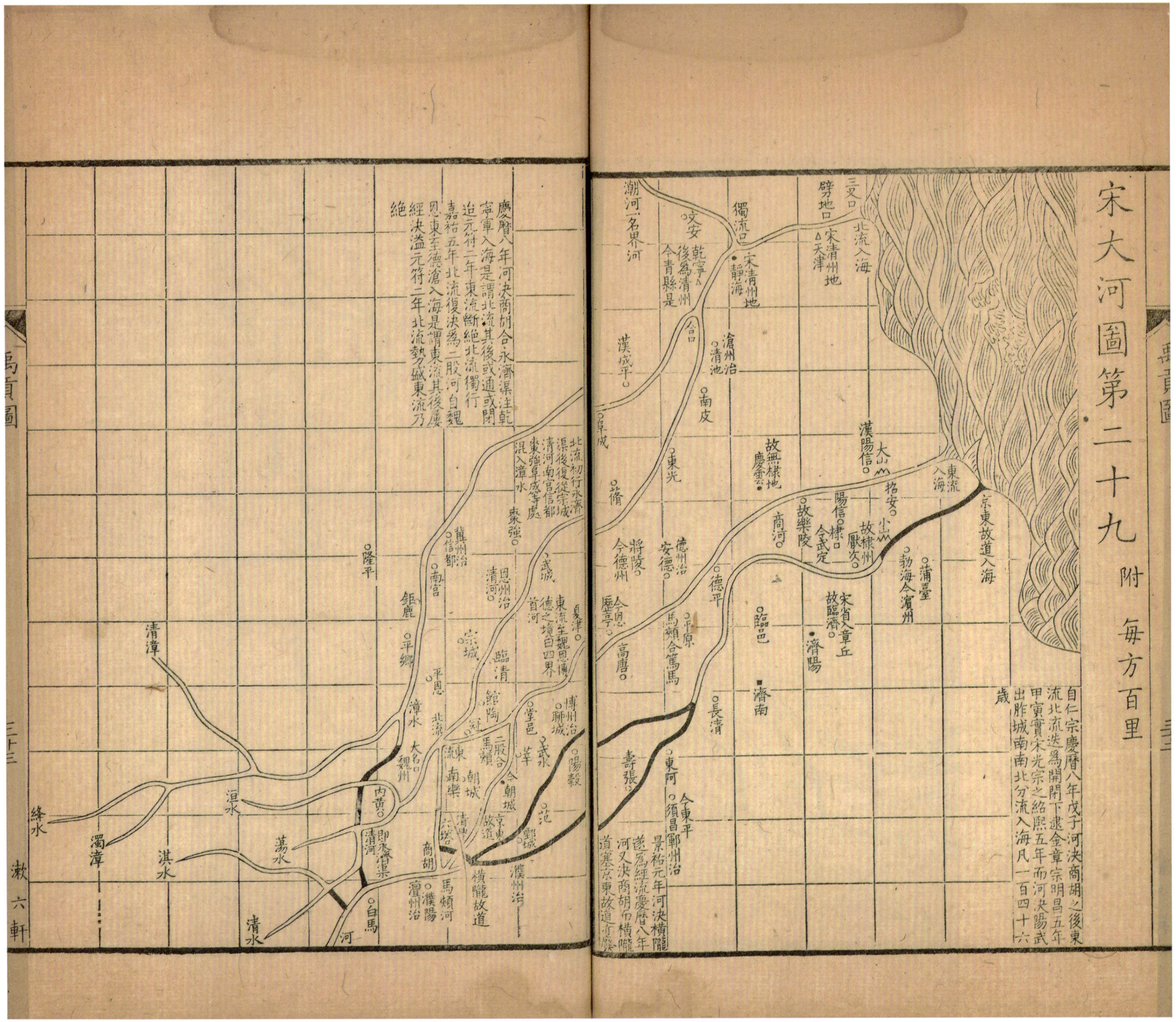

禹贡锥指：二十卷；略例图一卷

（清）胡渭撰

12 册

刻本

漱六轩，清康熙四十四年（1705）

是书版本众多，早期有清康熙四十四年（1705）漱六轩刻本，有 9 册、10 册、12 册版。

是书于康熙四十一年（1702）刊印成册，题 20 卷，实 26 卷，是研究《禹贡》成就较大的一部专著，也是后人研究黄河变迁史的必读书之一。书中有《九州分域》《尔雅九州》《职方九州》等 45 幅历史地图，附五服、九服示意图两幅，图说较详。作者在书中提出黄河五次大改道说，为研究黄河变迁提供了历史证据。

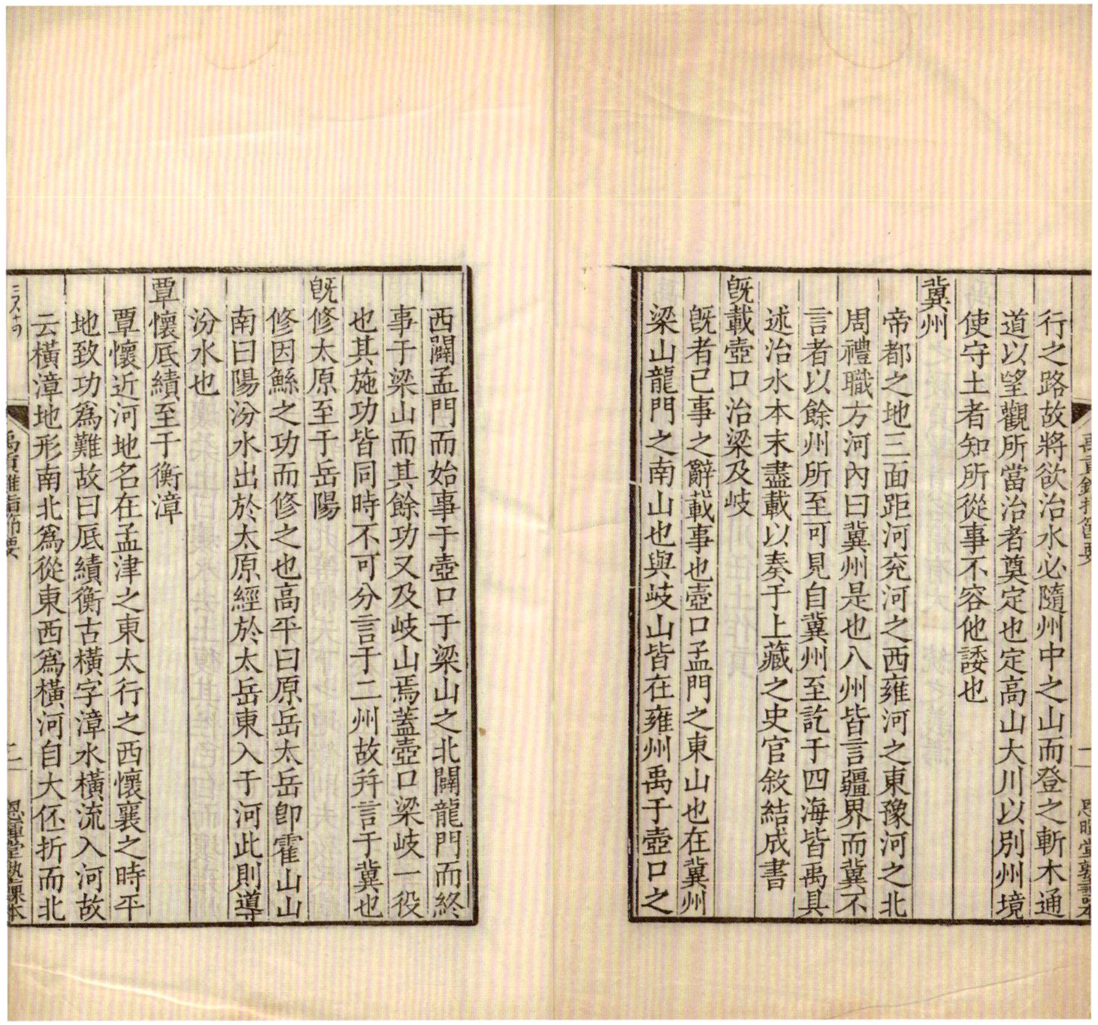

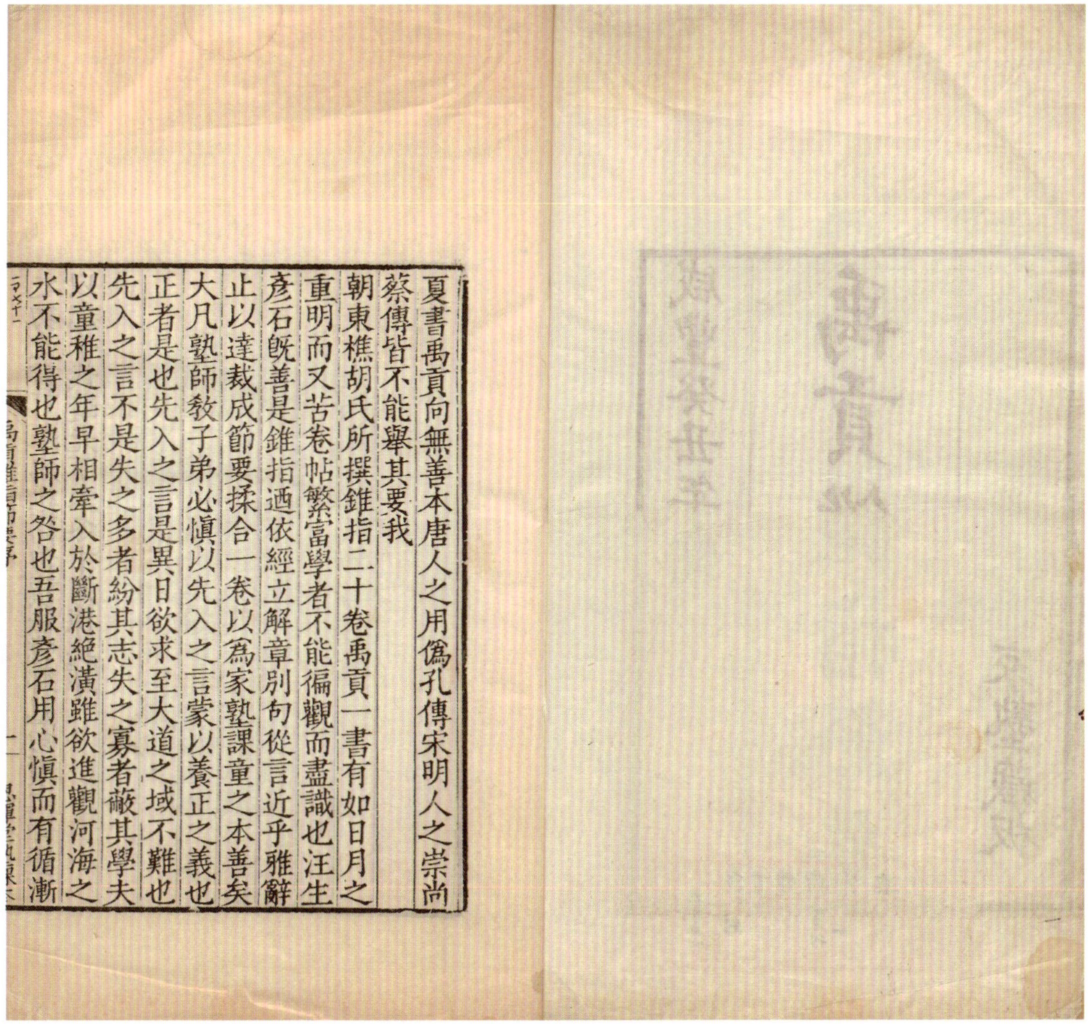

禹贡锥指节要：一卷

(清）胡渭撰，(清）汪献玗节要

1 册

刻本

徐乃昌重印，[清光绪年间（1875—1908）]

胡渭著《禹贡锥指》于《禹贡》一书发挥颇多，但卷帙浩繁，不便观览。汪献玗将其进行裁剔，合为一卷，词简义详，说解通俗，可作讲读之用。此书于清道光二十七年（1847）前成书，世少传本。南陵徐乃昌获此书咸丰三年（1853）刊刻版本，加以校订后于光绪年间重印出版。版心题“思晖堂塾课本”，题名页有“家塾藏板”字样。

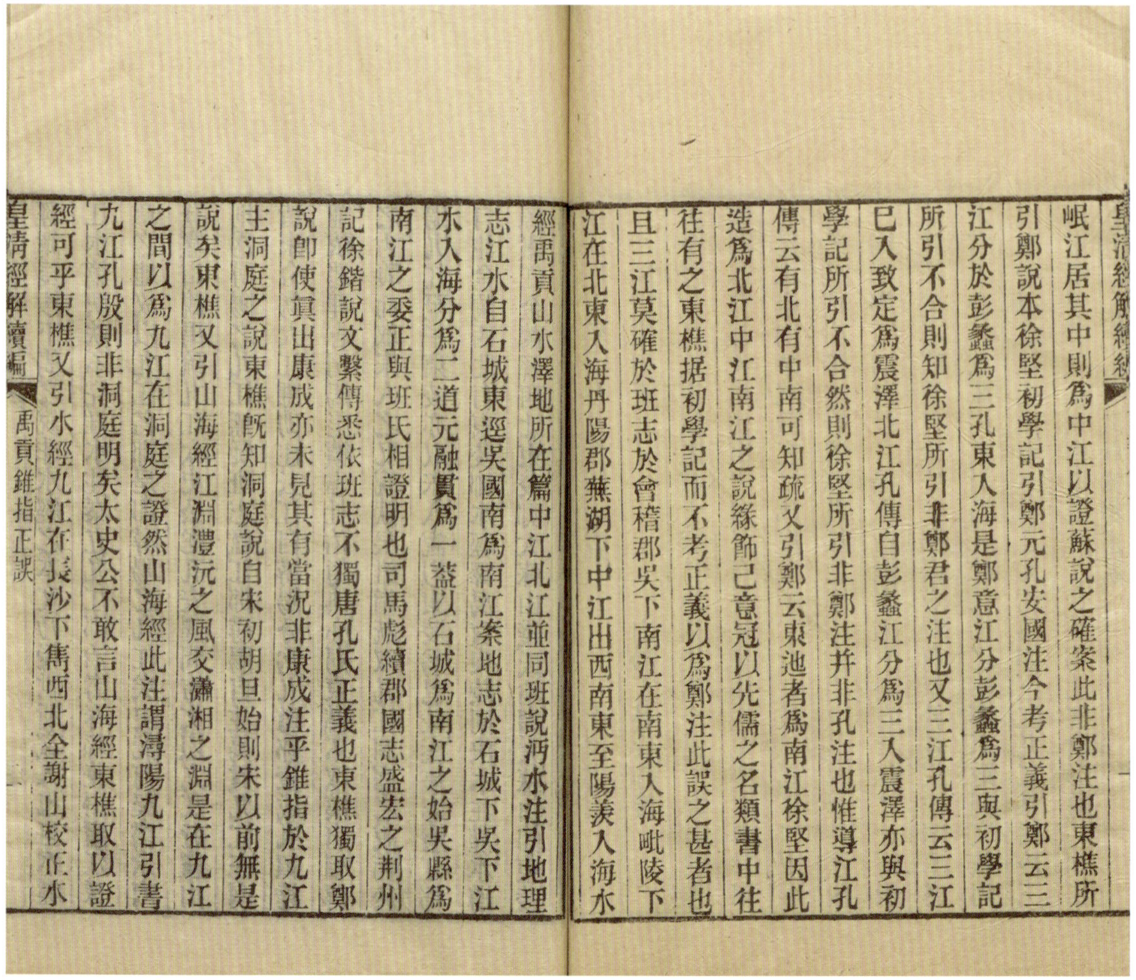

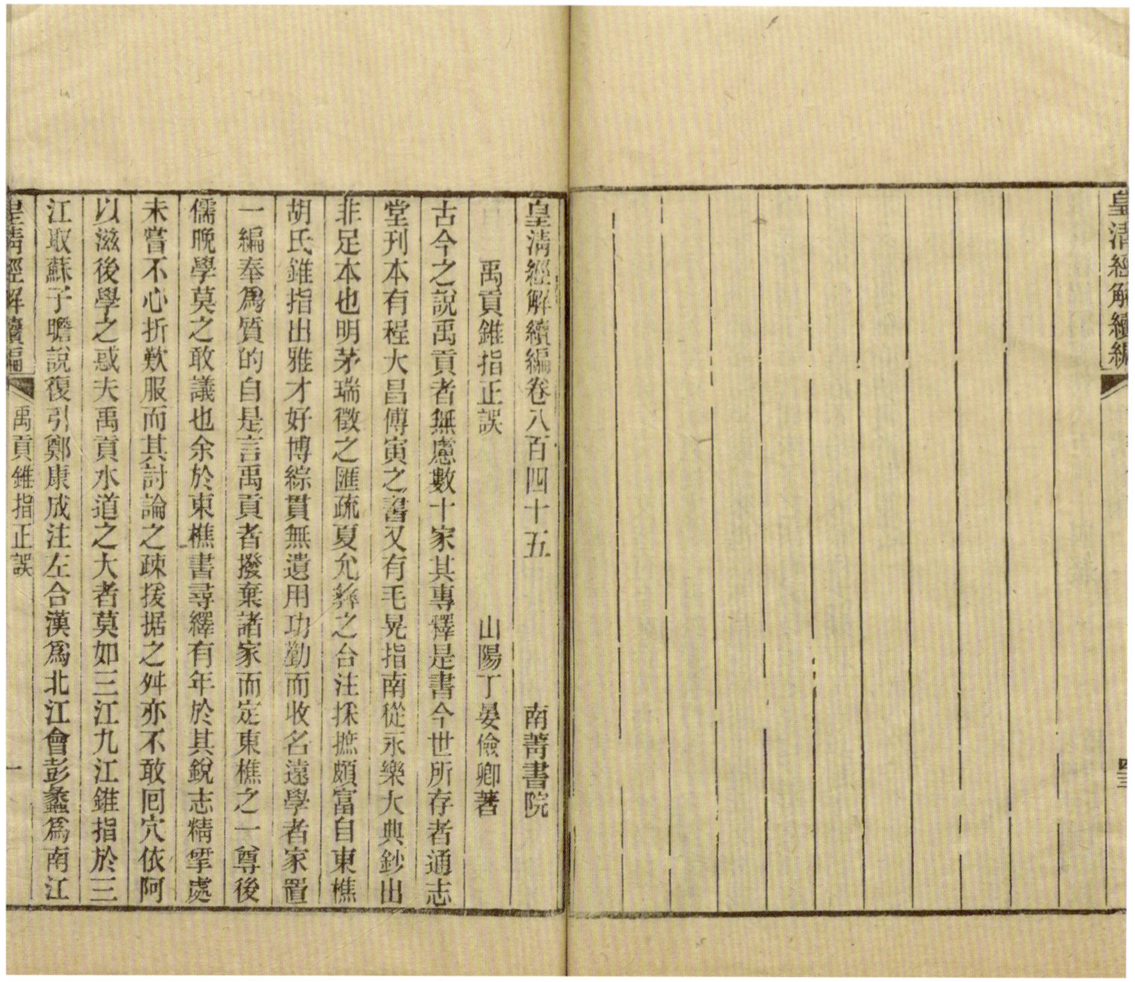

禹贡锥指正误：一卷

（清）丁晏著

1 册

刻本

南菁书院、江苏书局，清光绪十四年（1888）

版本一：收录于清同治元年（1862）丁晏撰辑《颐志斋丛书：二十一种》汇印刻本（共 16 册）第 3 册。版本二：收录于（清）王先谦辑《皇清经解续编：二百九种一千四百三十卷》（共 320 册）第 194 册，清光绪十二年至十四年（1886—1888）南菁书院、江苏书局刻本。

清中后期校勘学家丁晏贯通经学，精熟舆地，于《禹贡》之学深有研究，不但对胡渭《禹贡锥指》多有匡正，著有《禹贡锥指正误》一书，后来还在此基础上撰成《禹贡集释》三卷。

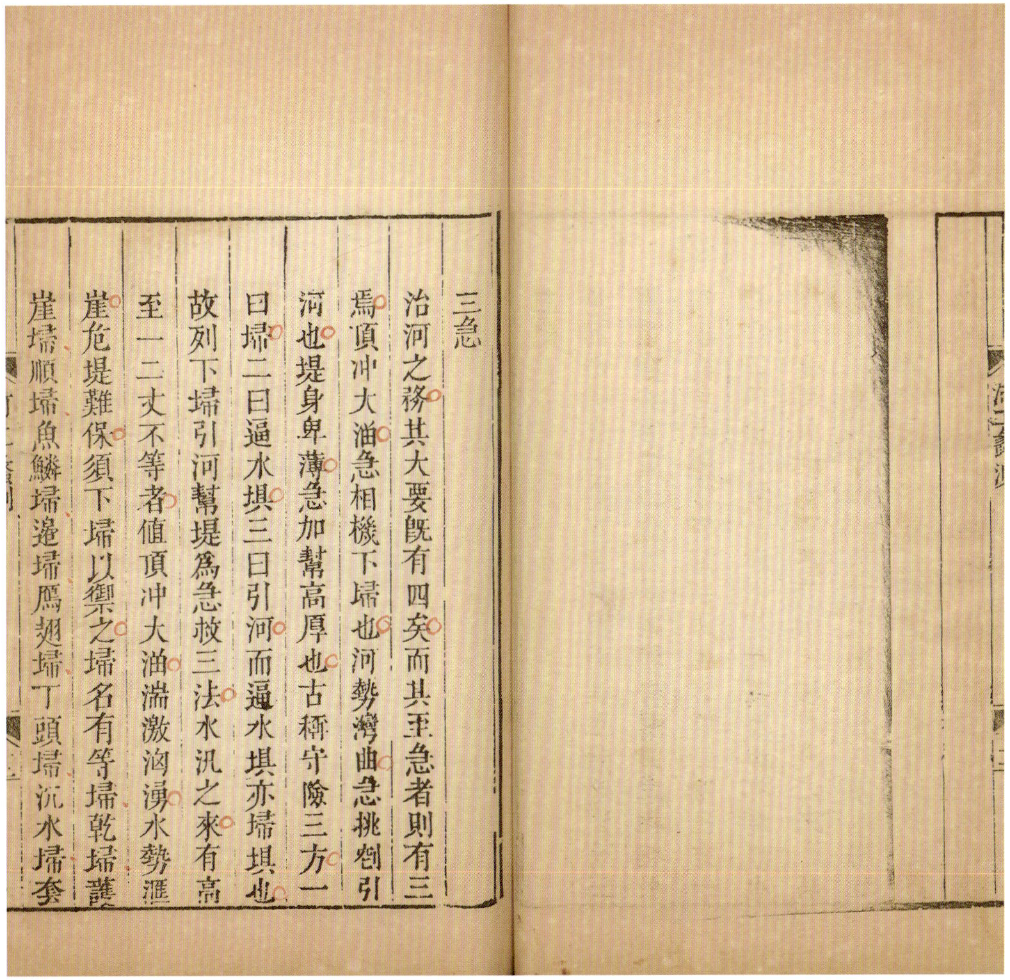
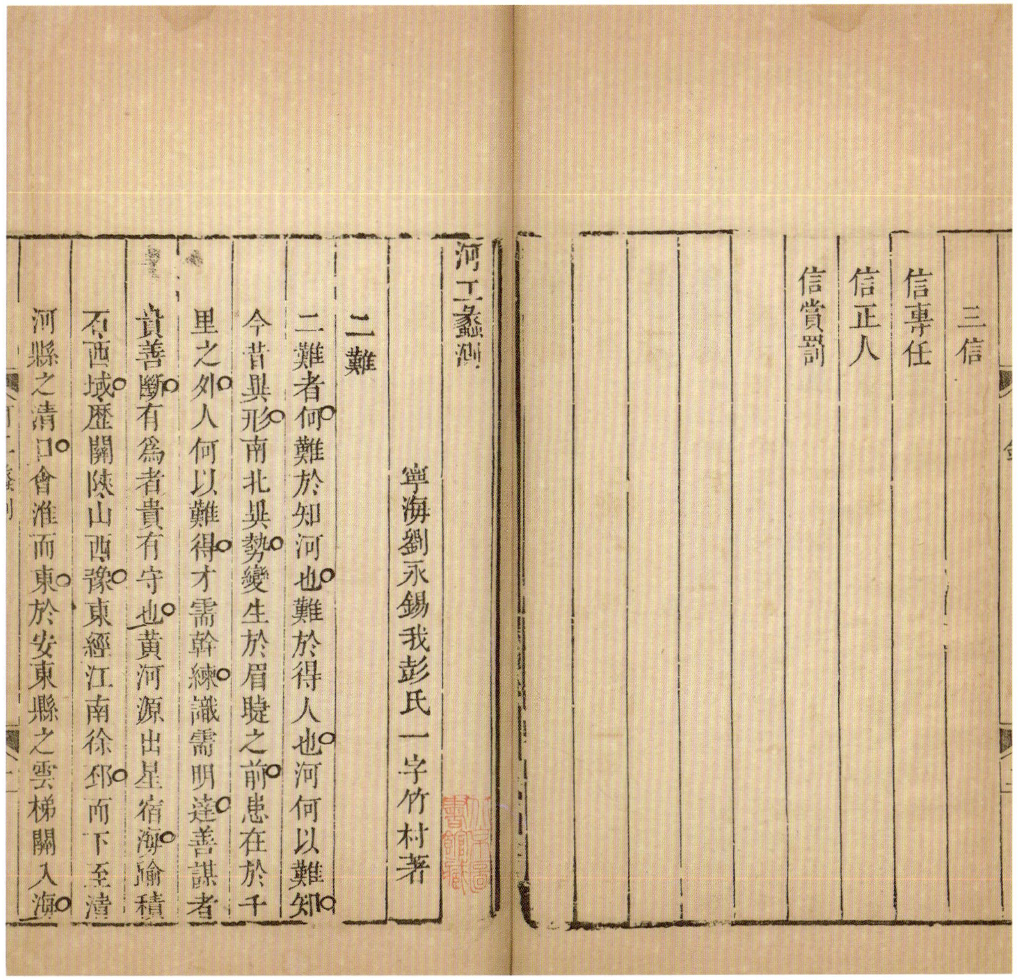

河工蠡测

（清）刘永锡著

1 册

刻本

［清乾隆年间（1736—1795）］

版本一：清乾隆年间（1736—1795）刻本，附抄后叙及防河歌。版本二：清（1644—1911）抄本，附防河歌。

刘永锡在清雍正年间曾任知县，就其 20 年间所阅历的治河见闻著成此书。此书成于乾隆二年（1737），不分卷，记述了河工制度、工程构件制作方法、治河抢险方法及管理等。目录包括二难、四要和三信。二难指知河难、得人难；四要指要明晰厉害、要因势利导、要因地制宜、要先事预防；三信指信专任、信正人、信赏罚。

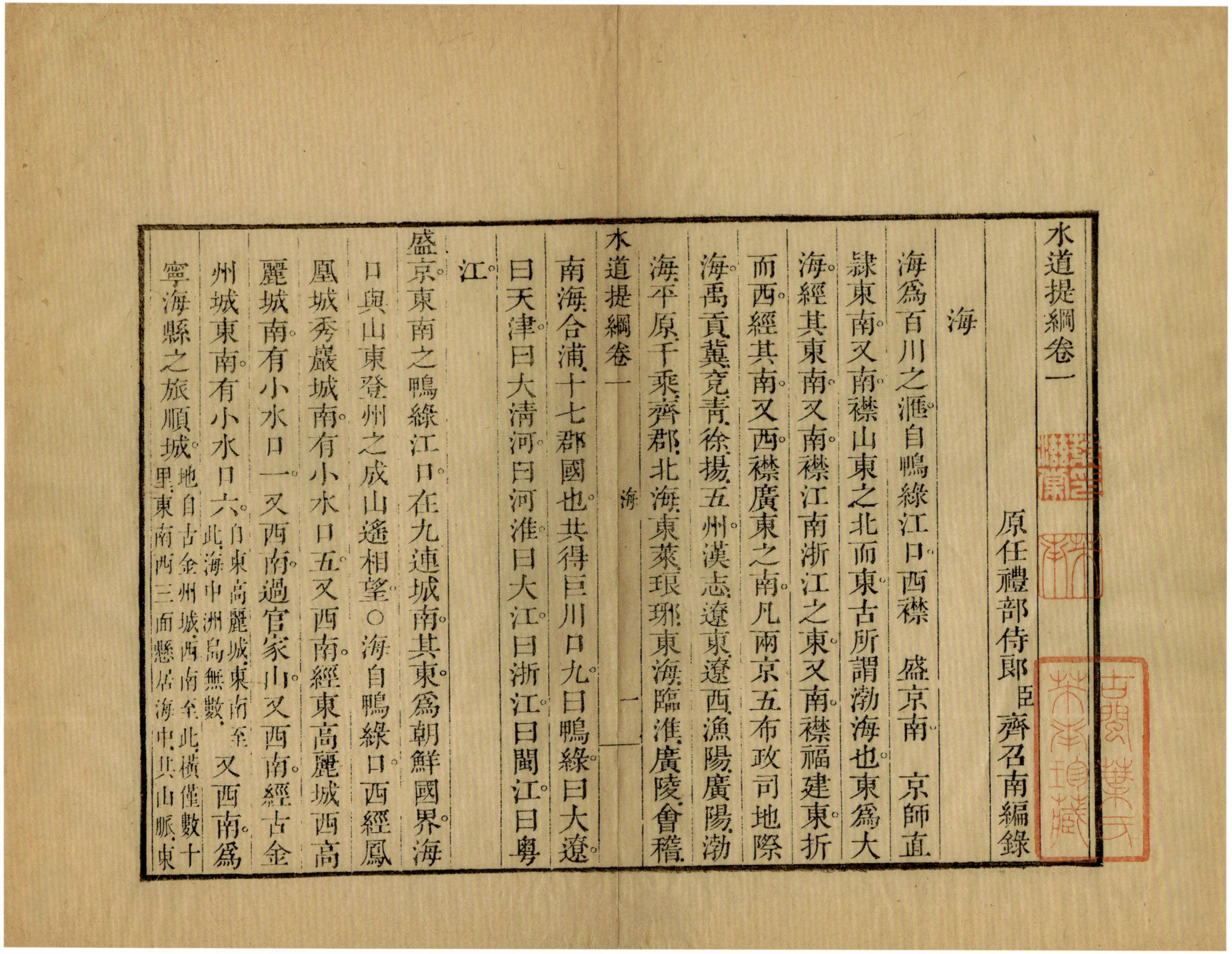

水道提纲：二十八卷

（清）齐召南著

12 册

刻本

杭州：传经书屋，清乾隆四十一年（1776）

版本一：清乾隆四十一年（1776）杭州传经书屋刻本，12 册。版本二：清光绪四年（1878）津门徐士銮霞城精舍刻本，8 册。版本三：清光绪五年（1879）宏达堂刻本，6 册。版本四：清光绪七年（1881）上海文瑞楼铅印本，8 册。版本五：清光绪十七年（1891）湖南船山书屋刻本，8 册。

齐召南在翰林院纂修《大清一统志》时，有感于全国水道除《水经注》外无专著，故参考康熙五十七年（1718）实地测绘编制的《皇舆全图》，用《水经》遗意，上法《禹贡》导川，写成此书。全书原则上以巨川为纲，所受支流为目，是我国第一部最全面的专叙水道源流分合的地理专著。书中卷五专述黄河，综合康熙年间对黄河源的探查成果，对河源及扎陵、鄂陵两湖位置与名称由来做了详细准确的记载，两湖名称记作“查灵海”（西）和“鄂灵海”（东）。

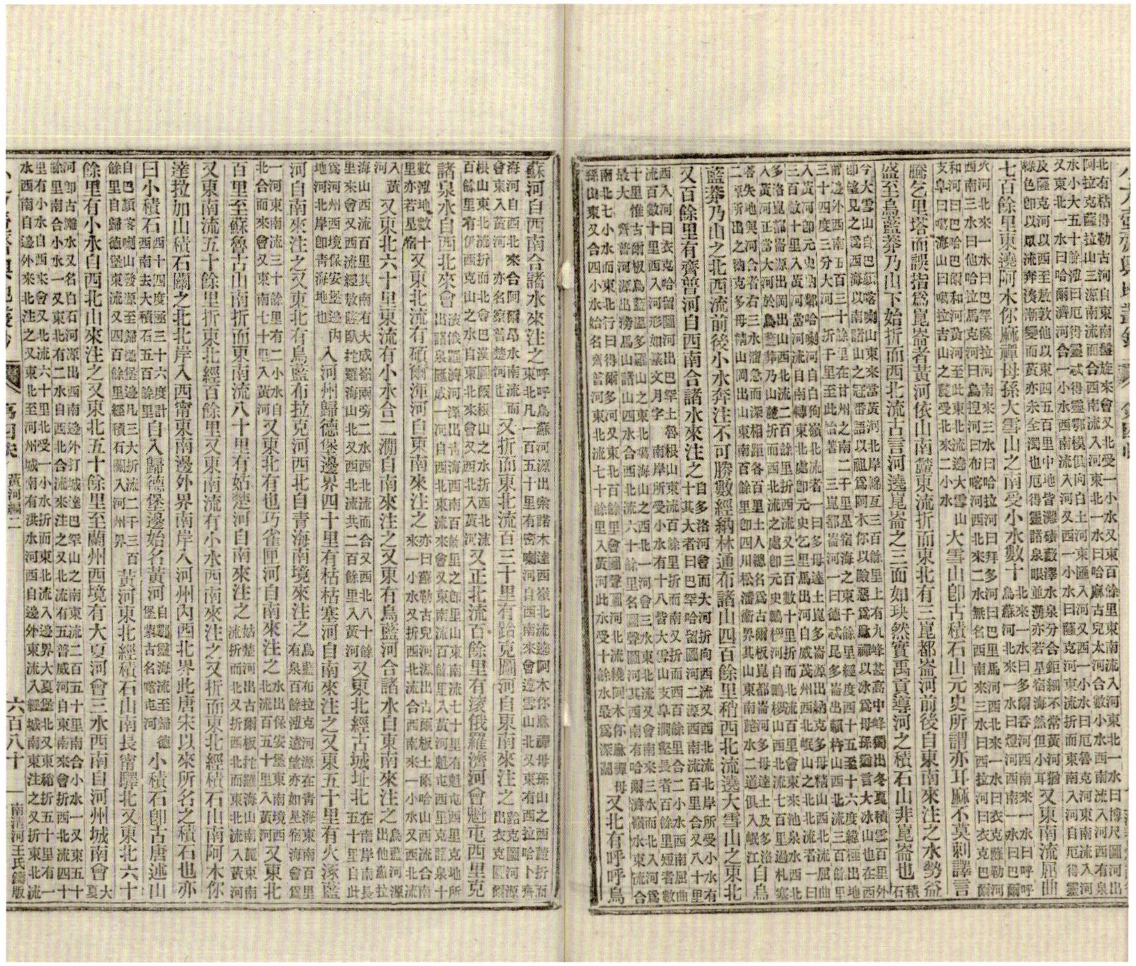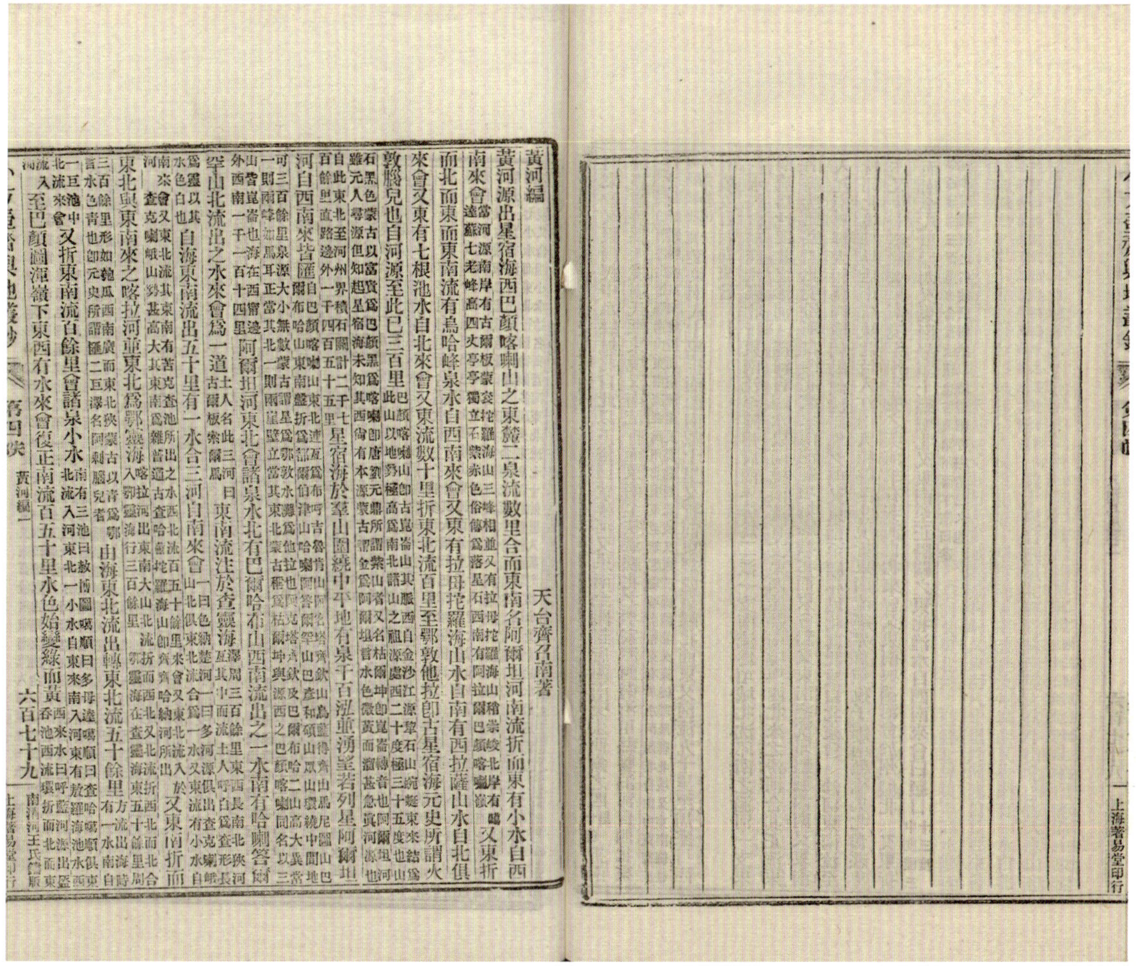

黄河编

（清）齐召南著

铅印本

上海：著易堂，清光绪十七年（1891）

此编系齐召南《水道提纲》一书第五卷，正文兼注约 1.3 万字。自黄河源起，至两入海口止，沿岸流经省、府、州、县、城镇、关津、湾滩，俱载地名及汇入河州，并加注说明源流、水势，详上游而略下游，记述河源最为详尽。收录于王锡祺辑《小方壶斋舆地丛钞：十二帙》（共 64 册）第 24 册。

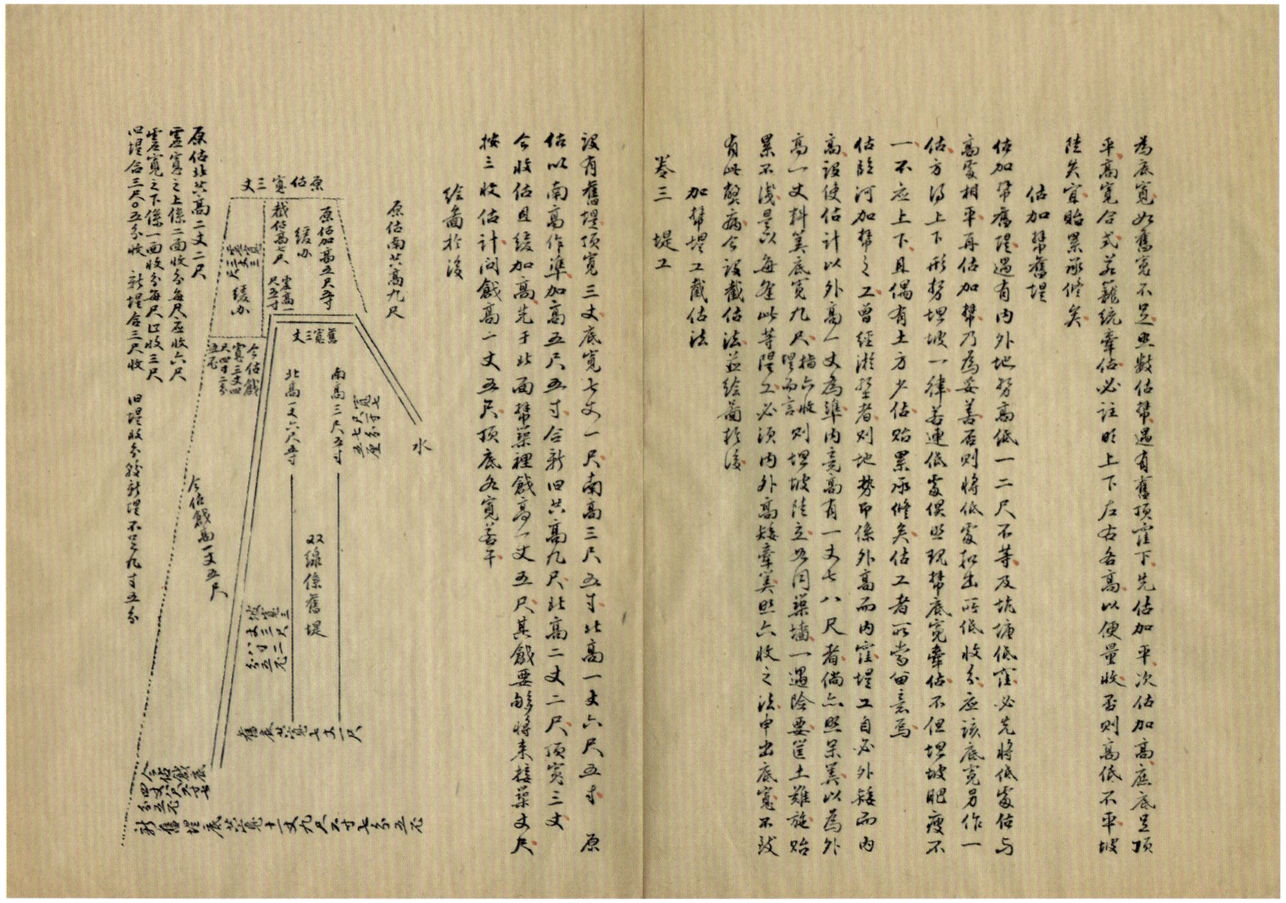

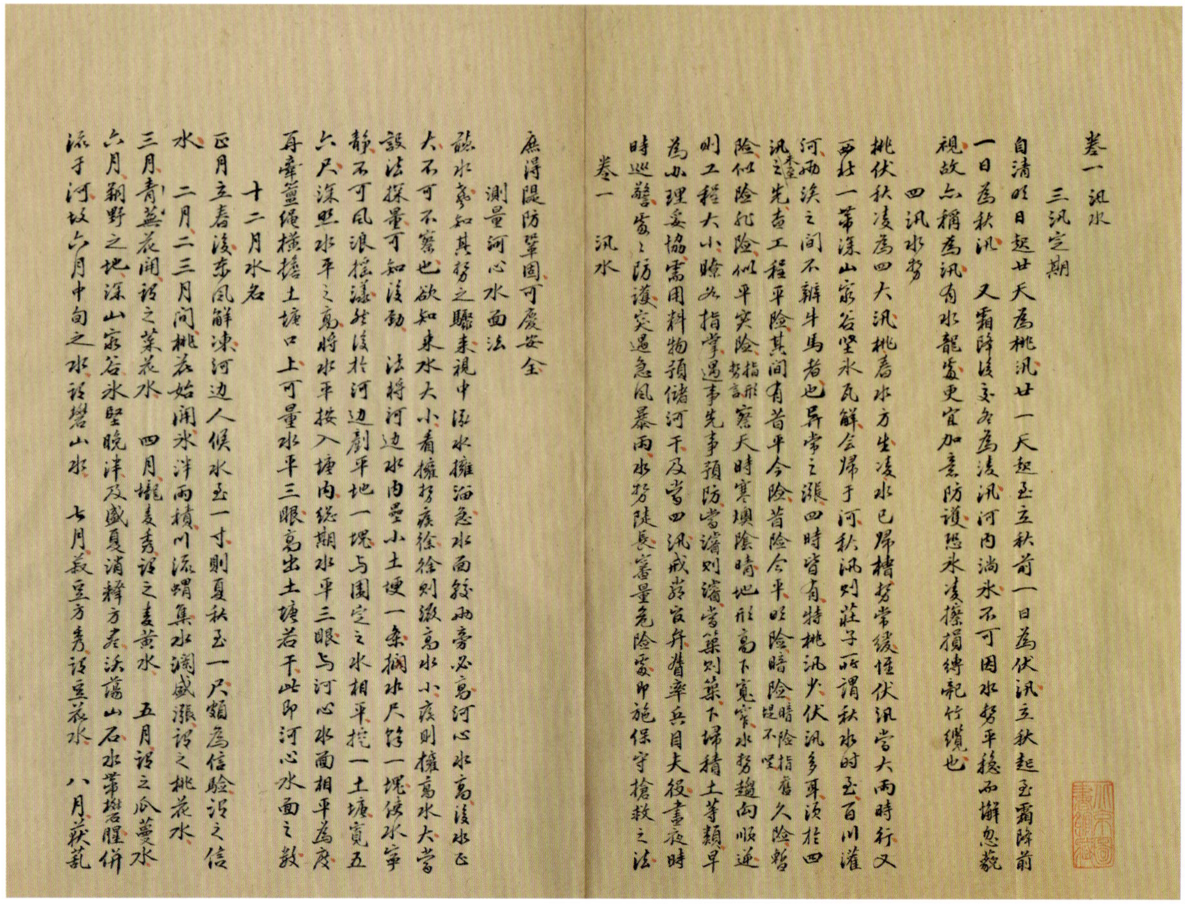

河工纪要：十二卷

2 册

抄本

[清乾隆年间（1736—1795）]

此书卷一为汛水，卷二为经略南河工程，卷三为堤工，卷四为防守，卷五为抢险，卷六为塞决要论，卷七为挑河，卷八专述埽工，卷九专述坝工，卷十为闸工与砖工，卷十一为石工与水窑约言，卷十二为算法与报销。全书成于清乾隆年间，详细介绍了清代黄、运河工中的工程施建、物料价格、款项报销，对清代河工中的各种章程与规定进行了汇总，是了解清代河工方略的重要资料。

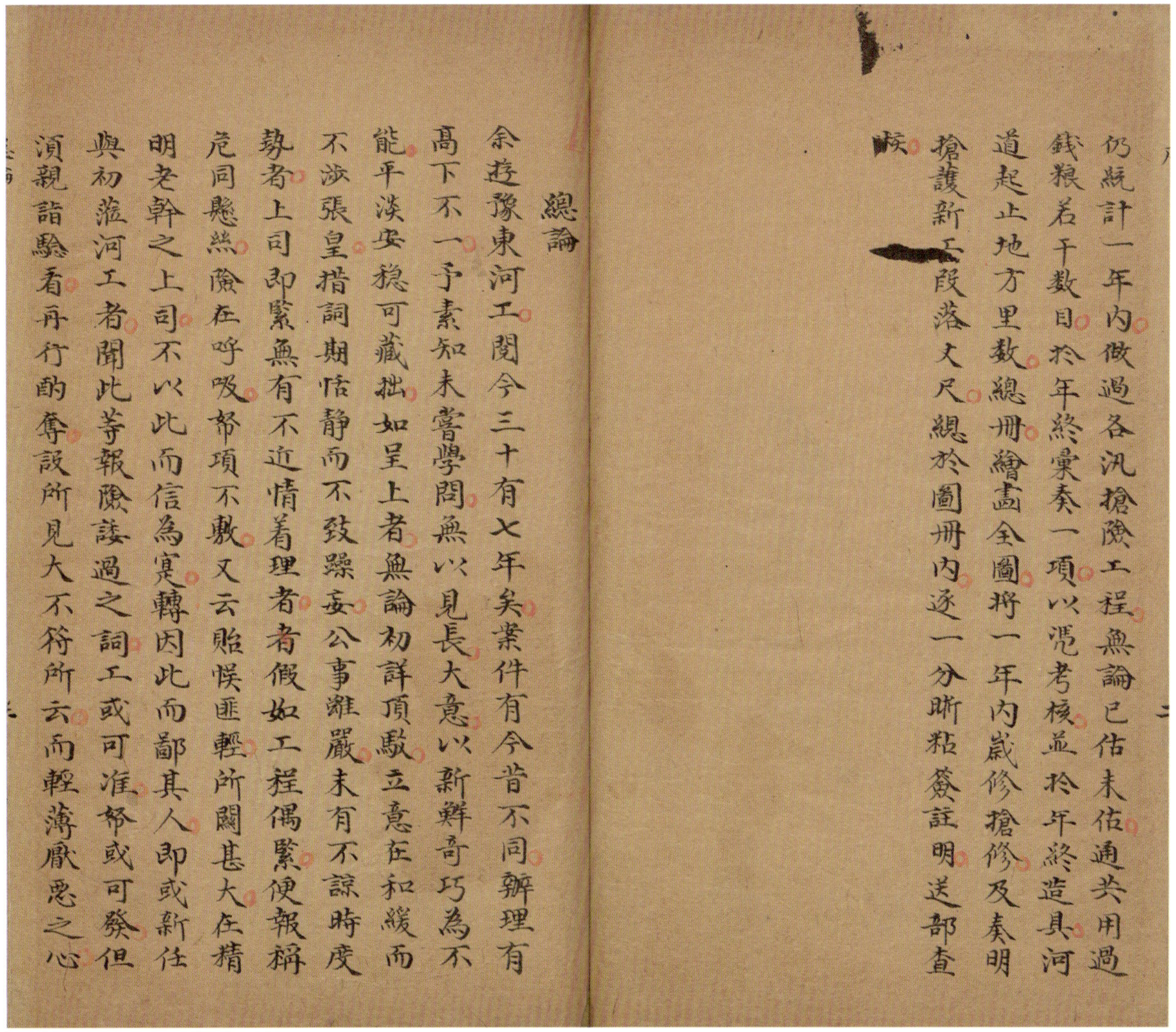

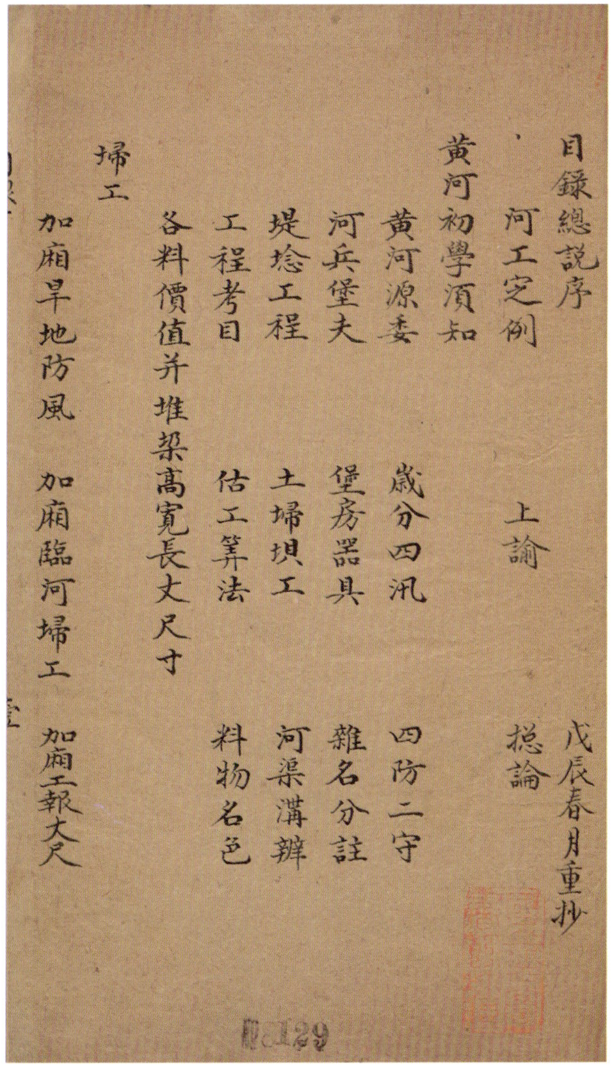

黄河初学须知

2 册

抄本

清嘉庆十三年（1808）

此书包括目录总说序、河工定例、上谕、总论及黄河初学须知正文。正文又包括黄河源委、岁分四汛、四防二守、河兵堡夫、堡房器具、杂名分注、堤埝工程、土埽坝工、河渠沟辨、工程名目、料物名色、土方价值、料物价值、埽工漕规、估工算法等。书中有“河幕学例手抄本”“戊辰春月重抄”字样。

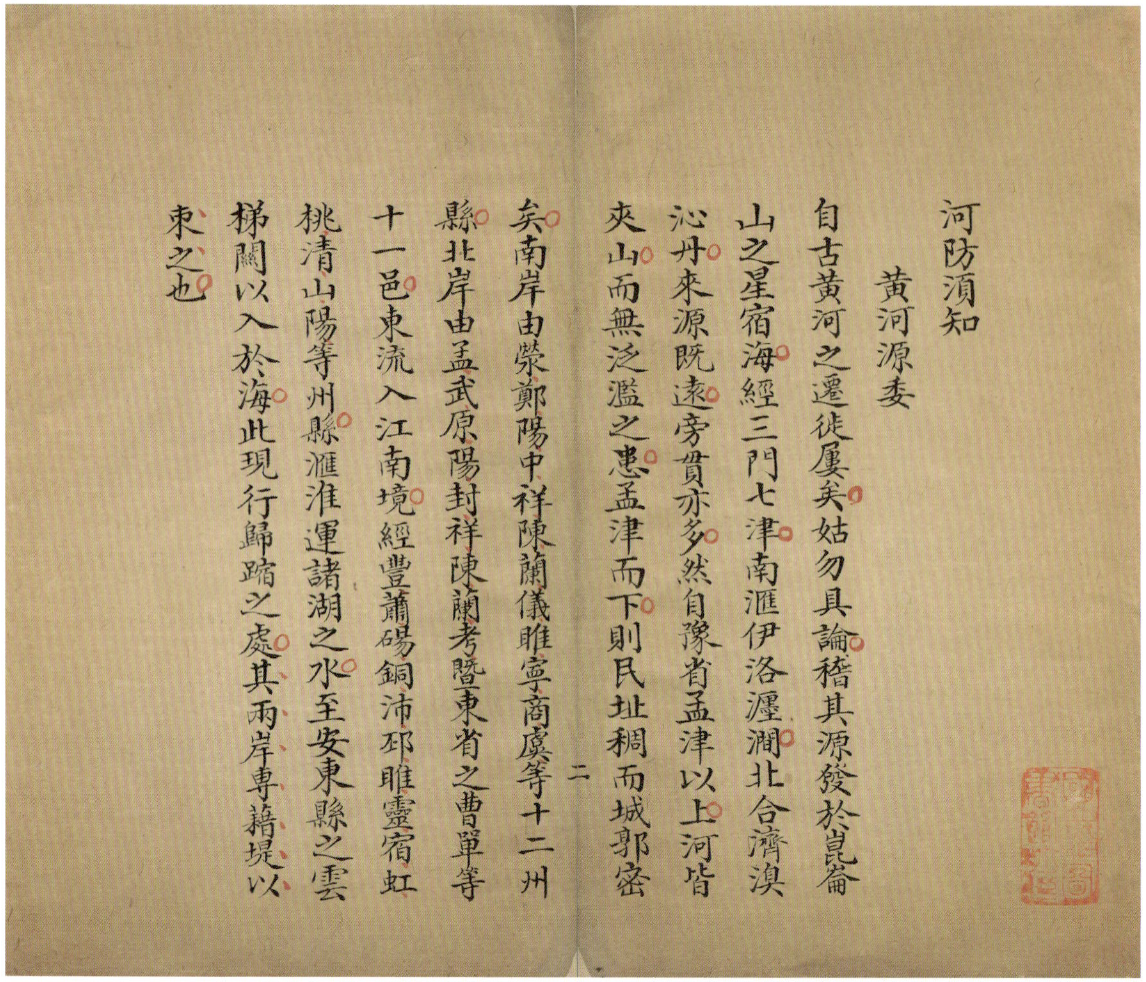

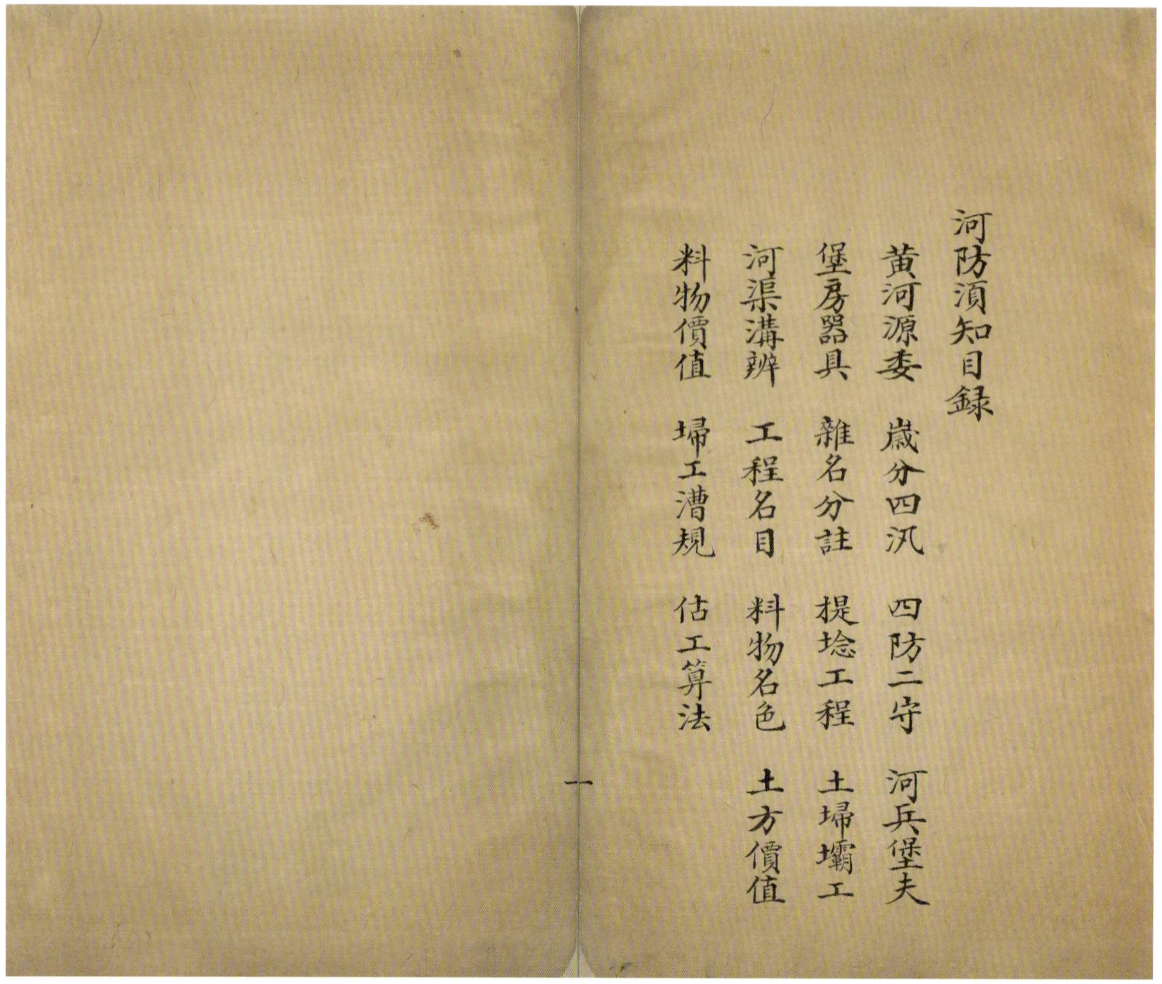

河上金针

（清）朱霈录

1 册

抄本

[清道光十一年至道光末年（1831—1850）]

由道光五年（1825）朱霈序可知，朱氏从友人处借得《河防须知》《河工备考》两书，汇编为一册，斟酌时宜，稍加修改后定名为《河上金针》，嘱中表张垣手录。其中《河防须知》内容基本同国图藏《黄河初学须知》一书。《河工备考》介绍了堤、坝、埽及杂工的名称及做法等。书中有“道光十一年严河台奏定”字样，故推测此书完成于道光十一年（1831）之后。

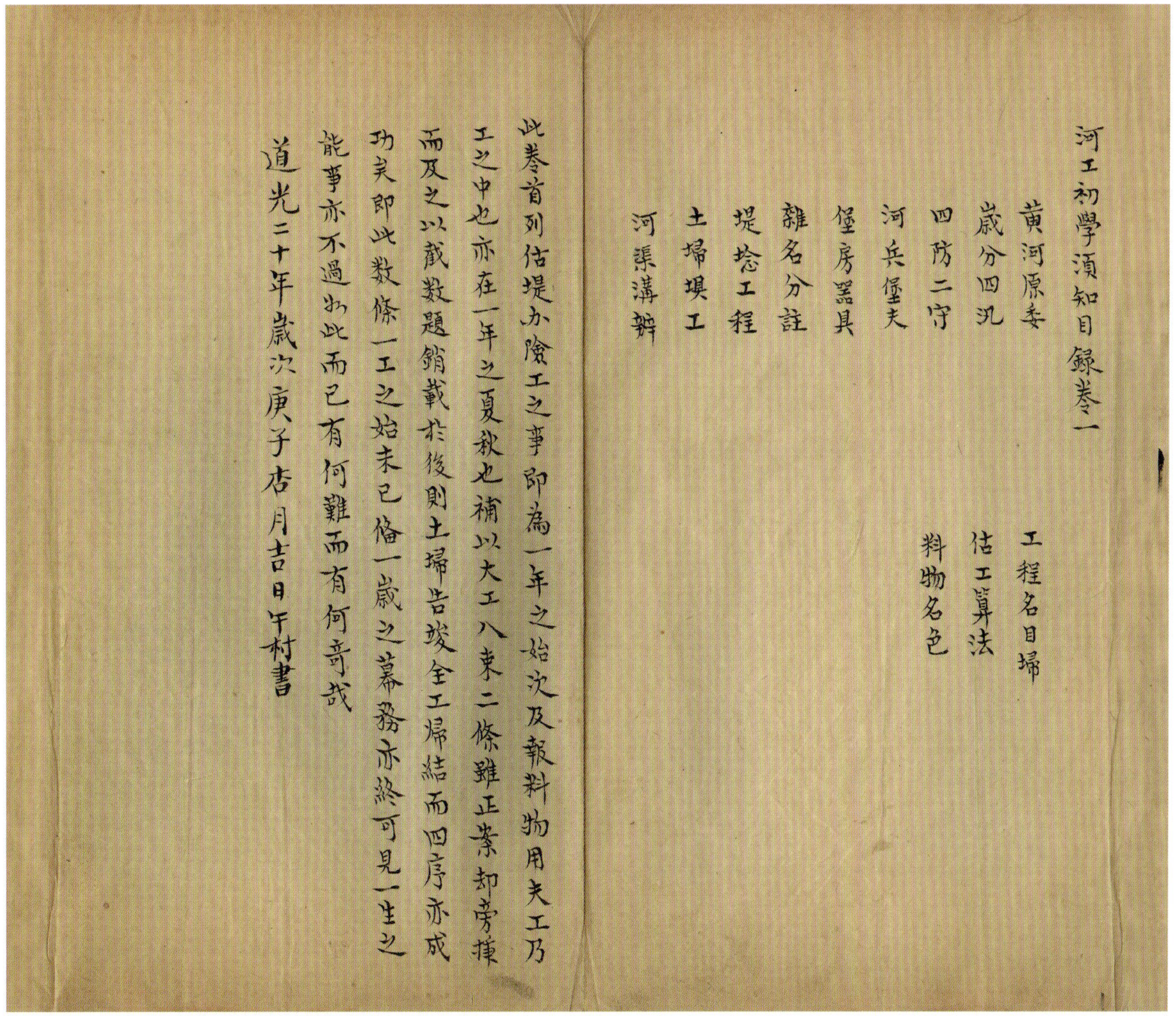

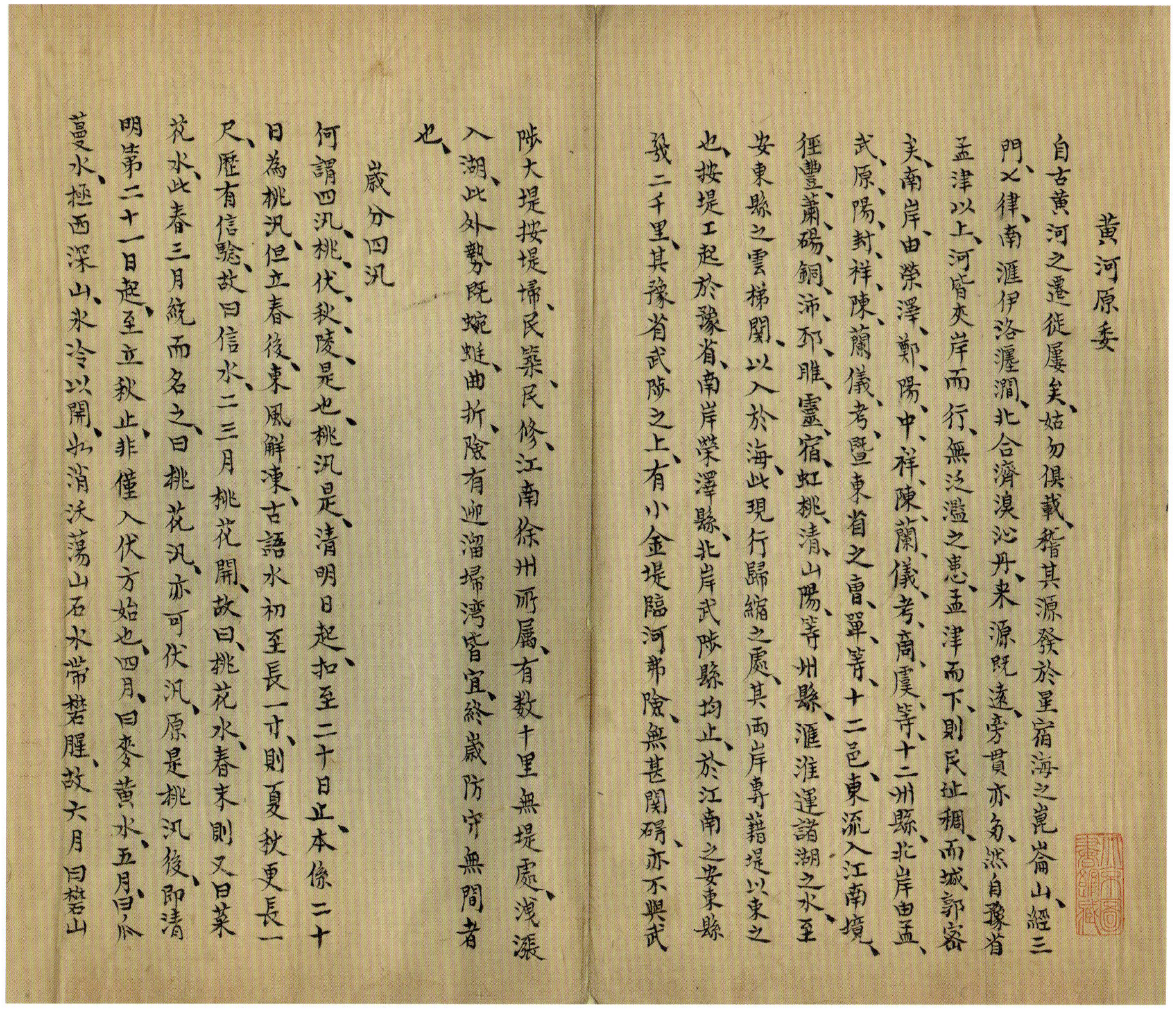

黄河工总论：四卷

1 册

抄本

[清道光二十年至清末（1840—1911）]

本书抄录《河工初学须知》（即《黄河初学须知》）《河工细言》《回澜纪要》《河工续记》部分内容。书中有“道光二十年”字样，故推测成书当在此时间之后。

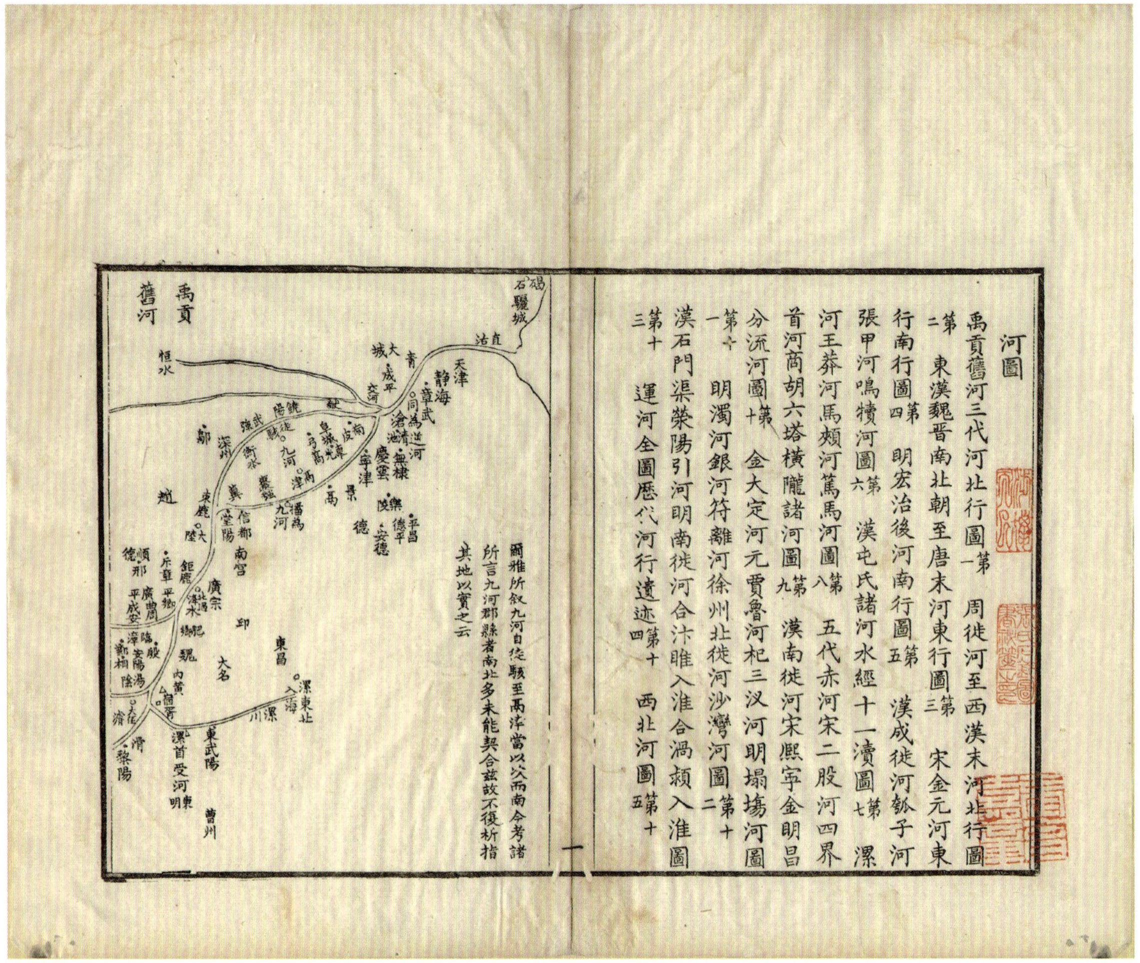

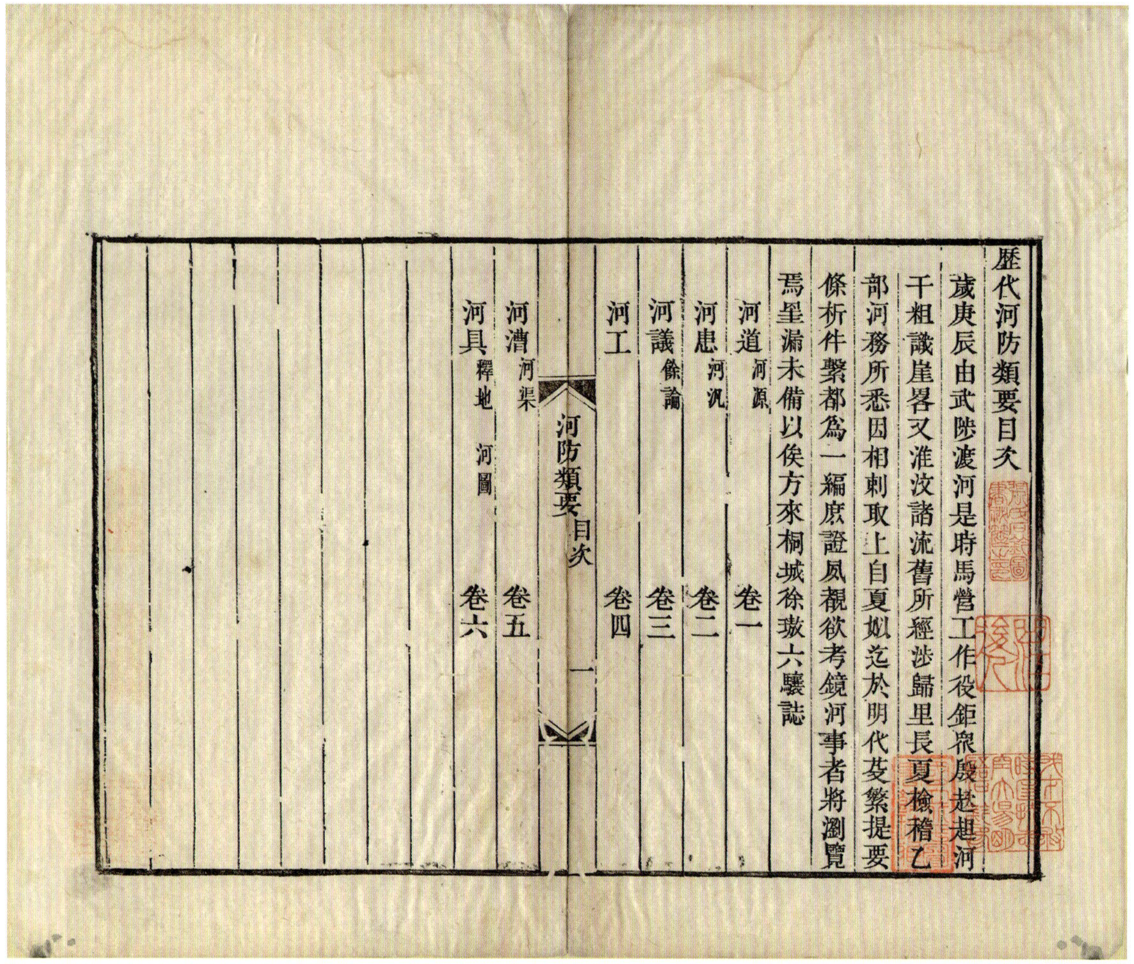

历代河防类要：六卷

（清）徐璈辑

2册

刻本

清道光元年（1821）

此书考证了历代河道源流沿革变迁及堤工水患诸事，以黄河为主，兼顾其他河道。卷首冠图15幅，起自禹贡三代，止于元明开运河之后。正文包括河道（河源）、河患（河汛）、河议（余论）、河工、河漕（河渠）、河具（释地、河图）六卷。全书以摘抄汇集文献资料为主，所引文献主要为正史如《史记》《汉书》《宋史》等，其他诸书如《水经注》等间有引述。书中有作者按语，正误或抒已见。“卧云书屋藏板”。

河干问答：一卷

（清）陈法著

1 册

刻本

清道光八年（1828）

版本一：清道光八年（1828）刻本。版本二：收录于《陈定斋公各种》，清道光至光绪年间（1821—1908）刻本。版本三：民国年间（1912—1949）筍香室晒蓝本，附《陈法传》。版本四：民国年间（1912—1949）抄本。版本五：收录于河南书局辑《黔南丛书》别集，民国二十五年（1936）铅印本，与《定斋河工书牍》《塞外纪程》合印。

此书完成于清乾隆十年（1745），共 12 篇，深刻论述了黄河夺淮之害，提出黄淮分流、黄河改道山东大清河入海等主张，反对潘季驯、靳辅等人的“黄淮合流”“筑堤束水”“蓄清刷黄”说，首先提出“沙见清水而沉”的论点，对黄河高浓度含沙水流特性有独创性认识。这是清代治河中非主流派的著名代表作。

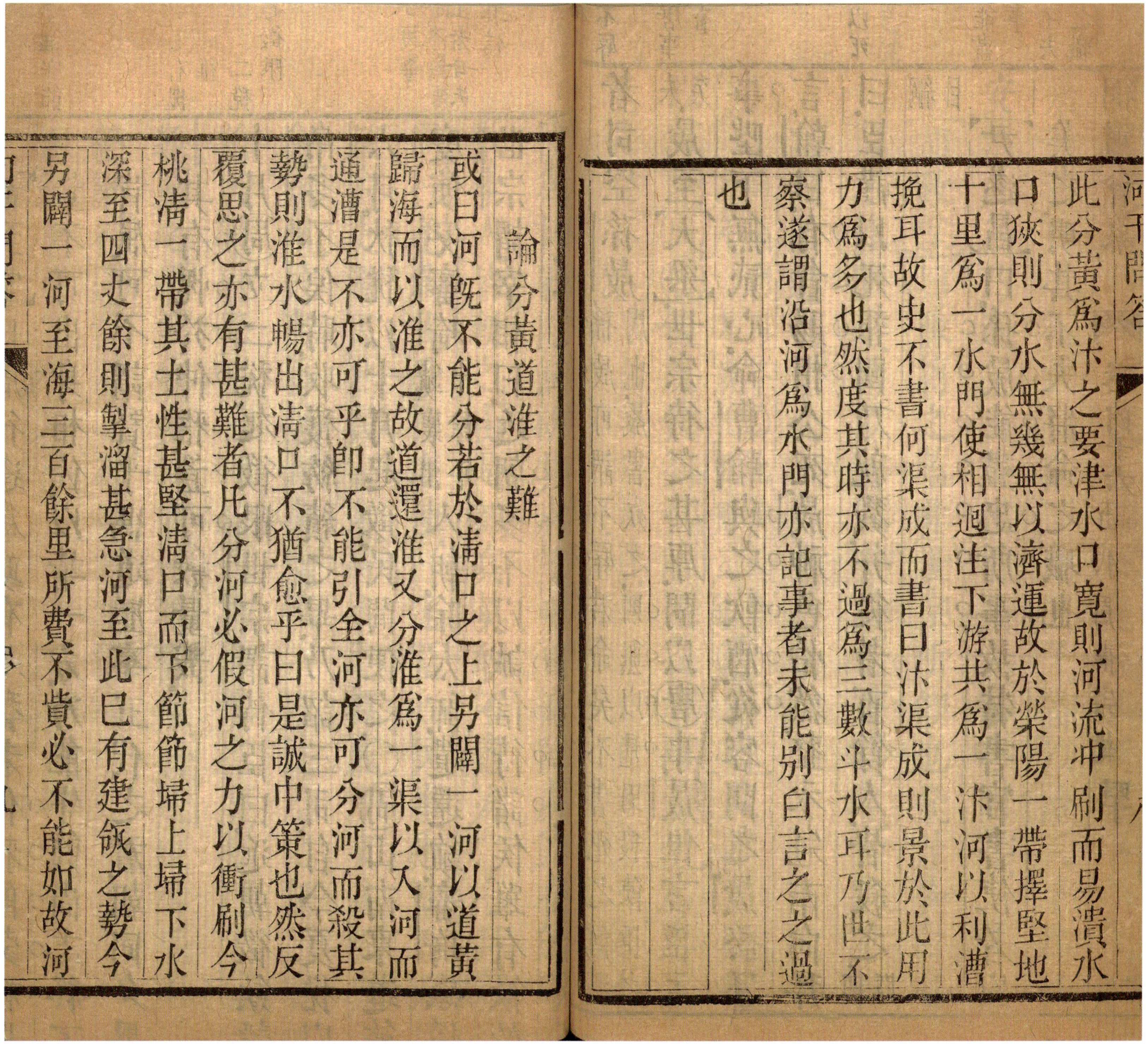

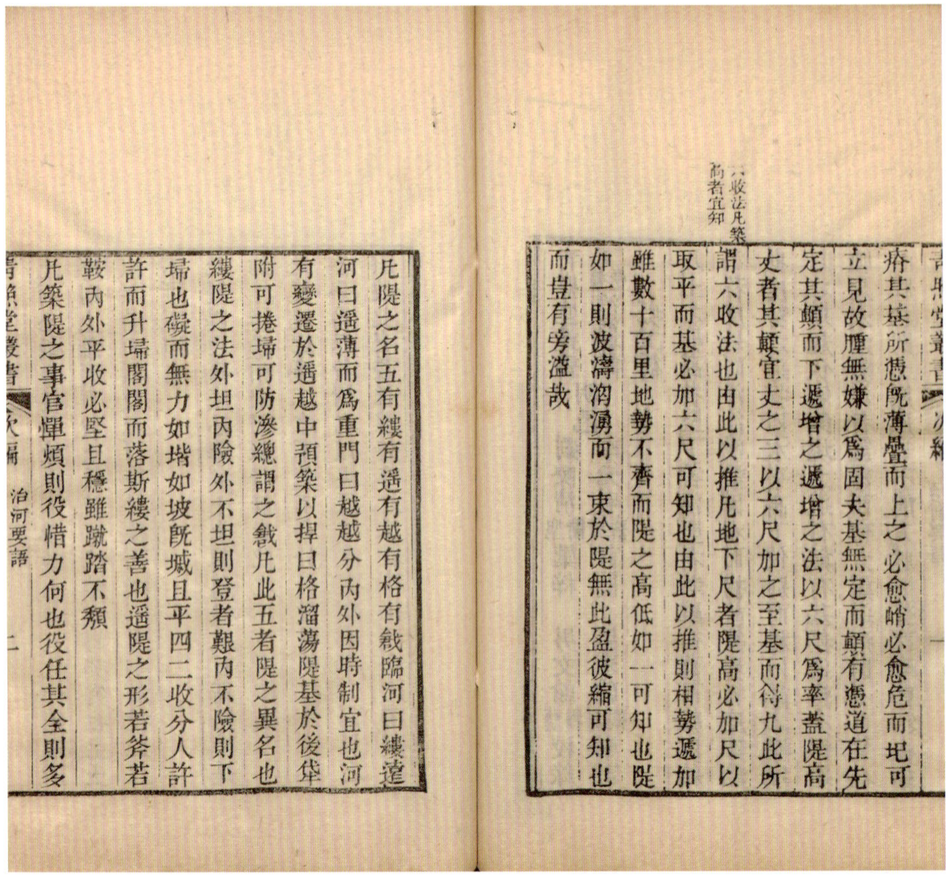

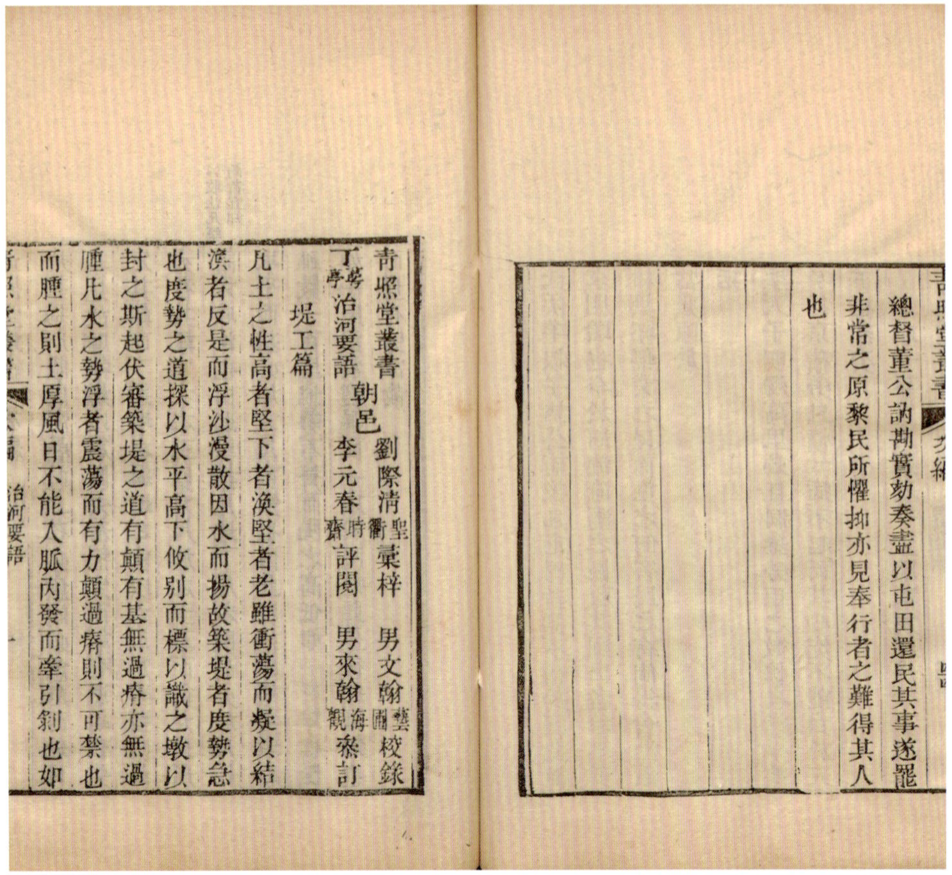

丁荨亭治河要语：一卷

（清）丁恺曾撰，（清）李元春评阅

1 册

刻本

朝邑刘氏，清道光十五年（1835）

版本一：收录于（清）刘际清、李元春编《青照堂丛书：三编八十五种》（共 96 册）第 69 册，清道光十五年（1835）朝邑刘氏刻本。版本二：收录于（清）丁恺曾撰《望奎楼遗稿：九种》（共 6 册）第 2 册，民国二十四年（1935）青岛赵永厚堂铅印本。

丁恺曾，字荨亭，又字鹤亭。《治河要语》约于清乾隆中期成书，万余字，首叙治河工程注意事项，按土质情况规定筑堤程序；然后根据历代治河经验归纳成篇，分堤工、堤漏、河决、塞支、开引、埽工、坝工、训练八篇，分述勘测、备料、施工等具体措施，颇切实用。此书由清代关学家、文献整理专家李元春评阅。

汪氏黄河考：一卷

（清）汪份撰，（清）李元春评阅

1 册

刻本

朝邑刘氏，清道光十五年（1835）

汪份，字武曹，著有《河防考》十卷。其《黄河考》成书于清康熙四十二年（1703），详细考证了黄河变迁及其原委，讲述历代治河方略。此书由清代关学家、文献整理专家李元春评阅。收录于（清）刘际清、李元春编《青照堂丛书：三编八十五种》（共 96 册）第 70 册。

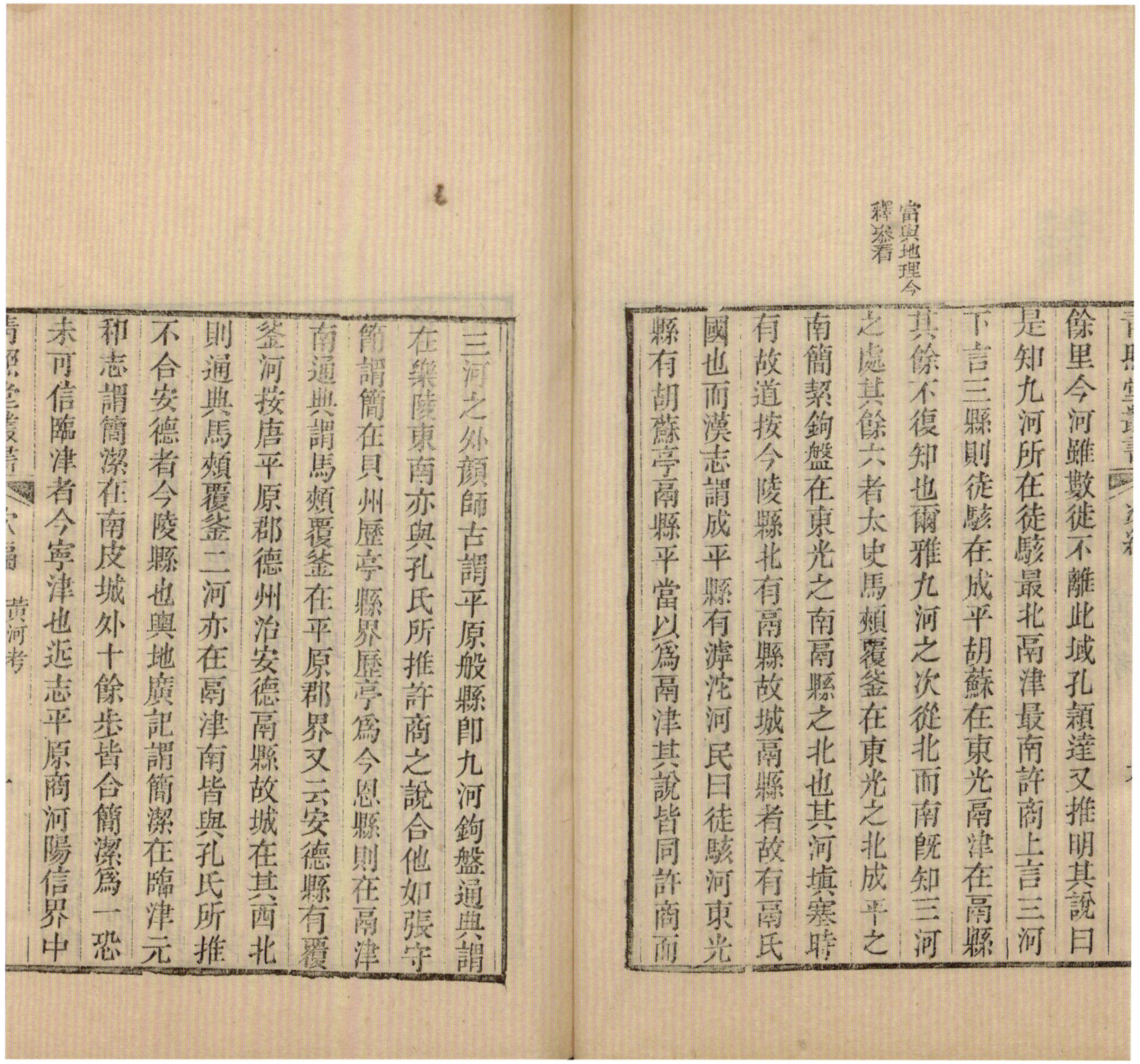
當與地理今釋參看
餘里今河雖數徙不離此域孔穎達又推明其說曰
是知九河所在徒駭最北鬲津最南許商上言三河
下言三縣則徒駭在成平胡蘇在東光鬲津在鬲縣
其餘不復知也爾雅九河之次從北而南既知三河
之處其餘六者太史馬頰覆釜在東光之北成平之
南簡絜鉤盤在東光之南鬲縣之北也其河填塞時
有故道按今陵縣北有鬲縣故城鬲縣者故有鬲氏
國也而漢志謂成平縣有滹沱河民曰徒駭河東光
縣有胡蘇亭鬲縣平當以爲鬲津其說皆同許商而

三河之外顏師古謂平原般縣即九河鉤盤通典謂
在樂陵東南亦與孔氏所推許商之說合他如張守
節謂簡在貝州歷亭縣界歷亭爲今恩縣則在鬲津
南通典謂馬頰覆釜在平原郡界又云安德縣有覆
釜河按唐平原郡德州治安德鬲縣故城在其西北
則通典馬頰覆釜二河亦在鬲津南皆與孔氏所推
不合安德者今陵縣也輿地廣記謂簡潔在臨津元
和志謂簡潔在南皮城外十餘步皆合簡潔爲一恐
未可信臨津者今寧津也近志平原商河陽信界中
青照堂叢書 黃河考

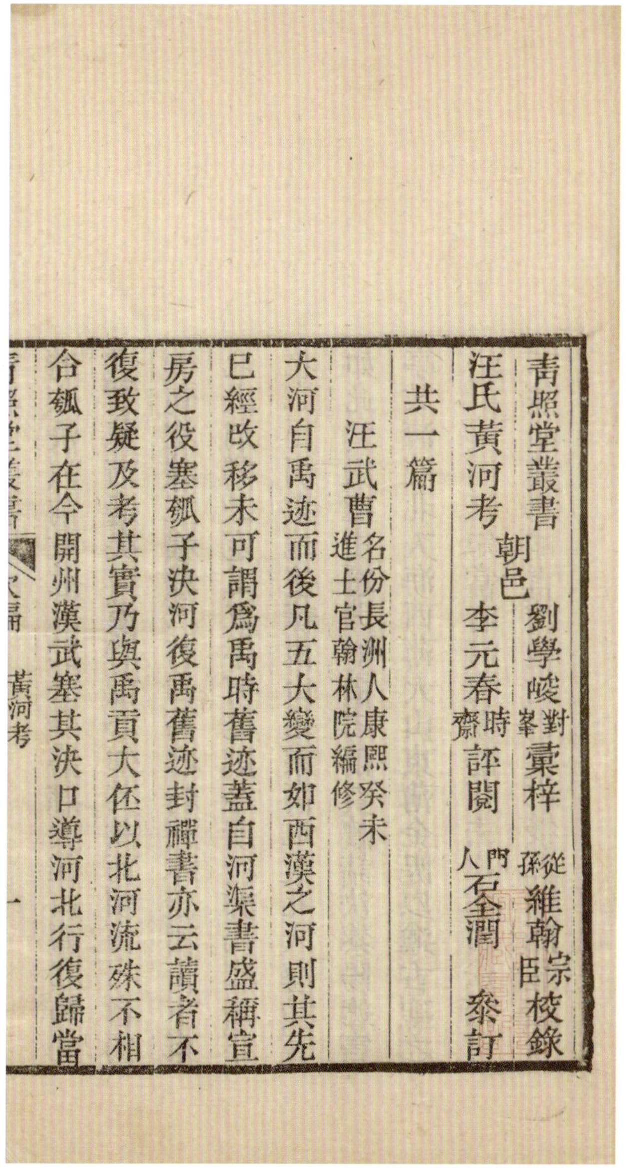
青照堂叢書
汪氏黃河考　朝邑　劉學峻對峯彙梓　李元春時齋評閱
從孫維翰宗臣校錄　門人石金潤參訂
共一篇
汪武曹名份長洲人康熙癸未進士官翰林院編修
大河自禹迹而後凡五大變而如西漢之河則其先
已經改移未可謂爲禹時舊迹蓋自河渠書盛稱宣
房之役塞瓠子決河復禹舊迹封禪書亦云讀者不
復致疑及考其實乃與禹貢大伾以北河流殊不相
合瓠子在今開州漢武塞其決口導河北行復歸當
青照堂叢書 黃河考

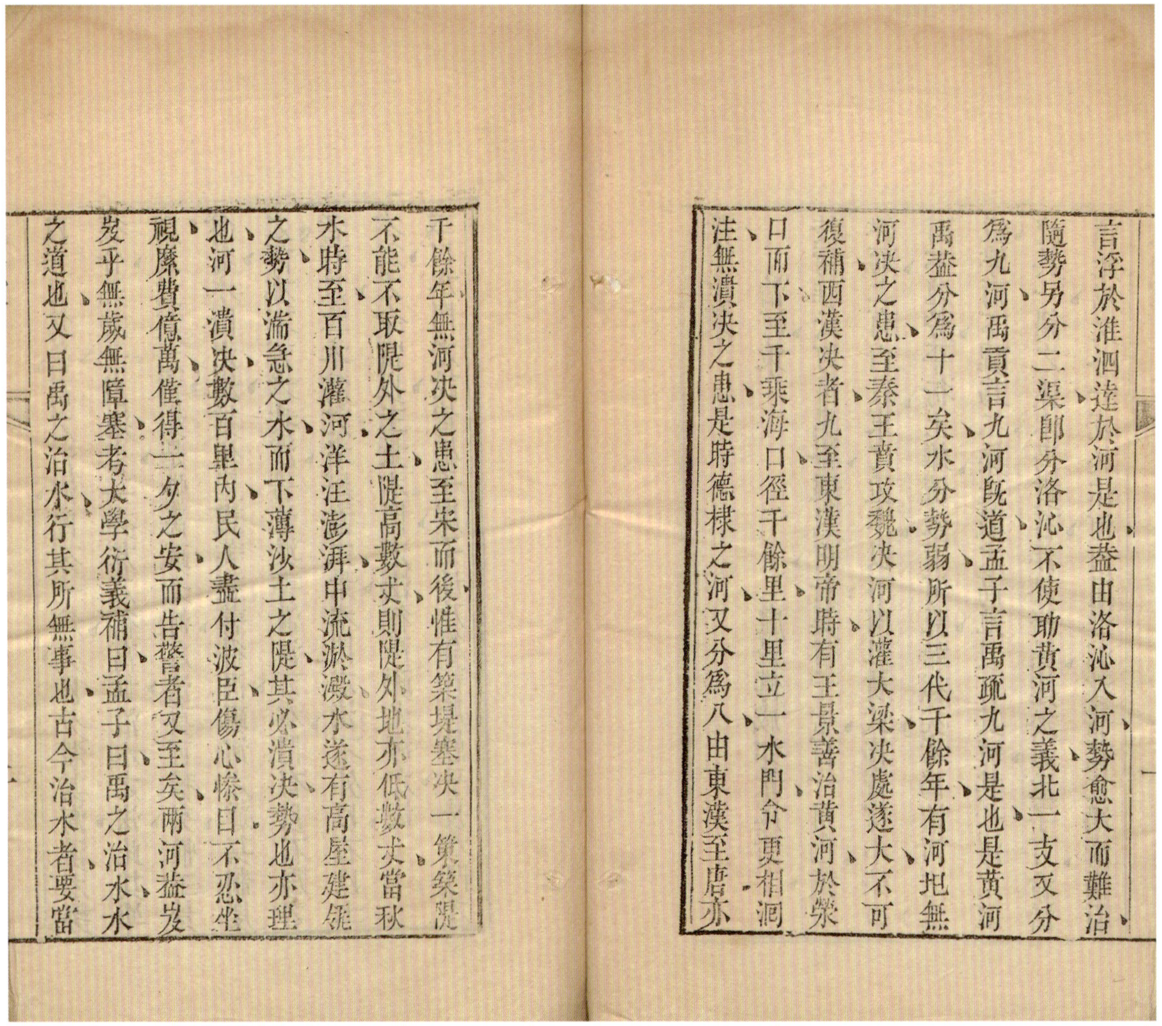

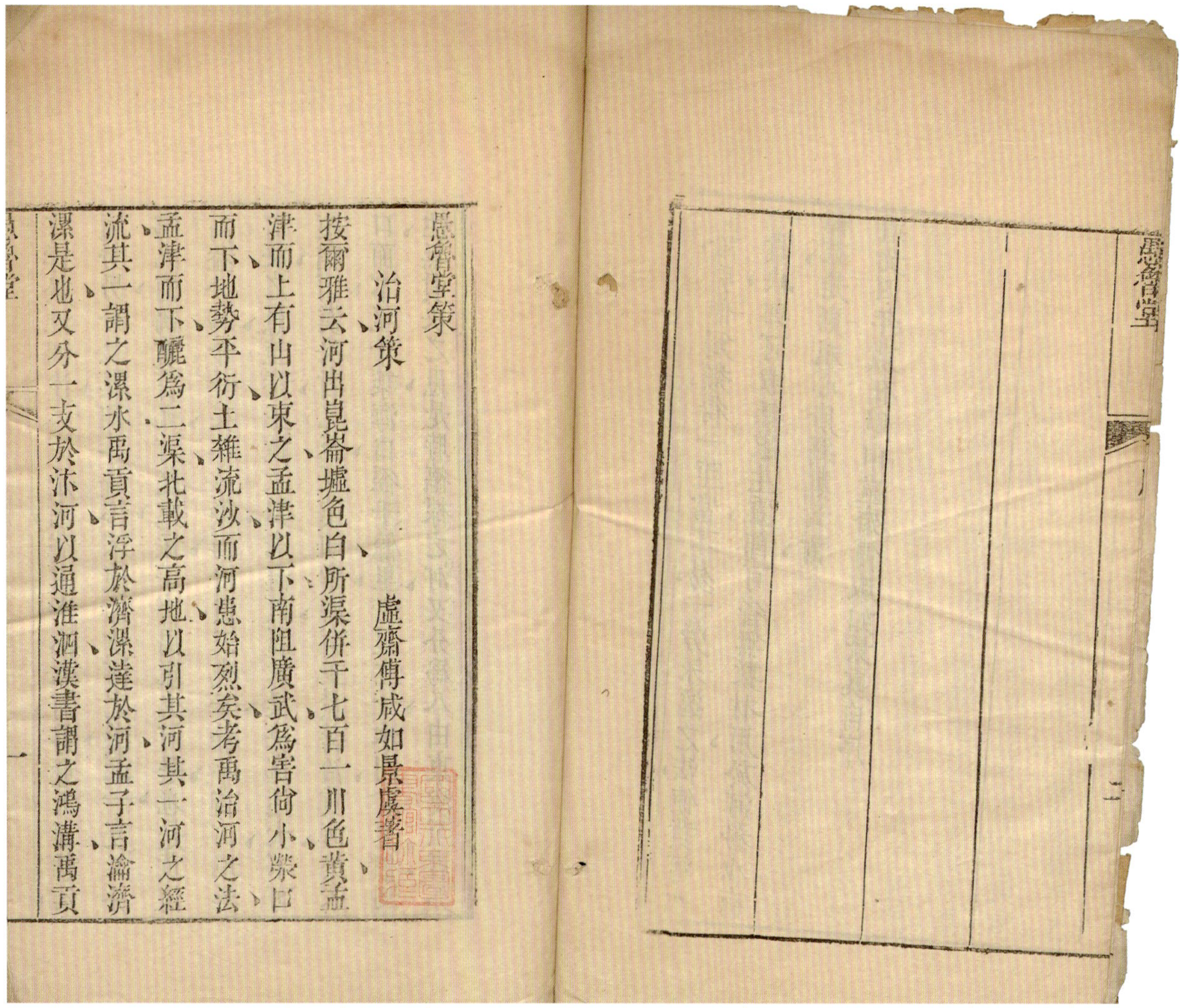

治河策：一卷

（清）傅咸如著

1册

刻本

[清道光年间（1821—1850）]

傅咸如有感于黄河治理之不易，择取历代治河成败得失中可资借鉴的部分予以摘录，在前人论述间附上己见，集为治河一策，供时人及后人参考。卷端题“愚鲁堂策”。

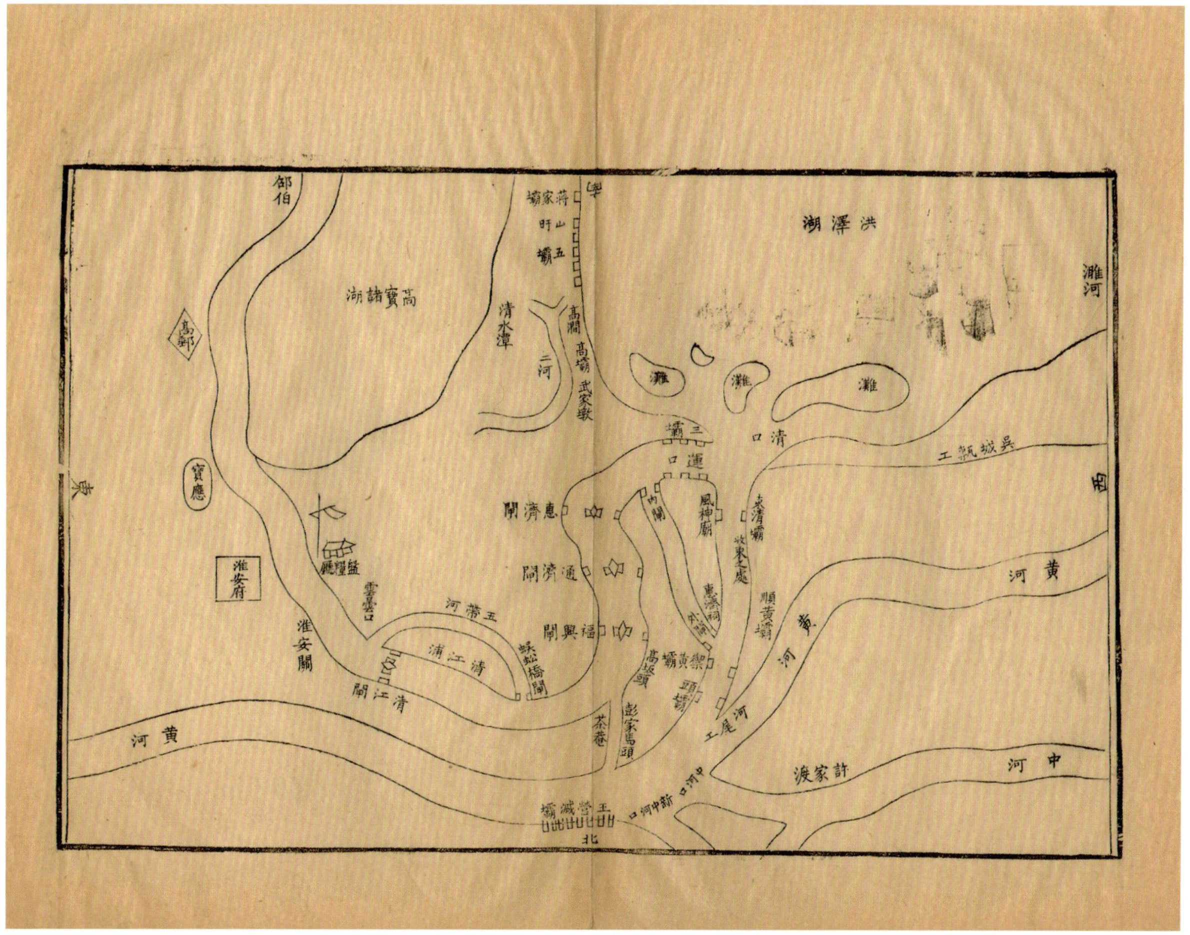

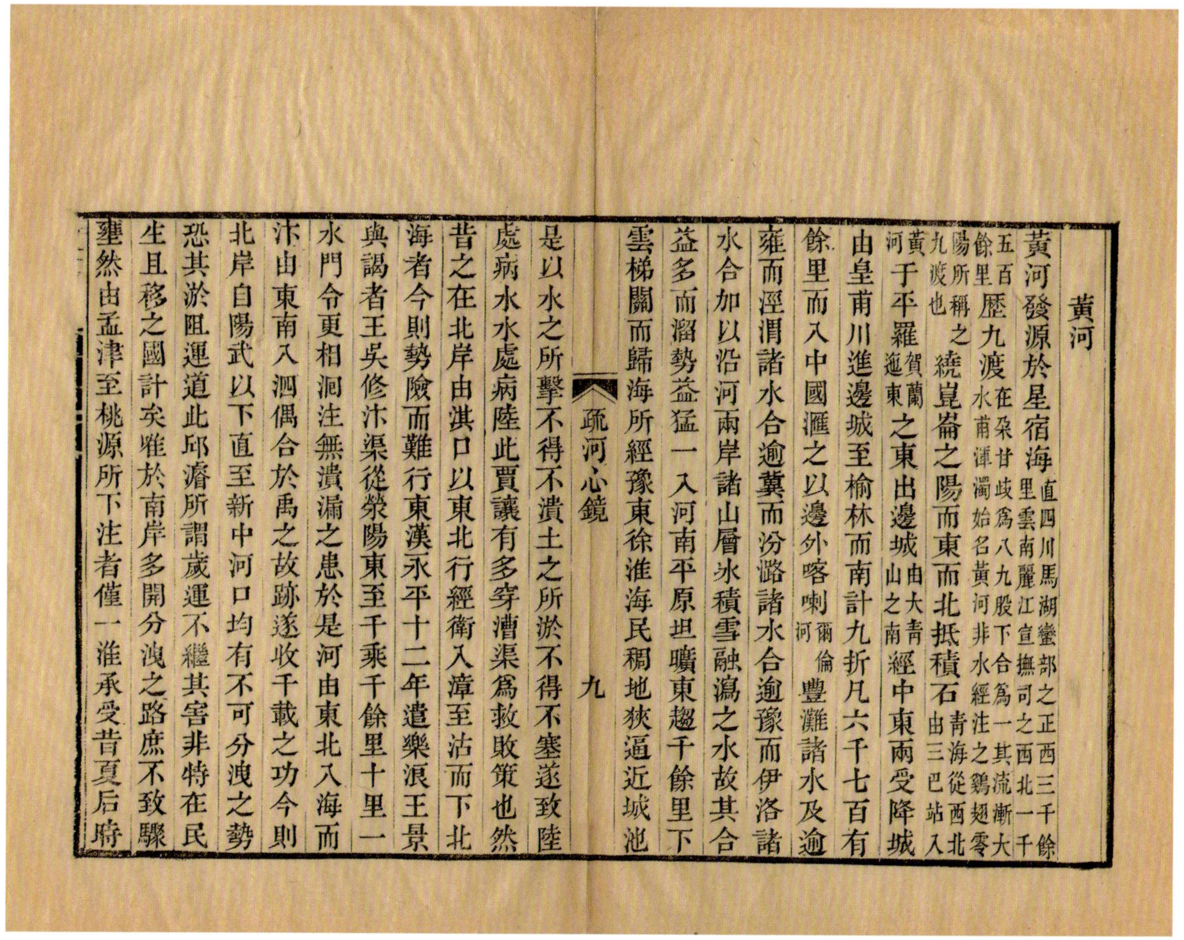

黃河

黃河發源於星宿海直四川馬湖蠻部之正西三千餘里雲南麗江宣撫司之西北一千五百餘里歷九渡在朶甘歧為八九股下合為一其流漸大水甫渾濁始名黃河非水經注之鷄翅零陽所稱之九渡也繞崑崙之陽而東而北抵積石由青海從西北由三巴站入黃河于平羅賀蘭遶東之東出邊城由大青山之南經中東兩受降城由皇甫川進邊城至榆林而南計九折凡六千七百有餘里而入中國滙之以邊外喀喇河爾倫豐灘諸水及逾雍而涇渭諸水合逾冀而汾潞諸水合逾豫而伊洛諸水合加以沿河兩岸諸山層冰積雪融瀉之水故其合益多而溜勢益猛一入河南平原坦曠東趨千餘里下雲梯關而歸海所經豫東徐淮海民稠地狹逼近城池

疏河心鏡　九

是以水之所擊不得不潰土之所淤不得不塞遂致陸處病水水處病陸此賈讓有多穿漕渠為救敗策也然昔之在北岸由淇口以東北行經衛入漳至沽而下北海者今則勢險而難行東漢永平十二年遣樂浪王景與謁者王吳修汴渠從滎陽東至千乘千餘里十里一水門令更相洄注無潰漏之患於是河由東北入海而汴由東南入泗偶合於禹之故跡遂收千載之功今則北岸自陽武以下直至新中河口均有不可分洩之勢恐其淤阻運道此邱濬所謂歲運不繼其害非特在民生且移之國計矣雖於南岸多開分洩之路庶不致驟壅然由孟津至桃源所下注者僅一淮承受昔夏后疏

疏河心镜：一卷

（清）凌鸣喈辑，（清）凌江校字

1 册

刻本

吴兴凌氏，[清道光年间（1821—1850）]

版本一：收录于（清）凌镐、凌镛辑《凌氏传经堂丛书》，清道光年间吴兴凌氏刻本。版本二：收录于（清）张潮辑，（清）杨复吉、沈楙德续辑《昭代丛书：十集四百九十九种》，清道光年间吴江沈氏世楷堂刻本。版本三：收录于（清）沈楙德辑《昭代丛书甲集补十六种》，清道光十三至二十五年（1833—1845）沈楙德刻本、民国八年沈廷镛重修本。版本四：清乌丝栏抄本。

此书记载了黄河源流、河患及治理等，提出近年来只顾建修堤坝而忽略疏通河道这一弊病，汇辑了疏河相关论述。

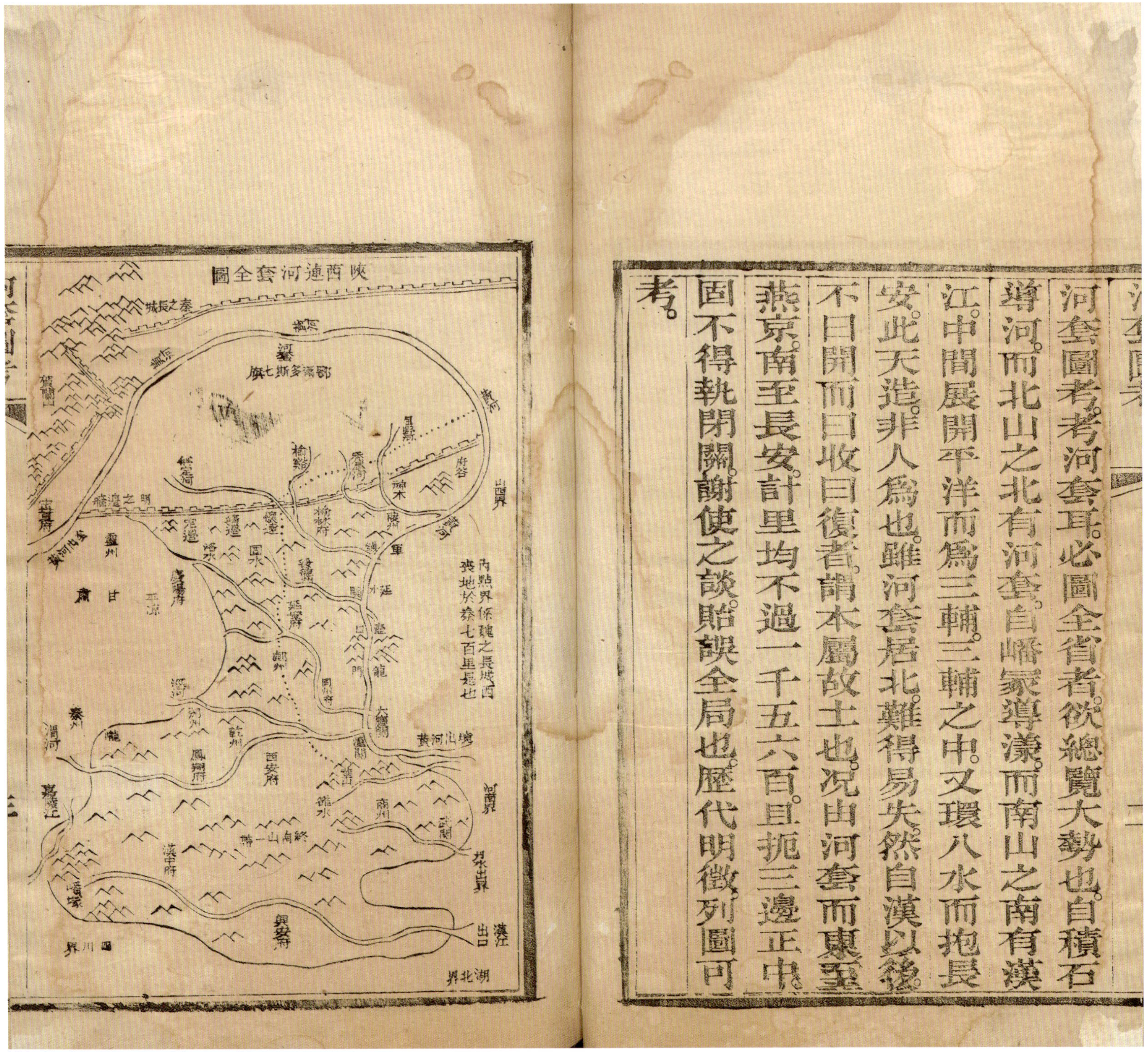

河套图考

（清）杨江编

1册

刻本

关中书院监院官署，清咸丰七年（1857）

版本一：清咸丰七年（1857）关中书院监院官署刻本，又有1册、2册版。版本二：收录于清咸丰七年（1857）《亦步斋汇编》（共4册）第2册，刻本。版本三：收录于陕西通志馆于民国年间出版的宋联奎辑《关中丛书：八集》（共96册）第21册，铅印本。

道光年间新修《榆林府志》时，河套地区因考证不详而未入志内，杨江遂因袭明代郑汝璧著《河套图考》名撰成此书，内容多辑自诸史及延绥镇志，分《陕西连河套全图》《国朝河套南北总览全图》《大清河套图》等，于河套沿革始末征引颇详。图下均有文字说明，所考必上始三代秦汉、下迄明清，凡河套之形成、水系、渠坝、城池、水名以及所居民族皆在所考之列，可补《榆林府志》之不足。上述图中均有黄河。

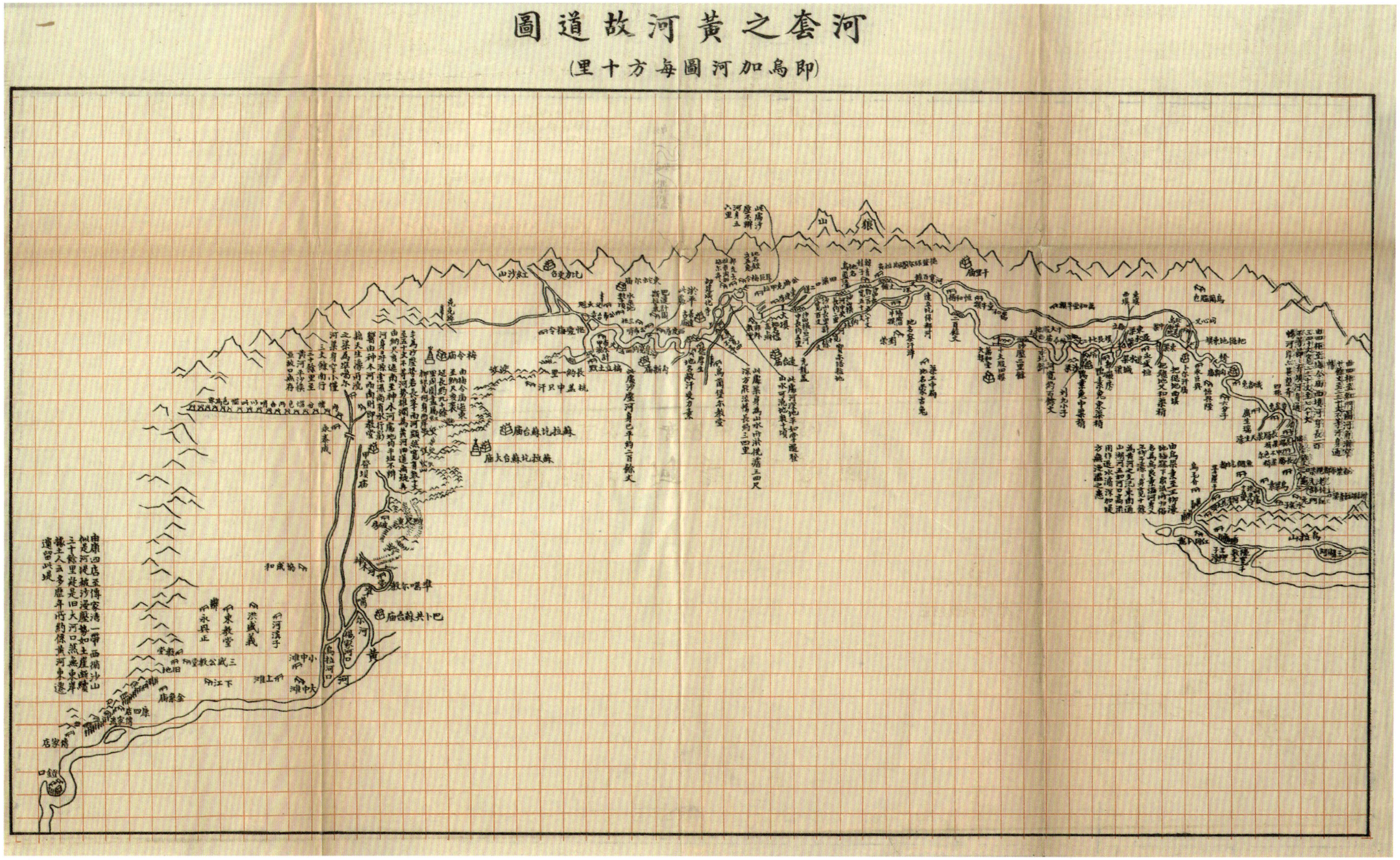

绥远河套治要

周颂尧著

1 册

铅印本

[民国年间（1912—1949）]

此书初撰于民国十三年（1924）冬。全书对绥远河套地区的水利情况进行了概述，对八大干渠的沿革以及支渠的数量、名称、长度和灌溉面积等均提供了不少史料，尤其讲述了黄河的治理情况。书中有《绥远区域全图》《河套之黄河故道图》等图。

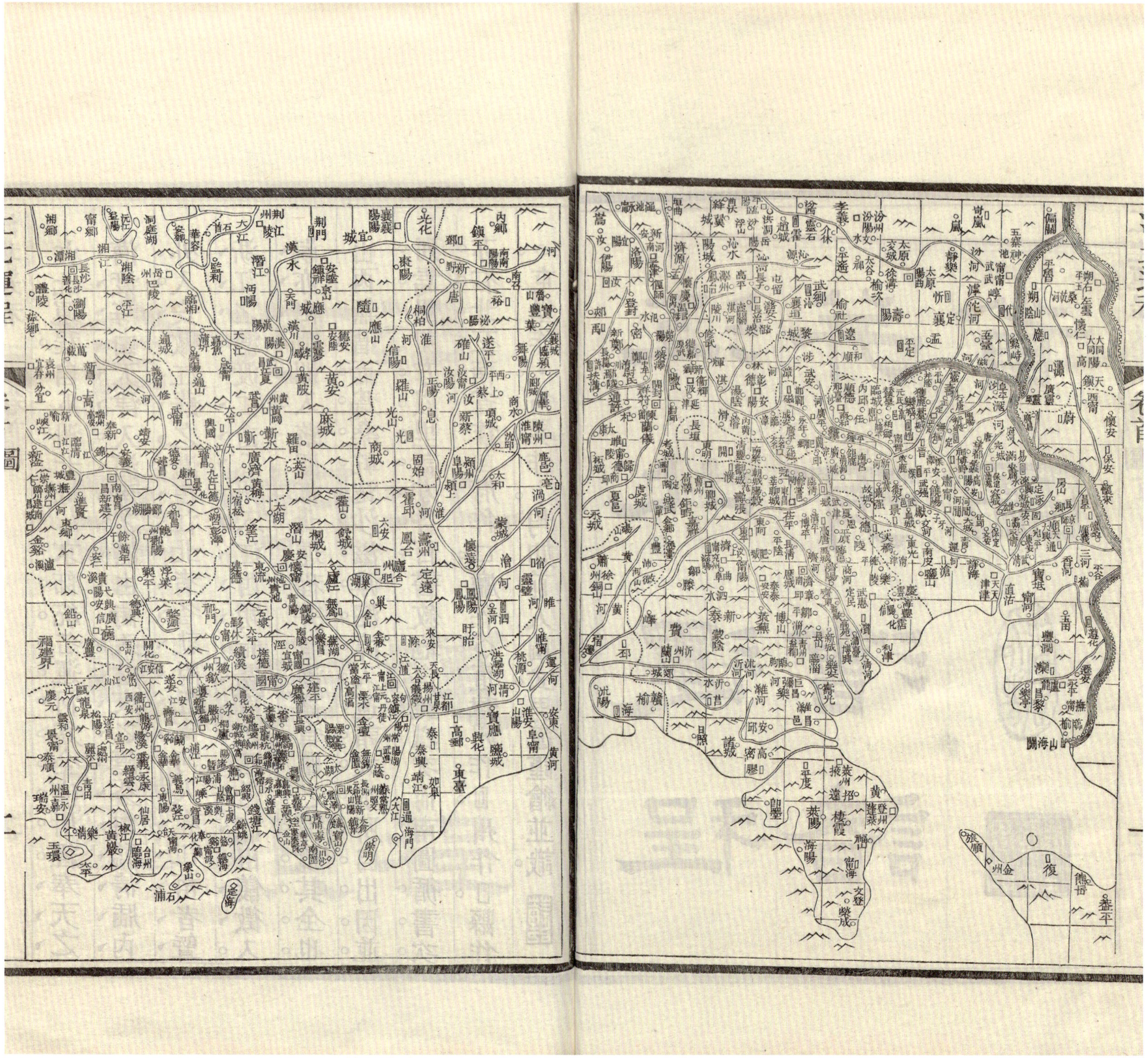

江北运程：四十卷；卷首一卷

（清）董恂辑

41 册

刻本

空青水碧斋，清咸丰十年（1860）

版本一：清咸丰十年（1860）空青水碧斋刻本。版本二：清同治年间（1862—1874）京都刻本。

咸丰十年（1860），董恂任顺天府尹时，病运道久荒，荆、扬、徐、豫漕粮常不能运达北方，乃将长江以北诸河流地理、运程等资料纂辑、疏证成此书，以备治漕运者用。此书是北起京师、南到瓜洲镇之间运河的资料汇编，其中卷 27 有关江南淮安府桃源县至清河县，涉及黄河。卷首为图，包括《江北运程并有漕诸省图》《江北运程河湖闸坝全图》等。

河防纪略：四卷

（清）孙鼎臣撰

4 册

刻本

［清咸丰年间（1851—1861）］

版本一：收录于（清）孙鼎臣撰《苍莨集》，清咸丰年间（1851—1861）刻本，有 2 册、4 册版。版本二：清抄本，1 册。

此书对清代河制、河臣、河事、河弊均有论述，尤以清初至道光年间的河决与治理为详。卷一指出黄河为患由来已久，治河要因地制宜，参考多种因素，将黄、运综合治理；卷二讲述雍正到乾隆中期国家对黄、运的治理与管理；卷三记载乾隆中期到嘉庆中期河工及河务的相关状况；卷四是道光时期国家对黄、淮、运的治理。清嘉庆、道光以来，沿河之事未有专书记载，此书出则足以补其阙。全书是了解清初到道光时期黄、淮、运河工的重要史料。

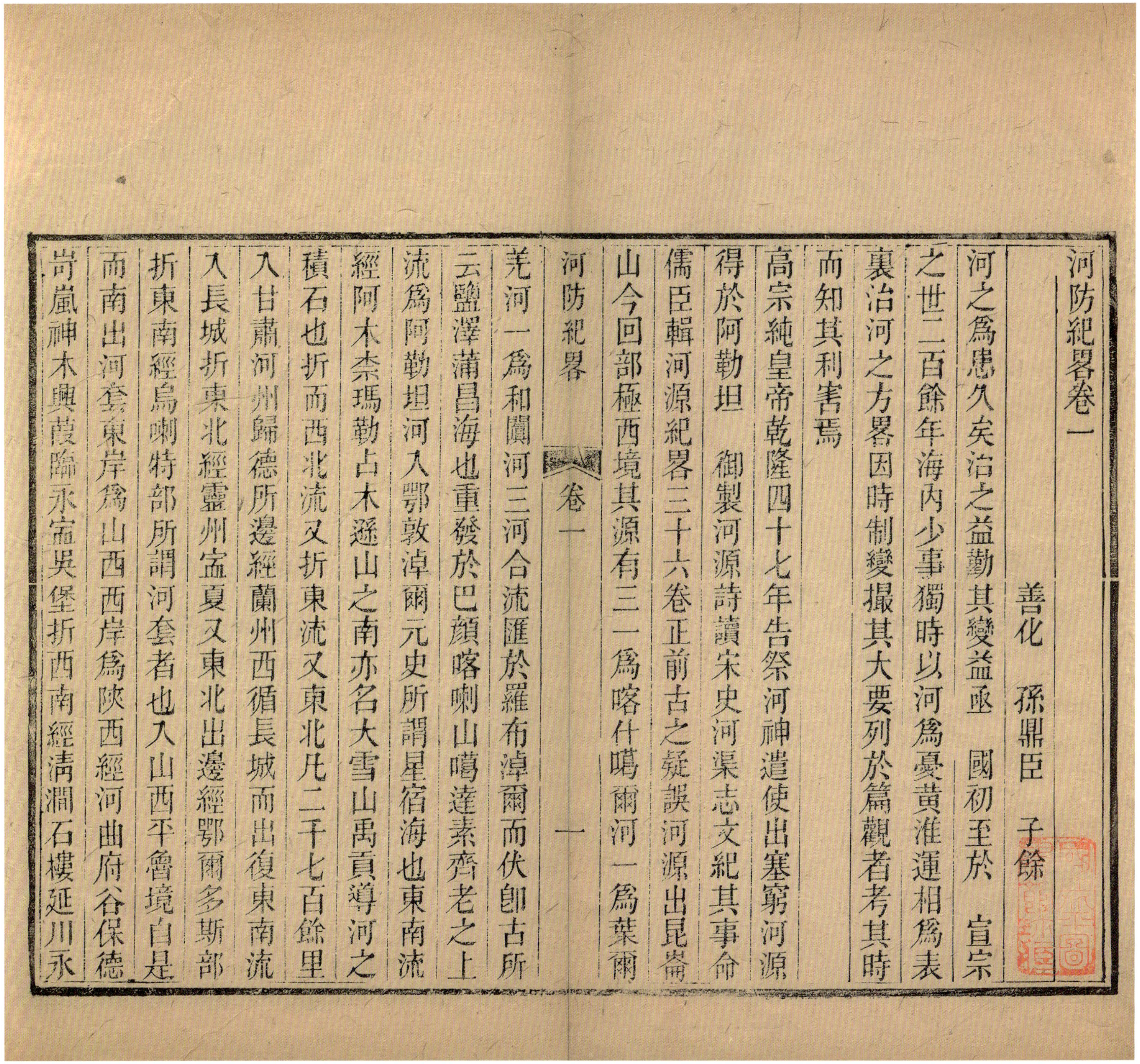

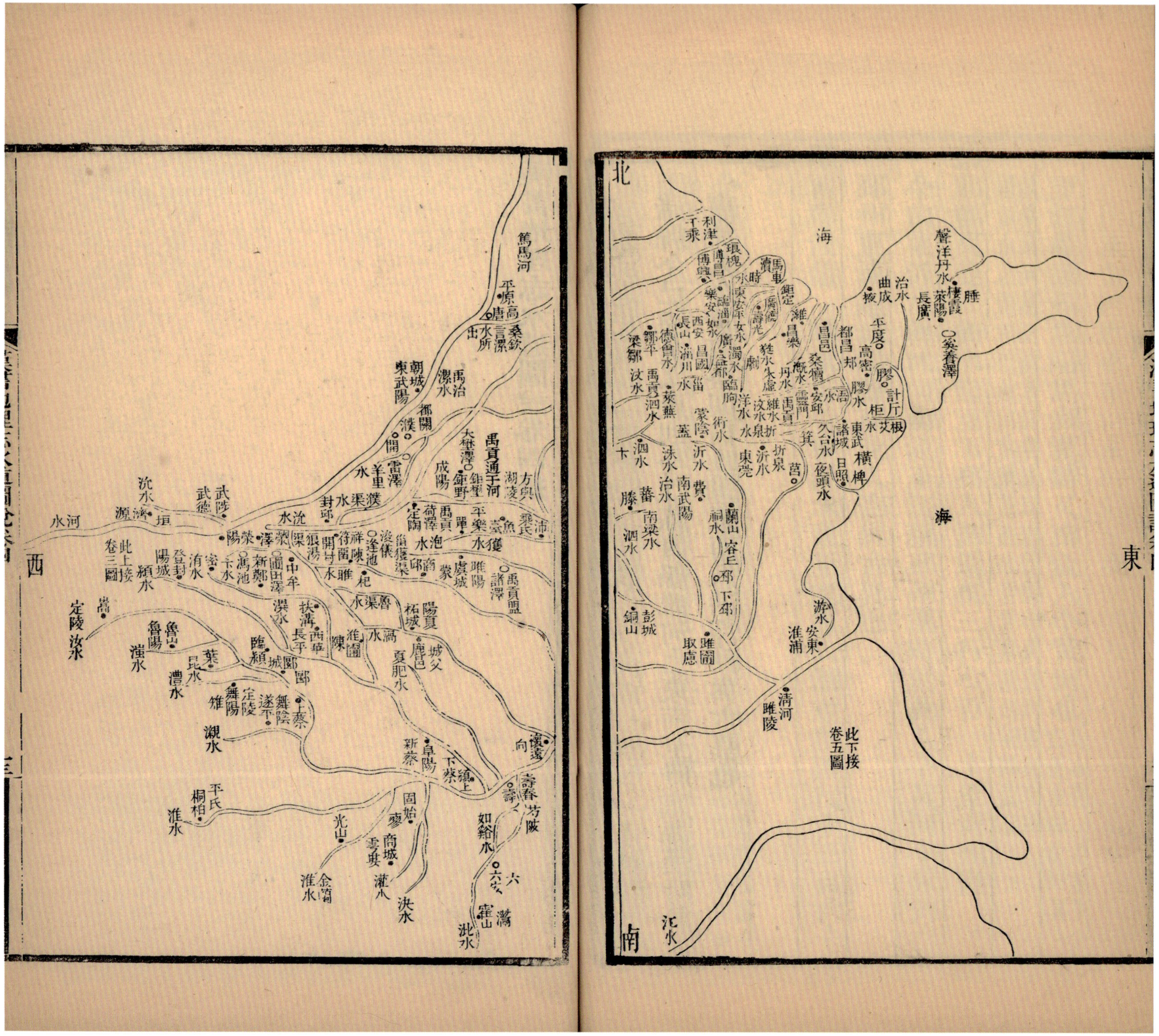

汉书地理志水道图说：七卷

（清）陈澧撰

2 册；28 厘米 ×17.6 厘米

刻本

［广州］：富文斋，清同治二年（1863）

版本一：清道光年间（1821—1850）广州番禺陈澧刻本。版本二：清同治二年（1863）广州富文斋刻本。版本三：清同治年间据清道光年间番禺陈澧刻版增修刻本。版本四：清咸丰至光绪年间羊城刻本。版本五：清光绪二十四年（1898）广东集古书屋刻本。

陈澧就《汉书·地理志》所见水名，参依《皇舆全图》及各省图籍、齐召南《水道提纲》及他人论述，以今释古，述其原委，附以己见，于道光二十八年（1848）撰成此图说。书中绘图七幅，附于各卷之末，卷二、卷三末附图与黄河相关，《九州图》《导山导水北图》等图上有黄河。末附陈澧之子陈宗谊撰《考正德清胡氏禹贡图》一卷。

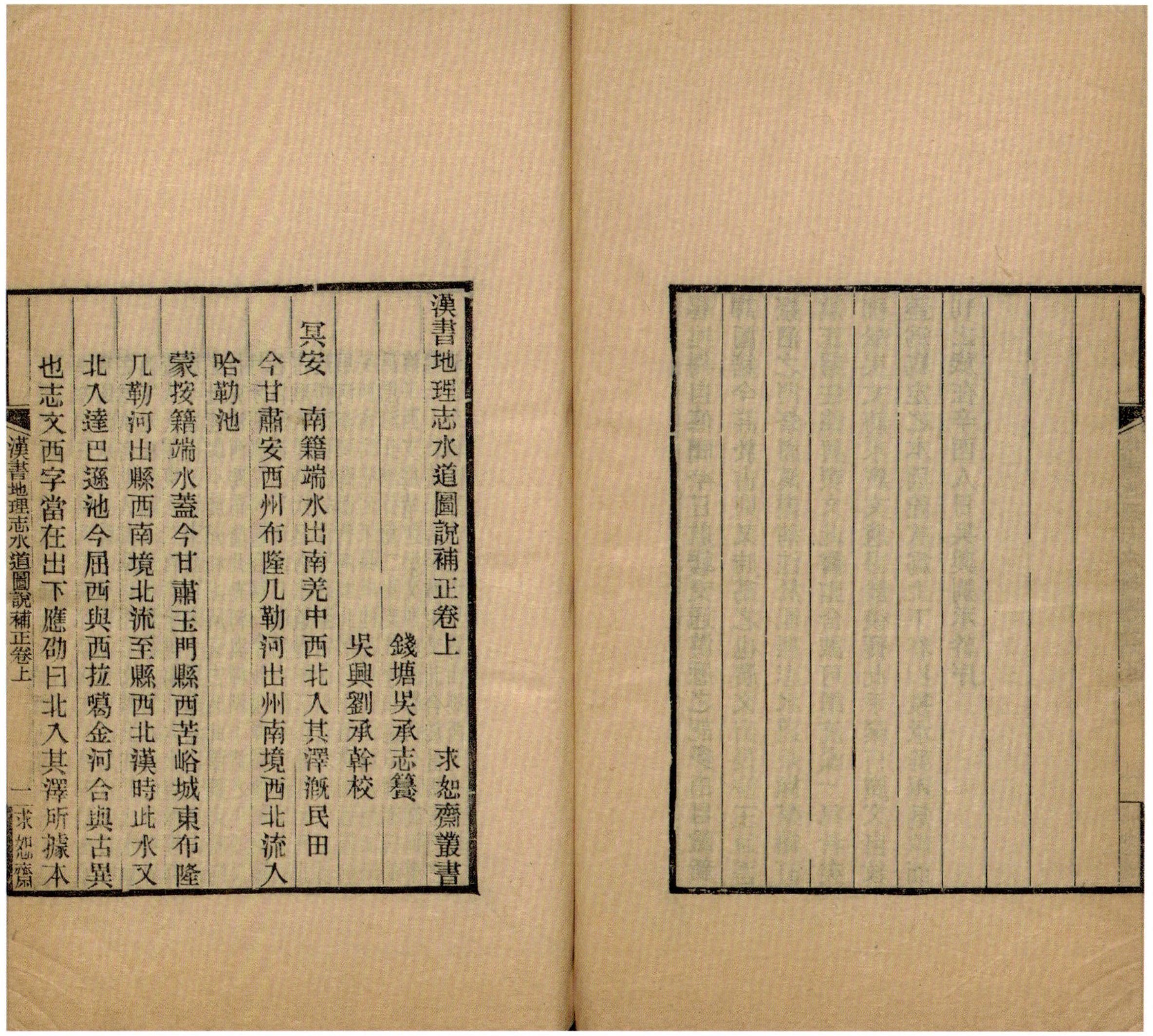

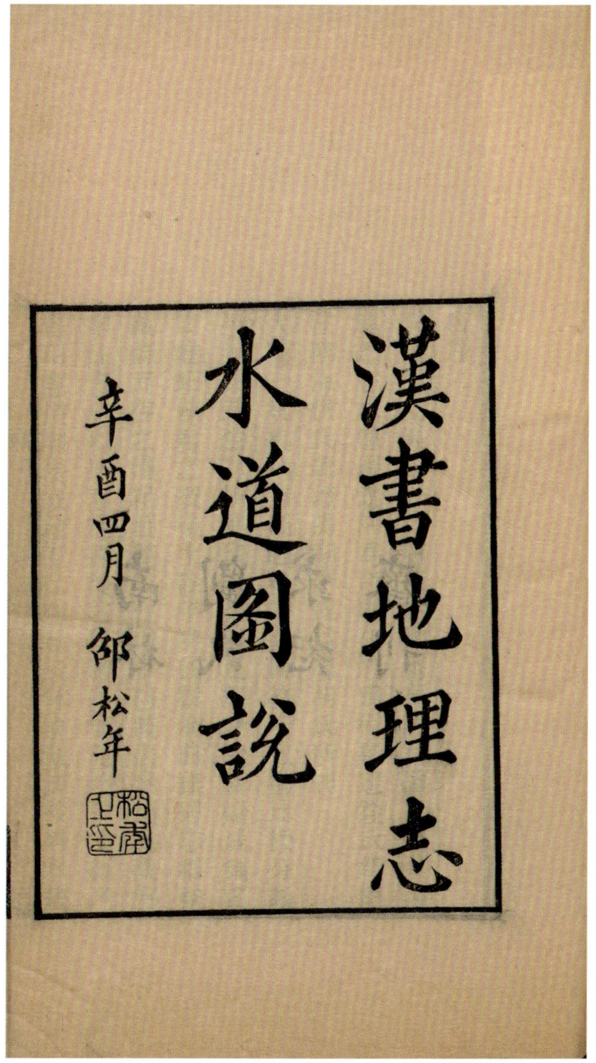

汉书地理志水道图说补正

吴承志纂，刘承干校

1 册

刻本

南林刘氏求恕斋，[清光绪年间（1875—1908）]

版本一：清光绪年间（1875—1908）南林刘氏求恕斋刻本。版本二：民国年间南林刘氏求恕斋刻本。

全书分上下两卷，是吴承志对清陈澧撰《汉书地理志水道图说》一书的增补和订正。吴承志中年以后致力舆地之学，擅长考据。此书收录于《求恕斋丛书》。

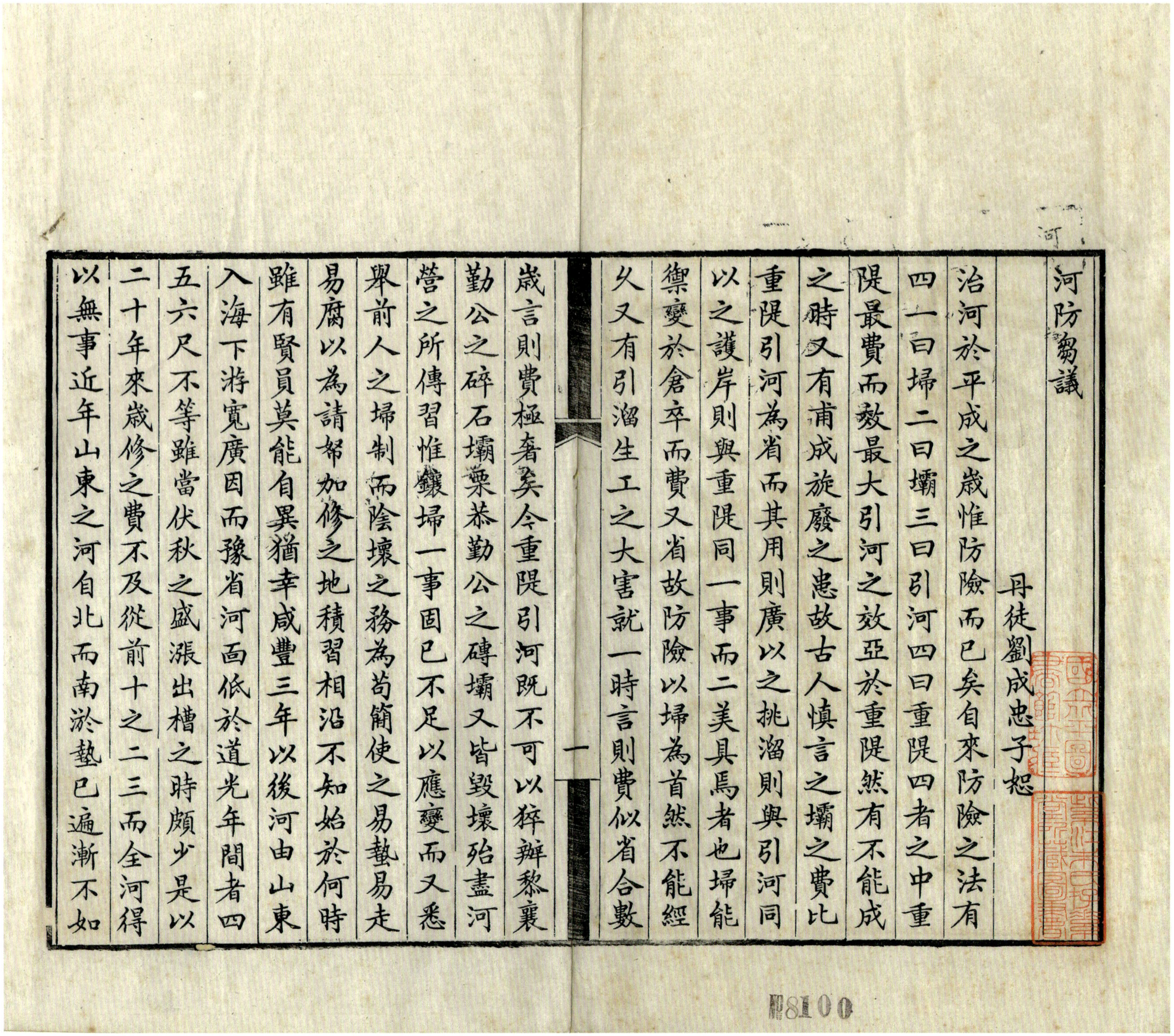
河防芻議
丹徒劉成忠子恕
治河於平成之歲惟防險而已矣自來防險之法有
四一曰埽二曰壩三曰引河四曰重隄四者之中重
隄最費而效最大引河之效亞於重隄然有不能成
之時又有甫成旋廢之患故古人慎言之壩之費比
重隄引河為省而其用則廣以之挑溜則與引河同
以之護岸則與重隄同一事而二美具焉者也埽能
禦變於倉卒而費又省故防險以埽為首然不能經
久又有引溜生工之大害就一時言則費似省合數
歲言則費極奢矣今重隄引河既不可以猝辦黎襄
勤公之碎石壩栗恭勤公之磚壩又皆毀壞殆盡河
營之所傳習惟鑲埽一事固已不足以應變而又悉
舉前人之埽制而陰壞之務為苟簡使之易蟄易走
易腐以為請帑加修之地積習相沿不知始於何時
雖有賢員莫能自異猶幸咸豐三年以後河由山東
入海下游寬廣因而豫省河面低於道光年間者四
五六尺不等雖當伏秋之盛漲出槽之時頗少是以
二十年來歲修之費不及從前十之二三而全河得
以無事近年山東之河自北而南淤墊已遍漸不如
一

河防刍议：一卷

（清）刘成忠撰

1册

刻本

清同治十三年（1874）

刘成忠系刘鹗之父，清咸丰、同治年间曾在河南、山东等地任职并治理黄河。此书是刘氏治河经验的总结，他先分析历史上主要的治河主张，再针对黄河当前实际形势，提出己见。刘氏认为日常河防重在防险，相关措施有埽、坝、引河与重堤，因此全书突出介绍了埽、坝、堤的制作方法与历史演变。此书对今人了解清道光、咸丰时期黄河治理与河工器具具有重要意义。

五省沟洫图说

（清）沈梦兰编

1 册；18 厘米 ×12 厘米

刻本

江苏书局，清光绪六年（1880）

是书讲述古代沟洫制度并介绍西北五省（河北、河南、陕西、山东、山西）水道。图以水为主，诸水流经州县治所及重要城镇村屯标记较详；图说按滦河、蓟运河、白河、永定河、唐河、卫河、洛水、淮水、汝水、汾水、湟水等自东而西、先北后南之序列分载，各分支略加考述。书中先刊载四幅沟洫图及其说明；再叙述沟洫之方法设制，论述沟洫制度及其优越性；继而刊载五省水道图，分述五省河道起迄和流经之地；继而引用徐贞明《潞水客谈》、施璜《近思录发明》、刘天和《问水集》等水利著作，并附有畎田、区田图说；最后刊载作者本人有关水利的论稿六篇。

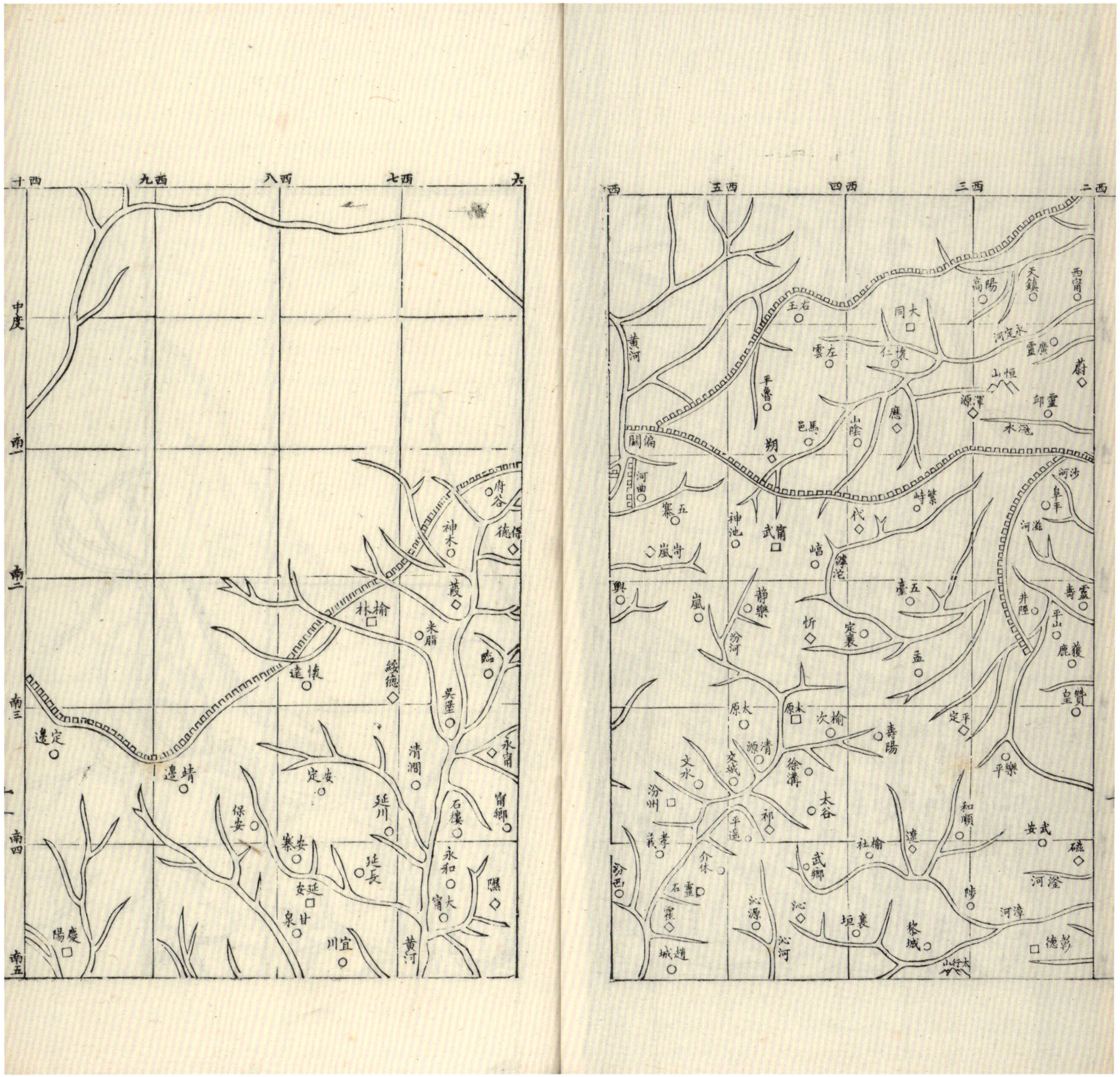

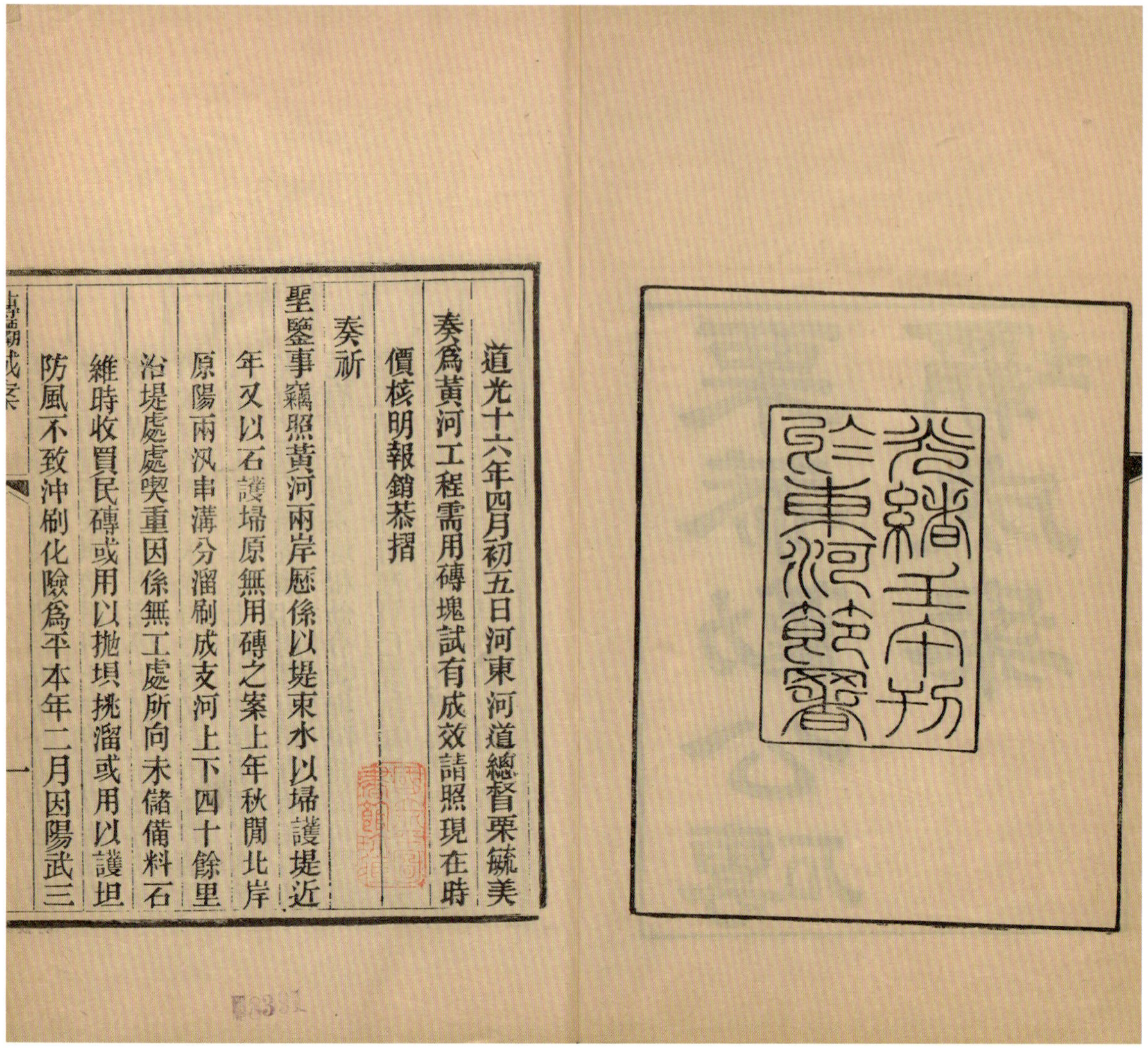

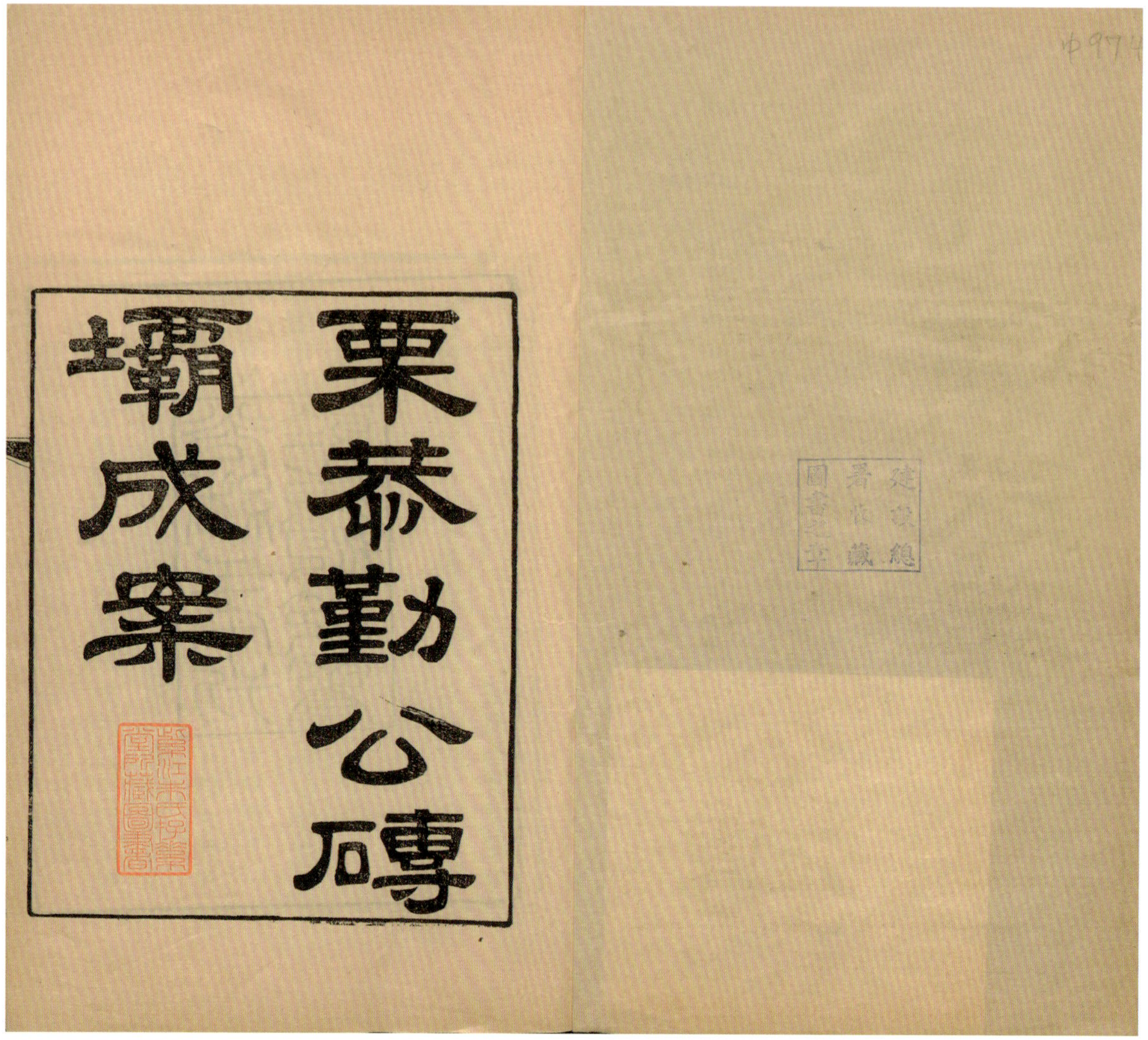

栗恭勤公砖坝成案

（清）栗毓美撰

1 册

刻本

东河节署，清光绪八年（1882）

清道光十五年（1835），栗毓美任河东河道总督，主持豫、鲁两省河务，治理黄河事宜。栗氏一生最大的功绩是治理黄河，任河督虽仅五年，治绩卓著。他在实践中因地制宜，创造了“以砖代埽”的治黄经验。此书记述的抛砖筑坝法是古人对筑坝技术的创造性运用。

河工简要：四卷

（清）邱步洲辑

2册

刻本

汉阳邱氏，清光绪十三年（1887）

有2册、4册版。

全书包括河工官制、九河述要、导黄源流、黄河发源、黄河入淮、黄沁淮水发源、黄河说、河防辑略总论、例案等内容。这是一部有关河政管理制度的总结性著作，是对清代水利法制的记载和研究，也是清代对防洪制度最初研究成果的代表作之一。

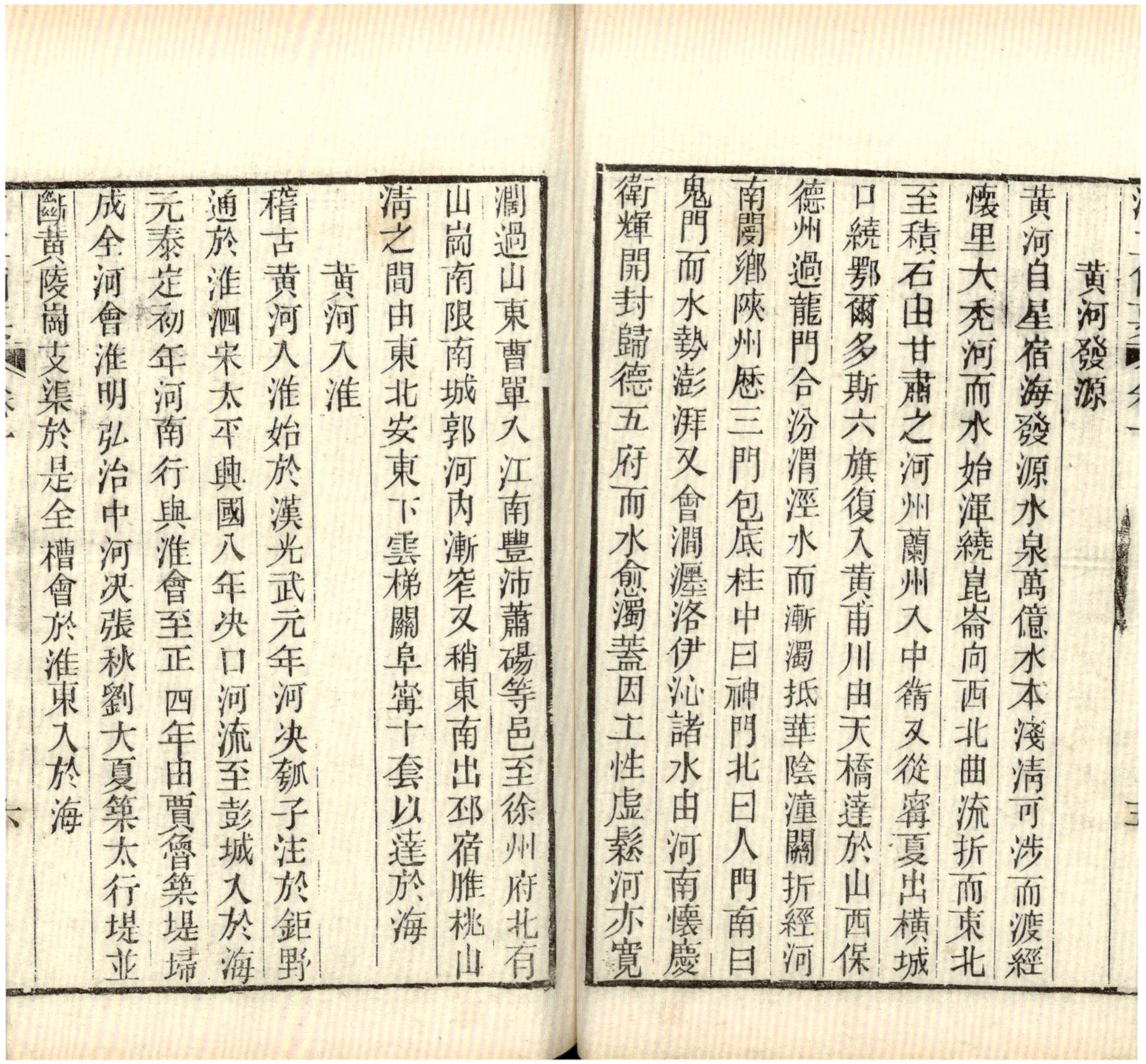

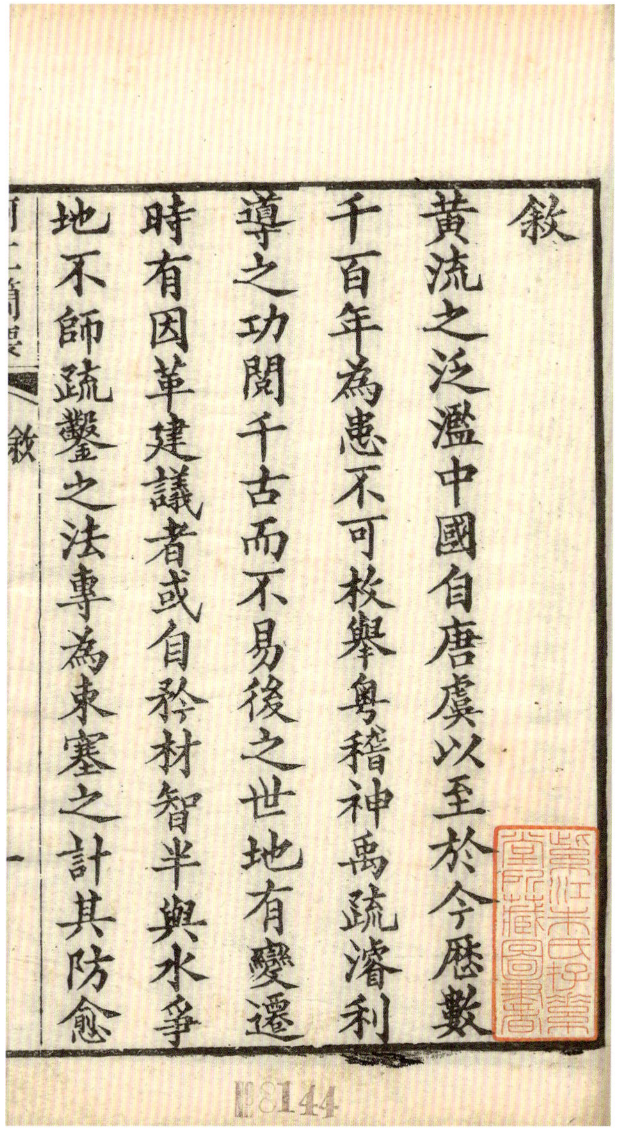

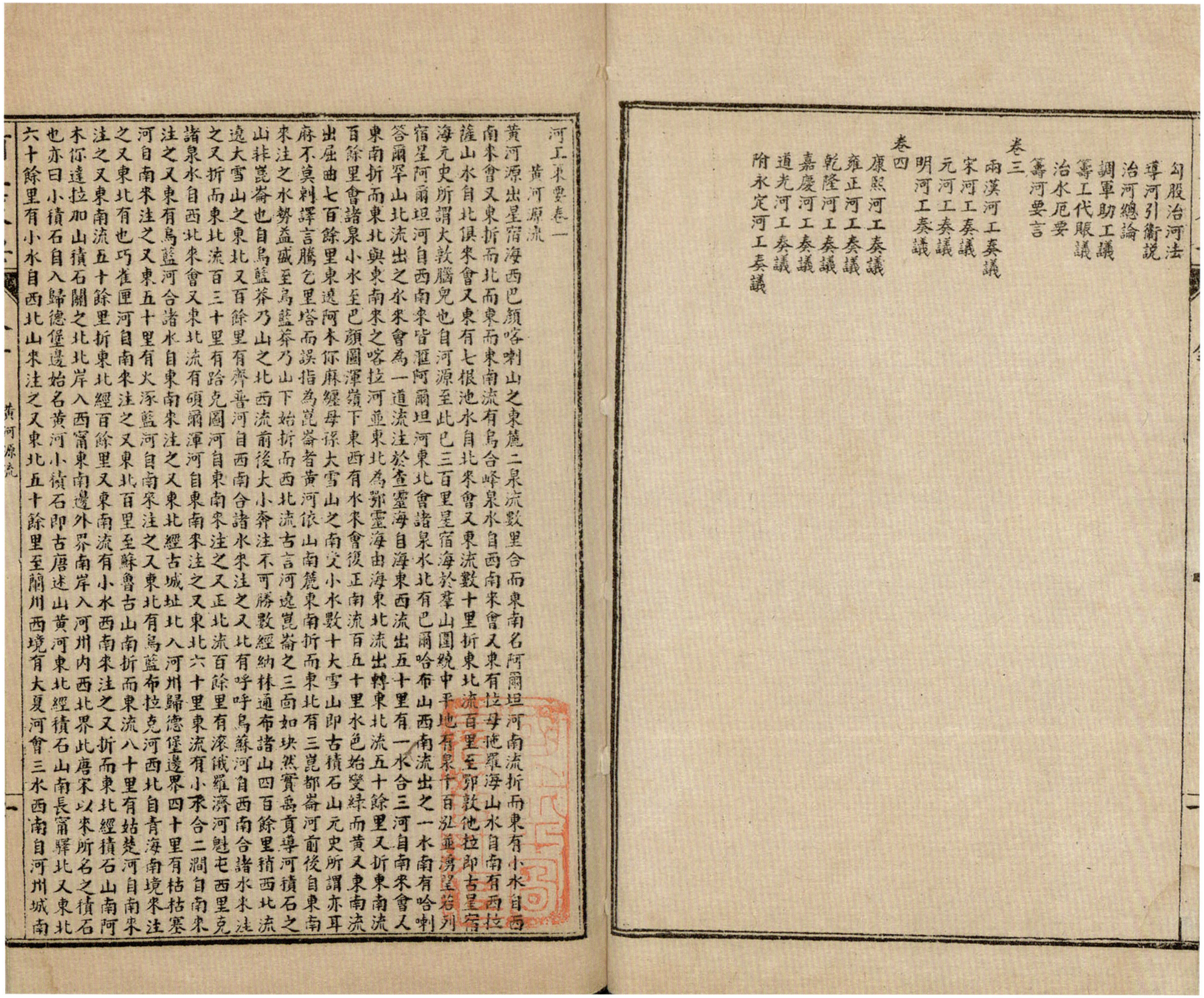

河工策要：四卷

1 册

石印本

上海：蜚英馆，清光绪十四年（1888）

版本一：清光绪十四年（1888）上海蜚英馆石印本，有 1 册、2 册版。版本二：清光绪二十一年（1895）上海蜚英馆石印本，有 1 册、2 册版。

此书卷一记载了黄河、淮河源流，黄河决口变迁总考、三代至清代河决情形；卷二记载了历代治河及治河器具等；卷三是两汉到明代河工奏议；卷四是清康熙至道光时期的河工奏议，附永定河工奏议。

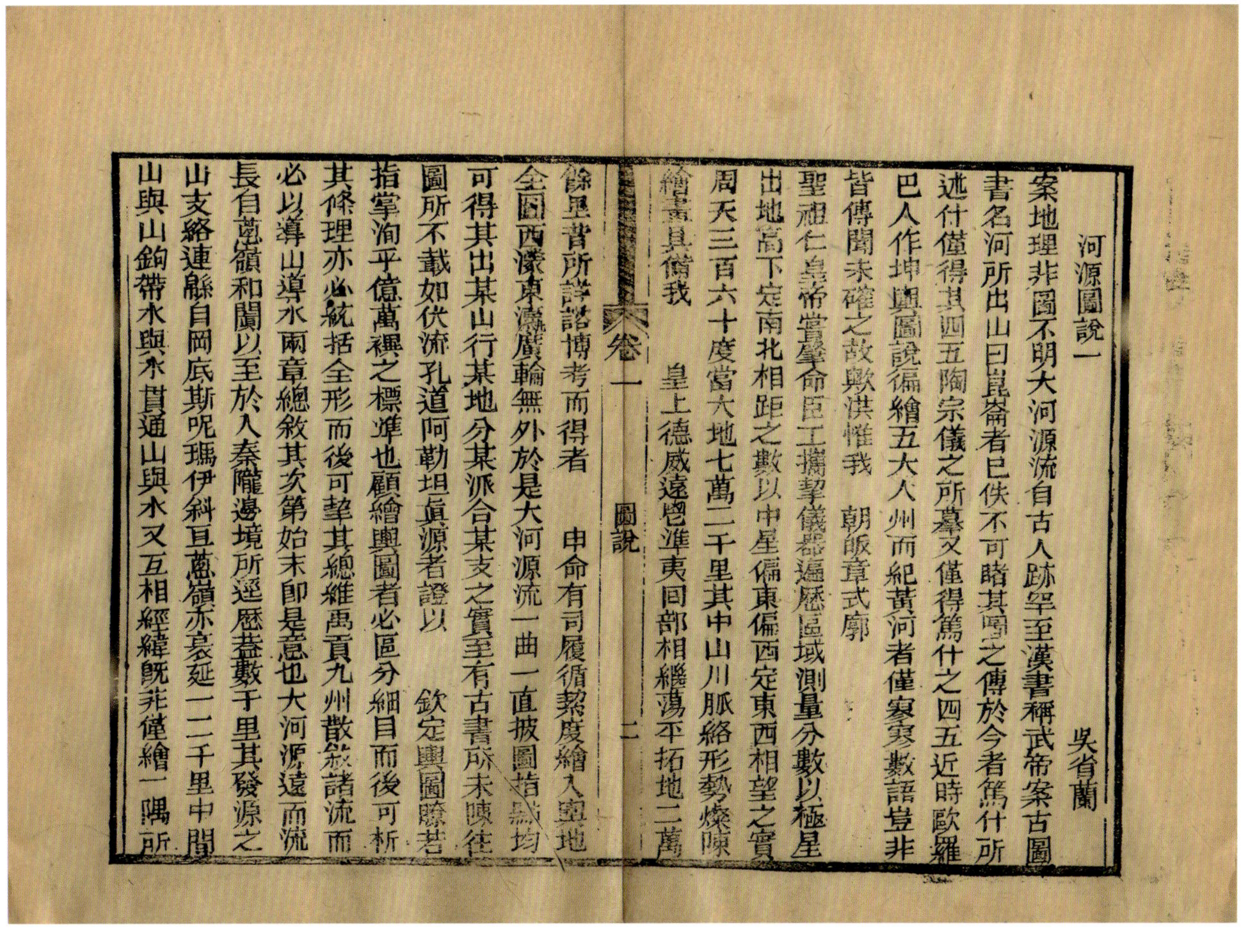
河源圖說一　吳省蘭
案地理非圖不明大河源流自古人跡罕至漢書稱武帝案古圖
書名河所出山曰崑崙者已佚不可睹其見之傳於今者篤什所
述什僅得其四五陶宗儀之所摹又僅得篤什之四五近時歐羅
巴人作坤輿圖說徧繪五大人州而紀黃河者僅寥寥數語豈非
皆傳聞未確之故歟洪惟我　朝版章式廓
聖祖仁皇帝嘗覃命臣工攜挈儀器遍歷區域測量分數以極星
出地高下定南北相距之數以中星偏東偏西定東西相望之實
周天三百六十度當大地七萬二千里其中山川脈絡形勢燦陳
繪畫具備我　皇上德威遠暨準夷回部相繼蕩平拓地二萬
卷一　圖說　二
餘里書所詳諸博考而得者　申命有司履循絜度繪入輿地
全圖西濛東瀛廣輪無外於是大河源流一曲一直披圖指點均
可得其出某山行某地分某派合某支之實至有古書所未睹往
圖所不載如伏流孔道阿勒坦眞源者證以　欽定輿圖瞭若
指掌洵乎億萬禩之標準也顧繪輿圖者必區分細目而後可析
其條理亦必統括全形而後可挈其總維禹貢九州散敘諸流而
必以導山導水兩章總敘其次第始末即是意也大河源遠而流
長自蔥嶺和闐以至於入秦隴邊境所逕歷蓋數千里其發源之
山支絡連縣自岡底斯呢瑪伊斜亘蔥嶺亦袤延一二千里中間
山與山鉤帶水與水貫通山與水又互相經緯既非僅繪一隅所

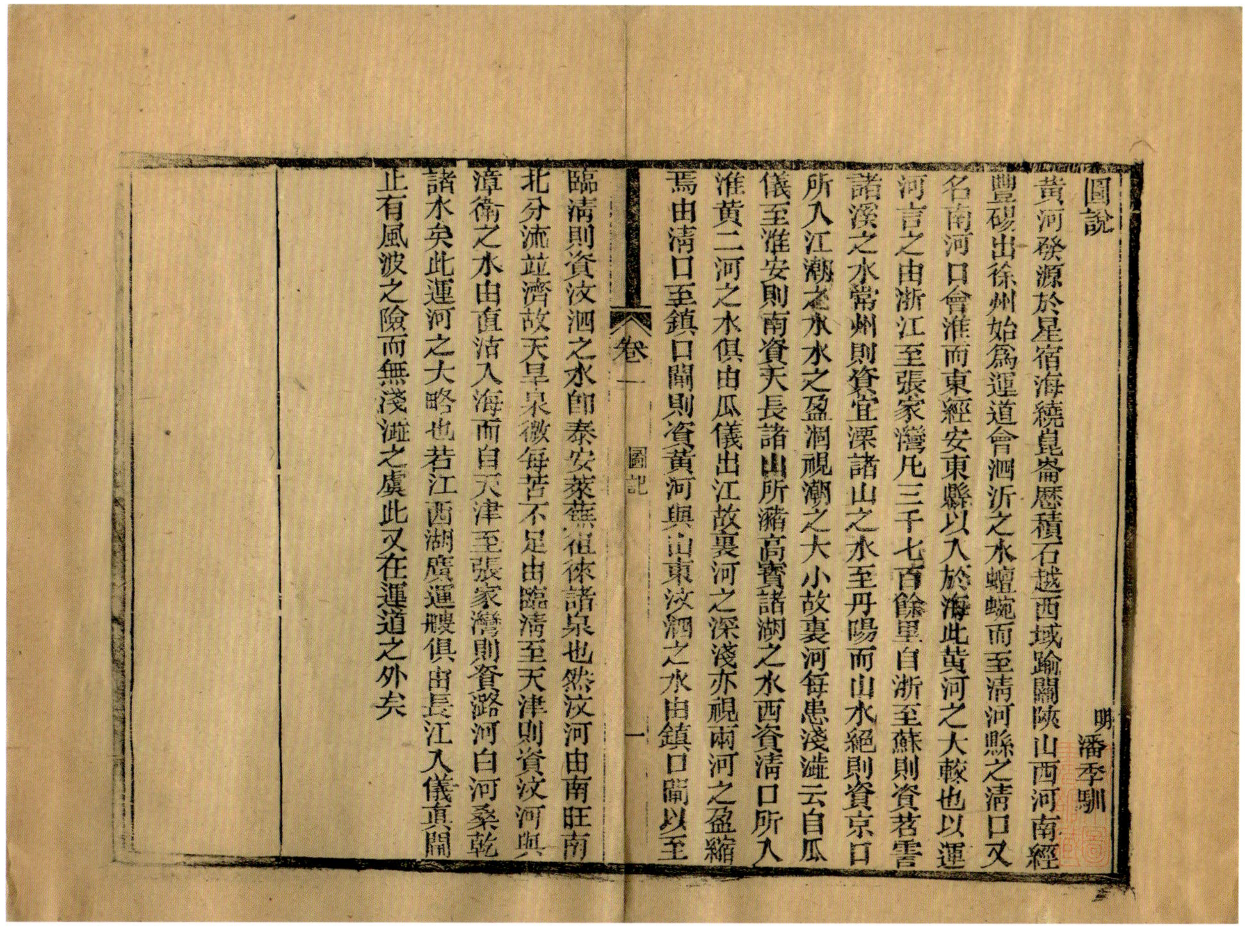
圖說　明 潘季馴
黃河發源於星宿海繞崑崙歷積石越西域踰關陝山西河南經
豐碭出徐州始爲運道會泗沂之水蜿蜒而至清河縣之清口又
名南河口會淮而東經安東縣以入於海此黃河之大較也以運
河言之由浙江至張家灣凡三千七百餘里自浙至蘇則資苕霅
諸溪之水常州則資宜溧諸山之水至丹陽而山水絕則資京口
所入江潮老水之盈涸視潮之大小故裏河每患淺澁云自瓜
儀至淮安則南資天長諸山所潴高寶諸湖之水西資清口所入
淮黃二河之水俱由瓜儀出江故裏河之深淺亦視兩河之盈縮
焉由清口至鎮口閘則資黃河與山東汶泗之水由鎮口閘以至
卷一　圖說　一
臨清則資汶泗之水即泰安萊蕪徂徠諸泉也然汶河由南旺南
北分流並濟故天旱泉微每苦不足由臨清至天津則資汶河與
漳衛之水由直沽入海而自天津至張家灣則資潞河白河桑乾
諸水矣此運河之大略也若江西湖廣運艘俱由長江入儀真閘
止有風波之險而無淺澁之虞此又在運道之外矣

古今治河要策：四卷

2 册

刻本

清光绪十四年（1888）

此书属辑录性著述，收录了《史记》的“河源考”、明代潘季驯的图说、清代吴省兰的《河源图说》等论著。“嗜古山房藏板”。

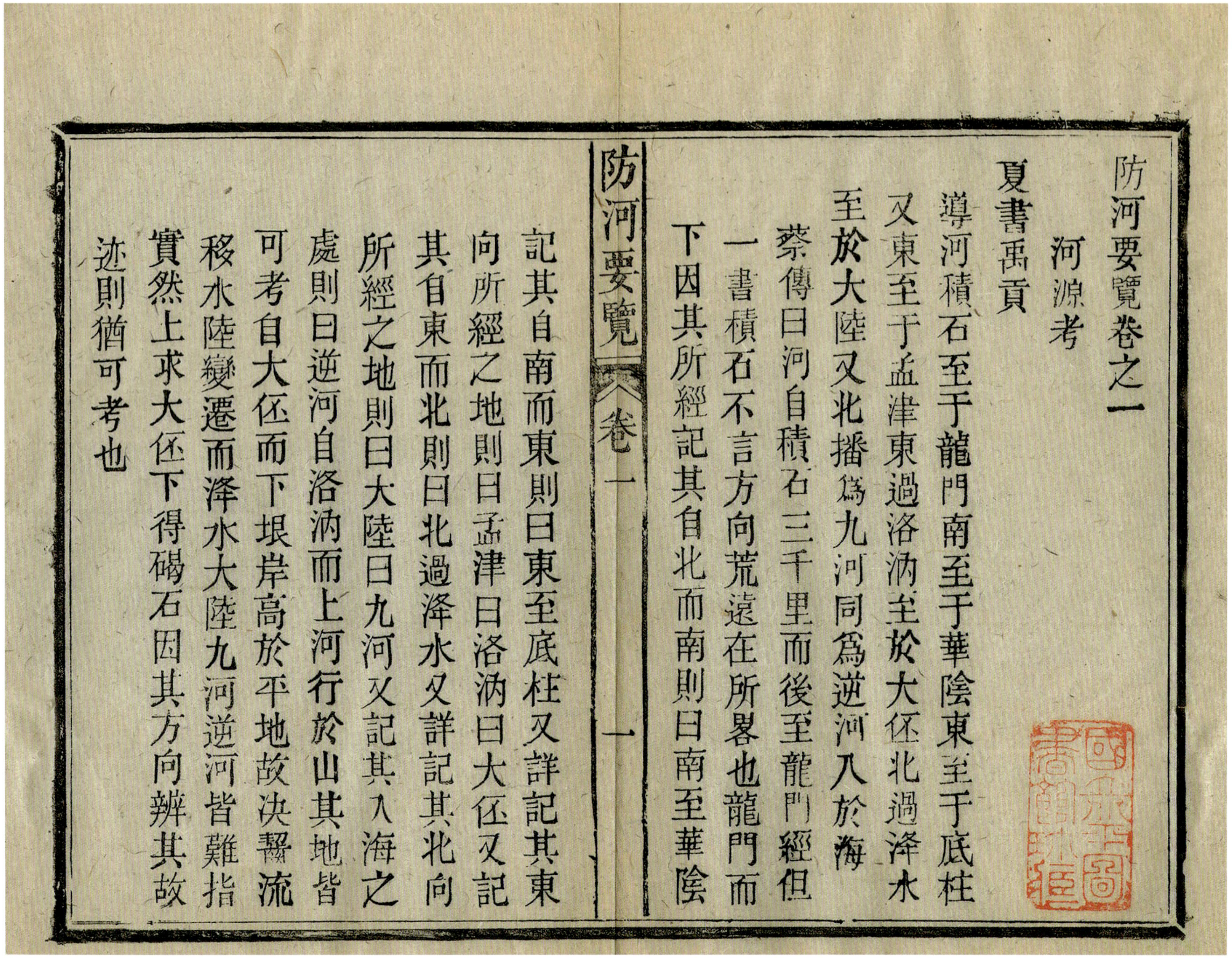

防河要覽卷之一

河源考

夏書禹貢

導河積石至于龍門南至于華陰東至于底柱又東至于孟津東過洛汭至於大伾北過洚水至於大陸又北播爲九河同爲逆河入於海

蔡傳曰河自積石三千里而後至龍門經但一書積石不言方向荒遠在所畧也龍門而下因其所經記其自北而南則曰南至華陰

防河要覽　卷一　一

記其自南而東則曰東至底柱又詳記其東向所經之地則曰孟津曰洛汭曰大伾又記其自東而北則曰北過洚水又詳記其北向所經之地則曰大陸曰九河又記其入海之處則曰逆河自洛汭而上河行於山其地皆可考自大伾而下垠岸高於平地故決齧流移水陸變遷而洚水大陸九河逆河皆難指實然上求大伾下得碣石因其方向辨其故迹則猶可考也

防河要览：四卷

（清）砚北主人辑

4 册

刻本

珊城砚北山房，清光绪十四年（1888）

清光绪十三年（1887）秋，黄河决口于河南郑州。作者感于时事，决定取昔人河渠诸书，订而互考，希冀对豫东徐淮诸河之治理有所助益。此书辑录丰富，例如卷一就收录有吴思本《河源考》、叶方恒《全河备考》、胡渭《禹贡锥指河流变迁考》、郭起元《淮水考》等15篇。“砚北山房藏板”，砚北主人姓名不详。

水道源流：五卷

(清) 胡宣庆纂编，(清) 胡鸿浚、胡鸿宾校刊

1 册

刻本

长沙胡氏，清光绪十七年 (1891)

有 1 册、2 册版。

清光绪四年（1878），胡宣庆参考《皇朝一统舆地全图》编成此书，故此书又名《皇朝舆地水道源流》。全书五卷，分区域叙述全国的水道源流概况。其中卷三论述河南、山东、山西、陕西、甘肃五地水道源流，与黄河关联较大。河南第一部分论述了黄河北岸和南岸，山西第一部分论述了黄河东岸，河南第二部分论述漯河水，山东部分论述运河水道，山西第二部分论述汾州府水，陕西部分论述渭水泾水时，甘肃水道源流部分均论及黄河。此外，卷一直隶部分论述滹沱河水、江苏部分论述南运河水、安徽部分论述淮水时也有提及黄河。此书特点是注重考证各条水道尤其是规模较大水道的支流。此重刊本有“光绪十七年孟夏月长沙胡氏重刊藏板”字样。

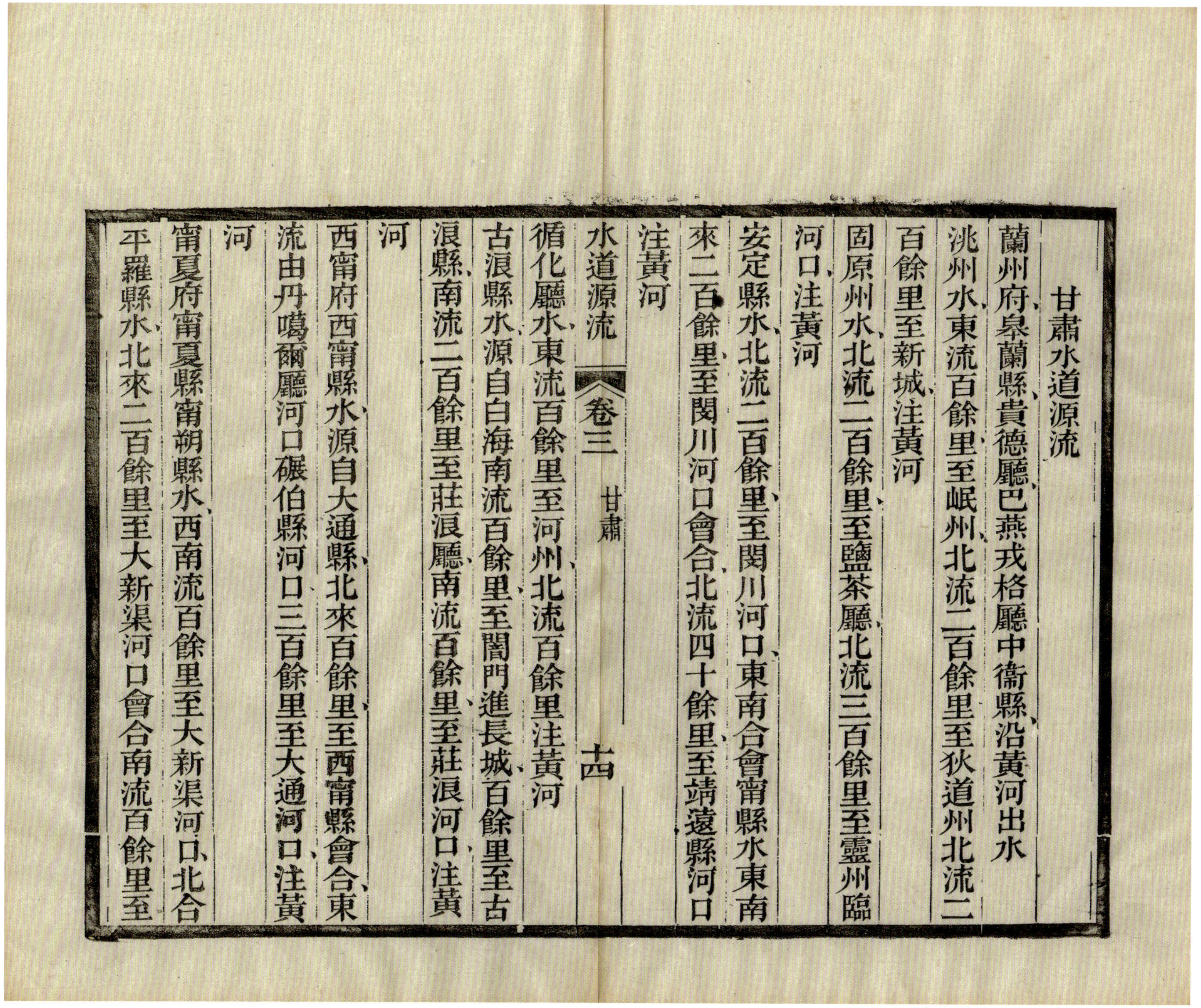

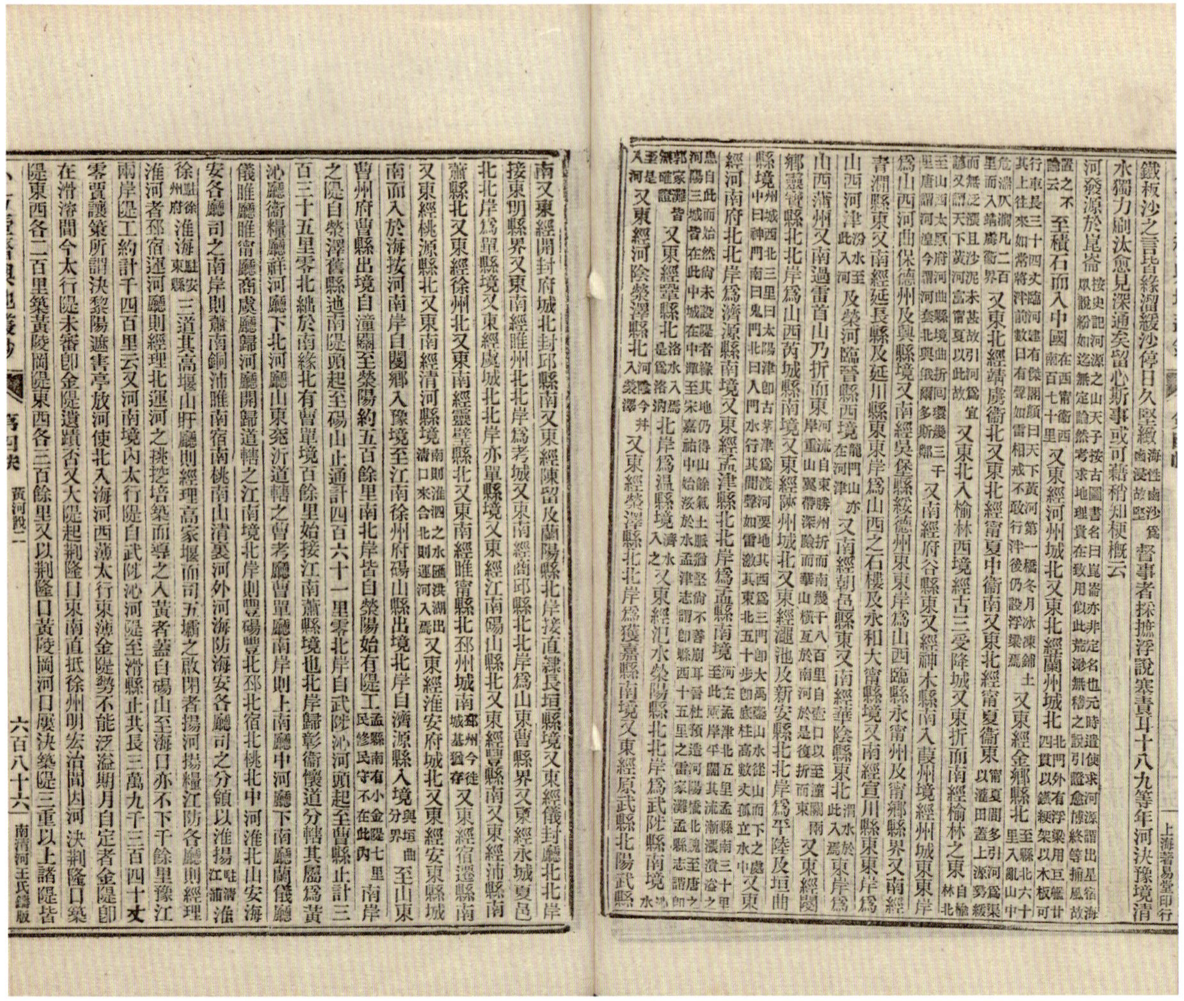

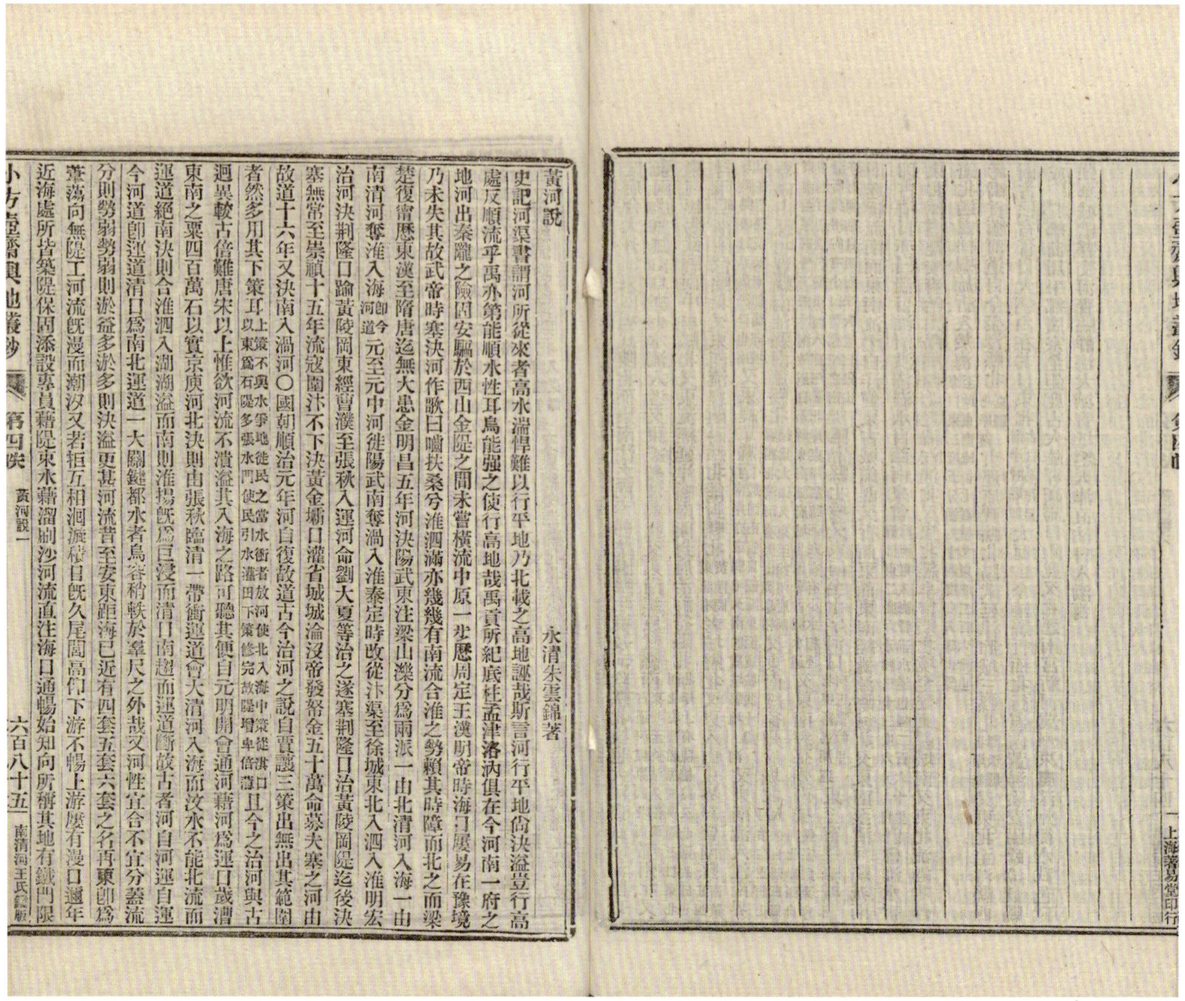

黄河说

(清) 朱云锦撰

铅印本

上海：著易堂，清光绪十七年（1891）

全文 2000 余字，记事止于清嘉庆十四年（1809），首叙历代黄河改道和治河简史，次载黄河发源、流经政区、各地堤防工程。文中对贾让治河三策褒其上策，而历代治河多采其下策，以图省工，故驳其谬。以为治水之道当引渠、筑堤相结合，并倡修塘蓄水以备灌溉。收录于王锡祺辑《小方壶斋舆地丛钞：十二帙》（共 64 册）第 24 册。

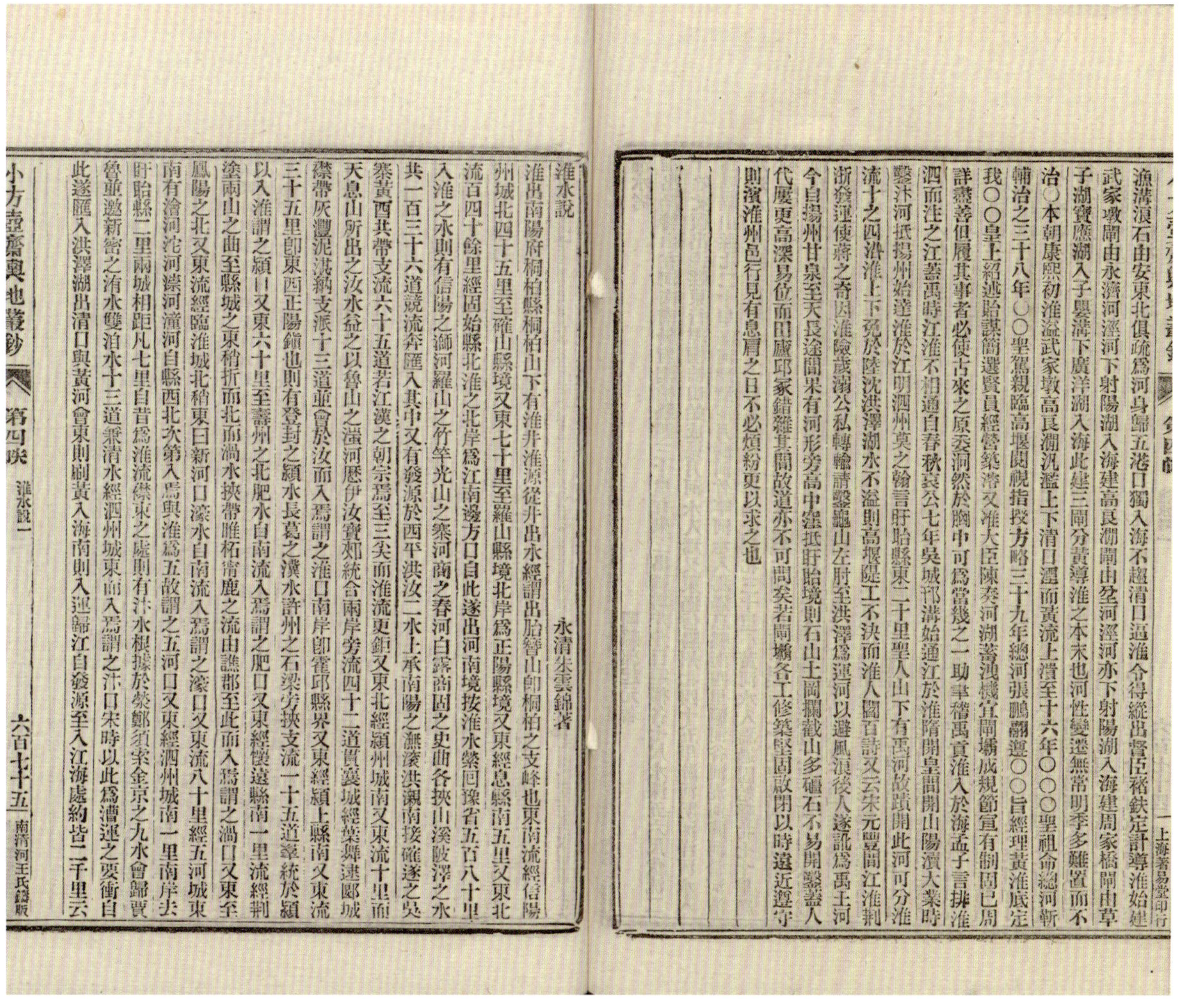

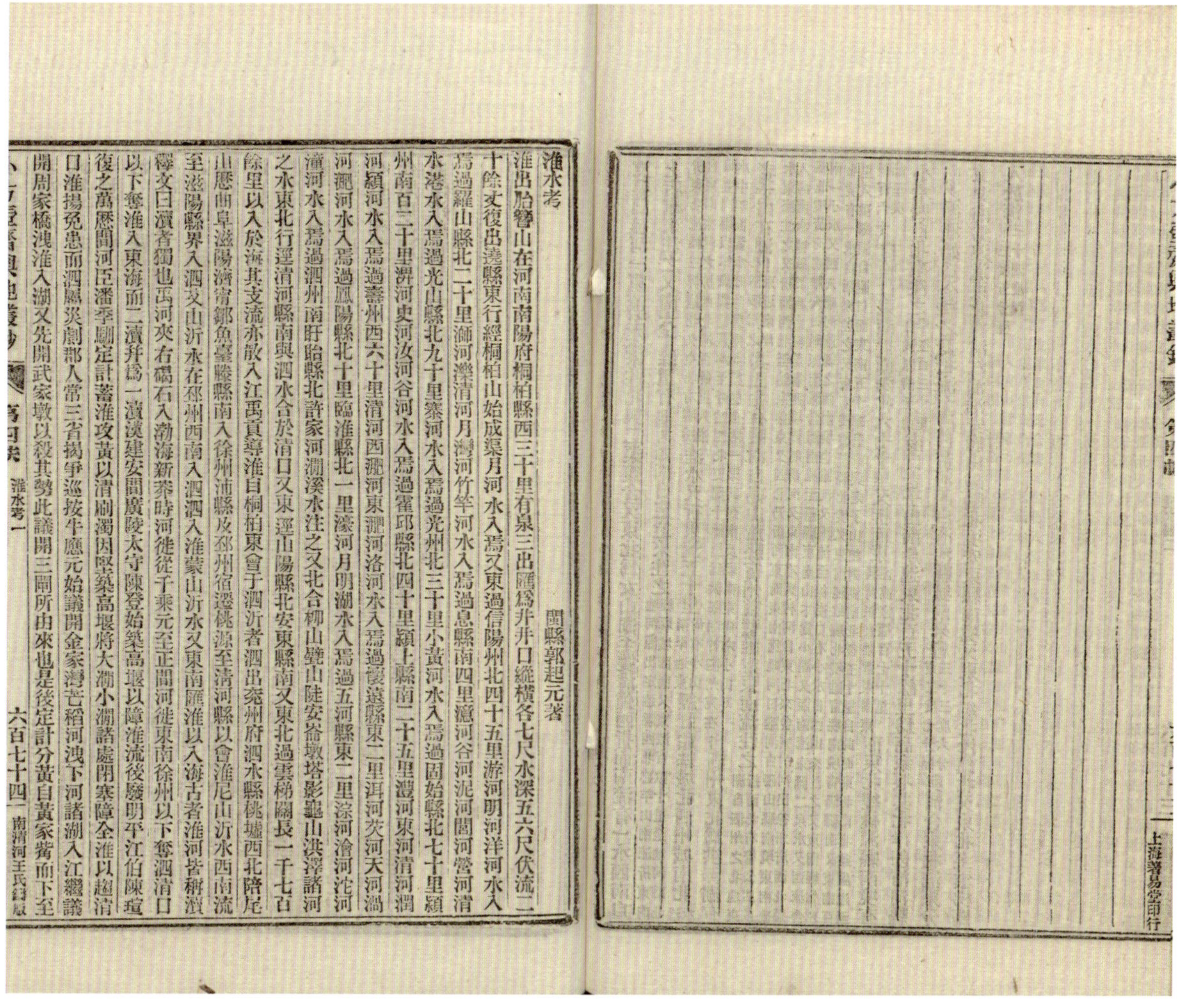

淮水考

（清）郭起元撰

铅印本

上海：著易堂，清光绪十七年（1891）

是文成于清康熙年间，记事止于康熙三十九年（1700）。文中有涉及汉陈登、明潘季驯以及郡人常三省等治淮、导淮本末，以建三闸分黄导淮记叙最详。收录于王锡祺辑《小方壶斋舆地丛钞：十二帙》（共64册）第24册。

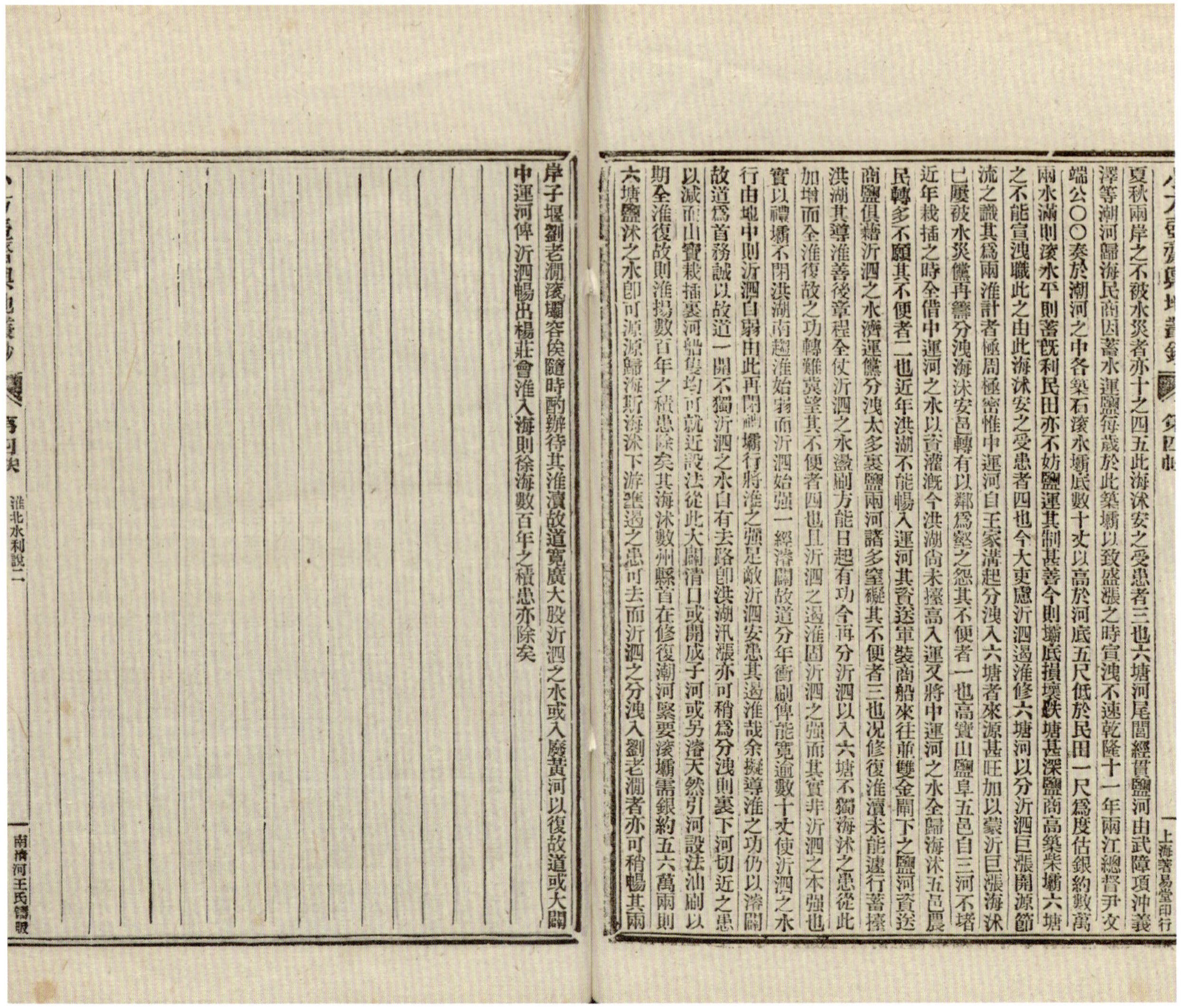

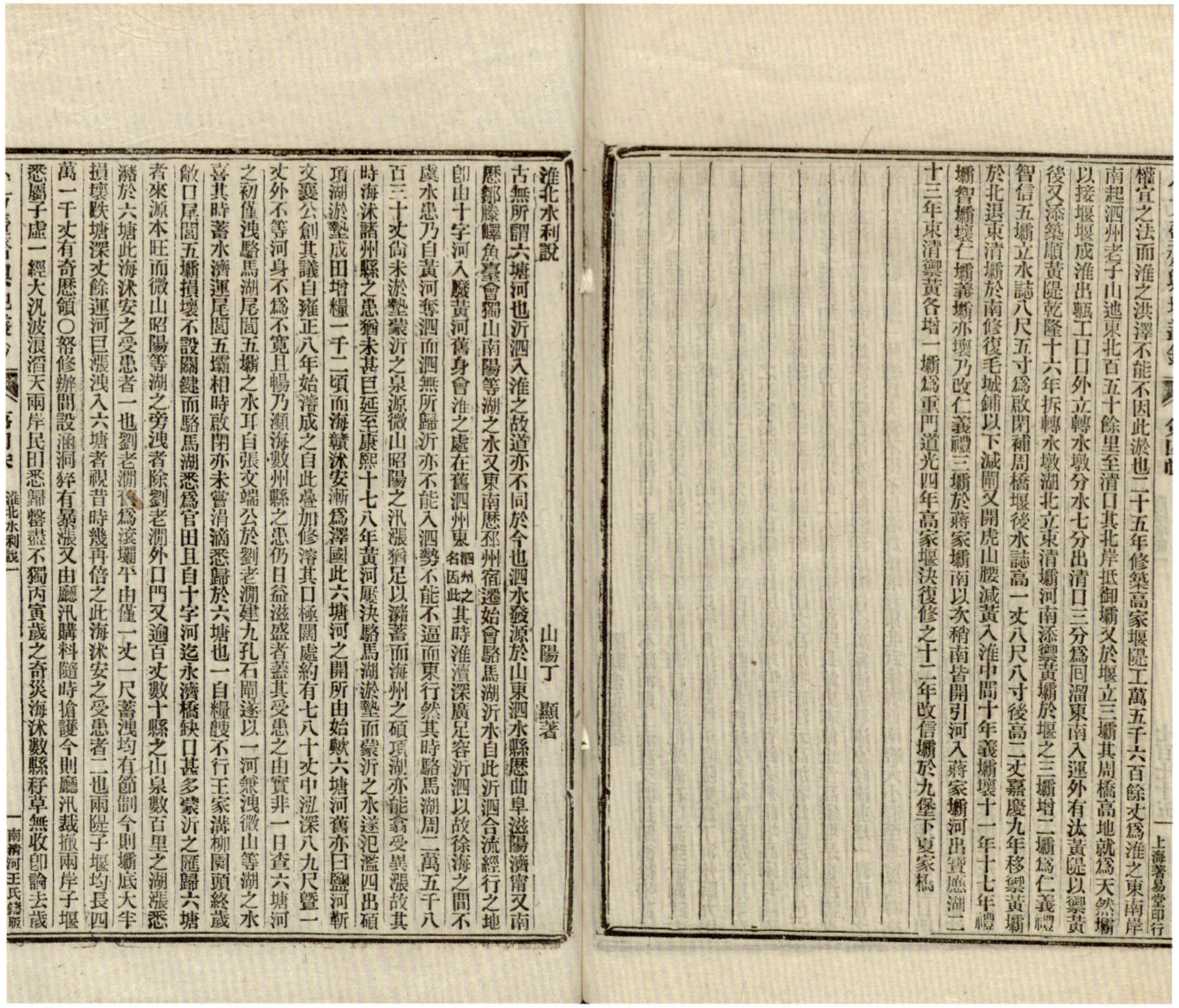

淮北水利说

（清）丁显撰

铅印本

上海：著易堂，清光绪十七年（1891）

全文先引淮北地区洪水泛滥史实，尤以清康熙十七、十八年（1678、1679）黄河决口、清乾隆十一年（1746）淮河两岸大水灾为例，分析淮北水患严重的原因；次考修六塘河分沂泗以治淮之不利因素。此文主张以浚辟故道为首，辅以开成子河或另浚天然引河，设法汕刷以期全淮复故的治淮之策，对研究淮北地区水患成因及治淮历史均有裨益。收录于王锡祺辑《小方壶斋舆地丛钞：十二帙》（共64册）第25册。

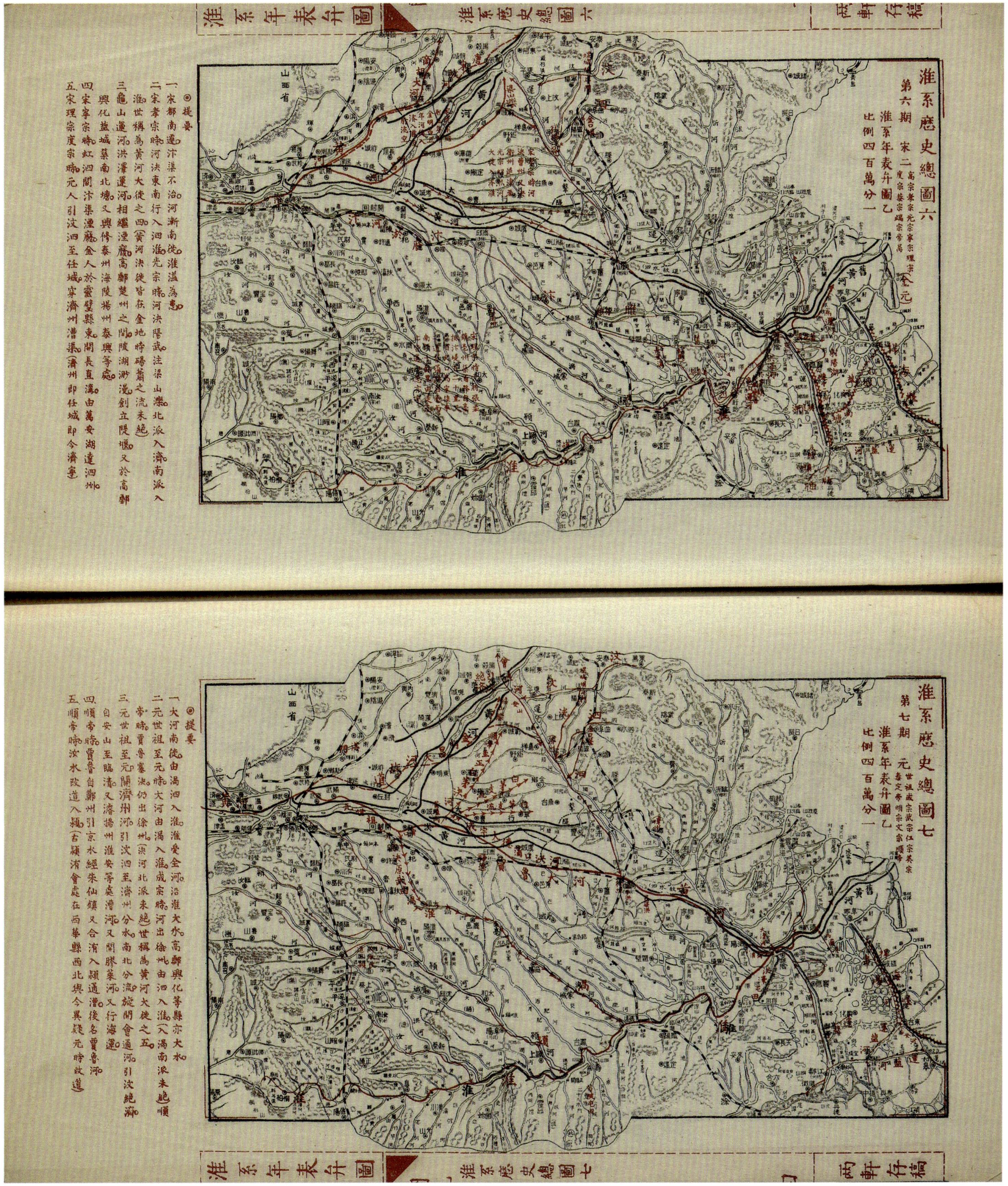

淮系年表全编：四卷

武同举撰绘

4 册

铅印暨影印本

民国十七年（1928）

版心题“两轩存稿”。武同举是晚清至民国著名的水利学专家，也是我国最早研究沂、沭、泗水利问题的专家。《淮系年表全编》堪称其代表作，记述了唐虞至清末淮河包括黄河的水患、水利大事，编有元、亨、利、贞 16 开线装本四册。全书包括淮系年表并图、淮系年表（唐虞周秦—清宣统）和全淮水道篇三大部分。书中图多达 140 幅，包括淮系全图一幅，淮系历史总图 14 幅、淮系历史分图 80 幅（淮水 20 幅、黄河 24 幅、运河 36 幅），淮系现势测图 45 幅（淮水 16 幅，黄河 12 幅、运河 8 幅、海岸 9 幅）。除淮河流域总图为请人缩绘外，其余皆为作者亲手绘制。

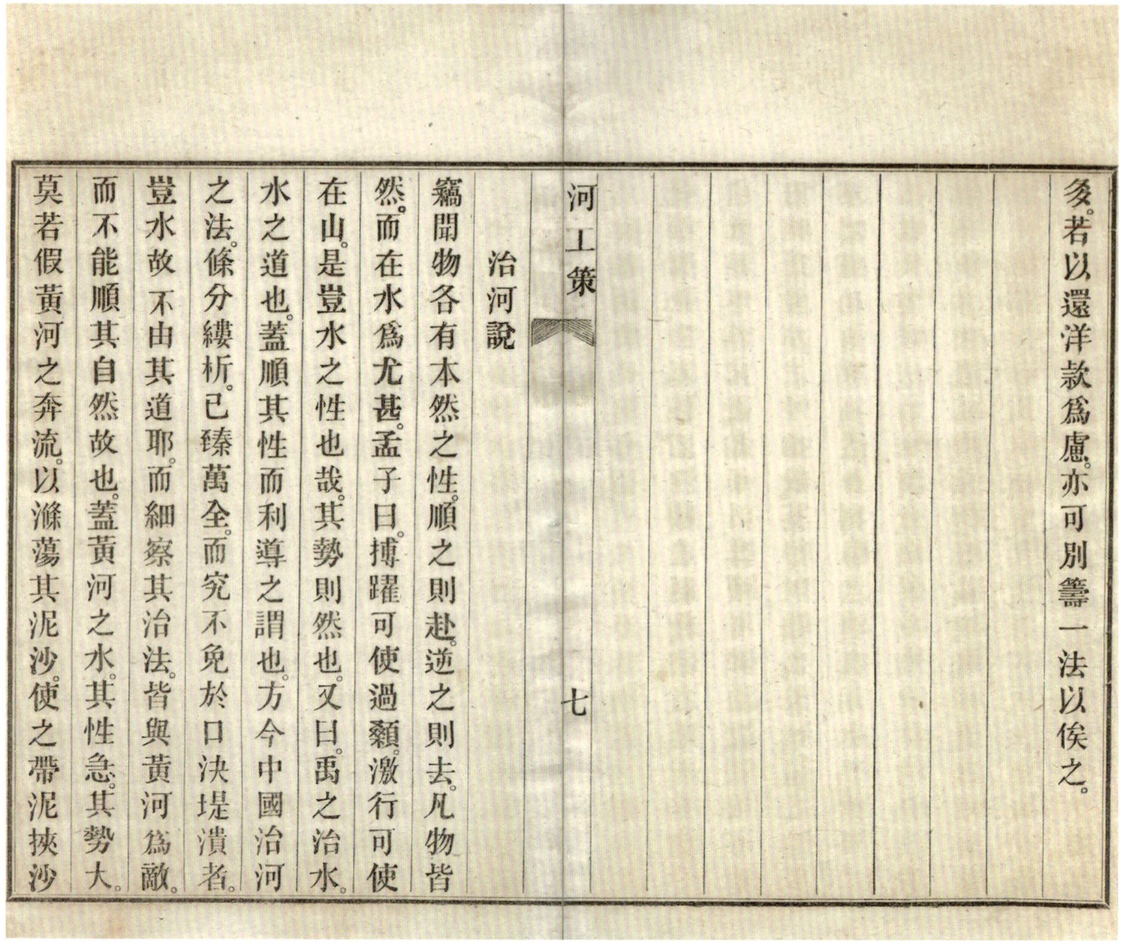

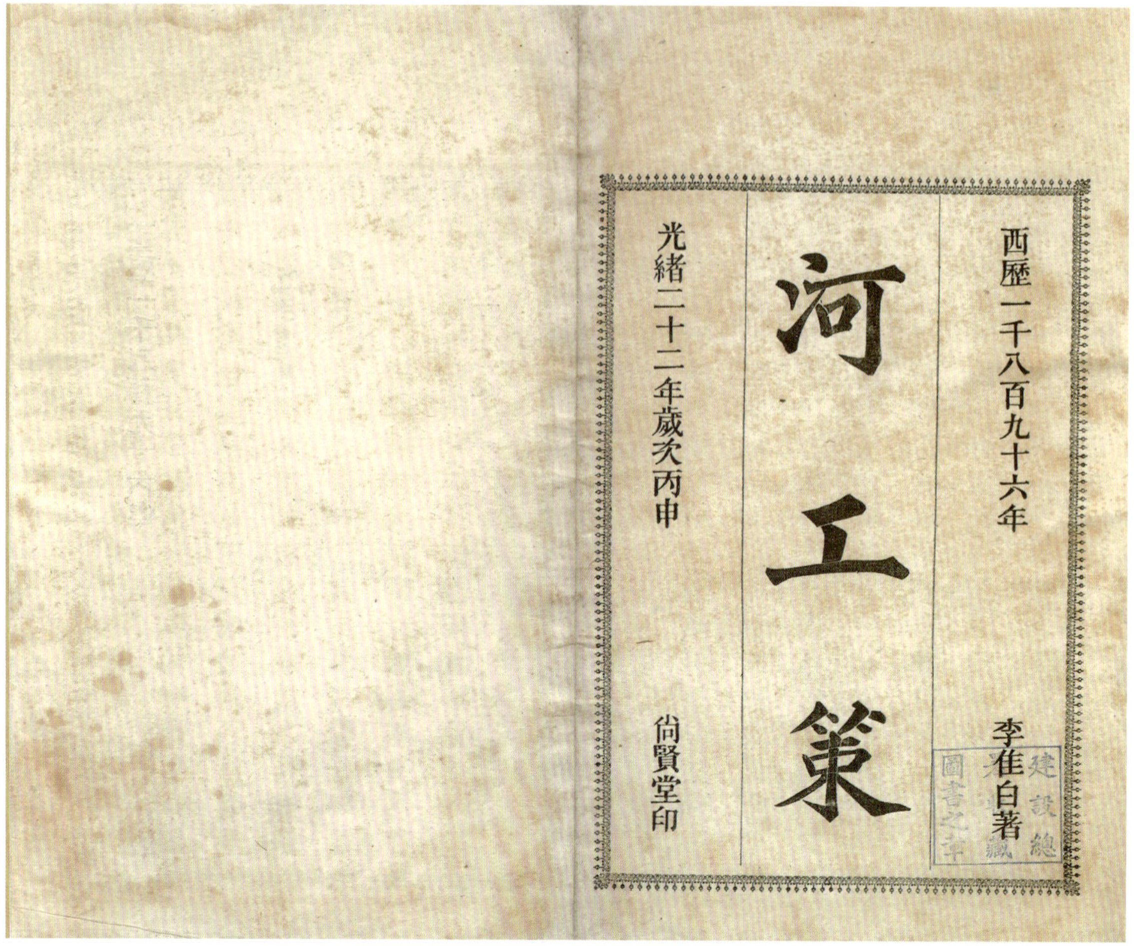

河工策：一卷

（美）李佳白（Gilbert Reid）著

1 册

铅印本

尚贤堂，清光绪二十二年（1896）

清光绪十二年（1886），张曜调任山东巡抚。当时黄河决口，水灾严重。清光绪八年（1882）奉美国基督教长老会命来华宣教的美国传教士李佳白向张曜提供了一份报告，详细介绍西方治理河流泛滥的方法，提出针对决口后的赈灾和救济切实可行的办法。李佳白一直关注中国的社会问题，曾因中国河患频仍，久无善策，亲冒风涛，由铁门关逆流而上，探悉受灾原因，著有《河工策》，又名《治河四策》一书。此书首述西国治河成法，列举美国、意大利、埃及、印度等国治河之法；次为治河说，主张匀堤、建闸、筑坝；三为治河建闸说，主张于河堤两旁筑石闸外，并建节水、放船二闸；四为以工代赈说，主张“因被灾之民，治被灾之区”。

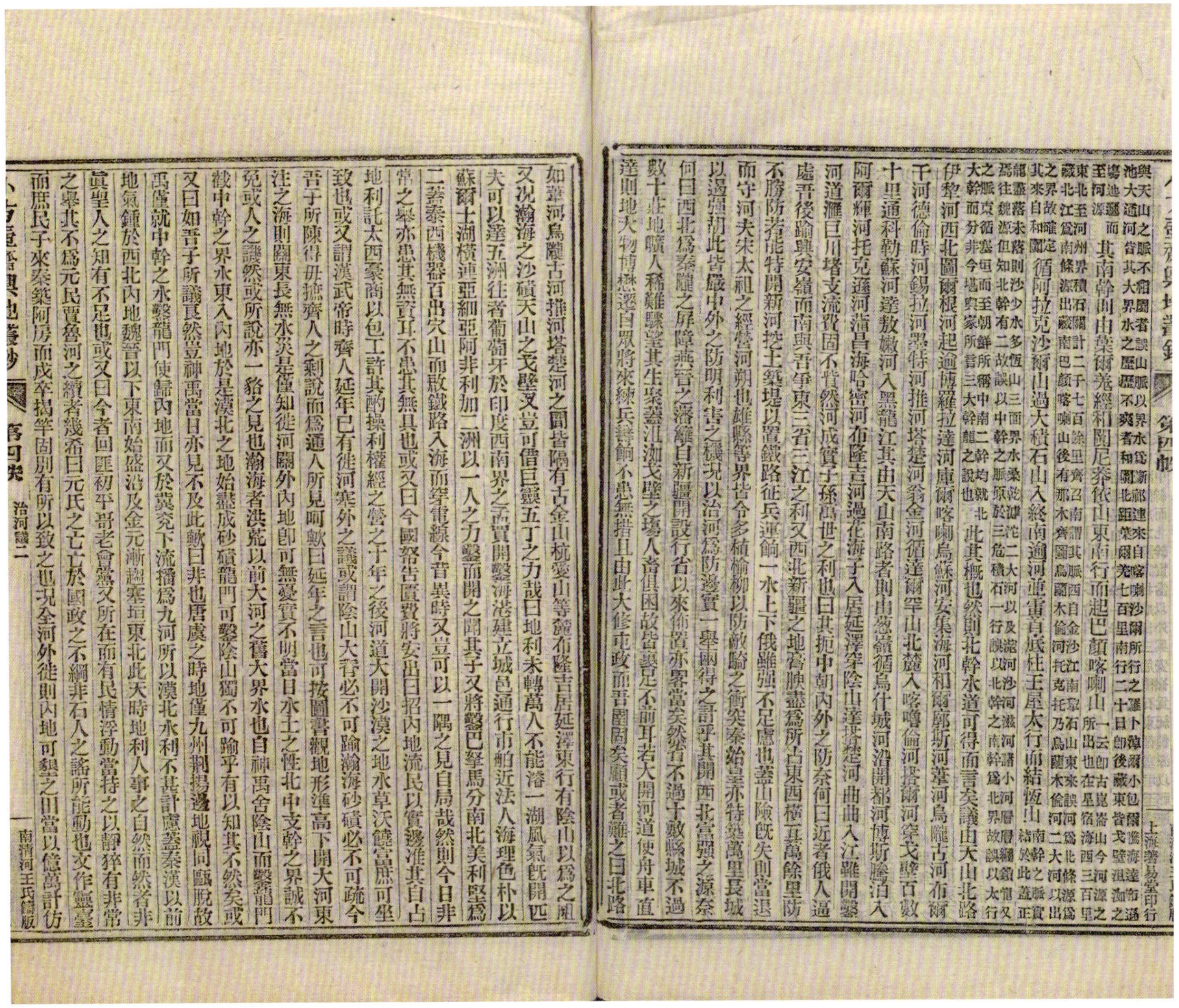

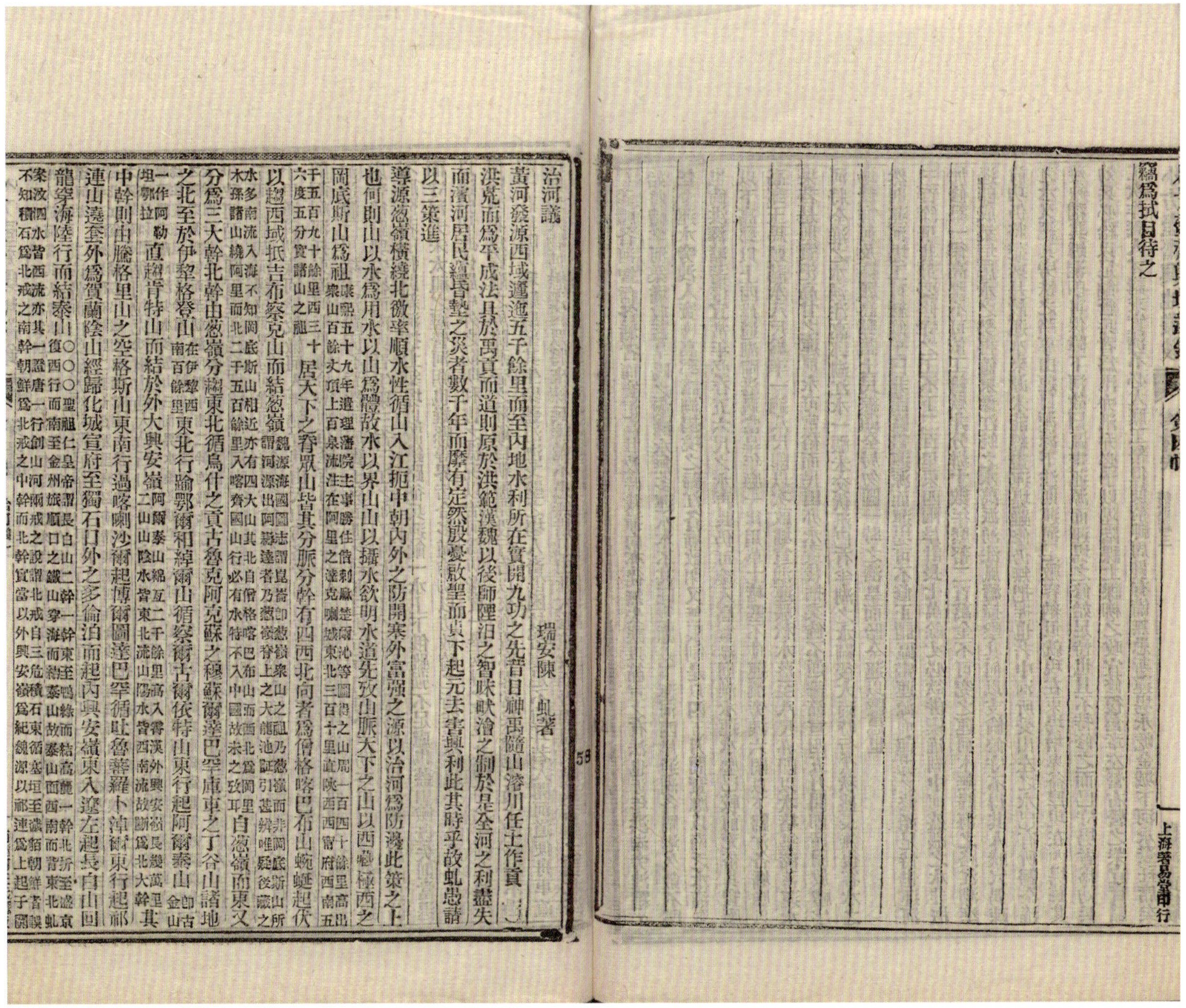

治河议

（清）陈虬撰

铅印本

上海：著易堂，清光绪二十三年（1897）

版本一：收录于王锡祺辑《小方壶斋舆地丛钞再补编：十二帙》（共16册）第6册。版本二：民国年间抄本，1册。

作者于清光绪十四年（1888）撰成此文并注7000余字。文中呈上、中、下三策，考周定王五年（公元前602）至光绪初3600余年间河徙情况，举历代河患与治河史实，备述治河难易与获益大小。上策为依山导源，减少黄河汛期水量以治本；中策为引华北部分河川入克鲁伦河与西辽河，可减轻河患；下策按惯例筑堤、建坝、部分地区疏导，仅可治标。

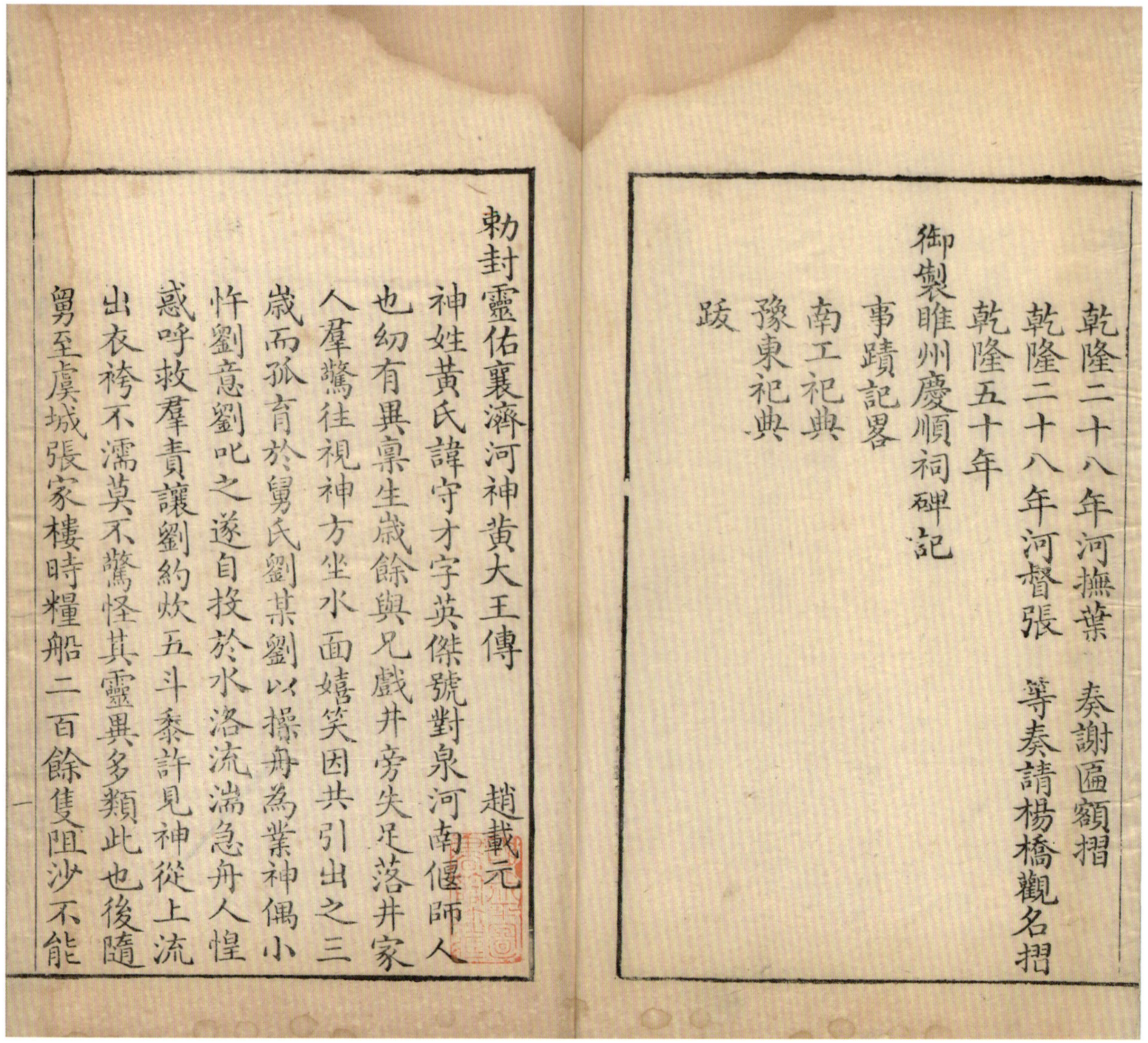

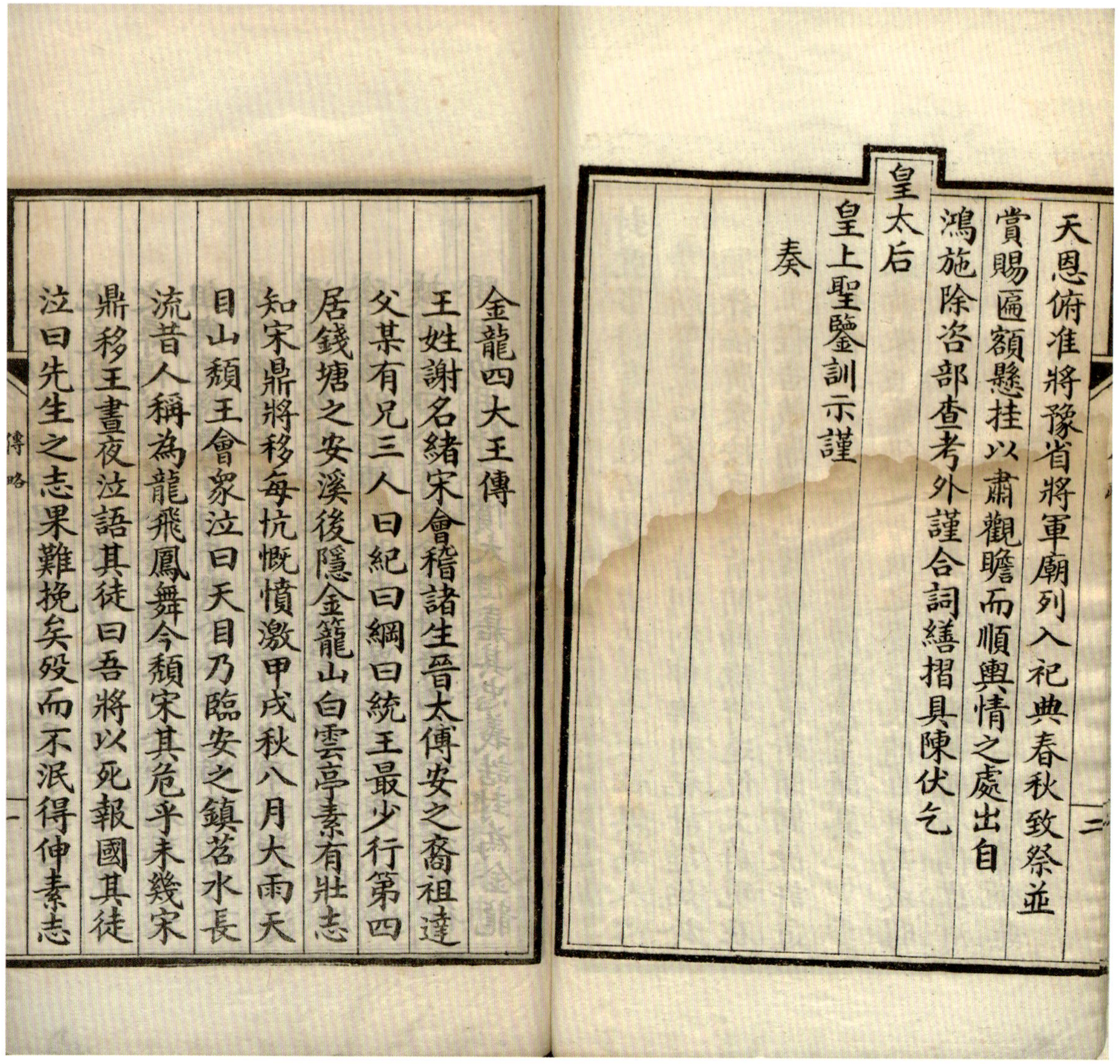

河神事迹四种

4册

刻本

[清（1644—1911）]

四种分别为：清赵载元撰《敕封灵佑襄济河神黄大王传》；清光绪七年（1881）《敕封大王将军传》；清光绪十五年（1889）朱寿镛编《敕封大王将军纪略》；清光绪三十三年（1907）山东河防总局重刊《河神事迹纪略》。

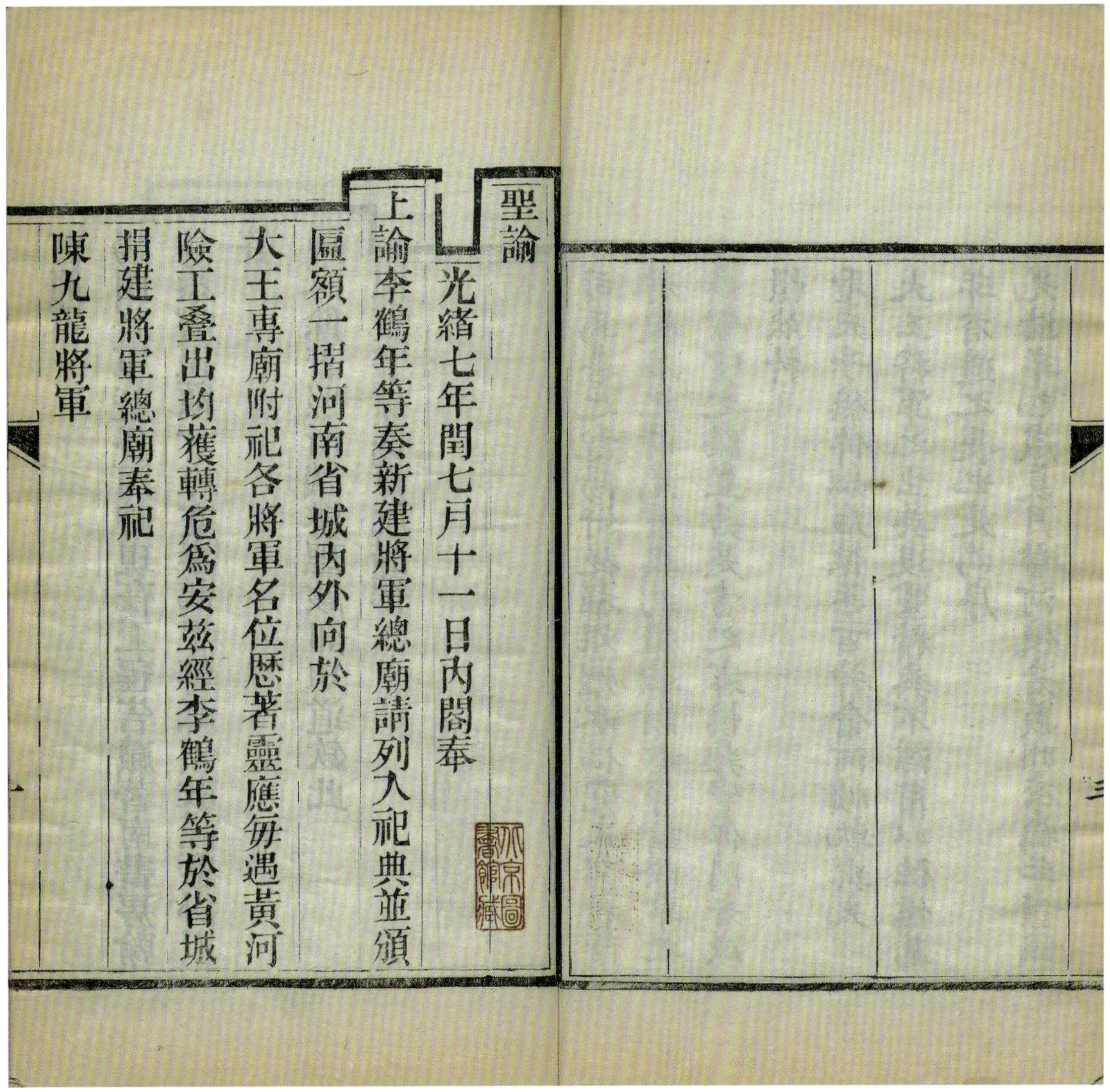

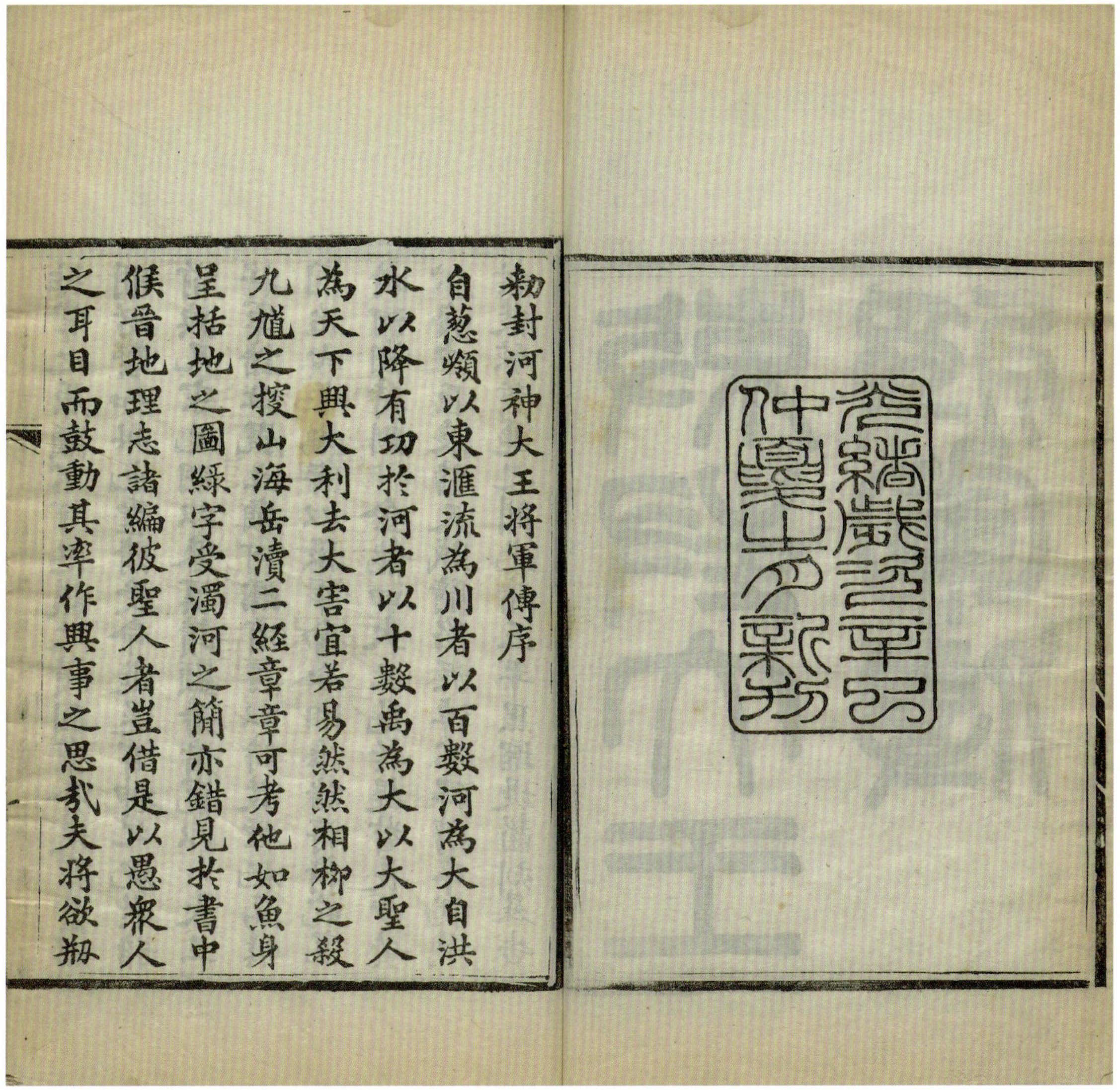

封河神大王将军传

1 册

刻本

清光绪七年（1881）

书中记录了金龙四大王（谢绪）、黄大王（黄守才）、朱大王（朱之锡）、栗大王（栗毓美），考证其诞辰、氏族、祭祀等相关内容。书名页题“敕封大王将军传”，序首题“敕封河神大王将军传”。

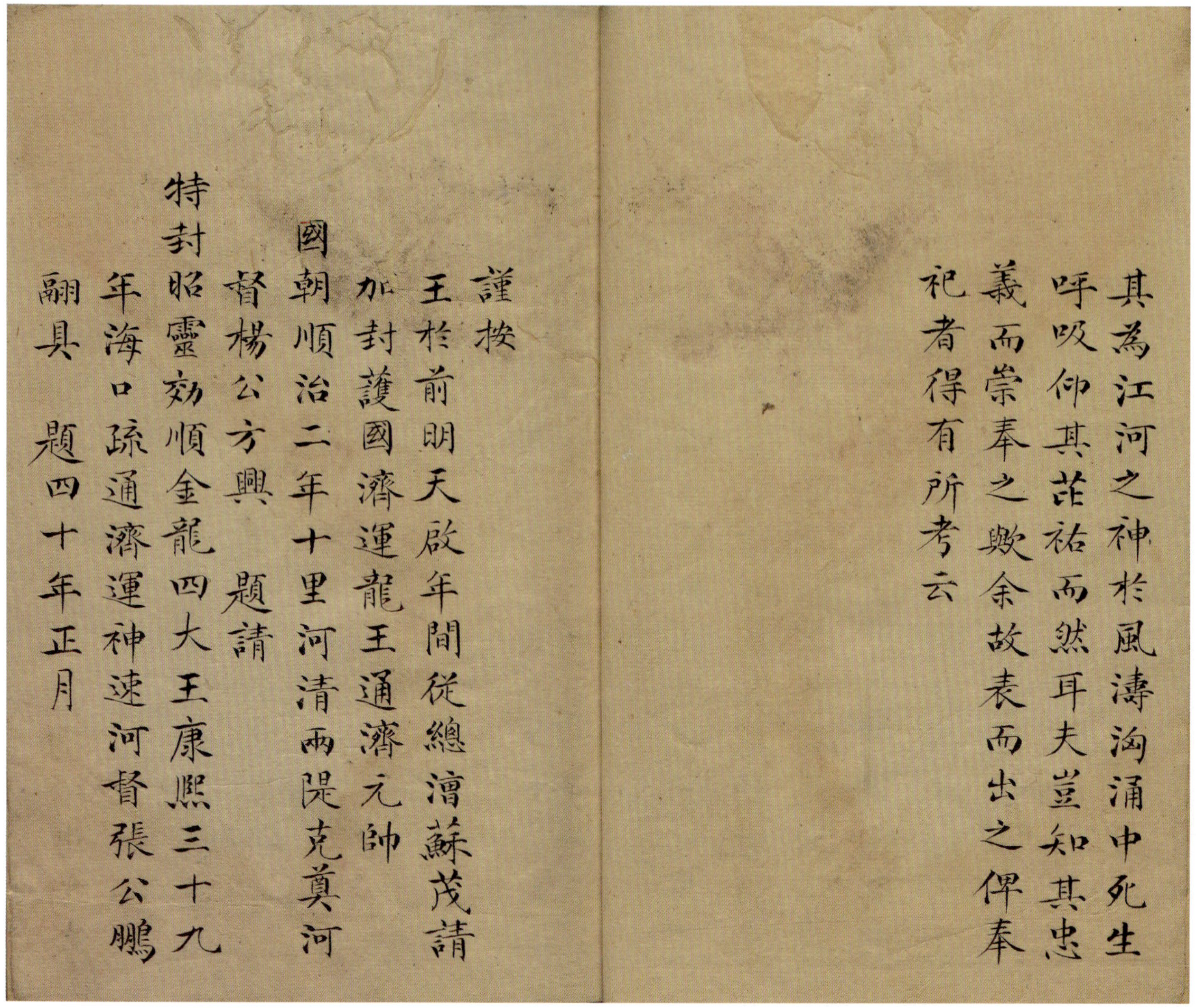

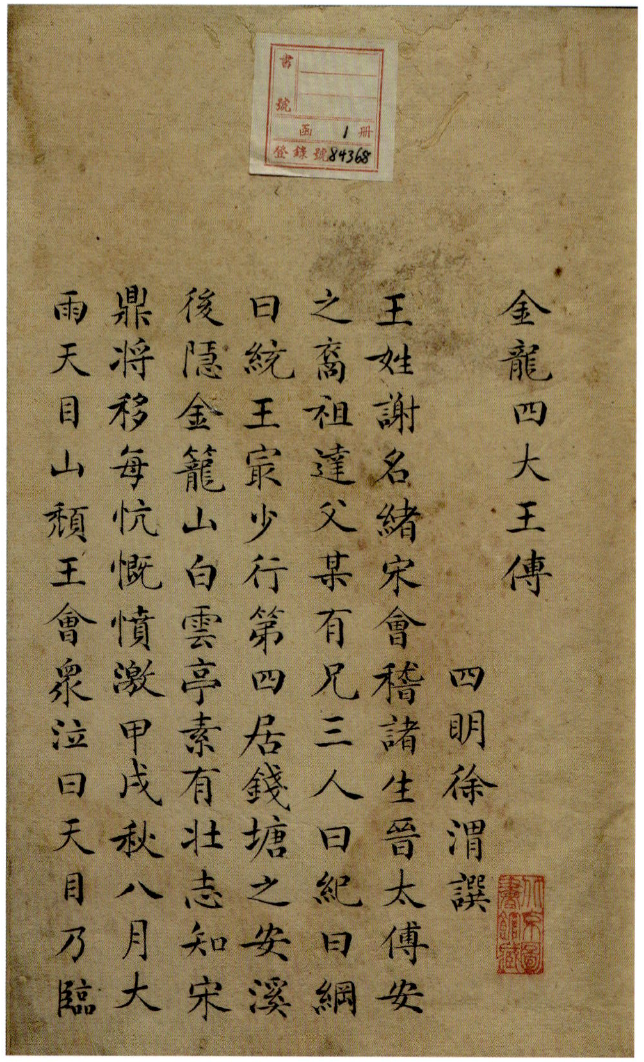

[历代河神传]

（明）徐渭等撰

1册

抄本

[清康熙六十年至清末（1721—1911）]

是书记载了金龙四大王谢绪、灵佑襄济王黄守才、助顺永宁侯朱之锡等人。书中出现“康熙六十年”字样，故推测此本抄于清康熙六十年（1721）后。

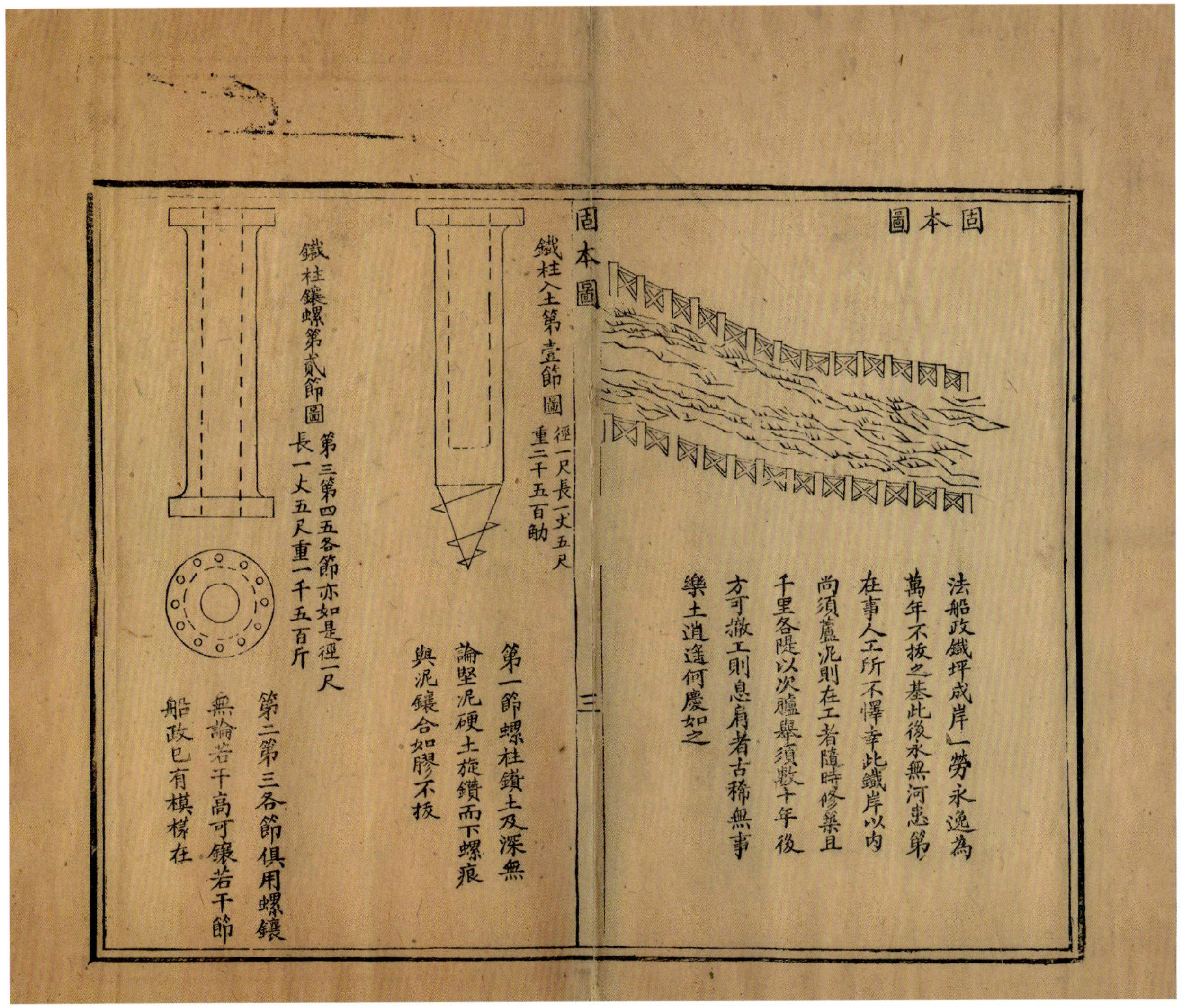

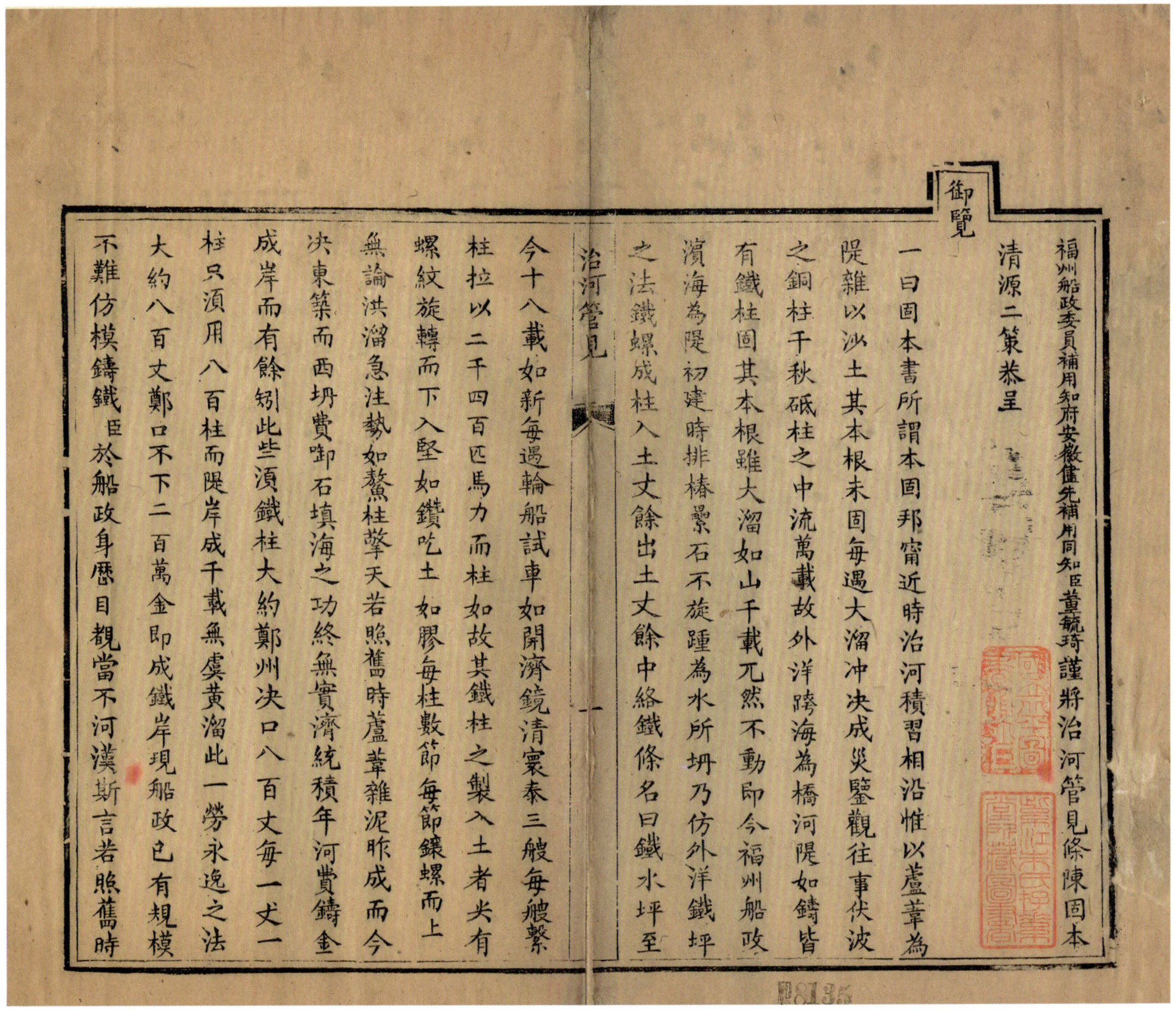

治河管见：一卷

（清）董毓琦撰

1册

刻本

［清光绪十二年至光绪末年（1886—1908）］

董毓琦精于测算，在清光绪年间与刘鹗、冯光远同任提调，参与《三省黄河全图》的分段测绘工作。此书记录了作者关于治河的看法，重在陈述固本、清源二策。书中有《固本图》和《清源图》，图中有“光绪十二年”字样，故推测成书应在光绪十二年（1886）后。卷前有章梫墨笔题记。

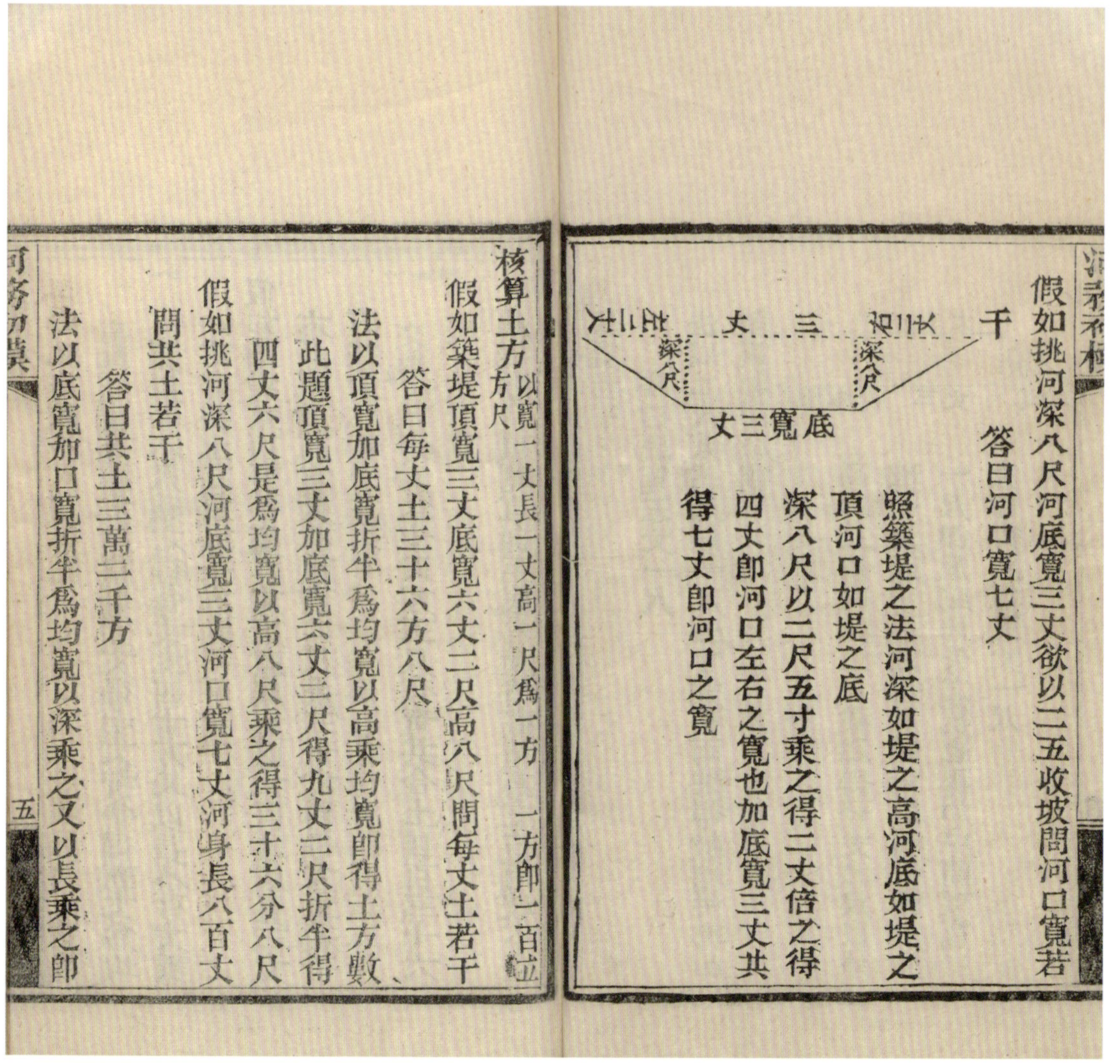

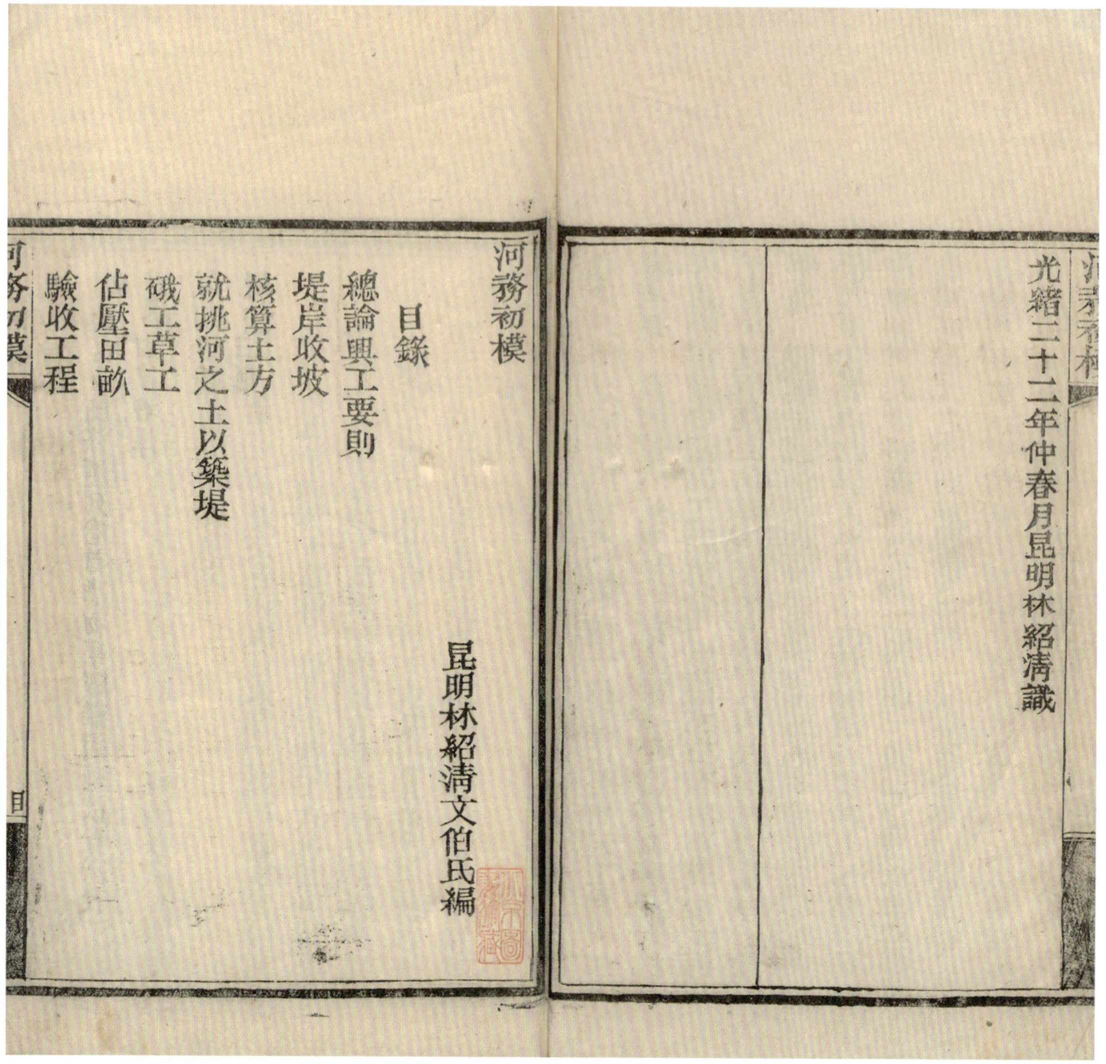

河务初模

(清) 林绍清编

1 册

刻本

[清光绪二十二年至光绪末年 (1896—1908)]

林绍清是晚清学者，曾任京师算学馆监督，其《合数论》对合数的研究颇有新见解。此书详于河工算例及做法，包括总论兴工要则、堤岸收坡、核算土方、就挑河之土以筑堤、硪工草工、估压田亩、验收工程等内容。

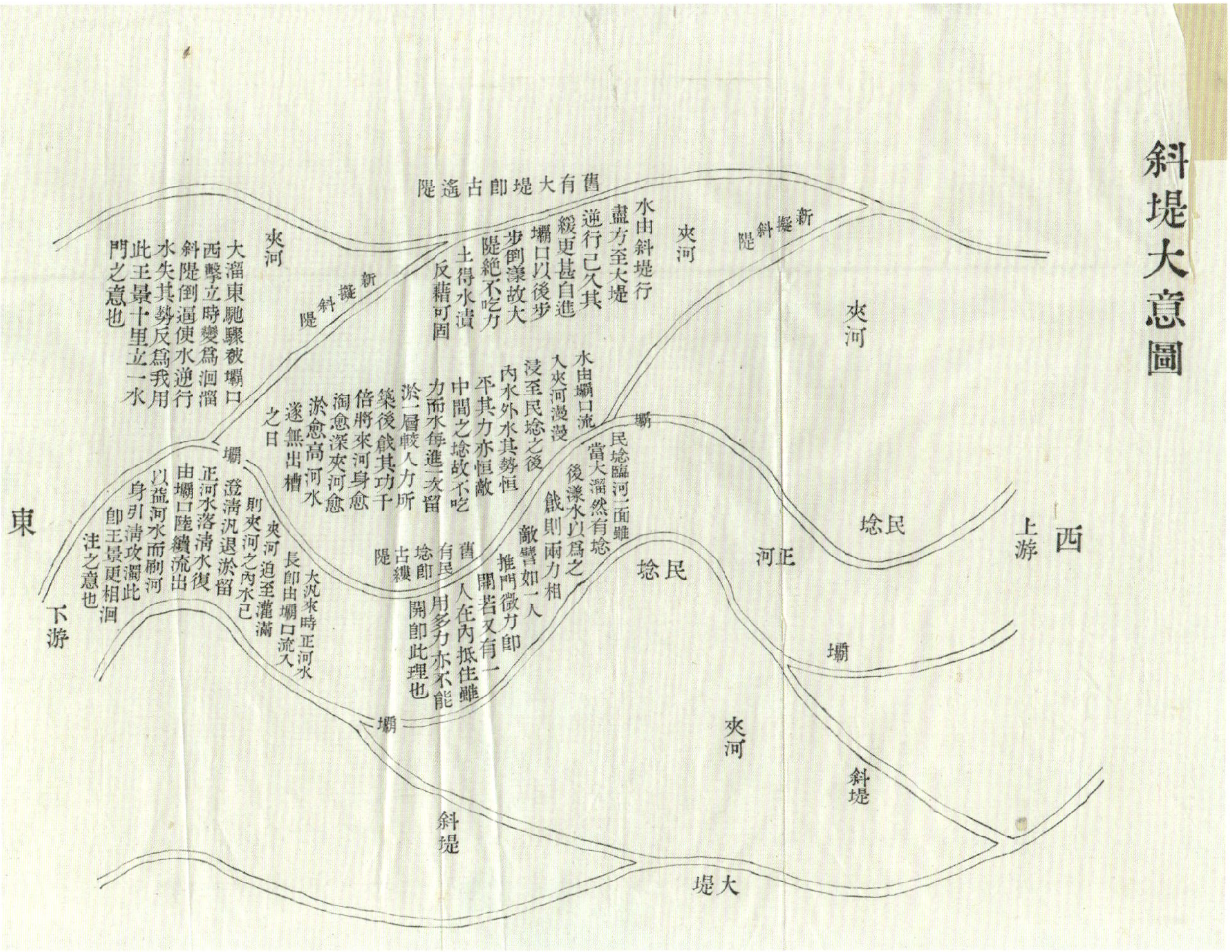

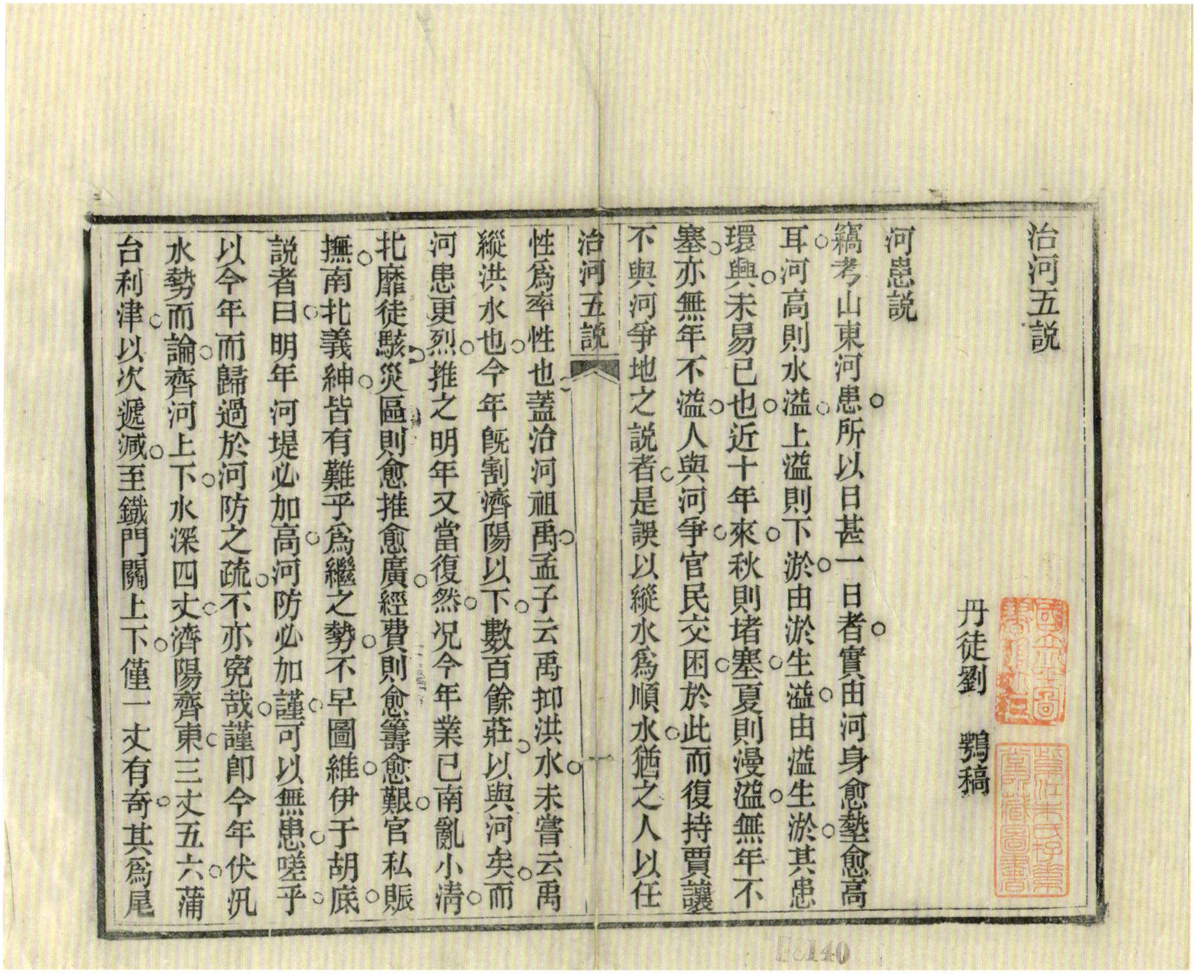
治河五說

丹徒劉　鶚稿

河患說

竊考山東河患所以日甚一日者實由河身愈墊愈高耳河高則水溢上溢則下淤由淤生溢由溢生淤其患環與未易已也近十年來秋則堵塞夏則漫溢無年不塞亦無年不溢人與河爭官民交困於此而復持賈讓不與河爭地之說者是誤以縱水爲順水猶之人以任

治河五說

性爲率性也蓋治河祖禹孟子云禹抑洪水未嘗云禹縱洪水也今年旣割濟陽以下數百餘莊以與河矣而河患更烈推之明年又當復然況今年業已南亂小清北靡徒駭災區則愈推愈廣經費則愈籌愈艱官私賑撫南北義紳皆有難乎爲繼之勢不早圖維伊于胡底說者曰明年河堤必加高河防必加謹可以無患嗟乎以今年而歸過於河防之疏不亦寃哉謹卽今年伏汛水勢而論齊河上下水深四丈濟陽齊東三丈五六蒲台利津以次遞減至鐵門關上下僅一丈有奇其爲尾

治河五说：一卷；续说：一卷

（清）刘鹗撰

1 册

刻本

［清光绪十八年至光绪末年（1892—1908）］

清光绪十三年（1887），黄河在郑州决口，这是继其清咸丰五年（1855）铜瓦厢改道后最大的一次决口，治理一年多也未能合龙。光绪十四年（1888），刘鹗以同知投效河工大臣吴大澂，参加治河，提出“修缕堤以攻积淤”“播支河以消盛涨”“改河门以就便捷”三项具体办法，撰写本书，从河患、河性、治河、估费、善后五部分展开论述。刘鹗结合在山东办理河务的实践，后又增加《治河续说》两篇，提出“修民埝束水攻沙”“筑斜堤澄淤填堤”“建滚坝播河涨泄”“补大堤同河启塞”四种措施，形成新版《治河五说》（也有人称之为《治河七说》）。国图此藏本抄附《治河续说：斜堤大意图》印本，又抄附李仪祉撰《后汉王景理水之探讨》，另有民国二十六年（1937）朱启钤题记。

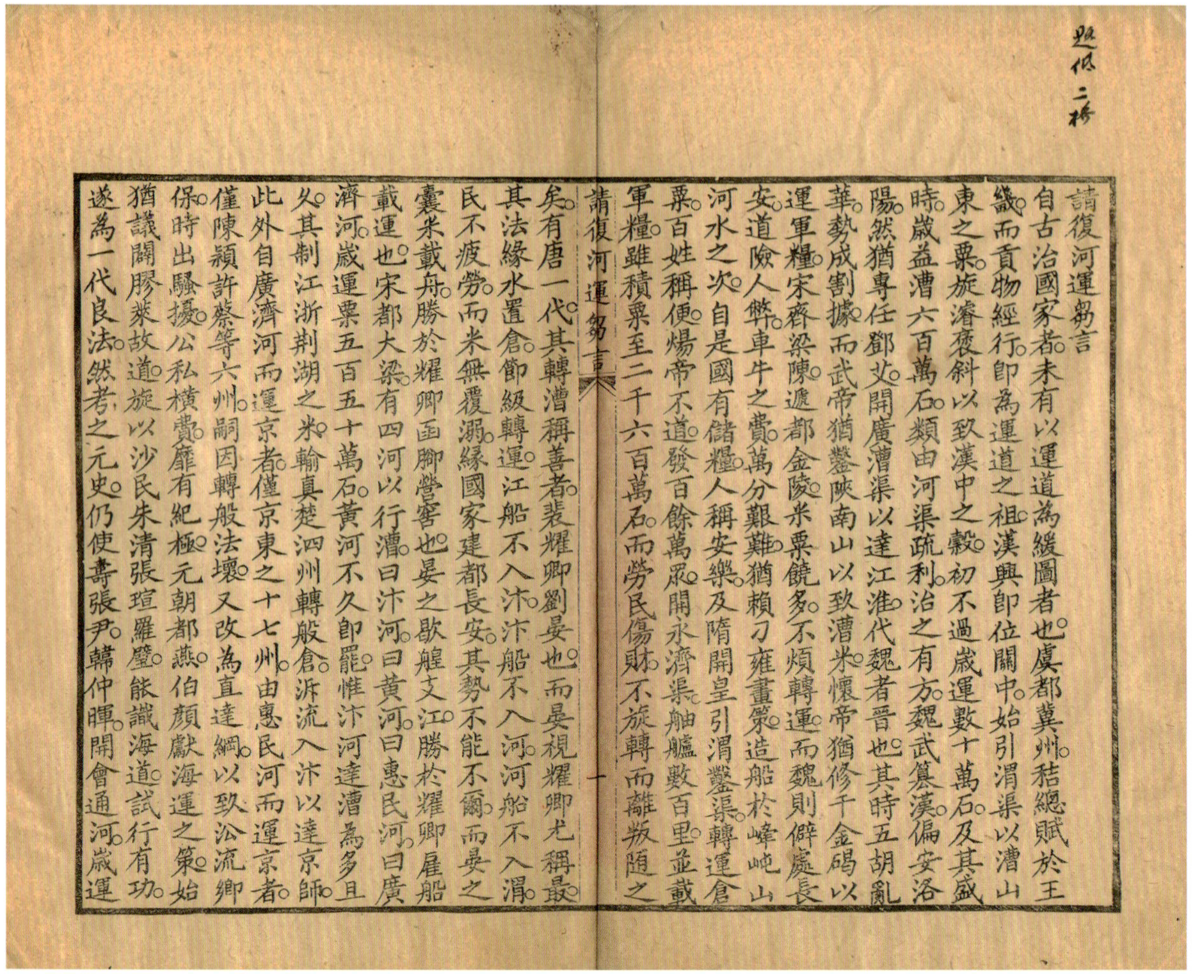

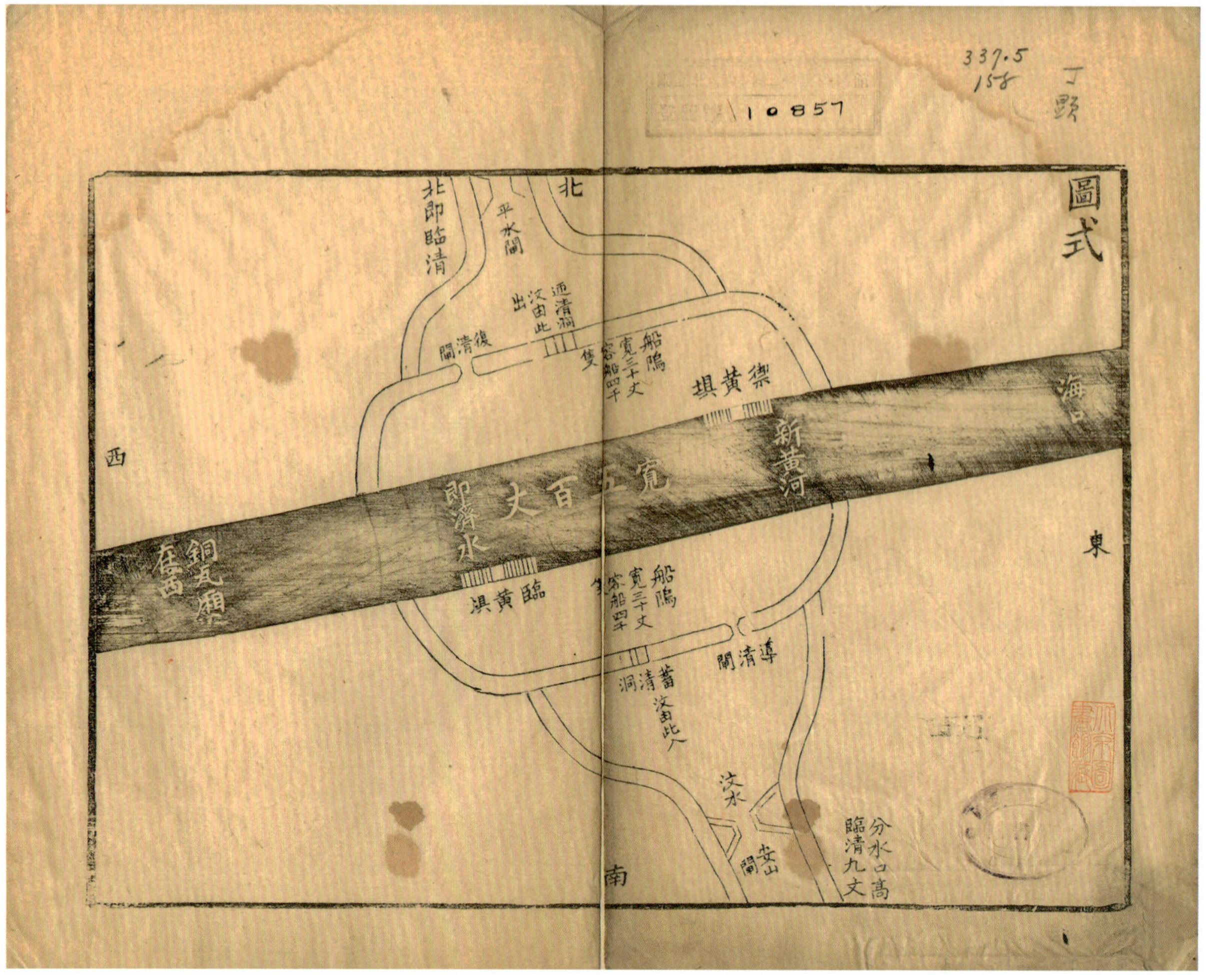

请复河运刍言

（清）丁显撰

1 册

刻本

［清光绪六年至光绪末年（1880—1908）］

是书系丁显于清光绪六年（1880）有感而论，主要论述漕运及晚清黄河水患等。

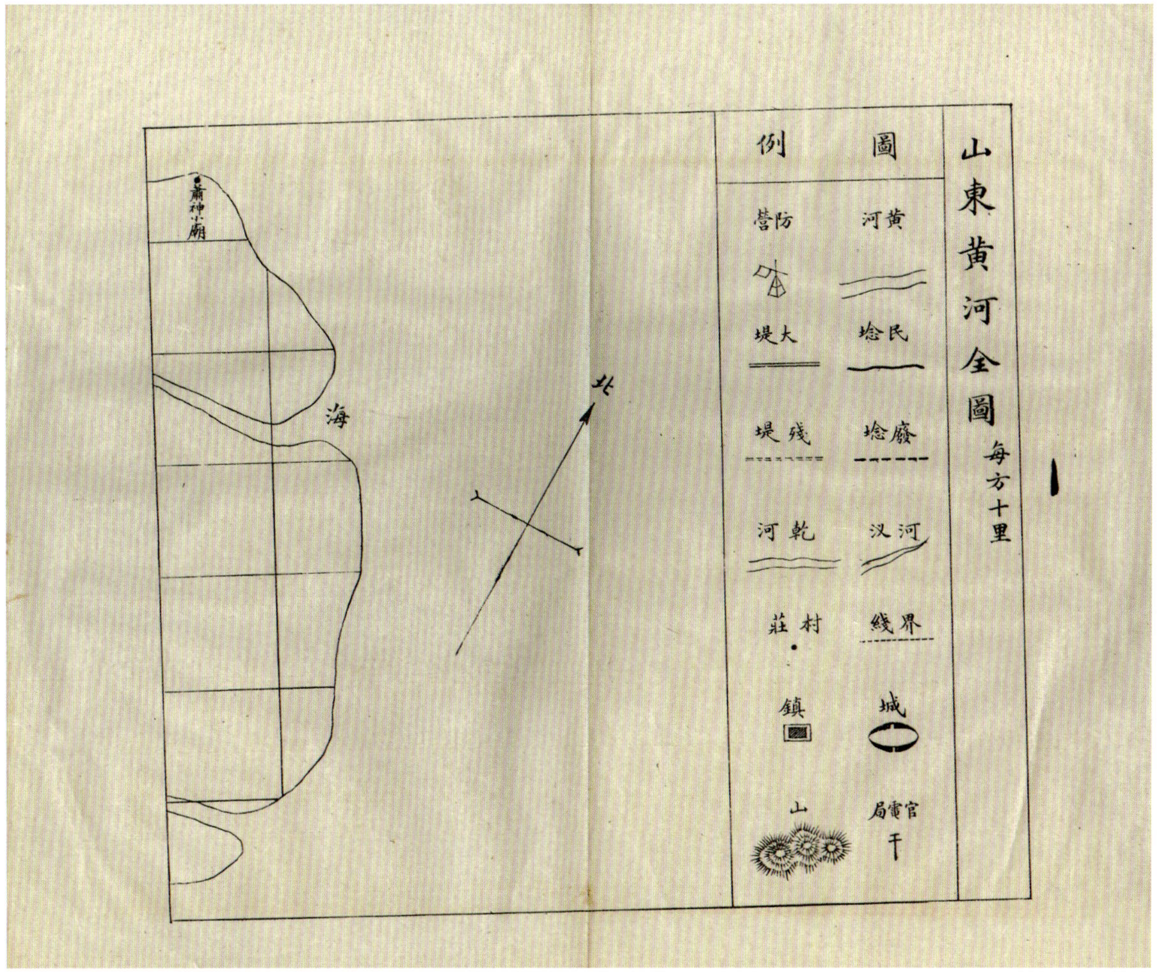

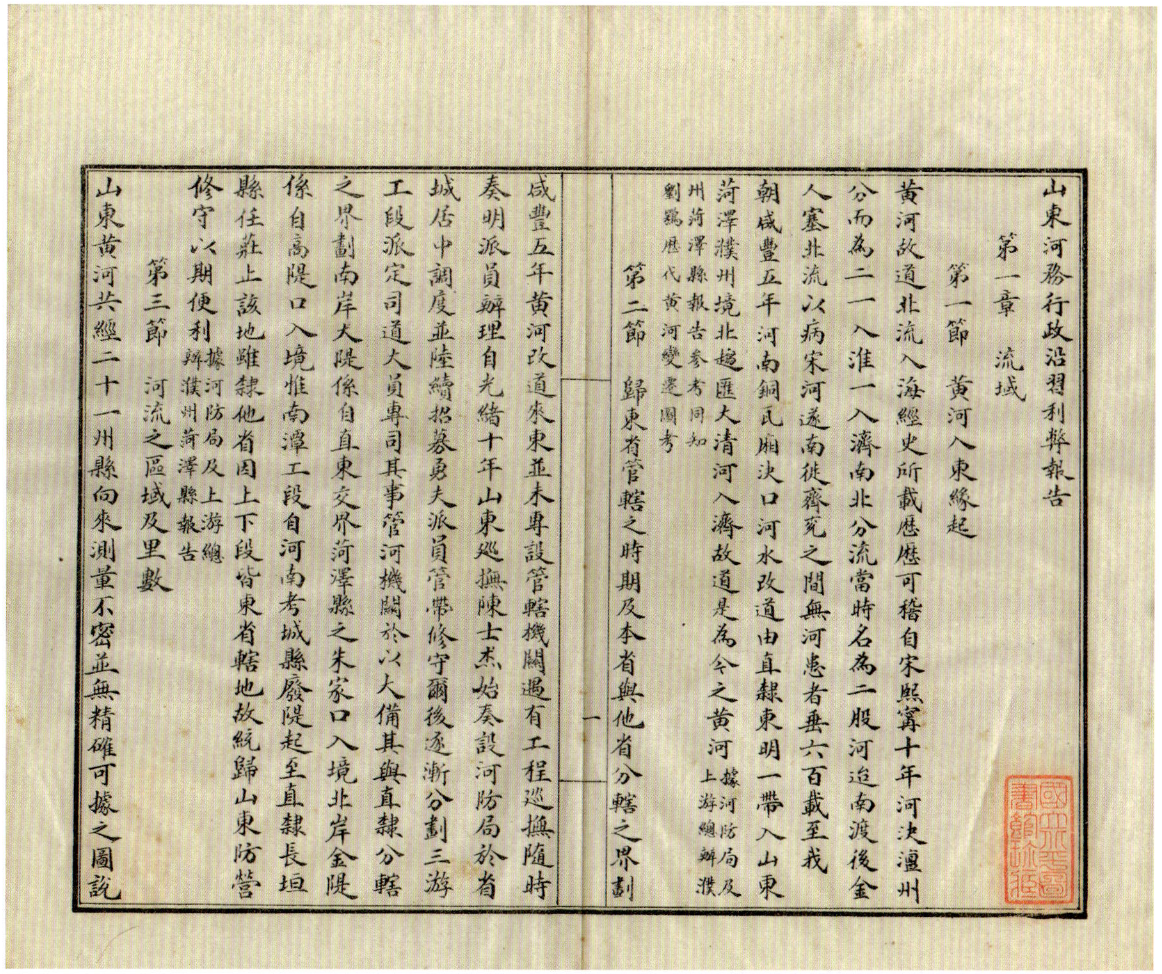

山東河務行政沿習利弊報告

第一章 流域

第一節 黃河入東緣起

黃河故道北流入海經史所載歷歷可稽自宋熙寧十年河決澶州分而為二一入淮一入濟南北分流當時名為二股河迨南渡後金人塞北流以病宋河遂南徙齊兗之間無河患者垂六百載至我朝咸豐五年河南銅瓦廂決口河水改道由直隸東明一帶入山東菏澤濮州境北趨匯大清河入濟故道是為今之黃河據河防局及上游總辦濮州菏澤縣報告參考同知劉鶚歷代黃河變遷圖考

第二節 歸東省管轄之時期及本省與他省分轄之界劃

咸豐五年黃河改道來東並未專設管轄機關遇有工程巡撫隨時奏明派員辦理自光緒十年山東巡撫陳士杰始奏設河防局於省城居中調度並陸續招募勇夫派員管帶修守爾後遂漸分劃三游工段派定司道大員專司其事管河機關於以大備其與直隸分轄之界劃南岸大隄係自直東交界菏澤縣之朱家口入境北岸金隄係自高隄口入境惟南灘工段自河南考城縣廢隄起至直隸長垣縣任莊上該地雖隸他省因上下段皆東省轄地故統歸山東防營修守以期便利據河防局及上游總辦濮州菏澤縣報告

第三節 河流之區域及里數

山東黃河共經二十一州縣向來測量不密並無精確可據之圖說

山东省河务行政沿习利弊报告书

（清）山东调查局编辑

1 册

石印本

山东调查局，清宣统元年（1909）

书内题《山东河务行政沿习利弊报告》，系清末政府调查报告，记录黄河山东段事宜，共四章。第一章“流域”分七部分记录黄河入东缘起、归东省管辖之时期及本省与他省分辖之界划、河流之区域及里数、自黄河入东后三游决溢及堵合处所等。第二章“办法”分八部分记录平时修守之方法及时期、抢险塞决及疏引、沿河居民迁徙区域及安置之方法、物料之储备等。第三章“职务”分五部分记录三游各营汛额数职务及分扎处所、沿河州县对于河务之责任、河工通信之机关等。第四章“经费”包括河工经费历年增减之数及特别工程支办方法、各项薪饷料物之例销及实支两部分。后附每方十里的《山东黄河全图》一幅，详细标注河道、故河道、大堤、民埝、废堤等多项内容。

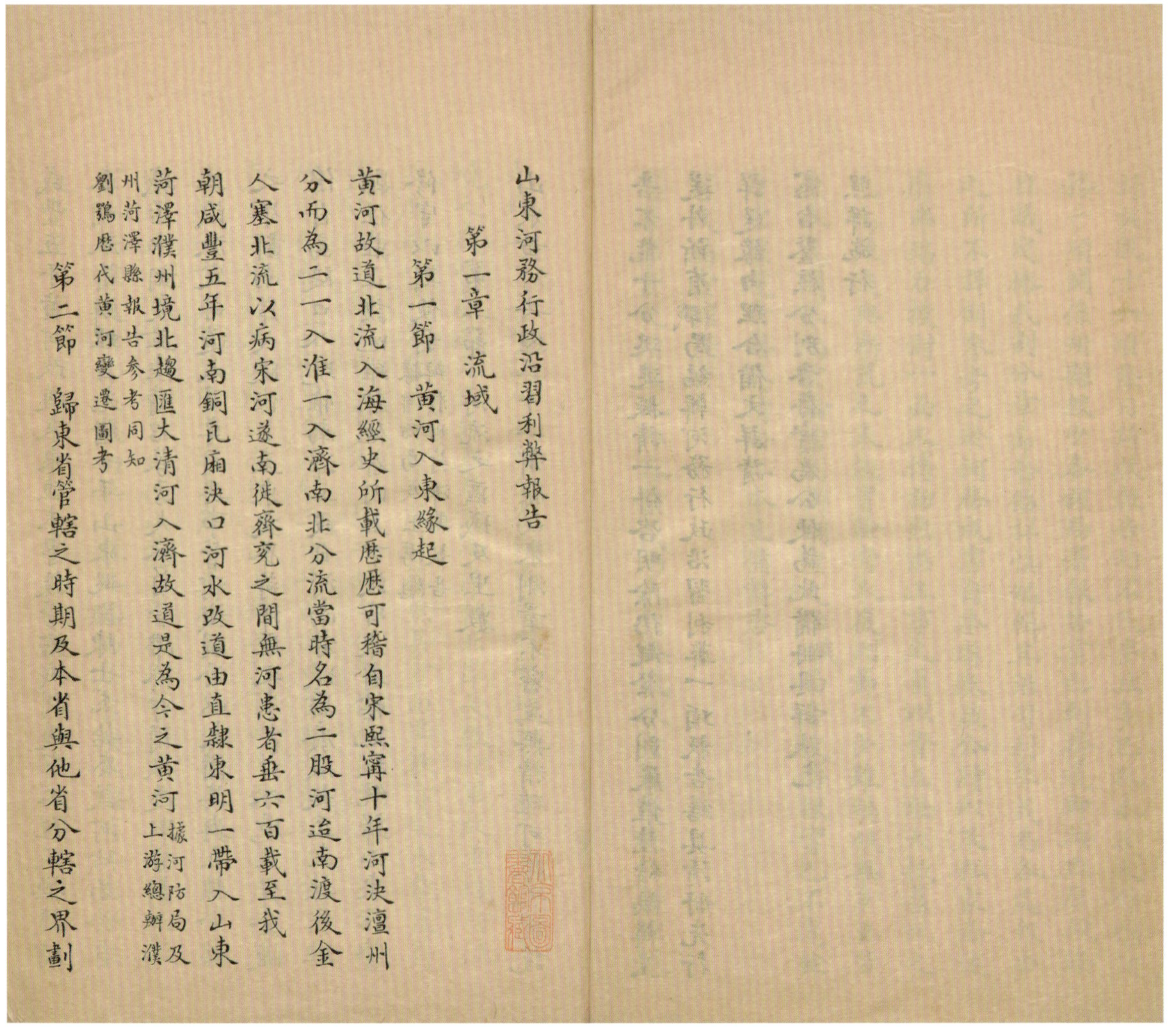
山東河務行政沿習利弊報告

第一章　流域

第一節　黄河入東緣起

黄河故道北流入海經史所載歷歷可稽自宋熙寧十年河決澶州分而為二一入淮一入濟南北分流當時名為二股河迨南渡後金人塞北流以病宋河遂南徙蘇究之間無河患者垂六百載至我朝咸豐五年河南銅瓦廂決口河水改道由直隸東明一帶入山東菏澤濮州境北趨匯大清河入濟故道是為今之黄河據河防局及上游總辦濮州菏澤縣報告參考同知劉鶚歷代黄河變遷圖考

第二節　歸東省管轄之時期及本省與他省分轄之界劃

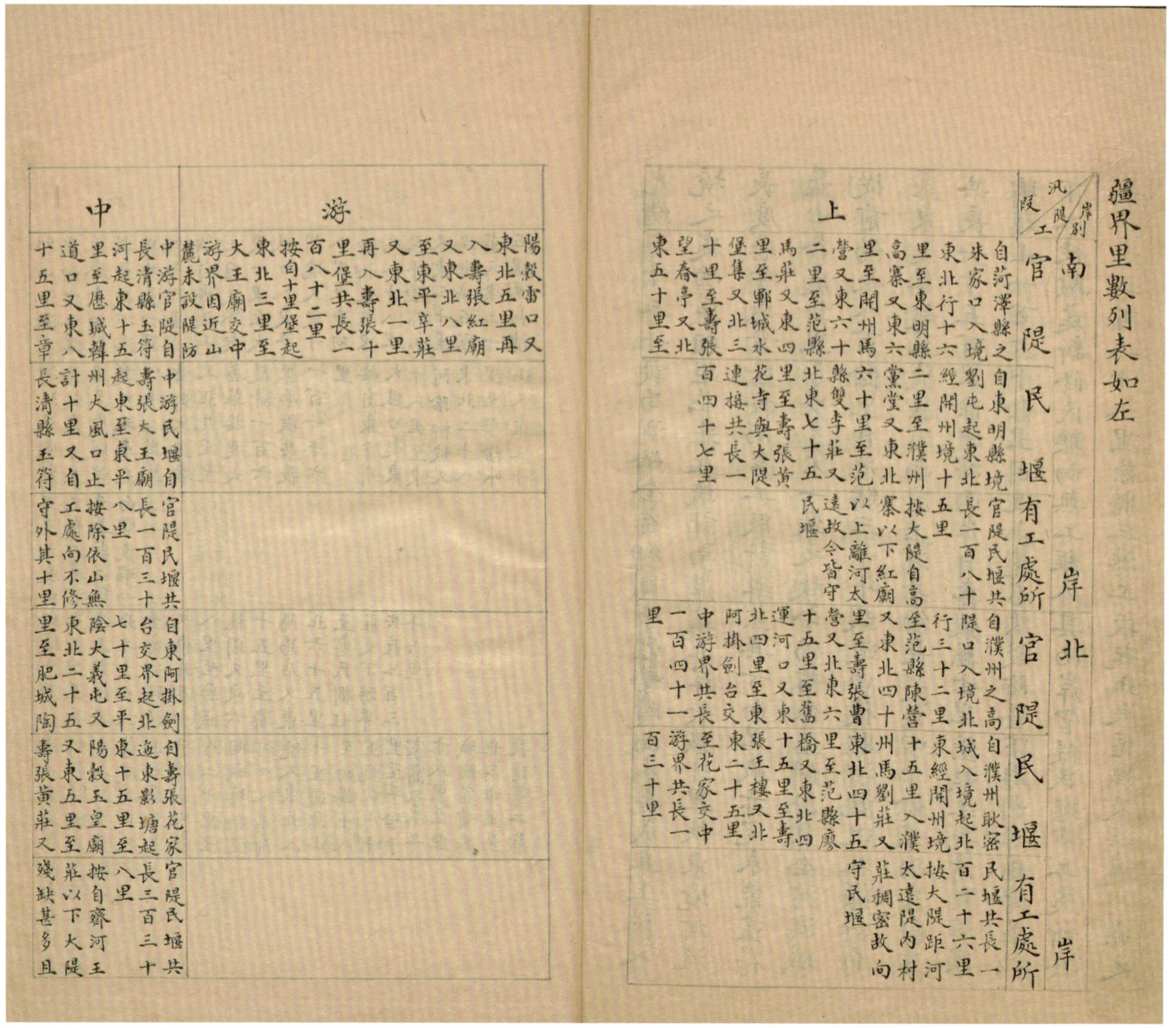
疆界里數列表如左

岸別　隄工　汛段

南岸　官隄　民堰　有工處所

北岸　官隄　民堰　有工處所

上　游　中

山东河务行政沿习利弊报告书

（清）山东调查局编辑

1 册

抄本

［清光绪、宣统年间（1875—1911）］

此书内容与石印本《山东省河务行政沿习利弊报告书》基本相同。

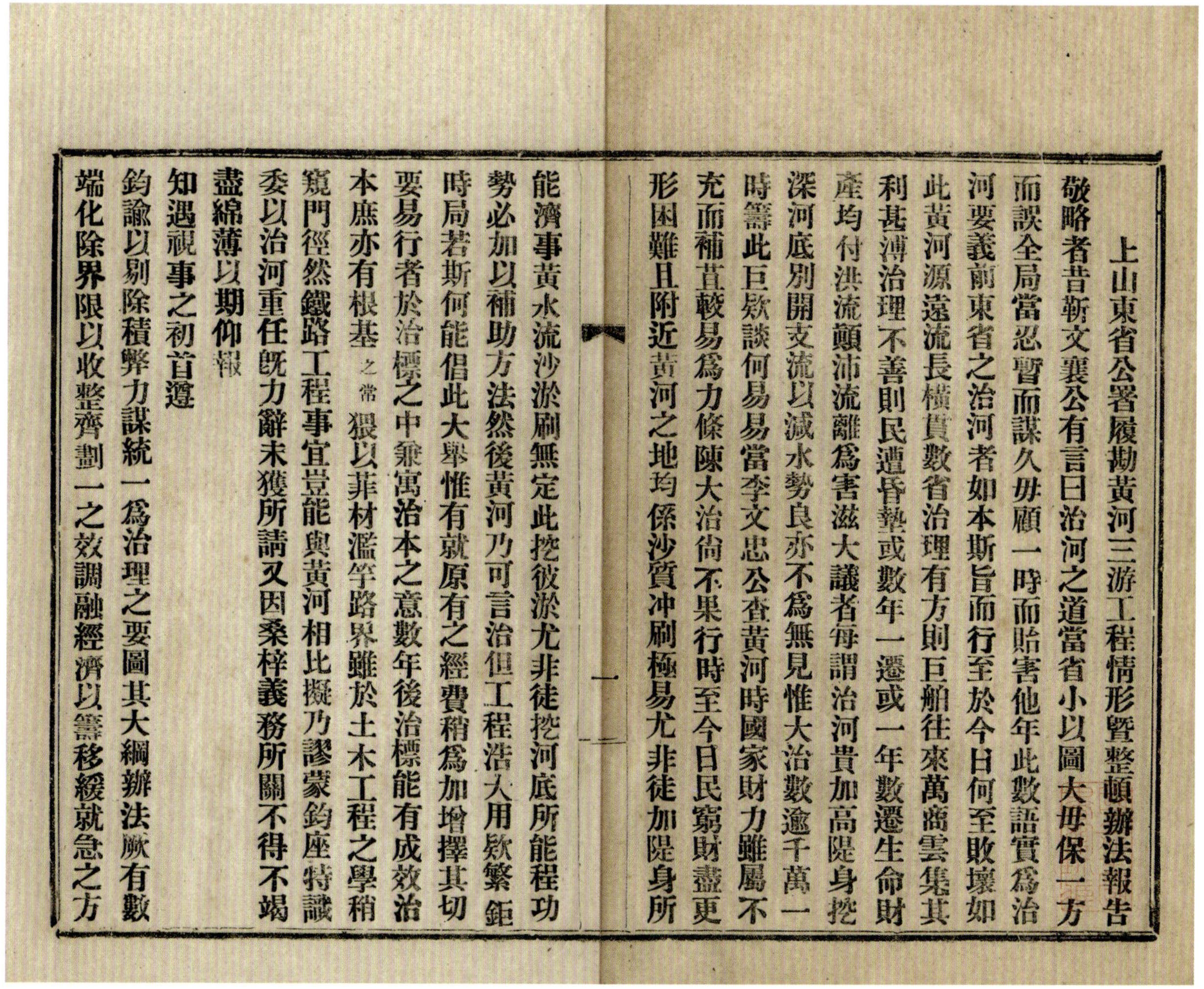

上山東省公署履勘黃河三游工程情形暨整頓辦法報告
敬略者昔靳文襄公有言曰治河之道當省小以圖大毋保一方
而誤全局當忍暫而謀久毋顧一時而貽害他年此數語實爲治
河要義前東省之治河者如本斯旨而行至於今日何至敗壞如
此黃河源遠流長橫貫數省治理有方則巨舶往來萬商雲集其
利甚溥治理不善則民遭昏墊或數年一遷或一年數遷生命財
產均付洪流顛沛流離爲害滋大議者每謂治河貴加高隄身挖
深河底別開支流以減水勢良亦不爲無見惟大治數逾千萬一
時籌此巨欵談何易易當李文忠公查黃河時國家財力雖屬不
充而補苴較易爲力條陳大治尙不果行時至今日民窮財盡更
形困難且附近黃河之地均係沙質沖刷極易尤非徒加隄身所
能濟事黃水流沙淤刷無定此挖彼淤尤非徒挖河底所能程功
勢必加以補助方法然後黃河乃可言治但工程浩大用欵繁鉅
時局若斯何能倡此大舉惟有就原有之經費稍爲加增擇其切
要易行者於治標之中兼寓治本之意數年後治標能有成效治
本庶亦有根基之常猥以菲材濫竽路界雖於土木工程之學稍
窺門徑然鐵路工程事宜豈能與黃河相比擬乃謬蒙鈞座特識
委以治河重任既力辭未獲所請又因桑梓義務所關不得不竭
盡綿薄以期仰報
知遇視事之初首遵
鈞諭以剔除積弊力謀統一爲治理之要圖其大綱辦法厥有數
端化除界限以收整齊劃一之效調融經濟以籌移緩就急之方

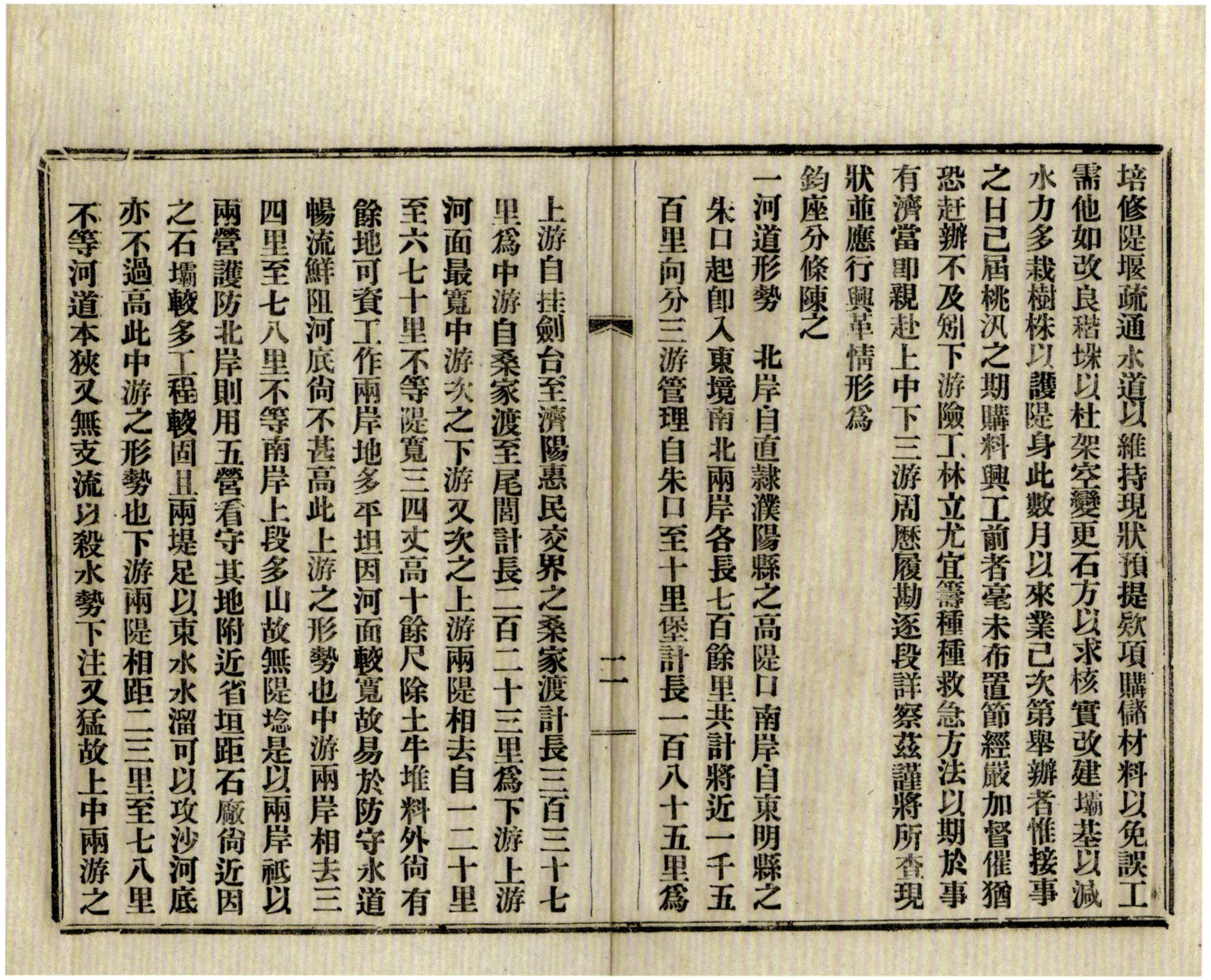

培修隄堰疏通水道以維持現狀預提欵項購儲材料以免誤工
需他如改良秸埽以杜架空變更石方以求核實改建埽基以減
水力多栽樹株以護隄身此數月以來業已次第舉辦者惟接事
之日已屆桃汛之期購料興工前者毫未布置節經嚴加督催猶
恐趕辦不及刻下游險工林立尤宜籌種種救急方法以期於事
有濟當即親赴上中下三游周歷履勘逐段詳察茲謹將所查現
狀並應行興革情形爲
鈞座分條陳之
一河道形勢　北岸自直隸濮陽縣之高隄口南岸自東明縣之
朱口起即入東境南北兩岸各長七百餘里共計將近一千五
百里向分三游管理自朱口至十里堡計長一百八十五里爲
上游自挂劍台至濟陽惠民交界之桑家渡計長三百三十七
里爲中游自桑家渡至尾閭計長二百二十三里爲下游上游
河面最寬中游次之下游又次之上游兩隄相去自一二十里
至六七十里不等隄寬三四丈高十餘尺除土牛堆料外尙有
餘地可資工作兩岸地多平坦因河面較寬故易於防守水道
暢流鮮阻河底尙不甚高此上游之形勢也中游兩岸相去三
四里至七八里不等南岸上段多山故無隄埝是以兩岸祇以
兩營護防北岸則用五營看守其地附近省垣距石廠尙近因
之石埽較多工程較固且兩堤足以束水水溜可以攻沙河底
亦不過高此中游之形勢也下游兩隄相距二三里至七八里
不等河道本狹又無支流以殺水勢下注又猛故上中兩游之

上山东省公署履勘黄河三游工程情形暨整顿办法报告

劳之常撰

1 册

铅印本

民国六年（1917）

此报告陈述了黄河河道形势、河流性质、工程状况、管理情形等。劳之常毕业于天津北洋武备学堂，通英、德、日等七门外语，1917 年 3 月任山东（黄河）三游河务总局总办（驻洛口）。劳氏督办河务期间，步行考察了山东段黄河治理情况，与技术人员探讨治河方案，另著有《治黄管见》一书，提出“裁弯取直，束水攻沙”的治河主张。

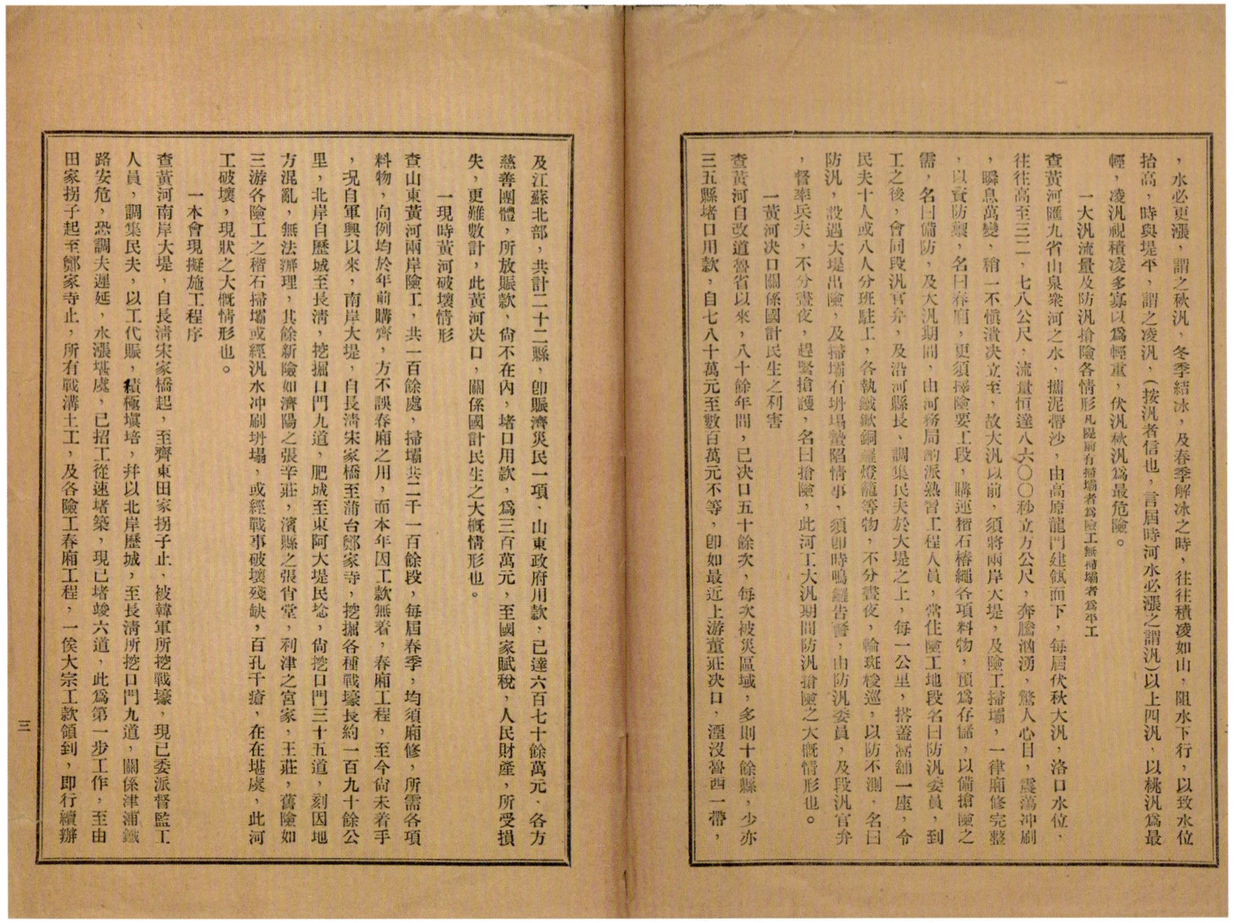

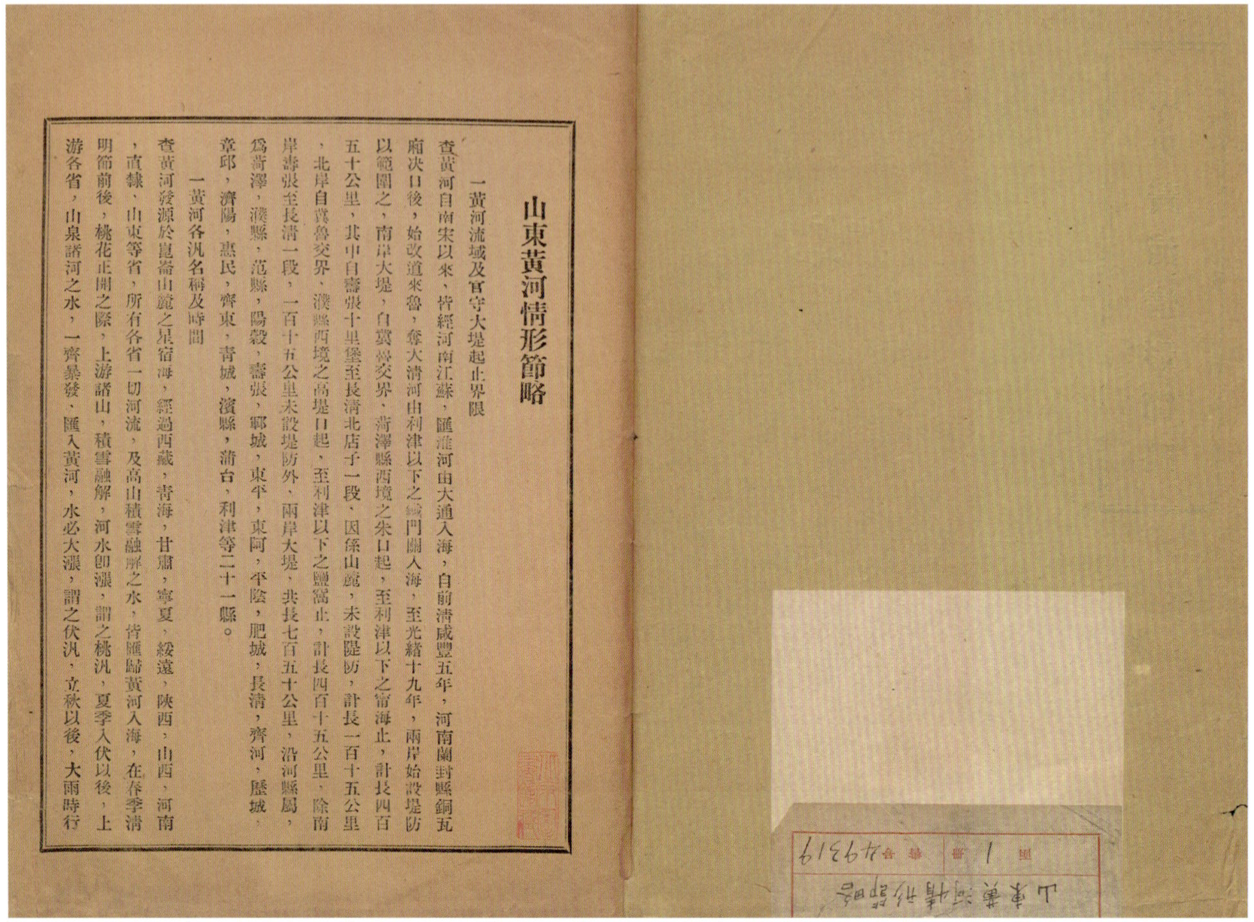

山东黄河情形节略

1 册

铅印本

[民国年间（1912—1949）]

此书包括黄河流域及官守大堤起至界限、黄河各汛名称及时间、大汛流量及防汛抢险各情形、黄河决口关系国计民生之利害、现时黄河破坏情形、本会现拟施工程序、物料缺乏及购运困难、地方不靖与办工阻碍等内容。

泺口黄河桥古为鹊山淤湖说

蒋智由撰

铅印本

中国地学会，民国十年（1921）

版本一：收录于民国十年（1921）中国地学会编辑出版的《地学丛书乙编：一卷十种》(共3册) 第1册。版本二：收录于民国十七年（1928）张相文编《中国地学会地学丛书：七卷三十四种》（共2册）第2册。

修建津浦铁路时，在济南泺口修筑黄河桥，其下淤泥中得大虫及石莲子无数，所以推测此地原有湖，因为黄河改道而消失。

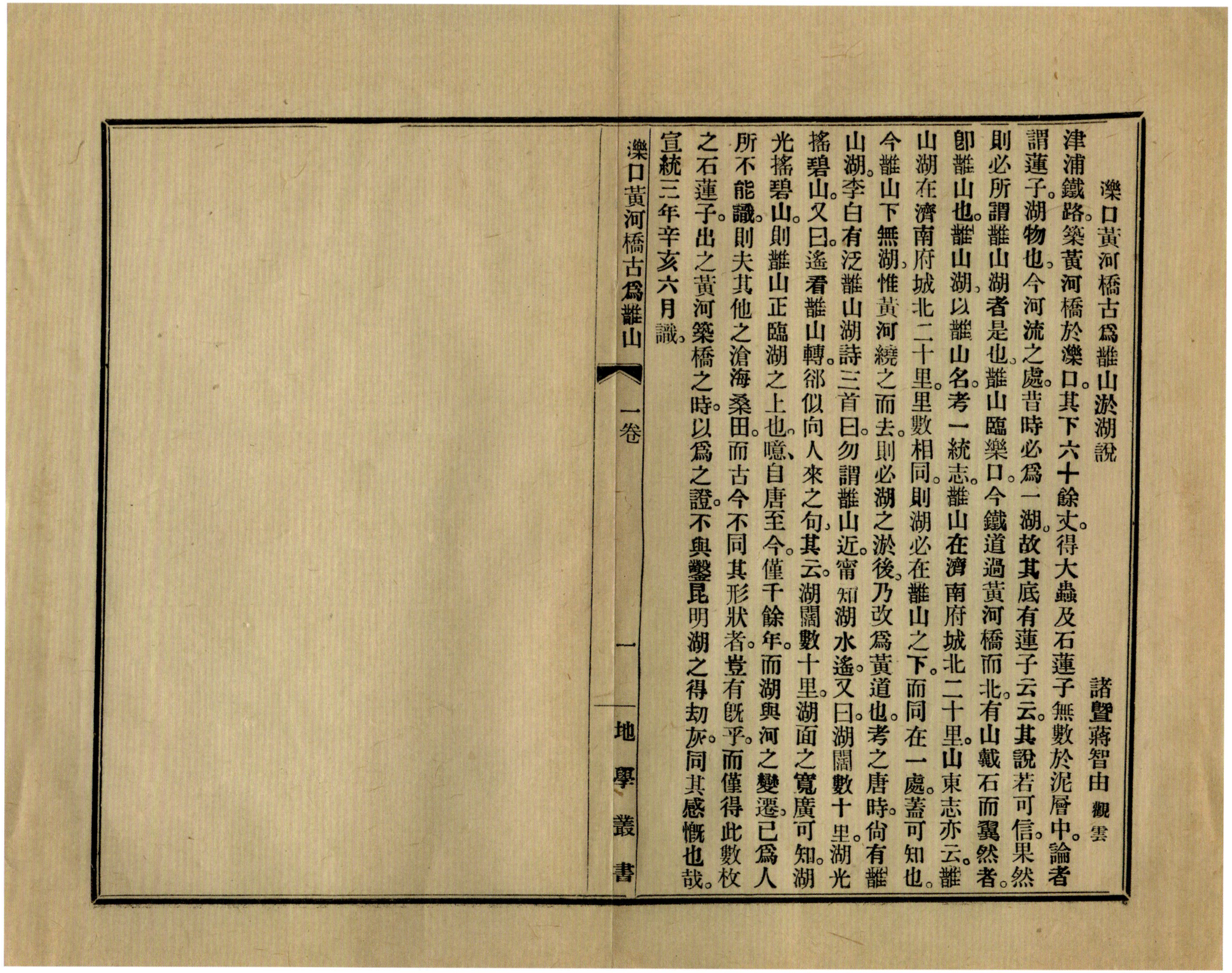

濼口黃河橋古爲鵲山淤湖說

諸暨蔣智由觀雲

津浦鐵路。築黃河橋於濼口。其下六十餘丈。得大蟲及石蓮子無數於泥層中。論者謂蓮子。湖物也。今河流之處。昔時必爲一湖。故其底有蓮子云云。其說若可信。果然則必所謂鵲山湖者是也。鵲山臨濼口。今鐵道過黃河橋而北。有山截石而翼然者。即鵲山也。鵲山湖。以鵲山名。考一統志。鵲山在濟南府城北二十里。山東志亦云。鵲山湖在濟南府城北二十里。里數相同。則湖必在鵲山之下。而同在一處。蓋可知也。今鵲山下無湖。惟黃河繞之而去。則必湖之淤後。乃改爲黃道也。考之唐時。尙有鵲山湖。李白有泛鵲山湖詩三首曰。勿謂鵲山近。寗知湖水遙。又曰。湖闊數十里。湖光搖碧山。又曰。遙看鵲山轉。卻似向人來之句。其云。湖闊數十里。湖面之寬廣可知。湖光搖碧山。則鵲山正臨湖之上也。噫、自唐至今。僅千餘年。而湖與河之變遷已爲人所不能識。則夫其他之滄海桑田。而古今不同其形狀者。豈有旣乎。而僅得此數枚之石蓮子。出之黃河築橋之時。以爲之證。不與鑿昆明湖之得刼灰。同其感慨也哉。

宣統三年辛亥六月識。

濼口黃河橋古爲鵲山　一卷　一　地學叢書

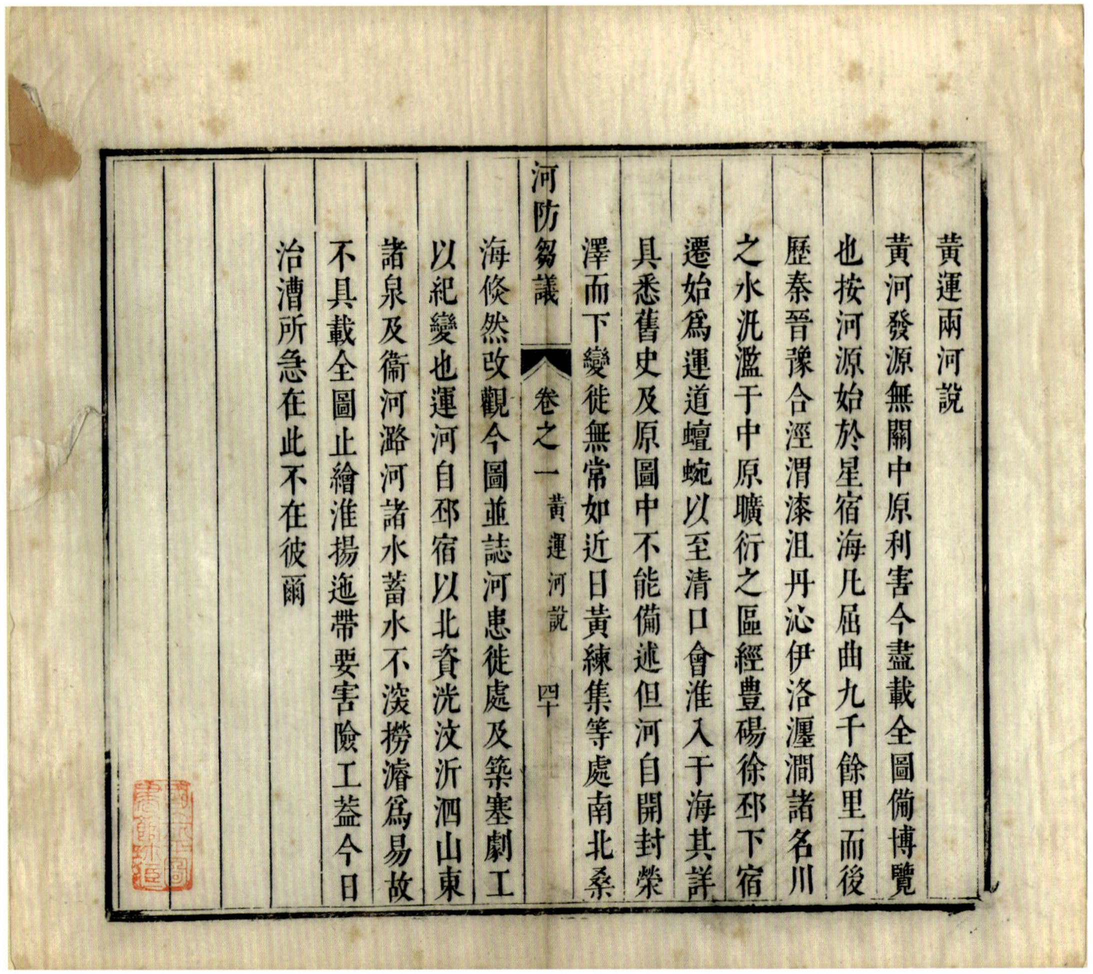

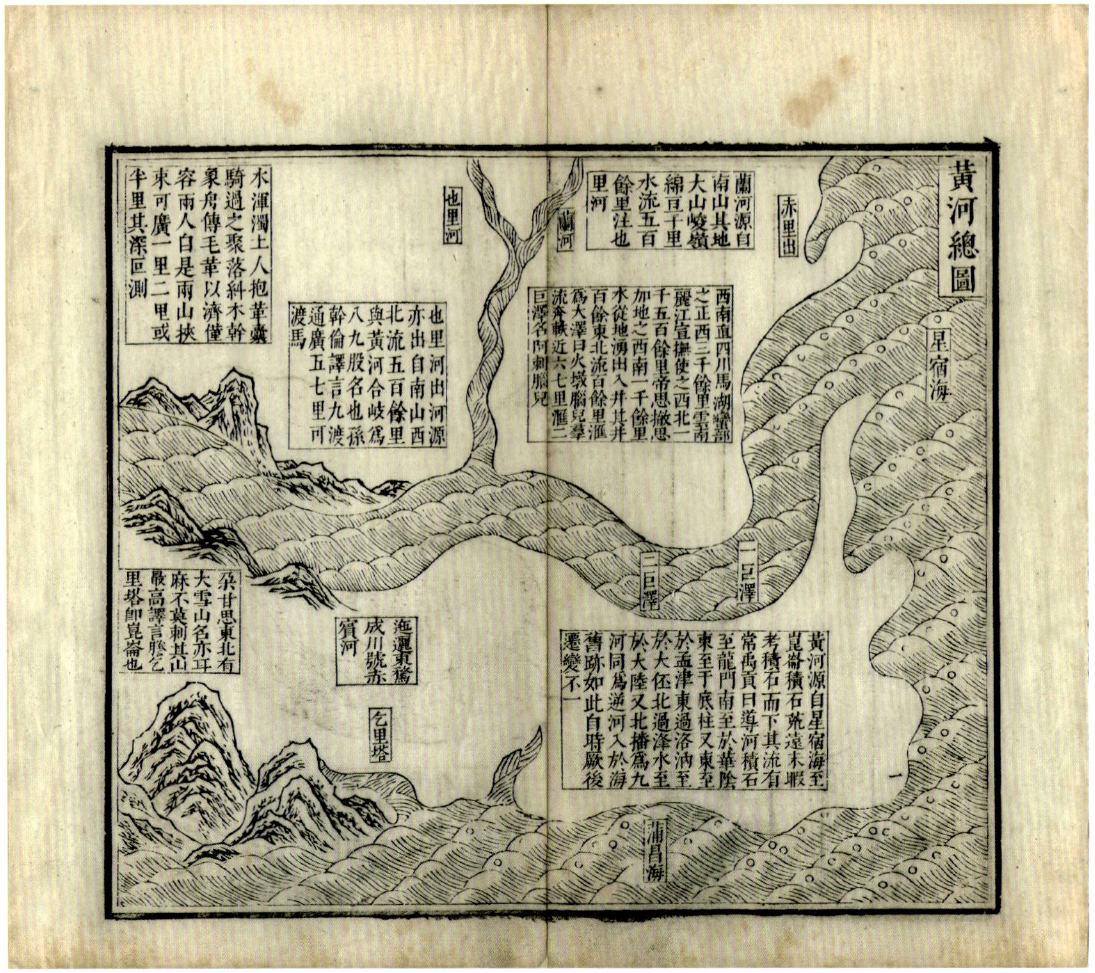

河防刍议：六卷

（清）崔维雅撰

6 册

刻本

［清（1644—1911）］

版本一：清刻本，卷 5—6 系抄配。版本二：民国二十五年（1936）北平图书馆晒印本。

此书系崔维雅任江苏按察使时奏上所著，提供了作者很多具体的成功治河案例，系统全面地阐述了作者的治河主张。卷一为总河图，包括《黄河总图》《淮扬运河全图》以及黄运两河说。河图除注明沿河县镇外，对险工处都予以标出。卷二、卷三为分图，介绍了河南至淮扬间 15 个县府的 25 处险工河患。图各有说，以明其工程原委。卷四、卷五为条议五十通，主要就治河过程中的各种问题提出解决办法，既有具体工程的治理方法，也有适合治理全河的管理建议。卷六为或问辨惑 25 则。此书是考察清初治河实践和理论的重要著作。

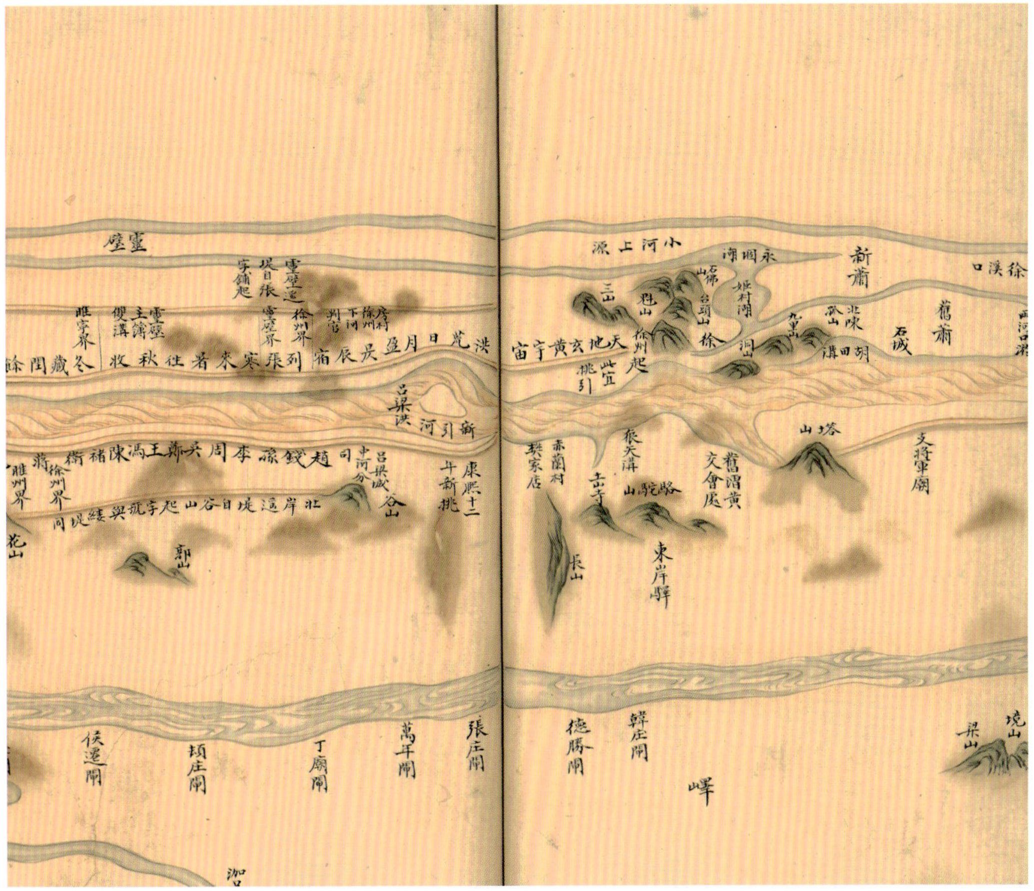

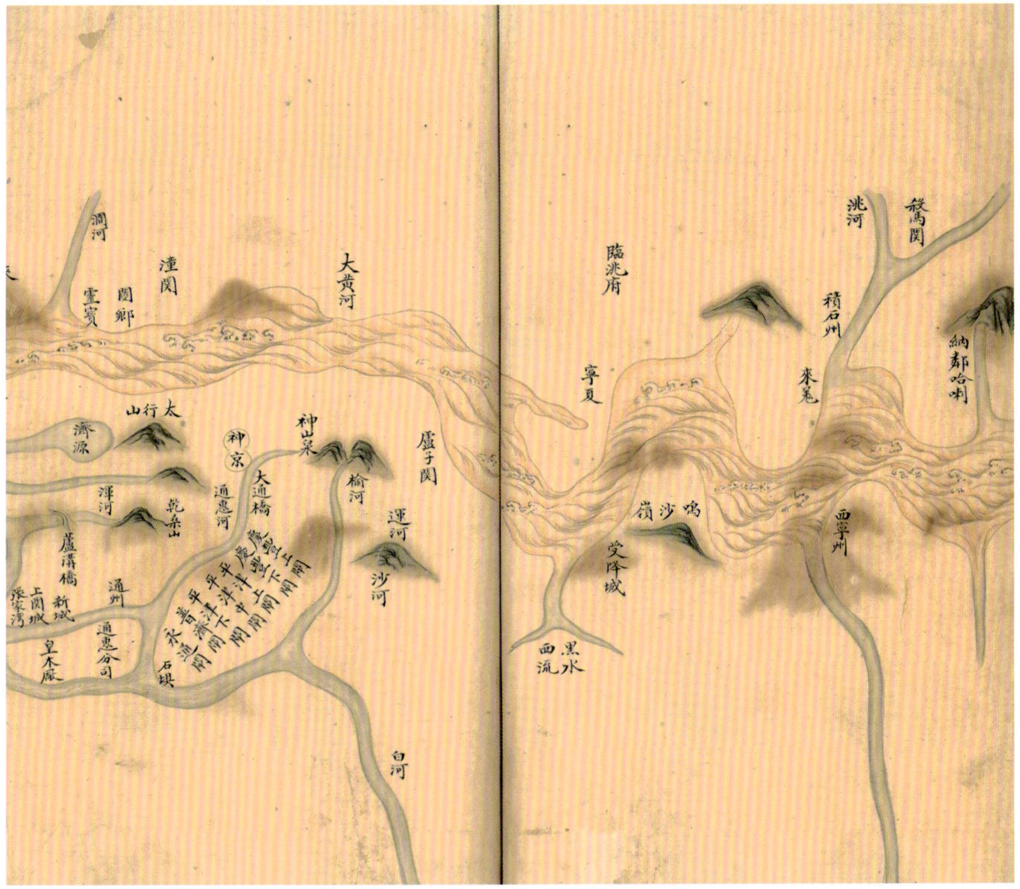

两河清汇易览：八卷

（清）薛凤祚著

6 册

抄本

［清康熙十五年至清末（1766—1911）］

版本一：清康熙十五年至清末（1676—1911）抄本，6 册。题名页刻印“益都孙懋谨识，全河安澜，两河图考，本衙藏册”。卷首《黄运两河全图》彩色且完整。版本二：清康熙十五年至清末（1676—1911）抄本，4 册。卷首《黄运两河全图》单色且较糙，似未完成。

薛凤祚是明末清初天文学家、数学家。清康熙十五年（1676），河道总督王光裕慕名聘请薛氏佐治黄、运两河。薛氏考察河漕利弊，撰成本书。此书首列《黄运两河全图》，对两河流经地域、沿岸山峰、沿河支流及河上水闸、渡口等均有著录。正文分运河、黄河两部分，卷五至八有关黄河。卷五、六专记黄河职官、夫役、道里数及历代至本朝黄河水患及治河成绩。其中卷六将黄河分为北岸与南岸加以叙说，更为细致。“历代治河”篇记录了汉武帝元光三年（前 132）至清康熙十二年（1673）间历次治理黄河的情况。卷七辑录明潘季驯《河防一览》之《河议辨惑》及清初崔维雅《刍议》《或问》二书。卷八系作者自著，分刍论、修守事宜、河防绪言、河防永赖四篇，所言治河策论皆从实际调研而来，颇为可取。

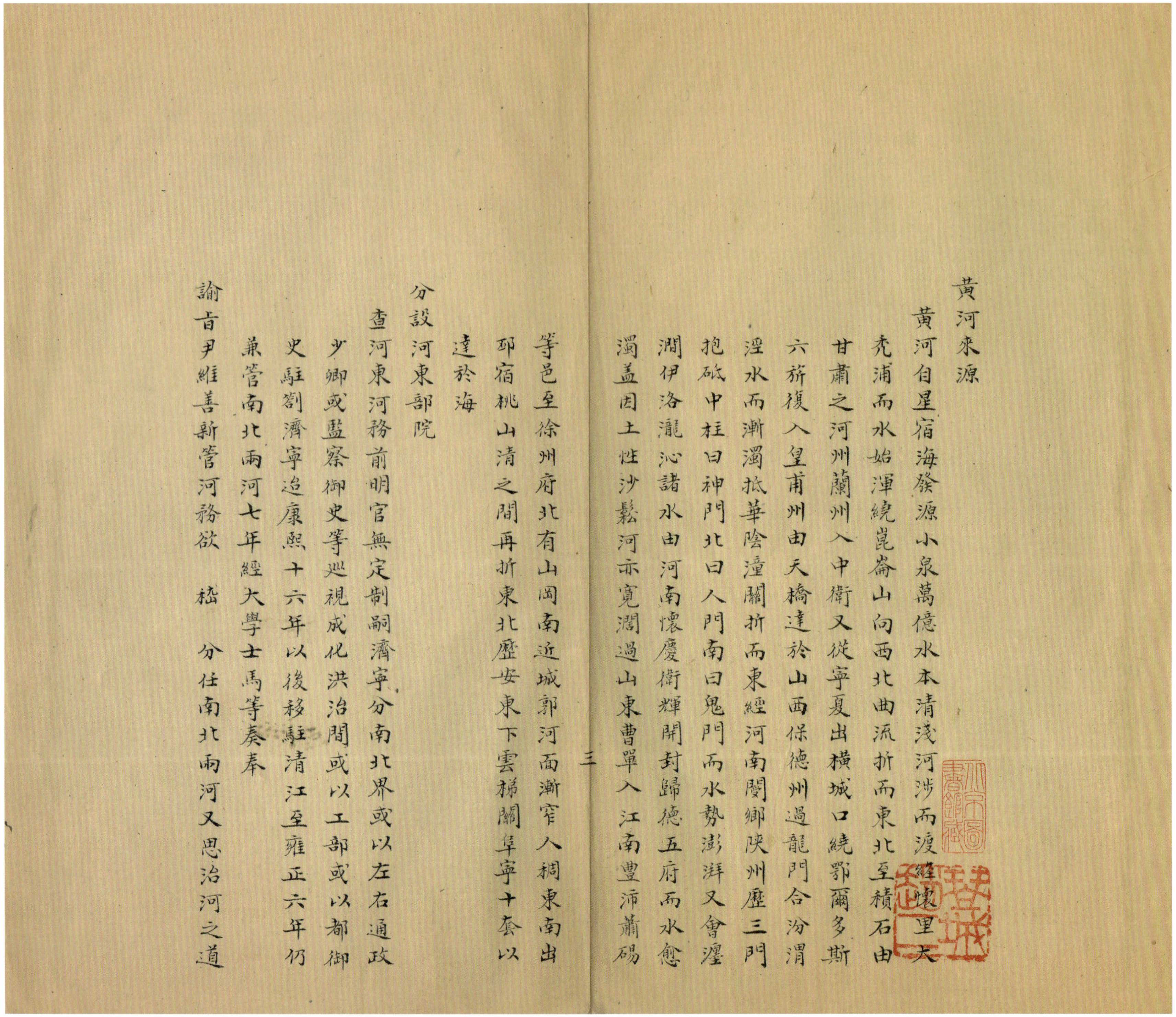
黄河來源
黄河自星宿海發源小泉萬億水本清淺河渉而渡經崐里天
兖浦而水始渾繞崑崙山向西北曲流折而東北至積石由
甘肅之河州蘭州入中衛又從寧夏出横城口繞鄂爾多斯
六旂復入皇甫州由天橋達於山西保德州過龍門合汾渭
涇水而漸濁抵華陰潼關折而東經河南閿鄉陜州歷三門
抱砥中柱曰神門北曰人門南曰鬼門而水勢澎湃又會瀍
澗伊洛瀍沁諸水由河南懷慶衛輝開封歸德五府而水愈
濁蓋因土性沙鬆河亦寬濶過山東曹單入江南豐沛蕭碭
等邑至徐州府北有山岡南近城郭河面漸窄入稠東南出
邳宿桃山清之間再折東北歷安東下雲梯關阜寧十套以
達於海
三
分設河東部院
查河東河務前明官無定制嗣濟寧分南北界或以左右通政
少卿或監察御史等廵視成化洪治間或以工部或以都御
史駐劄濟寧迨康熙十六年以後移駐清江至雍正六年仍
兼管南北兩河七年經大學士馬等奏奉
諭旨尹繼善新管河務欲　嵇　分任南北兩河又思治河之道

两河备览：二卷

1 册

抄本

［清嘉庆二十二年至清末（1817—1911）］

此书专叙山东与河南两省的黄河与运河，卷一为河南黄河事，以清乾隆与嘉庆年间最为详细，卷二为山东省运河纪略。全书详细介绍了黄河的河道管理、河神庙分布、修防工程以及运河的分段、河政建置、物料采购、济运水源，是了解清代山东、河南两省黄、运两河的重要资料。书中记事止于嘉庆二十二年(1817)，推测成书当于此年代之后。

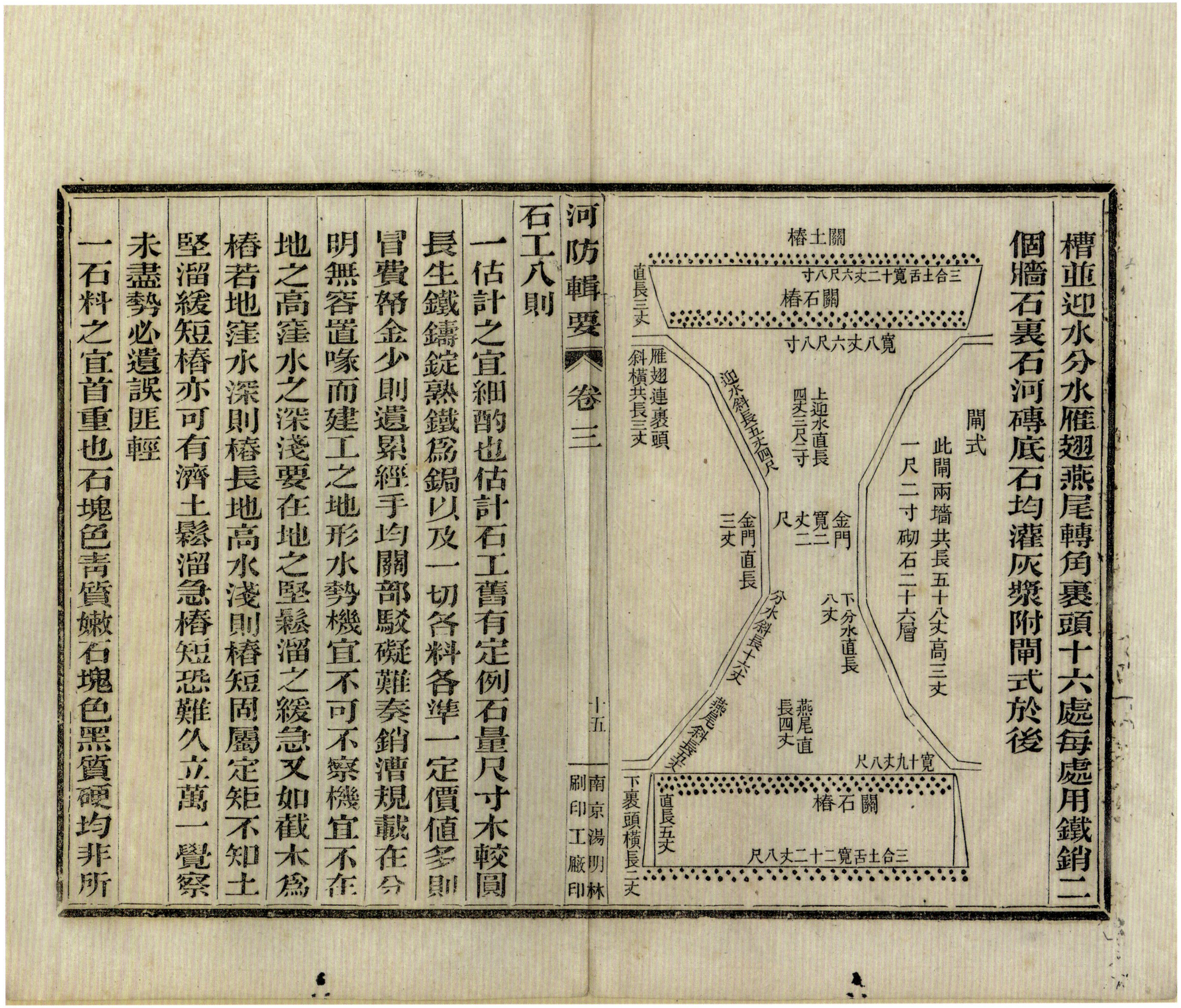

河防辑要：四卷

周家驹编辑

2 册

铅印本

清宣统三年（1911）

版本一：清宣统三年（1911）铅印本，2 册。版本二：民国年间晒印本，2 册。版本三：民国年间油印本，1 册，附河工抄本摘录。

元、明、清以来的水利著作大多详于河道形势，而略于工程建筑之法。在此背景下，作者撰写了这本记录水利工程做法全学的著作。此书共四卷，分为名言论、修守类、土工类、埽工类、石工类、抢护类和堵合坝工类。诸篇皆为河防实用之论，采录于《河防一览》《治河方略》《回澜纪要》《安澜纪要》及言河杂书等。

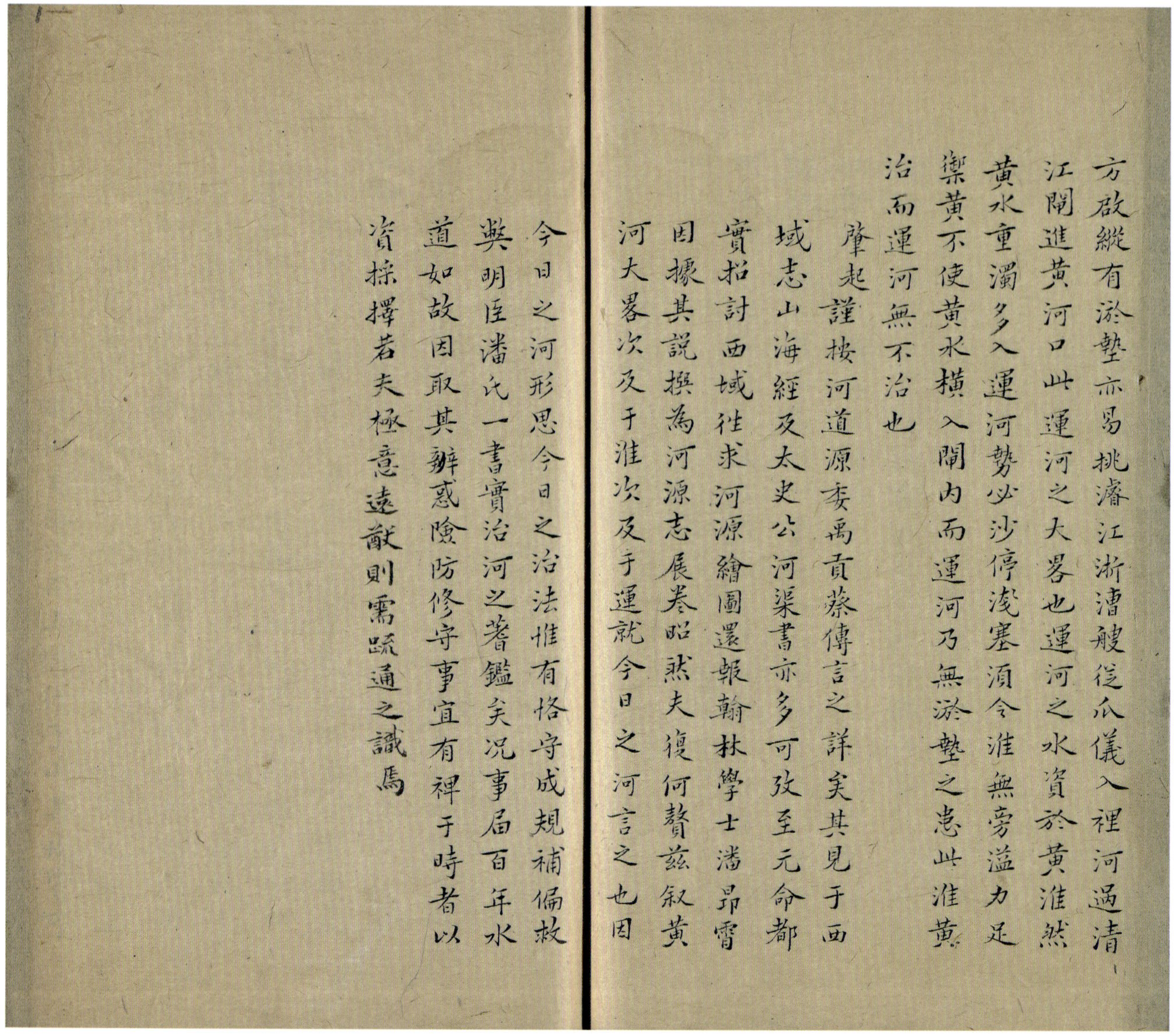

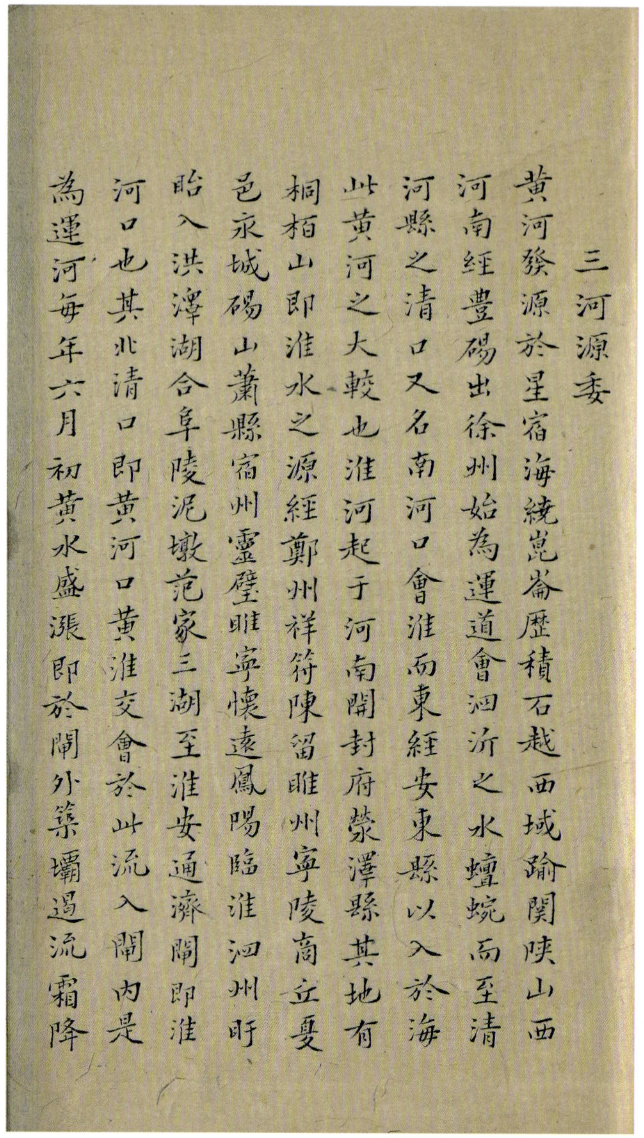

河防献曝

(清) 许肇起撰

1 册

抄本

[清(1644—1911)]

此书目次包括三河源委、历代治河经略、河议辨惑、河防险要、西北水利。

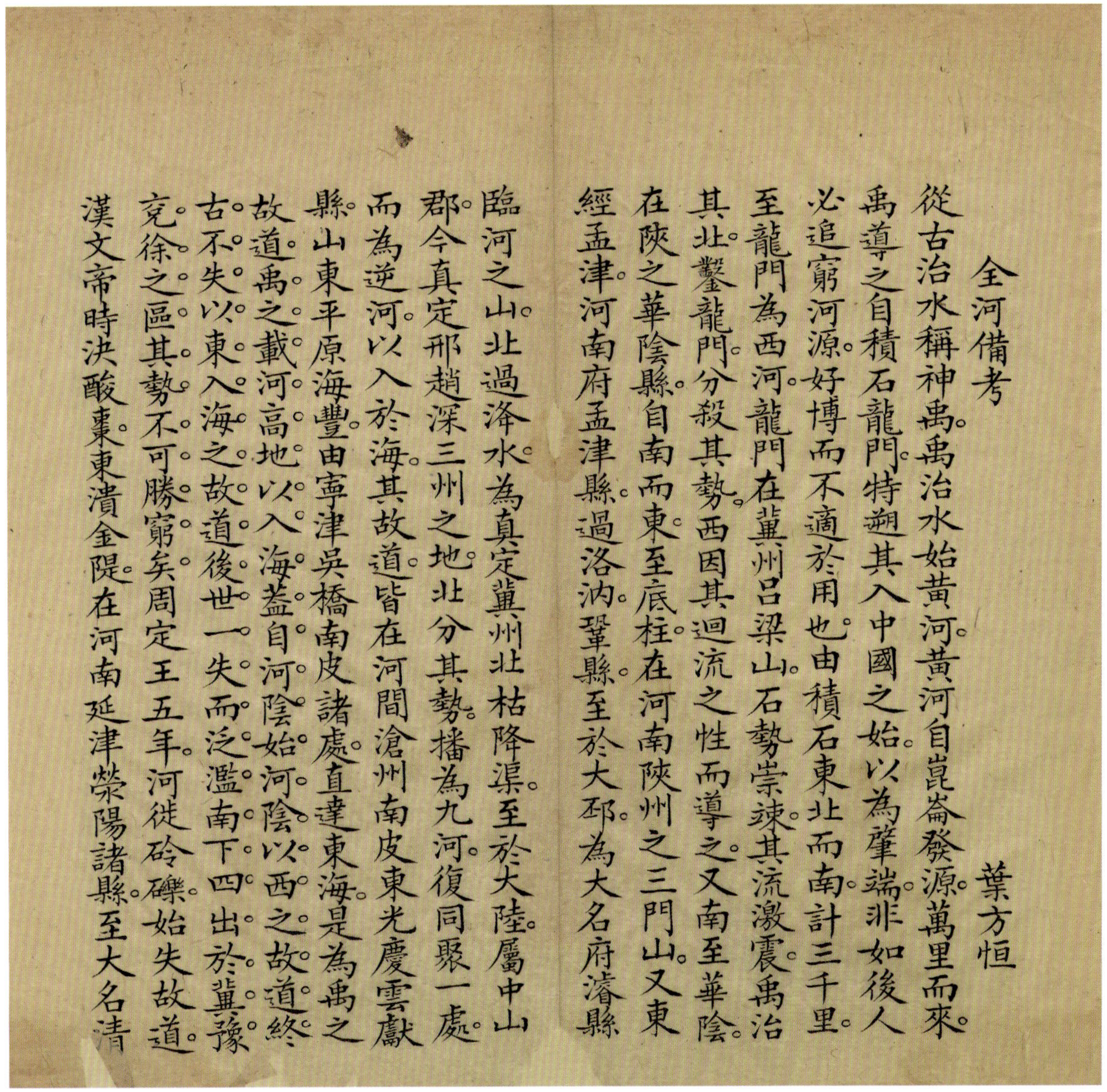

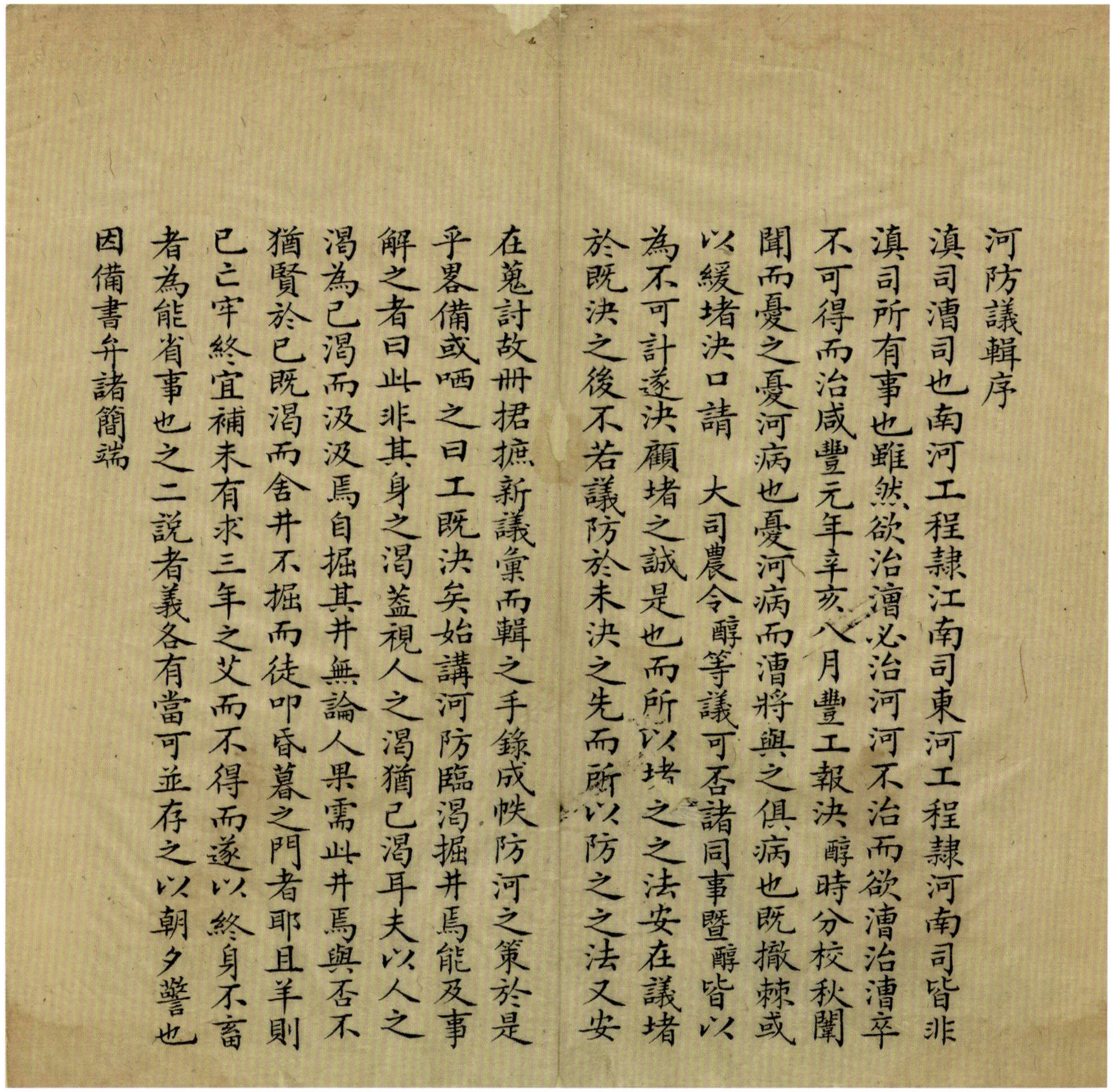

河防议辑

（清）□醇辑

8 册

抄本

［清（1644—1911）］

此书辑录历代治河论述如叶方恒《全河备考》、靳辅《论贾让治河奏》、裘曰修《治河策》等。

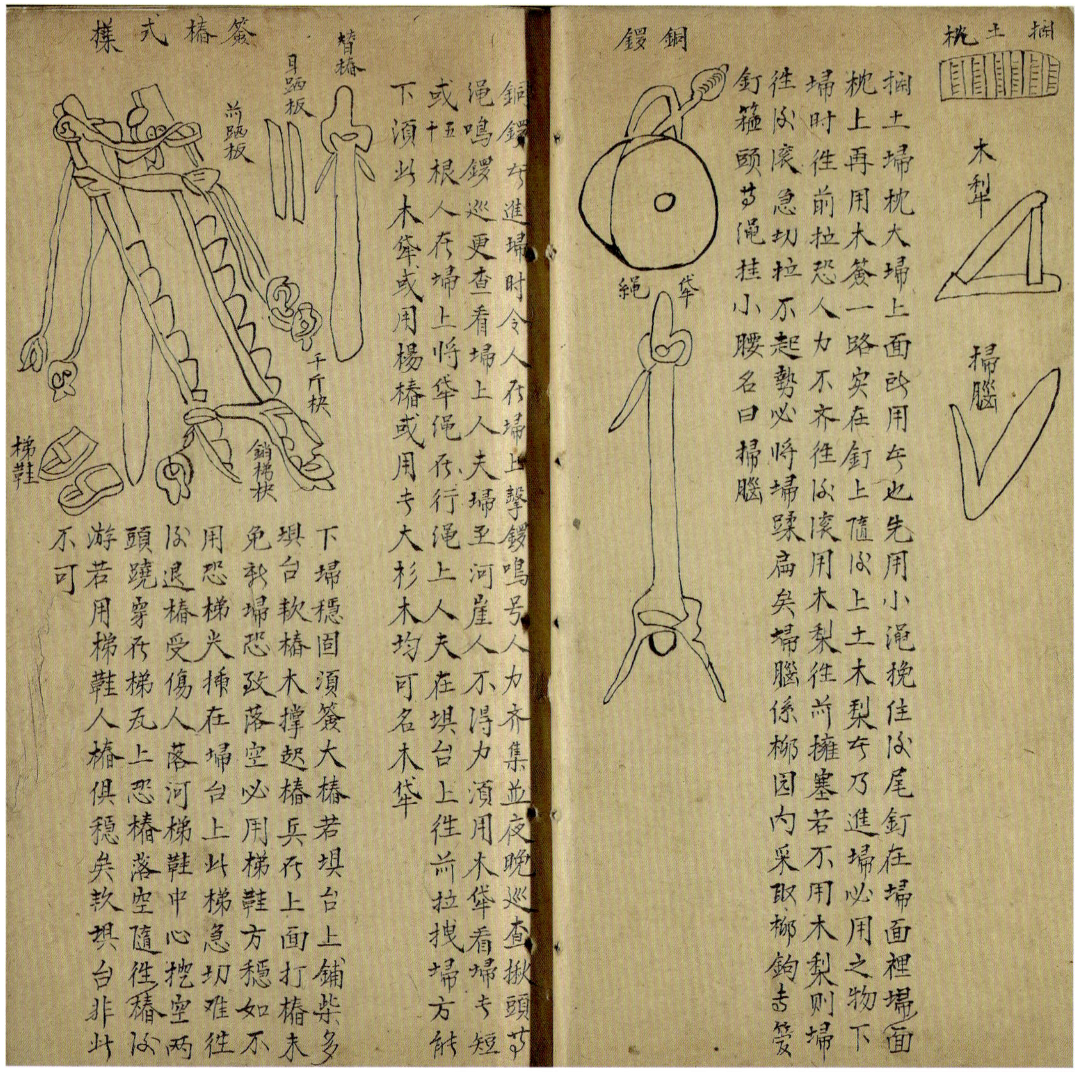

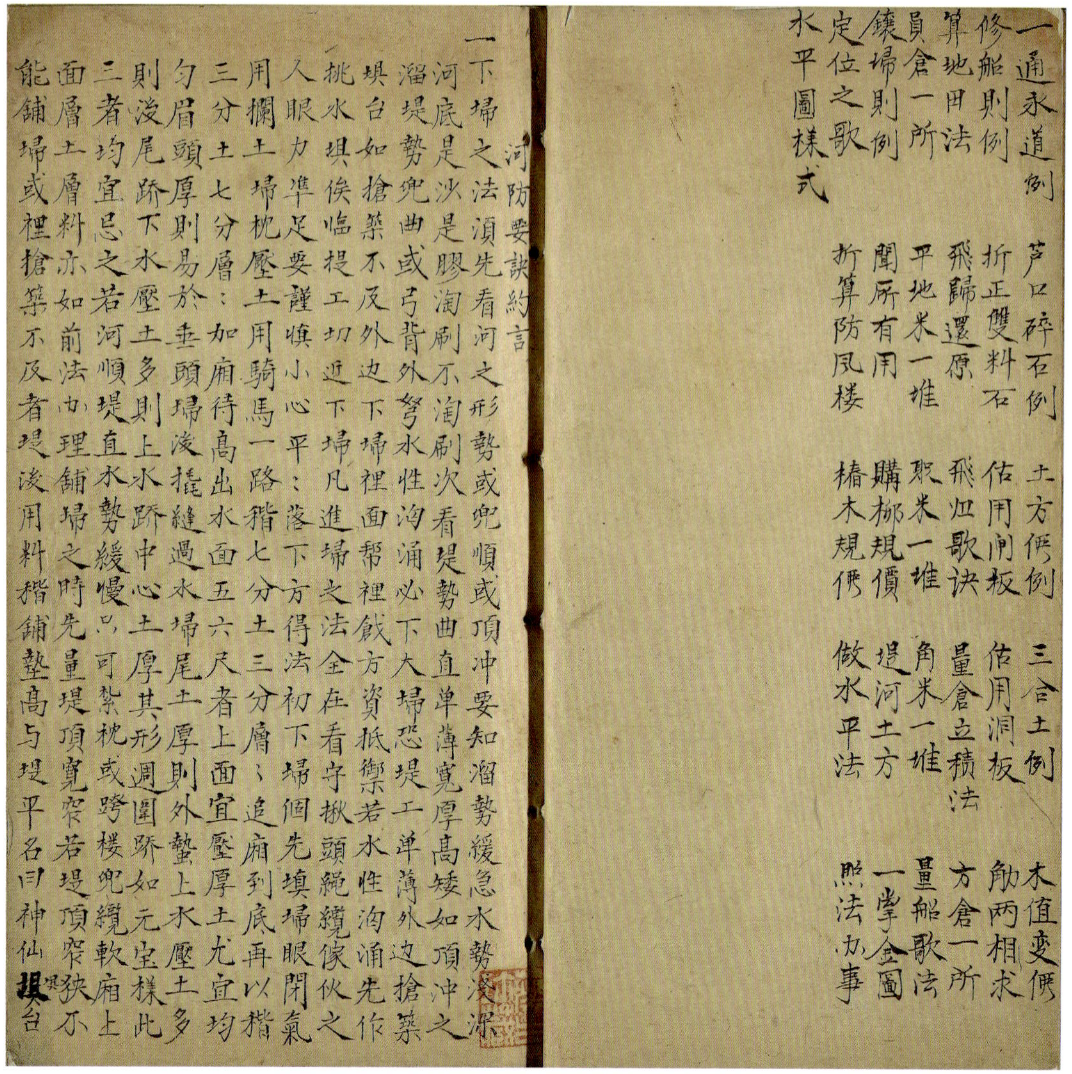

河防摘要：二卷

2 册

抄本

[清（1644—1911）]

本书又名《河防要决》，开篇有“河防要诀约言”。书中论述了筑堤之法、下埽之工、修防器具及应用物品、堵塞河流之法、挑掘镶填事宜，即全书重在论述筑防规例、堤防工具法则。卷末附录测量算法及造水平图样等式。上述均为治防要务，故得名《河防摘要》。

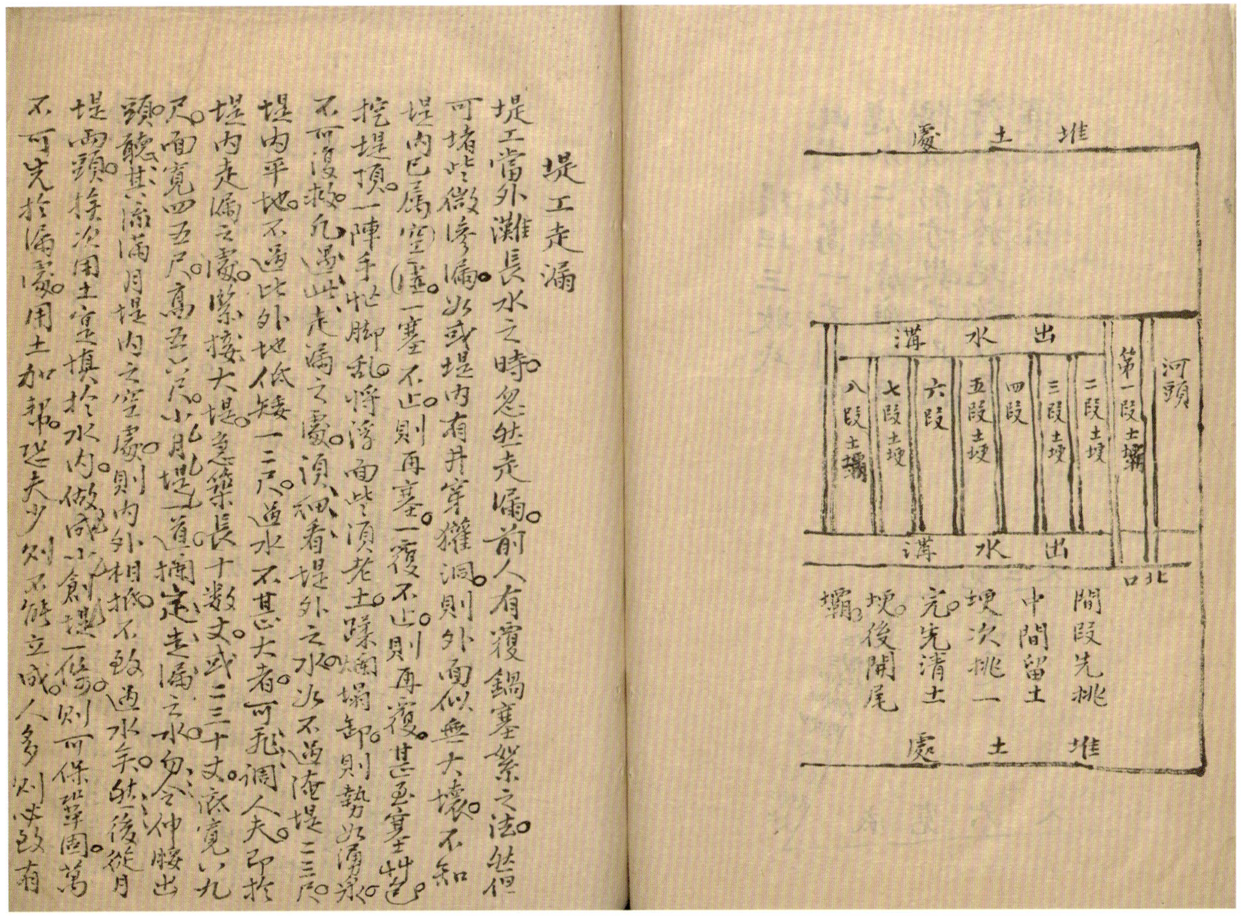

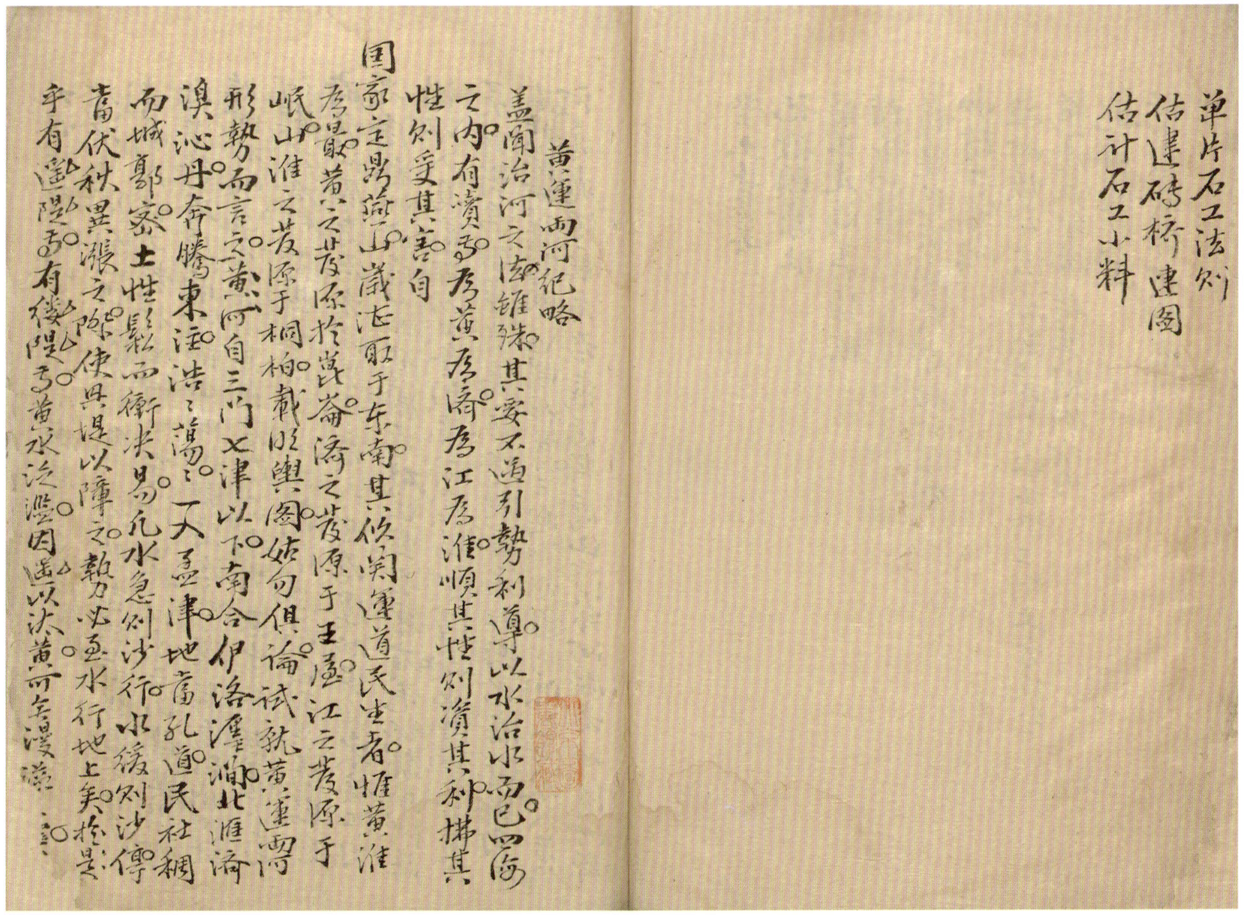

河防要诀

1 册

抄本

[清（1644—1911）]

此书涉及黄运两河纪略、河防约言、抢顶卫大略、鱼鳞坝、堵塞支河法、拦河坝、挑小坝三法连图、挑挖引河法连图、堤工走漏、里头法、合龙法、单片石工法则、估建砖桥连图、估计石工小料等内容。书衣手书《河工秘要：附条堤闸桥城工摘记》。

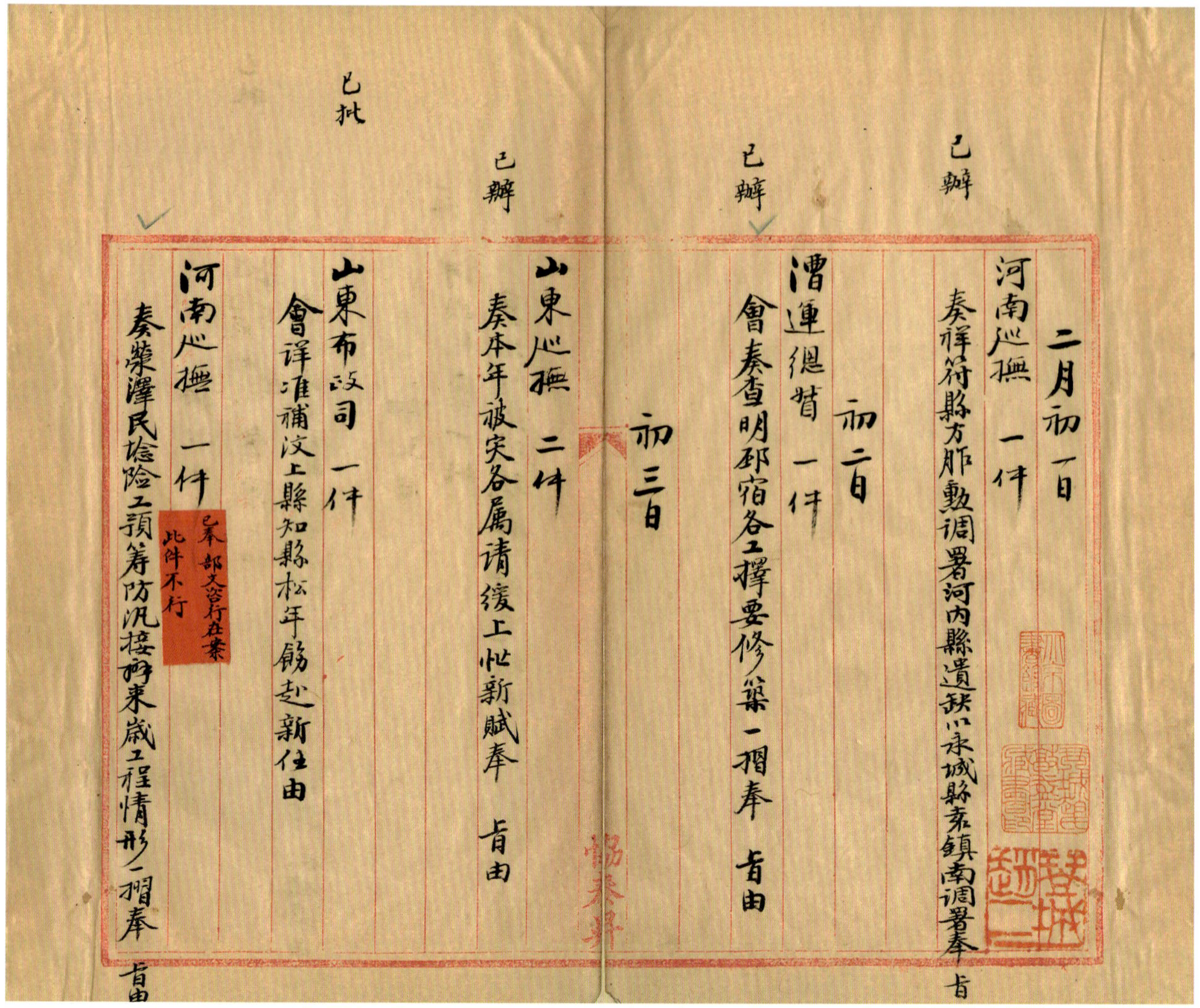

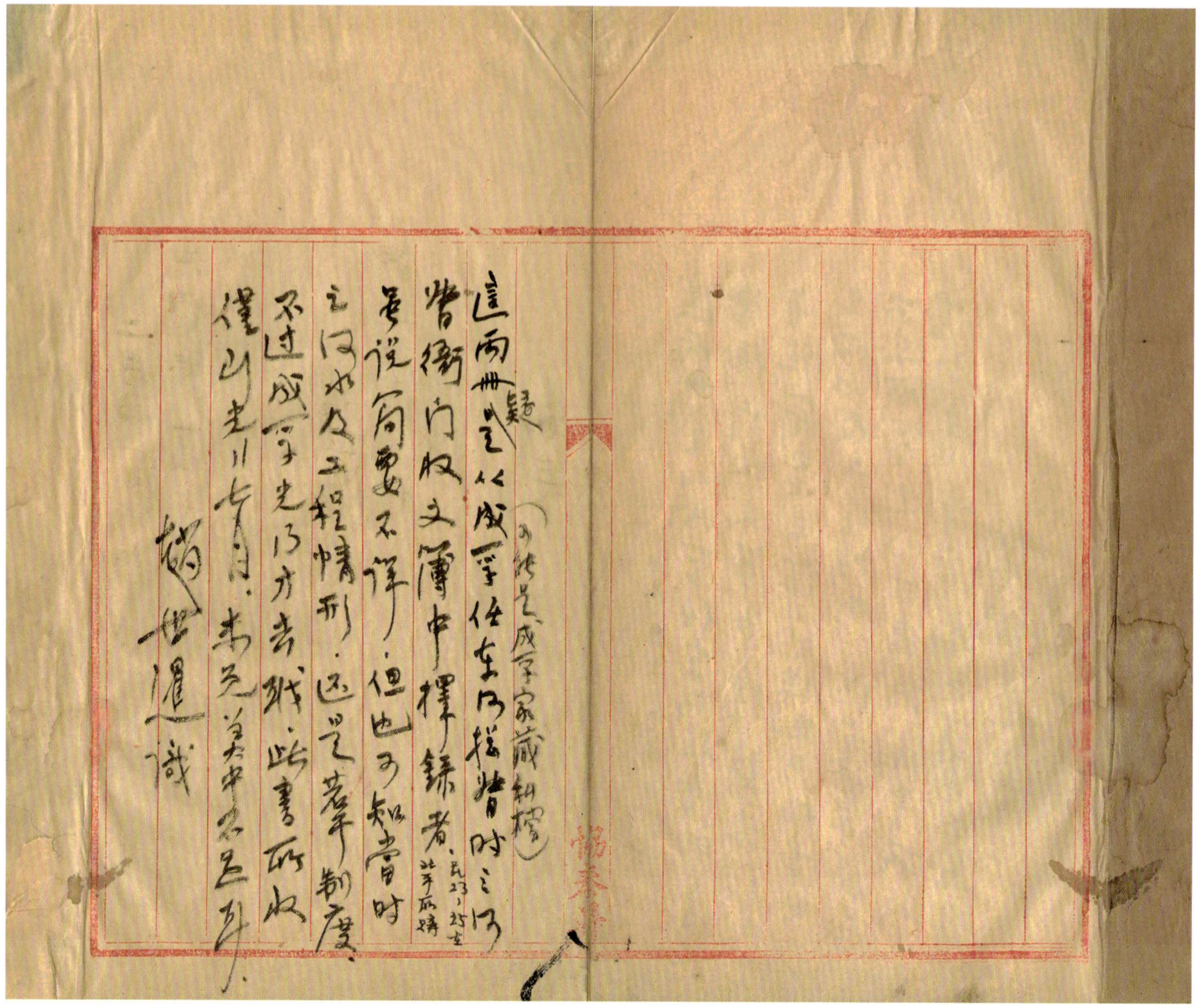

河工择要

2 册

朱丝栏抄本

[清光绪中期]

此书系河南巡抚、漕运总督、山东巡抚、山东布政司、阳封县丞等人禀文、奏文等的汇总。首有现代藏书家、水利学家赵世暹题识，“此书疑是从成孚任东河总督时衙门收文簿中择录而成，民国二十三至二十五年北平所购，虽说简要不详，但也可知当时之河水及工程情形以及若干制度”。成孚任河东河道总督的时期是光绪九年（1883）末至光绪十三年（1887）九月。

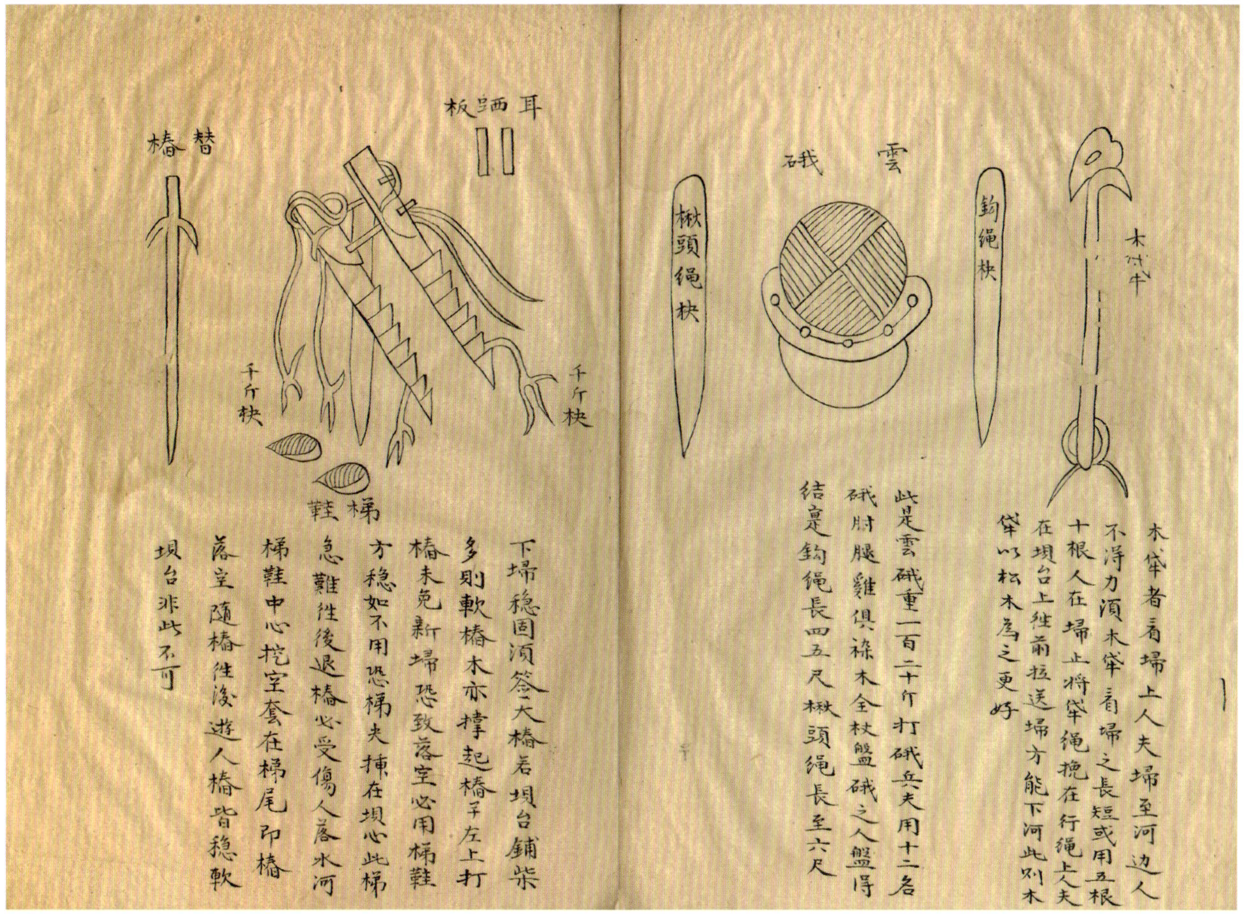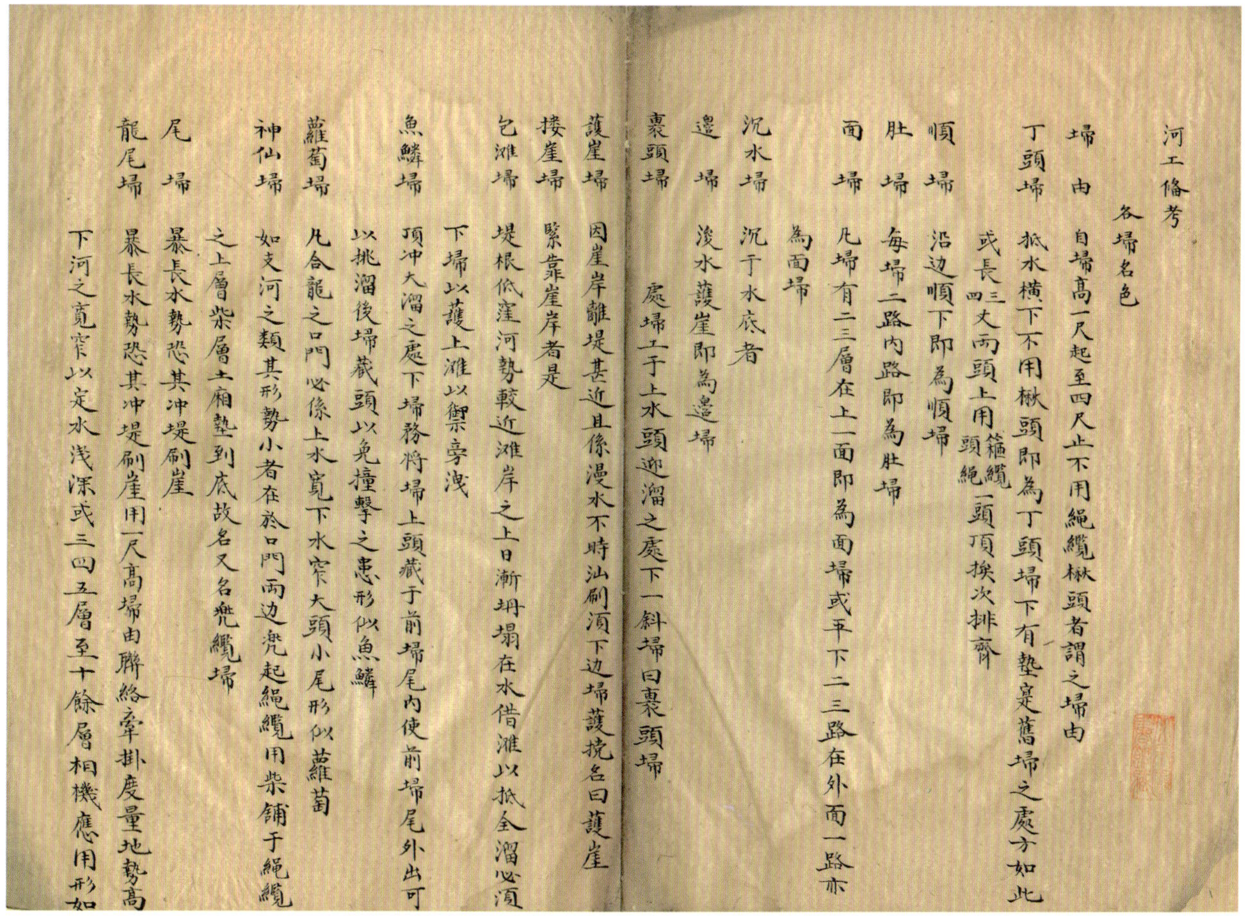

河工备考

1 册

抄本

[清光绪初期]

此书介绍了各埽名色、各种河工器具等河工相关内容。书名据正文题，书衣题《河工备要》。有“癸未秋宣诚签”字样。

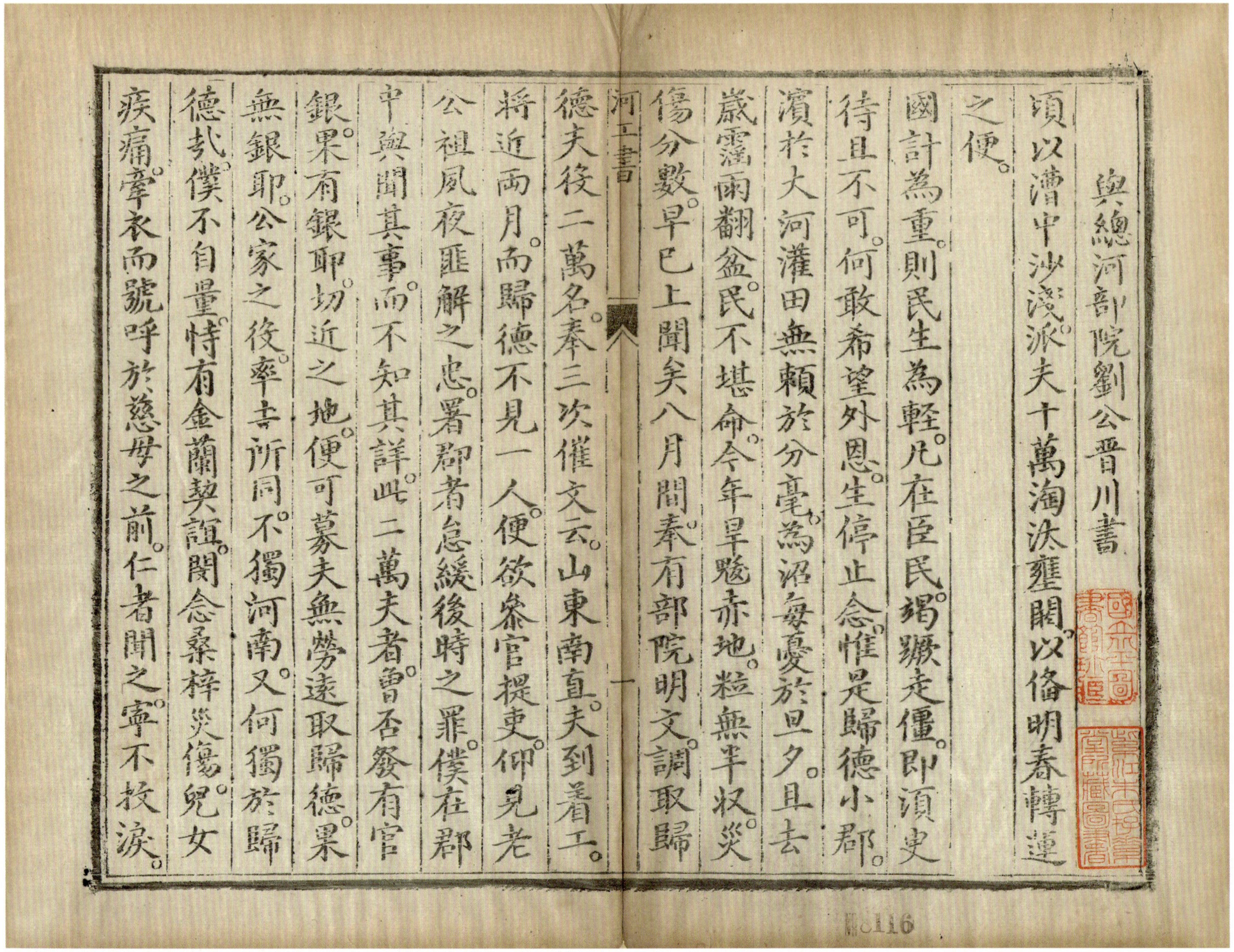
與總河部院劉公晉川書
頃以漕中沙淺派夫十萬淘浹壅閼以俻明春轉運
之便
國計為重則民生為輕凡在臣民竭蹶走僵即須史
待且不可何敢希望外恩生停止念惟是歸德小郡
濱於大河灌田無賴於分毫爲沼每憂於旦夕且去
歲霪雨翻盆民不堪命今年旱魃赤地粒無半收災
傷分數早已上聞矣八月間奉有部院明文調取歸
河工書　一
德夫役二萬名奉三次催文云山東南直夫到着工
將近兩月而歸德不見一人便欲參官提吏仰見老
公祖夙夜匪解之忠署郡者怠緩後時之罪僕在郡
中與聞其事而不知其詳此二萬夫者曾否發有官
銀果有銀耶切近之地便可募夫無勞遠取歸德果
無銀耶公家之役率土所同不獨河南又何獨於歸
德哉僕不自量恃有金蘭契誼閔念桑梓災傷兒女
疾痛牽衣而號呼於慈母之前仁者聞之寧不救淚

河工书

(明) 吕坤撰

1 册

重修刻本

[清 (1644—1911)]

此书收录于 (明) 吕坤撰《吕新吾全集》。版本一：清刻本，据明刻版重修。版本二：清递修刻本。

明朝嘉靖年间，河南兰阳、仪封、延津、封丘、考城黄河泛溢冲决。为治理河患，当地官府征发数万人、银数十万两。有人感叹中州河工之苦，因此记录成书。是书总目共列书札九篇：篇一，与总河部院刘公晋川书；篇二，总河部院刘公晋川回书；篇三，谢总河部院刘公晋川书；篇四，守道大参徐公匡狱书；篇五，右辖易公海洲书；篇六，与总河嗣山曹公论河启；篇七，与总河部院曹公嗣山议派征启；篇八，总河曹公回书；篇九，谢总河曹公书。诸篇皆议论治河防患赈急救灾一切事宜。

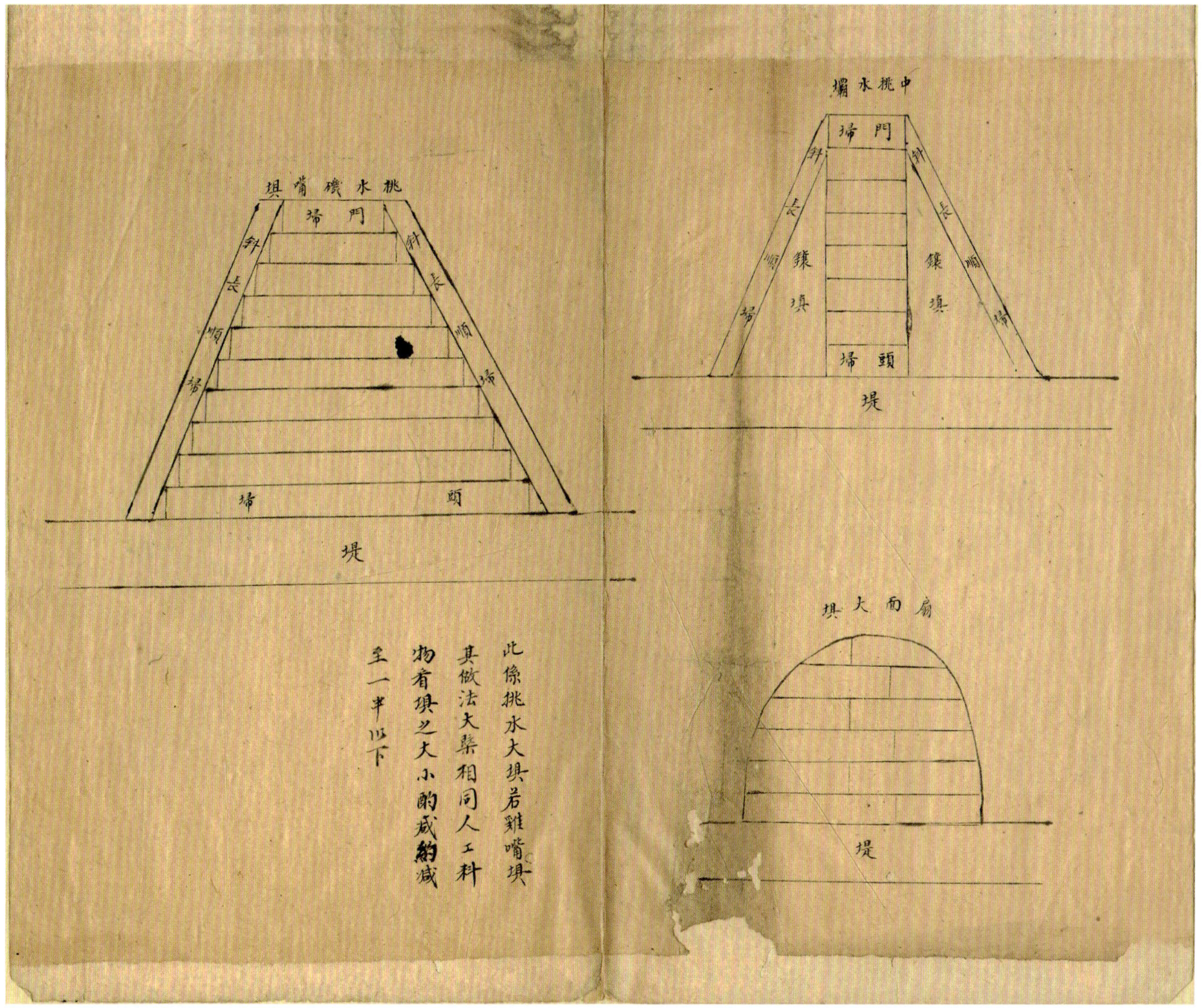

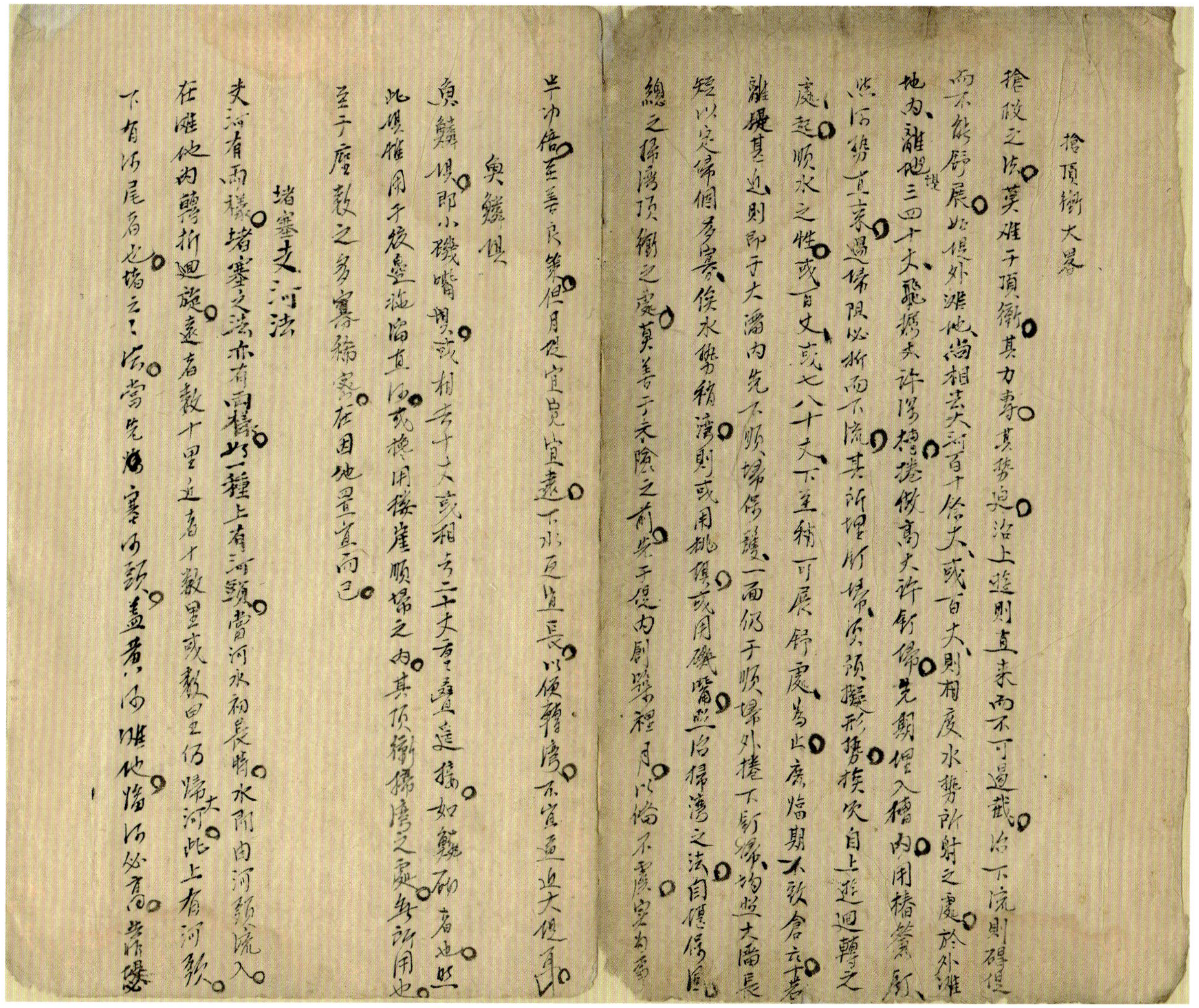

［河工书］

1 册

抄本

［清（1644—1911）］

此书系河工相关摘录，包含抢顶卫大略、鸡嘴坝等内容。

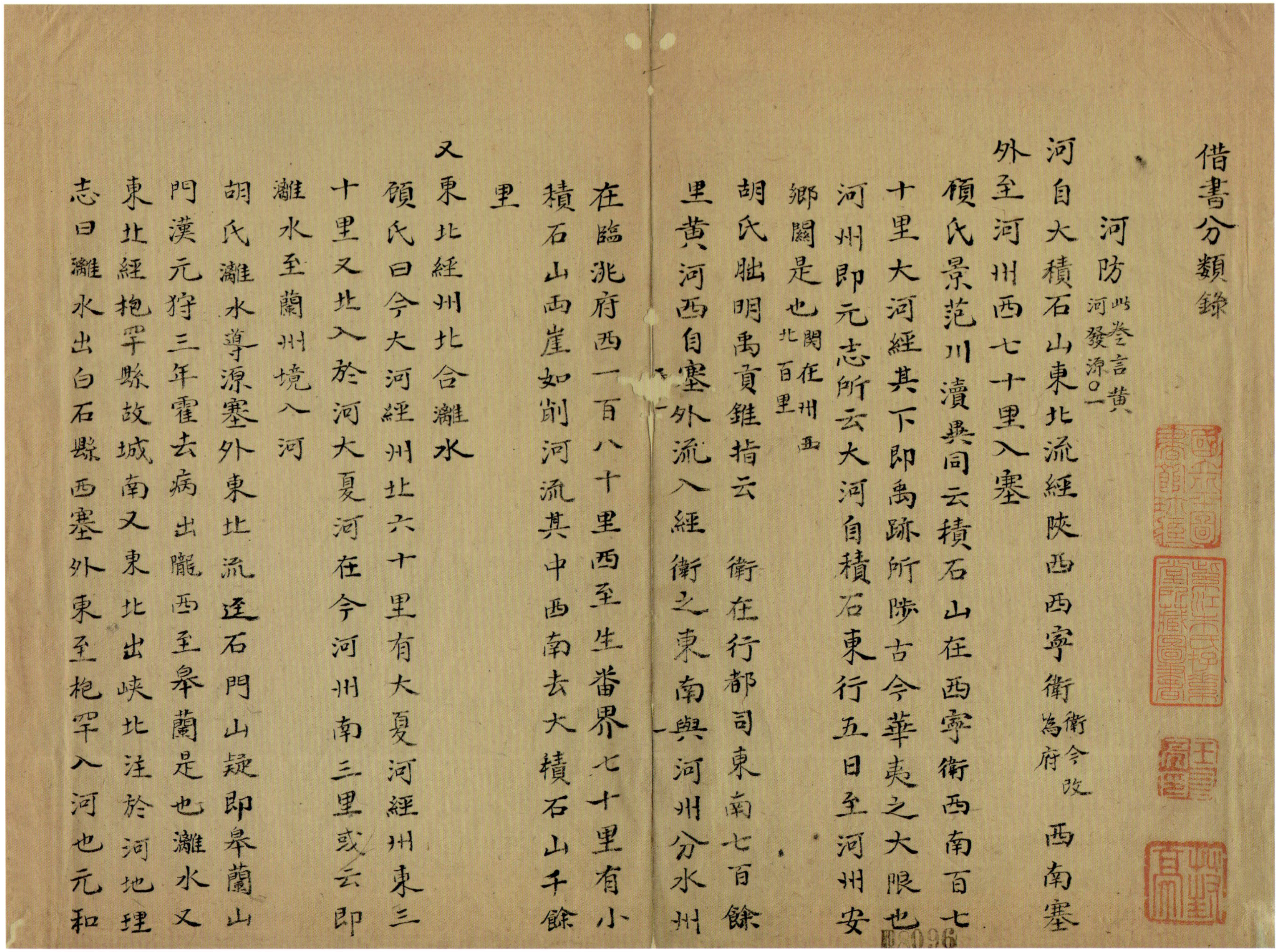

河工摘录：十八卷

（清）黄之纪辑

4 册

抄本

［清乾隆初期至清末（1740—1911）］

本书杂抄治黄事，辑录胡氏、顾氏等言。黄之纪是清代诗人、学者。

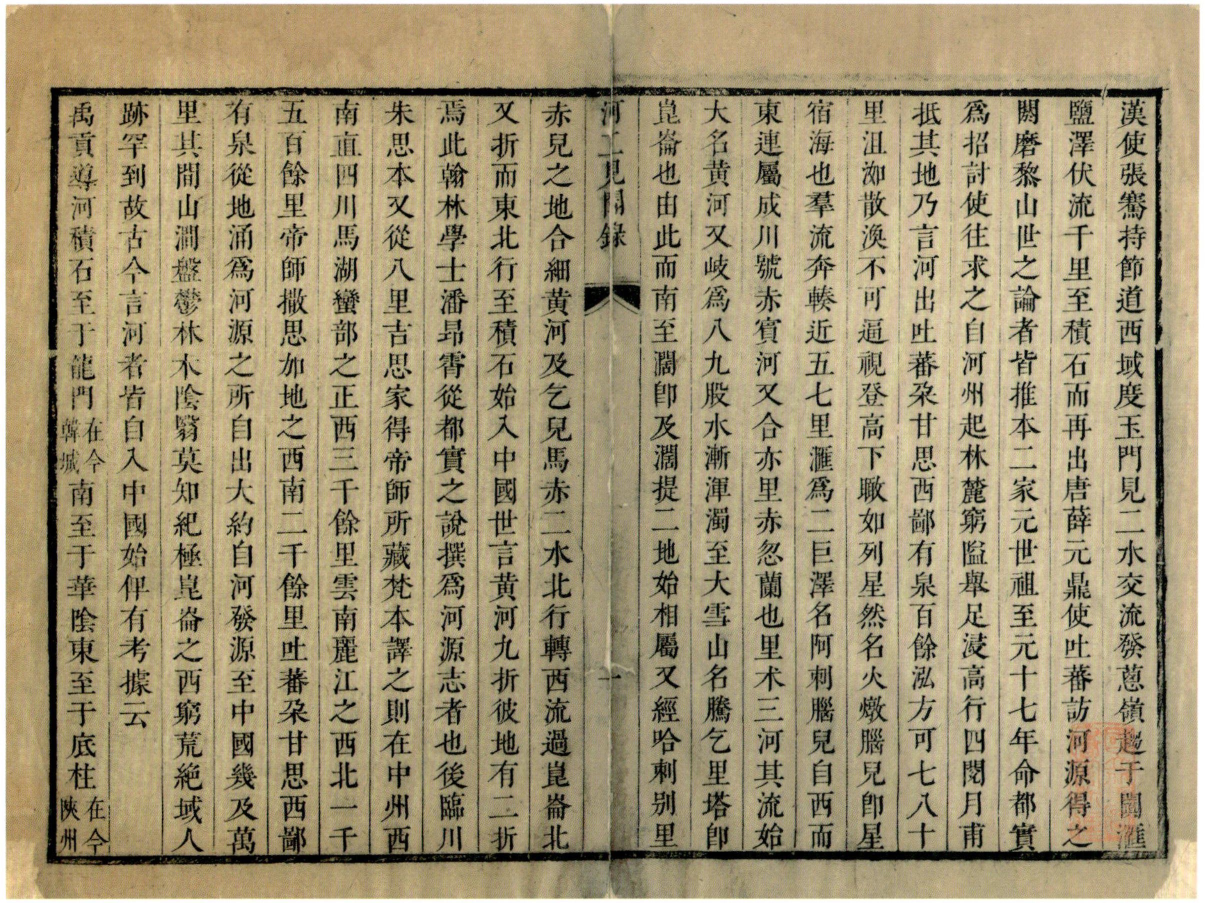

河工見聞錄

漢使張騫持節道西域度玉門見二水交流發葱嶺趨于闐匯鹽澤伏流千里至積石而再出唐薛元鼎使吐蕃訪河源得之悶磨黎山世之論者皆推本二家元世祖至元十七年命都實爲招討使往求之自河州起林麓窮隘舉足浸高行四閱月甫抵其地乃言河出吐蕃朶甘思西鄙有泉百餘泓方可七八十里沮洳散渙不可逼視登高下瞰如列星然名火敦腦兒即星宿海也羣流奔輳近五七里滙爲二巨澤名阿剌腦兒自西而東連屬成川號赤賓河又合亦里赤忽蘭也里术三河其流始大名黃河又岐爲八九股水漸渾濁至大雪山名騰乞里塔即崑崙也由此而南至闊即及濶提二地始相屬又經哈剌別里赤兒之地合細黃河及乞兒馬赤二水北行轉西流過崑崙北又折而東北行至積石始入中國世言黃河九折彼地有二折焉此翰林學士潘昂霄從都實之說撰爲河源志者也後臨川朱思本又從八里吉思家得帝師所藏梵本譯之則在中州西南直四川馬湖蠻部之正西三千餘里雲南麗江之西北一千五百餘里帝師撒思加地之西南二千餘里吐蕃朶甘思西鄙有泉從地涌爲河源之所自出大約自河發源至中國幾及萬里其間山澗盤鬱林木陰翳莫知紀極崑崙之西窮荒絕域人跡罕到故古今言河者皆自入中國始伊有考據云

禹貢導河積石至于龍門（在今韓城）南至于華陰東至于底柱（在今陝州）

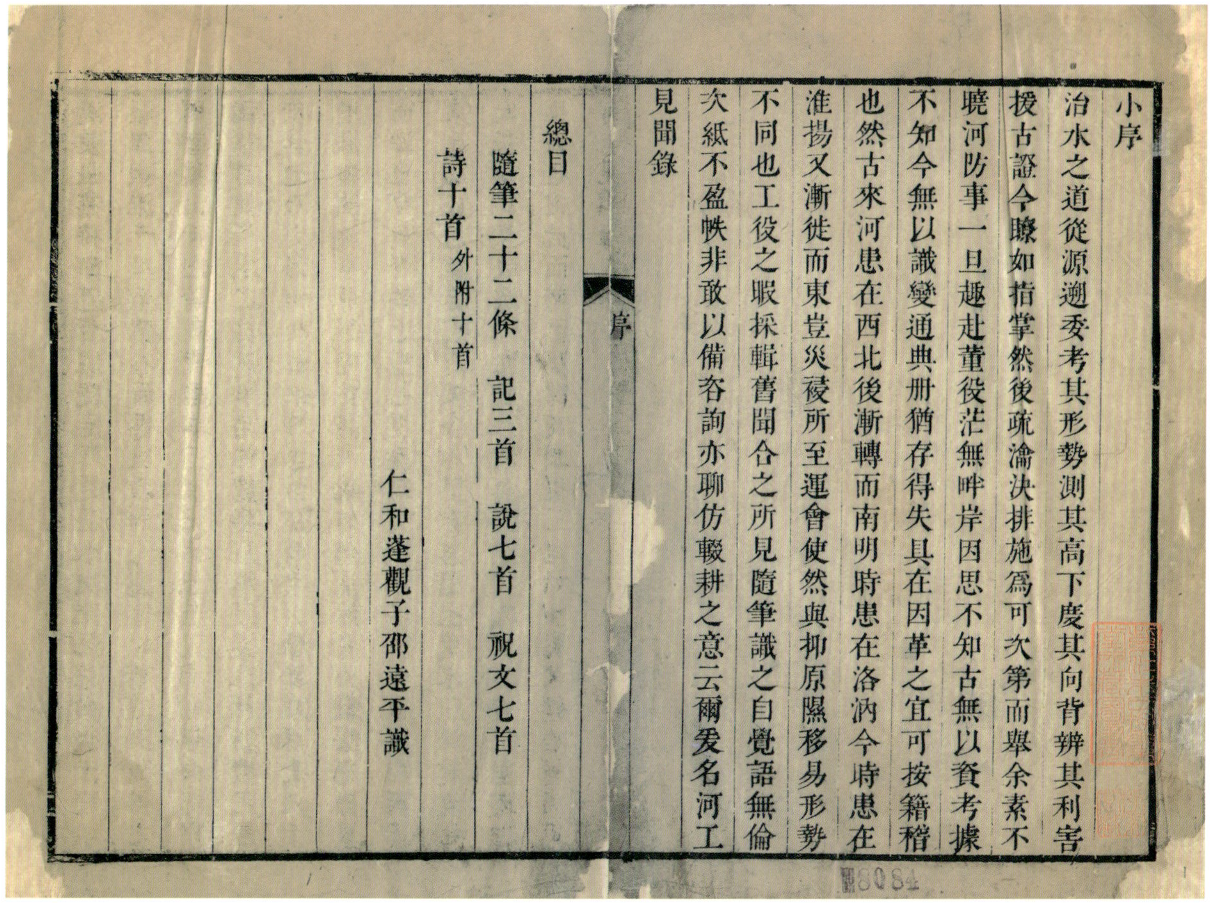

小序

治水之道從源遡委考其形勢測其高下度其向背辨其利害援古證今瞭如指掌然後疏瀹決排施爲可次第而舉余素不曉河防事一旦趨走董役茫無畔岸因思不知古無以資考據不知今無以識變通典冊猶存得失具在因革之宜可按籍稽也然古來河患在西北後漸轉而南明時患在洛汭今時患在淮揚又漸徙而東豈災祲所至運會使然與抑原隰移易形勢不同也工役之暇採輯舊聞合之所見隨筆識之自覺語無倫次紙不盈帙非敢以備咨詢亦聊仿輟耕之意云爾爰名河工見聞錄

序

總目

隨筆二十二條 記三首 說七首 祝文七首

詩十首 外附十首

仁和蓬觀子邵遠平識

河工见闻录

（清）邵远平撰

2 册

刻本

[清康熙年间（1662—1722）]

此系邵远平辑录旧闻而成，同时加入自己的所见和随笔，以供后人参考。书中包括随笔二十二条，记三首，说七首，祝文七首，诗十首，外附十首。

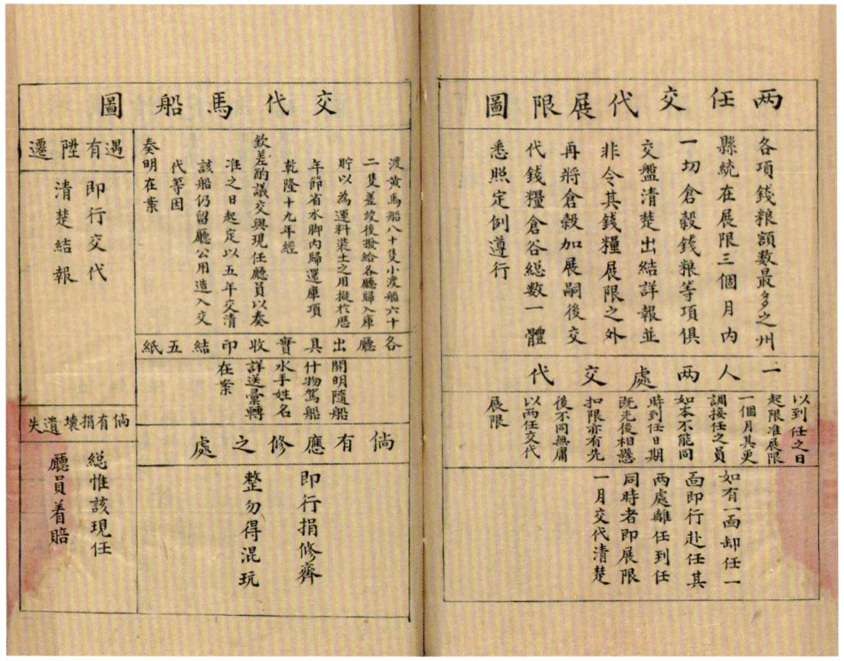

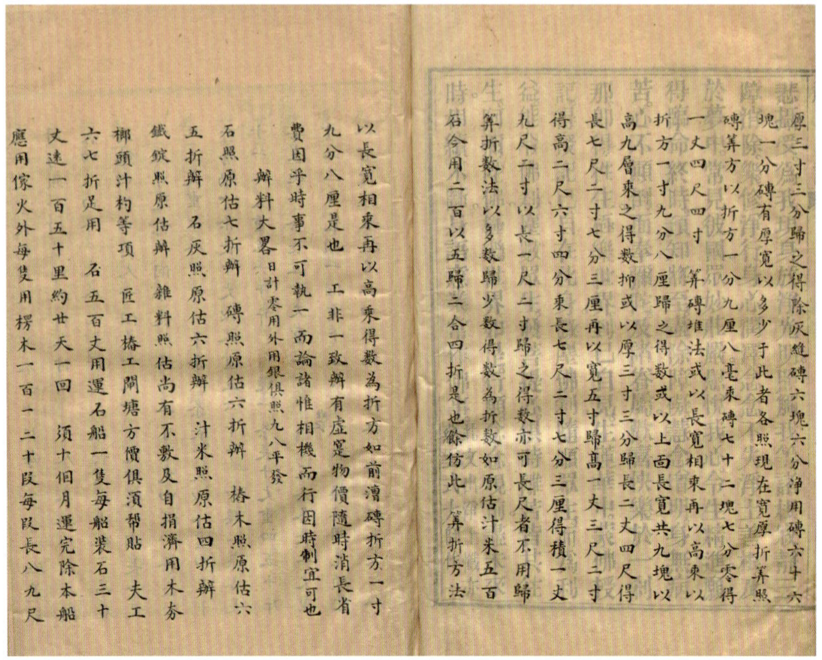

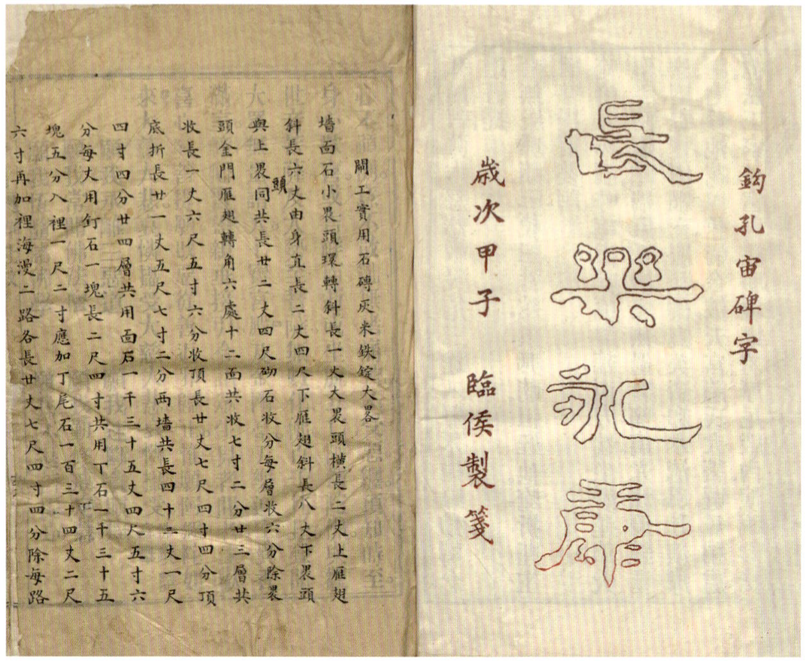

河工备览

1 册

抄本

[约清同治三年（1864）]

此书内容包括闸工实用石砖灰米铁锭大略、办料大略、闸匠砖石方大略及河工律例成案图。其中河工律例成案图又包括交代章程、交代限期、交代马船、河员经费等，并附相关图表。书名页题印“岁次甲子，临侯制笺”。

治河择要

1 册

抄本

[约清乾隆后期至清末（1776—1911）]

全书包括清吕兆端纂《河道总议》以及黄河议、淮河议、漕河议、直隶河道议、山东河道议等 31 篇关于黄河、运河、淮河治理及重要河道工程、河工技术的条议。此书汇集了清代重要的治河主张，不但涵盖了黄、淮、运三河，而且对山东、河南、江苏、浙江等省水道形势也有介绍，对清代的河防抢修技术、海口疏浚、闸坝筑造与泉源管理也有说明，是一部实用性较强的著作。此书或写于乾隆后期。国图此藏本卷端钤“吕兆端印”“希文氏”印。

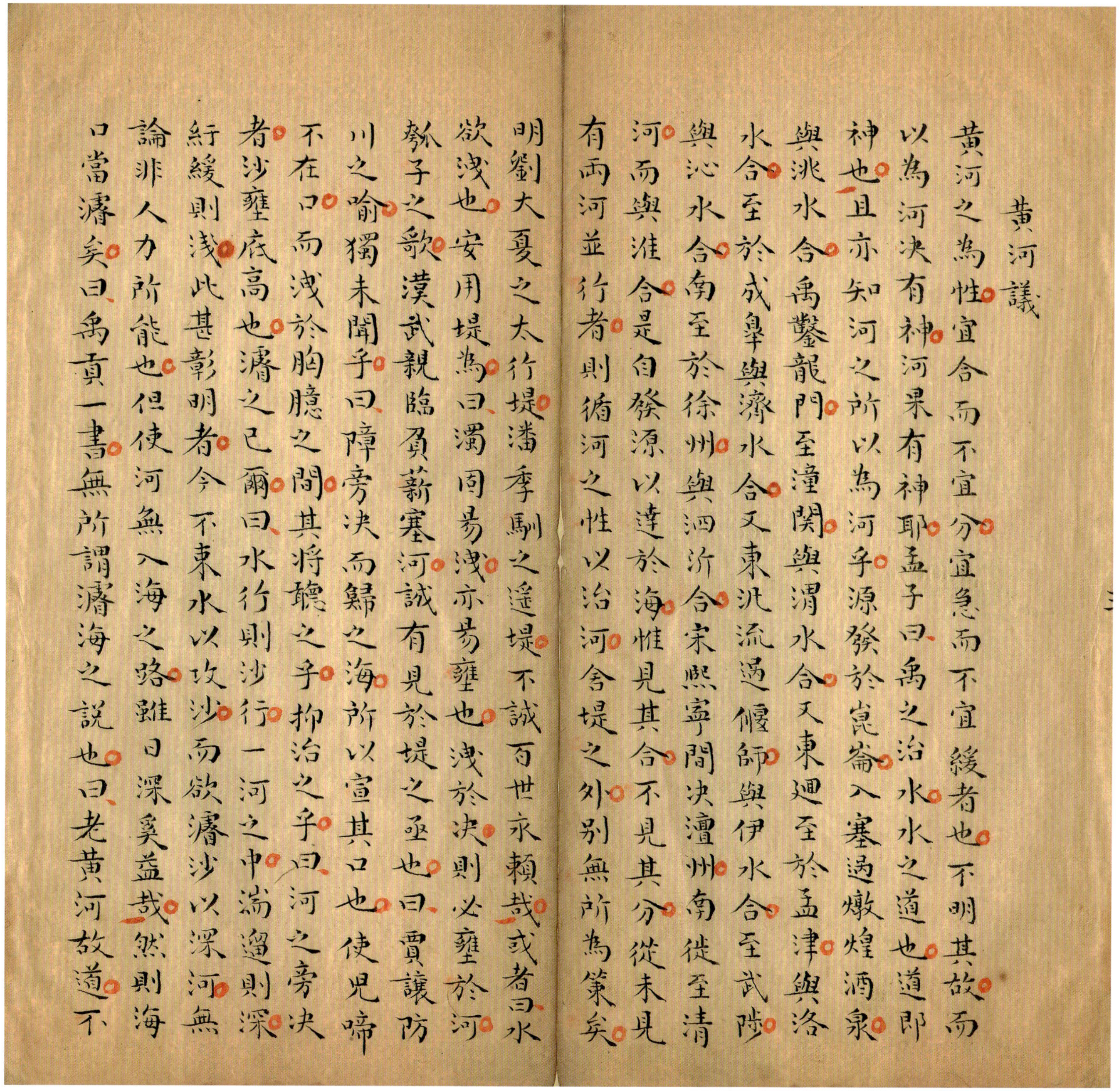

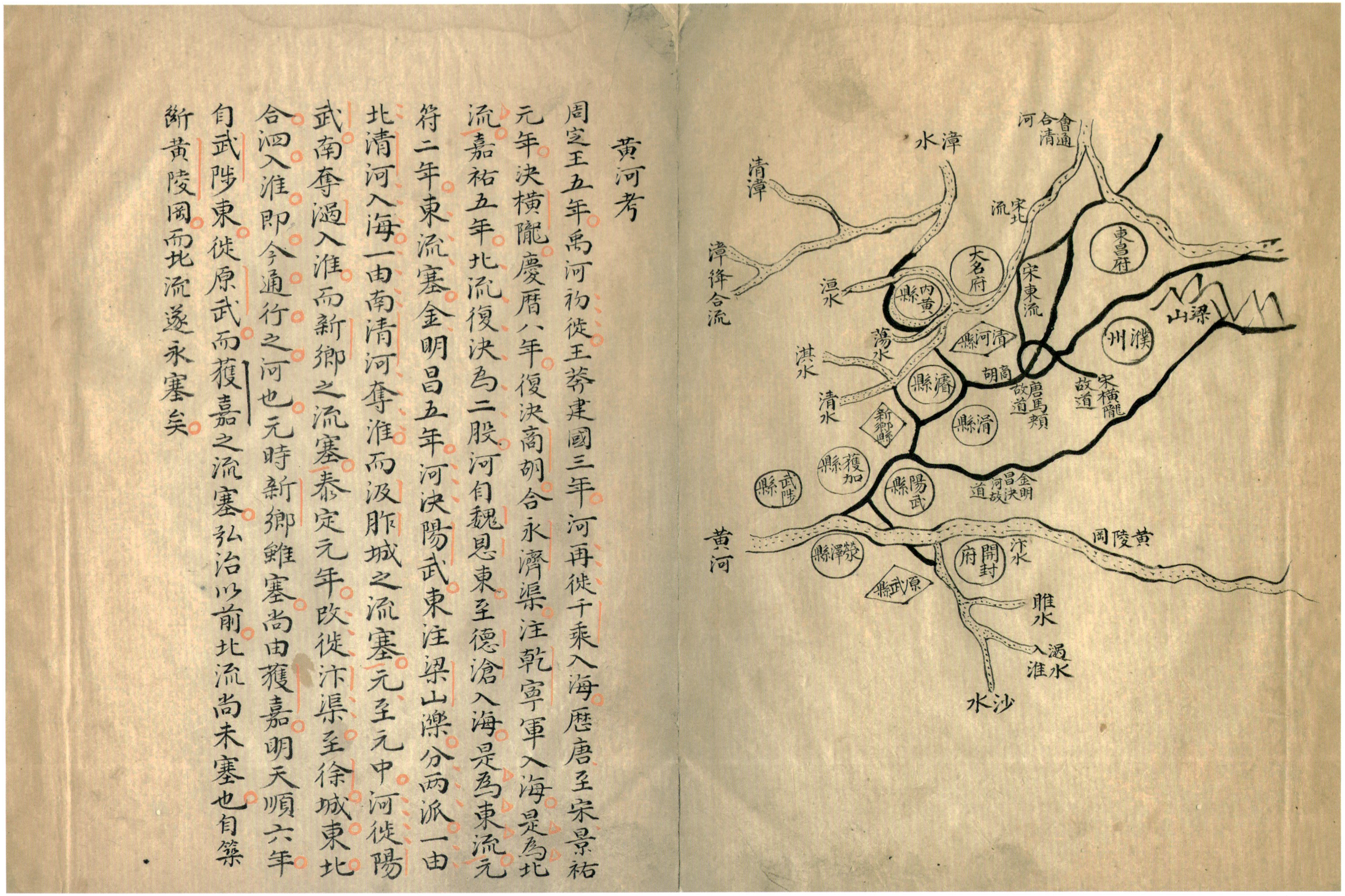
黄河考
周定王五年禹河初徙王莽建國三年河再徙千乘入海歷唐至宋景祐
元年決横隴慶曆八年復決商胡合永濟渠注乾寧軍入海是為北
流嘉祐五年北流復決為二股河自魏恩東至德滄入海是為東流元
符二年東流塞金明昌五年河決陽武東注梁山濼分兩派一由
北清河入海一由南清河奪淮而汲胙城之流塞元至元中河徙陽
武南奪渦入淮而新鄉之流塞泰定元年改從汴渠至徐城東北
合泗入淮即今通行之河也元時新鄉雖塞尚由獲嘉明天順六年
自武陟東徙原武而獲嘉之流塞弘治以前北流尚未塞也自築
斷黄陵岡而北流遂永塞矣

[治河论丛]

1 册

抄本

[清康熙后期至清末（1700—1911）]

本书杂抄明代潘季驯、清代靳辅等人的治河论说，收录潘季驯《河防险要》、清代高凤翰《两河指掌》以及《黄河全图》《黄河考》等著述。

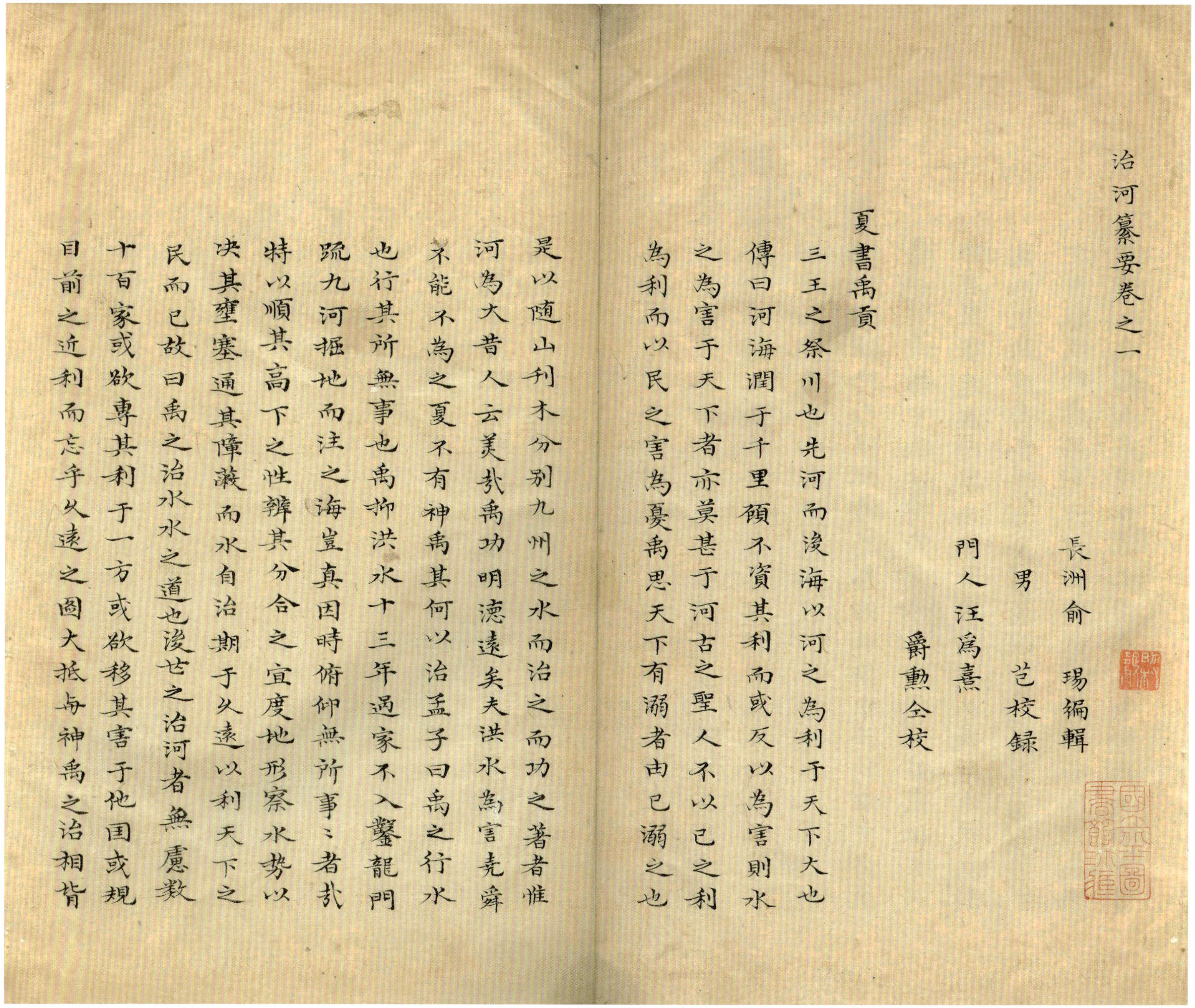

治河纂要卷之一

長洲俞　瑒編輯

男　芑校録

門人汪爲熹

爵勳仝校

夏書禹貢

三王之祭川也先河而後海以河之為利于天下大也傳曰河海潤于千里顧不資其利而或反以為害則水之為害于天下者亦莫甚于河古之聖人不以己之利為利而以民之害為憂禹思天下有溺者由己溺之也是以隨山刊木分别九州之水而治之而功之著者惟河為大昔人云美哉禹功明德遠矣夫洪水為害堯舜不能不為之憂不有神禹其何以治孟子曰禹之行水也行其所無事也禹抑洪水十三年過家不入鑿龍門疏九河掘地而注之海豈真因時俯仰無所事事者哉特以順其高下之性辨其分合之宜度地形察水勢以決其壅塞通其障蔽而水自治期于久遠以利天下之民而已故曰禹之治水水之道也後世之治河者無慮數十百家或欲專其利于一方或欲移其害于他国或規目前之近利而忘乎久遠之圖大抵與神禹之治相背

治河纂要：二卷

（清）俞玚编辑，（清）俞艺校录，（清）汪为熹同校

2 册

抄本

[清（1644—1911）]

此书系辑录性著述，卷一辑录《夏书·禹贡》《河源考》《九河考》等河源相关论述，卷二辑录历代河防相关论述。

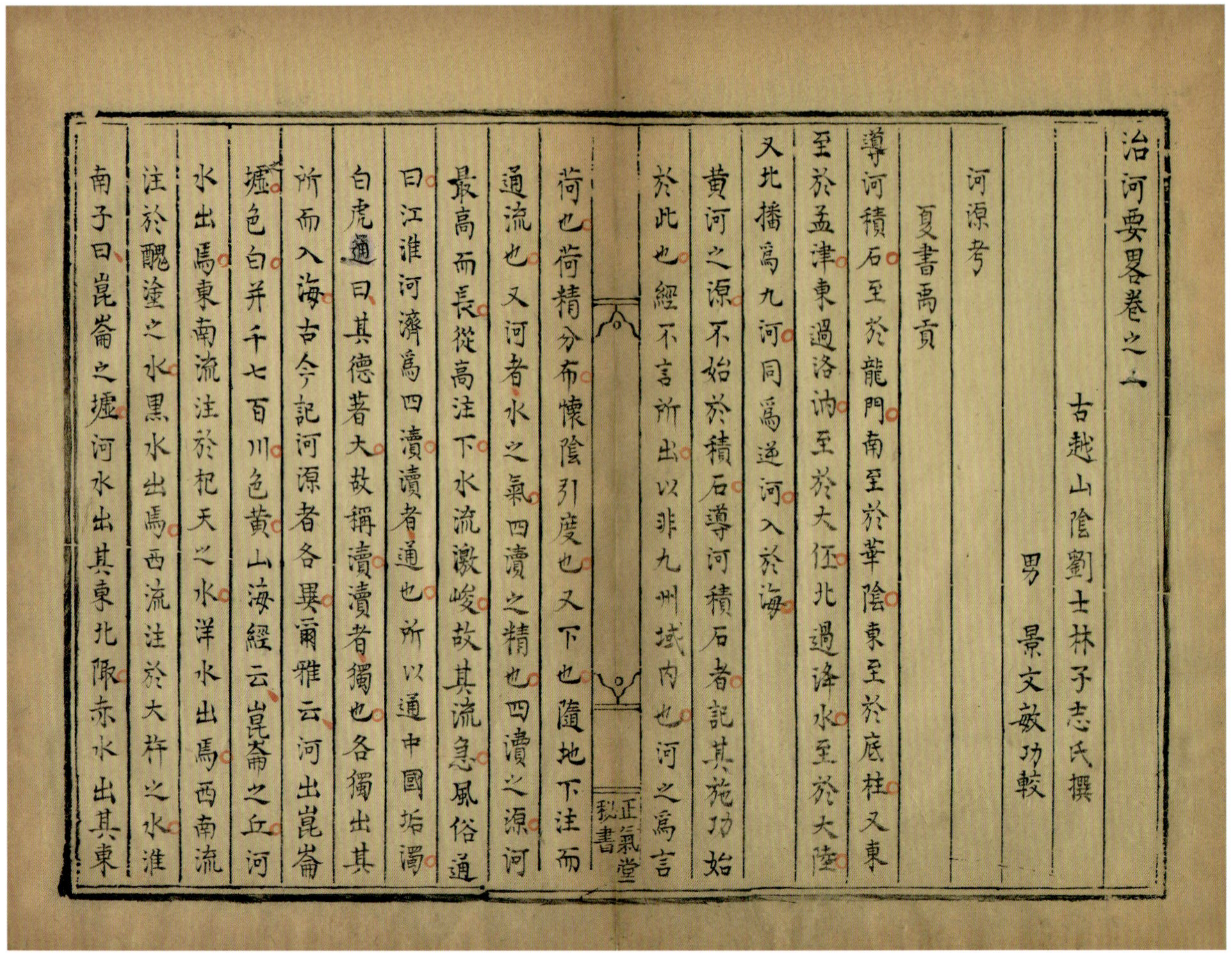
治河要畧卷之一
古越山陰劉士林子志氏撰
男 景文敏功較
河源考
夏書禹貢
導河積石至於龍門南至於華陰東至於底柱又東
至於孟津東過洛汭至於大伾北過洚水至於大陸
又北播爲九河同爲逆河入於海
黄河之源不始於積石導河積石者記其施功始
於此也經不言所出以非九州域内也河之爲言
正氣堂秘書
荷也荷精分布懷陰引度也又下也隨地下注而
通流也又河者水之氣四瀆之精也四瀆之源河
最高而長從高注下水流激峻故其流急風俗通
曰江淮河濟爲四瀆瀆者通也所以通中國垢濁
白虎通曰其德著大故稱瀆瀆者獨也各獨出其
所而入海古今記河源者各異爾雅云河出崑崙
墟色白并千七百川色黄山海經云崑崙之丘河
水出焉東南流注於杞天之水洋水出焉西南流
注於醜塗之水黑水出焉西流注於大杅之水淮
南子曰崑崙之墟河水出其東北陬赤水出其東

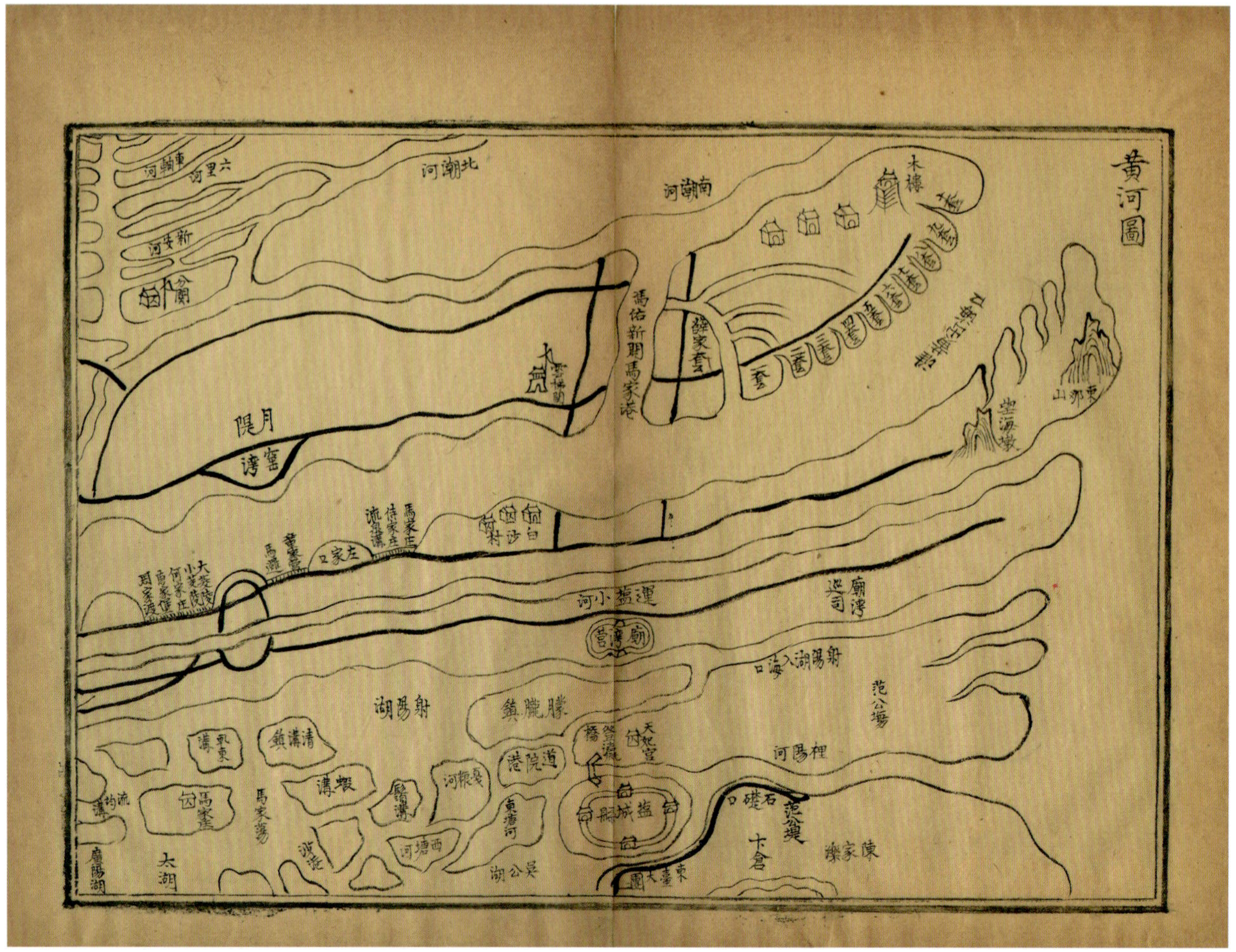

治河要略：五卷；首图一卷

（清）刘士林撰，（清）刘景文校

3 册

刻本

［清（1644—1911）］

此书辑录了历代著述中有关河源、治河等的内容，例如卷一为河源考，辑录了《夏书 · 禹贡》等书中的相关内容。卷首《黄河图》，图中标“淮黄出海口”。版心下镌“正气堂秘书”。

治河刍议：一卷

（清）莫炳琪撰

1 册

刻本

［清光绪十四年至清末（1888—1911）］

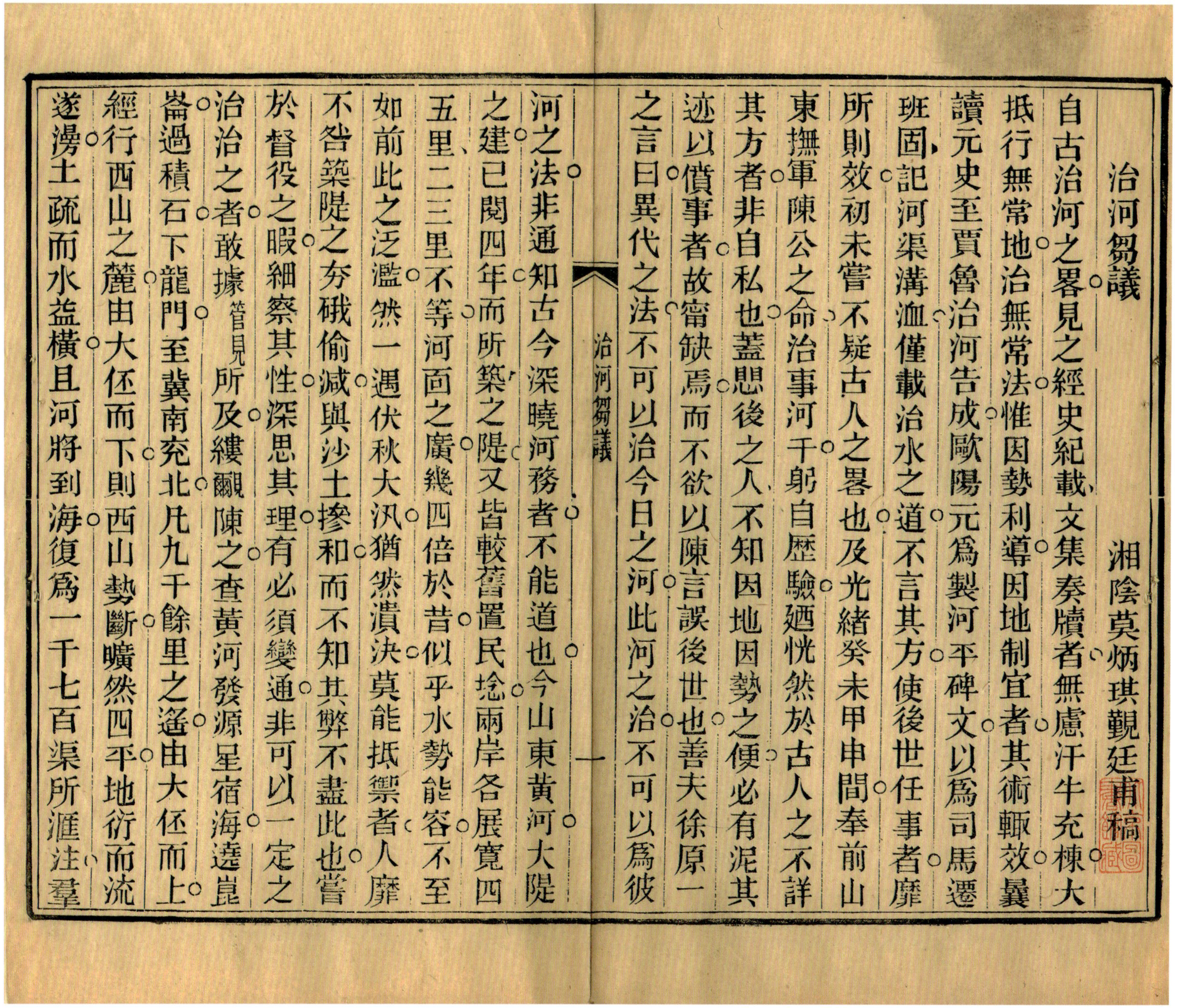

治河芻議

湘陰莫炳琪覲廷甫稿

自古治河之畧見之經史紀載文集奏牘者無慮汗牛充棟大抵行無常地治無常法惟因勢利導因地制宜者其術輒效曩讀元史至賈魯治河告成歐陽元爲製河平碑文以爲司馬遷班固記河渠溝洫僅載治水之道不言其方使後世任事者靡所則效初未嘗不疑古人之畧也及光緒癸未甲申間奉前山東撫軍陳公之命治事河干躬自歷驗迺恍然於古人之不詳其方者非自私也蓋思後之人不知因地因勢之便必有泥其迹以僨事者故甯缺焉而不欲以陳言誤後世也善夫徐原一之言曰異代之法不可以治今日之河此河之治不可以爲彼河之法非通知古今深曉河務者不能道也今山東黃河大隄之建已閱四年而所築之隄又皆較舊置民埝兩岸各展寬四五里、二三里不等河面之廣幾四倍於昔似乎水勢能容不至如前此之泛濫然一遇伏秋大汛猶然潰決莫能抵禦者人靡不咎築隄之夯硪偷減與沙土摻和而不知其弊不盡此也嘗於督役之暇細察其性深思其理有必須變通非可以一定之治治之者敢據管見所及縷晰陳之查黃河發源星宿海遶崑崙過積石下龍門至冀南兗北凡九千餘里之遥由大伾而上經行西山之麓由大伾而下則西山勢斷曠然四平地衍而流遂湧土疏而水益橫且河將到海復爲一千七百渠所滙注羣

治河芻議 一

是书论述黄河源流、河患问题等。莫炳琪序中自述，于光绪九、十年间（1883—1884）奉前山东抚军陈公（陈士杰）之命治河，“今山东黄河大堤之建已阅四年”。此书与《边防末议》合刊于一册。

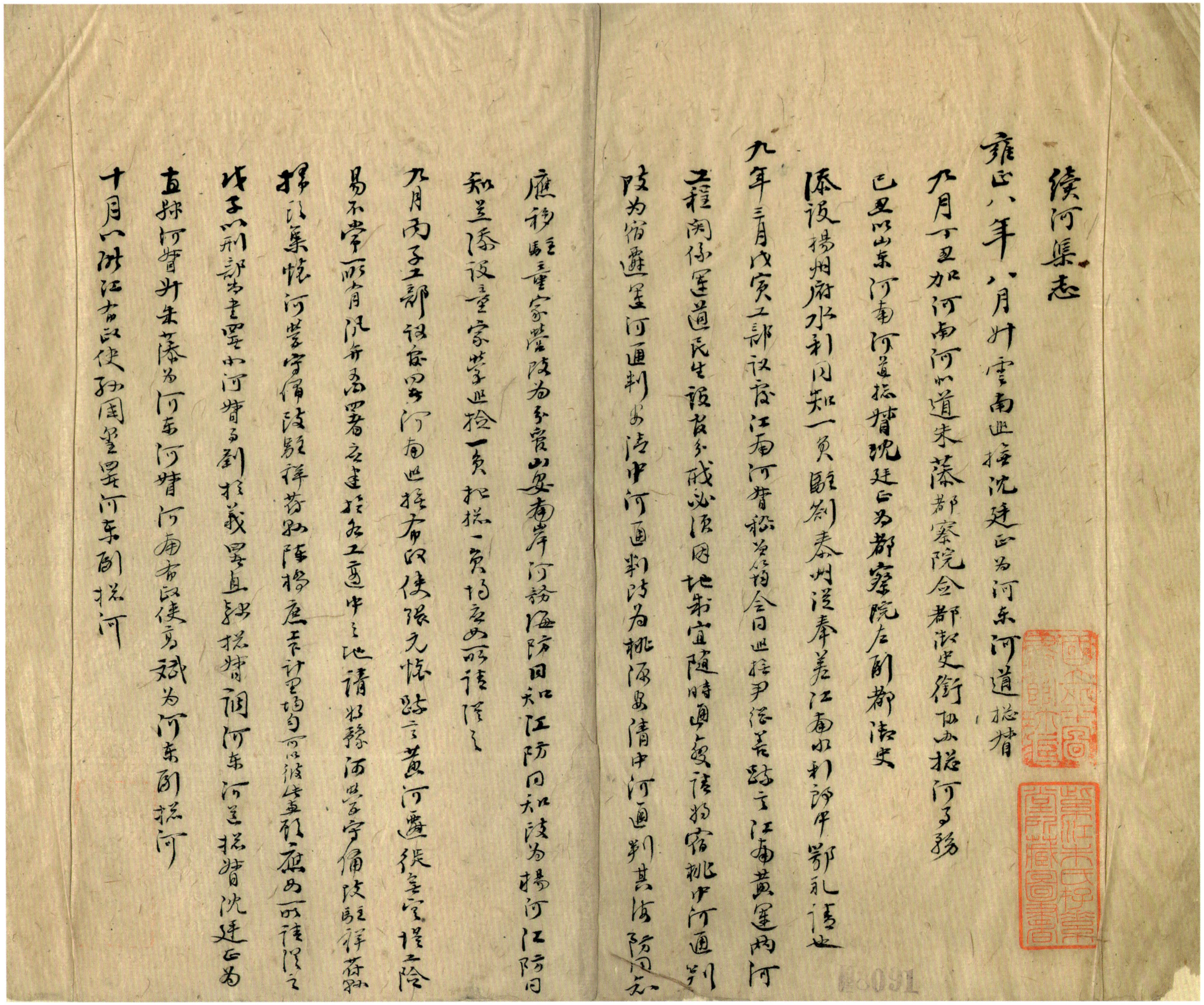

续河渠志：一卷

1 册

抄本

[清乾隆五年至清末（1740—1911）]

此书记载了清雍正八年至乾隆五年间（1730—1740）的河渠情况，包括河官任命、河工记事等。卷端钤“紫江朱氏存素堂所藏图书”印。

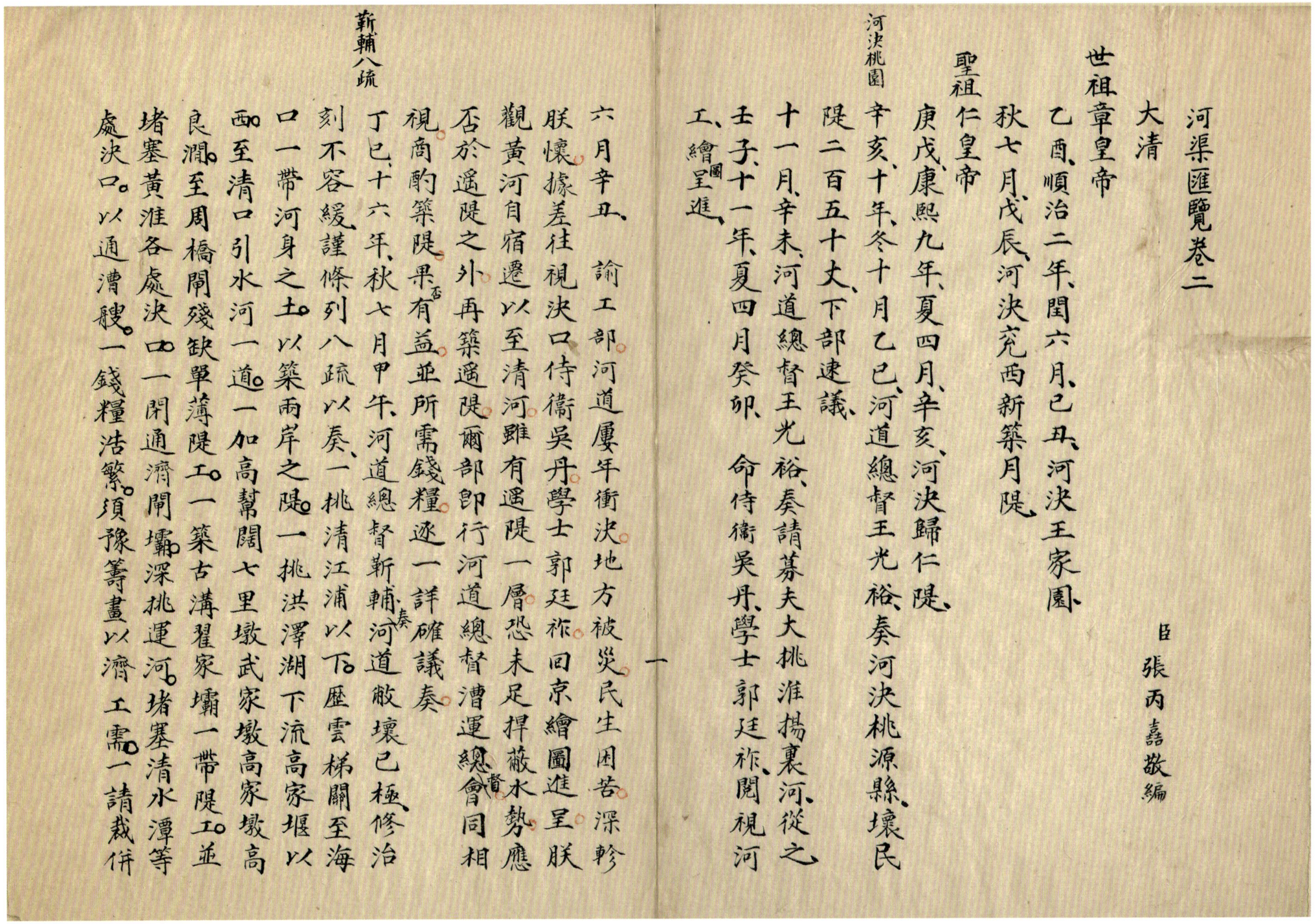

河渠匯覽卷二

臣張丙嘉敬編

大清

世祖章皇帝

乙酉、順治二年、閏六月、己丑、河決王家園。

秋七月、戊辰、河決兗西新築月隄。

聖祖仁皇帝

庚戌、康熙九年、夏四月、辛亥、河決歸仁隄。

河決桃園

辛亥、十年、冬十月、乙巳、河道總督王光裕、奏河決桃源縣、壞民隄二百五十丈、下部速議。

十一月、辛未、河道總督王光裕、奏請募夫大挑淮揚裏河、從之。

壬子、十一年、夏四月、癸卯、命侍衛吳丹、學士郭廷祚、閱視河工、繪圖呈進。

六月、辛丑、諭工部、河道屢年衝決、地方被災、民生困苦、深軫朕懷、據差往視決口侍衛吳丹、學士郭廷祚、回京繪圖進呈、朕觀黃河自宿遷以至清河、雖有遙隄一層、恐未足捍蔽水勢、應否於遙隄之外、再築遙隄、爾部即行河道總督漕運總督會同相視、商酌築隄、果否有益、並所需錢糧、逐一詳確議奏。

靳輔八疏

丁巳、十六年、秋七月、甲午、河道總督靳輔奏、河道敝壞已極、修治刻不容緩、謹條列八疏以奏、一挑清江浦以下歷雲梯關至海口一帶河身之土、以築兩岸之隄。一挑洪澤湖下流高家堰以西至清口引水河一道。一加高幫闊七里墩武家墩高家堰高良澗至周橋閘殘缺單薄隄工。一築古溝翟家壩一帶隄工、並堵塞黃淮各處決口。以通漕艘。一錢糧浩繁、須豫籌畫、以濟工需。一請裁併

河渠汇览：十六卷

（清）张丙嘉编

8 册

抄本

［清光绪十四年至清末（1888—1911）］

此书以编年体形式记录了从大禹治水到清光绪十四年（1888）间的重大治水事件和河防情况。卷一直接记录全国河防事件，卷二至十四记录清代各个皇帝有关河防的谕旨和君臣之间有关河防的“对话”——廷议和复议等，卷十五和十六以附集说的形式收录了林则徐等有识之士有关治河的文章、言论和奏疏。书中所载古代治河技术与方法、清代几任河道总督的命运，对后世相关研究有较大参考价值。

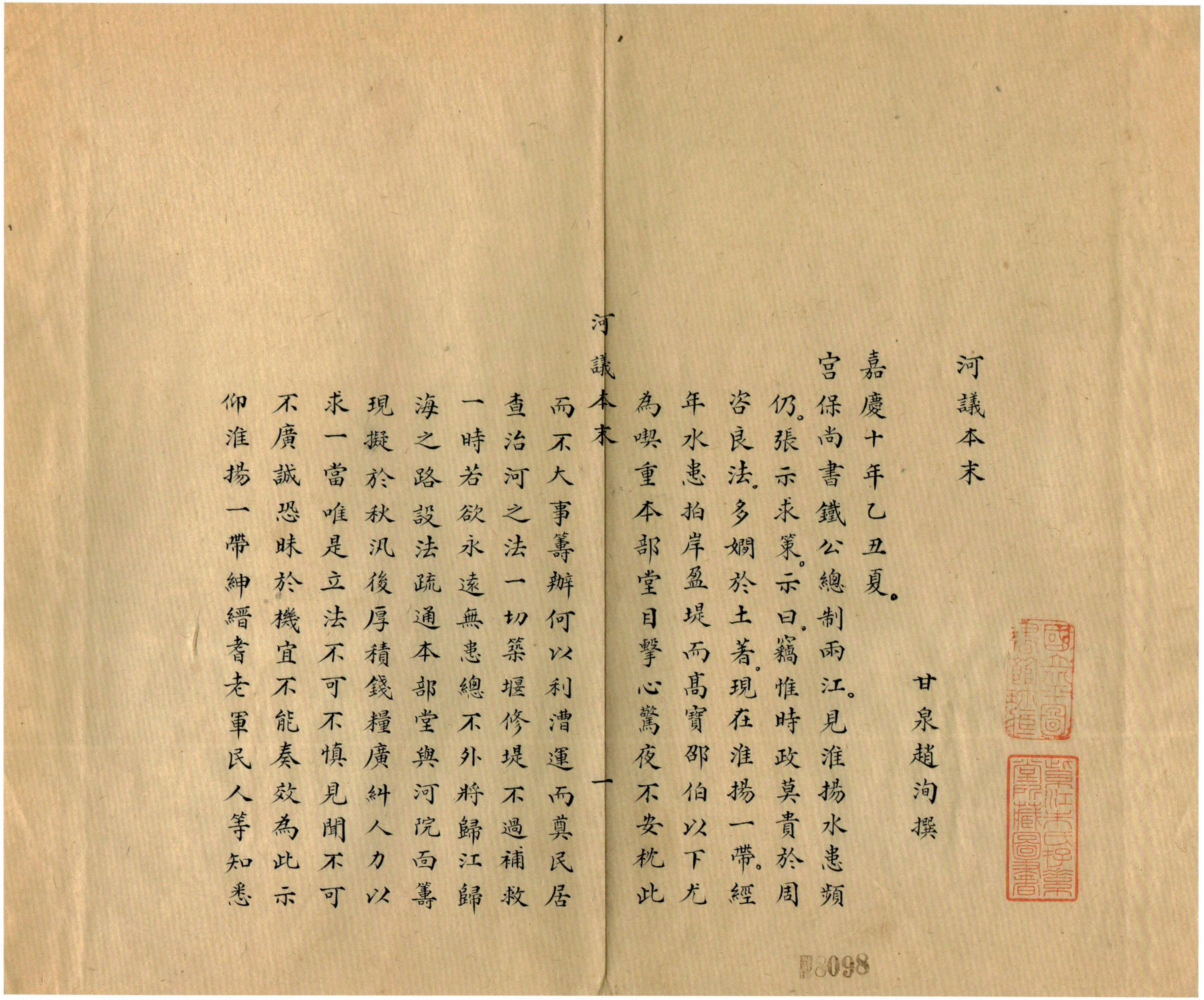

河議本末

甘泉趙洵撰

嘉慶十年乙丑夏。

宮保尚書鐵公總制兩江。見淮揚水患頻仍。張示求策。示曰。竊惟時政莫貴於周咨良法。多嫺於土著。現在淮揚一帶。經年水患拍岸盈堤而高寶邵伯以下尤為喫重本部堂目擊心驚夜不安枕此

而不大事籌辦何以利漕運而奠民居查治河之法一切築堰修堤不過補救一時若欲永遠無患總不外將歸江歸海之路設法疏通本部堂與河院商籌現擬於秋汛後厚積錢糧廣糾人力以求一當唯是立法不可不慎見聞不可不廣誠恐昧於機宜不能奏效為此示仰淮揚一帶紳縉耆老軍民人等知悉

河议本末：一卷

（清）赵洵撰

1 册

抄本

［清嘉庆十年至清末（1805—1911）］

清嘉庆十年（1805）夏，铁保任两江总督，见淮扬水患频仍，向各方征求疏通黄河归江归海之路。在此背景下，赵洵撰写此书，提供治河方案。

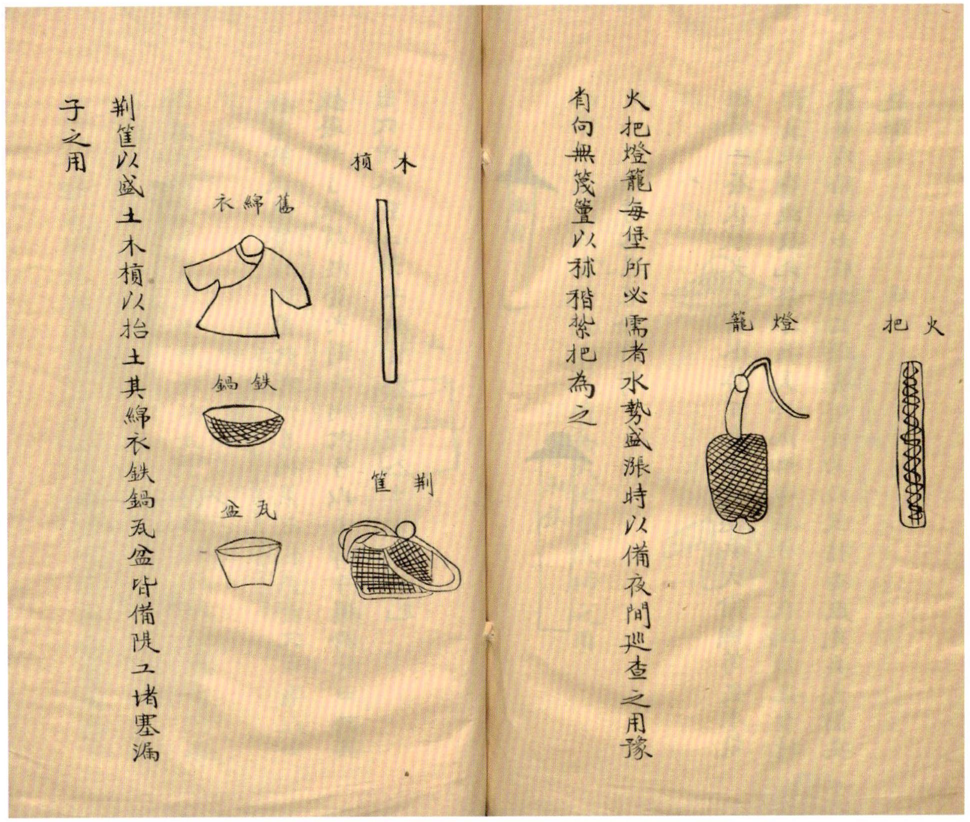

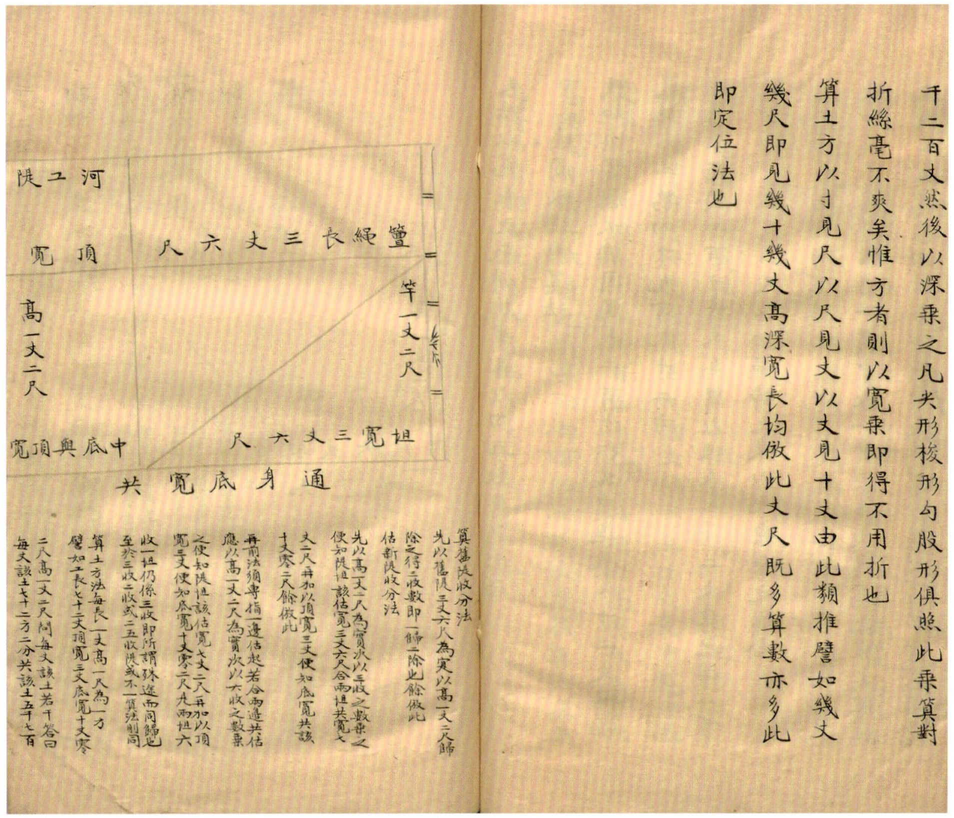

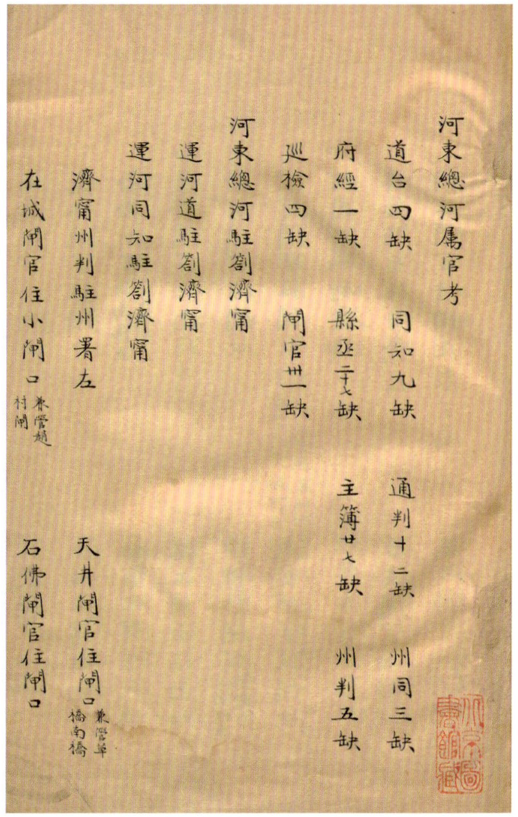

[河壖杂志]

1 册

抄本

[清嘉庆十三年至清末（1808—1911）]

此书杂录河东总河属官考、土埽堤坝水势石工名义、嘉庆十三年（1808）新例报销及河工器具图等治河相关内容。

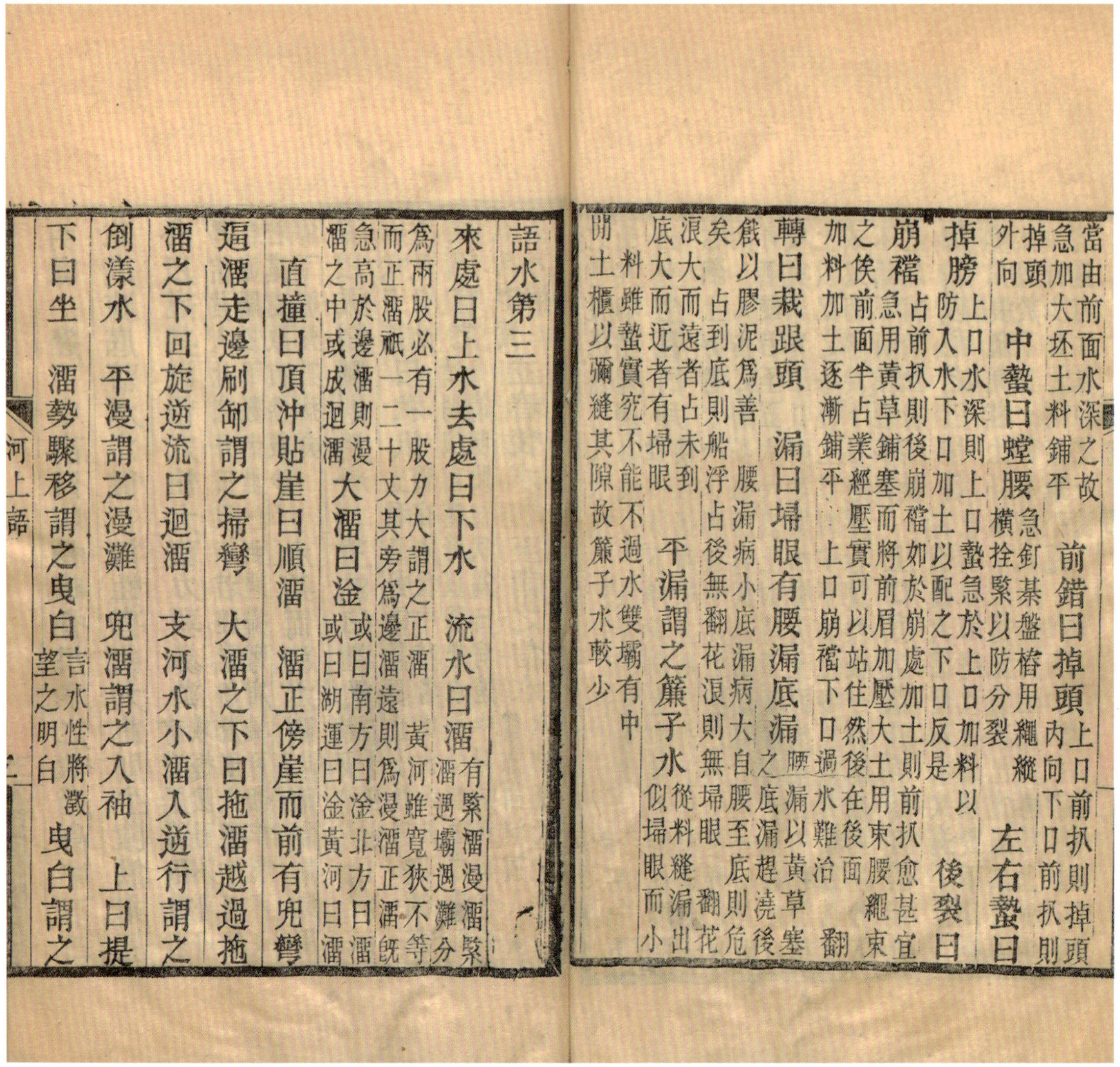

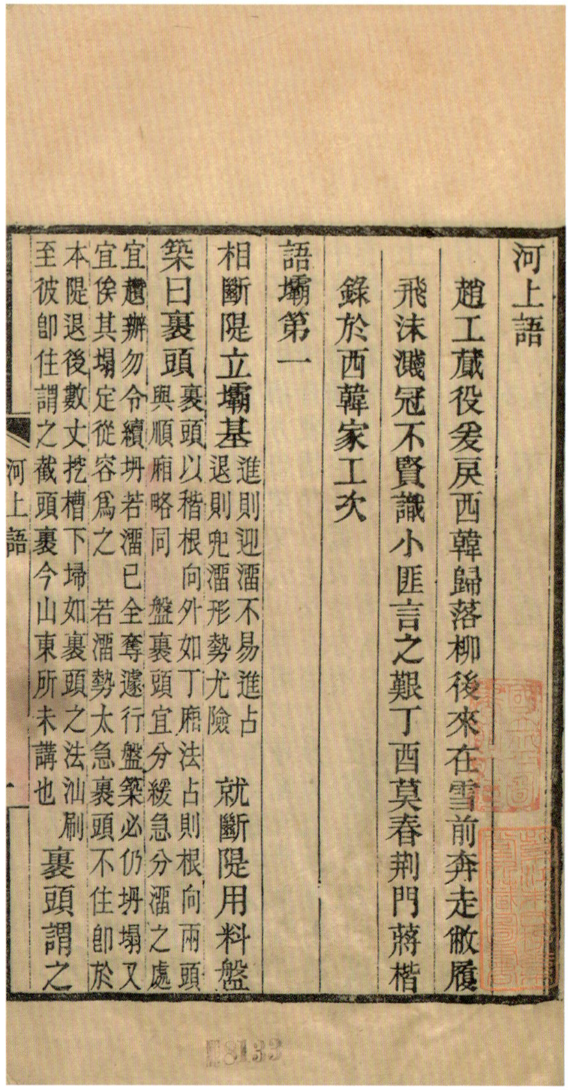

河上语

（清）蒋楷撰

1 册

刻本

清光绪二十三年（1897）

蒋楷曾在山东治理黄河，例如曾于清光绪二十年（1894）奉命堵塞利津赵家菜园及韩家决口，因此深谙河事，是书为蒋氏光绪二十三年（1897）于西韩家工次所成。全书共一卷 15 章，主要讲述修河筑坝的工程术语，引注详细，可供整理水工名词者参考。

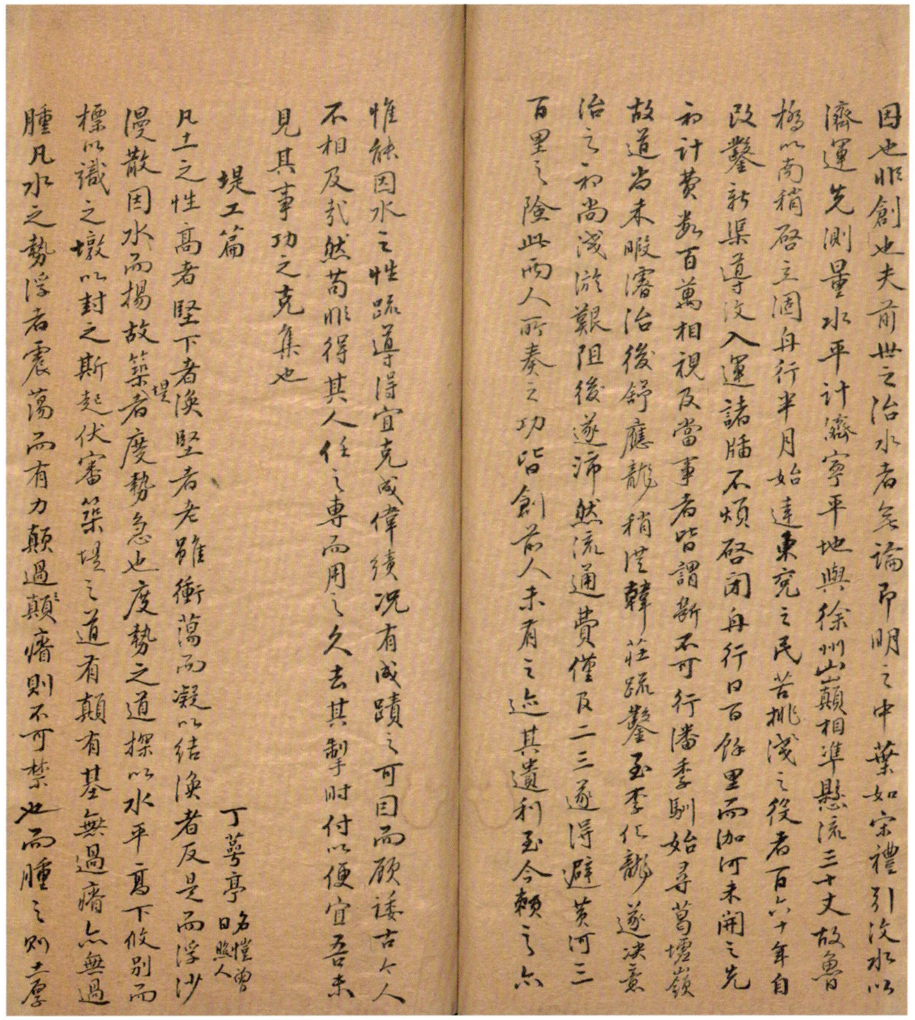

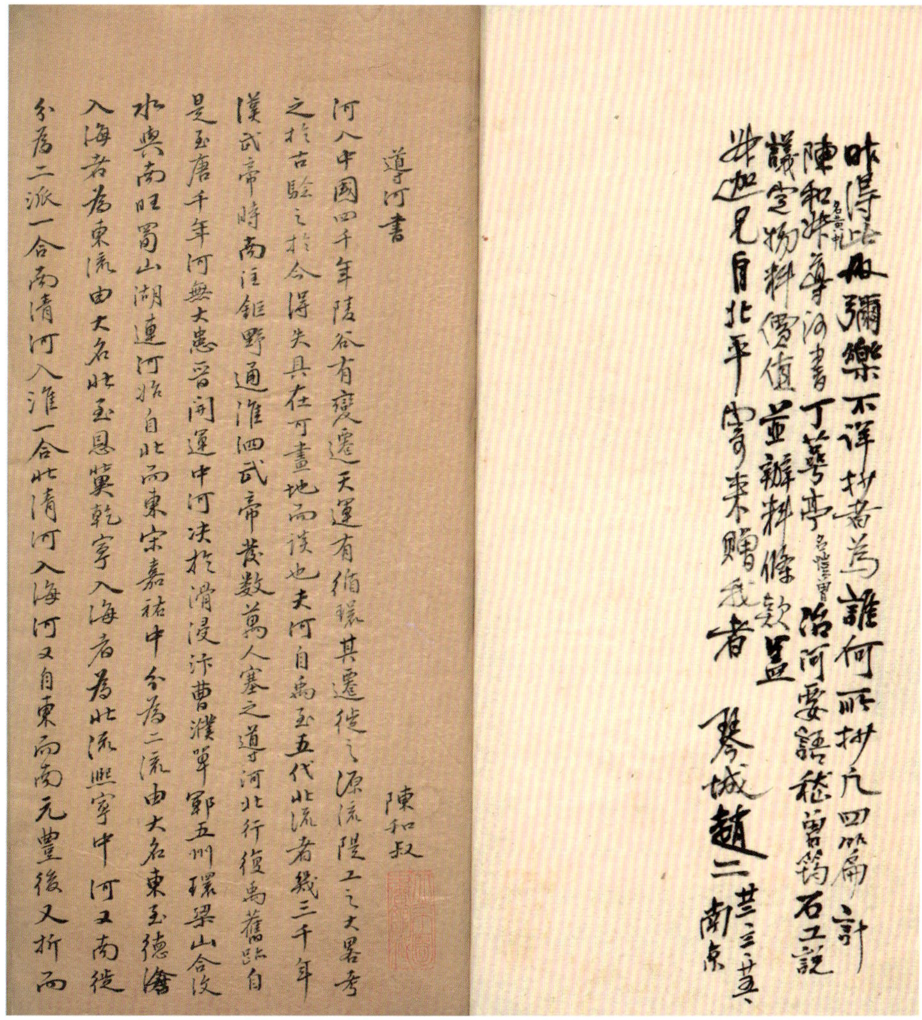

导河书

（清）陈黄中等撰

1 册

抄本

[清乾隆至清末（1736—1911）]

是书抄录了陈和叔（名黄中）的《导河书》、丁蕚亭（名恺曾）的《治河要语》及嵇曾筠的《石工说议定物料价值并办料》。

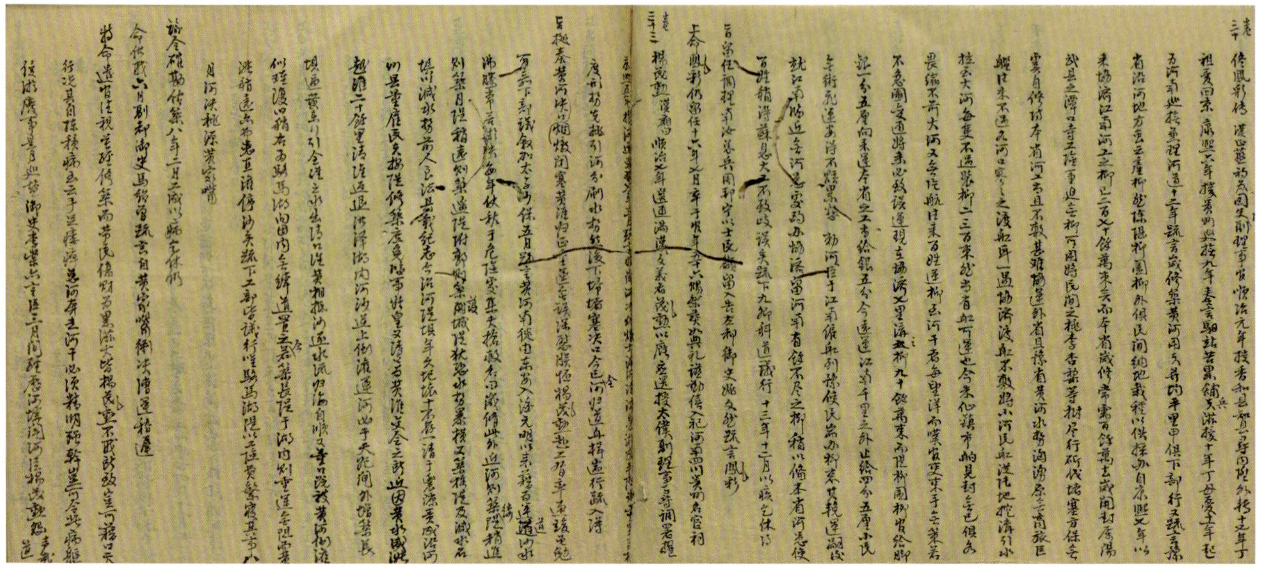

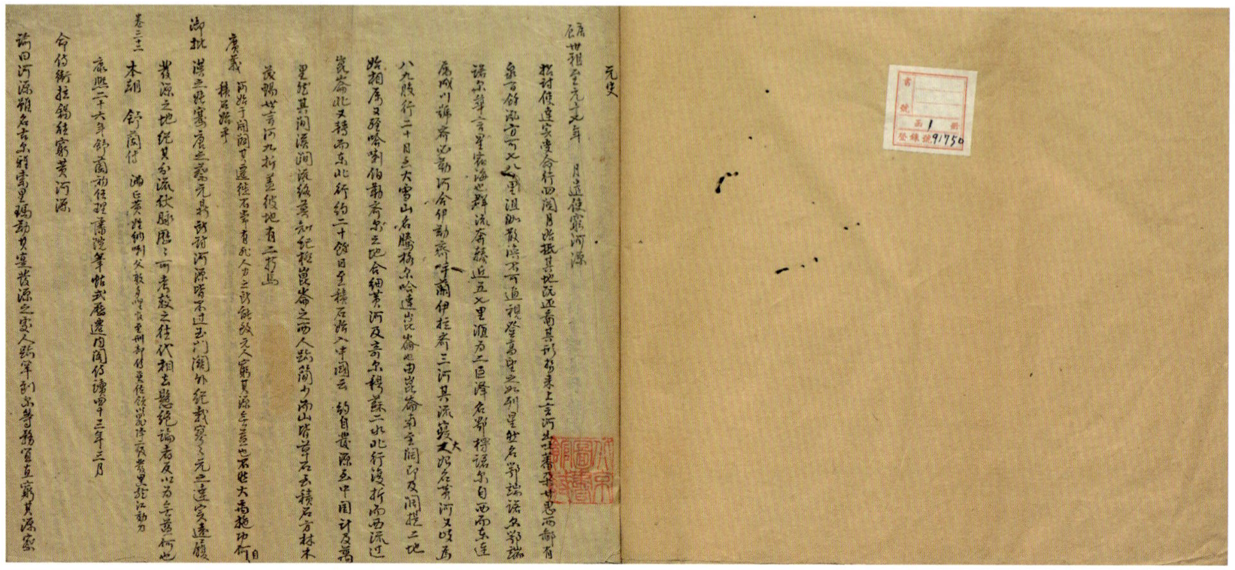

国朝河臣集略

（清）定轩氏辑

1册

抄本

[清乾隆三十二年至清末（1767—1911）]

此书辑录了《元史》中的“遣使探河源”、清代舒兰探河源、清代靳辅治理黄河等文。

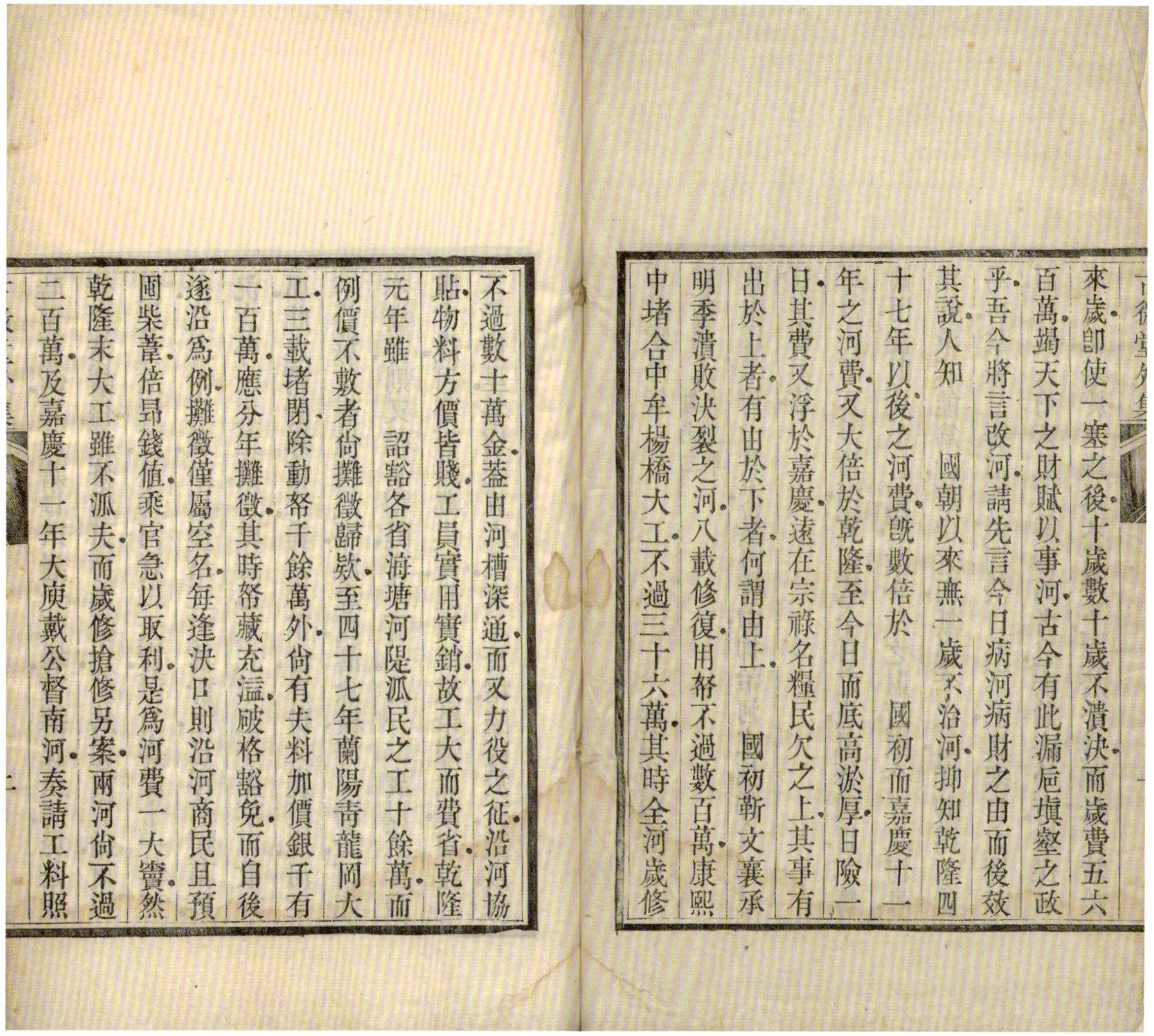

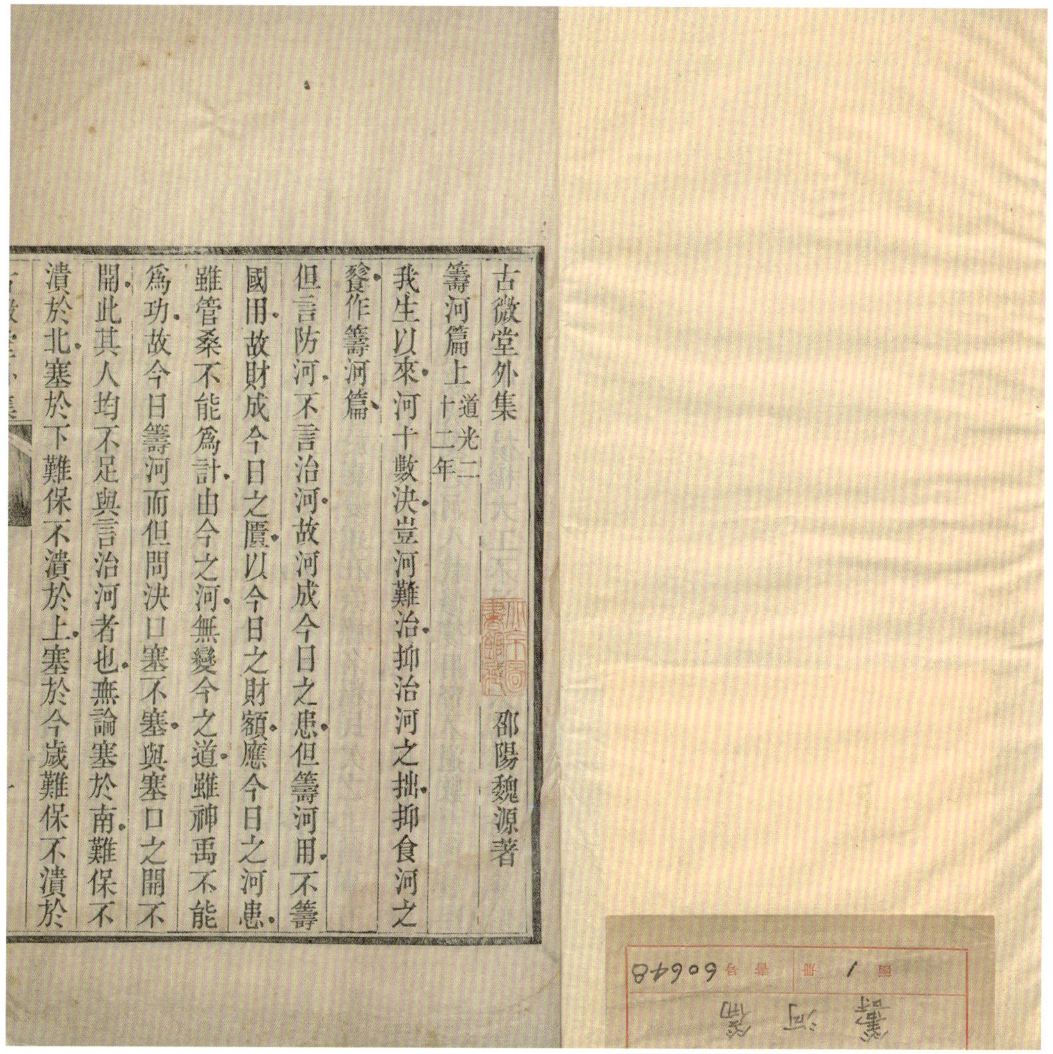

古微堂外集：筹河篇

（清）魏源著

1 册

刻本

［清道光二十二年至清末（1842—1911）］

清道光二十二年（1842），学者魏源写成《筹河篇》，以治河为基本点，深入探讨朝廷治河存在的各种问题。他倡导顺河之性，主张由河南开封以上改河东北流，下经山东张秋、利津入海。咸丰五年（1855）六月，黄河在河南铜瓦厢决口，自此改道北流，夺大清河经利津入海。经此可见魏源对河势的准确预见性。此书收录于《古微堂外集》。

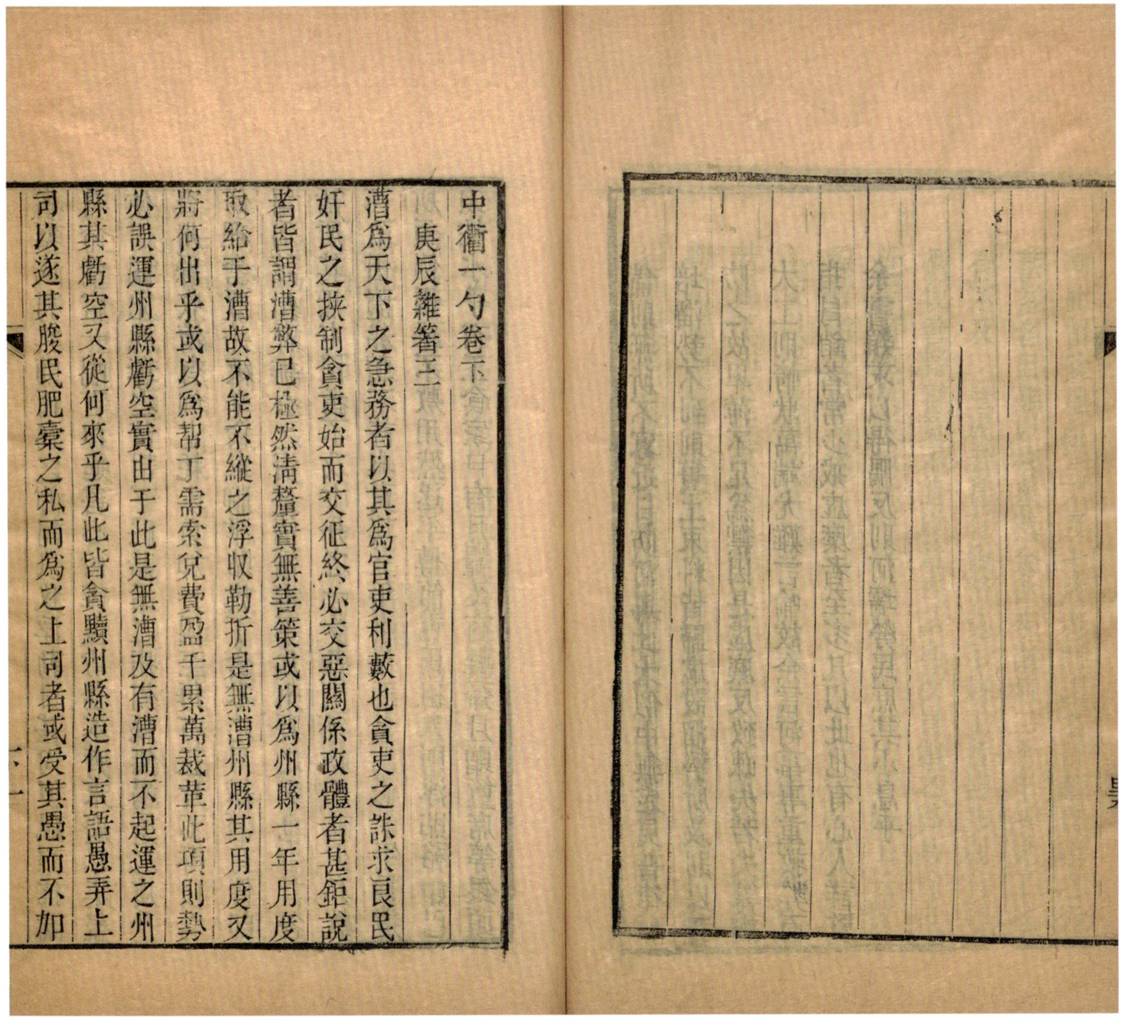

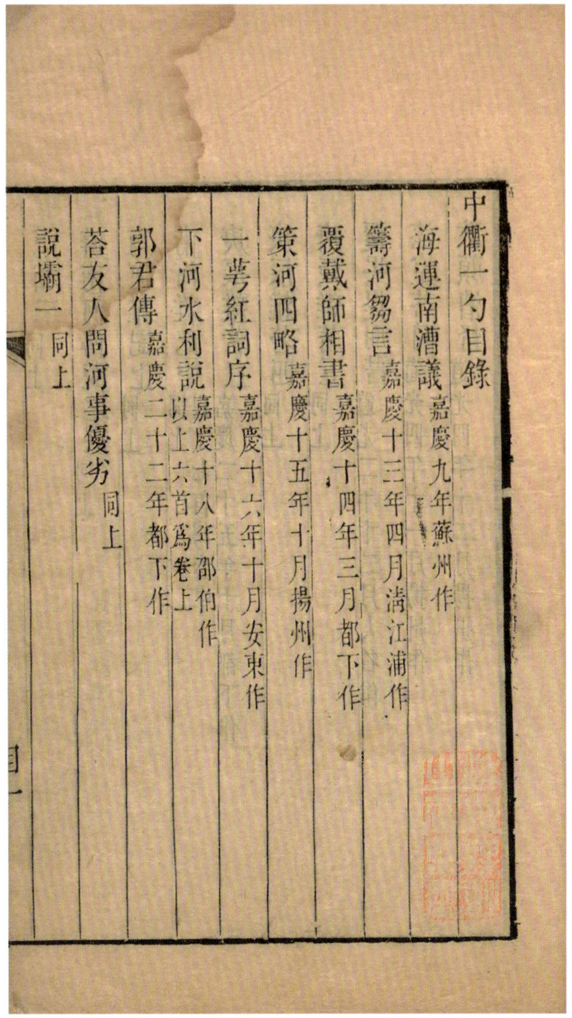

中衢一勺

（清）包世臣撰

1 册

刻本

［清道光五年至清末（1825—1911）］

此书版本较多，早期版本如下。版本一：清刻本，1 册。版本二：收录于（清）包世臣撰《安吴四种》（共 16 册），（清）包世荣、（清）包慎言注，清道光二十六年（1846）泾县包世臣白门倦游阁木活字本，3 册。

此书收录了包世臣从清嘉庆九年至咸丰元年（1804—1851）长达 47 年间有关治河、漕运、盐政三事的专论。书中言论尤以《海运南漕议》《筹河刍言》《策河四略》三篇著称于世。此书首刻在清道光五年（1825）。

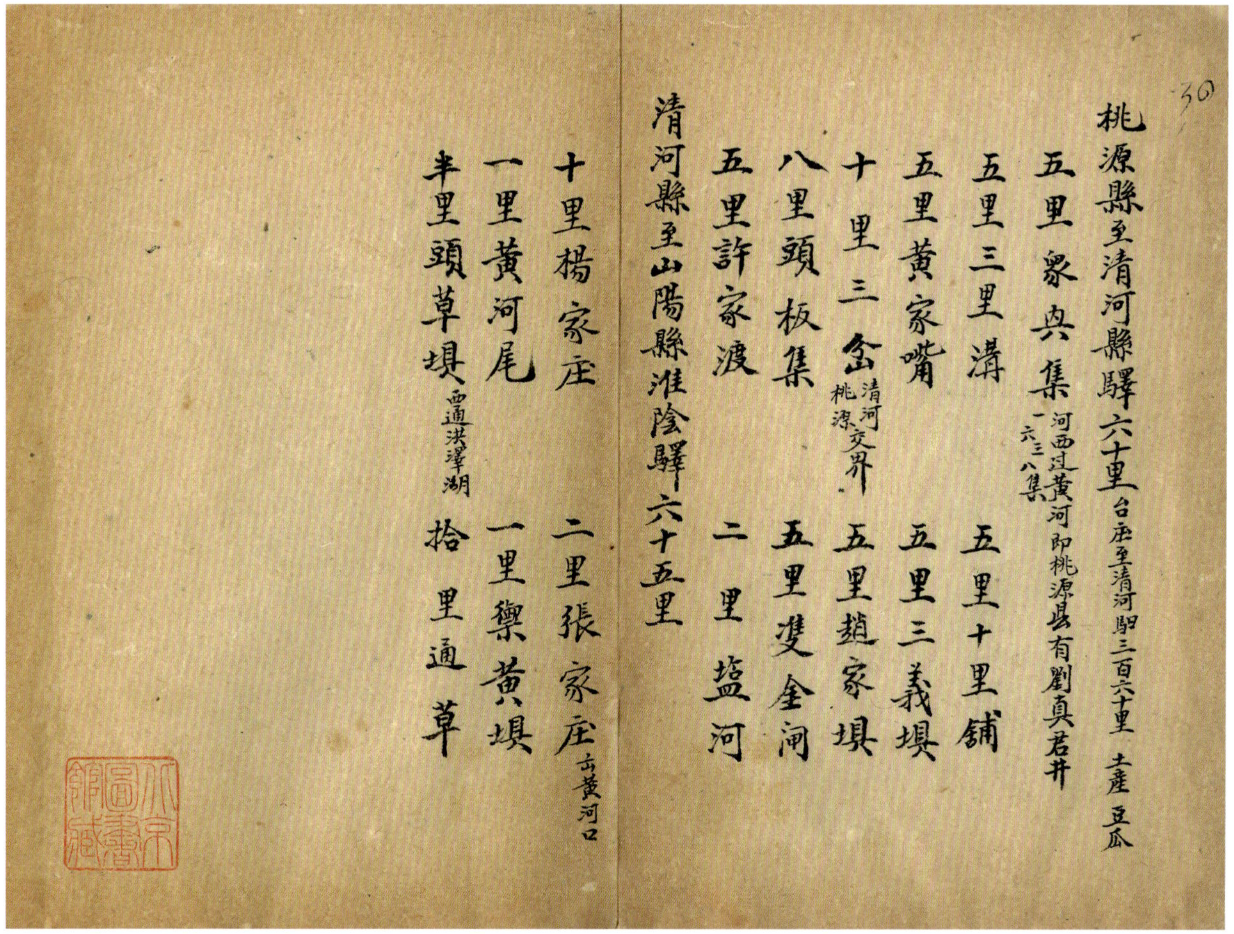

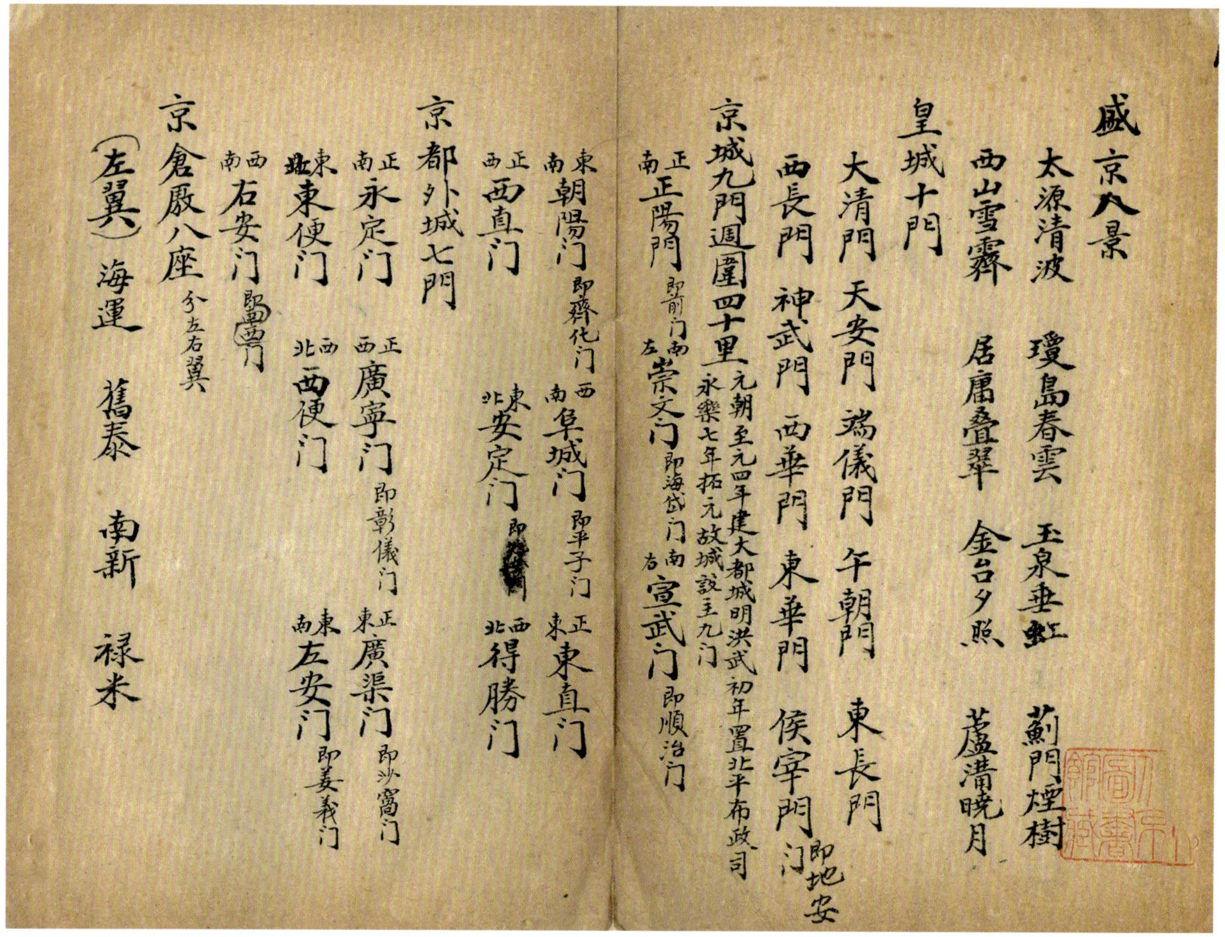

河运须知

1 册

抄本

[清末期]

此书记载沿运河自北京至淮阴驿沿途各驿站名称。书中出现“道光二十五年三月”字样，故成书时间在此之后。书衣右下题“王光亭记”。

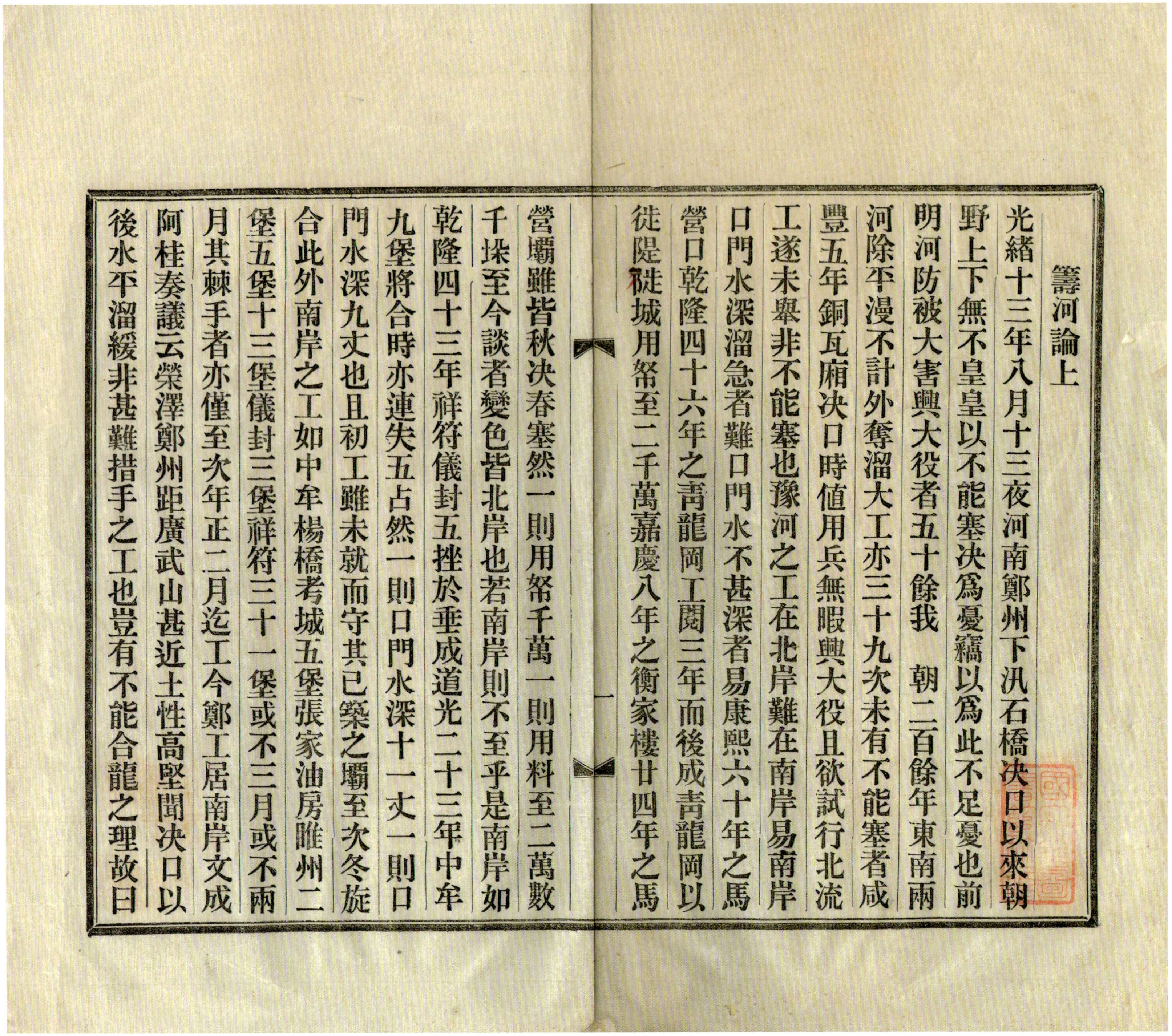
籌河論上

光緒十三年八月十三夜河南鄭州下汛石橋決口以來朝野上下無不皇皇以不能塞決爲憂竊以爲此不足憂也前明河防被大害興大役者五十餘我　朝二百餘年東南兩河除平漫不計外奪溜大工亦三十九次未有不能塞者咸豐五年銅瓦廂決口時值用兵無暇興大役且欲試行北流工遂未舉非不能塞也豫河之工在北岸難在南岸易南岸口門水深溜急者難口門水不甚深者易康熙六十年之馬營口乾隆四十六年之靑龍岡工閱三年而後成靑龍岡以徒隄𧿒城用帑至二千萬嘉慶八年之衡家樓廿四年之馬營壩雖皆秋決春塞然一則用帑千萬一則用料至二萬數千垛至今談者變色皆北岸也若南岸則不至乎是南岸如乾隆四十三年祥符儀封五堡於垂成道光二十三年中牟九堡將合時亦連失五占然一則口門水深十一丈一則口門水深九丈也且初工雖未就而守其已築之壩至次冬旋合此外南岸之工如中牟楊橋考城五堡張家油房睢州二堡五堡十三堡儀封三堡祥符三十一堡或不三月或不兩月其棘手者亦僅至次年正二月迄工今鄭工居南岸文成阿桂奏議云滎澤鄭州距廣武山甚近土性高堅聞決口以後水平溜緩非甚難措手之工也豈有不能合龍之理故曰

宗太守筹河论：三卷

1册

铅印本

［清光绪十四年至清末（1888—1911）］

宗太守名宗源瀚，清代官员。清光绪十三年（1887）秋，黄河决口郑州，各方对于如何治理水患持不同意见。宗源瀚取古今治河诸书，深观时变，于次年成《筹河论》三卷，上篇策郑口必合而储料宜豫，中篇言南流必不可复而东省宜有专官，下篇言淮当出海而下河不如监河及灌河三口可用，皆凿凿可施行。书中题“筹河论”。

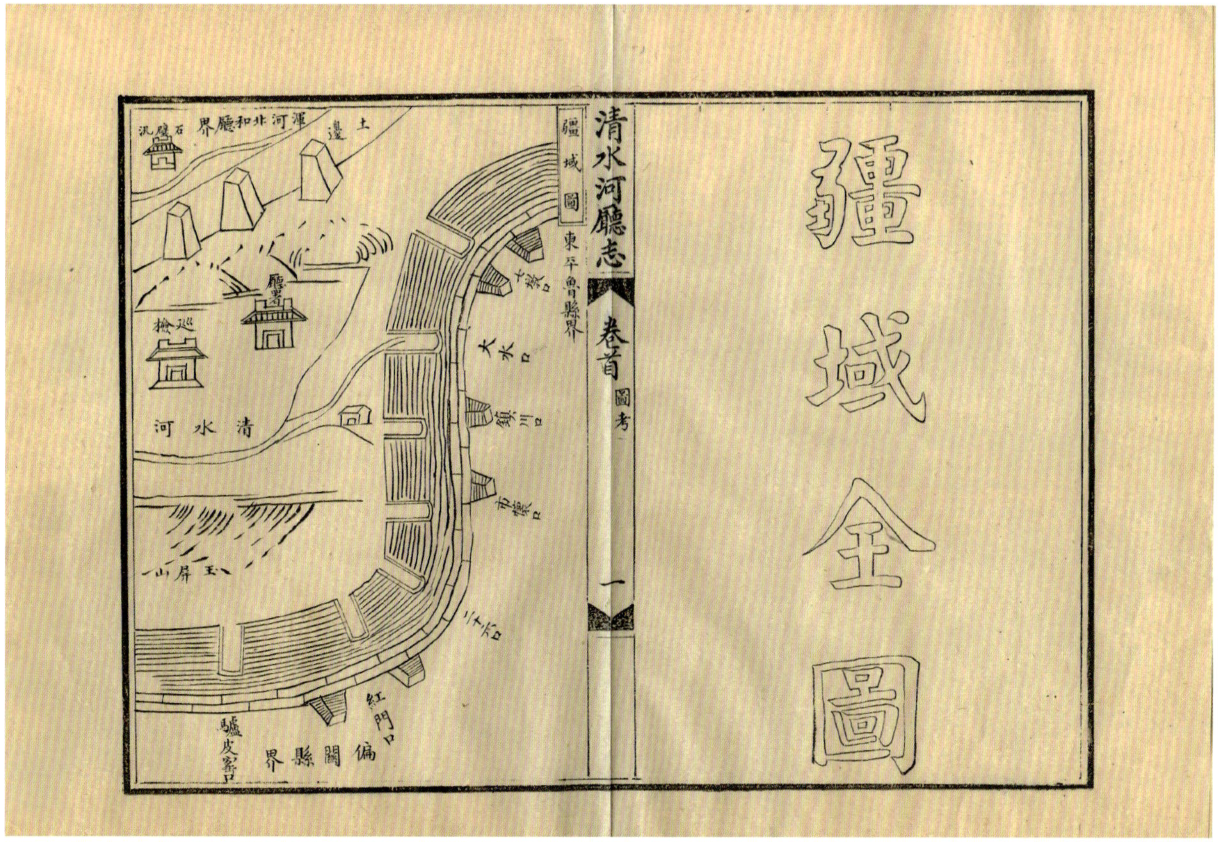

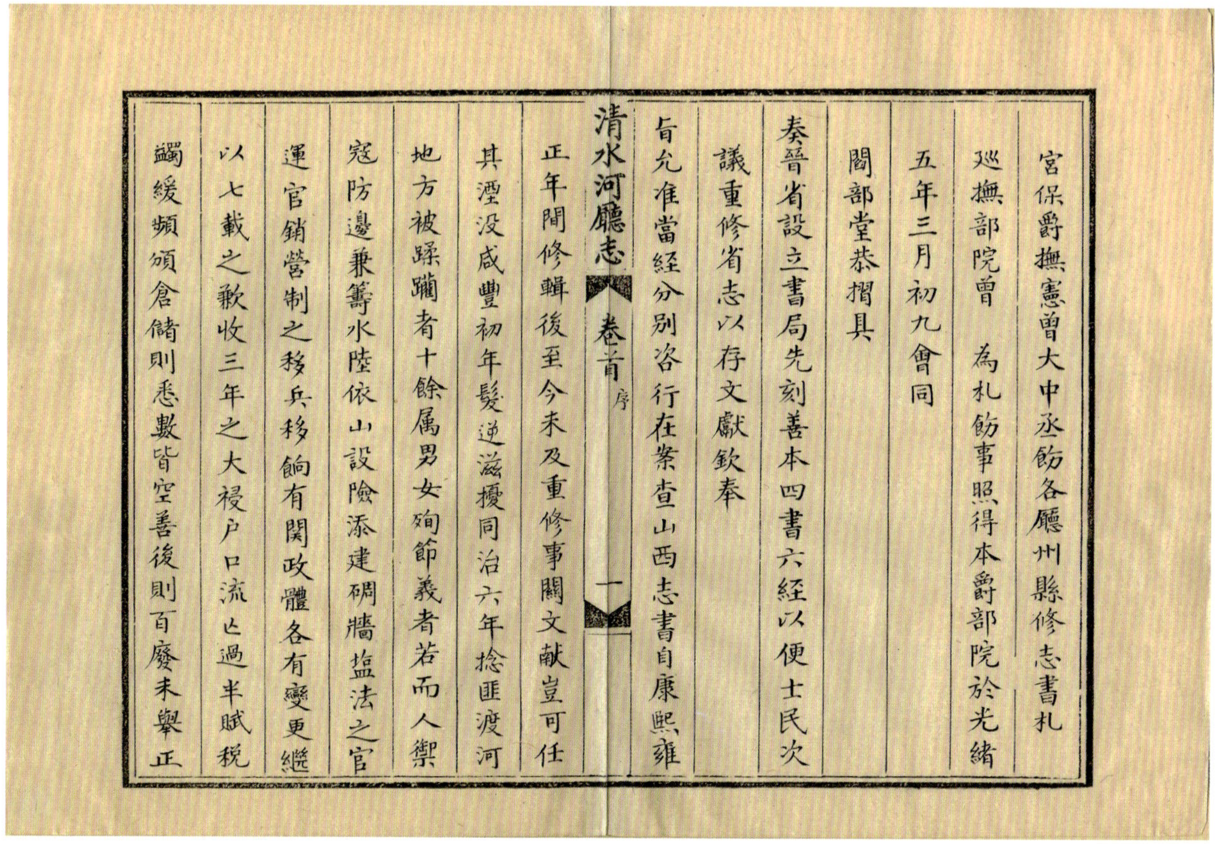

官保爵撫憲曾大中丞飭各廳州縣修志書札
巡撫部院曾　為札飭事照得本爵部院於光緒
五年三月初九會同
閣部堂恭摺具
奏晉省設立書局先刻善本四書六經以便士民次
議重修省志以存文獻欽奉
旨允准當經分別咨行在案查山西志書自康熙雍
清水河廳志　卷首　序　一
正年間修輯後至今未及重修事關文献豈可任
其湮没咸豐初年髮逆滋擾同治六年捻匪渡河
地方被蹂躪者十餘屬男女殉節義者若而人禦
寇防邊兼籌水陸依山設險添建碉牆塩法之官
運官銷營制之移兵移餉有關政體各有變更繼
以七載之歉收三年之大祲户口流亡過半賦稅
蠲緩頻頒倉儲則悉數皆空善後則百廢未舉正

[光绪]新修清水河厅志：二十卷

（清）文秀修，（清）卢梦兰纂

8册

抄本

[清光绪九年至清末（1883—1911）]

有4册、8册版。

清水河厅因清水河得名，位于今内蒙古乌兰察布盟南部，黄河东岸，清初置厅。本书正文分疆域、山川、市镇村庄、古迹、公署等十九门，志水较细，清水河、浑河、黄河等流经地域、水势大小均有载述。内有《疆域全图》《黄河渡口图》等。此抄本系传抄清光绪九年（1883）新修刻本而成。

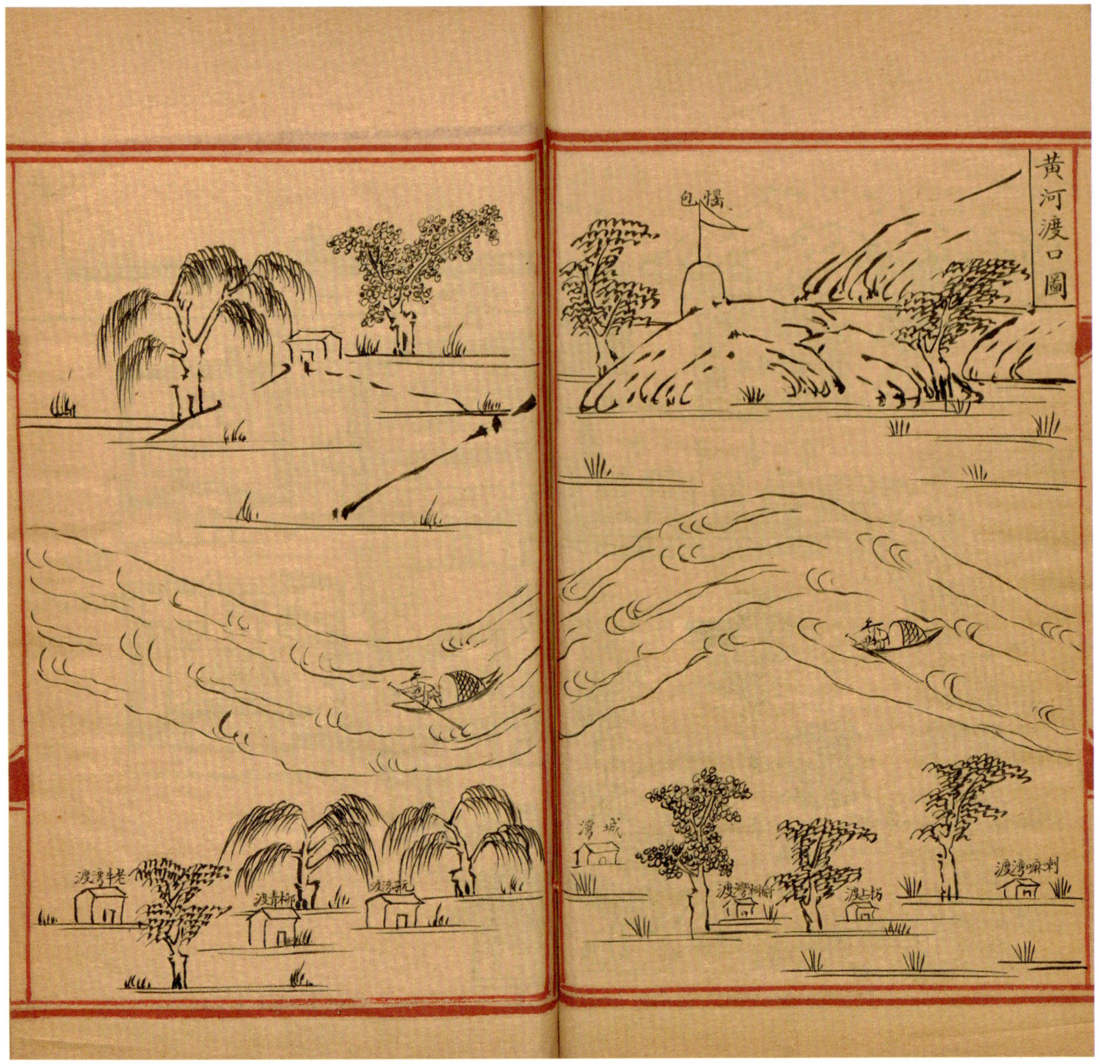

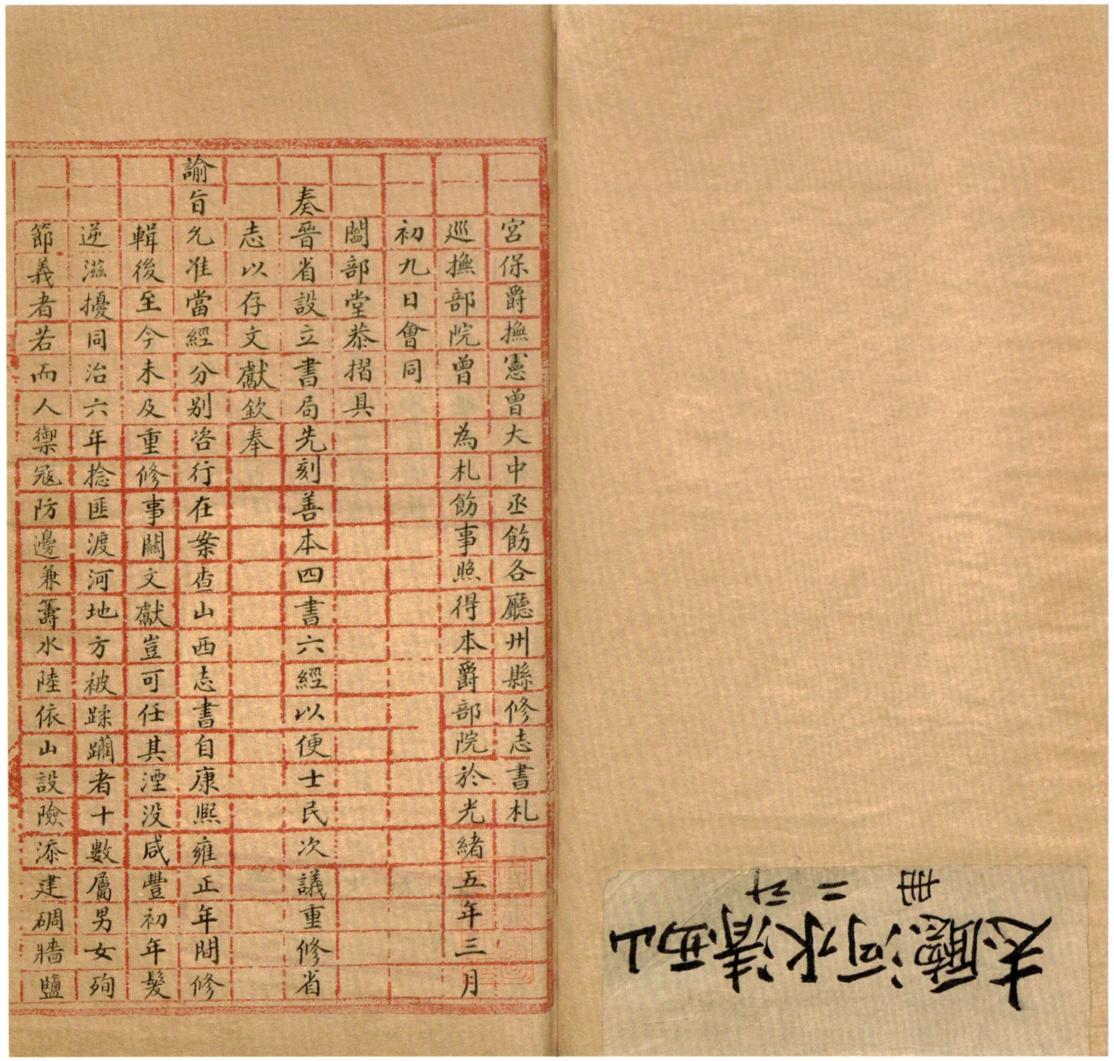

[光绪]新修清水河厅志：十八卷

（清）文秀修，（清）卢梦兰纂，（清）佚名增补

2 册

朱丝栏格抄本

[清光绪三十一年至清末（1905—1911）]

与清光绪九年（1883）本相较，此本增补记事至清光绪三十一年（1905），删去详异、艺文二卷。书衣题《新修山西清水河厅志》。

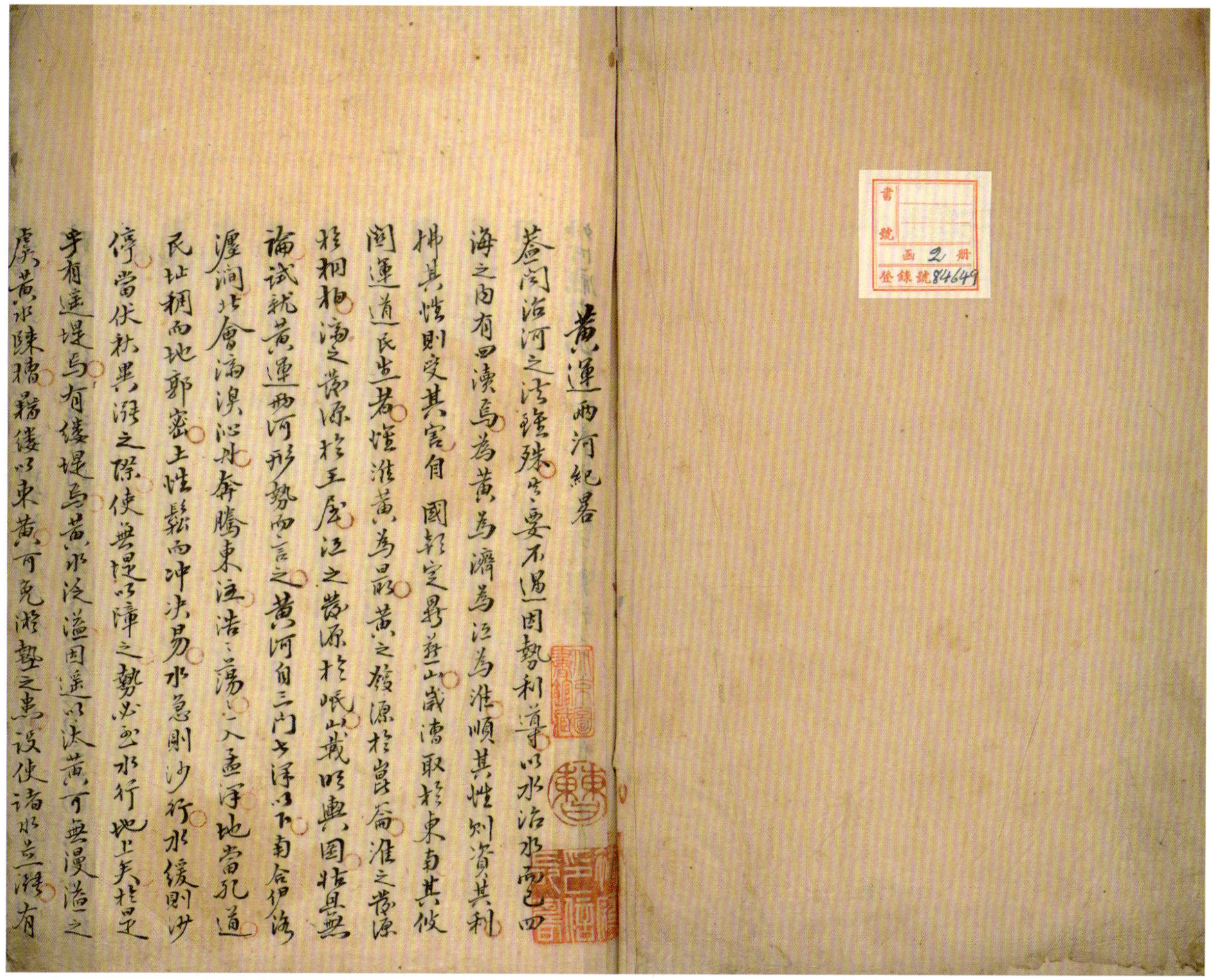

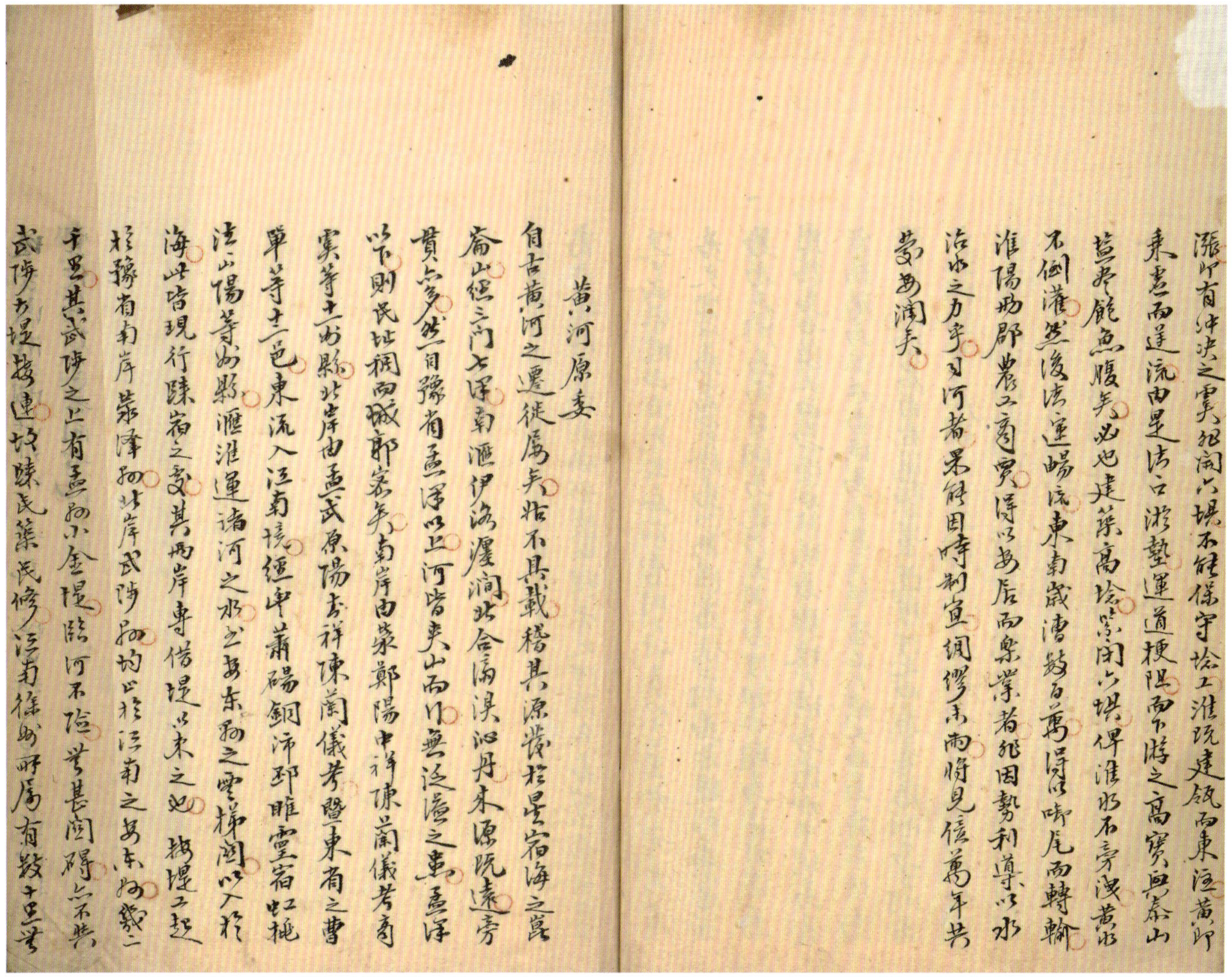

清季黄运两河工程备览

（清）尚诚撰

1 册

稿本

[清末期]

此书关于清末黄河、运河工程，内容包括黄运两河纪略、黄河原委等。

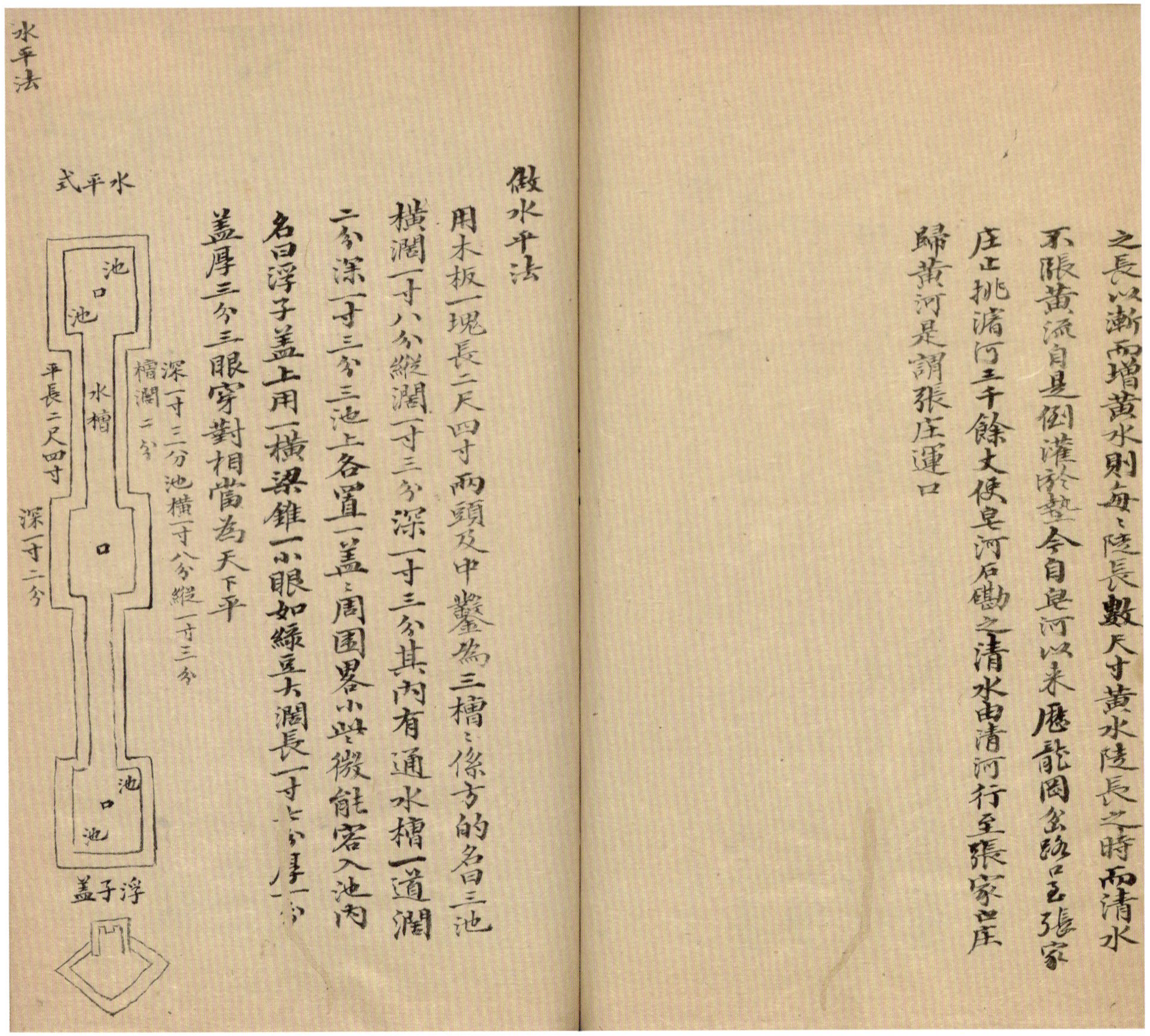

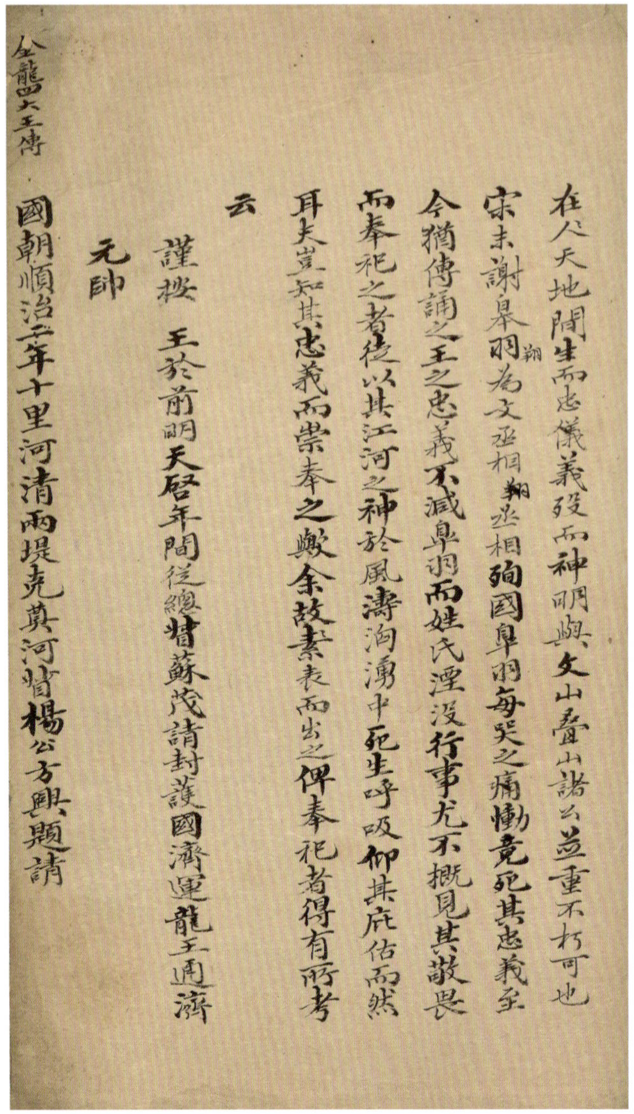

黄河工程秘录

1 册

抄本

［清雍正元年至清末（1723—1911）］

此书摘录了黄河引河工段、堤、坝、埽等工程的制作方法与图例。另附《金龙四大王传》《黄大王年谱》《朱大王传》。

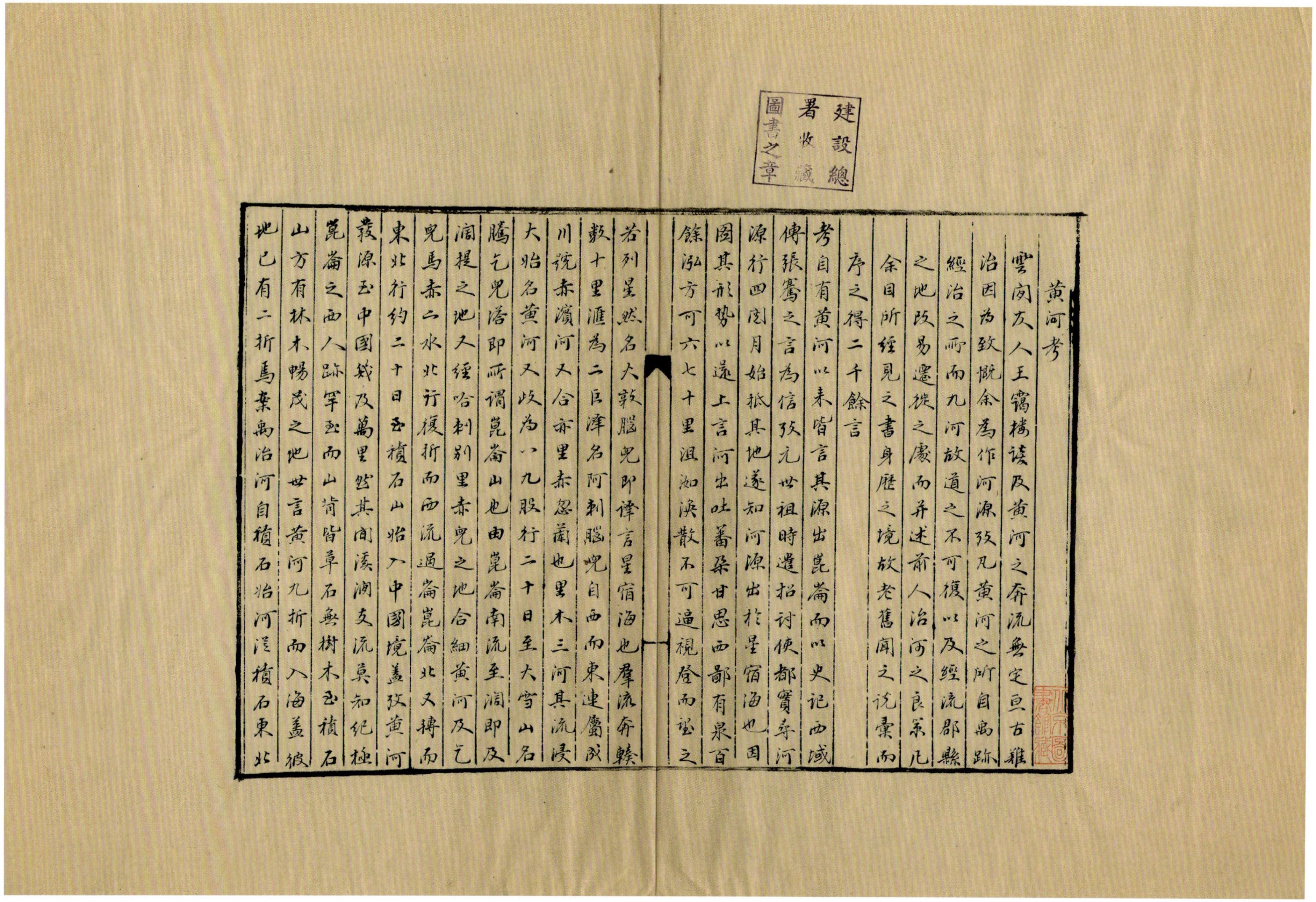

建設總署收藏圖書之章

黄河考

雲閒友人王竊樓讀及黄河之奔流無定亘古雜
治因為致慨余為作河源攷凡黄河之所自禹跡
經治之所而九河故道之不可復以及經流郡縣
之地改易遷徙之處而并述前人治河之良策凡
余目所經見之書身歷之境故老舊聞之說彙而
序之得二千餘言

考自有黄河以來皆言其源出崑崙而以史記西域
傳張騫之言為信攷元世祖時遣招討使都實尋河
源行四閱月始抵其地遂知河源出於星宿海也因
圖其形勢以還上言河出吐蕃朵甘思西鄙有泉百
餘泓方可六七十里沮洳渙散不可逼視登高而望之
若列星然名火敦腦兒即譯言星宿海也羣流奔輳
數十里滙為二巨澤名阿剌腦兒自西而東連屬成
川號赤賓河又合亦里赤忽蘭也里木三河其流浸
大始名黄河又歧為八九股行二十日至大雪山名
騰乞兒落即所謂崑崙山也由崑崙南流至澗即及
澗提之地又經哈剌別里赤兒之地合細黄河及乞
兒馬赤二水北行復折而西流過崙崑崙北又搏而
東北行約二十日至積石山始入中國境蓋攷黄河
發源至中國幾及萬里然其間溪澗支流莫知紀極
崑崙之西人跡罕至而山皆草石無樹木至積石
山方有林木暢茂之地世言黄河九折而入海蓋彼
地已有二折馬棄禹治河自積石始河從積石東北

黄河考：一卷

（清）崔熙春撰

1 册

乌丝栏抄本

[民国年间（1912—1949）]

此书考察了黄河源流、河患及治理情形等。书衣题《逸在山人文稿》，后附《逸在山人生圹志铭》。

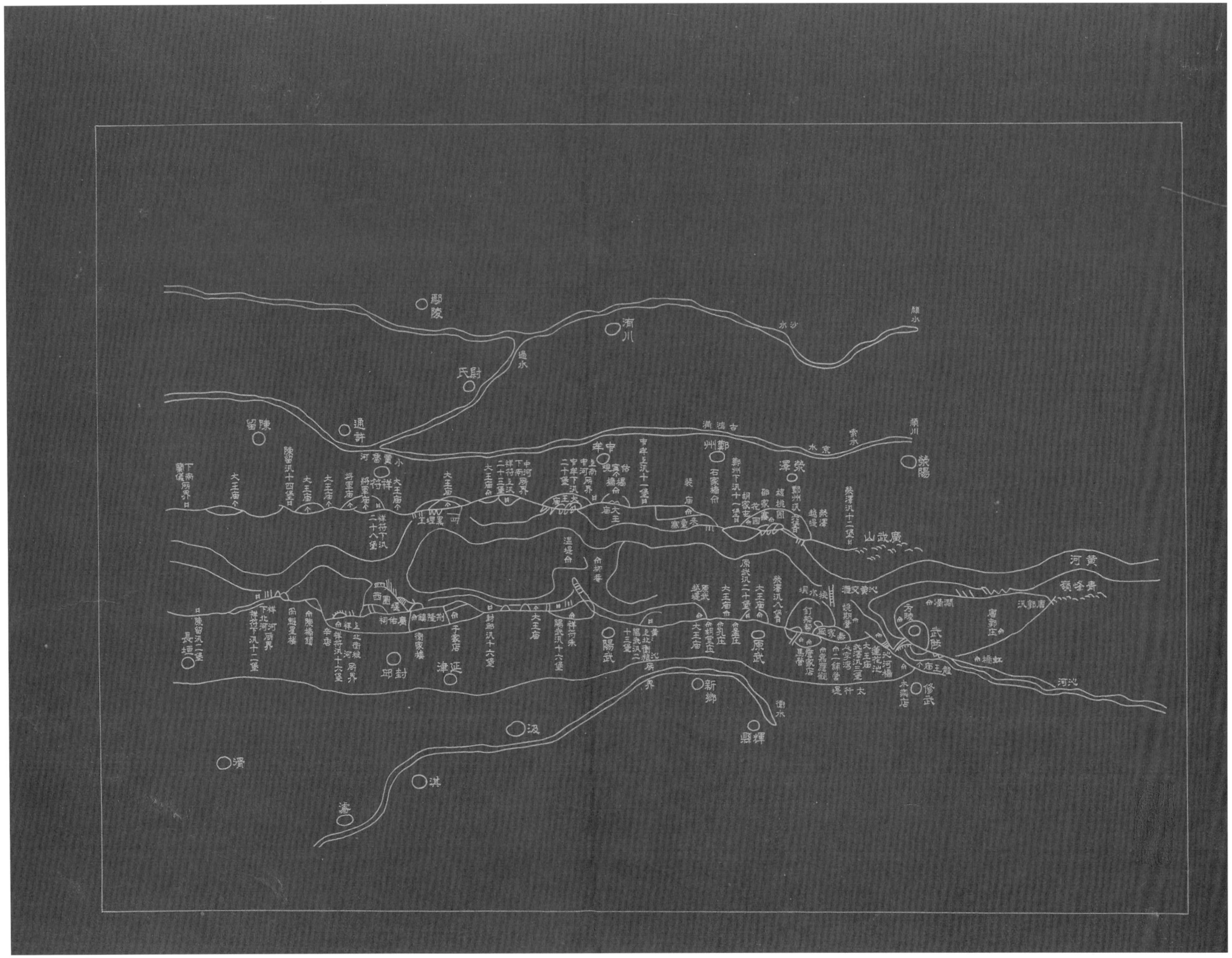

河务所闻集：七种

（清）李大镛辑

8 册

油印本

［民国年间（1912—1949）］

该书最初成书于清同治十二年（1873），属辑录性著作，辑收《黄运两河图考》《河工摘要》《河工杂考》《河务须知》《东河文武职官录》《桃园大工辑略》《菏工随见录》七种。全书图文并茂，详细考证了黄、运两河，记录了河工修守等方面的诸多具体方法、工序等，大量考证了技术、用料等相关内容，此外对清代河工经济也有所介绍，是研究清代河工及运河经济的重要文献。

濮阳河上记：四编

徐世光著

2 册

铅印本

民国九年（1920）

民国九年（1920）濮阳双合岭堵口工程合龙后，工程督办徐世光著此书，由姚联奎、车保成、赵凌云、潘德蔚、周学俊校订。该书共四编，记述双合岭堵筑工程程序、图说、料物、器用、工匠、夫役、日记、职员录等，尤其对料物、器用记述详备。黄河濮阳河段是黄河下游河道变迁最频的地区之一。

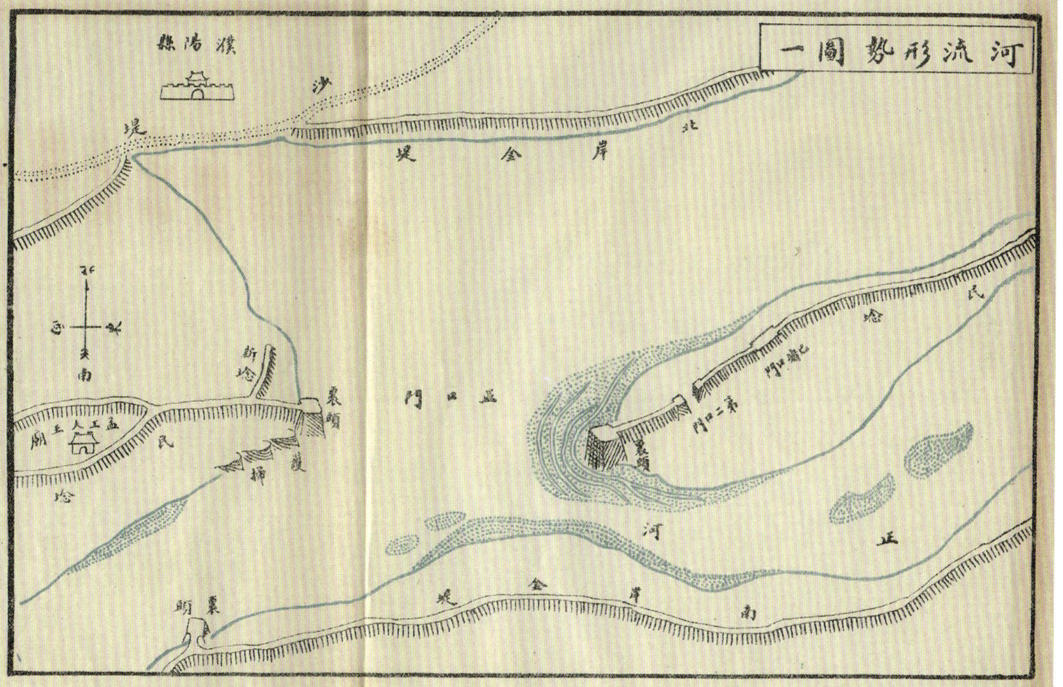

圖說一

一老河原身逐段淤墊餉入僅一二分流大溜緊逼西壩極形洶湧幾有全河奪溜之勢

一口門計長八百八十五丈內有西段水工二百二十五丈

一估西段正壩進占共長二百二十五丈水深三丈五尺至四丈不等

一估西段邊壩進占共長二百二十五丈水深三丈五尺至四丈不等

一估西段正壩加廂深水護埽工長二百二十五丈水深三丈五尺至四丈不等

一估西段邊壩修築土櫃後戧各一道每道工長二百二十五丈

一估東段修築新堤工長六百六十丈臨河一帶一律加廂水旱護埽

一西段口門迤上估做挑水壩三道每道工長五十丈並一律加築後戧

一西段口門迤下估做挑水壩基三道每道工長一百丈

一東西壩縷堤均極卑薄須一律加培工長約百里

一東段內估挑引河一道工長二十八百丈

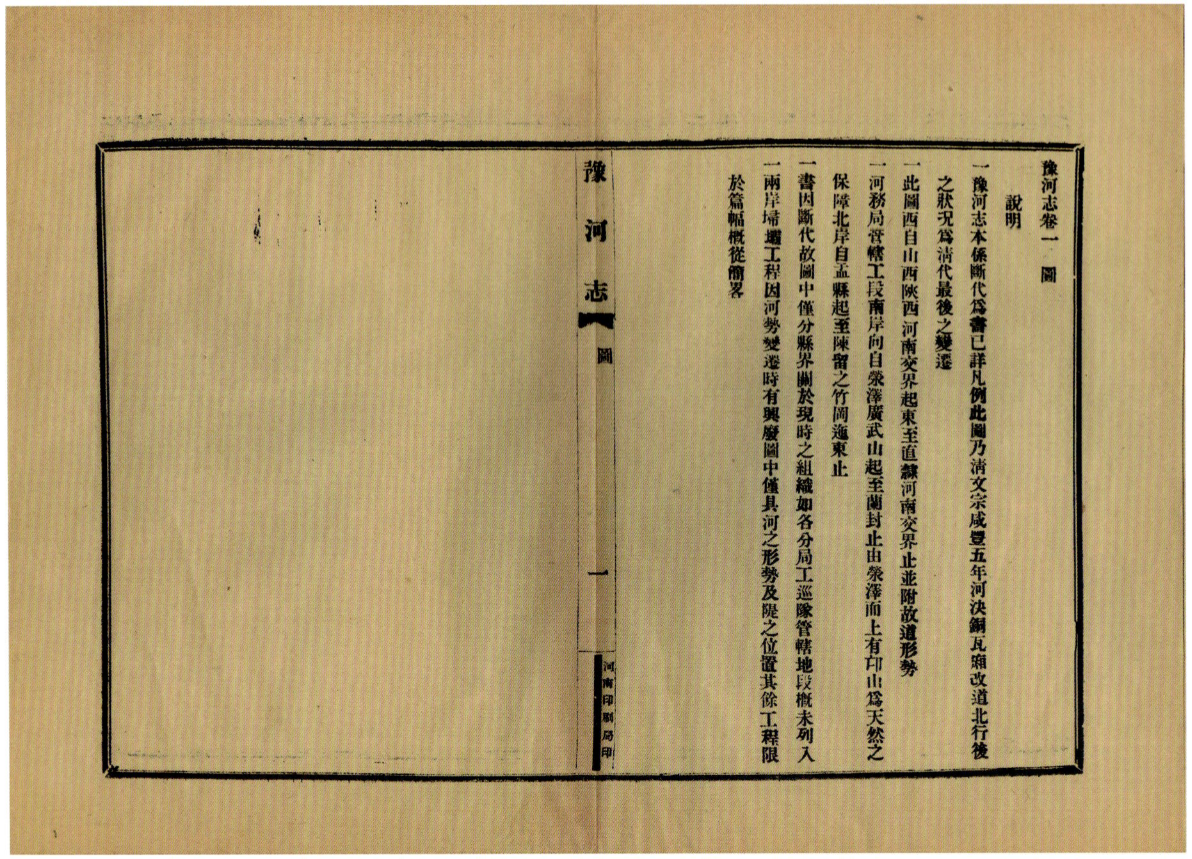

豫河志卷一　圖

說明

一豫河志本係斷代爲書已詳凡例此圖乃清文宗咸豐五年河決銅瓦廂改道北行後之狀況爲清代最後之變遷

一此圖西自山西陝西河南交界起東至直隸河南交界止並附故道形勢

一河務局管轄工段南岸向自滎澤廣武山起至蘭封止由滎澤而上有邙山爲天然之保障北岸自孟縣起至陳留之竹岡迤東止

一書因斷代故圖中僅分縣界劃於現時之組織如各分局工巡隊管轄地段概未列入

一兩岸埽壩工程因河勢變遷時有興廢圖中僅具河之形勢及隄之位置其餘工程限於篇幅概從簡略

豫河志　卷一　圖　一

河南印刷局印

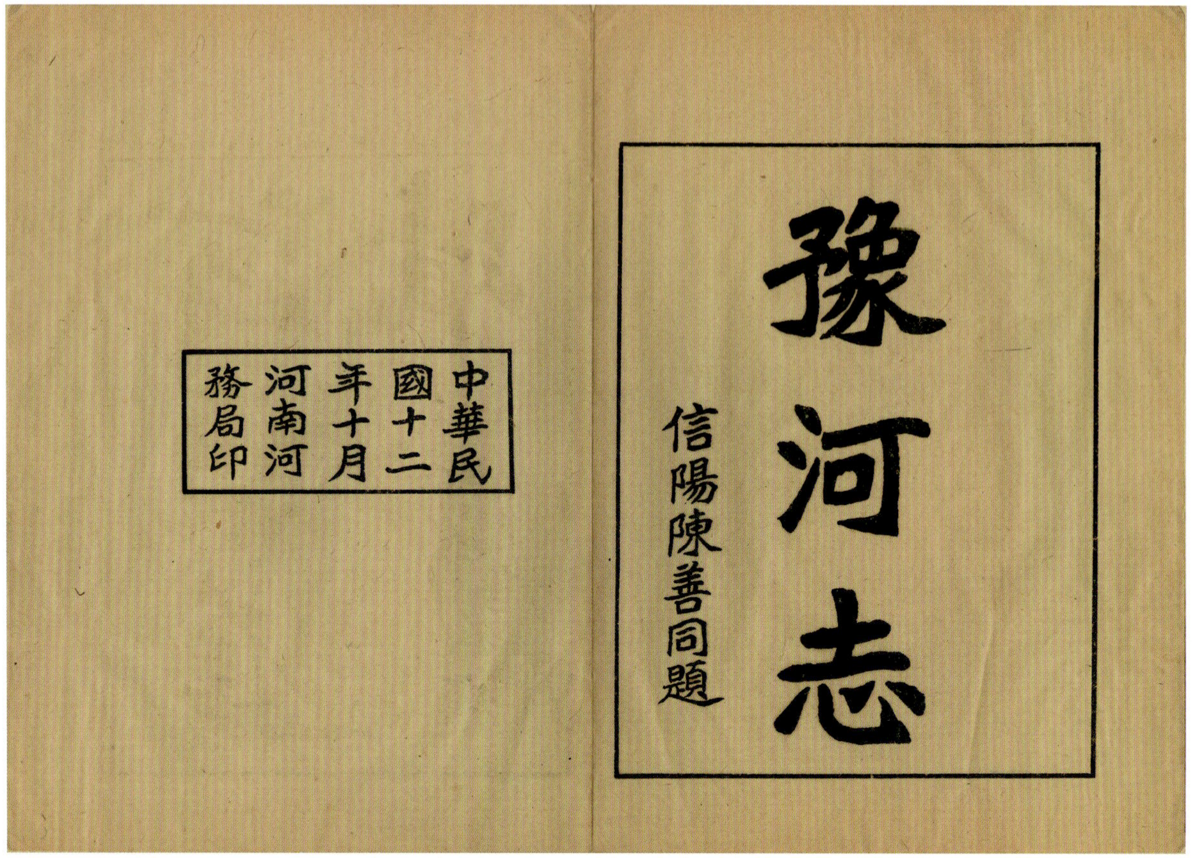

豫河志

信陽陳善同題

中華民國十二年十月河南河務局印

豫河志：二十八卷

吴筼孙编

8 册

铅印本

河南河务局，民国十二年（1923）

版本一：民国十二年（1923）河南河务局铅印本。版本二：民国十九年（1930）河南河务公署铅印本。

民国十二年（1923），由河南河务局局长吴筼孙主持、黎士安等 21 人参加编纂的《豫河志》出版。这是民国年间成书最早的区域性江河专志，也是记述河南黄河、沁河的第一部专志，汇编了清代的河南黄河、沁河水利工程史料，共 28 卷 29 万字，分成图、源流、工程、经费、祀典、职官、附著等七部分。

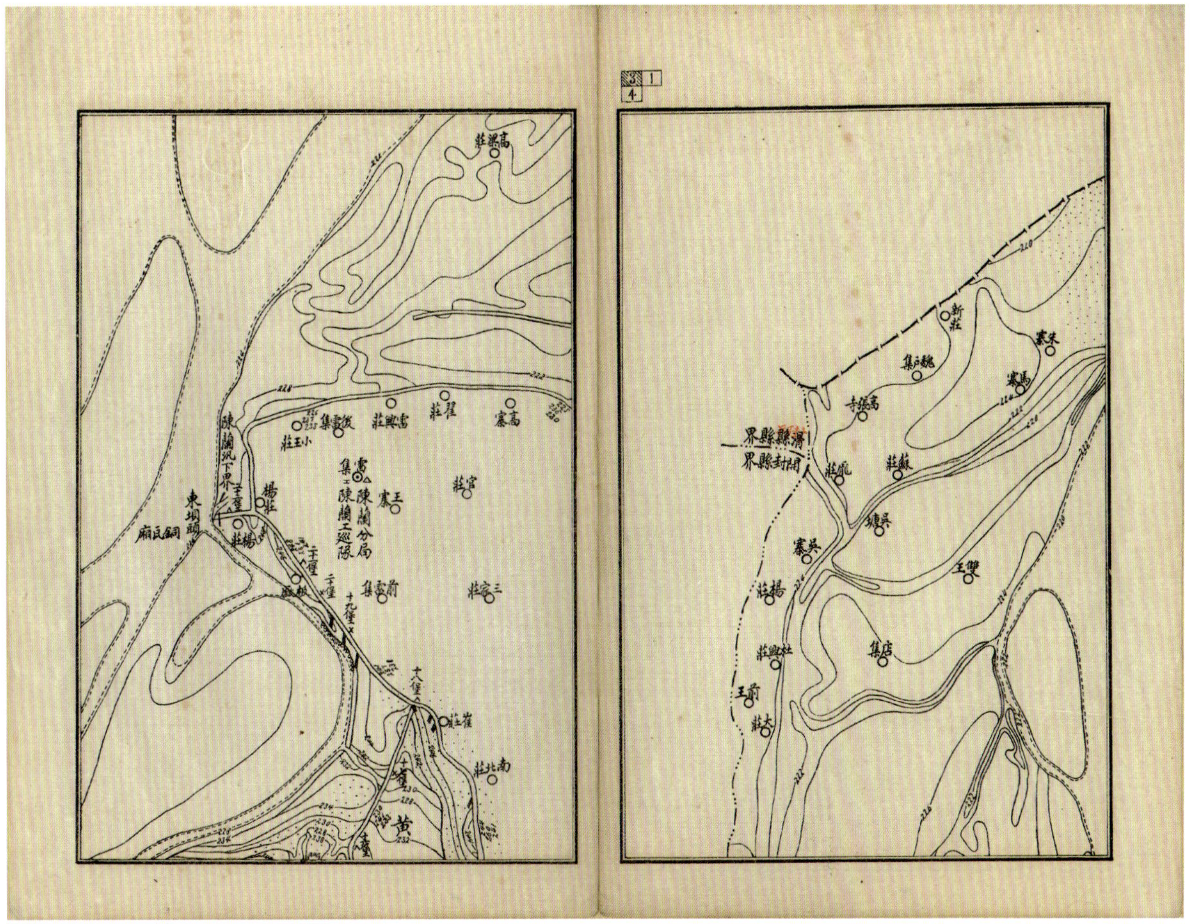

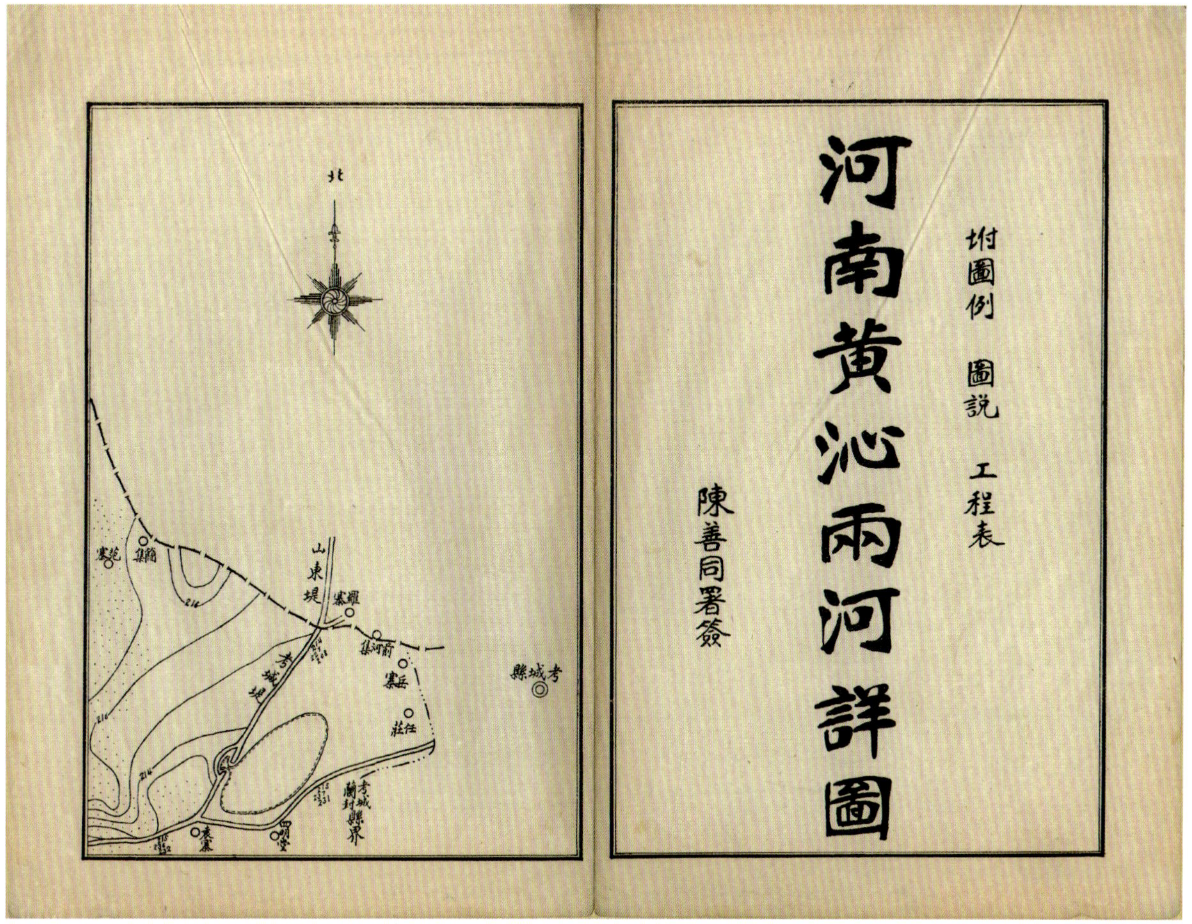

豫河续志：二十卷；河南黄沁两河详图：一卷；豫河变迁考：一卷

陈善同、王荣搢编

14 册

刻本

民国十五年（1926）

民国十五年（1926），河南河务局局长陈善同主持、王荣搢主编的《豫河续志》刊印成书。该书共 20 卷，69 万字，分图说、沿革、职员、公牍、工料、财政、治绩、附录等八部分。这是《豫河志》的续编，补载了自夏禹以后的豫河史实及民国以来的资料。其中的《河南黄沁两河详图》附图例、图说和工程表。

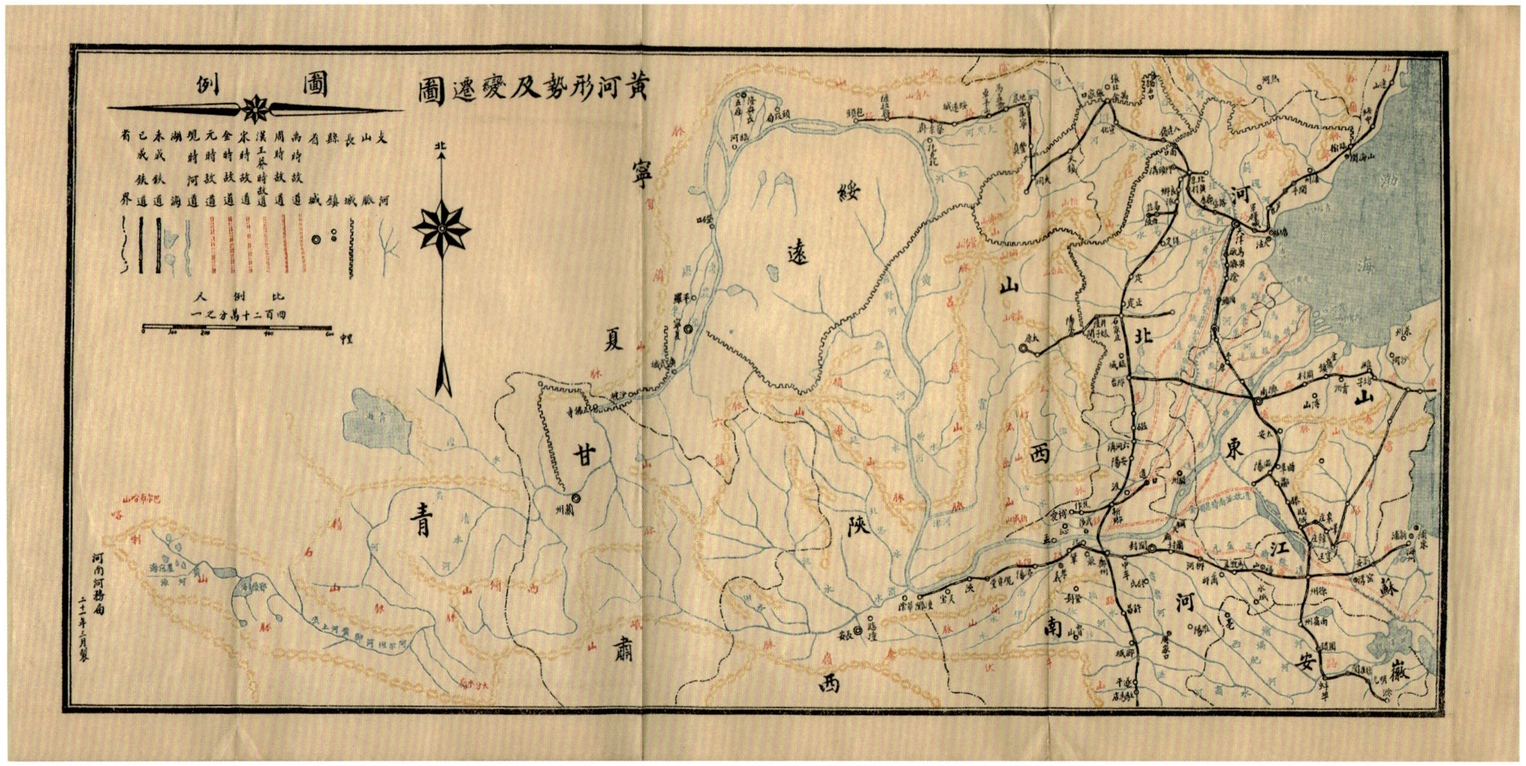

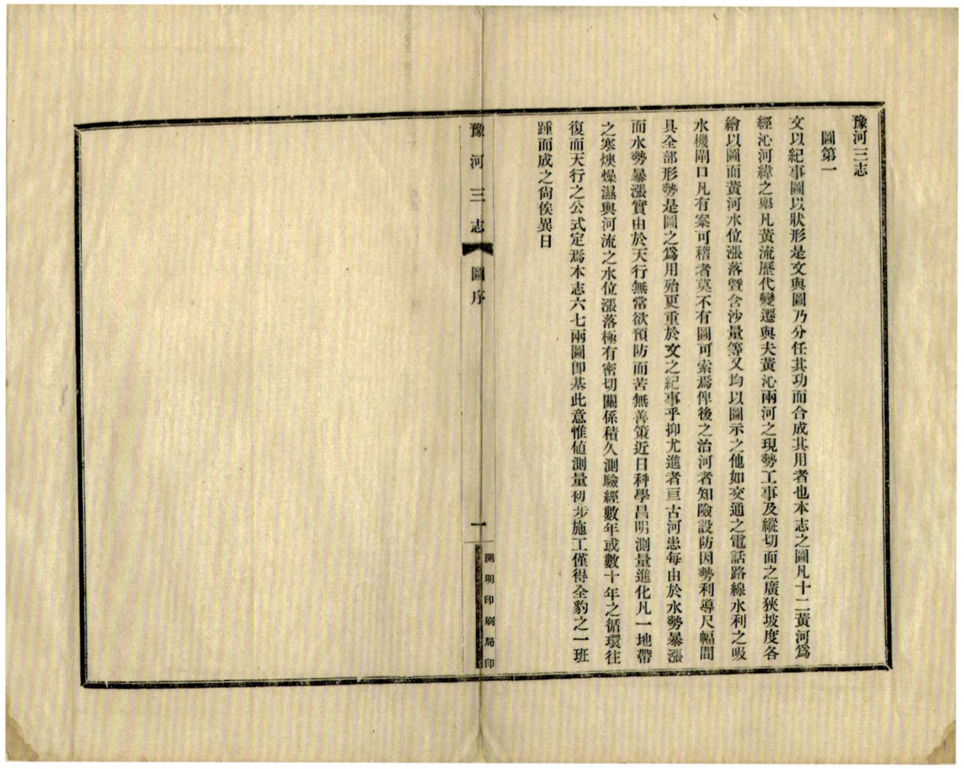
豫河三志

圖第一

文以紀事圖以狀形是文與圖乃分任其功而合成其用者也本志之圖凡十二黃河爲經沁河緯之舉凡黃流歷代變遷與夫黃沁兩河之現勢工事及縱切面之廣狹坡度各繪以圖而黃河水位漲落暨含沙量等又均以圖示之他如交通之電話路線水利之吸水機閘口凡有案可稽者莫不有圖可索焉俾後之治河者知險設防因勢利導尺幅間具全部形勢是圖之爲用殆更重於文之紀事乎抑尤進者亘古河患每由於水勢暴漲而水勢暴漲實由於天行無常欲預防而苦無善策近日科學昌明測量進化凡一地帶之寒煗燥濕與河流之水位漲落極有密切關係積久測驗經數年或數十年之循環往復而天行之公式定焉本志六七兩圖即基此意惟值測量初步施工僅得全豹之一班跬而成之尙俟異日

豫河三志 圖序 一

開明印刷局印

豫河三志：十二卷；首一卷；卷末一卷

陈汝珍等编

6 册

铅印本

开明印刷局，民国二十一年（1932）

民国二十一年（1932），由河南河务局局长陈汝珍及戴湄川等 28 人编纂的《豫河三志》在开封出版。该书共 12 万字，分图、职官、工程、财政、附录、表等六部分，所收资料起自民国十四年（1925），迄于二十年（1931）六月底。此书开始注意到现代水利科技资料的搜集，刊载了《黄河平剖面图》《陕州黄河水位涨落曲线图》《黄河流量比率曲线图》等。

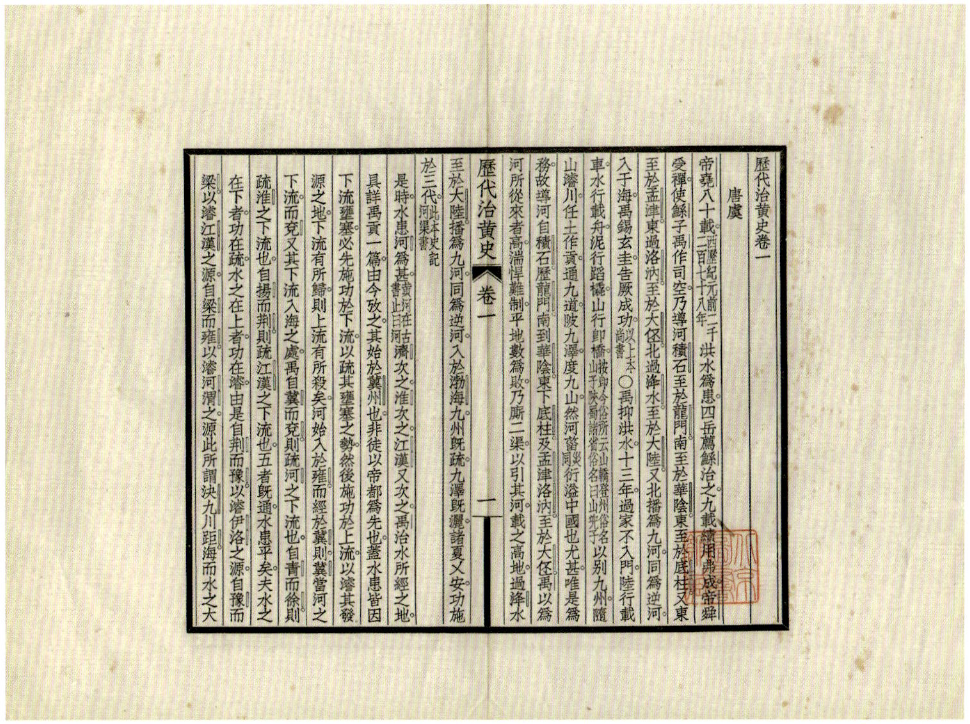

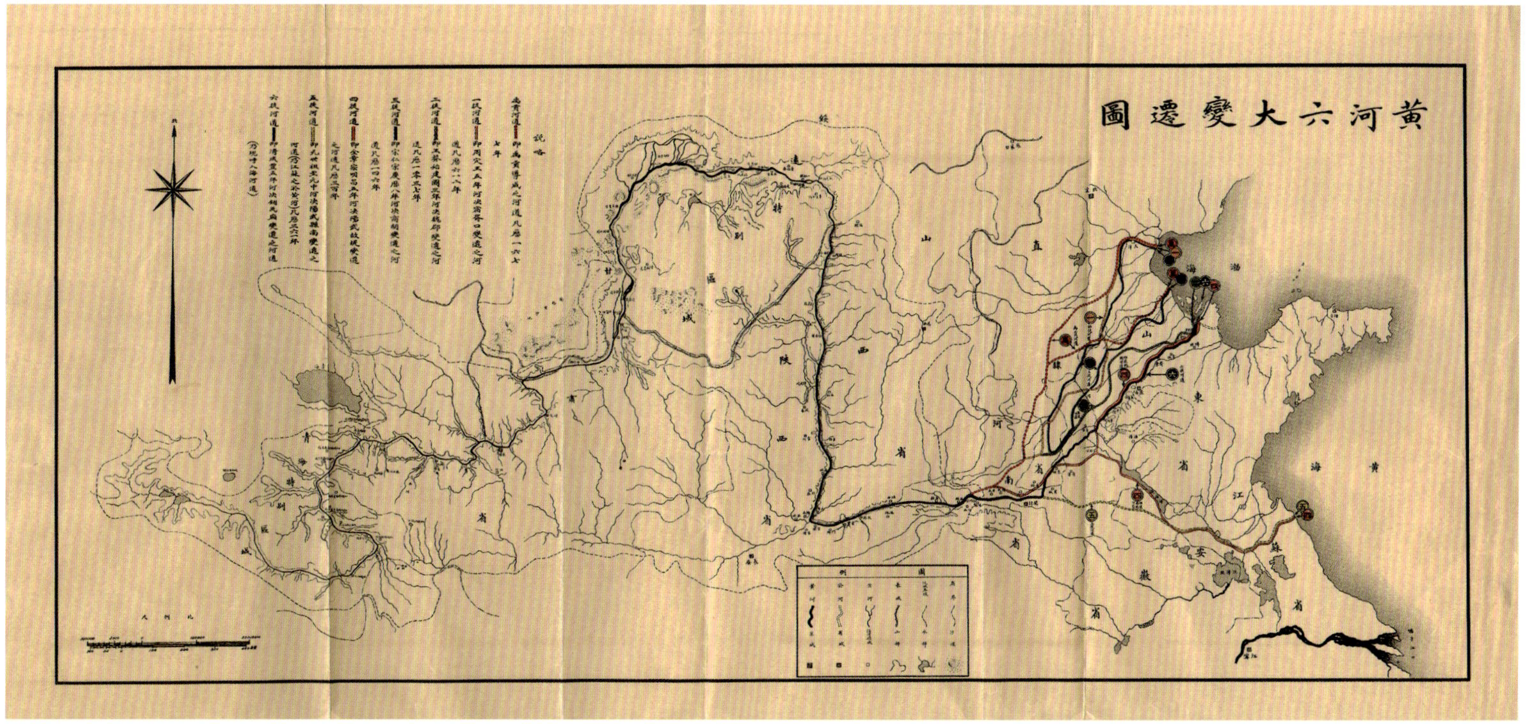

历代治黄史：六卷；卷首图一卷

林修竹纂，徐振声编，潘镒芬绘图

2 册

铅印本

山东河务总局，民国十五年（1926）

此系林修竹治河丛书之一。民国十六年（1927）秋，由山东河务局局长林修竹主编、山东河务局秘书徐振声编著的《历代治黄史》出版。该书主要辑录民国十五年（1926）以前的治黄史料及奏疏、公牍等。书中有《河南全省黄河形势图》。

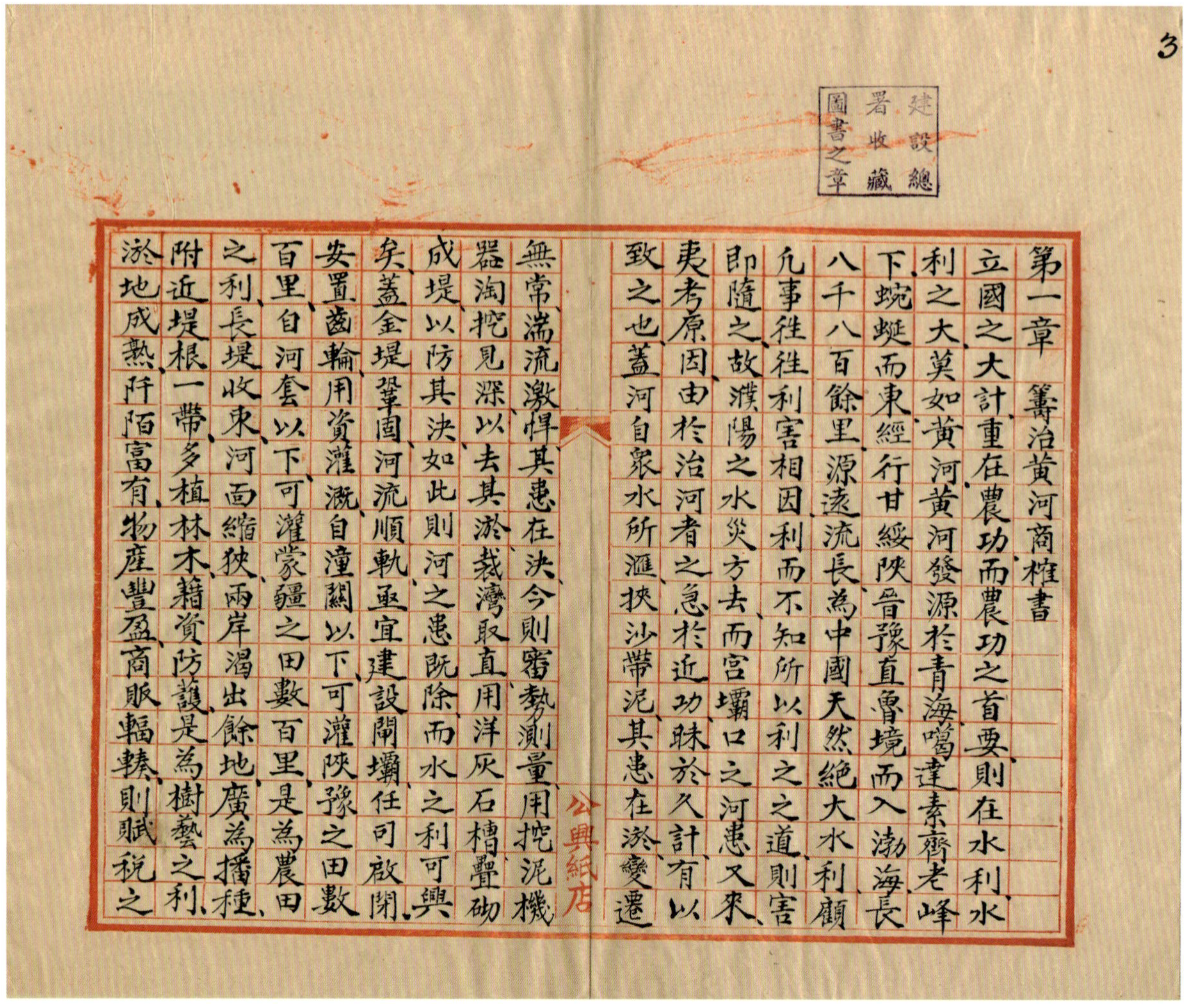

3

第一章 籌治黃河商榷書

立國之大計重在農功而農功之首要則在水利水利之大莫如黃河黃河發源於青海噶達素齊老峰下蜿蜒而東經行甘綏陝晉豫直魯境而入渤海長八千八百餘里源遠流長為中國天然絕大水利顧凢事往往利害相因利而不知所以利之之道則害即隨之故濮陽之水災方去而宮壩口之河患又來夷考原因由於治河者之急於近功昧於久計有以致之也蓋河自泉水所匯挾沙帶泥其患在淤變遷無常湍流激悍其患在決今則審勢測量用挖泥機器淘挖見深以去其淤裁灣取直用洋灰石槽疊砌成堤以防其決如此則河之患既除而水之利可興矣蓋金堤鞏固河流順軌亟宜建設閘壩任可啟閉安置齒輪用資灌溉自潼關以下可灌陝豫之田數百里自河套以下可灌蒙疆之田數百里是為農田之利長堤收束河面縮狹兩岸涸出餘地廣為播種附近堤根一帶多植林木藉資防護是為樹藝之利淤地成熟阡陌富有物產豐盈商販輻輳則賦稅之

公興紙店

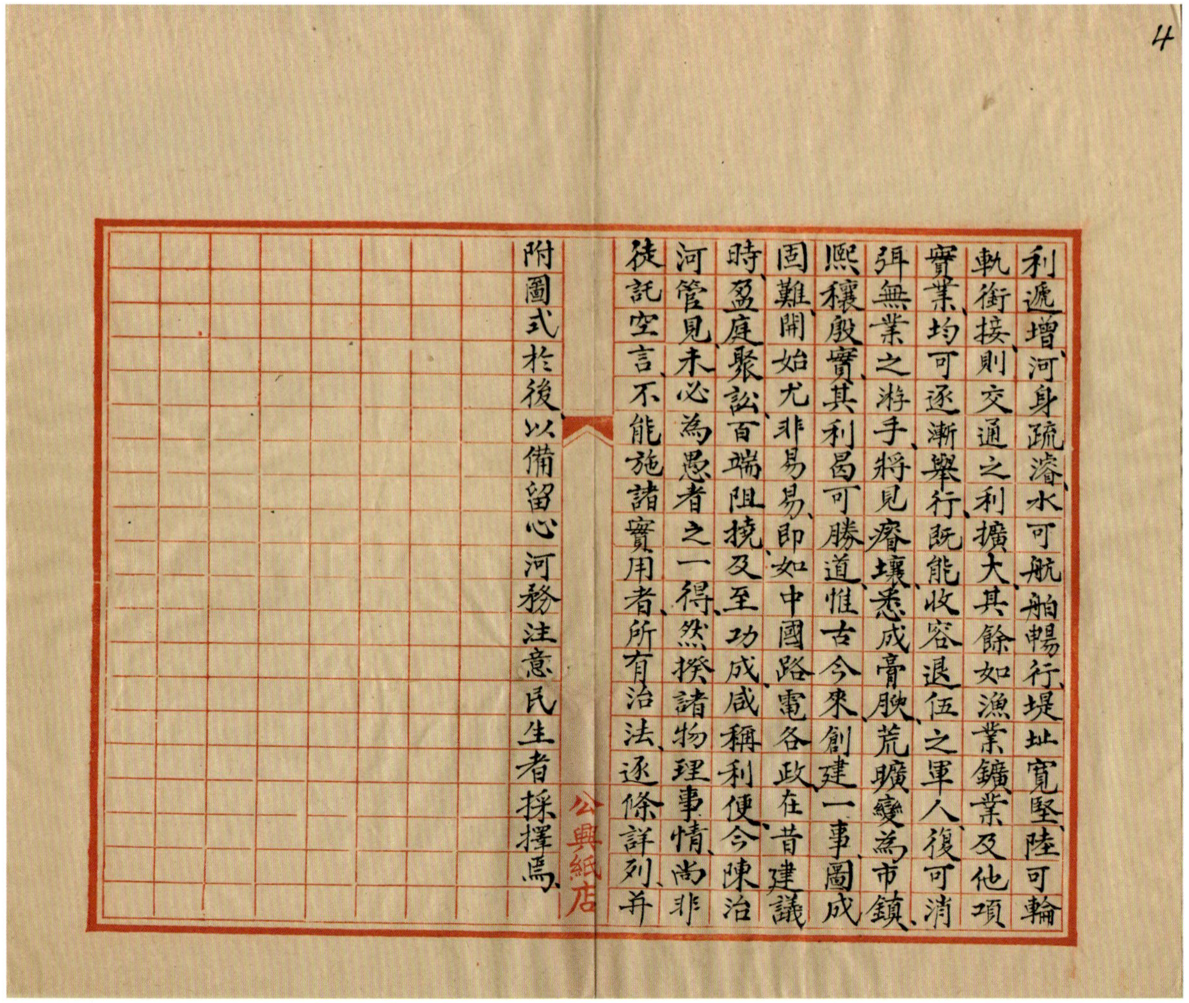
4

利遞增河身疏濬水可航舶暢行堤址寬堅陸可輪軌衔接則交通之利擴大其餘如漁業鑛業及他項實業均可逐漸舉行既能收容退伍之軍人復可消弭無業之游手將見瘠壤悉成膏腴荒曠變為市鎮熙穰殷實其利曷可勝道惟古今來創建一事圖成固難開始尤非易易即如中國路電各政在昔建議時盈庭聚訟百端阻撓及至功成咸稱利便今陳治河管見未必為愚者之一得然揆諸物理事情尚非徒託空言不能施諸實用者所有治法逐條詳列并附圖式於後以備留心河務注意民生者採擇焉

公興紙店

筹治黄河商榷书

吴文孚撰

1 册

朱格抄本

民国十五年（1926）

全书包括筹治黄河商榷书、黄河沿岸分段治理之计划（附详细全图）、筹治黄河之办法、堤岸须用石槽之制造、沿岸设置闸口内外之形式（附图）、开放闸口并设蓄水池之形式、分组砌堤之构造和结论八章。作者吴文孚是吴佩孚的弟弟。

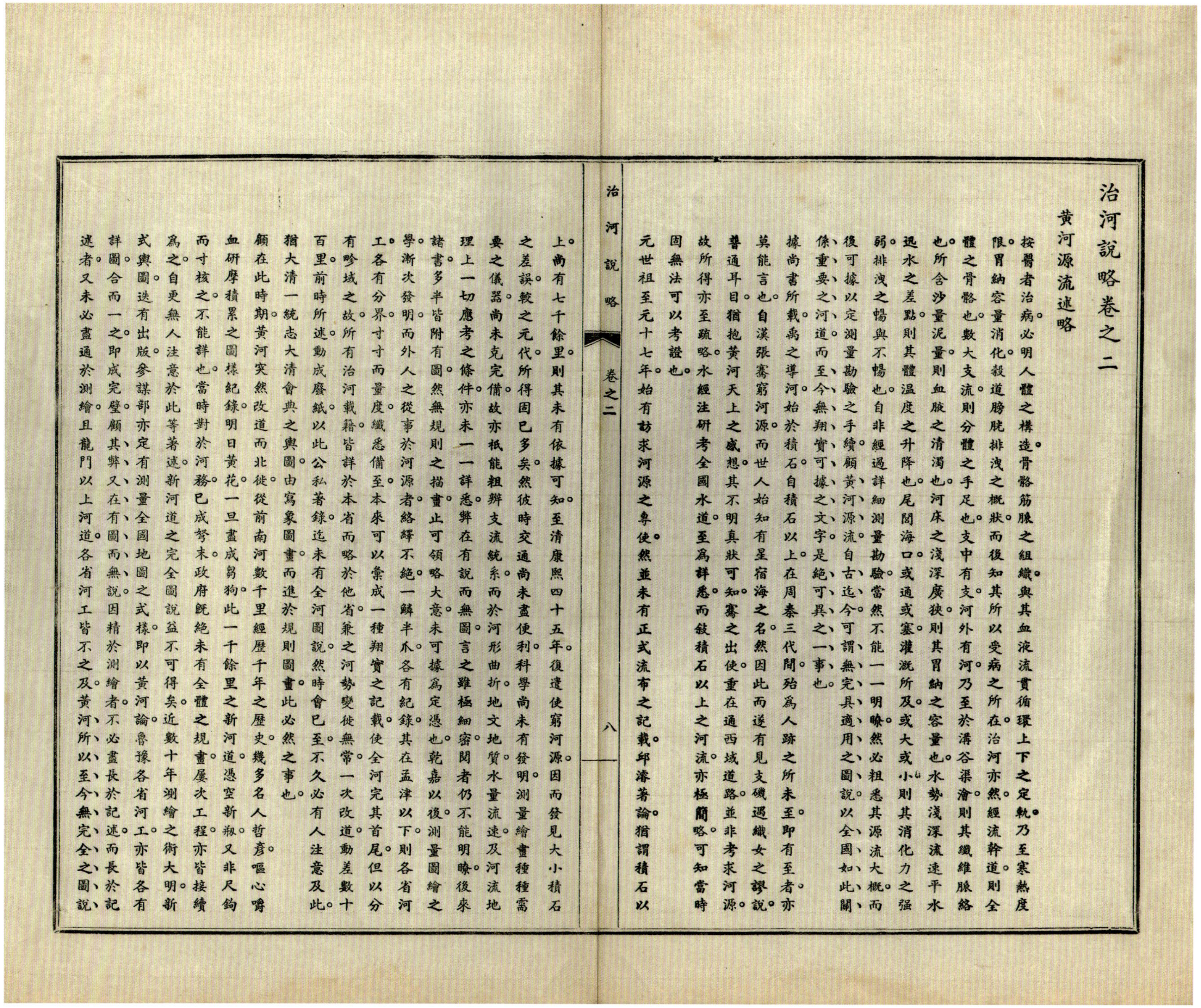

治河說略卷之二

黃河源流述略

按醫者治病。必明人體之構造。骨骼筋脈之組織。與其血液流貫循環上下之定軌。乃至寒熱度限。胃納容量消化。穀道膀胱排洩之概狀。而後知其所以受病之所在。治河亦然。經流幹道。則全體之骨骼也。數大支流。則分體之手足也。支中有支。河外有河。乃至於溝谷渠澮。則其纖維脈絡也。所含沙量泥量。則血脈之清濁也。河床之淺深廣狹。則其胃納之容量也。水勢淺深流速平水迅水之差點。則其體溫度之升降也。尾閭海口。或通或塞。灌溉所及。或大或小。則其消化力之强弱。排洩之暢與不暢也。自非經過詳細測量勘驗。當然不能一一明瞭。然必粗悉其源流大概。而後可據以定測量勘驗之手續。顧黃河源流。自古迄今。可謂無完具適用之圖說。以全國如此關係重要之河道。而至今無翔實可據之文字。是絕可異之一事也。

據尚書所載。禹之導河。始於積石。自積石以上。在周秦三代間。殆爲人跡之所未至。即有至者。亦莫能言也。自漢張騫窮河源。而世人始知有星宿海之名。然因此而遂有見支磯遇織女之謬說。普通耳目。猶抱黃河天上之感想。其不明真狀可知。騫之出使。重在通西域道路。並非考求河源。故所得亦至疏略。水經注研考全國水道。至爲詳悉。而敍積石以上之河流。亦極簡略。可知當時固無法可以考證也。

元世祖至元十七年。始有訪求河源之專使。然並未有正式流布之記載。邱濬著論。猶謂積石以

治河說略　卷之二　八

上。尚有七千餘里。則其未有依據可知。至清康熙四十五年。復遣使窮河源。因而發見大小積石之差誤。較之元代。所得固已多矣。然彼時交通尚未盡便利。科學尚未有發明。測量繪畫種種需要之儀器。尚未克完備。故亦祇能粗辨支流統系。而於河形曲折。地文地質。水量流速。及河流地理上一切應考之條件。亦未一一詳悉。弊在有說而無圖。言之雖極細密。閱者仍不能明瞭。後來諸書。多半皆附有圖。然無規則之描畫。止可領略大意。未可據爲定憑也。乾嘉以後。測量圖繪之學。漸次發明。而外人之從事於河源者。絡繹不絕。一鱗半爪。各有紀錄。其在孟津以下。則各省河工。各有分界。寸寸而量。度纖悉備至。本來可以彙成一種翔實之記載。使全河完其首尾。但以分有畛域之故。所有治河載籍。皆詳於本省而略於他省。兼之河勢變徙無常。一次改道。動差數十百里。前時所述。動成廢紙。以此公私著錄。迄未有全河圖說。然時會已至。不久必有人注意及此。猶大清一統志大清會典之輿圖。由寫象圖畫而進於規則圖畫。此必然之事也。

顧在此時期。黃河突然改道而北徙。從前南河數千里經歷千年之歷史。幾多名人哲彥。嘔心嚼血研摩積累之圖樣紀錄。明日黃花。一旦盡成芻狗。此一千餘里之新河道。憑空新瓶。又非尺鈎而寸核之。不能詳也。當時對於河務。已成弩末。政府既絕未有全體之規畫。屢次工程。亦皆接續爲之。自更無人注意於此等著述。新河道之完全圖說。益不可得矣。近數十年。測繪之術大明。新式輿圖。迭有出版。參謀部亦定有測量全國地圖之式樣。即以黃河論。魯豫各省河工。亦皆各有詳圖。合而一之。即成完璧。顧其弊。又在有圖而無說。因精於測繪者。不必盡長於記述。而長於記述者。又未必盡通於測繪。且龍門以上河道。各省河工皆不之及。黃河所以至今無完全之圖說

治河说略：十卷

屈映光著，李晋校订

2 册

铅印本

［约民国八年（1919）］

1919 年，屈映光任山东省省长，注重修治黄河，著有此书。书中记录了黄河源流、河患及治理情况等。

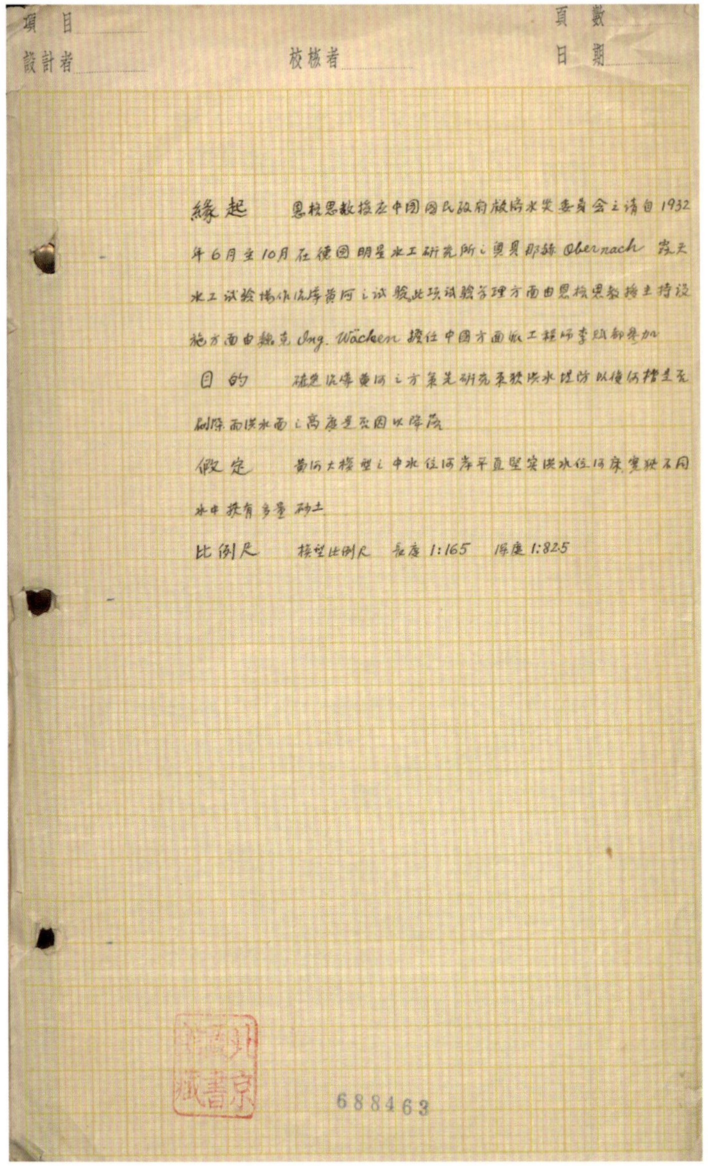

項目　　　　　　　　　頁數
設計者　　　　校核者　　　日期

緣起　恩格思教授應中國國民政府救濟水災委員會之請自1932年6月至10月在德國明星水工研究所之奧貝那赫 Obernach 露天水工試驗場作治導黃河之試驗。此項試驗管理方面由恩格思教授主持，設施方面由魏克 Ing. Wäcken 擔任，中國方面派工程師李賦都參加。

目的　確定治導黃河之方策，先研究束狹洪水堤防以後河槽是否刷深，而洪水面之高度是否因以降落。

假定　黃河大模型之中水位河岸平直堅實，洪水位河床寬狹不同，水中挾有多量砂土。

比例尺　模型比例尺　長度1:165　深度1:82.5

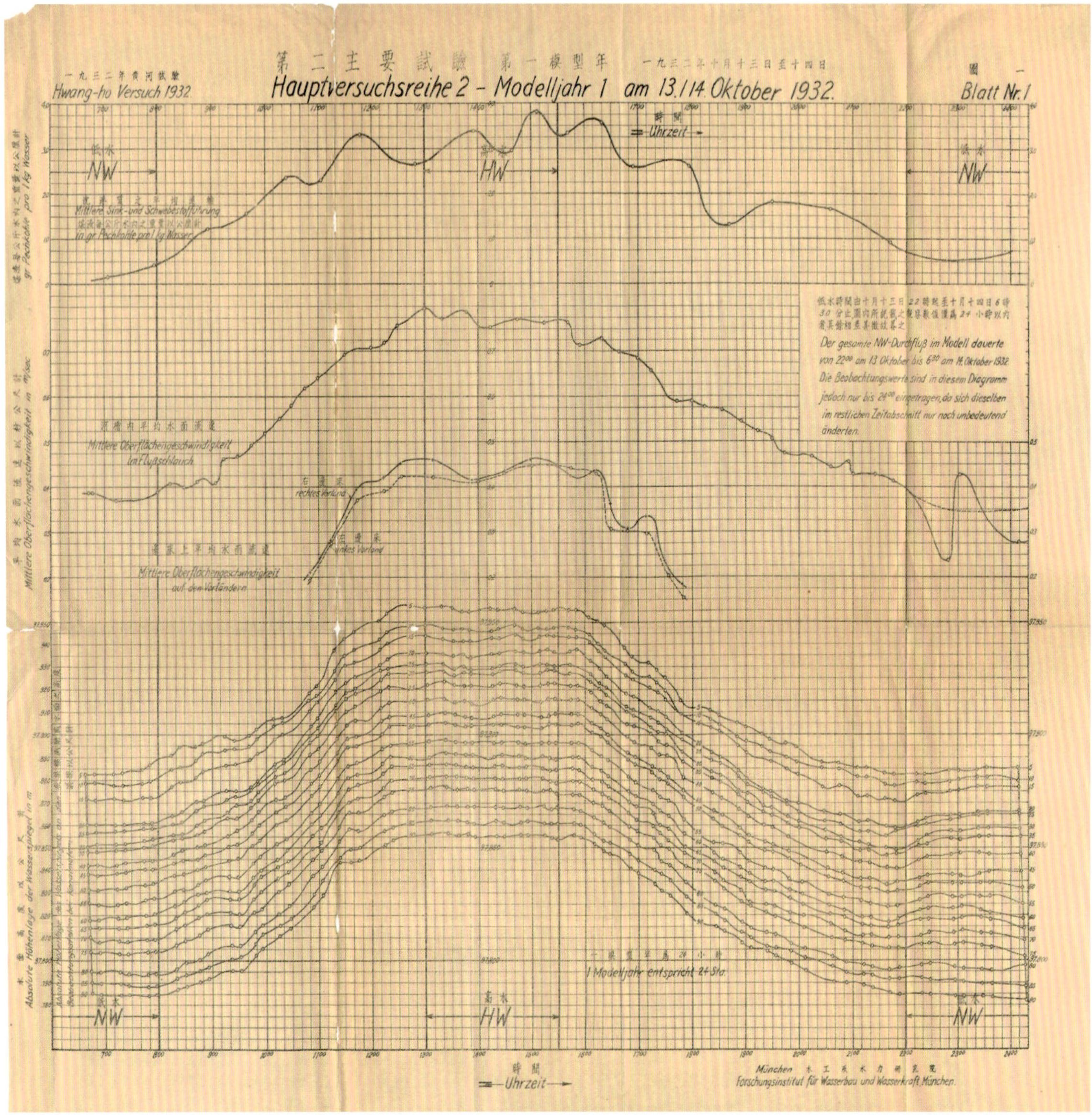

治导黄河试验报告书

1 册

铅印本

民国二十一年（1932）

德国恩格思（Hubert Engels）教授应中国国民政府救济水灾委员会邀请，自1932年6月至10月在德国明星水工研究所之奥贝那赫（Obernach）露天水工试验场做治导黄河之试验。其目的是确定治导黄河之方策，先研究东狭洪水堤防以后河槽是否刷深，而洪水面之高度是否因以降落。报告书中还有各种模型图，如模型水槽剖面图等。

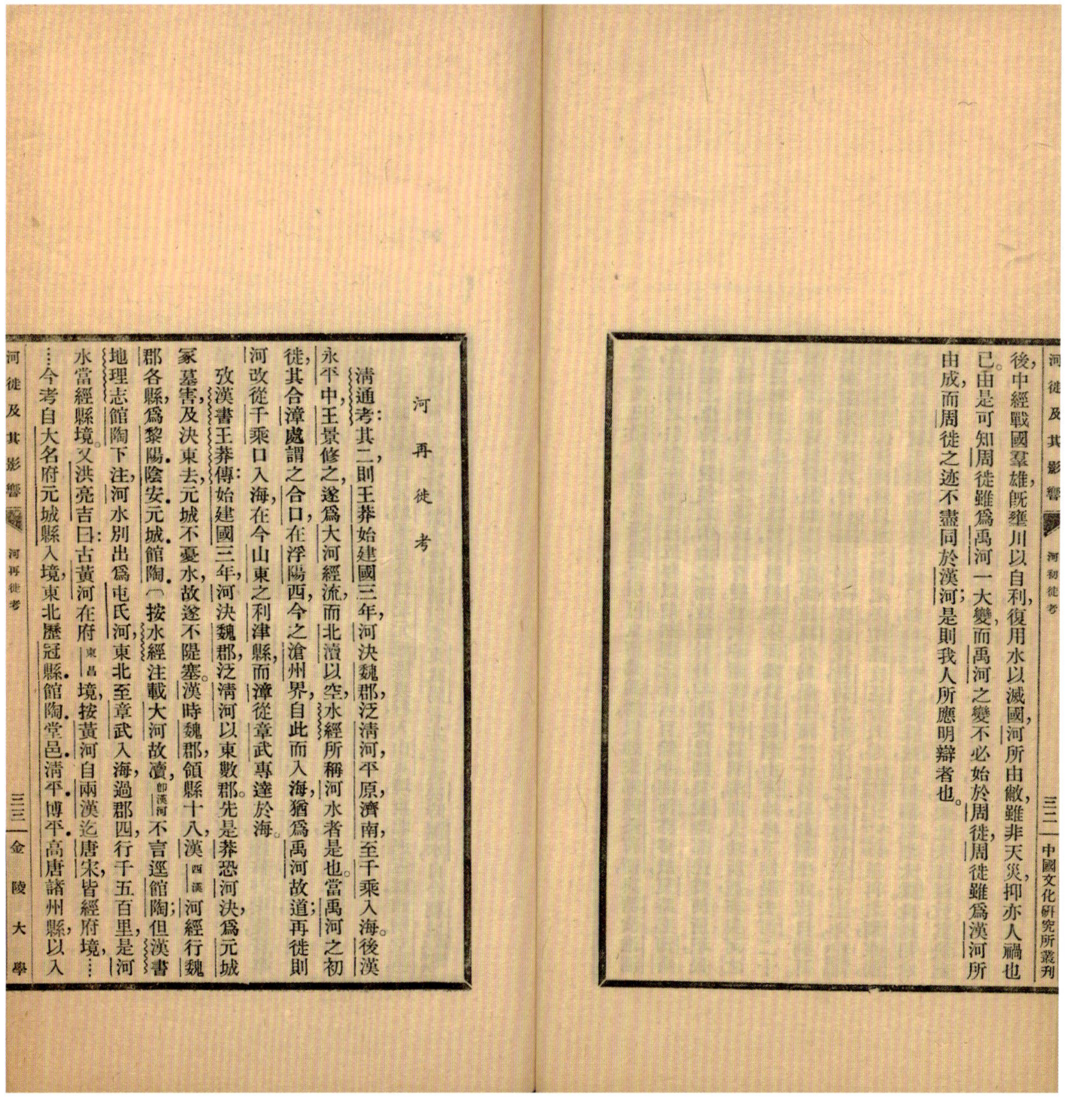

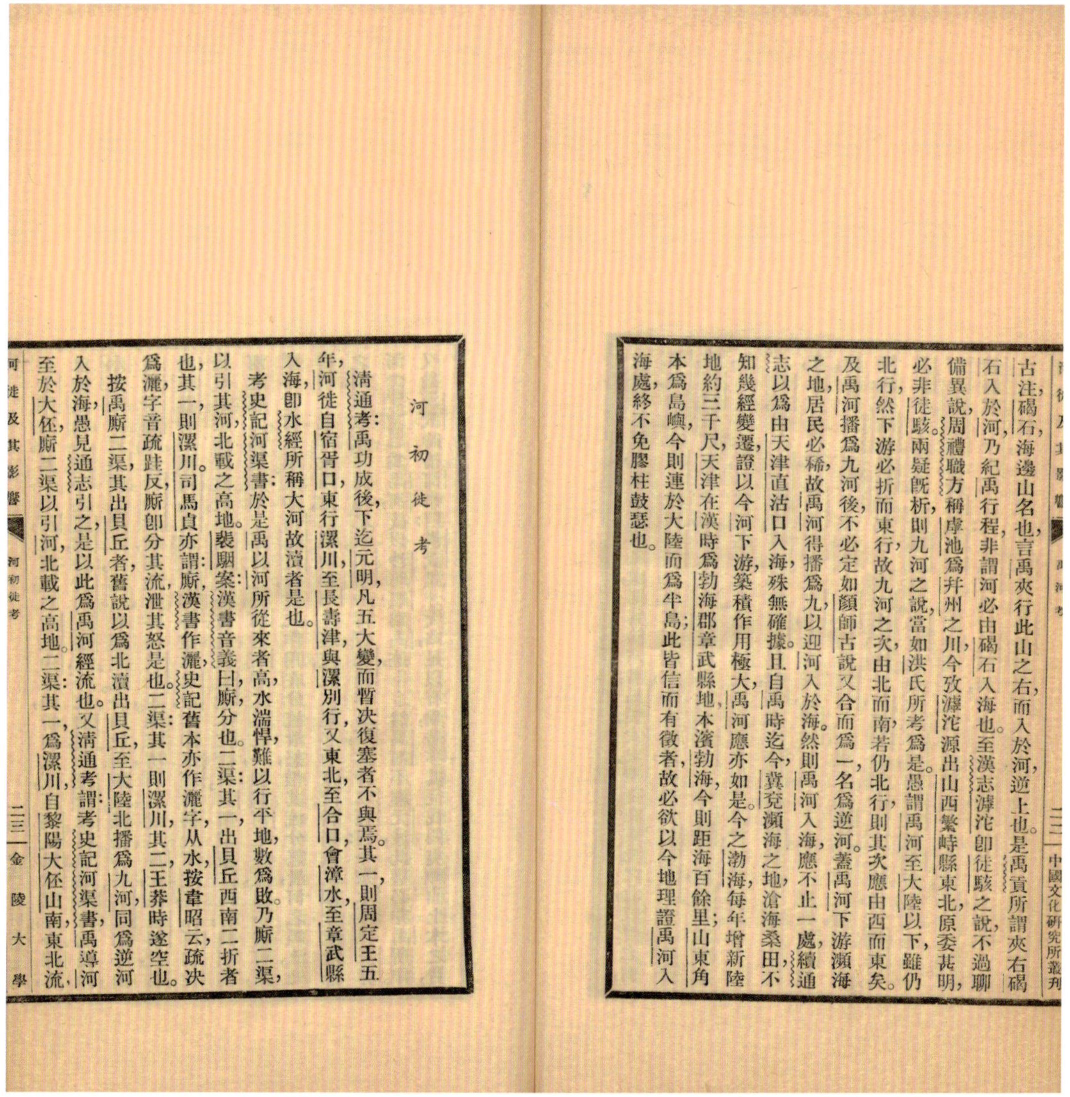

河徙及其影响

孙几伊撰

1 册

铅印本

南京：金陵大学中国文化研究所，民国二十四年（1935）

全书包括禹河考、河初至六徙考、河与中国古文明、河与灌溉、河与转输等内容，考察了黄河历代迁徙情况及其影响，附有关黄河六次迁徙的折叠地图一幅。此系“金陵大学中国文化研究所丛刊甲种”。

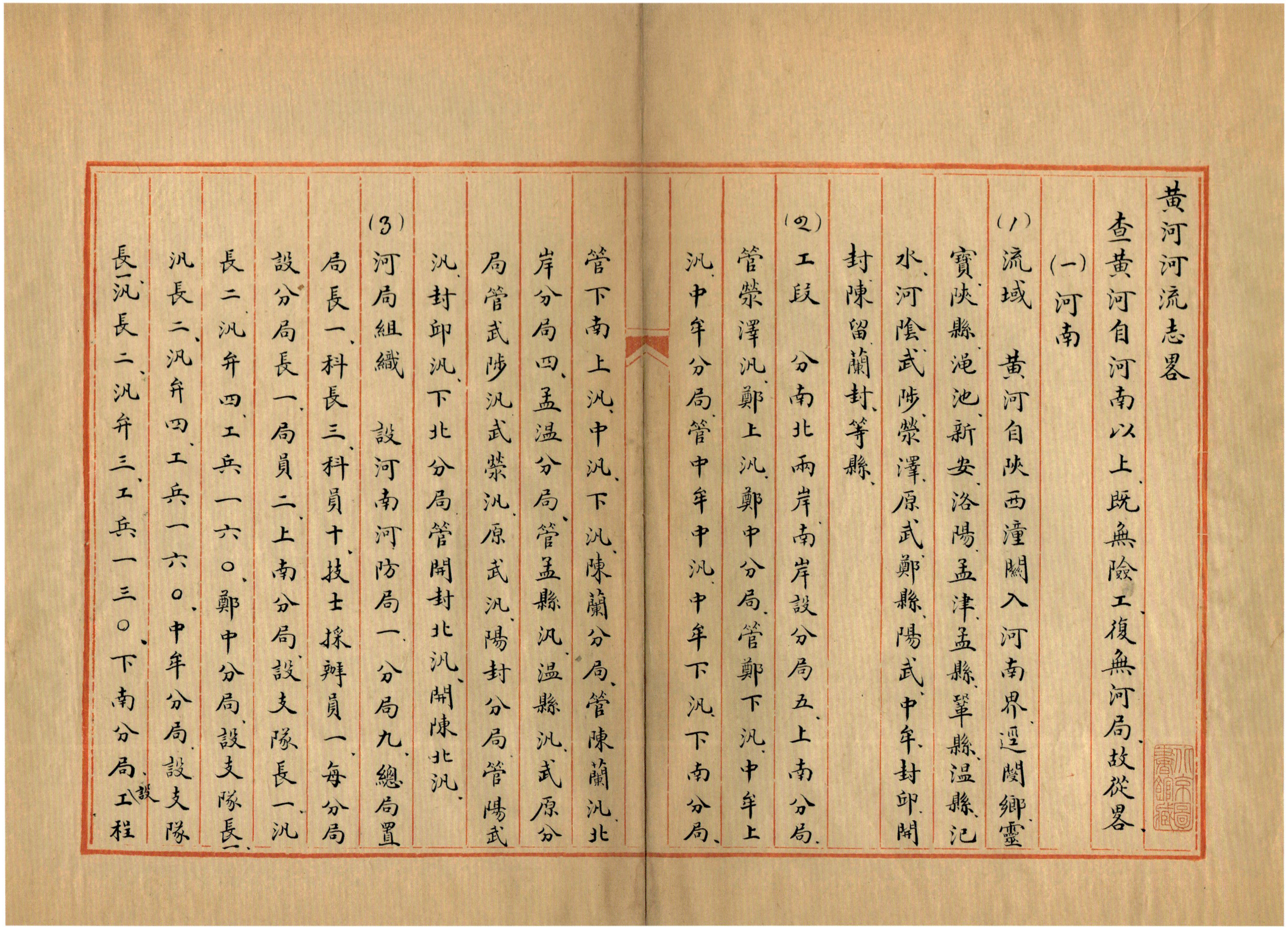
黄河河流志畧

查黄河自河南以上、既無險工、復無河局、故從畧、

(一)河南

(1)流域　黄河自陝西潼關入河南界、逕閿鄉、靈寶、陝縣、澠池、新安、洛陽、孟津、孟縣、鞏縣、温縣、汜水、河陰、武陟、滎澤、原武、鄭縣、陽武、中牟、封邱、開封、陳留、蘭封等縣、

(2)工段　分南北兩岸、南岸設分局五、上南分局、管滎澤汛、鄭上汛、鄭中分局、管鄭下汛、中牟上汛、中牟分局、管中牟中汛、中牟下汛、下南分局、管下南上汛、中汛、下汛、陳蘭分局、管陳蘭汛、北岸分局四、孟温分局、管孟縣汛、温縣汛、武原分局、管武陟汛、武滎汛、原武汛、陽封分局、管陽武汛、封邱汛、下北分局、管開封北汛、開陳北汛、

(3)河局組織　設河南河防局一、分局九、總局置局長一、科長三、科員十、技士採辦員一、每分局設分局長一、局員二、上南分局設支隊長一、汛長二、汛弁四、工兵一六〇、鄭中分局設支隊長一、汛長二、汛弁四、工兵一六〇、中牟分局設支隊長一、汛長二、汛弁三、工兵一三〇、下南分局、設工程

黄河河流志略

1 册

朱丝栏抄本

[民国年间（1912—1949）]

此书分省介绍黄河，涉及河南、直隶、山东三省，内容包括流域、工段、河局组织、河工经费、设治历史五部分。后附《直隶省河流志略》《浙江省海塘志略》等。

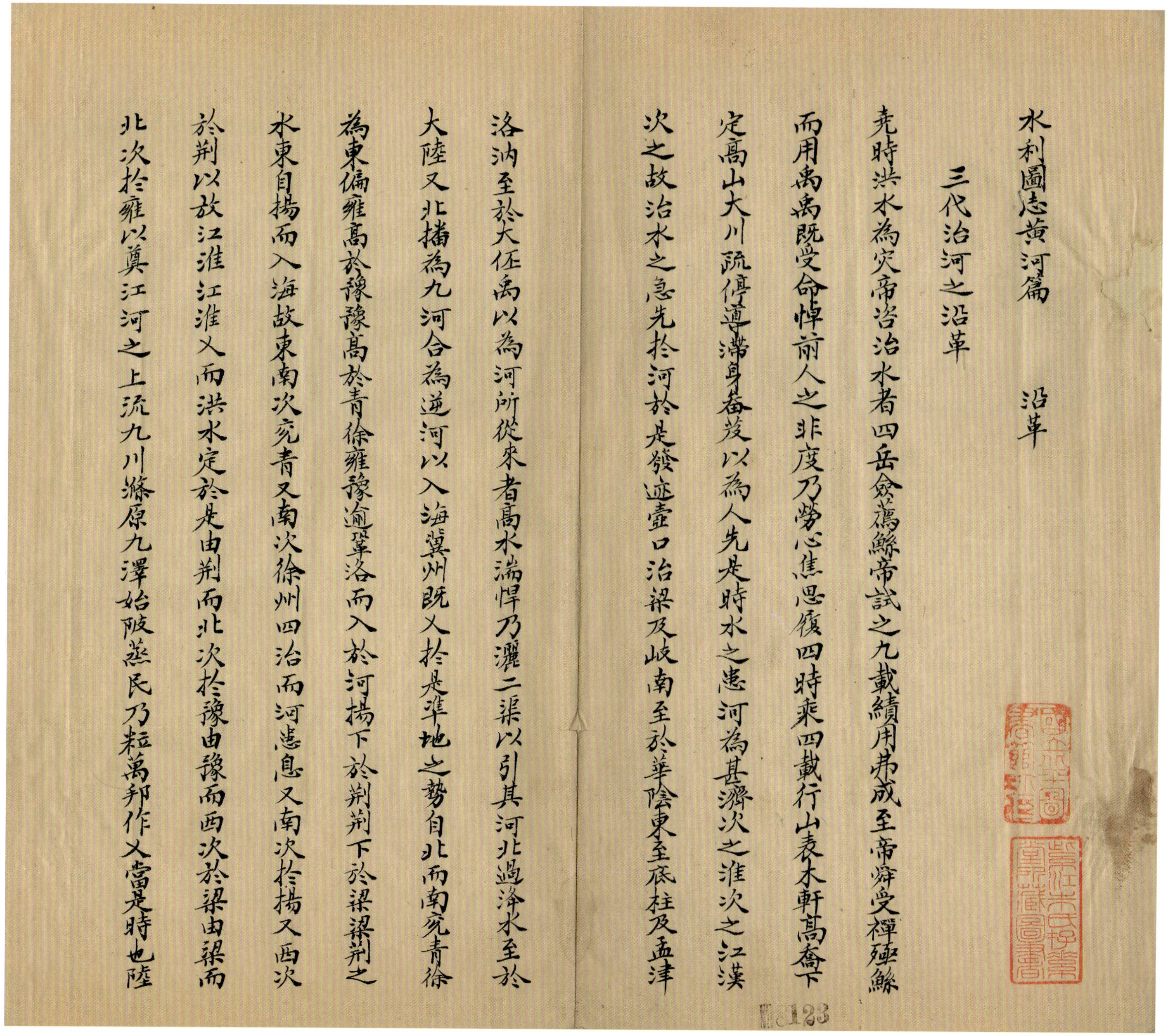

水利图志黄河篇：一卷

1 册

抄本

[民国年间（1912—1949）]

此书按朝代辑录治理黄河沿革，从尧舜禹三代开始，到明代结束，清代治河之沿革未成。

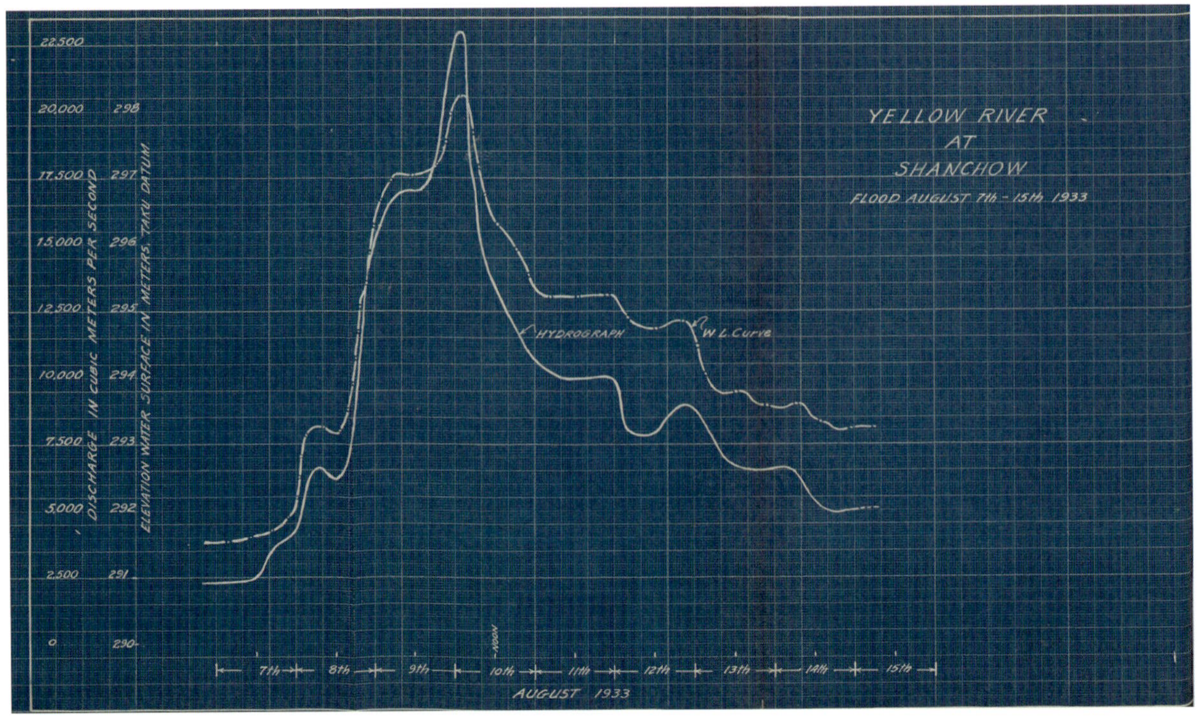

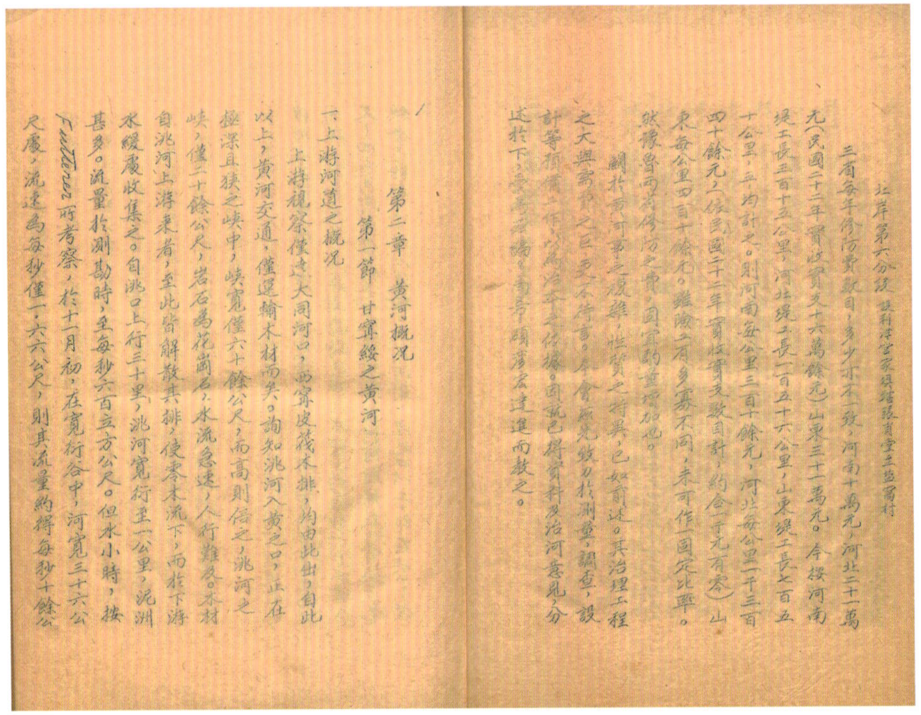

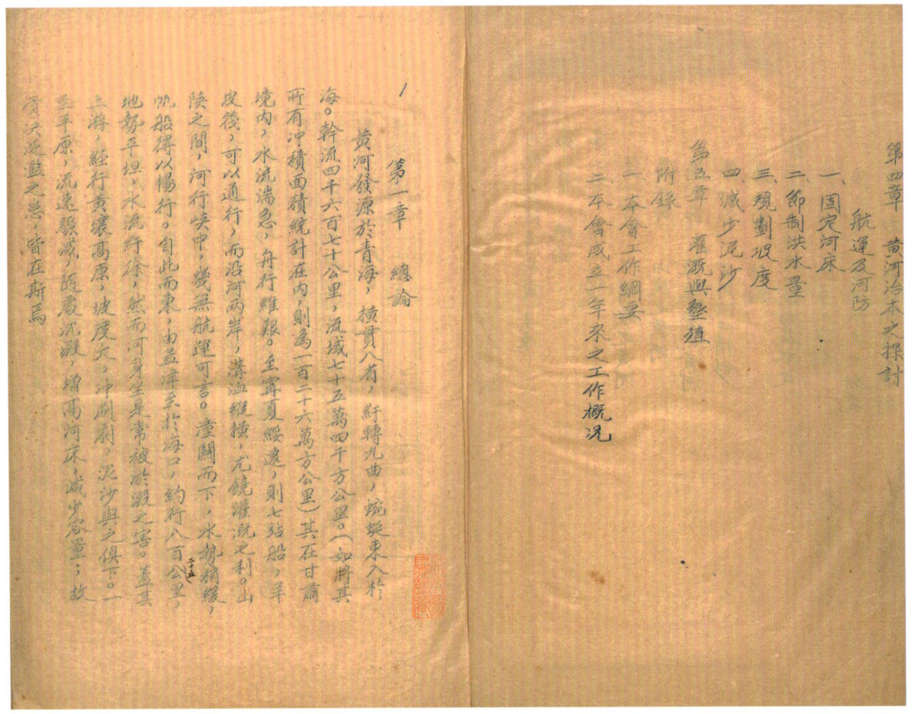

黄河概况及治本探讨：八卷

黄河水利委员会编

1册

油印本

黄河水利委员会，［约民国十九年（1930）］

全书共五章，包括总论、黄河概况、黄河之地形及水文、黄河治本之探讨、灌溉及垦殖。附录有两篇，包括本会工作纲要和本会成立一年来之工作概况。书中另有图表、地图等。此系“黄河水利委员会报告第二种初稿”。

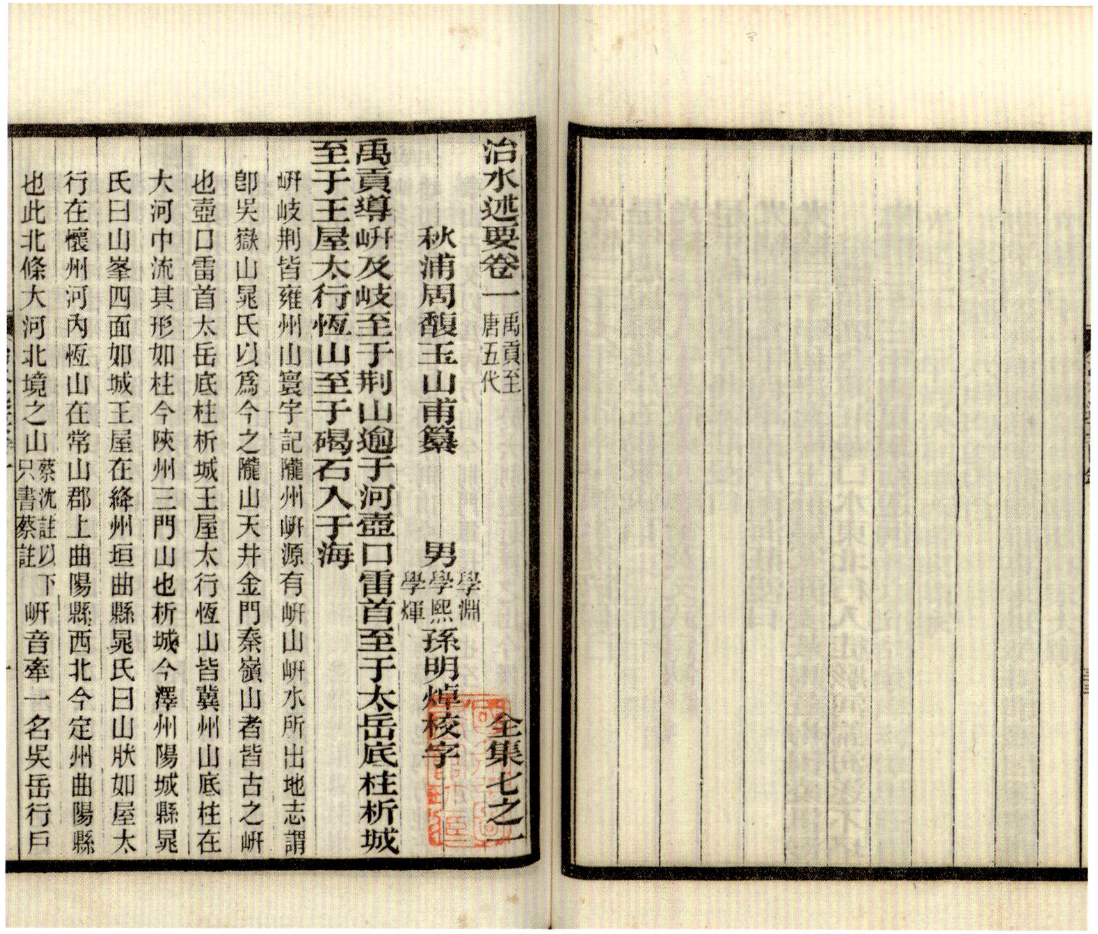
治水述要卷一 禹貢至唐五代
秋浦周馥玉山甫纂
男學淵 學熙 學煇 孫明焯 校字
禹貢導岍及岐至于荊山逾于河壺口雷首至于太岳底柱析城
至于王屋太行恒山至于碣石入于海
岍岐荊皆雍州山寰宇記隴州岍源有岍山岍水所出地志謂
郎吳嶽山晁氏以為今之隴山天井金門秦嶺山者皆古之岍
也壺口雷首太岳底柱析城王屋太行恒山皆冀州山底柱在
大河中流其形如柱今陝州三門山也析城今澤州陽城縣晁
氏曰山峯四面如城王屋在絳州垣曲縣晁氏曰山狀如屋太
行在懷州河內恒山在常山郡上曲陽縣西北今定州曲陽縣
也此北條大河北境之山蔡沈書蔡註只註以下岍音牽一名吳岳行戶

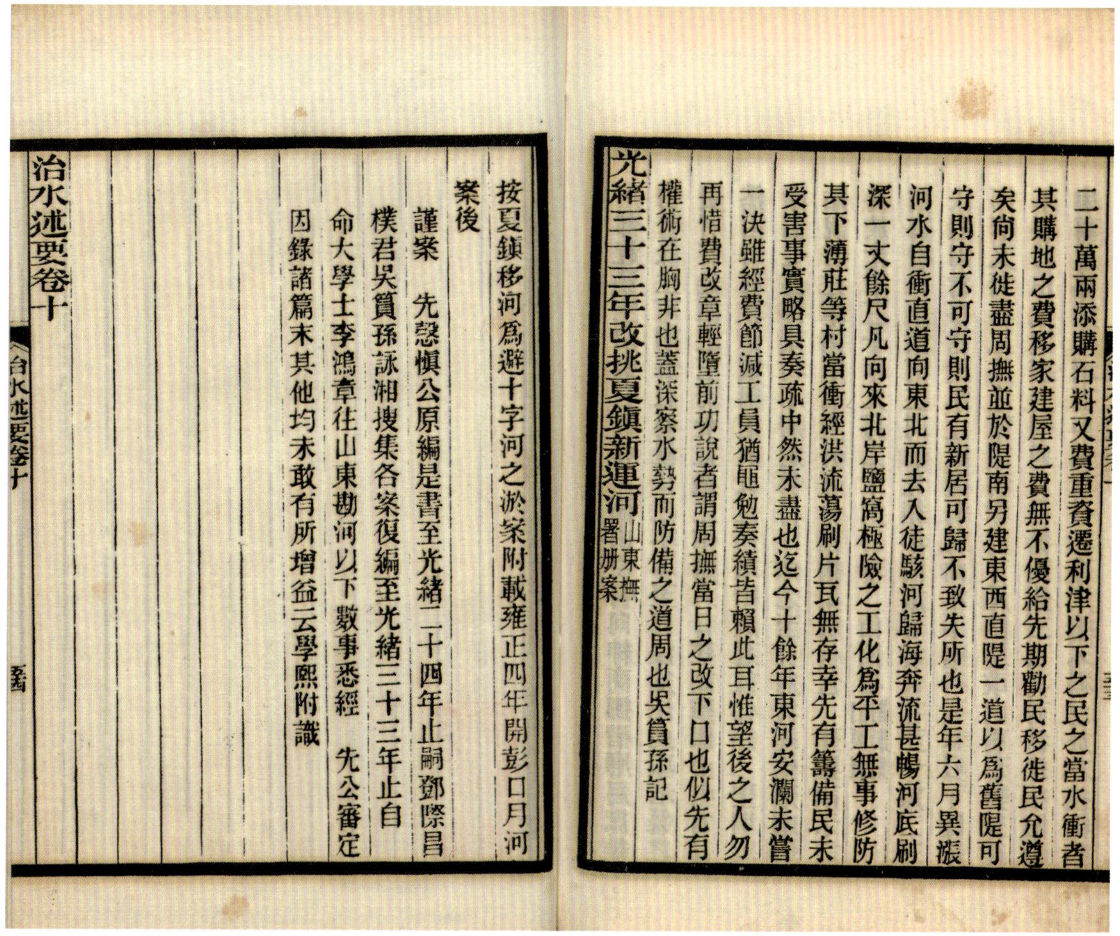
二十萬兩添購石料又費重資遷利津以下之民之當水衝者
其購地之費移家建屋之費無不優給先期勸民移徙民允遵
矣尚未徙盡周撫並於隄南另建東西直隄一道以為舊隄可
守則守不可守則民有新居可歸不致失所也是年六月異漲
河水自衛直道向東北而去入徒駭河歸海奔流甚暢河底刷
深一丈餘尺凡向來北岸鹽窩極險之工化為平工無事修防
其下薄莊等村當衝經洪流蕩刷片瓦無存幸先有籌備民未
受害事實略具奏疏中然未盡也迄今十餘年東河安瀾未嘗
一決雖經費節減工員猶黽勉奏績吉賴此耳惟望後之人勿
再惜費改章輕隳前功說者謂周撫當日之改下口也似先有
權衡在胸非也蓋深察水勢而防備之道周也吳貫孫記
光緒三十三年改挑夏鎮新運河山東撫署冊案

按夏鎮移河為避十字河之淤案附載雍正四年開彭口月河
案後
謹案 先慤慎公原編是書至光緒二十四年止嗣鄧際昌
樸君吳貫孫詠湘搜集各案復編至光緒三十三年止自
命大學士李鴻章往山東勘河以下數事悉經 先公審定
因錄諸篇末其他均未敢有所增益云學熙附識
治水述要卷十

治水述要：十卷

周馥撰

10 册

影印本

［民国十一年至民国末年（1922—1949）］

收录于周馥撰《周悫慎公全集》。版本一：民国十一年（1922）秋浦周氏石印本。版本二：民国间影印本，影印民国十一年（1922）秋浦周氏石印本。

此书内容包括主要河流的灾害情况及历代政府的治河举措两方面，均选自先秦至清朝中后期河流相关著述，尤以明清两朝记载居多，所记载河流则是以黄河为主，兼记其他河流。周馥长期从事河流治理工作，成绩不俗，此书是其长年治水经验的总结。

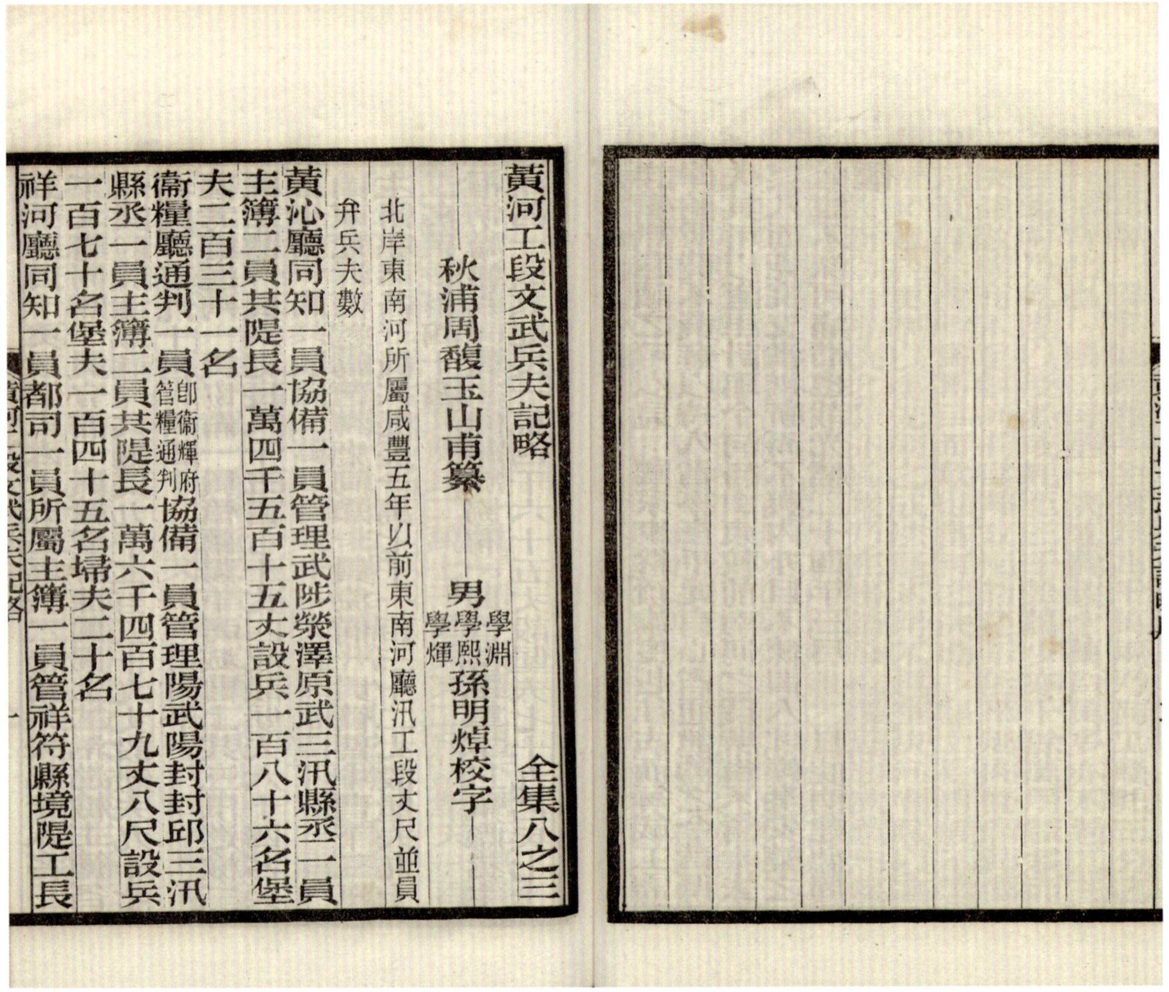

黃河工段文武兵夫記略　全集八之三
秋浦周馥玉山甫纂　男學淵 學熙 學煇 孫明焯校字
北岸東南河所屬咸豐五年以前東南河廳汛工段丈尺並員弁兵夫數
黃沁廳同知一員協備一員管理武陟滎澤原武三汛縣丞一員主簿二員共隄長一萬四千五百十五丈設兵一百八十六名堡夫二百三十一名
衛糧廳通判一員(衛輝府管糧通判)協備一員管理陽武陽封封邱三汛縣丞一員主簿二員共隄長一萬六千四百七十九丈八尺設兵一百七十名堡夫一百四十五名埽夫二十名
祥河廳同知一員都司一員所屬主簿一員管祥符縣境隄工長

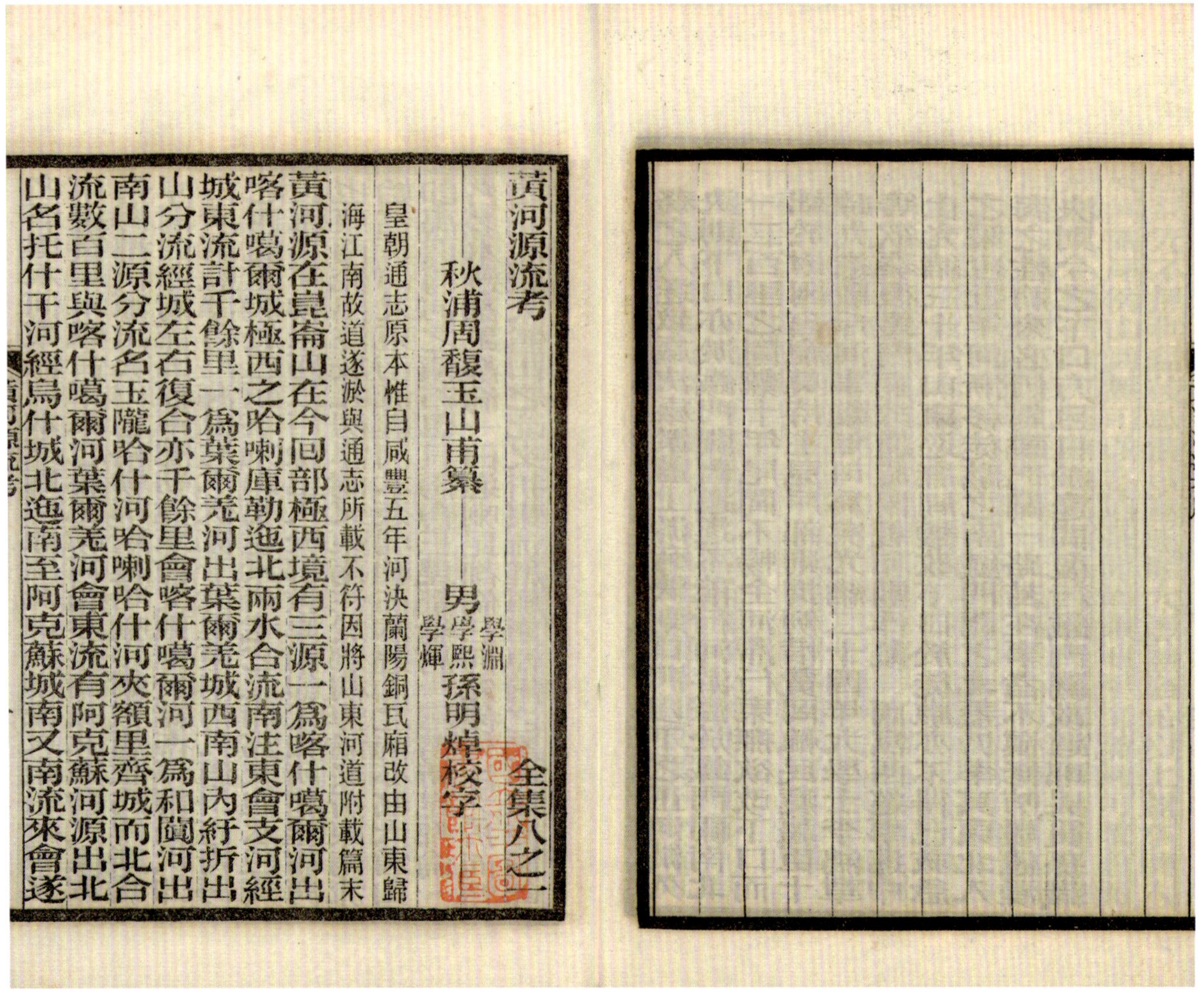

黃河源流考　全集八之一
秋浦周馥玉山甫纂　男學淵 學熙 學煇 孫明焯校字
皇朝通志原本惟自咸豐五年河決蘭陽銅瓦廂改由山東歸海江南故道遂淤與通志所載不符因將山東河道附載篇末
黃河源在崑崙山在今回部極西境有三源一爲喀什噶爾河出喀什噶爾城極西之哈喇庫勒迤北兩水合流南注東會文河經城東流計千餘里一爲葉爾羌河出葉爾羌城西南山內紆折出山分流經城左右復合亦千餘里會喀什噶爾河一爲和闐河出南山二源分流名玉隴哈什河哈喇哈什河夾額里齊城而北合流數百里與喀什噶爾河葉爾羌河會東流有阿克蘇河源出北山名托什干河經烏什城北迤南至阿克蘇城南又南流來會遂

河防杂著：四种

周馥撰

1 册

影印本

[民国十一年至民国末年（1922—1949）]

收录于周馥撰《周悫慎公全集》。版本一：民国十一年（1922）秋浦周氏石印本。版本二：民国间影印本，影印民国十一年（1922）秋浦周氏石印本。

杂著四种分别是：《黄河源流考》《水府诸神祀典记》《黄河工段文武兵夫记略》和《国朝河臣记》，各一卷。

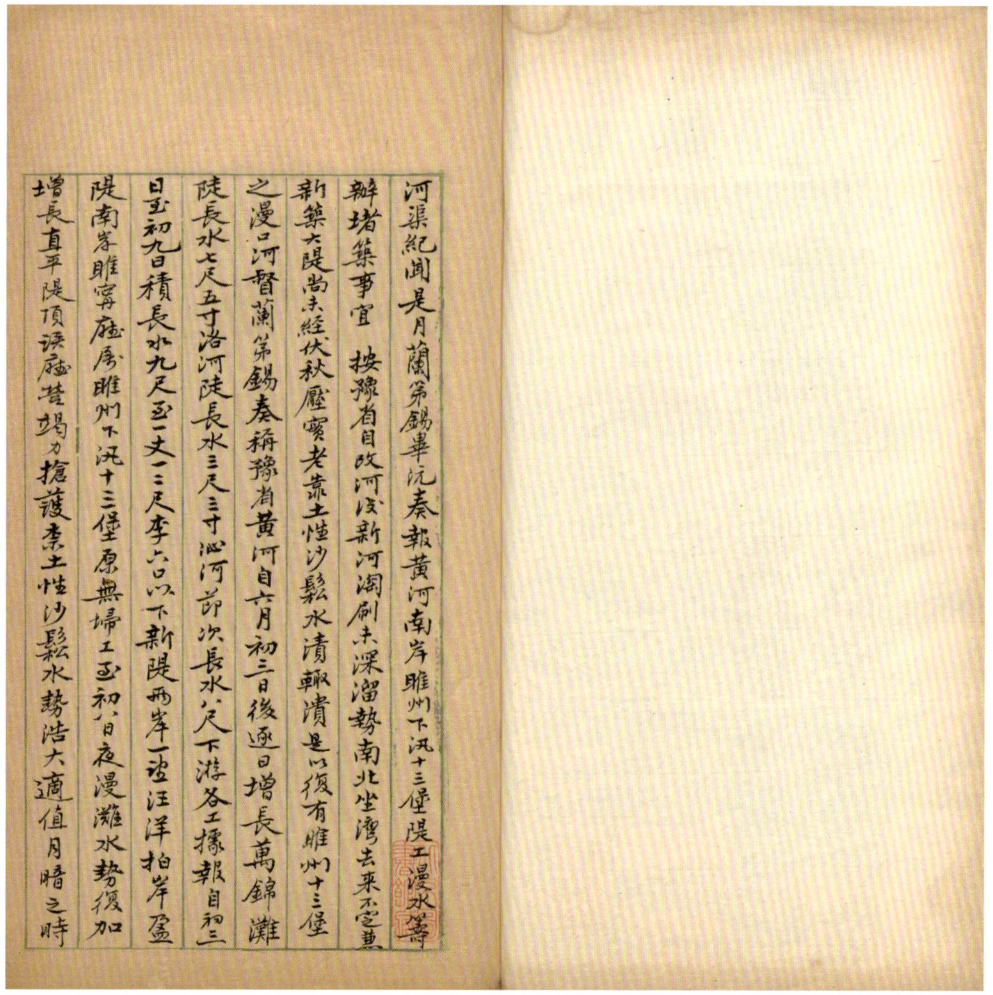

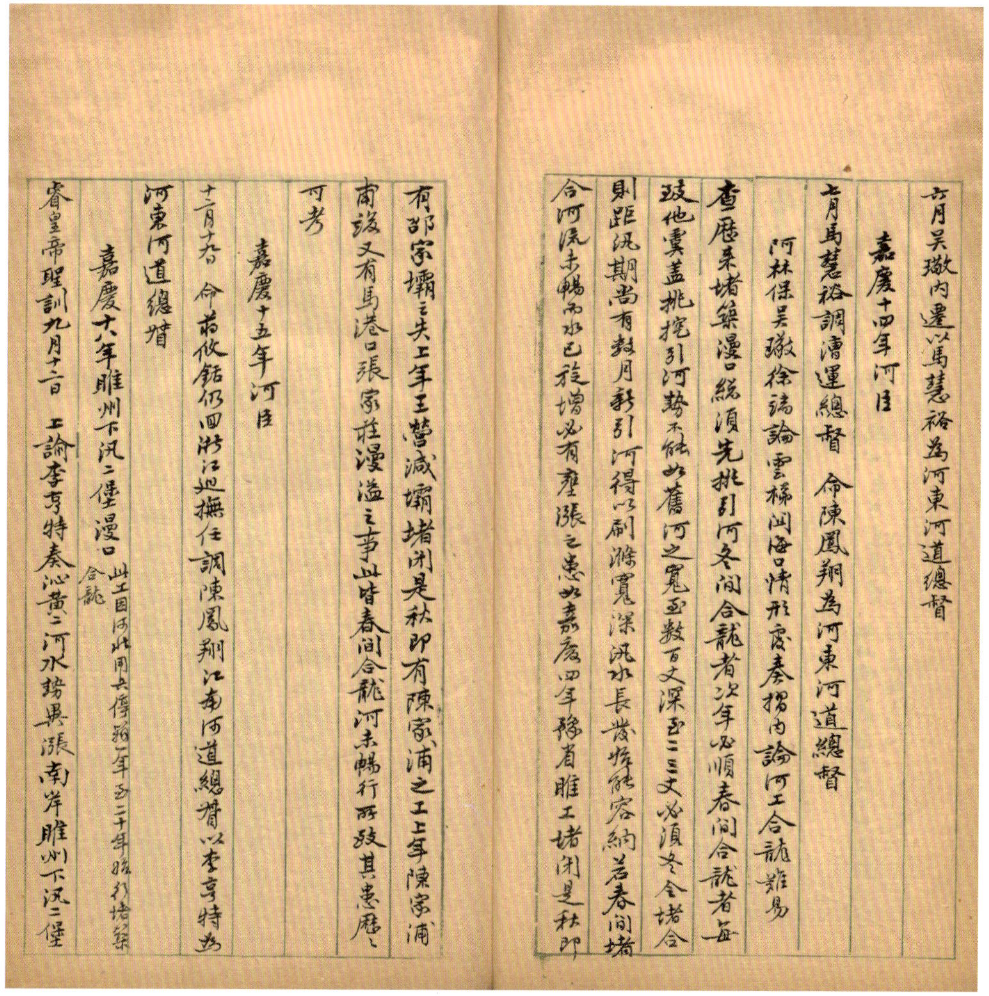

[治河杂抄]

4 册

绿丝栏抄本

[民国年间（1912—1949）]

本书杂抄《河渠纪闻》等书中的治河事。《河渠纪闻》，清康基田著，共 30 卷，上起夏朝，下迄清乾隆五十四年（1789），是一部按年编次、夹叙夹议的水利资料书，成书时间约在嘉庆初年。其内容主要包括两方面，一是以黄河为主的自然河道决溢及治理，二是运河开挖疏浚、工程建设及通航管理。上古至魏晋时期，记事以黄河治理为主；隋代以后特别是明清时期，运河维护成为全书主线。

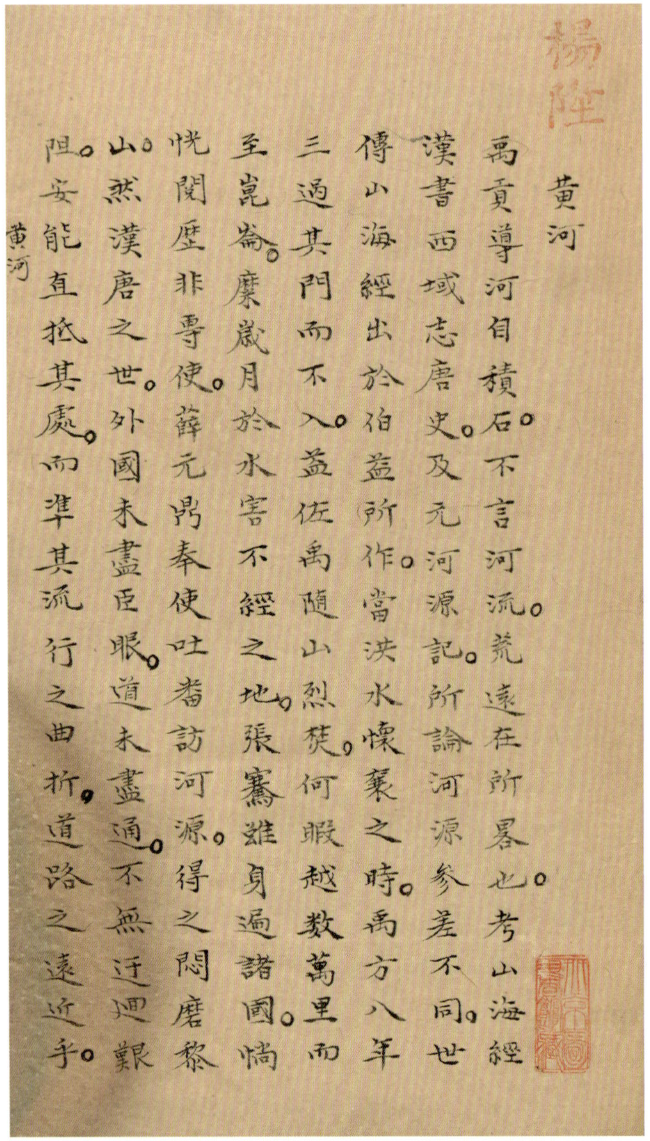
黄河

禹貢導河自積石。不言河流。荒遠在所畧也。考山海經
漢書西域志唐史。及元河源記。所論河源參差不同。世
傳山海經出於伯益所作。當洪水懷襄之時。禹方八年
三過其門而不入。益佐禹隨山烈焚。何暇越數萬里而
至崑崙。靡歲月於水害不經之地。張騫雖身過諸國。惝
恍閱歷非專使。薛元鼎奉使吐蕃訪河源。得之悶磨黎
山。然漢唐之世。外國未盡臣服。道未盡通。不無迂迴艱
阻。安能直抵其處。而準其流行之曲折。道路之遠近乎。

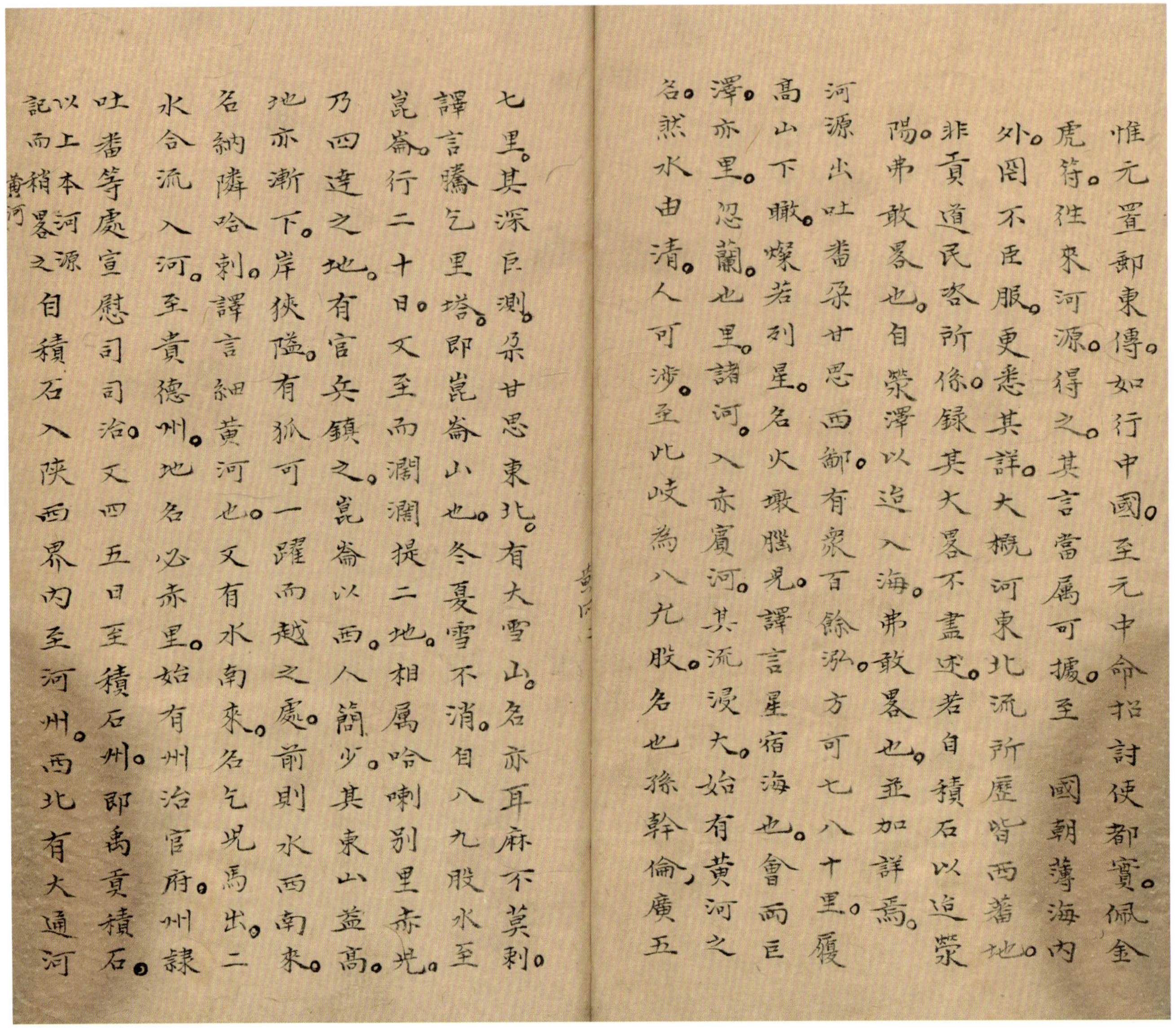
惟元置郵東傳。如行中國。至元中命招討使都實。佩金
虎符。往求河源。得之。其言當屬可據。至國朝薄海内
外。罔不臣服。更悉其詳。大概河東北流所歷皆西蕃地。
非貢道。民咨所係。録其大畧。不盡述。若自積石以迨滎
陽。弗敢畧也。自滎澤以迨入海。弗敢畧也。並加詳焉。
河源出吐蕃朶甘思西鄙。有泉百餘泓。方可七八十里。履
高山下瞰。燦若列星。名火敦腦兒。譯言星宿海也。會而巨
澤。亦里。忽蘭。也里。諸河。入赤賓河。其流浸大。始有黄河之
名。然水由清。人可涉。至此岐為八九股。名也孫斡倫。廣五
七里。其深叵測。朶甘思東北。有大雪山。名亦耳麻不莫剌。
譯言騰乞里塔。即崑崙山也。冬夏雪不消。自八九股水至
崑崙。行二十日。又至而瀾瀾提二地。相屬哈喇別里赤兒。
乃四達之地。有官兵鎮之。崑崙以西。人簡少。其東山益高。
地亦漸下。岸狹隘。有狐可一躍而越之處。前則水西南來。
名納隣哈剌。譯言細黄河也。又有水南來。名乞兒馬出。二
水合流入河。至貴德州。地名必赤里。始有州治官府。州隸
吐蕃等處宣慰司司治。又四五日至積石州。即禹貢積石。
以上本河源記而稍畧之
自積石入陝西界内至河州。西北有大通河

黄河

1 册

抄本

琴城赵世星，［民国年间（1912—1949）］

此篇从《禹贡》说起，论及黄河的起源、流程、决口等。与《漕河》《山东漕河》《水汛》《江南漕河》《护堤》合抄。

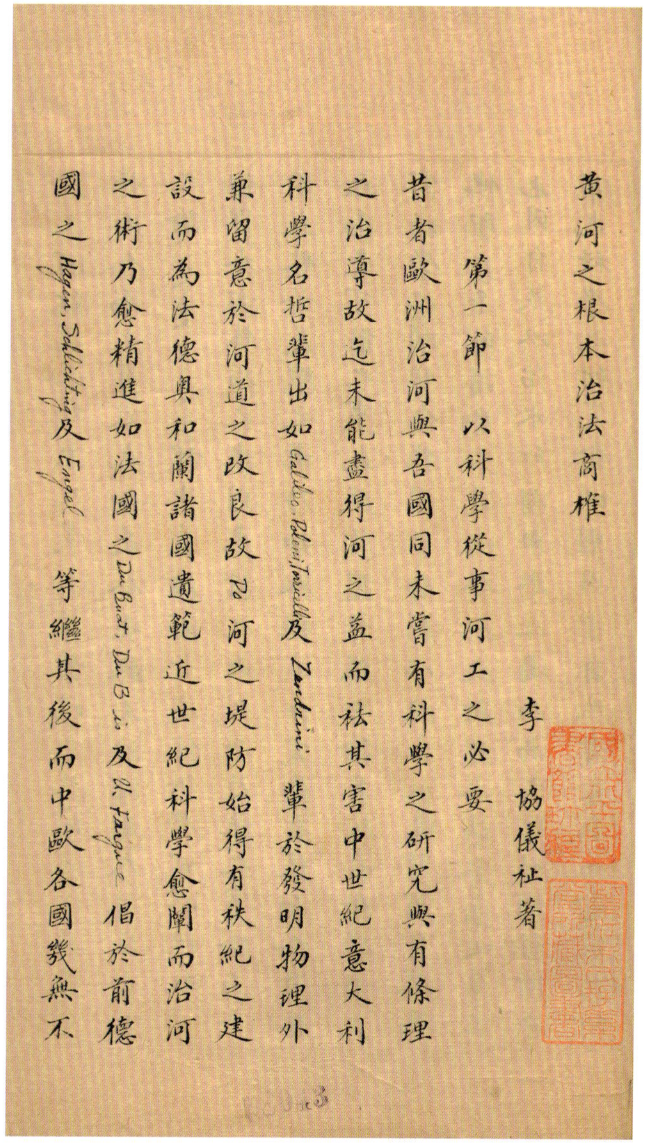

黄河之根本治法商榷

李協儀祉著

第一節　以科學從事河工之必要

昔者歐洲治河與吾國同未嘗有科學之研究與有條理之治導故迄未能盡得河之益而袪其害中世紀意大利科學名哲輩出如 Galileo, Poleni, Torricelli 及 Zendrini 輩於發明物理外兼留意於河道之改良故 Po 河之堤防始得有秩紀之建設而為法德與和蘭諸國遺範近世紀科學愈闡而治河之術乃愈精進如法國之 Du Buat, Du Bois 及 L. Fargue 倡於前德國之 Hagen, Schlichting 及 Engel 等繼其後而中歐各國幾無不

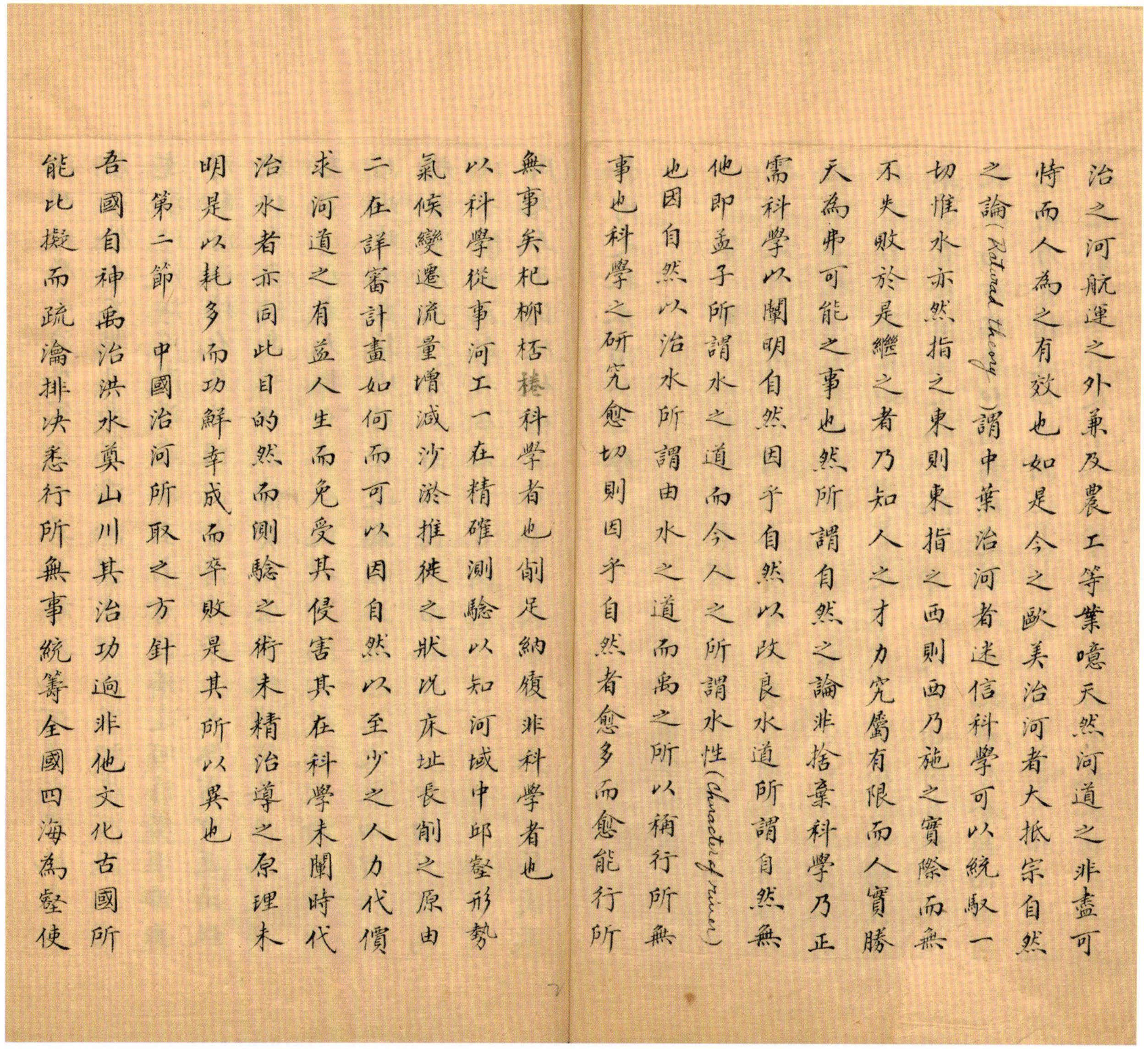

治之河航運之外兼及農工等業噫天然河道之非盡可恃而人為之有效也如是今之歐美治河者大抵宗自然之論（Ratural theory）謂中葉治河者迷信科學可以統馭一切惟水亦然指之東則東指之西則西乃施之實際而無不失敗於是繼之者乃知人之才力究屬有限而人實勝天為弗可能之事也然所謂自然之論非捨棄科學乃正需科學以闡明自然因乎自然以改良水道所謂自然無他即孟子所謂水之道而今人之所謂水性（Character of river）也因自然以治水所謂由水之道而禹之所以稍行所無事也科學之研究愈切則因乎自然者愈多而愈能行所無事矣杞柳桮棬科學者也削足納履非科學者也以科學從事河工一在精確測驗以知河域中邱壑形勢氣候變遷流量增減沙淤推徙之狀況床址長削之原由二在詳審計畫如何而可以因自然以至少之人力代價求河道之有益人生而免受其侵害其在科學未闡時代治水者亦同此目的然而測驗之術未精治導之原理未明是以耗多而功鮮幸成而卒敗是其所以異也

第二節　中國治河所取之方針

吾國自神禹治洪水奠山川其治功迥非他文化古國能比擬而疏瀹排決悉行所無事統籌全國四海為壑使

黄河之根本治法商榷

李仪祉撰

1 册

抄本

［民国十一年至民国末年（1922—1949）］

此文发表于民国十一年（1922），论述以科学从事河工之必要、中国治河所取之方针、黄河之所以为害等内容，对治黄工作产生了深远影响。书名据内页题。书衣题“黄河根本治法之商榷”。

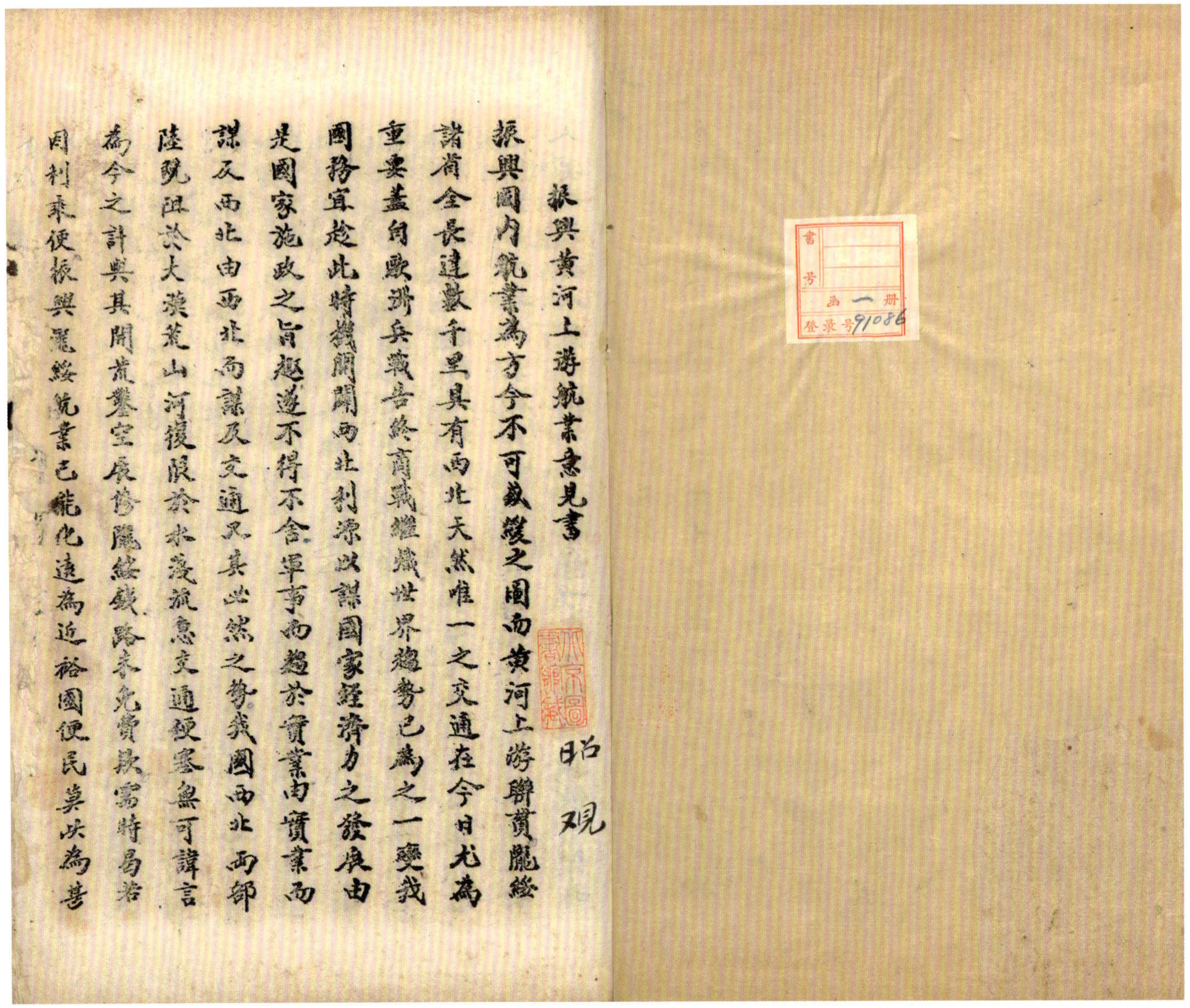

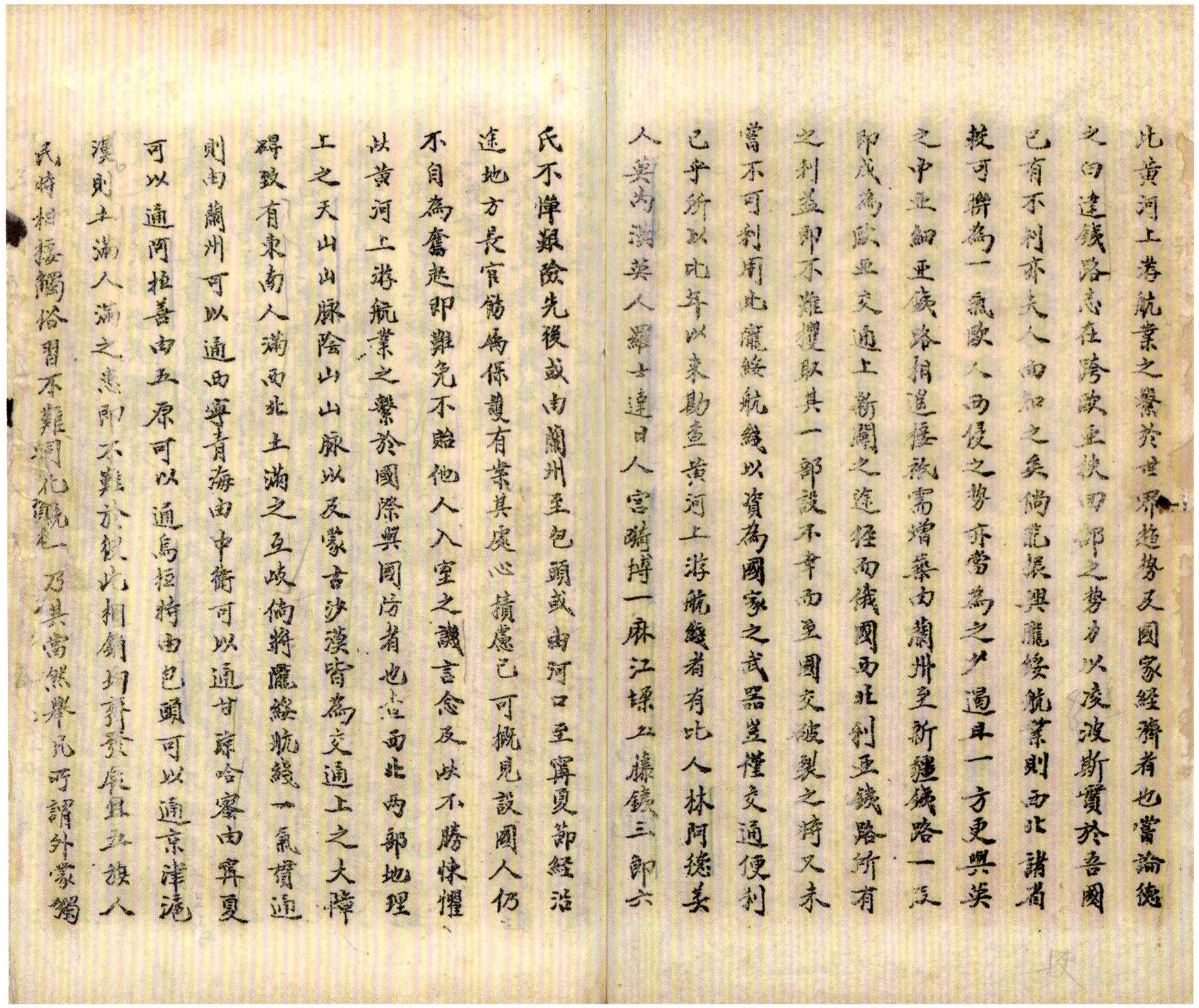

振兴黄河上游航业意见书

昭观著

1 册

石印本

[民国年间（1912—1949）]

这是一份为了发展国家经济，提议发展国家西北部黄河上游航运，用以联系欧亚的意见书。其中包括航线开办计划书、预定总公司事务所组织及俸级章程等内容。

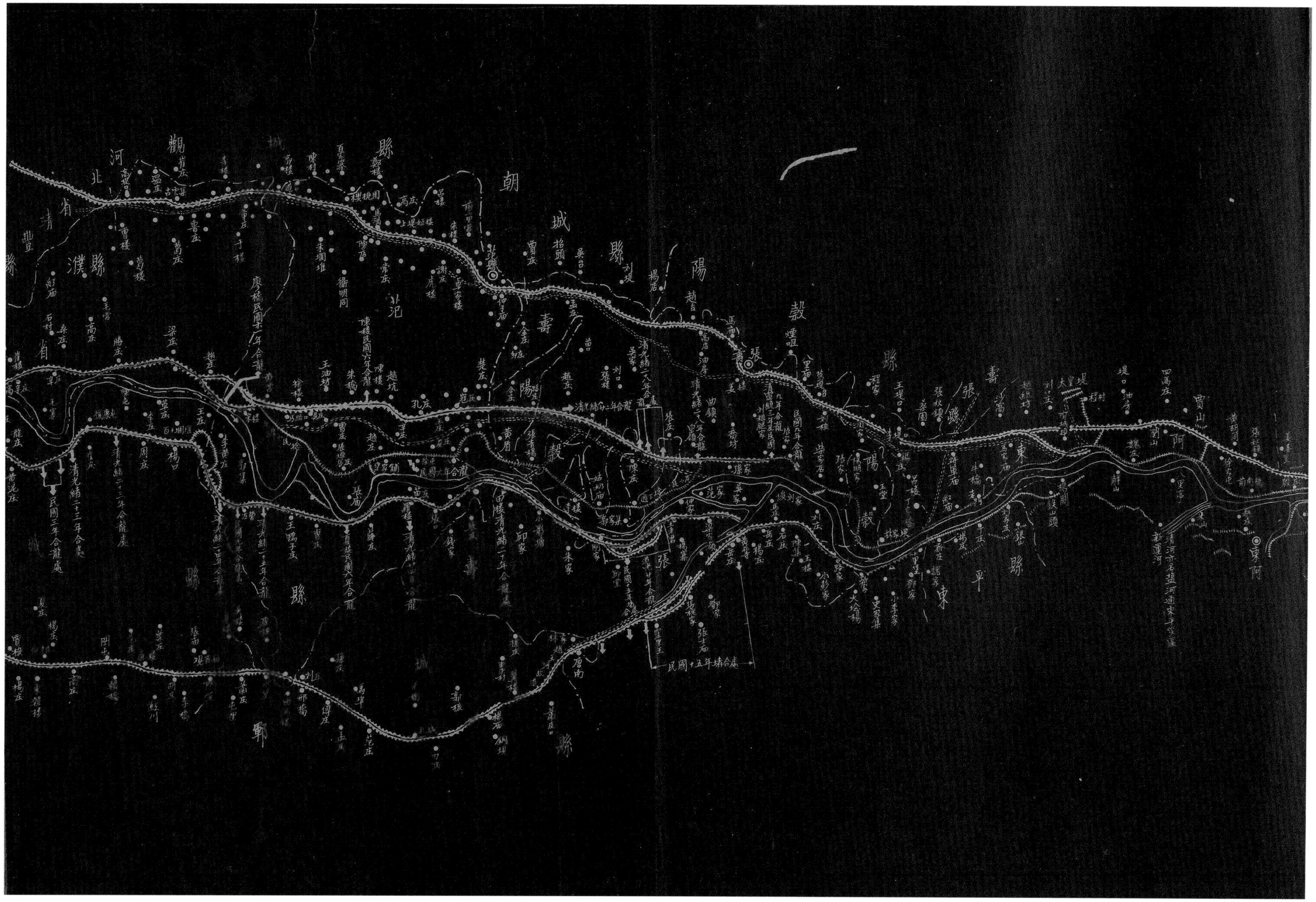

黄河堵口复堤工程计划概要

黄河堵口复堤工程局编

1 册；28 厘米 ×21 厘米

晒蓝本

1946 年 11 月

全书分六章，前五章为堵口复堤初步计划、施工计划纲要、施工程序、工费估计等说明，第六章为图表。图表部分较为详细，包括黄河花园口堵口工程平面图、豫冀鲁三省黄河平面图、黄河花园口堵口工程西坝新堤标准断面图等。此书是研究黄河花园口堵口情况的重要资料。